ANÁLISE DAS ESTRUTURAS

ANÁLISE DAS ESTRUTURAS

8ª EDIÇÃO

R. C. HIBBELER

Tradução: Jorge Ritter
Revisão técnica: Pedro Vianna

©2013 by R. C. Hibbeler

Todos os direitos reservados. Nenhuma parte desta publicação poderá ser reproduzida ou transmitida de qualquer modo ou por qualquer outro meio, eletrônico ou mecânico, incluindo fotocópia, gravação ou qualquer outro tipo de sistema de armazenamento e transmissão de informação, sem prévia autorização, por escrito, da Pearson Education do Brasil.

Diretor editorial e de conteúdo	Roger Trimer
Gerente editorial	Kelly Tavares
Supervisora de produção editorial	Silvana Afonso
Coordenador de produção editorial	Sérgio Nascimento
Coordenadora de arte e produção gráfica	Tatiane Romano
Editor de aquisições	Vinícius Souza
Editora de texto	Daniela Braz
Editor assistente	Luiz Salla
Preparação	Adir de Lima
Tradução	Jorge Ritter
Revisão técnica	Pedro Vianna
Revisão	Carmen Simões
Capa	Solange Rennó (adaptação do projeto original)
Projeto gráfico e diagramação	Casa de Ideias

Dados Internacionais de Catalogação na Publicação (CIP)
(Câmara Brasileira do Livro, SP, Brasil)

Hibbeler, R. C.
  Análise das estruturas / R. C. Hibbeler; tradução Jorge Ritter; revisão técnica Pedro Vianna. – São Paulo: Pearson Education do Brasil, 2013.

  Título original: Structural analysis
  8 ed. norte-americana.
  ISBN: 978-85-8143-127-7

  1. Estruturas – Análise (Engenharia) I. Vianna, Pedro. II. Título.

13-04219   CDD-624.1

Índice para catálogo sistemático:
1. Análise estrutural: Engenharia   624.1

Direitos exclusivos cedidos à
Pearson Education do Brasil Ltda.,
uma empresa do grupo Pearson Education
Avenida Francisco Matarazzo, 1400
Torre Milano - 7o andar
CEP: 05033-070 -São Paulo-SP-Brasil
Telefone 19 3743-2155
pearsonuniversidades@pearson.com

Distribuição
Grupo A Educação
www.grupoa.com.br
Fone: 0800 703 3444

Sumário

Prefácio XI
Agradecimentos XV
Créditos XVII
Ao estudante XIX

1
Tipos de estruturas e cargas   1

1.1 Introdução 1
1.2 Classificação de estruturas 2
1.3 Cargas 5
1.4 Projeto estrutural 18
   Problemas P1.1 a P1.22 18
   Revisão do capítulo 21

2
Análise de estruturas estaticamente determinadas   24

2.1 Estrutura idealizada 24
2.2 Princípio da superposição 33
2.3 Equações de equilíbrio 34
2.4 Determinação e estabilidade 35
   Problemas P2.1 a P2.17 40

2.5 Aplicação das equações de equilíbrio 42
   Problemas fundamentais PF2.1 a PF2.10 49
   Problemas P2.18 a P2.44 50
   Problema de projeto PP2.1 54
   Revisão do capítulo 54

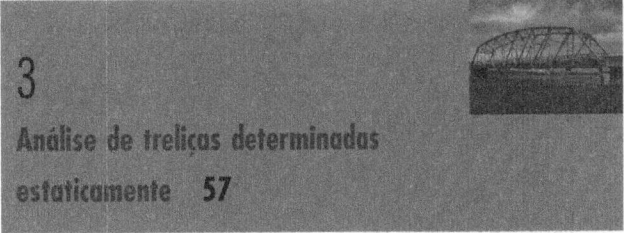

3
Análise de treliças determinadas estaticamente   57

3.1 Tipos comuns de treliças 57
3.2 Classificação de treliças planas 61
   Problemas P3.1 a P3.4 65
3.3 O método dos nós 66
3.4 Membros de força zero 69
   Problemas fundamentais PF 3.1 a PF3.6 70
   Problemas P3.5 a P3.17 71
3.5 O método das seções 73
3.6 Treliças compostas 77
   Problemas fundamentais PF3.7 a PF3.12 80
   Problemas P3.18 a P3.27 80
3.7 Treliças complexas 82
3.8 Treliças espaciais 84
   Problemas P3.28 a P3.39 89
   Problemas de projeto PP3.1 91
   Revisão do capítulo 92

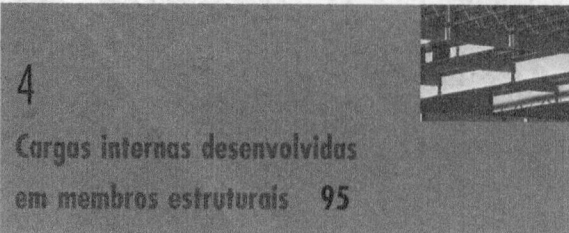

4 Cargas internas desenvolvidas em membros estruturais 95

4.1 Cargas internas em um ponto especificado 95
4.2 Funções de cortante e momento 99
   Problemas fundamentais PF4.1 a PF4.12 103
   Problemas P4.1 a P4.22 105
4.3 Diagramas de cortante e de momento para uma viga 107
   Problemas fundamentais PF4.13 a PF4.20 115
   Problemas P4.23 a P4.37 116
4.4 Diagramas de cortante e momento para um pórtico 117
4.5 Diagramas de momento construídos pelo método da superposição 120
   Problemas P4.38 a P4.57 124
   Problemas de projeto PP4.1 a PP4.3 126
   Revisão do capítulo 127

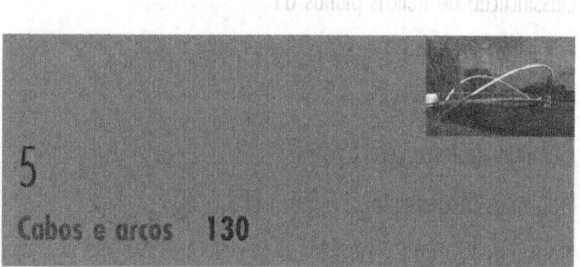

5 Cabos e arcos 130

5.1 Cabos 130
5.2 Cabo sujeito a cargas concentradas 131
5.3 Cabo sujeito a uma carga distribuída uniformemente 132
   Problemas P5.1 a P5.20 136
5.4 Arcos 138
5.5 Arco triarticulado 139
   Problemas P5.21 a P5.29 143
   Revisão do capítulo 144

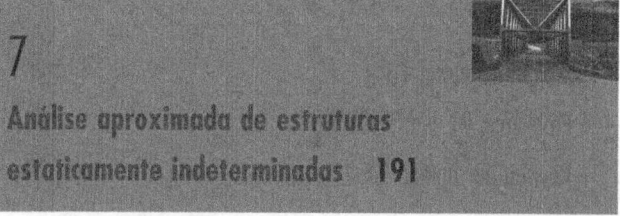

6 Linhas de influência para estruturas determinadas estaticamente 147

6.1 Linhas de influência 147
6.2 Linhas de influência para vigas 153
6.3 Linhas de influência qualitativas 155
   Problemas fundamentais PF6.1 a PF6.8 161
   Problemas P6.1 a P6.25 162
6.4 Linhas de influência para vigas de piso 164
6.5 Linhas de influência para treliças 167
   Problemas P6.26 a P6.58 170
6.6 Influência máxima em um ponto em consequência de uma série de cargas concentradas 173
6.7 Cortante e momento máximos absolutos 181
   Problemas P6.59 a P6.81 184
   Problemas de projeto PP6.1 a PP6.2 187
   Revisão do capítulo 188

7 Análise aproximada de estruturas estaticamente indeterminadas 191

7.1 Uso de métodos aproximados 191
7.2 Treliças 192
   Problemas P7.1 a P7.12 194
7.3 Cargas verticais sobre estruturas de prédios 196
7.4 Estruturas de pórticos e treliças 198
   Problemas P7.13 a P7.34 202
7.5 Cargas laterais sobre estruturas de prédios: método do pórtico 205
7.6 Cargas laterais em pórticos de edifícios: método da viga em balanço 209

Problemas P7.35 a P7.46 213
Problema de projeto PP7.1 214
Revisão do capítulo 215

8 Deflexões 218

8.1 Diagramas de deflexão e a curva elástica 218
   Problemas fundamentais PF8.1 a PF8.3 221
8.2 Teoria da viga elástica 222
8.3 O método da integração dupla 224
   Problemas fundamentais PF8.4 a PF8.9 229
   Problemas P8.1 a P8.9 229
8.4 Teoremas de momentos das áreas 230
8.5 Método da viga conjugada 238
   Problemas fundamentais PF8.10 a PF8.21 244
   Problemas P8.10 a P8.39 245
   Revisão do capítulo 247

9 Deflexões usando métodos de energia 250

9.1 Trabalho externo e energia de deformação 250
9.2 Princípio do trabalho e energia 252
9.3 Princípio do trabalho virtual 253
9.4 Método de trabalho virtual: treliças 255
9.5 Teorema de Castigliano 260
9.6 Teorema de Castigliano para treliças 261
   Problemas fundamentais PF9.1 a PF9.12 265
   Problemas P9.1 a P9.20 266
9.7 Método do trabalho virtual: vigas e pórticos 267

9.8 Energia de deformação virtual causada por carga axial, cortante, torção e temperatura 276
9.9 Teorema de Castigliano para vigas e pórticos 280
   Problemas fundamentais PF9.13 a PF9.24 286
   Problemas P9.21 a P9.61 286
   Revisão do capítulo 289

10 Análise de estruturas estaticamente indeterminadas pelo método da força 292

10.1 Estruturas estaticamente indeterminadas 292
10.2 Análise pelo método da força: procedimento geral 294
10.3 Teorema de Maxwell de deslocamentos recíprocos; Lei de Betti 297
10.4 Análise pelo método da força: vigas 298
10.5 Análise pelo método da força: pórticos 303
   Problemas fundamentais PF10.1 a PF10.6 307
   Problemas P10.1 a P10.24 307
10.6 Análise pelo método da força: treliças 310
10.7 Estruturas compostas 313
10.8 Observações adicionais sobre a análise pelo método da força 315
10.9 Estruturas simétricas 316
   Problemas P10.25 a P10.40 317
10.10 Linhas de influência para vigas indeterminadas estaticamente 320
10.11 Linhas de influência qualitativas para pórticos 322
   Problemas P10.41 a P10.51 327
   Revisão do capítulo 328

11
Análise pelo método do deslocamento: equações de inclinação-deflexão 331

11.1 Análise pelo método do deslocamento: procedimentos gerais 331
11.2 Equações de inclinação-deflexão 332
11.3 Análise de vigas 337
  Problemas P11.1 a P11.12 344
11.4 Análise de pórticos indeslocáveis 345
11.5 Análise de pórticos deslocáveis 349
  Problemas P11.13 a P11.24 356
  Problemas de projeto PP11.1 358
  Revisão do capítulo 358

12
Análise pelo método do deslocamento: distribuição de momento 361

12.1 Princípios e definições gerais 361
12.2 Distribuição de momento para vigas 364
12.3 Modificações do fator de rigidez 370
  Problemas P12.1 a P12.12 375
12.4 Distribuição de momento para pórticos indeslocáveis 376
12.5 Distribuição de momento para pórticos deslocáveis 377
  Problemas P12.13 a P12.26 384
  Revisão do capítulo 386

13
Vigas e pórticos tendo membros não prismáticos 389

13.1 Propriedades de carga de membros não prismáticos 389
13.2 Distribuição de momento para estruturas com membros não prismáticos 391
13.3 Equações de inclinação-deflexão para membros não prismáticos 398
  Problemas P13.1 a P13.12 399
  Revisão do capítulo 400

14
Análise de treliça usando o método da rigidez 402

14.1 Fundamentos do método da rigidez 402
14.2 Matriz de rigidez do membro 404
14.3 Matrizes de transformação de força e deslocamento 405
14.4 Matriz de rigidez global do membro 407
14.5 Matriz de rigidez da treliça 408
14.6 Aplicação do método da rigidez para análise de treliças 412
14.7 Coordenadas nodais 418
14.8 Treliças tendo mudanças térmicas e erros de fabricação 421
14.9 Análise de treliça espacial 425
  Problemas P14.1 a P14.18 426
  Revisão do capítulo 428

15 Análise de viga usando o método da rigidez 430

- 15.1 Observações preliminares 430
- 15.2 Matriz de rigidez de membro da viga 431
- 15.3 Matriz de rigidez de estrutura de viga 433
- 15.4 Aplicação do método de rigidez para análise de viga 433
  Problemas P15.1 a P15.13 443

16 Análise de pórtico plano usando o método da rigidez 446

- 16.1 Matriz de rigidez de membro de pórtico 446
- 16.2 Matrizes de transformação de força e deslocamento 447
- 16.3 Matriz de rigidez global de membro de pórtico 449
- 16.4 Aplicação do método da rigidez para análise de pórtico 449
  Problemas P16.1 a P16.14 456

Apêndices

Apêndice A
Álgebra de matrizes para análise estrutural 459
- A.1 Definições básicas e tipos de matrizes 459
- A.2 Operações com matrizes 460
- A.3 Determinantes 464
- A.4 Inverso de uma matriz 465
- A.5 O método de Gauss para solucionar equações simultâneas 467
  Problemas A1 a A21 468

Apêndice B
Procedimento geral para usar software de análise estrutural 470

Apêndice C
Tabela para avaliação das integrais de produto $\int_0^L m\, m'\, dx$ 472

Apêndice D
Deflexões e inclinações de vigas 473

Apêndice E
Propriedades geométricas das áreas 475

Apêndice F
Momentos de extremidades fixas 477

Problemas fundamentais
Soluções parciais e respostas 479

Índice 511

Prefácio

O livro *Análise das estruturas*, 8ª edição, foi desenvolvido para o estudo efetivo da teoria e aplicação da análise estrutural aplicada a treliças, vigas e pórticos. O desenvolvimento da capacidade do estudante de modelar e analisar uma estrutura, assim como de fornecer aplicações realistas encontradas na prática profissional são questões enfatizadas neste livro.

Apesar de a tecnologia ter reduzido os cálculos, muitas vezes cansativos, exigidos quando são analisadas estruturas grandes ou complicadas, Hibbeler defende que os estudantes que realizam um primeiro curso neste assunto devem ser bem versados também nos métodos clássicos. A prática em aplicar esses métodos desenvolverá uma compreensão mais profunda das ciências de engenharia básicas da estática e mecânica de materiais.

Este livro vai além da teoria e entra na era da informação, especialmente ao oferecer materiais digitais que dão um novo fôlego aos conceitos clássicos. Animações desenvolvidas recentemente complementam as soluções de vídeo como parte de um kit de aprendizado visual que facilita a compreensão. Ancorado pelos métodos clássicos de solução de problemas de Hibbeler, este livro é a autoridade definitiva em teoria das estruturas.

| XII | Análise das estruturas

1. Diversidade de problemas e análise investigativa constroem o pensamento crítico

Exemplos de problemas – Estudantes podem exercitar suas habilidades de solução de questões através destes problemas que têm uma gama de soluções possíveis. Notas de conclusão também foram incorporadas nos exemplos, possibilitando que os estudantes ampliem sua análise com soluções detalhadas.

Problemas de projeto – Problemas de projeto que envolvem sistemas estruturais reais incluídos no final de capítulos selecionados. Eles proporcionam ao estudante uma reflexão sobre como as cargas são determinadas e transmitidas através da estrutura.

Problemas – Estes problemas descrevem situações reais encontradas na prática. Eles são desenvolvidos para testar a capacidade do estudante de aplicar os conceitos. Uma gama mais ampla de questões é dada para a prática e aplicação do estudante. Professores têm mais questões para selecionar, modificar e adicionar como questões novas para seus recursos.

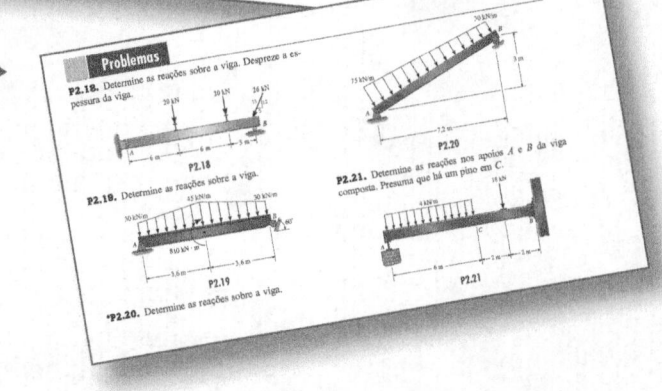

2 Diagramas e fotos ilustram as teorias na prática

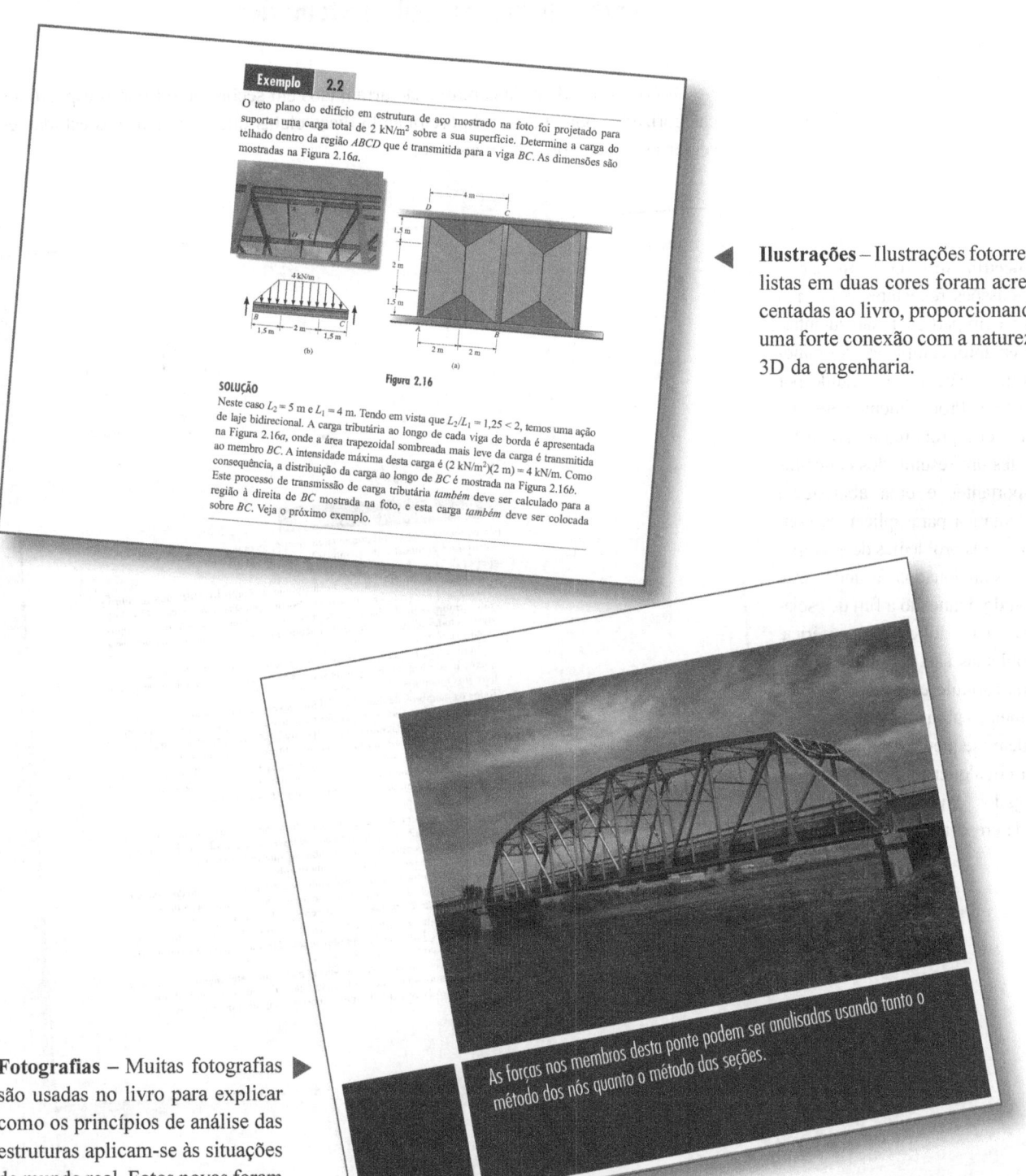

Ilustrações – Ilustrações fotorrealistas em duas cores foram acrescentadas ao livro, proporcionando uma forte conexão com a natureza 3D da engenharia.

Fotografias – Muitas fotografias são usadas no livro para explicar como os princípios de análise das estruturas aplicam-se às situações do mundo real. Fotos novas foram acrescentadas à 8ª edição.

3 Uma organização completa e concisa abre caminho para um aprendizado sistemático

Estrutura

Os conteúdos de cada capítulo são arranjados em seções com tópicos específicos categorizados por títulos, proporcionando dicas claras que permitem aos estudantes seguir os tópicos progressivamente.

Procedimento para análise – Discussões relevantes para uma teoria em particular são sucintas, no entanto, completas. Na maioria dos casos, isto é seguido por um guia "Procedimento para análise", que proporciona aos estudantes um resumo dos conceitos importantes e uma abordagem sistemática para aplicar os conceitos. Os problemas de exemplo são solucionados usando este método delineado a fim de esclarecer sua aplicação numérica. Problemas são dados no fim de cada capítulo e são dispostos de maneira a abranger o material em ordem sequencial; além disso, para qualquer tópico eles são arranjados em ordem de dificuldade crescente.

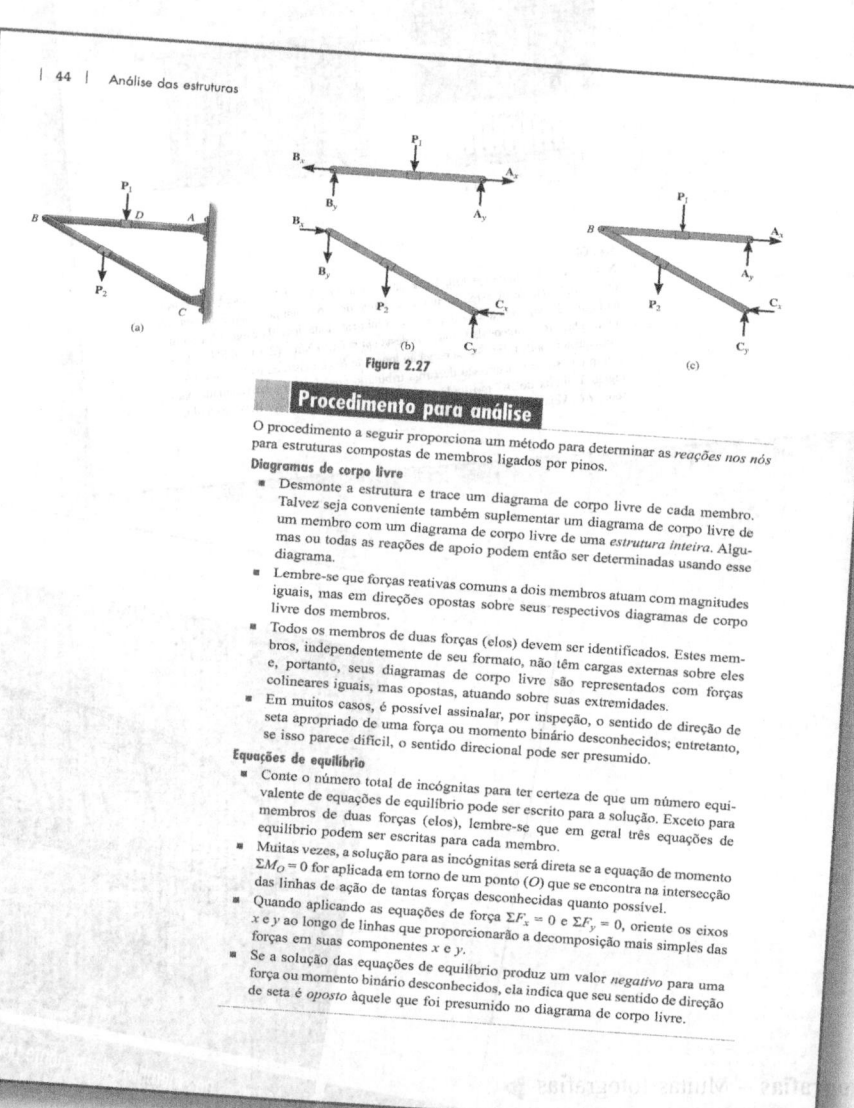

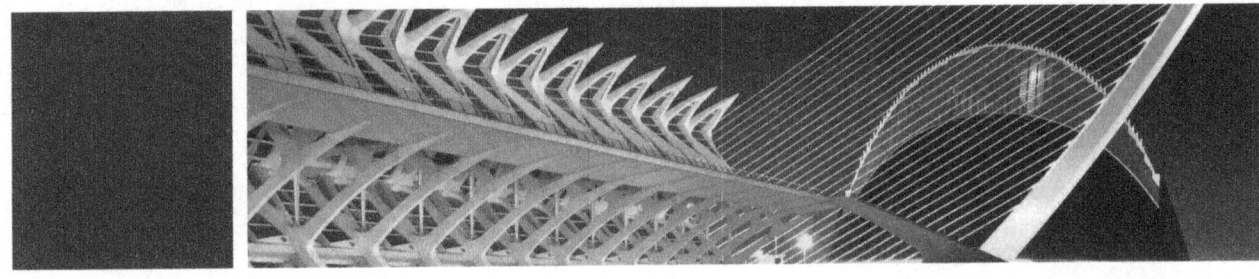

Agradecimentos

Mais de uma centena de meus colegas docentes e muitos dos meus estudantes fizeram sugestões valiosas que ajudaram no desenvolvimento deste livro e eu gostaria de agradecer aqui todos os seus comentários. Gostaria de agradecer pessoalmente os revisores contratados por meu editor para esta nova edição, a saber:

Thomas H. Miller, *Oregon State University*
Hayder A. Rasheed, *Kansas State University*
Jeffrey A. Laman, *Penn State University*
Jerry R. Bayles, *University of Missouri-Rolla*
Paolo Gardoni, *Texas A&M University*
Timothy Ross, *University of New Mexico*
F. Wayne Klaiber, *Iowa State University*
Husam S. Najm, *Rutgers University*

Além disso, os comentários construtivos de Kai Beng Yap e Barry Nolan, ambos engenheiros profissionais, foram muito apreciados. Por fim, gostaria de agradecer o apoio que recebi de minha esposa Conny, que sempre me ajudou muito na preparação do manuscrito para publicação.

Seria muito interessante ouvir de vocês qualquer comentário ou sugestão em relação aos conteúdos desta edição.

RUSSELL CHARLES HIBBELER

Sobre o adaptador

Dr. Tan Kiang Hwee é professor de engenharia civil na Universidade Nacional de Singapura. Ele obteve seu doutorado em engenharia (1985) na Universidade de Tóquio no Japão. Tem mais de trinta anos de experiência em ensino e pesquisa, além de ter publicado mais de 200 artigos revisados no campo da engenharia estrutural e um livro intitulado *Concrete Beams with Openings: Analysis and Design* (1999).

Créditos

Foto de abertura do Capítulo 1:	© CJ Gunther/epa/Corbis
Figura 1.6(a), Página 7:	Mark Harris/Photodisc/Getty Images
Foto de abertura do Capítulo 2:	Joe Gough/Shutterstock
Foto de abertura do Capítulo 3:	© Robert Shantz/Alamy
Foto de abertura do Capítulo 4:	Ralf Broskvar/123rf
Foto de abertura do Capítulo 5:	© Greg Balfour Evans/Alamy
Foto de abertura do Capítulo 6:	© Accent Alaska.com/Alamy
Foto de abertura do Capítulo 7:	© David R. Frazier Photolibrary, Inc./Alamy
Foto de abertura do Capítulo 8:	[Fotógrafo]/Stone/Getty Images
Foto de abertura do Capítulo 9:	Alamy images
Foto de abertura do Capítulo 10:	Shutterstock
Foto de abertura do Capítulo 11:	© 2011 Photos.com, uma divisão da Getty Images. Todos os direitos reservados.
Foto de abertura do Capítulo 12:	Fotosearch/SuperStock
Foto de abertura do Capítulo 13:	iStockphoto.com
Foto de abertura do Capítulo 14:	© Corbis RF/Alamy
Foto de abertura do Capítulo 15:	© Paul A. Sounders/CORBIS
Foto de abertura do Capítulo 16:	© Alan Schein/CORBIS
Capa:	© Matej Kastelic/123rf

As demais fotos foram fornecidas pelo próprio autor, R. C. Hibbeler.

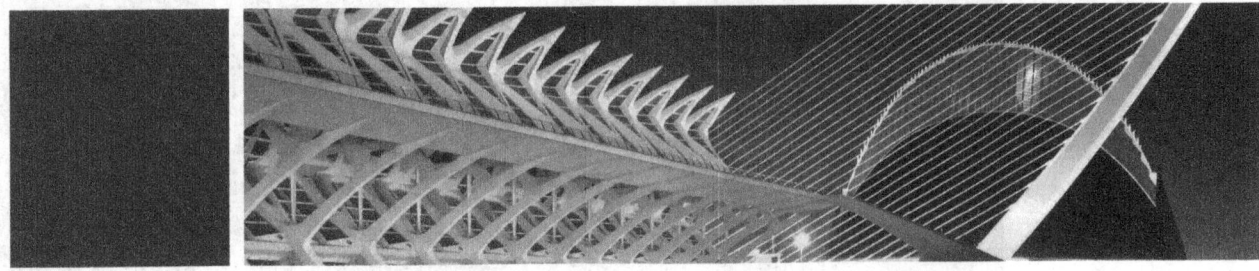

Ao estudante

Com a esperança de que este trabalho estimule um interesse na análise das estruturas e sirva como um guia satisfatório para sua compreensão.

Os pórticos com contraventamento em X destes prédios altos são usados para resistir a cargas decorrentes da força do vento.

CAPÍTULO 1

Tipos de estruturas e cargas

Este capítulo apresenta uma discussão de alguns dos aspectos preliminares da análise estrutural. As fases de atividade necessárias para produzir uma estrutura são apresentadas primeiro, seguidas por uma introdução aos tipos básicos de estruturas, seus componentes e suportes. Por fim, uma breve explicação é dada sobre os vários tipos de cargas que têm de ser consideradas para uma análise e projeto apropriados.

1.1 Introdução

Uma *estrutura* refere-se a um sistema de partes conectadas usadas para suportar uma carga. Exemplos importantes relacionados à engenharia civil incluem edifícios, pontes e torres; e em outras especialidades de engenharia, estruturas de navios e aeronaves, tanques, vasos de pressão, sistemas mecânicos e estruturas de apoio de sistemas elétricos são importantes.

Quando projetando uma estrutura para servir a uma função específica para uso público, o engenheiro tem de se preocupar com a sua segurança, estética e funcionalidade, mas ao mesmo tempo tem que levar em consideração as restrições econômicas e ambientais. Com frequência isto exige vários estudos independentes com soluções diferentes até que um julgamento final seja feito quanto a qual forma estrutural seja a mais apropriada. Esse processo de projeto é, ao mesmo tempo, criativo e técnico, e exige um conhecimento fundamental das propriedades dos materiais e das leis da mecânica que governam a resposta dos materiais. Assim que o projeto preliminar de uma estrutura é proposto, a estrutura deve então ser *analisada* para assegurar que ela dispõe de rigidez e resistência necessárias. Para analisar uma estrutura adequadamente, determinadas idealizações têm de ser feitas quanto a como seus membros são suportados e conectados juntos. As cargas são determinadas a partir de códigos e especificações locais, e as forças nos membros e seus deslocamentos são encontrados usando a teoria da análise estrutural, que é o tema deste texto. Os resultados dessa análise podem ser usados então para reprojetar a estrutura, levando em consideração uma determinação mais precisa do peso dos membros e suas dimensões. O projeto estrutural, portanto, segue uma série de aproximações possíveis nas quais cada ciclo exige uma análise estrutural. Neste livro, a análise estrutural é aplicada às estruturas de engenharia civil; entretanto, o método de análise descrito também pode ser usado para estruturas relacionadas a outros campos de engenharia.

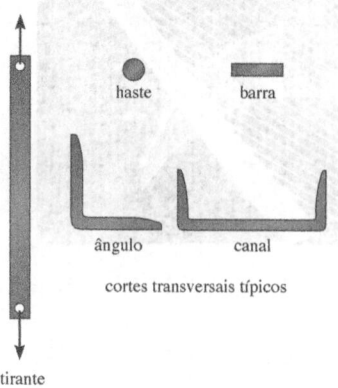

Figura 1.1

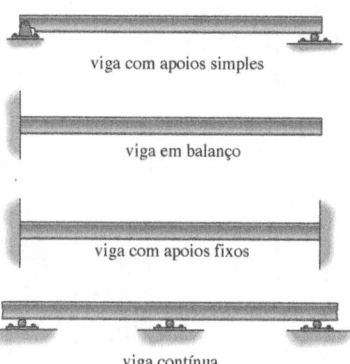

Figura 1.2

As vigas de concreto protendido têm apoios simples e são usadas para esta ponte de autoestrada.

Mostradas na foto as ligações típicas com chapas para emendar as vigas de aço de uma ponte rodoviária.

1.2 Classificação de estruturas

É importante para um engenheiro estrutural reconhecer os vários tipos de elementos que compõem uma estrutura e ser capaz de classificar as estruturas quanto à sua forma e função. Nós introduziremos alguns desses aspectos agora e os expandiremos em pontos apropriados ao longo do texto.

Elementos estruturais. Alguns dos elementos mais comuns dos quais as estruturas são compostas são os seguintes:

Tirantes. Membros estruturais sujeitos a uma *força de tração* são muitas vezes referidos como *tirantes* ou *barras de contraventamento*. Devido à natureza dessa carga, esses membros são bastante delgados e são, frequentemente, escolhidos a partir de hastes, barras, cantoneiras ou canais (Figura 1.1).

Vigas. Vigas são normalmente membros horizontais retos usados fundamentalmente para sustentar cargas verticais. Com bastante frequência elas são classificadas de acordo com a maneira pela qual são suportadas, como indicado na Figura 1.2. Em particular, quando a seção transversal varia, a viga é denominada de inércia variável. Seções transversais de vigas também podem ser "reforçadas" acrescentando chapas às suas partes de cima e de baixo.

Vigas são fundamentalmente projetadas para resistir ao momento fletor; entretanto, se elas são curtas e suportam cargas grandes, a força de cisalhamento interna pode tornar-se bastante grande e essa força pode influenciar no seu projeto. Quando o material usado para uma viga é um metal como aço ou alumínio, a seção transversal é mais eficiente se ele tem o formato conforme mostrado na Figura 1.3. Aqui as forças desenvolvidas nas *mesas* de cima e de baixo da viga formam o sistema conjugado necessário para resistir ao momento aplicado **M**, enquanto a *alma* é efetiva na resistência ao cisalhamento aplicado **V**. Essa seção transversal é comumente referida como uma "aba larga" e é normalmente formada como uma unidade única em uma laminadora em comprimentos de até 23 m. Se comprimentos mais curtos forem necessários, às vezes é escolhido uma seção transversal tendo altura variável. Quando é necessário que a viga tenha um vão muito grande e as cargas aplicadas são bastante grandes, a seção transversal pode assumir a forma de uma *viga soldada*. Esse elemento é fabricado usando uma chapa grande para a alma e soldando ou aparafusando chapas às suas extremidades para mesas. A viga é comumente transportada para o campo em segmentos, e os segmentos são projetados para serem encaixados ou unidos em pontos onde a viga apresenta um pequeno momento interno (ver foto ao lado).

Vigas de concreto geralmente têm seções transversais retangulares, uma vez que é fácil construir essa forma diretamente no campo. Como o concreto é bastante fraco em resistir à tensão, "tirantes de reforço" de aço são fundidos na viga em regiões do corte transversal sujeitas à tensão. Vigas ou vigas mestras de concreto protendido são fabricadas em uma fábrica ou instalação industrial da mesma maneira e então transportadas para o local do trabalho.

Vigas feitas de madeira podem ser serradas de uma peça sólida de madeira ou laminadas. Vigas *laminadas* são construídas de partes sólidas de madeira, que são montadas usando colas de alta resistência.

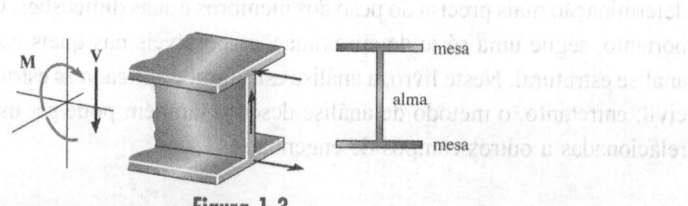

Figura 1.3

Colunas. Membros que são geralmente verticais e resistem a cargas compressivas axiais são chamados de *colunas* (Figura 1.4). Tubos e seções transversais de abas largas são frequentemente usados para colunas metálicas, enquanto seções transversais circulares e quadradas com barras de reforço são usadas para colunas feitas de concreto. Ocasionalmente, elas são sujeitas tanto a uma carga axial quanto a um momento fletor conforme mostrado na figura. Nesses casos são chamadas de *vigas-coluna*.

Tipos de estrutura. A combinação de elementos estruturais e os materiais dos quais eles são compostos é conhecida como um *sistema estrutural*. Cada sistema é construído de um ou mais de quatro tipos básicos de estruturas. Classificados pela ordem de complexidade de sua análise estrutural, eles são os seguintes:

Treliças. Quando é necessário que o vão de uma estrutura seja grande e sua altura não é um critério importante para o projeto, uma treliça pode ser escolhida. *Treliças* consistem de elementos delgados, normalmente dispostos de maneira triangular. *Treliças planas* são compostas de membros que se encontram no mesmo plano e são, frequentemente, usadas para o suporte de pontes e tetos, enquanto *treliças espaciais* têm elementos estendendo-se em três dimensões e são adequadas para guindastes e torres.

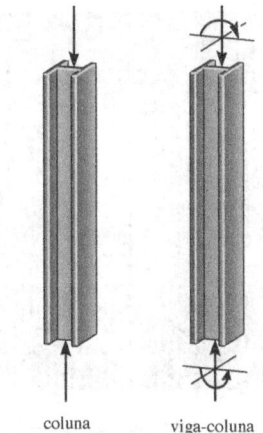

Figura 1.4

Devido ao arranjo geométrico dos seus membros, cargas que fazem que a treliça inteira se curve são convertidas em forças tração ou compressão nos membros. Por causa disso, uma das vantagens fundamentais de uma treliça, comparada a uma viga, é a de que ela usa menos material para suportar uma determinada carga (veja a Figura 1.5). Uma treliça também é construída de *elementos longos e delgados*, que podem ser arranjados de várias maneiras para suportar uma carga. Com frequência é economicamente viável usar uma treliça para cobrir vãos de 9 m a 122 m, apesar de que treliças também podem ser usadas ocasionalmente para vãos de comprimentos maiores.

Cabos e arcos. Duas outras formas de estruturas usadas para cobrir vãos de grandes dimensões são o cabo e o arco. *Cabos* são normalmente flexíveis e suportam suas cargas em tração. Eles são comumente usados para suportar pontes (Figura 1.6a), e tetos de edifícios. Quando usados para esses propósitos, os cabos têm uma vantagem sobre a viga e a treliça, especialmente para vãos que são maiores do que 46 m. Como eles estão sempre em tração, cabos não se tornarão instáveis a ponto de subitamente colapsar, como pode acontecer com vigas ou treliças. Além disso, a treliça vai exigir mais custos para construção e uma altura maior à medida que o vão aumenta. O uso de cabos, por outro lado, é limitado apenas por sua flecha, peso e métodos de ancoragem.

As armações de reforço de aço mostrada à direita e à esquerda é usada para resistir a qualquer tensão que possa se desenvolver nas vigas de concreto que se formarão em torno dela.

A carga faz que a treliça se curve, o que desenvolve compressão nos membros do topo e tração nos membros de baixo.

Figura 1.5

Membros de abas largas são frequentemente usados para colunas. Aqui tem-se um exemplo de viga-coluna.

(a) Cabos suportam suas cargas em tração.

(b) Arcos suportam suas cargas em compressão.

Figura 1.6

Aqui temos um exemplo de um pórtico metálico usado para suportar uma ponte rolante. Pode-se presumir que o pórtico tenha ligações fixas no topo e apoios em pinos na base.

O teto do "Georgia Dome" em Atlanta, Geórgia, pode ser considerado uma membrana fina.

O *arco* consegue a sua força em compressão, tendo em vista que ele tem uma curvatura reversa àquela do cabo. No entanto, o arco tem de ser rígido a fim de manter a sua forma, e isto resulta em carregamentos secundários envolvendo cisalhamento e momento, o que deve ser considerado no seu projeto. Arcos são frequentemente usados em estruturas de pontes (Figura 1.6*b*), tetos abobadados e para aberturas em paredes de alvenaria.

Pórticos. Pórticos são frequentemente usadas em edifícios e são compostos por vigas e colunas com ligações fixas ou de pinos (Figura 1.7). Assim como as treliças, os pórticos estendem-se em duas ou três dimensões. A carga sobre um pórtico faz que seus membros se curvem, e se ele tem ligações rígidas, essa estrutura é geralmente "indeterminada" a partir do ponto de vista de análise. A resistência de uma estrutura como esta é derivada das interações de momento entre as vigas e as colunas nas ligações rígidas.

Estruturas de superfície. Uma *estrutura de superfície* é feita de um material com espessura muito pequena comparada com suas outras dimensões. Às vezes esse material é muito flexível e pode assumir a forma de uma tenda ou estrutura inflada de ar. Em ambos os casos, o material age como uma membrana que é sujeita à tração.

Estruturas de superfície também podem ser feitas de materiais rígidos como o concreto armado. Desse modo, elas podem ser produzidas na forma de chapas dobradas, cilindros, ou paraboloides hiperbólicos, e são conhecidas como *chapas finas* ou *cascas*. Essas estruturas agem como cabos ou arcos tendo em vista que elas suportam cargas fundamentalmente em tração ou compressão, curvando-se muito pouco. Apesar disso, estruturas de chapa ou casca são geralmente muito difíceis de serem analisadas, em razão da geometria tridimensional da sua superfície. Uma análise como esta está além do alcance deste texto e é coberta em textos devotados inteiramente ao assunto.

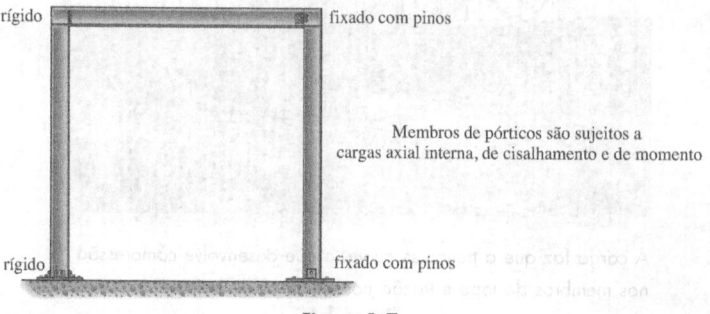

Figura 1.7

1.3 Cargas

Uma vez que as exigências dimensionais para uma estrutura tenham sido definidas, torna-se necessário determinar as cargas que essa estrutura tem de suportar. Frequentemente, é a previsão das várias cargas que serão impostas sobre a superfície que indica o tipo básico de estrutura a ser escolhido para o projeto. Por exemplo, estruturas altas têm de resistir a grandes cargas laterais causadas pelo vento, enquanto edifícios localizados em áreas propensas a terremotos têm de ser projetados tendo estruturas e conexões dúcteis.

Uma vez que a forma estrutural tenha sido determinada, o projeto real começa com aqueles elementos que estarão sujeitos às cargas primárias que a estrutura concebida deve suportar, e procede em sequência para os vários membros de suporte até se chegar à fundação. Desse modo, a laje do piso de um edifício seria projetada em primeiro lugar, seguida pelas vigas e colunas e, por fim, as bases da fundação. A fim de projetar uma estrutura, é necessário, portanto, especificar primeiro as cargas que agem sobre ela.

A carga de projeto para uma estrutura é comumente especificada em códigos. Em geral, o engenheiro estrutural trabalha com dois tipos de códigos: códigos de construção gerais e códigos de projeto. *Normas de construção gerais* especificam as exigências de órgãos governamentais para cargas mínimas de projeto sobre estruturas e padrões mínimos para construção. *Normas de projeto* fornecem padrões técnicos detalhados e são usadas para estabelecer as exigências para o projeto estrutural real. A Tabela 1.1 lista alguns dos códigos importantes usados na prática. Deve-se perceber, entretanto, que os códigos fornecem apenas um guia geral para o projeto. *A responsabilidade final para o projeto deve ser do engenheiro estrutural.*

Tabela 1.1 Códigos

Códigos de construção gerais
Minimum Design Loads for Building and Other Structures (Cargas mínimas de projeto para edifícios e outras estruturas), ASCE/SEI 7-10, *American Society of Civil Engineers* (Sociedade Norte-americana de Engenheiros Civis).
International Building Code (Código de Construção Internacional).

Normas de projeto
Building Code Requirements for Reinforced Concrete (Código de exigências para construção em concreto armado), *Am. Conc. Inst. – ACI* (Instituto Norte-americano do Concreto).
Manual of Steel Construction (Manual da construção em aço), *American Institute of Steel Construction, AISC* (Instituto Norte-americano de Construção em Aço).
Standard Specifications for Highway Bridges (Especificações padrão para pontes de autoestradas), *American Association of State Highway and Transportation Officials, AASHTO* (Associação Norte-americana de Dirigentes Estaduais de Transporte Rodoviário).
National Design Specification for Wood Construction (Especificação de projeto nacional para construção em madeira), *American Forest and Paper Association, AFPA* (Associação Norte-americana de Silvicultura e Papel).
Manual for Railway Engineering (Manual para engenharia ferroviária), *American Railway Engineering Association, AREA* (Associação Norte-americana de Engenheiros Ferroviários).

Tendo em vista que uma estrutura é geralmente sujeita a diversos tipos de cargas, uma breve discussão sobre essas cargas será apresentada agora para ilustrar como você deve considerar seus efeitos na prática.

Cargas permanentes. *Cargas permanentes* consistem dos pesos dos vários membros estruturais e os pesos de quaisquer objetos que sejam permanentemente ligados à estrutura. Portanto, para um edifício, as cargas permanentes incluem os pesos das colunas, vigas e vigas mestras, lajes de piso, cobertura, paredes, janelas, instalações hidráulicas e elétricas e outros acessórios diversos.

Em alguns casos, uma carga permanente estrutural pode ser estimada de maneira satisfatória a partir de fórmulas simples baseadas nos pesos e tamanhos de estruturas similares. Através da experiência, é possível de se derivar um "*feeling*" para o tamanho dessas cargas. Por exemplo, o peso médio para construções de madeira é de 1,9-2,4 kN/m^2, para construções com estrutura metálica é de 2,9-3,6 kN/m^2, e para construções de concreto armado é de 5,3-6,2 kN/m^2. Normalmente, no entanto, uma vez que os materiais e os tamanhos dos vários componentes da estrutura tenham sido determinados, seus pesos podem ser encontrados a partir de tabelas que listam suas densidades.

As densidades de materiais típicos usados na construção são listados na Tabela 1.2, e uma parte de uma tabela listando os pesos de componentes de construção típicos é dada na Tabela 1.3. Apesar de o cálculo de cargas permanentes baseado no uso de dados tabulados ser bastante direto, devemos nos dar conta que em muitos aspectos essas cargas terão de ser estimadas na fase inicial do projeto. Essas estimativas incluem materiais não estruturais como painéis de fachada pré-fabricados, sistemas elétricos e hidráulicos etc. Além disso, mesmo se o material for especificado, os pesos unitários dos elementos relatados nos códigos podem variar daqueles dados pelos fabricantes, e o uso posterior do edifício pode incluir algumas mudanças na carga permanente. Como resultado, estimativas de cargas permanentes podem estar equivocadas em 15% a 20% ou mais.

Tabela 1.2 Densidades mínimas para cargas de projeto de materiais*

	kN/m^3
Alumínio	26,7
Concreto simples, com escória	17,0
Concreto simples, com pedra	22,6
Concreto armado, com escória	17,4
Concreto armado, com pedra	23,6
Argila, seca	9,9
Argila, úmida	17,3
Areia e cascalho, secos, soltos	15,7
Areia e cascalho, úmidos	18,9
Alvenaria, concreto sólido leve	16,5
Alvenaria, peso normal	21,2
Madeira compensada	5,7
Aço, deformado a frio	77,3
Madeira, abeto Douglas	5,3
Madeira, pinheiro do Sul	5,8
Madeira, abeto	4,5

* Reproduzido com permissão da Sociedade Norte-americana de Engenheiros Civis (*American Society of Civil Engineers*). Cargas Mínimas de Projeto para Edifícios e Outras Estruturas (*Minimum Design Loads for Building and Other Structures*). ASCE/SEI 7-10. Cópias desta norma técnica podem ser compradas da ASCE em <www.pubs.asce.org>.

Tabela 1.3 — Cargas permanentes mínimas de projeto

Paredes	kN/m²
100 mm tijolo cerâmico	1,87
200 mm tijolo cerâmico	3,78
300 mm tijolo cerâmico	5,51
Compartimentações de estrutura e paredes	
Paredes de barrotes com revestimento de tijolos	2,30
Janelas, vidro, moldura e caixilho	0,38
Paredes de barrotes de madeira 50 x 100 mm sem reboco	0,19
Paredes de barrotes de madeira 50 x 100 mm com reboco de um lado	0,57
Paredes de barrotes de madeira 50 x 100 mm com reboco dos dois lados	0,96
Preenchimento do piso	
Concreto de escória, por mm	0,017
Concreto leve, simples, por mm	0,015
Concreto convencional, por mm	0,023
Tetos	
Painel de fibra acústico	0,05
Reboco sobre ladrilho ou concreto	0,24
Fasquia suspensa e gesso	0,48
Telhas de asfalto	0,10
Painel de fibra, 13 mm	0,04

* Reproduzido com permissão da Associação Norte-americana de Engenheiros Civis (*American Society of Civil Engineers*). Cargas Mínimas de Projeto para Edifícios e Outras Estruturas (*Minimum Design Loads for Buildings and Other Structures*), ASCE/SEI 7-10.

Normalmente, a carga permanente não é grande se comparada com a carga de projeto para estruturas simples como uma viga ou uma estrutura de um único andar; entretanto, para edifícios com vários andares é importante se ter uma contabilidade precisa de todas as cargas permanentes a fim de projetar de modo adequado as colunas, especialmente para os andares mais baixos.

Exemplo 1.1

A viga do piso na Figura 1.8 é usada para suportar a largura de 1,8 m de uma laje de concreto simples leve tendo uma espessura de 100 mm. A laje serve como uma porção do forro para o andar abaixo e, portanto, sua parte de baixo é revestida com gesso. Além disso, uma parede de bloco de concreto sólido leve de 2,4 m altura, 300 mm de espessura, está diretamente sobre a mesa superior da viga. Determine a carga sobre a viga medida por metro de comprimento da viga.

SOLUÇÃO
Usando dados nas tabelas 1.2 e 1.3, temos:

Laje de concreto:	$[0,015 \text{ kN}/(m^2 \cdot mm)](100 \text{ mm})(1,8 \text{ m})$ =	2,70 kN/m
Forro de gesso:	$(0,24 \text{ kN}/m^2)(1,8 \text{ m})$ =	0,43 kN/m
Parede de bloco:	$(16,5 \text{ kN}/m^3)(2,4 \text{ m})(0,3 \text{ m})$ =	11,88 kN/m
Carga total		15,01 kN/m
		(*Resposta*)

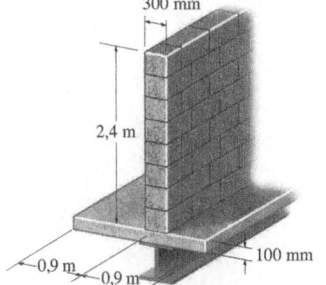

Figura 1.8

Sobrecargas. *Sobrecargas* podem variar tanto na sua magnitude quanto na sua localização. Elas podem ser causadas pelos pesos dos objetos temporariamente colocados

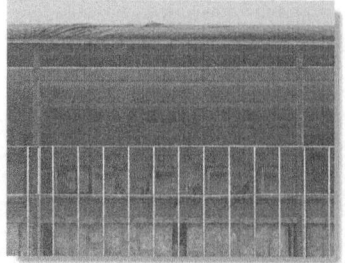

A sobrecarga de piso viva nesta sala de aula consiste de mesas, cadeiras e equipamento de laboratório. Para o projeto, a norma ASCE 7-10 especifica uma carga de 40 psf ou 1,92 kN/m².

sobre uma estrutura, veículos em movimento, forças naturais. As sobrecargas vivas mínimas especificadas em códigos são determinadas a partir do estudo da história dos seus efeitos sobre estruturas existentes. Normalmente, essas cargas incluem proteção adicional contra deflexão excessiva ou sobrecarga súbita. No Capítulo 6 desenvolveremos técnicas para especificar a localização apropriada das sobrecargas sobre a estrutura de maneira que elas causem a maior tensão ou deflexão dos membros. Vários tipos de sobrecargas vivas serão discutidos agora.

Cargas de edifícios. Presume-se que os pisos de prédios sejam sujeitos a *sobrecargas uniformes*, que dependem do propósito para o qual o edifício é projetado. Essas cargas geralmente são tabuladas em códigos locais, estaduais ou nacionais. Uma amostra representativa de *sobrecargas vivas mínimas* como esta, tiradas da norma *ASCE 7-10*, é apresentada na Tabela 1.4. Os valores são determinados de um histórico de carga de vários edifícios. Eles incluem alguma proteção contra a possibilidade de sobrecarga causada por situações de emergência, cargas de construção e exigências de utilidade em razão da vibração. Além de cargas uniformes, alguns códigos especificam *sobrecargas vivas concentradas mínimas*, decorrentes de carrinhos de mão, automóveis etc., que também devem ser aplicadas ao sistema de piso. Por exemplo, tanto sobrecargas vivas concentradas quanto uniformes têm de ser consideradas no projeto de um piso de estacionamento para automóveis.

Tabela 1.4 Sobrecargas vivas mínimas*

Ocupação ou uso	Sobrecarga kN/m²	Ocupação ou uso	Sobrecarga viva kN/m²
Áreas de montagem e teatros		Residencial	
Assentos fixos	2,87	Habitações (um e dois da família)	1,92
Assentos móveis	4,79	Hotéis e casas multifamiliares	
Garagens (somente carros de passageiros)	2,40	Quartos privativos e corredores	1,92
Prédios de escritórios		Salas públicas e corredores	4,79
Saguões	4,79	Escolas	
Escritórios	2,40	Salas de aula	1,92
Armazém depósito		Corredores acima do primeiro andar	3,83
Leve	6,00		
Pesado	11,97		

* Reproduzido com permissão de Cargas Mínimas de Projeto para Edifícios e Outras Estruturas (*Minimum Design Loads for Buildings and Other Structures*), ASCE/SEI 7-10.

Para alguns tipos de edifícios terem áreas de piso muito grandes, muitos códigos permitirão uma *redução* na sobrecarga viva uniforme para um *andar*, tendo em vista que é improvável que a sobrecarga viva prescrita vá ocorrer simultaneamente através de toda a estrutura em um dado momento. Por exemplo, a ASCE 7-10 permite uma redução da sobrecarga viva sobre um membro tendo uma *área de influência* ($K_{LL}A_T$) de 37,2 m² ou mais. Essa sobrecarga viva reduzida é calculada usando a equação a seguir:

$$L = L_o\left(0,25 + \frac{4,57}{\sqrt{K_{LL} A_T}}\right)$$

(1.1)

onde

   L = sobrecarga de projeto reduzida por metro quadrado de área suportada pelo membro.

   L_o = sobrecarga de projeto não reduzida por metro quadrado de área suportada pelo membro (ver Tabela 1.4).

   K_{LL} = fator de elemento de sobrecarga. Para colunas interiores $K_{LL} = 4$.

   A_T = área tributária em metros quadrados.*

A sobrecarga reduzida definida pela Equação 1.1 é limitada a não menos do que 50% da L_o para membros suportando um andar, ou não menos do que 40% de L_o para membros suportando mais de um andar. Nenhuma redução é permitida para cargas excedendo 4,79 kN/m², ou para estruturas usadas para reunião pública, garagens ou telhados. O Exemplo 1.2 ilustra a aplicação da Equação 1.1.

Exemplo 1.2

Um edifício de escritórios de dois andares mostrado na foto tem colunas interiores que estão espaçadas 6,6 m umas das outras em duas direções perpendiculares. Se a carga do teto plano for de 0,96 kN/m², determine a sobrecarga reduzida suportada por uma coluna interior típica localizada ao nível do chão.

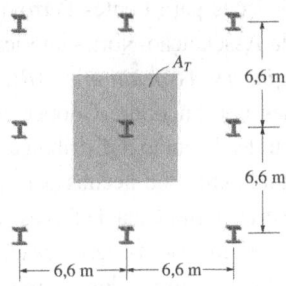

Figura 1.9

SOLUÇÃO

Conforme mostrado na Figura 1.9, cada coluna interior tem uma área tributária ou área de carga efetiva de $A_T = (6,6 \text{ m})(6,6 \text{ m}) = 43,56 \text{ m}^2$. Uma coluna no andar térreo portanto suporta uma sobrecarga de telhado de

$$F_R = (0,96 \text{ kN/m}^2)(43,56 \text{ m}^2) = 41,8 \text{ kN}$$

Esta carga não pode ser reduzida, tendo em vista que não se trata de uma carga de andar. Para o segundo andar, a sobrecarga é tirada da Tabela 1.4; $L_o = 2,4$ kN/m². Tendo em vista que $K_{LL} = 4$, então $4A_T = 4(43,56 \text{ m}^2) = 174,2 \text{ m}^2$ e $(174,2 \text{ m}^2 > 37,2 \text{ m}^2)$, a sobrecarga pode ser reduzida usando a Equação 1.1. Desse modo

$$L = 2,4\left(0,25 + \frac{4,57}{\sqrt{174,2}}\right) = 1,43 \text{ kN/m}^2$$

A redução de carga aqui é (1,43/2,4) = 59,6% > 50%. O.K.
Portanto

$$F_F = (1,43 \text{ kN/m}^2)(43,56 \text{ m}^2) = 62,3 \text{ kN}$$

A sobrecarga total suportada pela coluna do andar térreo é desse modo

$$F = F_R + F_F = 41,8 \text{ kN} + 62,3 \text{ kN} = 104,1 \text{ kN} \qquad (Resposta)$$

---

* Exemplos específicos da determinação de áreas tributárias para vigas e colunas são dados na Seção 2.1.

Cargas de pontes rodoviárias. As sobrecargas primárias sobre vãos de pontes são aquelas causadas pelo tráfego, e a carga de veículos mais pesada encontrada é aquela proporcionada por uma série de caminhões. Especificações para cargas de caminhões em pontes de autoestradas são relatadas nas Especificações de Projeto de Pontes (*LRFD – Bridge Design Specifications*) da Associação Norte-americana de Dirigentes Estaduais de Transporte Rodoviário (*American Association of State and Highway Transportation Officials – AASHTO*). Para caminhões de dois eixos, essas cargas são designadas com um H, seguidas pelo peso do caminhão em toneladas e outro número que dá o ano das especificações no qual a carga foi descrita. Pesos de caminhões série H variam de 10 a 20 toneladas. Entretanto, pontes localizadas em autoestradas importantes, que recebem bastante tráfego, são costumeiramente projetadas para caminhões de dois eixos mais um semitrailer de um eixo como na Figura 1.10. Estas são designadas como cargas HS. Em geral, uma carga de caminhão selecionada para projeto depende do tipo de ponte, sua localização, e o tipo de tráfego previsto.

O tamanho do "caminhão padrão" e a distribuição do seu peso também são relatados nas especificações. Mesmo que se presuma que os caminhões estejam na estrada, todas as pistas da ponte não precisam estar completamente carregadas com uma fila de caminhões para obter a carga crítica, tendo em vista que uma situação como esta seria altamente improvável. Os detalhes são discutidos no Capítulo 6.

Figura 1.10

Cargas de ponte ferroviária. As cargas sobre pontes ferroviárias, como na Figura 1.11, são especificadas nas Especificações para Pontes Ferroviárias de Aço (*Specifications for Steel Railway Bridges*) pela Associação Norte-americana de Engenheiros Ferroviários (*American Railroad Engineers Association – AREA*). Normalmente, cargas E, como originalmente concebidas por Theodore Cooper em 1894, foram usadas para projeto. B. Steinmann atualizou desde então a distribuição de carga de Cooper e criou uma série de cargas M que atualmente são aceitas para projeto. Tendo em vista que cargas de trem envolvem uma série complicada de forças concentradas, para simplificar os cálculos de mão, tabelas e gráficos são às vezes usados juntamente com linhas de influência para obter a carga crítica. Computadores também são usados com esse fim.

Cargas de impacto. Veículos em movimento podem saltar ou balançar de um lado para o outro à medida que se deslocam sobre uma ponte e, portanto, transmitem um *impacto* sobre o piso. O aumento percentual das sobrecargas causado pelo impacto é chamado de *fator de impacto I*. Esse fator é geralmente obtido a partir de fórmulas desenvolvidas de ensaios experimentais. Por exemplo, para pontes de autoestradas, as especificações da AASHTO exigem que

$$I = \frac{15{,}24}{L + 38{,}1} \quad \text{mas não maior do que } 0{,}3$$

onde L é o comprimento do vão em metros que é sujeito à sobrecarga.

Figura 1.11

Em alguns casos, provisões para a carga de impacto sobre a estrutura de um edifício precisam também ser levadas em consideração. Por exemplo, o ASCE 7-10 Standard exige que o peso do maquinário de um elevador seja aumentado em 100%, e as cargas sobre quaisquer tirantes usados para suportar andares e sacadas sejam aumentadas em 33%.

Cargas de vento. Quando estruturas bloqueiam o fluxo do vento, a energia cinética do vento é convertida em energia potencial de pressão, que causa uma carga de vento. O efeito do vento sobre uma estrutura depende da densidade e velocidade do ar, o ângulo de incidência do vento, a forma e rigidez da estrutura e a aspereza de sua superfície. Para fins de projeto, cargas de vento podem ser tratadas usando uma abordagem estática ou dinâmica.

Para a abordagem estática, a pressão flutuante causada por um vento soprando de modo constante é aproximada por uma pressão de velocidade média que atua sobre a estrutura. Esta pressão q é definida por sua energia cinética, $q = \frac{1}{2}\rho V^2$, onde ρ é a densidade do ar e V a sua velocidade. De acordo com o ASCE 7-10 Standard, essa equação é modificada para levar em consideração a importância da estrutura, sua altura e o terreno no qual ela está localizada. Ela é representada como

$$q_z = 0{,}613 K_z K_{zt} K_d V^2 \; (\text{N/m}^2) \tag{1.2}$$

onde

- V = a velocidade em m/s de uma rajada de vento de três segundos, medida 10 m acima do chão. Valores específicos dependem da "categoria" da estrutura obtida de um mapa de vento. Por exemplo, a porção continental interior dos Estados Unidos apresenta uma velocidade de vento de 47 m/s se a estrutura é um edifício agrícola ou de armazenamento, tendo em vista que ele é de uma natureza de baixo risco para a vida humana no evento de um colapso. A velocidade do vento é de 54 m/s se a estrutura for de um hospital, tendo em vista que seu colapso causaria uma perda substancial de vida humana.

- K_z = o coeficiente de exposição de pressão de velocidade, que é uma função da altura e depende do terreno no chão. A Tabela 1.5 lista valores para uma estrutura que está localizada em terreno aberto com obstruções baixas dispersas.

- K_{zt} = um fator que leva em consideração aumentos de velocidade do vento em razão de montes e escarpas. Para o terreno plano $K_{zt} = 1{,}0$.

- K_d = um fator que leva em consideração a direção do vento. Ele é usado somente quando a estrutura é sujeita a combinações de cargas (ver Seção 1.4). Para o vento atuando sozinho, $K_d = 1{,}0$.

Ventos de furacão causaram este dano a um condomínio em Miami, Flórida.

Tabela 1.5 Coeficiente de exposição de pressão de velocidade para terreno com obstruções baixas

z(m)	K_z
0-4,6	0,85
6,1	0,90
7,6	0,94
9,1	0,98
12,2	1,04
15,2	1,09

Pressão de projeto de vento para edifícios fechados. Uma vez que o valor para q_z é obtido, a pressão de projeto pode ser determinada a partir de uma lista de equações relevantes listadas no ASCE 7-10 Standard. A escolha depende da flexibilidade e altura da estrutura, e se o projeto é para o sistema de resistência à força de vento principal, ou para os componentes e revestimento do edifício. Por exemplo, usando um "procedimento direcional", a *pressão do vento* em um edifício fechado de qualquer altura é determinada usando uma equação de dois termos resultando tanto de pressões internas e externas, a saber,

$$p = qGC_p - q_h(GC_{pi})\qquad(1.3)$$

Aqui

- q = q_z para a parede na direção do vento na altura z acima do chão (Equação 1.2), e $q = q_h$ para as paredes a sotavento, paredes laterais e telhado, onde $z = h$, a altura média do telhado.
- G = um fator de efeito de rajada de vento, que depende da exposição. Por exemplo, para uma estrutura rígida, $G = 0,85$.
- C_p = um coeficiente de pressão do telhado ou parede determinado a partir de uma tabela. Esses valores tabulados para as paredes e um telhado com inclinação de $\theta = 10°$ são dados na Figura 1.12. Observe na visão de elevação que a pressão variará com a altura do lado na direção do vento do edifício, enquanto nos lados restantes e no telhado a pressão é presumida que seja constante. Valores negativos indicam pressões atuando para fora da superfície.
- (GC_{pi}) = o coeficiente de pressão interna, que depende do tipo de aberturas no edifício. Para edifícios completamente fechados $(GC_{pi}) = \pm 0,18$. Aqui os sinais indicam que uma pressão negativa ou positiva (de sucção) pode ocorrer dentro do edifício.

O vento soprando sobre uma parede tenderá a tombar um edifício ou deslocá-lo lateralmente. Para evitar isso, os engenheiros usam o contraventamento em X para proporcionar estabilidade. Ver também p. 32-33.

A aplicação da Equação 1.3 envolverá cálculos de pressões de vento de cada lado do edifício, com as devidas considerações para a possibilidade de pressões positivas ou negativas atuando no interior do edifício.

Para edifícios altos ou aqueles tendo uma forma ou localização que os torna sensíveis ao vento, é recomendado que uma *abordagem dinâmica* seja usada para determinar as cargas de vento. A metodologia para esse procedimento também é exposta no ASCE 7-10 Standard. Ela exige testes de túnel de vento para ser realizada em um modelo em escala do edifício e daqueles que o cercam, a fim de simular o ambiente natural. Os efeitos de pressão do vento sobre o edifício podem ser determinados a partir de transdutores ligados ao modelo. Se o modelo também apresentar as características de rigidez que estão na escala apropriada ao prédio, então as suas deflexões dinâmicas podem ser determinadas.

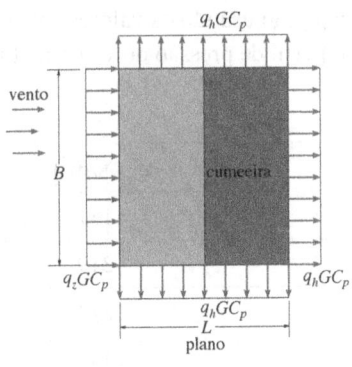
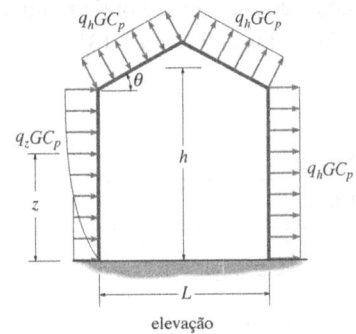

Superfície	L/B	C_p	Uso com
Parede na direção do vento	Todos os valores	0,8	q_z
Parede de sotavento	0–1 2 ≥4	−0,5 −0,3 −0,2	q_h
Paredes laterais	Todos os valores	−0,7	q_h

Coeficientes de pressão da parede, C_p

(a)

Direção do vento		Ângulo na direção do vento θ	Ângulo de sotavento
	h/L	10°	$\theta = 10°$
Normal à cumeeira	≤0,25 0,5 >1,0	−0,7 −0,9 −1,3	−0,3 −0,5 −0,7

Coeficientes de pressão no telhado negativos máximos, C_p, para uso com q_h

(b)

Figura 1.12

Exemplo 1.3

O edifício fechado mostrado na foto e na Figura 1.13a é usado para fins de armazenamento e está localizado próximo a Chicago, Illinois, em um terreno plano e aberto. Quando o vento está direcionado como mostrado, determine a pressão de vento de projeto atuando sobre o telhado e os lados do prédio usando as especificações ASCE 7-10.

SOLUÇÃO

Primeiro, a pressão do vento será determinada usando a Equação 1.2. A velocidade de vento básica é $V = 47$ m/s, tendo em vista que o prédio é usado para armazenamento. Também, para o terreno plano, $K_{zt} = 1,0$. Tendo em vista que somente a carga do vento está sendo considerada, $K_d = 1,0$. Portanto,

$$q_z = 0{,}613\, K_z K_{zt} K_d V^2$$
$$= 0{,}613\, K_z (1{,}0)(1{,}0)(47)^2$$
$$= 1354\, K_z$$

Da Figura 1.13a, $h' = 22,5$ tg $10° = 3,97$ m de maneira que a altura média do telhado é $h = 7,5 + 3,97/2 = 9,48$ m. Usando os valores de K_z na Tabela 1.5, valores calculados do perfil de pressão são listados na tabela na Figura 1-13b. Observe que o valor de K_z foi determinado pela interpolação linear para $z = h$, isto é, $(1,04 − 0,98)/(12,2 − 9,1) = (1,04 − K_z)/(12,2 − 9,48)$, $K_z = 0,987$, e assim $q_h = 1354(0,987) = 1337$ N/m².

A fim de aplicar a Equação 1.3 o fator de rajada é $G = 0,85$ e $(GC_{pi}) = \pm 0,18$. Desse modo,

$$p = qGC_p - q_h(GC_{pi})$$
$$= q(0{,}85)C_p - 1337(\pm 0{,}18)$$
$$= 0{,}85qC_p \mp 241 \qquad (1)$$

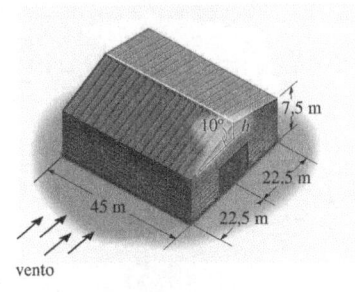

(a)

Figura 1.13

As cargas de pressão são obtidas a partir dessa equação usando os valores calculados para q_z listados na Figura 1.13b de acordo com o perfil de pressão do vento na Figura 1.12.

z(m)	K_z	q_z (N/m²)
0–4,6	0,85	1151
6,1	0,90	1219
7,6	0,94	1273
h = 9,48	0,987	1337

(b)

Parede na direção do vento. Aqui a pressão varia com a altura z tendo em vista que $q_z G C_p$ tem de ser usado. Para todos os valores de L/B, $C_p = 0,8$, de maneira que da Equação (1),

$$p_{0-4,6} = 542 \text{ N/m}^2 \quad \text{ou} \quad 1024 \text{ N/m}^2$$
$$p_{6,1} = 588 \text{ N/m}^2 \quad \text{ou} \quad 1070 \text{ N/m}^2$$
$$p_{7,6} = 625 \text{ N/m}^2 \quad \text{ou} \quad 1107 \text{ N/m}^2$$

Parede de sotavento. Aqui $L/B = 2(22,5)/45 = 1$, de maneira que $C_p = -0,5$. Também, $q = q_h$ e assim da Equação (1),

$$p = -809 \text{ N/m}^2 \quad \text{ou} \quad -327 \text{ N/m}^2$$

Paredes laterais. Para todos os valores de L/B, $C_p = -0,7$, e, portanto, tendo em vista que precisamos usar $q = q_h$ na Equação (1), temos

$$p = -1037 \text{ N/m}^2 \quad \text{ou} \quad -555 \text{ N/m}^2$$

Telhado na direção do vento. Aqui $h/L = 9,48/2(22,5) = 0,211 < 0,25$, de maneira que $C_p = -0,7$ e $q = q_h$. Desse modo,

$$p = -1037 \text{ N/m}^2 \quad \text{ou} \quad -555 \text{ N/m}^2$$

Telhado de sotavento. Neste caso $C_p = -0,3$; portanto com $q = q_h$, temos

$$p = -582 \text{ N/m}^2 \quad \text{ou} \quad -100 \text{ N/m}^2$$

Estes dois conjuntos de cargas são mostrados na elevação do edifício, representando a pressão interna do edifício positiva ou negativa (sucção) (Figura 1.13c). A estrutura aporticada principal do edifício tem de resistir a essas cargas assim como para cargas em separado calculadas do vento soprando na frente ou por trás do edifício.

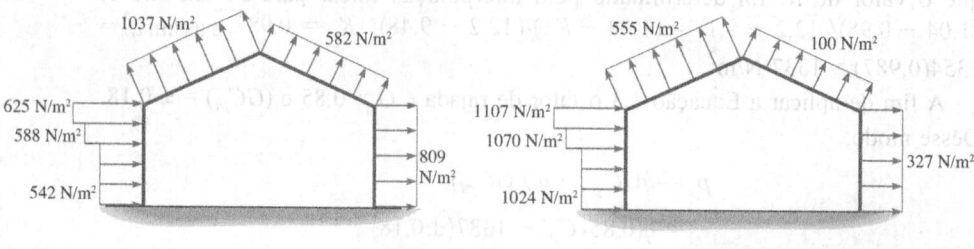

(c)

Pressão de vento de projeto para letreiros. Se a estrutura representa um letreiro, o vento produzirá uma *força resultante* atuando sobre a face do letreiro que é determinado a partir de

$$F = q_h G C_f A_s \tag{1.4}$$

Aqui

q_h = a pressão do vento avaliada na altura h, medida do chão até o topo do letreiro.

G = o fator de coeficiente de rajada de vento definido previamente.

C_f = um coeficiente de força que depende da relação de aspecto (largura B do letreiro para altura s do letreiro), e a relação de área livre (altura do letreiro s para a elevação h, medida do chão para o topo do letreiro). Para casos de vento direcionado normal ao letreiro e através de seu centro, para $B/s = 4$, valores são listados na Tabela 1.6.

A_s = a área da face do letreiro em m².

Tabela 1.6 Coeficientes de força para letreiros sólidos acima do chão, C_f

s/h	C_f
1	1,35
0,9	1,45
0,5	1,70
0,2	1,80
≤ 0,16	1,85

Para permitir direções de vento oblíquas e normais, a força resultante calculada é presumida que atue através do centro geométrico da face do letreiro ou em outras localizações especificadas na face do letreiro que dependem das relações s/h e B/s.

Cargas de neve. Em algumas partes dos Estados Unidos, a carga de telhado em razão da neve pode ser bastante severa e, portanto, a proteção contra um possível colapso é uma preocupação fundamental. Cargas de projeto dependem tipicamente da forma geral do edifício e da geometria do telhado, exposição ao vento, localização, sua importância, e se ele é ou não aquecido. Da mesma maneira que o vento, cargas de neve no ASCE 7-10 Standard são geralmente determinadas de um mapa de zona relatando intervalos de recorrência de 50 anos de uma profundidade de neve extrema. Por exemplo, na elevação relativamente plana através das regiões centrais dos estados de Illinois e Indiana, a carga de neve no chão é de 0,96 kN/m². Entretanto, para áreas de Montana, estudos de caso específicos de cargas de neve no chão são necessários por causa das elevações variáveis através do estado. Especificações para cargas de neve são descritas no ASCE 7-10 Standard, apesar de que nenhum código único pode cobrir todas as implicações desse tipo de carga.

Se um telhado é plano, definido como detentor de uma inclinação de menos de 5%, então a carga de pressão sobre o telhado pode ser obtida modificando a carga de neve no chão, p_g, seguindo a fórmula empírica

$$p_f = 0{,}7 C_e C_t I_s p_g \tag{1.5}$$

Aqui

C_e = um fator de exposição que depende do terreno. Por exemplo, para um telhado completamente exposto em uma área desobstruída, $C_e = 0{,}8$, já se o telhado é abrigado e localizado no centro de uma grande cidade, então $C_e = 1{,}2$.

Ventos de furação atuando sobre a face deste semáforo foram fortes o suficiente para dobrar visivelmente os dois braços de apoio fazendo que o material cedesse. Um projeto adequado teria evitado essa ocorrência.

Neve excessiva e cargas de gelo atuam sobre este telhado.

C_t = um fator térmico que se refere à temperatura média dentro do edifício. Para estruturas não aquecidas mantidas abaixo da temperatura de congelamento C_t = 1,2, já se o telhado está cobrindo uma estrutura aquecida normalmente, então C_t = 1,0.

I_s = o fator de importância à medida que ele se relaciona com a ocupação. Por exemplo, I_s = 0,80 para instalações agrícolas e de armazenamento, e I_s = 1,20 para escolas e hospitais.

Se $p_g \leq 0{,}96$ kN/m², então use o *maior valor* para p_f, seja calculando da equação acima ou de $p_f = I_s p_g$. Se $p_g > (0{,}96$ kN/m²), então use $p_f = I_s(0{,}96$ kN/m²).

Exemplo 1.4

A instalação não aquecida mostrada na Figura 1.14 está localizada em um terreno aberto e plano na região sul do estado de Illinois, onde a carga de neve no chão especificada é de 0,72 kN/m². Determine a carga de neve de projeto sobre o telhado que tem uma inclinação de 4%.

SOLUÇÃO
Tendo em vista que a inclinação do telhado é <5%, usaremos a Equação 1.5. Aqui, C_e = 0,8 em razão da área aberta, C_t = 1,2 e I_s = 0,8.
Desse modo,

$$p_f = 0{,}7 C_e C_t I_s p_g$$
$$= 0{,}7(0{,}8)(1{,}2)(0{,}8)(0{,}72 \text{ kN/m}^2) = 0{,}39 \text{ kN/m}^2$$

Tendo em vista que $p_g = 0{,}72$ kN/m² $< 0{,}96$ kN/m², então também

$$p_f = I p_g = 0{,}8(0{,}72 \text{ kN/m}^2) = 0{,}58 \text{ kN/m}^2$$

Por comparação, escolhemos

$$p_f = 0{,}58 \text{ kN/m}^2 \qquad (Resposta)$$

Figura 1.14

Cargas de terremoto. Terremotos produzem cargas sobre uma estrutura através da sua interação com o terreno e suas características de resposta. Estas cargas resultam da distorção da estrutura causada pelo movimento do solo e a resistência lateral da estrutura. Sua magnitude depende do montante e do tipo de acelerações do solo, assim como da massa e rigidez da estrutura. A fim de proporcionar alguma reflexão quanto à natureza das cargas de terremotos, considere o modelo estrutural simples mostrado na Figura 1.15. Este modelo pode representar um edifício de um único pavimento, onde o bloco de cima é a massa "reunida" do telhado e o bloco do meio é a rigidez reunida de todas as colunas do prédio. Durante um terremoto, o solo vibra tanto horizontalmente quanto verticalmente. As acelerações horizontais criam forças de cisalhamento na coluna que coloca o bloco em movimento sequencial com o terreno. Se a coluna é *rígida* e o bloco tem uma massa *pequena*, o período de vibração do bloco será *curto* e o bloco acelerará com o mesmo movimento que o solo e passará por deslocamentos relativos apenas pequenos. Para uma estrutura real que é projetada para ter grandes montantes de travamento e conexões rígidas isto pode ser benéfico, tendo em vista que menos tensão é desenvolvida nos membros. Por outro lado, se a coluna na Figura 1.15 é muito flexível e o bloco tem uma grande massa, então o movimento induzido pelo terremoto causará pequenas acelerações do bloco e grandes deslocamentos relativos.

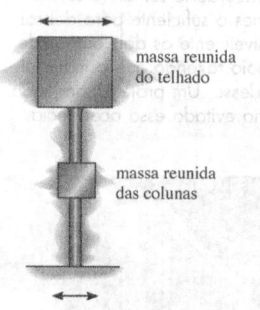

Figura 1.15

Na prática os efeitos da aceleração, velocidade e deslocamento de uma estrutura podem ser determinados e representados como um *espectro de resposta de terremoto*. Uma vez que este gráfico tenha sido estabelecido, as cargas de terremoto podem ser calculadas usando uma *análise dinâmica* baseada na teoria da dinâmica estrutural. Este tipo de análise está ganhando popularidade, apesar de que ela é frequentemente bastante elaborada e exige o uso de um computador. Mesmo assim, uma análise como esta torna-se obrigatória se a estrutura for grande.

Alguns códigos exigem que uma atenção específica seja dada ao projeto de terremoto, especialmente em áreas do país onde fortes terremotos predominam. Estas cargas também devem ser consideradas seriamente nos projetos de edifícios altos ou usinas de energia nuclear. A fim de avaliar a importância de levar em conta o projeto de terremoto, você pode checar os mapas de aceleração sísmica do solo publicadas na norma ASCE 7-10. Estes mapas fornecem as acelerações de solo máximas causadas por um terremoto, juntamente com os coeficientes de risco. Regiões nos Estados Unidos variam de baixo risco, como partes do Texas, a muito alto risco, como ao longo da costa oeste da Califórnia.

Para estruturas pequenas, uma *análise estática* para o projeto de terremoto pode ser satisfatória. Este caso aproxima as cargas dinâmicas por um conjunto de *forças estáticas* externamente aplicadas que são colocadas lateralmente à estrutura. Um método para fazer isso é divulgado na norma ASCE 7-10. Ele é baseado na necessidade de encontrar um coeficiente de resposta sísmica, C_s, determinado a partir das propriedades do solo, as acelerações do terreno e a resposta vibracional da estrutura. Para a maioria das estruturas, este coeficiente é então multiplicado pela carga permanente total da estrutura W para obter o "cisalhamento da base" na estrutura. O valor de C_s é determinado na realidade de

$$C_s = \frac{S_{DS}}{R/I_e}$$

onde

S_{DS} = a aceleração espectral de resposta para períodos curtos de vibração.

R = um fator de modificação de resposta que depende da ductibilidade da estrutura. Membros de estrutura de aço que são altamente dúcteis podem ter um valor tão alto quanto 8, enquanto estruturas de concreto armado podem ter um valor tão baixo quanto 3.

I_e = o fator de importância que depende do uso da edificação. Por exemplo, $I_e = 1$ para instalações agrícolas e de armazenamento, e $I_e = 1,5$ para hospitais e outras instalações essenciais.

Com cada nova publicação da Norma, valores desses coeficientes são atualizados à medida que dados mais precisos a respeito da resposta a terremotos tornam-se disponíveis.

Pressão hidrostática e do solo. Quando estruturas são usadas para reter a água, o solo, ou materiais granulares, a pressão desenvolvida por estas cargas torna-se um critério importante para seu projeto. Exemplos desses tipos de estruturas incluem tanques, barragens, navios, cais e muros de contenção. Aqui as leis da hidrostática e mecânica do solo são aplicadas para definir a intensidade das cargas na estrutura.

Outras cargas naturais. Vários outros tipos de sobrecargas também talvez tenham de ser consideradas no projeto de uma estrutura, dependendo da sua localização ou uso. Elas incluem o efeito de rajada, mudanças de temperatura e assentamento diferencial da fundação.

A análise deste muro de contenção exige estimar a pressão do solo atuando sobre ele. Também, a cancela da eclusa pode ser sujeita à pressão hidrostática que deve ser considerada para seu projeto.

1.4 Projeto estrutural

Sempre que uma estrutura é projetada, é importante levar em consideração incertezas quanto aos materiais e aos carregamentos. Essas incertezas incluem uma possível variabilidade em propriedades dos materiais, tensão residual em materiais, medidas previstas sendo diferentes dos tamanhos fabricados, cargas em razão de vibração ou impacto, e corrosão ou deterioração do material.

ASD. Métodos de projeto de tensão admissível (*Allowable-stress design – ASD*) incluem *tanto* incertezas de material *como* de cargas em um único fator de segurança. Os muitos tipos de cargas discutidos anteriormente podem ocorrer simultaneamente em uma estrutura, mas é muito improvável que o máximo dessas cargas todas vá ocorrer ao mesmo tempo. Por exemplo, cargas de terremoto e vento máximo normalmente não atuam simultaneamente sobre uma estrutura. Para o *projeto de tensão admissível* a tensão elástica calculada no material não pode exceder a tensão admissível para cada uma de várias combinações de cargas. Combinações de carga típicas como especificadas pela norma ASCE 7-10 incluem

- carga morta
- 0,6 (carga morta) + 0,6 (carga de vento)
- 0,6 (carga morta) + 0,7 (carga de terremoto)

LFRD. Tendo em vista que a incerteza pode ser considerada usando a teoria da probabilidade, tem havido uma tendência cada vez maior de separar a incerteza do material da incerteza de carga. Este método é chamado de *projeto de resistência* ou projeto de estado limite último (*LFRD – load and resistance factor design*). Por exemplo, para levar em consideração a incerteza das cargas, este método usa fatores de carga às cargas ou combinações de cargas. De acordo com a norma ASCE 7-10, alguns dos fatores de carga e combinações são

- 1,4 (carga permanente)
- 1,2 (carga permanente) + 1,6 (sobrecarga) + 0,5 (carga da neve)
- 0,9 (carga permanente) + 1,0 (carga do vento)
- 0,9 (carga permanente) + 1,0 (carga do terremoto)

Em todos estes casos, a combinação de cargas é pensada como se estivesse proporcionando uma carga máxima, embora realista, sobre a estrutura.

Problemas

P1.1. O piso de um armazém de depósito pesado é feito de concreto convencional com uma espessura de 150 mm. Se o piso é uma laje tendo um comprimento de 4,5 m e uma largura de 3 m, determine a força resultante causada pela carga permanente e pela sobrecarga.

P1.2. O piso de um prédio de escritórios é feito de concreto leve com uma espessura de 100 mm. Se o piso do escritório é uma laje tendo um comprimento de 6 m e largura de 4,5 m, determine a força resultante causada pela carga permanente e pela sobrecarga.

P1.2

P1.3. A viga em T é feita de concreto tendo um peso específico de 24 kN/m³. Determine a carga permanente por comprimento de metro da viga. Desconsidere o peso do reforço de aço.

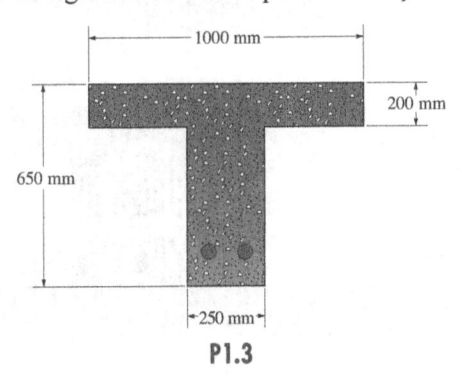

P1.3

***P1.4.** A barreira "Nova Jersey" é comumente usada durante a construção de autoestradas. Determine seu peso por metro de comprimento se ela for feita de concreto convencional.

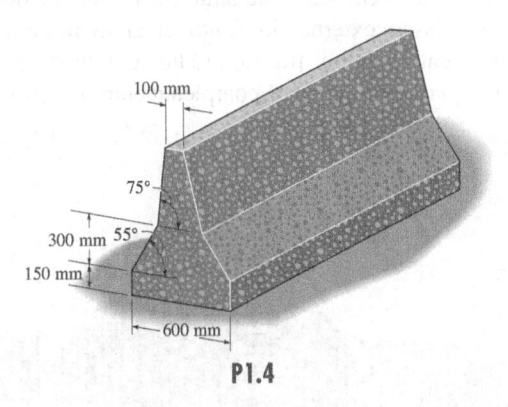

P1.4

P1.5. O piso de um armazém de depósito leve é feito de concreto simples leve com uma espessura de 150 mm. Se o piso é uma laje tendo um comprimento de 7 m e largura de 3 m, determine a força resultante causada pela carga permanente e a sobrecarga.

P1.6. A viga de concreto protendido é feita de concreto de pedra simples e quatro cordoalhas de reforço de aço deformados a frio de 19 mm. Determine o peso permanente da viga por metro de seu comprimento.

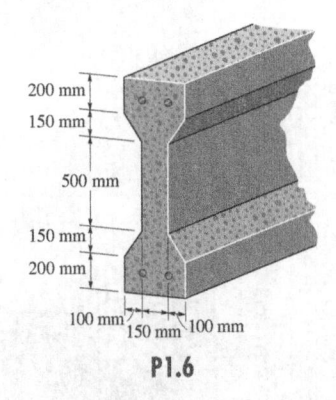

P1.6

P1.7. A parede tem 2,5 m de altura e consiste de barrotes verticais de 51 mm x 102 mm colocadas de um lado. Do outro lado há uma placa de fibra de 13 mm e 102 mm de tijolo cerâmico. Determine a carga média em kN/m de comprimento da parede que a parede exerce sobre o piso.

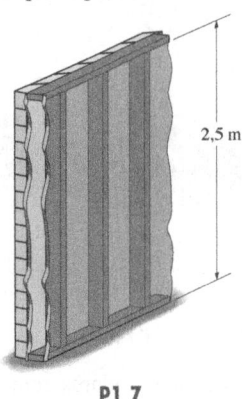

P1.7

ature*P1.8. A parede de um prédio consiste de barrotes verticais com tijolos exteriores e 13 mm de placa de fibra de um lado. Se a parede tem 4 m de altura, determine a carga em kN/m que ela exerce sobre o piso.

P1.9. A parede interior de um prédio é feita de peças verticais de madeira de 50 mm x 100 mm, rebocadas dos dois lados. Se a parede tem 3,6 m de altura, determine a carga em kN/m de comprimento de parede que ela exerce sobre o piso.

P1.10. O segundo andar de um prédio de uma fábrica leve é construído com uma laje de 125 mm de espessura de concreto de pedra com 100 mm de concreto de escória de preenchimento conforme mostrado. Se o teto suspenso do primeiro andar consiste de chapa expandida e gesso, determine a carga permanente para o projeto em kN por metro quadrado de área de piso.

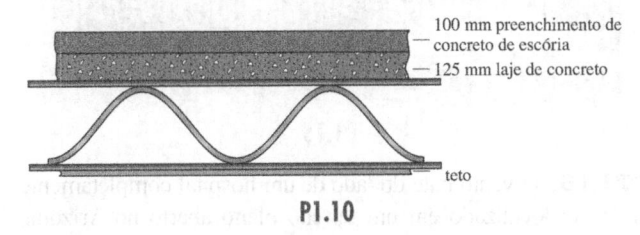

P1.10

P1.11. Um prédio de escritórios de quatro andares tem colunas interiores espaçadas 9 m umas das outras em duas direções perpendiculares. Se a sobrecarga do telhado plano é estimada em 1,5 kN/m², determine a sobrecarga reduzida suportada por uma coluna interior típica localizada ao nível do chão.

*P1.12. Um armazém de depósito leve de dois andares tem colunas interiores que estão espaçadas 3,6 m umas das outras em duas direções perpendiculares. Se a sobrecarga no telhado é estimada em 1,25 kN/m², determine a sobrecarga reduzida suportada por uma coluna interior típica em (a) nível do andar térreo e (b) nível do segundo andar.

P1.13. O prédio de escritórios tem colunas interiores espaçadas 5 m umas das outras em direções perpendiculares. Determine a sobrecarga reduzida suportada por uma coluna interior típica localizada no primeiro andar sob os escritórios.

P1.14. Um hotel de dois andares tem colunas interiores para os quartos que são espaçadas 6 m umas das outras em duas direções perpendiculares. Determine a sobrecarga reduzida suportada por uma coluna interior típica no primeiro andar sob os alojamentos.

P1.15. O vento bate do lado de um hospital completamente fechado localizado em um terreno plano aberto no Arizona. Determine a pressão externa atuando sobre a parede na direção do vento, que tem uma altura de 9 m. O telhado é plano.

*P1.16. O vento bate do lado de um hospital completamente fechado localizado em um terreno plano aberto no Arizona. Determine a pressão externa atuando sobre a parede de sotavento, que tem um comprimento de 60 m e uma altura de 9 m.

P1.17. Um depósito fechado está localizado em um terreno plano aberto na região central de Ohio. Se a parede do lado do prédio tem 6 m de altura, determine a pressão do vento externa atuando nas paredes na direção do vento e a sotavento. Cada parede tem 18 m de comprimento. Presuma que o telhado é essencialmente plano.

P1.18. O armazém de metal leve encontra-se em um terreno plano aberto na região central do Oklahoma. Se a parede lateral do prédio tem 4,2 m de altura, quais são os dois valores da pressão externa do vento atuando nesta parede quando o vento bate por trás do prédio? O telhado é essencialmente plano e o prédio é completamente fechado.

P1.19. Determine a força resultante atuando perpendicular à face do outdoor e através do seu centro se ele está localizado em Michigan em terreno plano aberto. O letreiro é rígido e tem uma largura de 12 m e altura de 3 m. Seu lado de cima fica a 15 m do chão.

*P1.20. Um hospital localizado na região central de Illinois tem um telhado plano. Determine a carga de neve em kN/m² que é necessária para projetar o telhado.

P1.21. O prédio da escola tem um telhado plano. Ela está localizada em uma área aberta onde a carga de neve no chão é de 0,68 kN/m². Determine a carga de neve que é necessária para projetar o telhado.

P1.21

P1.22

P1.22. O hospital está localizado em uma área aberta e tem um telhado plano. A carga de neve no chão é de 1,5 kN/m². Determine a carga de neve de projeto para o telhado.

REVISÃO DO CAPÍTULO

Os elementos estruturais básicos são:

Tirantes: membros delgados sujeitos à tensão. Frequentemente usados para contraventamento.

Vigas: membros designados para resistir ao momento fletor. Elas são comumente fixadas ou suportadas por pinos e podem aparecer na forma de uma viga de placas de aço, concreto armado ou madeira laminada.

Colunas: membros que resistem à força compressiva axial. Se a coluna também resiste à flexão, ela é chamada de *viga coluna*.

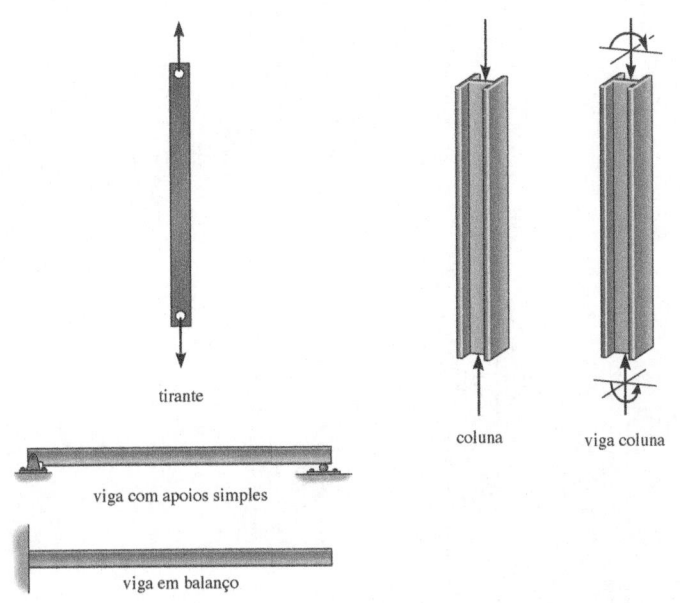

tirante

viga com apoios simples

viga em balanço

coluna

viga coluna

Os tipos de estruturas consideradas neste livro consistem de *treliças* feitas de membros delgados conectados por pinos formando uma série de triângulos, *cabos e arcos*, que suportam cargas tênseis e compressivas, e *pórticos* compostos de vigas e colunas com ligações fixas ou articuladas.

(Ref.: Seção 1.2)

Cargas são especificadas em códigos como a norma ASCE 7-10. *Cargas permanentes* são fixas e dizem respeito aos pesos de membros e materiais. *Sobrecargas* são móveis e consistem de cargas uniformes de andares de edifícios, tráfego e cargas de trens em pontes, cargas de impacto causadas por veículos e máquinas, cargas de vento, cargas de neve, cargas de terremoto, e pressão do solo e hidrostática.

(Ref.: Seção 1.3)

Com frequência os elementos de uma estrutura, como as vigas e vigas mestras do pórtico deste prédio, estão ligados de tal modo que a análise pode ser considerada estaticamente determinada.

CAPÍTULO 2

Análise de estruturas estaticamente determinadas

Neste capítulo vamos dirigir nossa atenção para a forma mais comum de estrutura que o engenheiro terá de analisar. Trata-se de uma estrutura que se encontra em um plano e é sujeita a um sistema de forças que se encontra no mesmo plano. Começamos discutindo a importância de escolher um modelo analítico apropriado para uma estrutura de maneira que as forças na estrutura possam ser determinadas com precisão razoável. Dessa forma, os critérios necessários para a estabilidade estrutural são discutidos e, por fim, a análise de estruturas conectadas por pinos, planares e estaticamente determinadas é apresentada.

2.1 Estrutura idealizada

Uma análise exata de uma estrutura nunca pode ser realizada, tendo em vista que estimativas sempre têm de ser feitas em relação às cargas e às resistências dos materiais que compõem a estrutura. Além disso, pontos de aplicação para as cargas também têm de ser estimados. É importante, portanto, que o engenheiro estrutural desenvolva a capacidade de modelar ou idealizar uma estrutura de maneira que possa realizar uma análise de força prática dos membros. Nesta seção desenvolveremos as técnicas básicas necessárias para fazer isto.

Conexões de apoio. Membros estruturais estão conectados de várias maneiras dependendo da intenção do projetista. Os três tipos de apoios mais especificados são: o conectado por pino, o de rolo e o fixo. Um apoio conectado por pino e um apoio de rolo permitem alguma liberdade para uma ligeira rotação, enquanto o apoio fixo não permite rotação relativa entre os membros produzidos e é, consequentemente, de fabricação mais cara. Exemplos desses apoios, produzidas em metal e concreto, são mostrados nas figuras 2.1 e 2.2, respectivamente. Para a maioria das estruturas de madeira, os membros são presumidos que sejam conectados por pinos, tendo em vista que aparafusá-los ou pregá-los não os impedirá suficientemente de girarem uns em relação aos outros.

Modelos idealizados usados em análise estrutural que representam apoios por pinos, apoios fixos, nós fixos e nós ligados por pinos são mostrados nas figuras 2.3a e 2.3b. Na realidade, entretanto, todas as conexões apresentam alguma rigidez quando às rotações de nó, por causa da fricção e comportamento do material. Neste caso,

Observe que o tabuleiro desta ponte de concreto é feito de maneira que se pode considerar que uma seção esteja sustentada por rolamento sobre outra.

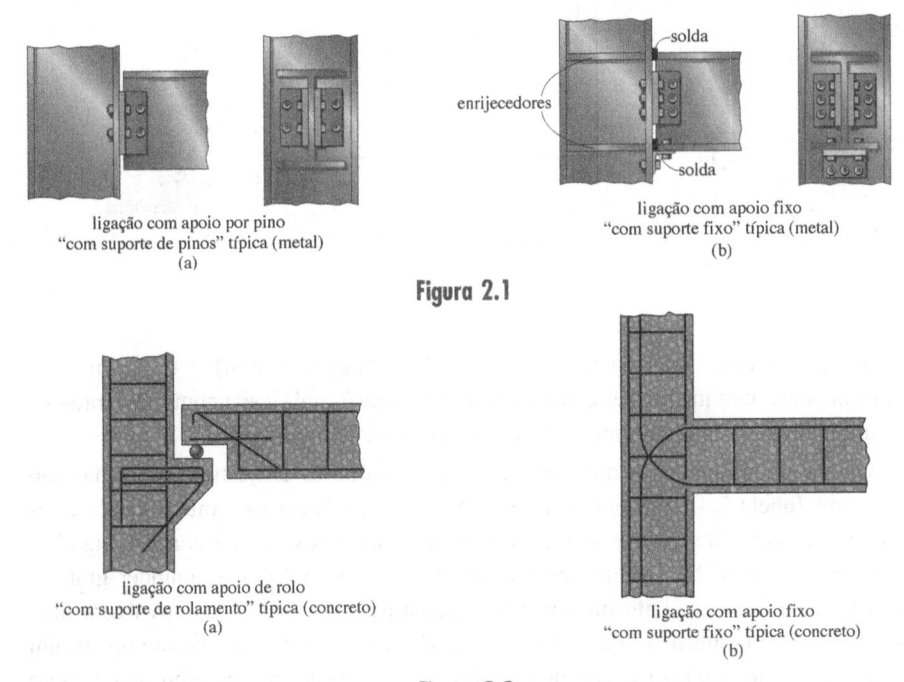

ligação com apoio por pino
"com suporte de pinos" típica (metal)
(a)

ligação com apoio fixo
"com suporte fixo" típica (metal)
(b)

Figura 2.1

ligação com apoio de rolo
"com suporte de rolamento" típica (concreto)
(a)

ligação com apoio fixo
"com suporte fixo" típica (concreto)
(b)

Figura 2.2

um modelo mais apropriado para um apoio ou nó poderia ser aquele mostrado na Figura 2.3c. Se a constante de mola de torção $k = 0$, o apoio é um pino, e se $k \to \infty$, o apoio é fixo.

Ao escolher um modelo em particular para cada apoio ou nó, o engenheiro tem de estar consciente de como as premissas afetarão o desempenho real do membro e se as premissas são razoáveis para o projeto estrutural. Por exemplo, considere a viga mostrada na Figura 2.4a, que é usada para suportar uma carga concentrada **P**. A ligação por cantoneiras no apoio A é como aquela na Figura 2.1a e pode, portanto, ser idealizada como um suporte de pino típico. Além disso, o apoio em B proporciona um ponto aproximado de contato liso e assim ele pode ser idealizado como um rolamento. A espessura da viga pode ser negligenciada tendo em vista que ela é pequena em comparação com o comprimento da viga e, portanto, o modelo idealizado da viga é mostrado na Figura 2.4b. A análise das cargas nesta viga deve fornecer resultados que se aproximam das cargas na viga real. Para mostrar que o modelo é apropriado, considere um caso específico de uma viga feita de aço com $P = 35,6$ kN e $L = 6,1$ m. Uma das simplificações importantes feitas aqui foi presumir que o apoio em A fosse um pino. O projeto da viga usando procedimentos recomendados por normas* indica que uma W10 × 19 seria adequada para suportar a carga. Usando um dos métodos de deflexão do Capítulo 8, a rotação no apoio de "pino" pode ser calculada como $\theta = 0,0103$ rad $= 0,59°$. Da Figura 2.4c, uma rotação como esta movimenta apenas a mesa de cima

apoio de pino   nó ligado por pino   apoio fixo   nó com ligação fixa
(a)   (b)

apoio de mola de torção   nó com mola de torção
(c)

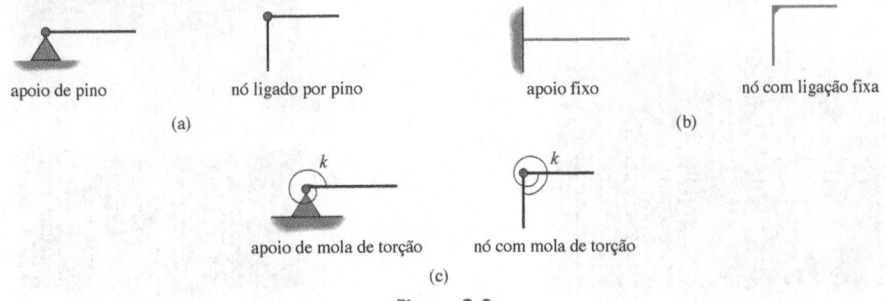

Figura 2.3

---

* Códigos como o Manual de Construção de Aço (*Manual of Steel Construction*), do Instituto Norte-americano de Construção em Aço (*American Institute of Steel Construction*).

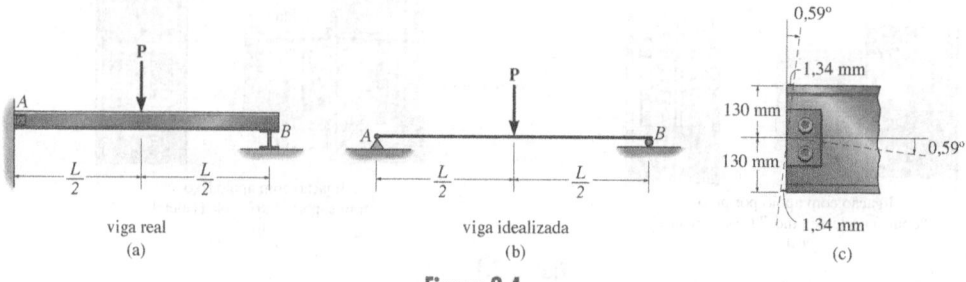

Figura 2.4

viga real (a)

viga idealizada (b)

(c)

ou de baixo a uma distância de $\Delta = \theta r = (0{,}0103 \text{ rad})(130 \text{ mm}) = 1{,}34 \text{ mm}$! Este *valor pequeno* certamente seria acomodado pela ligação fabricada como mostrado na Figura 2.1*a* e, portanto, o pino serve como um modelo apropriado.

Outros tipos de apoios mais comumente encontrados em estruturas planas são dados na Tabela 2.1. É importante ser capaz de reconhecer os símbolos para estes apoios e os tipos de reações que eles exercem sobre seus membros a eles ligados. Isto pode ser feito facilmente observando como o apoio *impede* qualquer grau de liberdade ou deslocamento do membro. Em particular, o apoio desenvolverá uma *força* sobre o membro se ele *impede a translação* do membro e desenvolverá um momento se ele *evita a rotação* do membro. Por exemplo, um membro em contato com uma superfície lisa (3) é impedido de trasladar apenas em uma direção, que é perpendicular ou normal em relação à superfície. Logo, a superfície exerce apenas uma *força normal* **F** sobre o membro nessa direção. A magnitude dessa força representa *uma incógnita*. Também observe que o membro é livre para girar sobre a superfície, de maneira que um momento não pode ser desenvolvido pela superfície sobre o membro. Como outro exemplo, o apoio fixo (7) impede tanto a *translação* quanto a *rotação* de um membro no ponto de ligação. Portanto, esse tipo de apoio exerce dois componentes de força e um momento sobre o membro. O "binário" do momento encontra-se no plano da página, tendo em vista que a rotação é impedida neste plano. Logo, há *três incógnitas* em um apoio fixo.

Na realidade, todos os apoios de fato exercem *cargas de superfície distribuídas* sobre os membros que estão em contato. As forças concentradas e momentos mostrados na Tabela 2.1 representam as *resultantes* dessas distribuições de carga. Essa representação é, obviamente, uma idealização; entretanto, ela é usada aqui tendo em vista que a área de superfície sobre a qual a carga distribuída atua é consideravelmente *menor* do que a área de superfície *total* dos seus membros conectados.

Um apoio de balancim típico usado para a longarina de uma ponte.

Rolos associados a bases almofadadas são usados como apoios das vigas de concreto protendido de uma ponte rodoviária.

O elo curto é usado para ligar as duas vigas da ponte rodoviária e permitir a dilatação térmica do tabuleiro.

Pino típico usado para suportar a viga metálica de uma ponte ferroviária.

Tabela 2.1 Apoios para estruturas planas

Tipo de apoio	Símbolo idealizado	Reação	Número de incógnitas
(1) cabo leve / elo sem peso		F, ângulo θ	Uma incógnita. A reação é uma força que atua na direção do cabo ou elo.
(2) rolamentos / balancim		F	Uma incógnita. A reação é uma força que atua perpendicular à superfície no ponto de contato.
(3) superfície de contato lisa		F	Uma incógnita. A reação é uma força que atua perpendicular à superfície no ponto de contato.
(4) luva conectada por pino liso		F	Uma incógnita. A reação é uma força que atua perpendicular à superfície no ponto de contato.
(5) pino liso ou articulação		F_y, F_x	Duas incógnitas. As reações são dois componentes de força.
(6) apoio fixo sobre rolos / luva fixa deslizante		F, M	Duas incógnitas. As reações são uma força e um momento.
(7) apoio fixo		F_y, F_x, M	Três incógnitas. As reações são o momento e os dois componentes de força.

Estrutura idealizada. Tendo apresentado as várias maneiras nas quais as ligações em uma estrutura podem ser idealizadas, estamos prontos agora para discutir algumas das técnicas usadas para representar vários sistemas estruturais através de modelos idealizados.

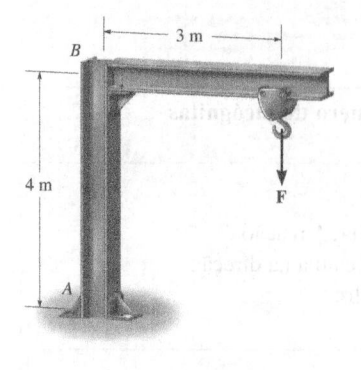

Como um primeiro exemplo, considere a grua e a talha na Figura 2.5a. Para a análise estrutural podemos desprezar a espessura dos dois principais membros e vamos presumir que o nó em B é fabricado para ser rígido. Além disso, o apoio em A pode ser modelado como um apoio fixo e os detalhes da talha excluídos. Desse modo, os membros da estrutura idealizada são representados por duas linhas conectadas, e a carga no gancho é representada por uma única força concentrada **F**, Figura 2.5b. Esta estrutura idealizada mostrada aqui como um *desenho de linha* pode agora ser usada para aplicar os princípios da análise estrutural, que eventualmente levarão ao projeto dos seus dois principais membros.

Vigas e vigas mestras são frequentemente usadas para suportar pisos de edifícios. Em particular, uma *viga mestra* é o principal elemento suportando a carga do piso, enquanto os elementos menores tendo um vão mais curto e conectados às vigas mestras são chamados de *vigas*. Comumente, as cargas que são aplicadas à viga ou à viga mestra são transmitidas a elas pelo piso que é suportado pela viga ou viga mestra. Novamente, é importante ser capaz de conceber de maneira apropriada o sistema como uma série de modelos, que podem ser usados para determinar, até uma estimativa próxima, as forças atuando nos membros. Considere, por exemplo, a estrutura usada para suportar uma laje de piso típica em um edifício, (Figura 2.6a). Aqui a laje é suportada por *vigotas de piso* localizadas em intervalos regulares, e estas por sua vez são suportadas por duas vigas laterais *AB* e *CD*. Para análise, é razoável presumir que os nós são ligados por pinos e/ou rolos às vigas e que as vigas são ligadas por pinos e/ou rolos às colunas. A vista do topo da planta da estrutura para este sistema é mostrada na Figura 2.6b. Neste esquema "gráfico", observe que as "linhas" representando as vigotas não tocam as vigas e as linhas para as vigas não tocam as colunas. Isto simboliza ligações suportadas por pinos e/ou rolos. Por outro lado, se a planta da estrutura tem a intenção de representar membros com ligações fixas, como aquelas que são ligações soldadas em vez de ligações simples aparafusadas, então as linhas para as vigas ou vigas mestras tocariam as colunas como na Figura 2.7. Similarmente, uma viga suspensa com ligações fixas seria representada conforme mostrado na Figura 2.8. Se uma construção de concreto armado é usada, as vigas e longarinas são representadas por linhas duplas. Esses sistemas são geralmente todos com ligações fixas e os membros, portanto, são desenhados até os apoios. Por exemplo, a representação gráfica estrutural para o sistema de concreto armado moldado no local na Figura 2.9a é mostrada na perspectiva de cima na Figura 2.9b. As linhas para as vigas são tracejadas porque elas estão abaixo da laje.

Representações gráficas estruturais e idealizações para estruturas de madeira são similares àquelas feitas de metal. Por exemplo, o sistema estrutural mostrada na Figura 2.10a representa uma construção de parede e viga, pela qual a laje do forro é suportada por vigotas de madeira, que distribuem a carga para uma parede

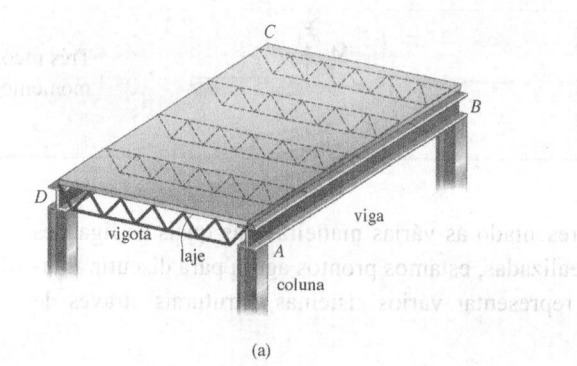

estrutura real
(a)

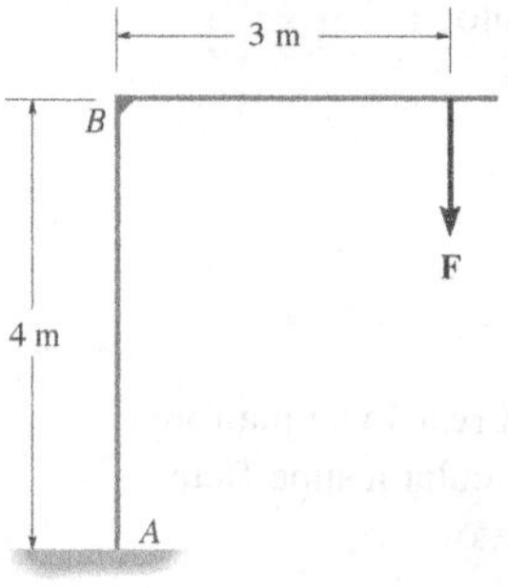

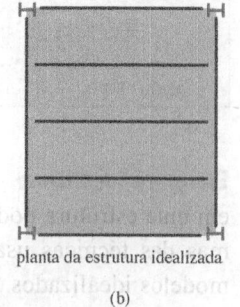

estrutura idealizada
(b)

Figura 2.5

Figura 2.6

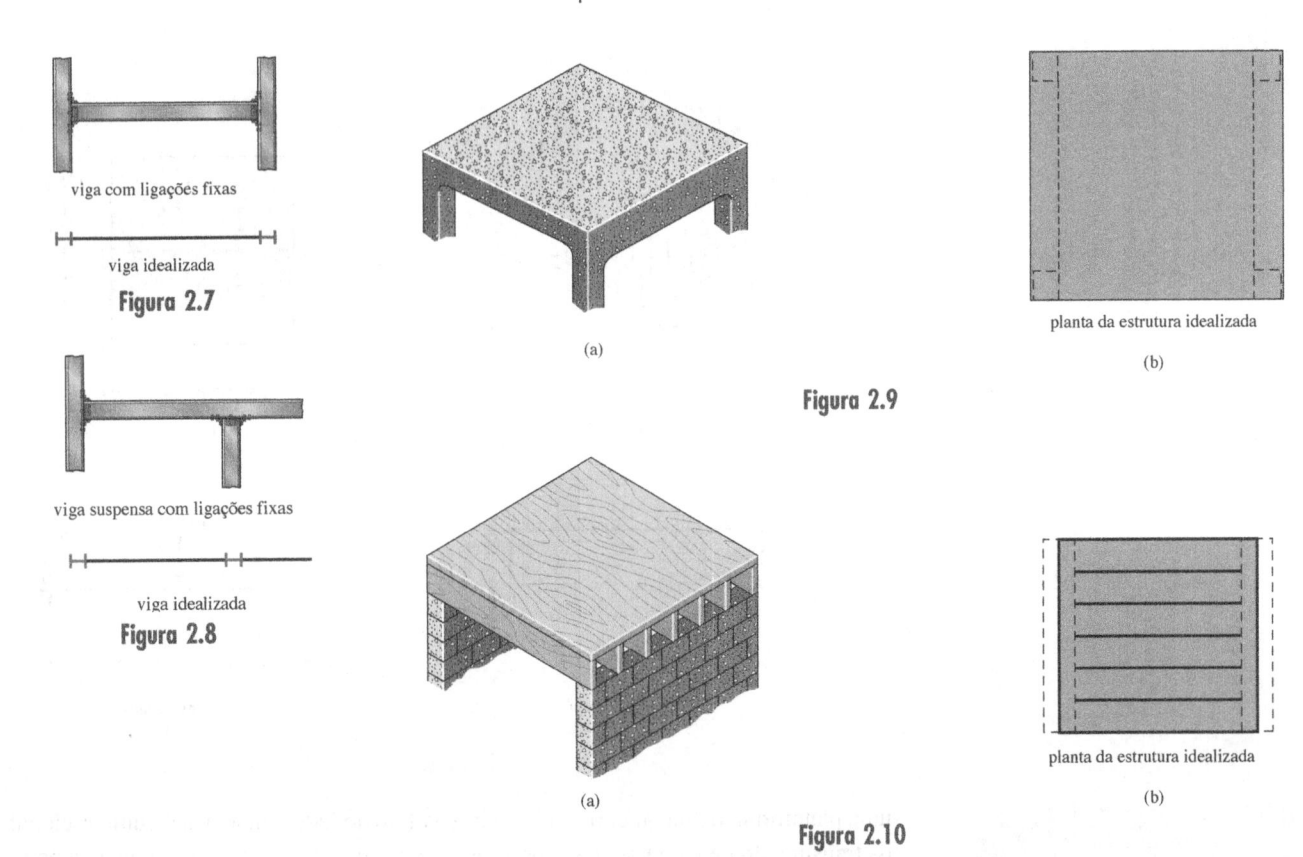

Figura 2.7 viga com ligações fixas / viga idealizada

Figura 2.8 viga suspensa com ligações fixas / viga idealizada

Figura 2.9 (a) / (b) planta da estrutura idealizada

Figura 2.10 (a) / (b) planta da estrutura idealizada

de alvenaria. As vigotas podem ser assumidas como simplesmente apoiadas na parede, de forma que a planta de estrutura idealizada pareceria com o mostrado na Figura 2.10b.

Cargas tributárias. Quando superfícies planas como paredes, pisos ou tetos são suportadas por um quadro estrutural, é necessário determinar como a carga sobre essas superfícies é transmitida para os vários elementos estruturais usados para seu suporte. Há geralmente duas maneiras pelas quais isso pode ser feito. A escolha depende da geometria do sistema estrutural, o material do qual ele é feito e o método de sua construção.

Sistema unidirecional. Uma laje ou piso que é suportada de maneira tal que ela transmita sua carga aos membros de suporte pela ação unidirecional é com frequência referida como uma *laje unidirecional*. Para ilustrar o método de transmissão de carga, considere o sistema de estruturação mostrado na Figura 2.11a onde as vigas *AB*, *CD* e *EF* pousam sobre as vigas mestras *AE* e *BF*. Se uma carga uniforme de 4,8 kN/m² é colocada sobre a laje, então presume-se que a viga central *CD* é capaz de suportar a carga atuando sobre a área tributária, mostrada sombreada na planta da estrutura na Figura 2.11b. O membro *CD* é, portanto, sujeito a uma distribuição linear de carga de (4,8 kN/m²)(1,5 m) = 7,2 kN/m, mostrada na viga idealizada na Figura 2.11c. As reações sobre esta viga (10,8 kN) seriam então aplicadas ao centro das vigas mestras *AE* (e *BF*), mostrado idealizado na Figura 2.11d. Usando este mesmo conceito, você consegue ver como a porção restante da carga da laje é transmitida para as extremidades da viga mestra como 5,4 kN?

Para alguns sistemas de pisos as vigas e vigas mestras são conectadas às colunas na *mesma elevação*, como na Figura 2.12a. Se este é o caso, a laje pode em alguns casos também ser considerada uma "laje unidirecional". Por exemplo, se a laje é de concreto armado com reforço em *apenas uma direção*, ou o concreto é lançado sobre

O sistema estrutural deste edifício consiste em vigotas de concreto, fundidas no canteiro com o uso de formas metálicas. Estas vigotas apoiam-se sobre as vigas, que por sua vez apoiam-se sobre as colunas.

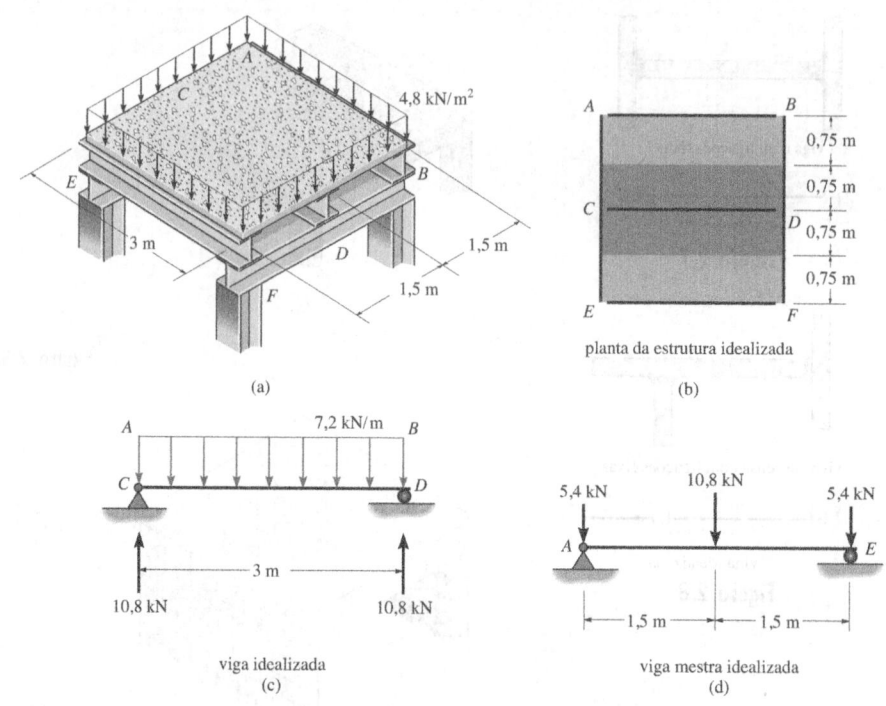

Figura 2.11

Um exemplo de construção de uma laje unidirecional de um edifício de estrutura metálica tendo piso de concreto lançado sobre plataforma de metal corrugado. Considera-se a carga do piso transmitida para as vigas, e não para as vigas mestras.

uma plataforma de metal corrugado, como na foto ao lado, então a ação unidirecional da transmissão de carga pode ser presumida. Por outro lado, se a laje é plana na parte de cima e de baixo e é armada em *duas direções*, então é preciso considerar a *possibilidade* de a carga ser transmitida para os membros de suporte e em uma ou duas direções. Por exemplo, considere a laje e o esquema estrutural na Figura 2.12b. De acordo com o Instituto Norte-americano do Concreto (*American Concrete Institute*), código ACI 318, se $L_2 > L_1$ e se a relação de vãos $(L_2/L_1) > 2$, *a laje se comportará como uma laje unidirecional*, tendo em vista que à medida que L_1 torna-se menor, as vigas *AB*, *CD* e *EF* fornecem a rigidez maior para suportar a carga.

Sistema bidirecional. Se, de acordo com o código de concreto ACI 318, a relação de vãos na Figura 2.12b é $(L_2/L_1) \leq 2$, é presumido que a carga seja transmitida para as vigas e vigas mestras de suporte em duas direções. Quando este é o caso, a laje é referida como uma *laje bidirecional*. Para mostrar um método de tratar este caso, considere a laje de concreto armado quadrada na Figura 2.13a, que é suportada por quatro vigas de borda de 3 m de comprimento, *AB*, *BD*, *DC* e *CA*. Aqui, $L_2/L_1 = 1$. Devido à ação bidirecional da laje, a *área tributária* presumida para a viga *AB* é mostrada sombreada na Figura 2.13b. Esta área é determinada construindo linhas de 45° diagonais conforme apresentado. Portanto, se uma carga uniforme de 4,8 kN/m² é aplicada à laje, uma intensidade máxima de (4,8 kN/m²)(1,5 m) = 7,2 kN/m

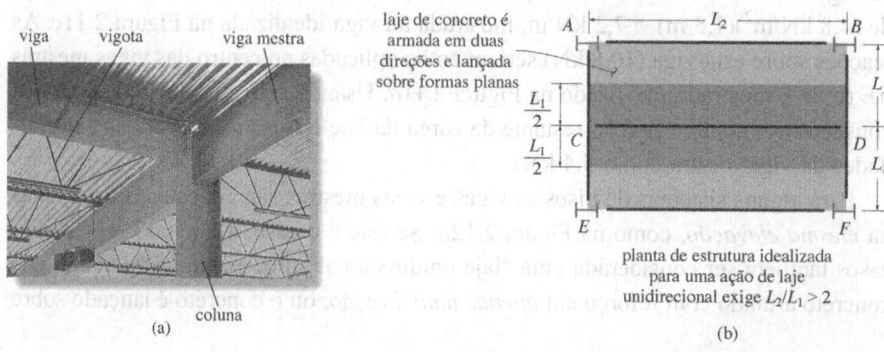

Figura 2.12

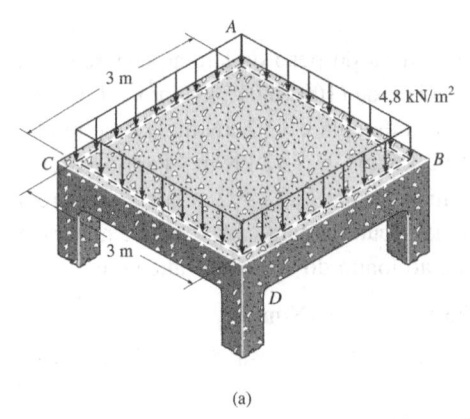

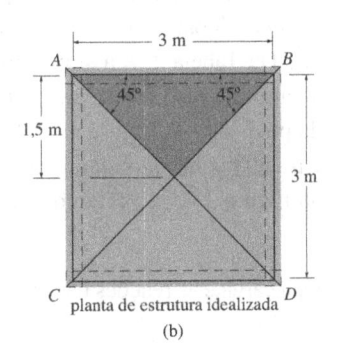

Figura 2.13

será aplicada ao centro da viga AB, resultando em uma distribuição de carga *triangular* mostrada na Figura 2.13c. Para outras geometrias que causam ação bidirecional, um procedimento similar pode ser usado. Por exemplo, se $L_2/L_1 = 1,5$, então é necessário construir linhas de 45° que se cruzem conforme mostrado na Figura 2.14a. Uma carga de 4,8 kN/m² colocada sobre a laje produzirá então cargas distribuídas *trapezoidais* e *triangulares* sobre os membros AB e AC, Figura 2.14b e 2.14c, respectivamente.

A capacidade de reduzir uma estrutura real a uma forma idealizada, como apresentado por estes exemplos, só pode ser adquirida através da experiência. Para proporcionar a prática em fazer isto, os problemas de exemplo e os problemas para solução através deste livro são apresentados de uma maneira de certa forma realista, e as afirmações associadas aos problemas ajudam a explicar como as ligações e os apoios podem ser modelados por aqueles listados na Tabela 2.1. Na engenharia prática, se há dúvida quanto a como modelar uma estrutura ou transferir as cargas aos membros, é melhor considerar *diversas* estruturas idealizadas e cargas e então projetar a estrutura real de maneira que ela possa resistir às cargas em todos os modelos idealizados.

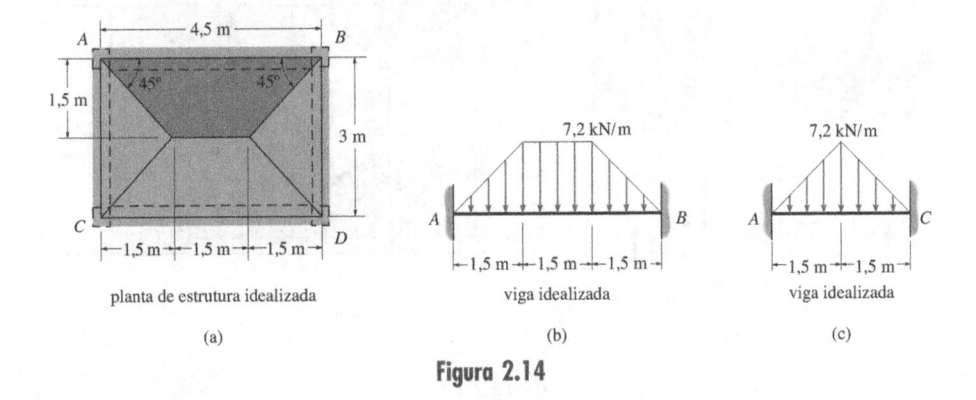

Figura 2.14

Exemplo 2.1

O piso de uma sala de aula deve ser suportado pelas vigotas treliçadas mostradas na Figura 2.15a. Cada vigota tem 4,5 m de comprimento e está espaçada 0,75 m nos centros. O piso em si deve ser feito de concreto leve com uma espessura de 100 mm. Despreze o peso das vigotas e da plataforma de metal corrugado, e determine a carga que atua ao longo de cada vigota.

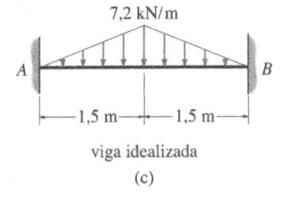

(a)

Figura 2.15

SOLUÇÃO

A carga permanente sobre o piso existe por causa do peso da laje de concreto. Da Tabela 1.3 para o concreto leve de 100 mm ela é de $(100)(0,015 \text{ kN/m}^2) = 1,50 \text{ kN/m}^2$. Da Tabela 1.4, a sobrecarga para uma sala de aula é 1,92 kN/m². Desse modo, a carga de piso total é de 1,50 kN/m² + 1,92 kN/m², = 3,42 kN/m². Para o sistema de piso, $L_1 = 0,75$ m e $L_2 = 4,5$ m. Tendo em vista que $L_2/L_1 > 2$, a laje de concreto é tratada como uma laje unidirecional. A área tributária para cada vigota é mostrada na Figura 2.15b. Portanto, a carga uniforme ao longo do seu comprimento é

$$w = 3,42 \text{ kN/m}^2 (0,75 \text{ m}) = 2,57 \text{ kN/m}^2$$

Esta carga e as reações nas extremidades em cada vigota são mostradas na Figura 2.15c.

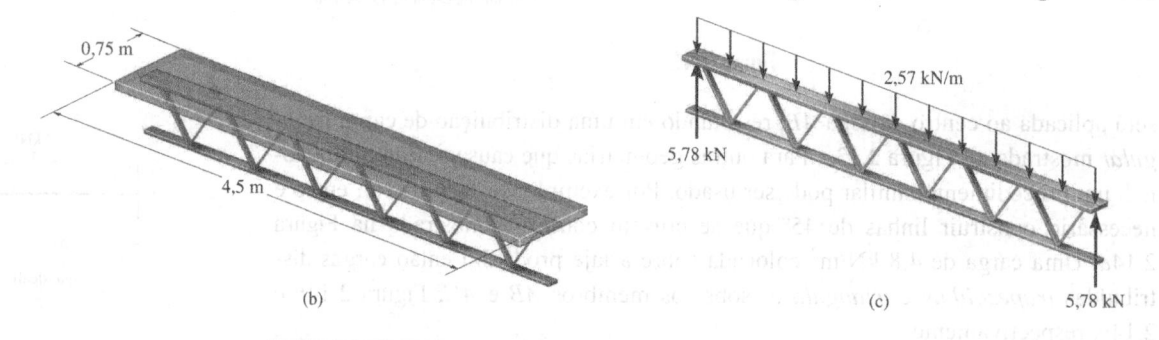

(b)   (c)

Exemplo 2.2

O teto plano do edifício em estrutura de aço mostrado na foto foi projetado para suportar uma carga total de 2 kN/m² sobre a sua superfície. Determine a carga do telhado dentro da região *ABCD* que é transmitida para a viga *BC*. As dimensões são mostradas na Figura 2.16a.

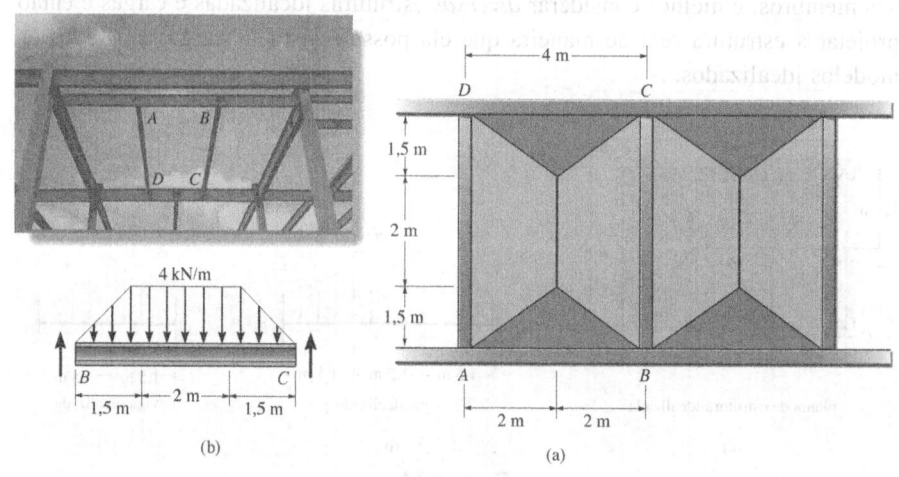

Figura 2.16

SOLUÇÃO

Neste caso $L_2 = 5$ m e $L_1 = 4$ m. Tendo em vista que $L_2/L_1 = 1,25 < 2$, temos uma ação de laje bidirecional. A carga tributária ao longo de cada viga de borda é apresentada na Figura 2.16a, onde a área trapezoidal sombreada mais leve da carga é transmitida ao membro *BC*. A intensidade máxima desta carga é $(2 \text{ kN/m}^2)(2 \text{ m}) = 4 \text{ kN/m}$. Como consequência, a distribuição da carga ao longo de *BC* é mostrada na Figura 2.16b.

Este processo de transmissão de carga tributária *também* deve ser calculado para a região à direita de *BC* mostrada na foto, e esta carga *também* deve ser colocada sobre *BC*. Veja o próximo exemplo.

Exemplo 2.3

As vigas mestras mostradas na foto da garagem de estacionamento de carros têm um vão de 10 m e estão a espaçadas 5 m uma da outra. Se a laje do piso tem uma espessura de 125 mm e é feita de concreto armado convencional, e a sobrecarga especificada é de 2,4 kN/m² (ver Tabela 1.4), determine a carga distribuída que o sistema de piso transmite para cada viga mestra interior.

SOLUÇÃO

Aqui, $L_2 = 10$ m e $L_1 = 5$ m, de maneira que $L_2/L_1 = 2$. Nós temos uma laje bidirecional. Da Tabela 1.2, para concreto armado convencional, o peso específico do concreto é 23,6 kN/m³. Desse modo, a carga de piso do projeto é

$$p = 23,6 \text{ kN/m}^3 \left(\frac{125}{1000}\text{ m}\right) + 2,4 \text{ kN/m}^2 = 5,35 \text{ kN/m}^2$$

Uma carga distribuída trapezoidal é transmitida para cada viga mestra interior AB de cada um dos seus lados. A intensidade máxima de cada uma dessas cargas distribuídas é $(5{,}35 \text{ kN/m}^2)(2{,}5 \text{ m}) = 13{,}38$ kN/m, de maneira que na viga mestra essa intensidade torna-se $2(13{,}38 \text{ kN/m}) = 26{,}75$ kN/m, Figura 2.17b. *Nota*: para o projeto, o peso da viga mestra também deve ser levado em consideração.

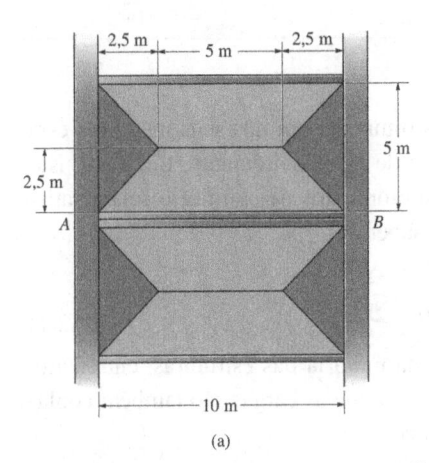

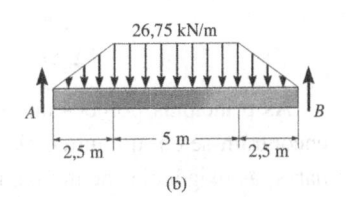

Figura 2.17

2.2 Princípio da superposição

O princípio da superposição forma a base para grande parte da teoria da análise estrutural. Ele pode ser colocado da seguinte forma: *O deslocamento total ou cargas internas (tensão) em um ponto em uma estrutura sujeita a várias cargas externas pode ser determinado somando os deslocamentos ou cargas internas (tensão) causados por cada uma das cargas externas atuando separadamente.* Para esta declaração ser válida é necessário que exista uma *relação linear* entre as cargas, tensões e deslocamentos.

Duas exigências têm de ser impostas para o princípio da superposição ser aplicado:

1. O material tem de se comportar de maneira elástica-linear, de forma que a lei de Hooke seja válida e, desse modo, a carga será proporcional ao deslocamento.
2. A geometria da estrutura não pode passar por uma mudança significativa quando as cargas são aplicadas, i.e., a teoria dos pequenos deslocamentos aplica-se. Grandes deslocamentos vão mudar significativamente a posição e a orientação das cargas. Um exemplo seria uma haste delgada em balanço sujeita a uma força em sua extremidade.

As paredes das laterais deste prédio são usadas para fortalecer a sua estrutura quando o prédio é sujeito a grandes cargas de vento em furacões, aplicadas a sua parte da frente ou de trás. Essas paredes são chamadas de paredes de cisalhamento.

Durante todo este texto, essas duas exigências serão satisfeitas. Aqui ocorrerá apenas o comportamento material elástico-linear, e os deslocamentos produzidos pelas cargas não mudarão de maneira significativa as direções das cargas aplicadas, nem tampouco as dimensões usadas para calcular os momentos das forças.

2.3 Equações de equilíbrio

Podemos relembrar da estática que uma estrutura ou um dos seus membros está em equilíbrio quando ela mantém um equilíbrio de força e momento. Em geral, isto exige que as equações de equilíbrio de força e momentos de equilíbrio sejam satisfeitas ao longo de três eixos independentes, a saber,

$$\Sigma F_x = 0 \quad \Sigma F_y = 0 \quad \Sigma F_z = 0$$
$$\Sigma M_x = 0 \quad \Sigma M_y = 0 \quad \Sigma M_z = 0 \tag{2.1}$$

As principais porções que suportam carga da maioria das estruturas, entretanto, encontram-se em um único plano, e tendo em vista que as cargas são também coplanares, as exigências acima para equilíbrio reduzem-se a

$$\Sigma F_x = 0$$
$$\Sigma F_y = 0$$
$$\Sigma M_O = 0 \tag{2.2}$$

Aqui ΣF_x e ΣF_y representam, respectivamente, as somas algébricas dos componentes x e y de todas as forças atuando sobre a estrutura ou um dos seus membros, e ΣM_O representa a soma algébrica dos momentos desses componentes de força em torno de um eixo perpendicular ao plano x-y (ou eixo z) e passando através do ponto O.

Sempre que estas equações são aplicadas, *primeiro é necessário traçar um diagrama de corpo livre da estrutura ou de seus membros*. Se um membro é selecionado, ele tem de ser *isolado* dos seus suportes e adjacências, e sua forma delineada traçada. É preciso ficar claro que todas as forças e momentos binários atuam *sobre o membro*. Nesse sentido, os tipos de reações nos apoios podem ser determinados usando a Tabela 2.1. Também, lembre-se que as forças comuns a dois membros atuam com magnitudes iguais, mas direções opostas nos respectivos diagramas de corpo livre dos membros.

Se as *cargas internas* em um ponto especificado em um membro devem ser determinadas, o *método de seções* tem de ser usado. Isto exige que um "corte" ou seção seja feito perpendicular ao eixo do membro no ponto onde a carga interna deve ser determinada. Um diagrama de corpo livre de qualquer segmento do membro "cortado" é isolado e as cargas internas são então determinadas a partir das equações de equilíbrio aplicadas ao segmento. Em geral, as cargas internas atuando na seção consistirão de uma força normal **N**, força de cisalhamento **V**, e momento fletor **M**, conforme mostrado na Figura 2.18.

Falaremos sobre os princípios da estática que são usados para determinar as reações externas sobre estruturas na Seção 2.5. Cargas internas em membros estruturais serão discutidas no Capítulo 4.

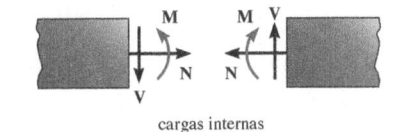

cargas internas
Figura 2.18

2.4 Determinação e estabilidade

Antes de começar a análise de força de uma estrutura, é necessário estabelecer a determinação e estabilidade da estrutura.

Determinação. As equações de equilíbrio fornecem as condições *necessárias e suficientes* para o equilíbrio. Quando todas as forças em uma estrutura podem ser determinadas estritamente a partir dessas equações, a estrutura é conhecida como *estaticamente determinada*. Estruturas tendo mais forças desconhecidas do que equações de equilíbrio disponíveis são chamadas de *estaticamente indeterminadas*. Como regra geral, uma estrutura pode ser identificada como estaticamente determinada ou estaticamente indeterminada traçando diagramas de corpo livre de todos seus membros, ou partes seletivas dos seus membros, e então comparando o número total de componentes de momento e força reativa desconhecidos com o número total de equações de equilíbrio.* Em uma estrutura plana há no máximo *três* equações de equilíbrio para cada parte, de maneira que, se há um total de n partes, e r componentes de reação de força e momento, temos

$$r = 3n, \text{ estaticamente determinada}$$
$$r > 3n, \text{ estaticamente indeterminada}$$
(2.3)

Em particular, se uma estrutura é *estaticamente indeterminada*, as equações adicionais necessárias para solucionar as reações desconhecidas são obtidas relacionando as cargas aplicadas e reações ao deslocamento ou inclinação em diferentes pontos na estrutura. Essas equações, que são referidas como *equações de compatibilidade*, têm de ser iguais em número ao *grau de indeterminação* da estrutura. Equações de compatibilidade envolvem as propriedades geométricas e físicas da estrutura e serão discutidas mais adiante no Capítulo 10.

Vamos considerar agora alguns exemplos para mostrar como classificar a determinação de uma estrutura. O primeiro exemplo considera vigas; o segundo exemplo, estruturas ligadas por pinos; e no terceiro discutiremos estruturas aporticadas. A classificação de treliças será considerada no Capítulo 3.

Exemplo 2.4

Classifique cada uma das vigas mostradas nas figuras 2.19a a 2.19d como estaticamente determinada ou estaticamente indeterminada. Se estaticamente indeterminada, relate o número de graus de indeterminação. As vigas são sujeitas a cargas externas que se presume sejam conhecidas e possam atuar em qualquer ponto nas vigas.

SOLUÇÃO
Vigas compostas, isto é, aquelas nas figuras 2.19c e 2.19d, que são compostas de membros ligados por pinos, precisam ser desmontadas. Observe que, nestes casos, as forças reativas desconhecidas atuando entre cada membro têm de ser mostradas

---

* Traçar os diagramas de corpo livre não é estritamente necessário, tendo em vista que a "contagem mental" do número de incógnitas também pode ser feita e comparada com o número de equações de equilíbrio.

em pares iguais, mas opostos. Os diagramas de corpo livre de cada membro são mostrados. Aplicando $r = 3n$ ou $r > 3n$, as classificações resultantes são indicadas.

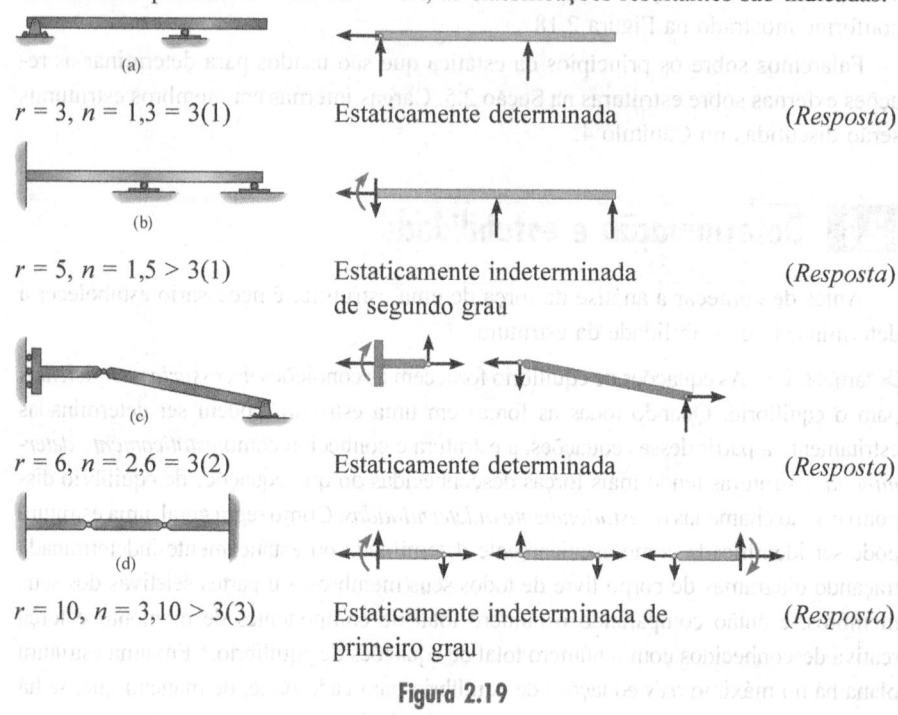

(a) $r = 3, n = 1, 3 = 3(1)$ Estaticamente determinada (*Resposta*)

(b) $r = 5, n = 1, 5 > 3(1)$ Estaticamente indeterminada de segundo grau (*Resposta*)

(c) $r = 6, n = 2, 6 = 3(2)$ Estaticamente determinada (*Resposta*)

(d) $r = 10, n = 3, 10 > 3(3)$ Estaticamente indeterminada de primeiro grau (*Resposta*)

Figura 2.19

Exemplo 2.5

Classifique cada uma das estruturas ligadas por pinos mostradas nas figuras 2.20a a 2.20d como estaticamente determinadas ou estaticamente indeterminadas. Se estaticamente indeterminadas, apresente o número de graus de indeterminação. As estruturas são sujeitas a cargas externas arbitrárias que se presume sejam conhecidas e possam atuar em qualquer lugar sobre as estruturas.

SOLUÇÃO

A classificação de estruturas ligadas por pinos é similar àquela das vigas. Os diagramas de corpo livre dos membros são mostrados. Aplicando $r = 3n$ ou $r > 3n$, as classificações resultantes são indicadas.

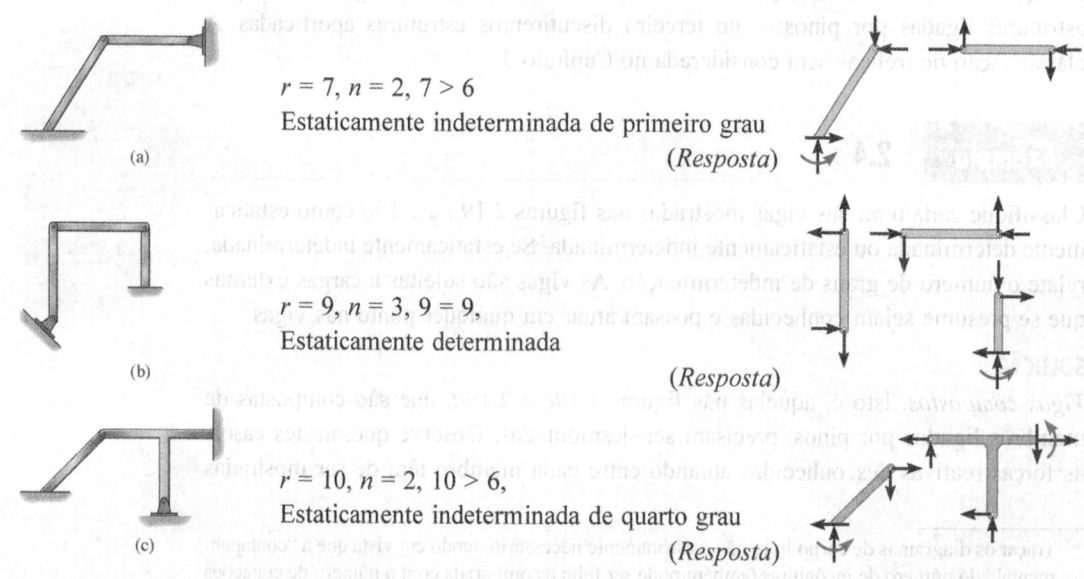

(a) $r = 7, n = 2, 7 > 6$
Estaticamente indeterminada de primeiro grau
(*Resposta*)

(b) $r = 9, n = 3, 9 = 9$,
Estaticamente determinada
(*Resposta*)

(c) $r = 10, n = 2, 10 > 6$,
Estaticamente indeterminada de quarto grau
(*Resposta*)

$r = 9$, $n = 3$, $9 = 9$,
Estaticamente determinada (*Resposta*)

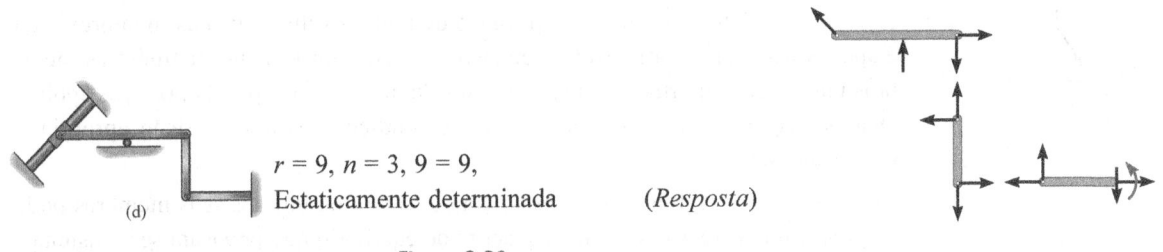

(d)

Figura 2.20

Exemplo 2.6

Classifique cada um dos pórticos nas figuras 2.21a a 2.21c como estaticamente determinados ou estaticamente indeterminados. Se estaticamente indeterminados, apresente o número de graus de indeterminação. Os pórticos são sujeitos a cargas externas que se presume sejam conhecidas e possam atuar em qualquer lugar sobre eles.

SOLUÇÃO

Diferentemente das vigas e estruturas conectadas por pinos dos exemplos anteriores, estruturas aporticadas consistem de membros que estão ligados por nós rígidos. Às vezes os membros formam quadros internos como na Figura 2.21a. Aqui *ABCD* forma um quadro fechado. A fim de classificar essas estruturas, é necessário usar o método das seções e "cortar" o quadro. Os diagramas de corpo livre das partes seccionadas são traçados e a estrutura pode então ser classificada. Observe que somente *uma seção* através do quadro é necessária, tendo em vista que uma vez que as incógnitas na seção sejam determinadas, as forças internas em qualquer ponto nos membros podem então ser encontradas usando o método das seções e as equações de equilíbrio. Um segundo exemplo disso é mostrado na Figura 2.21b. Apesar do pórtico na Figura 2.21c não ter quadros fechados, podemos empregar este mesmo método, usando seções verticais, para classificá-lo. Para este caso podemos *também* apenas traçar seu diagrama de corpo livre completo. As classificações resultantes são indicadas em cada figura.

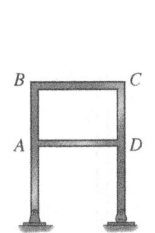

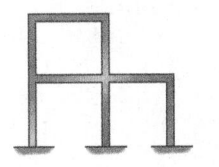

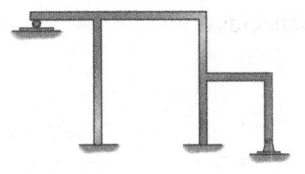

(Esta estrutura não tem quadros fechados)

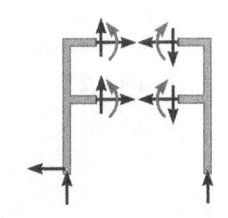

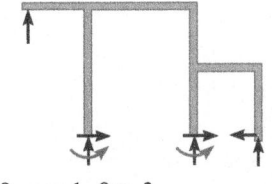

$r = 9$, $n = 2$, $9 > 6$,
Estaticamente indeterminada de terceiro grau (*Resposta*)

(a)

$r = 9$, $n = 1$, $9 > 3$,
Estaticamente indeterminada de sexto grau (*Resposta*)

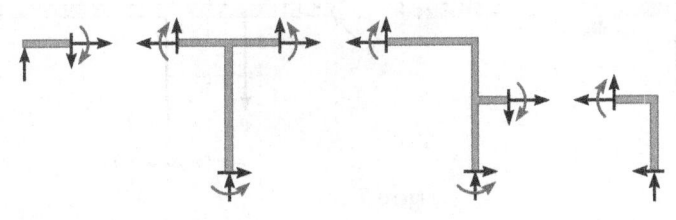

$r = 18$, $n = 4$, $18 > 12$,
Estaticamente indeterminada de sexto grau (*Resposta*)

(c)

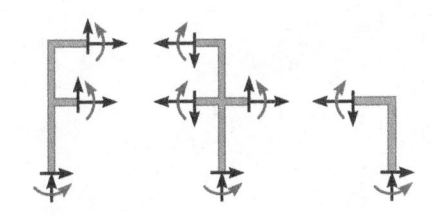

$r = 18$, $n = 3$, $18 > 9$,
Estaticamente indeterminada de nono grau (*Resposta*)

(b)

Figura 2.21

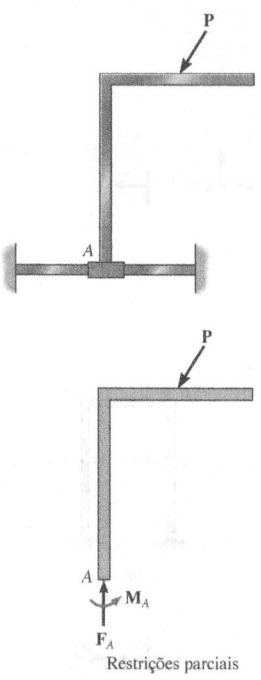

Estabilidade. Para assegurar o equilíbrio de uma estrutura ou seus membros, não é apenas necessário satisfazer as equações de equilíbrio, como também os membros têm de ser suportados ou restringidos de maneira apropriada por seus apoios. Duas situações podem ocorrer em que as condições para a restrição apropriada não foram atendidas.

Restrições parciais. Em alguns casos, uma estrutura ou um dos seus membros pode ter *menos* forças reativas do que equações de equilíbrio que precisam ser satisfeitas. A estrutura torna-se então apenas *parcialmente restringida*. Por exemplo, considere o elemento mostrado na Figura 2.22 com seu diagrama de corpo livre correspondente. Aqui a equação $\Sigma F_x = 0$ não será satisfeita para as condições de carga e, portanto, o membro será instável.

Restrições impróprias. Em alguns casos pode haver tantas forças desconhecidas quanto existem equações de equilíbrio; entretanto, a *instabilidade* ou movimento de uma estrutura ou seus membros pode desenvolver-se em razão da *restrição imprópria* por seus apoios. Isto pode ocorrer se todas as *reações de apoio forem concorrentes* em um determinado ponto. Um exemplo disto é mostrado na Figura 2.23. Do diagrama de corpo livre da viga vê-se que a soma dos momentos em torno do ponto O *não* será igual a zero ($Pd \neq 0$); desse modo, ocorrerá rotação em torno do ponto O.

Outra maneira pela qual a restrição imprópria leva à instabilidade ocorre quando as *forças reativas* estão todas em *paralelo*. Um exemplo desse caso é mostrado na Figura 2.24. Aqui, quando uma força inclinada **P** é aplicada, a soma das forças na direção horizontal não será igual a zero.

Em geral, então, uma estrutura será geometricamente instável – isto é, se moverá ligeiramente ou colapsará – se houver menos forças reativas do que equações de equilíbrio; ou se houver reações suficientes, ocorrerá instabilidade se as linhas de ação das forças reativas cruzarem em um ponto comum ou estiverem em paralelo uma em relação à outra. Se a estrutura consiste de vários membros ou componentes, a instabilidade local de um ou vários desses membros pode ser determinada geralmente por *inspeção*. Se os membros formam um mecanismo colapsável, a estrutura será instável. Vamos agora formalizar essas declarações para uma *estrutura coplanar* tendo n membros ou componentes com r reações desconhecidas.

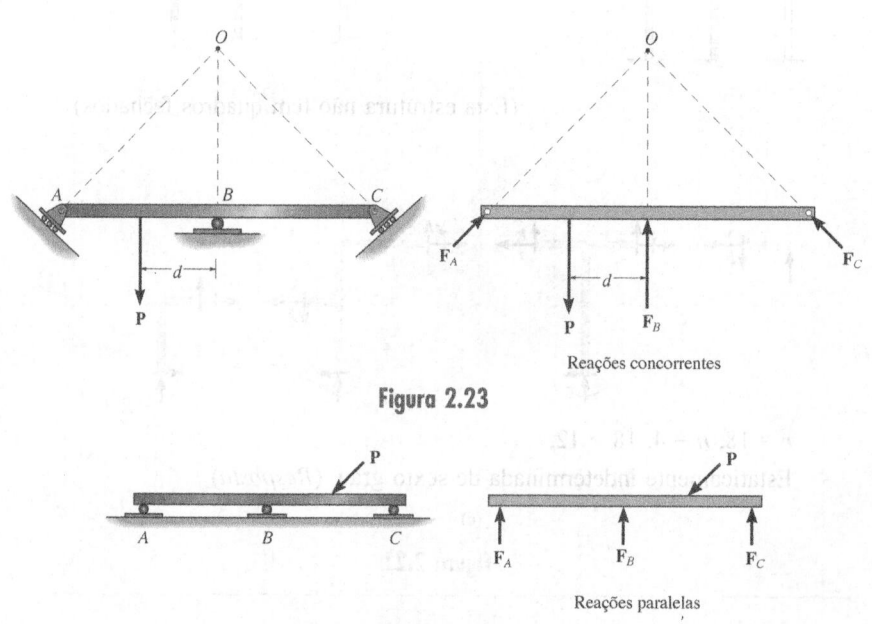

Restrições parciais
Figura 2.22

Reações concorrentes
Figura 2.23

Reações paralelas
Figura 2.24

Tendo em vista que três equações de equilíbrio estão disponíveis para cada membro ou componente, temos

> $r < 3n$ instável
> $r \geq 3n$ instável se as reações dos membros são concorrentes ou paralelas ou alguns dos componentes formam um mecanismo colapsável

(2.4)

Se a estrutura é instável, *não importa* se ela é estaticamente determinada ou indeterminada. Em todos os casos esses tipos de estruturas têm de ser evitados na prática.

Os exemplos a seguir ilustram como estruturas ou seus membros podem ser classificados como estáveis ou instáveis. Estruturas na forma de uma treliça serão discutidas no Capítulo 3.

Exemplo 2.7

Classifique como estáveis ou instáveis cada uma das estruturas nas figuras 2.25a a 2.25d. As estruturas são sujeitas a cargas externas arbitrárias que se presume sejam conhecidas.

SOLUÇÃO
As estruturas são classificadas como indicado.

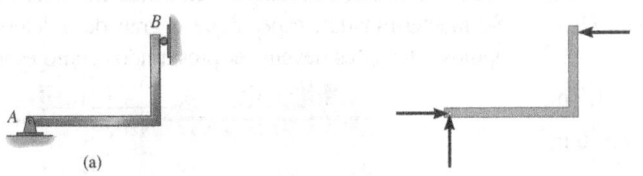

Figura 2.25

O membro é *estável* tendo em vista que as reações são não concorrentes e não paralelas. Ele também é estaticamente determinado. *(Resposta)*

O membro é *instável*, tendo em vista que as três reações são concorrentes em B. *(Resposta)*

A viga é *instável* tendo em vista que as três reações estão todas em paralelo. *(Resposta)*

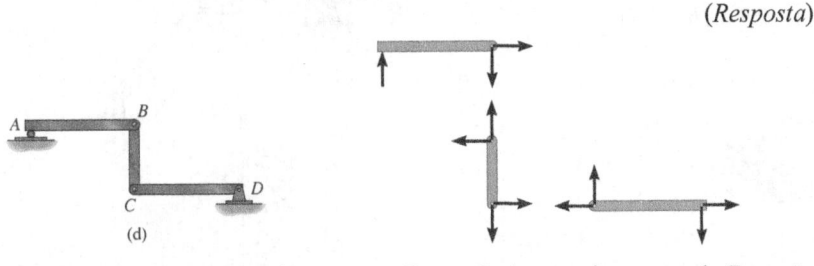

A estrutura é *instável* tendo em vista que $r = 7$, $n = 3$, de maneira que, pela Equação 2.4 $r < 3n$, $7 < 9$. Também, isto pode ser visto por inspeção, tendo em vista que AB pode se mover horizontalmente sem restrição. *(Resposta)*

O contraventamento em K nesta estrutura proporciona suporte lateral do vento e suporte vertical das vigas do piso. Observe o uso de concreto argamassado, que é aplicado para isolar o aço a fim de que ele não perca sua rigidez no caso de um incêndio.

Problemas

P2.1. A estrutura de aço é usada para suportar a laje de concreto armado que é usada para um escritório. A laje tem 200 mm de espessura. Desenhe a carga que atua ao longo dos membros *BE* e *FED*. Considere $a = 2$ m, $b = 5$ m. *Dica*: Ver Tabelas 1.2 e 1.4.

P2.2. Solucione o Problema P2.1 com $a = 3$ m, $b = 4$ m.

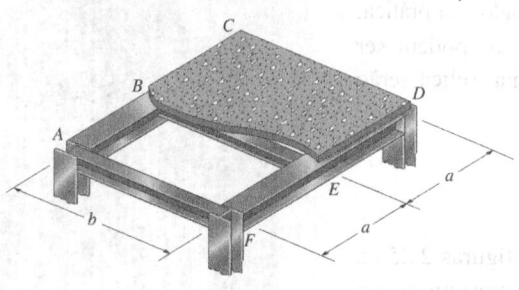

P2.1/2.2

P2.3. O sistema de piso usado em uma sala de aula em uma escola consiste de uma laje de concreto armado de 100 mm. Desenhe a carga que atua ao longo da vigota treliçada *BF* e viga lateral *ABCDE*. Considere $a = 3$ m, $b = 9$ m. *Dica*: ver Tabelas 1.2 e 1.4.

*P2.4. Solucione o Problema P2.3 com $a = 3$ m, $b = 4,5$ m.

P2.5. Solucione o Problema P2.3 com $a = 2,25$ m, $b = 6$ m.

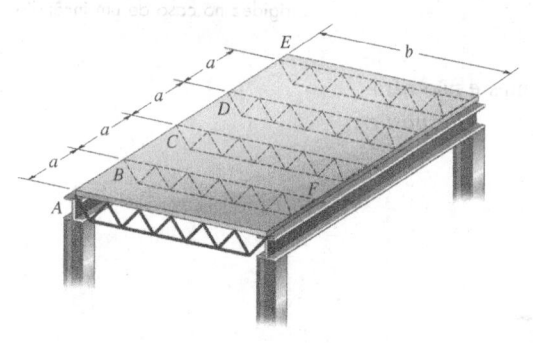

P2.3/2.4/2.5

P2.6. O quadro fechado é usado para suportar um piso de madeira compensada de 50 mm de espessura de uma residência. Desenhe a carga que atua ao longo dos membros *BG* e *ABCD*. Considere $a = 1,5$ m, $b = 4,5$ m. *Dica*: ver tabelas 1.2 e 1.4.

P2.7. Solucione o Problema P2.6, com $a = 2,4$ m, $b = 2,4$ m.

*P2.8. Solucione o Problema P2.6, com $a = 2,7$ m, $b = 4,5$ m.

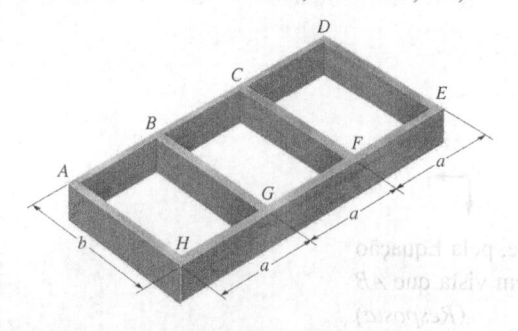

P2.6/2.7/2.8

P2.9. O pórtico de aço é usado para suportar a laje de concreto armado de 100 mm que suporta uma sobrecarga uniforme de 24 kN/m². Desenhe a carga que atua ao longo dos membros *BE* e *FED*. Considere $b = 3$ m, $a = 2,25$ m. *Dica*: Ver Tabela 1.2.

P2.10. Solucione o Problema P2.9, com $b = 3,6$ m, $a = 1,2$ m.

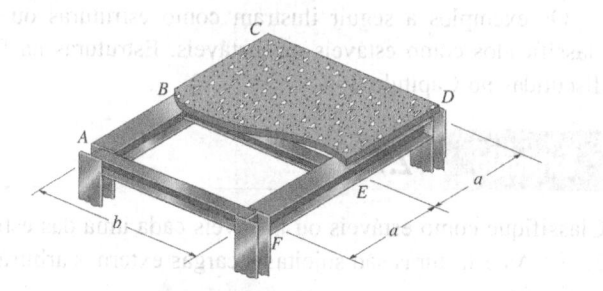

P2.9/2.10

P2.11. Classifique cada uma das estruturas como estaticamente determinadas, estaticamente indeterminadas, ou instáveis. Se indeterminadas, especifique o grau de indeterminação. Os apoios e ligações devem ser presumidos como especificado.

(a)

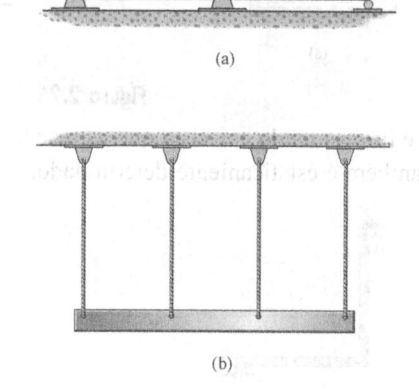

(b)

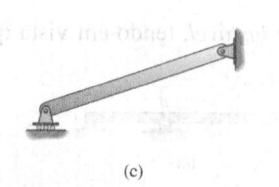

(c)

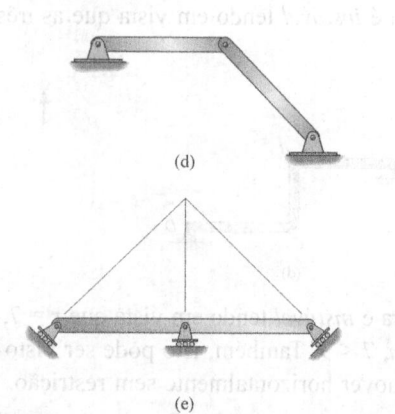

(d)

(e)

P2.11

*P2.12. Classifique cada um dos pórticos como estaticamente determinadas ou indeterminadas. Se indeterminadas, especifique o grau de indeterminação. Todos os nós internos têm ligações fixas.

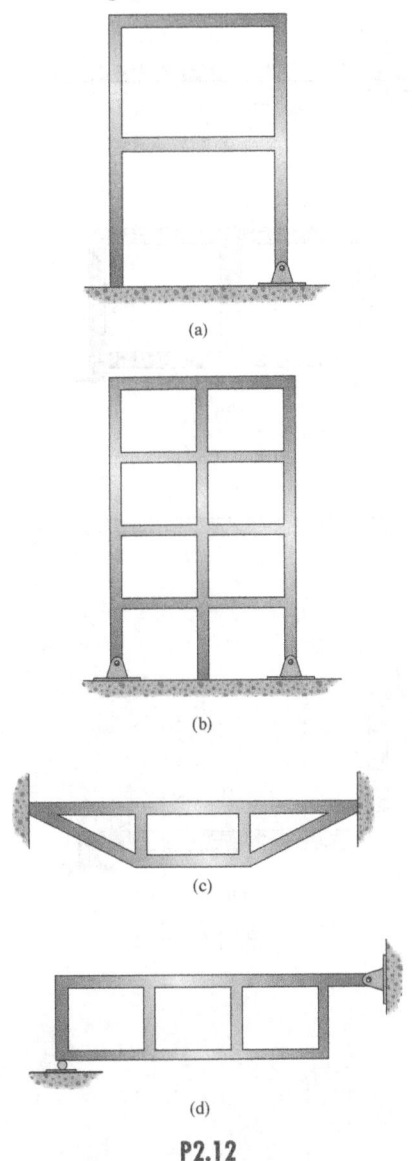

P2.12

P2.13. Classifique cada uma das estruturas como estaticamente determinada, estaticamente indeterminada, estável ou instável. Se indeterminada, especifique o grau de indeterminação. Os apoios ou ligações devem ser presumidos como especificado.

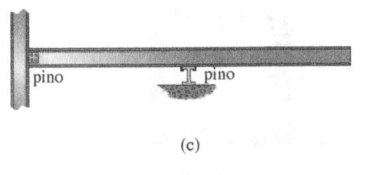

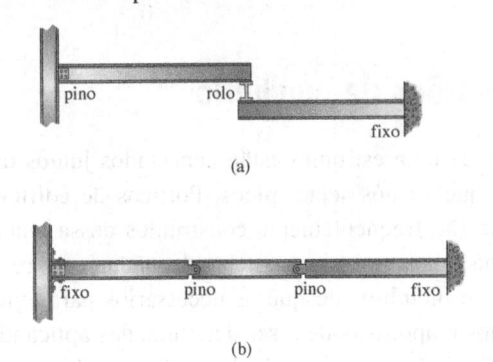

P2.13

P2.14. Classifique cada uma das estruturas como estaticamente determinada, estaticamente indeterminada, estável ou instável. Se indeterminada, especifique o grau de indeterminação. Os apoios ou ligações devem ser presumidos como especificados.

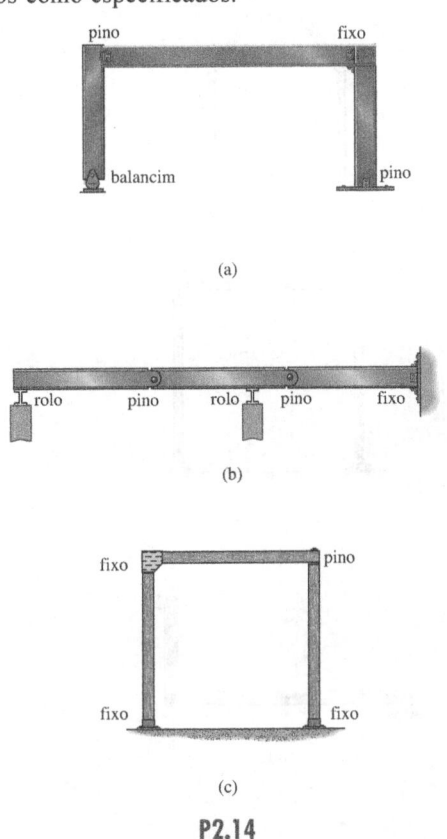

P2.14

P2.15. Classifique cada uma das estruturas como estaticamente determinada, estaticamente indeterminada, ou instável. Se indeterminada, especifique o grau de indeterminação.

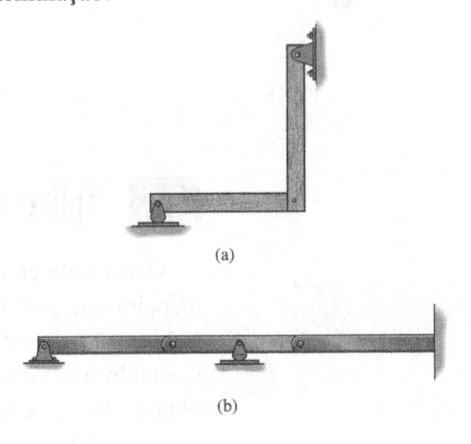

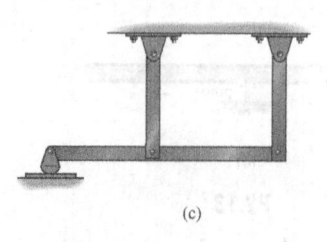

P2.15

P2.17. Classifique cada uma das estruturas como estaticamente determinada, estaticamente indeterminada, estável ou instável. Se indeterminada, especifique o grau de indeterminação.

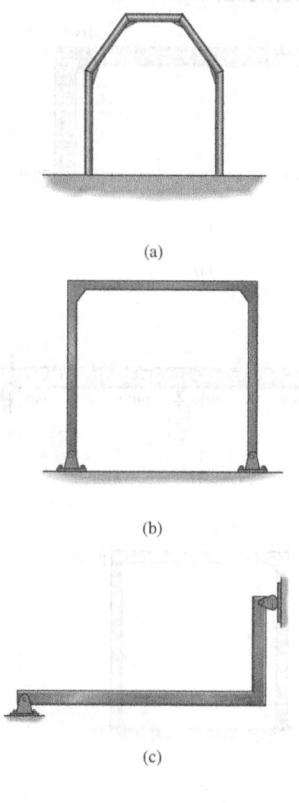

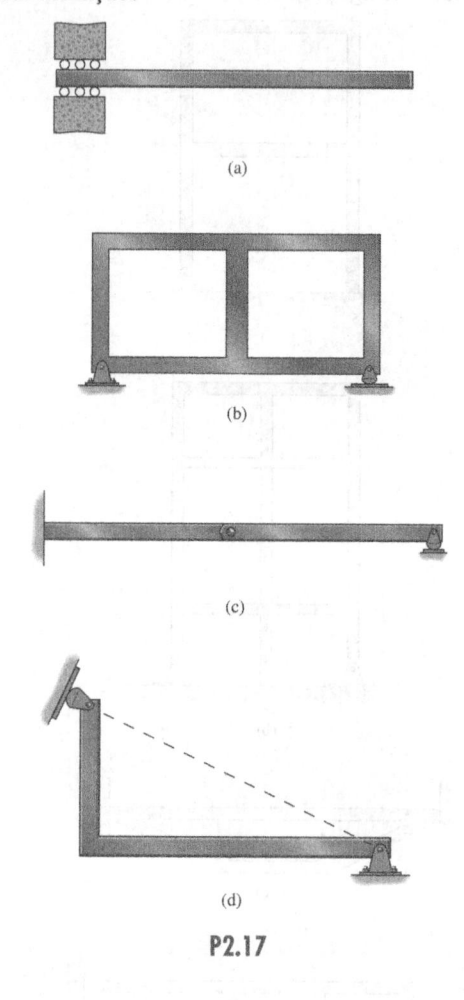

*P2.16. Classifique cada uma das estruturas como estaticamente determinada, estaticamente indeterminada, ou instável. Se indeterminada, especifique o grau de indeterminação.

P2.16

P2.17

2.5 Aplicação das equações de equilíbrio

Ocasionalmente, os membros de uma estrutura estão conectados juntos de tal maneira que podemos presumir que os nós sejam pinos. Pórticos de edifícios e treliças são exemplos típicos que são frequentemente construídos dessa maneira. Contanto que uma estrutura plana ligada por pinos esteja adequadamente restringida e não contenha mais apoios e membros do que os necessários para evitar o colapso, as forças atuando nos nós e apoios podem ser determinadas aplicando as três equações de equilíbrio ($\Sigma F_x = 0$, $\Sigma F_y = 0$, $\Sigma M_O = 0$) a cada membro.

Compreensivelmente, uma vez que as forças nos nós sejam obtidas, as dimensões dos membros, ligações e apoios pode então ser determinadas com base nas especificações do código de projeto.

Para ilustrar o método da análise de força, considere a estrutura de três membros mostrada na Figura 2.26a que é sujeita às cargas $\mathbf{P}_1$ e $\mathbf{P}_2$. Os diagramas de corpo livre de cada membro são mostrados na Figura 2.26b. No total há nove incógnitas; entretanto, nove equações de equilíbrio podem ser escritas, três para cada membro, de maneira que o problema é *estaticamente determinado*. Para a solução real *também* é possível, e às vezes conveniente, considerar uma porção da estrutura, ou sua totalidade, quando aplicando alguma dessas nove equações. Por exemplo, um diagrama de corpo livre de toda a estrutura é mostrado na Figura 2.26c. Você poderia determinar as três reações $\mathbf{A}_x$, $\mathbf{A}_y$ e $\mathbf{C}_x$ neste sistema "rígido" conectado por pinos, então analisar aleatoriamente *dois* dos seus membros, Figura 2.26b, para obter as outras seis incógnitas. Além disso, as respostas podem ser conferidas em parte aplicando as três equações de equilíbrio ao "terceiro" membro restante. Resumindo, esse problema pode ser solucionado escrevendo *no máximo* nove equações de equilíbrio usando diagramas de corpo livre de quaisquer membros e/ou combinações de membros conectados. Escrever mais do que nove equações *não* faria diferença em relação às nove originais e serviria apenas para conferir os resultados.

Considere agora a estrutura de dois membros mostrada na Figura 2.27a. Aqui os diagramas de corpo livre dos membros revelam seis incógnitas, Figura 2.27b; entretanto, seis equações de equilíbrio, três para cada membro, podem ser escritas, de maneira que novamente o problema é estaticamente determinado. Como no caso anterior, um diagrama de corpo livre de toda a estrutura também pode ser usado para parte da análise, Figura 2.27c. Embora, como mostrado, a estrutura tenha uma tendência a colapsar sem seus suportes, ao girar em torno do pino em B, isto não vai acontecer já que o sistema de força atuando sobre ela ainda tem de mantê-la em equilíbrio. Logo, se assim desejado, todas seis incógnitas podem ser determinadas aplicando as três equações de equilíbrio para toda a estrutura, Figura 2.27c, e também para qualquer um dos seus membros.

Os dois exemplos acima ilustram que se uma estrutura é suportada adequadamente e não contém mais apoios ou membros do que o necessário para evitar seu colapso, a estrutura torna-se estaticamente determinada, e assim as forças desconhecidas nos apoios e ligações podem ser determinadas das equações de equilíbrio aplicadas a cada membro. Também, se a estrutura permanece *rígida* (não colapsável) quando os apoios são removidos (Figura 2.26c), todas as três reações de apoio podem ser determinadas aplicando as três equações de equilíbrio para toda a estrutura. Entretanto, se a estrutura parece ser não rígida (colapsável) após remover os apoios (Figura 2.27c), ela precisa ser desmembrada e o equilíbrio dos membros individuais tem de ser considerado a fim de obter equações suficientes para determinar *todas* as reações de apoio.

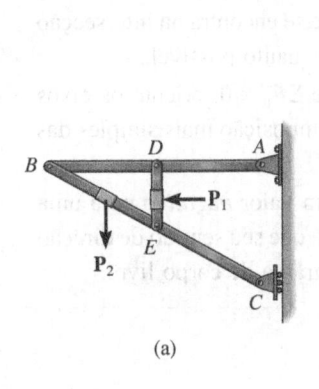

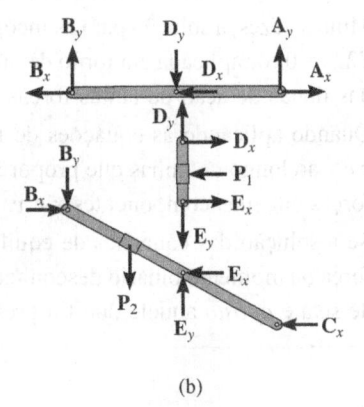

(a) (b) (c)

Figura 2.26

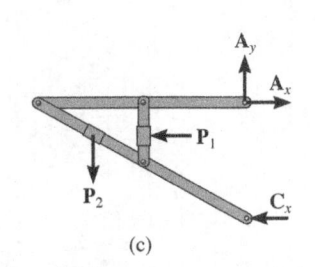

Figura 2.27

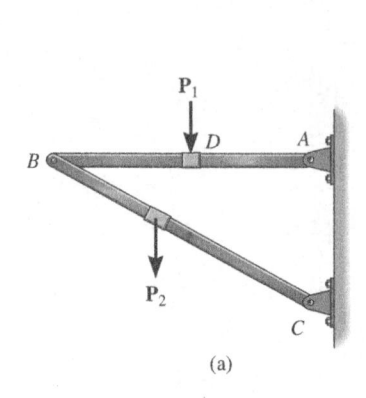

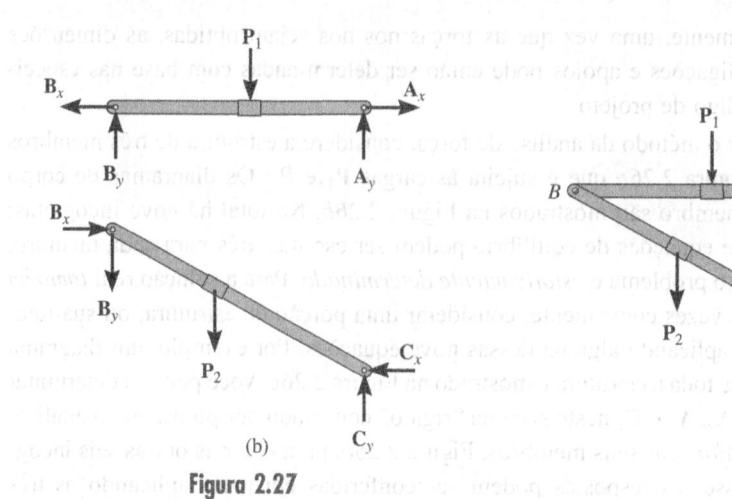

Procedimento para análise

O procedimento a seguir proporciona um método para determinar as *reações nos nós* para estruturas compostas de membros ligados por pinos.

Diagramas de corpo livre

- Desmonte a estrutura e trace um diagrama de corpo livre de cada membro. Talvez seja conveniente também suplementar um diagrama de corpo livre de um membro com um diagrama de corpo livre de uma *estrutura inteira*. Algumas ou todas as reações de apoio podem então ser determinadas usando esse diagrama.
- Lembre-se que forças reativas comuns a dois membros atuam com magnitudes iguais, mas em direções opostas sobre seus respectivos diagramas de corpo livre dos membros.
- Todos os membros de duas forças (elos) devem ser identificados. Estes membros, independentemente de seu formato, não têm cargas externas sobre eles e, portanto, seus diagramas de corpo livre são representados com forças colineares iguais, mas opostas, atuando sobre suas extremidades.
- Em muitos casos, é possível assinalar, por inspeção, o sentido de direção de seta apropriado de uma força ou momento binário desconhecidos; entretanto, se isso parece difícil, o sentido direcional pode ser presumido.

Equações de equilíbrio

- Conte o número total de incógnitas para ter certeza de que um número equivalente de equações de equilíbrio pode ser escrito para a solução. Exceto para membros de duas forças (elos), lembre-se que em geral três equações de equilíbrio podem ser escritas para cada membro.
- Muitas vezes, a solução para as incógnitas será direta se a equação de momento $\Sigma M_O = 0$ for aplicada em torno de um ponto (O) que se encontra na intersecção das linhas de ação de tantas forças desconhecidas quanto possível.
- Quando aplicando as equações de força $\Sigma F_x = 0$ e $\Sigma F_y = 0$, oriente os eixos x e y ao longo de linhas que proporcionarão a decomposição mais simples das forças em suas componentes x e y.
- Se a solução das equações de equilíbrio produz um valor *negativo* para uma força ou momento binário desconhecidos, ela indica que seu sentido de direção de seta é *oposto* àquele que foi presumido no diagrama de corpo livre.

Exemplo 2.8

Determine as reações sobre a viga mostrada na Figura 2.28a.

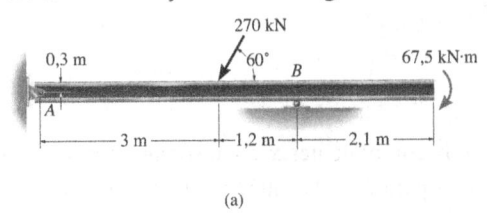

Figura 2.28

SOLUÇÃO

Diagrama de corpo livre. Conforme mostrado na Figura 2.28b, a força de 270 kN é decomposta em componentes x e y. Além disso, a linha de dimensão 2,1 m não é necessária tendo em vista que um momento binário é um *vetor livre* e pode, portanto, atuar em qualquer lugar sobre esse trecho de viga a fim de calcular as reações externas.

Equações de equilíbrio. Aplicando as Equações 2.2 em uma sequência, usando resultados previamente calculados, temos

$\xrightarrow{+} \Sigma F_x = 0;\quad A_x - 270\cos 60° = 0 \quad A_x = 135\text{ kN}$ (*Resposta*)

$\circlearrowleft + \Sigma M_A = 0;\quad -270\operatorname{sen} 60°(3) + 270\cos 60°(0{,}3) + B_y(4{,}2) - 67{,}5 = 0 \quad B_y = 173{,}4\text{ kN}$ (*Resposta*)

$+\uparrow \Sigma F_y = 0;\quad -270\operatorname{sen} 60° + 173{,}4 + A_y = 0 \quad A_y = 60{,}4\text{ kN}$ (*Resposta*)

Exemplo 2.9

Determine as reações sobre a viga na Figura 2.29a.

SOLUÇÃO

Diagrama de corpo livre. Conforme mostrado na Figura 2.29b, a carga distribuída trapezoidal é segmentada em uma carga triangular e outra uniforme. As *áreas* sob o triângulo e retângulo representam as forças *resultantes*. Estas forças atuam através do centroide das suas áreas correspondentes.

Equações de equilíbrio

$\xrightarrow{+} \Sigma F_x = 0;\quad A_x = 0$ (*Resposta*)

$+\uparrow \Sigma F_y = 0;\quad A_y - 60 - 60 = 0 \quad A_y = 120\text{ kN}$ (*Resposta*)

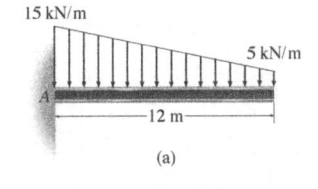

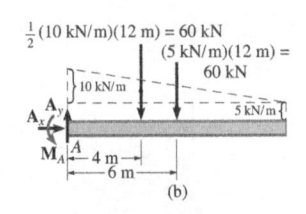

$\circlearrowleft + \Sigma M_A = 0;\quad -60(4) - 60(6) + M_A = 0 \quad M_A = 600\text{ kN}\cdot\text{m}$ (*Resposta*)

Figura 2.29

Exemplo 2.10

Determine as reações sobre a viga na Figura 2.30a. Presuma que A é um pino e o apoio em B é um rolo (superfície lisa).

SOLUÇÃO

Diagrama de corpo livre. Conforme mostrado na Figura 2.30b, o apoio ("rolo") em B exerce uma *força normal* sobre a viga no seu ponto de contato. A linha de ação desta força é definida pelo triângulo 3-4-5.

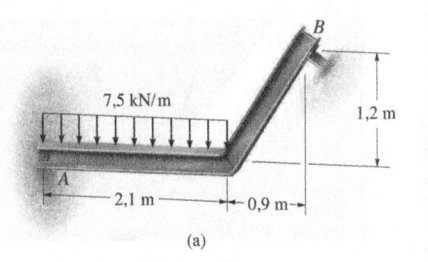

Figura 2.30

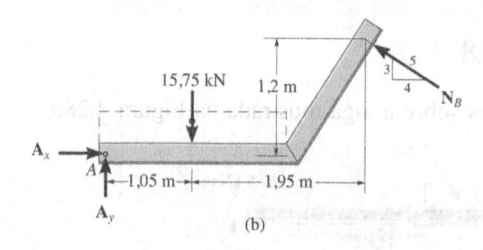

Equações de equilíbrio. Decompor $\mathbf{N}_B$ nos componentes x e y e somar os momentos em torno de A produz uma solução direta para N_B. Por quê? Usando este resultado, podemos então obter A_x e A_y.

$(+\Sigma M_A = 0;\quad -15{,}75(1{,}05) + \left(\frac{4}{5}\right)N_B(1{,}2) + \left(\frac{3}{5}\right)N_B(3) = 0$ (Resposta)

$$N_B = 5{,}99 \text{ kN}$$

$\xrightarrow{+} \Sigma F_x = 0;\quad A_x - \frac{4}{5}(5{,}99) = 0 \qquad A_x = 4{,}79 \text{ kN}$ (Resposta)

$+\uparrow \Sigma F_y = 0;\quad A_y - 15{,}75 + \frac{3}{5}(5{,}99) = 0 \qquad A_y = 12{,}15 \text{ kN}$ (Resposta)

Exemplo 2.11

A viga composta na Figura 2.31a está fixa em A. Determine as reações em A, B e C. Presuma que a ligação em B é um pino e C é um rolo.

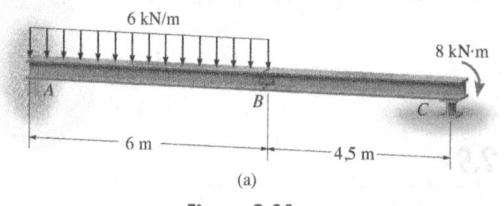

Figura 2.31

SOLUÇÃO

Diagramas de corpo livre. O diagrama de corpo livre de cada segmento é mostrado na Figura 2.31b. Por que este problema é estaticamente determinado?

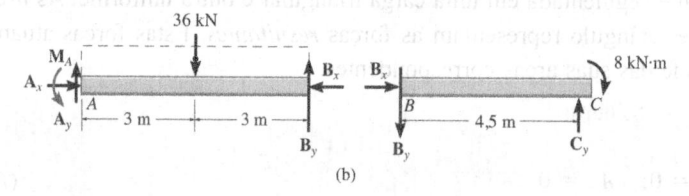

Equações de equilíbrio. Há seis incógnitas. Aplicando as seis equações de equilíbrio, usando resultados previamente calculados, temos

Segmento BC:

$(+\Sigma M_C = 0;\quad -8 + B_y(4{,}5) = 0 \qquad B_y = 1{,}78 \text{ kN}$ (Resposta)

$+\uparrow \Sigma F_y = 0;\quad -1{,}78 + C_y = 0 \qquad C_y = 1{,}78 \text{ kN}$ (Resposta)

$\xrightarrow{+} \Sigma F_x = 0;\quad B_x = 0$ (Resposta)

Segmento AB:

$(+\Sigma M_A = 0;\quad M_A - 36(3) + 1{,}78(6) = 0$

$$M_A = 97{,}3 \text{ kN} \cdot \text{m}$$ (Resposta)

$+\uparrow \Sigma F_y = 0;\quad A_y - 36 + 1{,}78 = 0 \qquad A_y = 34{,}2 \text{ kN}$ (Resposta)

$\xrightarrow{+} \Sigma F_x = 0;\quad A_x - 0 = 0 \qquad A_x = 0$ (Resposta)

Exemplo 2.12

Determine os componentes horizontal e vertical de reação nos pinos A, B e C da estrutura de dois membros mostrada na Figura 2.32a.

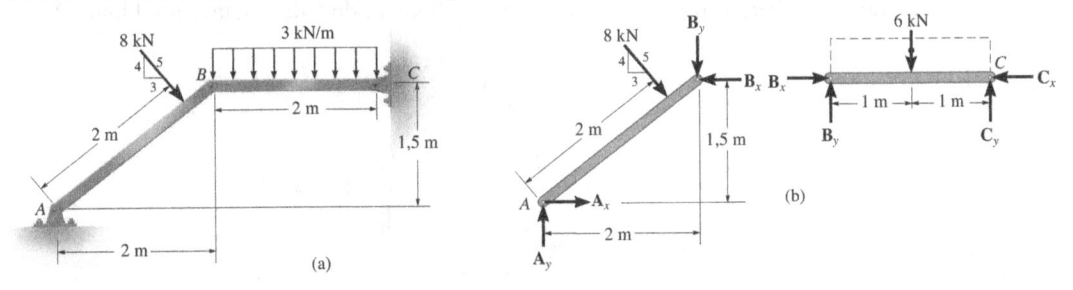

Figura 2.32

SOLUÇÃO

Diagramas de corpo livre. O diagrama de corpo livre de cada membro é mostrado na Figura 2.32b.

Equações de equilíbrio. Aplicar as seis equações de equilíbrio na sequência a seguir possibilita uma solução direta para cada uma das seis incógnitas.

Membro BC:

$$\zeta+\Sigma M_C = 0; \quad -B_y(2) + 6(1) = 0 \qquad B_y = 3 \text{ kN} \qquad (Resposta)$$

Membro AB:

$$\zeta+\Sigma M_A = 0; \quad -8(2) - 3(2) + B_x(1{,}5) = 0 \quad B_x = 14{,}7 \text{ kN} \qquad (Resposta)$$

$$\xrightarrow{+}\Sigma F_x = 0; \quad A_x + \tfrac{3}{5}(8) - 14{,}7 = 0 \qquad A_x = 9{,}87 \text{ kN} \qquad (Resposta)$$

$$+\uparrow \Sigma F_y = 0; \quad A_y - \tfrac{4}{5}(8) - 3 = 0 \qquad A_y = 9{,}40 \text{ kN} \qquad (Resposta)$$

Membro BC:

$$\xrightarrow{+}\Sigma F_x = 0; \quad 14{,}7 - C_x = 0 \qquad C_x = 14{,}7 \text{ kN} \qquad (Resposta)$$

$$+\uparrow \Sigma F_y = 0; \quad 3 - 6 + C_y = 0 \qquad C_y = 3 \text{ kN} \qquad (Resposta)$$

Exemplo 2.13

A lateral do edifício na Figura 2.33a é sujeita a uma carga de vento que cria uma pressão *normal* uniforme de 15 kPa sobre o lado voltado para o vento e uma pressão de sucção de 5 kPa do lado a sotavento. Determine os componentes horizontal e vertical de reação nas ligações de pino A, B e C do arco triarticulado de suporte.

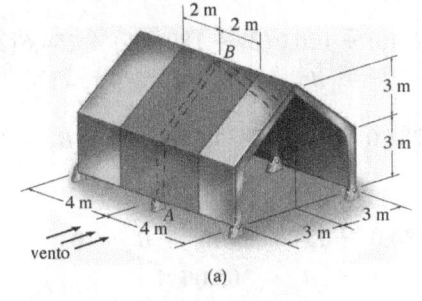

Figura 2.33

SOLUÇÃO

Tendo em vista que a carga é distribuída uniformemente, o arco triarticulado central suporta uma carga atuando sobre as paredes e telhado da área tributária sombreada escura. Isto representa uma carga distribuída uniforme de $(15 \text{ kN/m}^2)(4 \text{ m}) = 60 \text{ kN/m}$ do lado a barlavento e $(5 \text{ kN/m}^2)(4 \text{ m}) = 20 \text{ kN/m}$ do lado a sotavento, Figura 2.33b.

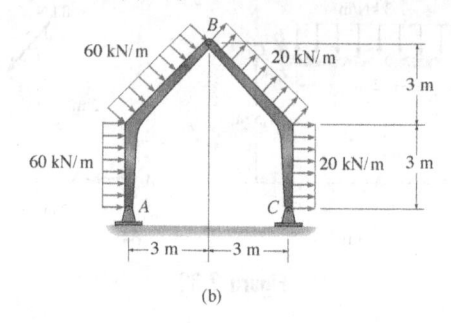

Diagramas de corpo livre. Substituindo as cargas distribuídas pelas respectivas resultantes, os diagramas de corpo livre de toda a estrutura e cada uma de suas partes são mostrados na Figura 2.33c.

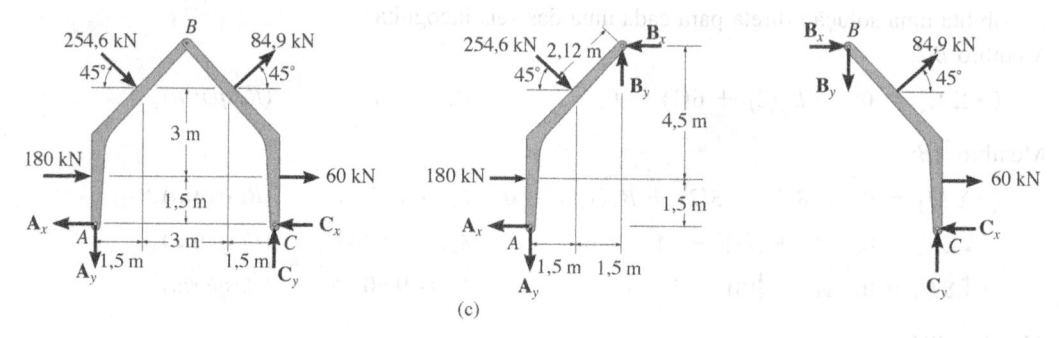

Equações de equilíbrio. A solução simultânea das equações é evitada aplicando as equações de equilíbrio nas sequências a seguir usando resultados calculados previamente.*

Estrutura inteira:

$(+\Sigma M_A = 0;\quad -(180+60)(1,5) - (254,6+84,9)\cos 45°(4,5)$
$\quad - (254,6 \text{ sen } 45°)(1,5) + (84,9 \text{ sen } 45°)(4,5) + C_y(6) = 0$
$\quad C_y = 240,0 \text{ kN}$ \hfill (Resposta)

$+\uparrow \Sigma F_y = 0;\quad -A_y - 254,6 \text{ sen } 45° + 84,9 \text{ sen } 45° + 240,0 = 0$
$\quad A_y = 120,0 \text{ kN}$ \hfill (Resposta)

Membro AB:

$(+\Sigma M_B = 0;\quad -A_x(6) + 120,0(3) + 180(4,5) + 254,6(2,12) = 0$
$\quad A_x = 285,0 \text{ kN}$ \hfill (Resposta)

$\overset{+}{\to} \Sigma F_x = 0;\quad -285,0 + 180 + 254,6 \cos 45° - B_x = 0$
$\quad B_x = 75,0 \text{ kN}$ \hfill (Resposta)

$+\uparrow \Sigma F_y = 0;\quad -120,0 - 254,6 \text{ sen } 45° + B_y = 0$
$\quad B_y = 300,0 \text{ kN}$ \hfill (Resposta)

---

* O problema também pode ser solucionado aplicando as seis equações de equilíbrio apenas aos dois membros. Se isto for feito, é melhor primeiro somar os momentos em torno do ponto A sobre o membro AB, então o ponto C sobre o membro CB. Ao fazer isto, você obtém duas equações para serem solucionadas simultaneamente para B_x e B_y.

Membro CB:

$\xrightarrow{+} \Sigma F_x = 0; \quad -C_x + 60 + 84{,}9 \cos 45° + 75{,}0 = 0$

$\qquad\qquad C_x = 195{,}0 \text{ kN}$ \hfill (*Resposta*)

Problemas fundamentais

PF2.1. Determine os componentes horizontais e verticais de reação nos pinos A, B e C.

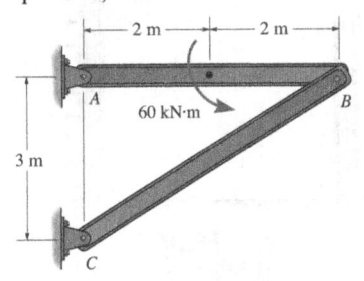

PF2.1

PF2.2. Determine os componentes horizontais e verticais de reação nos pinos A, B e C.

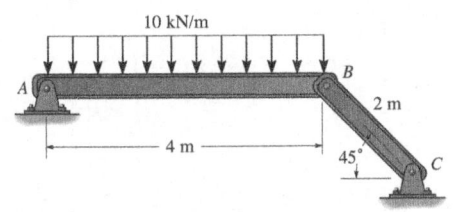

PF2.2

PF2.3. Determine os componentes horizontais e verticais de reação nos pinos A, B e C.

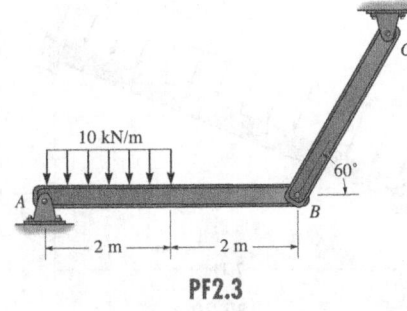

PF2.3

PF2.4. Determine os componentes horizontais e verticais de reação no apoio de rolo A, e apoio fixo B.

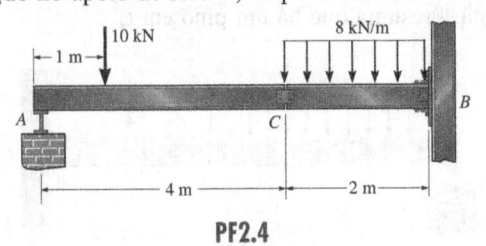

PF2.4

PF2.5. Determine os componentes horizontais e verticais de reação nos pinos A, B e C da estrutura de dois membros.

PF2.5

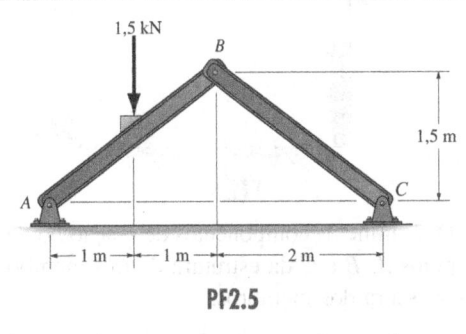

PF2.6. Determine os componentes de reação no apoio de rolo A e apoio de pino C. O nó B é uma ligação fixa.

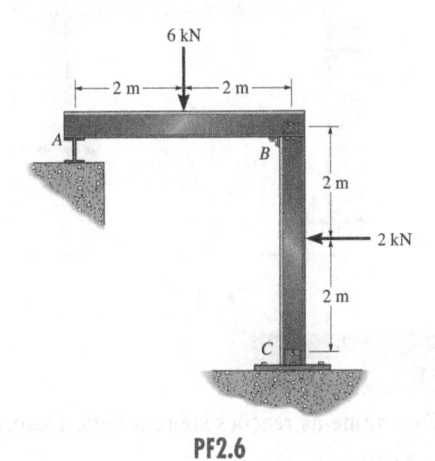

PF2.6

PF2.7. Determine os componentes horizontais e verticais de reação nos pinos A, B e D da estrutura de três membros. O nó em C é uma ligação fixa.

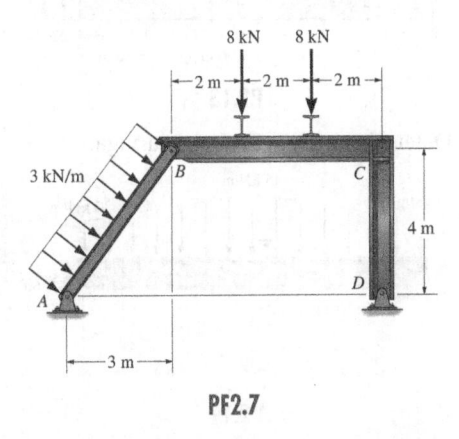

PF2.7

PF2.8. Determine os componentes de reação no apoio fixo D e nos pinos A, B e C da estrutura de três membros. Despreze a espessura dos membros.

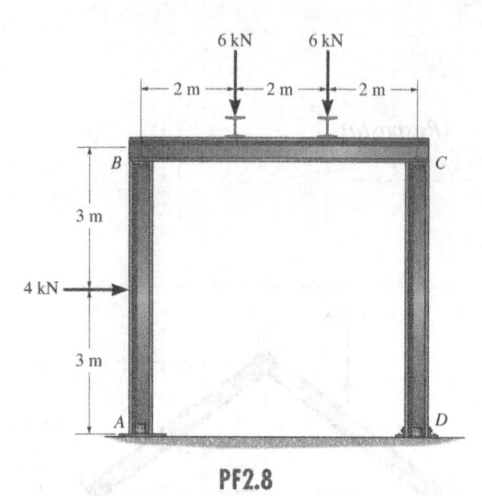

| 50 | Análise das estruturas

PF2.9. Determine os componentes de reação no apoio fixo D e nos pinos A, B e C da estrutura de três membros. Despreze a espessura dos membros.

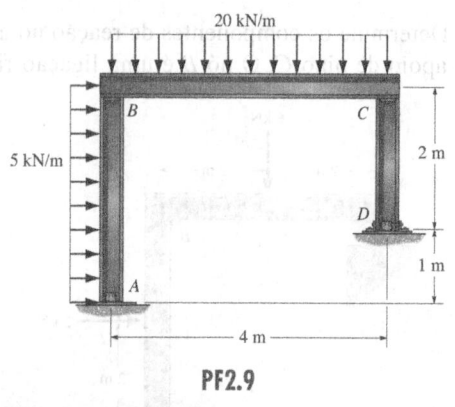

PF2.10. Determine os componentes de reação no apoio fixo D e nos pinos A, B e C da estrutura de três membros. Despreze a espessura dos membros.

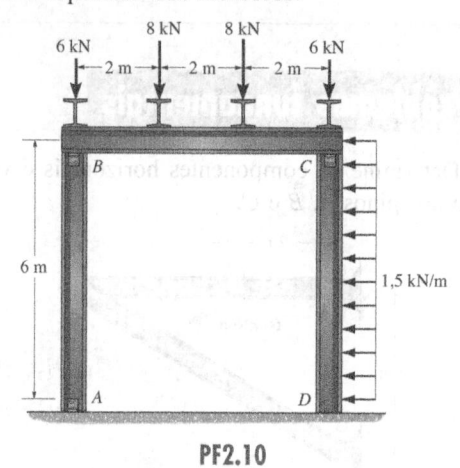

Problemas

P2.18. Determine as reações sobre a viga. Despreze a espessura da viga.

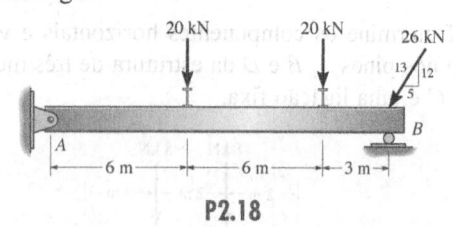

P2.19. Determine as reações sobre a viga.

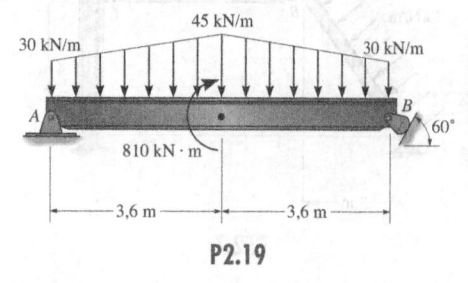

*P2.20. Determine as reações sobre a viga.

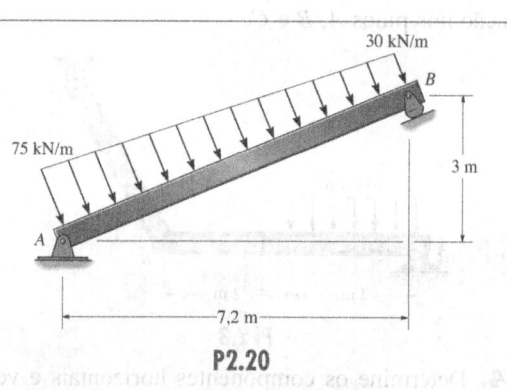

P2.21. Determine as reações nos apoios A e B da viga composta. Presuma que há um pino em C.

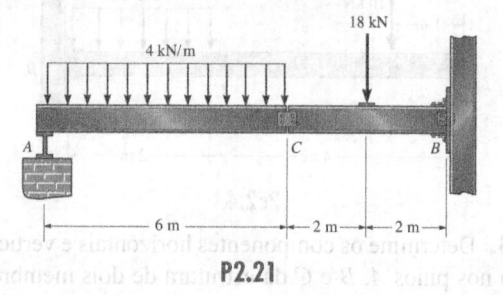

P2.22. Determine as reações nos apoios A, B, D e F.

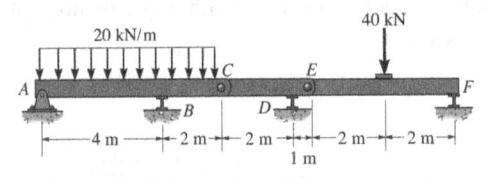

P2.23. A viga composta é apoiada sobre um pino em C e suportada por um rolamento em A e B. Há uma articulação (pino) em D. Determine as reações nos apoios. Despreze a espessura da viga.

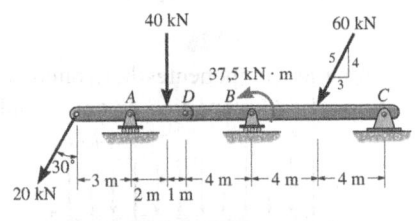

*P2.24. Determine as reações sobre a viga. Pode ser presumido que o suporte em B seja um rolo.

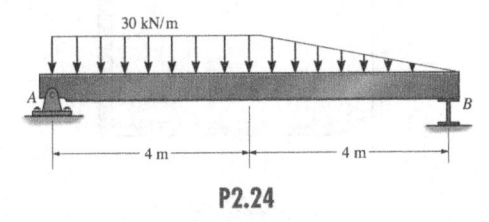

P2.25. Determine as reações no apoio liso C e apoio fixado por pinos A. Presuma que a conexão em B é fixa.

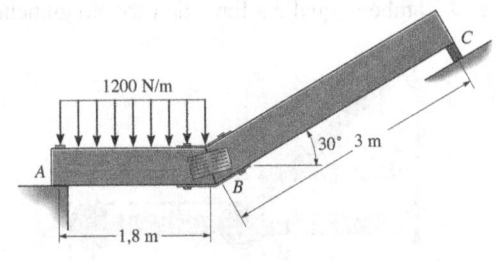

P2.26. Determine as reações nos suportes de treliças A e B. A carga distribuída é causada pelo vento.

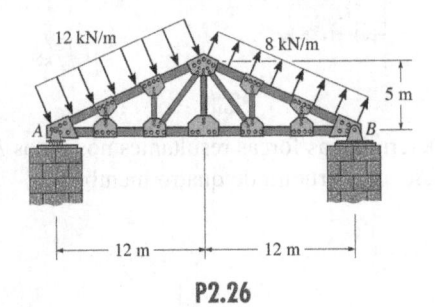

P2.27. A viga composta está fixa em A e suportada por rolos em B e C. Há articulações (pinos) em D e E. Determine as reações nos apoios.

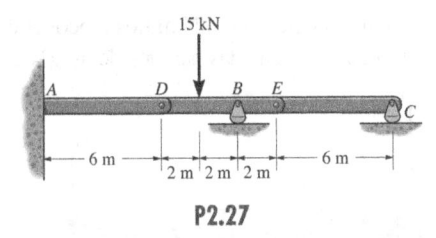

*P2.28. Determine as reações nos apoios A e B. As lajes de piso CD, DE, EF e FG transmitem suas cargas para a viga sobre apoios lisos. Presuma que A é um rolo e B é um pino.

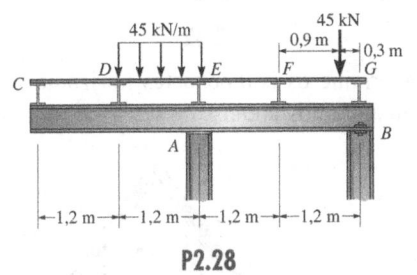

P2.29. Determine as reações nos apoios A e B da viga composta. Há um pino em C.

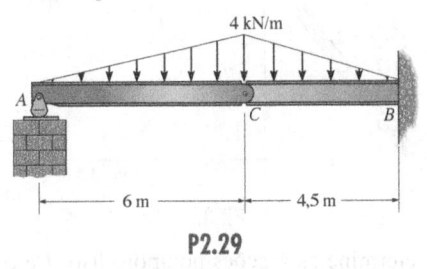

P2.30. Determine as reações nos apoios A e B da viga composta. Há um pino em C.

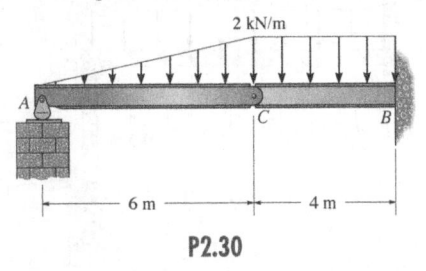

P2.31. Conforme mostrado, a viga é sujeita às duas cargas concentradas. Presumindo que a fundação exerce uma distribuição de carga que varia linearmente na sua base, determine as intensidades de carga w_1 e w_2 para equilíbrio (a) em termos dos parâmetros mostrados; (b) estabeleça $P = 2$ kN, $L = 3$ m.

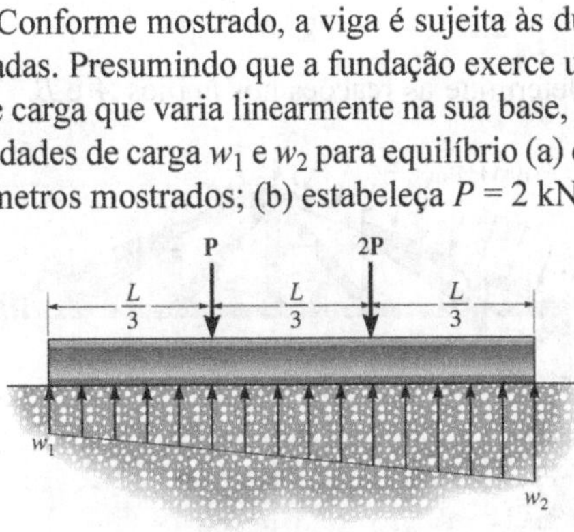

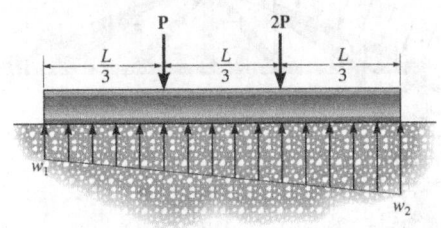

*P2.32. A viga alavanca é usada para suportar uma parede próxima da sua borda A de maneira que ela causa uma pressão no solo uniforme sob a base. Determine as cargas de distribuição uniformes, w_A e w_B, medidas em kN/m nos blocos A e B, necessários para suportar as forças das paredes de 40 kN e 100 kN.

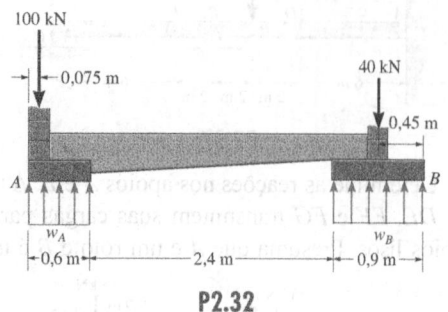

P2.33. Determine os componentes horizontais e verticais de reação atuando nos apoios A e C.

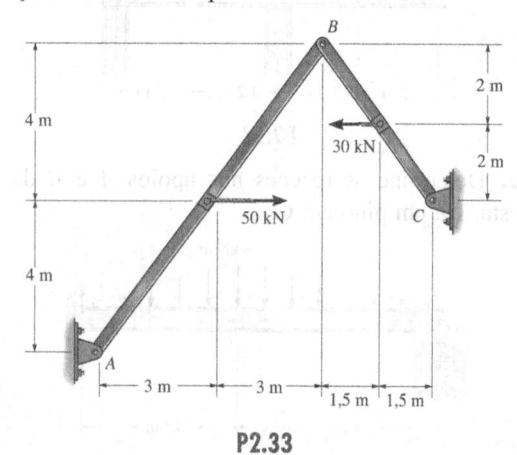

P2.34. Determine as reações no apoio liso A e o apoio de pino B. O nó em C tem uma ligação fixa.

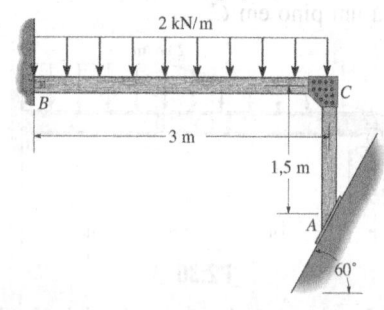

P2.35. Determine as reações nos apoios A e B.

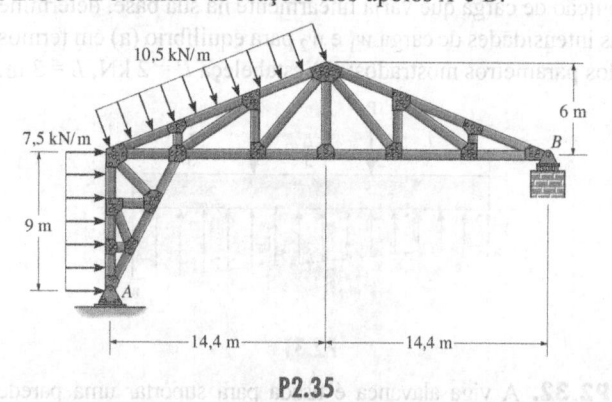

*****P2.36.** Determine os componentes horizontais e verticais de reação nos apoios A e B. Presuma que os nós em C e D têm ligações fixas.

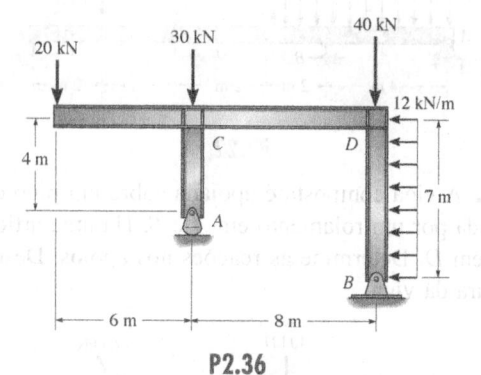

P2.37. Determine as componentes horizontais e verticais de força nos pinos A e C do pórtico de dois membros.

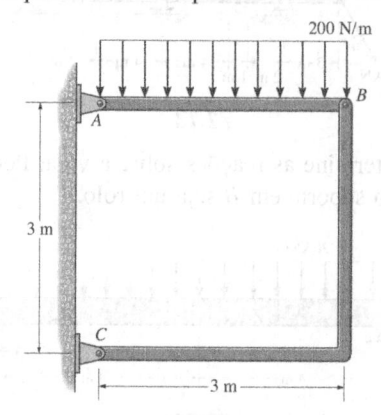

P2.38. O guindaste de parede suporta uma carga de 7 kN. Determine os componentes horizontais e verticais de reação nos pinos A e D. Também, qual é a força no cabo no guincho W?

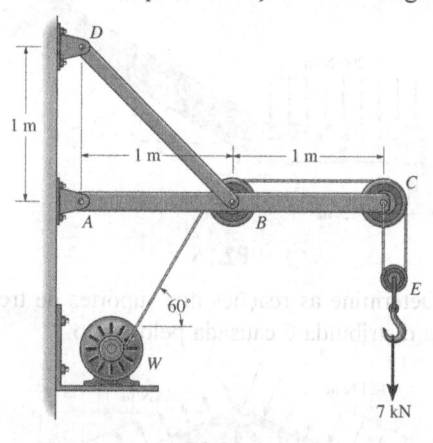

P2.39. Determine as forças resultantes nos pinos B e C no membro ABC da estrutura de quatro membros.

P2.39

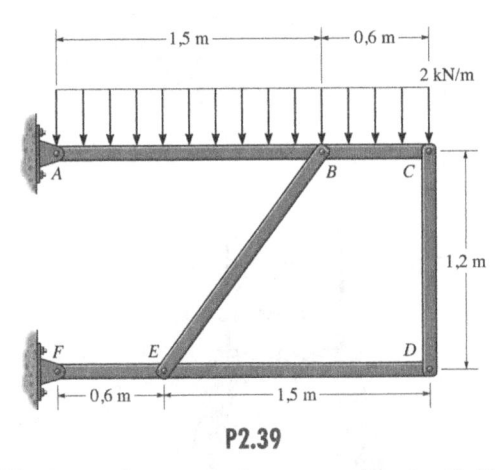

*P2.40. Determine as reações nos apoios A e D. Presuma que A é fixo e B, C e D são pinos.

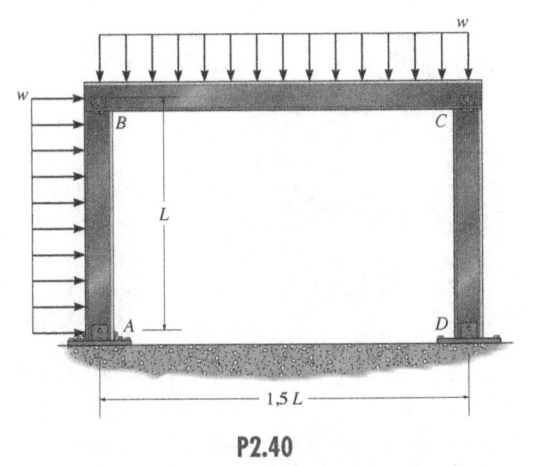

P2.40

P2.41. Determine as reações horizontais e verticais nos apoios A e C da estrutura de duas águas. Presuma que A, B e C têm conexões de pinos. As cargas das terças como D e E são aplicadas perpendiculares à linha de centro de cada viga.

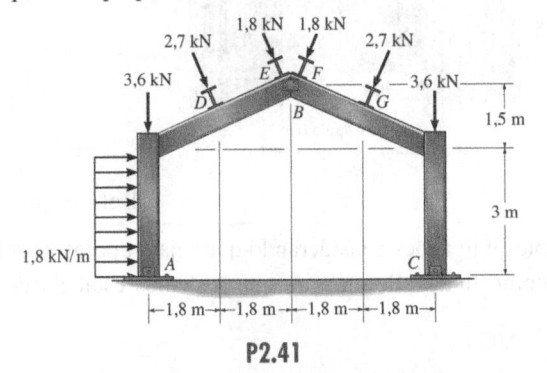

P2.41

P2.42. Determine os componentes horizontais e verticais de reação em A, C e D. Presuma que a estrutura tem uma conexão de pino em A, C e D, e há um nó fixo em B.

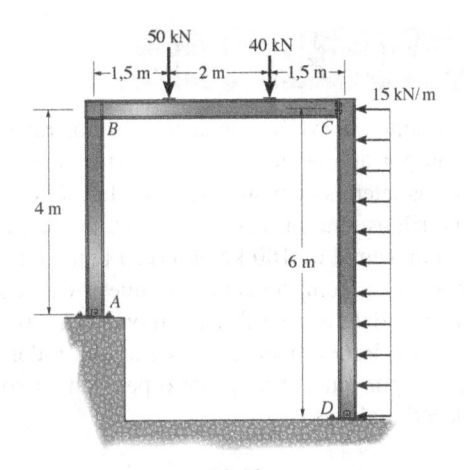

P2.42

P2.43. Determine os componentes horizontais e verticais em A, B e C. Presuma que a estrutura está conectada por pinos nesses pontos. Os nós D e E têm ligações fixas.

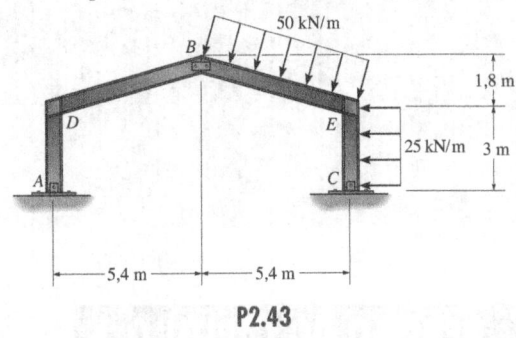

P2.43

*P2.44. Determine as reações nos apoios A e B. Os nós C e D têm ligações fixas.

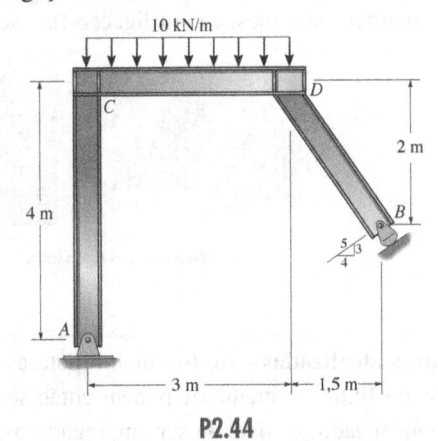

P2.44

Problema de projeto

PP2.1. A ponte ferroviária de cavaletes mostrada na foto é suportada por apoios de concreto armado. Presuma que as duas vigas laterais com suportes simples, leito da ferrovia e dois trilhos têm um peso de 7,5 kN/m e a carga imposta por um trem é de 100 kN/m (ver Figura 1.11). Cada viga tem 6 m de comprimento. Aplique a carga sobre a ponte inteira e determine a força compressiva nas colunas de cada apoio. Para a análise, presuma que todos os nós estão ligados por pinos e despreze o peso do apoio. Essas hipóteses são realistas?

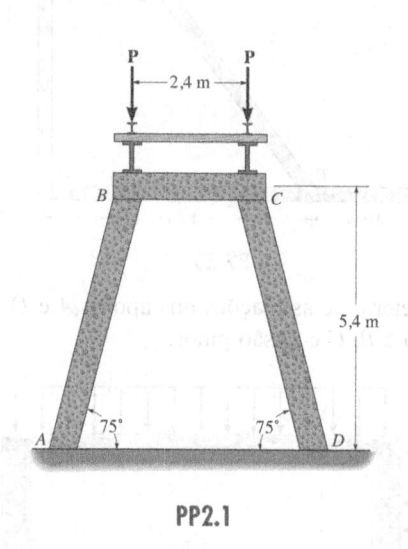

PP2.1

REVISÃO DO CAPÍTULO

Apoios – Frequentemente presumimos que membros estruturais sejam ligados por pinos se uma ligeira rotação relativa venha a ocorrer entre eles, e com ligação fixa se nenhuma rotação for possível.

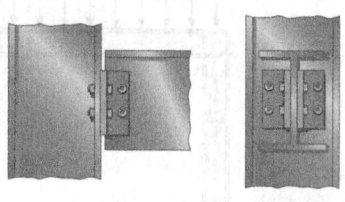

ligação com pinos típica (metal)

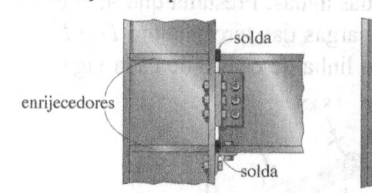

ligação com apoio fixo "com suporte fixo" típica (metal)

(Ref.: Seção 2.1)

Estruturas idealizadas – Ao formular hipóteses a respeito de apoios e ligações considerando que sejam apoios de rolos, de pinos ou fixos, os membros podem então ser representados como linhas, de maneira que podemos estabelecer um modelo idealizado passível de ser empregado para análise.

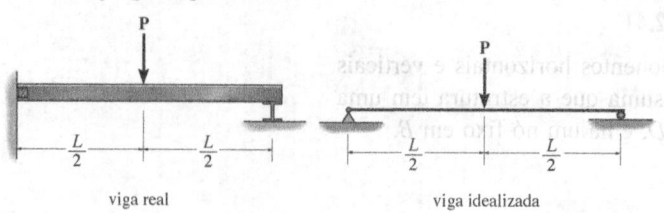

viga real

viga idealizada

(Ref.: Seção 2.1)

As cargas tributárias sobre lajes podem ser determinadas primeiro classificando a laje como unidirecional ou bidirecional. Em geral, se L_2 é a maior dimensão, e $L_2/L_1 > 2$, a laje comportar-se-á como uma laje unidirecional. Se $L_2/L_1 \leq 2$, a laje comportar-se-á como uma laje bidirecional.

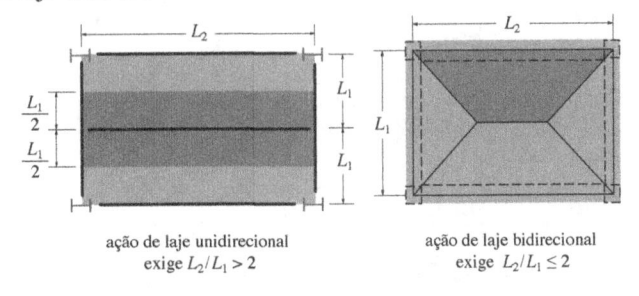

ação de laje unidirecional
exige $L_2/L_1 > 2$

ação de laje bidirecional
exige $L_2/L_1 \leq 2$

(Ref.: Seção 2.1)

Princípio da superposição – Tanto as cargas quanto os deslocamentos podem ser somados desde que o material seja elástico linear e ocorram apenas deslocamentos pequenos da estrutura.

(Ref.: Seção 2.2)

Equilíbrio – Estruturas estaticamente determinadas podem ser analisadas separando-as e aplicando as equações de equilíbrio a cada membro. A análise de uma estrutura estaticamente determinada exige primeiro traçar os diagramas de corpo livre de todos os membros, e então aplicar as equações de equilíbrio a cada membro.

$$\Sigma F_x = 0$$
$$\Sigma F_y = 0$$
$$\Sigma M_O = 0$$

O número de equações de equilíbrio para todos n membros de uma estrutura é $3n$. Se a estrutura tem r reações, então a estrutura é *estaticamente determinada* se

$$r = 3n$$

e *estaticamente indeterminada* se

$$r > 3n$$

O número adicional de equações exigido para a solução refere-se ao grau de indeterminação.

(Ref.: seções 2.3 e 2.4)

Estabilidade – Se há menos reações do que equações de equilíbrio, então a estrutura será instável porque ela está parcialmente restringida. A instabilidade em razão de restrições impróprias também pode ocorrer se as linhas de ação das reações forem concorrentes em um ponto ou paralelas uma em relação à outra.

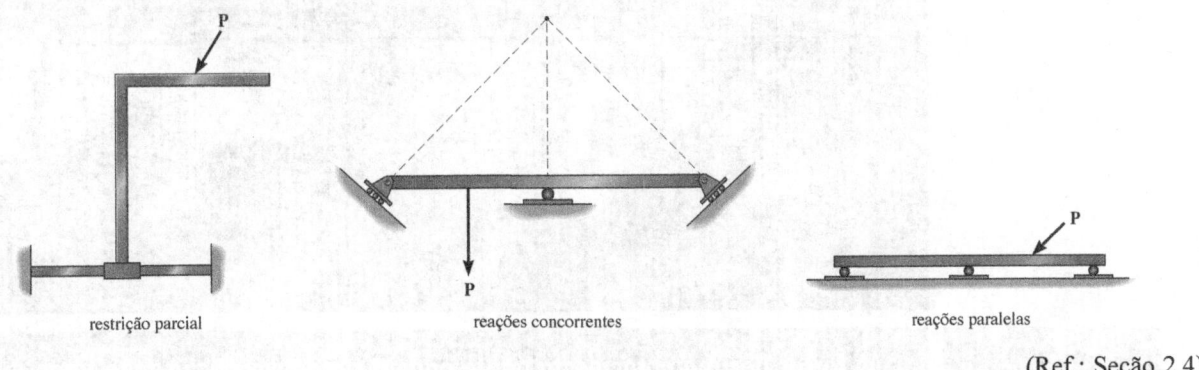

restrição parcial

reações concorrentes

reações paralelas

(Ref.: Seção 2.4)

As forças nos membros desta ponte podem ser analisadas usando tanto o método dos nós quanto o método das seções.

CAPÍTULO 3

Análise de treliças determinadas estaticamente

Neste capítulo, desenvolveremos os procedimentos para analisar treliças determinadas estaticamente usando o método dos nós e o método das seções. Primeiro, entretanto, a determinação e a estabilidade de uma treliça serão discutidas. Com esse objetivo, será considerada a análise de três formas de treliças planas: simples, compostas e complexas. Por fim, ao final do capítulo, consideraremos a análise de uma treliça espacial.

3.1 Tipos comuns de treliças

Uma *treliça* é uma estrutura de membros delgados unidos em suas extremidades. Os membros comumente usados na construção consistem de peças de madeira, barras de metal, cantoneiras ou perfis U. As ligações dos nós normalmente são formadas aparafusando ou soldando as extremidades dos membros a uma chapa em comum, chamada de *chapa de fixação*, conforme mostrado na Figura 3.1, ou simplesmente passando um grande parafuso ou pino através de cada um dos membros. Treliças planas encontram-se em um único plano e são seguidamente usadas para sustentar telhados e pontes.

Treliças de telhados. Treliças de telhados são usadas com frequência como parte da estrutura de um edifício industrial, como a ilustrada na Figura 3.2. Aqui, a carga do telhado é transmitida para a treliça nos nós através de uma série de *terças*. A treliça de telhado, juntamente com suas colunas de suporte, é chamada de *pórtico*. Ordinariamente, treliças de telhado são suportadas por colunas de madeira, aço, ou concreto armado, ou paredes de alvenaria. Para manter o pórtico rígido e, portanto, capaz de

A chapa de fixação é usada para conectar oito membros da estrutura treliçada para um reservatório de água.

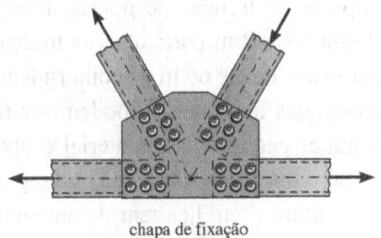

chapa de fixação
Figura 3.1

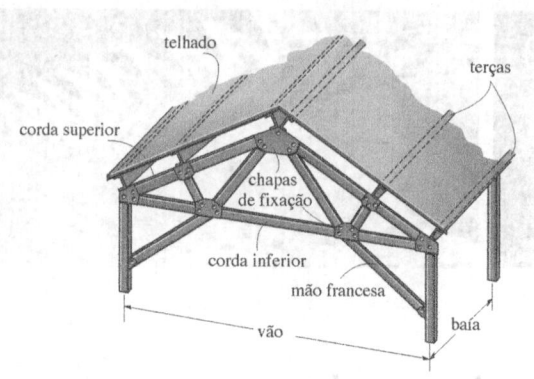

Figura 3.2

Apesar de mais decorativas do que estruturais, estas treliças Pratt simples são usadas para a entrada de um prédio.

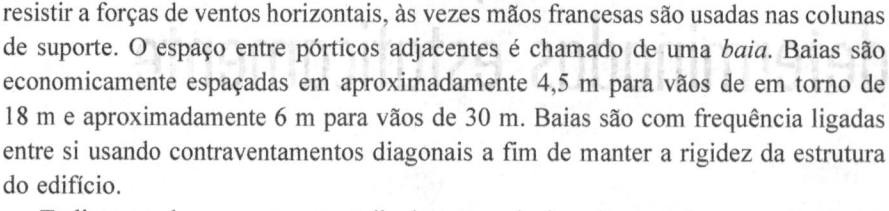

Treliças Parker são usadas para suportar esta ponte.

resistir a forças de ventos horizontais, às vezes mãos francesas são usadas nas colunas de suporte. O espaço entre pórticos adjacentes é chamado de uma *baia*. Baias são economicamente espaçadas em aproximadamente 4,5 m para vãos de em torno de 18 m e aproximadamente 6 m para vãos de 30 m. Baias são com frequência ligadas entre si usando contraventamentos diagonais a fim de manter a rigidez da estrutura do edifício.

Treliças usadas para suportar telhados são selecionadas com base no vão, inclinação e material do telhado. Alguns dos tipos mais comuns de treliças usados são mostrados na Figura 3.3. Em particular, a treliça do tipo tesoura, Figura 3.3*a*, pode ser usada para vãos curtos que exigem espaço livre acima. As treliças Howe e Pratt, figuras 3.3*b* e 3.3*c*, são usadas para telhados de vão moderado, em torno de 18 m a 30 m. Se vãos maiores são necessários para suportar o telhado, a treliça de leque ou treliça Fink pode se usada, figuras 3.3*d* e 3.3*e*. Essas treliças podem ser construídas com a corda inferior curvada como aquela mostrada na Figura 3.3*f*. Se um telhado plano ou praticamente plano for escolhido, a treliça Warren, Figura 3.3*g*, é frequentemente usada. Também, as treliças Howe e Pratt podem ser modificadas para telhados planos. Treliças dente de serra, Figura 3.3*h*, são quase sempre usadas quando o espaço entre colunas não é objetável e uma iluminação uniforme é importante. Uma indústria têxtil seria um exemplo. A treliça na forma de arco, Figura 3.3*i*, às vezes é selecionada para garagens e pequenos hangares de aviões; e a treliça em arco articulado (Figura 3.3*j*), apesar de relativamente cara, pode ser usada para grandes alturas e vãos longos como arenas para esportes, ginásios e por aí afora.

Treliças de pontes. Os principais elementos estruturais de uma treliça de ponte típica são mostrados na Figura 3.4. Aqui é visto que uma carga sobre o *tabuleiro* é primeiro transmitida para longarinas, então para *transversinas*, e, por fim, para os nós das duas treliças laterais de apoio. As cordas superior e inferior dessas treliças laterais são ligadas por *contraventamentos laterais* superiores e inferiores, que servem para resistir às forças laterais causadas pelo vento e o movimento lateral causado pelos veículos em movimento sobre a ponte. Estabilidade adicional é fornecida por *pórticos* e *contraventamentos transversais*. Como no caso de muitas treliças de vão longo, um apoio em rolo é fornecido em uma extremidade de uma treliça da ponte para permitir a expansão térmica.

Algumas das formas típicas de treliças de pontes atualmente usadas para vãos únicos são mostradas na Figura 3.5. Em particular, as treliças Pratt, Howe e Warren são normalmente usadas para vãos de até 60 m de comprimento. A forma mais comum é a treliça Warren, com montantes que também podem ser fabricados desta maneira para vãos de até 90 m. A maior economia de material é obtida se as diagonais têm uma inclinação de até 45° e 60° com a horizontal. Se esta regra for mantida, então para vãos maiores do que 90 m a altura da treliça tem de aumentar e, consequentemente, os painéis ficarão mais longos. Isto resulta em um sistema de tabuleiro pesado e,

Tesoura
(a)

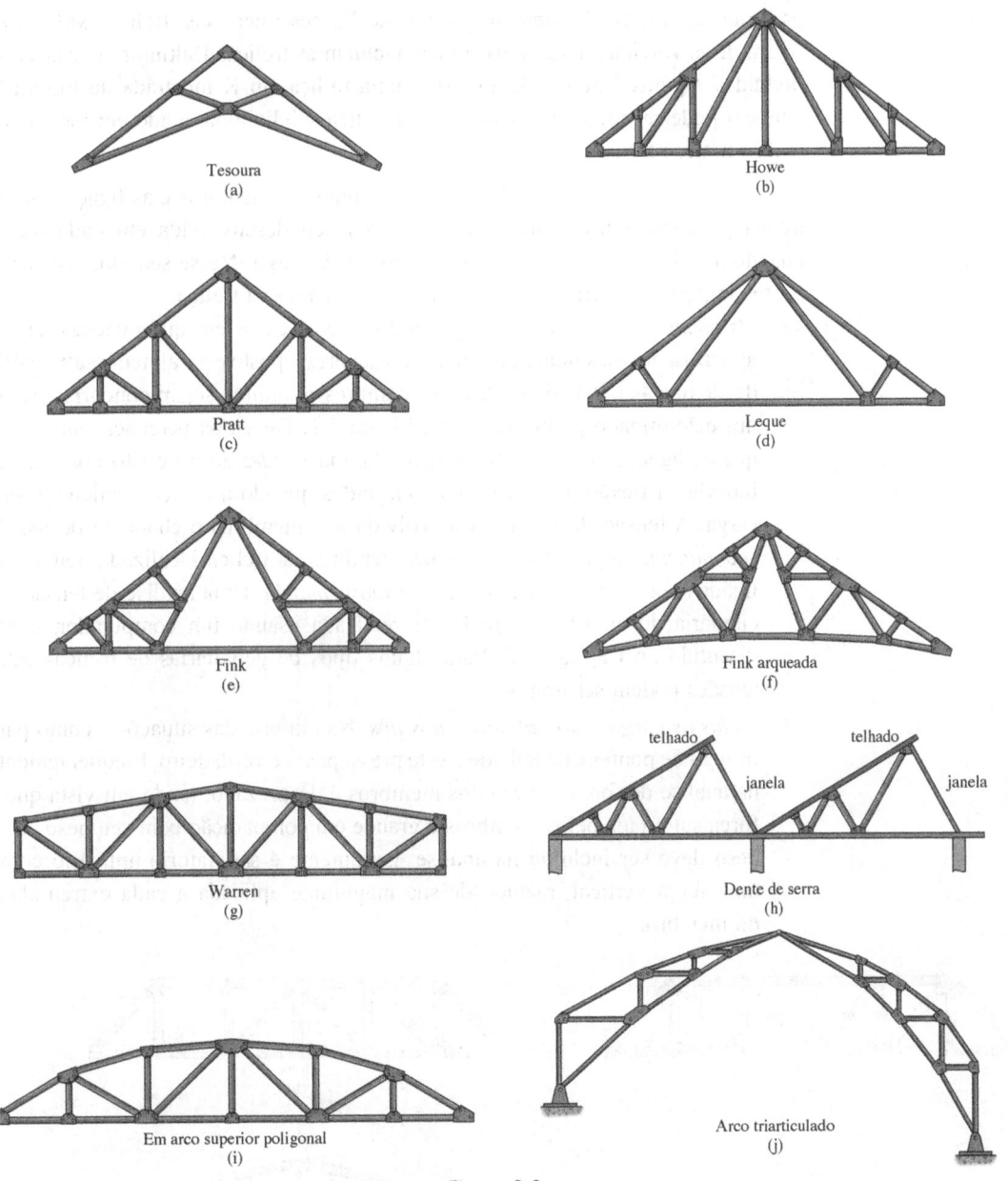

Howe
(b)

Pratt
(c)

Leque
(d)

Fink
(e)

Fink arqueada
(f)

Warren
(g)

telhado telhado
janela janela
Dente de serra
(h)

Em arco superior poligonal
(i)

Arco triarticulado
(j)

Figura 3.3

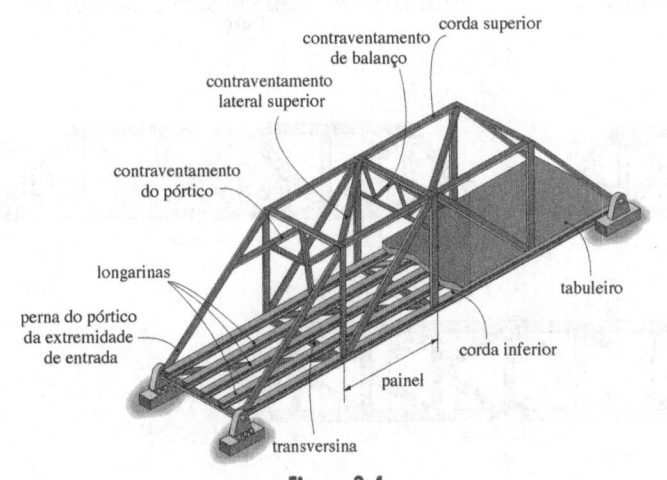

corda superior
contraventamento de balanço
contraventamento lateral superior
contraventamento do pórtico
longarinas
tabuleiro
perna do pórtico da extremidade de entrada
corda inferior
painel
transversina

Figura 3.4

para manter o peso do tabuleiro dentro de limites toleráveis, treliças *subdivididas* foram desenvolvidas. Exemplos típicos incluem as treliças Baltimore e Warren subdivididas, figuras 3.5*e* e 3.5*f*. Por fim, uma treliça em K mostrada na Figura 3.5*g* também pode ser usada no lugar de uma treliça subdividida, tendo em vista que ela realiza a mesma finalidade.

Pressupostos para o projeto. Para projetar ambos os membros e as ligações de uma treliça primeiro é necessário determinar a *força* desenvolvida em cada membro quando a treliça é submetida a uma determinada carga. Nesse sentido, dois pressupostos importantes serão realizados a fim de idealizar a treliça.

1. *Os membros são unidos por pinos lisos.* Nos casos em que ligações de nós aparafusadas ou soldadas são usadas, este pressuposto é geralmente satisfatório desde que as linhas de centro dos membros se unindo sejam concorrentes em um determinado ponto, como na Figura 3.1. Devemos perceber, entretanto, que as ligações reais proporcionam alguma *rigidez* ao nó e isto por sua vez introduz a flexão dos membros conectados quando a treliça é sujeita a uma carga. A tensão de flexão desenvolvida nos membros é chamada de *tensão secundária*, enquanto a tensão nos membros da treliça idealizada, tendo nós ligados por pinos, é chamada de *tensão primária*. Uma análise de tensão secundária de uma treliça pode ser realizada usando um computador, como discutido no Capítulo 16. Para alguns tipos de geometrias de treliças estas tensões podem ser grandes.

2. *Todas as cargas são aplicadas nos nós.* Na maioria das situações, como para treliças de pontes e de telhados, este pressuposto é verdadeiro. Frequentemente na análise de força, o peso dos membros é desprezado, tendo em vista que a força suportada pelos membros é grande em comparação com seu peso. Se o peso deve ser incluído na análise, geralmente é satisfatório aplicá-lo como uma força vertical, metade de sua magnitude aplicada a cada extremidade do membro.

Pratt
(a)

Howe
(b)

Warren (com montantes)
(c)

Parker
(d)

Baltimore
(e)

Warren subdividida
(f)

Treliça em K
(g)

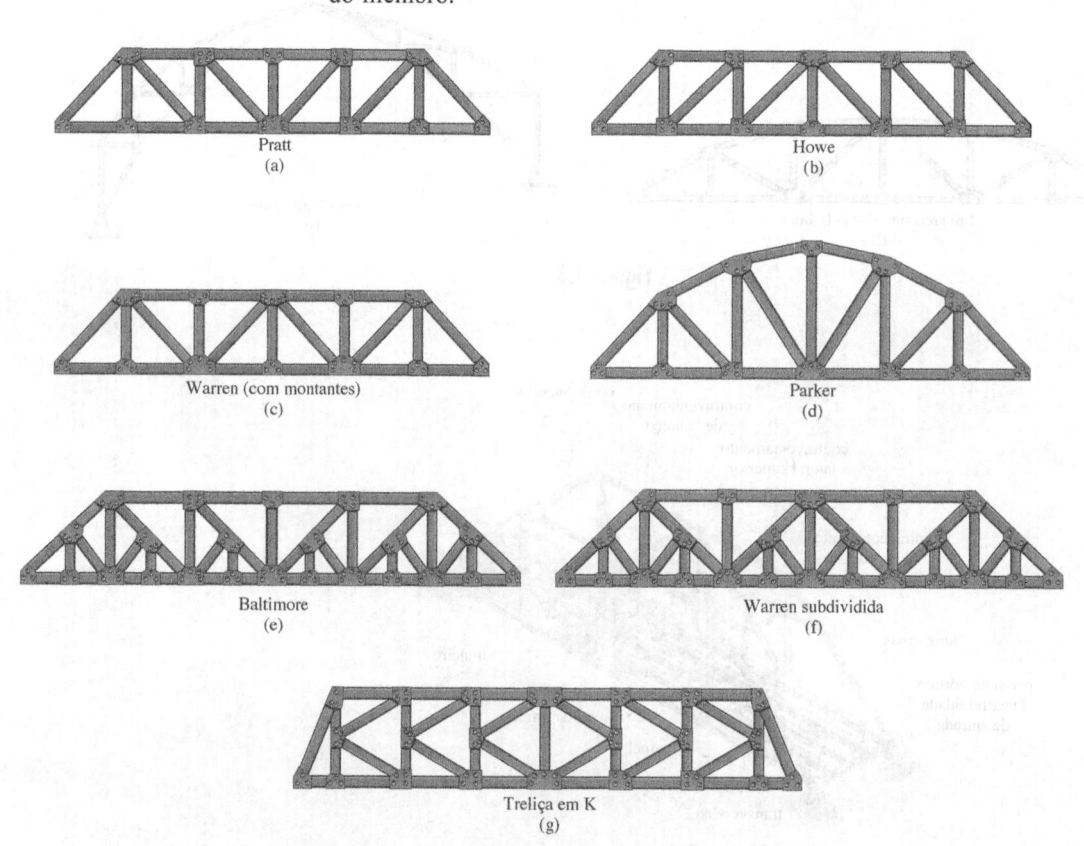

Figura 3.5

Em razão desses dois pressupostos, *cada membro da treliça atua como um membro de força axial* e, portanto, as forças atuando nas extremidades do membro devem ser direcionadas ao longo do eixo do membro. Se a força tende a *alongar* o membro, ela é uma *força de tração* (*T*), Figura 3.6*a*; enquanto se a força tender a *encurtar* o membro, ela é uma *força compressiva* (*C*), Figura 3.6*b*. No projeto real de uma treliça é importante saber se a força é de tração ou compressiva. Na maioria das vezes, membros comprimidos têm de ser fabricados *mais espessos* do que membros tracionados, devido à flambagem ou instabilidade súbita que pode ocorrer em membros comprimidos.

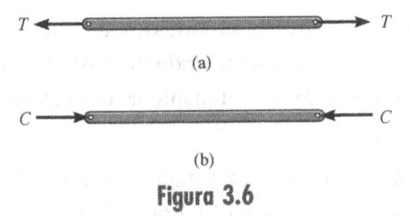

Figura 3.6

3.2 Classificação de treliças planas

Antes de começar a análise de força de uma treliça, é importante classificar a treliça como simples, composta, ou complexa, e então ser capaz de especificar a sua determinação e estabilidade.

Treliça simples. Para evitar o colapso, a estruturação de uma treliça tem de ser rígida. Obviamente, a estrutura de quatro barras *ABCD* na Figura 3.7 vai colapsar a não ser que uma diagonal, como *AC*, seja adicionada para suporte. A estruturação mais simples que é rígida e estável é um *triângulo*. Consequentemente, uma *treliça simples* é construída começando com um elemento triangular básico, como o *ABC* na Figura 3.8, e conectando dois membros (*AD* e *BD*) para formar um elemento adicional. Desse modo, vemos que à medida que cada elemento adicional de dois membros é colocado sobre a treliça, um nó é acrescentado.

Um exemplo de uma treliça simples é mostrado na Figura 3.9, onde o elemento triangular "estável" básico é *ABC*, a partir do qual o restante dos nós, *D*, *E* e *F*, são estabelecidos em sequência alfabética. Para este método de construção, entretanto, é importante perceber que treliças simples *não* têm de consistir inteiramente de triângulos. Um exemplo é mostrado na Figura 3.10, onde, começando com o triângulo *ABC*, as barras *CD* e *AD* são somadas para formar o nó *D*. Por fim, as barras *BE* e *DE* são adicionadas para formar o nó *E*.

Treliça composta. Uma *treliça composta* é formada conectando duas juntas ou mais treliças simples juntas. Com bastante frequência esse tipo de treliça é usado para suportar cargas atuando sobre um *vão grande*, tendo em vista que é mais barato construir uma treliça desse tipo, que de certa maneira é mais barata, do que usar uma única treliça mais pesada.

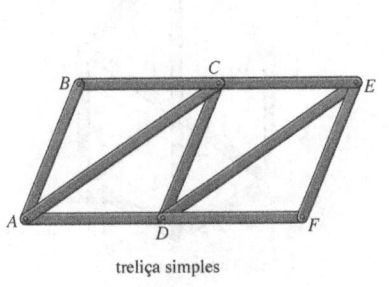

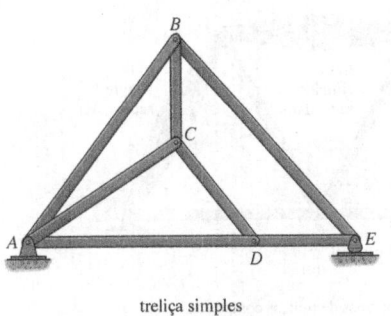

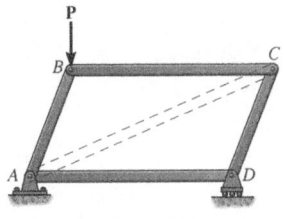

Figura 3.7

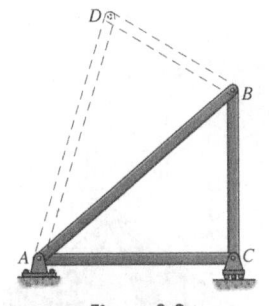

Figura 3.8

treliça simples
Figura 3.9

treliça simples
Figura 3.10

Há três maneiras por meio das quais treliças simples são juntadas para formar uma treliça composta. As treliças podem ser ligadas por um nó e barra comuns. Um exemplo é dado na Figura 3.11a, onde a treliça sombreada ABC é conectada à treliça sombreada CDE dessa maneira. As treliças podem ser combinadas por três barras, como no caso da treliça sombreada ABC conectada à treliça maior DEF, Figura 3.11b. E por fim, as treliças podem ser combinadas de modo que barras de uma treliça simples grande, chamada de *treliça principal*, sejam substituídas por treliças simples, chamadas de *treliças secundárias*. Um exemplo é mostrado na Figura 3.11c, onde membros tracejados da treliça principal ABCDE foram *substituídos* pelas treliças sombreadas secundárias. Se essa treliça suportasse cargas de telhado, o uso das treliças secundárias poderia ser mais econômico, tendo em vista que os membros tracejados podem ser sujeitos à flexão excessiva, enquanto as treliças secundárias podem transferir melhor a carga.

Treliça complexa. Uma *treliça complexa* é uma treliça que não pode ser classificada como simples ou composta. A treliça na Figura 3.12 é um exemplo.

Determinação. Para qualquer problema em análise de treliça, devemos levar em consideração que o número total de *incógnitas* inclui as forças no número b de barras da treliça e o número total de reações de suporte externo r. Tendo em vista que os membros da treliça são todos membros retos de força axial reta encontrando-se no mesmo plano, o sistema de forças atuando em cada nó é *coplanar e concorrente*. Consequentemente, o equilíbrio de momento ou rotacional é automaticamente satisfeito no nó (ou pino), e é apenas necessário satisfazer $\Sigma F_x = 0$ e $\Sigma F_y = 0$ para assegurar o equilíbrio de força ou translacional. Portanto, apenas duas equações de equilíbrio podem ser escritas para cada nó, e se há um número de nós j, o número total de equações disponíveis para solução é $2j$. Ao simplesmente comparar o número total de incógnitas $(b + r)$ com o número total de equações de equilíbrio disponíveis, é possível, portanto, especificar a determinação de uma treliça simples, composta ou complexa. Temos,

$$b + r = 2j \quad \text{estaticamente determinada}$$
$$b + r > 2j \quad \text{estaticamente indeterminada}$$
(3.1)

Em particular, o *grau de indeterminação* é especificado pela diferença nos números $(b + r) - 2j$.

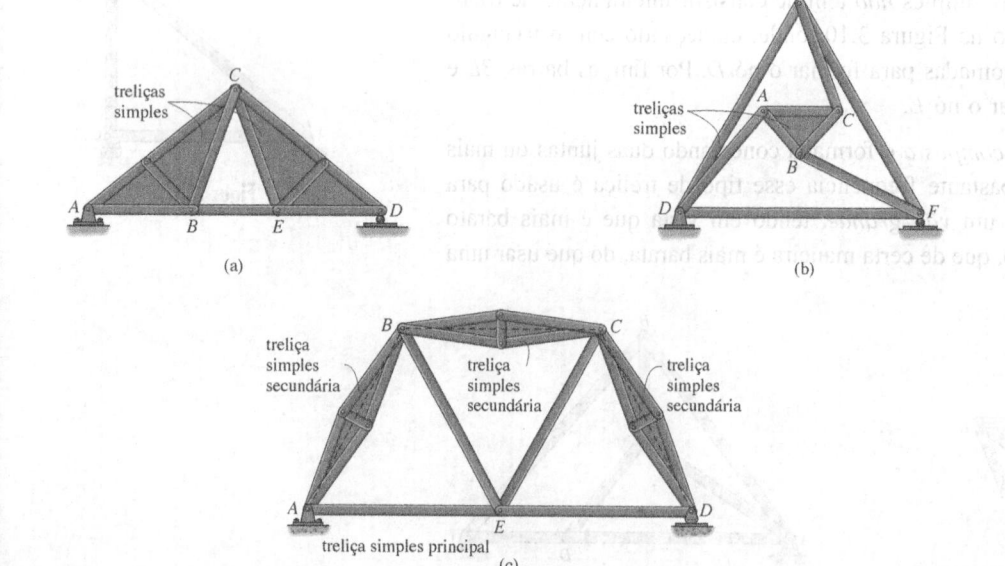

(a)

(b)

(c)

Vários tipos de treliças compostas

Figura 3.11

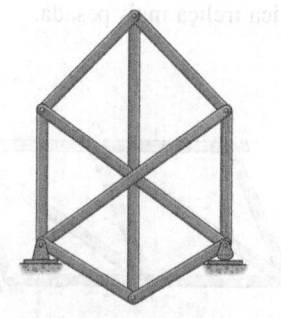

Treliça complexa

Figura 3.12

Estabilidade. Se $b + r < 2j$, uma treliça será *instável*, isto é, ela vai colapsar, tendo em vista que haverá um número insuficiente de barras ou reações para restringir todos os nós. Também, uma treliça pode ser instável se ela for estaticamente determinada ou estaticamente indeterminada. Neste caso, a estabilidade terá de ser determinada através de exame ou análise de força.

Estabilidade externa. Como declarado na Seção 2.4, uma *estrutura (ou treliça) é externamente instável se todas as suas reações forem concorrentes ou paralelas*. Por exemplo, as duas treliças na Figura 3.13 são externamente instáveis tendo em vista que as reações de apoio têm linhas de ação que são concorrentes ou paralelas.

Estabilidade interna. A estabilidade interna de uma treliça pode ser conferida muitas vezes por meio de um exame cuidadoso do arranjo de seus membros. Caso se possa determinar que cada nó está fixo, de maneira a não se mover com movimento de "corpo rígido" em relação a outros nós, então a treliça será estável. Observe que *uma treliça simples será sempre estável internamente*, tendo em vista que pela natureza da sua construção ela exige começar de um elemento triangular básico e adicionar sucessivos "elementos rígidos", cada um contendo dois membros adicionais e um nó. A treliça na Figura 3.14 exemplifica essa construção, onde, começando com o elemento de triângulo sombreado *ABC*, os nós sucessivos *D, E, F, G, H* foram acrescentados.

Se uma treliça é construída de maneira que ela não mantenha os seus nós em uma posição fixa, ela será instável ou terá uma "forma crítica". Um exemplo óbvio dessa situação é mostrado na Figura 3.15, onde pode ser visto que nenhuma restrição ou fixação é providenciada entre os nós *C* e *F* ou *B* e *E*, e assim a treliça colapsará sob carga.

Para determinar a estabilidade interna de uma *treliça composta* é necessário identificar a maneira por meio da qual as treliças simples são conectadas juntas. Por exemplo, a treliça composta por meio da Figura 3.16 é instável tendo em vista que a treliça simples interior *ABC* é conectada à treliça simples exterior *DEF* usando três barras, *AD*, *BE* e *CF*, quando são *concorrentes* no ponto *O*. Desse modo, uma carga externa pode ser aplicada ao nó *A, B* ou *C* e fazer com que a treliça *ABC* gire ligeiramente.

Se uma treliça é identificada como *complexa*, talvez não seja possível dizer através de exame se ela é instável. Por exemplo, pode ser demonstrado pela análise discutida na Seção 3.7 que a treliça complexa na Figura 3.17 é instável ou tem uma "forma crítica" apenas se a dimensão $d = d'$. Se $d \neq d'$, ela é estável.

A instabilidade de qualquer forma de treliça, seja ela simples, composta ou complexa, também pode ser observada usando um computador para solucionar as equações simultâneas $2j$ escritas para todos os nós da treliça. Se resultados inconsistentes forem obtidos, a treliça será instável ou terá uma forma crítica.

Se uma análise de computador não for realizada, os métodos discutidos previamente podem ser usados para averiguar a estabilidade da treliça. Resumindo, se a treliça tem b barras, r reações externas e j nós, então se

$$b + r < 2j \quad \text{instável}$$
$$b + r \geq 2j \quad \text{instável se as reações de apoio da treliça}$$
$$\text{são concorrentes ou paralelas, ou se alguns}$$
$$\text{dos componentes da treliça formam um}$$
$$\text{mecanismo colapsável}$$

(3.2)

Tenha em mente, entretanto, que se *uma treliça é instável, não importa se ela é estaticamente determinada ou indeterminada*. Obviamente, o uso de uma treliça instável deve ser evitado na prática.

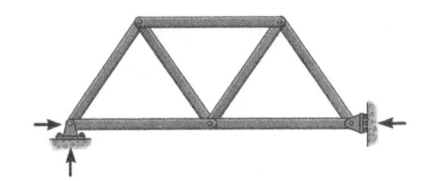

reações concorrentes instáveis

reações paralelas instáveis

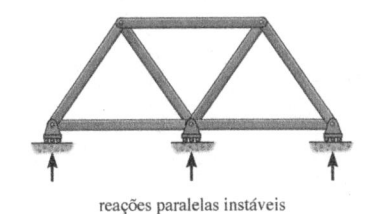

Figura 3.13

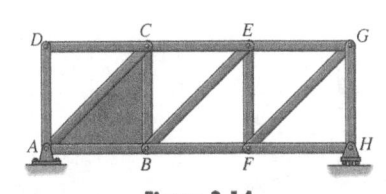

Figura 3.14

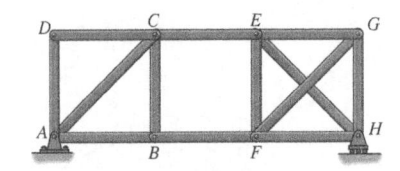

Figura 3.15

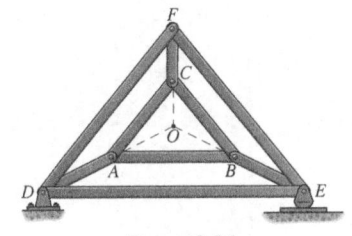

Figura 3.16

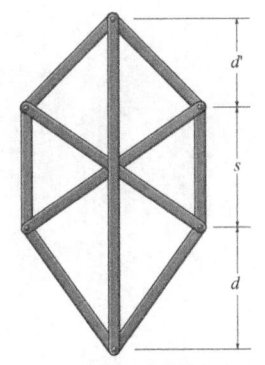

Figura 3.17

Exemplo 3.1

Classifique cada uma das treliças na Figura 3.18 como estável, instável, estaticamente determinada ou estaticamente indeterminada. As treliças são sujeitas a cargas externas arbitrárias que são presumidamente conhecidas e podem atuar em qualquer lugar nas treliças.

SOLUÇÃO

Figura 3.18a. *Estável externamente*, tendo em vista que as reações não são concorrentes ou paralelas. Tendo em vista que $b = 19$, $r = 3$, $j = 11$, então $b + r = 2j$ ou $22 = 22$. Portanto, a treliça é *estaticamente determinada*. Por inspeção, a treliça é *internamente estável*.

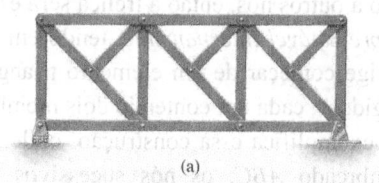

Figura 3.18

Figura 3.18b. *Estável externamente*. Tendo em vista que $b = 15$, $r = 4$, $j = 9$, então $b + r > 2j$ ou $19 > 18$. A treliça é *estaticamente indeterminada* de primeiro grau. Por inspeção, a treliça é *estável internamente*.

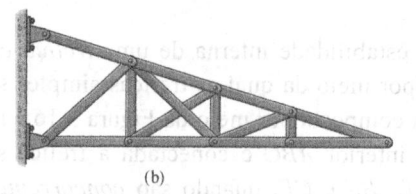

Figura 3.18c. *Estável externamente*. Tendo em vista que $b = 9$, $r = 3$, $j = 6$, então $b + r = 2j$ ou $12 = 12$. A treliça é *determinada estaticamente*. Por inspeção, a treliça é *estável internamente*.

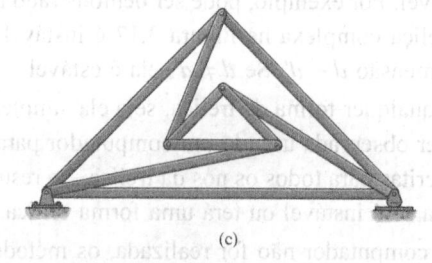

Figura 3.18d. *Estável externamente*. Tendo em vista que $b = 12$, $r = 3$, $j = 8$, então $b + r < 2j$ ou $15 < 16$. A treliça é *instável internamente*.

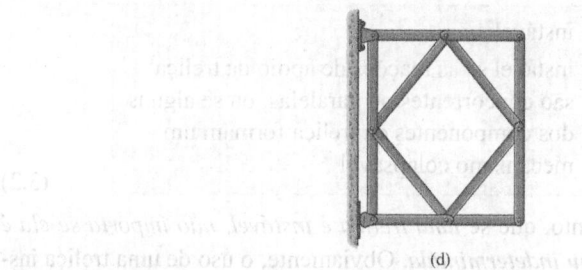

Problemas

P3.1. Classifique cada uma das treliças a seguir como determinada estaticamente, indeterminada estaticamente, ou instável. Se indeterminada, determine o seu grau.

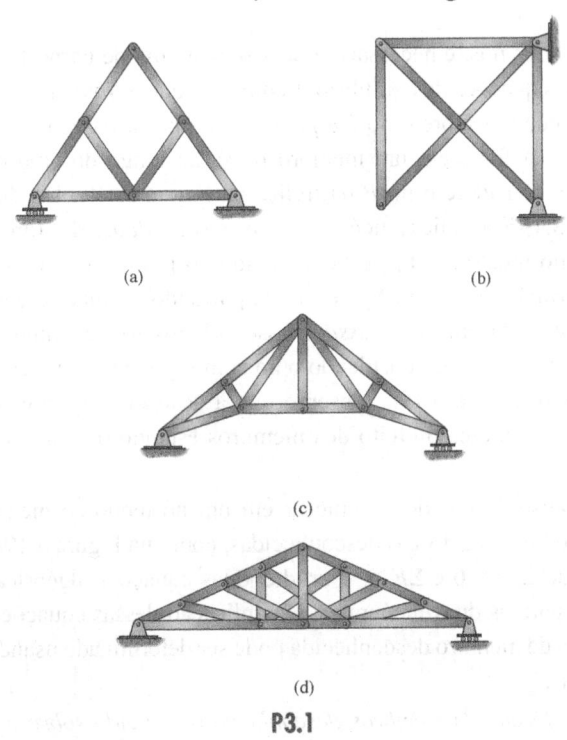

(a)

(b)

(c)

(d)

P3.1

P3.2. Classifique cada uma das treliças a seguir como estável, instável, determinada estaticamente, ou indeterminada estaticamente. Se indeterminada, determine o seu grau.

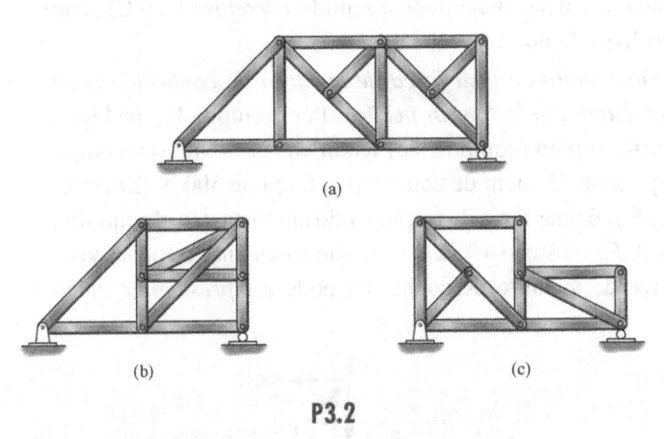

(a)

(b)

(c)

P3.2

P3.3. Classifique cada uma das treliças a seguir como determinada estaticamente, indeterminada ou instável. Se indeterminada, determine o seu grau.

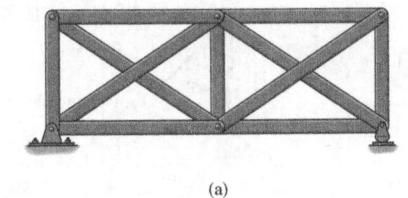

(a)

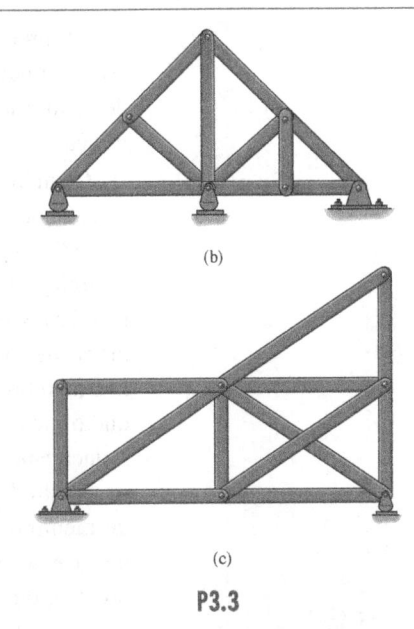

(b)

(c)

P3.3

***P3.4.** Classifique cada uma das treliças a seguir como determinada estaticamente, indeterminada estaticamente, ou instável. Se indeterminada, determine o seu grau.

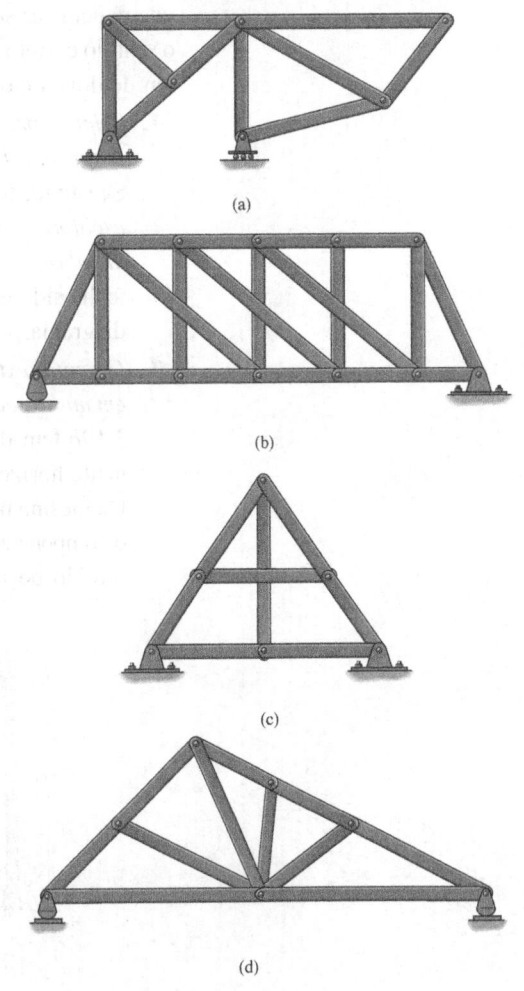

(a)

(b)

(c)

(d)

P3.4

3.3 O método dos nós

Se uma treliça está em equilíbrio, então cada uma de seus nós também tem de estar em equilíbrio. Portanto, o método dos nós consiste em satisfazer as condições de equilíbrio $\Sigma F_x = 0$ e $\Sigma F_y = 0$ para as forças exercidas *sobre o pino* em cada nó da treliça.

Quando usando o método dos nós, é necessário traçar o diagrama de corpo livre de cada nó antes de aplicar as equações de equilíbrio. Lembre-se que a *linha de ação* de cada força dos membros atuando sobre o nó é *especificada* a partir da geometria da treliça, tendo em vista que a força em um membro passa ao longo do eixo do membro. Como um exemplo, considere o nó B da treliça na Figura 3.19a. Do diagrama de corpo livre, Figura 3.19b, as únicas incógnitas são as *magnitudes* das forças nos membros BA e BC. Como mostrado, $\mathbf{F}_{BA}$ está "puxando" o pino, o que indica que o membro BA está em *tração*, enquanto $\mathbf{F}_{BC}$ está "empurrando" o pino, e consequentemente o membro BC está em *compressão*. Esses efeitos são claramente demonstrados usando o método das seções e isolando o nó com segmentos pequenos do membro conectado ao pino, Figura 3.19c. Observe que a ação de empurrar ou puxar esses segmentos pequenos indica o efeito dos membros estando ou em compressão, ou em tração.

Em todos os casos, a análise de nós deve começar em um nó tendo ao menos uma força conhecida e no máximo duas forças desconhecidas, como na Figura 3.19b. Dessa maneira, a aplicação de $\Sigma F_x = 0$ e $\Sigma F_y = 0$ produz duas equações algébricas que podem ser solucionadas para as duas incógnitas. Na aplicação dessas equações, o sentido correto de uma força de membro desconhecida pode ser determinado usando um de dois métodos possíveis.

1. *Sempre presuma que as forças de membros desconhecidas atuando sobre o diagrama de corpo livre da junta estão em tração, isto é, "puxando" o pino.* Se isto for feito, então a solução numérica das equações de equilíbrio produzirá *escalares positivos para os membros em tração e escalares negativos para os membros em compressão.* Uma vez que uma força de membro desconhecida tenha sido encontrada, use a sua magnitude e sentido *corretos* (T ou C) sobre diagramas de corpo livre de nós subsequentes.

2. *O sentido de direção correto de uma força de membro desconhecida pode, em muitos casos, ser determinado "por inspeção".* Por exemplo, $\mathbf{F}_{BC}$ na Figura 3.19b tem de empurrar o pino (compressão) tendo em vista que seu componente horizontal, F_{BC} seno 45°, tem de equilibrar a força de 500 N ($\Sigma F_x = 0$). Da mesma maneira, $\mathbf{F}_{BA}$ é uma força de tração tendo em vista que ela equilibra o componente vertical, F_{BC} cosseno 45° ($\Sigma F_y = 0$). Em casos mais complicados, o sentido de uma força de membro desconhecida pode ser *presumido*; então,

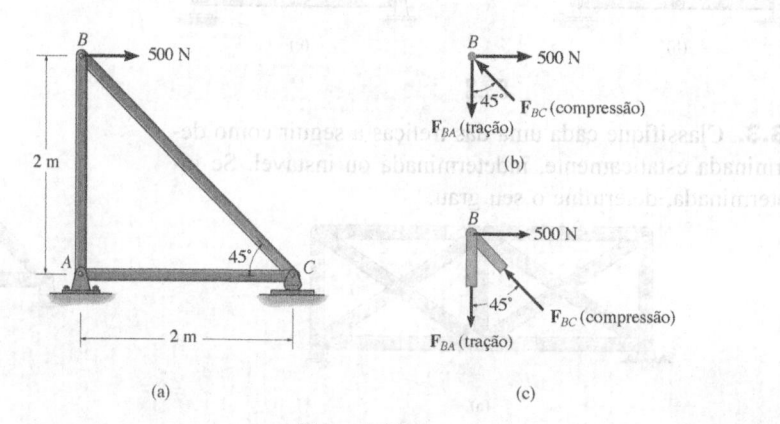

Figura 3.19

após aplicar as equações de equilíbrio, o sentido presumido pode ser verificado a partir dos resultados numéricos. Uma resposta *positiva* indica que o sentido está *correto*, enquanto uma resposta *negativa* indica que o sentido mostrado no diagrama de corpo livre tem de ser *revertido*. Este é o método que usaremos nos problemas de exemplo a seguir.

Procedimento para análise

O procedimento a seguir fornece um meio para analisar uma treliça usando o método dos nós.

- Trace o diagrama de corpo livre de um nó tendo pelo menos uma força conhecida e no máximo duas forças desconhecidas. (Se este nó está em um dos apoios, pode ser necessário calcular as reações externas nos apoios traçando um diagrama de corpo livre de toda a treliça.)
- Use um dos métodos previamente descritos para estabelecer o sentido de uma força desconhecida.
- Os eixos x e y devem ser orientados de maneira que as forças no diagrama de corpo livre possam ser facilmente decompostas em seus componentes x e y. Aplique as duas equações de equilíbrio de força $\Sigma F_x = 0$ e $\Sigma F_y = 0$, solucione para as duas forças de membro desconhecidas e verifique seu sentido direcional correto.
- Continue a analisar cada um dos outros nós, onde novamente é necessário escolher um nó tendo no máximo duas incógnitas e pelo menos uma força conhecida.
- Uma vez que a força em um membro tenha sido encontrada da análise de um nó em uma de suas extremidades, o resultado pode ser usado para analisar as forças atuando sobre o nó na sua outra extremidade. Lembre-se, um membro em *compressão* "empurra" o nó e um membro em *tração* "puxa" o nó.

Exemplo 3.2

Determine a força em cada membro da treliça de telhado mostrada na foto. As dimensões e cargas são mostradas na Figura 3.20a. Informe se os membros estão em tração ou compressão.

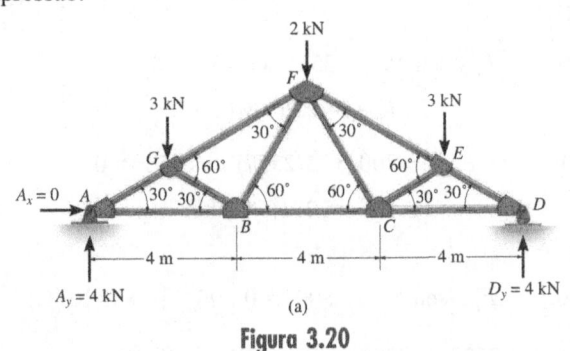

Figura 3.20

SOLUÇÃO

Apenas as forças na metade dos membros têm de ser determinadas, tendo em vista que a treliça é simétrica em relação *tanto* à carga *quanto* à geometria.

Nó A, Figura 3.20b. Podemos começar a análise no nó A. Por quê? O diagrama de corpo livre é mostrado na Figura 3.20b.

$+\uparrow \Sigma F_y = 0;\quad 4 - F_{AG} \operatorname{sen} 30° = 0 \quad F_{AG} = 8 \text{ kN (C)} \quad \textit{(Resposta)}$

$\xrightarrow{+} \Sigma F_x = 0;\quad F_{AB} - 8 \cos 30° = 0 \quad F_{AB} = 6{,}928 \text{ kN (T)} \quad \textit{(Resposta)}$

Nó G, Figura 3.20c. Neste caso, observe como a orientação dos eixos x e y, evita a solução simultânea das equações.

$+\nwarrow \Sigma F_y = 0;$ $F_{GB} \operatorname{sen} 60° - 3 \cos 30° = 0$

$$F_{GB} = 3,00 \text{ kN (C)} \qquad (Resposta)$$

$+\nearrow \Sigma F_x = 0;$ $8 - 3 \operatorname{sen} 30° - 3,00 \cos 60° - F_{GF} = 0$

$$F_{GF} = 5,00 \text{ kN (C)} \qquad (Resposta)$$

Nó B, Figura 3.20d.

$+\uparrow \Sigma F_y = 0;$ $F_{BF} \operatorname{sen} 60° - 3,00 \operatorname{sen} 30° = 0$

$$F_{BF} = 1,73 \text{ kN (T)} \qquad (Resposta)$$

$\xrightarrow{+} \Sigma F_x = 0;$ $F_{BC} + 1,73 \cos 60° + 3,00 \cos 30° - 6,928 = 0$

$$F_{BC} = 3,46 \text{ kN (T)} \qquad (Resposta)$$

Exemplo 3.3

Determine a força em cada membro da treliça do tipo tesoura mostrada na Figura 3.21a. Informe se os membros estão em tração ou compressão. As reações nos apoios são dadas.

SOLUÇÃO

A treliça será analisada na sequência a seguir:

Nó E, Figura 3.21b. Observe que a solução simultânea das equações é evitada pela orientação dos eixos x, y.

$+\nearrow \Sigma F_y = 0;$ $764 \cos 30° - F_{ED} \operatorname{sen} 15° = 0$

$$F_{ED} = 2557 \text{ N (C)} \qquad (Resposta)$$

$+\searrow \Sigma F_x = 0;$ $2557 \cos 15° - F_{EF} - 764 \operatorname{sen} 30° = 0$

$$F_{EF} = 2088 \text{ N (T)} \qquad (Resposta)$$

Nó D, Figura 3.21c.

$+\swarrow \Sigma F_x = 0;$ $-F_{DF} \operatorname{sen} 75° = 0$ $F_{DF} = 0$ (Resposta)

$+\nwarrow \Sigma F_y = 0;$ $-F_{DC} + 2557 = 0$ $F_{DC} = 2557 \text{ N (C)}$ (Resposta)

Nó C, Figura 3.21d.

$\xrightarrow{+} \Sigma F_x = 0;$ $F_{CB} \operatorname{sen} 45° - 2557 \operatorname{sen} 45° = 0$

$$F_{CB} = 2557 \text{ N (C)} \qquad (Resposta)$$

$+\uparrow \Sigma F_y = 0;$ $-F_{CF} - 700 + 2(2557) \cos 45° = 0$

$$F_{CF} = 2916 \text{ N (T)} \qquad (Resposta)$$

Nó B, Figura 3.21e.

$+\nwarrow \Sigma F_y = 0;$ $F_{BF} \operatorname{sen} 75° - 800 = 0$ $F_{BF} = 828 \text{ N (C)}$ (Resposta)

$+\swarrow \Sigma F_x = 0;$ $2557 + 828 \cos 75° - F_{BA} = 0$

$$F_{BA} = 2771 \text{ N (C)} \qquad (Resposta)$$

Nó A, Figura 3.21f.

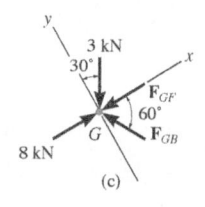

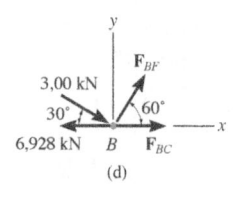

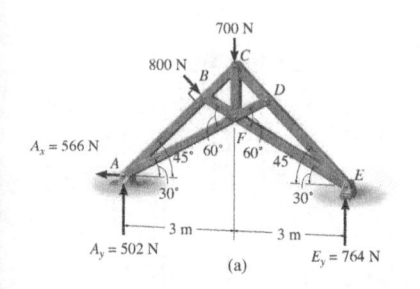

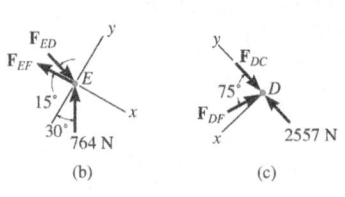

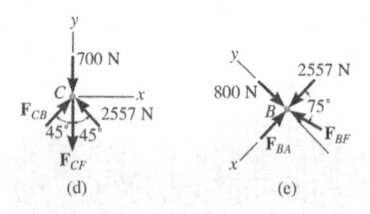

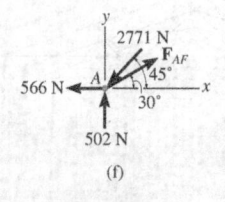

$\xrightarrow{+} \Sigma F_x = 0;$ $F_{AF} \cos 30° - 2771 \cos 45° - 566 = 0$

$$F_{AF} = 2916 \text{ N (T)} \qquad (Resposta)$$

$+\uparrow \Sigma F_y = 0;$ $502 - 2771 \operatorname{sen} 45° + 2916 \operatorname{sen} 30° = 0$

Figura 3.21

Observe que, tendo em vista que as reações foram calculadas, uma verificação a mais dos cálculos pode ser feita analisando o último nó F. Faça uma tentativa e veja o que você consegue.

3.4 Membros de força zero

A análise de treliça usando o método dos nós é bastante simplificada se você for primeiro capaz de determinar aqueles membros que *não* suportam carga. Esses *membros de força zero* podem ser necessários para a estabilidade da treliça durante a construção e para fornecer suporte se a carga aplicada for modificada. Os membros de força zero de uma treliça podem geralmente ser determinados através de um exame dos nós, e eles ocorrem em dois casos.

Caso 1. Considere a treliça na Figura 3.22a. Os dois membros no nó C estão conectados juntos em um ângulo reto *e* não há carga externa sobre o nó. O diagrama de corpo livre do nó C, Figura 3.22b, indica que a força em cada membro precisa ser zero a fim de manter o equilíbrio. Além disso, como no caso do nó A, Figura 3.22c, isto precisa ser verdade desconsiderando o ângulo, digamos θ, entre os membros.

Caso 2. Membros de força zero também ocorrem em nós tendo uma geometria como o nó D na Figura 3.23a. Aqui *nenhuma carga externa atua sobre o nó*, de maneira que uma soma de forças na direção y, Figura 3.23b, que é perpendicular aos dois membros colineares, exige que $F_{DF} = 0$. Usando este resultado, FC também é um membro de força zero, como indicado pela análise de força do nó F, Figura 3.23c.

Em resumo, então, se apenas dois membros não colineares formam um nó de treliça e nenhuma carga externa ou reação de apoio é aplicada ao nó, os membros precisam ser de força zero, Caso 1. Também, se três membros formam um nó de treliça para a qual dois dos membros são colineares, o terceiro membro é um membro de força zero, desde que nenhuma força externa ou reação de apoio seja aplicada ao nó (Caso 2). Uma atenção particular deve ser dada a essas condições de geometria de nó e carga, tendo em vista que a análise de uma treliça pode ser consideravelmente simplificada se *primeiro* se identificar os membros de força zero.

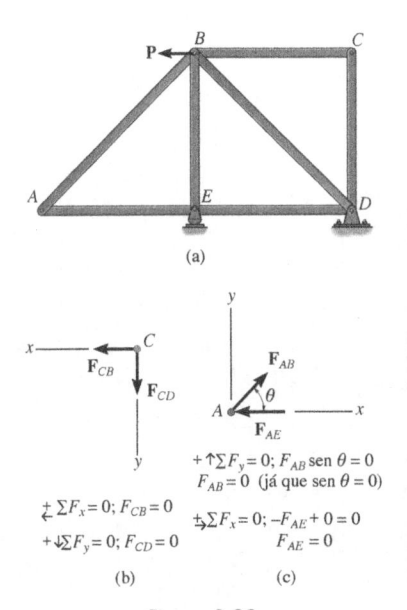

Figura 3.22

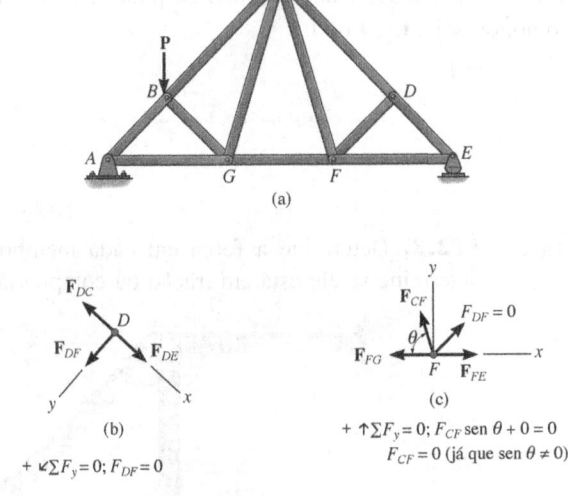

Figura 3.23

Exemplo 3.4

Usando o método dos nós, indique todos os membros da treliça mostrada na Figura 3.24a que tenham força zero.

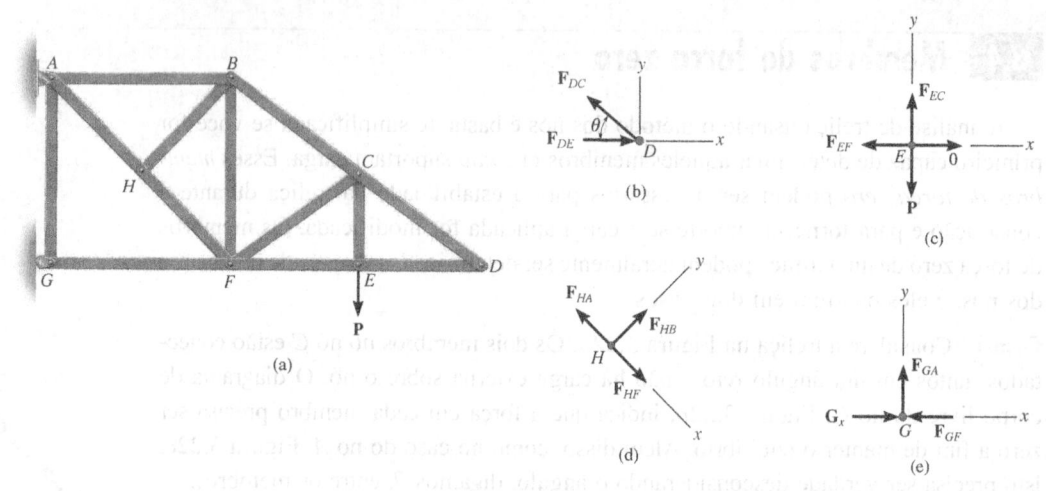

Figura 3.24

SOLUÇÃO
Olhando para os nós similares àqueles discutidos nas figuras 3.22 e 3.23, temos

Nó D, Figura 3.24b.

$+\uparrow \Sigma F_y = 0;$ $F_{DC} \operatorname{sen} \theta = 0$ $F_{DC} = 0$ (Resposta)

$\xrightarrow{+} \Sigma F_x = 0;$ $F_{DE} + 0 = 0$ $F_{DE} = 0$ (Resposta)

Nó E, Figura 3.24c.

$\xleftarrow{+} \Sigma F_x = 0;$ $F_{EF} = 0$ (Resposta)

(Observe que $F_{EC} = P$ e uma análise do nó C produziria uma força no membro CF.)

Nó H, Figura 3.24d.

$+\nearrow \Sigma F_y = 0;$ $F_{HB} = 0$ (Resposta)

Nó G, Figura 3.24e. O suporte de balancim em G só pode exercer um componente de força x sobre o nó, ou seja, $\mathbf{G}_x$. Logo,

$+\uparrow \Sigma F_y = 0;$ $F_{GA} = 0$ (Resposta)

Problemas fundamentais

PF3.1. Determine a força em cada membro da treliça e determine se ele está em tração ou compressão.

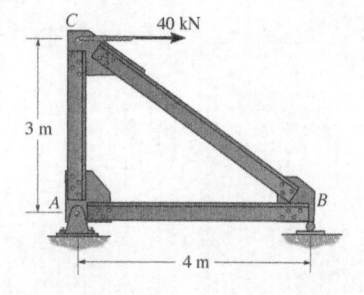

PF3.2. Determine a força em cada membro da treliça e determine se ele está em tração ou compressão.

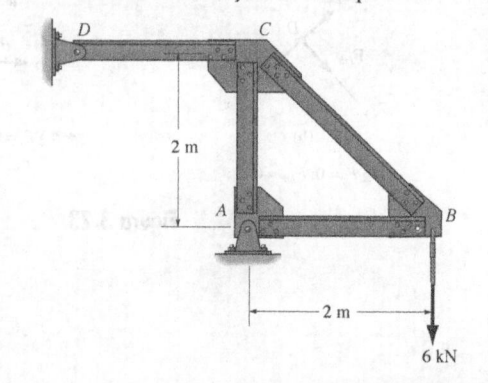

PF3.3. Determine a força em cada membro da treliça e determine se ele está em tração ou compressão.

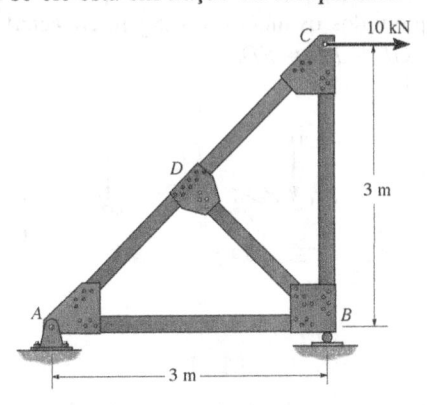

PF3.4. Determine a força em cada membro da treliça e determine se ele está em tração ou compressão.

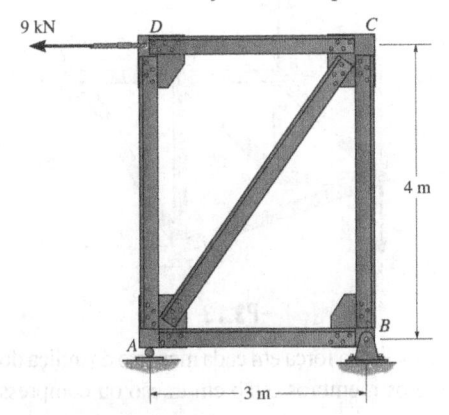

PF3.5. Determine a força em cada membro da treliça e determine se ele está em tração ou compressão.

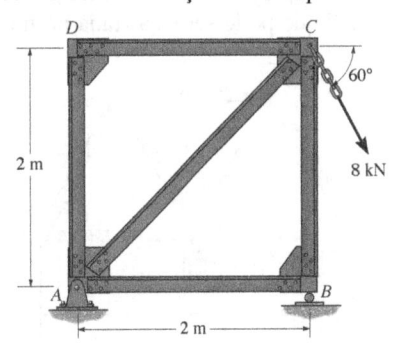

PF3.6. Determine a força em cada membro da treliça e determine se ele está em tração ou compressão.

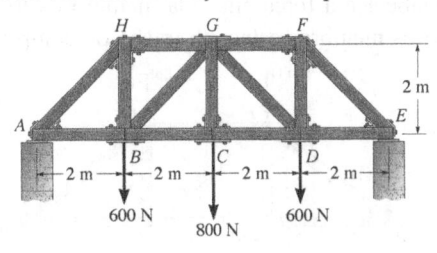

Problemas

P3.5. Um letreiro é sujeito a uma carga de vento que exerce forças horizontais de 1,5 kN sobre os nós B e C de uma das treliças de suporte laterais. Determine a força em cada membro da treliça e determine se os membros estão em tração ou compressão.

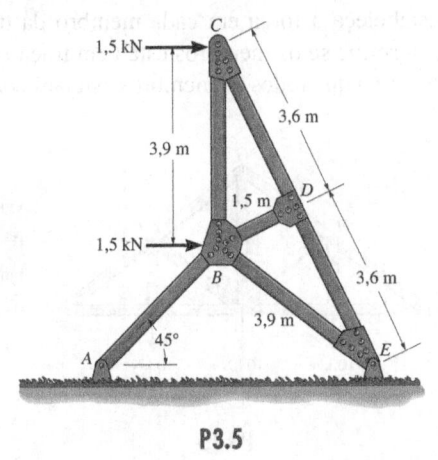

P3.5

P3.6. Determine a força em cada membro da treliça. Indique se os membros estão em tração ou compressão. Presuma que todos os membros estejam conectados por pinos.

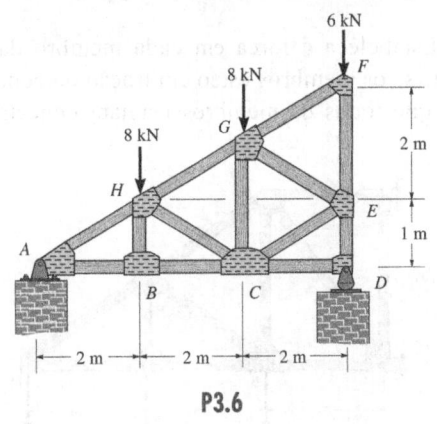

P3.6

P3.7. Encontre a força em cada membro da treliça. Determine se os membros estão em tração ou compressão. Estabeleça $P = 8$ kN.

P3.8. Se a força máxima que qualquer membro pode suportar é 8 kN em tração e 6 kN em compressão, determine a força máxima P que pode ser suportada no nó D.

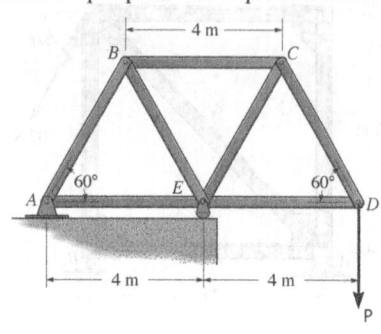

P3.7/3.8

P3.9. Estabeleça a força em cada membro da treliça. Determine se os membros estão em tração ou compressão.

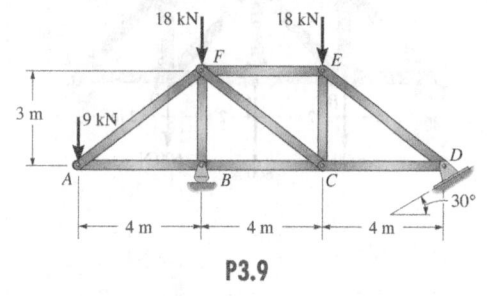

P3.9

P3.10. Estabeleça a força em cada membro da treliça. Determine se os membros estão em tração ou compressão.

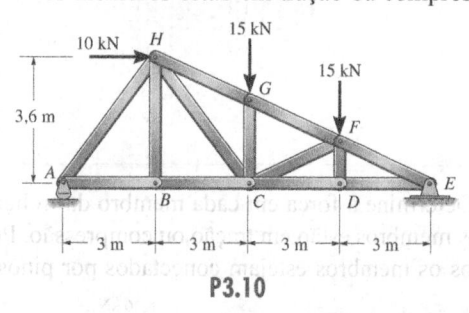

P3.10

P3.11. Estabeleça a força em cada membro da treliça. Determine se os membros estão em tração ou compressão. Presuma que todos os membros estejam conectados por pinos.

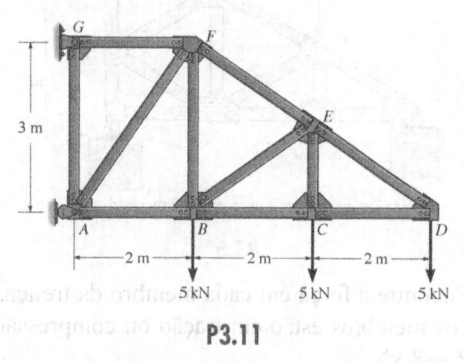

P3.11

P3.12. Estabeleça a força em cada membro da treliça. Determine se os membros estão em tração ou compressão. Presuma que todos os membros estejam conectados por pinos. $AG = GF = FE = ED$.

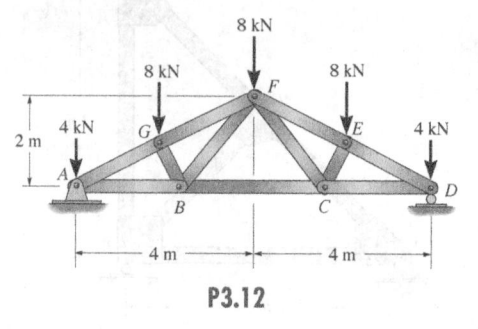

P3.12

P3.13. Determine a força em cada membro da treliça e determine se os membros estão em tração ou compressão.

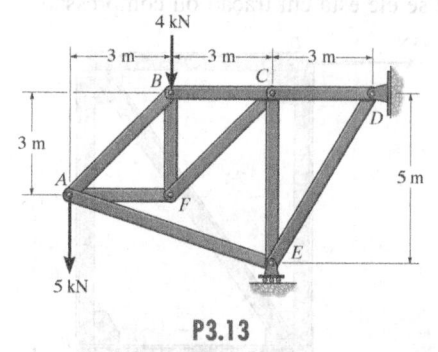

P3.13

P3.14. Estabeleça a força em cada membro da treliça do telhado. Determine se os membros estão em tração ou compressão.

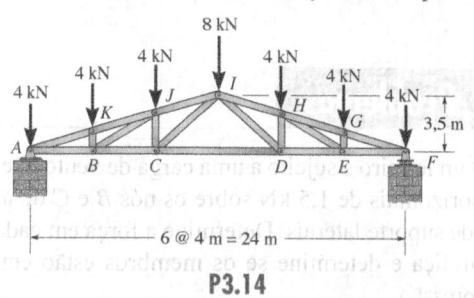

P3.14

P3.15. Estabeleça a força em cada membro da treliça do telhado. Determine se os membros estão em tração ou compressão. Presuma que todos os membros estejam conectados por pinos.

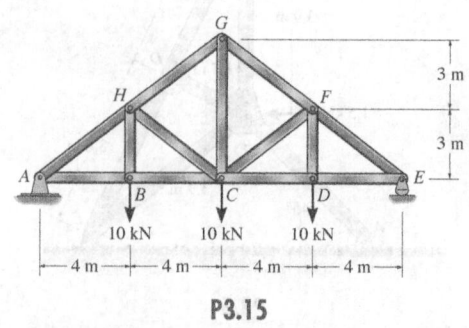

P3.15

P3.16. Estabeleça a força em cada membro da treliça. Determine se os membros estão em tração ou compressão.

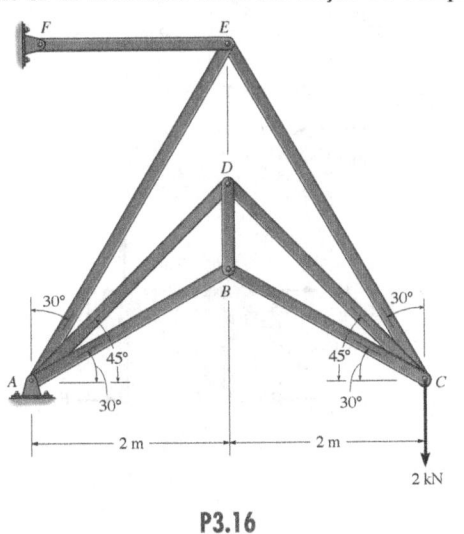

P3.17. Estabeleça a força em cada membro da treliça do telhado. Determine se os membros estão em tração ou compressão. Presuma que B seja um pino e C um apoio de rolo.

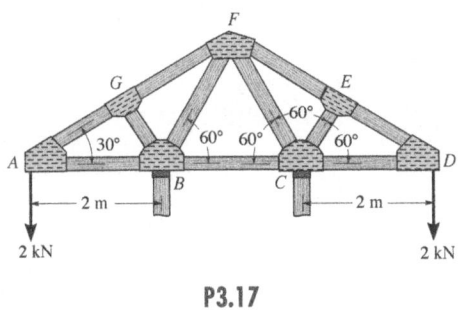

P3.16

P3.17

3.5 O método das seções

Se as forças em apenas alguns membros de uma treliça devem ser encontradas, o método das seções geralmente proporciona os meios mais diretos de se obter estas forças. O *método das seções* consiste em passar uma *seção imaginária* através da treliça, desse modo cortando-a em duas partes. Contanto que a treliça inteira esteja em equilíbrio, cada uma das duas partes também precisa estar em equilíbrio; e como resultado, as três equações de equilíbrio podem ser aplicadas a qualquer uma dessas duas partes para determinar as forças do membro na "seção de corte".

Quando o método das seções é usado para determinar a força em um membro em particular, uma decisão tem de ser tomada quanto a como "cortar" ou secionar a treliça. Tendo em vista que apenas *três* equações de equilíbrio independentes ($\Sigma F_x = 0$, $\Sigma F_y = 0$, $\Sigma M_O = 0$) podem ser aplicadas à porção isolada da treliça, tente selecionar uma seção que, em geral, não passe por mais de *três* membros nos quais as forças sejam desconhecidas. Por exemplo, considere a treliça na Figura 3.25a. Se a força no membro GC precisa ser determinada, a seção *aa* será apropriada. Os diagramas de corpo livre das duas partes são mostrados nas figuras 3.25b e 3.25c. Em particular, observe que a linha de ação de cada força em um membro secionado é especificada a partir da *geometria* da treliça, tendo em vista que a força em um membro passa ao longo do eixo do membro. Também, as forças do membro atuando em uma parte da treliça são iguais, mas opostas àquelas atuando na outra parte – a terceira lei de Newton. Como mostrado, membros que se presume estejam em *tração* (BC e GC) são submetidos a um "puxão", enquanto o membro em *compressão* (GF) é submetido a um "empurrão".

As três forças de membros desconhecidas $\mathbf{F}_{BC}$, $\mathbf{F}_{GC}$ e $\mathbf{F}_{GF}$ podem ser obtidas aplicando as três equações de equilíbrio ao diagrama de corpo livre na Figura 3.25b. Se, no entanto, o diagrama de corpo livre na Figura 3.25c é considerado, as três reações de apoio $\mathbf{D}_x$, $\mathbf{D}_y$ e $\mathbf{E}_x$ terão de ser determinadas *primeiro*. Por quê? (Isto, é claro, é feito da maneira usual considerando um diagrama de corpo livre da *treliça inteira*.) Ao aplicar as equações de equilíbrio, considere modos de escrever equações de maneira a produzir uma *solução direta* para cada uma das incógnitas, em vez de ter de solucionar equações simultâneas. Por exemplo, somando momentos em torno de C na Figura 3.25b produziria uma solução direta para $\mathbf{F}_{GF}$ tendo em vista que $\mathbf{F}_{BC}$ e $\mathbf{F}_{GC}$ criam um momento zero em torno de C. Da mesma maneira, $\mathbf{F}_{BC}$ pode ser

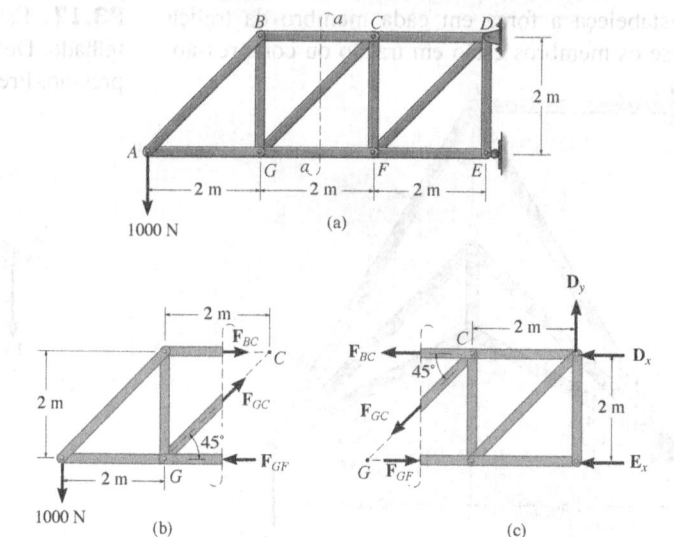

Figura 3.25

obtida diretamente somando momentos em torno de G. Por fim, F_{GC} pode ser encontrada diretamente a partir de uma soma de forças na direção vertical, tendo em vista que F_{GF} e F_{BC} não têm componentes verticais.

Como no método dos nós, há duas maneiras por meio das quais é possível se determinar o sentido correto de uma força de membro desconhecida.

1. *Sempre presuma que as forças de membros desconhecidas na parte seccionada estejam em tração, isto é, "puxando" o membro.* Ao fazer isto, a solução numérica das equações de equilíbrio produzirá *escalares positivos para membros em tração e escalares negativos para membros em compressão.*

2. *O sentido correto de uma força de membro desconhecida pode em muitos casos ser determinado "por inspeção".* Por exemplo, F_{BC} é uma força de tração como representado na Figura 3.25b, tendo em vista que o equilíbrio de momento em torno de G exige que F_{BC} crie um momento oposto àquele da força de 1.000 N. Também, F_{GC} é de tração tendo em vista que a sua componente vertical tem de equilibrar a força de 1000 N. Em casos mais complicados, o sentido de uma força de membro desconhecido pode ser *presumido*. Se a solução produz uma escalar *negativo*, ela indica que o sentido da força é *oposto* àquele mostrado no diagrama de corpo livre. Este é o método que usaremos nos problemas de exemplos que seguem.

Uma ponte em treliça sendo construída sobre o lago Shasta, no norte da Califórnia.

Procedimento para análise

O procedimento a seguir proporciona um meio para aplicar o método das seções para determinar as forças nos membros de uma treliça.

Diagrama de corpo livre

- Tome uma decisão a respeito de como "cortar" ou secionar a treliça através dos membros onde as forças precisam ser determinadas.
- Antes de isolar a seção apropriada, primeiro pode ser necessário determinar as reações *externas* da treliça, de maneira que as três equações de equilíbrio são usadas *apenas* para solucionar forças de membros na parte secionada.
- Trace o diagrama de corpo livre daquela parte da treliça secionada que tem o menor número de forças sobre ela.
- Use um dos dois métodos descritos acima para estabelecer o sentido de uma força desconhecida.

Capítulo 3 Análise de treliças determinadas estaticamente | 75

Um exemplo de uma treliça Warren (com montantes).

Equações de equilíbrio

- Momentos devem ser somados em torno de um ponto que se encontra na intersecção das linhas de ação de duas forças desconhecidas; dessa maneira, a terceira força desconhecida é determinada diretamente da equação.
- Se duas das forças desconhecidas estão em *paralelo*, forças podem ser somadas *perpendiculares* à direção dessas incógnitas para determinar *diretamente* a terceira força desconhecida.

Exemplo 3.5

Determine a força nos membros GJ e CO da treliça do telhado mostrada na foto. As dimensões e cargas são mostradas na Figura 3.26a. Determine se os membros estão em tração ou compressão. As reações nos apoios foram calculadas.

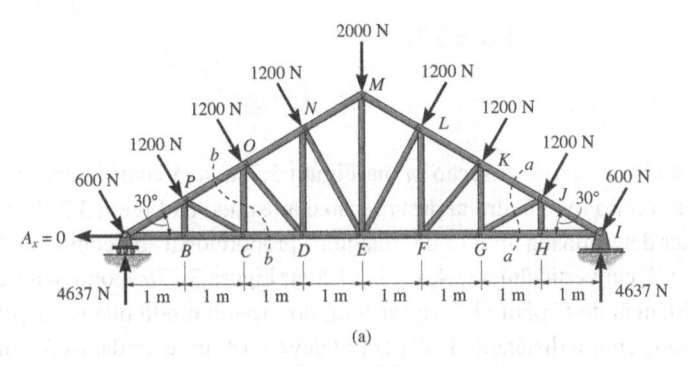

Figura 3.26

SOLUÇÃO

Membro CF.

Diagrama de corpo livre. As forças no membro GJ podem ser obtidas considerando a seção aa na Figura 3.26a. O diagrama de corpo livre da parte direita desta seção é mostrada na Figura 3.26b.

Equações de equilíbrio. Uma solução direta para $\mathbf{F}_{GJ}$ pode ser obtida aplicando $\Sigma M_I = 0$. Por quê? Simplificando, desloque $\mathbf{F}_{GJ}$ para o ponto G (princípio da transmissibilidade), Figura 3.26b. Desse modo,

$$\zeta + \Sigma M_I = 0; \quad -F_{GJ}\operatorname{sen}30°(2) + 1200(1{,}155) = 0$$

$$F_{GJ} = 1386 \text{ N (C)} \qquad (Resposta)$$

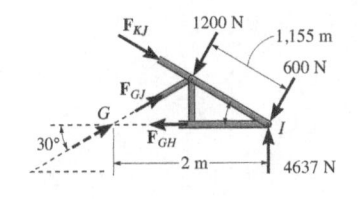

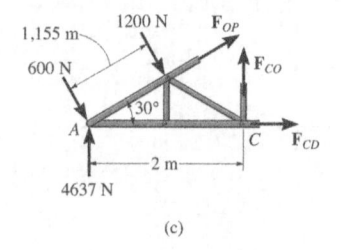

Membro GC.

Diagrama de corpo livre. A força em CO pode ser obtida usando a seção *bb* na Figura 3.26a. O diagrama de corpo livre da porção esquerda da seção é mostrado na Figura 3.26c.

Equações de equilíbrio. Momentos serão somados em torno do ponto A para eliminar as incógnitas $\mathbf{F}_{OP}$ e $\mathbf{F}_{CD}$.

$$\zeta+\Sigma M_A = 0; \quad -1200(1{,}155) + F_{CO}(2) = 0$$

$$F_{CO} = 693 \text{ N (T)}$$

(Resposta)

Exemplo 3.6

Determine a força nos membros GF e GD da treliça mostrada na Figura 3.27a. Determine se os membros estão em tração ou compressão. As reações nos apoios foram calculadas.

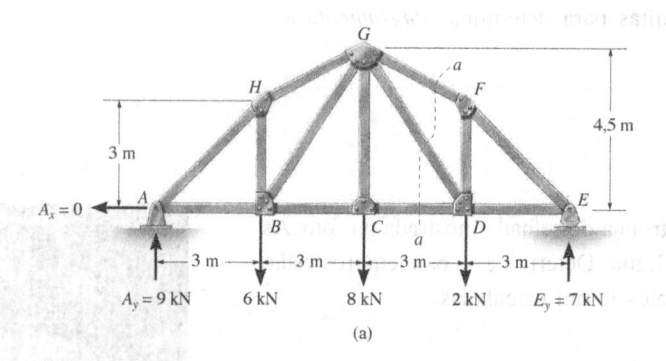

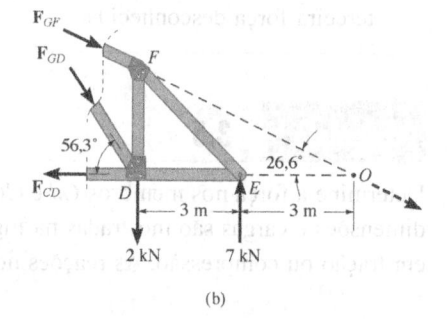

Figura 3.27

SOLUÇÃO

Diagrama de corpo livre. A seção *aa* na Figura 3.27a será considerada. Por quê? O diagrama de corpo livre à direita desta seção é mostrado na Figura 3.27b. A distância EO pode ser determinada através de triângulos proporcionais ou compreendendo que o membro GF cai verticalmente $4{,}5 - 3 = 1{,}5$ m, Figura 3.27a. Logo, para cair 4,5 m de G, a distância de C para O deve ser 9 m, do mesmo modo que os ângulos $\mathbf{F}_{GD}$ e $\mathbf{F}_{GF}$ formados com a distância de C para O deve ser 9 m, e ainda, os ângulos $\mathbf{F}_{GD}$ e $\mathbf{F}_{GF}$ que formam com a horizontal são $\operatorname{tg}^{-1}(4{,}5/3) = 56{,}3°$ e $\operatorname{tg}^{-1}(4{,}5/9) = 26{,}6°$, respectivamente.

Equações de equilíbrio. A força em GF pode ser determinada diretamente aplicando $\Sigma M_D = 0$. Por quê? Para o cálculo use o princípio da transmissibilidade e desloque $\mathbf{F}_{GF}$ para O. Logo,

$$\zeta+\Sigma M_D = 0; \quad -F_{GF} \operatorname{sen} 26{,}6°(6) + 7(3) = 0$$

$$F_{GF} = 7{,}83 \text{ kN (C)}$$

(Resposta)

A força em GD é determinada diretamente com a aplicação de $\Sigma M_O = 0$. Para simplificar, use o princípio da transmissibilidade e deslize $\mathbf{F}_{GD}$ para D. Assim

$$\zeta+\Sigma M_O = 0; \quad -7(3) + 2(6) + F_{GD} \operatorname{sen} 56{,}3°(6) = 0$$

$$F_{GD} = 1{,}80 \text{ kN (C)}$$

(Resposta)

Exemplo 3.7

Determine a força nos membros BC e MC da treliça em K mostrada na Figura 3.28a. Determine se os membros estão em tensão ou compressão. As reações nos suportes foram calculadas.

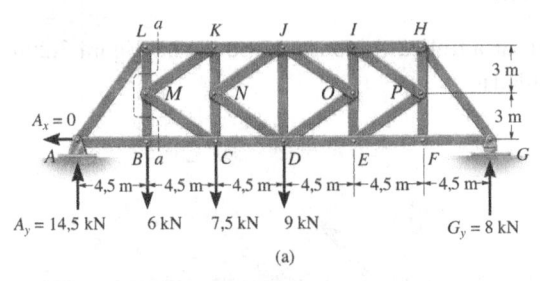

Figura 3.28

SOLUÇÃO

Diagrama de corpo livre. Apesar de a seção *aa* mostrada na Figura 3.28a cortar através de quatro membros, é possível solucionar para a força no membro BC usando esta seção. O diagrama de corpo livre da porção esquerda da treliça é mostrado na Figura 3.28b.

Equações de equilíbrio. Somando os momentos em torno do ponto L eliminam-se *três das incógnitas*, de maneira que

$$\zeta + \Sigma M_L = 0; \quad -14,5(4,5) + F_{BC}(6) = 0$$
$$F_{BC} = 10,9 \text{ kN (T)} \quad \text{(Resposta)}$$

Diagramas de corpo livre. A força em MC pode ser obtida indiretamente primeiro obtendo a força em MB do equilíbrio de força vertical do nó B, Figura 3.28c, isto é, $F_{MB} = 6$ kN (T). Então a partir do diagrama de corpo livre na Figura 3.28b

$$+\uparrow \Sigma F_y = 0; \quad 14,5 - 6 + 6 - F_{ML} = 0$$
$$F_{ML} = 14,5 \text{ kN (T)}$$

Usando esses resultados, o diagrama de corpo livre do nó M é mostrado na Figura 3.28d.

Equações de equilíbrio.

$$\xrightarrow{+} \Sigma F_x = 0; \quad \left(\frac{3}{\sqrt{13}}\right)F_{MC} - \left(\frac{3}{\sqrt{13}}\right)F_{MK} = 0$$

$$+\uparrow \Sigma F_y = 0; \quad 14,5 - 6 - \left(\frac{2}{\sqrt{13}}\right)F_{MC} - \left(\frac{2}{\sqrt{13}}\right)F_{MK} = 0$$

$$F_{MK} = 7,66 \text{ kN (C)} \quad F_{MC} = 7,66 \text{ kN (T)} \quad \text{(Resposta)}$$

Às vezes, como neste exemplo, a aplicação tanto do método das seções, quanto do método dos nós leva à solução mais direta do problema.

Também é possível solucionar para a força em MC usando o resultado para $\mathbf{F}_{BC}$. Neste caso, passe uma seção vertical através de LK, MK, MC e BC, Figura 3.28a. Isole a seção esquerda e aplique $\Sigma_{M_K} = 0$.

3.6 Treliças compostas

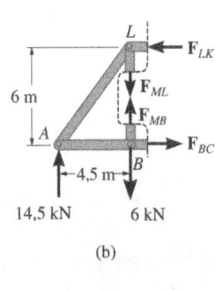

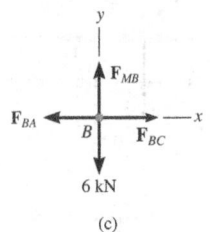

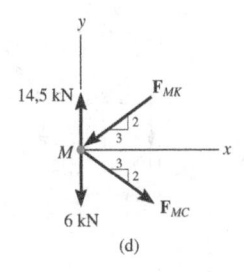

Na Seção 3.2 foi afirmado que as treliças compostas são formadas conectando duas ou mais treliças simples, seja através de barras ou nós. Ocasionalmente, esse tipo de treliça é mais bem analisado aplicando *tanto* o método dos nós, *quanto* o método das seções. Seguidamente é conveniente identificar primeiro o tipo de construção como listado na Seção 3.2 e então realizar a análise de acordo com o procedimento a seguir.

Exemplo 3.8

Indique como analisar a treliça composta mostrada na Figura 3.29a. As reações nos apoios foram calculadas.

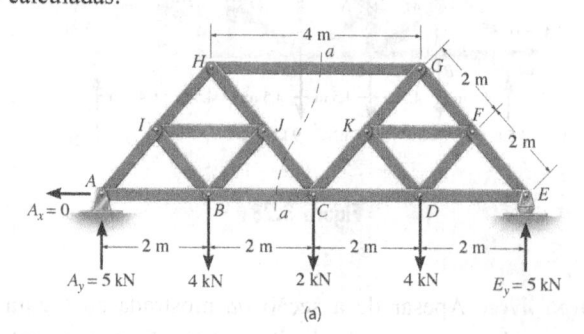

Figura 3.29

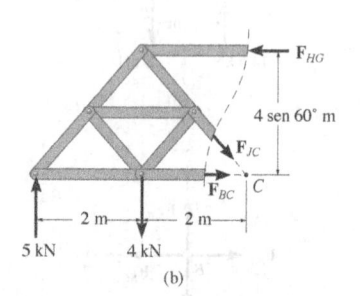

SOLUÇÃO

Trata-se de uma treliça composta tendo em vista que as treliças simples ACH e CEG estão conectadas por um pino em C e pela barra HG.

A seção aa na Figura 3.29a corta através da barra HG e dois outros membros, tendo forças desconhecidas. Um diagrama de corpo livre para a parte esquerda é mostrado na Figura 3.29b. A força em HG é determinada como segue:

$$(+\Sigma M_C = 0; \quad -5(4) + 4(2) + F_{HG}(4\,\text{sen}\,60°) = 0$$
$$F_{HG} = 3{,}46\,\text{kN (C)}$$

Podemos prosseguir agora para determinar a força em cada membro das treliças simples usando o método dos nós. Por exemplo, o diagrama de corpo livre de ACH é mostrado na Figura 3.29c. Os nós desta treliça podem ser analisados na sequência:

Nó A: determine a força em AB e AI.
Nó H: determine a força em HI e HJ.
Nó I: determine a força em IJ e IB.
Nó B: determine a força em BC e BJ.
Nó J: determine a força em JC.

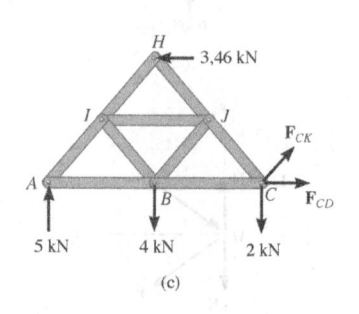

Exemplo 3.9

Treliças de telhado compostas são usadas em um centro de jardinagem, como mostrado na foto. Elas têm as dimensões e cargas ilustradas na Figura 3.30a. Indique como analisar esta treliça.

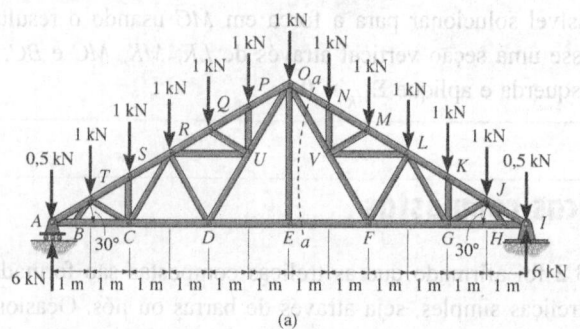

SOLUÇÃO

Podemos obter a força em *EF* usando a seção *aa* na Figura 3.30*a*. O diagrama de corpo livre do segmento à direita é mostrado na Figura 3.30*b*.

$$(+\Sigma M_O = 0; \quad -1(1) - 1(2) - 1(3) - 1(4) - 1(5) - 0{,}5(6) + 6(6) - F_{EF}(6 \text{ tg } 30°) = 0$$

$$F_{EF} = 5{,}20 \text{ kN (T)} \qquad (Resposta)$$

Através de um exame, observe que *BT*, *EO* e *HJ* são membros de força zero tendo em vista que $+\uparrow\Sigma F_y = 0$ nos nós *B*, *E* e *H*, respectivamente. Também, aplicando $+\nwarrow\Sigma F_y = 0$ (perpendicular a *AO*) nos nós *P*, *Q*, *S* e *T*, podemos determinar diretamente a força nos membros *PU*, *QU*, *SC* e *TC*, respectivamente.

Exemplo 3.10

Indique como analisar a treliça composta ilustrada na Figura 3.31*a*. As reações nos apoios foram calculadas.

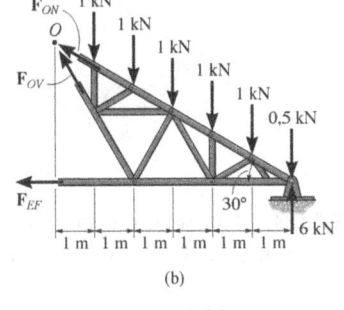

Figura 3.30

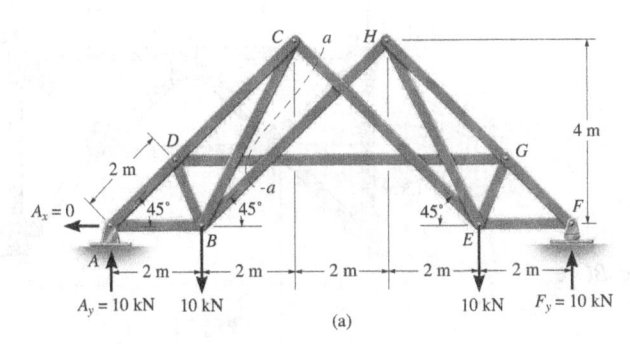

Figura 3.31

SOLUÇÃO

A treliça pode ser classificada como uma treliça composta do tipo 2 tendo em vista que as treliças simples *ABCD* e *FEHG* estão ligadas através de três barras não paralelas ou não concorrentes, a saber, *CE*, *BH* e *DG*.

Usando a seção *aa* na Figura 3.31*a*, podemos determinar a força em cada barra de ligação. O diagrama de corpo livre da parte esquerda desta seção é mostrado na Figura 3.31*b*. Logo,

$$(+\Sigma M_B = 0; \quad -10(2) - F_{DG}(2 \text{ sen } 45°) + F_{CE} \cos 45°(4)$$
$$+ F_{CE} \text{ sen } 45°(2) = 0 \qquad (1)$$

$$+\uparrow\Sigma F_y = 0; \quad 10 - 10 - F_{BH} \text{ sen } 45° + F_{CE} \text{ sen } 45° = 0 \qquad (2)$$

$$\xrightarrow{+}\Sigma F_x = 0; \quad -F_{BH} \cos 45° + F_{DG} - F_{CE} \cos 45° = 0 \qquad (3)$$

Da Equação (2), $F_{BH} = F_{CE}$; então solucionando as Equações (1) e (3) simultaneamente produz

$$F_{BH} = F_{CE} = 8{,}9 \text{ kN (C)} \qquad F_{DG} = 12{,}6 \text{ kN (T)}$$

A análise de cada treliça simples conectada pode agora ser realizada usando o método das juntas. Por exemplo, da Figura 3.31*c*, isto pode ser feito na sequência a seguir.

Nó A: Determine a força em *AB* e *AD*.
Nó D: Determine a força em *DC* e *DB*.
Nó C: Determine a força em *CB*.

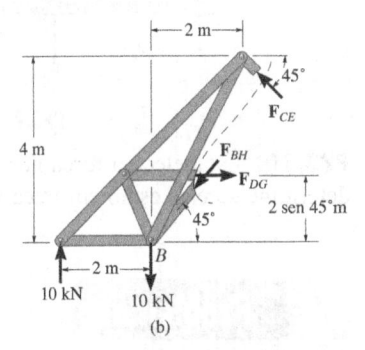

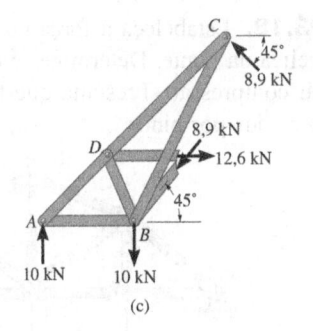

Problemas fundamentais

PF3.7. Estabeleça a força nos membros HG, BG e BC e determine se eles estão em tração ou compressão.

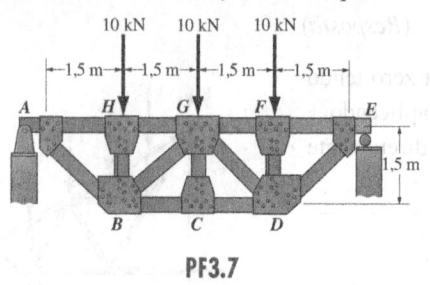

PF3.7

PF3.8. Estabeleça a força nos membros HG, HC e BC e determine se eles estão em tração ou compressão.

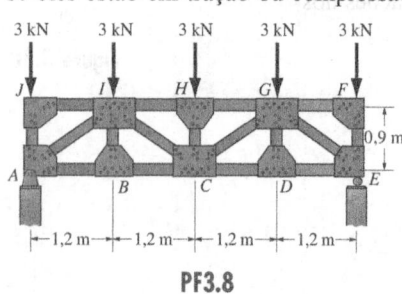

PF3.8

PF3.9. Estabeleça a força nos membros ED, BD e BC e determine se eles estão em tração ou compressão.

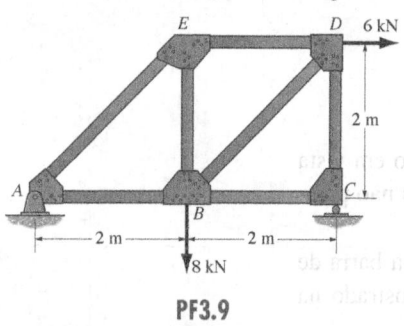

PF3.9

PF3.10. Estabeleça a força nos membros GF, CF e CD e determine se eles estão em tração ou compressão.

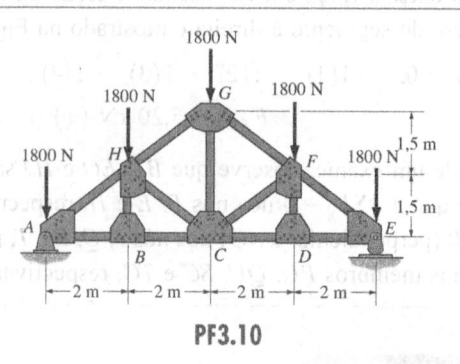

PF3.10

PF3.11. Estabeleça a força nos membros FE, FC e BC e determine se eles estão em tração ou compressão.

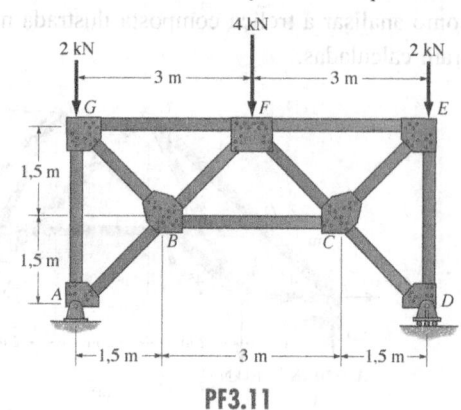

PF3.11

PF3.12. Estabeleça a força nos membros GF, CF e CD e determine se eles estão em tração ou compressão.

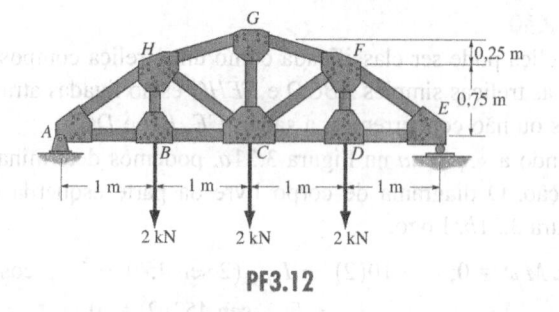

PF3.12

Problemas

P3.18. Estabeleça a força nos membros GF, FC e CD da treliça da ponte. Determine se os membros estão em tração ou compressão. Presuma que todos os membros estão conectados por pinos.

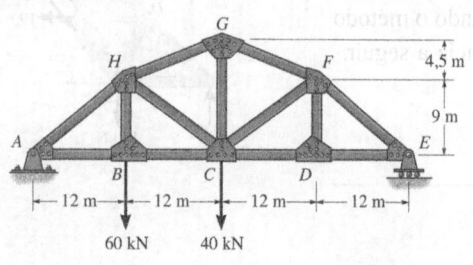

P3.18

P3.19. Estabeleça a força nos membros JK, JN e CD. Determine se os membros estão em tração ou compressão. Identifique todos os membros de força zero.

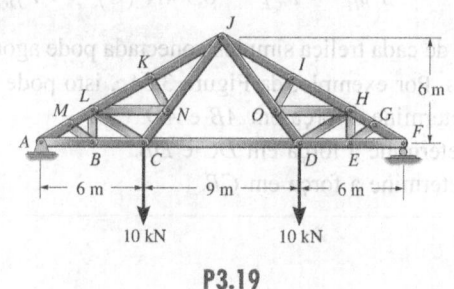

P3.19

*P3.20. Estabeleça a força nos membros *GF*, *FC* e *CD* da treliça em balanço. Determine se os membros estão em tração ou compressão. Presuma que todos os membros estejam conectados por pinos.

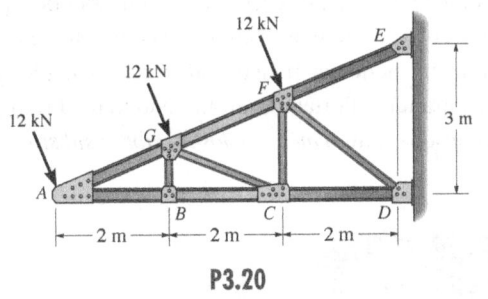

P3.21. A treliça *Howe* é sujeita à carga mostrada. Determine as forças nos membros *GF*, *CD* e *GC*. Determine se os membros estão em tração ou compressão. Presuma que todos os membros estejam conectados por pinos.

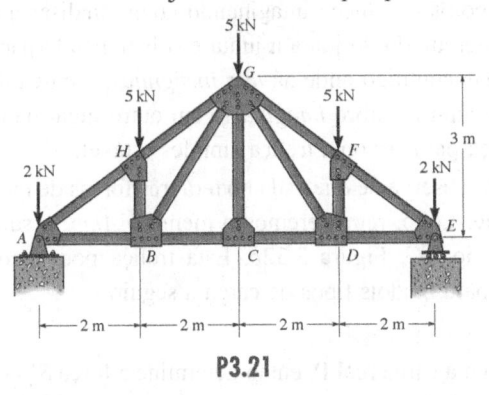

P3.22. Estabeleça a força nos membros *BG*, *HG* e *BC* da treliça e determine se os membros estão em tração ou compressão.

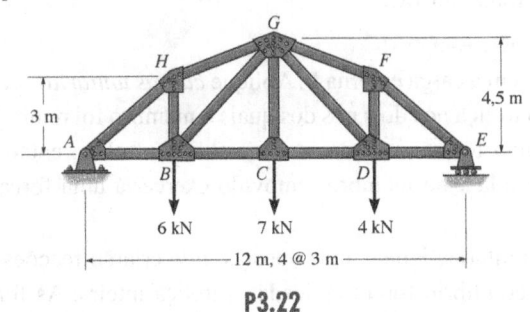

P3.23. Determine a força nos membros *GF*, *CF* e *CD* da treliça do telhado e indique se os membros estão em tração ou compressão.

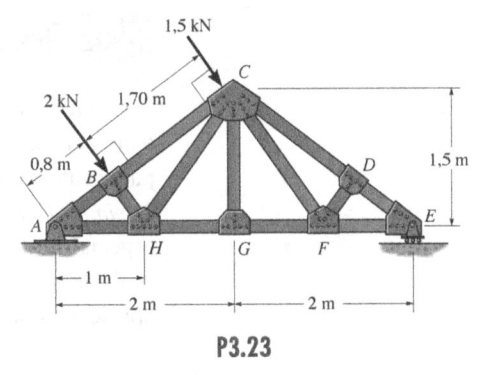

*P3.24. Estabeleça a força nos membros *GF*, *FB* e *BC* da treliça *Fink* e determine se os membros estão em tração ou compressão.

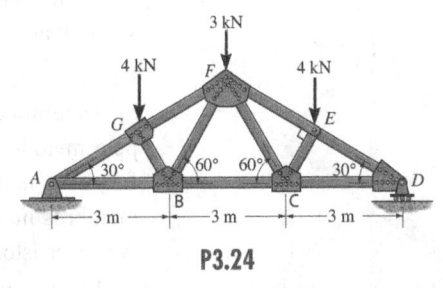

P3.25. Estabeleça a força nos membros *IH*, *ID* e *CD* da treliça. Determine se os membros estão em tração ou compressão. Presuma que todos os membros estejam conectados por pinos.

P3.26. Estabeleça a força nos membros *JI*, *IC* e *CD* da treliça. Determine se os membros estão em tração ou compressão. Presuma que todos os membros estejam conectados por pinos.

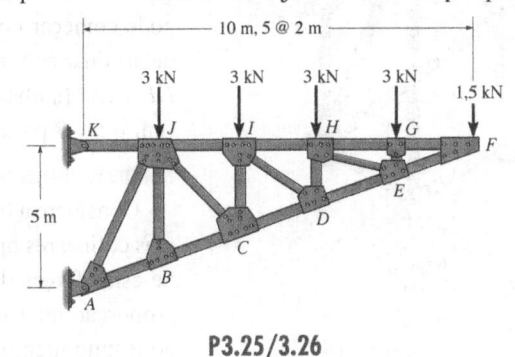

P3.27. Estabeleça as forças nos membros *KJ*, *CD* e *CJ* da treliça. Determine se os membros estão em tração ou compressão.

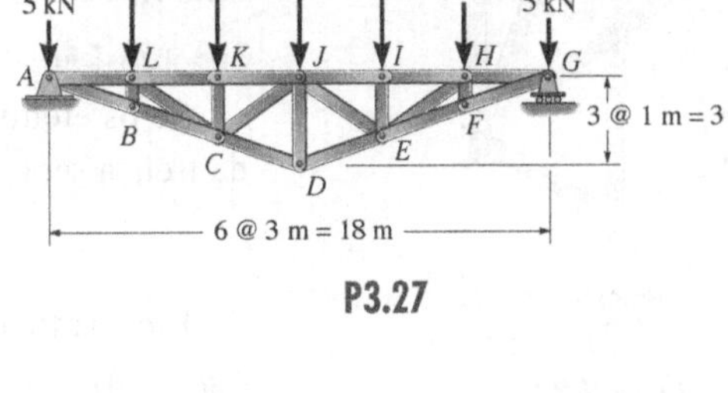

3.7 Treliças complexas

As forças dos membros em uma treliça complexa podem ser determinadas usando o método dos nós; entretanto, a solução exigirá escrever as duas equações de equilíbrio para cada um dos nós j da treliça e então solucionar o conjunto completo de equações $2j$ *simultaneamente*.* Esta abordagem pode ser pouco prática para cálculos à mão, especialmente no caso de treliças grandes. Portanto, um método mais direto para se analisar uma treliça complexa, referido como o *método dos membros substitutos*, será apresentado a seguir.

Procedimento para análise

Com relação à treliça na Figura 3.32a, os passos a seguir são necessários para solucionar as forças dos membros usando o método do membro substituto.

Redução para treliça simples estável

Determine as reações nos apoios e comece imaginando como analisar a treliça pelo método dos nós, isto é, progredindo de junta a junta e solucionando para cada força dos membros. Se um nó é encontrado onde há *três incógnitas*, remova um dos membros no nó e o substitua por um membro *imaginário* em outro lugar na treliça. Ao fazer isto, reconstrua a treliça para ser uma treliça simples estável.

Por exemplo, na Figura 3.32a observa-se que cada nó terá três forças de membros *desconhecidas* atuando sobre ele. Logo, removeremos o membro AD e o substituiremos com o membro imaginário EC, Figura 3.32b. Esta treliça pode agora ser analisada pelo método dos nós para os dois tipos de carga a seguir.

Carga externa sobre a treliça simples

Carregue a treliça simples com a carga real **P**, então determine a força S'_i em cada membro i. Na Figura 3.32b, contanto que as reações tenham sido determinadas, você pode começar no nó A para determinar as forças em AB e AF, a seguir no nó F para determinar as forças em FE e FC, na sequência o nó D para determinar as forças em DE e DC (ambas as quais são zero), e ainda o nó E para determinar EB e EC e, por fim, o nó B para determinar a força em BC.

Remover a carga externa da treliça simples

Considere a treliça simples sem a carga externa **P**. Aplique *cargas unitárias* iguais, mas colineares opostas, sobre a treliça nos dois nós dos quais o membro foi removido. Se estas forças desenvolvem uma força s_i no enésimo membro da treliça, então por proporção uma força desconhecida x no membro removido exerceria uma força xs_i no iésimo membro.

Da Figura 3.32c as cargas unitárias iguais, mas opostas, não criarão reações em A e C quando as equações de equilíbrio forem aplicadas à treliça inteira. As forças s_i podem ser determinadas analisando os nós na mesma sequência que antes, a saber, o nó A, depois nós F, D, E e por fim B.

Superposição

Se os efeitos das duas cargas acima são combinados, a força no iésimo membro da treliça será

$$S_i = S'_i + xs_i \qquad (1)$$

Em particular, para o membro substituído EC na Figura 3.32b, a força $S_{EC} = S'_{EC} + xs_{EC}$. Tendo em vista que o membro EC não existe realmente na

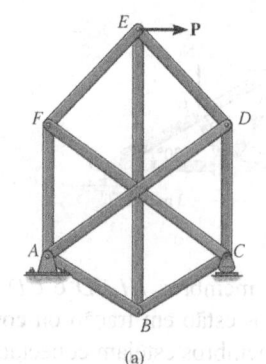

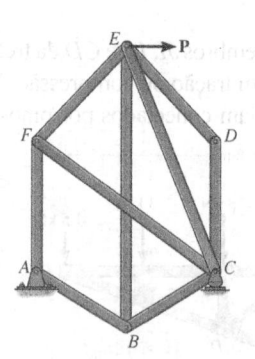

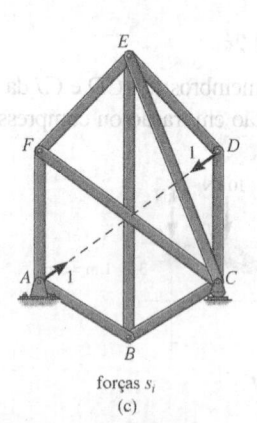

Figura 3.32

---
* Isto pode ser conseguido prontamente usando um computador como será mostrado no Capítulo 14.

Capítulo 3 Análise de treliças determinadas estaticamente | 83

treliça original, escolheremos x para ter uma magnitude de tal maneira que ele produz *força zero* em EC. Logo,

$$S'_{EC} + xs_{EC} = 0 \qquad (2)$$

ou $x = -S'_{EC}/s_{EC}$. Uma vez que o valor de x tenha sido determinado, a força nos outros membros i da treliça complexa podem ser determinados da Equação (1).

Exemplo 3.11

Determine a força em cada membro da treliça complexa ilustrada na Figura 3.33a. Presuma que os nós B, F e D estão na mesma linha horizontal. Determine se os membros estão em tração ou compressão.

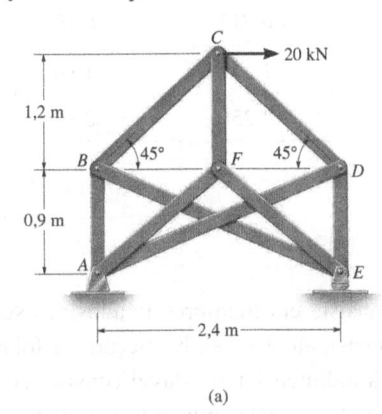

Figura 3.33

SOLUÇÃO

Redução para treliça simples estável. Vê-se por inspeção que cada nó tem três forças de membros desconhecidas. Uma análise de nó pode ser realizada à mão se, por exemplo, o membro CF é removido e o membro DB incluído, Figura 3.33b. A treliça resultante é estável e não colapsará.

Carga externa sobre uma treliça simples. Conforme mostrado na Figura 3.33b, as reações de apoio sobre a treliça foram determinadas. Usando o método dos nós, podemos apoio analisar o nó C para descobrir as forças nos membros CB e CD; depois o nó F, onde vemos que FA e FE são membros de força zero; a seguir o nó E para determinar as forças nos membros EB e ED; então o nó D para determinar as forças em DA e DB; e, por fim, o nó B para determinar a força em BA. Considerando a tração como positiva e a compressão como negativa, estas forças S'_i são registradas na coluna 2 da Tabela 1.

Remover a carga externa de uma treliça simples. A carga unitária atuando sobre a treliça é mostrada na Figura 3.33c. Estas forças iguais, mas opostas, não criam reações externas sobre a treliça. A análise dos nós segue a mesma sequência discutida anteriormente, a saber, os nós C, F, E, D e B. Os resultados da análise de força s_i são registrados na coluna 3 da Tabela 1.

Superposição. Exigimos

$$S_{DB} = S'_{DB} + xs_{DB} = 0$$

Substituindo os dados para S'_{DB} e s_{DB}, onde S'_{DB} é negativo, tendo em vista que a força é compressiva, temos

$$-10{,}0 + x(1{,}167) = 0 \qquad x = 8{,}567$$

Os valores de xs_i são registrados na coluna 4 da Tabela 1, e as forças dos membros reais $S_i = S'_i + xs_i$ são listadas na coluna 5.

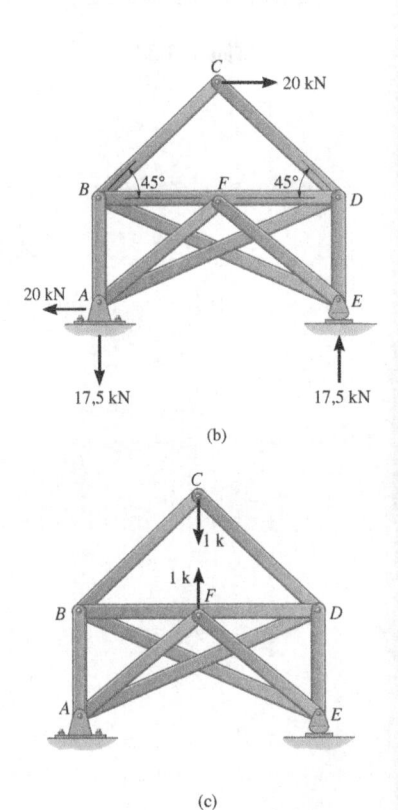

TABELA 1

Membro	S'_i	s_i	xs_i	S_i
CB	14,1	−0,707	−6,06	8,08 (T)
CD	−14,1	−0,707	−6,06	20,2 (C)
FA	0	0,833	7,14	7,14 (T)
FE	0	0,833	7,14	7,14 (T)
EB	0	−0,712	−6,10	6,10 (C)
ED	−17,5	−0,250	−2,14	19,6 (C)
DA	21,4	−0,712	−6,10	15,3 (T)
DB	−10,0	1,167	10,0	0
BA	10,0	−0,250	−2,14	7,86 (T)

Figura 3.34

3.8 Treliças espaciais

Uma *treliça espacial* consiste em membros ligados nas suas extremidades para formar uma estrutura tridimensional estável. Na Seção 3.2 foi mostrado que a forma mais simples de uma treliça bidimensional estável consiste em membros arranjados na forma de um triângulo. Então construímos a treliça plana simples a partir desse elemento triangular simples adicionando dois membros de cada vez para formar mais elementos. De maneira similar, o elemento mais simples de uma treliça espacial simples é um *tetraedro*, formado conectando seis membros com quatro nós como ilustrado na Figura 3.34. Quaisquer membros adicionais adicionados a esse elemento básico seriam redundantes em suportar a força **P**. Uma treliça espacial simples pode ser construída a partir deste elemento tetraédrico simples adicionando três membros adicionais e outro nó formando tetraedros multiconectados.

Determinação e estabilidade. Percebendo que em três dimensões há três equações de equilíbrio disponíveis para cada nó ($\Sigma F_x = 0$, $\Sigma F_y = 0$, $\Sigma F_z = 0$), então para uma treliça espacial com número de nós j, $3j$ equações estão disponíveis. Se a treliça tem um número de barras b e um número de reações r, então como no caso de uma treliça planar (Equações 3.1 e 3.2) podemos escrever

$b + r < 3j$ treliça instável
$b + r = 3j$ estaticamente determinada – checar estabilidade
$b + r > 3j$ estaticamente indeterminada – checar estabilidade

(3.3)

A *estabilidade externa* de uma treliça espacial exige que as reações de apoio mantenham a treliça em equilíbrio de momento e força em torno de qualquer e todos os eixos. Isto pode ser checado às vezes através de um exame, apesar de que se a treliça for instável a solução das equações de equilíbrio dará resultados inconsistentes. A *estabilidade interna* pode ser conferida eventualmente através de um exame cuidadoso do arranjo dos membros. Contanto que cada nó seja mantido fixo por seus apoios ou membros a ele ligados, de maneira que ele não possa se mover com relação aos outros nós, a treliça pode ser classificada como internamente estável. Também, se fizermos uma análise de força da treliça e obtivermos resultados inconsistentes, então a configuração da treliça será instável ou terá uma "forma crítica".

Pressupostos para projeto. Os membros de uma treliça espacial podem ser tratados como membros sob força axial contanto que a carga externa seja aplicada nos nós e os nós consistam de conexões de esfera e encaixe. Este pressuposto é justificado contanto que os membros juntados em uma conexão realizem uma intersecção em um ponto comum, assim com o peso dos membros possa ser desprezado. Em casos em que o peso de um membro deva ser incluído na análise, geralmente é satisfatório aplicá-lo como uma força vertical, metade da sua magnitude aplicada a cada extremidade do membro.

Para a análise de força, os apoios de uma treliça espacial são geralmente modelados como um elo curto, nó sobre rolo no plano, nó sobre rolo movendo-se num entalhe, ou um nó de esfera e encaixe. Cada um destes suportes e seus componentes de força reativa são mostrados na Tabela 3.1.

O telhado deste pavilhão é suportado usando um sistema de treliças espaciais.

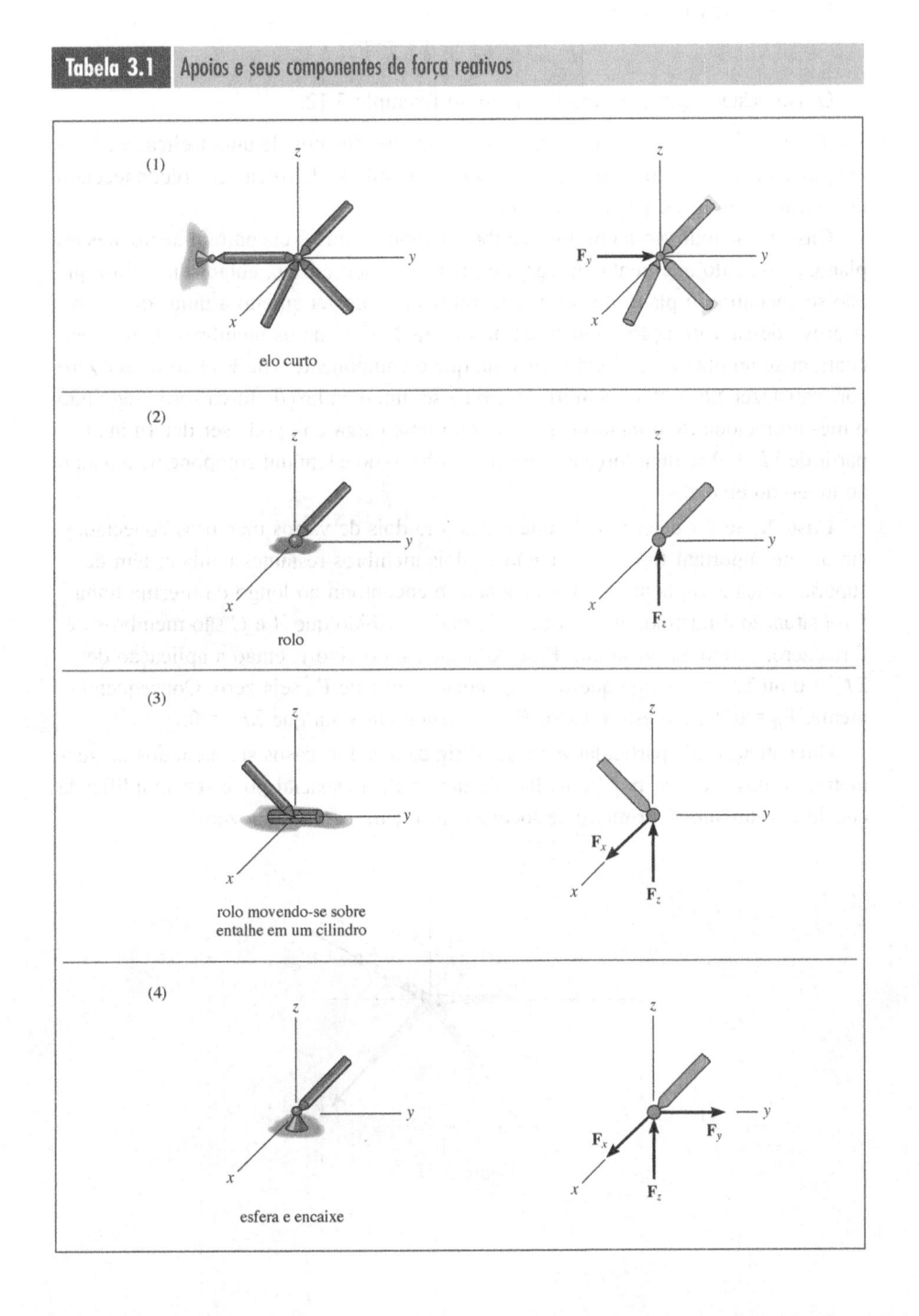

Tabela 3.1 Apoios e seus componentes de força reativos

(1) elo curto

(2) rolo

(3) rolo movendo-se sobre entalhe em um cilindro

(4) esfera e encaixe

Componentes de força x, y, z. Tendo em vista que a análise de uma treliça espacial é tridimensional, frequentemente será necessário decompor a força em **F** em um membro em componentes atuando ao longo dos eixos x, y, z. Por exemplo, na Figura 3.35 o membro AB tem um comprimento l e *projeções conhecidas* x, y, z ao longo dos eixos de coordenadas. Estas projeções podem ser relacionadas ao comprimento dos membros pela equação

$$l = \sqrt{x^2 + y^2 + z^2} \tag{3.4}$$

Tendo em vista que a força **F** atua ao longo do eixo do membro, então os componentes de **F** podem ser determinados por *proporção* como a seguir:

$$F_x = F\left(\frac{x}{l}\right) \quad F_y = F\left(\frac{y}{l}\right) \quad F_z = F\left(\frac{z}{l}\right) \tag{3.5}$$

Observe que isto exige

$$F = \sqrt{F_x^2 + F_y^2 + F_z^2} \tag{3.6}$$

O uso destas equações será ilustrado no Exemplo 3.12.

Membros de força zero. Em alguns casos a análise dos nós de uma treliça pode ser simplificada se você for capaz de localizar os membros de força zero reconhecendo dois casos comuns de geometria de nós.

Caso 1. Se todos fora um dos membros ligados a um nó encontram-se no mesmo plano, e contanto que nenhuma carga externa atue sobre o nó, então o membro que não se encontra no plano dos outros membros tem de ser sujeito a uma força zero. A prova dessa afirmação é mostrada na Figura 3.36, onde os membros A, B, C encontram-se no plano x-y. Tendo em vista que o componente z de F_D tem de ser zero para satisfazer $\Sigma F_z = 0$, o membro D tem de ser um membro de força zero. Seguindo o mesmo raciocínio, o membro D suportará uma carga que pode ser determinada a partir de $\Sigma F_z = 0$ se uma força externa atua sobre o nó e tem um componente atuando ao longo do eixo z.

Caso 2. Se for determinado que todos fora dois de vários membros conectados em um nó suportam força zero, então os dois membros restantes também têm de suportar força zero, contanto que eles não se encontrem ao longo da mesma linha. Essa situação é ilustrada na Figura 3.37, onde é sabido que A e C são membros de força zero. Tendo em vista que F_D é colinear com o eixo y, então a aplicação de $\Sigma F_x = 0$ ou $\Sigma F_z = 0$ exige que o componente x ou z de F_B seja zero. Consequentemente, $F_B = 0$. Sendo este o caso, $F_D = 0$ tendo em vista que $\Sigma F_y = 0$.

Uma atenção em particular deve ser dirigida aos dois casos supracitados de geometria de nós e carga, pois a análise de uma treliça espacial pode ser simplificada consideravelmente se primeiro se localizar os membros de força zero.

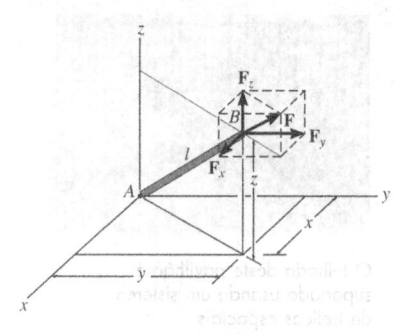

Figura 3.35

Devido a sua efetividade de custo, torres como estas são usadas frequentemente para suportar múltiplas linhas de transmissão elétrica.

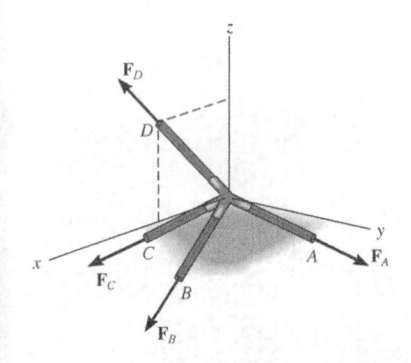

Figura 3.36

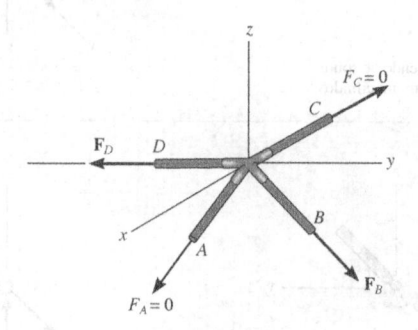

Figura 3.37

Capítulo 3 Análise de treliças determinadas estaticamente | 87

Procedimento para análise

O método das seções ou o método dos nós pode ser usado para se determinar as forças desenvolvidas nos membros de uma treliça espacial.

Método das seções. Se apenas *algumas* forças de membros precisam ser determinadas, o método das seções pode ser usado. Quando uma seção imaginária é passada através de uma treliça e a treliça é separada em duas partes, o sistema de forças atuando sobre qualquer uma das partes tem de satisfazer as seis equações escalares de equilíbrio: $\Sigma F_x = 0$, $\Sigma F_y = 0$, $\Sigma F_z = 0$, $\Sigma M_x = 0$, $\Sigma M_y = 0$, $\Sigma M_z = 0$. Mediante a escolha adequada da seção e eixos para somar as forças e momentos, muitas das forças de membros desconhecidas em uma treliça espacial podem ser calculadas *diretamente*, usando uma única equação de equilíbrio. Nesse sentido, lembre-se que o *momento* de uma força em torno de um eixo é *zero*, contanto que *a força seja paralela ao eixo ou sua linha de ação passe através de um ponto no eixo.*

Método dos nós. Geralmente, se as forças em *todos* os membros de uma treliça têm de ser determinadas, o método dos nós é o mais adequado para a análise. Quando usando o método dos nós, é necessário solucionar as três equações escalares de equilíbrio $\Sigma F_x = 0$, $\Sigma F_y = 0$, $\Sigma F_z = 0$ em cada nó. Tendo em vista que é relativamente fácil traçar os diagramas de corpo livre e aplicar as equações de equilíbrio, o método dos nós é muito consistente na sua aplicação.

Exemplo 3.12

Determine a força em cada membro da treliça espacial mostrada na Figura 3.38a. A treliça é suportada por um apoio de esfera e encaixe em A, um apoio de rolo sobre entalhe em B e por um cabo em C.

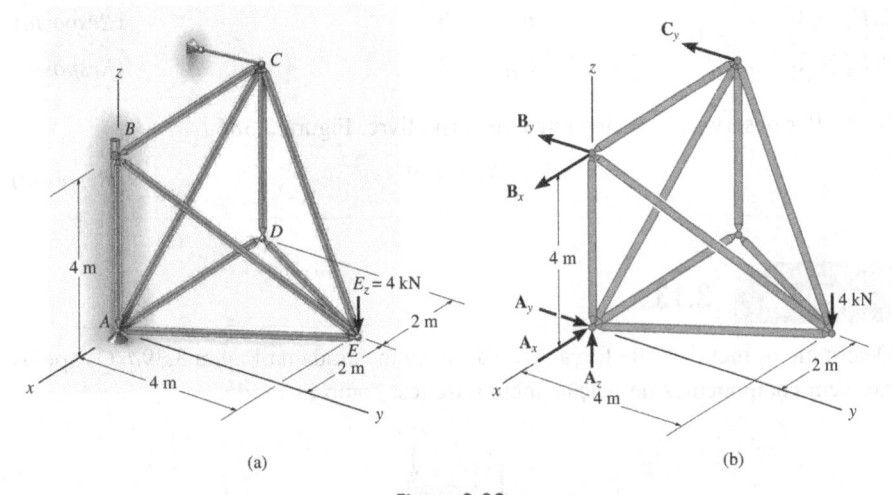

Figura 3.38

SOLUÇÃO

A treliça é determinada estaticamente tendo em vista que $b + r = 3j$ ou $9 + 6 = 3(5)$, Figura 3.38b.

Reações de apoio. Nós obtemos as reações de apoio do diagrama de corpo livre de toda a treliça, Figura 3.38b, como a seguir:

$\Sigma M_y = 0$; $\quad -4(2) + B_x(4) = 0 \quad B_x = 2$ kN

$\Sigma M_z = 0$; $\quad\quad\quad\quad\quad C_y = 0$

$\Sigma M_x = 0$; $\quad B_y(4) - 4(4) = 0 \quad B_y = 4$ kN

$\Sigma F_x = 0$; $\quad\quad\quad 2 - A_x = 0 \quad A_x = 2$ kN

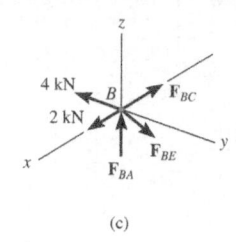

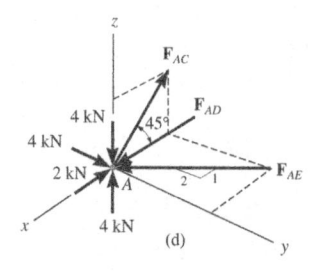

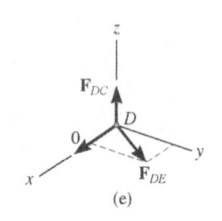

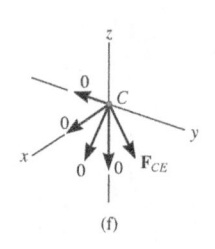

$\Sigma F_y = 0;$ $\qquad A_y - 4 = 0 \qquad A_y = 4\text{ kN}$
$\Sigma F_z = 0;$ $\qquad A_z - 4 = 0 \qquad A_z = 4\text{ kN}$

Nó B. Podemos começar com o método dos nós em B, tendo em vista que há três membros de forças desconhecidas nesta junta, Figura 3.38c. Os componentes de $\mathbf{F}_{BE}$ podem ser determinados pela proporção em relação ao comprimento do membro BE, como indicado pelas Equações 3.5. Temos

$\Sigma F_y = 0;\quad -4 + F_{BE}\left(\frac{4}{6}\right) = 0 \quad F_{BE} = 6\text{ kN (T)}$ *(Resposta)*

$\Sigma F_x = 0;\quad 2 - F_{BC} - 6\left(\frac{2}{6}\right) = 0 \quad F_{BC} = 0$ *(Resposta)*

$\Sigma F_z = 0;\quad F_{BA} - 6\left(\frac{4}{6}\right) = 0 \quad F_{BA} = 4\text{ kN (C)}$ *(Resposta)*

Nó A. Usando o resultado para $F_{BA} = 4$ kN (C), o diagrama de corpo livre do nó A é mostrado na Figura 3.38d. Temos

$\Sigma F_z = 0;\quad 4 - 4 + F_{AC}\operatorname{sen}45° = 0$
$\qquad\qquad F_{AC} = 0$ *(Resposta)*

$\Sigma F_y = 0;\quad -F_{AE}\left(\frac{2}{\sqrt{5}}\right) + 4 = 0$
$\qquad\qquad F_{AE} = 4{,}47\text{ kN (C)}$ *(Resposta)*

$\Sigma F_x = 0;\quad -2 + F_{AD} + 4{,}47\left(\frac{1}{\sqrt{5}}\right) = 0$
$\qquad\qquad F_{AD} = 0$ *(Resposta)*

Nó D. Examinando os membros no nó D, Figura 3.38d, vemos que eles suportam força zero, tendo em vista que o arranjo dos membros é similar a qualquer um dos dois casos discutidos em relação às figuras 3.36 e 3.37. Também, da Figura 3.38e,

$\Sigma F_x = 0;\qquad\qquad F_{DE} = 0$ *(Resposta)*
$\Sigma F_z = 0;\qquad\qquad F_{DC} = 0$ *(Resposta)*

Nó C. Por observação do diagrama de corpo livre, Figura 3.38f,

$\qquad\qquad F_{CE} = 0$ *(Resposta)*

Exemplo 3.13

Determine os membros de força zero da treliça mostrada na Figura 3.39a. Os apoios exercem componentes de reação sobre a treliça, como ilustrado.

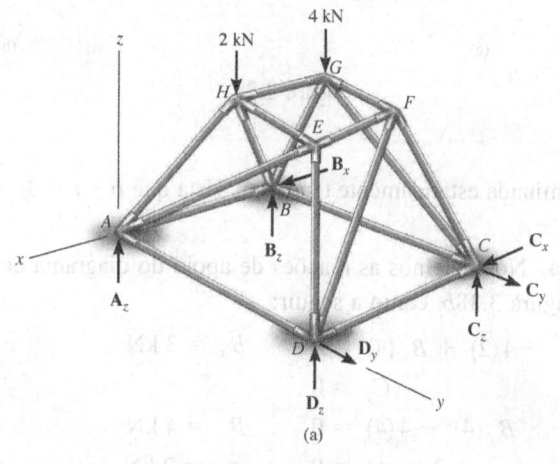

Figura 3.39

SOLUÇÃO

O diagrama de corpo livre, Figura 3.39a, indica que há oito reações desconhecidas para as quais apenas seis equações de equilíbrio estão disponíveis para solução. Apesar de ser este o caso, as reações podem ser determinadas, tendo em vista que $b + r = 3j$ ou $16 + 8 = 3(8)$.

Para encontrar os membros de força zero, temos de comparar as condições de geometria de juntas e carga com aqueles das figuras 3.36 e 3.37. Considere o nó F, Figura 3.39b. Tendo em vista que os membros FC, FD, FE se encontram no plano 'x-y' e FG não está nesse plano, FG é um membro de força zero. ($\Sigma F_{z'} = 0$ tem de ser satisfeita.) Da mesma maneira, do nó E, Figura 3.39c, EF é um membro de força zero, tendo em vista que ele não se encontra no plano x''–y''. ($\Sigma F_{x''} = 0$ tem de ser satisfeita.) Retornando ao nó F, Figura 3.39b, pode-se perceber que $F_{FD} = F_{FC} = 0$, tendo em vista que $F_{FE} = F_{FG} = 0$, e não há forças externas atuando sobre o nó. Use este procedimento para demonstrar que AB é um membro de força zero.

A análise de força numérica dos nós pode proceder agora analisando o nó G ($F_{GF} = 0$) para determinar as forças em GH, GB, GC. Então analise o nó H para determinar as forças em HE, HB, HA; o nó E para determinar as forças em EA, ED; o nó A para determinar as forças em AB, AD e A_z; o nó B para determinar a força em BC e B_x, B_z; o nó D para determinar a força em DC e D_y, D_z; e por fim, o nó C para determinar C_x, C_y, C_z.

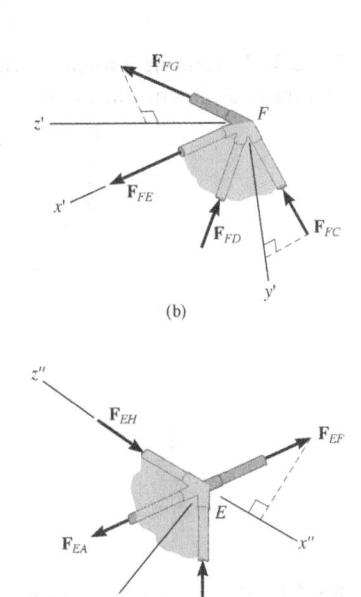

Problemas

*P3.28. Encontre as forças em todos os membros da treliça complexa. Determine se os membros estão em tração ou compressão. *Dica:* substitua o membro AD por um colocado entre E e C.

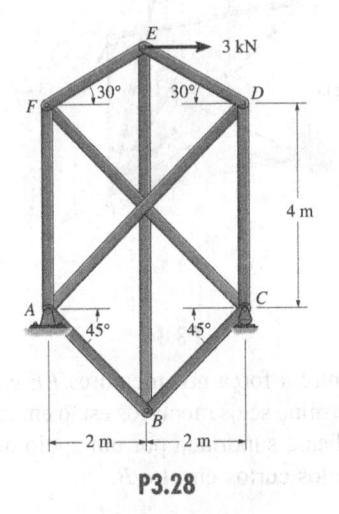

P3.29. Encontre as forças em todos os membros da treliça (complexa) em gelosia. Determine se os membros estão em tração ou compressão. *Dica:* substitua o membro JE por um colocado entre K e F.

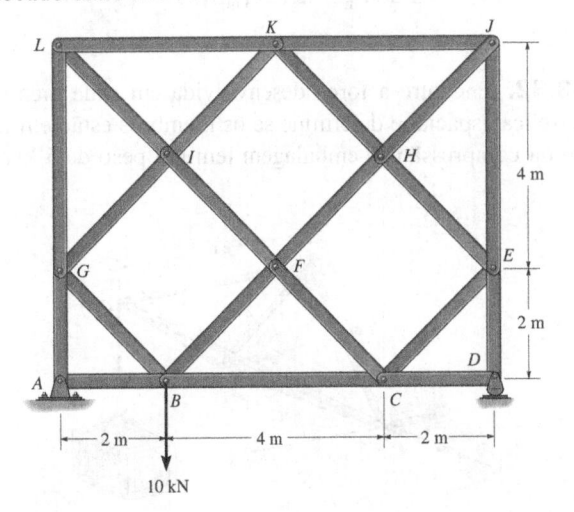

P3.28

P3.29

P3.30. Determine a força em cada membro e indique se os membros estão em tração ou compressão.

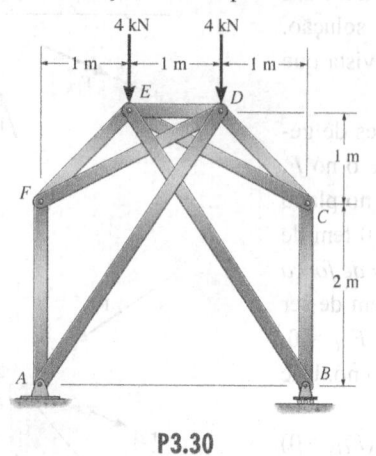

P3.31. Determine a força em todos os membros da treliça complexa. Indique se os membros estão em tração ou compressão.

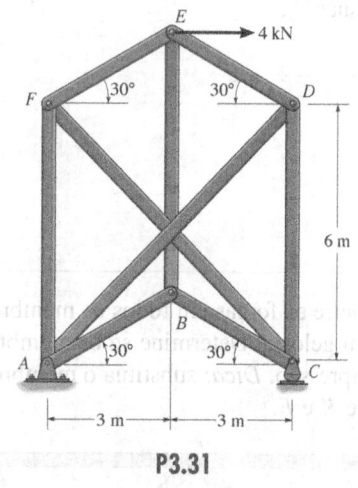

*P3.32. Encontre a força desenvolvida em cada membro da treliça espacial e determine se os membros estão em tração ou compressão. A embalagem tem um peso de 5 kN.

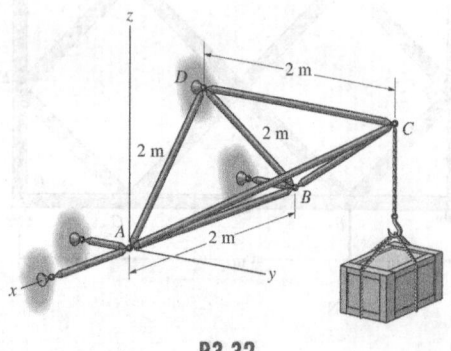

P3.33. Encontre a força em cada membro da treliça espacial e determine se os membros estão em tração ou compressão. *Dica:* a reação de apoio em E atua ao longo do membro EB. Por quê?

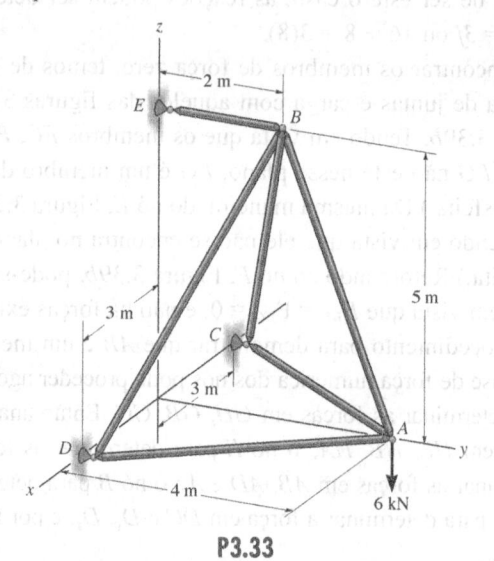

P3.34. Determine a força em cada membro da treliça espacial e indique se os membros estão em tração ou compressão. A treliça é suportada por apoios de esfera e encaixe C, D, E e G. *Nota:* apesar de esta treliça ser indeterminada de primeiro grau, uma solução é possível graças à simetria da geometria e carga.

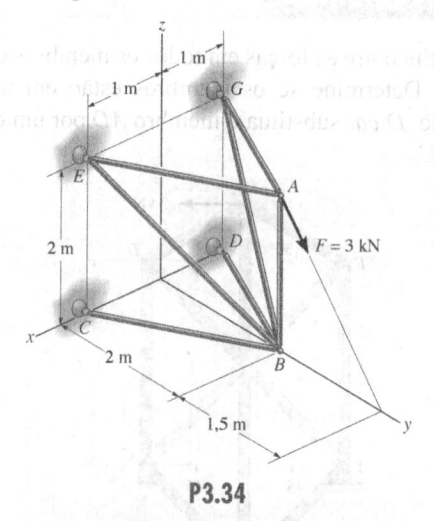

P3.35. Encontre a força nos membros FE e ED da treliça espacial e determine se os membros estão em tração ou compressão. A treliça é suportada por um apoio de esfera e encaixe em C e elos curtos em A e B.

P3-36. Encontre a força nos membros *GD*, *GE* e *FD* da treliça espacial e determine se os membros estão em tração ou compressão.

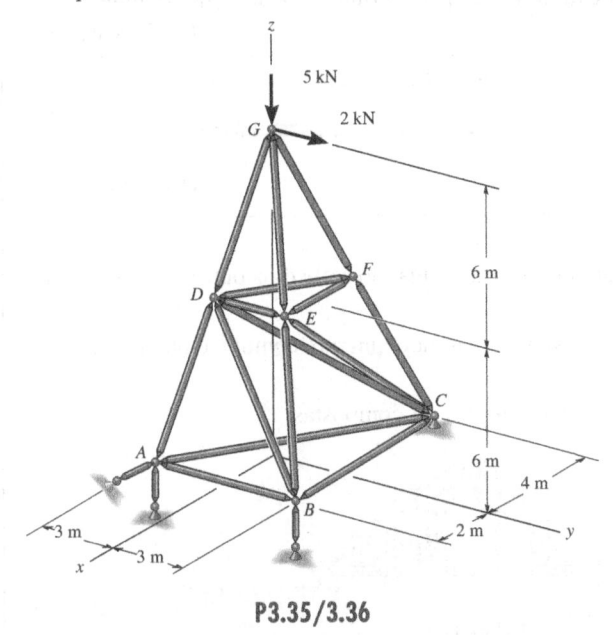

P3.35/3.36

P3.37. Determine a força em cada membro da treliça espacial. Indique se os membros estão em tração ou compressão.

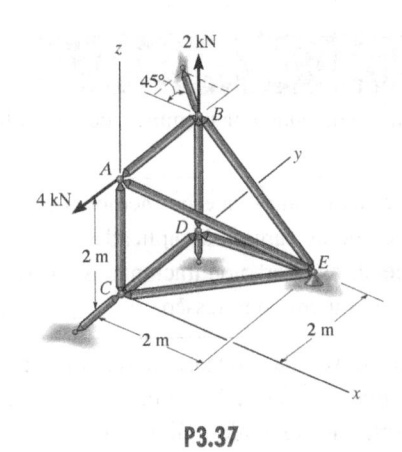

P3.37

P3.38. Encontre a força nos membros *BE*, *DF* e *BC* da treliça espacial e determine se os membros estão em tração ou compressão.

P3.39. Encontre a força nos membros *CD*, *ED* e *CF* da treliça espacial e determine se os membros estão em tração ou compressão.

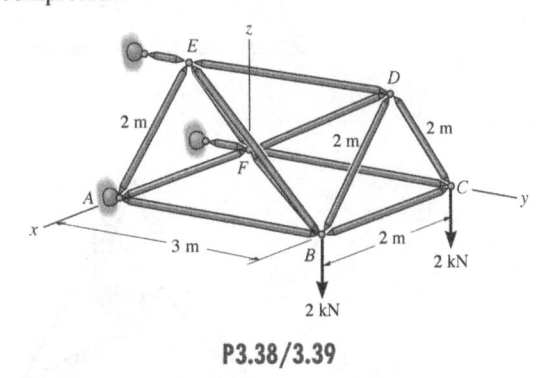

P3.38/3.39

Problema de projeto

PP3.1. As treliças de telhado Pratt estão uniformemente espaçadas a cada 5 m. As telhas, material de impermeabilização e as terças têm um peso médio de 0,28 kN/m². O prédio está localizado em Nova York onde a carga esperada de neve é de 1,0 kN/m² e a carga esperada de gelo é de 0,4 kN/m². Estas cargas ocorrem sobre a área projetada horizontal do telhado. Determine a força em cada membro considerando o peso próprio e cargas de neve e gelo. Despreze o peso dos membros da treliça e presuma que *A* está fixado por pinos e *E* é um rolo.

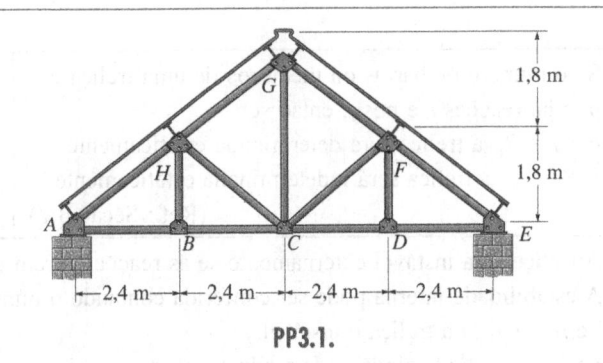

PP3.1.

REVISÃO DO CAPÍTULO

Treliças são compostas por membros delgados ligados em suas extremidades para formar uma série de triângulos.

(Ref.: Seção 3.1)

Para análise, assumimos que os membros são ligados por pinos, e que as cargas são aplicadas nos nós. Portanto, os membros estarão ou tracionados ou comprimidos em tensão ou em compressão.

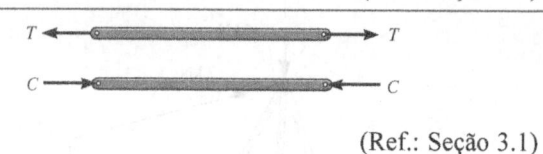

(Ref.: Seção 3.1)

Treliças podem ser classificadas de três maneiras:

Treliças simples são formadas começando com um elemento triangular inicial e ligando a ele dois outros membros e um nó para formar um segundo triângulo etc.

Treliças compostas são formadas ligando duas ou mais treliças simples usando um nó comum e/ou um membro adicional.

Treliças complexas são aquelas que não podem ser classificadas como simples ou compostas.

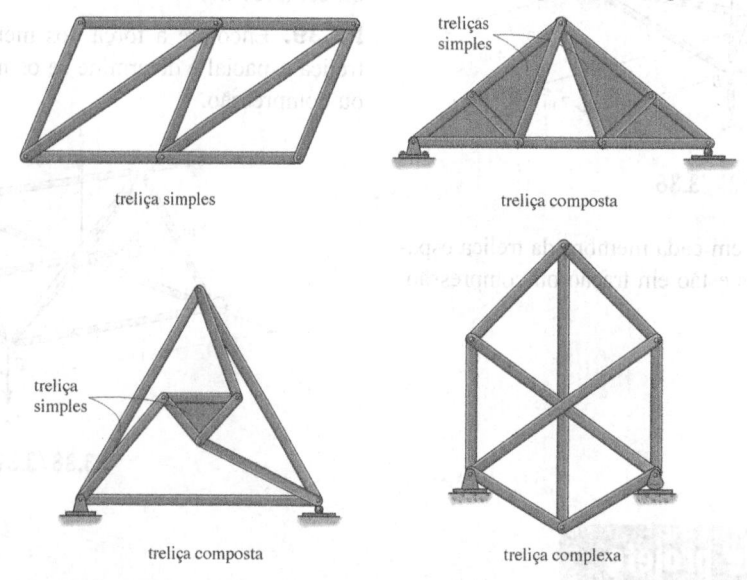

(Ref.: Seção 3.2)

Se o número de barras ou membros de uma treliça é b, e há reações r e nós j, então se

$b + r = 2j$ a treliça será determinada estaticamente

$b + r > 2j$ a treliça será indeterminada estaticamente

(Ref.: Seção 3.2)

A treliça será instável externamente se as reações forem concorrentes ou paralelas.

A estabilidade interna pode ser conferida contando o número de barras b, reações r e nós j.

Se $b + r < 2j$ a treliça é instável.

Se $b + r \geq 2j$ ela ainda pode ser instável, de maneira que se torna necessário examinar a treliça e procurar por arranjos de barras que formem um mecanismo paralelo, sem formar um elemento triangular.

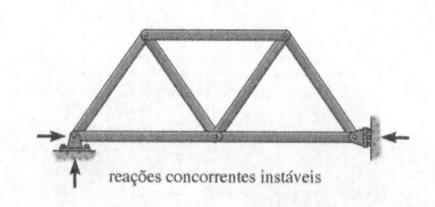

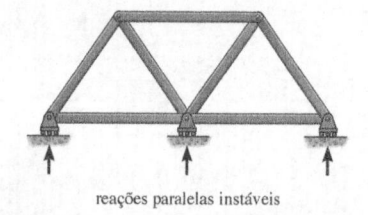

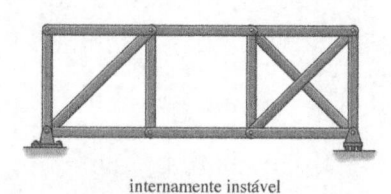

(Ref.: Seção 3.2)

Treliças planas podem ser analisadas pelo *método dos nós*. Isto é feito selecionando cada nó em sequência, tendo no máximo uma força conhecida e pelo menos duas desconhecidas. O diagrama de corpo livre de cada nó é construído e duas equações de força de equilíbrio, $\Sigma F_x = 0$, $\Sigma F_y = 0$, são escritas e solucionadas para as forças de membros desconhecidas.

O método das seções exige secionar a treliça e então traçar um diagrama de corpo livre de uma de suas partes secionadas. As forças dos membros cortadas pela seção são então encontradas a partir das três equações de equilíbrio. Normalmente, uma única incógnita pode ser encontrada se você somar momentos em torno de um ponto que elimina as duas outras forças.

Treliças compostas e complexas também podem ser analisadas pelo método dos nós e o método das seções. O "método dos membros substitutos" pode ser usado para obter uma solução direta para a força em um membro em particular de uma treliça complexa.

(Ref.: Seção 3.3)

As vigas e vigas mestras com apoios simples do pórtico deste edifício foram projetadas para resistir ao cortante e momento internos atuando através de suas extensões.

CAPÍTULO 4

Cargas internas desenvolvidas em membros estruturais

Antes que se possa estabelecer um equilíbrio para um membro estrutural, é necessário determinar a força e o momento que atuam sobre ele. Neste capítulo desenvolveremos os métodos para encontrar essas cargas em pontos especificados ao longo do eixo de um membro e para demonstrar graficamente a variação usando os diagramas de esforço cortante e momento. Aplicações serão dadas tanto para vigas, quanto para pórticos.

4.1 Cargas internas em um ponto especificado

Como discutido na Seção 2.3, a carga interna em um ponto especificado em um membro pode ser determinada usando o *método das seções*. Em geral, essa carga para uma estrutura plana consistirá de uma força normal **N**, esforço cortante **V** e momento fletor **M**.* Devemos perceber, no entanto, que essas cargas representam na realidade as *resultantes* da *distribuição de tensão* atuando sobre a área da seção da parte secionada. Uma vez que as cargas internas resultantes são conhecidas, a magnitude da tensão pode ser determinada contanto que uma distribuição presumida de tensão sobre a área secionada seja especificada.

Convenção de sinais. Antes de apresentar um método para descobrir a força normal interna, esforço cortante e momento fletor, precisaremos estabelecer uma convenção de sinais para definir seus valores "positivos" e "negativos".** Apesar de a escolha ser arbitrária, a convenção de sinais adotada aqui foi amplamente aceita na prática de engenharia estrutural, e é ilustrada na Figura 4.1a. Na *face esquerda* do membro cortado a força normal **N** atua para a direita, o esforço cortante interno **V** atua para baixo, e o momento **M** atua no sentido anti-horário. De acordo com a terceira lei de Newton, uma força normal igual mas oposta, esforço cortante, e momento fletor têm de atuar sobre a face direita do membro na seção. Talvez uma maneira fácil de lembrar essa convenção de sinais seja isolar um pequeno segmento do membro e observar

---

* Estruturas tridimensionais também podem ser sujeitas a um *momento torsional*, que tende a girar o membro em torno do seu eixo.

** Isto será conveniente posteriormente nas seções 4.2 e 4.3 onde expressaremos V e M como funções de x e então *representaremos graficamente* essas funções. Ter uma convenção de sinais é similar a designar direções de coordenadas x positivas para a direita e y positivas para cima quando representando graficamente uma função $y = f(x)$.

Figura 4.1

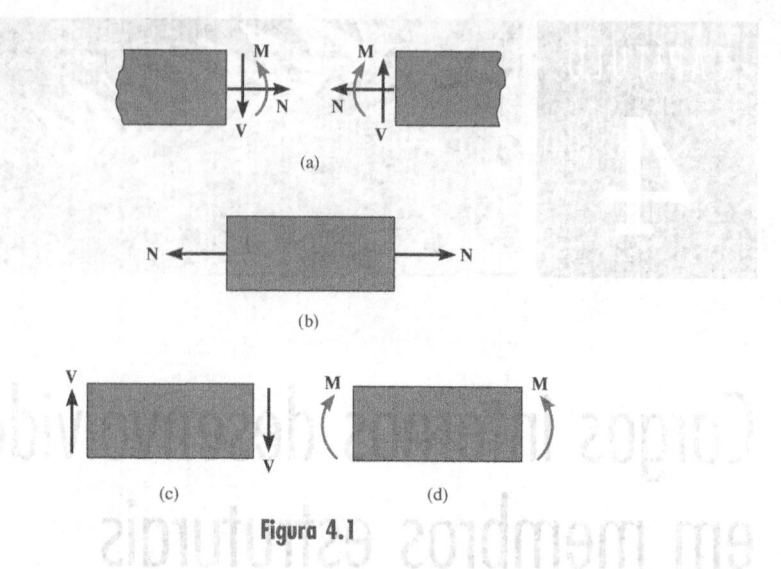

que a *força positiva normal tende a alongar o segmento*, Figura 4.1*b*; o *cortante positivo tende a girar o segmento na direção horária*, Figura 4.1*c*; e o *momento fletor positivo tende a curvar o segmento côncavo para cima*, como se para "conter água", Figura 4.1*d*.

Procedimento para análise

O procedimento a seguir fornece um meio para aplicar o método das seções para determinar a força normal interna, esforço cortante e momento fletor em uma localização específica em um membro estrutural.

Reações de apoio

- Antes de o membro ser "cortado" ou secionado, pode ser necessário determinar as reações de apoio do membro de maneira que as equações de equilíbrio sejam usadas somente para solucionar as cargas internas quando o membro for secionado.
- Se o membro faz parte de uma estrutura ligada por pinos, as reações dos pinos podem ser determinadas usando os métodos da Seção 2.5.

Diagrama de corpo livre

- Mantenha todas as cargas distribuídas, momentos binários e forças atuando sobre o membro em sua *localização exata*, então passe uma seção imaginária através do membro, perpendicular ao seu eixo no ponto onde a carga interna deve ser determinada.
- Após a seção ter sido feita, trace um diagrama de corpo livre do segmento que tem o menor número de cargas sobre ele. Na seção indique as resultantes desconhecidas **N**, **V** e **M** atuando nas suas direções *positivas* (Figura 4.1*a*).

Equações de equilíbrio

- Momentos devem ser somados na seção em torno dos eixos que passam através do *centroide* da área da seção transversal do membro, a fim de eliminar as incógnitas **N** e **V** e, por conseguinte, obter uma solução direta para **M**.
- Se a solução das equações de equilíbrio produz uma quantidade tendo um valor negativo, o sentido direcional presumido da quantidade é oposto àquele mostrado no diagrama de corpo livre.

Exemplo 4.1

O telhado do edifício mostrado na foto tem um peso de 1,8 kN/m² e está apoiado sobre vigotas simplesmente apoiadas de 8 m de comprimento que estão espaçadas 1 m umas das outras. Cada vigota, mostrada na Figura 4.2b, transmite sua carga para duas vigas, localizadas na parte da frente e de trás do prédio. Determine o esforço cortante e momento internos na viga da frente no ponto C, Figura 4.2a. Despreze o peso dos membros.

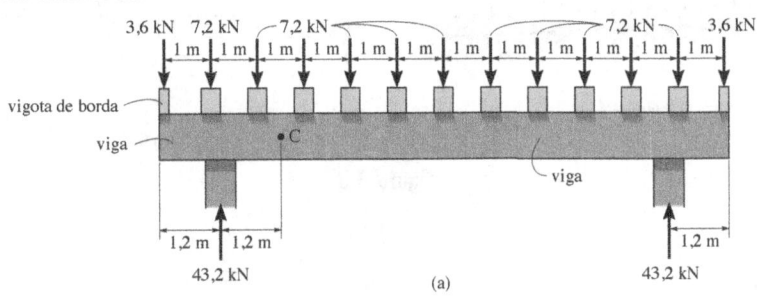

Figura 4.2

SOLUÇÃO

Reações dos apoios. A carga do telhado é transmitida para cada vigota como uma laje unidirecional ($L_2/L_1 = 8$ m/1 m = 8 > 2). A carga tributária sobre cada vigota interior é, portanto, (1,8 kN/m²)(1 m) = 1,8 kN/m. (As duas vigotas de borda suportam 0,9 kN/m.) Da Figura 4.2b, a reação de cada vigota interior sobre a viga é (1,8 kN/m)(8 m)/2 = 7,2 kN.

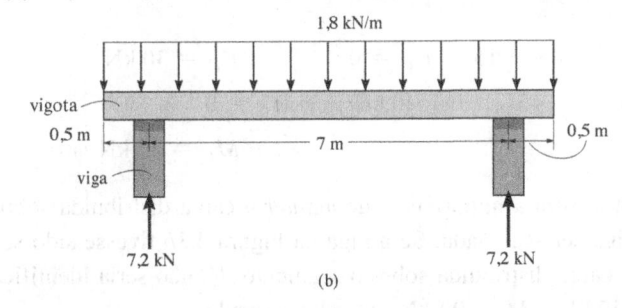

Diagrama de corpo livre. O diagrama de corpo livre da viga é mostrado na Figura 4.2a. Observe que cada reação das colunas é

$$[(2(3,6 \text{ kN}) + 11(7,2 \text{ kN})]/2 = 43,2 \text{ kN}$$

O diagrama de corpo livre do segmento esquerdo da viga é mostrado na Figura 4.2c. Aqui é presumido que as cargas internas atuem em suas direções positivas.

Equações de equilíbrio

$+\uparrow \Sigma F_y = 0;$ $43,2 - 3,6 - 2(7,2) - V_C = 0$

$V_C = 25,2$ kN   *(Resposta)*

$\zeta + \Sigma M_C = 0;$ $M_C + 7,2(0,4) + 7,2(1,4) + 3,6(2,4) - 43,2(1,2) = 0$

$M_C = 30,2$ kN · m   *(Resposta)*

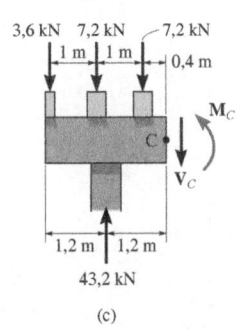

Exemplo 4.2

Determine o cortante e momento internos que atuam em uma seção passando através do ponto C na viga ilustrada na Figura 4.3a.

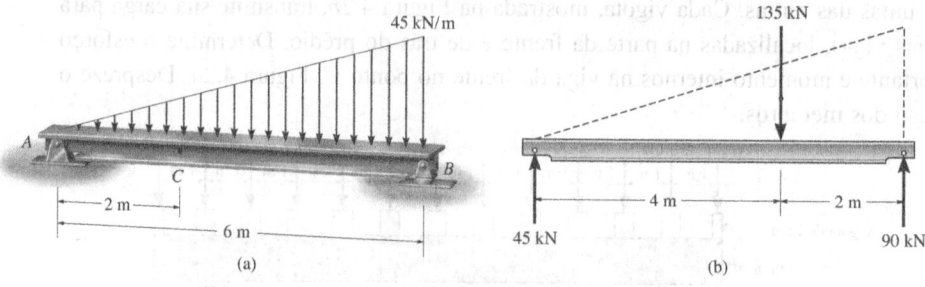

Figura 4.3

SOLUÇÃO

Reações dos apoios. Substituindo a carga distribuída por sua força resultante e calculando as reações tem-se os resultados apresentados na Figura 4.3b.

Diagrama de corpo livre. O segmento AC deve ser considerado, pois ele produz a solução mais simples, Figura 4.3c. A intensidade de carga distribuída em C é calculada por proporção, isto é,

$$w_C = (2 \text{ m}/6 \text{ m})(45 \text{ kN/m}) = 15 \text{ kN/m}$$

Equações de equilíbrio

$$+\uparrow \Sigma F_y = 0; \quad 45 - 15 - V_C = 0 \quad V_C = 30 \text{ kN} \quad (Resposta)$$

$$\zeta + \Sigma M_C = 0; \quad -45(2) + 15(0,667) + M_C = 0$$

$$M_C = 80 \text{ kN} \cdot \text{m} \quad (Resposta)$$

Este problema mostra a importância de *manter* a carga distribuída sobre a viga até *depois* de a viga ser secionada. Se a viga na Figura 4.3b tivesse sido secionada em C, o efeito da carga distribuída sobre o segmento AC não seria identificado, e o resultado $V_C = 45$ kN e $M_C = 90$ kN · m estaria errado.

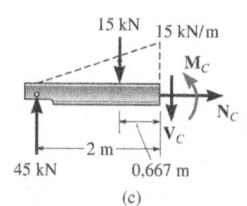

Exemplo 4.3

A força de 45 kN na Figura 4.4a é suportada pela placa de piso DE, que por sua vez é simplesmente apoiada em suas extremidades de vigotas de piso. Essas vigotas transmitem suas cargas para a viga AB que tem apoios simples. Determine o cortante e momento internos no ponto C da viga.

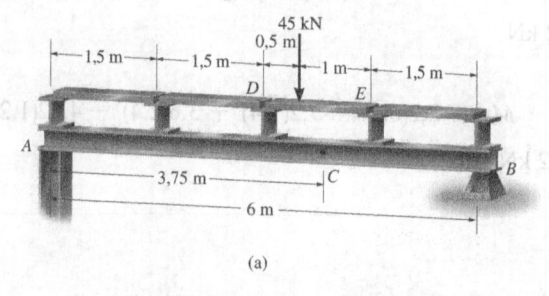

Figura 4.4

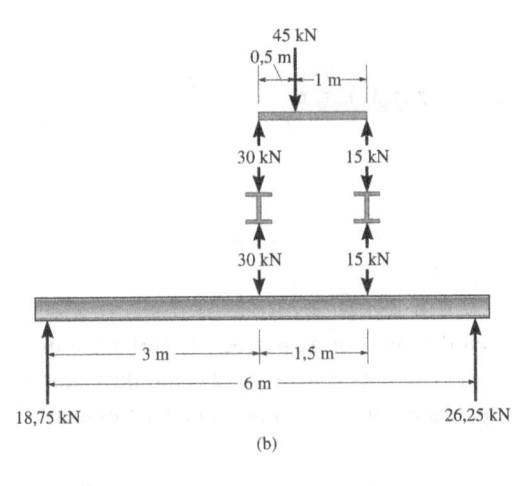

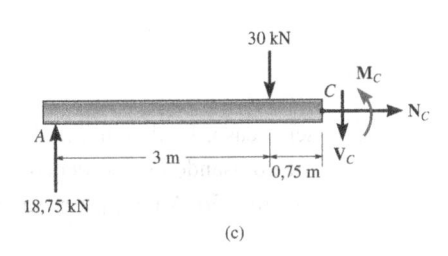

SOLUÇÃO

Reações de apoios. O equilíbrio da placa de piso, vigotas de piso e viga são mostrados na Figura 4.4b. É recomendável conferir esses resultados.

Diagrama de corpo livre. O diagrama de corpo livre do segmento AC da viga será usado, pois ele leva à solução mais simples, Figura 4.4c. Observe que *não há* cargas sobre as vigotas de piso suportadas por AC.

Equações de equilíbrio.

$+\uparrow \Sigma F_y = 0;$ $\qquad 18{,}75 - 30 - V_C = 0 \qquad V_C = -11{,}25$ kN *(Resposta)*

$\zeta + \Sigma M_C = 0;\ -18{,}75(3{,}75) + 30(0{,}75) + M_C = 0$

$$M_C = 47{,}8 \text{ kN} \cdot \text{m} \quad \textit{(Resposta)}$$

4.2 Funções de cortante e momento

O projeto de uma viga exige um conhecimento detalhado das *variações* da força cortante interna V e momento M atuando em cada ponto ao longo do eixo da viga. A força normal interna geralmente não é considerada por duas razões: (1) na maioria dos casos as cargas aplicadas a uma viga atuam perpendiculares ao eixo da viga e, portanto, produzem apenas uma força cortante e momento fletor internos, e (2) para fins de projeto a resistência da viga ao cisalhamento, e particularmente à flexão, é mais importante do que sua capacidade de resistir à força normal. Uma exceção importante ocorre, entretanto, quando vigas são sujeitas a forças axiais compressivas, tendo em vista que a deformação ou instabilidade que possa ocorrer precisa ser investigada.

As variações de V e M como uma função de x de um ponto arbitrário ao longo do eixo da viga podem ser obtidas usando o método das seções discutido na Seção 4.1. Aqui, entretanto, é necessário localizar a seção imaginária ou cortar a uma distância arbitrária x de uma extremidade da viga em vez de em um ponto específico.

Em geral, as funções de cortante e momento internas serão descontínuas, ou sua inclinação será descontínua, nos pontos onde o tipo ou magnitude das cargas distribuídas sofre mudanças ou onde forças concentradas ou momentos binários são aplicados. Por causa disso, funções de momento ou cortante têm de ser determinadas para cada região da viga localizada *entre* quaisquer duas descontinuidades de carga. Por exemplo, as coordenadas x_1, x_2 e x_3 terão de ser usadas para descrever a variação de V e M através da extensão da viga na Figura 4.5a. Estas coordenadas serão válidas somente dentro das regiões de A para B para x_1, de B para C para x_2 e de C para D para x_3. Apesar de cada uma dessas coordenadas ter a mesma origem, como observado aqui, este não deve

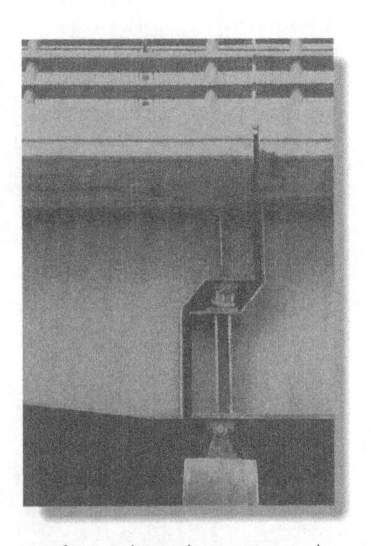

O reforço adicional, proporcionado por chapas verticais chamadas de *enrijecedores*, é usado sobre os apoios de pino e balancim de pinos e rolos destas vigas de ponte. Aqui, as reações causarão um grande cortante interno nas vigas mestras e os enrijecedores evitarão a flambagem localizada das mesas ou almas das vigas. Observe também a inclinação do apoio de balancim de rolo causada pela expansão térmica do tabuleiro da ponte.

Figura 4.5

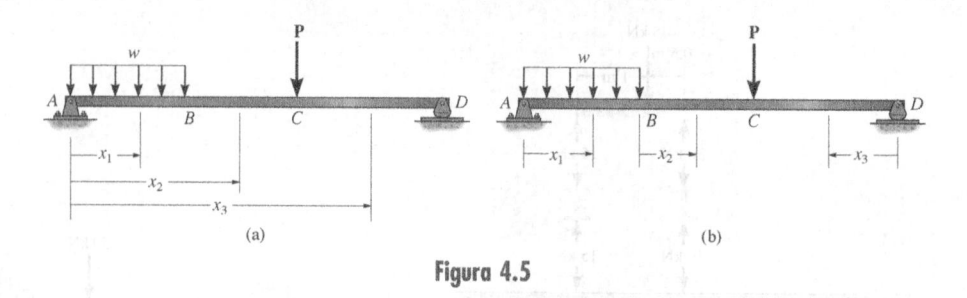

ser o caso. Realmente, pode ser mais fácil desenvolver as funções de cortante e momento usando as coordenadas x_1, x_2, x_3 tendo origens em A, B e D como ilustrado na Figura 4.5b. Aqui, x_1 e x_2 são positivos para a direita e x_3 é positivo para a esquerda.

Procedimento para análise

O procedimento a seguir fornece um método para determinar a variação do cortante e momento em uma barra como uma função da posição x.

Reações de apoio

- Determine as reações de apoio sobre a viga e solucione todas as forças externas em componentes que estão atuando perpendiculares e paralelos ao eixo da viga.

Funções de cortante de momento

- Especifique em separado as coordenadas x e origens associadas, estendendo em regiões da viga entre forças concentradas e/ou momentos binários, ou onde há descontinuidade de carga distribuída.
- Secione a viga perpendicular ao seu eixo em cada distância x, e do diagrama de corpo livre de um dos segmentos determine as incógnitas V e M na parte secionada como funções de x. No diagrama de corpo livre, V e M devem ser mostrados atuando nas suas *direções positivas*, de acordo com a convenção de sinais dada na Figura 4.1.
- V é obtido de $\Sigma F_y = 0$ e M é obtido somando momentos em torno do ponto S localizado na parte secionada, $\Sigma M_s = 0$.
- Os resultados podem ser conferidos observando que $dM/dx = V$ e $dV/dx = w$, onde w é positivo quando ele age para cima, para longe da viga. Essas relações são desenvolvidas na Seção 4.3.

As vigotas, vigas e vigas mestras usadas para suportar este piso podem ser projetadas uma vez que o cortante e momento internos sejam conhecidos através de seus comprimentos.

Exemplo 4.4

Determine o cortante e o momento na viga ilustrada na Figura 4.6a como uma função de x.

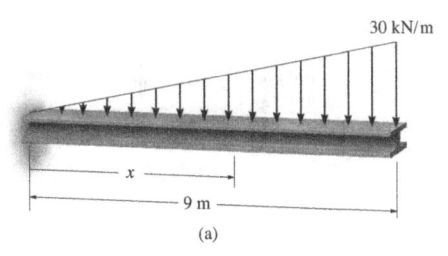

Figura 4.6

SOLUÇÃO

Reações de apoio. Para se calcular as reações de apoio, a carga distribuída é substituída por sua força resultante de 135 kN, Figura 4.6b. É importante lembrar-se, entretanto, que esta resultante não é a carga real sobre a viga.

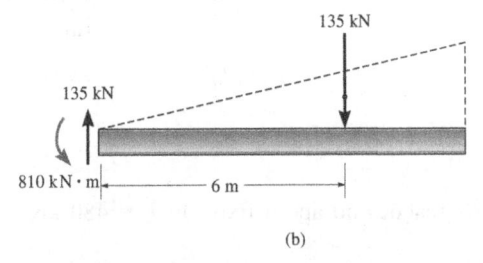

Funções de cortante de momento. Um diagrama de corpo livre do segmento de viga de comprimento x é mostrado na Figura 4.6c. Observe que a intensidade da carga triangular na seção é encontrada por proporção; isto é, $w/x = 30/9$ ou $w = 10x/3$. Com a intensidade de carga conhecida, a resultante da carga distribuída é encontrada da maneira usual conforme mostrado na figura. Desse modo,

$$+\uparrow \Sigma F_y = 0; \qquad 135 - \frac{1}{2}\left(\frac{10x}{3}\right)x - V = 0$$

$$V = 135 - 1{,}667x^2 \qquad (Resposta)$$

$$\zeta + \Sigma M_S = 0; \qquad 810 - 135x + \left[\frac{1}{2}\left(\frac{10x}{3}\right)x\right]\frac{x}{3} + M = 0$$

$$M = -810 + 135x - 0{,}556x^3 \qquad (Resposta)$$

Observe que $dM/dx = V$ e $dV/dx = -10x/3$, que serve como uma verificação dos resultados.

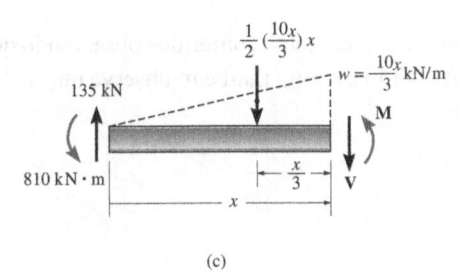

Exemplo 4.5

Determine o cortante e o momento na viga mostrada na Figura 4.7a como uma função de x.

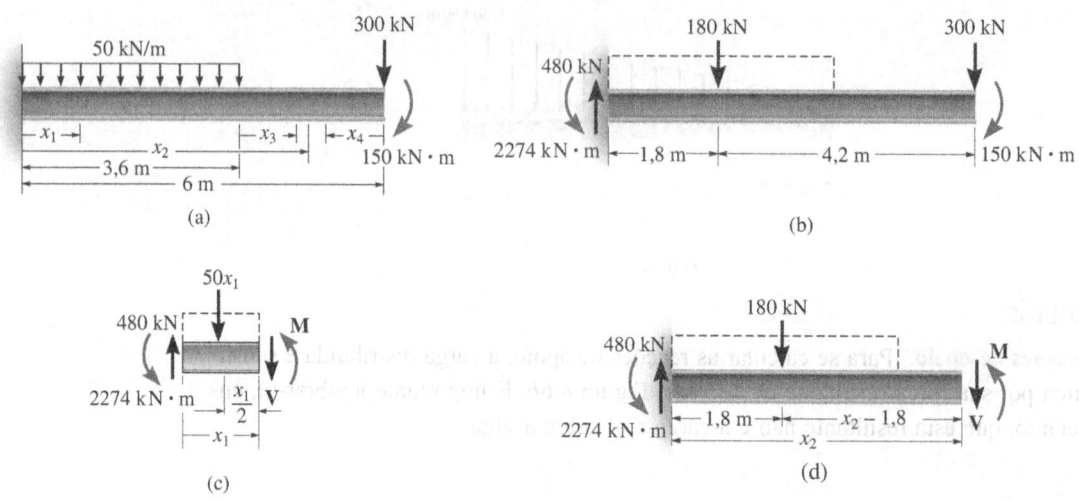

Figura 4.7

SOLUÇÃO

Reações de apoio. As reações no apoio fixo são $V = 480$ kN e $M = 2274$ kN · m (Figura 4.7b).

Funções de cortante de momento. Tendo em vista que há uma descontinuidade de carga distribuída em $x = 3,6$ m, duas regiões de x têm de ser levadas em consideração a fim de descrever as funções de cortante e de momento para toda a viga. Aqui x_1 é apropriado para os 3,6 m à esquerda e x_2 pode ser usado para o segmento restante. $0 \leq x_1 \leq 3,6$ m. Observe que V e M são mostrados nas direções positivas, (Figura 4.7c).

$+\uparrow \Sigma F_y = 0;$ $480 - 50x_1 - V = 0,$ $V = 480 - 50x_1$ (Resposta)

$(+\Sigma M_S = 0;$ $2274 - 480x_1 + 50x_1\left(\dfrac{x_1}{2}\right) + M = 0$

$M = -2274 + 480x_1 - 25x_1^2$ (Resposta)

3,6 m $\leq x_2 \leq$ 6 m (Figura 4.7d).

$+\uparrow \Sigma F_y = 0;$ $480 - 180 - V = 0,$ $V = 300$ (Resposta)

$(+\Sigma M_S = 0;$ $2274 - 480x_2 + 180(x_2 - 1,8) + M = 0$

$M = 300x_2 - 1950$ (Resposta)

Estes resultados podem ser parcialmente conferidos observando que quando $x_2 = 6$ m, então $V = 300$ kN e $M = -150$ kN · m. Também, observe que $dM/dx = V$ e $dV/dx = w$.

Exemplo 4.6

Determine o cortante e o momento na viga ilustrada na Figura 4.8a como uma função de x.

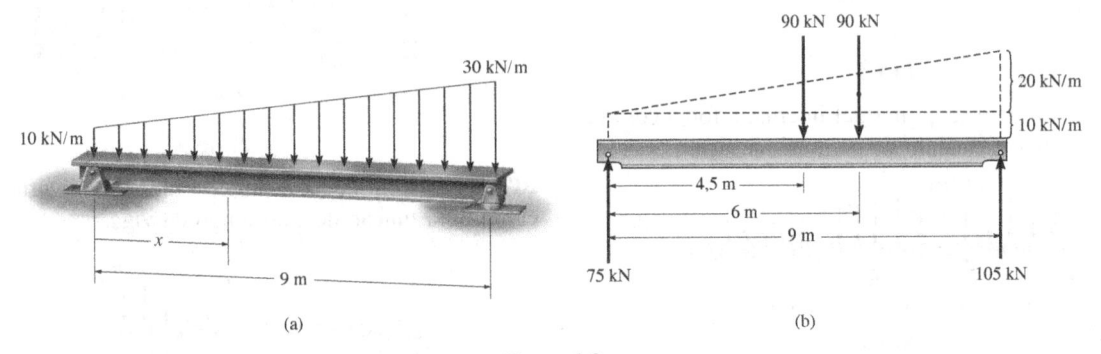

Figura 4.8

SOLUÇÃO

Reações de apoio. Para determinar as reações de apoio, a carga distribuída é dividida em cargas triangular e retangular, e estas cargas são então substituídas por suas forças resultantes. Essas reações foram calculadas e são mostradas no diagrama de corpo livre da viga, na Figura 4.8b.

Funções de cortante e de momento. Um diagrama de corpo livre da parte secionada é mostrado na Figura 4.8c. Como acima, a carga trapezoidal é substituída por distribuições retangulares e triangulares. Observe que a intensidade da carga triangular no corte é encontrada por proporção. A força resultante de cada carga distribuída e sua localização estão indicadas. Aplicando as equações de equilíbrio, temos

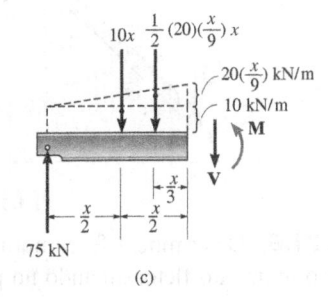

$+\uparrow \Sigma F_y = 0;$ $\quad 75 - 10x - \left[\frac{1}{2}(20)\left(\frac{x}{9}\right)x\right] - V = 0$

$$V = 75 - 10x - 1{,}11x^2 \qquad \text{(Resposta)}$$

$\zeta + \Sigma M_S = 0;$ $\quad -75x + (10x)\left(\frac{x}{2}\right) + \left[\frac{1}{2}(20)\left(\frac{x}{9}\right)x\right]\frac{x}{3} + M = 0$

$$M = 75x - 5x^2 - 0{,}370x^3 \qquad \text{(Resposta)}$$

Problemas fundamentais

PF4.1. Determine a força normal interna, a força cortante e o momento fletor no ponto C na viga.

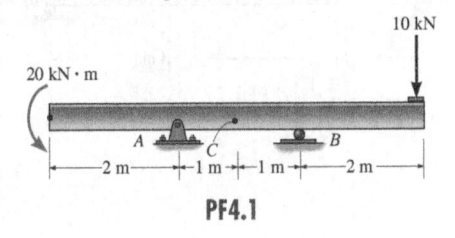

PF4.1

PF4.2. Determine a força normal interna, a força cortante e o momento fletor atuando no ponto C na viga.

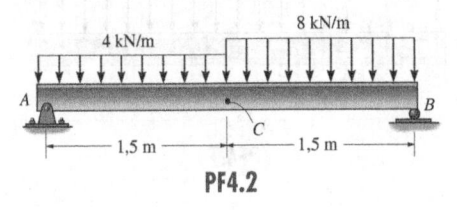

PF4.2

PF4.3. Determine a força normal interna, a força cortante e o momento fletor atuando no ponto C na viga.

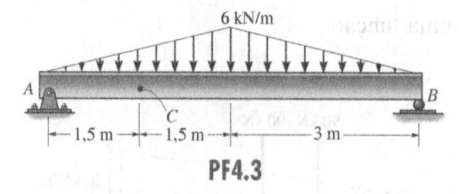

PF4.3

PF4.4. Determine a força normal interna, a força cortante e o momento fletor atuando no ponto C na viga.

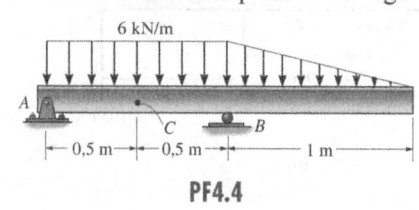

PF4.4

PF4.5. Determine a força normal interna, a força cortante e o momento fletor atuando no ponto C na viga.

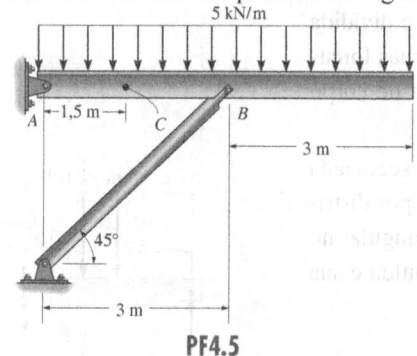

PF4.5

PF4.6. Determine a força normal interna, a força cortante e o momento fletor atuando no ponto C na viga.

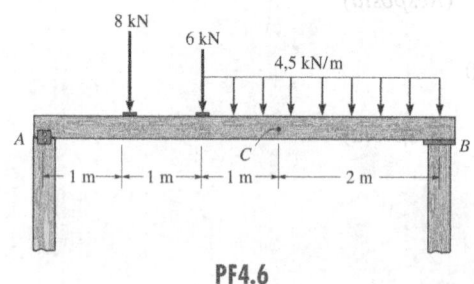

PF4.6

PF4.7. Determine o cortante e o momento internos na viga como uma função de x.

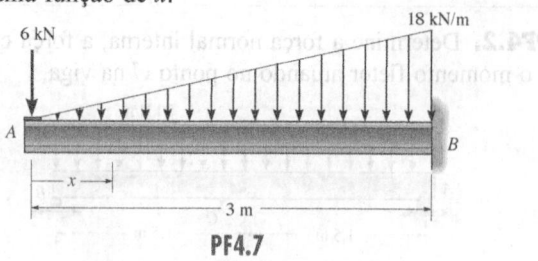

PF4.7

PF4.8. Determine o cortante e o momento internos na viga como uma função de x.

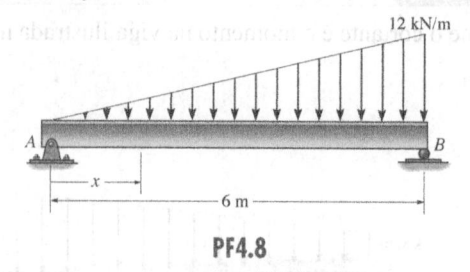

PF4.8

PF4.9. Determine o cortante e o momento internos na viga como uma função de x ao longo da viga.

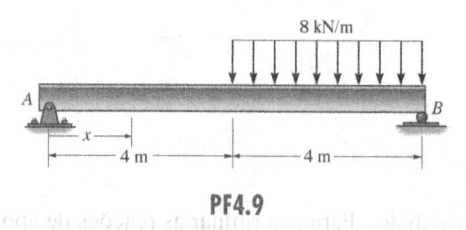

PF4.9

PF4.10. Determine o cortante e o momento internos na viga como uma função de x através da viga.

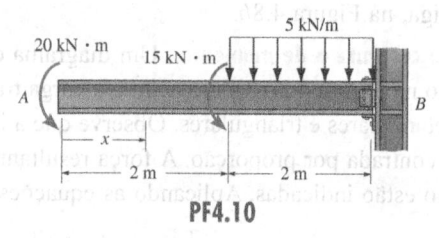

PF4.10

PF4.11. Determine o cortante e o momento internos na viga como uma função de x ao longo da viga.

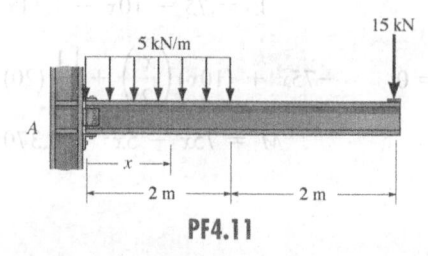

PF4.11

PF4.12. Determine o cortante e o momento internos na viga como uma função de x ao longo da viga.

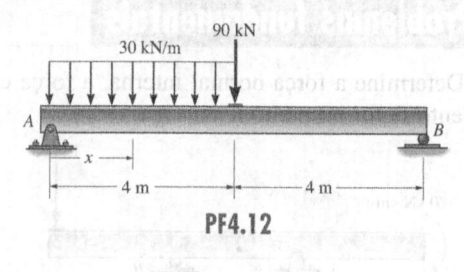

PF4.12

Problemas

P4.1. Determine a força normal interna, a força cortante e o momento fletor na viga nos pontos C e D. Presuma que o apoio em A é um pino e B é um rolo.

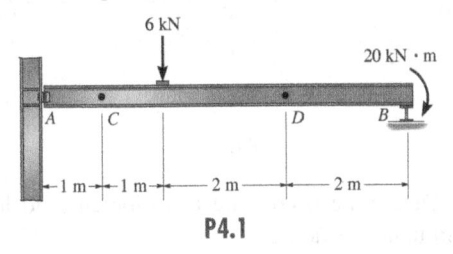

P4.1

P4.2. Determine a força normal interna, a força cortante e o momento fletor na viga nos pontos C e D. Presuma que o apoio em B é um rolo. O ponto D está localizado logo à direita da carga de 50 kN.

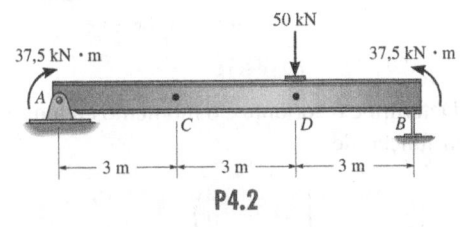

P4.2

P4.3. A lança DF do guindaste e a coluna DE têm um peso uniforme de 750 N/m. Se o guincho e a carga pesam 1.350 N, determine a força normal interna, a força cortante e o momento fletor no guindaste nos pontos A, B e C.

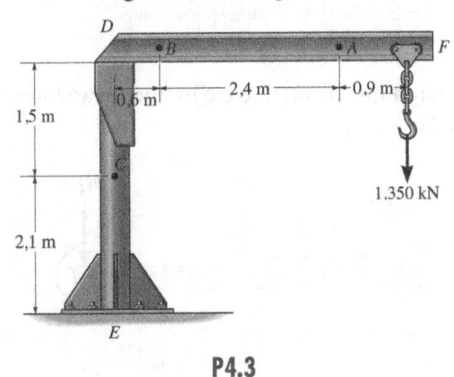

P4.3

*P4.4. Determine a força normal interna, a força cortante e o momento fletor no ponto D. Presuma $w = 150$ N/m.

P4.5. A viga AB vai falhar se o momento interno máximo em D alcançar 800 N · m ou a força normal no membro BC tornar-se 1.500 N. Determine a maior carga w que ela pode suportar.

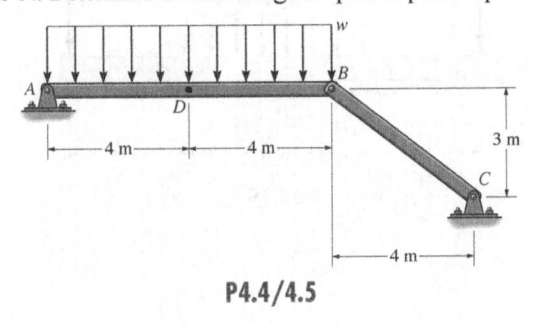

P4.4/4.5

P4.6. Determine a força normal interna, a força cortante e o momento fletor na viga nos pontos C e D. Presuma que o apoio em A é um rolo e B é um pino.

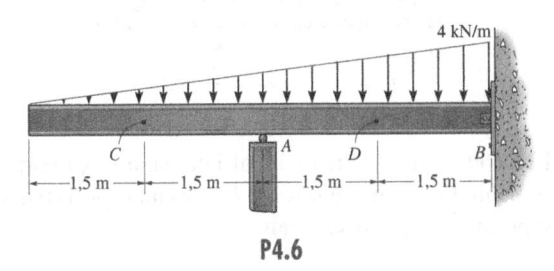

P4.6

P4.7. Determine a força normal interna, a força cortante e o momento fletor em C. Presuma que as reações nos apoios A e B são verticais.

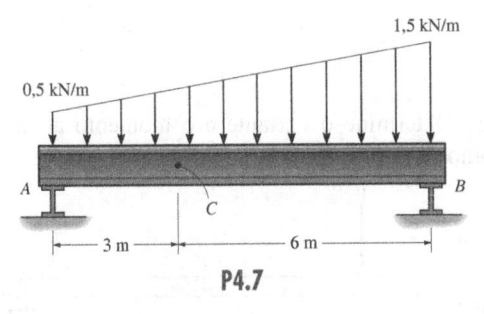

P4.7

*P4.8. Determine a força normal interna, a força cortante e o momento fletor no ponto D. Presuma que as reações nos apoios A e B são verticais.

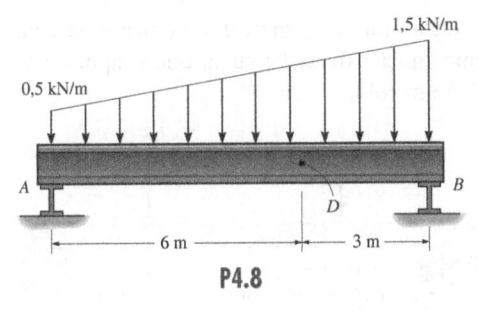

P4.8

P4.9. Determine a força normal interna, a força cortante e o momento fletor na viga no ponto C. O apoio em A é um rolo e B está fixado por pino.

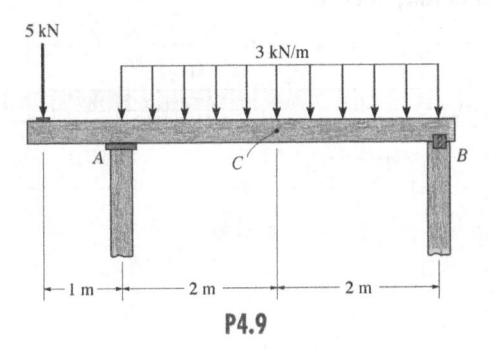

P4.9

P4.10. Determine a força normal interna, a força cortante e o momento fletor no ponto C. Presuma que as reações nos apoios A e B sejam verticais.

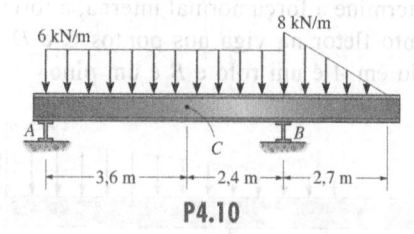

P4.11. Determine a força normal interna, a força cortante e o momento fletor nos pontos D e E. Presuma que as reações nos suportes A e B são verticais.

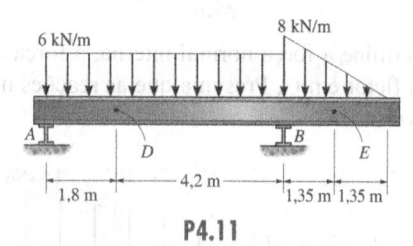

*P4.12. Determine o cortante e o momento ao longo da viga como uma função de x.

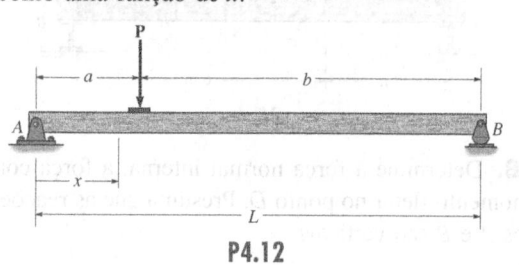

P4.13. Determine o cortante e o momento na viga de piso como uma função de x. Presuma que o apoio em A é um pino e B é um rolo.

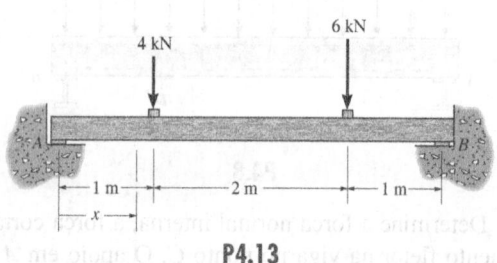

P4.14. Determine o cortante e o momento ao longo da viga como uma função de x.

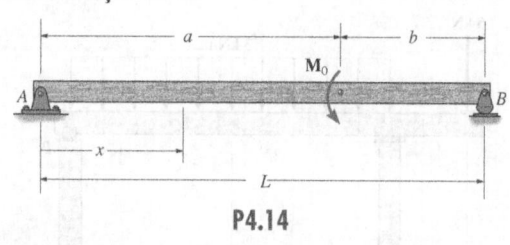

P4.15. Determine o cortante e o momento ao longo da viga como uma função de x.

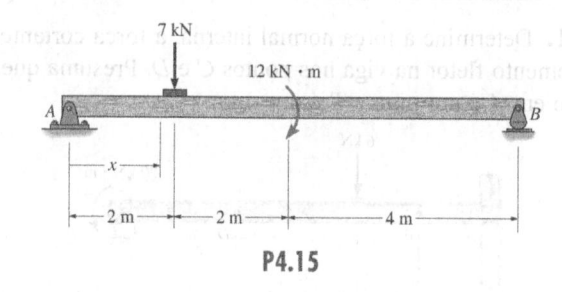

*P4.16. Determine o cortante e o momento ao longo da viga como uma função de x.

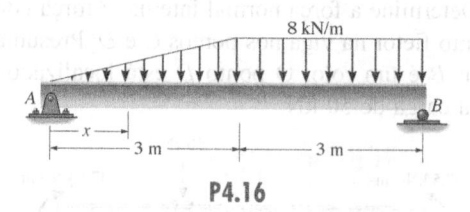

P4.17. Determine o cortante e o momento ao longo da viga como uma função de x.

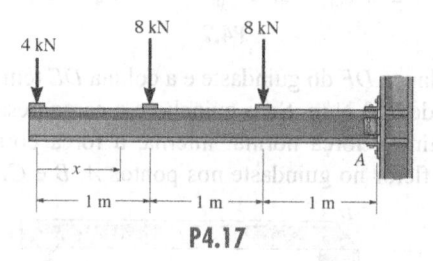

P4.18. Determine o cortante e o momento ao longo da viga como funções de x.

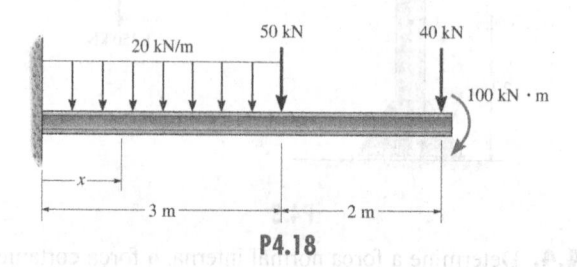

P4.19. Determine o cortante e o momento ao longo da viga como funções de x.

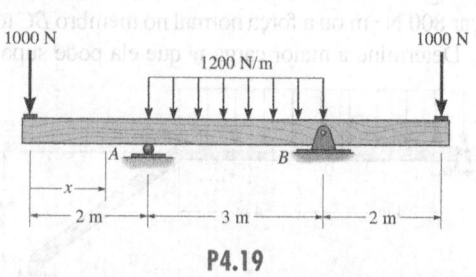

*P4.20. Determine o cortante e o momento na viga como funções de x.

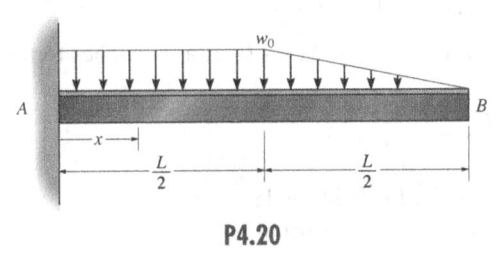

P4.22. Determine o cortante e o momento ao longo da viga de seção variável como uma função de x.

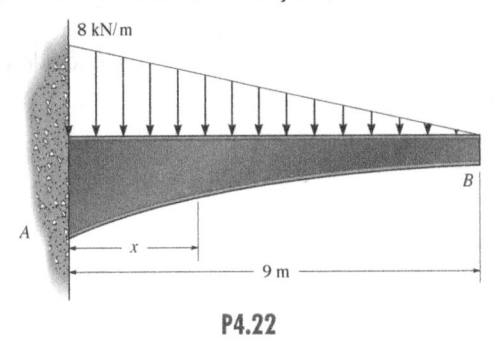

P4.20

P4.22

P4.21. Determine o cortante e o momento na viga como uma função de x.

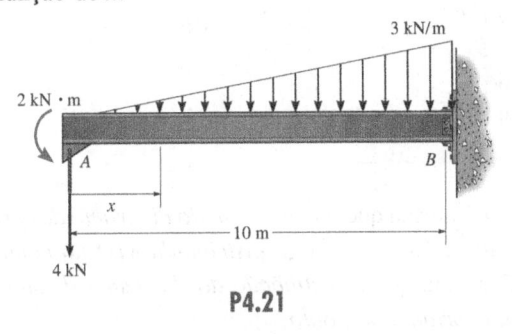

P4.21

4.3 Diagramas de cortante e de momento para uma viga

Se as variações de V e M como funções de x obtidas na Seção 4.2 são representadas graficamente, os gráficos são chamados de *diagrama de cortante* e *diagrama de momento*, respectivamente. Nos casos em que uma viga é sujeita a *diversas* forças concentradas, binários e cargas distribuídas, representar graficamente V e M versus x pode tornar-se bastante tedioso, tendo em vista que diversas funções têm de ser representadas graficamente. Nesta seção, um método mais simples para construir esses diagramas é discutido – um método baseado em relações diferenciais que existem entre carga, cortante e momento.

Para derivar essas relações, considere a viga AD na Figura 4.9a, que é sujeita a uma carga distribuída arbitrária $w = w(x)$ e uma série de forças concentradas e binários. Na discussão a seguir, *a carga distribuída será considerada positiva quando a carga atua para cima* como mostrado. Nós vamos considerar o diagrama de corpo livre para um segmento pequeno da viga tendo um comprimento Δx, Figura 4.9b. Tendo em vista que este segmento foi escolhido em um ponto x ao longo da viga que *não* é sujeito a uma força concentrada ou binário, quaisquer resultados obtidos não se aplicarão nos pontos de carga concentrada. Presume-se que a força cortante e momento fletor internos mostrados no diagrama de corpo livre atuam na *direção positiva* de acordo com a convenção de sinais estabelecida, Figura 4.1. Observe que tanto a força cortante quanto o momento atuando na face direita têm de ser aumentados por um montante pequeno, finito, a fim de manter o segmento em equilíbrio. A carga distribuída foi substituída por uma força concentrada $w(x) \Delta x$ que atua em uma distância fracionária $\epsilon(\Delta x)$ da extremidade direita, onde $0 < \epsilon < 1$. (Por exemplo, se $w(x)$ é uniforme ou constante, então $w(x) \Delta x$ atuará em $\frac{1}{2} \Delta x$, de maneira que $\epsilon = \frac{1}{2}$.) Aplicando as equações de equilíbrio, temos

$$+\uparrow \Sigma F_y = 0; \quad V + w(x) \Delta x - (V + \Delta V) = 0$$
$$\Delta V = w(x) \Delta x$$

As muitas cargas concentradas atuando sobre esta viga de concreto armado criam uma variação da carga interna na viga. Por essa razão, os diagramas de cortante e momento têm de ser traçados a fim de projetar a viga de maneira adequada.

$$(+\Sigma M_O = 0; \quad -V\Delta x - M - w(x)\,\Delta x\,\epsilon\,(\Delta x) + (M + \Delta M) = 0$$

$$\Delta M = V\Delta x + w(x)\,\epsilon\,(\Delta x)^2$$

Dividindo por Δx e tomando o limite como $\Delta x \to 0$, estas equações tornam-se

$$\frac{dV}{dx} = w(x)$$

$$\left\{\begin{array}{l}\text{Inclinação do}\\ \text{diagrama de}\\ \text{cortante}\end{array}\right\} = \left\{\begin{array}{l}\text{Intensidade da}\\ \text{carga distribuída}\end{array}\right\} \quad (4.1)$$

$$\frac{dM}{dx} = V$$

$$\left\{\begin{array}{l}\text{Inclinação do}\\ \text{diagrama de}\\ \text{momento}\end{array}\right\} = \{\text{Cortante}\} \quad (4.2)$$

Como observado, a Equação 4.1 afirma que *a inclinação do diagrama de cortante em um ponto (dV/dx) é igual à intensidade da carga distribuída w(x) no ponto*. Da mesma maneira, a Equação 4.2 afirma que *a inclinação do diagrama de momento (dM/dx) é igual à intensidade do cortante no ponto*.

As Equações 4.1 e 4.2 podem ser "integradas" de um ponto ao outro entre forças concentradas ou binários (tais como de *B* para *C* na Figura 4.9a), caso em que

$$\Delta V = \int w(x)\,dx$$

$$\left\{\begin{array}{l}\text{Mudança no}\\ \text{cortante}\end{array}\right\} = \left\{\begin{array}{l}\text{Área sob o}\\ \text{diagrama da}\\ \text{carga distribuída}\end{array}\right\} \quad (4.3)$$

e

$$\Delta M = \int V(x)\,dx$$

$$\left\{\begin{array}{l}\text{Mudança no}\\ \text{momento}\end{array}\right\} = \left\{\begin{array}{l}\text{Área sob o}\\ \text{diagrama de}\\ \text{cortante}\end{array}\right\} \quad (4.4)$$

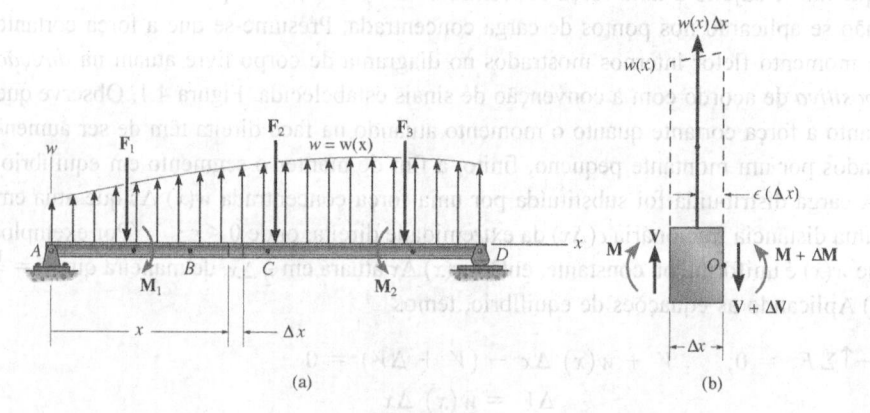

Figura 4.9

Como observado, a Equação 4-3 afirma que *a mudança no cortante entre quaisquer dois pontos sobre uma viga é igual à área sob o diagrama de carga distribuída entre os pontos*. Da mesma maneira, a Equação 4.4 afirma que *a mudança no momento entre os dois pontos é igual à área sob o diagrama de cortante entre os pontos*. Se as áreas sob os diagramas de carga e cortante são fáceis de calcular, as Equações 4.3 e 4.4 fornecem um método para determinar os valores numéricos do cortante e momento em vários pontos ao longo da viga.

Da derivação deve ser observado que as Equações 4.1 e 4.3 não podem ser usadas nos pontos onde uma força concentrada atua, tendo em vista que essas equações não representam a mudança súbita do cortante em tais pontos. De maneira similar, por causa de uma descontinuidade de momento, as Equações 4.2 e 4.4 não podem ser usadas nos pontos onde um momento binário for aplicado. A fim de representar esses dois casos, temos de considerar os diagramas de corpo livre de elementos diferenciais da viga na Figura 4.9a que estão localizados em pontos de aplicação de momentos binários ou de força concentrada. Exemplos desses elementos são mostrados nas figuras 4.10a e 4.10b, respectivamente. Da Figura 4.10a vê-se que o equilíbrio de força exige que a mudança no cortante seja

$+\uparrow \Sigma F_y = 0;$ $\Delta V = -F$ (4.5)

Desse modo, quando **F** atua *para baixo* sobre a viga, ΔV é negativo de maneira que o diagrama de cisalhamento mostra um "salto" *para baixo*. Da mesma maneira, se **F** atua *para cima*, o salto (ΔV) é *para cima*. Da Figura 4.10b, deixando $\Delta x \to 0$, o equilíbrio de momento exige que a mudança no momento seja

$(+\Sigma M_O = 0;$ $\Delta M = M'$ (4.6)

Neste caso, se um momento binário externo **M'** é aplicado no *sentido horário*, ΔM é positivo, de maneira que o diagrama de momento salta *para cima*, e quando **M'** atua no *sentido anti-horário*, o salto (ΔM) tem de ser *para baixo*.

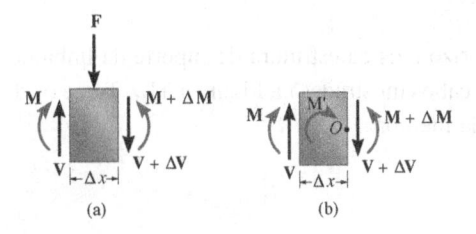

Figura 4.10

Procedimento para análise

O procedimento a seguir fornece um método para construir os diagramas de momento e cortante para a viga usando as Equações 4.1 até 4.6.

Reações de apoio
- Determine as reações de suporte e solucione as forças atuando sobre a viga em componentes que sejam perpendiculares e paralelos ao eixo da viga.

Diagrama de Cortante
- Estabeleça os eixos V e x e represente graficamente os valores do cortante nas duas extremidades da viga.

- Tendo em vista que $dV/dx = w$, a inclinação do diagrama de cortante em qualquer ponto é igual à intensidade da *carga distribuída* no ponto. (Observe que w é positivo quando atua para cima.)
- Se um valor numérico do cortante deve ser determinado no ponto, você pode descobrir esse valor usando o método das seções como discutido na Seção 4.1 ou usando a Equação 4.3, que afirma que a *mudança na força de cortante é igual à área sob o diagrama de carga distribuída*.
- Tendo em vista que $w(x)$ é *integrado* para obter V, se $w(x)$ é uma curva de grau n, então $V(x)$ será uma curva de grau $n + 1$. Por exemplo, se $w(x)$ é uniforme, $V(x)$ será linear.

Diagrama de momento
- Estabeleça os eixos M e x e represente graficamente os valores do momento nas extremidades da viga.
- Tendo em vista que $dM/dx = V$, a inclinação do *diagrama de momento* em qualquer ponto é igual à intensidade do *cortante* no ponto.
- No ponto onde o cortante é zero, $dM/dx = 0$, e, portanto, este pode ser um ponto de momento máximo ou mínimo.
- Se o valor numérico do momento deve ser determinado em um ponto, você pode encontrar este valor usando o método das seções como discutido na Seção 4.1 ou usando a Equação 4.4, que afirma que a *mudança no momento é igual à área sob o diagrama de cortante*.
- Tendo em vista que $V(x)$ é *integrado* para obter M, se $V(x)$ é uma curva de grau n, então $M(x)$ será uma curva de grau $n + 1$. Por exemplo, se $V(x)$ é linear, $M(x)$ será parabólica.

Exemplo 4.7

Os dois membros horizontais da estrutura de suporte da linha de energia elétrica são sujeitos às cargas de cabos mostradas na Figura 4.11a. Trace os diagramas de cortante e momento para cada membro.

SOLUÇÃO

Reações de apoio. Cada poste exerce uma força de 6 kN sobre cada membro como mostrado no diagrama de corpo livre.

Diagrama de cisalhamento. As extremidades, $x = 0$, $V = -4$ kN e $x = 6$ m, $V = 4$ kN são primeiro representadas graficamente, Figura 4.11b. Como indicado, o cortante entre cada força concentrada é *constante*, tendo em vista que $w = dV/dx = 0$. O cortante logo à direita do ponto B (ou C e D) pode ser determinado pelo método das seções, Figura 4.11d. O diagrama de cortante também pode ser estabelecido "seguindo a carga" no diagrama de corpo livre. Começando em A a carga de 4 kN atua para baixo de maneira que $V_A = -4$ kN. Nenhuma carga atua entre A e B, logo o cortante é constante. Em B a força de 6 kN atua para cima, de maneira que o cortante dá um salto de 6 kN, de -4 kN para $+2$ kN etc.

Diagrama de momento. O momento nas extremidades $x = 0$, $M = 0$ e $x = 6$ m, $M = 0$ é representado primeiro, Figura 4.11c. A inclinação do diagrama de momento dentro de cada região de 1,5 m de comprimento é constante, pois V é constante. Valores específicos do momento, como em C, podem ser determinados pelo método das seções, Figura 4.11d, ou encontrando a mudança no momento pela área sob o

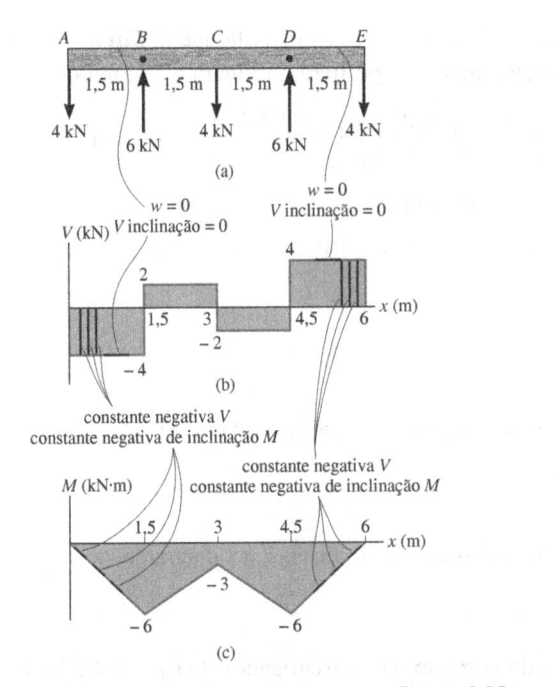

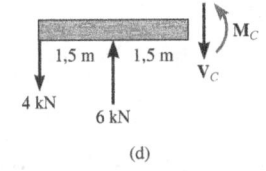

Capítulo 4 Cargas internas desenvolvidas em membros estruturais | 111

Figura 4.11

diagrama de cortante. Por exemplo, tendo em vista que $M_A = 0$ em A, então em C, $M_C = M_A + \Delta M_{AC} = 0 + (-4)(1,5) + 2(1,5) = -3$ kN · m.

Exemplo 4.8

Trace os diagramas de cortante e momento para a viga na Figura 4.12a.

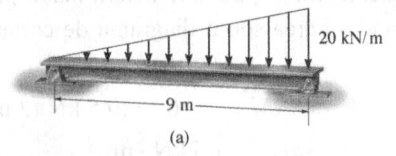

Figura 4.12

SOLUÇÃO

Reações de apoio. As reações foram calculadas e são mostradas no diagrama de corpo livre da viga, Figura 4.12b.

Diagrama de cortante. As extremidades $x = 0$, $V = +30$ kN e $x = 9$ m, $V = -60$ kN primeiro são representadas graficamente. Observe que o diagrama de cortante *começa* com uma inclinação zero, tendo em vista que $w = 0$ em $x = 0$, e termina com uma inclinação de $w = -20$ kN/m.

O ponto de cortante nulo pode ser encontrado usando o método de seções de um segmento de viga de comprimento x, Figura 4.12e. É necessário que $V = 0$, de maneira que

$$+\uparrow \Sigma F_y = 0; \quad 30 - \frac{1}{2}\left[20\left(\frac{x}{9}\right)\right]x = 0 \quad x = 5,20 \text{ m}$$

Diagrama de momento. Para $0 < x < 5,20$ m o valor de cortante é positivo, mas decrescendo, e assim a inclinação do diagrama de momento também é positiva e decrescendo ($dM/dx = V$). Em $x = 5,20$ m, $dM/dx = 0$. Da mesma maneira, para $5,20$ m $< x < 9$ m, o cortante e também a inclinação do diagrama de momento são negativos e crescentes como indicado.

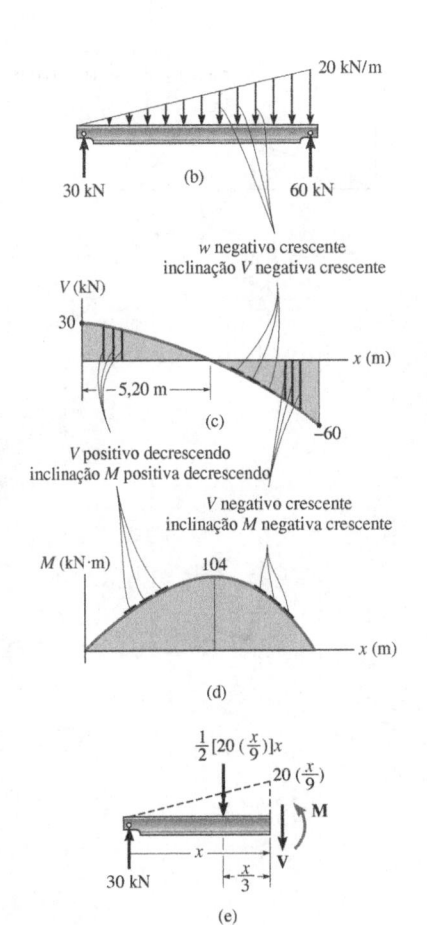

O valor máximo do momento é em $x = 5{,}20$ m, tendo em vista que $dM/dx = V = 0$ neste ponto, (Figura 4.12d). Do diagrama de corpo livre na Figura 4.12e temos

$$(+\Sigma M_S = 0; \quad -30(5{,}20) + \frac{1}{2}\left[20\left(\frac{5{,}20}{9}\right)\right](5{,}20)\left(\frac{5{,}20}{3}\right) + M = 0$$

$$M = 104 \text{ kN} \cdot \text{m}$$

Exemplo 4.9

Trace os diagramas de cortante e momento para a viga ilustrada na Figura 4.13a.

Figura 4.13

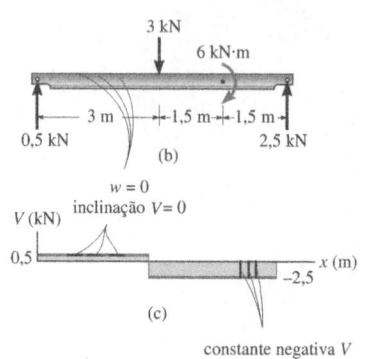

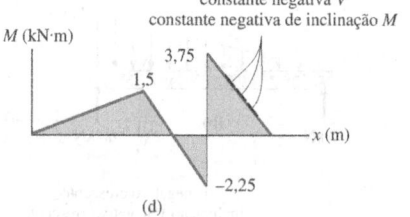

SOLUÇÃO

Reações de apoio. As reações são calculadas e indicadas no diagrama de corpo livre.

Diagrama de cortante. Os valores do cortante nas extremidades A ($V_A = +\,0{,}5$ kN)) e B ($V_B = -\,2{,}5$ kN) são representados graficamente. Em C o cortante é *descontínuo*, tendo em vista que há uma *força concentrada* de 3 kN nesse ponto. O valor do cortante logo à direita de C pode ser encontrado secionando a viga nesse ponto. Isto produz o diagrama de corpo livre mostrado em equilíbrio na Figura 4.13e. Este ponto ($V = -\,2{,}5$ kN) é representado graficamente no diagrama de cortante. Observe que nenhum salto ou descontinuidade em cortante ocorre em D, o ponto onde o momento binário 6 kN · m é aplicado, (Figura 4.13b).

Diagrama de momento. O momento em cada extremidade da viga é zero, (Figura 4.13d). O valor do momento em C pode ser determinado pelo método das seções, Figura 4.13e, ou calculando a área sob o diagrama de cortante entre A e C. Tendo em vista que $M_A = 0$,

$$M_C = M_A + \Delta M_{AC} = 0 + (0{,}5 \text{ kN})(3 \text{ m})$$
$$M_C = 1{,}5 \text{ kN} \cdot \text{m}$$

Também, tendo em vista que $M_C = 1{,}5$ kN · m, o momento em D é

$$M_D = M_C + \Delta M_{CD} = 1{,}5 \text{ kN} \cdot \text{m} + (-2{,}5 \text{ kN})(1{,}5 \text{ m})$$
$$M_D = -2{,}25 \text{ kN} \cdot \text{m}$$

Um salto ocorre no ponto D devido ao momento binário de 6 kN · m. O método das seções, (Figura 4.13f), dá um valor de $+\,3{,}75$ kN · m logo à direita de D.

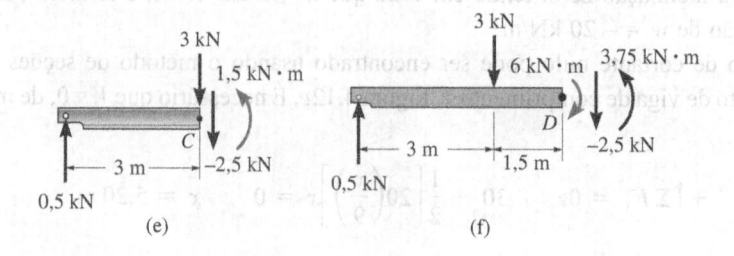

Exemplo 4.10

Trace os diagramas de cortante e momento para cada uma das vigas ilustradas na Figura 4.14.

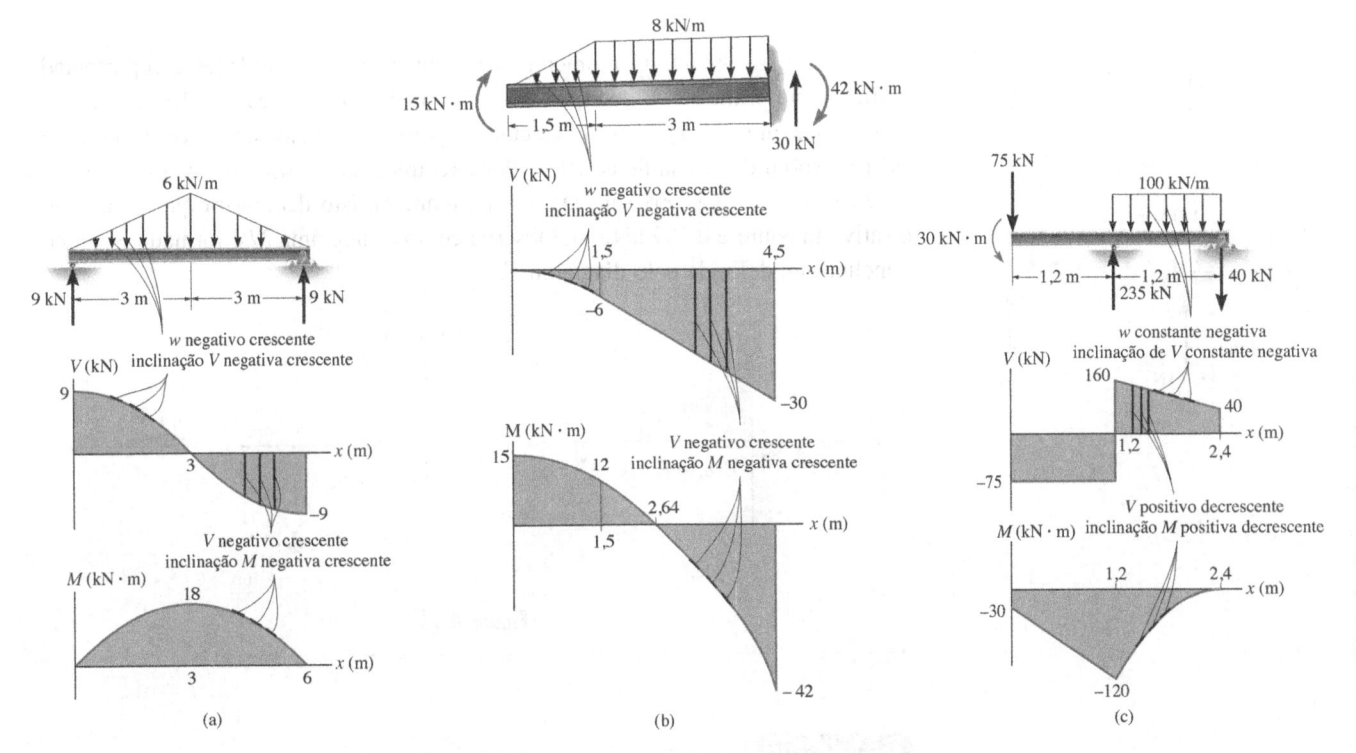

Figura 4.14

SOLUÇÃO

Em cada caso as reações de apoio foram calculadas e são mostradas nas figuras de cima. Seguindo as técnicas delineadas nos exemplos anteriores, os diagramas de cortante e momento são mostrados sob cada viga. Observe com cuidado como eles são estabelecidos, baseados na inclinação e momento, onde $dV/dx = w$ e $dM/dx = V$.
Valores calculados são encontrados usando o método das seções ou encontrando as áreas sob os diagramas de carga ou cortante.

Exemplo 4.11

A viga mostrada na foto é usada para suportar uma porção do beiral para a entrada do edifício. O modelo idealizado para a viga com a carga atuando sobre ela é mostrado na Figura 4.15a. Presuma que B seja um rolo e C esteja fixado por pinos. Trace os diagramas de cortante e momento para a viga.

SOLUÇÃO

Reações de apoio. As reações são calculadas da maneira usual. Os resultados são apresentados na Figura 4.15b.

Diagrama de cortante. O cortante nas extremidades da viga é representado graficamente primeiro, ou seja, $V_A = 0$ e $V_C = -2,19$ kN (Figura 4.15c). Para calcular o cortante à esquerda de B, use o método das seções para o segmento AB, ou calcule a área sob o diagrama de carga distribuída, isto é, $\Delta V = V_B - 0 = -10(0,75)$, $V_B =$

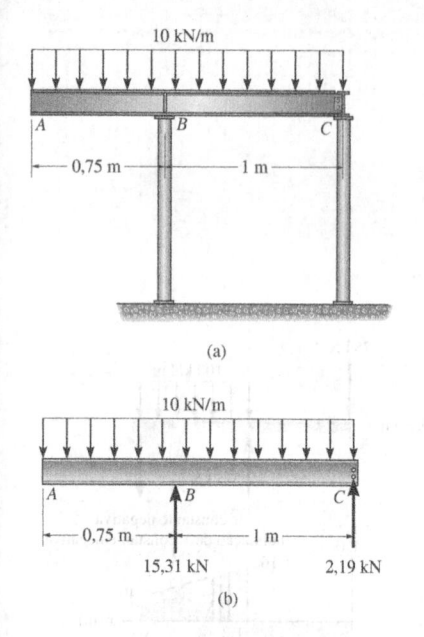

– 7,50 kN. A reação do apoio faz com que o cortante dê um salto – 7,50 + 15,31 = 7,81 kN. O ponto de cortante zero pode ser determinado a partir da inclinação – 10 kN/m, ou através de triângulos proporcionais, $7,81/x = 2,19/(1 - x)$, $x = 0,781$ m. Observe como o diagrama V segue a inclinação negativa, definida pela carga distribuída negativa constante.

Diagrama de momento. O momento nos pontos das extremidades é representado graficamente primeiro, $M_A = M_C = 0$, Figura 4.15c. Os valores de –2,81 e 0,239 no diagrama de momento podem ser calculados pelo método das seções, ou encontrando as áreas sob o diagrama de cortante. Por exemplo, $\Delta M = M_B - 0 = \frac{1}{2}(-7,50)(0,75) = -2,81$, $M_B = -2,81$ kN · m. Da mesma maneira, isto demonstra que o momento positivo máximo é 0,239 kN · m. Observe como o diagrama M é formado, seguindo a inclinação, definida pelo diagrama V.

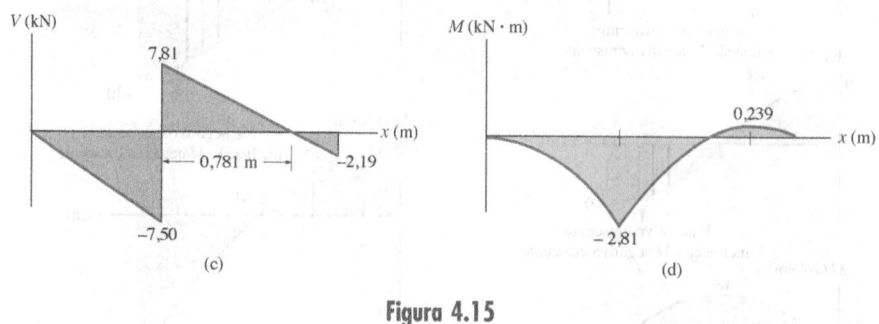

Figura 4.15

Exemplo 4.12

Trace os diagramas de momento e cortante para a viga composta ilustrada na Figura 4.16a. Assuma que os apoios em A e C são rolos e B e E são ligações de pinos.

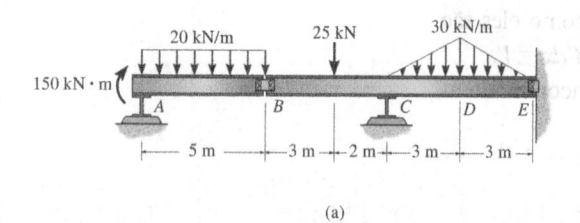

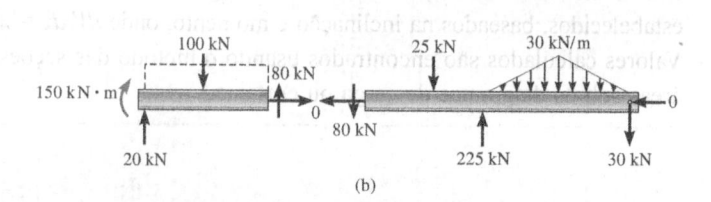

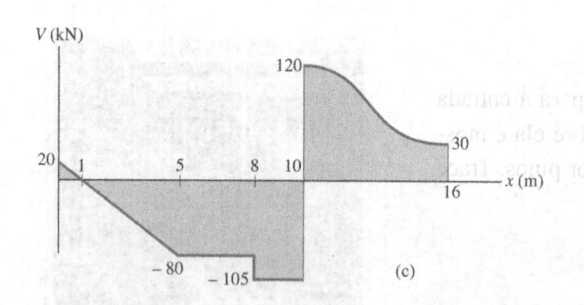

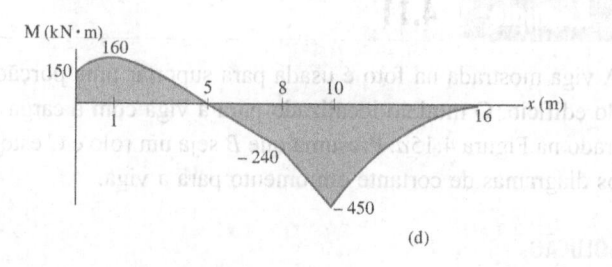

Figura 4.16

SOLUÇÃO

Reações de apoio. Assim que os segmentos da viga estiverem desconectados do pino em B, as reações de apoio podem ser calculadas conforme mostrado na Figura 4.16b.

Diagrama de cortante. Como de hábito, começamos representando graficamente o cortante da extremidade em A e E, Figura 4.16c. A forma do diagrama em V é formada seguindo sua inclinação, definida pela carga. Tente estabelecer os valores do cortante usando as áreas apropriadas sob o diagrama de carga (curva w) para calcular a mudança no cortante. O valor zero para o cortante em $x = 1$ m pode ser encontrado através de triângulos proporcionais, ou usando estática, como foi feito na Figura 4.12e do Exemplo 4.8.

Diagrama de momento. Os momentos de extremidades $M_A = $ kN · m e $M_E = 0$ são primeiro representados graficamente, Figura 4.16d. Estude o diagrama e observe como as várias curvas são estabelecidas usando $dM/dx = V$. Verifique os valores numéricos para os picos usando estática ou calculando as áreas apropriadas sob o diagrama de cortante para calcular a mudança no momento.

Problemas fundamentais

PF4.13. Trace os diagramas de cortante e momento para a viga. Indique os valores nos apoios e nos pontos onde ocorre uma mudança no carregamento.

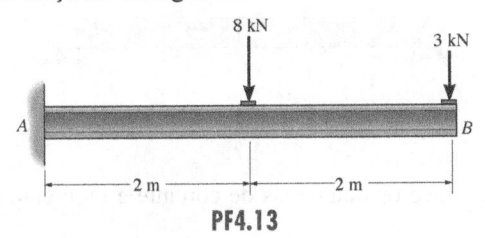

PF4.13

PF4.14. Trace os diagramas de cortante e momento para a viga. Indique os valores nos apoios e nos pontos onde ocorre uma mudança no carregamento.

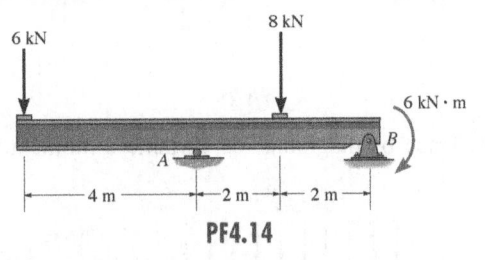

PF4.14

PF4.15. Trace os diagramas de cortante e momento para a viga. Indique os valores nos apoios e nos pontos onde ocorre uma mudança no carregamento.

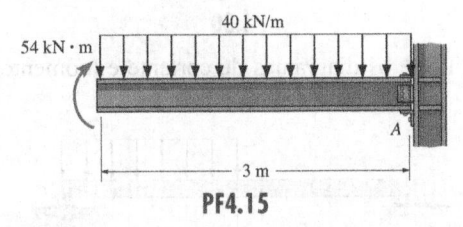

PF4.15

PF4.16. Trace os diagramas de cortante e momento para a viga. Indique os valores nos apoios e nos pontos onde ocorre uma mudança no carregamento.

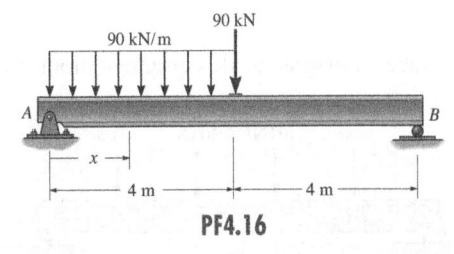

PF4.16

PF4.17. Trace os diagramas de cortante e momento para a viga. Indique os valores nos apoios e nos pontos onde ocorre uma mudança no carregamento.

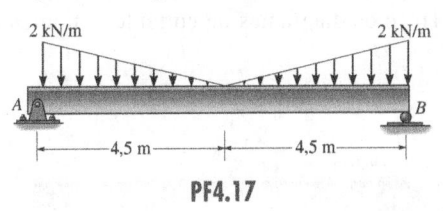

PF4.17

PF4.18. Trace os diagramas de cortante e momento para a viga. Indique os valores nos apoios e nos pontos onde ocorre uma mudança no carregamento.

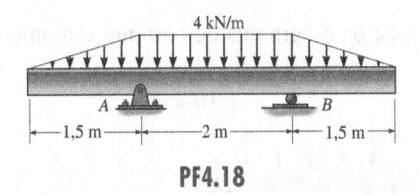

PF4.18

PF4.19. Trace os diagramas de cortante e momento para a viga. Indique os valores nos apoios e nos pontos onde ocorre uma mudança no carregamento.

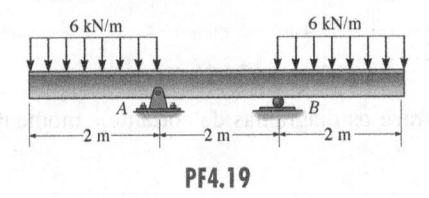

PF4.19

PF4.20. Trace os diagramas de cortante e momento para a viga. Indique os valores nos apoios e nos pontos onde ocorre uma mudança no carregamento.

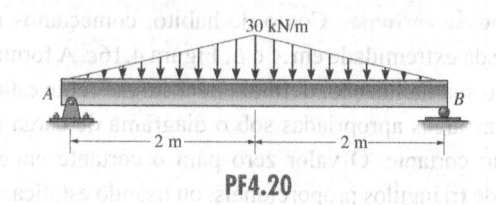

PF4.20

Problemas

P4.23. Trace os diagramas de cortante e momento para a viga.

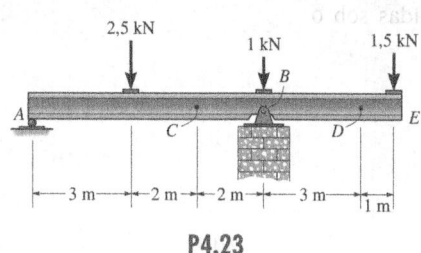

P4.23

*P4.24. Trace os diagramas de cortante e momento para a viga.

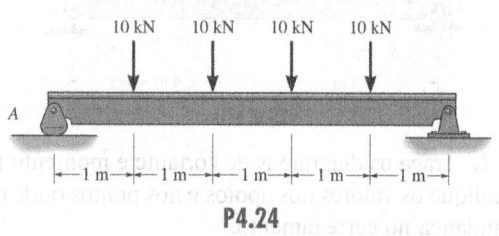

P4.24

P4.25. Trace os diagramas de cortante e momento para a viga.

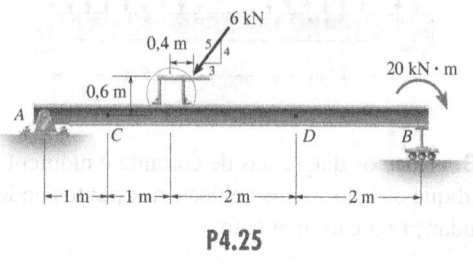

P4.25

P4.26. Trace os diagramas de cortante e momento para a viga.

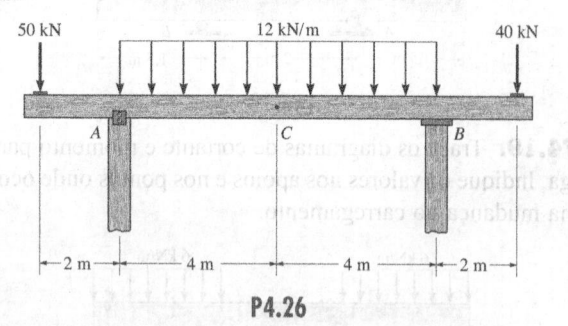

P4.26

P4.27. Trace os diagramas de cortante e momento para a viga.

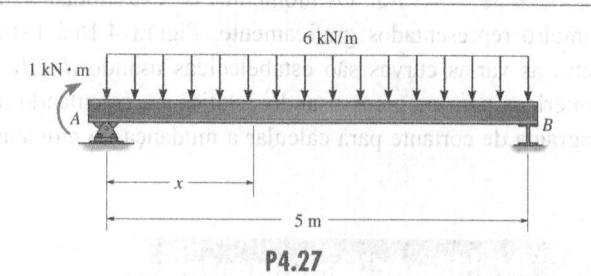

P4.27

*P4.28. Trace os diagramas de cortante e momento para a viga (a) em termos dos parâmetros mostrados; (b) estabeleça $M_0 = 500$ N · m, $L = 8$ m.

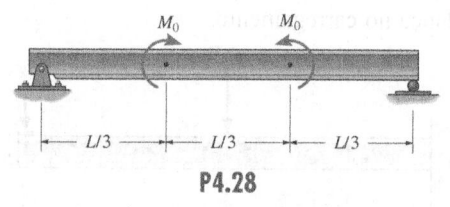

P4.28

P4.29. Trace os diagramas de cortante e momento para a viga.

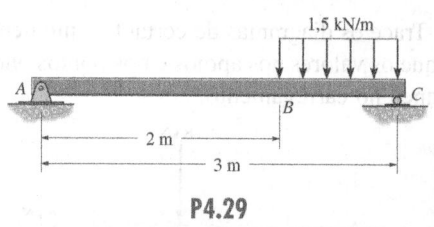

P4.29

P4.30. Trace os diagramas de cortante e momento fletor para a viga.

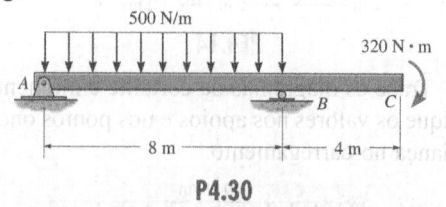

P4.30

P4.31. Trace os diagramas de cortante e momento para a viga.

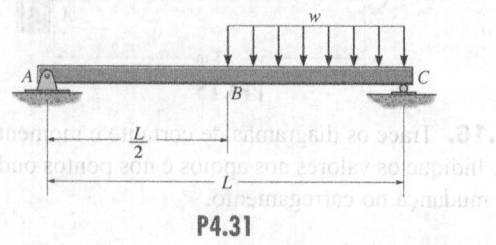

P4.31

*P4.32. Trace os diagramas de cortante e momento para a viga.

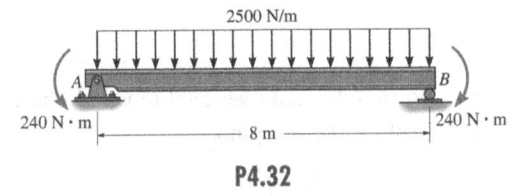

P4.32

P4.33. Trace os diagramas de cortante e momento para a viga.

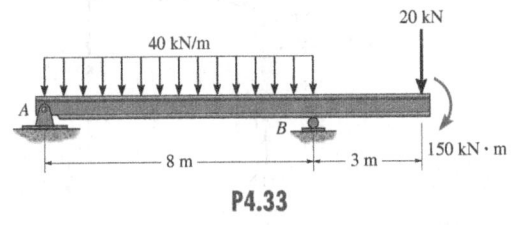

P4.33

P4.34. Trace os diagramas de cortante e momento para a viga.

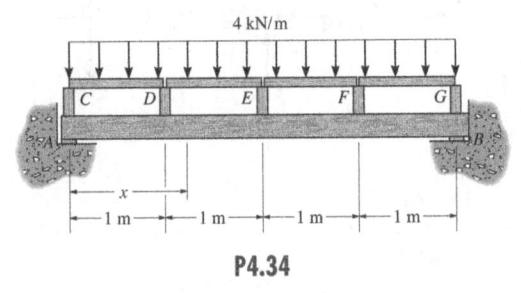

P4.34

P4.35. Trace os diagramas de cortante e momento para a viga.

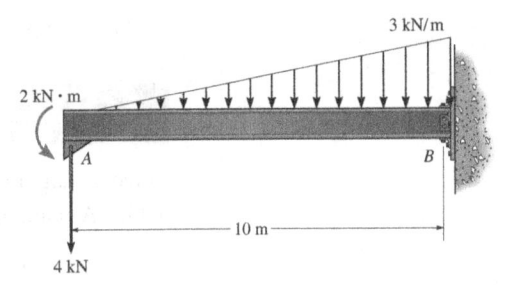

P4.35

*P4.36. Trace os diagramas de cortante e momento da viga. Assuma que o apoio B é um pino e A é um rolo.

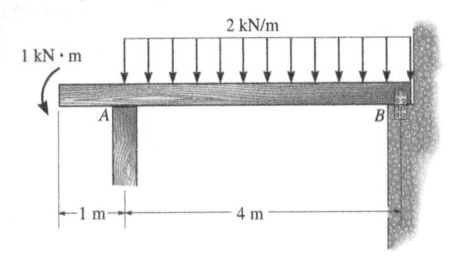

P4.36

P4.37. Trace os diagramas de cortante e momento para a viga. Assuma que o apoio em B é um pino.

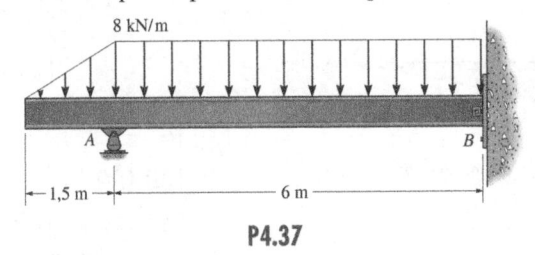

P4.37

4.4 Diagramas de cortante e momento para um pórtico

Lembre-se que um *pórtico* é composto de diversos membros conectados que são fixos ou ligados por pinos em suas extremidades. Com frequência o projeto dessas estruturas exige traçar os diagramas de cortante e momento para cada um dos membros. Para analisar qualquer problema, podemos usar o procedimento para análise delineado na Seção 4.3. Isto exige primeiro determinar as reações nos apoios do pórtico. Então, usando o método das seções, calculamos a força axial, força cortante e momento que estão atuando nas extremidades de cada membro. Contanto que todas as cargas sejam decompostas em componentes que atuam paralelas e perpendiculares ao eixo do membro, os diagramas de cortante e momento para cada membro podem então ser traçados como descrito anteriormente.

Ao traçar o diagrama de momento, uma de duas convenções de sinais é usada na prática. Em particular, se o pórtico for feito de *concreto armado*, os projetistas frequentemente traçam o diagrama de momento positivo do lado tracionado do pórtico. Em outras palavras, se o momento produz tração na superfície exterior do pórtico, o diagrama de momento é traçado positivo desse lado. Tendo em vista que o concreto tem uma baixa força tênsil, será possível então perceber com apenas um olhar sobre qual lado da estrutura o aço de reforço tem de ser colocado. Neste texto, entretanto, usaremos a convenção de sinais oposta e *sempre traçaremos o diagrama de momento positivo do lado da compressão do membro*. Esta convenção segue aquela usada para vigas discutida na Seção 4.1.

A viga simplesmente apoiada deste pórtico de edifício em concreto foi projetada traçando primeiro seus diagramas de cortante e momento.

Análise das estruturas

Os exemplos a seguir ilustram este procedimento numericamente.

Exemplo 4.13

Trace o diagrama de momento para o pórtico de seção variável mostrado na Figura 4.17a. Assuma que o apoio em A é um rolo e B é um pino.

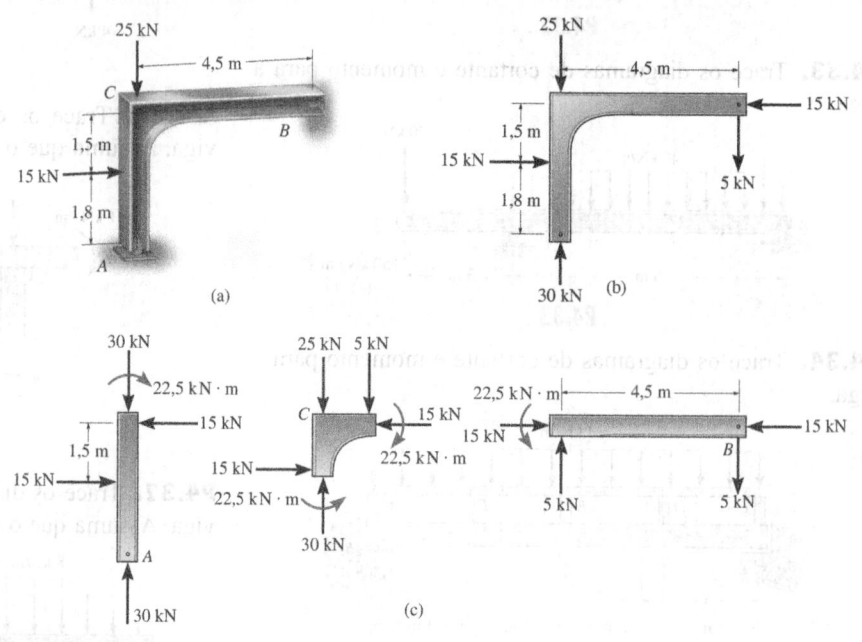

Figura 4.17

SOLUÇÃO

Reações de apoio. As reações de apoio são mostradas no diagrama de corpo livre do pórtico inteiro (Figura 4.17b). Usando esses resultados, o pórtico é então secionado em dois membros, e as reações internas nas extremidades dos membros são determinadas (Figura 4.17c). Observe que a carga externa de 25 kN é mostrada apenas no diagrama de corpo livre do nó em C.

Diagrama de momento. De acordo com nossa convenção de sinais positiva, e usando as técnicas discutidas na Seção 4.3, os diagramas de momento para os membros do pórtico são apresentados na Figura 4.17d.

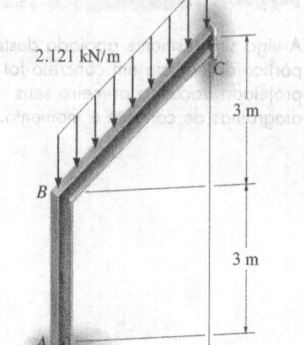

Exemplo 4.14

Trace os diagramas de cortante e momento para o pórtico ilustrado na Figura 4.18a. Assuma que A seja um pino, C seja um rolo e B um nó fixo. Despreze a espessura dos membros.

SOLUÇÃO

Observe que a carga distribuída atua sobre um comprimento de 3 m $\sqrt{2}$ = 4,243 m. As reações sobre o pórtico inteiro são calculadas e mostradas no seu diagrama de corpo livre. (Figura 4.18b). A partir desse diagrama, os diagramas de corpo livre de cada membro são traçados (Figura 4.18c). A carga distribuída em BC tem componentes ao longo de BC e perpendiculares ao seu eixo de (2,121 kN/m) cosseno 45° = (2,121 kN/m) seno 45° = 1,5 kN/m conforme mostrado. Usando esses resultados, os diagramas de cortante e momento são também ilustrados na Figura 4.18c.

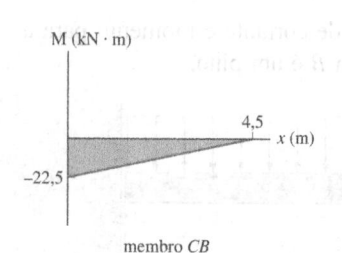

Figura 4.18

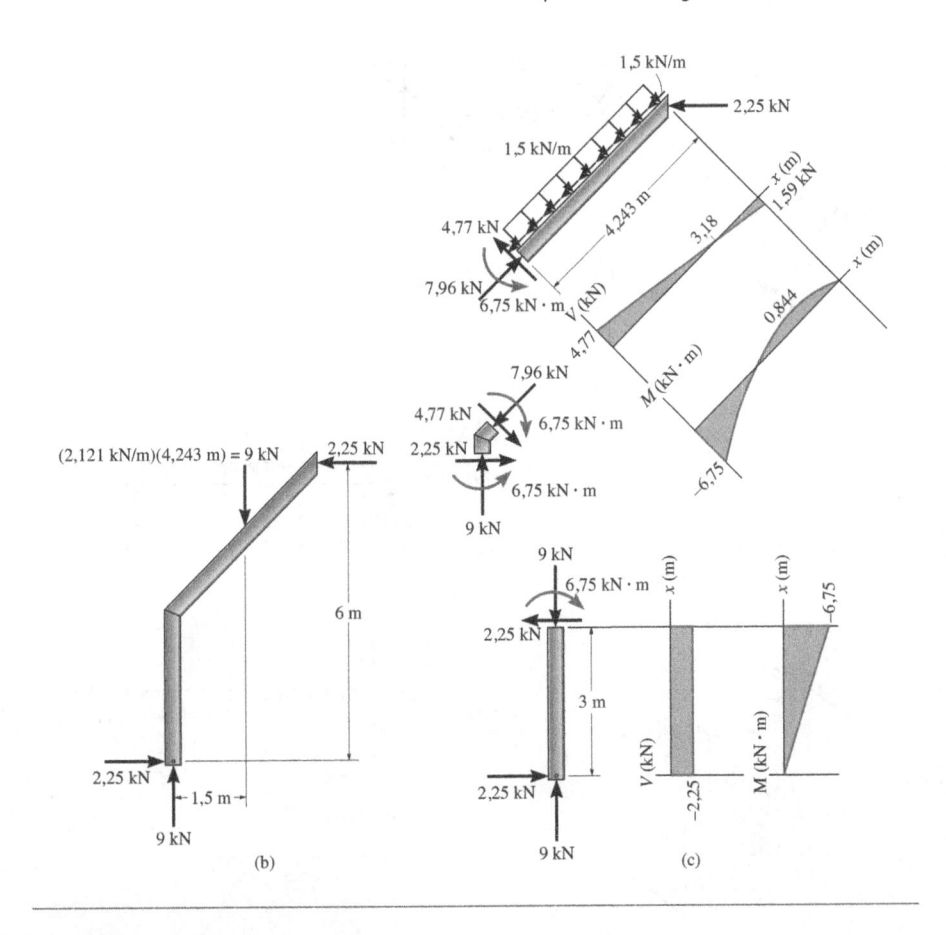

Exemplo 4.15

Trace os diagramas de cortante e momento para o pórtico mostrado na Figura 4.19a. Assuma que A seja um pino, C seja um rolo e B seja um nó fixo.

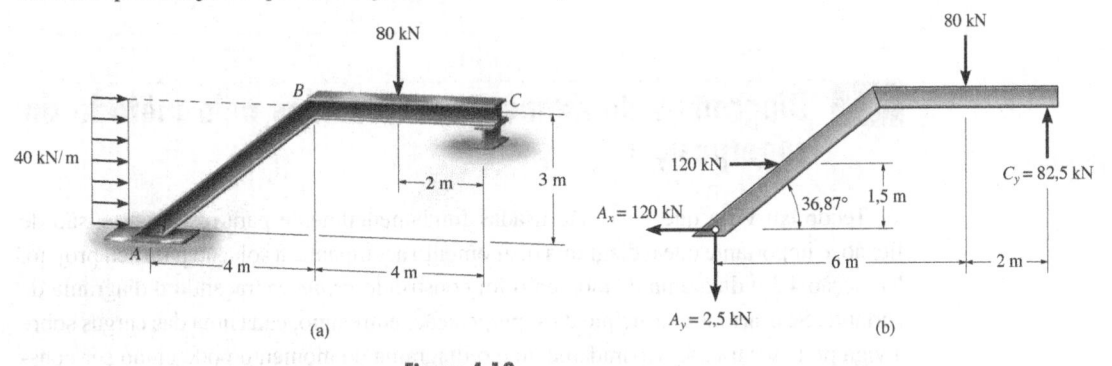

Figura 4.19

SOLUÇÃO

Reações de apoio. O diagrama de corpo livre de todo o pórtico é mostrado na Figura 4.19b. Aqui a carga distribuída, que representa carga de vento, foi substituída por sua resultante, e as reações foram calculadas. O pórtico é então secionado no nó B e as cargas internas em B são determinadas (Figura 4.19c). Como verificação, o equilíbrio também é satisfeito no nó B, que também é mostrado na figura.

Diagramas de cortante e momento. Os componentes da carga distribuída (72 kN) / (5 m) = 14,4 kN/m e (96 kN) / (5 m) = 19,2 kN/m são mostrados no membro AB (Figura 4.19d). Os diagramas de cortante e momento associados são traçados para cada membro como ilustrado nas figuras 4.19d e 4.19e.

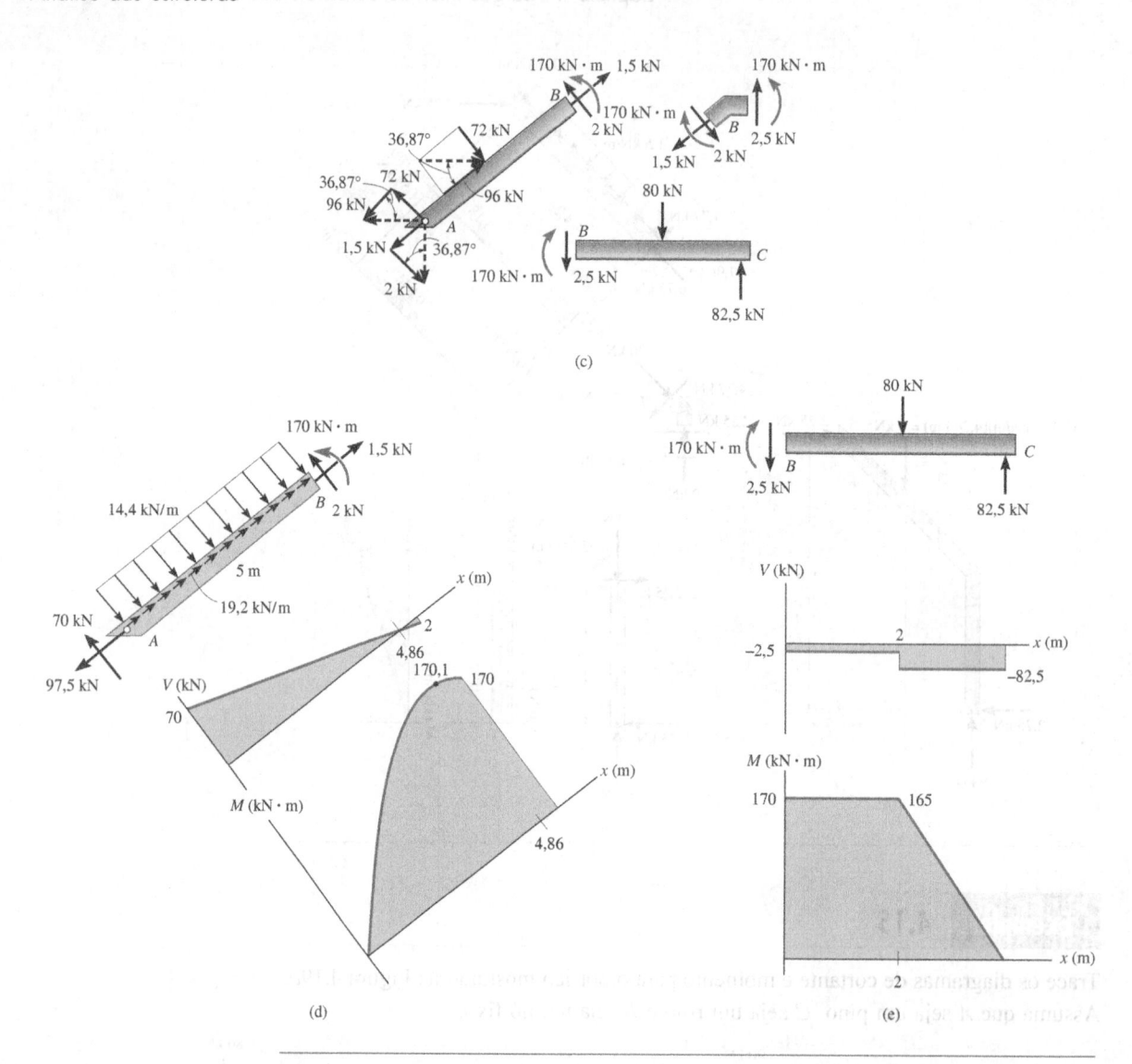

4.5 Diagramas de momento construídos pelo método da superposição

Tendo em vista que vigas são usadas fundamentalmente para resistir à tensão de flexão, é importante que o diagrama de momento acompanhe a solução para seu projeto. Na Seção 4.3 o diagrama de momento foi construído *primeiro* traçando o diagrama de cortante. Se usarmos o princípio da superposição, entretanto, cada uma das cargas sobre a viga pode ser tratada separadamente e o diagrama de momento pode então ser construído em uma série de partes, em vez de em uma única e às vezes complicada forma. Será mostrado posteriormente no texto que isso pode ser particularmente vantajoso ao se aplicar métodos de deflexão geométrica para determinar tanto a deflexão de uma viga, quanto as reações de vigas estaticamente indeterminadas.

A maioria das cargas sobre vigas em análise estrutural será uma combinação das cargas mostradas na Figura 4.20. A construção de diagramas de momento associados foi discutida no Exemplo 4.8. Para compreender como usar o método da superposição para construir o diagrama de momento, considere a viga com apoios simples no topo da Figura 4.21*a*. Aqui as reações foram calculadas e assim o sistema de força sobre a viga produz resultantes de momento e de força nulas. O diagrama de momento para esse caso é mostrado no topo da Figura 4.21*b*. Observe que esse *mesmo* diagrama de momento é produzido para a *viga em balanço* quando ela é sujeita ao mesmo sistema

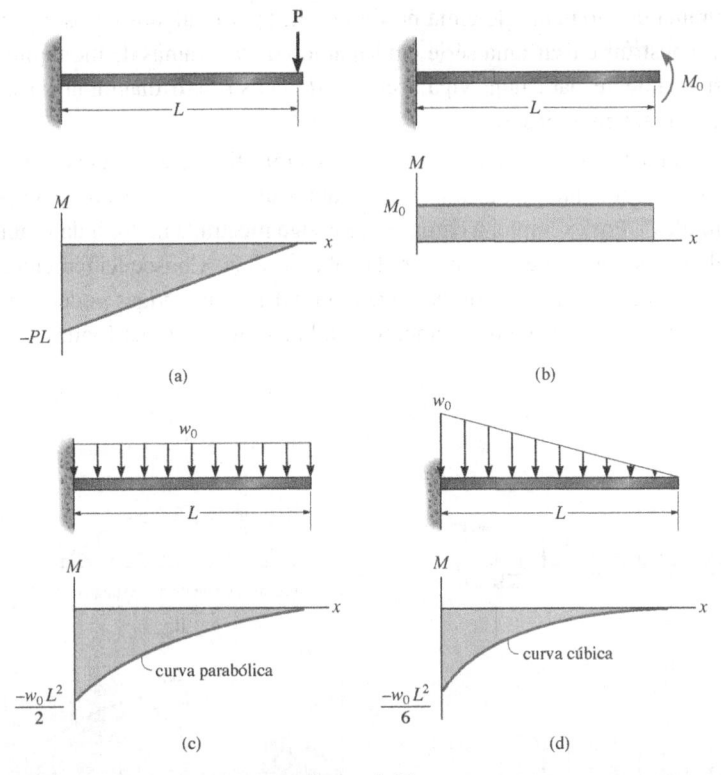

Figura 4.20

estaticamente equivalente de cargas tal como a viga com apoios simples. Em vez de considerar *todas as cargas* sobre essa viga *simultaneamente* ao traçar o diagrama de momento, podemos, em vez disso, *sobrepor* os resultados das cargas que atuam separadamente sobre as três vigas em balanço mostradas na Figura 4.21a. Desse modo, se é traçado o diagrama de momento para cada viga em balanço, Figura 4.21b, a superposição desses diagramas produz o diagrama de momento resultante para a viga com apoios simples. Por exemplo, de cada um dos diagramas de momento em separado, o momento na extremidade A é $M_A = -500 - 750 + 1.250 = 0$, como verificado

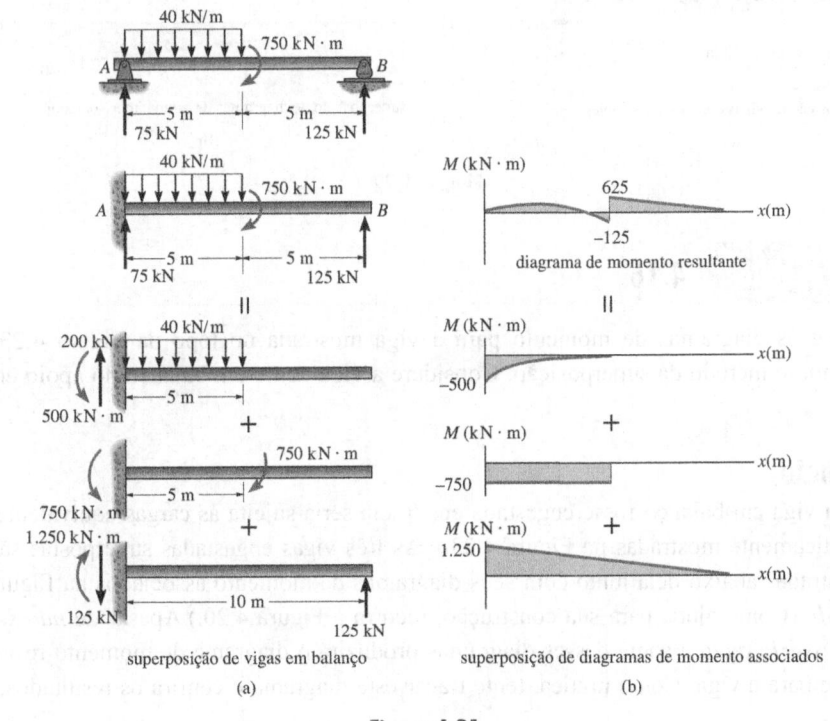

Figura 4.21

pelo diagrama de momento de cima na Figura 4.21*b*. Em alguns casos é geralmente *mais fácil* construir e usar uma série em separado de diagramas de momento equivalentes estaticamente para uma viga, *em vez de* construir o diagrama de momento "resultante" mais complicado.

De uma maneira similar, também podemos simplificar a construção do diagrama de momento "resultante" para uma viga usando uma superposição de vigas "com apoios simples". Por exemplo, a carga sobre a viga mostrada no topo da Figura 4.22*a* é equivalente às cargas de viga mostradas abaixo dela. Consequentemente, os diagramas de momento em separado para cada uma dessas três vigas podem ser usados *em vez de* traçar o diagrama de momento resultante mostrado na Figura 4.22*b*.

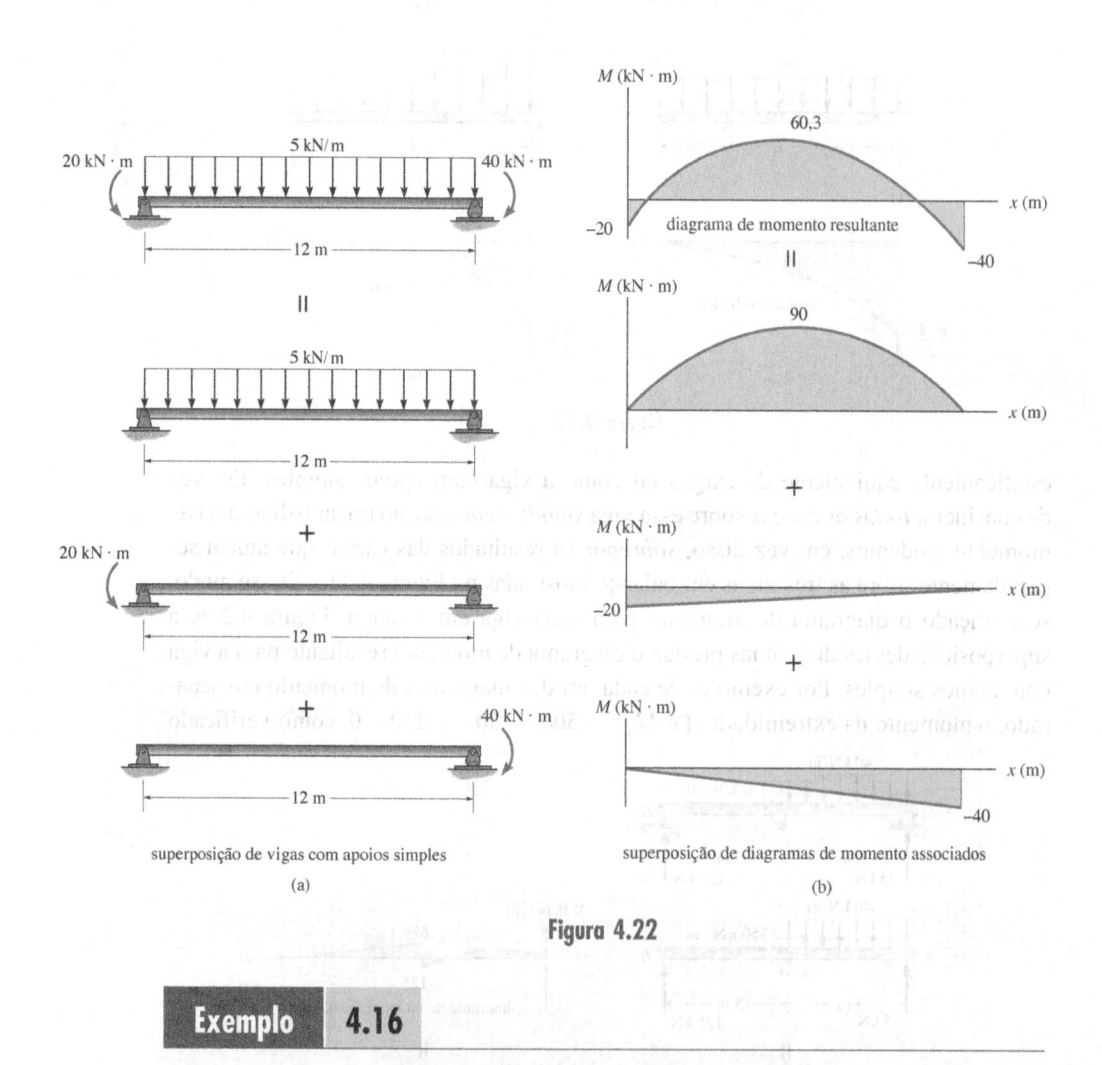

Figura 4.22

Exemplo 4.16

Trace os diagramas de momento para a viga mostrada no topo da Figura 4.23*a* usando o método da superposição. Considere a viga como em balanço no apoio em *B*.

SOLUÇÃO

Se a viga em balanço fosse engastada em *B*, ela seria sujeita às cargas equivalentes estaticamente mostradas na Figura 4.23*a*. As três vigas engastadas superpostas são mostradas abaixo dela junto com seus diagramas de momento associados na Figura 4.23*b*. (Como ajuda para sua construção, recorra à Figura 4.20.) Apesar de *não ser necessário aqui*, a soma desses diagramas produzirá o diagrama de momento resultante para a viga. Como prática, tente traçar este diagrama e confira os resultados.

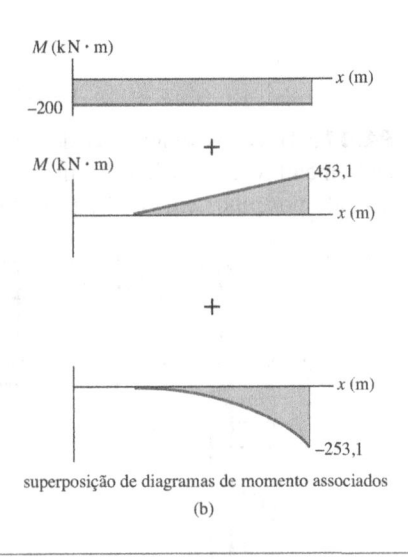

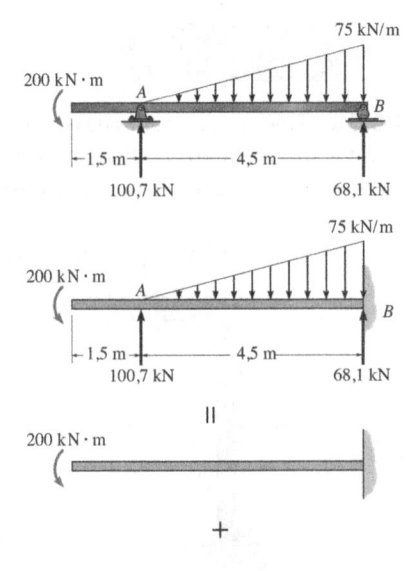

Exemplo 4.17

Trace os diagramas de momento para a viga mostrada no topo da Figura 4.24a usando o método da superposição. Considere a viga como engastada no pino em A.

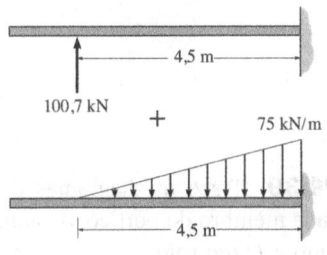

SOLUÇÃO

As vigas em balanço superpostas são ilustradas na Figura 4.24a junto com seus diagramas de momento associados, (Figura 4.24b). Observe que a reação no pino (100,7 kN) não é considerada tendo em vista que ela não produz um diagrama de momento. Como exercício, verifique que o diagrama de momento resultante é dado no topo da Figura 4.24b.

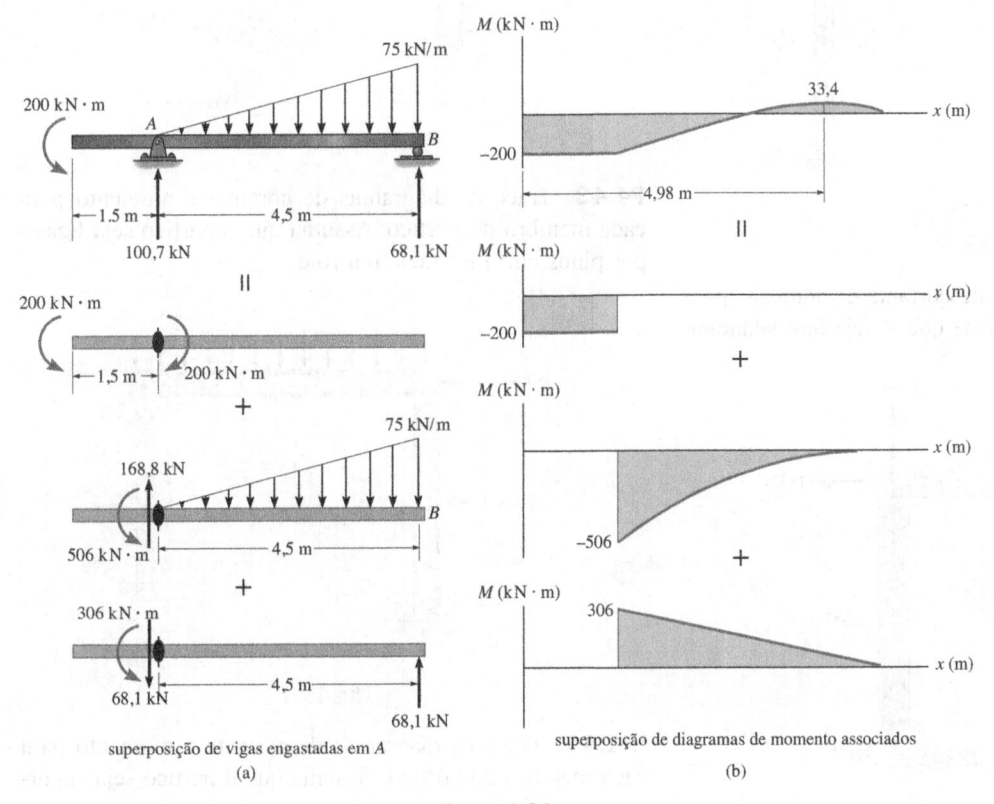

Figura 4.23

Figura 4.24

Problemas

P4.38. Trace os diagramas de cortante e momento para cada um dos três membros do pórtico. Assuma que o pórtico seja ligado por pinos em A, C e D e que haja um nó fixo em B.

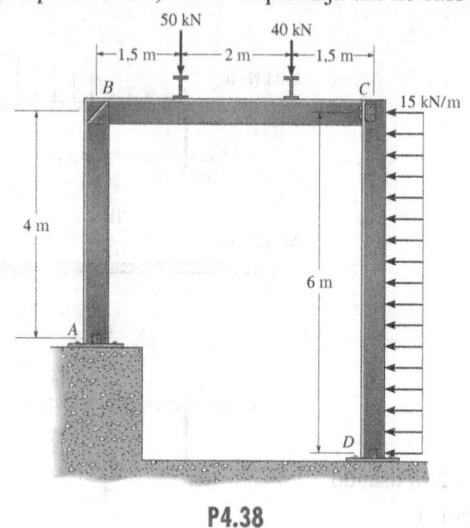

P4.38

P4.39. Trace os diagramas de cortante e momento para cada membro do pórtico. Assuma que o apoio em A seja um pino e D um rolo.

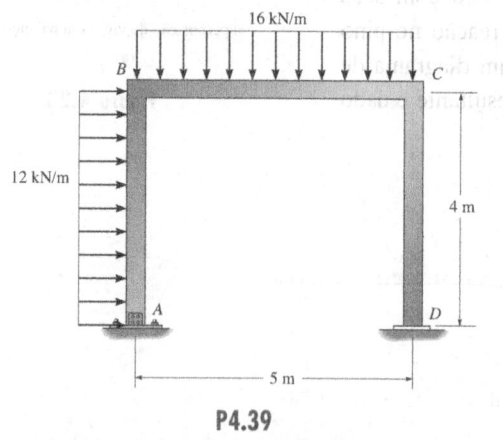

P4.39

*P4.40. Trace os diagramas de cortante e momento para cada membro do pórtico. Assuma que A seja um balancim, e D esteja fixado por pinos.

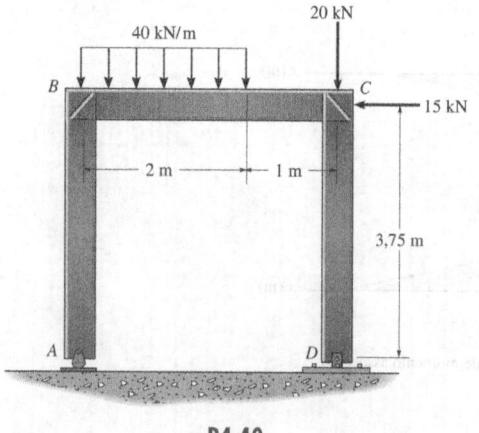

P4.40

P4.41. Trace os diagramas de cortante e momento para cada membro do pórtico. Assuma que o pórtico esteja conectado por pinos em B, C e D, e A seja fixo.

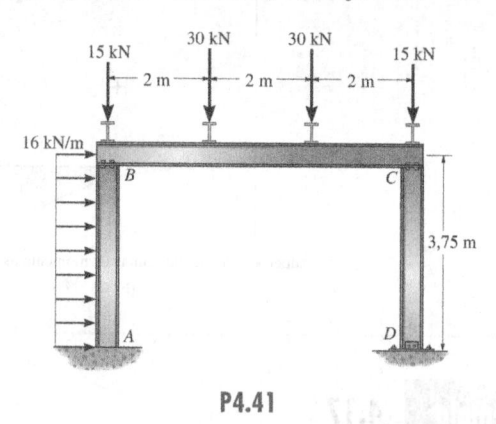

P4.41

P4.42. Trace os diagramas de cortante e momento para cada membro do pórtico. Assuma que A seja fixo, o nó em B é um pino e o apoio C é um rolo.

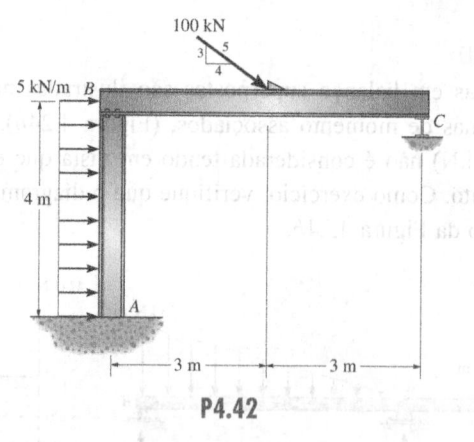

P4.42

P4.43. Trace os diagramas de cortante e momento para cada membro do pórtico. Assuma que o pórtico seja ligado por pinos em A e C seja um rolo.

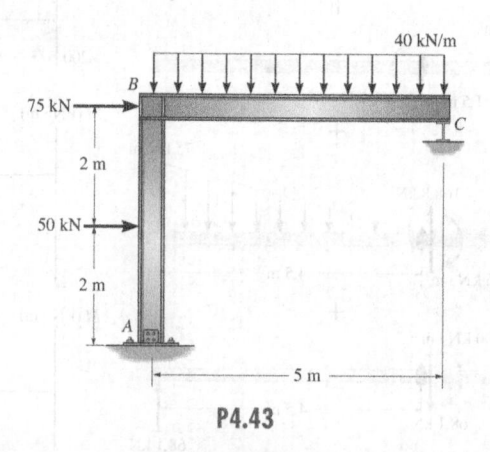

P4.43

*P4.44. Trace os diagramas de cortante e momento para cada membro do pórtico. Assuma que o pórtico seja suportado por rolo em A e por pino em C.

P4.44

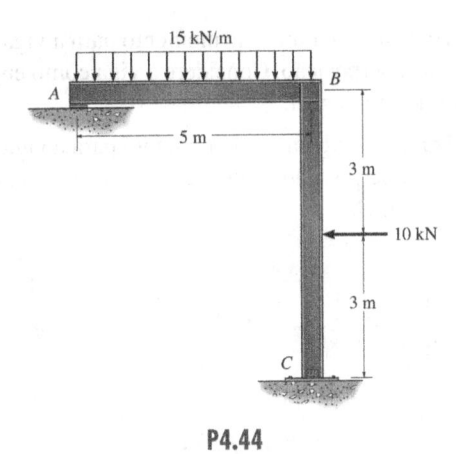

P4.45. Trace os diagramas de cortante e momento para cada membro do pórtico. Os membros estão conectados por pinos em A, B e C.

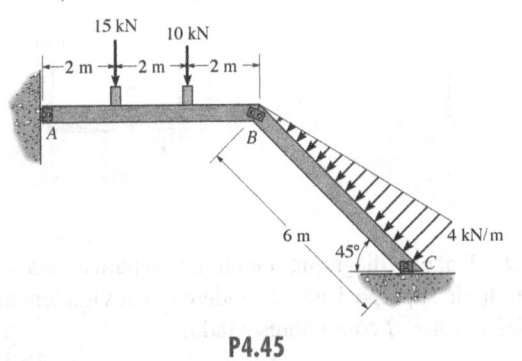

P4.45

P4.46. Trace os diagramas de cortante e momento para cada membro do pórtico.

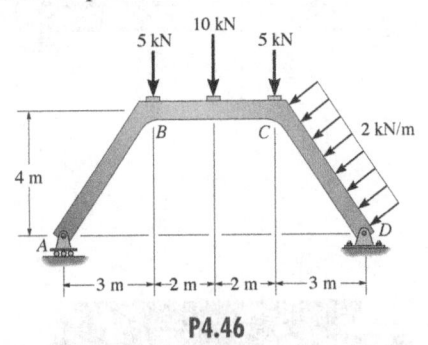

P4.46

P4.47. Trace os diagramas de cortante e momento para cada membro do pórtico. Assuma que o nó em A seja um pino e o apoio C um rolo. O nó em B está fixo. A carga de vento é transferida para os membros pelas vigotas e terças que suportam os segmentos do fechamento lateral e do telhado, considerados como simplesmente apoiados.

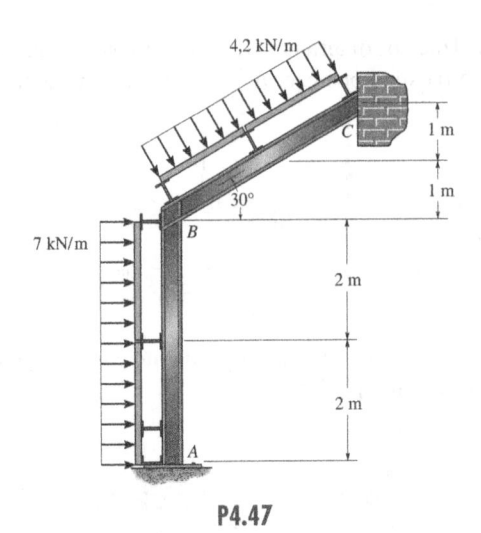

P4.47

***P4.48.** Trace os diagramas de cortante e momento para cada membro do pórtico. Os nós em A, B e C são conectados por pinos.

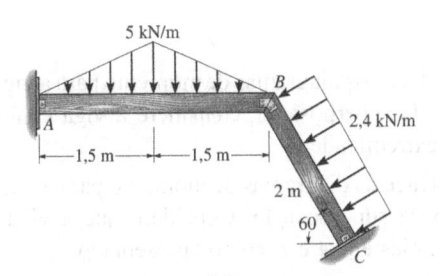

P4.48

P4.49. Trace os diagramas de cortante e momento para cada um dos três membros do pórtico. Assuma que o pórtico seja ligado por pinos em B, C e D, e A é fixo.

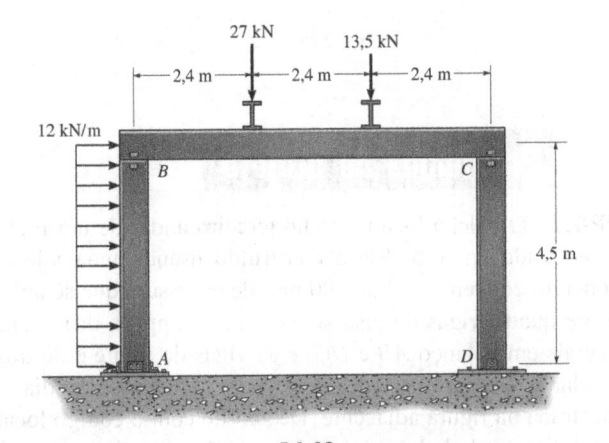

P4.49

P4.50. Trace os diagramas de momento para a viga usando o método da superposição. A viga está engastada em A.

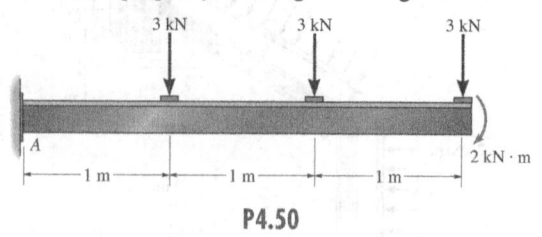

P4.50

P4.51. Trace os diagramas de momento para a viga usando o método da superposição.

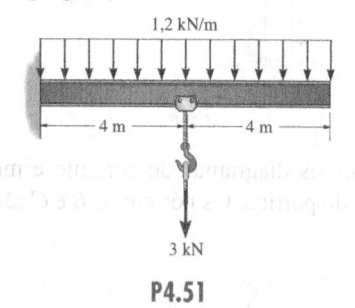

P4.51

*P4.52. Trace os diagramas de momento para a viga usando o método da superposição. Considere a viga como em balanço na extremidade A.

P4.53. Trace os diagramas de momento para a viga usando o método da superposição. Considere que a viga tem um apoios simples em A e B como apresentado.

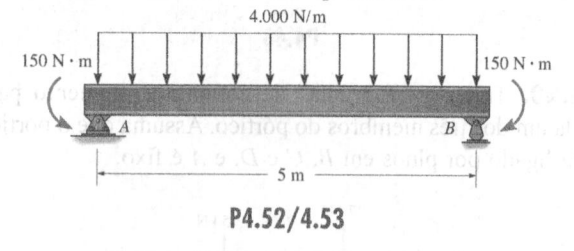

P4.52/4.53

P4.54. Trace os diagramas de momento para a viga usando o método da superposição. Considere a viga como engastada no suporte de pino em A.

P4.55. Trace os diagramas de momento para a viga usando o método da superposição. Considere a viga como engastada no balancim em B.

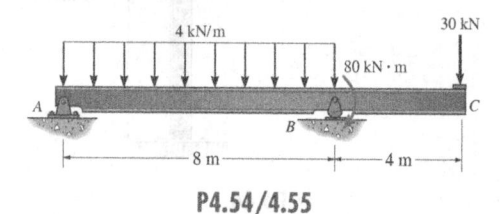

P4.54/4.55

*P4.56. Trace os diagramas de momento para a viga usando o método da superposição. Considere a viga como engastada na extremidade C.

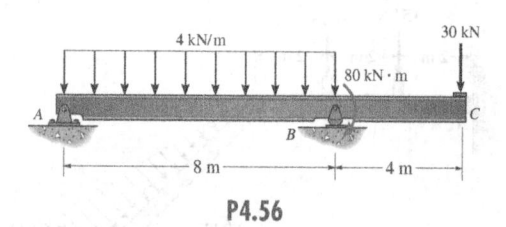

P4.56

P4.57. Trace os diagramas de momento para a viga usando o método da superposição. Considere que a viga tem apoios simples em A e B como apresentado.

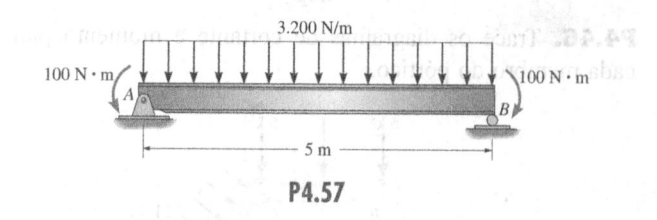

P4.57

Problemas de projeto

PP4.1. O balcão localizado no terceiro andar de um motel é mostrado na foto. Ele é construído usando uma laje de concreto convencional de 100 mm de espessura que se apoia sobre quatro vigas de piso sobre apoios simples, duas vigas laterais em balanço AB e HG, e as vigas de frente e de trás. A planta da estrutura idealizada com dimensões médias é mostrada na figura adjacente. De acordo com o código local, a sobrecarga do balcão é de 2 kN/m². Trace os diagramas de cortante e momento para a viga da frente BG e a viga lateral em balanço AB. Presuma que a viga da frente seja um perfil U que tem um peso de 0,36 kN/m e as longarinas laterais sejam perfis de abas largas com um peso de 0,66 kN/m. Despreze o peso das vigas de piso e balaustrada da frente. Para esta solução trate cada uma das cinco lajes como lajes bidirecionais.

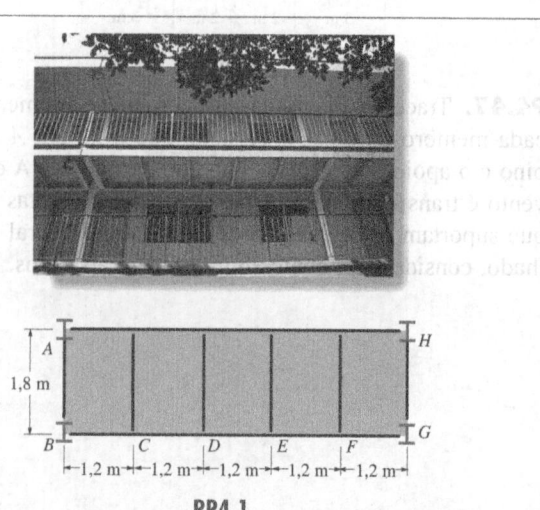

PP4.1

PP4.2. A cobertura mostrada na foto proporciona abrigo para a entrada do edifício. Considere todos os membros como sendo simplesmente apoiados. Cada uma das vigotas em C, D, E, F tem um peso de 0,6 kN e 6 m de comprimento. O telhado tem uma espessura de 100 mm e é feito de concreto leve simples tendo uma densidade de 16 kN/m³. A sobrecarga causada pela neve acumulada é presumida ser trapezoidal, com 3 kN/m² à direita (contra a parede) e 1 kN/m² à esquerda (beiral). Presuma que a laje de concreto seja simplesmente apoiada nas vigotas. Trace os diagramas de cortante e momento para a viga lateral AB. Despreze seu peso.

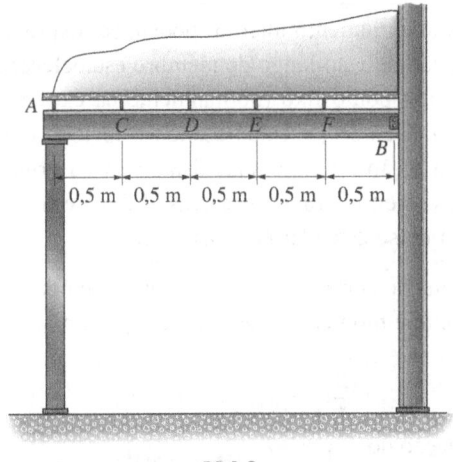

PP4.2

PP4.3. A planta da estrutura idealizada para um sistema de piso localizado no saguão de um edifício de escritórios é mostrada na figura. O piso é feito usando concreto armado convencional com 100 mm de espessura. Se as paredes do poço do elevador são feitas de alvenaria de concreto sólido leve com 100 mm de espessura, tendo uma altura de 3 m, determine o momento máximo na viga AB. Despreze o peso dos membros.

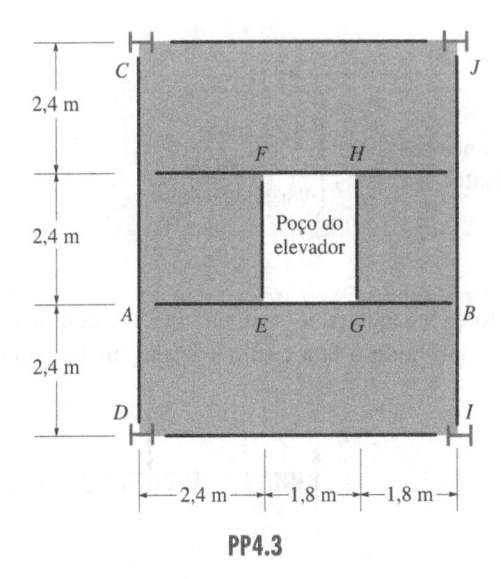

PP4.3

REVISÃO DO CAPÍTULO

Membros estruturais sujeitos a cargas em seu plano suportam uma força normal interna **N**, força cortante **V**, e momento fletor **M**. Para calcular esses valores em um ponto específico de um membro, o método das seções tem de ser usado. Isto exige traçar um diagrama de corpo livre de um segmento do membro, e então aplicar as três equações de equilíbrio. Mostre sempre as três cargas internas na seção em suas direções positivas.

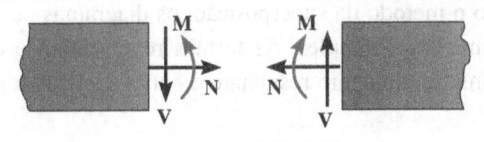

convenção de sinal positiva

(Ref.: Seção 4.1)

O cortante e momento internos podem ser expressos como uma função de x ao longo do membro estabelecendo a origem em um ponto fixo (normalmente na extremidade esquerda do membro, e então usando o método das seções, em que a seção é feita a uma distância x da origem). Para membros sujeitos a diversas cargas, diferentes coordenadas de x têm de se estender entre as cargas.

(Ref.: Seção 4.2)

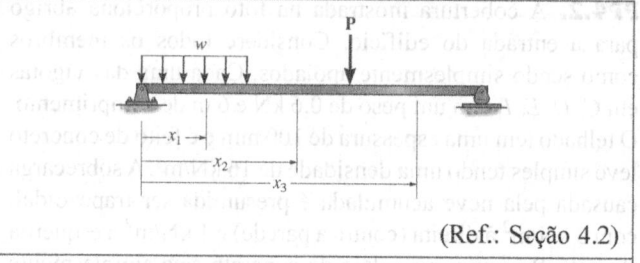

Diagramas de cortante e momento para membros estruturais podem ser traçados representando graficamente as funções de cortante e momento. Eles também podem ser representados graficamente usando as duas relações gráficas.

$$\frac{dV}{dx} = w(x)$$

$$\left\{\begin{array}{l}\text{Inclinação do}\\ \text{diagrama de}\\ \text{cortante}\end{array}\right\} = \left\{\begin{array}{l}\text{Intensidade da}\\ \text{carga distribuída}\end{array}\right\}$$

$$\frac{dM}{dx} = V$$

$$\left\{\begin{array}{l}\text{Inclinação do}\\ \text{diagrama de}\\ \text{momento}\end{array}\right\} = \{\text{Cortante}\}$$

Observe que um ponto de cisalhamento zero localiza o ponto de momento máximo, tendo em vista que $V = dM/dx = 0$.

$$\Delta V = \int w(x)\, dx$$

$$\left\{\begin{array}{l}\text{Mudança no}\\ \text{cortante}\end{array}\right\} = \left\{\begin{array}{l}\text{Área sob o}\\ \text{diagrama da}\\ \text{carga distribuída}\end{array}\right\}$$

$$\Delta M = \int V(x)\, dx$$

$$\left\{\begin{array}{l}\text{Mudança no}\\ \text{momento}\end{array}\right\} = \left\{\begin{array}{l}\text{Área sob o}\\ \text{diagrama de}\\ \text{cortante}\end{array}\right\}$$

(Ref.: Seção 4.3)

Uma força atuando para baixo na viga fará com que o diagrama de cortante salte para baixo, e um momento binário no sentido anti-horário fará com que o diagrama de momento salte para baixo.

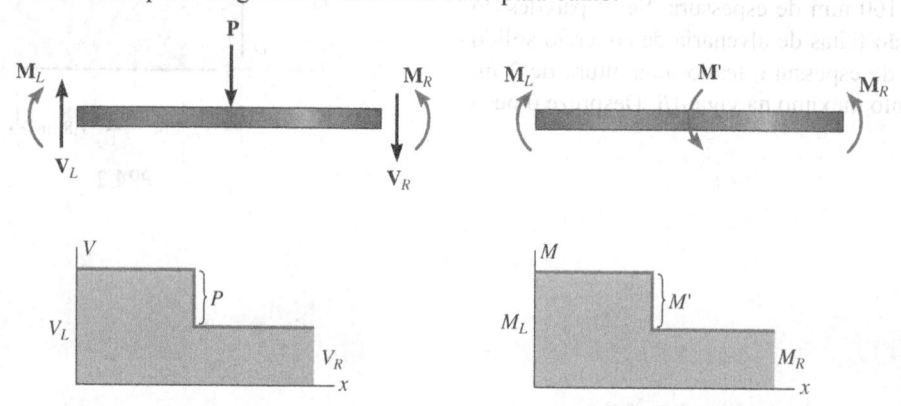

(Ref.: Seção 4.3)

Usando o método da superposição, os diagramas de momento para um membro podem ser representados por uma série de formas mais simples. As formas representam o diagrama de momento para cada uma das cargas em separado. O diagrama de momento resultante é então a adição algébrica dos diagramas em separado.

(Ref.: Seção 4.5)

Esta ponte em arco parabólico suporta o tabuleiro acima dela.

CAPÍTULO 5

Cabos e arcos

Com frequência cabos e arcos são o principal elemento que suportam carga em muitos tipos de estruturas, e neste capítulo discutiremos alguns dos aspectos importantes relacionados à sua análise estrutural. O capítulo começa com uma discussão geral de cabos, seguido por uma análise de cabos sujeitos a uma carga concentrada e a uma carga com distribuição uniforme. Tendo em vista que a maioria dos arcos é estaticamente indeterminada, vamos considerar apenas o caso de um arco triarticulado. A análise dessa estrutura proporcionará alguma percepção em relação ao comportamento fundamental de todas as estruturas em arco.

5.1 Cabos

Cabos são comumente usados em estruturas de engenharia para apoio e para transmitir cargas de um membro a outro. Quando usados para suportar coberturas suspensas, pontes e rodas de teleféricos, eles formam o principal elemento de suporte de carga na estrutura. Na análise de força desses sistemas, o peso do cabo em si pode ser desprezado; entretanto, quando cabos são usados como estais para antenas de rádio, linhas de transmissão elétrica e guindastes, o peso do cabo pode tornar-se importante e deve ser incluído na análise estrutural. Dois casos serão considerados nas seções a seguir: um cabo sujeito a cargas concentradas e um cabo sujeito a uma carga distribuída. Contanto que essas cargas estejam coplanares em relação ao cabo, as exigências para o equilíbrio são formuladas de maneira idêntica.

Ao derivar as relações necessárias entre a força no cabo e sua inclinação, adotaremos o pressuposto de que o cabo é *perfeitamente flexível* e *inextensível*. Em razão de sua flexibilidade, o cabo não oferece resistência ao cisalhamento ou flexão e, portanto, a força que atua no cabo é sempre tangente ao cabo nos pontos ao longo do seu comprimento. Sendo inextensível, o cabo tem um comprimento constante tanto antes como depois de a carga ser aplicada. Como resultado, assim que a carga for aplicada, a geometria do cabo permanece fixa, e o cabo ou um segmento dele pode ser tratado como um corpo rígido.

5.2 Cabo sujeito a cargas concentradas

Quando um cabo de peso desprezível suporta várias cargas concentradas, o cabo assume a forma de vários segmentos em linha reta, cada um dos quais é sujeito a uma força de tração constante. Considere, por exemplo, o cabo mostrado na Figura 5.1. Aqui θ especifica o ângulo da *corda* do cabo AB, e L é o arqueamento do cabo. Se as distâncias L_1, L_2 e L_3 e as cargas $\mathbf{P}_1$ e $\mathbf{P}_2$ são conhecidas, então o problema é determinar *as nove incógnitas consistindo na tração em cada um dos três* segmentos, os *quatro* componentes de reação em A e B, e nas flechas y_C e y_D nos *dois* pontos C e D. Como solução, podemos escrever *duas* equações de equilíbrio de força em cada um dos pontos A, B, C e D. Isso resulta em um total de *oito equações*. Para completar a solução, será necessário saber algo a respeito da geometria do cabo a fim de obter a necessária nona equação. Por exemplo, se o *comprimento* total do cabo l é especificado, então o teorema de Pitágoras pode ser usado para relacionar l com cada um dos comprimentos dos segmentos, escrito em termos de θ, y_C, y_D, L_1, L_2 e L_3. Infelizmente, esse tipo de problema não pode ser solucionado facilmente à mão. Outra possibilidade, entretanto, é especificar uma das flechas, seja y_C ou y_D, em vez do comprimento do cabo. Ao fazer isso, as equações de equilíbrio são então suficientes para obter as forças desconhecidas e a flecha restante. Uma vez que a flecha em cada ponto de carga é obtida, l pode então ser determinado por trigonometria.

Ao realizar uma análise de equilíbrio para uma questão desse tipo, as forças no cabo também podem ser obtidas se forem escritas as equações de equilíbrio para o cabo inteiro ou qualquer porção dele. O exemplo a seguir ilustra numericamente estes conceitos.

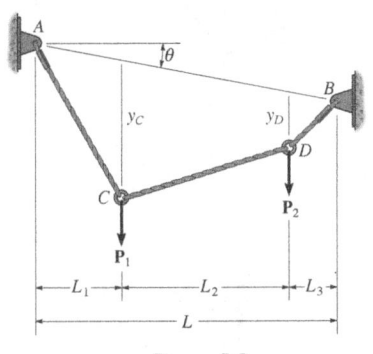

Figura 5.1

O tabuleiro de uma ponte estaiada é sustentado por uma série de cabos ligados em vários pontos ao longo do tabuleiro e dos pilares.

Exemplo 5.1

Determine a tração em cada segmento do cabo ilustrado na Figura 5.2a. E também qual é a dimensão h.

SOLUÇÃO
Examinando a questão, há quatro reações externas desconhecidas (A_x, A_y, D_x e D_y) e três trações desconhecidas no cabo, uma em cada segmento de cabo. Essas sete incógnitas juntamente com a flecha h podem ser determinadas a partir de oito equações de equilíbrio disponíveis ($\Sigma F_x = 0$, $\Sigma F_y = 0$) aplicadas aos pontos A até D.
Uma abordagem mais direta à solução é reconhecer que a inclinação do cabo CD é especificada, e assim um diagrama de corpo livre de todo o cabo é mostrado na Figura 5.2b. Podemos obter a tração no segmento CD como a seguir:

$(+\Sigma M_A = 0;$

$T_{CD}(3/5)(2\text{ m}) + T_{CD}(4/5)(5,5\text{ m}) - 3\text{ kN}(2\text{ m}) - 8\text{ kN}(4\text{ m}) = 0$

$$T_{CD} = 6,79\text{ kN} \qquad (Resposta)$$

Agora podemos analisar o equilíbrio dos pontos B e C na sequência. Ponto C (Figura 5.2c);

$\xrightarrow{+} \Sigma F_x = 0;$ $6{,}79\text{ kN}(3/5) - T_{BC}\cos\theta_{BC} = 0$

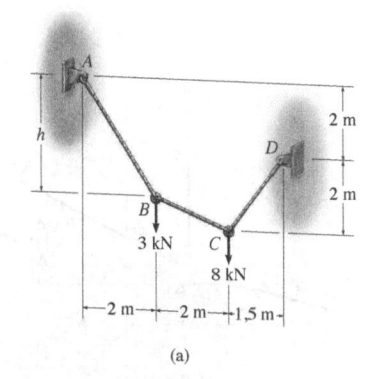

$+\uparrow\Sigma F_y = 0;$ $6{,}79\text{ kN}(4/5) - 8\text{ kN} + T_{BC}\text{sen}\,\theta_{BC} = 0$

$$\theta_{BC} = 32{,}3° \qquad T_{BC} = 4{,}82\text{ kN} \qquad (Resposta)$$

Figura 5.2

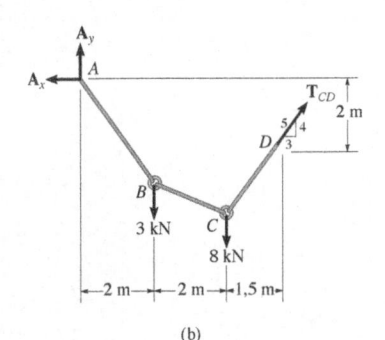

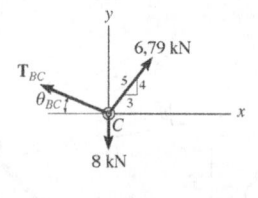

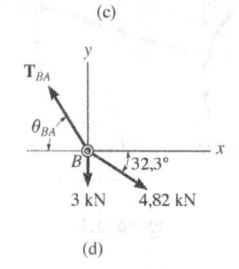

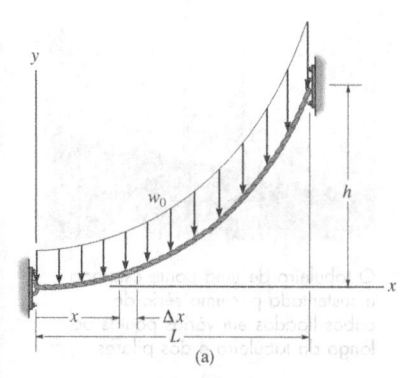

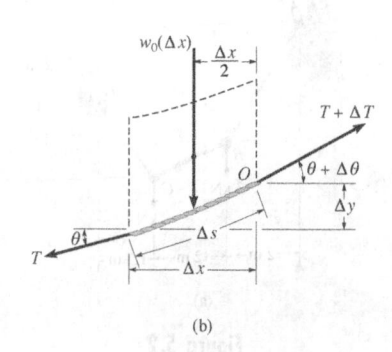

Ponto B (Figura 5.2d);

$\xrightarrow{+} \Sigma F_x = 0;$ $-T_{BA} \cos \theta_{BA} + 4{,}82 \text{ kN} \cos 32{,}3° = 0$

$+\uparrow \Sigma F_y = 0;$ $T_{BA} \text{ sen}\, \theta_{BA} - 4{,}82 \text{ kN sen } 32{,}3° - 3 \text{ kN} = 0$

$$\theta_{BA} = 53{,}8° \qquad T_{BA} = 6{,}90 \text{ kN} \qquad \text{(Resposta)}$$

Logo, da Figura 5.2a,

$$h = (2 \text{ m}) \text{ tg } 53{,}8° = 2{,}74 \text{ m} \qquad \text{(Resposta)}$$

5.3 Cabo sujeito a uma carga distribuída uniformemente

Cabos proporcionam um meio bastante efetivo de suportar o peso próprio das vigas ou dos tabuleiros de pontes com vãos muito grandes. Uma ponte pênsil é um exemplo típico, no qual o tabuleiro é suspenso pelo cabo usando uma série de tirantes próximos e igualmente espaçados.

A fim de analisar este problema, primeiro determinaremos a forma de um cabo submetido a uma carga vertical uniforme w_0 distribuída *horizontalmente*, Figura 5.3a. Aqui os eixos x, y têm sua origem localizada no ponto mais baixo do cabo, de tal maneira que a inclinação é zero neste ponto. O diagrama de corpo livre de um segmento pequeno do cabo tendo um comprimento Δs é mostrado na Figura 5.3b. Tendo em vista que a força de tração no cabo muda continuamente tanto em magnitude quanto em direção ao longo do comprimento do cabo, essa mudança é denotada no diagrama de corpo livre por ΔT. A carga distribuída é representada por sua força resultante $w_0 \Delta x$, que atua em $\Delta x/2$ do ponto O. A aplicação das equações de equilíbrio resulta em

$\xrightarrow{+} \Sigma F_x = 0;$ $-T \cos \theta + (T + \Delta T) \cos (\theta + \Delta \theta) = 0$

$+\uparrow \Sigma F_y = 0;$ $-T \text{ sen}\, \theta - w_0 (\Delta x) + (T + \Delta T) \text{ sen } (\theta + \Delta \theta) = 0$

$\zeta + \Sigma M_O = 0;$ $w_0 (\Delta x)(\Delta x/2) - T \cos \theta \, \Delta y + T \text{ sen } \theta \, \Delta x = 0$

Dividindo cada uma destas equações por Δx e tomando o limite quando $\Delta x \to 0$, e, portanto, $\Delta y \to 0$, $\Delta \theta \to 0$, e $\Delta T \to 0$, obtemos

$$\frac{d(T \cos \theta)}{dx} = 0 \qquad (5.1)$$

$$\frac{d(T \text{ sen}\, \theta)}{dx} = w_0 \qquad (5.2)$$

$$\frac{dy}{dx} = \text{tg } \theta \qquad (5.3)$$

Integrando a Equação 5.1, onde $T = F_H$ em $x = 0$, temos:

$$T \cos \theta = F_H \qquad (5.4)$$

que indica que o componente horizontal de força em *qualquer ponto* ao longo do cabo permanece *constante*.

Integrando a Equação 5.2, percebe-se que T sen $\theta = 0$ em $x = 0$, resulta em

$$T \text{ sen}\, \theta = w_0 x \qquad (5.5)$$

Dividir a Equação 5.5 pela Equação 5.4 elimina T. Então usando a Equação 5.3, podemos obter a inclinação em qualquer ponto,

$$\operatorname{tg}\theta = \frac{dy}{dx} = \frac{w_0 x}{F_H} \quad (5.6)$$

Realizar uma segunda integração com $y = 0$ em $x = 0$ resulta em

$$y = \frac{w_0}{2F_H} x^2 \quad (5.7)$$

Esta é a equação de uma *parábola*. A constante F_H pode ser obtida usando a condição limite $y = h$ em $x = L$. Desse modo,

$$F_H = \frac{w_0 L^2}{2h} \quad (5.8)$$

Por fim, substituir na Equação 5.7 resulta em

$$y = \frac{h}{L^2} x^2 \quad (5.9)$$

A ponte Verrazano-Narrows na entrada do porto de Nova York tem um vão principal de 4.260 pés (1,30 km).

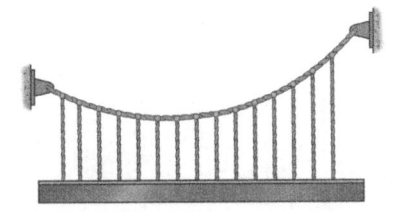

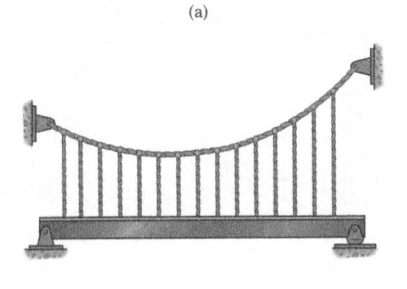

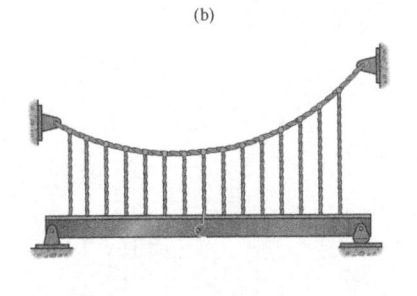

Da Equação 5.4, a tração máxima no cabo ocorre quando θ é máximo, ou seja, em $x = L$. Portanto, das Equações 5.4 e 5.5,

$$T_{\text{máx}} = \sqrt{F_H^2 + (w_0 L)^2} \quad (5.10)$$

Ou, se usarmos a Equação 5.8, podemos expressar $T_{\text{máx}}$ em termos de w_0, isto é,

$$T_{\text{máx}} = w_0 L \sqrt{1 + (L/2h)^2} \quad (5.11)$$

Perceba que desprezamos o peso do cabo, que é *uniforme* ao longo do *comprimento* do cabo, e não ao longo da sua projeção horizontal. Na realidade, um cabo sujeito ao seu próprio peso e livre de quaisquer outras cargas assumirá a forma de uma curva *catenária*. Entretanto, se a razão flecha para vão é pequena, que é o caso para a maioria das aplicações estruturais, essa curva se aproxima muito de uma forma parabólica, como determinado aqui.

A partir dos resultados dessa análise, vê-se que um cabo *manterá uma forma parabólica*, contanto que a carga permanente do tabuleiro para uma ponte pênsil ou uma viga suspensa seja *uniformemente distribuída* através do comprimento horizontal projetado do cabo. Portanto, se a viga na Figura 5.4a é sustentada por uma série de tirantes, que estão próximos e uniformemente espaçados, a carga em cada gancho tem de ser a *mesma* de maneira a assegurar que o cabo tenha uma forma parabólica.

Usando esse pressuposto, podemos realizar a análise estrutural da viga ou qualquer outra estrutura que esteja livremente suspensa do cabo. Em particular, se a viga tem suportes simples assim como é suportada pelo cabo, a análise será indeterminada estaticamente de primeiro grau, Figura 5.4b. Entretanto, se a viga tem um pino interno em algum ponto intermediário ao longo do seu comprimento, Figura 5.4c, então essa situação proporcionará uma condição de momento zero, e desse modo uma análise estrutural determinada da viga pode ser realizada.

(a)

(b)

(c)

Figura 5.4

Exemplo 5.2

O cabo na Figura 5.5a suporta uma viga que pesa 12 kN/m. Determine a tração no cabo nos pontos A, B e C.

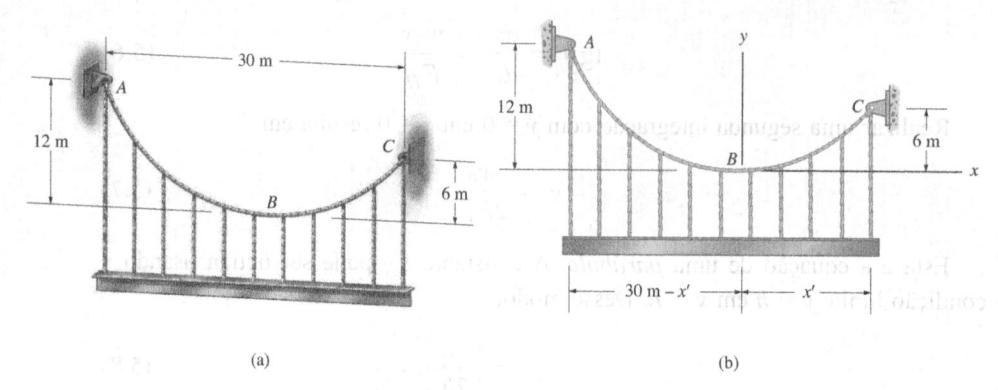

Figura 5.5

SOLUÇÃO

A origem dos eixos de coordenadas é estabelecida no ponto B, o ponto mais baixo no cabo, onde a inclinação é zero, Figura 5.5b. Da Equação 5.7, a equação parabólica para o cabo é:

$$y = \frac{w_0}{2F_H}x^2 = \frac{12 \text{ kN/m}}{2F_H}x^2 = \frac{6}{F_H}x^2 \quad (1)$$

Assumindo que o ponto C está localizado à distância x' de B, temos

$$6 = \frac{6}{F_H}x'^2$$

$$F_H = 1{,}0x'^2 \quad (2)$$

Também, para o ponto A,

$$12 = \frac{6}{F_H}[-(30-x')]^2$$

$$12 = \frac{6}{1{,}0x'^2}[-(30-x')]^2$$

$$x'^2 + 60x' - 900 = 0$$

$$x' = 12{,}43 \text{ m}$$

Desse modo, das Equações 2 e 1 (ou Equação 5.6) temos

$$F_H = 1{,}0(12)^2 = 154{,}4 \text{ kN}$$

$$\frac{dy}{dx} = \frac{12}{154{,}4}x = 0{,}07772x \quad (3)$$

No ponto A,

$$x = -(30 - 12{,}43) = -17{,}57 \text{ m}$$

$$\text{tg } \theta_A = \frac{dy}{dx}\bigg|_{x=-17{,}57} = 0{,}07772(-17{,}57) = -1{,}366$$

$$\theta_A = -53{,}79°$$

Usando a Equação 5.4,

$$T_A = \frac{F_H}{\cos \theta_A} = \frac{154{,}4}{\cos(-53{,}79°)} = 261{,}4 \text{ kN} \quad \text{(Resposta)}$$

No ponto B, $x = 0$

$$\text{tg } \theta_B = \frac{dy}{dx}\bigg|_{x=0} = 0, \quad \theta_B = 0°$$

$$T_B = \frac{F_H}{\cos \theta_B} = \frac{154{,}4}{\cos 0°} = 154{,}4 \text{ kN} \quad \text{(Resposta)}$$

No ponto C,
$$x = 12{,}43 \text{ m}$$

$$\text{tg } \theta_C = \left.\frac{dy}{dx}\right|_{x=12,43} = 0{,}07772\,(12{,}43) = 0{,}9660$$

$$\theta_C = 44{,}0°$$

$$T_C = \frac{F_H}{\cos \theta_C} = \frac{154{,}4}{\cos 44{,}0°} = 214{,}6 \text{ kN} \qquad (Resposta)$$

Exemplo 5.3

A ponte pênsil na Figura 5.6a é construída usando as duas treliças de enrijecimento que estão ligadas por pinos em suas extremidades C e suportadas por um pino em A e um rolo em B. Determine a tensão máxima no cabo IH. O cabo tem uma forma parabólica e a ponte é sujeita a uma carga única de 50 kN.

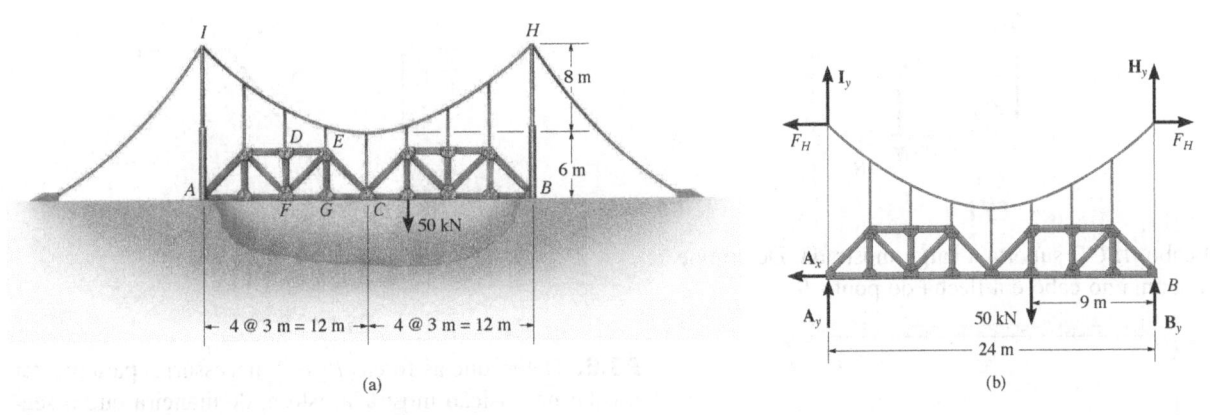

Figura 5.6

SOLUÇÃO

Um diagrama de corpo livre do sistema de treliça-cabo é ilustrado na Figura 5.6b. De acordo com a Equação 5.4 ($T \cos \theta = F_H$), o componente horizontal da tração do cabo em I e H tem de ser constante, F_H. Tomando os momentos em torno de B, temos

$$(+\Sigma M_B = 0; \quad -I_y(24 \text{ m}) - A_y(24 \text{ m}) + 50 \text{ kN}(9 \text{ m}) = 0$$

$$I_y + A_y = 18{,}75$$

Se apenas metade da estrutura suspensa for considerada, Figura 5.6c, então somando os momentos em torno do pino em C, temos

$$(+\Sigma M_C = 0; \quad F_H(14 \text{ m}) - F_H(6 \text{ m}) - I_y(12 \text{ m}) - A_y(12 \text{ m}) = 0$$

$$I_y + A_y = 0{,}667 F_H$$

Dessas duas equações,

$$18{,}75 = 0{,}667 F_H$$

$$F_H = 28{,}125 \text{ kN}$$

Para obter a tração máxima no cabo, usaremos a Equação 5.11, mas primeiro é necessário determinar o valor de uma carga distribuída uniforme w_0 da Equação 5.8:

$$w_0 = \frac{2F_H h}{L^2} = \frac{2(28{,}125 \text{ kN})(8 \text{ m})}{(12 \text{ m})^2} = 3{,}125 \text{ kN/m}$$

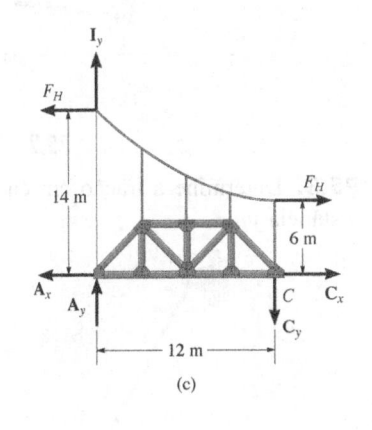

Desse modo, usando a Equação 5.11, temos

$$T_{máx} = w_0 L \sqrt{1 + (L/2h)^2}$$
$$= 3{,}125\,(12\text{ m}) \sqrt{1 + (12\text{ m}/2(8\text{ m}))^2}$$
$$= 46{,}9 \text{ kN} \qquad\qquad (Resposta)$$

Problemas

P5.1. Determine a tração em cada segmento do cabo e o comprimento total do cabo.

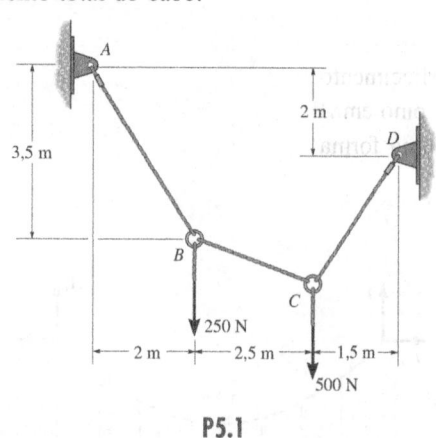

P5.2. O cabo $ABCD$ suporta a carga mostrada. Determine a tensão máxima no cabo e a flecha do ponto B.

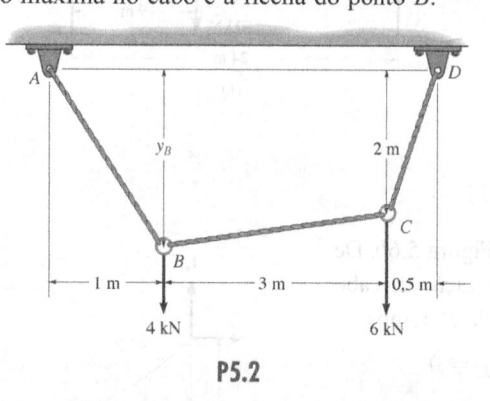

P5.3. Determine a tração em cada segmento de cabo e a distância y_D.

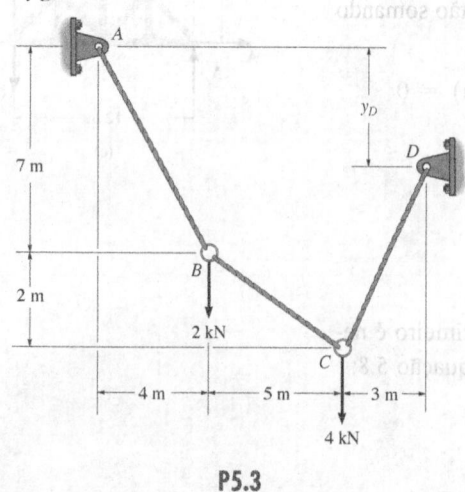

*P5.4. O cabo suporta a carga mostrada. Determine a distância x_B em que a força no ponto B atua de A. Estabeleça $P = 200$ N.

P5.5. O cabo suporta a carga mostrada. Determine a magnitude da força horizontal **P** de maneira que $x_B = 3$ m.

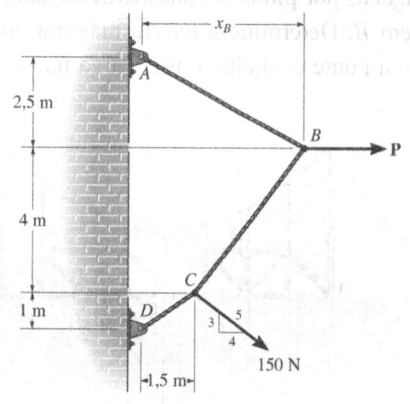

P5.6. Determine as forças P_1 e P_2 necessárias para manter o cabo na posição mostrada, isto é, de maneira que o segmento CD permaneça horizontal. Também calcule a carga máxima no cabo.

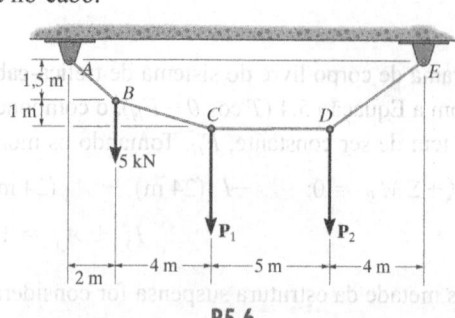

P5.7. O cabo é sujeito à carga uniforme. Se a inclinação do cabo no ponto O é zero, determine a equação da curva e a força no cabo em O e B.

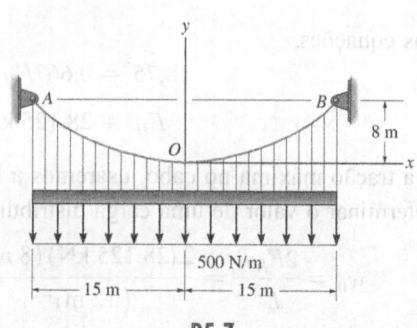

P5.8. O cabo suporta a carga uniforme de $w_0 = 12$ kN/m. Determine a tração no cabo em cada apoio A e B.

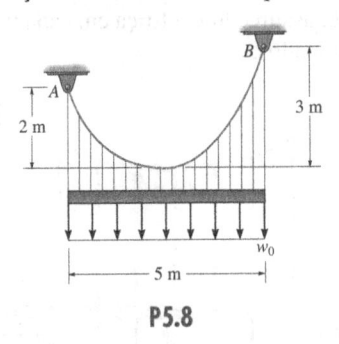

P5.8

P5.9. Determine a tração máxima e a mínima no cabo.

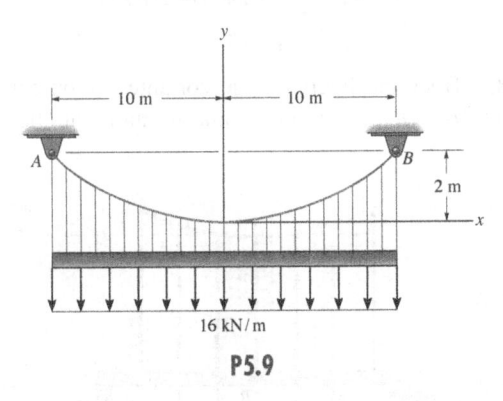

P5.9

P5.10. Determine a carga uniforme máxima w, medida em kN/m, que o cabo pode suportar se ele for capaz de sustentar uma tração máxima de 15 kN antes de se romper.

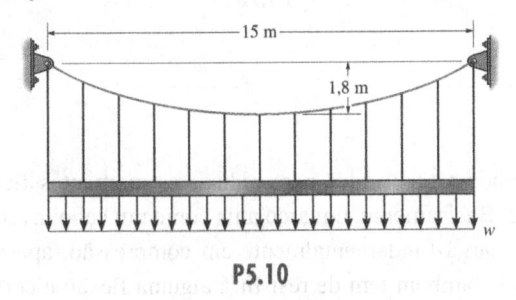

P5.10

P5.11. O cabo é sujeito a uma carga uniforme de $w = 3{,}75$ kN/m. Determine a tração máxima e a mínima no cabo.

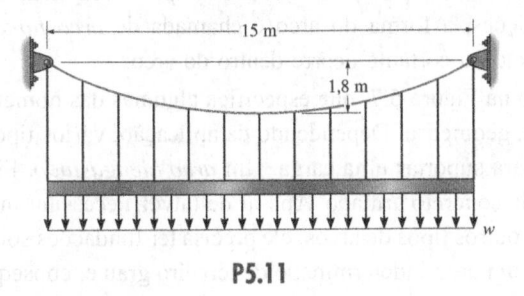

P5.11

P5.12. O cabo mostrado é sujeito à carga uniforme w_0. Determine a razão entre a elevação h e o vão L que resultará na utilização da quantidade mínima de material para o cabo.

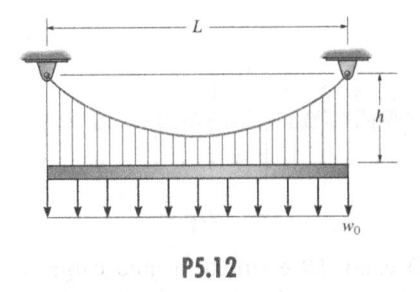

P5.12

P5.13. As treliças estão ligadas por pinos e suspensas do cabo parabólico. Determine a força máxima no cabo quando a estrutura for sujeita à carga mostrada.

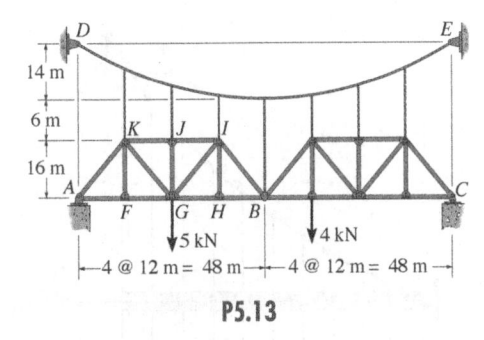

P5.13

P5.14. Determine a tração máxima e a mínima no cabo parabólico e a força em cada um dos tirantes. A viga é sujeita à carga uniforme e está conectada por pino em B.

P5.15. Trace os diagramas de cisalhamento e momento para as vigas ligadas por pinos AB e BC. O cabo tem uma forma parabólica.

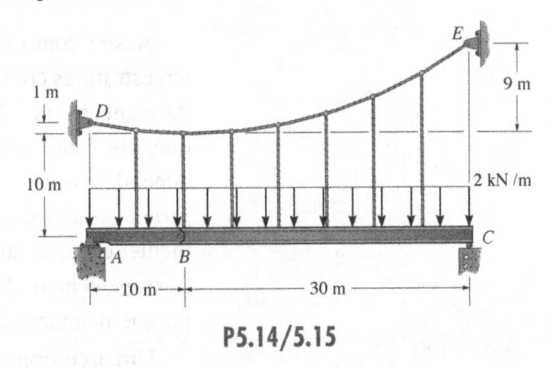

P5.14/5.15

*P5.16. O cabo vai romper quando a tração máxima alcançar $T_{max} = 5.000$ kN. Determine a carga distribuída uniforme máxima w necessária para desenvolver essa tração máxima.

P5.17. O cabo é sujeito a uma carga uniforme de $w = 60$ kN/m. Determine a tração máxima e a mínima no cabo.

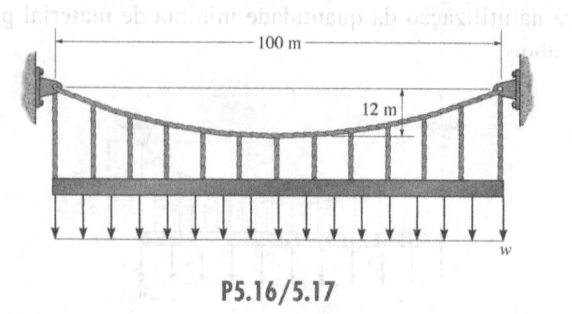

P5.16/5.17

P5.18. O cabo AB é sujeito a uma carga uniforme de 200 N/m. Se o peso do cabo é desprezado e os ângulos de inclinação nos pontos A e B são 30° e 60°, respectivamente, determine a curva que define a forma do cabo e a tração máxima desenvolvida no cabo.

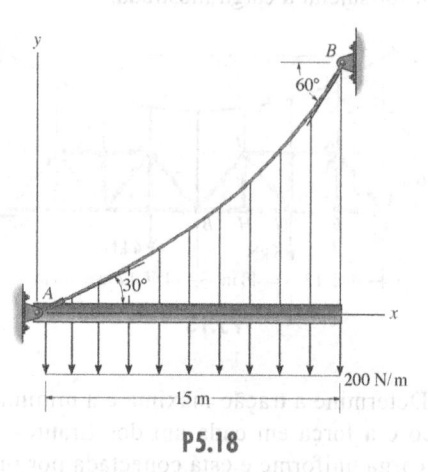

P5.18

P5.19. As vigas AB e BC são suportadas pelo cabo que tem uma forma parabólica. Determine a tração no cabo nos pontos D, F e E, assim como a força em cada um dos tirantes igualmente espaçados.

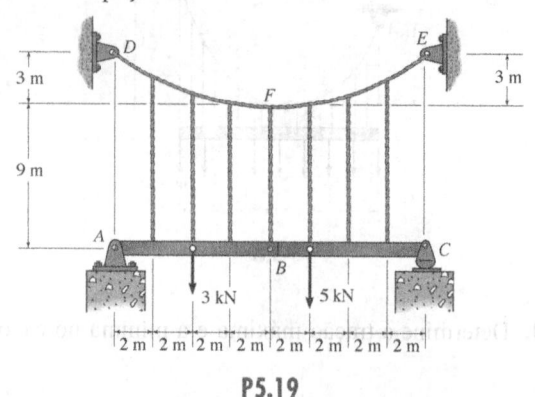

P5.19

*P5.20. Trace os diagramas de cortante e momento para as vigas AB e BC. O cabo tem uma forma parabólica.

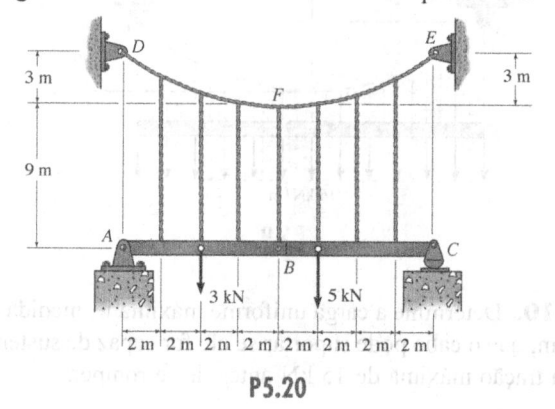

P5.20

5.4 Arcos

Assim como cabos, arcos podem ser usados para reduzir os momentos fletores em estruturas com vãos grandes. Basicamente, um arco atua como um cabo invertido, de maneira que ele recebe sua carga fundamentalmente em compressão, apesar de que, por causa de sua rigidez, ele também tem de resistir a alguma flexão e cortante dependendo de como é carregado e configurado. Em particular, se o arco tem uma *forma parabólica* e é sujeito a uma carga vertical *uniforme* distribuída horizontalmente, então da análise de cabos vê-se que *apenas forças compressivas* serão resistidas pelo arco. Nessas condições, a forma do arco é chamada de *arco funicular* porque nenhuma força de flexão ou cortante ocorre dentro do arco.

Um arco típico é mostrado na Figura 5.7, que especifica algumas das nomenclaturas usadas para definir a sua geometria. Dependendo da aplicação, vários tipos de arcos podem ser escolhidos para suportar uma carga. Um *arco biengastado*, Figura 5.8a, é frequentemente feito de concreto armado. Apesar de talvez necessitar menos material para construir do que outros tipos de arcos, ele precisa ter fundações sólidas, tendo em vista que se trata de um arco indeterminado de terceiro grau e, consequentemente, tensões adicionais podem ser introduzidas nele por causa do assentamento relativo dos seus apoios. Um *arco biarticulado*, Figura 5.8b, é comumente feito de metal ou madeira. Ele é indeterminado de primeiro grau, e apesar de não ser tão rígido quanto um arco biengastado, é de certa maneira insensível ao assentamento. Poderíamos fazer essa estrutura determinada estaticamente substituindo uma das articulações por um rolo. Fazer isso, entretanto, removeria a capacidade da estrutura de resistir à flexão ao longo do seu vão e, consequentemente, ela serviria como uma viga curva, e *não* como um arco. Um *arco triarticulado*, Figura 5.8c, que também é feito de metal ou madeira, é determinado estaticamente. Diferentemente dos arcos indeterminados estaticamente, ele não é afetado pelo assentamento ou mudanças de temperatura. Por fim, se arcos biarticulados e triarticulados devem ser construídos sem a necessidade de fundações maiores e se o espaço livre não é um problema, então os apoios podem ser ligados com um tirante, Figura 5.8d. Um *arco atirantado* permite que a estrutura se comporte como uma unidade rígida, tendo em vista que o tirante suporta o componente horizontal de pressão axial nos apoios. Ele também não é afetado pelo assentamento relativo dos apoios.

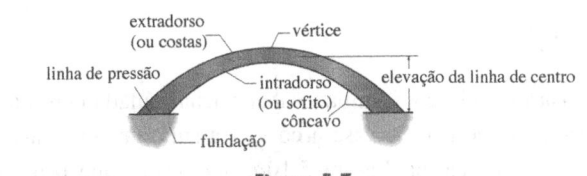

Figura 5.7

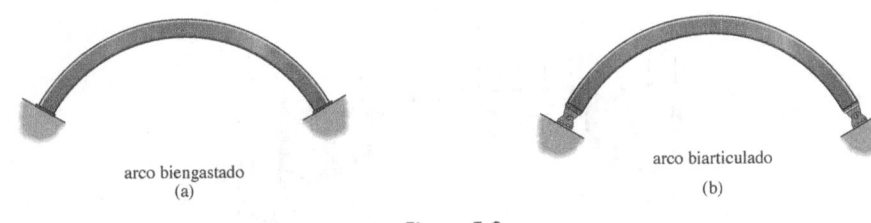

Figura 5.8

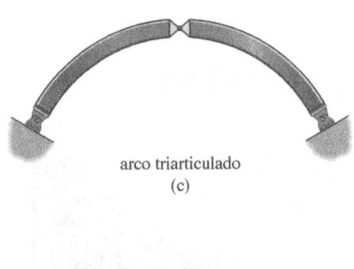

5.5 Arco triarticulado

A fim de proporcionar alguma percepção sobre como arcos transmitem cargas, consideraremos agora a análise de um arco triarticulado como o mostrado na Figura 5.9a. Neste caso, a terceira articulação está localizada no vértice e os apoios estão localizados em elevações diferentes. A fim de determinar as reações nos apoios, o arco é desmontado e o diagrama de corpo livre de cada membro é mostrado na Figura 5.9b. Aqui há seis incógnitas para as quais seis equações de equilíbrio estão disponíveis. Um método para solucionar esse problema é aplicar as equações de equilíbrio de momento em torno dos pontos A e B. A solução simultânea produzirá as reações C_x e C_y. As reações de apoio são então determinadas a partir das equações de equilíbrio de força. Uma vez obtidas, a força normal, força cortante e momento fletor internos em qualquer ponto ao longo do arco podem ser calculados usando o método das seções. Aqui, é claro, a seção deve ser tomada perpendicular ao eixo do arco no ponto considerado. Por exemplo, o diagrama de corpo livre para o segmento AD é mostrado na Figura 5.9c.

Arcos triarticulados também podem assumir a forma de duas treliças ligadas por pinos, cada uma das quais substituiria as vigas do arco AC e CB na Figura 5.9a. A análise dessa forma segue o mesmo procedimento descrito anteriormente. Os exemplos a seguir ilustram numericamente esses conceitos.

O arco de treliça triarticulado é usado para suportar uma porção da carga do telhado deste prédio (a). A foto aproximada mostra que o arco é ligado por pinos no seu topo (b).

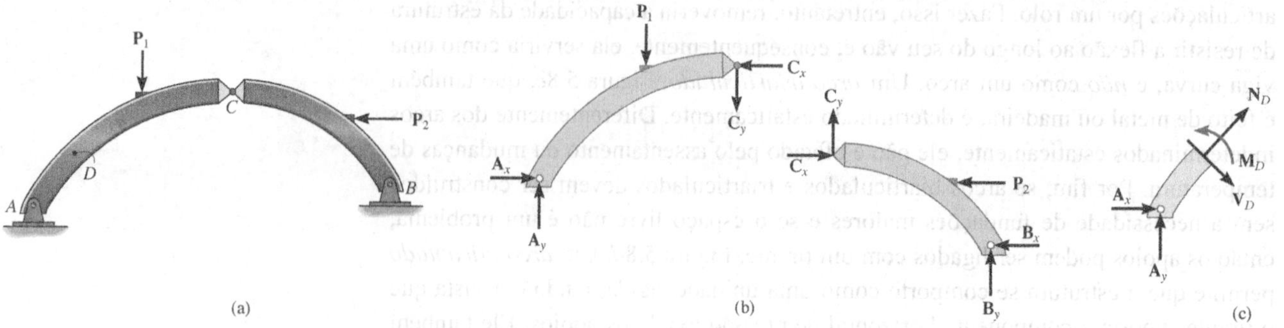

140 | Análise das estruturas

(a) (b) (c)

Figura 5.9

Exemplo 5.4

A ponte em arco triarticulado com tímpano aberto triarticulada como a mostrada na foto tem uma forma parabólica. Se esse arco vier a suportar uma carga uniforme e tiver as dimensões mostradas na Figura 5.10a, demonstre que o arco é sujeito a *compressão* axial apenas em qualquer ponto intermediário como o ponto D. Suponha que a carga é transmitida de maneira uniforme para os tímpanos do arco.

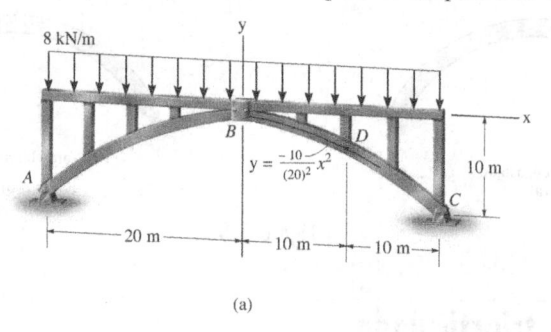

8 kN/m

$y = \dfrac{-10}{(20)^2} x^2$

10 m

20 m — 10 m — 10 m

(a)

Figura 5.10

SOLUÇÃO

Aqui os apoios estão na mesma elevação. Os diagramas de corpo livre de todo o arco e da parte BC são mostrados na Figura 5.10b e Figura 5.10c. Aplicando as equações de equilíbrio, temos:

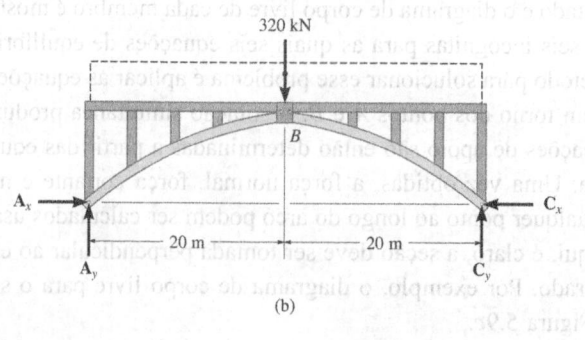

320 kN

(b)

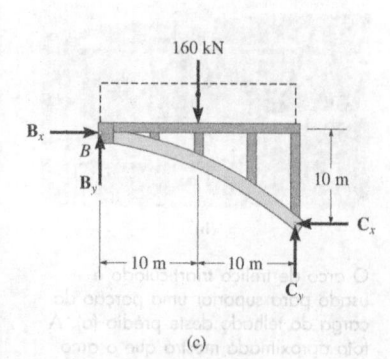

Arco inteiro:

$(+\Sigma M_A = 0;$ $C_y(40 \text{ m}) - 320 \text{ kN}(20 \text{ m}) = 0$

$C_y = 160 \text{ kN}$

Segmento de arco BC:

$(+\Sigma M_B = 0;$ $-160 \text{ kN}(10 \text{ m}) + 160 \text{ kN}(20 \text{ m}) - C_x(10 \text{ m}) = 0$

$C_x = 160 \text{ kN}$

160 kN

(c)

$\xrightarrow{+} \Sigma F_x = 0;$ $\qquad B_x = 160 \text{ kN}$

$+\uparrow \Sigma F_y = 0;$ $\qquad B_y - 160 \text{ kN} + 160 \text{ kN} = 0$

$$B_y = 0$$

Uma seção do arco tomada através do ponto D, $x = 10$ m, $y = -10(10)^2/(20)^2 = -2,5$ m, é mostrada na Figura 5.10d. A inclinação do segmento em D é

$$\text{tg } \theta = \frac{dy}{dx} = \frac{-20}{(20)^2} x \bigg|_{x=10 \text{ m}} = -0,5$$

$$\theta = -26,6°$$

Aplicando as equações de equilíbrio, Figura 5.10d, temos

$\xrightarrow{+} \Sigma F_x = 0;$ $\quad 160 \text{ kN} - N_D \cos 26,6° - V_D \sin 26,6° = 0$

$+\uparrow \Sigma F_y = 0;$ $\quad -80 \text{ kN} + N_D \sin 26,6° - V_D \cos 26,6° = 0$

$\zeta+\Sigma M_D = 0;$ $\quad M_D + 80 \text{ kN}(5 \text{ m}) - 160 \text{ kN}(2,5 \text{ m}) = 0$

$$N_D = 178,9 \text{ kN} \qquad \text{(Resposta)}$$
$$V_D = 0 \qquad \text{(Resposta)}$$
$$M_D = 0 \qquad \text{(Resposta)}$$

Nota: se o arco tivesse uma forma diferente ou se a carga fosse não uniforme, então o cortante e o momento internos seriam diferentes de zero. Também, se uma viga com apoios simples fosse usada para suportar a carga distribuída, ela teria de resistir um momento fletor máximo de $M = 1.600$ kN·m. Em comparação, é mais eficiente resistir estruturalmente à carga em compressão direta (apesar de que tem de ser considerada a possibilidade de flambagem) do que resistir à carga através de um momento fletor.

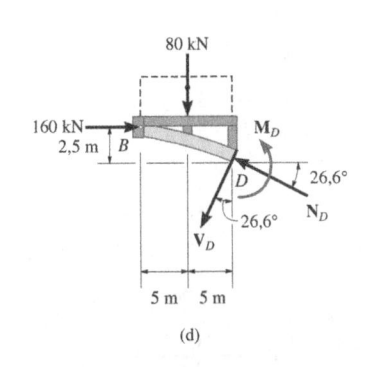

Exemplo 5.5

O arco triarticulado atirantado é sujeito à carga ilustrada na Figura 5.11a. Determine a força nos membros CH e CB. O membro tracejado GF da treliça é projetado para não suportar força.

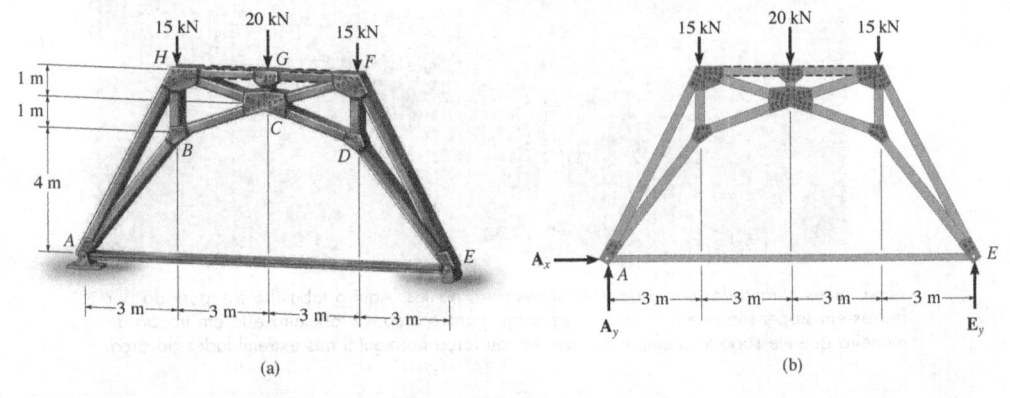

Figura 5.11

SOLUÇÃO

As reações de apoios podem ser obtidas de um diagrama de corpo livre de todo o arco, Figura 5.11b.

$$(+\Sigma M_A = 0; \quad E_y(12\text{ m}) - 15\text{ kN}(3\text{ m}) - 20\text{ kN}(6\text{ m}) - 15\text{ kN}(9\text{ m}) = 0$$

$$E_y = 25\text{ kN}$$

$$\xrightarrow{+} \Sigma F_x = 0; \quad A_x = 0$$

$$+\uparrow \Sigma F_y = 0; \quad A_y - 15\text{ kN} - 20\text{ kN} - 15\text{ kN} + 25\text{ kN} = 0$$

$$A_y = 25\text{ kN}$$

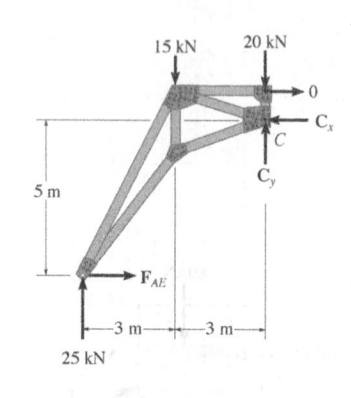

Os componentes de força atuando no nó C podem ser determinados considerando o diagrama de corpo livre da parte esquerda do arco, Figura 5.11c. Primeiro, determinamos a força:

$$(+\Sigma M_C = 0; \quad F_{AE}(5\text{ m}) - 25\text{ kN}(6\text{ m}) + 15\text{ kN}(3\text{ m}) = 0$$

$$F_{AE} = 21{,}0\text{ kN}$$

Então,

$$\xrightarrow{+} \Sigma F_x = 0; \quad -C_x + 21{,}0\text{ kN} = 0, \quad C_x = 21{,}0\text{ kN}$$

$$+\uparrow \Sigma F_y = 0; \quad 25\text{ kN} - 15\text{ kN} - 20\text{ kN} + C_y = 0, \quad C_y = 10\text{ kN}$$

Para obter as forças em CH e CB, podemos usar o método dos nós como a seguir:
Nó G; Figura 5.11d,

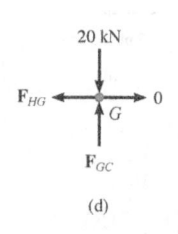

$$+\uparrow \Sigma F_y = 0; \quad F_{GC} - 20\text{ kN} = 0$$

$$F_{GC} = 20\text{ kN (C)}$$

Nó C; Figura 5.11e,

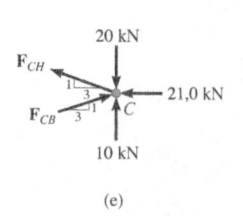

$$\xrightarrow{+} \Sigma F_x = 0; \quad F_{CB}\left(\tfrac{3}{\sqrt{10}}\right) - 21{,}0\text{ kN} - F_{CH}\left(\tfrac{3}{\sqrt{10}}\right) = 0$$

$$+\uparrow \Sigma F_y = 0; \quad F_{CB}\left(\tfrac{1}{\sqrt{10}}\right) + F_{CH}\left(\tfrac{1}{\sqrt{10}}\right) - 20\text{ kN} + 10\text{ kN} = 0$$

Desse modo,

$$F_{CB} = 26{,}9\text{ kN (C)} \quad \text{(Resposta)}$$

$$F_{CH} = 4{,}74\text{ kN (T)} \quad \text{(Resposta)}$$

Nota: arcos atirantados são usados às vezes para pontes. Aqui o tabuleiro é suportado por barras em suspensão que transmitem sua carga para o arco. O tabuleiro está em tração de maneira que ele suporta o empuxo axial real ou força horizontal nas extremidades do arco.

Exemplo 5.6

O arco treliçado triarticulado mostrado na Figura 5.12a suporta a carga simétrica. Determine a altura necessária h_1 dos nós B e D, de maneira que o arco assuma uma forma funicular. O membro HG é projetado para não suportar força.

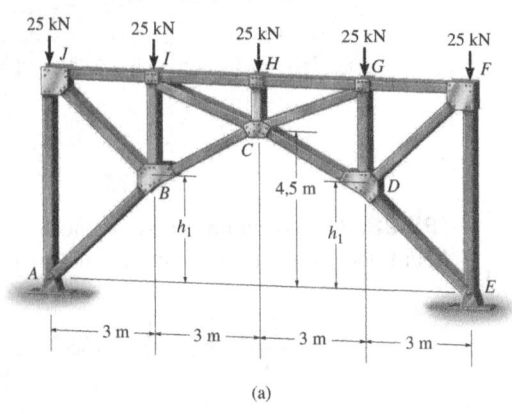

Figura 5.12

SOLUÇÃO

Para uma carga simétrica, a forma funicular para o arco tem de ser *parabólica* como indicado pela linha tracejada (Figura 5.12b). Aqui precisamos encontrar a equação que se encaixa nesta forma. Com os eixos x, y tendo origem em C, a equação assume a forma $y = -cx^2$. Para obter a constante c, é necessário

$$-(4,5 \text{ m}) = -c(6 \text{ m})^2$$
$$c = 0,125/\text{m}$$

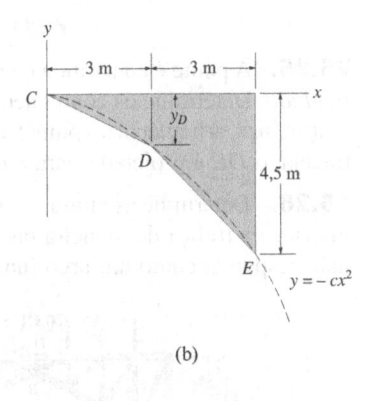

Portanto,

$$y_D = -(0,125/\text{m})(3 \text{ m})^2 = -1,125 \text{ m}$$

De maneira que da Figura 5.12a
$$h_1 = 4,5 \text{ m} - 1,125 \text{ m} = 3,375 \text{ m} \qquad (Resposta)$$

Usando esse valor, se o método dos nós for aplicado agora à treliça, os resultados mostrarão que a corda de cima e os membros diagonais serão todos membros de força zero, e a carga simétrica será suportada *apenas pelos membros da corda inferior AB, BC, CD e DE* da treliça.

Problemas

P5.21. O arco triarticulado atirantado é sujeito à carga mostrada. Determine os componentes de reação em A e C e a tração no cabo.

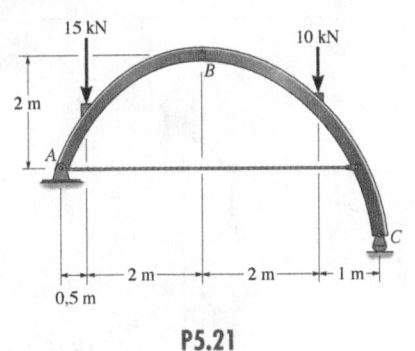

P5.22. Determine as forças resultantes nos pinos A, B e C da treliça de telhado em arco triarticulado.

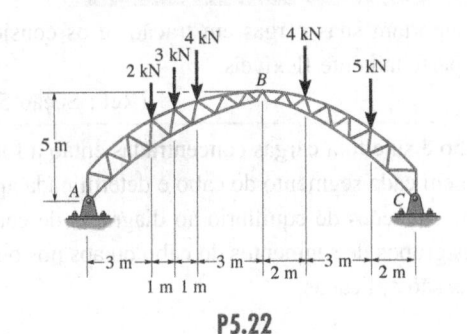

P5.23. O arco em tímpano triarticulado é sujeito à carga mostrada. Determine o momento interno no arco no ponto D.

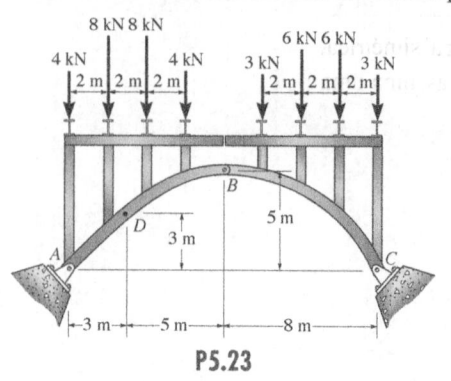

P5.27. Determine os componentes horizontal e vertical de reação em A, B e C do arco triarticulado. Presuma que A, B e C estejam ligados por pinos.

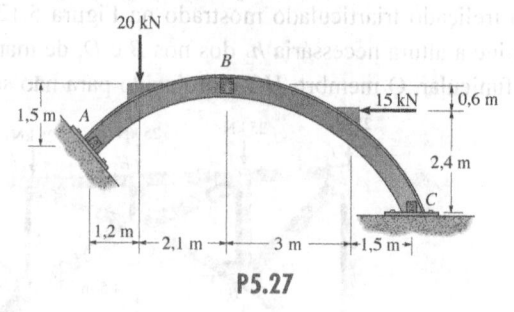

***P5.24.** O arco triarticulado atirantado é sujeito à carga mostrada. Determine os componentes de reação A e C, e a tração no tirante.

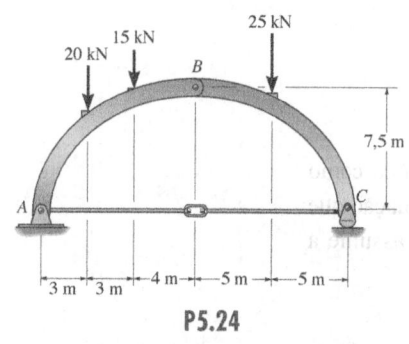

*P5.28. O arco em tímpano é sujeito à carga uniforme de 20 kN/m. Determine o momento interno no arco no ponto D.

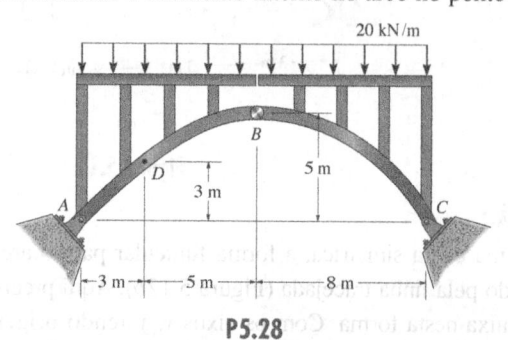

P5.25. A ponte é construída como um *arco treliçado triarticulado*. Determine os componentes horizontal e vertical de reação nas articulações (pinos) em A, B e C. O membro tracejado DE é projetado para *não* suportar força.

P5.26. Determine as alturas de projeto h_1, h_2 e h_3 da corda inferior da treliça de maneira que o arco treliçado triarticulado responda como um arco funicular.

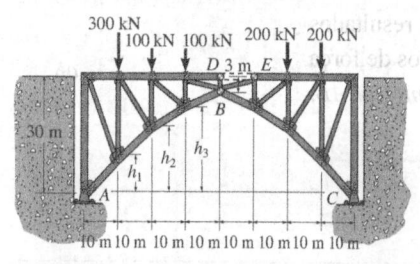

P5.29. A estrutura do arco é sujeita à carga mostrada. Determine os componentes horizontal e vertical de reação em A e D, e a tração no tirante AD.

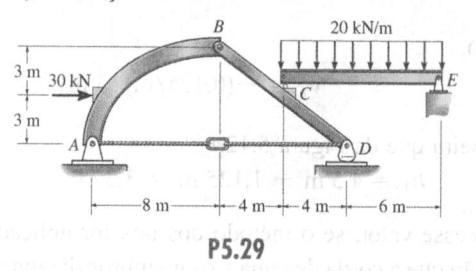

REVISÃO DO CAPÍTULO

Cabos suportam suas cargas em tração se os considerarmos perfeitamente flexíveis.

(Ref.: Seção 5.1)

Se o cabo é sujeito a cargas concentradas então a força atuando em cada segmento do cabo é determinada aplicando as equações de equilíbrio ao diagrama de corpo livre dos grupos de segmentos do cabo ou aos nós onde as forças são aplicadas.

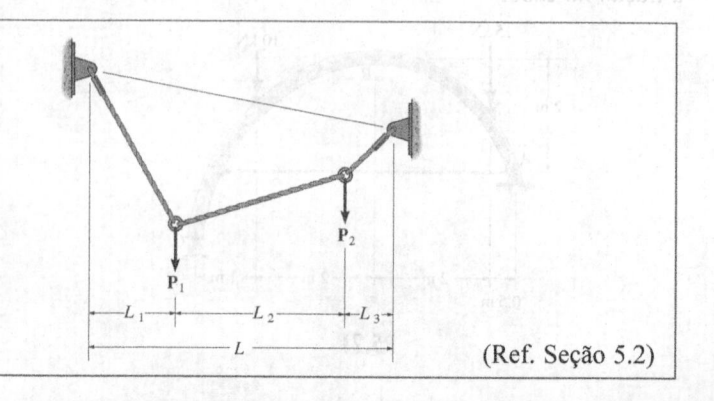

(Ref. Seção 5.2)

Se o cabo suporta uma carga uniforme através de uma distância horizontal projetada, então a forma do cabo assume a forma de uma parábola.	(Ref.: Seção 5.3)
Arcos são projetados fundamentalmente para suportar uma força compressiva. Uma forma parabólica é exigida para suportar uma carga uniforme distribuída através de sua projeção horizontal. (Ref.: Seção 5.4)	
Arcos triarticulados são determinados estaticamente e podem ser analisados separando os dois membros e aplicando as equações de equilíbrio a cada membro.	arco triarticulado (Ref.: seções 5.4 e 5.5)

Cargas em movimento causadas por trens têm de ser consideradas ao projetar os membros desta ponte. As linhas de influência para os membros tornam-se uma parte importante da análise estrutural.

CAPÍTULO 6

Linhas de influência para estruturas determinadas estaticamente

Linhas de influência têm uma aplicação importante para o projeto de estruturas que resistem a grandes sobrecargas. Neste capítulo discutiremos como traçar a linha de influência para uma estrutura determinada estaticamente. A teoria é aplicada a estruturas sujeitas a uma carga distribuída ou a uma série de forças concentradas, e são dadas aplicações específicas para vigas de piso e treliças de pontes. A determinação do cortante e momento máximos absolutos em um membro é discutida no fim do capítulo.

6.1 Linhas de influência

Nos capítulos anteriores desenvolvemos técnicas para analisar as forças em membros estruturais em razão de *cargas permanentes* ou *fixas*. Foi mostrado que os *diagramas de cortante* e *momento* representam os métodos mais descritivos para mostrar a variação dessas cargas em um membro. Se uma estrutura é sujeita a uma *sobrecarga* ou *cargas móveis*, entretanto, a variação do cortante e do momento fletor no membro é mais bem descrita se for usada a *linha de influência*. Uma linha de influência representa a variação da reação, cortante, momento ou deflexão em um *ponto específico* em um membro à medida que uma força concentrada se desloca sobre o membro. Uma vez que essa linha seja construída, você pode dizer de relance onde a carga em movimento deve ser colocada sobre a estrutura de maneira que ela crie a maior influência no ponto especificado. Além disso, a magnitude da reação associada, cortante, momento ou deflexão no ponto podem então ser calculados a partir das ordenadas do diagrama de linha de influência. Por essas razões, linhas de influência têm um papel importante no projeto de pontes, vigas de pontes rolantes, transportadores e outras estruturas em que as cargas se deslocam através de seu vão.

Apesar de o procedimento para construir uma linha de influência ser bastante básico, é preciso que se tenha bem claro a *diferença* entre construir uma linha de influência e construir um diagrama de cortante ou momento. Linhas de influência representam o efeito de uma *carga em movimento* apenas em um *ponto especificado* em um membro, enquanto diagramas de cortante e momento representam o efeito de *cargas fixas* em *todos os pontos* ao longo do eixo do membro.

Procedimento para análise

Qualquer um dos dois procedimentos a seguir pode ser usado para construir a linha de influência em um ponto específico *P* em um membro para qualquer função (reação, cortante ou momento). Para ambos os procedimentos consideraremos que a força em movimento tem uma *magnitude de unidade adimensional.**

Valores tabulados

- Coloque uma carga unitária em várias posições, *x*, ao longo do membro, em *cada* posição use a estática para determinar o valor da função (reação, cortante ou momento) no ponto especificado.
- Se a linha de influência para uma *reação* de força vertical em um ponto sobre uma viga deve ser construída, considere a reação como *positiva* no ponto quando ela atua *para cima* sobre a viga.
- Se uma linha de influência de cortante ou momento deve ser traçada para um ponto, tome o cortante ou momento no ponto como positivo de acordo com a mesma convenção de sinais usada para traçar os diagramas de cortante e momento. (Ver Figura 4.1.)
- Todas as vigas determinadas estaticamente terão linhas de influência que consistem de segmentos em linha reta. Após alguma prática você deve ser capaz de minimizar os cálculos e localizar a carga unitária *somente* em pontos representando as *extremidades* de cada segmento de linha.
- Para evitar erros, recomenda-se que primeiro se construa uma tabela, listando "carga unitária em *x*" versus o valor correspondente da função calculada no ponto específico; isto é, "reação *R*", "cortante *V*" ou "momento *M*". Uma vez que a carga tenha sido colocada em vários pontos ao longo do vão do membro, os valores tabulados podem ser representados graficamente e os segmentos de linha de influência construídos.

Equações de linha de influência

- A linha de influência também pode ser construída colocando a carga unitária em uma posição *variável x* no membro e então calculando o valor de *R*, *V* ou *M* no ponto como uma função de *x*. Desta maneira, as equações dos vários segmentos de linha compondo a linha de influência podem ser determinadas e representadas graficamente.

Exemplo 6.1

Construa a linha de influência para a reação vertical em *A* da viga na Figura 6.1*a*.

SOLUÇÃO

Valores tabulados. Uma carga unitária é colocada sobre a viga em cada ponto *x* selecionado e o valor de A_y é calculado somando momentos em torno de *B*. Por exemplo, quando $x = 2{,}5$ m e $x = 5$ m, ver figuras 6.1*b* e 6.1*c*, respectivamente. Os resultados para A_y são inseridos na tabela (Figura 6.1*d*). Uma representação gráfica desses valores produz a linha de influência para a reação em *A* (Figura 6.1*e*).

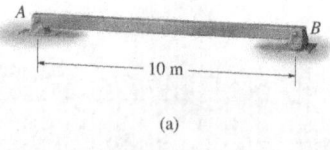

Figura 6.1

(a)

---

* A razão para esta escolha será explicada na Seção 6.2.

$x = 2{,}5$ m

$\zeta + \Sigma M_B = 0;\ -A_y(10) + 1(7{,}5) = 0$
$A_y = 0{,}75$

(b)

$x = 5$ m

$\zeta + \Sigma M_B = 0;\ -A_y(10) + 1(5) = 0$
$A_y = 0{,}5$

(c)

x	A_y
0	1
2,5	0,75
5	0,5
7,5	0,25
10	0

(d)

$A_y = 1 - \dfrac{1}{10}x$

linha de influência para A_y

(e)

(f)

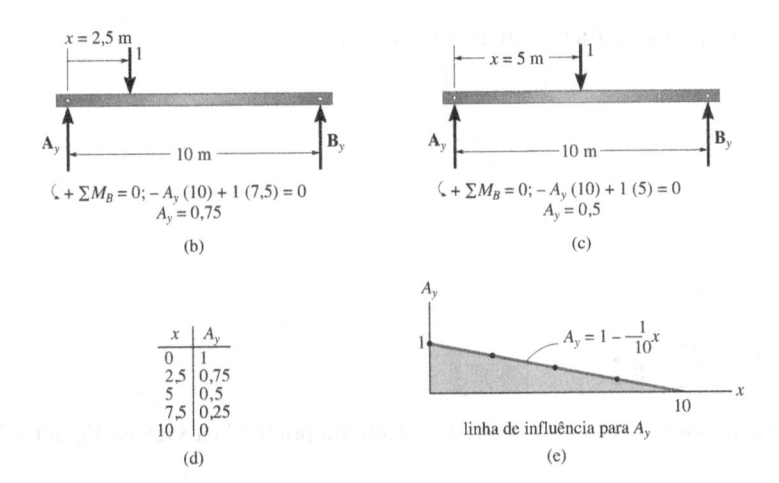

Equação da linha de influência. Quando a carga unitária é colocada a uma distância variável x de A, (Figura 6.1f), a reação A_y como uma função de x pode ser determinada de

$\zeta + \Sigma M_B = 0; \quad -A_y(10) + (10 - x)(1) = 0$

$$A_y = 1 - \tfrac{1}{10}x$$

Esta linha é representada graficamente na Figura 6.1e.

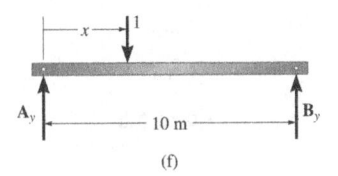

Exemplo 6.2

Construa a linha de influência para a reação vertical em B da viga na Figura 6.2a.

(a)

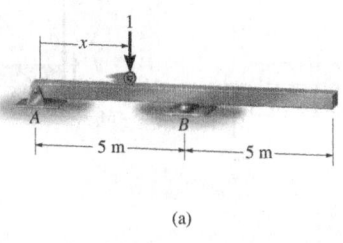

Figura 6.2

SOLUÇÃO

Valores tabulados. Usando estática, verifique que os valores para a reação B_y listados na tabela (Figura 6.2b), estejam calculados corretamente para cada posição x da carga unitária. Uma representação gráfica dos valores produz a linha de influência na Figura 6.2c.

x	B_y
0	0
2,5	0,5
5	1
7,5	1,5
10	2

(b)

$B_y = \dfrac{1}{5}x$

linha de influência para B_y

(c)

Equação da linha de influência. Aplicando a equação de momento em torno de A, na Figura 6.2d,

$\zeta + \Sigma M_A = 0; \quad B_y(5) - 1(x) = 0$

$$B_y = \tfrac{1}{5}x$$

Isto é representado graficamente na Figura 6.2c.

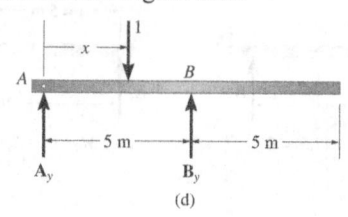

Exemplo 6.3

Construa a linha de influência para o cortante no ponto C da viga na Figura 6.3a.

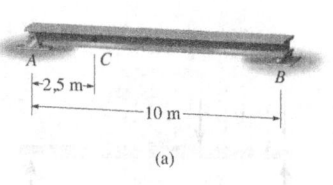

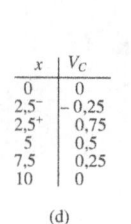

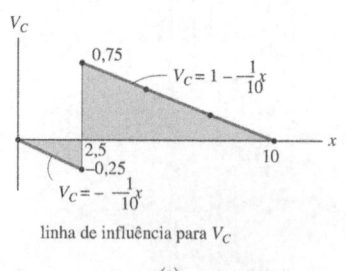

SOLUÇÃO

Valores tabulados. Em cada posição selecionada x da carga unitária, o método das seções é usado para calcular o valor de V_C. Observe em particular que a carga unitária tem de ser colocada logo à esquerda ($x = 2{,}5^-$) e logo à direita ($x = 2{,}5^+$) do ponto C, haja vista que o cortante é descontínuo em C, conforme as figuras 6.3b e 6.3c. Uma representação gráfica dos valores na Figura 6.3d produz a linha de influência para o cortante em C (Figura 6.3e).

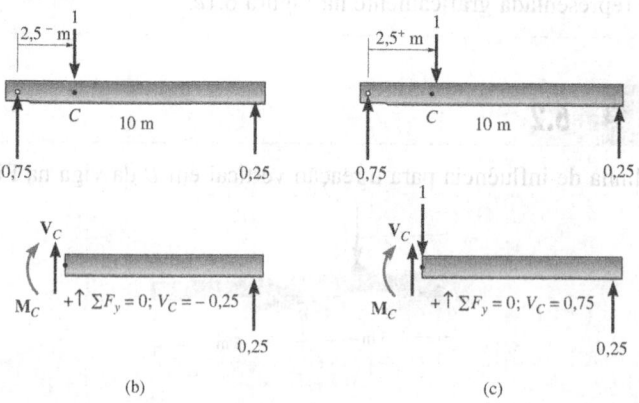

x	V_C
0	0
$2{,}5^-$	$-0{,}25$
$2{,}5^+$	$0{,}75$
5	$0{,}5$
7,5	$0{,}25$
10	0

(d)

linha de influência para V_C

(e)

Equações de linha de influência. Aqui duas equações têm de ser determinadas tendo em vista que há dois segmentos para a linha de influência por causa da descontinuidade de cortante em C (Figura 6.3f). Essas equações são representadas graficamente na Figura 6.3e.

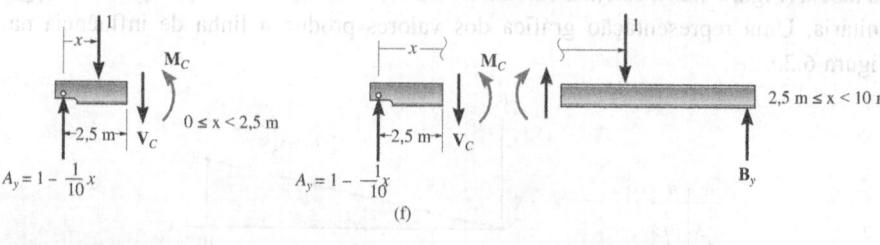

$$V_C = 1 - \frac{1}{10}x$$

$$V_C = -\frac{1}{10}x$$

$$A_y = 1 - \frac{1}{10}x$$

Exemplo 6.4

Construa a linha de influência para o cortante no ponto C da viga na Figura 6.4a.

Capítulo 6 Linhas de influência para estruturas determinadas estaticamente | 151

SOLUÇÃO

Valores tabulados. Usando estática e o método das seções, verifique que os valores do cortante V_C no ponto C na Figura 6.4b correspondem a cada posição de x da carga unitária sobre a viga. Uma representação gráfica na Figura 6.4b produz a linha de influência na Figura 6.4c.

x	V_C
0	0
4^-	$-0{,}5$
4^+	$0{,}5$
8	0
12	$-0{,}5$

(b)

(c) linha de influência para V_C

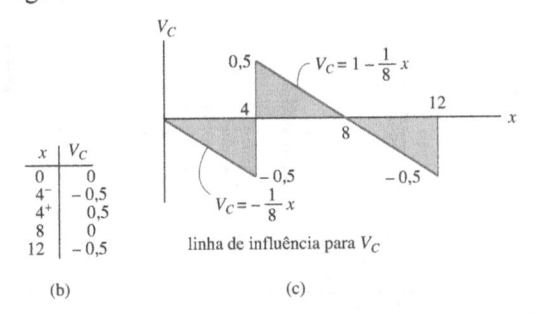

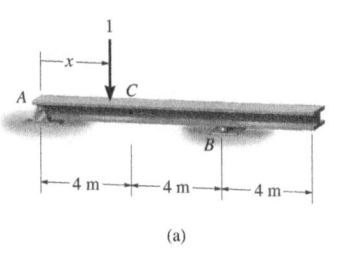

Figura 6.4

Equações de linha de influência. Da Figura 6.4d, verifique que

$$V_C = -\tfrac{1}{8}x \qquad 0 \le x < 4 \text{ m}$$
$$V_C = 1 - \tfrac{1}{8}x \qquad 4 \text{ m} < x \le 12 \text{ m}$$

Estas equações são representadas graficamente na Figura 6.4c.

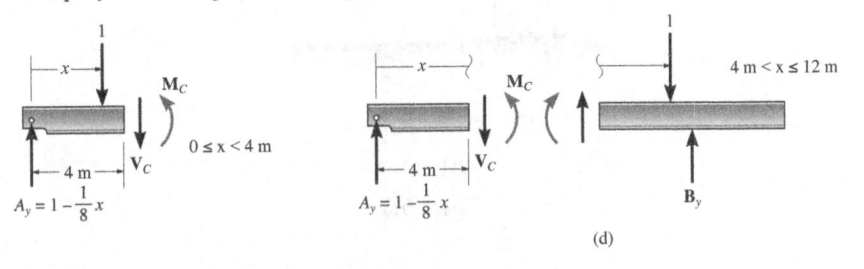

(d)

Exemplo 6.5

Construa a linha de influência para o momento no ponto C da viga na Figura 6.5a.

SOLUÇÃO

Valores tabulados. Em cada posição selecionada da carga unitária, o valor de M_C é calculado usando o método das seções. Por exemplo, veja a Figura 6.5b para $x = 2{,}5$ m. Uma representação gráfica dos valores na Figura 6.5c produz a linha de influência para o momento em C, conforme a Figura 6.5d.

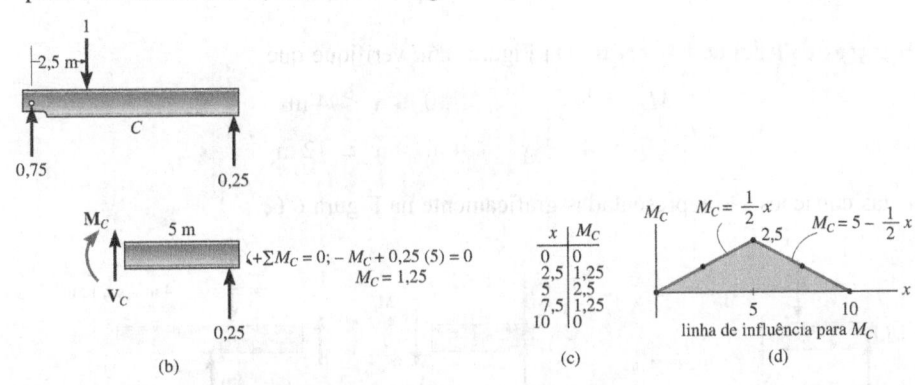

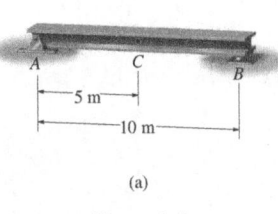

Figura 6.5

$\zeta + \Sigma M_C = 0; \ -M_C + 0{,}25(5) = 0$
$M_C = 1{,}25$

x	M_C
0	0
2,5	1,25
5	2,5
7,5	1,25
10	0

$M_C = \tfrac{1}{2}x$
$M_C = 5 - \tfrac{1}{2}x$

linha de influência para M_C

(b) (c) (d)

Equações de linha de influência. Os dois segmentos de linha para a linha de influência podem ser determinados usando $\Sigma M_C = 0$ juntamente com o método das seções mostrado na Figura 6.5e. Estas seções quando representadas graficamente produzem a linha de influência ilustrada na Figura 6.5d.

$(+\Sigma M_C = 0;$ $\quad M_C + 1(5-x) - \left(1 - \frac{1}{10}x\right)5 = 0$ $\quad (+\Sigma M_C = 0;$ $\quad M_C - \left(1 - \frac{1}{10}x\right)5 = 0$

$\quad\quad\quad\quad\quad\quad M_C = \frac{1}{2}x \quad\quad 0 \le x < 5 \text{ m}$ $\quad\quad\quad\quad\quad\quad\quad\quad M_C = 5 - \frac{1}{2}x \quad\quad 5 \text{ m} < x \le 10 \text{ m}$

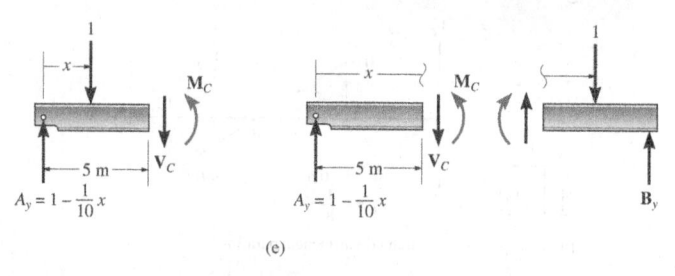

(e)

Exemplo 6.6

Construa a linha de influência para o momento no ponto C da viga na Figura 6.6a.

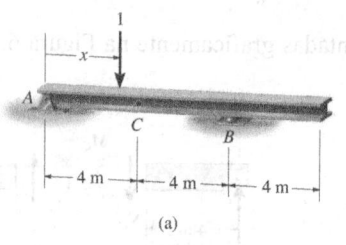

Figura 6.6

SOLUÇÃO

Valores tabulados. Usando a estática e o método das seções, verifique que os valores do momento M_C no ponto C na Figura 6.6b correspondem a cada posição x da carga unitária. Uma representação gráfica dos valores na Figura 6.6b produz a linha de influência na Figura 6.6c.

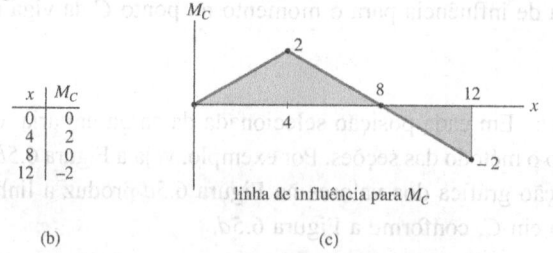

x	M_C
0	0
4	2
8	0
12	-2

linha de influência para M_C

(b) (c)

Equações de linha de influência. Da Figura 6.6d verifique que

$$M_C = \frac{1}{2}x \quad\quad 0 \le x < 4 \text{ m}$$
$$M_C = 4 - \frac{1}{2}x \quad\quad 4 \text{ m} < x \le 12 \text{ m}$$

Estas equações são representadas graficamente na Figura 6.6c.

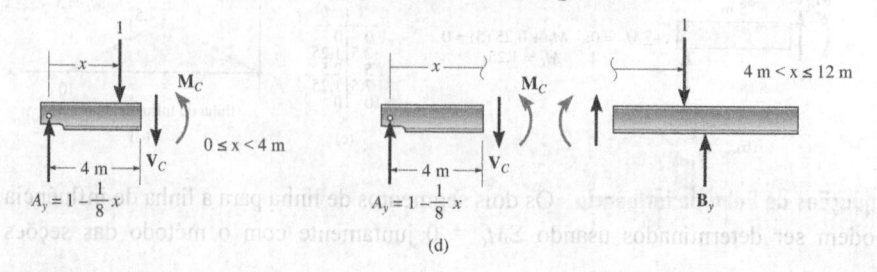

(d)

6.2 Linhas de influência para vigas

Tendo em vista que vigas (ou longarinas) com frequência formam os principais elementos de suporte para carga de um sistema de piso ou tabuleiro de ponte, é importante ter a possibilidade de construir as linhas de influência para as reações, cortante ou momento em qualquer ponto especificado em uma viga.

Cargas. Uma vez que a linha de influência para uma função (reação, cortante ou momento) tenha sido construída, será então possível posicionar as cargas vivas sobre a viga que produzirão o valor máximo da função. Dois tipos de cargas serão considerados agora.

Força concentrada. Tendo em vista que valores numéricos para uma linha de influência são determinados usando uma carga unitária adimensional, então para qualquer força concentrada **F** atuando sobre a viga em qualquer posição x, *o valor da função pode ser encontrado multiplicando a ordenada da linha de influência na posição x pela magnitude de* **F**. Por exemplo, considere a linha de influência para a reação em A para a viga AB (Figura 6.7). Se a *carga unitária* está em $x = \frac{1}{2}L$, a reação em A é $A_y = \frac{1}{2}$ como indicado a partir da linha de influência. Logo, se a força F kN se encontra neste mesmo ponto, a reação é $A_y = \left(\frac{1}{2}\right)(F)$ kN. É claro, este mesmo valor também pode ser determinado por estática. Obviamente, a *influência máxima* causada por **F** ocorre quando ela é colocada sobre a viga na mesma localização que o *pico* da linha de influência – neste caso em $x = 0$, onde a reação seria $A_y = (1)(F)$ kN.

Carga uniforme. Considere uma porção de uma viga sujeita a uma carga uniforme w_0 (Figura 6.8). Conforme mostrado, cada segmento dx dessa carga cria uma força concentrada de $dF = w_0\, dx$ sobre a viga. Se $d\mathbf{F}$ está localizado em x, onde a ordenada de linha de influência da viga para alguma função (reação, cortante, momento) é y, então o valor da função é $(dF)(y) = (w_0\, dx)y$. O efeito de todas as forças concentradas $d\mathbf{F}$ é determinado pela integração através de todo o comprimento da viga, isto é, $\int w_0 y\, dx = w_0 \int y\, dx$. Também, tendo em vista que $\int y\, dx$ é equivalente à *área* sob a linha de influência, então, em geral, *o valor de uma função causada por uma carga uniforme distribuída é simplesmente a área sob a linha de influência para a função multiplicada pela intensidade da carga uniforme*. Por exemplo, no caso de uma viga carregada uniformemente mostrada na Figura 6.9, a reação $\mathbf{A}_y$ pode ser determinada a partir da linha de influência como $A_y = (\text{área})(w_0) = \left[\frac{1}{2}(1)(L)\right]w_0 = \frac{1}{2}w_0 L$. Este valor pode, é claro, também ser determinado a partir da estática.

Figura 6.7

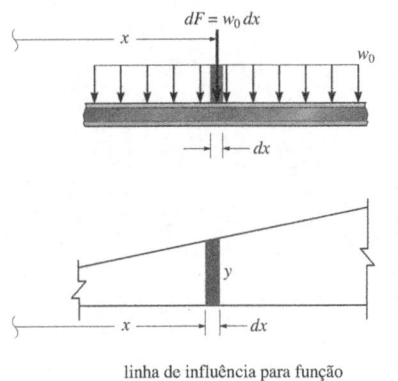

Figura 6.8

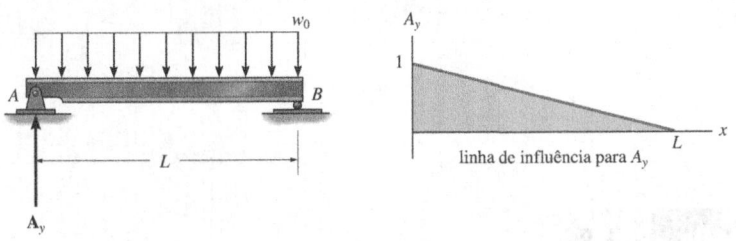

Figura 6.9

Exemplo 6.7

Determine o cortante *positivo* máximo que pode ser desenvolvido no ponto C na viga mostrada na Figura 6.10a em razão de uma carga em movimento concentrada de 4 kN e uma carga em movimento uniforme de 2 kN/m.

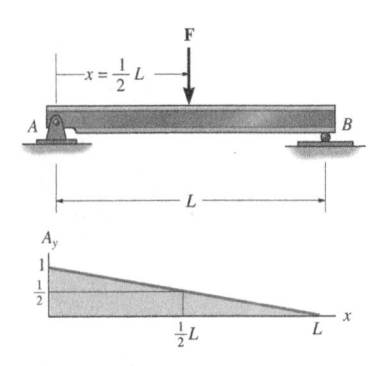

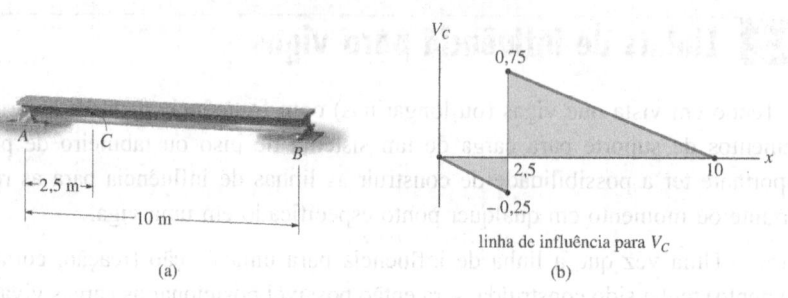

Figura 6.10

SOLUÇÃO

A linha de influência para o cortante em C foi estabelecida no Exemplo 6.3 e é ilustrada na Figura 6.10b.

Força concentrada. O cortante positivo máximo em C ocorrerá quando a força de 4 kN estiver localizada em $x = 2,5^+$ m, tendo em vista que este é o pico positivo da linha de influência. A ordenada deste pico é +0,75; de maneira que

$$V_C = 0,75(4 \text{ kN}) = 3 \text{ kN}$$

Carga uniforme. A carga em movimento uniforme cria a influência positiva máxima para V_C quando a carga atua sobre a viga entre $x = 2,5^+$m e $x = 10$ m, tendo em vista que dentro dessa região a linha de influência tem uma área positiva. A magnitude de $\mathbf{V}_C$ em consequência dessa carga é

$$V_C = \left[\tfrac{1}{2}(10 \text{ m} - 2,5 \text{ m})(0,75)\right] 2 \text{ kN/m} = 5,625 \text{ kN}$$

Cortante máximo total em C.

$$(V_C)_{\max} = 3 \text{ kN} + 5,625 \text{ kN} = 8,625 \text{ kN} \qquad (Resposta)$$

Observe que uma vez que as *posições* das cargas foram estabelecidas usando a linha de influência (Figura 6.10c), este valor de $(V_C)_{\max}$ *também* pode ser determinado usando estática e o método das seções. Demonstre ser este o caso.

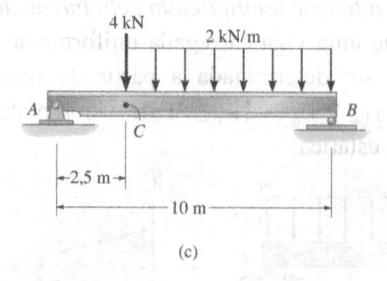

Exemplo 6.8

A estrutura aporticada mostrada na Figura 6.11a é usada para suportar um guindaste para transferir cargas para armazenamento em pontos abaixo dela. Antecipa-se que a carga sobre o gancho é de 3 kN e a viga CB tem uma massa de 24 kg/m. Presuma que o guindaste tenha um tamanho desprezível e possa se deslocar pelo comprimento inteiro da viga. Também, presuma que A é um pino e B é um rolo. Determine as reações de apoio vertical máximas em A e B e o momento máximo na viga em D.

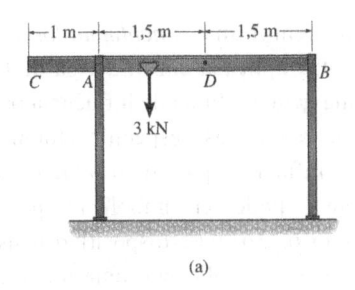

Figura 6.11

SOLUÇÃO

Reação máxima em A. Primeiro traçamos a linha de influência para A_y, (Figura 6.11b). Especificamente, quando uma carga unitária está em A, a reação em A é 1 como mostrada. A ordenada em C é 1,33. Aqui o valor máximo para A_y ocorre quando o guindaste está em C. Tendo em vista que o peso próprio (peso da viga) tem de ser colocado sobre o comprimento inteiro da viga, temos

$$(A_y)_{max} = 3000(1,33) + 24(9,81)\left[\tfrac{1}{2}(4)(1,33)\right]$$
$$= 4,63 \text{ kN} \qquad (Resposta)$$

Reação máxima em B. A linha de influência (na viga) assume a forma apresentada na Figura 6.11c. Os valores em C e B são determinados pela estática. Aqui o guindaste tem de estar em B. Desse modo,

$$(B_y)_{max} = 3000(1) + 24(9,81)\left[\tfrac{1}{2}(3)(1)\right] + 24(9,81)\left[\tfrac{1}{2}(1)(-0,333)\right]$$
$$= 3,31 \text{ kN} \qquad (Resposta)$$

Momento máximo em D. A linha de influência tem a forma ilustrada na Figura 6.11d. Os valores em C e D são determinados por estática. Aqui,

$$(M_D)_{max} = 3000(0,75) + 24(9,81)\left[\tfrac{1}{2}(1)(-0,5)\right] + 24(9,81)\left[\tfrac{1}{2}(3)(0,75)\right]$$
$$= 2,46 \text{ kN} \cdot \text{m} \qquad (Resposta)$$

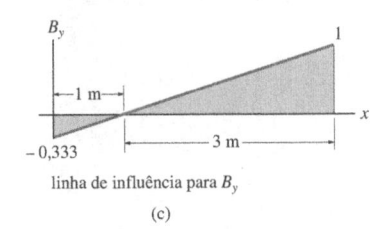

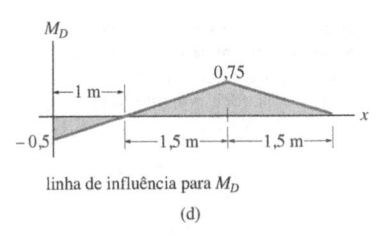

6.3 Linhas de influência qualitativas

Em 1886, Heinrich Müller-Breslau desenvolveu uma técnica para construir rapidamente a forma de uma linha de influência. Chamado de *princípio de Müller-Breslau*, ele afirma que a linha de influência para uma função (reação, cortante ou momento) está para a mesma escala que a forma defletida da viga quando a função atua sobre esta. A fim de traçar a forma defletida de maneira apropriada, a capacidade da viga de resistir à função aplicada tem de ser *removida* de maneira que a viga possa defletir quando a função for aplicada. Por exemplo, considere a viga na Figura 6.12a. Se a forma da linha de influência para a *reação vertical* em A deve ser determinada, o pino é primeiro substituído por uma *guia de rolamento* como apresentado na Figura 6.12b. Uma guia de rolamento é necessária, tendo em vista que a viga ainda tem de

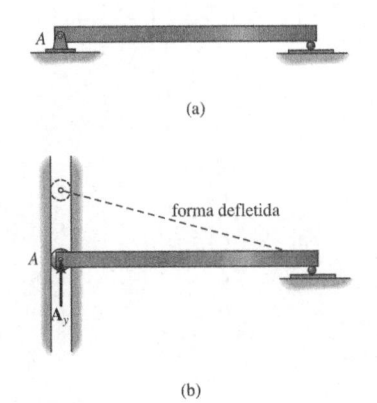

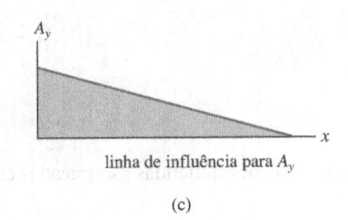

Figura 6.12

O projeto desta viga de ponte é baseado nas linhas de influência que devem ser construídas para as cargas aplicadas por este trem.

resistir a uma força horizontal em A, mas a *nenhuma força vertical*. Quando a força positiva (para cima) $\mathbf{A}_y$ é então aplicada em A, a viga deflete para a posição tracejada*, que representa a forma geral da linha de influência para A_y, conforme a Figura 6.12c. (Valores numéricos para este caso específico foram calculados no Exemplo 6.1.) Se a forma da linha de influência para o *cortante* em C deve ser determinada, Figura 6.13a, a conexão em C pode ser simbolizada por uma *guia de rolamento* conforme mostrado na Figura 6.13b. Este dispositivo resistirá a um momento e à força axial, mas não ao *cortante***. Aplicando uma força de cortante positiva $\mathbf{V}_C$ à viga em C e permitindo que a viga faça uma deflexão para a posição tracejada, encontramos a forma de linha de influência tal como ilustrado na Figura 6.13c. Por fim, se a forma da linha de influência para o *momento* em C (Figura 6.14a), deve ser determinada, uma *articulação* interna ou *pino* é colocado em C, tendo em vista que esta conexão resiste às forças axiais e cortantes, mas *não consegue resistir a um momento* (ver Figura 6.14b). Aplicando momentos positivos $\mathbf{M}_C$ à viga, ela então deflete para a posição tracejada, que tem a forma da linha de influência (Figura 6.14c).

A prova do princípio de Müller-Breslau pode ser estabelecida usando o princípio do trabalho virtual. Lembre-se que *trabalho* é o produto de um *deslocamento linear pela força na direção do deslocamento* ou de *um deslocamento rotacional pelo momento na direção do deslocamento*. Se um corpo rígido (viga) está em equilíbrio, a soma de todas as forças e momentos nele tem de ser igual a zero. Consequentemente, se o corpo sofre um *deslocamento virtual* ou *imaginário*, o trabalho feito por *todas* essas forças e momentos binários também tem de ser igual a zero. Considere, por exemplo, a viga com apoios simples mostrada na Figura 6.15a, que é sujeita a uma carga unitária colocada em um ponto arbitrário ao longo do seu comprimento. Se a viga sofre um deslocamento δy virtual (ou imaginário) no apoio A, (Figura 6.15b), então apenas a reação do apoio $\mathbf{A}_y$ e a carga unitária realizam trabalho virtual. Especificamente, A_y realiza trabalho positivo $A_y \, \delta y$ e a carga unitária realiza trabalho

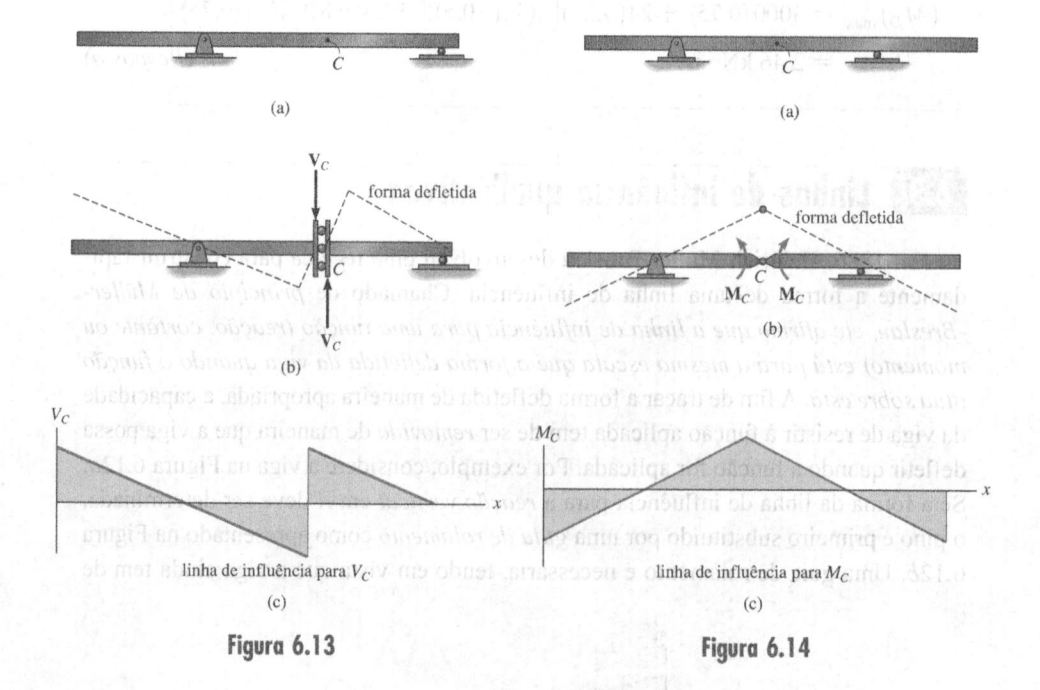

Figura 6.13

Figura 6.14

---

* Ao longo da discussão, todas as posições defletidas são traçadas em uma escala exagerada para ilustrar o conceito.

** Aqui os rolos *simbolizam* apoios que suportam cargas tanto em tração, quanto em compressão. Ver Tabela 2.1, apoio (2).

negativo, $-1\delta y'$. (O suporte em B não se desloca e, portanto, a força em B não realiza trabalho.) Tendo em vista que a viga está em equilíbrio e, portanto, não se move na realidade, o trabalho virtual soma a zero, isto é,

$$A_y \, \delta y - 1 \, \delta y' = 0$$

Se δy é estabelecido igual a 1, então

$$A_y = \delta y'$$

Em outras palavras, o valor de A_y representa a ordenada da linha de influência na posição da carga unitária. Tendo em vista que este valor é equivalente ao deslocamento $\delta y'$ na posição da carga unitária, isto demonstra que a *forma* da linha de influência para a reação em A foi estabelecida. Isto prova o princípio de Müller-Breslau para reações.

Da mesma maneira, se a viga é secionada em C, e ela passa por um deslocamento virtual δy neste ponto, (Figura 6.15c), então apenas o cortante interno em C e a carga unitária trabalham. Desse modo, a equação de trabalho virtual é

$$V_C \, \delta y - 1 \, \delta y' = 0$$

Novamente, se $\delta y = 1$, então

$$V_C = \delta y'$$

e a *forma* da linha de influência para o cortante em C foi estabelecida.

Por fim, presuma que uma articulação ou pino é introduzido na viga no ponto C (ver Figura 6.15d). Se uma rotação virtual $\delta\phi$ é introduzida no pino, o trabalho virtual será realizado somente pelo momento interno e a carga unitária. Assim,

$$M_C \, \delta\phi - 1 \, \delta y' = 0$$

Estabelecendo $\delta\phi = 1$, vê-se que

$$M_C = \delta y'$$

o que indica que a viga defletida tem a mesma *forma* que a linha de influência para o momento interno no ponto C (ver Figura 6.14).

Obviamente, o princípio de Müller-Breslau proporciona um método rápido para estabelecer a *forma* da linha de influência. Uma vez que isso seja conhecido, as ordenadas para os picos podem ser determinadas usando o método básico discutido na Seção 6.1. Da mesma forma, sabendo simplesmente a forma geral da linha de influência é possível *posicionar* a sobrecarga na viga e então determinar o valor máximo da função *usando a estática*. O Exemplo 6.12 ilustra essa técnica.

Figura 6.15

Exemplo 6.9

Para cada viga nas figuras 6.16a a 6.16c, trace a linha de influência para a reação vertical em A.

SOLUÇÃO

O apoio é substituído por uma guia de rolamento em A tendo em vista que ele resistirá a $\mathbf{A}_x$, mas não a $\mathbf{A}_y$. A força $\mathbf{A}_y$ é então aplicada.

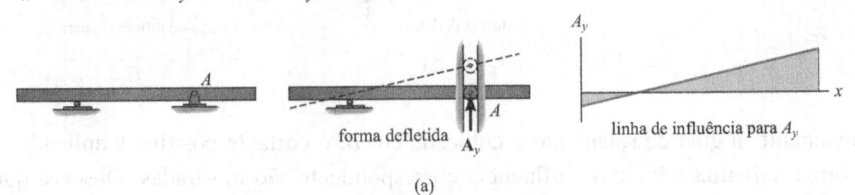

Figura 6.16

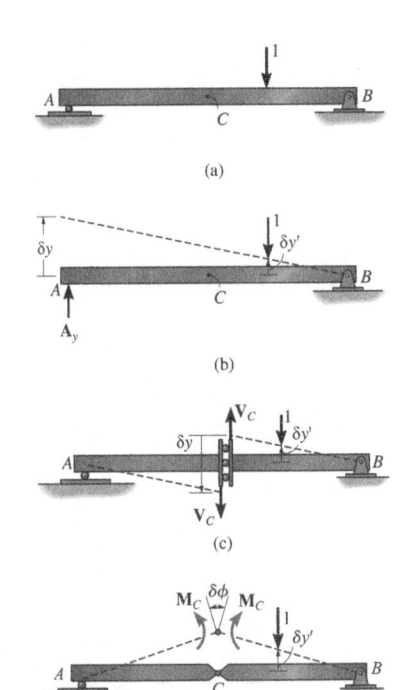

Novamente uma guia de rolamento é colocada em A e uma força A_y é aplicada.

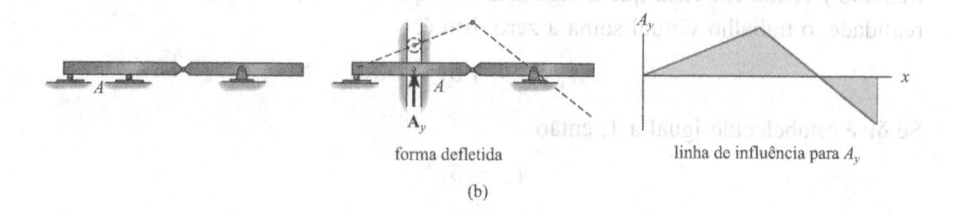

forma defletida

linha de influência para A_y

(b)

Uma *guia de rolamento duplo* tem de ser usada em A neste caso, tendo em vista que este tipo de apoio resistirá tanto a um momento M_A no apoio fixo, quanto a uma carga A_x, mas não resistirá a A_y.

forma defletida

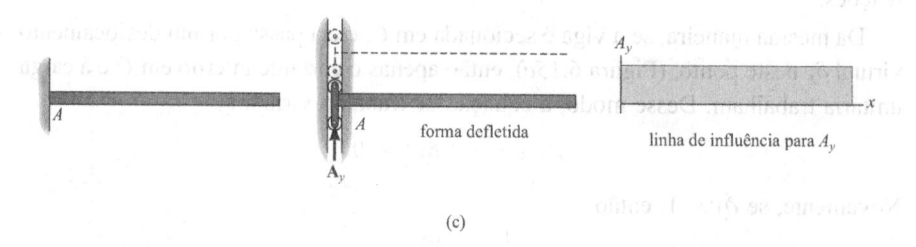

linha de influência para A_y

(c)

Exemplo 6.10

Para cada viga nas figuras 6.17a até a 6.17c, trace a linha de influência para o cortante em B.

SOLUÇÃO

A guia de rolamento é introduzida em B e o cortante positivo V_B aplicado. Observe que o segmento direito da viga *não defletirá* tendo em vista que o rolo em A na realidade impede que a viga se desloque verticalmente, seja para cima ou para baixo. [Ver apoio (2) na Tabela 2.1.]

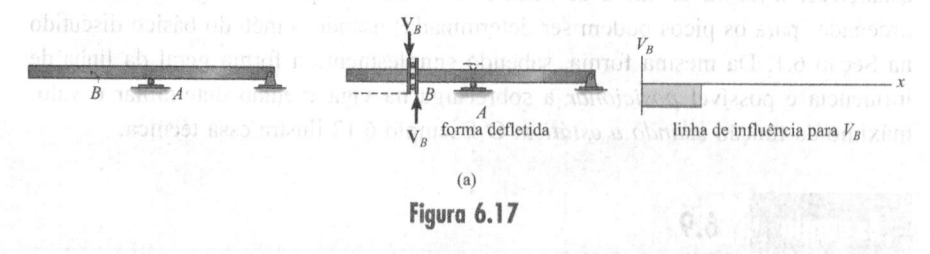

forma defletida

linha de influência para V_B

(a)

Figura 6.17

Colocar a guia de rolamento em B e aplicar o cortante positivo em B produz a forma defletida e linha de influência correspondente.

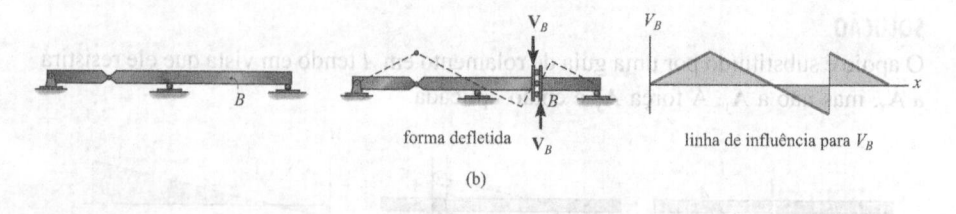

forma defletida

linha de influência para V_B

(b)

Novamente, a guia de rolamento é colocada em B, o cortante positivo é aplicado, e a forma defletida e linha de influência correspondente são mostradas. Observe que o segmento esquerdo da viga não deflete por causa do apoio fixo.

Exemplo 6.11

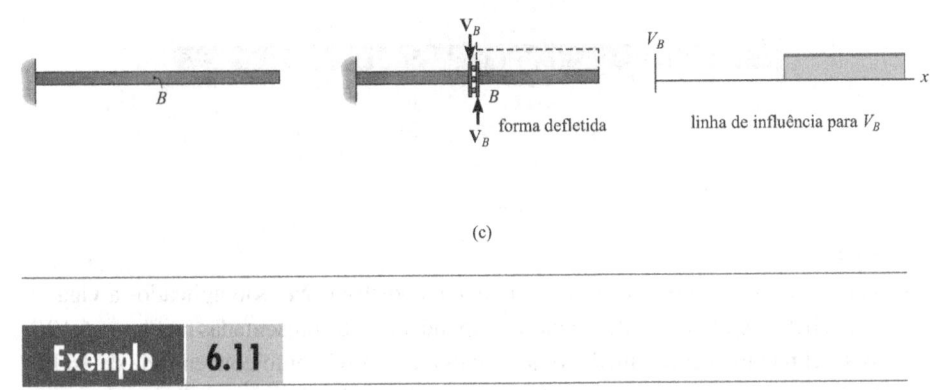

Para cada viga nas figuras 6.18a a 6.18c, trace a linha de influência para o momento em B.

SOLUÇÃO

Uma articulação é introduzida em B e momentos positivos M_B são aplicados à viga. A forma defletida e linha de influência correspondente são mostradas.

(a)

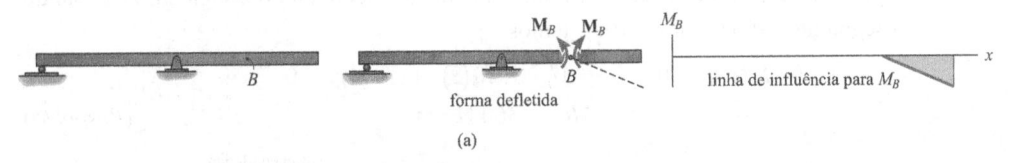

Figura 6.18

Colocar uma articulação em B e aplicar momentos positivos M_B à viga produz a forma defletida e linha de influência.

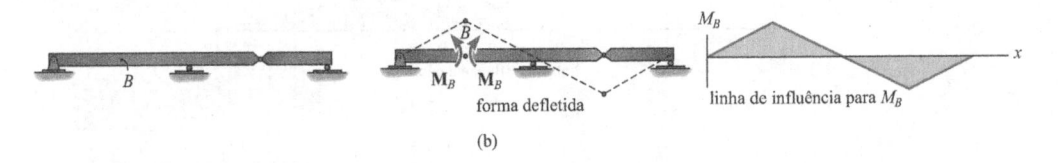

(b)

Com a articulação e o momento positivo em B, a forma defletida e linha de influência são mostradas. O segmento esquerdo da viga é impedido de se deslocar em razão da parede fixa em A.

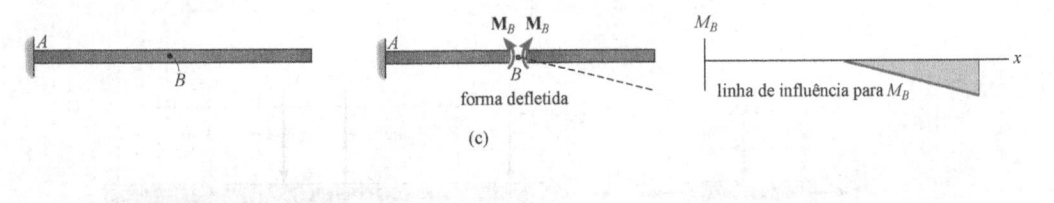

(c)

Exemplo 6.12

Determine o momento positivo máximo que pode ser desenvolvido no ponto D na viga ilustrada na Figura 6.19a em consequência de uma carga em movimento concentrada de 16 kN, uma carga em movimento uniforme de 3 kN/m, e um peso de viga de 2 kN/m.

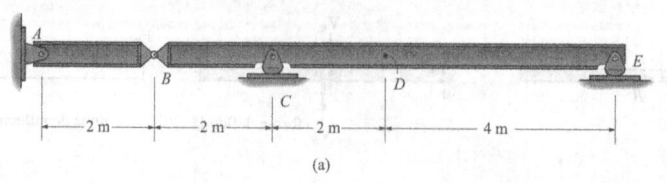

Figura 6.19

SOLUÇÃO

Uma articulação é colocada em D e momentos positivos $\mathbf{M}_D$ são aplicados à viga. A forma defletida e linha de influência correspondente são apresentadas na Figura 6.19b. É possível reconhecer de imediato que a carga em movimento concentrada de 16 kN cria um momento *positivo* máximo em D quando ela é colocada em D, isto é, o pico da linha de influência. Do mesmo modo, a carga em movimento uniforme de 3 kN/m tem de estender-se de C para E a fim de cobrir a região onde a área da linha de influência é positiva. Por fim, o peso uniforme de 2 kN/m atua sobre o *comprimento inteiro* da viga. A carga é mostrada na viga na Figura 6.19c. Sabendo a posição das cargas, podemos determinar agora o momento máximo em D usando a estática. Na Figura 6.19d as reações em BE foram calculadas. Secionando a viga em D e usando o segmento DE (Figura 6.19e), temos

$$\zeta+\Sigma M_D = 0; \qquad -M_D - 20(2) + 19(4) = 0$$
$$M_D = 36 \text{ kN} \cdot \text{m} \qquad \qquad (Resposta)$$

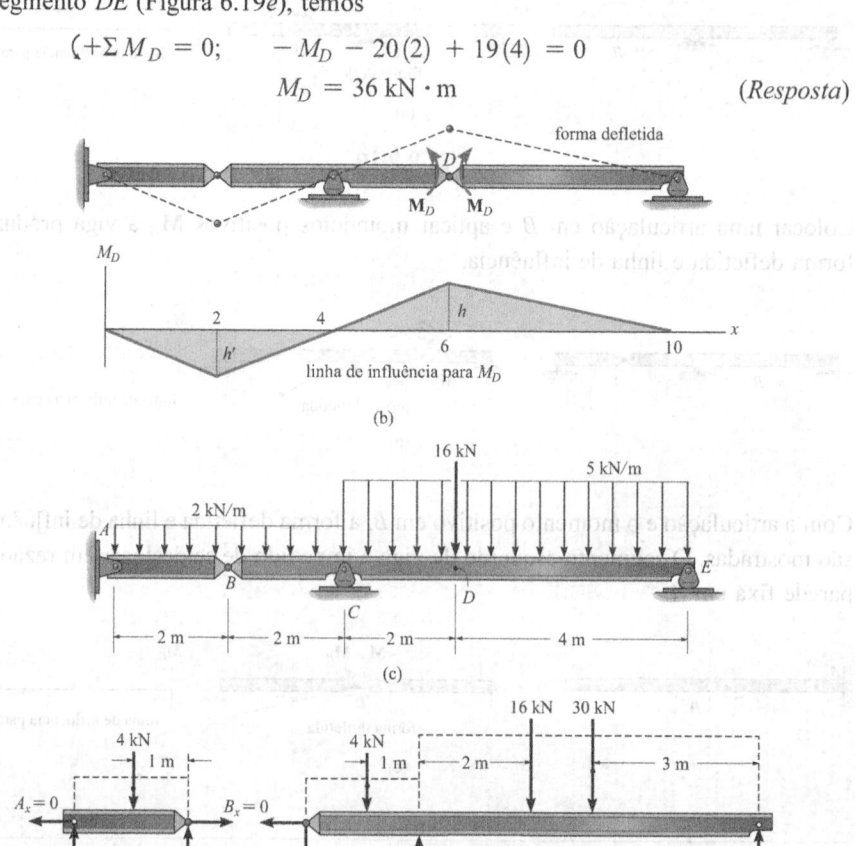

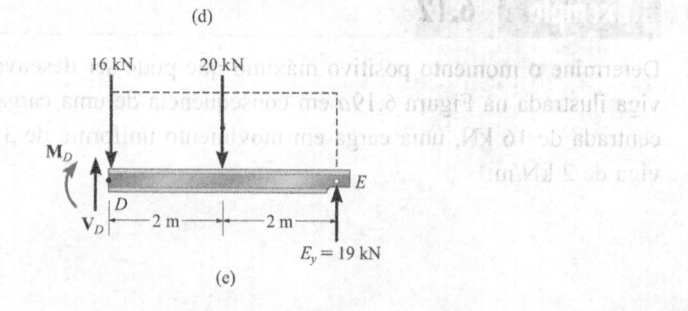

Este problema também pode ser trabalhado usando *valores numéricos* para a linha de influência como na Seção 6.1. Na realidade, examinando a Figura 6.19b, apenas o valor de pico h em D precisa ser determinado. Isto exige colocar uma carga unitária sobre a viga em D na Figura 6.19a e então solucionar para o momento interno na viga em D. Demonstre que o valor obtido é $h = 1{,}333$. Através de triângulos proporcionais, $h'/(4-2) = 1{,}333/(6-4)$ ou $h' = 1{,}333$. Logo, com a carga sobre a viga como na Figura 6.19c, usando as áreas e valores de picos da linha de influência, Figura 6.19b, temos

$$M_D = 5\left[\tfrac{1}{2}(10-4)(1{,}333)\right] + 16(1{,}333) - 2\left[\tfrac{1}{2}(4)(1{,}333)\right]$$
$$= 36 \text{ kN} \cdot \text{m} \qquad \qquad (Resposta)$$

Problemas fundamentais

PF6.1. Utilize o princípio de Müller-Breslau para traçar as linhas de influência para a reação vertical em A, o cortante em C e o momento em C.

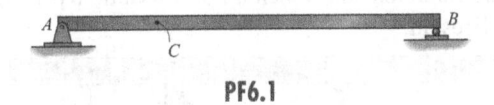

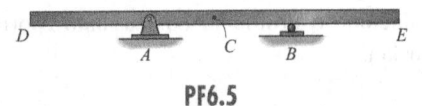

PF6.1

PF6.2. Utilize o princípio de Müller-Breslau para traçar as linhas de influência para a reação vertical em A, o cortante em D e o momento em B.

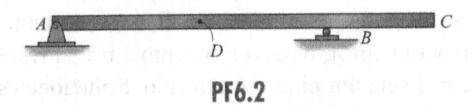

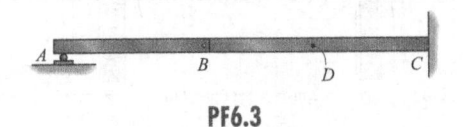

PF6.2

PF6.3. Utilize o princípio de Müller-Breslau para traçar as linhas de influência para a reação vertical em A, o cortante em D e o momento em D.

PF6.3

PF6.4. Utilize o princípio de Müller-Breslau para traçar as linhas de influência para a reação vertical em A, o cortante em B e o momento em B.

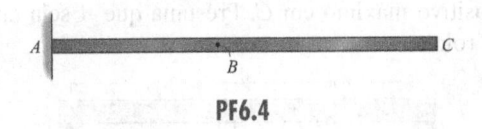

PF6.4

PF6.5. Utilize o princípio de Müller-Breslau para traçar as linhas de influência para a reação vertical em A, o cortante em C e o momento em C.

PF6.5

PF6.6. Utilize o princípio de Müller-Breslau para traçar as linhas de influência para a reação vertical em A, o cortante logo à esquerda do apoio de rolo em E e o momento em A.

PF6.6

PF6.7. A viga suporta uma sobrecarga distribuída de 1,5 kN/m e uma carga concentrada única de 8 kN. Seu peso próprio é 2 kN/m. Determine (a) o momento positivo máximo em C, (b) o cortante positivo máximo em C.

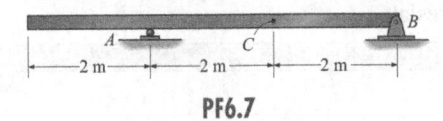

PF6.7

PF6.8. A viga suporta uma sobrecarga distribuída de 2 kN/m e carga concentrada única de 6 kN. O peso próprio é 4 kN/m. Determine (a) a reação positiva vertical máxima em C, (b) o momento negativo máximo em A.

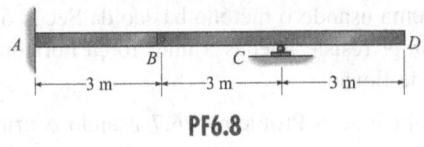

PF6.8

Problemas

P6.1. Trace as linhas de influência para (a) o momento em C, (b) a reação em B, e (c) o cortante em C. Presuma que A esteja fixado por pinos e B seja um rolo. Solucione este problema usando o método básico da Seção 6.1.

P6.2. Solucione o Problema P6.1 usando o princípio de Müller-Breslau.

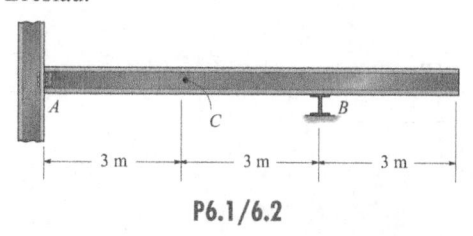

P6.1/6.2

P6.3. Trace as linhas de influência para: (a) a reação vertical em A, (b) o momento em A, e (c) o cortante em B. Presuma que o apoio em A seja fixo. Solucione este problema usando o método básico da Seção 6.1.

*P6.4. Solucione o Problema P6.3 usando o princípio de Müller-Breslau.

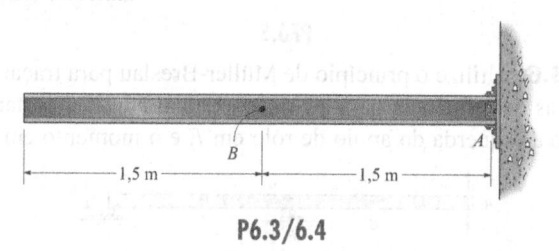

P6.3/6.4

P6.5. Trace as linhas de influência para: (a) a reação vertical em B, (b) o cortante logo à direita do balancim em A e (c) o momento em C. Solucione este problema usando o método básico da Seção 6.1.

P6.6. Solucione o Problema P6.5 usando o princípio de Müller-Breslau.

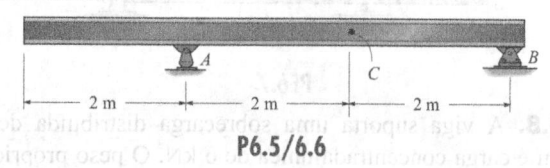

P6.5/6.6

P6.7. Trace a linha de influência para: (a) o momento em B, (b) o cortante em C e (c) a reação vertical em B. Solucione esse problema usando o método básico da Seção 6.1. *Dica:* o apoio em A resiste apenas a uma força horizontal e um momento de flexão.

*P6.8. Solucione o Problema P6.7 usando o princípio de Müller-Breslau.

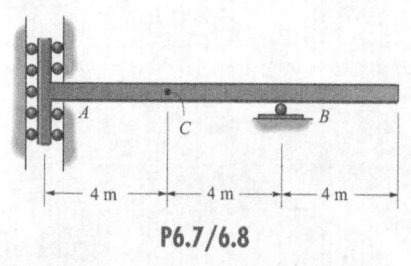

P6.7/6.8

P6.9. Trace a linha de influência para: (a) a reação vertical em A, (b) o cortante em B e (c) o momento em B. Presuma que A seja fixo. Solucione este problema usando o método básico da Seção 6.1.

P6.10. Solucione o Problema P6.9 usando o princípio de Müller-Breslau.

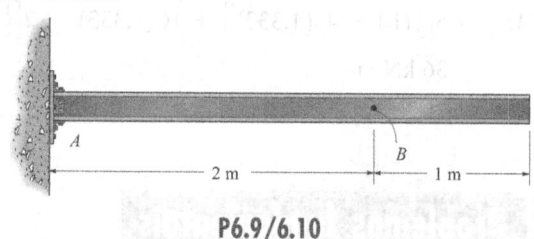

P6.9/6.10

P6.11. Trace as linhas de influência para: (a) a reação vertical em A, (b) o cortante em C e (c) o momento em C. Solucione este problema usando o método básico da Seção 6.1.

*P6.12. Solucione o Problema P6.11 usando o princípio de Müller-Breslau.

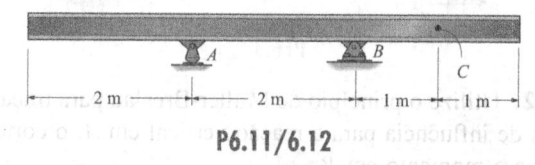

P6.11/6.12

P6.13. Trace as linhas de influência para: (a) a reação vertical em A, (b) a reação vertical em B, (c) o cortante logo à direita do apoio em A, e (d) o momento em C. Presuma que o apoio em A seja um pino e B um rolo. Solucione este problema usando o método básico da Seção 6.1.

P6.14. Solucione o Problema P6.13 usando o princípio de Müller-Breslau.

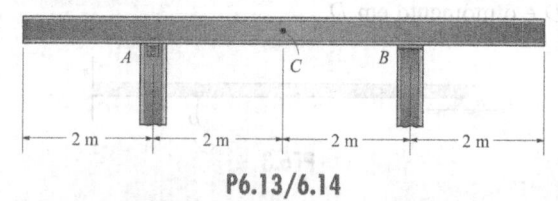

P6.13/6.14

P6.15. A viga é sujeita a um peso próprio uniforme de 1,2 kN/m e uma sobrecarga única de 40 kN. Determine (a) o momento máximo criado por estas cargas em C, e (b) o cortante positivo máximo em C. Presuma que A seja um pino e B um rolo.

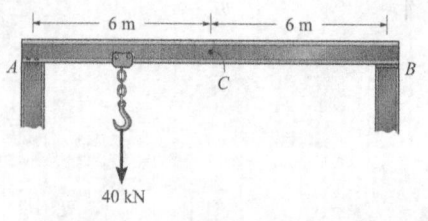

P6.15

*P6.16. A viga suporta uma carga permanente uniforme de 500 N/m e uma sobrecarga concentrada única de 3.000 N. Determine: (a) o momento positivo máximo em C, e (b) o cortante positivo máximo em C. Presuma que o apoio em A seja um rolo e B um pino.

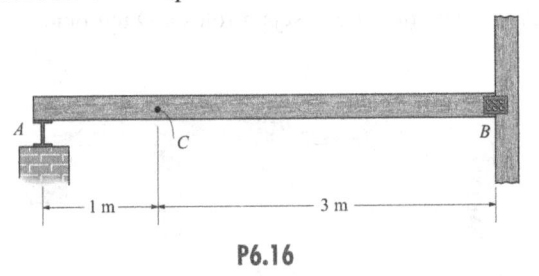

P6.16

P6.17. Uma sobrecarga uniforme de 4 kN/m e uma força concentrada móvel única de 6 kN serão colocadas sobre a viga. A viga tem um peso de 2 kN/m. Determine: (a) a reação vertical máxima no apoio B, e (b) o momento negativo máximo no ponto B. Presuma que o apoio em A seja um pino e B um rolo.

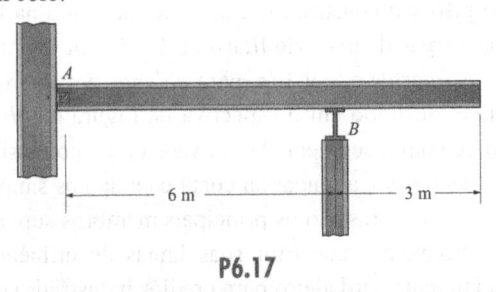

P6.17

P6.18. A viga suporta uma carga uniforme permanente de 8 kN/m, uma sobrecarga de 30 kN/m e uma força concentrada móvel única de 32 kN. Determine: (a) o momento positivo máximo em C e (b) a reação vertical positiva máxima em B. Presuma que A seja um rolo e B um pino.

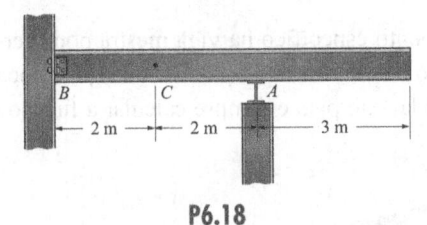

P6.18

P6.19. A viga é usada para suportar uma carga permanente de 9 kN/m, uma sobrecarga de 30 kN/m e uma carga móvel concentrada de 36 kN. Determine (a) a reação (para cima) positiva máxima em A, (b) o momento positivo máximo em C e (c) o cortante positivo máximo logo à direita do apoio em A. Presuma que o apoio em A seja um pino e B um rolo.

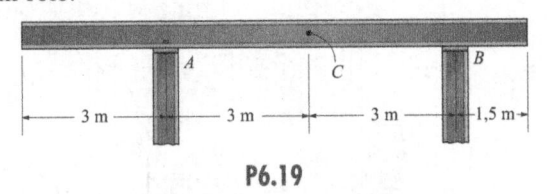

P6.19

*P6.20. A viga composta é sujeita a uma carga permanente uniforme de 1,5 kN/m e a uma carga móvel única de 10 kN. Determine: (a) o momento máximo negativo criado por estas cargas em A, e (b) o cortante positivo máximo em B. Presuma que A seja um apoio fixo, B um pino e C um rolo.

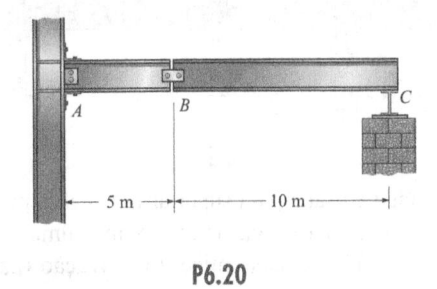

P6.20

P6.21. Onde uma sobrecarga única de 2 kN deve ser colocada sobre a viga de maneira que ela cause o maior momento em D? Qual é esse momento? Presuma que o apoio em A seja fixo, B fixado por pinos e C um rolo.

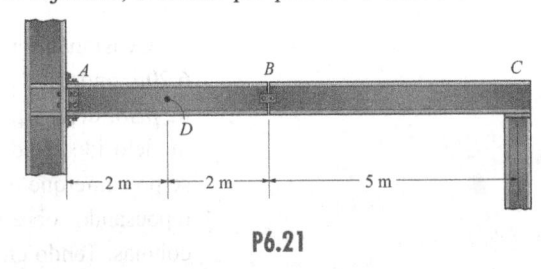

P6.21

P6.22. Onde a viga ABC deve ser carregada com uma carga distribuída uniforme de 6 kN/m de maneira que ela cause: (a) o maior momento no ponto A e (b) o maior cortante em D? Calcule os valores do momento e cortante. Presuma que o apoio em A seja fixo, B fixado por pinos e C um rolo.

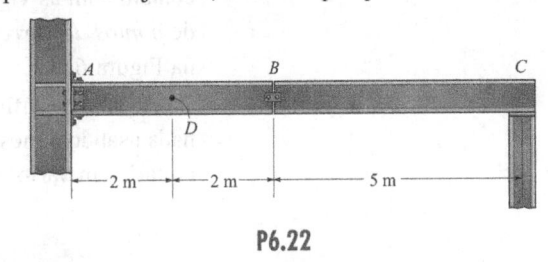

P6.22

P6.23. A viga é usada para suportar uma carga permanente de 800 N/m, uma sobrecarga de 4 kN/m, e uma carga móvel concentrada de 20 kN. Determine (a) a reação (para cima) positiva máxima em B, (b) o momento positivo máximo em C, e (c) o cortante negativo máximo em C. Presuma que B e D sejam pinos.

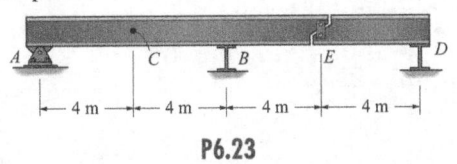

P6.23

*P6.24. A viga é usada para suportar uma carga permanente de 8 kN/m, uma sobrecarga de 40 kN/m, e uma carga móvel concentrada de 32 kN. Determine: (a) a reação vertical positiva máxima em A, (b) o cortante positivo máximo logo à direita do apoio em A, e (c) o momento negativo máximo em C. Presuma que A seja um rolo, C fixo e B fixado por pinos.

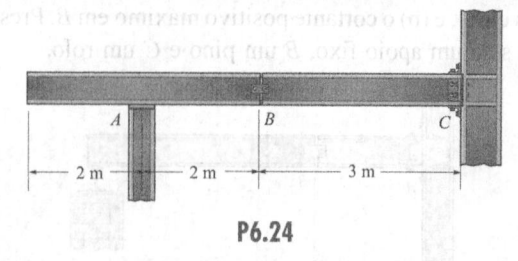

P6.25. A viga é usada para suportar uma carga permanente de 5 kN/m, uma sobrecarga de 20 kN/m e uma carga viva concentrada de 32 kN. Determine: (a) a reação (para cima) positiva máxima em A, (b) o momento positivo máximo em E, e (c) o cortante positivo máximo logo à direita do apoio em C. Presuma que A e C sejam rolos e D um pino.

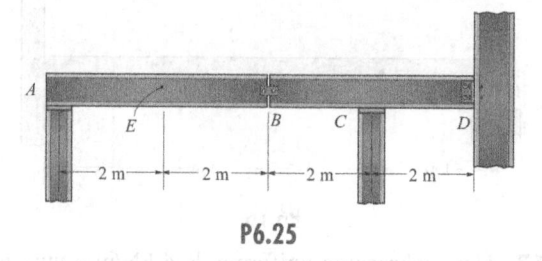

P6.25

6.4 Linhas de influência para vigas de piso

Ocasionalmente, sistemas de piso são construídos conforme mostrado na Figura 6.20a, onde pode ser visto que as cargas de piso são transmitidas de *lajes* para *vigas de piso*, depois para *vigas mestras laterais* e, por fim, para *colunas* de suporte. Um modelo idealizado desse sistema é mostrado em perspectiva na Figura 6.20b. Aqui se presume que a laje seja unidirecional e segmentada em vãos com apoios simples repousando sobre vigas de piso. Além disso, a longarina conta com apoios simples de colunas. Tendo em vista que as vigas mestras são os principais membros suportando carga nesse sistema, às vezes é necessário construir suas linhas de influência de cortante e momento. Isto é especialmente verdadeiro para prédios industriais sujeitos a cargas concentradas pesadas. Nesse sentido, observe que uma carga unitária sobre a laje do piso é transferida para a viga mestra somente nos pontos onde ela está em contato com as vigas de piso, isto é, pontos A, B, C e D. Esses pontos são chamados de *pontos de carregamento*, e a região entre eles é chamada de um *painel*, como BC na Figura 6.20b.

A linha de influência para um ponto específico na viga mestra pode ser determinada usando o mesmo procedimento de estática da Seção 6.1; ou seja, colocar a carga unitária em vários pontos x sobre a laje do piso e sempre calcular a função (cortante

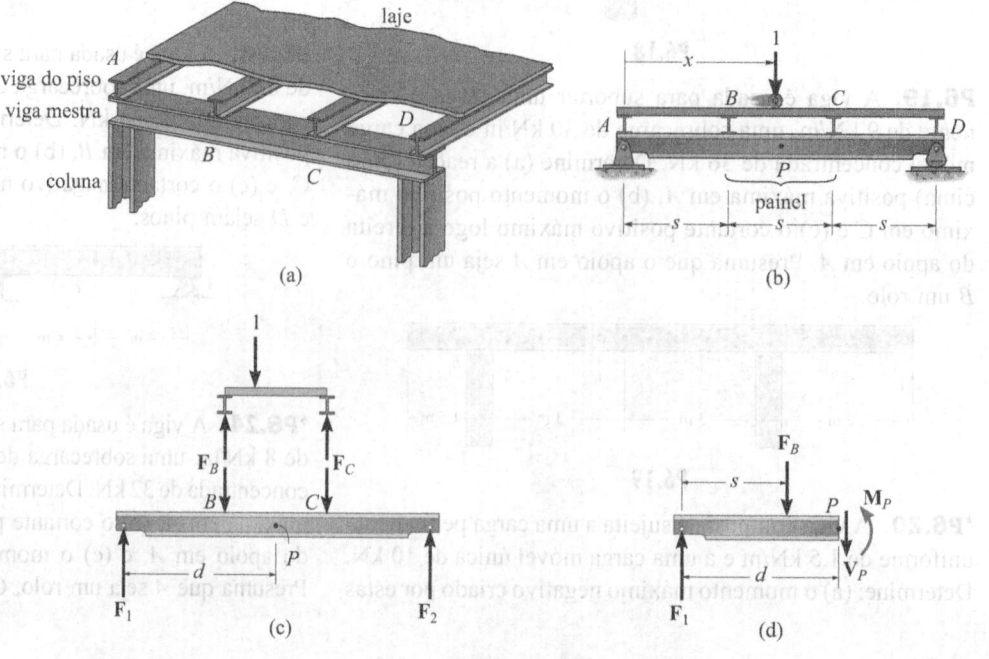

Figura 6.20

ou momento) no ponto especificado P na viga mestra (ver Figura 6.20b). A representação gráfica desses valores *versus* x produz a linha de influência para a função em P. Em particular, o valor para o momento interno em um painel de viga mestra dependerá de onde o ponto P for escolhido para a linha de influência, tendo em vista que a magnitude $\mathbf{M}_P$ depende da localização do ponto em relação à extremidade da viga mestra. Por exemplo, se a carga unitária atua sobre a laje de piso como ilustrado na Figura 6.20c, primeiro você encontra as reações $\mathbf{F}_B$ e $\mathbf{F}_C$ na laje, então calcula as reações de apoio $\mathbf{F}_1$ e $\mathbf{F}_2$ na viga mestra. O momento interno em P é então determinado pelo método das seções (Figura 6.20d). Isto resulta em $M_P = F_1 d - F_B (d - s)$. Usando uma análise similar, o cisalhamento interno $\mathbf{V}_P$ pode ser determinado. Neste caso, entretanto, $\mathbf{V}_P$ será *constante* através do painel BC ($V_P = F_1 - F_B$) e assim ele não depende da localização exata d de P dentro do painel. Por esta razão, linhas de influência para o cortante em vigas mestras de piso são especificadas para *painéis* na viga mestra e não em pontos específicos ao longo da viga mestra. O cortante é então referido como um *cortante de painel*. Também deve ser observado que tendo em vista que a viga mestra é afetada somente pelas cargas transmitidas pelas vigas de piso, a carga unitária é geralmente colocada em cada localização das vigas de piso para estabelecer os dados necessários usados para traçar a linha de influência.

Os exemplos numéricos a seguir devem esclarecer a análise de força.

O projeto do sistema de piso deste armazém tem de levar em consideração localizações críticas de materiais de armazenamento no piso. Linhas de influência têm de ser usadas para este fim. (A foto é uma cortesia da *Portland Cement Association* – Associação de Cimento Portland.)

Exemplo 6.13

Trace a linha de influência para o cortante no painel CD da viga mestra de piso na Figura 6.21a.

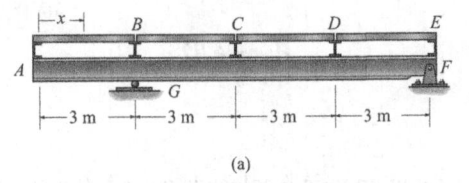

x	V_{CD}
0	0,333
3	0
6	−0,333
9	0,333
12	0

(b)

Figura 6.21

SOLUÇÃO

Valores tabulados. A carga unitária é colocada em cada localização das vigas de piso e o cortante no painel CD é calculado. Uma tabela dos resultados é ilustrada na Figura 6.21b. Os detalhes para os cálculos quando $x = 0$ e $x = 6$ m são dados nas figuras 6.21c e 6.21d, respectivamente. Observe como em cada caso as reações das vigas de piso na viga mestra são de início calculadas seguidas por uma determinação da reação de apoio da viga mestra em F ($\mathbf{G}_y$ não é necessário), e por fim, um segmento da viga mestra é considerado e o cortante de painel interno V_{CD} é calculado. Como exercício, verifique os valores para V_{CD} quando $x = 3$ m, 9 m e 12 m.

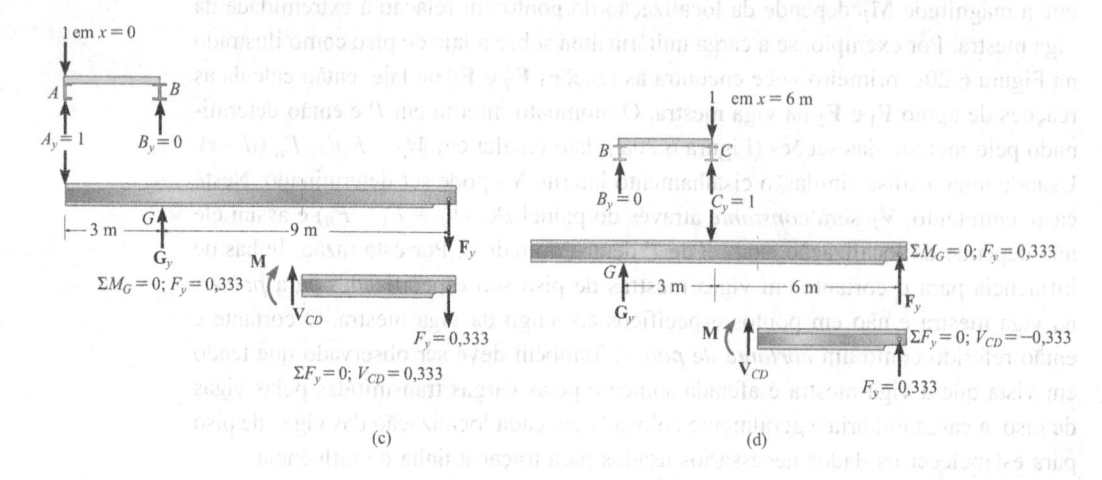

(c)

(d)

Linha de influência. Quando os valores tabulados são representados graficamente e os pontos conectados com segmentos de linha reta, a linha de influência resultante para V_{CD} é tal como a apresentada na Figura 6.21e.

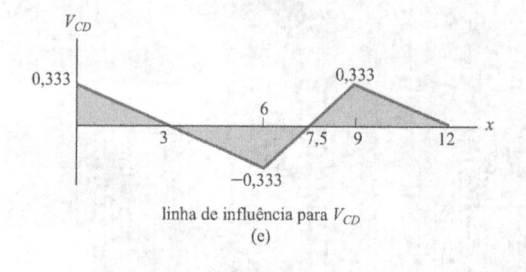

linha de influência para V_{CD}
(e)

Exemplo 6.14

Trace a linha de influência para o momento no ponto F para a viga mestra de piso na Figura 6.22a.

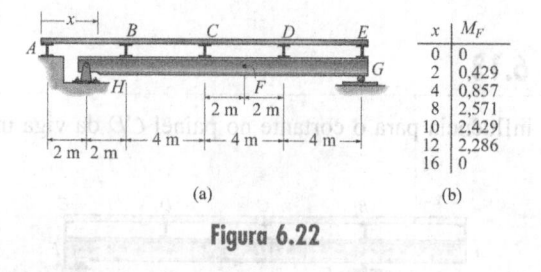

x	M_F
0	0
2	0,429
4	0,857
8	2,571
10	2,429
12	2,286
16	0

(a)   (b)

Figura 6.22

SOLUÇÃO

Valores tabulados. A carga unitária é colocada em $x = 0$ e em cada ponto de carregamento daí em diante. Os valores correspondentes para M_F são calculados e mostrados na tabela, Figura 6.22b. Detalhes dos cálculos para $x = 2$ m são mostrados na Figura 6.22c. Como no exemplo anterior, primeiro é necessário determinar as reações das vigas de piso sobre a viga mestra, seguido por uma determinação da reação de apoio da viga mestra $\mathbf{G}_y$ ($\mathbf{H}_y$ não é necessário), e por fim o segmento GF da viga mestra é considerado e o momento interno M_F é calculado. Como exercício, determine os outros valores de M_F listados na Figura 6.22b.

Linha de influência. Um gráfico dos valores tabulados produz a linha de influência para M_F, Figura 6.22d.

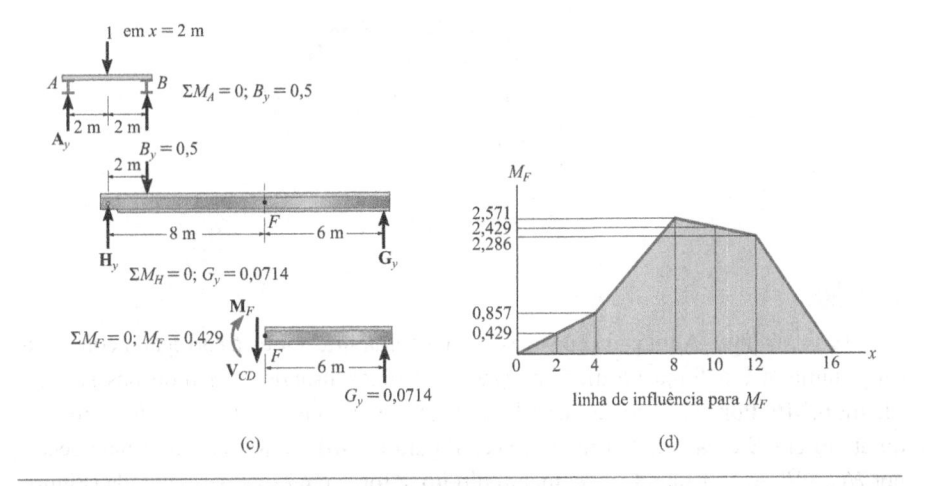

6.5 Linhas de influência para treliças

Treliças são frequentemente usadas como os principais elementos para suporte de carga em pontes. Logo, para o projeto é importante ser capaz de construir as linhas de influência para cada um dos seus membros. Como ilustrado na Figura 6.23, a carga sobre o tabuleiro da ponte é transmitida para longarinas, que por sua vez transmitem a carga para transversinas e então para os *nós* ao longo da corda inferior da treliça. Tendo em vista que os membros da treliça são afetados somente pela carga dos nós, podemos, portanto, obter os valores das ordenadas da linha de influência para um membro carregando cada nó ao longo do tabuleiro com uma carga unitária e então usar o método dos nós ou o método das seções para calcular a força no membro. Os dados podem ser arranjados na forma de uma tabela, listando "carga unitária no nó" versus "força no membro". Como convenção, se a força do membro é de *tração* ela é considerada um valor *positivo*; se ela é *de compressão* o valor é *negativo*. A linha de influência para o membro é construída representando graficamente os dados e traçando linhas retas entre os pontos.

Os exemplos a seguir ilustram o método de construção.

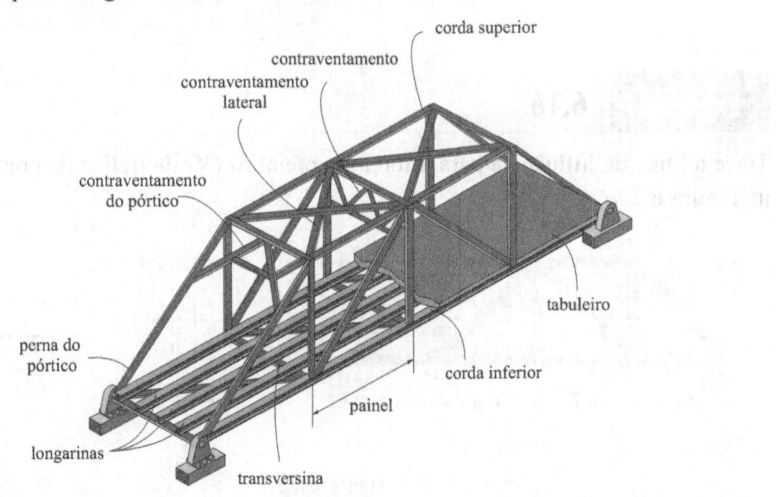

Os membros desta ponte treliçada foram projetados usando linhas de influência de acordo com especificações da *AASHTO* (Associação Norte-americana de Dirigentes Estaduais de Transporte Rodoviário).

Figura 6.23

Exemplo 6.15

Trace a linha de influência para a força no membro GB da treliça de ponte apresentada na Figura 6.24a.

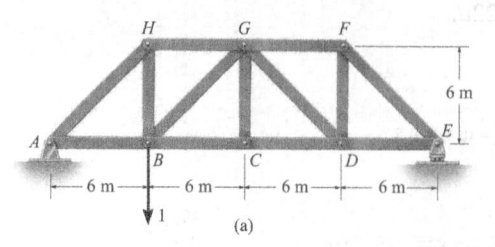

Figura 6.24

SOLUÇÃO

Valores tabulados. Aqui cada nó sucessivo na corda inferior está carregado com uma carga unitária e a força no membro GB é calculada usando o método das seções, Figura 6.24b. Por exemplo, colocando a carga unitária em $x = 6$ m (nó B), a reação do apoio em E é calculada primeiro (ver Figura 6.24a), então passando uma seção por HG, GB, BC e isolando o segmento direito, a força em GB é determinada (Figura 6.24c). Da mesma maneira, determine os outros valores listados na tabela.

x	F_{GB}
0	0
6	0,354
12	−0,707
18	−0,354
24	0

$\Sigma F_y = 0;\ 0,25 - F_{GB}\ \text{sen}\ 45° = 0$
$F_{GB} = 0,354$

Linha de influência. Ao representar graficamente os dados tabulados e conectar os pontos produz-se a linha de influência para o membro GB (ver Figura 6.24d). Tendo em vista que a linha de influência estende-se através de todo o vão da treliça, o membro GB é referido como um *membro primário*. Isto significa que GB é solicitado por força independente de onde o tabuleiro da ponte (pista de rolamento) está carregada, exceto, é claro, em $x = 8$ m. O ponto de força zero, $x = 8$ m, é determinado por semelhança de triângulos entre $x = 6$ m e $x = 12$ m, isto é, $(0,354 + 0,707)/(12 - 6) = 0,354/x'$, $x' = 2$ m, de maneira que $x = 6 + 2 = 8$ m.

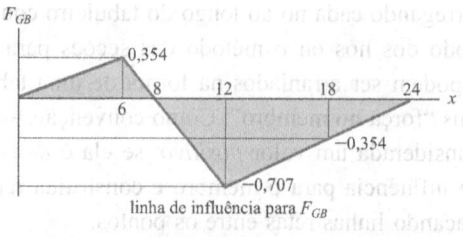

linha de influência para F_{GB}

(d)

Exemplo 6.16

Trace a linha de influência para a força no membro CG da treliça de ponte ilustrada na Figura 6.25a.

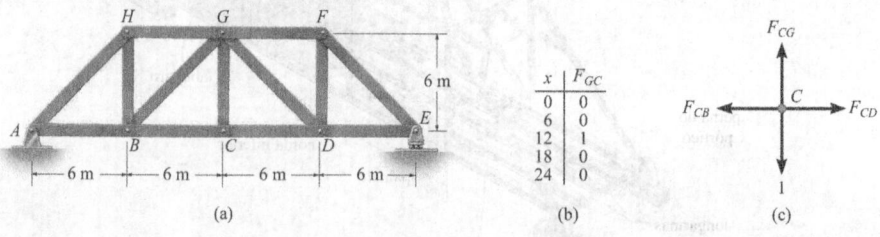

x	F_{GC}
0	0
6	0
12	1
18	0
24	0

Figura 6.25

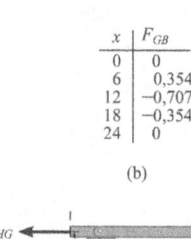

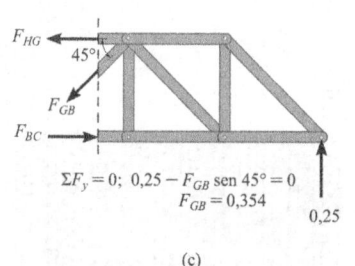

SOLUÇÃO

Valores tabulados. Uma tabela da posição da carga unitária nos nós da corda inferior versus a força no membro CG é ilustrada na Figura 6.25b. Esses valores são facilmente obtidos isolando o nó C (Figura 6.25c). Aqui é visto que CG é um membro de força zero a não ser que a carga unitária seja aplicada no nó C, caso em que $F_{CG} = 1$ (T).

Linha de influência. Ao representar graficamente os dados tabulados e conectar os pontos produz-se a linha de influência para o membro CG conforme mostrado na Figura 6.25d. Em particular, observe que quando a carga unitária está em $x = 9$ m, a força no membro CG é $F_{CG} = 0{,}5$. Esta situação exige que a carga unitária seja colocada no tabuleiro da ponte *entre* os nós. A transferência dessa carga do tabuleiro para a treliça é apresentada na Figura 6.25e. A partir daí você percebe que realmente $F_{CG} = 0{,}5$ ao analisar o equilíbrio do nó C (Figura 6.25f). Tendo em vista que a linha de influência para CG *não* se estende através de todo o vão da treliça, (ver Figura 6.25d), o membro CG é denominado *membro secundário*.

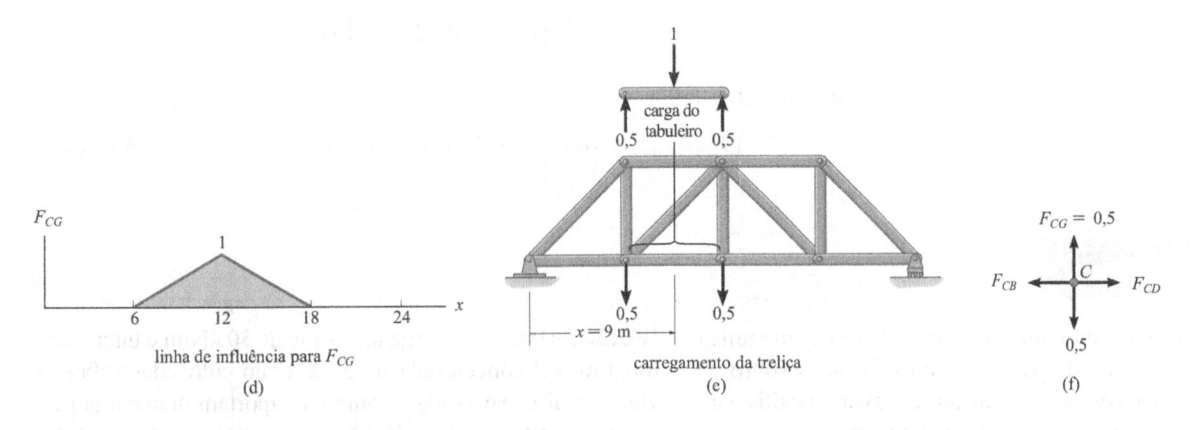

Exemplo 6.17

A fim de determinar a força máxima em cada membro da treliça Warren (foto ao lado), temos primeiro que traçar as linhas de influência para cada um dos seus membros. Se considerarmos uma treliça similar como a da Figura 6.26a, determine a maior força que pode ser desenvolvida no membro BC em razão de uma força em movimento de 100 kN e uma carga distribuída em movimento de 12 kN/m. O carregamento é aplicado na corda superior.

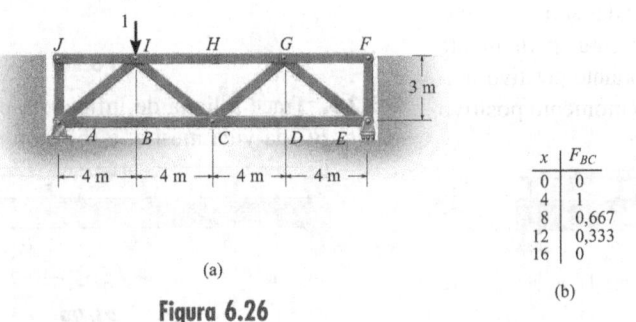

x	F_{BC}
0	0
4	1
8	0,667
12	0,333
16	0

Figura 6.26

SOLUÇÃO

Valores tabulados. Uma tabela da posição da carga unitária x nos nós ao longo da corda superior versus a força no membro BC é apresentada na Figura 6.26b. O método das seções pode ser usado para os cálculos. Por exemplo, quando a carga unitária está no nó I ($x = 4$ m), como na Figura 6.26a, a reação $\mathbf{E}_y$ é determinada primeiro ($E_y = 0{,}25$). Então a treliça é secionada através de BC, IC e HI, e o segmento direito é isolado (Figura 6.26c). É possível se obter $\mathbf{F}_{BC}$ somando momentos em torno do ponto I, para eliminar $\mathbf{F}_{HI}$ e $\mathbf{F}_{IC}$. De maneira similar, determine os outros valores na Figura 6.26b.

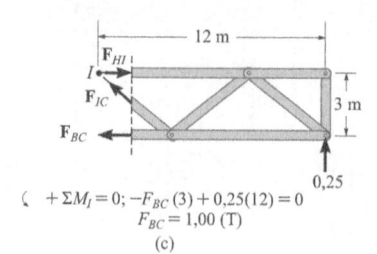

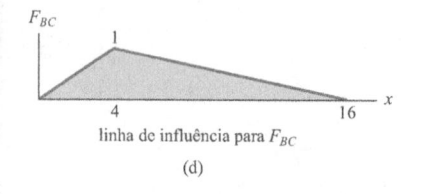

$+\Sigma M_I = 0; -F_{BC}(3) + 0{,}25(12) = 0$
$F_{BC} = 1{,}00 \text{ (T)}$
(c)

Linha de influência. Uma representação gráfica dos valores tabulados produz a linha de influência (Figura 6.26d). Ao examiná-lo, vemos que BC é um membro primário. Por quê?

Sobrecarga concentrada. A maior força no membro BC ocorre quando a força em movimento de 100 kN é colocada em $x = 4$ m. Desse modo,

$$F_{BC} = (1{,}00)(100) = 100 \text{ kN}$$

Sobrecarga distribuída. A sobrecarga uniforme tem de ser colocada sobre o tabuleiro inteiro da treliça para criar a maior força de tração em BC.* Desse modo,

$$F_{BC} = \left[\tfrac{1}{2}(16)(1{,}00)\right]12 = 96 \text{ kN}$$

Força máxima total.

$$(F_{BC})_{max} = 100 \text{ kN} + 96 \text{ kN} = 196 \text{ kN} \qquad (Resposta)$$

Problemas

P6.26. Uma sobrecarga uniforme de 1,8 kN/m e uma única força móvel concentrada de 4 kN são colocadas sobre as vigas do piso. Determine: (a) o cortante máximo positivo no painel BC da viga mestra e (b) o momento máximo na viga mestra em G.

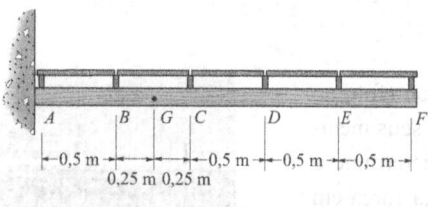

P6.26

P6.27. Uma sobrecarga uniforme de 2,8 kN/m e uma única força viva concentrada de 20 kN são colocadas sobre as vigas de piso. Se as vigas também suportam uma carga permanente uniforme de 700 N/m, determine: (a) o cortante positivo máximo no painel BC da viga mestra e (b) o momento positivo máximo na viga mestra em G.

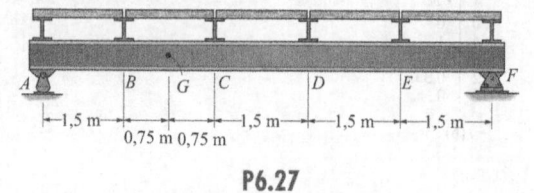

*P6.28.** Uma sobrecarga uniforme de 30 kN/m e uma única força móvel concentrada de 30 kN são colocadas sobre as vigas de piso. Se as vigas também suportam uma carga permanente uniforme de 5,25 kN/m, determine: (a) o cortante positivo máximo no painel CD da viga mestra e (b) o momento negativo máximo na viga mestra em D. Presuma que o apoio em C é um rolo e E é um pino.

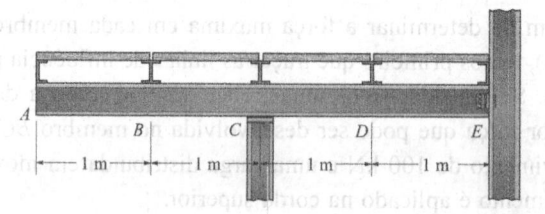

P6.28

P6.29. Trace a linha de influência para: (a) o cortante no painel BC da viga mestra, e (b) o momento em D.

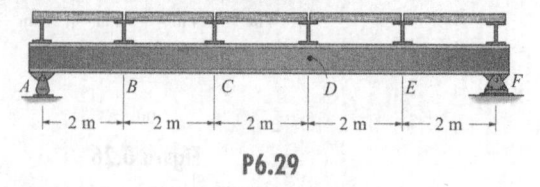

P6.27

P6.29

---

* A maior força *de tração* no membro GB do Exemplo 6.15 é criada quando a carga distribuída atua sobre o tabuleiro da treliça de $x = 0$ a $x = 8$ m, conforme a Figura 6.24d.

P6.30. Uma sobrecarga uniforme de 5 kN/m e uma única força móvel concentrada de 6 kN serão colocadas sobre as vigas do piso. Determine: (a) o cortante positivo máximo no painel *AB*, e (b) o momento máximo em *D*. Presuma que somente a reação vertical ocorre nos apoios.

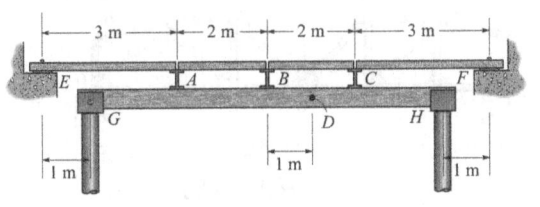

P6.30

P6.31. Uma sobrecarga uniforme de 15 kN/m e uma única força móvel concentrada de 25 kN serão colocadas sobre as vigas de topo. Determine: (a) o cortante positivo máximo no painel *BC* da viga mestra e (b) o momento positivo máximo em *C*. Presuma que o apoio em *B* seja um rolo e em *D* um pino.

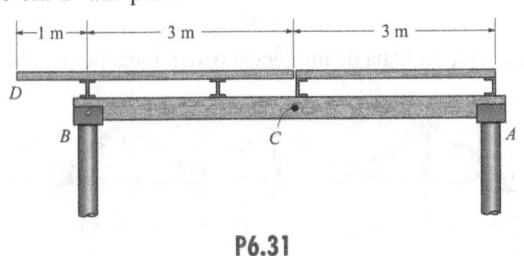

P6.31

*P6.32. Trace a linha de influência para o momento em *F* na viga mestra. Determine o momento positivo máximo na viga mestra em *F* se uma única força móvel concentrada de 8 kN se desloca através das vigas de topo do piso de cima. Presuma que os apoios para todos os membros só podem exercer forças para cima ou para baixo sobre os membros.

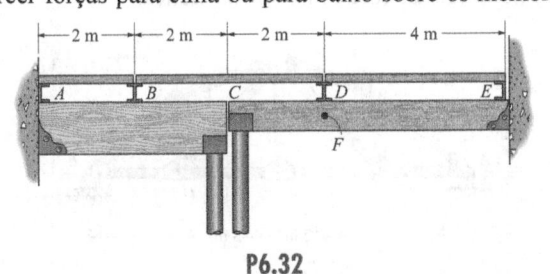

P6.32

P6.33. Uma sobrecarga uniforme de 40 kN/m e uma única força móvel concentrada de 100 kN são colocadas sobre as vigas do piso. Se as vigas também suportam uma carga permanente uniforme de 7 kN/m, determine: (a) o cortante negativo máximo no painel *DE* da viga mestra e (b) o momento negativo máximo na viga mestra em *C*.

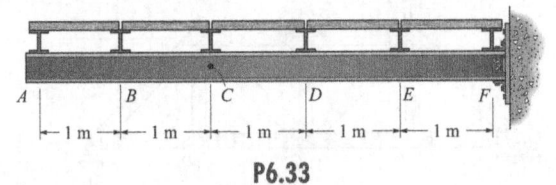

P6.33

P6.34. Uma sobrecarga uniforme de 3 kN/m e uma única força móvel concentrada de 20 kN são colocadas sobre as vigas do piso. Determine: (a) o cortante positivo máximo no painel *DE* da viga mestra, e (b) o momento positivo máximo em *H*.

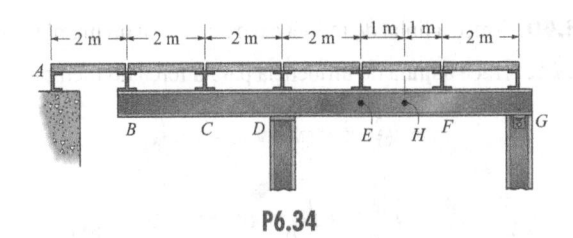

P6.34

P6.35. Trace a linha de influência para o cortante no painel *CD* da longarina. Determine o cortante negativo máximo no painel *CD* em razão de uma sobrecarga uniforme de 6 kN/m atuando sobre as vigas de topo.

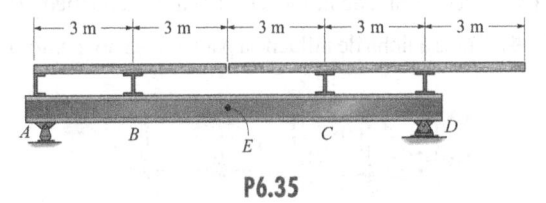

P6.35

*P6.36. Uma sobrecarga uniforme de 6,5 kN/m e uma única força móvel concentrada de 15 kN/m são colocadas sobre as vigas do piso. Se as vigas também suportam uma carga permanente uniforme de 600 N/m, determine: (a) o cortante positivo máximo no painel *CD* da viga mestra e (b) o momento positivo máximo na viga mestra em *D*.

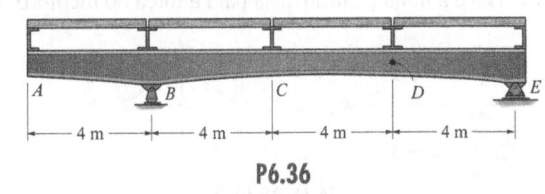

P6.36

P6.37. Uma sobrecarga uniforme de 1,75 kN/m e uma única força móvel concentrada de 8 kN são colocadas sobre as vigas do piso. Se as vigas também suportam uma carga permanente uniforme de 250 N/m, determine: (a) o cortante negativo máximo no painel *BC* da viga mestra e (b) o momento positivo máximo em *B*.

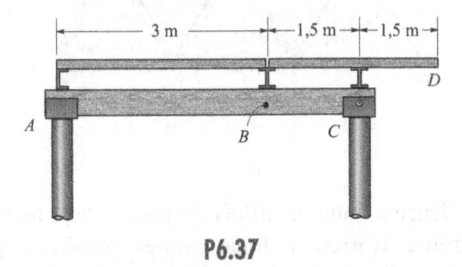

P6.37

P6.38. Trace a linha de influência para a força no: (a) membro *KJ* e (b) membro *CJ*.

P6.39. Trace a linha de influência para a força no: (a) membro *JI*, (b) membro *IE* e (c) membro *EF*.

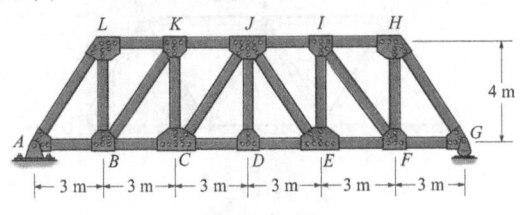

P6.38/6.39

*P6.40. Trace a linha de influência para a força no membro *KJ*.

P6.41. Trace a linha de influência para a força no membro *JE*.

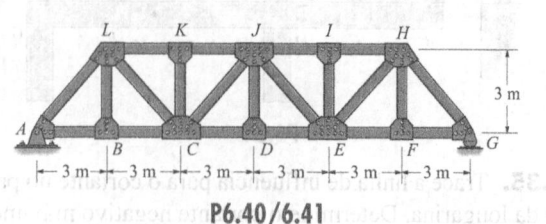

P6.51. Trace a linha de influência para a força no membro *CL*.

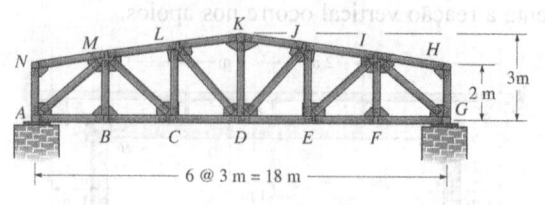

*P6.52. Trace a linha de influência para a força no membro *DL*.

P6.53. Trace a linha de influência para a força no membro *CD*.

P6.40/6.41

P6.51/6.52/6.53

P6.42. Trace a linha de influência para a força no membro *CD*.

P6.43. Trace a linha de influência para a força no membro *JK*.

*P6.44. Trace a linha de influência para a força no membro *DK*.

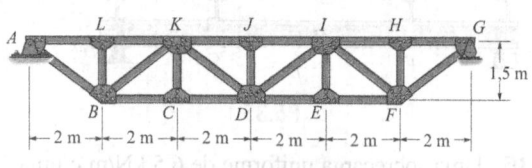

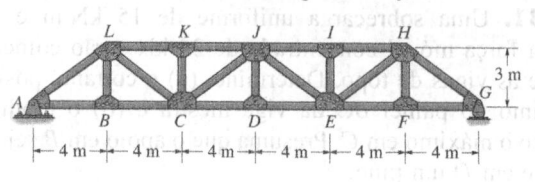

P6.54. Trace a linha de influência para a força no membro *CD*.

P6.42/6.43/6.44

P6.54

P6.45. Trace a linha de influência para a força no (a) membro *EH* e (b) membro *JE*.

P6.46. Trace a linha de influência para a força no membro *JI*.

P6.47. Trace a linha de influência para a força no membro *AL*.

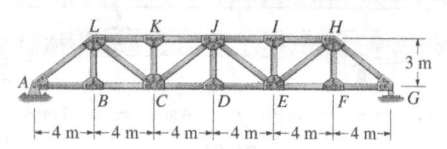

P6.55. Trace a linha de influência para a força no membro *KJ*.

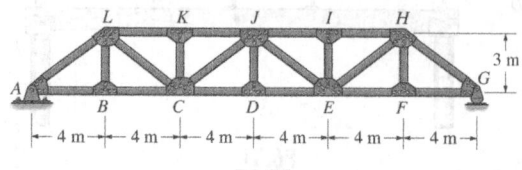

P6.55

*P6.56. Trace a linha de influência para a força no membro *GD*, então determine a força máxima (tração ou compressão) que pode ser desenvolvida neste membro em razão da sobrecarga uniforme de 3 kN/m que atua sobre o tabuleiro da ponte ao longo da corda inferior da treliça.

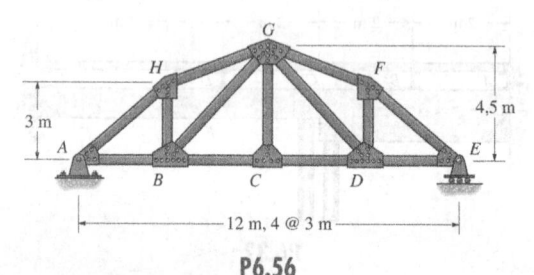

P6.45/6.46/6.47

*P6.48. Trace a linha de influência para a força no membro *BC* da treliça Warren. Indique valores numéricos para os picos. Todos os membros têm o mesmo comprimento.

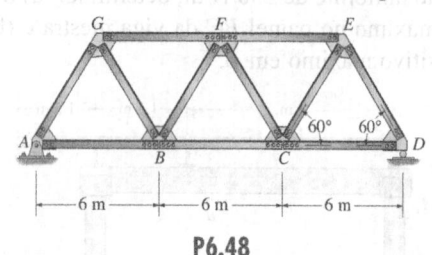

P6.48

P6.56

P6.49. Trace a linha de influência para a força no membro *BF* da treliça Warren. Indique valores numéricos para os picos. Todos os membros têm o mesmo comprimento.

P6.50. Trace a linha de influência para a força no membro *FE* da treliça Warren. Indique valores numéricos para os picos. Todos os membros têm o mesmo comprimento.

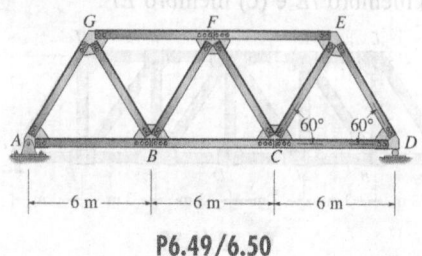

P6.57. Trace a linha de influência para a força no membro *CD*, e então determine a força máxima (tração ou compressão) que pode ser desenvolvida neste membro graças a uma sobrecarga uniforme de 12 kN/m que atua ao longo da corda inferior da treliça.

P6.49/6.50

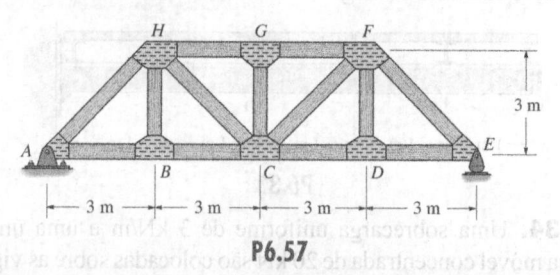

P6.57

P6.58. Trace a linha de influência para a força no membro *CF*, e então determine a força máxima (tração ou compressão) que pode ser desenvolvida neste membro em razão da sobrecarga uniforme de 12 kN/m que é transmitida à treliça ao longo da corda inferior.

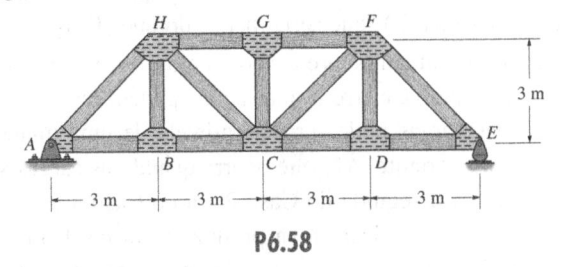

P6.58

6.6 Influência máxima em um ponto em consequência de uma série de cargas concentradas

Uma vez que a linha de influência de uma função tenha sido estabelecida para um ponto na estrutura, o efeito máximo causado por uma força concentrada móvel é determinado multiplicando a ordenada do pico da linha de influência pela magnitude da força. Em alguns casos, entretanto, *diversas* forças concentradas têm de ser aplicadas à estrutura. Um exemplo seriam as cargas das rodas de um caminhão ou trem. A fim de determinar o efeito máximo neste caso, um procedimento de tentativa e erro pode ser usado ou um método que seja baseado na mudança na função que ocorre à medida que a carga é deslocada. Cada um desses métodos será agora explicado à medida que são aplicados ao cortante e momento.

À medida que o trem passa sobre esta ponte de vigas mestras, a locomotiva e seus vagões exercerão reações verticais sobre a longarina. Essas reações juntamente com a carga permanente da ponte têm de ser consideradas para o projeto.

Cortante. Considere a viga com apoios simples com a linha de influência associada para o cortante no ponto C na Figura 6.27a. O *cortante positivo* máximo no ponto C será determinado em razão de uma série de cargas (das rodas) concentradas que se deslocam da direita para a esquerda sobre a viga. A carga crítica ocorrerá quando uma das cargas for colocada *logo à direita* do ponto C, que é coincidente com o pico positivo da linha de influência. Por tentativa e erro cada um dos três casos possíveis pode, portanto, ser investigado (ver Figura 6.27b). Temos

Caso 1: $(V_C)_1 = 4{,}5\,(0{,}75) + 18\,(0{,}625) + 18\,(0{,}5) = 23{,}63$ kN
Caso 2: $(V_C)_2 = 4{,}5\,(-0{,}125) + 18\,(0{,}75) + 18\,(0{,}625) = 24{,}19$ kN
Caso 3: $(V_C)_3 = 4{,}5(0) + 18\,(-0{,}125) + 18\,(0{,}75) = 11{,}25$ kN

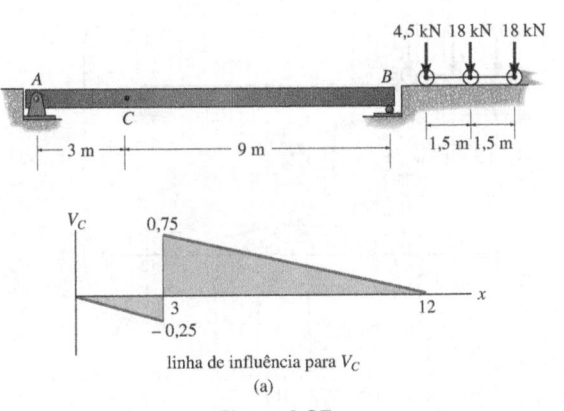

linha de influência para V_C
(a)

Figura 6.27

O Caso 2, com a força de 4,5 kN localizada $1,5^+$ m do apoio esquerdo, produz o resultado maior para V_C e, portanto, representa a carga crítica. Realmente, a investigação do Caso 3 é desnecessária, tendo em vista que ao examiná-lo vemos que um arranjo de cargas como este produziria um valor de $(V_C)_3$ que seria menos do que $(V_C)_2$.

Quando muitas forças concentradas atuam sobre o vão, como é o caso da carga E-72 da Figura 1.11, os cálculos de tentativa e erro usados acima podem ser tediosos. Em vez disso, a posição crítica das cargas pode ser determinada de uma maneira mais direta calculando a mudança no cortante, ΔV, que ocorre quando as cargas são deslocadas do Caso 1 para o Caso 2, em seguida do Caso 2 para o Caso 3, e por aí afora. Enquanto cada ΔV for *positivo*, a posição nova produzirá um cisalhamento maior na viga em C do que na posição anterior. Cada movimento é investigado até que uma mudança negativa no cortante seja calculada. Quando isto ocorre, a posição anterior das cargas dará o valor crítico. A mudança em cortante ΔV para uma carga

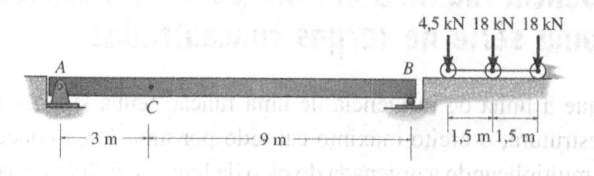

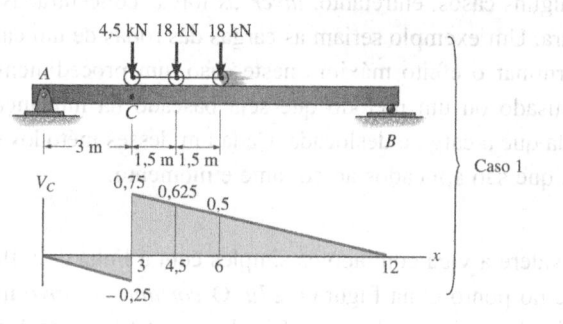

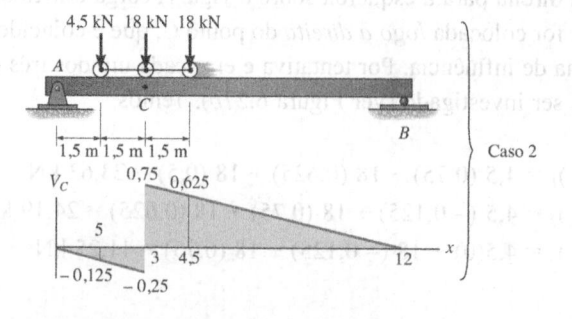

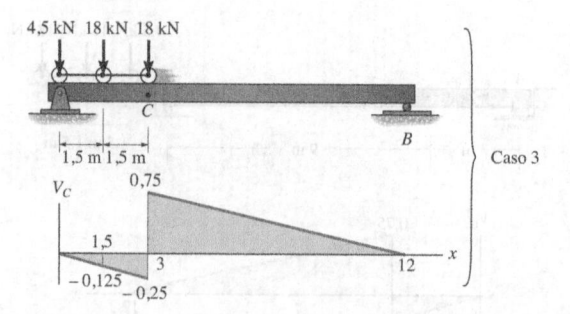

(b)

P que se desloca da posição x_1 para x_2 sobre uma viga pode ser determinada multiplicando P pela mudança na ordenada da linha de influência, isto é, $(y_2 - y_1)$. Se a inclinação da linha de influência é s, então $(y_2 - y_1) = s(x_2 - x_1)$, e, portanto,

$$\Delta V = Ps(x_2 - x_1) \quad \text{(6.1)}$$
Linha de inclinação

Se a carga passa de um ponto onde há uma descontinuidade ou "salto" na linha de influência, como o ponto C na Figura 6.27a, então a mudança no cortante é simplesmente

$$\Delta V = P(y_2 - y_1) \quad \text{(6.2)}$$
Salto

O uso das equações acima será ilustrado relativamente à viga, carga e linha de influência para V_C, apresentadas na Figura 6.28a. Observe que a magnitude da inclinação da linha de influência é $s = 0{,}75/(12 - 3) = 0{,}25/3 = 0{,}0833$, e o salto em C tem uma magnitude de $0{,}75 + 0{,}25 = 1$. Considere as cargas do Caso 1 deslocando-se 1,5 m para o Caso 2 (Figura 6.28b). Quando isto ocorre, a carga de 4,5 kN dá um salto para *baixo* (-1) e *todas* as cargas deslocam-se para *cima* da inclinação da linha de influência. Isto causa uma mudança no cortante,

$$\Delta V_{1-2} = 4{,}5(-1) + [4{,}5 + 18 + 18](0{,}0833)(1{,}5) = +0{,}563 \text{ kN}$$

Tendo em vista que ΔV_{1-2} é positivo, o Caso 2 produzirá um valor maior para V_C do que o Caso 1. [Compare as respostas para $(V_C)_1$ e $(V_C)_2$ calculadas previamente, onde realmente $(V_C)_2 = (V_C)_1 + 0{,}563$.] Investigando ΔV_{2-3}, que ocorre quando o Caso 2 desloca-se para o Caso 3 (Figura 6.28b), temos de levar em consideração o salto (negativo) para baixo da carga de 18 kN e o movimento horizontal de 1,5 m de todas as cargas para *cima* da inclinação da linha de influência. Temos

$$\Delta V_{2-3} = 18(-1) + (4{,}5 + 18 + 18)(0{,}0833)(1{,}5) = -12{,}94 \text{ kN}$$

Tendo em vista que ΔV_{2-3} é negativo, o Caso 2 é a posição da carga crítica, como determinado previamente.

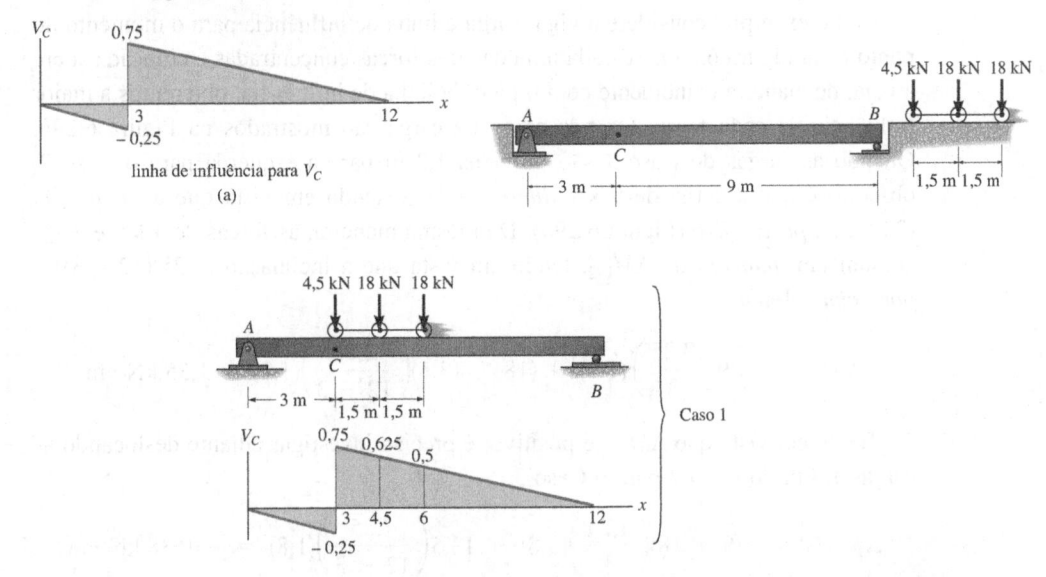

Figura 6.28

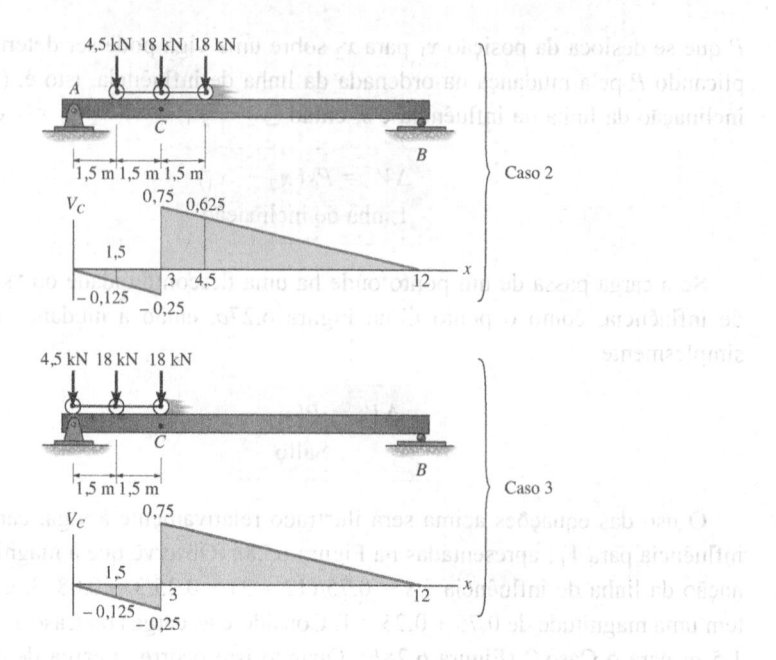

As longarinas desta ponte têm de resistir ao momento máximo causado pelo peso do avião a jato quando ele passa sobre ela.

Momento. Podemos usar também os métodos anteriores para determinar a posição crítica de uma série de forças concentradas de maneira que elas possam criar o maior momento interno em um ponto específico em uma estrutura. Obviamente, primeiro é necessário traçar a linha de influência para o momento no ponto e determinar as inclinações s dos seus segmentos de linha. Para um movimento horizontal $(x_2 - x_1)$ de uma força concentrada P a mudança no momento, ΔM, é equivalente à magnitude da força vezes a mudança na ordenada de linha de influência sob a carga, isto é,

$$\Delta M = Ps(x_2 - x_1) \quad (6.3)$$
Linha de inclinação

Como exemplo, considere a viga, carga e linha de influência para o momento no ponto C na Figura 6.29a. Se cada uma das três forças concentradas é colocada sobre a viga, de maneira coincidente com o pico da linha de influência, obteremos a maior influência de cada força. Os três casos de carga são mostrados na Figura 6.29b. Quando as cargas do Caso 1 são movidas 1,2 m para a esquerda para o Caso 2, observa-se que a carga de 9 kN *diminui* ΔM_{1-2}, tendo em vista que a *inclinação* (2,25/3) é *para baixo* (Figura 6.29a). Da mesma maneira, as forças de 4 kN e 3 kN causam um *aumento* de ΔM_{1-2}, tendo em vista que a inclinação $[2,25/(12-3)]$ é *para cima*. Temos

$$\Delta M_{1-2} = -9\left(\frac{2,25}{3}\right)(1,2) + (18 + 13,5)\left(\frac{2,25}{12-3}\right)(1,2) = 1,35 \text{ kN} \cdot \text{m}$$

Tendo em vista que ΔM_{1-2} é positivo, é preciso investigar adiante deslocando as cargas 1,8 m do Caso 2 para o Caso 3.

$$\Delta M_{2-3} = -(9 + 18)\left(\frac{2,25}{3}\right)(1,8) + 13,5\left(\frac{2,25}{12-3}\right)(1,8) = -30,38 \text{ kN} \cdot \text{m}$$

Aqui a mudança é negativa, de maneira que o maior momento em C ocorrerá quando a viga estiver carregada conforme mostrado no Caso 2, Figura 6.29c. O momento máximo em C é, portanto,

$$(M_C)_{max} = 9(1,35) + 18(2,25) + 13,5(1,8) = 77,0 \text{ kN} \cdot \text{m}$$

Os exemplos a seguir ilustram ainda mais esse método.

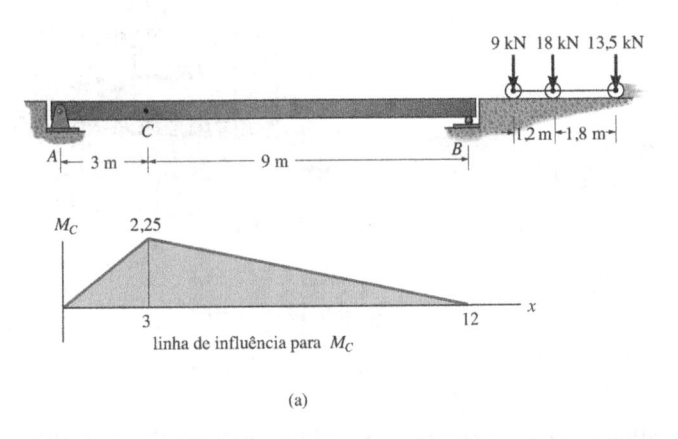

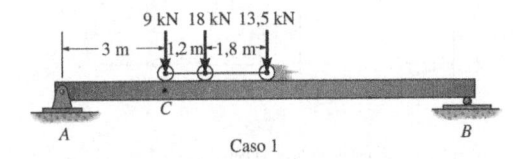

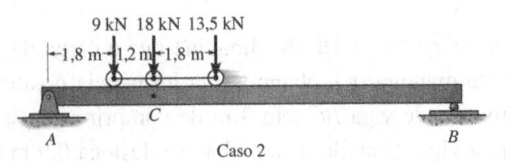

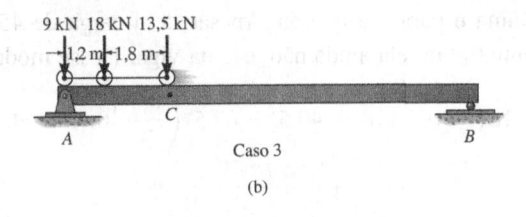

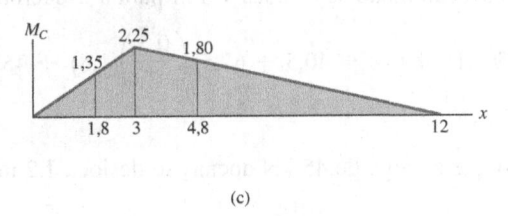

Figura 6.29

Exemplo 6.18

Determine o cortante positivo máximo criado no ponto B na viga ilustrada na Figura 6.30a em consequência das cargas das rodas do caminhão em movimento.

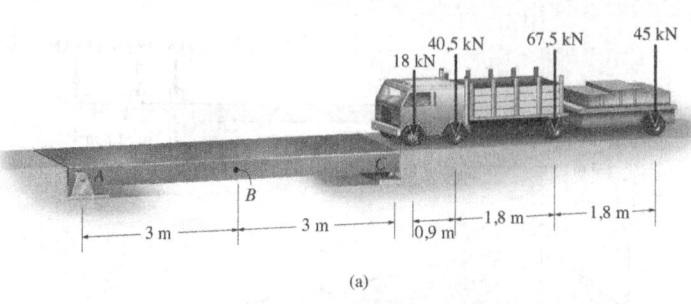

(a)
Figura 6.30

SOLUÇÃO

A linha de influência para o cortante em B é mostrada na Figura 6.30b.

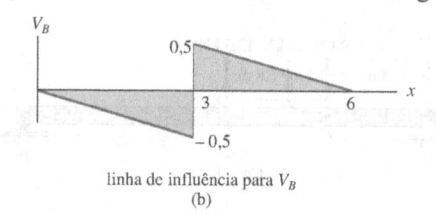

linha de influência para V_B
(b)

Movimento de 0,9 m da carga de 18 kN. Imagine que a carga de 18 kN atua logo à direita do ponto B, de maneira que obtemos sua influência positiva máxima. Tendo em vista que o segmento de viga BC tem 3 m de comprimento, a carga de 40,5 kN ainda não está sobre a viga. Quando o caminhão se desloca 0,9 m para a esquerda, a carga de 18 kN dá um salto *para baixo* de 1 unidade sobre a linha de influência e as cargas de 18 kN, 40,5 kN e 67,5 kN criam um aumento positivo em ΔV_B, já que a inclinação é para cima e para a esquerda. Apesar de a carga de 45 kN também se deslocar para a frente 0,9 m, ela ainda não está na viga. Desse modo,

$$\Delta V_B = 18(-1) + (18 + 40{,}5 + 67{,}5)\left(\frac{0{,}5}{3}\right)0{,}9 = +0{,}9 \text{ kN}$$

Movimento de 1,8 m da carga de 40,5 kN. Quando a carga de 40,5 kN atua logo à direita de B, e então o caminhão se desloca 1,8 m para a esquerda, temos

$$\Delta V_B = 40{,}5(-1) + (18 + 40{,}5 + 67{,}5)\left(\frac{0{,}5}{3}\right)(1{,}8) + 45\left(\frac{0{,}5}{3}\right)(1{,}2)$$
$$= +6{,}3 \text{ kN}$$

Observe no cálculo que a carga de 45 kN apenas se desloca 1,2 m na viga.

Movimento de 1,8 m da carga de 67,5 kN. Se a carga de 67,5 kN está posicionada logo à direita de B e então o caminhão se desloca 1,8 m para a esquerda, a carga de 18 kN se desloca apenas 0,3 m até que ela tenha saído da viga, e da mesma maneira a carga de 40,5 kN se desloca apenas 1,2 m até ela ter saído da viga. Logo,

$$\Delta V_B = 67{,}5(-1) + 18\left(\frac{0{,}5}{3}\right)(0{,}3) + 40{,}5\left(\frac{0{,}5}{3}\right)(1{,}2)$$

$$+ (67{,}5 + 45)\left(\frac{0{,}5}{3}\right)(1{,}8) = -24{,}8 \text{ kN}$$

Tendo em vista que ΔV_B agora é negativo, a posição correta das cargas ocorre quando a carga de 67,5 kN está logo à direita do ponto B, Figura 6.30c. Consequentemente,

$$(V_B)_{max} = 18(-0{,}05) + 40{,}5(-0{,}2) + 67{,}5(0{,}5) + 45(0{,}2)$$

$$= 33{,}8 \text{ kN} \hspace{4cm} (Resposta)$$

Na prática você tem de considerar também o movimento do caminhão da esquerda para a direita e então escolher o valor máximo entre essas duas situações.

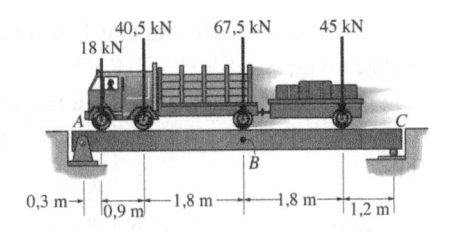

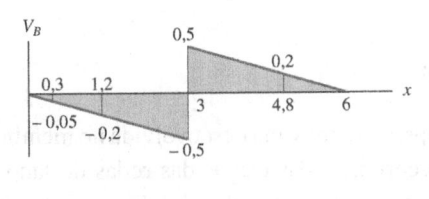

(c)

Exemplo 6.19

Determine o momento positivo máximo criado no ponto B na viga ilustrada na Figura 6.31a em decorrência das cargas das rodas do guindaste.

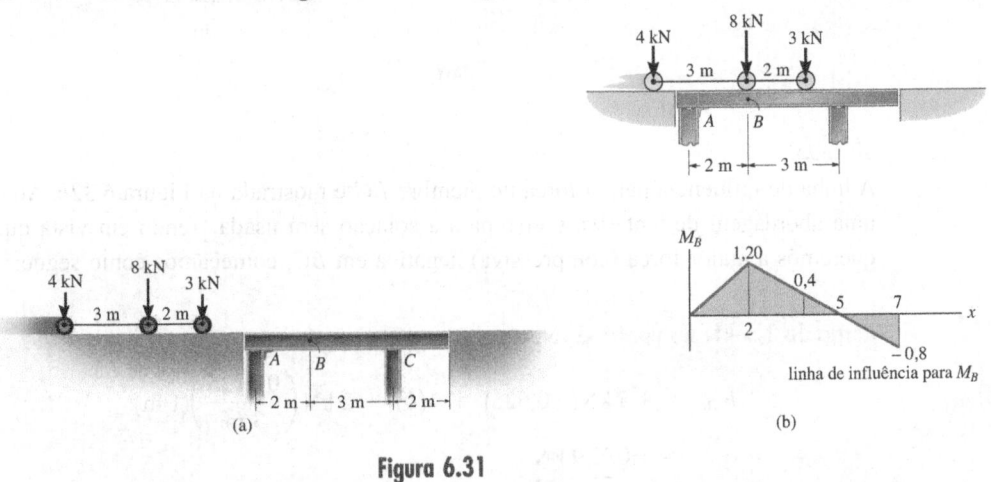

Figura 6.31

SOLUÇÃO
A linha de influência para o momento em B é mostrada na Figura 6.31b.

Movimento de 2 m da carga de 3 kN. Se for presumido que a carga de 3 kN atua em B e então se desloca 2 m para a direita (Figura 6.31b), a mudança no momento é

$$\Delta M_B = -3\left(\frac{1,20}{3}\right)(2) + 8\left(\frac{1,20}{3}\right)(2) = 7,20 \text{ kN} \cdot \text{m}$$

Por que a carga de 4 kN não é incluída nos cálculos?

Movimento de 3 m da carga de 8 kN. Se for presumido que a carga de 8 kN atua em B e então se desloca 3 m para a direita, a mudança no momento é

$$\Delta M_B = -3\left(\frac{1,20}{3}\right)(3) - 8\left(\frac{1,20}{3}\right)(3) + 4\left(\frac{1,20}{2}\right)(2)$$
$$= -8,40 \text{ kN} \cdot \text{m}$$

Observe aqui que a carga de 4 kN estava inicialmente 1 m fora da viga e, portanto, se desloca somente 2 m sobre a viga.

Tendo em vista que há uma mudança de sinal em ΔM_B, a posição correta das cargas para o momento positivo máximo em B ocorre quando a força de 8 kN está em B (ver Figura 6.31b). Portanto,

$$(M_B)_{\text{max}} = 8(1,20) + 3(0,4) = 10,8 \text{ kN} \cdot \text{m} \qquad (Resposta)$$

Exemplo 6.20

Determine a força compressiva máxima desenvolvida no membro BG da treliça lateral na Figura 6.32a em decorrência das cargas das rodas do lado direito do carro e do reboque. Presuma que as cargas sejam aplicadas diretamente à treliça e se desloquem somente para a direita.

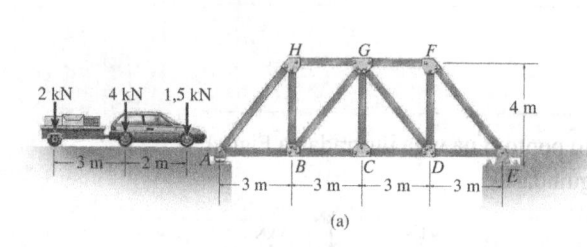

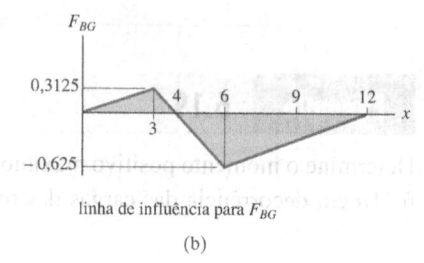

Figura 6.32

SOLUÇÃO

A linha de influência para a força no membro BG é mostrada na Figura 6.32b. Aqui uma abordagem de tentativa e erro para a solução será usada. Tendo em vista que queremos a maior força (compressiva) negativa em BG, começamos como segue:

Carga de 1,5 kN no ponto C. Neste caso

$$F_{BG} = 1,5 \text{ kN}(-0,625) + 4(0) + 2 \text{ kN}\left(\frac{0,3125}{3 \text{ m}}\right)(1 \text{ m})$$
$$= -0,729 \text{ kN}$$

Carga de 4 kN no ponto C. Examinando a questão, este pareceria um caso mais razoável do que o anterior.

$$F_{BG} = 4 \text{ kN}(-0{,}625) + 1{,}5 \text{ kN}\left(\frac{-0{,}625}{6 \text{ m}}\right)(4 \text{ m}) + 2 \text{ kN}(0{,}3125)$$
$$= -2{,}50 \text{ kN}$$

Carga de 2 kN no ponto C. Neste caso todas as cargas criarão uma força compressiva em BC.

$$F_{BG} = 2 \text{ kN}(-0{,}625) + 4 \text{ kN}\left(\frac{-0{,}625}{6 \text{ m}}\right)(3 \text{ m}) + 1{,}5 \text{ kN}\left(\frac{-0{,}625}{6 \text{ m}}\right)(1 \text{ m})$$
$$= -2{,}66 \text{ kN} \hspace{4cm} (Resposta)$$

Tendo em vista que este caso final resulta na resposta maior, a carga crítica ocorre quando a carga de 2 kN está em C.

6.7 Cortante e momento máximos absolutos

Na Seção 6.6 desenvolvemos os métodos para calcular o cortante e momento máximos em um *ponto especificado* em uma viga em decorrência de uma série de cargas em movimento concentradas. Um problema mais geral envolve a determinação tanto da *localização do ponto* na viga *quanto da posição da carga* sobre a viga, de maneira que você possa obter o cortante e momento *máximos absolutos* causados pelas cargas. Se a viga é em balanço ou com apoios simples, este problema pode ser prontamente solucionado.

Cortante. Para uma *viga em balanço* o cortante máximo absoluto ocorrerá em um ponto localizado bem próximo do apoio fixo. O cortante máximo é encontrado pelo método das seções, com as cargas posicionadas em qualquer lugar no vão (ver Figura 6.33).

Para *vigas com apoios simples*, o cortante máximo absoluto ocorrerá bem próximo de um dos apoios. Por exemplo, se as cargas são equivalentes, elas são posicionadas em sequência, de maneira que a primeira seja colocada próxima do apoio, como na Figura 6.34.

Momento. O momento máximo absoluto para uma *viga em balanço* ocorre no mesmo ponto onde o cortante máximo absoluto ocorre, embora neste caso as cargas concentradas devam ser posicionadas na *extremidade mais distante* da viga, como na Figura 6.35.

Para uma *viga com apoios simples*, a posição crítica das cargas e o momento máximo absoluto associado não podem, em geral, ser determinados por meio de um exame. Nós podemos, entretanto, determinar a posição analiticamente. Para fins de discussão, considere uma viga sujeita às forças F_1, F_2 e F_3 mostradas na Figura 6.36a. Tendo em vista que o diagrama de momento para uma série de forças concentradas consiste de segmentos de linha reta tendo picos em cada força, o momento

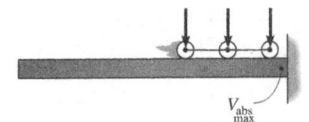

Figura 6.33

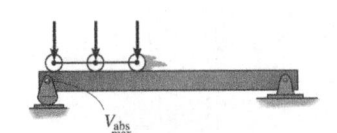

Figura 6.34

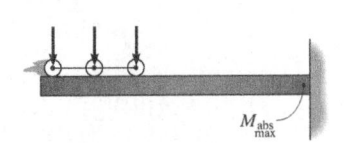

Figura 6.35

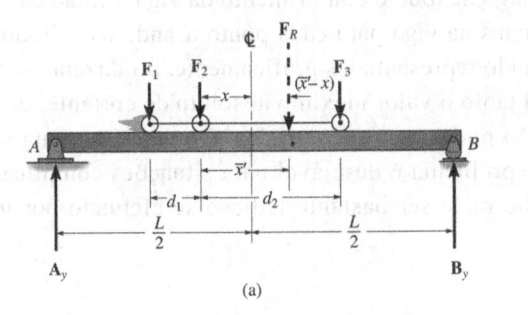

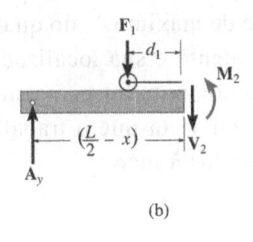

Figura 6.36

O momento máximo absoluto nesta ponte de longarinas é o resultado das cargas concentradas em movimento causadas pelas rodas dos vagões do trem. Os vagões têm de estar na posição crítica e identificada a localização do ponto na longarina onde o momento máximo absoluto ocorre.

máximo absoluto ocorrerá sob uma das forças. Presuma que este momento máximo ocorra sob $\mathbf{F}_2$. A posição das cargas $\mathbf{F}_1$, $\mathbf{F}_2$ e $\mathbf{F}_3$ sobre a viga será especificada pela distância x, medida a partir de $\mathbf{F}_2$ até a linha do centro da viga como mostrado. Para determinar um valor específico de x, primeiro obtemos a força resultante do sistema, $\mathbf{F}_R$, e sua distância $\overline{x}'$ medida de $\mathbf{F}_2$. Uma vez que isto tenha sido feito, os momentos são somados em torno de B, o que produz a reação esquerda da viga, $\mathbf{A}_y$, que é,

$$\Sigma M_B = 0; \qquad A_y = \frac{1}{L}(F_R)\left[\frac{L}{2} - (\overline{x}' - x)\right]$$

Se a viga é secionada logo à esquerda de $\mathbf{F}_2$, o diagrama de corpo livre resultante é mostrado na Figura 6.36b. O momento $\mathbf{M}_2$ sob $\mathbf{F}_2$ é, portanto,

$$\Sigma M = 0; \qquad M_2 = A_y\left(\frac{L}{2} - x\right) - F_1 d_1$$

$$= \frac{1}{L}(F_R)\left[\frac{L}{2} - (\overline{x}' - x)\right]\left(\frac{L}{2} - x\right) - F_1 d_1$$

$$= \frac{F_R L}{4} - \frac{F_R \overline{x}'}{2} - \frac{F_R x^2}{L} + \frac{F_R x \overline{x}'}{L} - F_1 d_1$$

Para M_2 máximo, exigimos,

$$\frac{dM_2}{dx} = \frac{-2F_R x}{L} + \frac{F_R \overline{x}'}{L} = 0$$

ou

$$x = \frac{\overline{x}'}{2}$$

Logo, podemos concluir que o *momento máximo absoluto em uma viga com apoios simples ocorre sob uma das forças concentradas, de tal maneira que esta força está posicionada sobre a viga de forma que ela e a força resultante do sistema estejam equidistantes da linha de centro da viga*. Tendo em vista que há uma série de cargas sobre o vão (por exemplo, $\mathbf{F}_1$, $\mathbf{F}_2$ e $\mathbf{F}_3$ na Figura 6.36a), este princípio terá de ser aplicado a cada carga na série e calculado o momento máximo correspondente. Por comparação, o maior momento é o máximo absoluto. Como regra geral, no entanto, o momento máximo absoluto frequentemente ocorre sob a maior força que se encontra mais próximo da força resultante do sistema.

Envelope de valores de linha de influência máximos. Regras ou fórmulas para determinar o cortante ou momento máximos absolutos são difíceis de estabelecer para vigas suportadas de outras maneiras que o balanço ou o apoio simples discutidas aqui. Uma maneira elementar de conseguir solucionar esse problema, no entanto, exige a construção de linhas de influência para o cortante ou momento em pontos selecionados ao longo de todo o comprimento da viga e então calcular o cortante ou momento máximos na viga para cada ponto usando os métodos da Seção 6.6. Esses valores, quando representados graficamente, produzem um "envelope de máximos", do qual tanto o valor máximo absoluto de cortante, quanto do momento e sua localização podem ser encontrados. Obviamente, uma solução de computador para este problema é desejável para situações complicadas, tendo em vista que o trabalho pode ser bastante tedioso se efetuado por meio de cálculos à mão.

Exemplo 6.21

Determine o momento máximo absoluto no tabuleiro da ponte com apoios simples mostrado na Figura 6.37a.

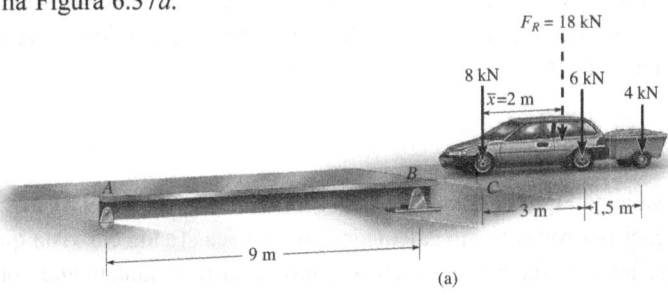

Figura 6.37

SOLUÇÃO

Inicialmente, a magnitude e posição da força resultante do sistema são determinadas (Figura 6.37a). Temos

$$+\downarrow F_R = \Sigma F; \qquad F_R = 8 + 6 + 4 = 18 \text{ kN}$$

$$(+M_{R_C} = \Sigma M_C; \qquad 18\bar{x} = 6(3) + 4(4,5)$$

$$\bar{x} = 2 \text{ m}$$

Vamos primeiro assumir que o momento máximo absoluto ocorre sob a carga de 6 kN. A carga e a força resultante são posicionadas equidistantes da linha de centro da viga (ver Figura 6.37b). Calculando A_y primeiro (Figura 6.37b), temos

$$(+\Sigma M_B = 0; \qquad -A_y(9) + 18(5) = 0 \qquad A_y = 10 \text{ kN}$$

Agora usando a seção esquerda da viga (Figura 6.37c), resulta em

$$(+\Sigma M_S = 0; \qquad -10(5) + 8(3) + M_S = 0$$

$$M_S = 26,0 \text{ kN} \cdot \text{m}$$

Há uma possibilidade de que o momento máximo absoluto possa ocorrer sob a carga de 8 kN, tendo em vista que 8 kN > 6 kN e F_R encontra-se entre ambos 8 kN e 6 kN. Para investigar este caso, a carga de 8 kN e F_R estão posicionados equidistantes da linha de centro da viga (Figura 6.37d). Demonstre que $A_y = 7$ kN como indicado na Figura 6.37e e que

$$M_S = 24,5 \text{ kN} \cdot \text{m}$$

Em comparação, o momento máximo absoluto é

$$M_S = 26,0 \text{ kN} \cdot \text{m} \qquad (Resposta)$$

o que ocorre sob a carga de 6 kN, quando as cargas estão posicionadas na viga como mostrado na Figura 6.37b.

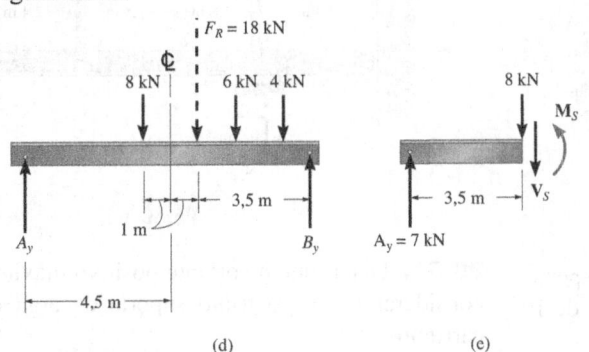

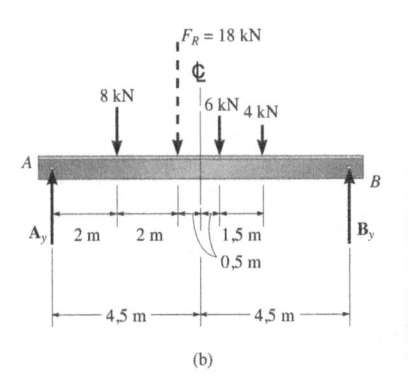

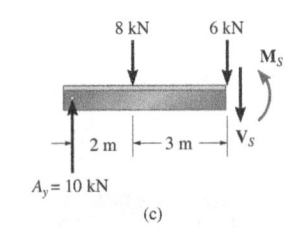

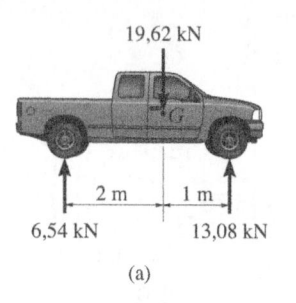

Exemplo 6.22

A camionete tem uma massa de 2 Mg e o centro de gravidade em G conforme mostrado na Figura 6.38a. Determine o momento máximo absoluto desenvolvido no tabuleiro da ponte com apoios simples devido ao peso da camionete. A ponte tem um comprimento de 10 m.

SOLUÇÃO

Como observado na Figura 6.38a, o peso da camionete, $2(10^3)$ kg $(9,81$ m/s$^2) = 19,62$ kN, e as reações das rodas foram calculados por estática. Tendo em vista que a maior reação ocorre na roda da frente, selecionaremos essa roda juntamente com a força resultante e as posicionaremos *equidistantes* da linha de centro do tabuleiro (Figura 6.38b). Usando a força resultante em vez das cargas nas rodas, a reação vertical em B é então

$$(+\Sigma M_A = 0; \qquad B_y(10) - 19,62(4,5) = 0$$
$$B_y = 8,829 \text{ kN}$$

O momento máximo ocorre sob a carga da roda dianteira. Usando a seção direita do tabuleiro da ponte (Figura 6.38c), temos

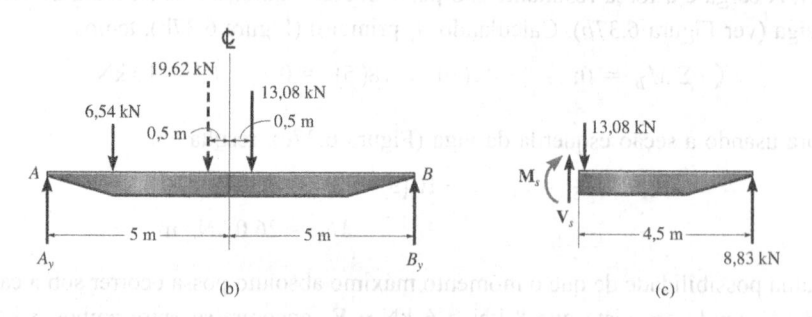

$$(+\Sigma M_s = 0; \qquad 8,829(4,5) - M_s = 0$$
$$M_s = 39,7 \text{ kN} \cdot \text{m} \qquad \text{(Resposta)}$$

Figura 6.38

Problemas

P6.59. Determine o momento máximo no ponto C na longarina única, causado pela vagonete em movimento que tem uma massa de 2 Mg e um centro de massa em G. Presuma que A seja um rolo.

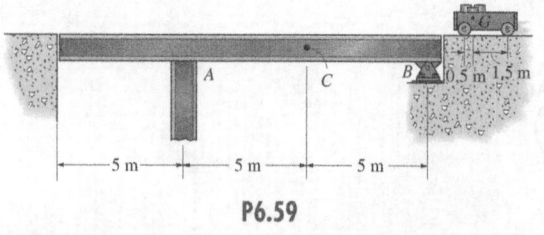

*P6.60. Determine o momento máximo no trilho suspenso no ponto B considerando que o trilho suporta a carga de 10 kN no carrinho.

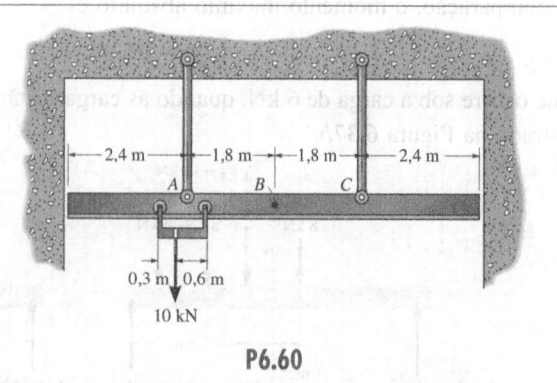

P6.61. Determine o cortante positivo máximo no ponto B considerando que o trilho suporta a carga de 10 kN no carrinho.

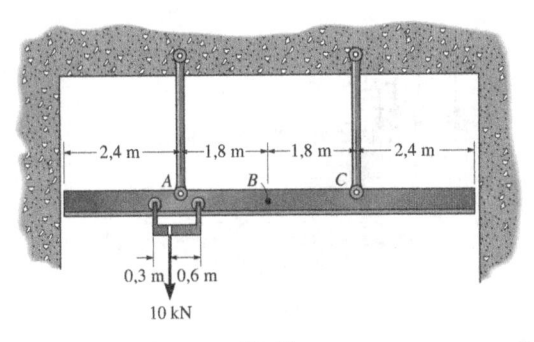

P6.61

P6.62. Determine o momento positivo máximo na ligação C na longarina lateral, causado pela carga em movimento que se desloca ao longo do centro da ponte.

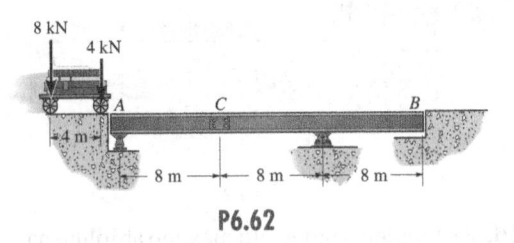

P6.62

P6.63. Determine o momento máximo em C causado pela carga em movimento.

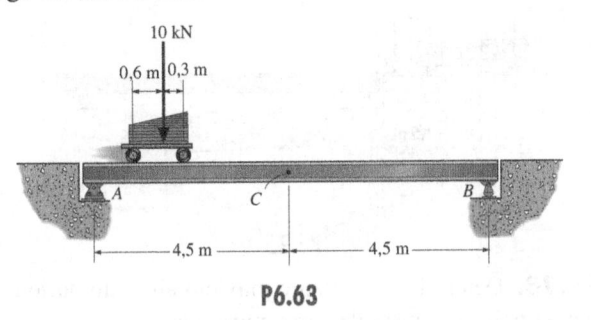

P6.63

*P6.64. Trace a linha de influência para a força no membro IH da treliça da ponte. Determine a força máxima (tração ou compressão) que pode ser desenvolvida nesse membro em função de um caminhão de 324 kN cujas cargas nas rodas são mostradas. Presuma que o caminhão possa viajar em *qualquer direção* ao longo do *centro* do tabuleiro, de maneira que metade da sua carga é transferida para cada uma das treliças laterais. Também presuma que os membros estejam conectados por pinos nas chapas de fixação.

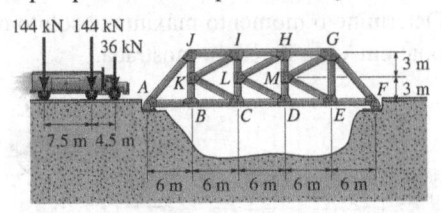

P6.64

P6.65. Determine o momento positivo máximo no ponto C sobre a longarina única causada pela carga em movimento.

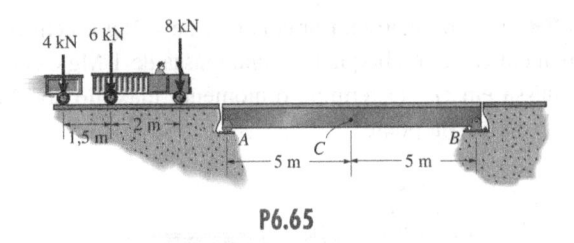

P6.65

P6.66. O carrinho tem um peso de 10 kN e o centro de gravidade em G. Determine o momento positivo máximo na longarina lateral em C à medida que ele cruza a ponte. Presuma que o carrinho possa se deslocar em *qualquer direção* ao longo do *centro* do tabuleiro, de maneira que *metade* da sua carga é transferida para cada uma das longarinas laterais.

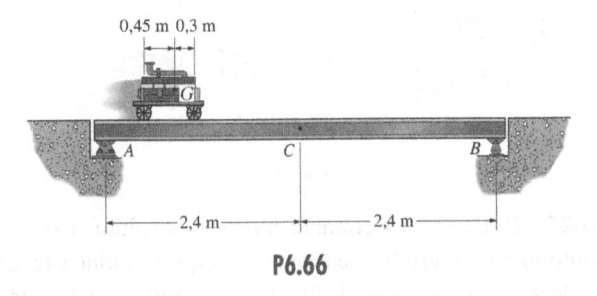

P6.66

P6.67. Trace a linha de influência para a força no membro BC da treliça da ponte. Determine a força máxima (tração ou compressão) que pode ser desenvolvida no membro por um caminhão de 25 kN cujas cargas nas rodas são mostradas. Presuma que o caminhão possa seguir em *qualquer direção* ao longo do *centro* do tabuleiro, de maneira que *metade* da carga mostrada é transferida para cada uma das duas treliças laterais. Também presuma que os membros estão conectados por pinos nas chapas de fixação.

*P6.68. Trace a linha de influência para a força no membro IC da treliça da ponte. Determine a força máxima (tração ou compressão) que pode ser desenvolvida no membro por um caminhão de 25 kN cujas cargas nas rodas são mostradas. Presuma que o caminhão possa seguir *em qualquer direção* ao longo do *centro* do tabuleiro, de maneira que metade da carga mostrada é transferida para cada uma das duas treliças laterais. Também presuma que os membros estão conectados por pinos nas chapas de fixação.

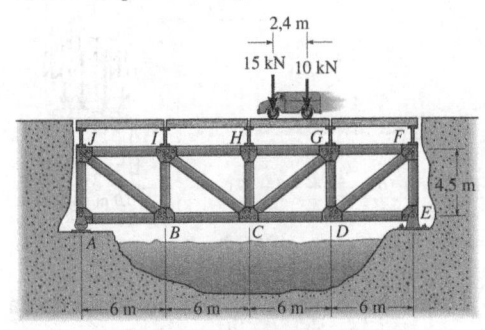

P6.67/6.68

P6.69. O caminhão tem uma massa de 4 Mg e centro de massa em G_1, e o reboque tem uma massa de 1 Mg e centro de massa em G_2. Determine o momento máximo absoluto desenvolvido na ponte.

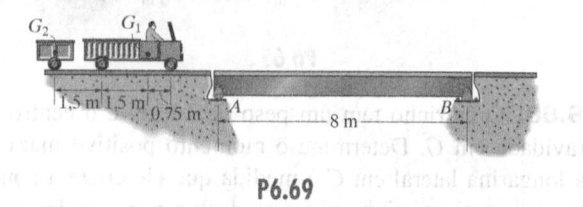

P6.69

P6.70. Determine o momento máximo absoluto na ponte no Problema 6.69 se o reboque for removido.

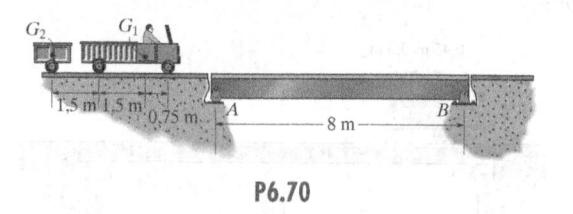

P6.70

P6.71. Determine o cortante máximo absoluto e o momento máximo absoluto na viga da lança do guindaste AB em decorrência da carga de 10 kN. As limitações nas extremidades exigem $0,1\ m \leq x \leq 3,9\ m$.

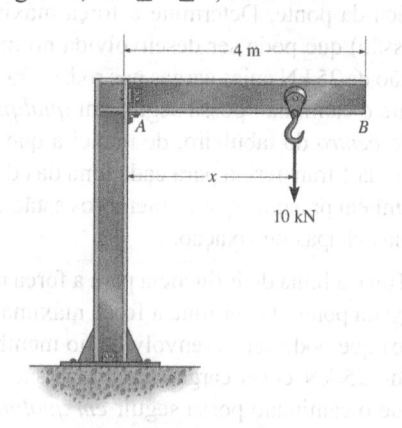

P6.71

*P6.72. Determine o momento máximo em C causado pelas cargas em movimento.

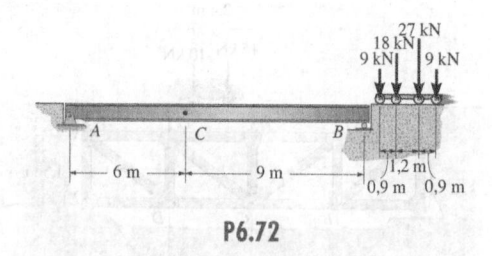

P6.72

P6.73. Determine o momento máximo absoluto na ponte de longarina em razão da carga do caminhão que é mostrada. A carga é aplicada diretamente na longarina.

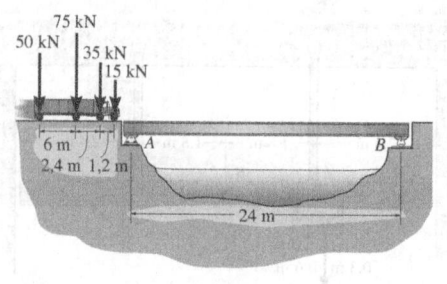

P6.73

P6.74. Determine o cortante máximo absoluto na viga em vista da carga mostrada.

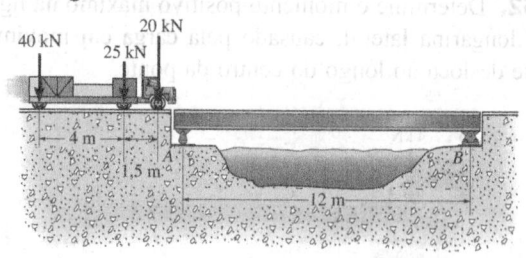

P6.74

P6.75. Determine o momento máximo absoluto na viga em vista da carga mostrada.

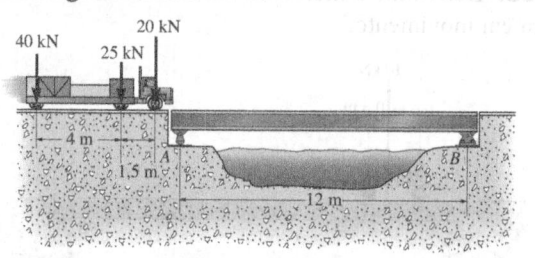

P6.75

*P6.76. Determine o cortante máximo absoluto na longarina da ponte em vista da carga mostrada.

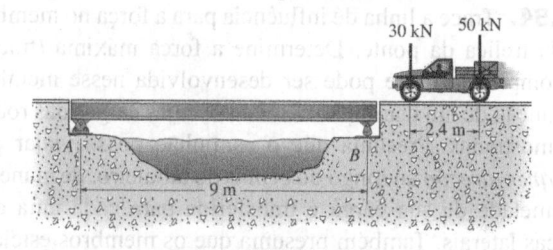

P6.76

P6.77. Determine o momento máximo absoluto na longarina da ponte em vista da carga mostrada.

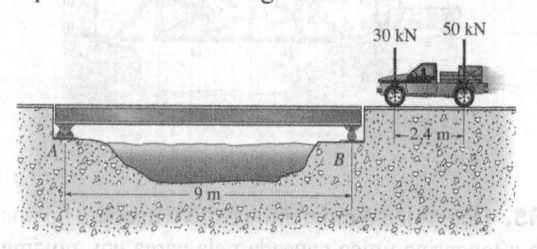

P6.77

P6.78. Determine o momento máximo absoluto na longarina em vista da carga mostrada.

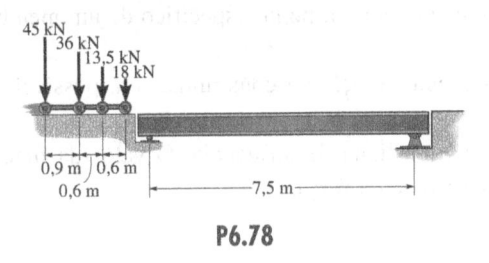

P6.78

P6.79. Determine o cortante máximo absoluto na viga em vista da carga mostrada.

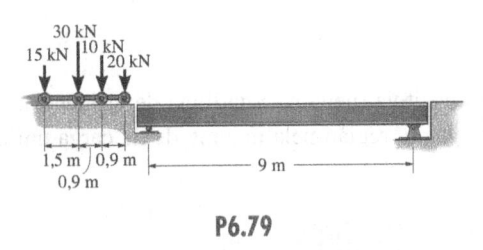

P6.79

*P6.80. Determine o momento máximo absoluto na viga em vista da carga mostrada.

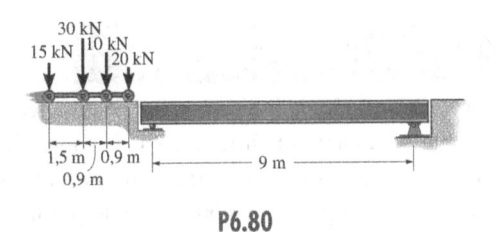

P6.80

P6.81. O trole corre em C e D ao longo das mesas superior e inferior da viga AB. Determine o momento máximo absoluto desenvolvido na viga se a carga suportada pelo trole é de 10 kN. Presuma que o apoio em A é um pino e em B um rolo.

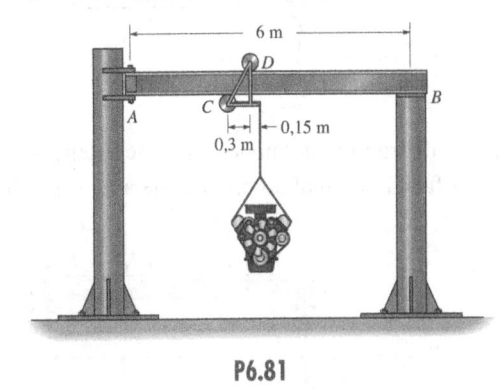

P6.81

Problemas de projeto

PP6.1. O guincho de corrente no guindaste de parede pode ser colocado em qualquer lugar ao longo da haste (0,1 m < x < 3,4 m) e tem uma capacidade nominal de 28 kN. Use um fator de impacto de 0,3 e determine o momento fletor máximo absoluto na haste e a força máxima desenvolvida no tirante BC. A haste é fixada por pinos à coluna da parede em sua extremidade esquerda A. Despreze o tamanho do trole em D.

PP6.2. Uma ponte para pedestres com apoios simples será construída em um parque de uma cidade e dois projetos foram propostos, conforme mostrado no caso a e caso b. Os membros da treliça devem ser feitos de madeira. O tabuleiro consiste de tábuas de 1,5 m de comprimento com uma massa de 20 kg/m². Um código local determina que a carga viva sobre o tabuleiro seja de 5 kPa com um fator de impacto de 0,2. Considere que o tabuleiro tem apoios simples sobre longarinas. As transversinas transmitem então a carga para os nós inferiores da treliça. (Ver Figura 6.23.) Em cada caso encontre o membro sujeito às maiores cargas de tração e de compressão e explique por que você escolheria um projeto em vez do outro. Despreze os pesos dos membros da treliça.

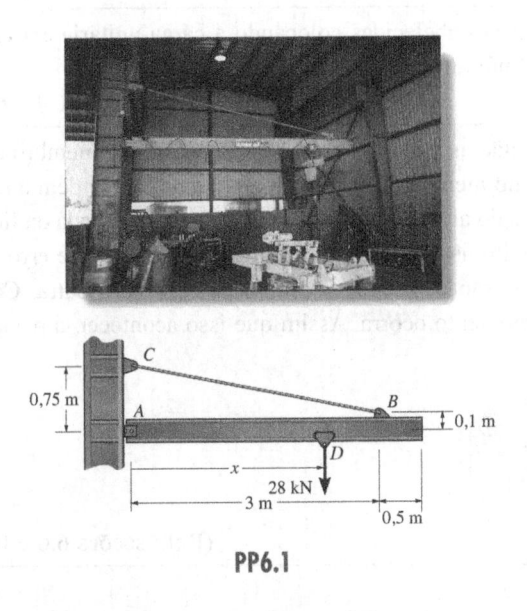

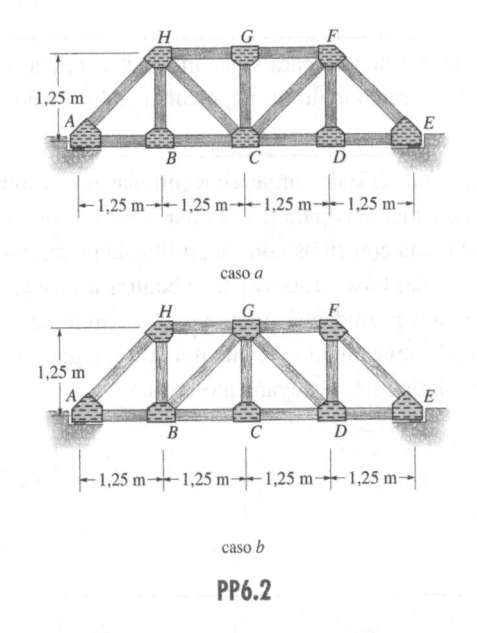

PP6.1

PP6.2

REVISÃO DO CAPÍTULO

Uma linha de influência indica o valor de uma reação, cortante ou momento em um ponto específico de um membro, à medida que uma carga unitária se desloca sobre ele.

Uma vez que a linha de influência para uma reação, cortante ou momento (função) é construída, será possível então localizar a sobrecarga no membro a fim de produzir o valor negativo ou positivo máximo da função.

Uma sobrecarga concentrada é aplicada nos picos positivos (negativos) da linha de influência. O valor da função é, portanto, igual ao produto da ordenada da linha de influência pela magnitude da força.

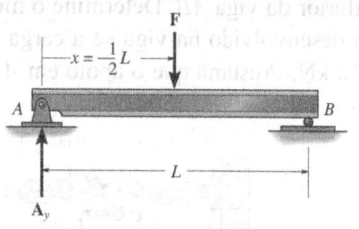

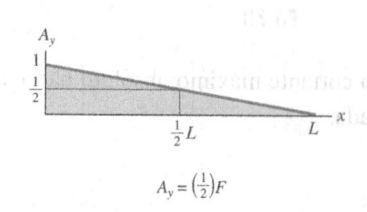

$$A_y = \left(\tfrac{1}{2}\right)F$$

Uma carga distribuída de modo uniforme estende-se sobre uma região positiva (negativa) da linha de influência. Logo, o valor da função é igual ao produto da área sob a linha de influência para a região pela magnitude da carga uniforme.

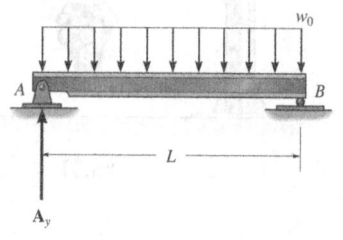

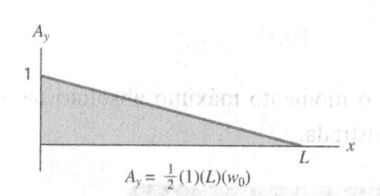

$$A_y = \tfrac{1}{2}(1)(L)(w_0)$$

(Ref.: seções 6.1 e 6.2)

A forma geral da linha de influência pode ser estabelecida usando o princípio de Müller-Breslau, que estabelece que a linha de influência para uma reação, cortante ou momento está na mesma escala que a forma defletida do membro quando a reação, cortante ou momento atuam sobre este.

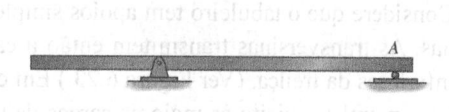

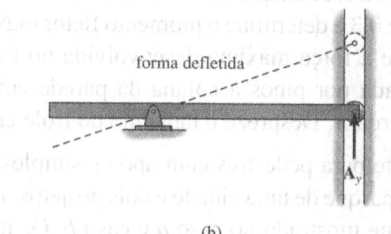

(a) (b)

(Ref.: seção 6.3)

Linhas de influência para vigas mestras e treliças de piso podem ser estabelecidas colocando a carga unitária em cada ponto de carregamento ou nó, e calculando o valor da reação, cortante ou momento exigidos.

(Ref.: seções 6.4 e 6.5)

Quando uma série de cargas concentradas passa sobre o membro, então as várias posições da carga sobre o membro têm de ser consideradas para determinar o maior cortante ou momento no membro. Em geral, coloque as cargas de maneira que cada uma contribua com sua influência máxima, como determinado ao multiplicar cada carga pela ordenada da linha de influência. Esse processo de encontrar a posição real pode ser feito usando um procedimento de tentativa e erro, ou encontrando a mudança no cortante ou momento quando as cargas são deslocadas de uma posição para outra. Cada momento é investigado até que um valor negativo de cortante ou momento ocorra. Assim que isso acontecer, a posição anterior definirá o carregamento crítico.

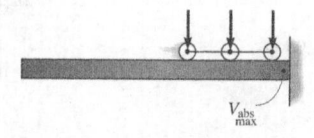

$V_{\max}^{abs}$

(Ref.: seções 6.6 e 6.7)

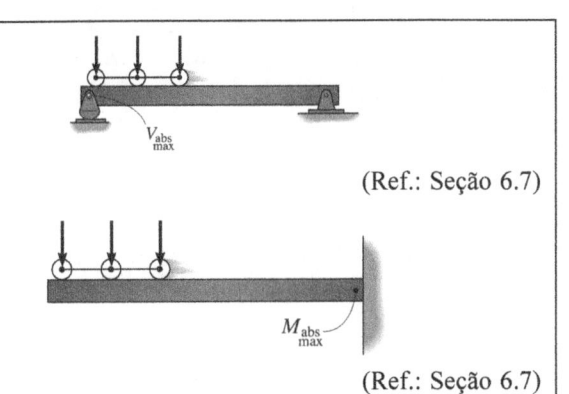

O *cortante* máximo absoluto em uma viga em balanço ou com apoios simples ocorrerá em um suporte, quando uma das cargas for colocada próxima do apoio.	(Ref.: Seção 6.7)
O *momento* máximo absoluto em uma viga em balanço ocorre quando a série de cargas concentradas é colocada no ponto mais distante do apoio fixo.	(Ref.: Seção 6.7)
Para determinar o momento máximo absoluto em uma viga com apoios simples, é primeiro determinada a resultante do sistema de forças. Então ela, juntamente com uma das forças concentradas no sistema, é posicionada de maneira que essas duas forças estejam equidistantes da linha de centro da viga. O momento máximo ocorre então sob a força selecionada. Dessa maneira é selecionada cada força no sistema e, por comparação, o maior de todos esses casos é o momento máximo absoluto.	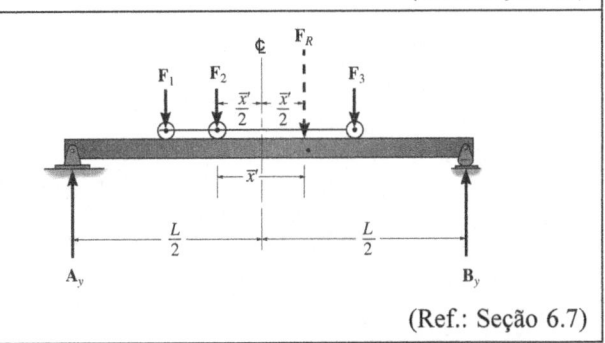 (Ref.: Seção 6.7)

O pórtico para esta ponte tem de resistir às cargas laterais causadas pelo vento e pelo tráfego. Uma análise aproximada das forças produzidas pode ser feita para um projeto preliminar dos membros, antes que uma análise estrutural mais exata seja feita.

CAPÍTULO 7

Análise aproximada de estruturas estaticamente indeterminadas

Neste capítulo apresentaremos alguns dos métodos aproximados usados para analisar treliças e estruturas estaticamente indeterminadas. Esses métodos foram desenvolvidos com base no comportamento estrutural, e sua precisão na maioria dos casos compara-se favoravelmente com métodos mais precisos de análise. Mesmo que nem todos os tipos de formas estruturais sejam discutidos aqui, esperamos que uma percepção suficiente seja adquirida com o estudo desses métodos, de maneira que você possa julgar quais serão as melhores aproximações a fazer ao realizar uma análise de força aproximada de uma estrutura estaticamente indeterminada.

7.1 Uso de métodos aproximados

Quando um *modelo* é usado para representar qualquer estrutura, a análise dele deve satisfazer *ambas* as condições de equilíbrio e de compatibilidade do deslocamento nos nós. Como será mostrado nos capítulos posteriores deste texto, as condições de compatibilidade para uma estrutura *estaticamente indeterminada* podem ser relacionadas às cargas, contanto que saibamos o módulo de elasticidade do material e o tamanho e forma dos membros. Para um projeto inicial, entretanto, *não* saberemos o tamanho de um membro, e assim uma análise estaticamente indeterminada não pode ser considerada. Para análise, um modelo mais simples da estrutura tem de ser desenvolvido, um modelo que seja estaticamente determinado. Uma vez que o modelo seja especificado, a análise dele é chamada de *análise aproximada*. Ao realizar esse tipo de análise, um projeto preliminar dos membros de uma estrutura pode ser feito. Completada essa etapa, a análise indeterminada mais precisa pode então ser realizada e o projeto refinado. Uma análise aproximada também proporciona uma percepção quanto ao comportamento de uma estrutura sob o efeito de uma carga, fato que é benéfico ao se conferir uma análise mais precisa, ou quando o tempo, dinheiro ou capacidade não estão disponíveis para realizar uma análise mais precisa.

Perceba que, de maneira geral, todos os métodos de análise estrutural são aproximados, simplesmente porque as condições reais de carga, geometria, comportamento do material e resistência dos nós nos apoios nunca são conhecidos de *maneira exata*. Neste texto, entretanto, a análise estaticamente indeterminada de uma estrutura será referida como *análise exata*, e a análise estaticamente determinada será referida como *análise aproximada*.

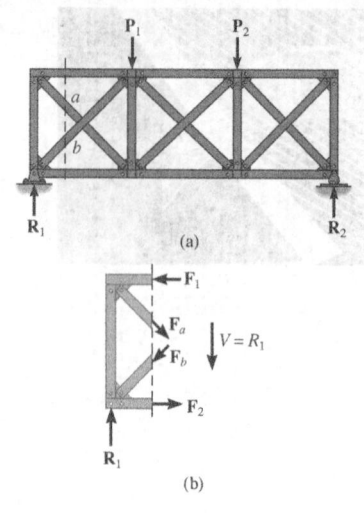

7.2 Treliças

Um tipo comum de treliça frequentemente usado para contravento lateral de um edifício ou para contraventar as cordas inferior e superior de uma ponte é mostrado na Figura 7.1a. (Ver também Figura 3.4). Quando usada para essa finalidade, essa treliça não é considerada um elemento primário para o suporte da estrutura e, como consequência, ela é comumente analisada por métodos aproximados. No caso mostrado, será observado que se uma diagonal é removida de cada um dos três painéis, ela tornará a treliça estaticamente determinada. Logo, a treliça é estaticamente indeterminada de terceiro grau (usando a Equação 3.1, $b + r > 2j$, ou $16 + 3 > 8$ (2)) e, portanto, temos de fazer três pressupostos em relação às forças da barra a fim de reduzir a treliça a uma que seja estaticamente determinada. Esses pressupostos podem ser feitos em relação às diagonais cruzadas, percebendo que quando uma diagonal em um painel está em tração, a diagonal cruzada correspondente estará em compressão. Isto fica evidente a partir da Figura 7.1b, em que o "cortante de painel" **V** é suportado pela *componente vertical* da força de tração no membro *a* e a *componente vertical* da força compressiva no membro *b*. Dois métodos de análise são geralmente aceitáveis.

Método 1: Se as diagonais são intencionalmente projetadas para serem *longas e esbeltas*, é razoável presumir que elas *não possam* suportar uma força compressiva; caso contrário, elas podem facilmente flambar. Portanto, o cortante de painel é resistido inteiramente pela *diagonal de tracionada*, enquanto a *diagonal comprimida é assumida ser um membro de força zero*.

Método 2: Se a intenção é que os membros diagonais sejam construídos com grandes seções laminadas como cantoneiras e perfis, eles podem ser igualmente capazes de suportar forças de tração ou compressão. Aqui presumiremos que as diagonais de tração e compressão suportam, cada uma, *metade* do cortante do painel.

Figura 7.1

Um método aproximado pode ser usado para determinar as forças no travamento cruzado em cada painel desta ponte ferroviária levadiça. Aqui os membros cruzados são esbeltos e assim podemos presumir que eles não suportam força compressiva.

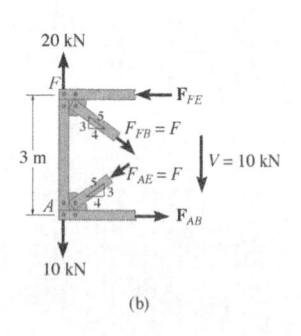

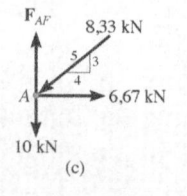

Exemplo 7.1

Determine (aproximadamente) as forças nos membros da treliça mostrada na Figura 7.2a. As diagonais devem ser projetadas para suportar tanto forças de tração quanto compressivas, e, portanto, cada uma é presumida que suporte metade do cortante do painel. As reações de apoio foram calculadas.

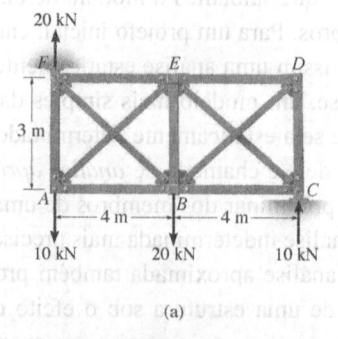

Figura 7.2

SOLUÇÃO
Examinando a questão, a treliça é indeterminada estaticamente de segundo grau. Os dois pressupostos exigem que as diagonais de tração e compressivas suportem forças iguais, isto é, $F_{FB} = F_{AE} = F$. Para uma seção vertical através do painel esquerdo (Figura 7.2b) temos

$+\uparrow \Sigma F_y = 0;$ $20 - 10 - 2\left(\frac{3}{5}\right)F = 0$ $F = 8{,}33$ kN *(Resposta)*

de maneira que

$$F_{FB} = 8{,}33 \text{ kN (T)} \qquad \text{(Resposta)}$$
$$F_{AE} = 8{,}33 \text{ kN (C)} \qquad \text{(Resposta)}$$

$(+\Sigma M_A = 0;$ $-8{,}33\left(\frac{4}{5}\right)(3) + F_{FE}(3) = 0$ $F_{FE} = 6{,}67$ kN (C) *(Resposta)*

$(+\Sigma M_F = 0;$ $-8{,}33\left(\frac{4}{5}\right)(3) + F_{AB}(3) = 0$ $F_{AB} = 6{,}67$ kN (T) *(Resposta)*

Do nó A, na Figura 7.2c,

$+\uparrow \Sigma F_y = 0;$ $F_{AF} - 8{,}33\left(\frac{3}{5}\right) - 10 = 0$ $F_{AF} = 15$ kN (T) *(Resposta)*

Uma seção vertical através do painel direito é mostrada na Figura 7.2d. Demonstre que

$$F_{DB} = 8{,}33 \text{ kN (T)}, \quad F_{ED} = 6{,}67 \text{ kN (C)} \qquad \text{(Resposta)}$$
$$F_{EC} = 8{,}33 \text{ kN (C)}, \quad F_{BC} = 6{,}67 \text{ kN (T)} \qquad \text{(Resposta)}$$

Além disso, usando os diagramas de corpo livre dos nós D e E (Figuras 7.2e e 7.2f), demonstre que

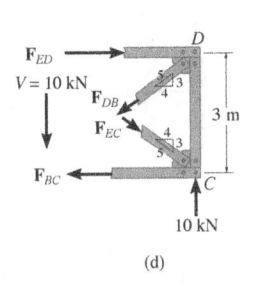

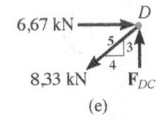

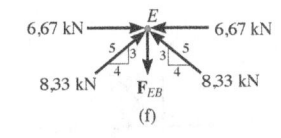

$$F_{DC} = 5 \text{ kN (C)} \qquad \text{(Resposta)}$$
$$F_{EB} = 10 \text{ kN (T)} \qquad \text{(Resposta)}$$

Exemplo 7.2

O travamento cruzado é usado para proporcionar suporte lateral para este tabuleiro de ponte devido ao vento e cargas de tráfego desequilibradas. Determine (aproximadamente) as forças nos membros desta treliça. Presuma que as diagonais sejam delgadas e, portanto, não suportarão uma força compressiva. As cargas e reações de apoio são apresentadas na Figura 7.3a.

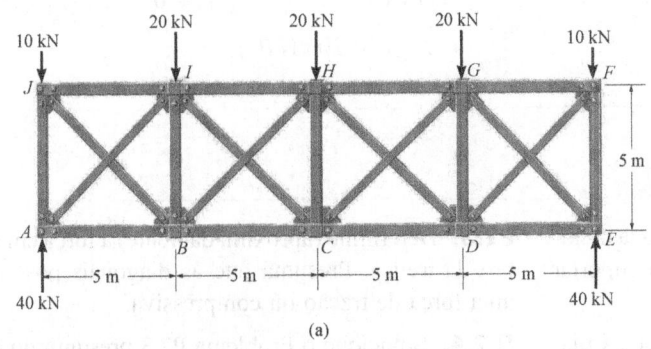

Figura 7.3

SOLUÇÃO
Examinando a questão, a treliça é indeterminada estaticamente de quarto grau. Desse modo, os quatro pressupostos a serem usados exigem que cada diagonal de compressão sustente força zero. Logo, de uma seção vertical através do painel esquerdo (Figura 7.3b) temos

$$F_{AI} = 0 \qquad \text{(Resposta)}$$

$+\uparrow \Sigma F_y = 0;$ $40 - 10 - F_{JB}\cos 45° = 0$

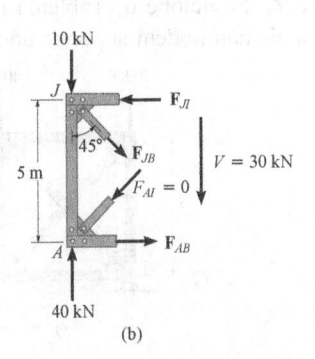

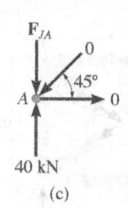

$$F_{JB} = 42{,}4 \text{ kN (T)} \quad \text{(Resposta)}$$

$$(+\Sigma M_A = 0; \quad -42{,}4 \text{ sen } 45°(5) + F_{JI}(5) = 0$$

$$F_{JI} = 30 \text{ kN (C)} \quad \text{(Resposta)}$$

$$(+\Sigma M_J = 0; \quad -F_{AB}(5) = 0$$

$$F_{AB} = 0 \quad \text{(Resposta)}$$

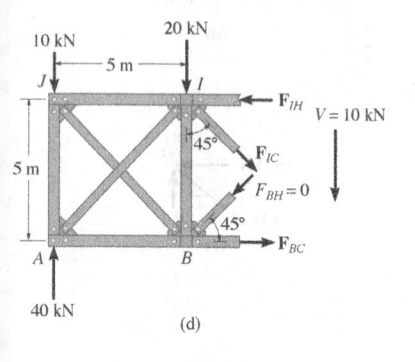

Do nó A, Figura 7.3c,

$$F_{JA} = 40 \text{ kN (C)} \quad \text{(Resposta)}$$

Uma seção vertical da treliça através dos membros IH, IC, BH e BC é mostrada na Figura 7.3d. O cortante do painel é $V = \Sigma F_y = 40 - 10 - 20 = 10$ kN. Necessitamos que

$$F_{BH} = 0 \quad \text{(Resposta)}$$

$$+\uparrow \Sigma F_y = 0; \quad 40 - 10 - 20 - F_{IC} \cos 45° = 0$$

$$F_{IC} = 14{,}1 \text{ kN (T)} \quad \text{(Resposta)}$$

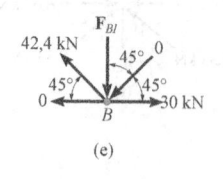

$$(+\Sigma M_B = 0; \quad -40(5) + 10(5) - 14{,}1 \text{ sen } 45°(5) + F_{IH}(5) = 0$$

$$F_{IH} = 40 \text{ kN (C)} \quad \text{(Resposta)}$$

$$(+\Sigma M_I = 0; \quad -40(5) + 10(5) + F_{BC}(5) = 0$$

$$F_{BC} = 30 \text{ kN (C)} \quad \text{(Resposta)}$$

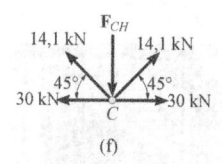

Do nó B 9 (Figura 7.3e),

$$+\uparrow \Sigma F_y = 0; \quad 42{,}4 \text{ sen } 45° - F_{BI} = 0$$

$$F_{BI} = 30 \text{ kN (C)} \quad \text{(Resposta)}$$

As forças nos outros membros podem ser determinadas por simetria, exceto F_{CH}; entretanto, do nó C (Figura 7.3f) temos

$$+\uparrow \Sigma F_y = 0; \quad 2(14{,}1 \text{ sen } 45°) - F_{CH} = 0$$

$$F_{CH} = 20 \text{ kN (C)} \quad \text{(Resposta)}$$

Problemas

P7.1. Determine (aproximadamente) a força em cada membro da treliça. Presuma que as diagonais possam suportar uma força de tração ou compressiva.

P7.2. Solucione o Problema P7.1 presumindo que as diagonais não podem suportar uma força compressiva.

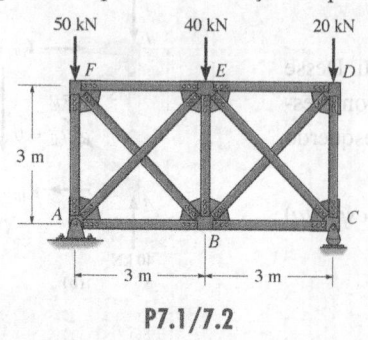

P7.3. Determine (aproximadamente) a força em cada membro da treliça. Presuma que as diagonais possam suportar uma força de tração ou compressiva.

*P7.4. Solucione o Problema P7.3 presumindo que as diagonais não possam suportar uma força compressiva.

P7.1/7.2

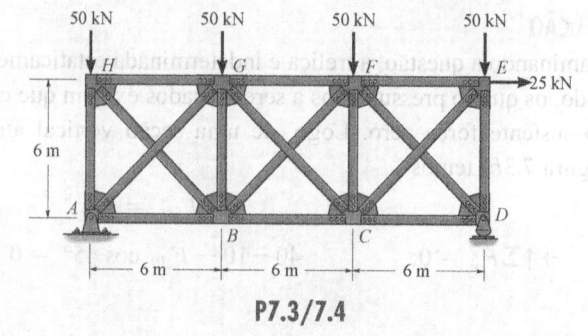

P7.3/7.4

P7.5. Determine (aproximadamente) a força em cada membro da treliça. Presuma que as diagonais possam suportar uma força de tração ou compressiva.

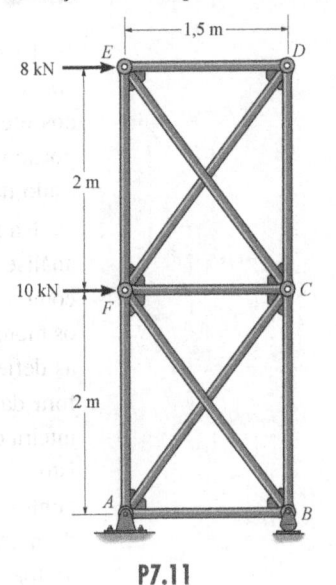

P7.6. Solucione o Problema P7.5 presumindo que as diagonais não possam suportar uma força compressiva.

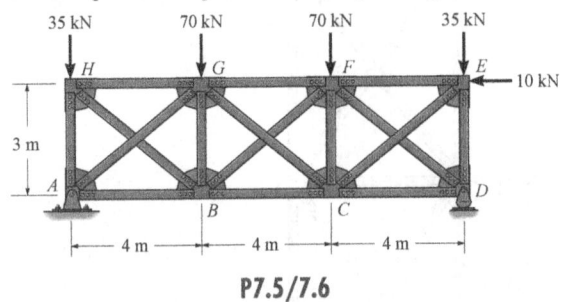

P7.5/7.6

P7.7. Determine (aproximadamente) a força em cada membro da treliça. Presuma que as diagonais possam suportar uma força de trção ou compressiva.

*P7.8. Solucione o Problema P7.7 presumindo que as diagonais não possam suportar uma força compressiva.

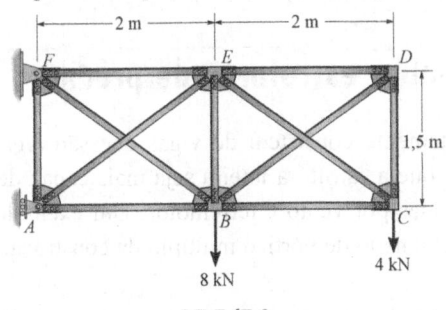

P7.7/7.8

P7.9. Determine (aproximadamente) a força em cada membro da treliça. Presuma que as diagonais possam suportar forças de tração e compressivas.

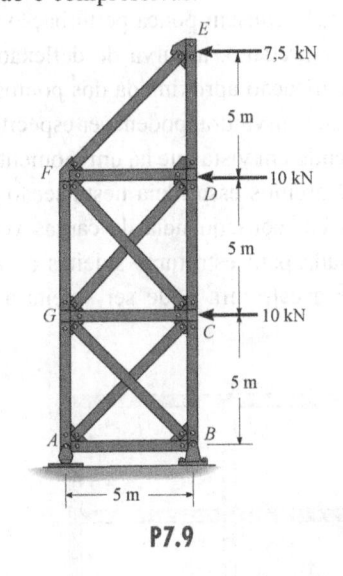

P7.9

P7.10. Determine (aproximadamente) a força em cada membro da treliça. Presuma que as diagonais DG e AC não possam suportar uma força compressiva.

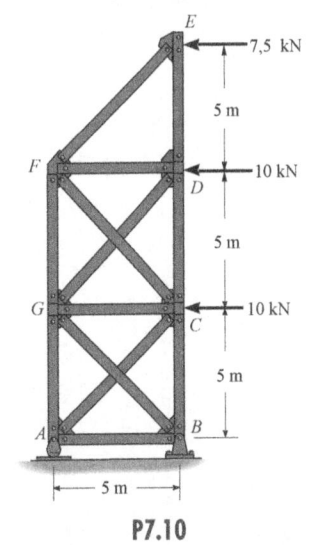

P7.10

P7.11. Determine (aproximadamente) a força em cada membro da treliça. Presuma que as diagonais possam suportar uma força de tração ou compressão.

P7.11

*P7.12. Determine (aproximadamente) a força em cada membro da treliça. Presuma que as diagonais não possam suportar uma força compressiva.

P7.12

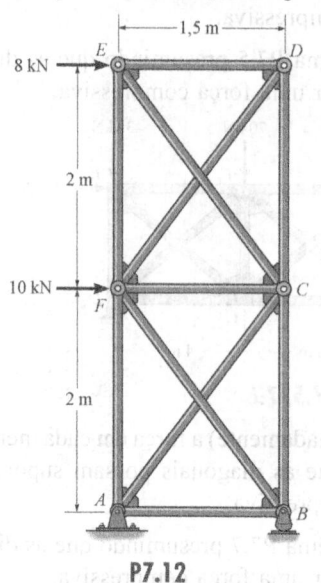

7.3 Cargas verticais sobre estruturas de prédios

Estruturas de prédios frequentemente consistem de vigas que são *rigidamente conectadas* às colunas de maneira que a estrutura inteira seja mais capaz de resistir aos efeitos de forças laterais causadas por vento e terremotos. Um exemplo de um pórtico rígido assim, comumente chamado de pórtico múltiplo da construção, é ilustrado na Figura 7.4.

Na prática, um engenheiro estrutural pode usar diversas técnicas para realizar uma análise apropriada de um pórtico múltiplo. Cada uma é baseada no conhecimento de como a estrutura *irá se deformar sob a carga*. Uma técnica seria considerar somente os membros dentro de uma região localizada da estrutura. Isto é possível contanto que as deflexões dos membros dentro da região causem pouca perturbação aos membros fora da região. Na maioria das vezes, entretanto, a curva de deflexão da estrutura inteira é considerada. A partir daí, a localização aproximada dos pontos de inflexão, isto é, os pontos onde o membro muda sua curvatura, podem ser especificados. Esses pontos podem ser considerados *pinos* tendo em vista que há um momento zero dentro do membro nos pontos de inflexão. Usaremos essa ideia nesta seção para analisar as forças sobre estruturas de edifícios em consequência de cargas verticais, e nas seções 7.5 e 7.6 uma análise aproximada para estruturas sujeitas a cargas laterais será apresentada. Tendo em vista que a estrutura pode ser sujeita a ambas essas

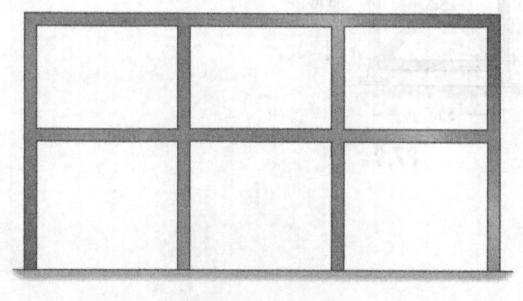

estrutura típica de um prédio

Figura 7.4

cargas simultaneamente, então, contanto que o material permaneça elástico, a carga resultante é determinada por superposição.

Pressupostos para análise aproximada. Considere uma viga típica localizada dentro de um pórtico e sujeita a uma carga vertical uniforme, como ilustrada na Figura 7.5a. Os apoios da coluna em A e B vão cada um exercer três reações sobre a viga e, portanto, a viga será indeterminada estaticamente de terceiro grau (6 reações – 3 equações de equilíbrio). Para tornar a viga determinada estaticamente, uma análise aproximada exigirá, portanto, três pressupostos. Se as colunas são extremamente rígidas, nenhuma rotação em A e B ocorrerá, e a curva de deflexão para a viga parecerá com aquela mostrada na Figura 7.5b. Usando um dos métodos apresentados nos capítulos 9 a 11, uma análise precisa revela que para este caso os pontos de inflexão, ou pontos de momento zero, ocorrem em $0,21L$ de cada apoio. Se, entretanto, as ligações das colunas em A e B são muito flexíveis, então como em uma viga com apoios simples, o momento zero ocorrerá nos apoios (Figura 7.5c). Na realidade, entretanto, as colunas proporcionarão alguma flexibilidade nos apoios, e, portanto, presumiremos que o momento zero ocorra no *ponto médio* entre os dois extremos, ou seja, em $(0,21L + 0)/2 \approx 0,1L$ de cada apoio (Figura 7.5d). Além disso, uma análise exata das estruturas suportando cargas verticais indica que as forças axiais na viga são desprezíveis.

Resumindo então, cada viga de comprimento L pode ser modelada por um vão com apoios simples de comprimento $0,8L$ pousando sobre duas extremidades engastadas, cada uma tendo um comprimento de $0,1L$ (Figura 7.5e). Os três pressupostos a seguir são incorporados neste modelo:

1. Há um momento zero na viga, $0,1L$ do apoio esquerdo.
2. Há um momento zero na viga, $0,1L$ do apoio direito.
3. A viga não suporta uma força axial.

Usando estática, as cargas internas nas vigas podem ser obtidas agora e um projeto preliminar das suas seções transversais pode ser feito. O exemplo a seguir ilustra isso numericamente.

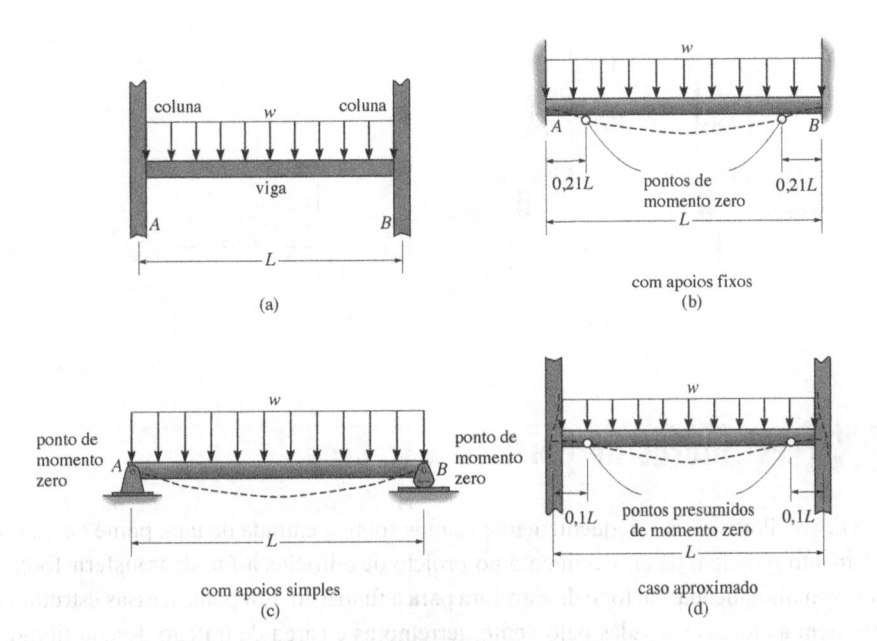

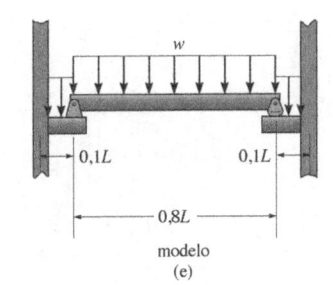

Figura 7.5

Exemplo 7.3

Determine (aproximadamente) o momento nos nós E e C causado pelos membros EF e CD do pórtico transversal na Figura 7.6a.

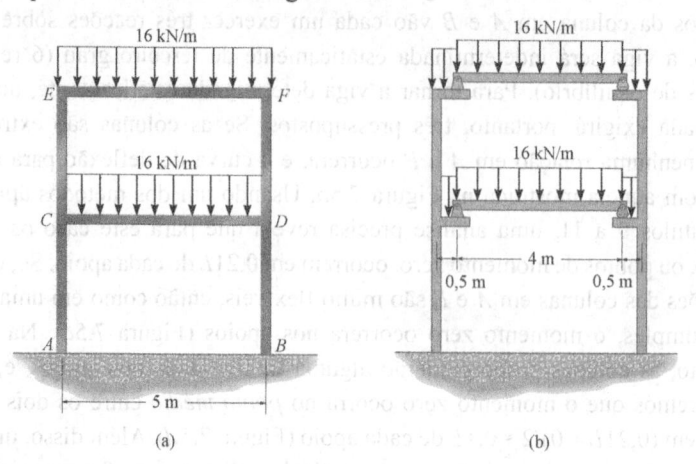

Figura 7.6

SOLUÇÃO

Para uma análise aproximada, a estrutura é modelada conforme mostrado na Figura 7.6b. Observe que os vãos em balanço suportando a porção do centro da viga têm um comprimento de $0,1L = 0,1(5) = 0,5$ m. O equilíbrio exige que as reações nas extremidades para a porção do centro da viga sejam de 32 kN (Figura 7.6c). Os vãos engastados são então sujeitos a um momento reativo de

$$M = 8(0,25) + 32(0,5) = 18 \text{ kN} \cdot \text{m} \quad (Resposta)$$

Este momento aproximado, com direção oposta, atua sobre os nós em E e C, Figura 7.6a. Usando os resultados, o diagrama aproximado de momento para uma das vigas é apresentado na Figura 7.6d.

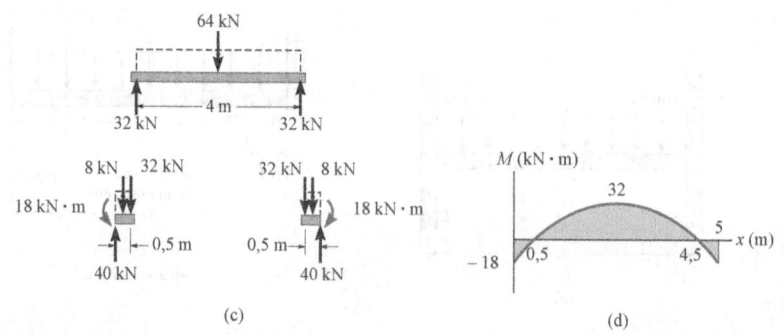

7.4 Estruturas de pórticos e treliças

Pórticos. Pórticos são frequentemente usados sobre a entrada de uma ponte* e como elemento principal de enrijecimento no projeto de edifícios a fim de transferir forças horizontais aplicadas no topo da estrutura para a fundação. Em pontes, essas estruturas resistem às forças causadas pelo vento, terremotos e carga de tráfego desequilibrada sobre o tabuleiro da ponte. Pórticos podem ter apoios de pinos, apoios fixos ou apoios com fixação parcial. A análise aproximada de cada caso será discutida agora para um pórtico simples de três membros.

---

* Ver Figura 3.4.

Capítulo 7 Análise aproximada de estruturas estaticamente indeterminadas | 199

Com apoio de pinos. Um pórtico típico com apoios de pinos é mostrado na Figura 7.7a. Tendo em vista que quatro incógnitas existem nos suportes, mas apenas três equações de equilíbrio estão disponíveis para solução, essa estrutura é indeterminada estaticamente de primeiro grau. Consequentemente, apenas uma suposição deve ser feita para reduzir a estrutura a uma que seja estaticamente determinada.

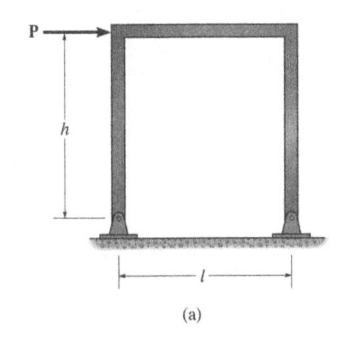

A deflexão elástica do pórtico é ilustrada na Figura 7.7b. Esse diagrama indica que um ponto de inflexão, isto é, onde o momento muda de flexão positiva para flexão negativa, está localizado *aproximadamente* no ponto central da viga. Tendo em vista que o momento na viga é zero nesse ponto, podemos *presumir* que exista uma articulação ali e então prosseguir para determinar as reações nos apoios usando estática. Se isto for feito, descobrimos que as reações horizontais (cortantes) na base de cada coluna são *iguais* e as outras reações são aquelas indicadas na Figura 7.7c. Além disso, os diagramas para essa estrutura são indicados na Figura 7.7d.

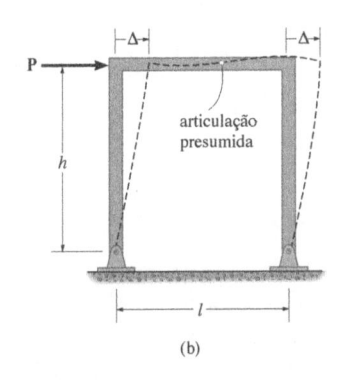

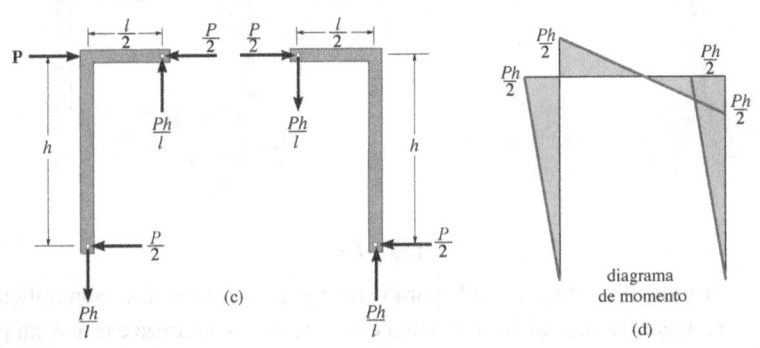

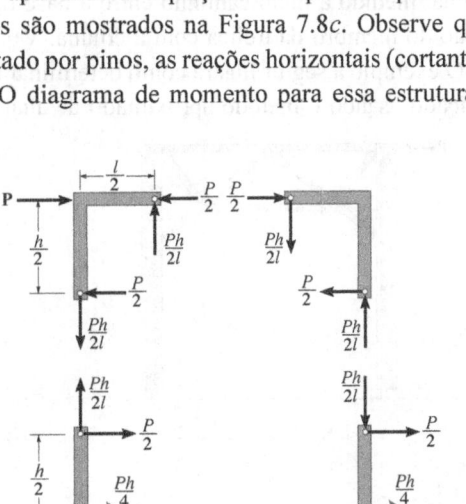

Figura 7.7

Com apoio fixo. Pórticos com dois apoios fixos (Figura 7.8a) são indeterminados estaticamente de terceiro grau tendo em vista que há um total de seis incógnitas nos apoios. Se os membros verticais têm comprimentos e áreas de seções transversais iguais, a estrutura defletirá conforme mostrado na Figura 7.8b. Para esse caso *presumiremos* que os pontos de inflexão ocorrem nos pontos centrais de todos os três membros, e, portanto, articulações são colocadas nesses pontos. As reações e diagramas de momento para cada momento podem, portanto, ser determinados desmembrando a estrutura nas articulações e aplicando as equações de equilíbrio para cada uma das quatro partes. Os resultados são mostrados na Figura 7.8c. Observe que, assim como no caso do pórtico conectado por pinos, as reações horizontais (cortantes) na base de cada coluna são *iguais*. O diagrama de momento para essa estrutura é indicado na Figura 7.8d.

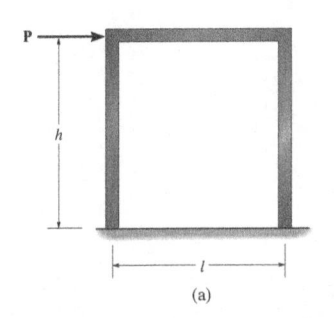

Figura 7.8

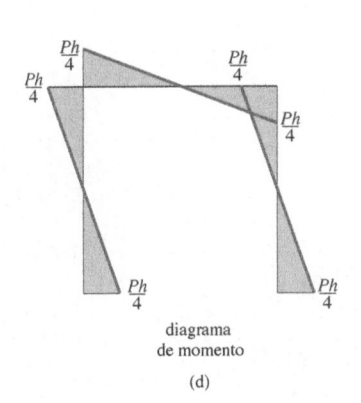

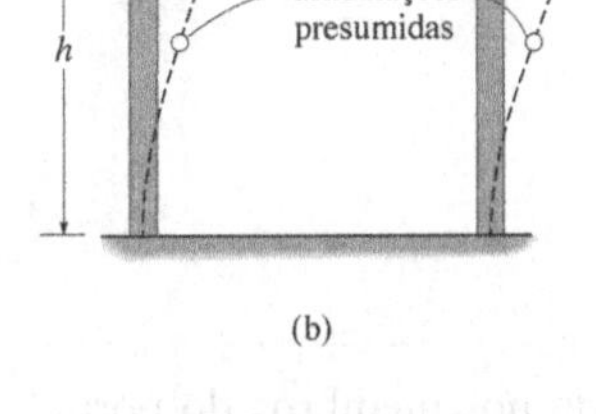

Fixação parcial. Tendo em vista que é difícil e caro construir um apoio ou fundação perfeitamente fixados para um pórtico de pórtico, é conservador e de certa maneira realista presumir que uma ligeira rotação ocorra nos apoios (Figura 7.9a). Como resultado, os pontos de inflexão nas colunas encontram-se em algum lugar entre o caso de um pórtico com apoios de pinos (Figura 7.7a) onde os "pontos de inflexão" estão nos apoios (bases das colunas), e um pórtico com apoios fixos (Figura 7.8a) onde os pontos de inflexão estão no centro das colunas. Muitos engenheiros definem arbitrariamente a localização em $h/3$ (Figura 7.9b), e, portanto, colocam articulações nesses pontos, e também no centro da viga.

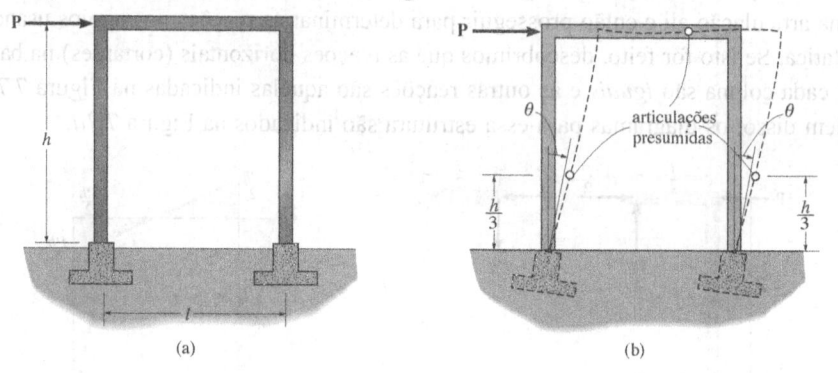

Figura 7.9

Treliças. Quando um pórtico é usado para vencer grandes distâncias, uma treliça pode ser usada no lugar da viga horizontal. Uma estrutura dessa natureza é usada em pontes grandes e como pórticos transversais para auditórios grandes e prédios industriais. Um exemplo típico é mostrado na Figura 7.10a. Em todos os casos, presume-se que a treliça suspensa seja conectada por pinos nos seus pontos de ligação com as colunas. Além disso, a treliça mantém as colunas retas dentro da região de ligação quando o pórtico é sujeito ao deslocamento lateral Δ (Figura 7.10b). Consequentemente, podemos analisar pórticos treliçados usando os mesmos pressupostos que aqueles usados para pórticos simples. Para colunas com apoios de pinos, presuma que as reações horizontais sejam iguais e um ponto de inflexão (ou articulação) ocorra em cada coluna, medido a meio caminho entre a base da coluna e o *ponto mais baixo* da ligação do membro da treliça com a coluna. Veja as figuras 7.8c e 7.10b.

O exemplo a seguir ilustra como determinar as forças nos membros de um pórtico treliçado usando o método aproximado de análise descrito acima.

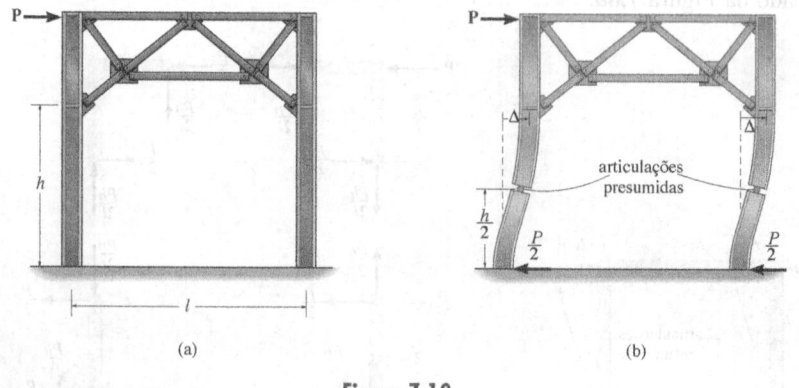

Figura 7.10

Exemplo 7.4

Determine por métodos de aproximação as forças atuando nos membros do pórtico Warren mostrado na Figura 7.11a.

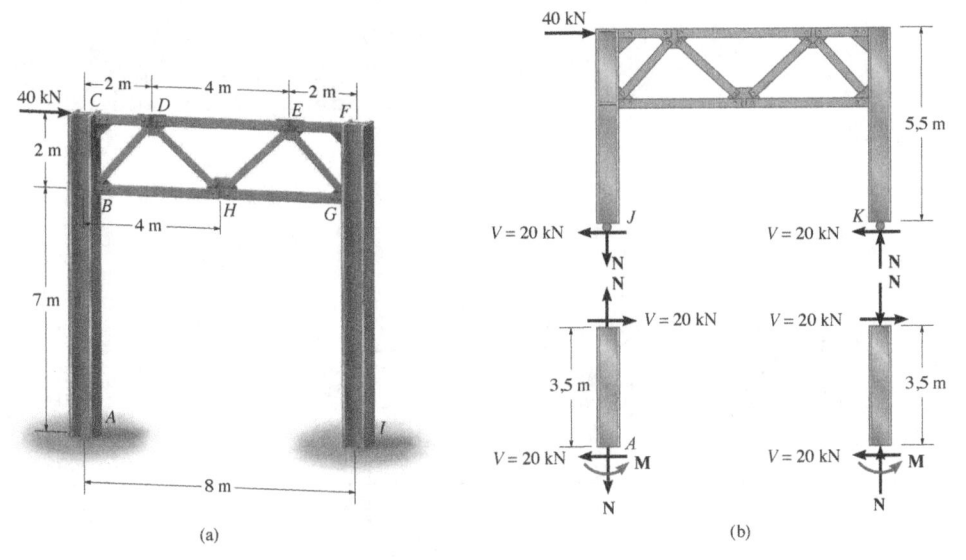

Figura 7.11

SOLUÇÃO

A porção da treliça B, C, F, G atua como uma unidade rígida. Tendo em vista que os apoios são fixos, um ponto de inflexão é presumido que exista 7 m/2 = 3,5 m acima de A e I, e reações horizontais iguais ou cortantes atuam na base das colunas, isto é, $\Sigma F_x = 0$; $V = 40$ kN/2 = 20 kN. Com estes pressupostos, podemos separar a estrutura nas articulações J e K (Figura 7.11b) e determinar as reações nas colunas como a seguir:

Metade inferior da coluna

$$(+\Sigma M_A = 0; \quad M - 3{,}5(20) = 0 \quad M = 70 \text{ kN} \cdot \text{m}$$

Metade superior da coluna

$$(+\Sigma M_J = 0; \quad -40(5{,}5) + N(8) = 0 \quad N = 27{,}5 \text{ kN}$$

Usando o método das seções (Figura 7.11c), podemos agora proceder para obter as forças nos membros, CD, BD e BH.

$+\uparrow \Sigma F_y = 0; \quad -27{,}5 + F_{BD} \operatorname{sen} 45° = 0 \quad F_{BD} = 38{,}9 \text{ kN} \text{ (T)} \quad \text{(Resposta)}$

$(+\Sigma M_B = 0; \quad -20(3{,}5) - 40(2) + F_{CD}(2) = 0 \quad F_{CD} = 75 \text{ kN} \text{ (C)} \quad \text{(Resposta)}$

$(+\Sigma M_D = 0; \quad F_{BH}(2) - 20(5{,}5) + 27{,}5(2) = 0 \quad F_{BH} = 27{,}5 \text{ kN} \text{ (T)} \quad \text{(Resposta)}$

De maneira similar, demonstre que você obtém os resultados no diagrama de corpo livre da coluna FGI na Figura 7.11d. Usando estes resultados, podemos agora descobrir a força em cada um dos outros membros da treliça do pórtico usando o método dos nós.

Nó D, Figura 7.11e

$+\uparrow \Sigma F_y = 0; \quad F_{DH} \operatorname{sen} 45° - 38{,}9 \operatorname{sen} 45° = 0 \quad F_{DH} = 38{,}9 \text{ kN} \text{ (C)} \quad \text{(Resposta)}$

$\xrightarrow{+} \Sigma F_x = 0; \quad 75 - 2(38{,}9 \cos 45°) - F_{DE} = 0 \quad F_{DE} = 20 \text{ kN} \text{ (C)} \quad \text{(Resposta)}$

Nó H, Figura 7.11f

$+\uparrow \Sigma F_y = 0; \quad F_{HE} \operatorname{sen} 45° - 38{,}9 \operatorname{sen} 45° = 0 \quad F_{HE} = 38{,}9 \text{ kN} \text{ (T)} \quad \text{(Resposta)}$

Esses resultados estão resumidos na Figura 7.11g.

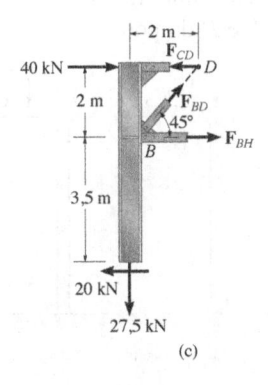

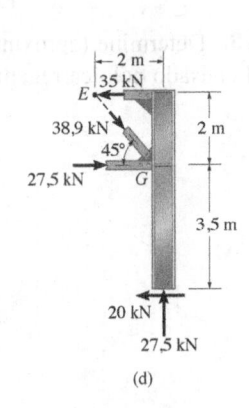

202 | Análise das estruturas

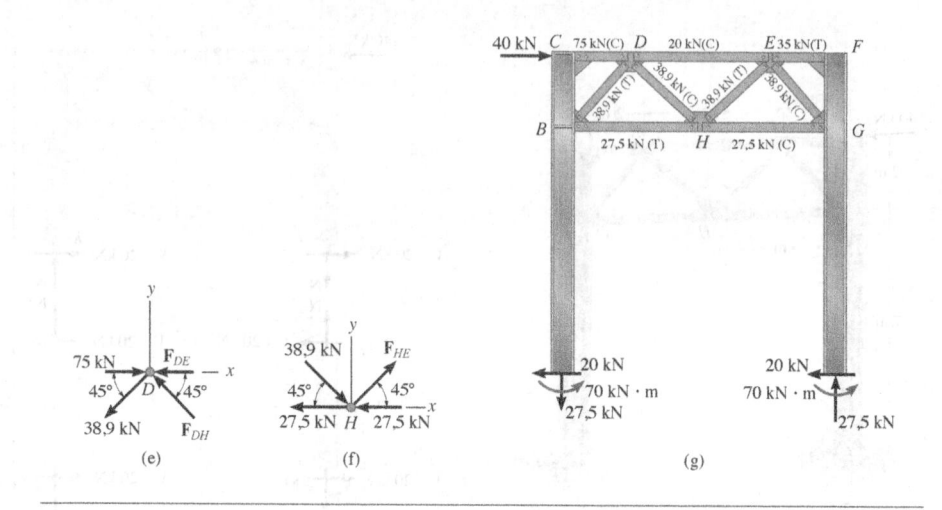

(e) Joint D: 75 kN, F_{DE}, 45°, 45°, 38.9 kN, F_{DH}

(f) Joint H: 38.9 kN, F_{HE}, 45°, 45°, 27.5 kN, 27.5 kN

(g) 40 kN → C 75 kN(C) D 20 kN(C) E 35 kN(T) F; 38.9 kN(T), 38.9 kN(C), 38.9 kN(T), 38.9 kN(C); B — 27.5 kN(T) — H — 27.5 kN(C) — G; 20 kN, 70 kN·m, 27.5 kN; 20 kN, 70 kN·m, 27.5 kN

Problemas

P7.13. Determine (aproximadamente) os momentos internos nos nós A e B do pórtico.

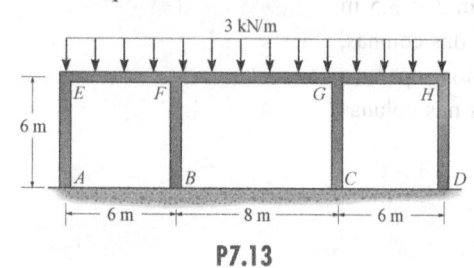

3 kN/m over EFGH; columns 6 m; spans 6 m — 8 m — 6 m; bottom A B C D

P7.14. Determine (aproximadamente) os momentos internos nos nós F e D do pórtico.

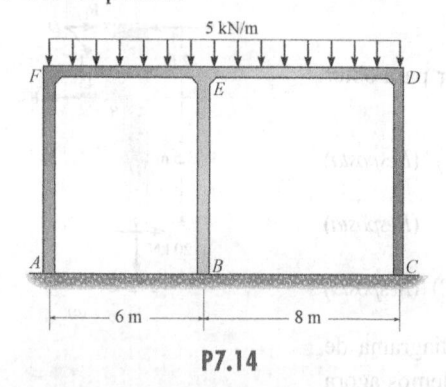

5 kN/m over FED; spans 6 m — 8 m; bottom A B C

P7.15. Determine (aproximadamente) o momento interno em A causado pelo carregamento vertical.

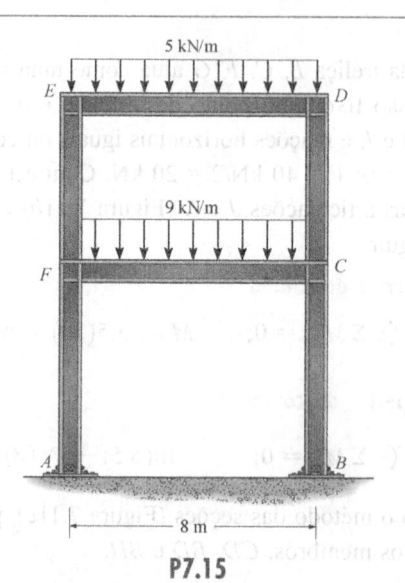

5 kN/m over ED (top); 9 kN/m over FC (middle); span 8 m; supports A and B

*P7.16. Determine (aproximadamente) os momentos internos em A e B causados pelo carregamento vertical.

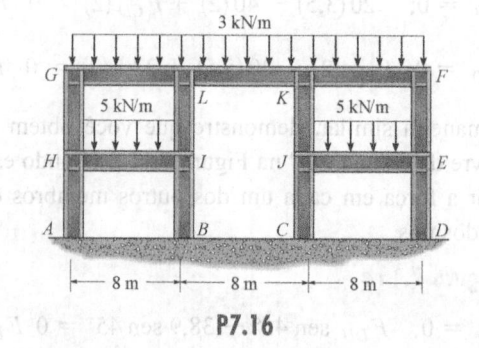

3 kN/m over GLKF (top); 5 kN/m over HI and 5 kN/m over KJ... E; spans 8 m — 8 m — 8 m; bottom A B C D

P7.17. Determine (aproximadamente) os momentos internos nos nós I e L. Também, qual é o momento interno no nó H causado pelo membro HG?

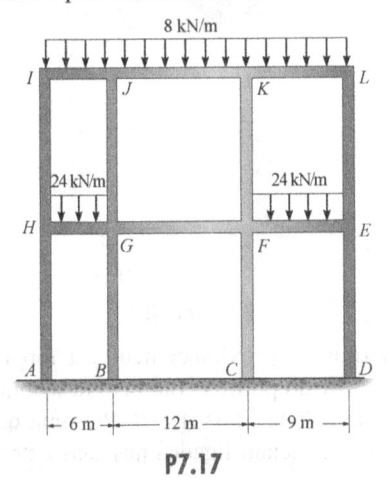

P7.17

P7.18. Determine (aproximadamente) as ações de apoio em A, B e C do pórtico.

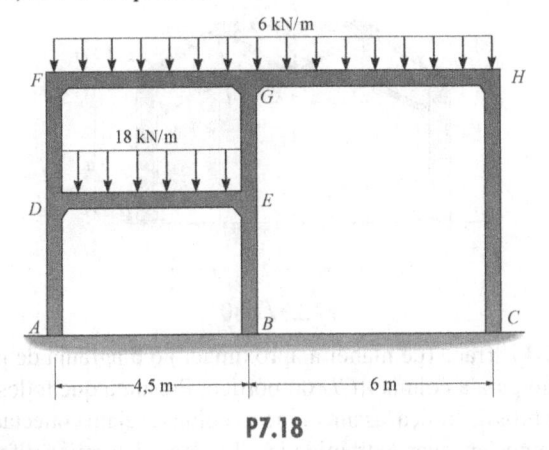

P7.18

P7.19. Determine (aproximadamente) as reações de apoio em A e B do pórtico. Presuma que os apoios sejam: (a) fixados por pinos e (b) fixos.

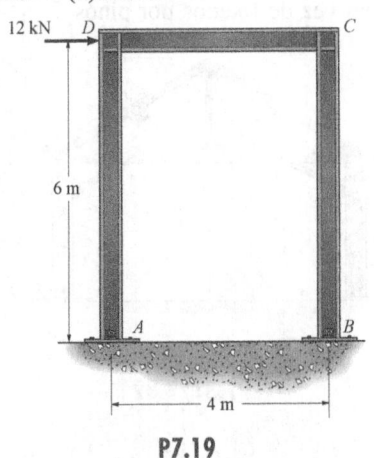

P7.19

*P7.20. Determine (aproximadamente) o momento interno e o cortante nas extremidades de cada membro do pórtico. Presuma que os apoios em A e D estejam parcialmente fixos, de maneira que um ponto de inflexão está localizado a $h/3$ da parte de baixo de cada coluna.

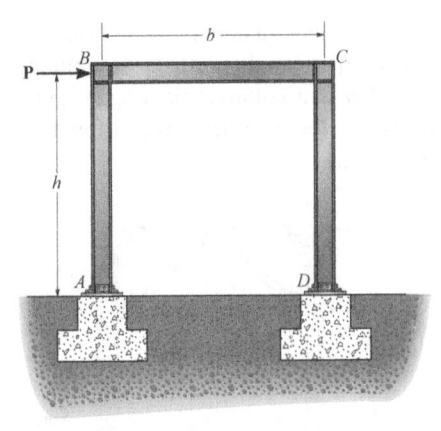

P7.20

P7.21. Trace (de maneira aproximada) o diagrama de momento para o membro ACE do pórtico construído com um membro *rígido* EG e mãos-francesas CF e DH. Presuma que todos os pontos de ligação sejam pinos. Também determine a força na mão-francesa CF.

P7.22. Solucione o Problema P7.21 se os apoios em A e B forem fixos em vez de fixados por pinos.

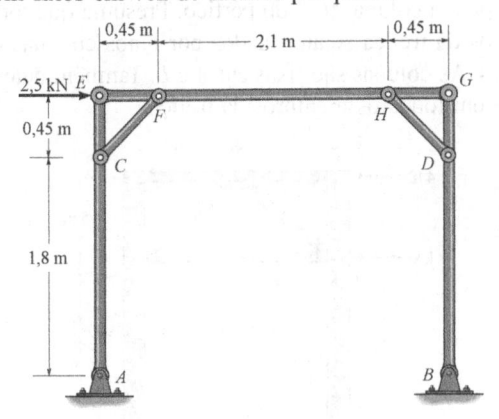

P7.21/7.22

P7.23. Determine (aproximadamente) a força em cada membro da treliça do pórtico. Também calcule as reações nos apoios de coluna fixos A e B. Presuma que todos os membros da treliça sejam ligados por pinos nas suas extremidades.

*P7.24. Solucione o Problema P7.23 se os apoios em A e B forem fixados por pinos em vez de fixos.

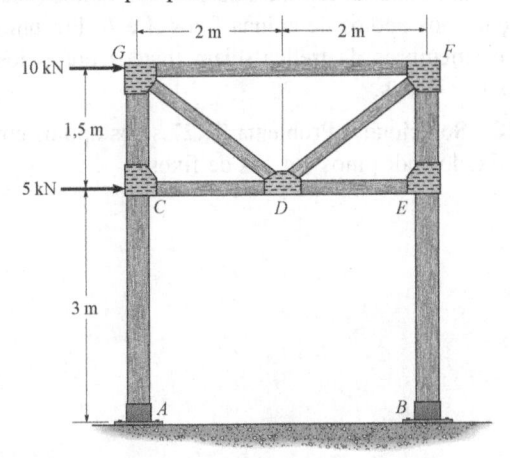

P7.23/7.24

P7.25. Trace (de maneira aproximada) o diagrama de momento para a coluna *AGF* do pórtico. Presuma que todos os membros da treliça e as colunas sejam ligados por pinos nas suas extremidades. Também determine a força em todos os membros da treliça.

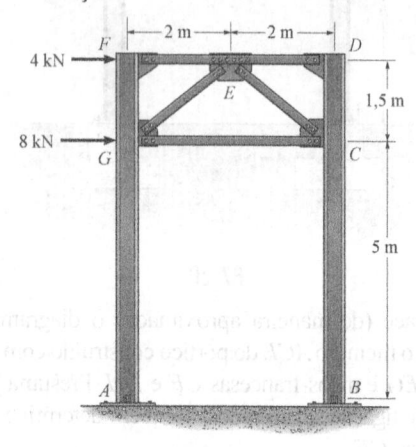

P7.25

P7.26. Trace (de maneira aproximada) o diagrama de momento para a coluna *AGF* do pórtico. Presuma que todos os membros da treliça sejam ligados por pinos em suas extremidades. As colunas são fixas em *A* e *B*. Também determine a força em todos os membros da treliça.

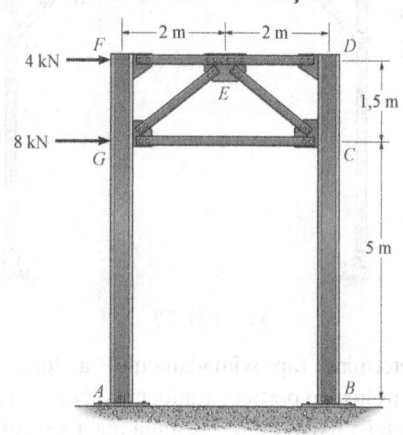

P7.26

P7.27. Determine (aproximadamente) a força em cada membro da treliça da estrutura do pórtico. Também calcule as reações nos apoios de coluna fixos *A* e *B*. Presuma que todos os membros da treliça sejam ligados por pinos nas suas extremidades.

*P7.28. Solucione o Problema P7.27 se os apoios em *A* e *B* são fixados por pinos em vez de fixos.

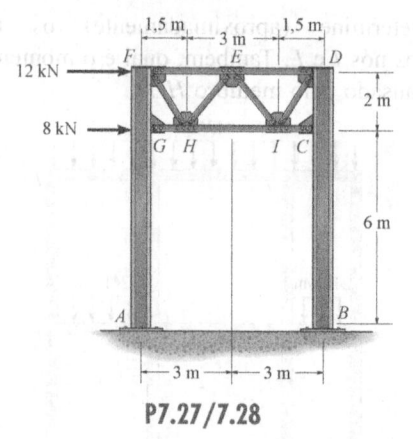

P7.27/7.28

P7.29. Determine (aproximadamente) a força nos membros *GF*, *GK* e *JK* do pórtico. Também descubra as reações nos suportes de coluna fixos *A* e *B*. Presuma que todos os membros da treliça sejam ligados nas suas extremidades.

P7.30. Solucione o Problema P7.29 se os apoios em *A* e *B* forem conectados por pinos em vez de fixos.

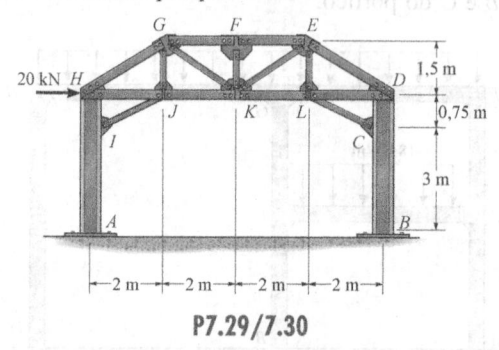

P7.29/7.30

P7.31. Trace (de maneira aproximada) o diagrama de momento para a coluna *ACD* do pórtico. Presuma que todos os membros da treliça, assim como as colunas sejam conectados por pinos em suas extremidades. Também determine a força nos membros *FG*, *FH* e *EH*.

*P7.32. Solucione o Problema P7.31 se os apoios em *A* e *B* são fixos em vez de fixados por pinos.

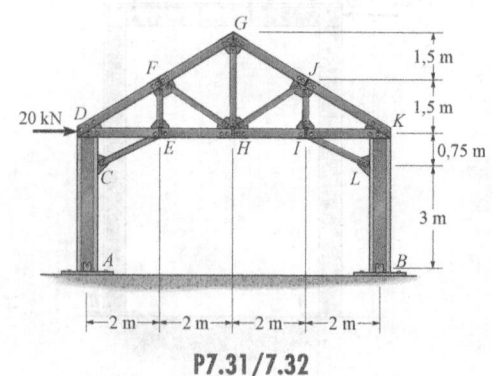

P7.31/7.32

P7.33. Trace (de maneira aproximada) o diagrama de momento para a coluna *AJI* do pórtico. Presuma que todos os membros da treliça, assim como as colunas estejam ligados por pinos em suas extremidades. Também determine a força nos membros *HG*, *HL* e *KL*.

P7.34. Solucione o Problema P7.33 se os apoios em *A* e *B* são fixos em vez de fixados por pinos.

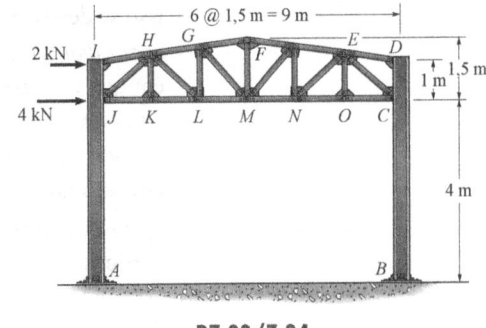

P7.33/7.34

7.5 Cargas laterais sobre estruturas de prédios: método do pórtico

Na Seção 7.4 discutimos a ação de cargas laterais sobre pórticos e descobrimos que, para um pórtico com apoios fixos na sua base, pontos de inflexão ocorrem aproximadamente no centro de cada viga e coluna, e as colunas suportam cargas de cortante iguais (Figura 7.8). Um pórtico múltiplo deflete da mesma maneira que um pórtico simples (Figura 7.12a) e, portanto, seria apropriado presumir que pontos de inflexão ocorram no centro das colunas e vigas. Se considerarmos que cada pórtico múltiplo é composto de uma série de pórticos simples (Figura 7.12b), então como um pressuposto a mais, as *colunas interiores* representariam o efeito de *duas colunas de pórticos* e suportariam, portanto, duas vezes o cortante *V* que as duas colunas exteriores.

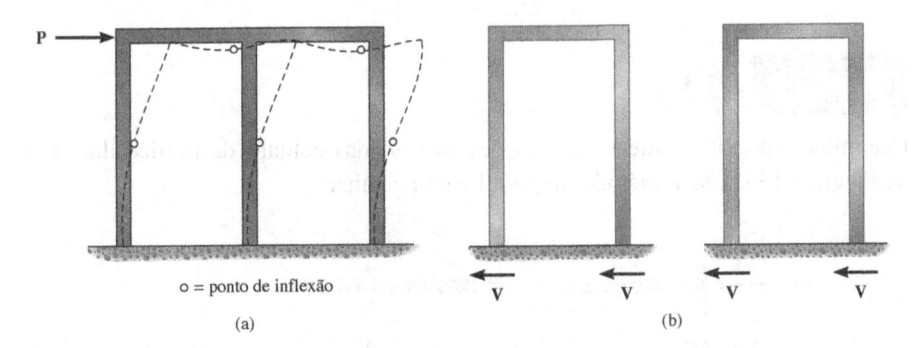

Figura 7.12

Em resumo, o método do portal para analisar pórticos múltiplos de edifícios com apoios fixos exige os seguintes pressupostos:

1. Que uma articulação seja colocada no centro de cada viga, uma vez que é presumido ser este um ponto de momento zero.
2. Que uma articulação seja colocada no centro de cada coluna, tendo em vista presumir-se que este seja um ponto de momento zero.
3. Que em um determinado nível de piso o cortante nas articulações da coluna interiores seja duas vezes o das articulações das colunas exteriores, tendo em vista considerar-se que a estrutura seja uma superposição de pórticos simples.

Esses pressupostos proporcionam uma redução adequada da estrutura para uma que seja determinada estaticamente, no entanto estável sob carga.

Em comparação com a análise indeterminada estaticamente mais precisa, *o método do portal é mais adequado para edifícios com altura pequena* e *vãos uniformes*. E isso se deve à ação da estrutura sob carga. Nesse sentido, *considere a estrutura agindo como uma viga engastada* que é fixa ao chão. Lembre-se da mecânica de materiais em que a *resistência ao cisalhamento* torna-se mais importante no projeto de vigas *curtas*, enquanto a *flexão* é mais importante se a viga for *longa*. (Ver Seção 7.6.) O método do portal é baseado no pressuposto relacionado ao cortante como foi especificado no item 3, na página anterior.

Os exemplos a seguir ilustram como aplicar o método do portal para analisar pórticos múltiplos.

A análise, pelo método do portal, pode ser usada para calcular, de maneira aproximada, os esforços causados pela carga lateral neste pórtico simples de um andar.

Exemplo 7.5

Determine (aproximadamente) as reações na base das colunas do pórtico ilustrado na Figura 7.13a. Use o método do portal para a análise.

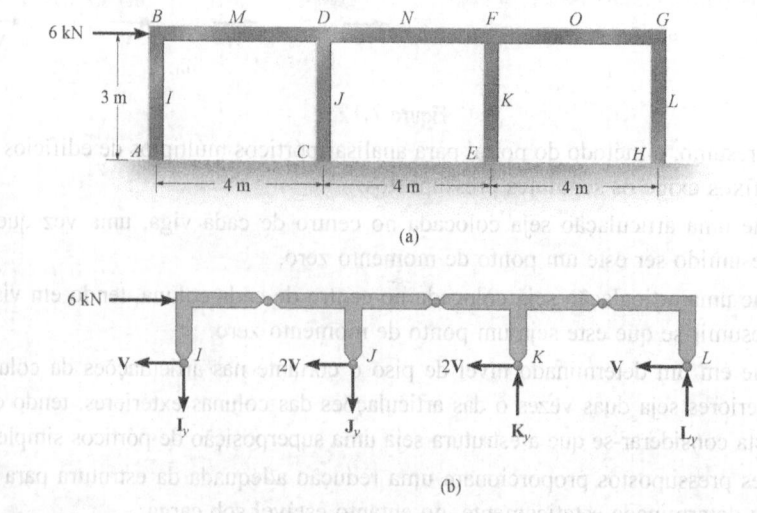

Figura 7.13

SOLUÇÃO

Aplicando os primeiros dois pressupostos do método do portal, colocamos articulações nos centros das vigas e colunas do pórtico (Figura 7.13a). Uma seção através das articulações das colunas em *I, J, K, L* produz o diagrama de corpo livre mostrado na Figura 7.13b. Aqui se aplica o terceiro pressuposto relativo ao cortante nas colunas. Precisamos que

$$\xrightarrow{+} \Sigma F_x = 0; \quad 6 - 6V = 0 \quad V = 1 \text{ kN}$$

Usando esse resultado, podemos agora prosseguir para desmembrar a estrutura nas articulações e determinar suas reações. *Como regra geral, sempre comece essa análise no canto ou nó onde a carga horizontal é aplicada.* Logo, o diagrama de corpo livre do segmento *IBM* é mostrado na Figura 7.13c. Os três componentes de reação nas articulações I_y, M_x e M_y são determinados aplicando, respectivamente, $\Sigma M_M = 0$, $\Sigma F_x = 0$, $\Sigma F_y = 0$. O segmento adjacente *MJN* é analisado em seguida na Figura 7.13d, seguido pelo segmento *NKO* (Figura 7.13e), e por fim o segmento *OGL*, na Figura 7.13f. Usando esses resultados, os diagramas de corpo livre das colunas com suas reações de apoio são ilustrados na Figura 7.13g.

Se os segmentos horizontais das vigas nas figuras 7.13c, d, e e f são considerados, demonstre que o diagrama de momento para a viga parece com o mostrado na Figura 7.13h.

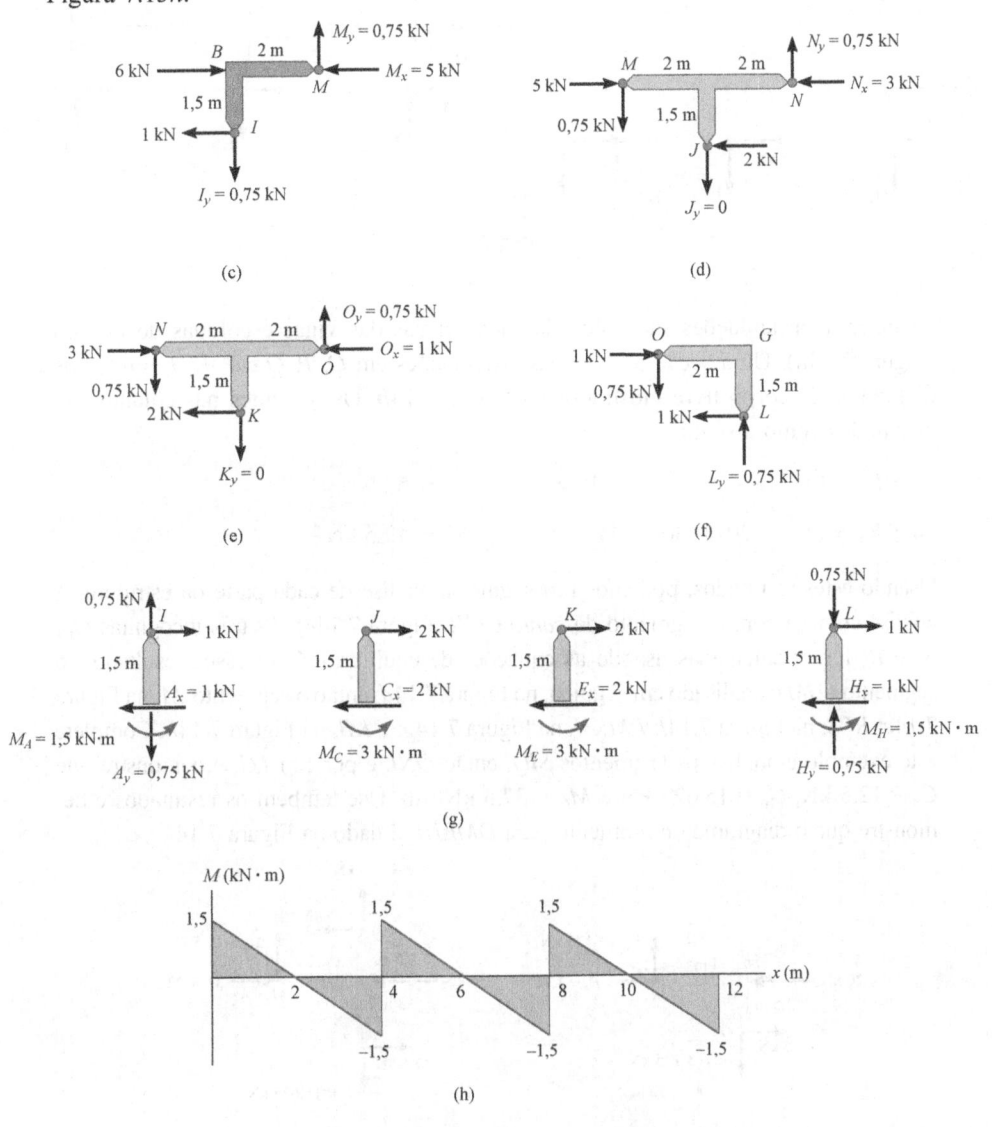

Exemplo 7.6

Determine (aproximadamente) as reações na base das colunas do pórtico mostrado na Figura 7.14a. Use o método do portal de análise.

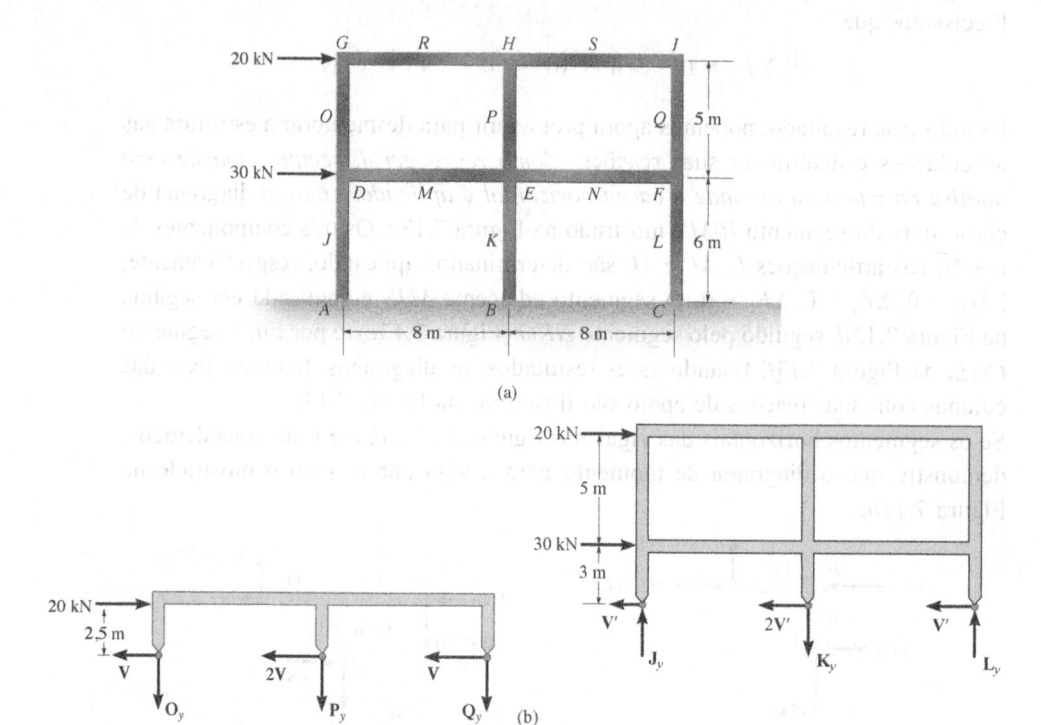

Figura 7.14

SOLUÇÃO

Primeiro as articulações são colocadas nos centros das vigas e colunas do pórtico (Figura 7.14a). Uma seção através das articulações em O, P, Q e J, K, L produz os diagramas de corpo livre mostrados na Figura 7.14b. Os cortantes nas colunas são calculados como a seguir:

$\xrightarrow{+} \Sigma F_x = 0;$ $\quad\quad 20 - 4V = 0 \quad\quad V = 5$ kN

$\xrightarrow{+} \Sigma F_x = 0;$ $\quad 20 + 30 - 4V' = 0 \quad\quad V' = 12,5$ kN

Usando estes resultados, podemos prosseguir na análise de cada parte da estrutura. A análise começa com o segmento de *canto OGR* (Figura 7.14c). As três incógnitas O_y, R_x e R_y foram calculadas usando as equações de equilíbrio. Com esses resultados, o segmento *OJM* é analisado em seguida, na Figura 7.14d; então o segmento *JA*, na Figura 7.14e; *RPS*, na Figura 7.14f; *PMKN*, na Figura 7.14g; e *KB*, na Figura 7.14h. Complete este exemplo e analise os segmentos *SIQ*, então *QNL* e por fim *LC*, e demonstre que $C_x = 12,5$ kN, $C_y = 15,625$ kN e $M_C = 37,5$ kN · m. Use também os resultados e demonstre que o diagrama de momento para *DMENF* é dado na Figura 7.14i.

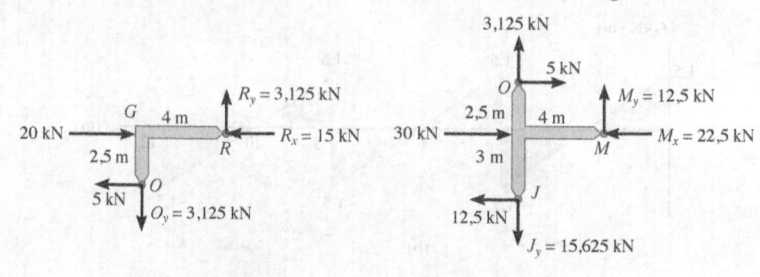

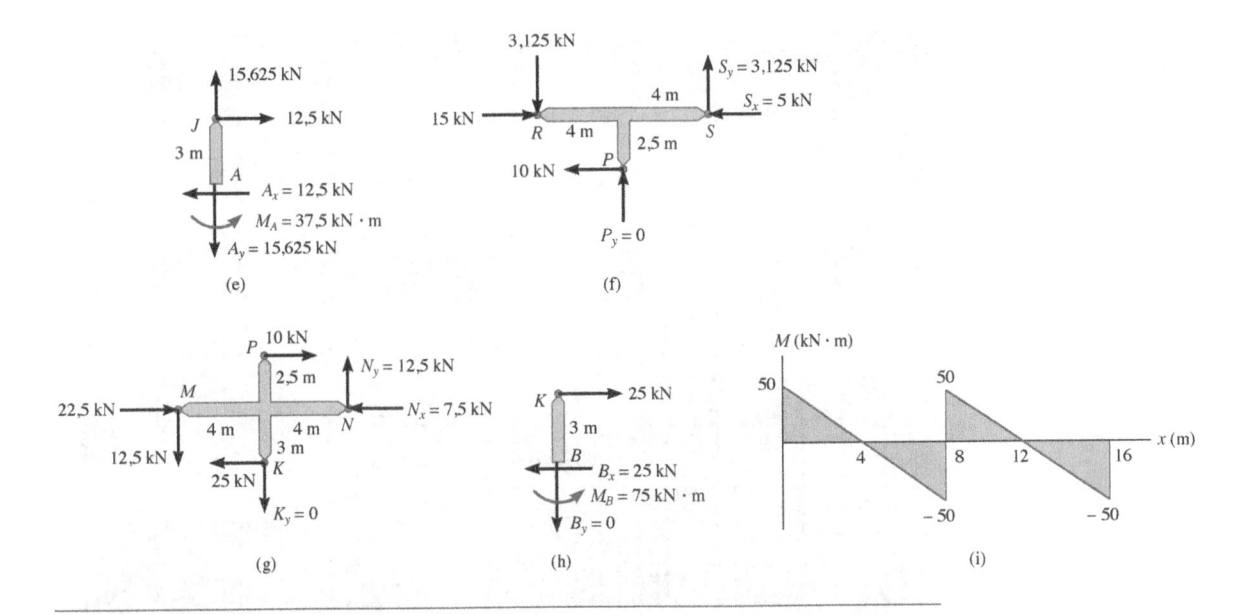

7.6 Cargas laterais em pórticos de edifícios: método da viga em balanço

O método da viga em balanço é baseado na mesma ação sofrida por uma viga longa em balanço submetida a uma carga transversal. Podemos relembrar da mecânica dos materiais que uma carga dessa natureza provoca uma tensão normal de flexão na viga que varia linearmente a partir do eixo neutro da viga (Figura 7.15a). De maneira similar, as cargas laterais em um pórtico tendem a derrubá-lo, ou causar uma rotação do pórtico em torno de um "eixo neutro" que se encontra em um plano horizontal que passa através das colunas entre cada piso. Para neutralizar a tendência de tombamento do pórtico, as forças axiais (ou tensão) nas colunas serão de tração de um lado do eixo neutro e compressivas do outro lado (Figura 7.15b). Da mesma maneira que a viga em balanço, parece razoável, portanto, presumir que essa tensão axial tenha uma variação linear a partir do centroide das áreas das colunas ou eixo neutro. *O método da viga em balanço é adequado, portanto, se a estrutura for alta e esbelta, ou se possuir colunas com diferentes áreas de seções transversais.*

Em resumo, usando o método da viga em balanço, os pressupostos a seguir aplicam-se a um pórtico com apoios fixos.

1. Uma articulação é colocada no centro de cada viga, pois se presume que este seja um ponto de momento zero.
2. Uma articulação é colocada no centro de cada coluna, pois se presume que este seja um ponto de momento zero.
3. A *tensão* axial em uma coluna é proporcional à sua distância do centroide das áreas de seção transversal das colunas em um determinado nível de piso. Uma vez que a tensão é igual à força por área, então, no caso especial das *colunas com áreas de seção transversal iguais*, a *força* em uma coluna também é proporcional à sua distância do centroide das áreas das colunas.

Estes três pressupostos reduzem a estrutura a algo que é ao mesmo tempo estável e determinado estaticamente.

Os exemplos a seguir ilustram como aplicar o método da viga em balanço para analisar um pórtico múltiplo.

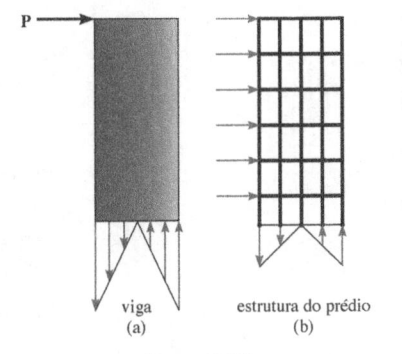

Figura 7.15

A estrutura do prédio tem conexões rígidas. Uma análise de carga lateral pode ser realizada (aproximadamente) usando o método da viga em balanço de análise.

Exemplo 7.7

Determine (aproximadamente) as reações na base das colunas do pórtico mostrado na Figura 7.16a. Presume-se que as colunas tenham áreas de seção transversal iguais. Use o método da viga em balanço para a análise.

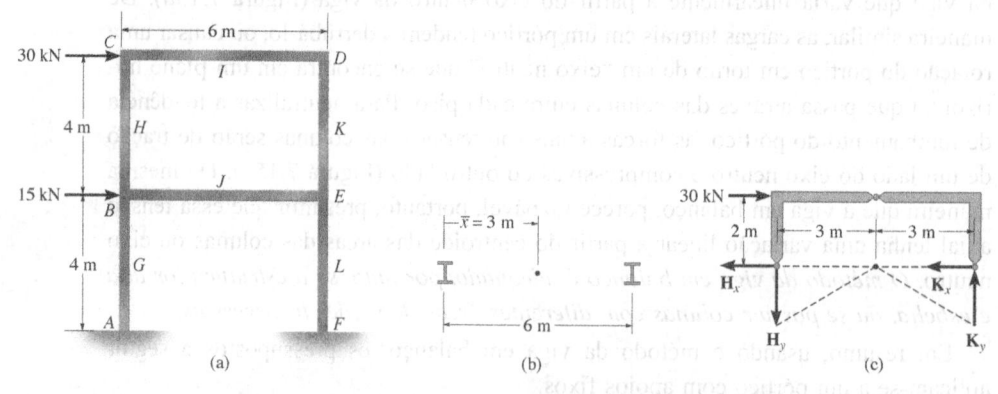

Figura 7.16

SOLUÇÃO

Primeiro as articulações devem ser colocadas nos pontos centrais das colunas e vigas. As localizações desses pontos são indicadas pelas letras G a L na Figura 7.16a. O centroide das áreas das seções transversais das colunas pode ser determinado por inspeção (Figura 7.16b) ou analiticamente como a seguir:

$$\bar{x} = \frac{\Sigma \tilde{x} A}{\Sigma A} = \frac{0(A) + 6(A)}{A + A} = 3 \text{ m}$$

A *tensão* axial em cada coluna é, desse modo, proporcional à sua distância desse ponto. Aqui as colunas têm a mesma área da seção transversal, e assim a força em cada coluna também é proporcional à sua distância do centroide. Logo, uma seção através das articulações H e K no andar de cima produz o diagrama de corpo livre mostrado na Figura 7.16c. Observe como a coluna à esquerda do centroide tem de ser sujeita à tração, e a coluna à direita sujeita à compressão. Isso é necessário a fim

Capítulo 7 Análise aproximada de estruturas estaticamente indeterminadas | 211

de contrabalançar a tendência de tombamento causada pela força de 30 kN. Somando os momentos em torno do eixo neutro, temos

$(+\Sigma M = 0;$ $-30(2) + 3H_y + 3K_y = 0$

As incógnitas podem ser relacionadas através de triângulos proporcionais (Figura 7.16c), isto é,

$$\frac{H_y}{3} = \frac{K_y}{3} \quad \text{ou} \quad H_y = K_y$$

Desse modo,

$$H_y = K_y = 10 \text{ kN}$$

De maneira similar, usando uma seção da estrutura através das articulações em G e L (Figura 7.16d) temos

$(+\Sigma M = 0;$ $-30(6) - 15(2) + 3G_y + 3L_y = 0$

Tendo em vista que $G_y/3 = L_y/3$ ou $G_y = L_y$, então

$$G_y = L_y = 35 \text{ kN}$$

Cada parte do pórtico pode ser analisada agora usando os resultados acima. Como nos exemplos 7.5 e 7.6, começamos no canto superior onde ocorre a carga aplicada, ou seja, segmento HCI (Figura 7.16a). Aplicando as três equações de equilíbrio, $\Sigma M_I = 0$, $\Sigma F_x = 0$, $\Sigma F_y = 0$, produz os resultados para H_x, I_x e I_y, respectivamente, mostrados no diagrama de corpo livre na Figura 7.16e. Usando estes resultados, o segmento IDK é analisado em seguida, na Figura 7.16f; seguido por HJG, na Figura 7.16g; então KJL, na Figura 7.16h; e, por fim, as porções inferiores das colunas, nas figuras 7.16i e 7.16j. Os diagramas de momento para cada viga são mostrados na Figura 7.16k.

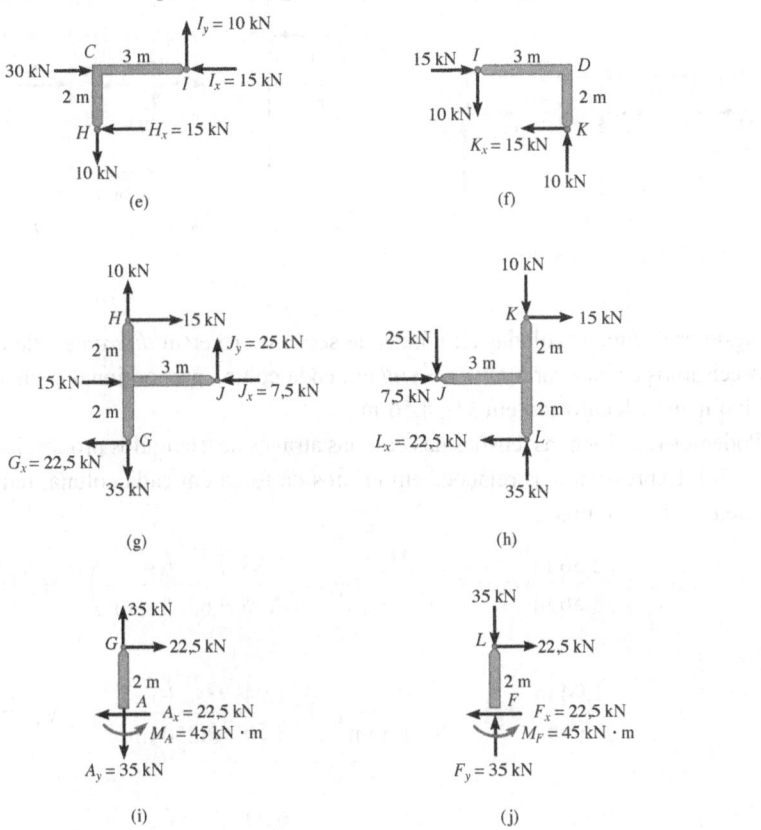

Figura 7.16

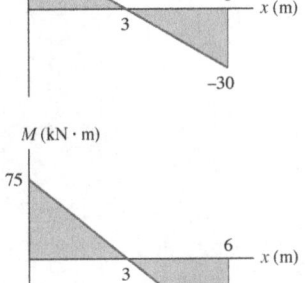

Exemplo 7.8

Mostre como determinar (aproximadamente) as reações nas bases das colunas do pórtico ilustrado na Figura 7.17a. As colunas têm as áreas de seção transversais mostradas na Figura 7.17b. Use o método da viga em balanço para a análise.

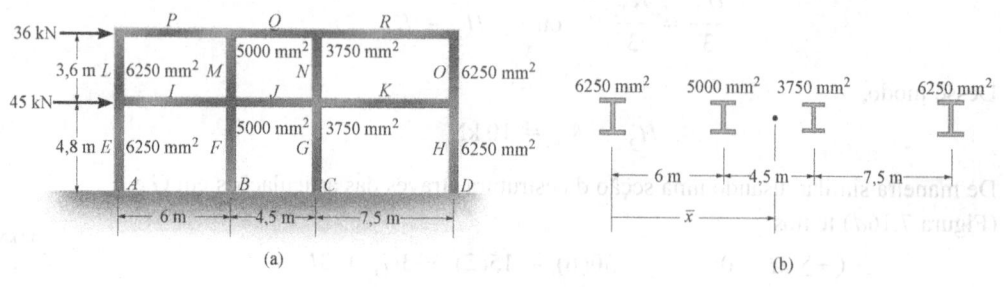

Figura 7.17

SOLUÇÃO

Primeiro, presume-se que as articulações existam nos centros das vigas e colunas do pórtico (figuras 7.17d e 7.17e). O centroide das áreas das seções transversais das colunas é determinado a partir da Figura 7.17b, como a seguir:

$$\bar{x} = \frac{\Sigma \tilde{x} A}{\Sigma A} = \frac{0(6250) + 6(5000) + 10{,}5(3750) + 18(6250)}{6250 + 5000 + 3750 + 6250} = 8{,}559 \text{ m}$$

De início consideraremos a seção através das articulações em L, M, N e O.

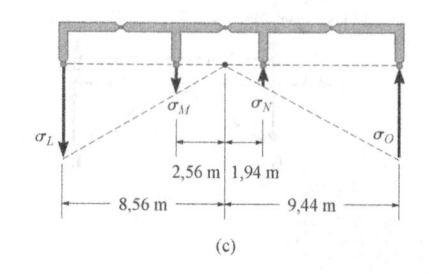

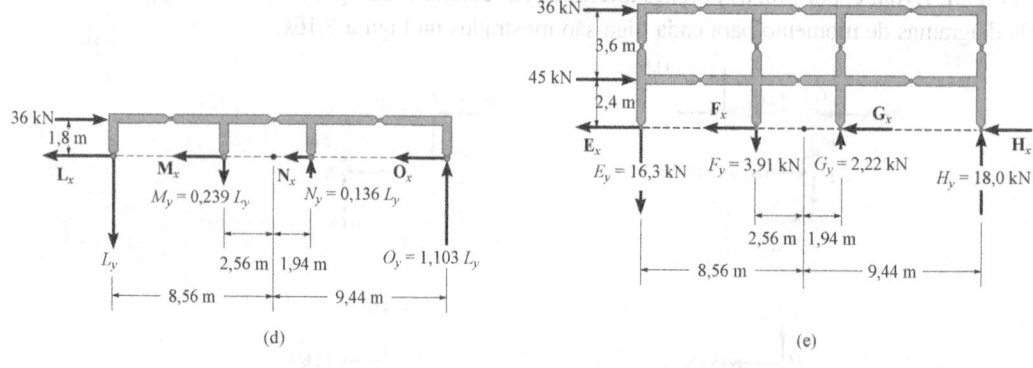

Neste problema as colunas têm áreas de seção transversal *diferentes*, de maneira que precisamos considerar a *tensão axial* em cada coluna proporcional à sua distância do eixo neutro, localizado em $\bar{x} = 8{,}56$ m.

Podemos relacionar as tensões nas colunas através de triângulos proporcionais (Figura 7.17c). Expressando as relações em termos da força em cada coluna, tendo em vista que $\sigma = F/A$, temos

$$\sigma_M = \frac{2{,}56 \text{ m}}{8{,}56 \text{ m}} \sigma_L; \quad \frac{M_y}{5000 \text{ mm}^2} = \frac{2{,}56}{8{,}56} \left(\frac{L_y}{6250 \text{ mm}^2} \right) \quad M_y = 0{,}239 L_y$$

$$\sigma_N = \frac{1{,}94 \text{ m}}{8{,}56 \text{ m}} \sigma_L; \quad \frac{N_y}{3750 \text{ mm}^2} = \frac{1{,}94}{8{,}56} \left(\frac{L_y}{6250 \text{ mm}^2} \right) \quad N_y = 0{,}136 L_y$$

$$\sigma_O = \frac{9{,}44 \text{ m}}{8{,}56 \text{ m}} \sigma_L; \quad \frac{O_y}{6250 \text{ mm}^2} = \frac{9{,}44}{8{,}56} \left(\frac{L_y}{6250 \text{ mm}^2} \right) \quad O_y = 1{,}103 L_y$$

Agora que cada força está relacionada a L_y, o diagrama de corpo livre é ilustrado na Figura 7.17d.

Observe como as colunas à esquerda do centroide são sujeitas à tração e aquelas à direita são sujeitas a compressão. Por quê? Somando os momentos em torno do eixo neutro, temos

$$(+\Sigma M = 0; \quad -36 \text{ kN}(1,8 \text{ m}) + L_y(8,56 \text{ m}) + (0,239 L_y)(2,56 \text{ m})$$
$$+ (0,136 L_y)(1,94 \text{ m}) + (1,103 L_y)(9,44 \text{ m}) = 0$$

Solucionando,

$$L_y = 3,26 \text{ kN} \quad M_y = 0,78 \text{ kN} \quad N_y = 0,44 \text{ kN} \quad O_y = 3,60 \text{ kN}$$

Usando esse mesmo método, demonstre que os resultados na Figura 7.17e para as colunas em E, F, G e H são obtidos.

Na sequência, podemos agora analisar cada parte do pórtico. Como nos exemplos anteriores, começamos com o segmento do canto superior LP (Figura 7.17f). Usando os resultados calculados, o segmento LEI é analisado (Figura 7.17g), seguido pelo segmento EA (Figura 7.17h). É possível continuar a analisar os outros segmentos em sequência, isto é, PQM, então MJFI, então FB, e por aí afora.

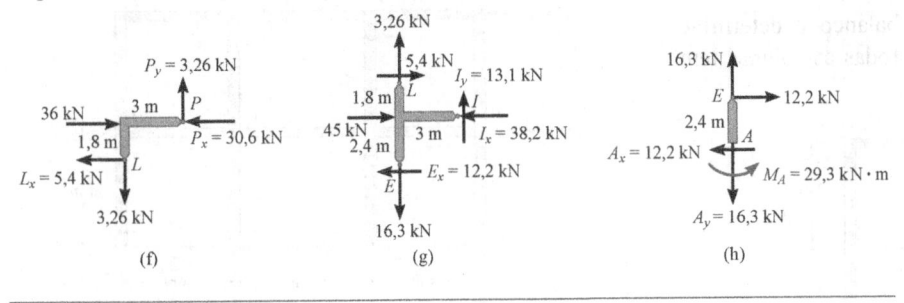

Problemas

P7.35. Use o método do portal de análise e trace o diagrama de momento para a viga FED.

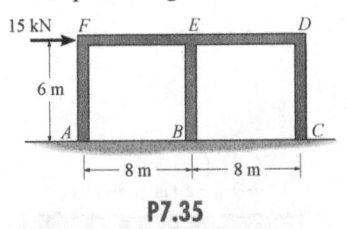

P7.35

*P7.36. Use o método do portal de análise e trace o diagrama de momento para a viga JIHGF.

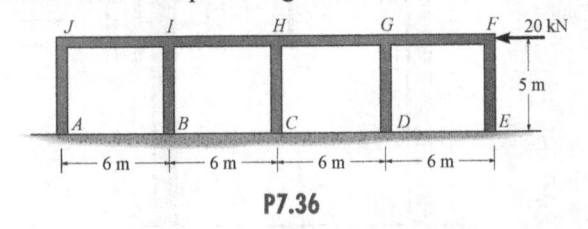

P7.36

P7.37. Use o método do portal e determine (aproximadamente) as reações nos apoios A, B, C e D.

P7.38. Use o método da viga em balanço e determine (aproximadamente) as reações nos apoios A, B, C e D. Todas as colunas têm a mesma área de seção transversal.

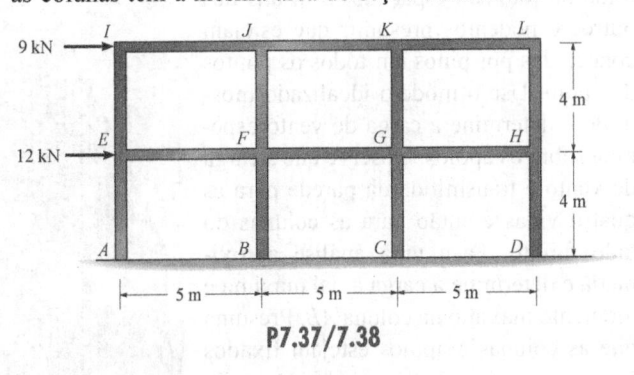

P7.37/7.38

P7.39. Use o método do portal de análise e trace o diagrama de momento para a coluna *AFE*.

*P7.40. Solucione o Problema P7.39 usando o método da viga em balanço para a análise. Todas as colunas têm a mesma área de seção transversal.

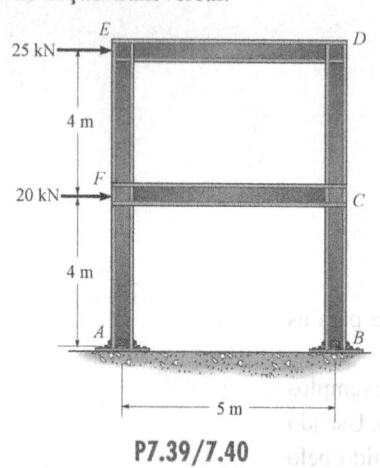

P7.39/7.40

P7.41. Use o método do portal e determine (aproximadamente) as reações em *A*.

P7.42. Use o método da viga em balanço e determine (aproximadamente) as reações em *A*. Todas as colunas têm a mesma área de seção transversal.

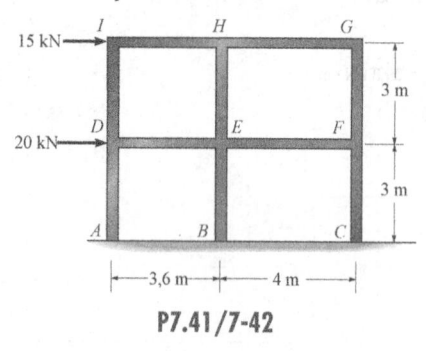

P7.41/7-42

P7.43. Trace (de maneira aproximada) o diagrama de momento para a viga *PQRST* e a coluna *BGLQ* do pórtico do edifício. Use o método do portal.

*P7.44. Trace (aproximadamente) o diagrama de momento para a longarina *PQRST* e a coluna *BGLQ* da estrutura do prédio. Todas as colunas têm a mesma área de corte transversal. Use o método cantiléver.

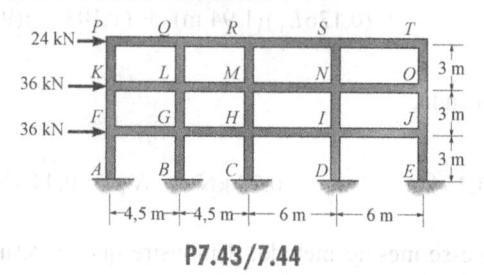

P7.43/7.44

P7.45. Trace o diagrama de momento para a viga *IJKL* do pórtico do edifício. Use o método do portal de análise.

P7.46. Solucione o Problema P7.45 usando o método da viga em balanço de análise. Cada coluna tem a área de seção transversal indicada.

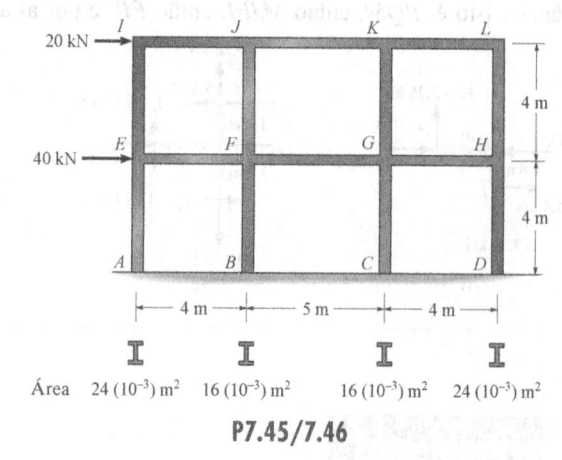

Área $24(10^{-3})\,m^2$ $16(10^{-3})\,m^2$ $16(10^{-3})\,m^2$ $24(10^{-3})\,m^2$

P7.45/7.46

Problema de projeto

PP7.1. Os pórticos do armazém mostrado na foto são espaçados 3 m uns dos outros e podemos presumir que estejam conectados por pinos em todos os pontos de apoio. Use o modelo idealizado mostrado e determine a carga de vento esperada sobre os apoios. Observe que a carga de vento é transmitida da parede para as quatro vigas e então para as colunas do lado direito. Faça uma análise aproximada e determine a carga axial máxima e momento máximo na coluna *AB*. Presuma que as colunas e apoios estejam fixados por pinos nas suas extremidades. O prédio está localizado em um terreno plano em New Orleans, Louisiana, onde $V = 56$ m/s.

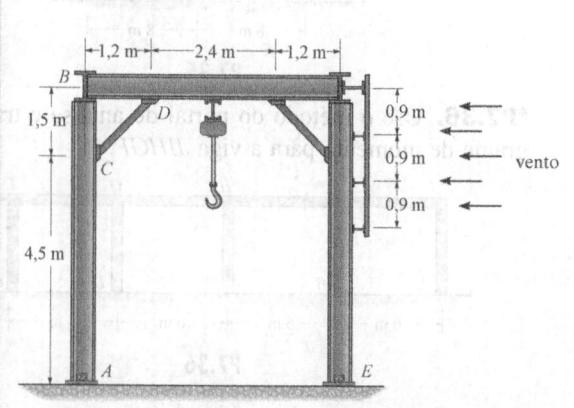

PP7.1

REVISÃO DO CAPÍTULO

Uma análise estrutural aproximada é usada para reduzir uma estrutura indeterminada estaticamente para uma que seja determinada estaticamente. Dessa forma, um projeto preliminar dos membros pode ser feito, e uma vez completo, a análise indeterminada mais precisa pode então ser realizada e o projeto refinado.

Treliças tendo travamento cruzado dentro dos seus painéis podem ser analisadas presumindo que a diagonal de tração suporta o cortante de painel e a diagonal compressiva seja um membro de força zero. Esse pressuposto é razoável se os membros forem longos e delgados. Para seções transversais robustas, é razoável se presumir que cada diagonal suporte metade do cortante de painel.

(Ref.: seções 7.1 e 7.2)

A análise aproximada de uma carga uniforme vertical atuando sobre uma viga de comprimento L de um pórtico de edifício com ligações fixas pode ser aproximada presumindo que a viga não suporte uma carga axial, e que existam pontos de inflexão (articulações) localizados $0{,}1L$ dos apoios.

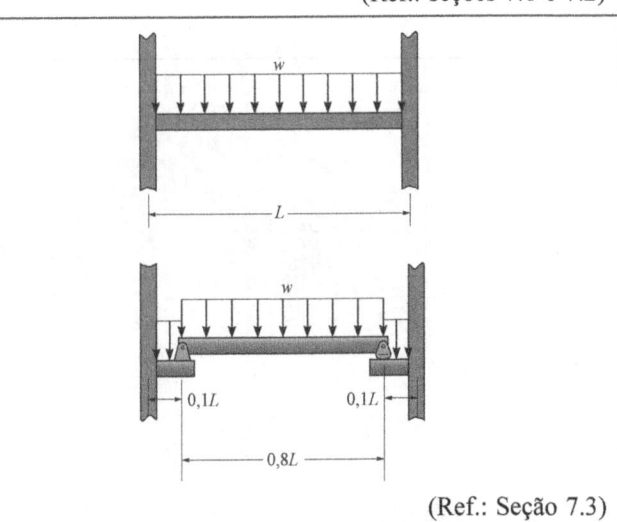

(Ref.: Seção 7.3)

Estruturas de pórticos tendo apoios fixos são analisadas aproximadamente presumindo que existam articulações no ponto central de cada altura de coluna, medida até a parte inferior do apoio da treliça. Para esses pórticos, assim como para os pórticos suportados por pinos, presume-se que cada coluna suporte metade da carga de cortante no pórtico.

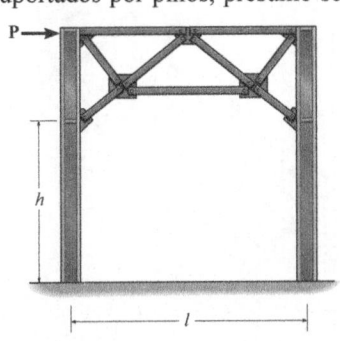

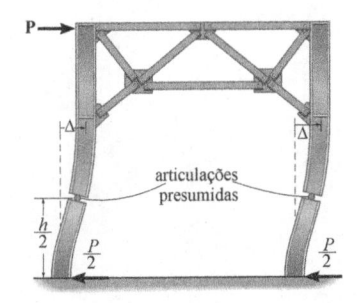

(Ref.: Seção 7.4)

Para pórticos de edifícios com ligações fixas sujeitos a cargas laterais, podemos presumir que existam articulações nos centros das colunas e vigas. Se o pórtico tem uma pequena altura, a resistência ao cortante é importante e assim podemos usar o método do portal, onde as colunas interiores em qualquer nível de piso suportam duas vezes o cortante que aquele das colunas exteriores. Para pórticos esbeltos altos, o método da viga em balanço pode ser usado onde a tensão axial em uma coluna é proporcional à sua distância do centroide da área de seção transversal de todas as colunas em um determinado nível de piso.

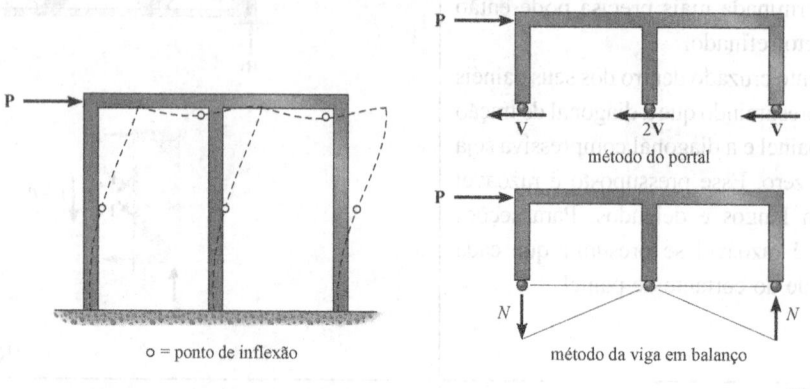

o = ponto de inflexão

método do portal

método da viga em balanço

(Ref.: seções 7.5 e 7.6)

A deflexão desta ponte em arco precisa ser cuidadosamente monitorada durante sua construção.

CAPÍTULO 8

Deflexões

Neste capítulo mostraremos como determinar as deflexões elásticas de uma viga usando o método da integração dupla e dois métodos geométricos importantes, a saber, os teoremas de momentos das áreas e o método da viga conjugada. A integração dupla é usada para se obter equações que definem a inclinação e a curva elástica. Os métodos geométricos proporcionam uma maneira de se obter a inclinação e deflexão em pontos específicos na viga. Cada método tem suas vantagens ou desvantagens, que serão discutidas quando cada um for apresentado.

8.1 Diagramas de deflexão e a curva elástica

Deflexões de estruturas podem ocorrer de várias fontes, como cargas, temperatura, erros de fabricação, ou recalques. No projeto, deflexões têm de ser limitadas a fim de proporcionar integridade e estabilidade às coberturas, e evitar fissuras em materiais frágeis anexados como concreto, reboco ou vidro. Além disso, uma estrutura não pode vibrar ou defletir severamente pois precisa parecer "segura" para seus ocupantes. Mais importante, no entanto, as deflexões em pontos específicos de uma estrutura têm de ser determinadas se você for analisar estruturas indeterminadas estaticamente.

As deflexões a serem consideradas por intermédio deste texto aplicam-se somente a estruturas com *resposta material elástica linear*. Sob essa condição, uma estrutura sujeita a uma carga retornará para sua posição não deformada original após a carga ser removida. A deflexão de uma estrutura é causada por seu carregamento interno como a força normal, força cortante, ou momento fletor. Para *vigas* e *pórticos*, entretanto, as maiores deflexões são causadas com maior frequência por *flexão interna*, enquanto *forças axiais internas* causam as deflexões de uma *treliça*.

Antes que a inclinação ou deslocamento de um ponto em uma viga ou estrutura seja determinado, muitas vezes é interessante fazer um esboço da forma defletida da estrutura quando ela está carregada a fim de conferir parcialmente os resultados. Esse *diagrama de deflexão* representa a *curva elástica* ou lugar geométrico dos pontos que define a posição deslocada do centroide da seção transversal ao longo dos membros. Para a maioria dos problemas a curva elástica pode ser esboçada sem grande dificuldade. Ao fazer isto, no entanto, é preciso que saibamos as restrições

Os pórticos de duas barras suportam tanto a carga permanente da cobertura quanto a sobregarga de neve. O pórtico pode ser considerado fixado por pinos à parede, fixo no solo e com um nó com ligação fixa.

quanto à inclinação ou deslocamento que seguidamente ocorrem em um apoio ou uma ligação. Em relação à Tabela 8.1, apoios que *resistem a uma força*, como um pino, *restringem deslocamento*; e aqueles que *resistem a momento*, como uma parede fixa, *restringem rotação*. Observe também que a deflexão de membros do pórtico que têm ligações fixas (4) faz com que o nó gire os membros conectados pelo mesmo montante θ. Por outro lado, se uma ligação de pino é usada no nó, cada um dos membros terá uma *inclinação diferente* ou rotação no pino, tendo em vista que o pino não pode suportar um momento (5).

Se parecer difícil estabelecer a curva elástica, sugerimos que o diagrama de momento para a viga ou estrutura seja traçado primeiro. Através de nossa convenção de sinais estabelecida no Capítulo 4, um *momento positivo* tende a flexionar uma viga ou membro horizontal *côncavo para cima* (Figura 8.1). Da mesma maneira, um *momento negativo* tende a flexionar a viga ou membro *côncavo para baixo* (Figura 8.2). Portanto, *se a forma do diagrama de momento é conhecida será fácil construir a curva elástica e vice-versa*. Por exemplo, considere a viga na Figura 8.3 com seu

Tabela 8.1

(1) $\Delta = 0$ rolo ou balancim

(2) $\Delta = 0$ pino

(3) $\Delta = 0$, $\theta = 0$ apoio fixo

(4) nó com conexão fixa

(5) nó com conexão de pinos

Figura 8.1 momento positivo, côncavo para cima

Figura 8.2 momento negativo, côncavo para baixo

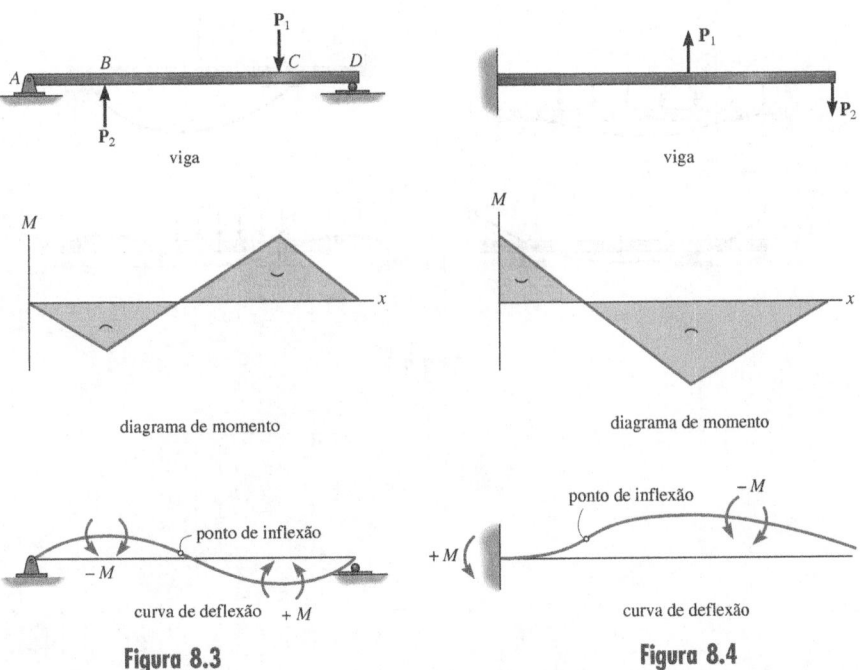

Figura 8.3

Figura 8.4

diagrama de momento associado. Por causa dos apoios de rolo e pino, o deslocamento em A e D tem de ser zero. Dentro da região de momento negativo, a curva elástica é côncava para baixo; e dentro da região de momento positivo, a curva elástica é côncava para cima. Em particular, tem de haver um *ponto de inflexão* no ponto onde a curva muda de côncava para baixo para côncava para cima, tendo em vista que este é o ponto de momento zero. Usando esses mesmos princípios, observe como a curva elástica para a viga na Figura 8.4 foi traçada baseada no seu diagrama de momento. Em particular, perceba que a reação de momento positivo da parede mantém a inclinação inicial da viga horizontal.

Exemplo 8.1

Trace a forma defletida de cada uma das vigas ilustradas na Figura 8.5.

SOLUÇÃO

Na Figura 8.5a o rolo em A permite a rotação livre sem deflexão, enquanto a parede fixa em B evita tanto a rotação, quanto a deflexão. A forma defletida é mostrada na linha em negrito. Na Figura 8.5b, nenhuma rotação ou deflexão pode ocorrer em A e B. Na Figura 8.5c, o momento binário vai girar a extremidade A. Isso causará deflexões em ambas as extremidades da viga, tendo em vista que nenhuma deflexão é possível em B e C. Observe que o segmento CD segue não deformado (uma linha reta), tendo em vista que nenhuma carga interna atua dentro dele. Na Figura 8.5d, o pino (articulação interna) em B permite a rotação livre, e assim a inclinação da curva de deflexão vai mudar subitamente neste ponto enquanto a viga é restrita por seus apoios. Na Figura 8.5e, a viga composta deflete como mostrado. A inclinação muda subitamente em cada lado do pino em B. Por fim, na Figura 8.5f, o vão BC defletirá côncavo para cima em razão da carga. Tendo em vista que a viga é contínua, os vãos das extremidades defletirão côncavos para baixo.

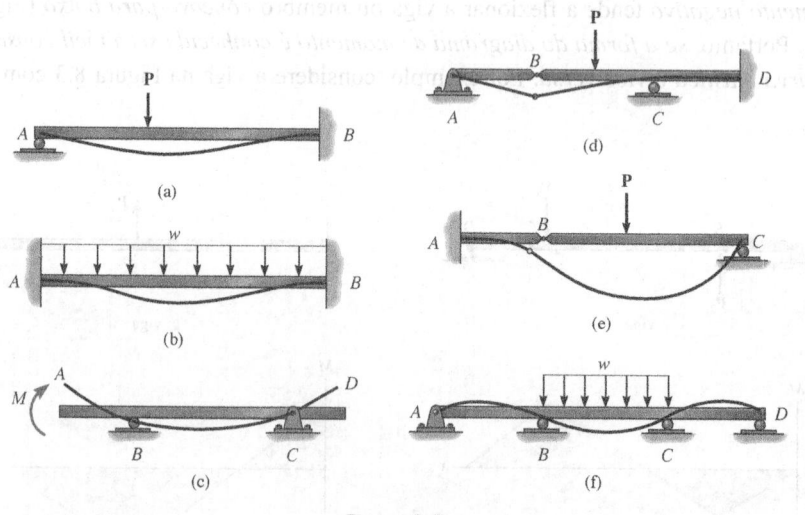

Figura 8.5

Exemplo 8.2

Trace as formas defletidas de cada um dos pórticos ilustrados na Figura 8.6.

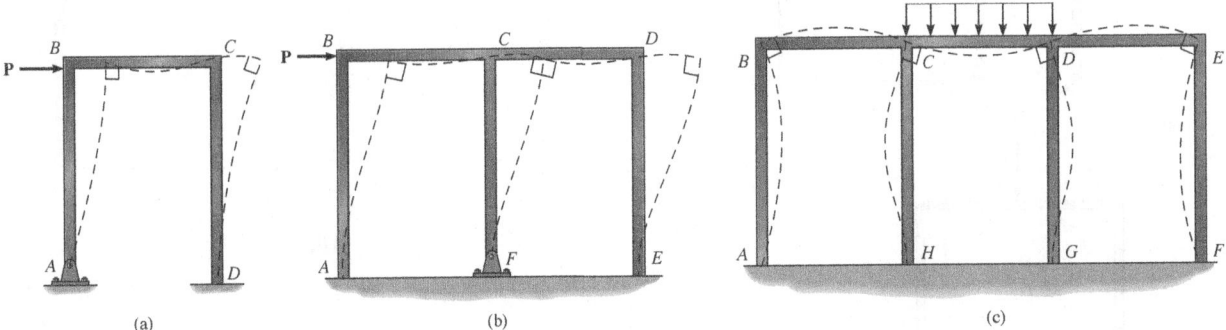

SOLUÇÃO

Na Figura 8.6a, quando a carga **P** empurra os nós B e C para a direita, isso causará uma rotação no sentido horário de cada coluna como mostrado. Como resultado, os nós B e C têm de girar no sentido horário. Tendo em vista que o ângulo de 90° entre os membros conectados tem de ser mantido nesses nós, a viga BC deformará de maneira que a sua curvatura é revertida de côncava para cima à esquerda para côncava para baixo à direita. Observe que isso produz um ponto de inflexão dentro da viga. Na Figura 8.6b, **P** desloca os nós B, C e D para a direita, fazendo com que cada coluna flexione como mostrado. Os nós fixos têm de manter seus ângulos de 90°, e assim BC e CD têm de possuir uma curvatura invertida com um ponto de inflexão próximo do seu ponto central.

Na Figura 8.6c, a carga vertical sobre essa estrutura simétrica flexionará a viga CD côncava para cima provocando uma rotação no sentido horário do nó C e rotação no sentido anti-horário do nó D. Tendo em vista que o ângulo de 90° nos nós tem de ser mantido, as colunas flexionam como mostrado. Isto faz com que os vãos BC e DE sejam côncavos para baixo, resultando em uma rotação no sentido anti-horário em B e rotação no sentido horário em E. Portanto, as colunas flexionam conforme mostrado. Por fim, na Figura 8.6d, as cargas empurram as juntas B e C para a direita, o que flexiona as colunas como apresentado. O nó fixo B mantém seu ângulo de 90°; entretanto, nenhuma restrição sobre a rotação relativa entre os membros em C é possível, tendo em vista que o nó é um pino. Consequentemente, apenas a viga CD não tem uma curvatura inversa.

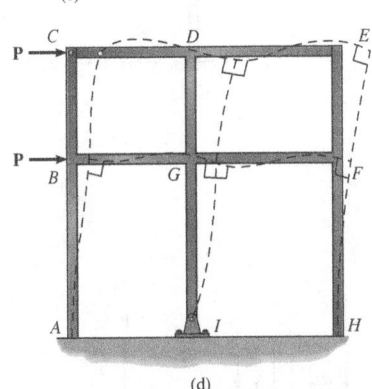

Figura 8.6

Problemas fundamentais

PF8.1. Trace a forma defletida de cada viga. Indique os pontos de inflexão.

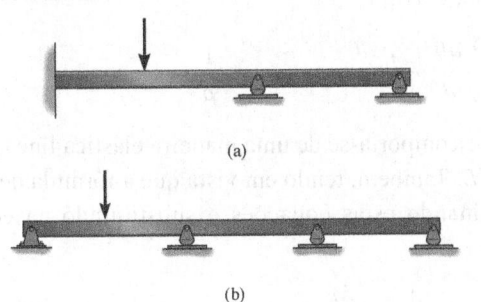

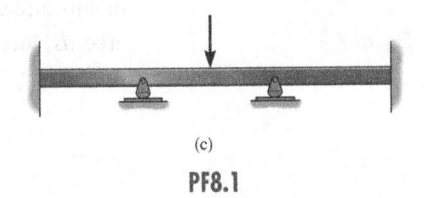

PF8.1

PF8.2. Trace a forma defletida de cada pórtico. Indique os pontos de inflexão.

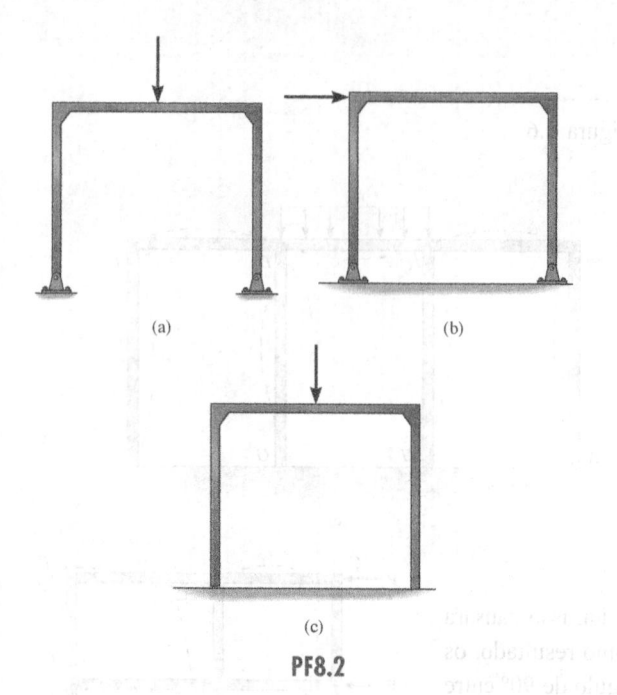

PF8.3. Trace a forma defletida de cada pórtico. Indique os pontos de inflexão.

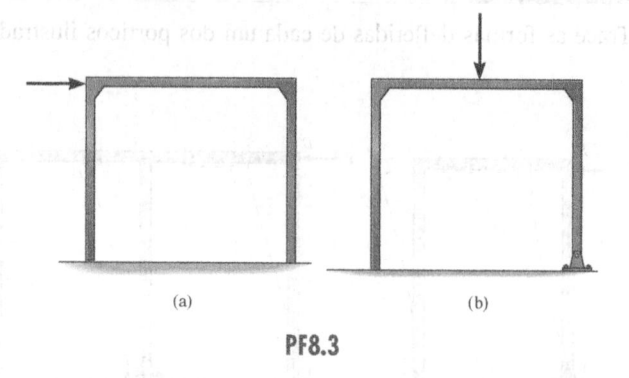

PF8.2

PF8.3

Figura 8.7

8.2 Teoria da viga elástica

Nesta seção desenvolveremos duas equações diferenciais importantes que relacionam o momento interno em uma viga com o deslocamento e a inclinação de sua curva elástica. Essas equações formam a base para os métodos de deflexão apresentados neste capítulo, e por essa razão os pressupostos e limitações usados em seu desenvolvimento devem ser absolutamente compreendidos.

Para derivar essas relações, limitaremos a análise ao caso mais comum de uma viga inicialmente reta que é deformada elasticamente por cargas aplicadas perpendiculares ao eixo x da viga e encontrando-se no plano x-v de simetria para a área da seção transversal da viga (Figura 8.7a). Em consequência da carga, a deformação da viga é causada tanto pela força de cortante interna, quanto pelo momento fletor. Se a viga tem um comprimento que é muito maior do que a sua altura, a maior deformação será causada pela flexão e, portanto, dirigiremos nossa atenção para seus efeitos. Deflexões causadas pelo cortante serão discutidas posteriormente no capítulo.

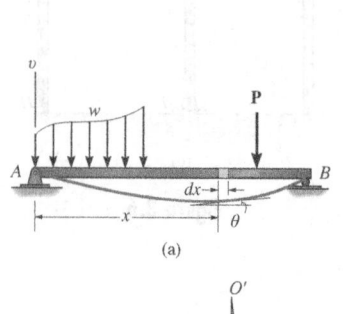

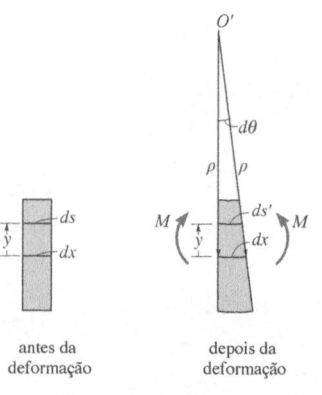

Quando o momento interno M deforma o elemento da viga, cada seção transversal permanece plana e o ângulo entre elas torna-se $d\theta$ (Figura 8.7b). O arco dx que representa uma porção da curva elástica realiza uma interseção com o eixo neutro para cada seção transversal. O *raio de curvatura* para esse arco é definido como a distância ρ, que é medida a partir do *centro de curvatura O′* para dx. Qualquer arco em elemento diferente de dx é submetido a uma tensão normal. Por exemplo, a tensão no arco ds, localizado em uma posição y do eixo neutro, é $\epsilon = (ds' - ds)/ds$. Entretanto, $ds = dx = \rho\, d\theta$ e $ds' = (\rho - y)\, d\theta$, e assim

$$\epsilon = \frac{(\rho - y)\, d\theta - \rho\, d\theta}{\rho\, d\theta} \quad \text{ou} \quad \frac{1}{\rho} = -\frac{\epsilon}{y}$$

Se o material é homogêneo e comporta-se de uma maneira elástica linear, então a lei de Hooke aplica-se, $\epsilon = \sigma/E$. Também, tendo em vista que a fórmula de flexão se aplica, $\sigma = -My/I$. Combinando estas equações e substituindo na equação acima, temos

$$\frac{1}{\rho} = \frac{M}{EI} \tag{8.1}$$

Onde

ρ = o raio de curvatura em um ponto específico em uma curva elástica ($1/\rho$ é referido como a *curvatura*).

M = o momento interno na viga no ponto onde ρ deve ser determinado.

E = o módulo de elasticidade do material.

I = o momento de inércia da viga calculado em torno do eixo neutro.

O produto EI nesta equação é denominado *rigidez à flexão*, e é sempre uma quantidade positiva. Tendo em vista que $dx = \rho\, d\theta$, então da Equação 8.1,

$$d\theta = \frac{M}{EI} dx \qquad (8.2)$$

Se escolhermos o eixo v positivo para cima (Figura 8.7a) e se pudermos expressar a curvatura ($1/\rho$) em termos de x e v, podemos então determinar a curva elástica para a viga. Na maioria dos livros de cálculo é mostrado que esta relação de curvatura é

$$\frac{1}{\rho} = \frac{d^2v/dx^2}{[1 + (dv/dx)^2]^{3/2}}$$

Portanto,

$$\frac{M}{EI} = \frac{d^2v/dx^2}{[1 + (dv/dx)^2]^{3/2}} \qquad (8.3)$$

Esta equação representa uma equação diferencial de segunda ordem não linear. Sua solução, $v = f(x)$, dá a forma exata da curva elástica – presumindo, é claro, que as deflexões da viga ocorrem somente graças à flexão. A fim de facilitar a solução de um número maior de problemas, a Equação 8.3 será modificada realizando uma importante simplificação. Tendo em vista que a inclinação da curva elástica para a maioria das estruturas é muito pequena, usaremos a teoria das pequenas deformações e presumiremos $dv/dx \approx 0$. Consequentemente, seu quadrado será desprezível se comparado com a unidade e, portanto, a Equação 8.3 reduz-se a

$$\boxed{\frac{d^2v}{dx^2} = \frac{M}{EI}} \qquad (8.4)$$

Também deve ser destacado que ao se presumir que $dv/dx \approx 0$, o comprimento original do eixo x da viga e o *arco* da sua curva elástica serão aproximadamente os mesmos. Em outras palavras, ds na Figura 8.7b é aproximadamente igual a dx, tendo em vista que

$$ds = \sqrt{dx^2 + dv^2} = \sqrt{1 + (dv/dx)^2}\, dx \approx dx$$

Este resultado implica que os pontos na curva elástica serão deslocados somente vertical e não horizontalmente.

Resultados tabulados. Na próxima seção mostraremos como aplicar a Equação 8.4 para calcular a inclinação de uma viga e a equação da sua curva elástica. Os resultados de uma análise dessa natureza para algumas cargas de vigas comuns frequentemente encontradas em análise estrutural são dados na tabela no lado de dentro da capa da frente deste livro. Também listados estão a inclinação e o deslocamento em pontos críticos na viga. Obviamente, nenhuma tabela sozinha pode dar conta dos muitos casos diferentes de carga e geometria que são encontrados na prática. Quando uma tabela não está disponível ou está incompleta, o deslocamento ou inclinação de um ponto específico em uma viga ou pórtico pode ser determinado usando o método da integração dupla ou um dos outros métodos discutidos neste e no próximo capítulo.

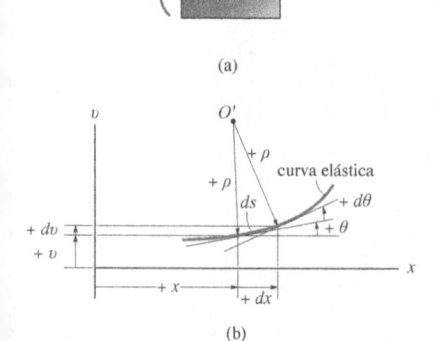

8.3 O método da integração dupla

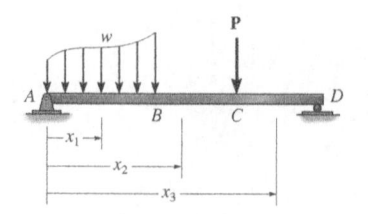

Uma vez que M seja expresso como uma função da posição x, então integrações sucessivas da Equação 8.4 produzirão a inclinação da viga, $\theta \approx \tan\theta = dv/dx = \int (M/EI)\, dx$ (Equação 8.2), e a equação da curva elástica, $v = f(x) = \int\int (M/EI)\, dx$, respectivamente. Para cada integração é necessário introduzir uma "constante de integração" e então resolver as constantes a fim de obter uma solução única para um problema em particular. Lembre-se da Seção 4.2 em que se disse que se a carga em uma viga é descontínua – isto é, consiste de uma série de diversas cargas concentradas e distribuídas – então diversas funções precisam ser escritas para o momento interno, cada uma válida dentro da região entre as descontinuidades. Por exemplo, considere a viga mostrada na Figura 8.8. O momento interno nas regiões AB, BC e CD tem de ser escrito em termos das coordenadas x_1, x_2 e x_3. Uma vez que estas funções sejam integradas através da aplicação da Equação 8.4 e as constantes de integração determinadas, as funções darão a inclinação e a deflexão (curva elástica) para cada região da viga para a qual elas são válidas.

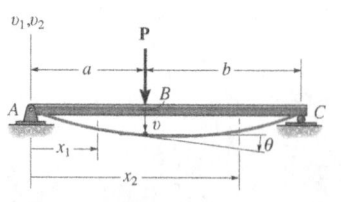

Convenção de sinais. Ao aplicar a Equação 8.4, é importante usar o sinal apropriado para M como estabelecido pela convenção de sinais que foi usada na derivação dessa equação (Figura 8.9a). Além disso, lembre-se que a deflexão positiva, v, é para cima, e como resultado, o ângulo de inclinação positivo θ será medido no sentido anti-horário do eixo x. A razão para isto é mostrada na Figura 8.9b. Aqui, positivo aumenta dx e dv em x e v cria um aumento $d\theta$ que é no sentido anti-horário. Também, tendo em vista que o ângulo de inclinação θ será muito pequeno, o seu valor em radianos pode ser determinado diretamente de $\theta \approx \tan\theta = dv/dx$.

Condições de continuidade e contorno. As constantes de integração são determinadas avaliando as funções para inclinação ou deslocamento em um ponto em particular na viga onde o valor da função é conhecido. Estes valores são chamados de *condições de contorno*. Por exemplo, se a viga é suportada por um rolo ou pino, então é necessário que o deslocamento seja zero nesses pontos. Também, em um apoio fixo a inclinação e o deslocamento são, ambos, zero.

Se uma coordenada x única não pode ser usada para expressar a equação para a inclinação da viga ou a curva elástica, então as condições de continuidade têm de ser usadas para avaliar algumas das constantes de integração. Considere a viga na Figura 8.10. Aqui as coordenadas x_1 e x_2 são válidas somente dentro das regiões AB e BC, respectivamente. Uma vez que as funções para a inclinação e deflexão tenham sido obtidas, elas têm de dar os mesmos valores para a inclinação e deflexão no ponto B, $x_1 = x_2 = a$, de maneira que a curva elástica é fisicamente contínua. Expressando matematicamente, isto exige $\theta_1(a) = \theta_2(a)$ e $v_1(a) = v_2(a)$. Estas equações podem ser usadas para determinar duas constantes de integração.

Procedimento para análise

O procedimento a seguir fornece um método para determinar a inclinação e deflexão de uma viga (ou eixo) usando o método da integração dupla. É preciso ter em mente que este método é adequado somente para *deflexões elásticas* para as quais a inclinação da viga é muito pequena. Além disso, o método considera *apenas deflexões devidas à flexão*. Uma deflexão adicional causada pelo cortante representa em geral apenas uma pequena percentagem da deflexão por flexão, e assim ela é normalmente desprezada na prática de engenharia.

Curva elástica

- Trace uma visão exagerada da curva elástica da viga. Lembre-se que os pontos de inclinação zero e deslocamento zero ocorrem em um apoio fixo, e o deslocamento zero ocorre em apoios de pino e rolo.

- Estabeleça os eixos das coordenadas x e v. O eixo x tem de estar em paralelo com a viga não defletida e sua origem do lado esquerdo da viga, com uma direção positiva para a direita.
- Se várias cargas descontínuas estão presentes, estabeleça as coordenadas x que são válidas para cada região da viga entre as descontinuidades.
- Em todos os casos, o eixo v positivo associado deve ser direcionado para cima.

Função de carga ou momento
- Para cada região na qual há uma coordenada x, expresse o momento interno M como uma função de x.
- *Sempre* presuma que M atua na direção positiva quando aplicando a equação do equilíbrio de momento para determinar $M = f(x)$.

Inclinação e curva elástica
- Contanto que EI seja constante, aplique a equação de momento $EI\, d^2v/dx^2 = M(x)$, que exige duas integrações. Para cada integração é importante incluir uma constante de integração. As constantes são determinadas usando as condições de contorno para os apoios e as condições de continuidade que se aplicam à inclinação e deslocamento nos pontos onde duas funções se encontram.
- Uma vez que as constantes de integração tenham sido determinadas e substituídas de volta nas equações de inclinação e deflexão, a inclinação e o deslocamento em *pontos específicos* na curva elástica podem ser determinados. Os valores numéricos obtidos podem ser conferidos graficamente comparando-os com o esboço da curva elástica.
- Valores *positivos* para *inclinação* são *no sentido anti-horário* e o *deslocamento positivo é para cima*.

Exemplo 8.3

Cada viga treliçada com apoios simples mostrada na foto é sujeita a uma carga de projeto uniforme de 4 kN/m (Figura 8.11a). Determine a deflexão máxima da viga. EI é constante.

Curva elástica. Em razão da simetria, a deflexão máxima da viga ocorrerá no seu centro. Apenas uma única coordenada x é necessária para determinar o momento interno.

Função de momento. Do diagrama de corpo livre (Figura 8.11b) temos

$$M = 20x - 4x\left(\frac{x}{2}\right) = 20x - 2x^2$$

Inclinação e curva elástica. Aplicando a Equação 8.4 e integrando duas vezes resulta em

$$EI\frac{d^2v}{dx^2} = 20x - 2x^2$$

$$EI\frac{dv}{dx} = 10x^2 - 0{,}6667x^3 + C_1$$

$$EI\,v = 3{,}333x^3 - 0{,}1667x^4 + C_1 x + C_2$$

Onde $v = 0$ em $x = 0$, de maneira que $C_2 = 0$, e $v = 0$ em $x = 10$, de maneira que $C_1 = -166{,}7$. Portanto, a equação da curva elástica é

$$EI\,v = 3{,}333x^3 - 0{,}1667x^4 - 166{,}7x$$

Em $x = 5$ m, observe que $dv/dx = 0$. Portanto, a deflexão máxima é

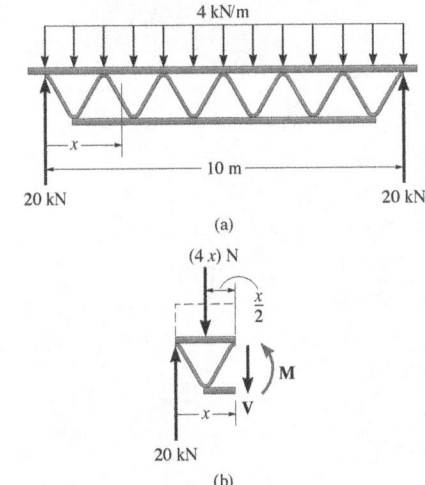

Figura 8.11

$$v_{max} = -\frac{521}{EI} \quad \text{(Resposta)}$$

Exemplo 8.4

A viga em balanço mostrada na Figura 8.12a é sujeita a um momento binário M_0 na sua extremidade. Determine a equação da curva elástica. EI é constante.

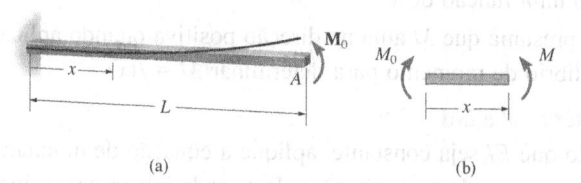

Figura 8.12

SOLUÇÃO

Curva elástica. A carga tende a defletir a viga conforme mostrado na Figura 8.9a. Examinando a questão, o momento interno pode ser representado através da viga usando uma única coordenada x.

Função de momento. Do diagrama de corpo livre, com **M** atuando na *direção positiva* (Figura 8.12b), temos

$$M = M_0$$

Inclinação e curva elástica. Aplicando a Equação 8.4 e integrando duas vezes, resulta em

$$EI \frac{d^2v}{dx^2} = M_0 \quad (1)$$

$$EI \frac{dv}{dx} = M_0 x + C_1 \quad (2)$$

$$EIv = \frac{M_0 x^2}{2} + C_1 x + C_2 \quad (3)$$

Usando as condições limite $dv/dx = 0$ em $x = 0$ e $v = 0$ em $x = 0$, então $C_1 = C_2 = 0$. Substituindo estes resultados nas Equações (2) e (3) com $\theta = dv/dx$, temos

$$\theta = \frac{M_0 x}{EI}$$

$$v = \frac{M_0 x^2}{2EI} \quad \text{(Resposta)}$$

Inclinação e deslocamento máximos ocorrem em A ($x = L$) para os quais

$$\theta_A = \frac{M_0 L}{EI} \quad (4)$$

$$v_A = \frac{M_0 L^2}{2EI} \quad (5)$$

O resultado *positivo* para θ_A indica rotação *no sentido anti-horário* e o resultado *positivo* para v_A indica que v_A é *para cima*. Isto concorda com os resultados esboçados na Figura 8.12a.

A fim de obter alguma ideia quanto à *magnitude* real da inclinação e deslocamento na extremidade A, considere a viga na Figura 8.12a com um comprimento de 3,6 m, suportando um momento binário de 20 kN · m, e fabricada com aço tendo $E_{st} = 200$ GPa. Se essa viga fosse projetada *sem* um fator de segurança, assumindo que a tensão normal admissível é igual à tensão de ruptura, e considerando que $\sigma = 250$ N/mm², então um perfil $W6 \times 9$ seria considerado adequado ($I = 6,8 \, (10^6)$mm⁴). Das equações (4) e (5) temos

$$\theta_A = \frac{20 \text{ kN} \cdot \text{m} \, (3,6 \text{ m})}{[200\,(10^6) \text{ kN/m}^2][6,8\,(10^6)\,(10^{-12})\,\text{m}^4]} = 0,0529 \text{ rad}$$

$$v_A = \frac{20 \text{ kN} \cdot \text{m} \, (3,6 \text{ m})^2}{2[200\,(10^6) \text{ kN/m}^2][6,8\,(10^6)\,(10^{-12})\,\text{m}^4]} = 0,0953 \text{ m} = 95,3 \text{ mm}$$

Tendo em vista que $\theta_A^2 = 0,00280$ rad² $\ll 1$, isto justifica o uso da Equação 8.4, em vez de aplicar a mais precisa Equação 8.3, para calcular a deflexão das vigas. Também, tendo em vista que esta aplicação numérica é para uma *viga em balanço*, obtivemos *valores maiores* para θ e v máximos do que teria sido obtido se a viga fosse suportada usando pinos, rolos ou outros apoios.

Exemplo 8.5

A viga na Figura 8.13a é sujeita a uma carga **P** na sua extremidade. Determine o deslocamento em C. EI é constante.

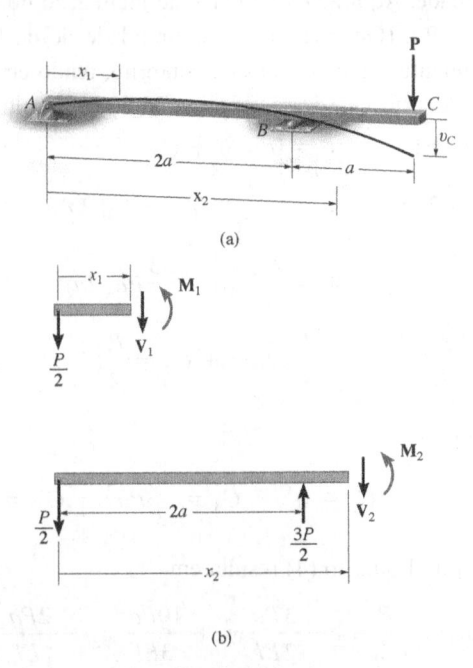

Figura 8.13

SOLUÇÃO

Curva elástica. A viga deflete na forma mostrada na Figura 8.13a. Em razão da carga, duas coordenadas x têm de ser consideradas.

Funções de momento. Usando os diagramas de corpo livre ilustrados na Figura 8.13b, temos

$$M_1 = -\frac{P}{2}x_1 \qquad 0 \leq x_1 \leq 2a$$

$$M_2 = -\frac{P}{2}x_2 + \frac{3P}{2}(x_2 - 2a)$$

$$= Px_2 - 3Pa \qquad 2a \leq x_2 \leq 3a$$

Inclinação e curva elástica. Aplicando a Equação 8.4,

para x_1,
$$EI\frac{d^2v_1}{dx_1^2} = -\frac{P}{2}x_1$$

$$EI\frac{dv_1}{dx_1} = -\frac{P}{4}x_1^2 + C_1 \qquad (1)$$

$$EIv_1 = -\frac{P}{12}x_1^3 + C_1 x_1 + C_2 \qquad (2)$$

Para x_2,
$$EI\frac{d^2v_2}{dx_2^2} = Px_2 - 3Pa$$

$$EI\frac{dv_2}{dx_2} = \frac{P}{2}x_2^2 - 3Pax_2 + C_3 \qquad (3)$$

$$EIv_2 = \frac{P}{6}x_2^3 - \frac{3}{2}Pax_2^2 + C_3 x_2 + C_4 \qquad (4)$$

As *quatro* constantes de integração são determinadas usando *três* condições de contorno, a saber, $v_1 = 0$ em $x_1 = 0$, $v_1 = 0$ em $x_1 = 2a$ e $v_2 = 0$ em $x_2 = 2a$, e *uma* equação de continuidade. Aqui a continuidade de inclinação no rolo exige $dv_1/dx_1 = dv_2/dx_2$ em $x_1 = x_2 = 2a$. (Observe que a continuidade de deslocamento em B foi considerada indiretamente nas condições de contorno, tendo em vista que $v_1 = v_2 = 0$ em $x_1 = x_2 = 2a$). A aplicação dessas quatro condições resulta em

$v_1 = 0$ em $x_1 = 0$; $\qquad 0 = 0 + 0 + C_2$

$v_1 = 0$ em $x_1 = 2a$; $\qquad 0 = -\frac{P}{12}(2a)^3 + C_1(2a) + C_2$

$v_2 = 0$ em $x_2 = 2a$; $\qquad 0 = \frac{P}{6}(2a)^3 - \frac{3}{2}Pa(2a)^2 + C_3(2a) + C_4$

$\dfrac{dv_1(2a)}{dx_1} = \dfrac{dv_2(2a)}{dx_2}$; $\qquad -\frac{P}{4}(2a)^2 + C_1 = \frac{P}{2}(2a)^2 - 3Pa(2a) + C_3$

Solucionando, obtemos

$$C_1 = \frac{Pa^2}{3} \qquad C_2 = 0 \qquad C_3 = \frac{10}{3}Pa^2 \qquad C_4 = -2Pa^3$$

Substituindo C_3 e C_4 na Equação (4) resulta em

$$v_2 = \frac{P}{6EI}x_2^3 - \frac{3Pa}{2EI}x_2^2 + \frac{10Pa^2}{3EI}x_2 - \frac{2Pa^3}{EI}$$

O deslocamento em C é determinado estabelecendo $x_2 = 3a$. Temos

$$v_C = \frac{Pa^3}{EI} \qquad \qquad (Resposta)$$

Problemas fundamentais

PF8.4. Determine a equação da curva elástica para a viga usando a coordenada x que é válida para $0 < x < L$. EI é constante.

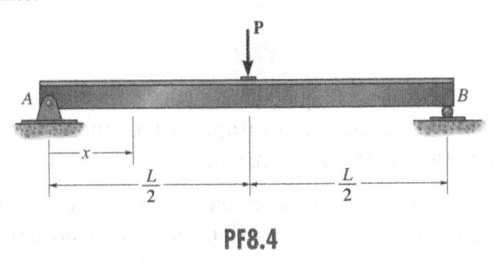

PF8.4

PF8.5. Determine a equação da curva elástica para a viga usando a coordenada x que é válida para $0 < x < L$. EI é constante.

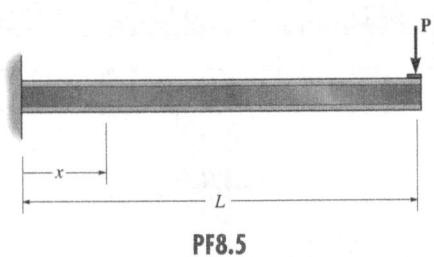

PF8.5

PF8.6. Determine a equação da curva elástica para a viga usando a coordenada x que é válida para $0 < x < L$. EI é constante.

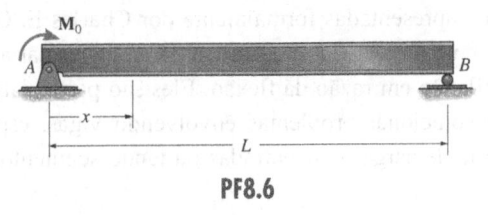

PF8.6

PF8.7. Determine a equação da curva elástica para a viga usando a coordenada x que é válida para $0 < x < L$. EI é constante.

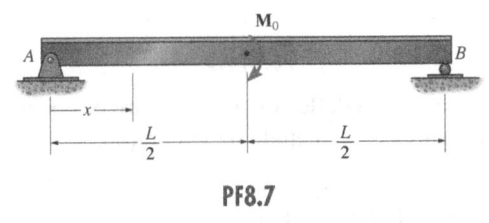

PF8.7

PF8.8. Determine a equação da curva elástica para a viga usando a coordenada x que é válida para $0 < x < L$. EI é constante.

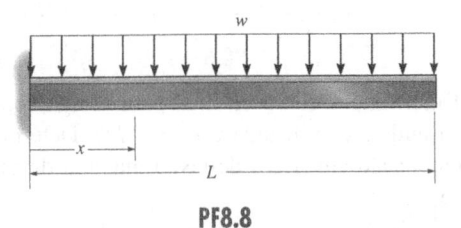

PF8.8

PF8.9. Determine a equação da curva elástica para a viga usando a coordenada x que é válida para $0 < x < L$. EI é constante.

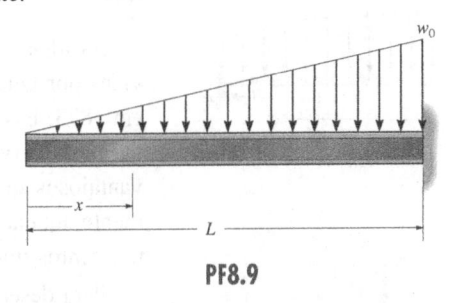

PF8.9

Problemas

P8.1. Determine as equações da curva elástica para a viga usando as coordenadas x_1 e x_2. Especifique a inclinação em A e a deflexão máxima. EI é constante.

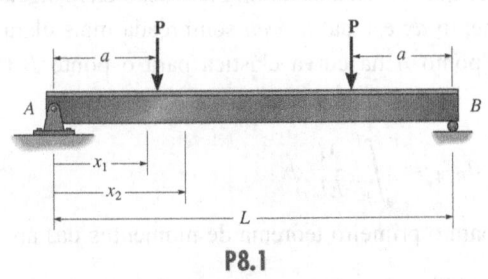

P8.1

P8.2. A barra é suportada por um apoio fixo sobre rolos em B, que permite deslocamento vertical, mas resiste à carga axial e momento. Se a barra é sujeita à carga mostrada, determine a inclinação em A e a deflexão em C. EI é constante.

P8.3. Determine a deflexão em B da barra no Problema P8.2.

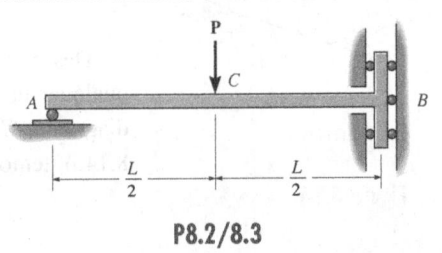

P8.2/8.3

*P8.4. Determine as equações da curva elástica usando as coordenadas x_1 e x_2, e especifique a inclinação e deflexão em B. EI é constante.

P8.5. Determine as equações da curva elástica usando as coordenadas x_1 e x_3, e especifique a inclinação e deflexão no ponto B. EI é constante.

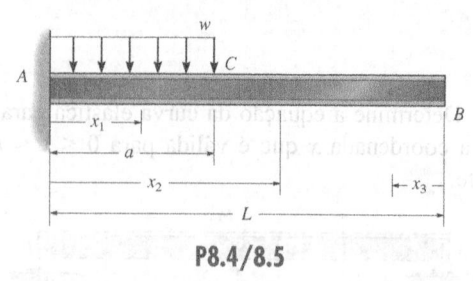

| 230 | Análise das estruturas

P8.6. Determine a deflexão máxima entre os apoios A e B. EI é constante. Use o método da integração.

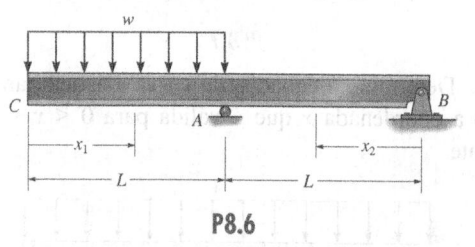

P8.7. Determine a curva elástica para a viga com apoios simples usando a coordenada x $0 \leq x \leq L/2$. Determine também a inclinação em A e a deflexão máxima da viga. EI é constante.

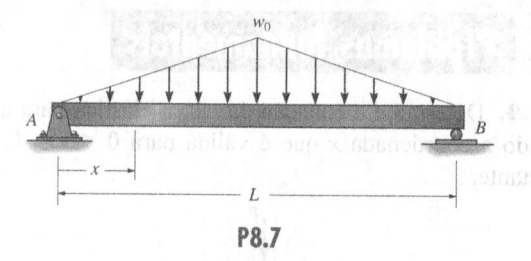

*P8.8. Determine as equações da curva elástica usando as coordenadas x_1 e x_2, e especifique a inclinação em C e o deslocamento em B. EI é constante.

P8.9. Determine as equações da curva elástica usando as coordenadas x_1 e x_3, e especifique a inclinação em B e a deflexão em C. EI é constante.

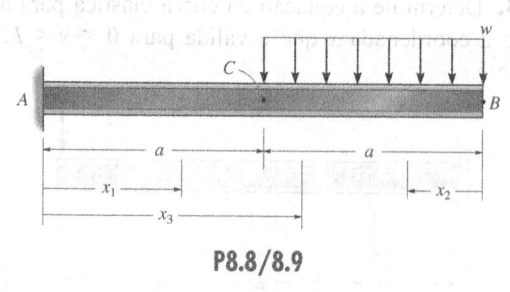

8.4 Teoremas de momentos das áreas

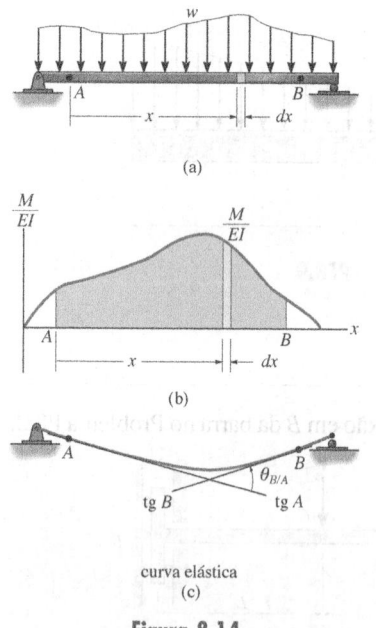

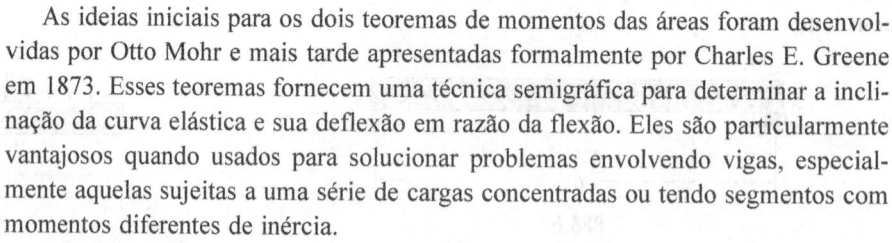

As ideias iniciais para os dois teoremas de momentos das áreas foram desenvolvidas por Otto Mohr e mais tarde apresentadas formalmente por Charles E. Greene em 1873. Esses teoremas fornecem uma técnica semigráfica para determinar a inclinação da curva elástica e sua deflexão em razão da flexão. Eles são particularmente vantajosos quando usados para solucionar problemas envolvendo vigas, especialmente aquelas sujeitas a uma série de cargas concentradas ou tendo segmentos com momentos diferentes de inércia.

Para desenvolver os teoremas, uma referência é feita à viga na Figura 8.14a. Se traçarmos o diagrama de momento para a viga e então o dividirmos pela rigidez à flexão, EI, resulta no "diagrama M/EI" mostrado na Figura 8.14b. Pela Equação 8.2,

$$d\theta = \left(\frac{M}{EI}\right) dx$$

Desse modo, é possível se ver que a mudança $d\theta$ na inclinação das tangentes em qualquer um dos lados do elemento dx é igual à *área* sombreada mais clara sob o diagrama M/EI. Integrando do ponto A na curva elástica para o ponto B (Figura 8.14c), temos

$$\theta_{B/A} = \int_A^B \frac{M}{EI} dx \qquad (8.5)$$

Esta equação forma a base para o primeiro teorema de momentos das áreas.

Teorema 1: a mudança na inclinação entre quaisquer dois pontos na curva elástica é igual à área do diagrama M/EI entre estes dois pontos.

A notação $\theta_{B/A}$ é denominada como o ângulo da tangente em B medida em relação à tangente em A. Da prova deve ficar evidente que esse ângulo é medido no *sentido anti-horário* da tangente A para a tangente B se a área do diagrama M/EI é *positiva*, Figura 8.14c. Por outro lado, se essa área for *negativa*, ou abaixo do eixo x, o ângulo $\theta_{B/A}$ é medido no *sentido horário* da tangente *A* para tangente *B*. Além disso, das dimensões da Equação 8.5, $\theta_{B/A}$ é medido em radianos.

O segundo teorema de momentos das áreas é baseado no desvio relativo das *tangentes* para a curva elástica. Ilustrada na Figura 8.15c, é uma visão muito exagerada do *desvio vertical dt* das tangentes em cada lado do elemento diferencial *dx*. Esse desvio é medido ao longo de uma linha vertical passando pelo ponto *A*. Tendo em vista que se presume que a inclinação da curva elástica e sua deflexão sejam muito pequenas, é satisfatório aproximar o comprimento de cada linha tangente por *x* e o arco *ds'* por *dt*. Usando a fórmula de arco circular $s = \theta r$, onde *r* é de comprimento *x*, podemos escrever $dt = x d\theta$. Usando a Equação 8.2, $d\theta = (M/EI)\,dx$, o desvio vertical da tangente em *A* em relação à tangente em *B* pode ser encontrado por integração, caso em que

$$t_{A/B} = \int_A^B x \frac{M}{EI} dx \qquad (8.6)$$

Lembre-se da estática que o centroide de uma área é determinado de $\bar{x} \int dA = \int x\,dA$. Tendo em vista que $\int M/EI\,dx$ representa uma área do diagrama *M/EI*, também podemos escrever

$$t_{A/B} = \bar{x} \int_A^B \frac{M}{EI} dx \qquad (8.7)$$

Aqui $\bar{x}$ é a distância do eixo vertical através de *A* ao *centroide* da área entre *A* e *B*, (Figura 8.15b).

O segundo teorema de momentos das áreas pode ser colocado agora da seguinte forma:

Teorema 2: o desvio vertical da tangente em um ponto (*A*) na curva elástica, com relação à tangente que se estende a partir de outro ponto (*B*), é igual ao "momento" da área sob o diagrama *M/EI* entre os dois pontos (*A* e *B*). Esse momento é calculado em torno do ponto *A* (o ponto na curva elástica), onde o desvio $t_{A/B}$ deve ser determinado.

Uma vez que o momento de uma área *M/EI* positiva de *A* para *B* seja calculado, como na Figura 8.15b, ele indica que a tangente no ponto *A* está *acima* da tangente para a curva estendida do ponto *B* (Figura 8.15c). De modo similar, áreas *M/EI negativas* indicam que a tangente em *A* está *abaixo* da tangente estendida de *B*. Observe que em geral $t_{A/B}$ não é igual à $t_{B/A}$, que é mostrado na Figura 8.15d. Especificamente, o momento da área sob o diagrama *M/EI* entre *A* e *B* é calculado em torno do ponto *A* para determinar $t_{A/B}$ (Figura 8.15b), e é calculado em torno do ponto *B* para determinar $t_{B/A}$.

É importante perceber que os teoremas de momentos das áreas só podem ser usados para determinar os ângulos ou desvios entre duas tangentes na curva elástica da viga. Em geral, eles *não* oferecem uma solução direta para a inclinação ou deslocamento em um ponto na viga. Essas incógnitas devem primeiro ser relacionadas com os ângulos ou desvios verticais das tangentes em pontos na curva elástica. Normalmente, as tangentes nos apoios são traçadas levando isso em conta, tendo em vista que esses pontos não passam por deslocamento e/ou têm inclinação zero. Casos específicos para estabelecer essas relações geométricas são dados nos problemas incluídos nos exemplos.

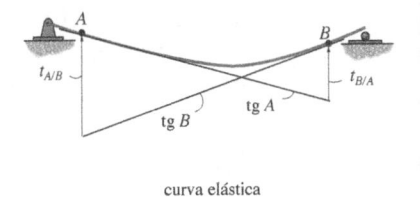

Figura 8.15

Procedimento para análise

O procedimento a seguir fornece um método que pode ser usado para determinar o deslocamento e a inclinação em um ponto na curva elástica de uma viga usando os teoremas de momentos das áreas.

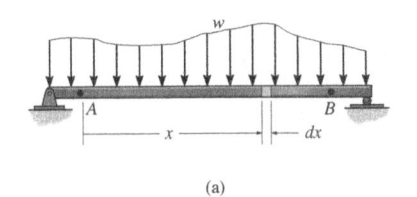

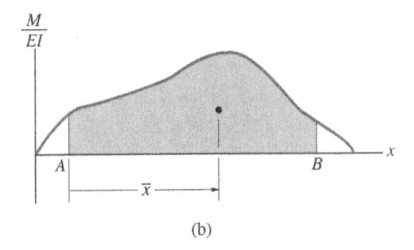

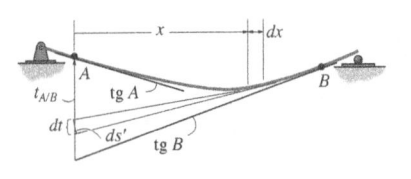

Diagrama M/EI

- Determine as reações de apoio e trace o diagrama M/EI da viga.
- Se a viga está carregada com forças concentradas, o diagrama M/EI consistirá de uma série de segmentos em linha reta, e as áreas e seus momentos necessários para os teoremas de momentos das áreas serão relativamente fáceis de calcular.
- Se a área consiste de uma *série* de forças concentradas e cargas distribuídas, pode ser mais simples calcular as áreas M/EI necessárias e seus momentos traçando o diagrama M/EI em partes, usando o método da superposição como discutido na Seção 4.5. De qualquer maneira, o diagrama M/EI consistirá de curvas parabólicas ou de ordem superior, e sugerimos que a tabela na parte de dentro da capa de trás seja usada para localizar a área e centroide sob cada curva.

Curva elástica

- Trace uma vista exagerada da curva elástica da viga. Lembre-se que pontos de inclinação zero ocorrem em apoios fixos e deslocamento zero ocorre em todos os apoios de rolo, pino e fixos.
- Se ficar difícil traçar a forma geral da curva elástica, use o diagrama de momento (ou M/EI). Perceba que quando a viga é sujeita a um *momento positivo*, a viga flexiona *côncava para cima*, enquanto um *momento negativo* flexiona a viga *côncava para baixo*. Além disso, um ponto de inflexão ou mudança na curvatura ocorre onde o momento na viga (ou M/EI) é zero.
- O deslocamento e inclinação a serem determinados devem ser indicados na curva. Tendo em vista que os teoremas de momentos das áreas são aplicados somente entre duas tangentes, é preciso atentar para quais tangentes devem ser construídas de maneira que os ângulos ou desvios entre elas levem à solução do problema. Nesse sentido, *as tangentes nos pontos de inclinação e deslocamento desconhecidos, assim como nos apoios devem ser consideradas*, tendo em vista que a viga normalmente tem deslocamento zero e/ou inclinação zero nos apoios.

Teoremas de momentos das áreas

- Aplique o Teorema 1 para determinar o ângulo entre duas tangentes, e o Teorema 2 para determinar desvios verticais entre essas tangentes.
- Perceba que o Teorema 2 em geral *não produzirá* o deslocamento de um ponto na curva elástica. Quando aplicado de maneira apropriada, ele dará apenas a distância vertical ou desvio de uma tangente no ponto A na curva elástica a partir da tangente em B.
- Após aplicar o Teorema 1 ou o Teorema 2, o sinal algébrico da resposta pode ser verificado a partir do ângulo ou desvio como indicado na curva elástica.

Exemplo 8.6

Determine a inclinação nos pontos B e C da viga ilustrada na Figura 8.16a. Considere $E = 200$ GPa e $I = 300(10^6)$ mm^4.

SOLUÇÃO

Diagrama M/EI. Este diagrama é apresentado na Figura 8.16b. É mais fácil solucionar o problema em termos de EI e substituir os dados numéricos como um último passo.

Curva elástica. A carga de 10 kN faz com que a viga deflita conforme mostrado na Figura 8.16c. (A é defletida côncava para baixo, tendo em vista que M/EI é negativo.) Aqui a tangente em A (o apoio) é *sempre horizontal*. As tangentes em B e C também são indicadas. É necessário que encontremos θ_B e θ_C. Pela construção, o ângulo entre a tg A e a tg B, isto é, $\theta_{B/A}$, é equivalente a θ_B.

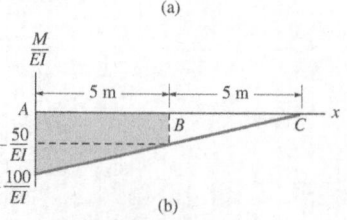

Figura 8.16

Também,
$$\theta_B = \theta_{B/A}$$
$$\theta_C = \theta_{C/A}$$

Teorema dos momentos das áreas. Aplicando o Teorema 1, $\theta_{B/A}$ é igual à área sob o diagrama M/EI entre os pontos A e B; isto é,

$$\theta_B = \theta_{B/A} = -\left(\frac{50 \text{ kN} \cdot \text{m}}{EI}\right)(5 \text{ m}) - \frac{1}{2}\left(\frac{100 \text{ kN} \cdot \text{m}}{EI} - \frac{50 \text{ kN} \cdot \text{m}}{EI}\right)(5 \text{ m})$$

$$= -\frac{375 \text{ kN} \cdot \text{m}^2}{EI}$$

Substituindo dados numéricos para E e I, temos

$$\theta_B = \frac{-375 \text{ kN} \cdot \text{m}^2}{[200(10^6) \text{ kN/m}^2][360(10^6)(10^{-12}) \text{ m}^4]}$$
$$= -0{,}00521 \text{ rad} \qquad (Resposta)$$

O *sinal negativo* indica que o ângulo é medido no sentido horário a partir de A (Figura 8.16c).

De maneira similar, a área sob o diagrama M/EI entre os pontos A e C é igual a $\theta_{C/A}$. Temos

$$\theta_C = \theta_{C/A} = \frac{1}{2}\left(-\frac{100 \text{ kN} \cdot \text{m}}{EI}\right)(10 \text{ m}) = -\frac{500 \text{ kN} \cdot \text{m}^2}{EI}$$

Substituindo valores numéricos para EI, temos

$$\theta_C = \frac{-500 \text{ kN} \cdot \text{m}^2}{[200(10^6) \text{ kN/m}^2][360(10^6)(10^{-12}) \text{ m}^4]}$$
$$= -0{,}00694 \text{ rad} \qquad (Resposta)$$

Exemplo 8.7

Determine a deflexão nos pontos B e C da viga mostrada na Figura 8.17a. Valores para o momento de inércia de cada segmento são indicados na figura. Considere $E = 200$ GPa.

SOLUÇÃO

Diagrama M/EI. Examinando a questão, o diagrama de momento para a viga é um retângulo. Aqui construiremos o diagrama M/EI em relação a I_{BC}, compreendendo que $I_{AB} = 2I_{BC}$ (Figura 8.17b). Dados numéricos para EI_{BC} serão substituídos como um último passo.

Curva elástica. O momento binário em C faz com que a viga deflita como ilustrado na Figura 8.17c. As tangentes em A (o apoio), B e C são indicadas. É preciso que encontremos Δ_B e Δ_C. Esses deslocamentos podem ser relacionados *diretamente* aos desvios entre as tangentes, de maneira que a partir da construção, Δ_B é igual ao desvio da tg B em relação à tg A; isto é,

$$\Delta_B = t_{B/A}$$

Também,

$$\Delta_C = t_{C/A}$$

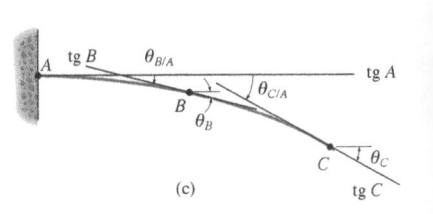

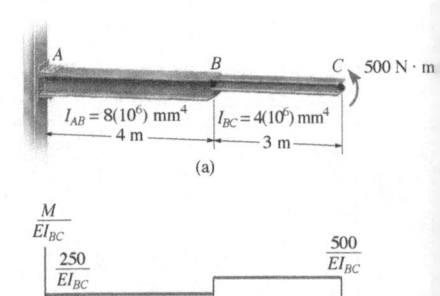

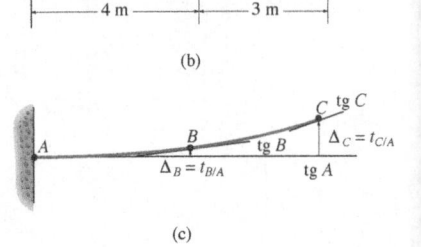

Figura 8.17

Teorema dos momentos das áreas. Aplicando o Teorema 2, $t_{B/A}$ é igual ao momento da área sob o diagrama M/EI_{BC} entre A e B calculado em torno do ponto B, tendo em vista que este é o ponto onde o desvio tangencial deve ser determinado. Logo, da Figura 8.17b,

$$\Delta_B = t_{B/A} = \left[\frac{250 \text{ N} \cdot \text{m}}{EI_{BC}}(4 \text{ m})\right](2 \text{ m}) = \frac{2000 \text{ N} \cdot \text{m}^3}{EI_{BC}}$$

Substituindo os dados numéricos resulta em

$$\Delta_B = \frac{2000 \text{ N} \cdot \text{m}^3}{[200(10^9) \text{ N/m}^2][4(10^6) \text{ mm}^4(1 \text{ m}^4/(10^3)^4 \text{ mm}^4)]}$$

$$= 0{,}0025 \text{ m} = 2{,}5 \text{ mm}. \qquad (Resposta)$$

Do mesmo modo, para $t_{C/A}$ temos de calcular o momento de todo o diagrama M/EI_{BC} de A para C em torno do ponto C. Temos

$$\Delta_C = t_{C/A} = \left[\frac{250 \text{ N} \cdot \text{m}}{EI_{BC}}(4 \text{ m})\right](5 \text{ m}) + \left[\frac{500 \text{ N} \cdot \text{m}}{EI_{BC}}(3 \text{ m})\right](1{,}5 \text{ m})$$

$$= \frac{7250 \text{ N} \cdot \text{m}^3}{EI_{BC}} = \frac{7250 \text{ N} \cdot \text{m}^3}{[200(10^9) \text{ N/m}^2][4(10^6)(10^{-12}) \text{ m}^4]}$$

$$= 0{,}00906 \text{ m} = 9{,}06 \text{ mm} \qquad (Resposta)$$

Tendo em vista que ambas as respostas são *positivas*, elas indicam que os pontos B e C se encontram *acima* da tangente em A.

Exemplo 8.8

Determine a inclinação no ponto C da viga na Figura 8.18a. $E = 200$ GPa, $I = 6(10^6)$ mm^4.

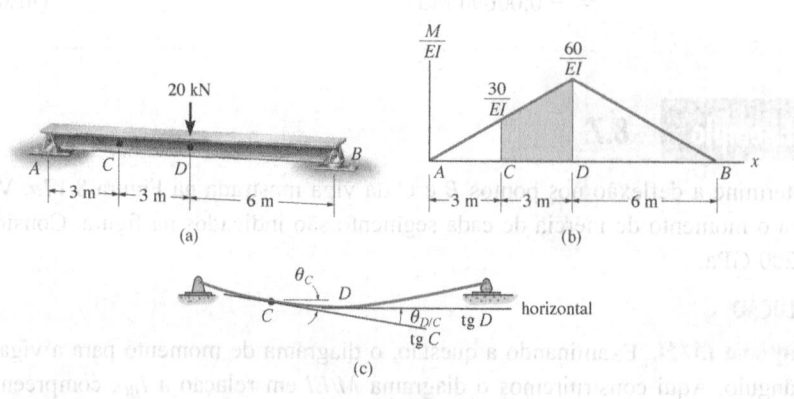

Figura 8.18

SOLUÇÃO

Diagrama M/EI. Figura 8.18b.

Curva elástica. Tendo em vista que o carregamento é aplicado simetricamente à viga, a curva elástica é simétrica, conforme mostrado na Figura 8.18c. É preciso que calculemos θ_C. Isto pode ser feito facilmente, percebendo que a tangente em D é *horizontal* e, portanto, pela construção, o ângulo $\theta_{D/C}$ entre tg C e tg D é igual a θ_C; isto é,

$$\theta_C = \theta_{D/C}$$

Teorema dos momentos das áreas. Usando o Teorema 1, $\theta_{D/C}$ é igual à área sombreada sob o diagrama M/EI entre os pontos C e D. Temos

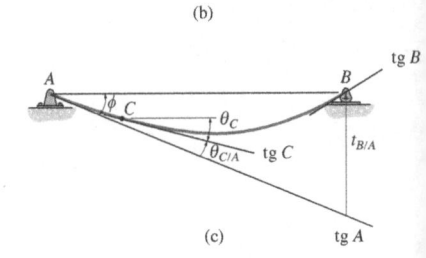

$$\theta_C = \theta_{D/C} = 3\text{ m}\left(\frac{30\text{ kN}\cdot\text{m}}{EI}\right) + \frac{1}{2}(3\text{ m})\left(\frac{60\text{ kN}\cdot\text{m}}{EI} - \frac{30\text{ kN}\cdot\text{m}}{EI}\right)$$
$$= \frac{135\text{ kN}\cdot\text{m}^2}{EI}$$

Desse modo,

$$\theta_C = \frac{135\text{ kN}\cdot\text{m}^2}{[200(10^6)\text{ kN/m}^2][6(10^6)(10^{-12})\text{ m}^4]} = 0{,}112\text{ rad} \quad (Resposta)$$

Exemplo 8.9

Determine a inclinação no ponto C da viga na Figura 8.19a. $E = 200$ GPa, $I = 360(10^6)$ mm^4.

SOLUÇÃO

Diagrama M/EI. Figura 8.19b.

Curva elástica. A curva elástica é mostrada na Figura 8.19c. É preciso que calculemos θ_C. Para fazer isso, estabeleça as tangentes em A, B (os apoios) e C, e observe que $\theta_{C/A}$ é o ângulo entre as tangentes em A e C. Também, o ângulo ϕ na Figura 8.19c pode ser calculado usando $\phi = t_{B/A}/L_{AB}$. Esta equação é válida, tendo em vista que $t_{B/A}$ é na realidade muito pequeno, de maneira que $t_{B/A}$ pode ser aproximado pelo comprimento de um arco circular definido por um raio de $L_{AB} = 8$ m e varredura de ϕ. (Lembre-se que $s = \theta r$). Da geometria da Figura 8.19c, temos

$$\theta_C = \phi - \theta_{C/A} = \frac{t_{B/A}}{8} - \theta_{C/A} \quad (1)$$

Teoremas dos momentos das áreas. Usando o Teorema 1, $\theta_{C/A}$ é equivalente à área sob o diagrama M/EI entre os pontos A e C; isto é,

$$\theta_{C/A} = \frac{1}{2}(2\text{ m})\left(\frac{20\text{ kN}\cdot\text{m}}{EI}\right) = \frac{20\text{ kN}\cdot\text{m}^2}{EI}$$

Aplicando o Teorema 2, $t_{B/A}$ é equivalente ao momento da área sob o diagrama M/EI entre B e A em torno do ponto B, tendo em vista que este é o ponto onde o desvio tangencial deve ser determinado. Temos

$$t_{B/A} = \left[2\text{ m} + \frac{1}{3}(6\text{ m})\right]\left[\frac{1}{2}(6\text{ m})\left(\frac{60\text{ kN}\cdot\text{m}}{EI}\right)\right]$$
$$+ \frac{2}{3}(2\text{ m})\left[\frac{1}{2}(2\text{ m})\left(\frac{60\text{ kN}\cdot\text{m}}{EI}\right)\right]$$
$$= \frac{800\text{ kN}\cdot\text{m}^3}{EI}$$

Substituindo esses resultados na Equação 1, temos

$$\theta_C = \frac{800\text{ kN}\cdot\text{m}^3}{(8\text{ m})EI} - \frac{20\text{ kN}\cdot\text{m}^2}{EI} = \frac{80\text{ kN}\cdot\text{m}^2}{EI}$$

de maneira que

$$\theta_C = \frac{80\text{ kN}\cdot\text{m}^2}{[200(10^6)\text{ kN/m}^2][360(10^6)(10^{-12})\text{ m}^4]}$$
$$= 0{,}00111\text{ rad} \quad (Resposta)$$

Figura 8.19

Exemplo 8.10

Determine a deflexão em C da viga ilustrada na Figura 8.20a. Considere $E = 200$ GPa, $I = 4(10^6)$ mm^4.

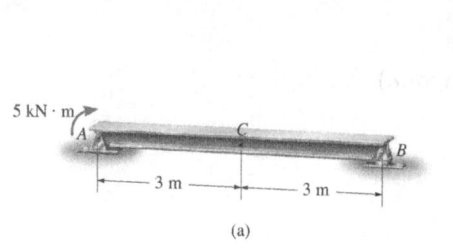

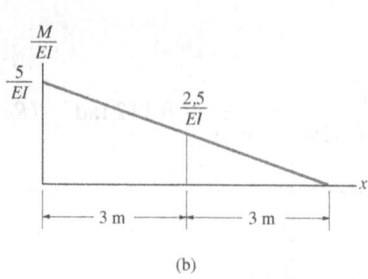

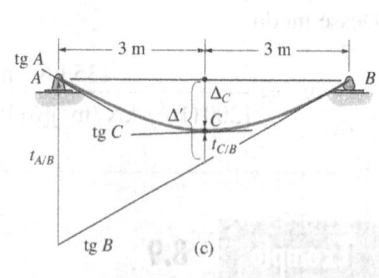

Figura 8.20

SOLUÇÃO

Diagrama M/EI. Figura 8.20b.

Curva elástica. Aqui precisamos calcular Δ_C (Figura 8.20). Esta não é necessariamente a deflexão máxima da viga, tendo em vista que o carregamento e, por conseguinte, a curva elástica *não são simétricos*. Também indicado na Figura 8.20c são as tangentes em A, B (os apoios) e C. Se $t_{A/B}$ é determinada, então Δ' pode ser encontrada a partir de triângulos proporcionais, isto é, $\Delta'/3 = t_{A/B}/6$ ou $\Delta' = t_{A/B}/2$. Da construção na Figura 8.20c, temos

$$\Delta_C = \frac{t_{A/B}}{2} - t_{C/B} \tag{1}$$

Teorema dos momentos das áreas. Aplicaremos o Teorema 2 para determinar $t_{A/B}$ e $t_{C/B}$. Aqui, $t_{A/B}$ é o momento do diagrama M/EI entre A e B em torno do ponto A.

$$t_{A/B} = \left[\frac{1}{3}(6 \text{ m})\right]\left[\frac{1}{2}(6 \text{ m})\left(\frac{5 \text{ kN} \cdot \text{m}}{EI}\right)\right] = \frac{30 \text{ kN} \cdot \text{m}^3}{EI}$$

e $t_{C/B}$ é o momento do diagrama M/EI entre C e B em torno de C.

$$t_{C/B} = \left[\frac{1}{3}(3 \text{ m})\right]\left[\frac{1}{2}(3 \text{ m})\left(\frac{2,5 \text{ kN} \cdot \text{m}}{EI}\right)\right] = \frac{3,75 \text{ kN} \cdot \text{m}^3}{EI}$$

Substituindo estes resultados na Equação (1), resulta em

$$\Delta_C = \frac{1}{2}\left(\frac{30 \text{ kN} \cdot \text{m}^3}{EI}\right) - \frac{3,75 \text{ kN} \cdot \text{m}^3}{EI} = \frac{11,25 \text{ kN} \cdot \text{m}^3}{EI}$$

Trabalhando em unidades de kN e m, temos

$$\Delta_C = \frac{11,25 \text{ kN} \cdot \text{m}^3}{[200(10^6) \text{ kN/m}^2][4(10^6)(10^{-12}) \text{ m}^4]}$$

$$= 0{,}0141 \text{ m} = 14{,}1 \text{ mm} \quad (Resposta)$$

Exemplo 8.11

Determine a deflexão no ponto C da viga ilustrada na Figura 8.21a. $E = 200$ GPa, $I = 250 (10^6)$ mm^4.

SOLUÇÃO

Diagrama M/EI. Conforme mostrado na Figura 8.21b, este diagrama consiste de um segmento triangular e um parabólico.

Curva elástica. O carregamento faz com que a viga deforme como ilustrado na Figura 8.21c. É preciso que calculemos Δ_C. Construindo as tangentes em A, B (os apoios) e C, vê-se que $\Delta_C = t_{C/A} - \Delta'$. No entanto, Δ' pode ser relacionado a $t_{B/A}$ através de ângulos proporcionais, isto é, $\Delta'/16 = t_{B/A}/8$ ou $\Delta' = 2t_{B/A}$. Logo,

$$\Delta_C = t_{C/A} - 2t_{B/A} \qquad (1)$$

Teorema dos momentos das áreas. Aplicaremos o Teorema 2 para determinar $t_{C/A}$ e $t_{B/A}$. Usando a tabela do Apêndice D para o segmento parabólico e considerando o momento do diagrama M/EI entre A e C em torno do ponto C, temos

$$t_{C/A} = \left[\frac{3}{4}(8\text{ m})\right]\left[\frac{1}{3}(8\text{ m})\left(-\frac{192\text{ kN}\cdot\text{m}}{EI}\right)\right]$$
$$+ \left[\frac{1}{3}(8\text{ m}) + 8\text{ m}\right]\left[\frac{1}{2}(8\text{ m})\left(-\frac{192\text{ kN}\cdot\text{m}}{EI}\right)\right]$$
$$= -\frac{11\,264\text{ kN}\cdot\text{m}^3}{EI}$$

O momento do diagrama M/EI entre A e B em torno do ponto B resulta em

$$t_{B/A} = \left[\frac{1}{3}(8\text{ m})\right]\left[\frac{1}{2}(8\text{ m})\left(-\frac{192\text{ kN}\cdot\text{m}}{EI}\right)\right] = -\frac{2048\text{ kN}\cdot\text{m}^3}{EI}$$

Por que estes termos são negativos? Substituindo os resultados na Equação (1) temos

$$\Delta_C = -\frac{11264\text{ kN}\cdot\text{m}^3}{EI} - 2\left(-\frac{2048\text{ kN}\cdot\text{m}^3}{EI}\right)$$
$$= -\frac{7168\text{ kN}\cdot\text{m}^3}{EI}$$

Desse modo,

$$\Delta_C = \frac{-7168\text{ kN}\cdot\text{m}^3}{[200(10^6)\text{ kN/m}^2][250(10^6)(10^{-12})\text{ m}^4]}$$
$$= -0{,}143\text{ m} \qquad \textit{(Resposta)}$$

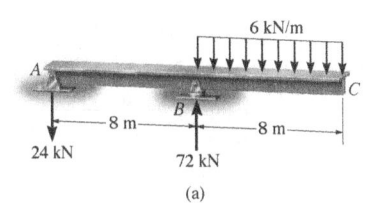

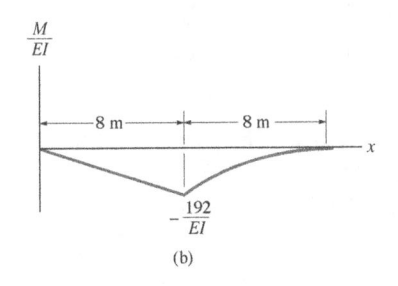

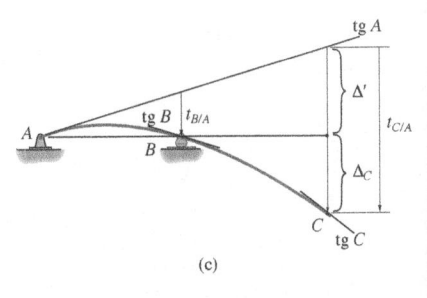

Figura 8.21

Exemplo 8.12

Determine a inclinação no rolo B da viga com os extremos em balança mostrada na Figura 8.22a. Considere $E = 200$ GPa, $I = 18(10^6)$ mm^4.

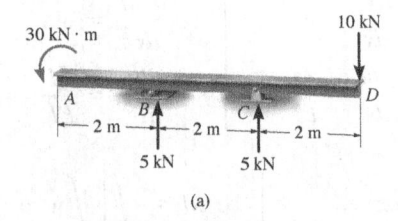

Figura 8.22

SOLUÇÃO

Diagrama M/EI. O diagrama M/EI pode ser simplificado traçando-o em partes e considerando os diagramas M/EI para as três cargas, cada uma atuando sobre uma viga em balanço fixa em D (Figura 8.22b). (A carga de 10 kN não é considerada, tendo em vista que ela não produz momento em torno de D.)

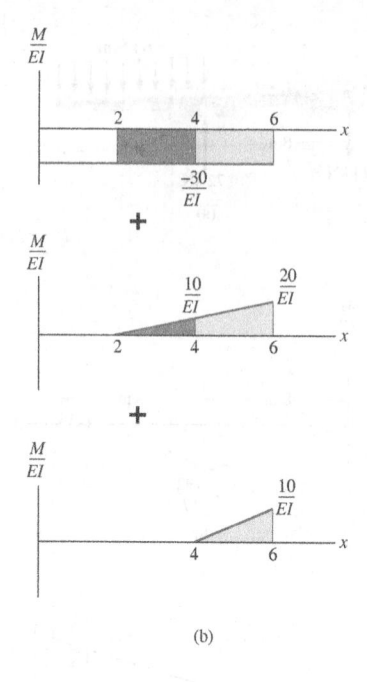

Curva elástica. Se tangentes são traçadas em B e C (Figura 8.22c), a inclinação B pode ser determinada calculando $t_{C/B}$, e para ângulos pequenos,

$$\theta_B = \frac{t_{C/B}}{2\,\text{m}} \qquad (1)$$

Teorema dos momentos das áreas. Para determinar $t_{C/B}$, aplicamos o teorema dos momentos das áreas encontrando o momento do diagrama M/EI entre B e C em torno do ponto C. Isso apenas envolve a área sombreada sob dois dos diagramas na Figura 8.22b. Desse modo,

$$t_{C/B} = (1\,\text{m})\left[(2\,\text{m})\left(\frac{-30\,\text{kN}\cdot\text{m}}{EI}\right)\right] + \left(\frac{2\,\text{m}}{3}\right)\left[\frac{1}{2}(2\,\text{m})\left(\frac{10\,\text{kN}\cdot\text{m}}{EI}\right)\right]$$

$$= \frac{53{,}33\,\text{kN}\cdot\text{m}^3}{EI}$$

Substituindo na Equação (1),

$$\theta_B = \frac{53{,}33\,\text{kN}\cdot\text{m}^3}{(2\,\text{m})[200(10^6)\,\text{kN}/\text{m}^3][18(10^6)(10^{-12})\,\text{m}^4]}$$

$$= 0{,}00741\,\text{rad} \qquad\qquad (Resposta)$$

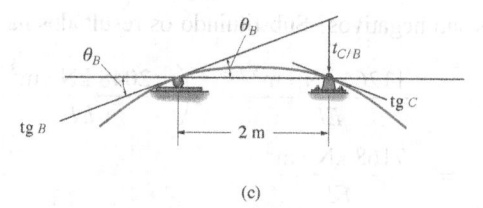

8.5 Método da viga conjugada

O método da viga conjugada foi desenvolvido por H. Müller-Breslau em 1865. Essencialmente, ele exige o mesmo montante de cálculo que os teoremas de momentos das áreas para determinar a inclinação ou deflexão de uma viga; entretanto, este método baseia-se somente nos princípios da estática e, portanto, sua aplicação será mais familiar.

A base para o método vem da *similaridade* das equações 4.1 e 4.2 com as equações 8.2 e 8.4. Para mostrar essa similaridade, podemos escrever estas equações:

$$\frac{dV}{dx} = w \qquad\qquad \frac{d^2M}{dx^2} = w$$

$$\frac{d\theta}{dx} = \frac{M}{EI} \qquad\qquad \frac{d^2v}{dx^2} = \frac{M}{EI}$$

Ou integrando,

$$V = \int w\,dx \qquad\qquad M = \int\left[\int w\,dx\right]dx$$

$$\updownarrow \qquad\qquad\qquad \updownarrow$$

$$\theta = \int\left(\frac{M}{EI}\right)dx \qquad v = \int\left[\int\left(\frac{M}{EI}\right)dx\right]dx$$

Aqui, o *cortante* V compara-se com a *inclinação* θ, o *momento* M compara-se com o *deslocamento* v, e a *carga externa* w compara-se com o diagrama M/EI. Para fazer uso dessa comparação, vamos considerar agora uma viga tendo o mesmo comprimento que a viga real, mas denominada aqui como a "viga conjugada" (Figura

8.23). A viga conjugada é "carregada" com o diagrama *M/EI* derivado da carga *w* sobre a viga real. Das comparações acima, podemos declarar dois teoremas relacionados à viga conjugada, a saber,

Teorema 1: A inclinação em um ponto na viga real é numericamente igual ao cortante no ponto correspondente na viga conjugada.

Teorema 2: O deslocamento de um ponto na viga real é numericamente igual ao momento no ponto correspondente na viga conjugada.

Apoios da viga conjugada. Ao desenhar a viga conjugada, é importante que o cortante e o momento desenvolvidos nos apoios da viga conjugada expliquem a inclinação e deslocamento correspondentes da viga real nos seus apoios, uma consequência dos Teoremas 1 e 2. Por exemplo, conforme mostrado na Tabela 8.2, um apoio de pino ou rolo na extremidade da viga real proporciona *deslocamento zero*, mas a viga tem uma inclinação que não é zero. Consequentemente, dos Teoremas 1 e 2, a viga conjugada tem de ser suportada por um pino ou rolo, tendo em vista que este apoio tem *momento zero*, mas tem um cortante ou reação na extremidade. Quando a viga real tem apoio fixo (3), tanto a inclinação quanto o deslocamento no apoio serão zero. Aqui, a viga conjugada tem uma extremidade livre, tendo em vista que nesta extremidade há cortante zero e momento zero. Apoios de vigas real e conjugada correspondentes para outros casos são ilustrados na Figura 8.24. Observe que, como regra, desprezando a força axial, vigas reais determinadas estaticamente têm vigas conjugadas determinadas estaticamente; e vigas reais indeterminadas estaticamente, como no último caso da Figura 8.24, tornam-se vigas conjugadas instáveis. Apesar de isso ocorrer, a carga *M/EI* vai proporcionar o "equilíbrio" necessário para manter a viga conjugada estável.

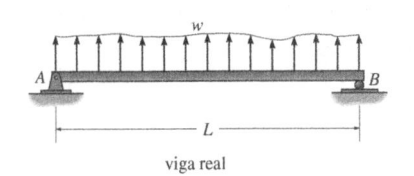

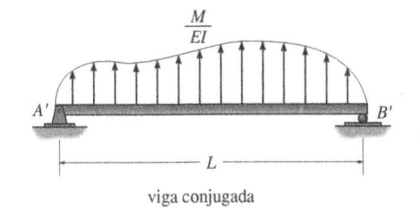

Figura 8.23

Tabela 8.2

	Viga real		Viga conjugada	
1)	θ $\Delta = 0$	pino	V $M = 0$	pino
2)	θ $\Delta = 0$	rolo	V $M = 0$	rolo
3)	$\theta = 0$ $\Delta = 0$	fixo	$V = 0$ $M = 0$	livre
4)	θ Δ	livre	V M	fixo
5)	θ $\Delta = 0$	pino interno	V $M = 0$	articulação
6)	θ $\Delta = 0$	rolo interno	V $M = 0$	articulação
7)	θ Δ	articulação	V M	rolo interno

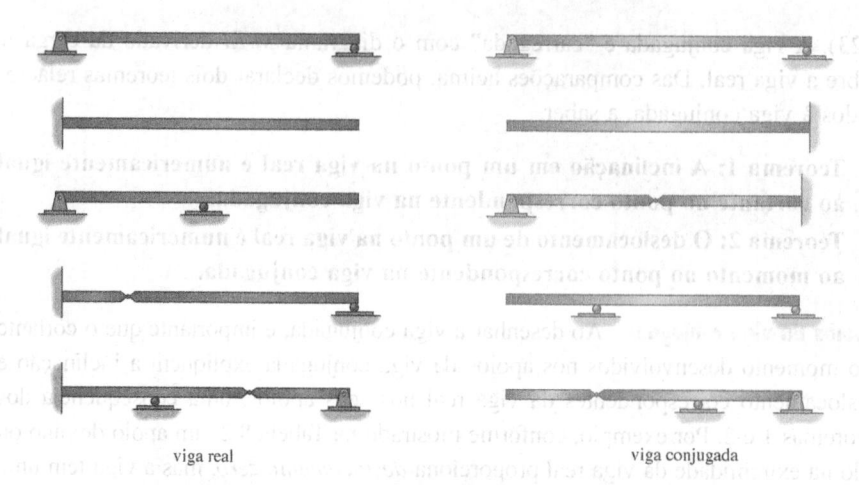

Figura 8.24

Procedimento para análise

O procedimento a seguir fornece um método que pode ser usado para determinar o deslocamento e inclinação em um ponto na curva elástica de uma viga usando o método da viga conjugada.

Viga conjugada

- Trace a viga conjugada para a viga real. Esta viga tem o mesmo comprimento que a viga real e tem apoios correspondentes como listados na Tabela 8.2.
- Em geral, se o apoio real permite uma *inclinação*, o apoio conjugado tem de desenvolver um *cortante*; e se o apoio real permite um *deslocamento*, o apoio conjugado tem de desenvolver um *momento*.
- A viga conjugada está carregada com o diagrama M/EI da viga real. Presume-se que essa carga seja *distribuída* sobre a viga conjugada e seja direcionada *para cima* quando M/EI é positivo e *para baixo* quando M/EI é negativo. Em outras palavras, a carga sempre atua *para longe* da viga.

Equilíbrio

- Usando as equações de equilíbrio, determine as reações nos apoios da viga conjugada.
- Secione a viga conjugada no ponto onde a inclinação θ e deslocamento Δ da viga real devem ser determinados. Na seção mostre o cortante desconhecido V' e momento M' atuando no seu sentido positivo.
- Determine o cortante e momento usando as equações de equilíbrio. V' e M' são iguais a θ e Δ, respectivamente, para a viga real. Em particular, se estes valores são *positivos*, a *inclinação* é *no sentido anti-horário* e o *deslocamento* é *para cima*.

Exemplo 8.13

Determine a inclinação e deflexão no ponto B da viga de aço mostrada na Figura 8.25a. As reações foram calculadas. $E = 200$ GPa, $I = 475(10^6)$ mm^4.

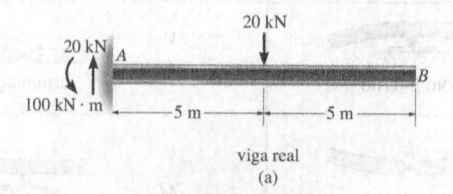

viga real
(a)

Figura 8.25

SOLUÇÃO

Viga conjugada. A viga conjugada é mostrada na Figura 8.25b. Os apoios em A' e B' correspondem aos apoios A e B na viga real (ver Tabela 8.2). É importante compreender por que isso ocorre. O diagrama M/EI é *negativo*, de maneira que a carga distribuída atua *para baixo*, isto é, para longe da viga.

Equilíbrio. Tendo em vista que θ_B e Δ_B devem ser determinados, temos de calcular $V_{B'}$ e $M_{B'}$ na viga conjugada (Figura 8.25c).

$$+\uparrow \Sigma F_y = 0; \qquad -\frac{250 \text{ kN} \cdot \text{m}^2}{EI} - V_{B'} = 0$$

$$\theta_B = V_{B'} = -\frac{250 \text{ kN} \cdot \text{m}^2}{EI}$$

$$= \frac{-250 \text{ kN} \cdot \text{m}^2}{[200(10^6) \text{ kN/m}^2][475(10^6)(10^{-12}) \text{ m}^4]}$$

$$= -0{,}00263 \text{ rad} \qquad \qquad (Resposta)$$

$$(+\Sigma M_{B'} = 0; \qquad \frac{250 \text{ kN} \cdot \text{m}^2}{EI}(8{,}33 \text{ m}) + M_{B'} = 0$$

$$\Delta_B = M_{B'} = -\frac{2083 \text{ kN} \cdot \text{m}^3}{EI}$$

$$= \frac{-2083 \text{ kN} \cdot \text{m}^3}{[200(10^6) \text{ kN/m}^2][475(10^6)(10^{-12}) \text{ m}^4]}$$

$$= -0{,}0219 \text{ m} = -21{,}9 \text{ mm} \qquad (Resposta)$$

Os sinais negativos indicam que a inclinação da viga é medida no sentido horário e o deslocamento é para baixo (Figura 8.25d).

Exemplo 8.14

Determine a deflexão máxima da viga de aço mostrada na Figura 8.26a. As reações foram calculadas. $E = 200$ GPa, $I = 60(10^6)$ mm^4.

SOLUÇÃO

Viga conjugada. A viga conjugada carregada com o diagrama M/EI é ilustrada na Figura 8.26b. Tendo em vista que o diagrama M/EI é positivo, a carga distribuída atua para cima (para longe da viga).

Equilíbrio. As reações externas sobre a viga conjugada são determinadas primeiro e são indicadas no diagrama de corpo livre na Figura 8.26c. A *deflexão máxima* da viga real ocorre no ponto onde a *inclinação* da viga é *zero*. Isto corresponde ao mesmo ponto na viga conjugada onde o *cortante* é *zero*. Presumindo que este ponto atue dentro da região $0 \leq x \leq 9$ m de A', podemos isolar a seção mostrada na Figura 8.26d. Observe que o pico da carga distribuída foi determinado a partir de triângulos proporcionais, isto é, $w/x = (18/EI)/9$. Temos que $V' = 0$, de maneira que

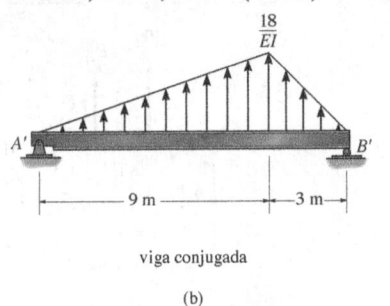

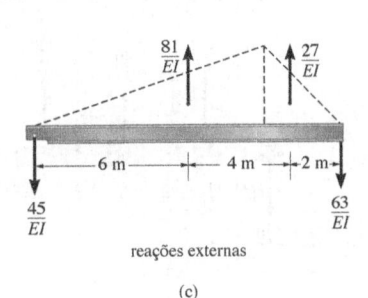

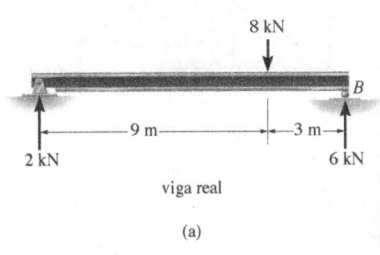

Figura 8.26

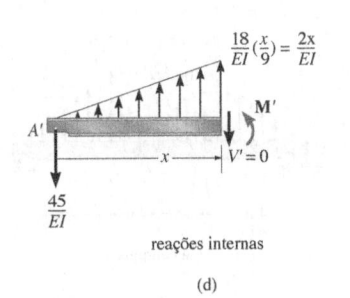

$$+\uparrow \Sigma F_y = 0; \qquad -\frac{45}{EI} + \frac{1}{2}\left(\frac{2x}{EI}\right)x = 0$$

$$x = 6{,}71 \text{ m} \qquad (0 \leq x \leq 9 \text{ m}) \text{ OK}$$

Usando este valor para x, a deflexão máxima na viga real corresponde ao momento M'. Logo,

$$(\curvearrowleft +\Sigma M = 0; \quad \frac{45}{EI}(6{,}71) - \left[\frac{1}{2}\left(\frac{2(6{,}71)}{EI}\right)6{,}71\right]\frac{1}{3}(6{,}71) + M' = 0$$

$$\Delta_{max} = M' = -\frac{201{,}2 \text{ kN} \cdot \text{m}^3}{EI}$$

$$= \frac{-201{,}2 \text{ kN} \cdot \text{m}^3}{[200(10^6) \text{ kN/m}^2][60(10^6) \text{ mm}^4(1 \text{ m}^4/(10^3)^4 \text{ mm}^4)]}$$

$$= -0{,}0168 \text{ m} = -16{,}8 \text{ mm} \qquad \text{(Resposta)}$$

O sinal negativo indica que a deflexão é para baixo.

Exemplo 8.15

A viga mostra na Figura 8.27a é feita de uma viga contínua e reforçada no seu centro com chapas de cobertura onde seu momento de inércia é maior. Os segmentos nas extremidades de 4 m têm um momento de inércia de $I = 270(10^6)$ mm^4, e a porção do centro tem um momento de inércia de $I' = 540(10^6)$ mm^4. Determine a deflexão no centro C. Considere $E = 200$ GPa. As reações foram calculadas.

SOLUÇÃO

Viga conjugada. O diagrama de momento para a viga é determinado primeiro (Figura 8.27b). Tendo em vista que $I' = 2I$, simplificando, podemos expressar a carga sobre a viga conjugada em termos da constante EI, conforme mostrado na Figura 8.27c.

Equilíbrio. As reações na viga conjugada podem ser calculadas pela simetria da carga ou usando as equações de equilíbrio. Os resultados são mostrados na Figura 8.27d. Tendo em vista que a deflexão em C deve ser determinada, temos de calcular o momento interno em C'. Usando o método das seções, o segmento $A'C'$ é isolado e os resultantes das cargas distribuídas e seus locais são determinados (Figura 8.27e). Desse modo,

$$(\curvearrowleft +\Sigma M_{C'} = 0; \quad \frac{620}{EI}(6) - \frac{400}{EI}(3{,}33) - \frac{200}{EI}(1) - \frac{20}{EI}(0{,}67) + M_{C'} = 0$$

$$M_{C'} = -\frac{2\,173 \text{ kN} \cdot \text{m}^3}{EI}$$

Substituindo os dados números para EI e convertendo unidades, temos

$$\Delta_C = M_{C'} = -\frac{2\,173 \text{ kN} \cdot \text{m}^3}{[200(10^6) \text{ kN/m}^2][270(10^6)(10^{-12}) \text{ m}^4]}$$

$$= -0{,}0402 \text{ m} = -40{,}2 \text{ mm} \qquad \text{(Resposta)}$$

O sinal negativo indica que a deflexão é para baixo.

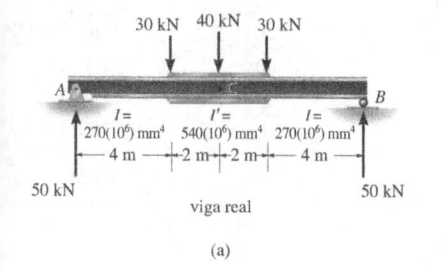

Figura 8.27

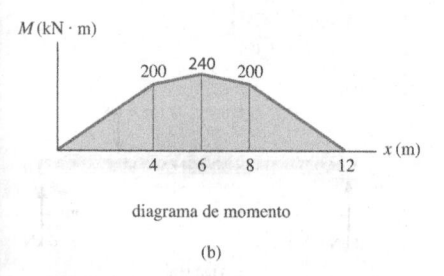

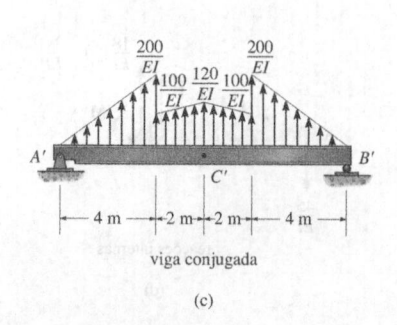

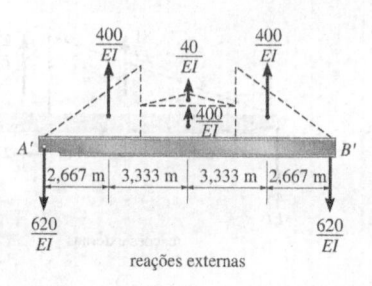

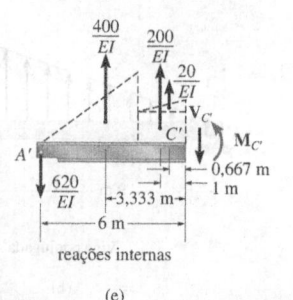

Exemplo 8.16

Determine o deslocamento do pino em B e a inclinação de cada segmento de viga conectado ao pino para a viga composta mostrada na Figura 8.28a. $E = 200$ GPa, $I = 18(10^6)$ mm^4.

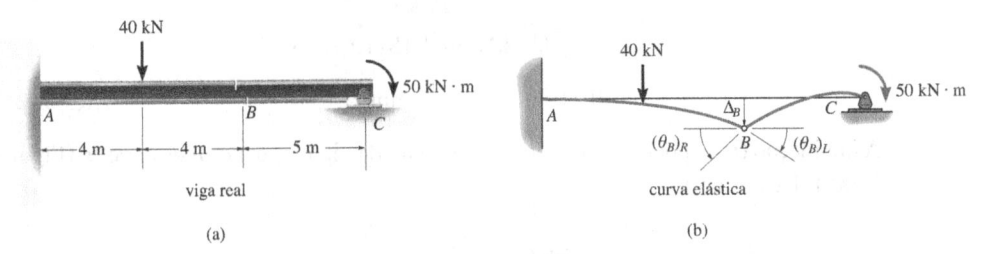

Figura 8.28

SOLUÇÃO

Viga conjugada. A curva elástica para a viga é ilustrada na Figura 8.28b a fim de identificar o deslocamento desconhecido Δ_B e as inclinações $(\theta_B)_L$ e $(\theta_B)_R$ para a esquerda e para a direita do pino. Usando a Tabela 8.2, a viga conjugada é mostrada na Figura 8.28c. Simplificando o cálculo, o diagrama M/EI foi traçado em *partes* usando o princípio da superposição como descrito na Seção 4.5. Neste sentido, a viga real é vista como engastada a partir do suporte esquerdo, A. Os diagramas de momento para a carga de 40 kN, a força reativa $C_y = 10$ kN e a carga de 50 kN · m são dados. Observe que as regiões negativas deste diagrama desenvolvem uma carga distribuída para baixo e regiões positivas têm uma carga distribuída que atua para cima.

Equilíbrio. As reações externas em B' e C' são calculadas primeiro e os resultados indicados na Figura 8.28d. A fim de determinar $(\theta_B)_R$, a viga conjugada é secionada logo à *direita* de B' e a força cortante $(V_{B'})_R$ é calculada, Figura 8.28e. Desse modo,

$$+\uparrow \Sigma F_y = 0; \quad (V_{B'})_R + \frac{125}{EI} - \frac{250}{EI} - \frac{2}{EI} = 0$$

$$(\theta_B)_R = (V_{B'})_R = \frac{127 \text{ kN} \cdot \text{m}^2}{EI}$$

$$= \frac{127 \text{ kN} \cdot \text{m}^2}{[200(10^6) \text{ kN/m}^2][18(10^6)(10^{-12}) \text{ m}^4]}$$

$$= 0{,}0353 \text{ rad} \qquad (Resposta)$$

O momento interno em B' produz o deslocamento do pino. Desse modo,

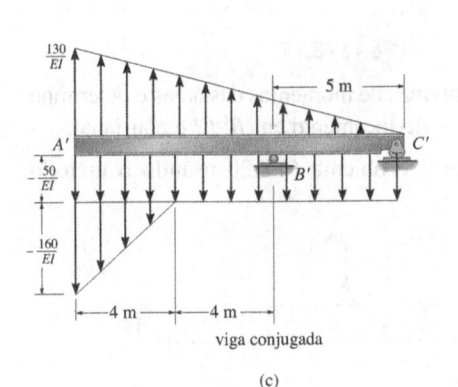

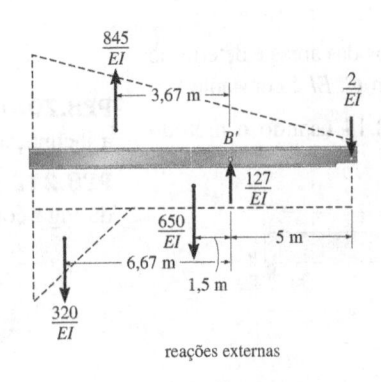

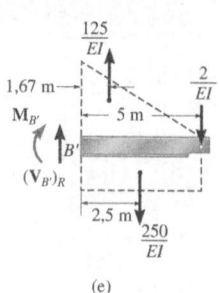

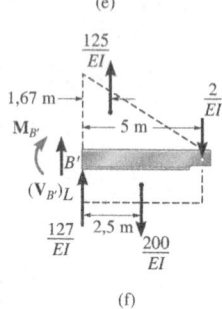

$(+\Sigma M_{B'} = 0;$ $-M_{B'} + \dfrac{125}{EI}(1{,}67) - \dfrac{250}{EI}(2{,}5) - \dfrac{2}{EI}(5) = 0$

$$\Delta_B = M_{B'} = -\dfrac{427\ \text{kN} \cdot \text{m}^3}{EI}$$

$$= \dfrac{-427\ \text{kN} \cdot \text{m}^3}{[200(10^6)\ \text{kN/m}^2][18(10^6)(10^{-12})\ \text{m}^4]}$$

$$= -0{,}119\ \text{m} = -119\ \text{mm} \qquad (Resposta)$$

A inclinação $(\theta_B)_L$ pode ser encontrada da seção da viga logo à *esquerda* de B' (Figura 8.28f). Desse modo,

$+\uparrow\Sigma F_y = 0;\qquad (V_{B'})_L + \dfrac{127}{EI} + \dfrac{125}{EI} - \dfrac{250}{EI} - \dfrac{2}{EI} = 0$

$$(\theta_B)_L = (V_{B'})_L = 0 \qquad (Resposta)$$

Obviamente, $\Delta_B = M_{B'}$ para este segmento é a *mesma* previamente calculada, tendo em vista que os braços do momento são apenas ligeiramente diferentes nas figuras 8.28e e 8.28f.

Problemas fundamentais

PF8.10. Use os teoremas de momentos das áreas e determine a inclinação em A e a deflexão em A. EI é constante.

PF8.11. Solucione o Problema PF8.10 usando o método da viga conjugada.

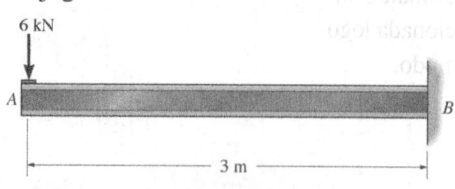

PF8.10/8.11

PF8.12. Use os teoremas de momentos das áreas e determine a inclinação em B e a deflexão em B. EI é constante.

PF8.13. Solucione o Problema PF8.12 usando o método da viga conjugada.

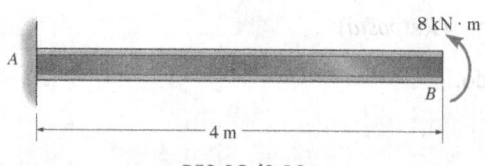

PF8.12/8.13

PF8.14. Use os teoremas de momentos das áreas e determine a inclinação em A e o deslocamento em C. EI é constante.

PF8.15. Solucione o Problema PF8.14 usando o método da viga conjugada.

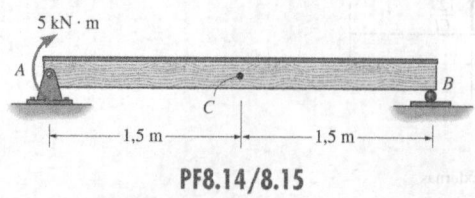

PF8.14/8.15

PF8.16. Use os teoremas de momentos das áreas e determine a inclinação em A e o deslocamento em C. EI é constante.

PF8.17. Solucione o Problema PF8.16 usando o método da viga conjugada.

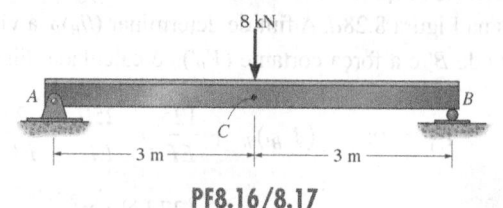

PF8.16/8.17

PF8.18. Use os teoremas de momentos das áreas e determine a inclinação em A e o deslocamento em C. EI é constante.

PF8.19. Solucione o Problema PF8.18 usando o método da viga conjugada.

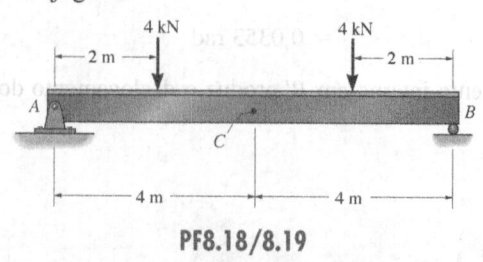

PF8.18/8.19

PF8.20. Use os teoremas de momentos das áreas e determine a inclinação em B e o deslocamento em B. EI é constante.

PF8.21. Solucione o Problema PF8.20 usando o método da viga conjugada.

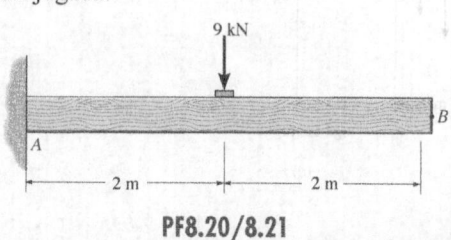

PF8.20/8.21

Problemas

P8.10. Determine a inclinação em B e o deslocamento máximo da viga. Use os teoremas de momentos das áreas. Considere $E = 200$ GPa, $I = 200(10^6)$ mm^4.

P8.11. Solucione o Problema P8.10 usando o método da viga conjugada.

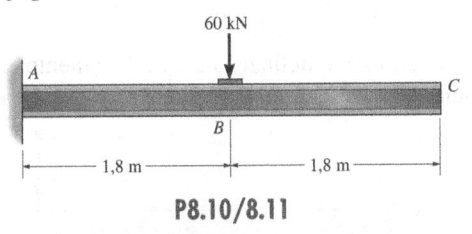

P8.10/8.11

*P8.12. Determine a inclinação e deslocamento em C. EI é constante. Use os teoremas de momentos das áreas.

P8.13. Solucione o Problema P8.12 usando o método da viga conjugada.

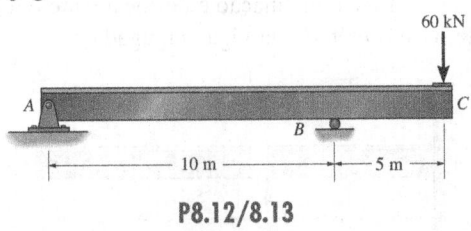

P8.12/8.13

P8.14. Determine o valor de a de maneira que a inclinação em A seja igual a zero. EI é constante. Use os teoremas de momentos das áreas.

P8.15. Solucione o Problema P8.14 usando o método da viga conjugada.

*P8.16. Determine o valor de a de maneira que o deslocamento em C seja igual a zero. EI é constante. Use os teoremas de momentos das áreas.

P8.17. Solucione o Problema P8.16 usando o método da viga conjugada.

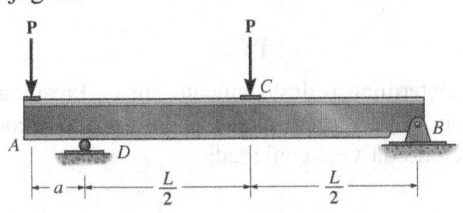

P8.14/8.15/8.16/8.17

P8.18. Determine a inclinação e o deslocamento em C. EI é constante. Use os teoremas de momentos das áreas.

P8.19. Solucione o Problema P8.18 usando o método da viga conjugada.

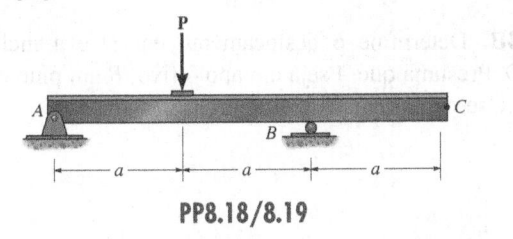

PP8.18/8.19

*P8.20. Determine a inclinação e o deslocamento na extremidade C da viga. $E = 200$ GPa, $I = 70(10^6)$ mm^4. Use os teoremas de momentos das áreas.

P8.21. Solucione o Problema P8.20 usando o método da viga conjugada.

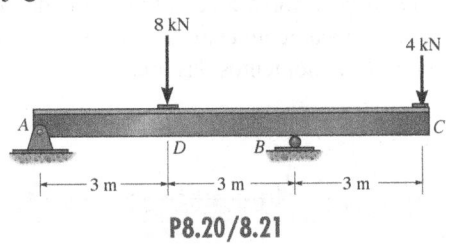

P8.20/8.21

P8.22. Em qual distância a os mancais em A e B devem ser colocados de maneira que o deslocamento no centro do eixo seja igual à deflexão nas suas extremidades? Os apoios exercem somente reações verticais no eixo. EI é constante. Use os teoremas de momentos das áreas.

P8.23. Solucione o Problema P8.22 usando o método da viga conjugada.

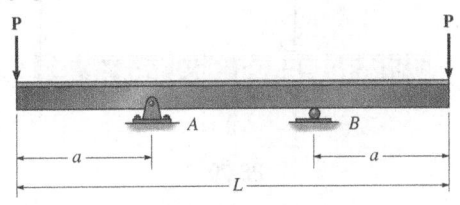

P8.22/8.23

*P8.24. Determine o deslocamento em C e a inclinação em B. EI é constante. Use os teoremas de momentos das áreas.

P8.25. Solucione o Problema P8.24 usando o método da viga conjugada.

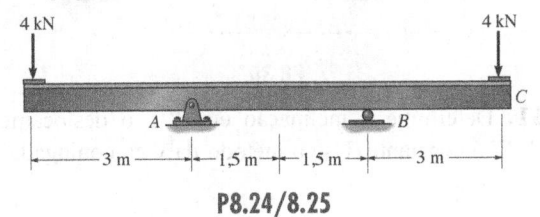

P8.24/8.25

P8.26. Determine o deslocamento em C e a inclinação em B. EI é constante. Use os teoremas de momentos das áreas.

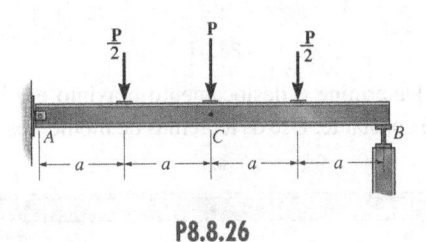

P8.8.26

P8.27. Determine o deslocamento em C e a inclinação em B. EI é constante. Use o método da viga conjugada.

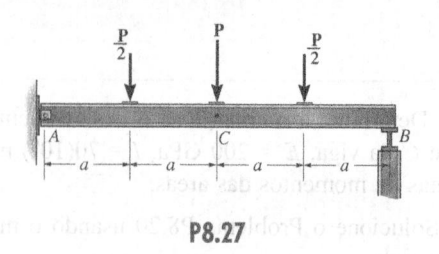

P8.27

P8.28. Determine a força **F** na extremidade da viga C de maneira que o deslocamento em C seja zero. EI é constante. Use os teoremas de momentos das áreas.

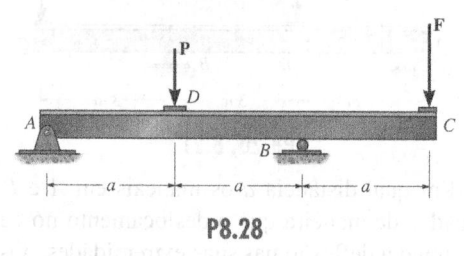

P8.28

P8.29. Determine a força **F** na extremidade da viga C de maneira que o deslocamento em C seja zero. EI é constante. Use o método da viga conjugada.

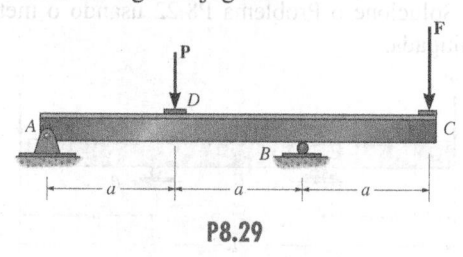

P8.29

P8.30. Determine a inclinação em B e o deslocamento em C. EI é constante. Use os teoremas de momentos das áreas.

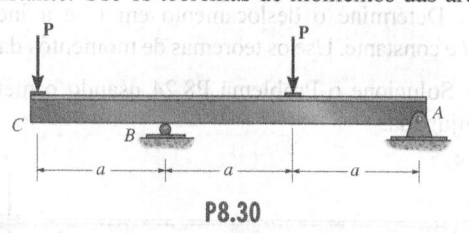

P8.30

P8.31. Determine a inclinação em B e o deslocamento em C. EI é constante. Use o método da viga conjugada.

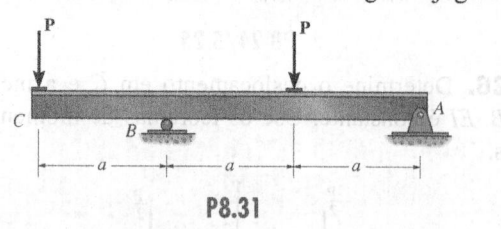

P8.31

P8.32. Determine o deslocamento máximo e a inclinação em A. EI é constante. Use os teoremas de momentos das áreas.

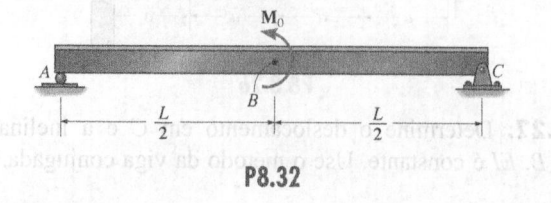

P8.32

P8.33. Determine o deslocamento máximo em B e a inclinação em A. EI é constante. Use o método da viga conjugada.

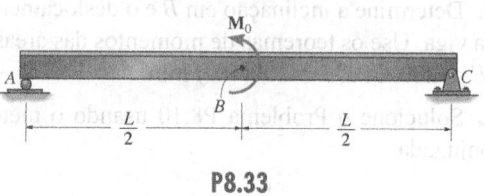

P8.33

P8.34. Determine a inclinação e o deslocamento em C. EI é constante. Use os teoremas de momentos das áreas.

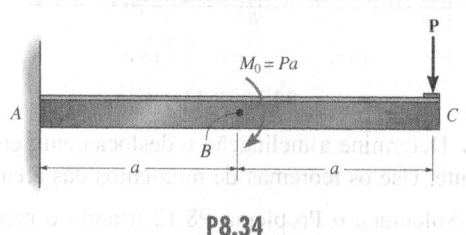

P8.34

P8.35. Determine a inclinação e deslocamento em C. EI é constante. Use o método da viga conjugada.

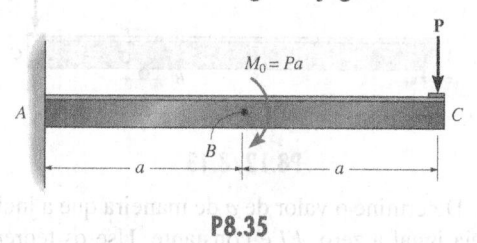

P8.35

P8.36. Determine o deslocamento em C. Presuma que A seja um apoio fixo, B um pino e D um rolo. EI é constante. Use os teoremas de momentos das áreas.

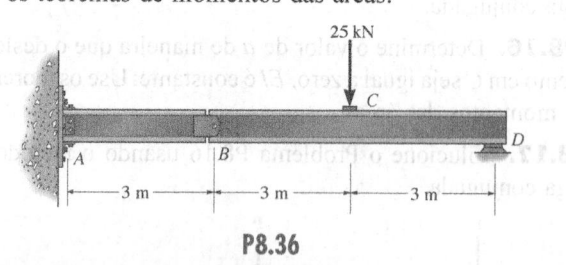

P8.36

P8.37. Determine o deslocamento em C. Presuma que A seja um apoio fixo, B um pino e D um rolo. EI é constante. Use o método da viga conjugada.

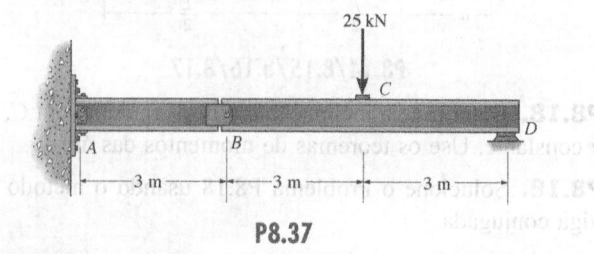

P8.37

P8.38. Determine o deslocamento em D e a inclinação em D. Presuma que A seja um apoio fixo, B um pino e C um rolo. Use os teoremas de momentos das áreas.

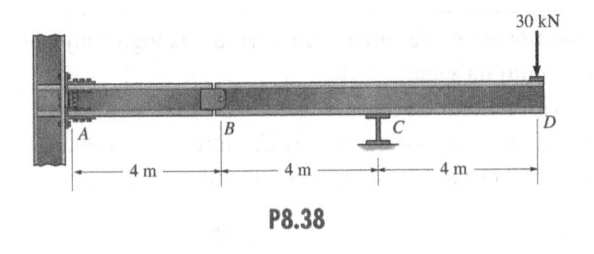

P8.39. Determine o deslocamento em D e a inclinação em D. Presuma que A seja um apoio fixo, B um pino e C um rolo. Use o método da viga conjugada.

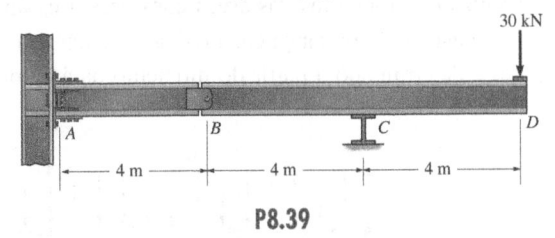

P8.38

P8.39

REVISÃO DO CAPÍTULO

A deflexão de um membro (ou estrutura) sempre pode ser estabelecida desde que o diagrama de momento seja conhecido, pois o momento positivo tenderá a flexionar o membro côncavo para cima e o momento negativo tenderá a flexionar o membro côncavo para baixo. Do mesmo modo, a forma geral do diagrama de momento pode ser determinada se a curva de deflexão for conhecida.

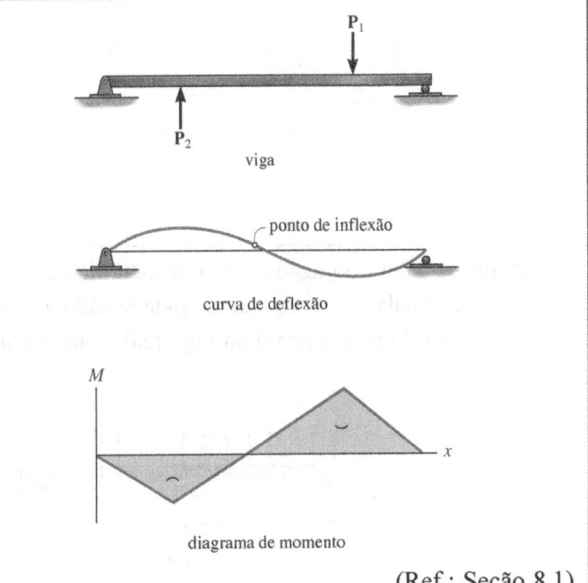

(Ref.: Seção 8.1)

A deflexão de uma viga em razão da flexão pode ser determinada usando a integração dupla da equação.

$$\frac{d^2v}{dx^2} = \frac{M}{EI}$$

Aqui o momento interno M tem de ser expresso como uma função das coordenadas x que se estendem através da viga. As constantes de integração são obtidas das condições de contorno, como a deflexão zero em um pino ou apoio de rolo e deflexão zero e inclinação zero em um apoio fixo. Se várias coordenadas x são necessárias, então a continuidade da inclinação e deflexão tem de ser considerada, onde $x_1 = x_2 = a$, $\theta_1(a) = \theta_2(a)$ e $v_1(a) = v_2(a)$.

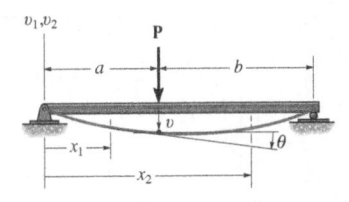

(Ref.: seções 8.2 e 8.3)

Se o diagrama de momento tem uma forma simples, os teoremas de momentos das áreas ou o método da viga conjugada podem ser usados para determinar a deflexão e inclinação em um ponto na viga.

Os teoremas de momentos das áreas consideram os ângulos e desvio vertical entre as tangentes em dois pontos A e B na curva elástica. A mudança em inclinação é encontrada a partir da área sob o diagrama M/EI entre os dois pontos, e o desvio é determinado a partir do momento da área do diagrama M/EI em torno do ponto onde o desvio ocorre.

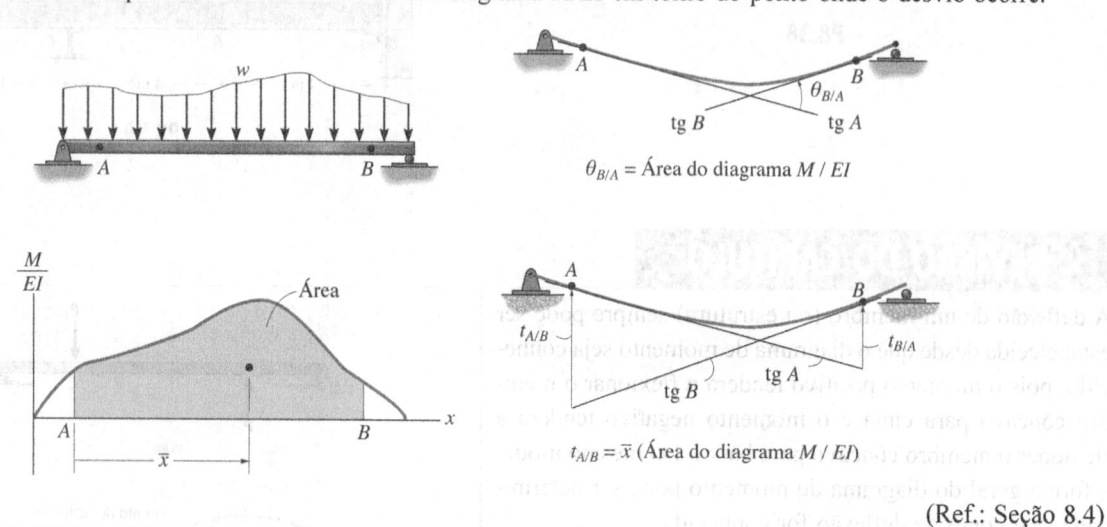

$\theta_{B/A}$ = Área do diagrama M/EI

$t_{A/B} = \bar{x}$ (Área do diagrama M/EI)

(Ref.: Seção 8.4)

O método da viga conjugada é muito metódico e exige a aplicação dos princípios da estática. De maneira bastante simples você estabelece a viga conjugada usando a Tabela 8.2, então considera a carga como o diagrama M/EI. A inclinação (deflexão) em um ponto na viga real é então igual ao cortante (momento) no mesmo ponto na viga conjugada.

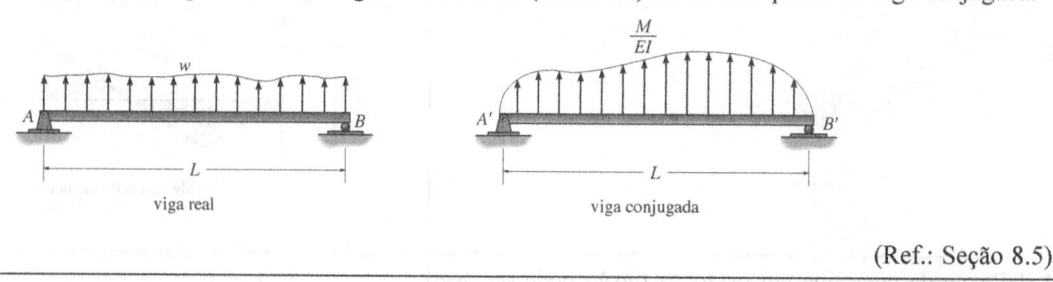

viga real

viga conjugada

(Ref.: Seção 8.5)

O deslocamento nas extremidades do tabuleiro desta ponte pode ser determinado usando métodos de energia à medida que ela é construída.

CAPÍTULO 9

Deflexões usando métodos de energia

Neste capítulo, mostraremos como aplicar métodos de energia para solucionar problemas envolvendo inclinação e deflexão. O capítulo começa com uma discussão do trabalho e energia de deformação, seguido por um desenvolvimento do princípio do trabalho e energia. O método do trabalho virtual e o teorema de Castigliano são então desenvolvidos e usados para determinar os deslocamentos em pontos de treliças, vigas e pórticos.

9.1 Trabalho externo e energia de deformação

Os métodos semigráficos apresentados nos capítulos anteriores são muito efetivos para calcular os deslocamentos e inclinações em pontos nas *vigas* sujeitas a carregamentos bastante simples. Para carregamentos mais complicados ou para estruturas como treliças e pórticos, sugerimos que métodos de energia sejam usados para os cálculos. A maioria dos métodos de energia é baseada no *princípio da conservação de energia*, que afirma que o trabalho realizado por todas as forças externas atuando sobre uma estrutura, U_e, é transformado em trabalho interno ou energia de deformação, U_i, que é desenvolvida quando a estrutura deforma. Se o limite elástico do material não for excedido, a *energia de deformação elástica* retornará a estrutura para seu estado não deformado quando as cargas são removidas. O princípio da conservação de energia pode ser enunciado matematicamente como

$$U_e = U_i \tag{9.1}$$

Entretanto, antes de desenvolver qualquer um dos métodos de energia baseados neste princípio, primeiro determinaremos o trabalho externo e energia de deformação causados por uma força e um momento. As fórmulas a serem apresentadas proporcionarão uma base para compreender os métodos de trabalho e energia que virão a seguir.

Trabalho externo – força. Quando uma força **F** passa por um deslocamento dx na *mesma direção* que a força, o trabalho realizado é $dU_e = F\,dx$. Se o deslocamento total é x, o trabalho torna-se

$$U_e = \int_0^x F\, dx \qquad (9.2)$$

Considere agora o efeito causado por uma força axial aplicada à extremidade de uma barra conforme mostrado na Figura 9.1a. À medida que a magnitude de **F** é *gradualmente* aumentada de zero para algum valor limite $F = P$, o alongamento final da barra torna-se Δ. Se o material tem uma resposta elástica linear, então $F = (P/\Delta)x$. Substituindo na Equação 9.2, e integrando de 0 a Δ, temos

$$U_e = \tfrac{1}{2} P \Delta \qquad (9.3)$$

que representa a *área triangular* sombreada na Figura 9.1a.

Também podemos concluir a partir disso que à medida que uma força é gradualmente aplicada à barra, e sua magnitude cresce linearmente de zero para algum valor P, o trabalho realizado é igual à *magnitude da força média* ($P/2$) vezes o deslocamento (Δ).

Suponha então que **P** já é aplicado à barra e que *outra força* **F'** é aplicada, neste momento, de maneira que a barra deflete mais ainda por um montante Δ' (Figura 9.1b). O trabalho realizado por **P** (não **F'**) quando a barra passa por mais esta deflexão Δ' é então

$$U_e' = P\Delta' \qquad (9.4)$$

Aqui o trabalho representa a *área retangular* sombreada na Figura 9.1b. Neste caso **P** não muda sua magnitude, tendo em vista que Δ' é causado somente por **F'**. Portanto, o trabalho é simplesmente a magnitude da força (P) vezes o deslocamento (Δ').

Resumindo, então, quando uma força **P** é aplicada à barra, seguida pela aplicação da força **F'**, o trabalho total realizado por ambas as forças é representado pela área triangular *ACE* na Figura 9.1b. A área triangular *ABG* representa o trabalho de **P** que é causado pelo deslocamento Δ, a área triangular *BCD* representa o trabalho de **F'** tendo em vista que esta força causa um deslocamento Δ', e por fim, a área retangular sombreada *BDEG* representa o trabalho adicional realizado por **P** quando deslocado Δ' como causado por **F'**.

Trabalho externo-momento. O trabalho de um momento é definido pelo produto da magnitude do momento **M** e o ângulo $d\theta$ através do qual ele gira, isto é, $dU_e = M\, d\theta$ (Figura 9.2). Se o ângulo total da rotação é θ radianos, o trabalho torna-se

$$U_e = \int_0^\theta M\, d\theta \qquad (9.5)$$

Como no caso da força, se o momento é aplicado *gradualmente* a uma estrutura tendo resposta elástica linear de zero a M, o trabalho é então

$$U_e = \tfrac{1}{2} M\theta \qquad (9.6)$$

Entretanto, se o momento já é aplicado à estrutura e outras cargas distorcem mais ainda a estrutura por um montante θ', então **M** gira θ', e o trabalho é

$$U_e' = M\theta' \qquad (9.7)$$

Energia de deformação – força axial. Quando uma força axial **N** é aplicada gradualmente à barra na Figura 9.3, ela vai tracionar o material de tal maneira que o *trabalho externo* realizado por **N** será convertido em *energia de deformação*, que é armazenada na barra (Equação 9.1). Contanto que o material seja *linearmente elástico*, a lei de Hooke é válida, $\sigma = E\epsilon$, e se a barra tem uma área de seção transversal constante A e comprimento L, a tensão normal é $\sigma = N/A$ e a deformação final é $\epsilon = \Delta/L$. Consequentemente, $N/A = E(\Delta/L)$, e a deflexão final é

$$\Delta = \frac{NL}{AE} \qquad (9\text{-}8)$$

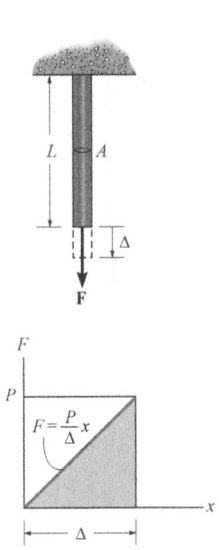

Figura 9.1

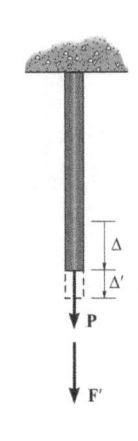

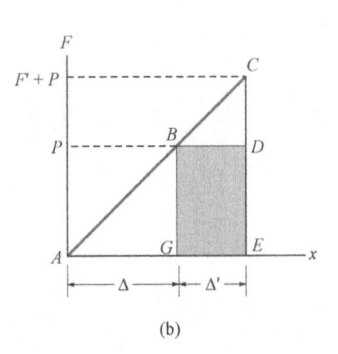

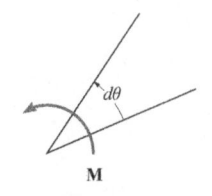

Figura 9.2

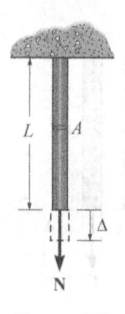

Figura 9.3

Substituindo na Equação 9.3, com $P = N$, a energia de deformação na barra é, portanto,

$$U_i = \frac{N^2 L}{2AE} \qquad (9.9)$$

Energia de deformação – flexão. Considere a viga mostrada na Figura 9.4a, que é deformada pelo carregamento aplicado *gradualmente* **P** e *w*. Essas cargas criam um momento interno **M** na viga em uma seção localizada a uma distância *x* do apoio esquerdo. A rotação resultante do elemento diferencial *dx* (Figura 9.4b) pode ser calculada da Equação 8.2, isto é, $d\theta = (M/EI)\,dx$. Consequentemente, a energia de deformação, ou trabalho armazenado no elemento, é determinada da Equação 9.6 tendo em vista que o momento interno é gradualmente desenvolvido. Logo,

$$dU_i = \frac{M^2\,dx}{2EI} \qquad (9.10)$$

A energia de deformação para a viga é determinada integrando este resultado através do comprimento inteiro da viga *L*. O resultado é

$$U_i = \int_0^L \frac{M^2\,dx}{2EI} \qquad (9.11)$$

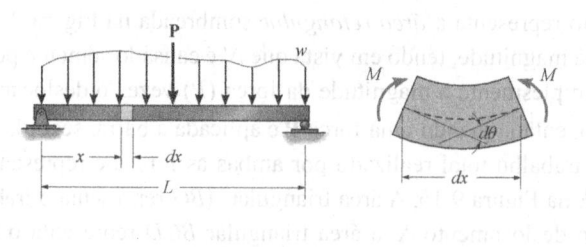

Figura 9.4

9.2 Princípio do trabalho e energia

Agora que o trabalho e a energia de deformação para uma força e um momento foram formulados, ilustraremos como a conservação de energia ou o princípio do trabalho e energia pode ser aplicado para determinar o deslocamento em um ponto em uma estrutura. Para fazer isto, considere calcular o deslocamento Δ no ponto onde a força **P** é aplicada à viga em balanço na Figura 9.5. Da Equação 9.3, o trabalho externo é $U_e = \frac{1}{2} P\Delta$. Para obter a energia de deformação resultante, primeiro temos de determinar o momento interno como uma função da posição *x* na viga e então aplicar a Equação 9.11. Neste caso $M = -Px$, de maneira que

$$U_i = \int_0^L \frac{M^2\,dx}{2EI} = \int_0^L \frac{(-Px)^2\,dx}{2EI} = \frac{1}{6}\frac{P^2 L^3}{EI}$$

Igualando o trabalho externo com a energia de deformação interna e solucionando para o deslocamento desconhecido Δ, temos

$$U_e = U_i$$

$$\frac{1}{2}P\Delta = \frac{1}{6}\frac{P^2 L^3}{EI}$$

$$\Delta = \frac{PL^3}{3EI}$$

Apesar de a solução aqui ser bastante direta, a aplicação deste método é limitada a somente alguns poucos problemas selecionados. Será observado que apenas *uma carga* pode ser aplicada à estrutura, tendo em vista que se mais de uma carga fosse aplicada, haveria um deslocamento desconhecido sob cada carga, e além do mais, é possível se escrever somente *uma* equação de "trabalho" para a viga. Além disso, *apenas o deslocamento sob a força pode ser obtido*, tendo em vista que o trabalho externo depende tanto da força quanto de seu deslocamento correspondente. Uma maneira de driblar essas limitações é usar o método do trabalho virtual ou o teorema de Castigliano, ambos os quais são explicados nas partes a seguir.

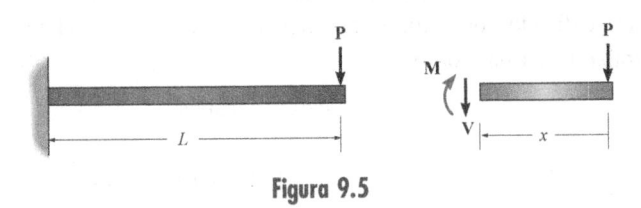

Figura 9.5

9.3 Princípio do trabalho virtual

O princípio do trabalho virtual foi desenvolvido por John Bernoulli em 1717 e é às vezes referido como o método da carga unitária. Ele proporciona um meio geral de se obter o deslocamento e a inclinação em um ponto específico em uma estrutura, seja ela uma viga, pórtico ou treliça.

Antes de desenvolver o princípio do trabalho virtual, é necessário fazer alguns enunciados gerais relativos ao princípio do trabalho e energia, que foi discutido na parte anterior. Se tomarmos uma estrutura deformável de qualquer forma ou tamanho e aplicarmos uma série de *cargas externas* **P** a ela, isto vai provocar cargas *internas* **u** em pontos através da estrutura. *É necessário que as cargas externas e internas sejam relacionadas pelas equações de equilíbrio.* Como consequência destas cargas, deslocamentos externos Δ ocorrerão nas cargas **P** e deslocamentos internos δ ocorrerão em cada ponto da carga interna **u**. Em geral, *esses deslocamentos não precisam ser elásticos*, e eles podem não ser relacionados às cargas; entretanto, *os deslocamentos externos e internos têm de ser relacionados pela compatibilidade dos deslocamentos*. Em outras palavras, se os deslocamentos externos são conhecidos, os deslocamentos internos correspondentes são definidos unicamente. Em geral, então, o princípio do trabalho e energia enuncia:

$$\begin{array}{ccc} \Sigma P\Delta & = & \Sigma u\delta \\ \text{Trabalho das} & & \text{Trabalho das} \\ \text{Cargas Externas} & & \text{Cargas Internas} \end{array} \quad (9.12)$$

Baseado neste conceito, o princípio do trabalho virtual será desenvolvido agora. Para fazer isto, consideraremos a estrutura (ou corpo) uma forma arbitrária conforme mostrado na Figura 9.6.* Suponha que seja necessário determinar o deslocamento Δ do ponto *A* no corpo causado pelas "cargas reais" **P**₁, **P**₂ e **P**₃. Deve ser compreendido que essas cargas não causam movimento dos apoios; em geral, entretanto, elas podem tensionar o material *além do limite elástico*. Tendo em vista que nenhuma carga externa atua sobre o corpo em *A* e na direção de Δ, o deslocamento Δ pode ser determinado *primeiro* colocando sobre o corpo uma *carga "virtual"* de tal maneira que esta força **P'** atue na *mesma direção* que Δ (Figura 9.6a). Por conveniência, que ficará evidente mais tarde, decidiremos que **P'** tenha uma magnitude "unitária", isto é, *P'* = 1. O termo "virtual" é usado para descrever a carga, tendo em vista que *ele é*

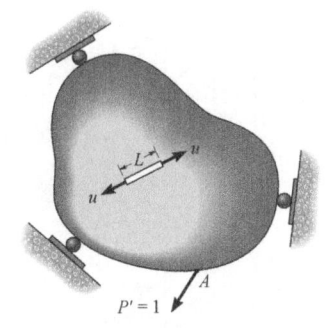

Aplicar carga virtual *P'* = 1

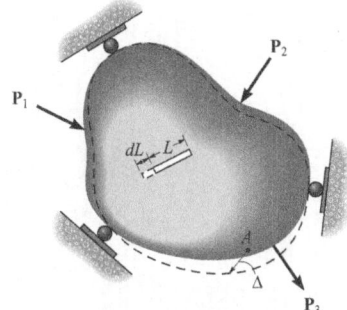

(a)

Aplicar cargas reais **P**₁, **P**₂, **P**₃

(b)

Figura 9.6

---

* Esta forma arbitrária representará posteriormente uma treliça, viga ou pórtico específicos.

imaginário e não existe na realidade como parte da carga real. A carga unitária (**P'**) cria, entretanto, uma carga virtual interna **u** em um elemento representativo ou fibra do corpo, conforme mostrado na Figura 9-6a. Aqui é necessário que **P'** e **u** sejam relacionados pelas equações de equilíbrio.*

Assim que as cargas virtuais forem aplicadas, *então* o corpo é sujeito às *cargas reais* P_1, P_2 e P_3, Figura 9.6b. O ponto A será deslocado um montante Δ, fazendo com que o elemento deforme um montante dL. Como resultado, a força virtual externa **P'** e carga virtual interna **u** "seguem junto" por Δ e dL, respectivamente, e, portanto, realizam *trabalho virtual externo* de $1 \cdot \Delta$ sobre o corpo e trabalho virtual interno de $u \cdot dL$ sobre o elemento. Percebendo que o trabalho virtual externo é igual ao trabalho virtual interno realizado sobre todos os elementos do corpo, podemos escrever a equação de trabalho virtual como

$$1 \cdot \Delta = \Sigma u \cdot dL \quad \text{(cargas virtuais / deslocamentos reais)} \tag{9.13}$$

onde

$P' = 1$ = carga unitária virtual externa atuando na direção de Δ.

u = carga virtual interna atuando sobre o elemento na direção de dL.

Δ = deslocamentos externos causados pelas cargas reais.

dL = deformação interna do elemento causada pelas cargas reais.

Ao escolher $P' = 1$, podemos ver que a solução para Δ segue diretamente, tendo em vista que $\Delta = \Sigma u\, dL$.

De maneira similar, se o deslocamento rotacional ou inclinação da tangente em um ponto na estrutura deve ser determinado, um *momento binário* virtual **M'** tendo uma magnitude "unitária" é aplicado ao ponto. Como consequência, este momento binário causa uma carga virtual u_θ em um dos elementos do corpo. Presumindo que as cargas reais deformam o elemento um montante dL, a rotação θ pode ser calculada a partir da equação de trabalho virtual

$$1 \cdot \theta = \Sigma u_\theta \cdot dL \quad \text{(cargas virtuais / deslocamentos reais)} \tag{9.14}$$

onde

$M' = 1$ = momento binário unitário virtual externo atuando na direção de θ.

u_θ = carga virtual interna atuando sobre um elemento na direção de dL.

θ = deslocamento rotacional externo ou inclinação em radianos causado pelas cargas reais.

dL = deformação interna do elemento causada pelas cargas reais.

Este método para aplicar o princípio do trabalho virtual é seguidamente referido como o *método das forças virtuais*, tendo em vista que uma força virtual é aplicada, resultando no cálculo de um *deslocamento real*. A equação do trabalho virtual neste caso representa uma *exigência de compatibilidade* para a estrutura. Apesar de não ser importante aqui, perceba que também podemos aplicar o princípio do trabalho virtual como um *método de deslocamentos virtuais*. Nesse caso, deslocamentos virtuais são impostos sobre a estrutura enquanto a mesma é sujeita a *cargas reais*. Este método pode ser usado para se determinar uma força *sobre* ou *em* uma estrutura,** de maneira que a equação do trabalho virtual é então expressa como uma *exigência de equilíbrio*.

---

* Apesar do fato de que estas cargas causarão deslocamentos virtuais, não nos preocuparemos com suas magnitudes.

** Ele foi usado desta maneira na Seção 6.3 em relação ao princípio de Müller-Breslau.

9.4 Método de trabalho virtual: treliças

Podemos usar o método do trabalho virtual para determinar o deslocamento de um nó da treliça quando a treliça for sujeita a uma carga externa, mudança de temperatura, ou erros de fabricação. Cada uma dessas situações será discutida agora.

Carga externa. A fim de explicar a questão, vamos considerar o deslocamento vertical Δ do nó B da treliça na Figura 9.7a. Aqui um elemento típico da treliça seria um de seus *membros* com um comprimento de L (Figura 9.7b). Se as cargas aplicadas P_1 e P_2 causam uma *resposta material elástica linear*, então este elemento deforma um montante $\Delta L = NL/AE$, onde N é a força axial ou normal no membro, causada pelas cargas. Aplicando a Equação 9.13, a equação de trabalho virtual para a treliça é, portanto,

$$1 \cdot \Delta = \sum \frac{nNL}{AE} \qquad (9.15)$$

onde

1 = carga unitária virtual externa atuando sobre o nó da treliça na direção estabelecida de Δ.

n = força normal virtual interna em um membro da treliça causada pela carga unitária virtual externa.

Δ = deslocamento do nó externo causado pelas cargas reais sobre a treliça.

N = força normal interna em um membro da treliça causada pelas cargas reais.

L = comprimento de um membro.

A = área da seção transversal de um membro.

E = módulo de elasticidade de um membro.

A fórmula desta equação segue naturalmente do desenvolvimento na Seção 9.3. Aqui a carga unitária virtual externa cria forças virtuais internas **n** em cada um dos membros das treliças. As cargas reais então fazem com que o nó da treliça seja deslocado Δ na mesma direção que a carga unitária virtual, e cada membro seja deslocado NL/AE na mesma direção que a sua força **n** respectiva. Consequentemente, o trabalho virtual externo Δ se iguala ao trabalho virtual interno ou a energia de deformação (virtual) interna armazenada em *todos* os membros da treliça, isto é, $\Sigma nNL/AE$.

Temperatura. Em alguns casos, membros de treliças podem mudar seu comprimento em razão da temperatura. Se α é o coeficiente de expansão térmica para um membro e ΔT é a mudança na sua temperatura, a mudança em comprimento de um membro é $\Delta L = \alpha \Delta T L$. Logo, podemos determinar o deslocamento do nó de uma treliça selecionada em razão da sua mudança de temperatura da Equação 9.13, escrita como

$$1 \cdot \Delta = \Sigma n \alpha \Delta T L \qquad (9.16)$$

onde

1 = carga unitária virtual externa atuando sobre o nó da treliça na direção estabelecida de Δ.

n = força normal virtual interna em um membro da treliça causada pela carga unitária virtual externa.

Δ = deslocamento do nó externo causado pela mudança de temperatura.

α = coeficiente de expansão térmica do membro.

ΔT = mudança na temperatura do membro.

L = comprimento do membro.

Erros de fabricação e contraflecha. Ocasionalmente, erros na fabricação dos comprimentos dos membros de uma treliça podem ocorrer. Também, em alguns casos,

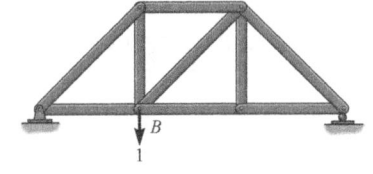

Aplicar carga unitária virtual a B
(a)

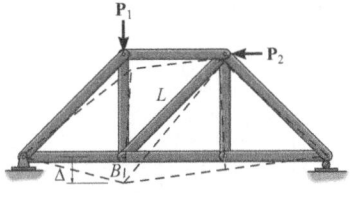

Aplicar cargas reais P_1, P_2
(b)

Figura 9.7

membros das treliças têm de ser feitos ligeiramente mais longos ou mais curtos a fim de dar à treliça uma contraflecha. A contraflecha é frequentemente incorporada em uma treliça de ponte de maneira que a corda inferior se curvará para cima um montante equivalente à deflexão para baixo da corda, quando sujeita à carga permanente inteira da ponte. Se um membro da treliça é mais curto ou mais longo do que o intencionado, o deslocamento de um nó da treliça da sua posição esperada pode ser determinado a partir da aplicação direta da Equação 9.13, escrita como

$$1 \cdot \Delta = \Sigma n\, \Delta L \qquad (9.17)$$

onde

$1 =$ carga unitária virtual externa atuando sobre o nó da treliça na direção estabelecida de Δ.

$n =$ força normal virtual interna em um membro da treliça causada pela carga unitária virtual externa.

$\Delta =$ deslocamento do nó externa causado por erros de fabricação.

$\Delta L =$ diferença em comprimento do membro do seu tamanho intencionado como causada por um erro de fabricação.

Uma combinação dos lados direitos das Equações 9.15 a 9.17 será necessária caso ambas as cargas externas atuem sobre a treliça e alguns dos membros passem por uma mudança térmica ou tenham sido fabricados com as dimensões erradas.

Procedimento para análise

O procedimento a seguir pode ser usado para determinar um deslocamento específico de qualquer nó em uma treliça usando o método do trabalho virtual.

Forças virtuais n

- Coloque a carga unitária sobre a treliça no nó onde o deslocamento desejado deve ser determinado. A carga deve estar na mesma direção que o deslocamento especificado, por exemplo, horizontal ou vertical.

- Com a carga unitária colocada dessa maneira, e todas as cargas reais *removidas* da treliça, use o método dos nós ou o método das seções e calcule a força **n** interna em cada membro da treliça. Presuma que as forças de tração sejam positivas e as forças de compressão negativas.

Forças reais N

- Use o método das seções ou o método dos nós para determinar a força **N** em cada membro. Essas forças são causadas apenas pelas cargas reais atuando sobre a treliça. Novamente, presuma que as forças de tração sejam positivas e as de compressão negativas.

Equação do trabalho virtual

- Aplique a equação do trabalho virtual para determinar o deslocamento desejado. É importante reter o sinal algébrico para cada uma das forças **n** e **N** correspondentes ao substituir esses termos na equação.

- Se a soma resultante $\Sigma nNL/AE$ é positiva, o deslocamento Δ é na mesma direção que a carga unitária. Se um valor negativo resultar, Δ é oposto em relação à carga unitária.

- Quando aplicando $1 \cdot \Delta = \Sigma n\alpha\, \Delta TL$, perceba que se qualquer um dos membros passar por um *aumento de temperatura*, ΔT será *positivo*, enquanto uma *diminuição na temperatura* resulta em um valor *negativo* para ΔT.

- Para $1 \cdot \Delta = \Sigma n\, \Delta L$, quando um erro de fabricação *aumenta o comprimento* de um membro, ΔL é *positivo*, já se há uma *redução em comprimento* ele é *negativo*.
- Ao aplicar qualquer fórmula, devemos prestar atenção às unidades de cada quantidade numérica. Em particular, para a carga unitária virtual pode ser designada qualquer unidade arbitrária (N, kN etc.), tendo em vista que forças **n** terão as *mesmas unidades*, e como resultado as unidades tanto para a carga unitária virtual quanto para as forças **n** serão canceladas consequentemente ambos os lados da equação.

Exemplo 9.1

Determine o deslocamento vertical do nó C da treliça de aço mostrada na Figura 9.8a. A área de seção transversal de cada membro é $A = 300$ mm² e $E = 200$ GPa.

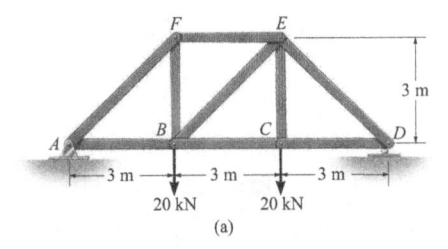

SOLUÇÃO

Forças virtuais n. Apenas uma carga de 1 kN vertical é colocada no nó C, e a força em cada membro é calculada usando o método dos nós. Os resultados são mostrados na Figura 9.8b. Números positivos indicam forças de tração e números negativos indicam forças de compressão.

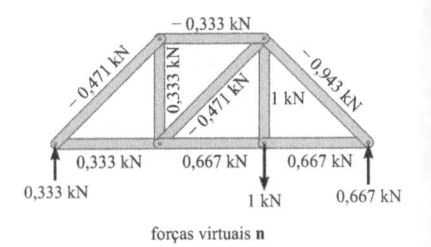

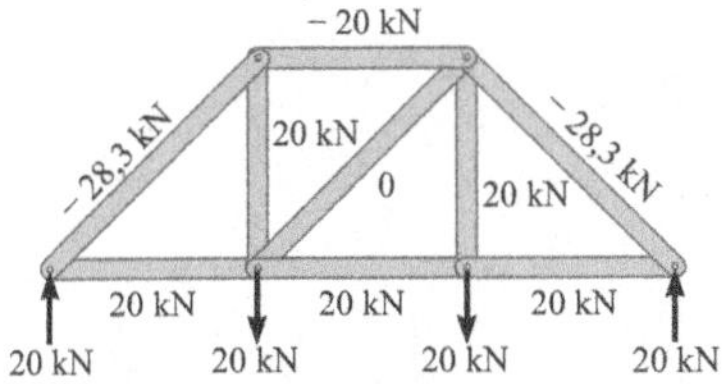

Forças reais N. As forças reais nos membros são calculadas usando o método dos nós. Os resultados são mostrados na Figura 9.8c.

Equação do trabalho virtual. Arranjando os dados em forma tabular, temos

Membro	n (kN)	N (kN)	L (m)	nNL (kN²·m)
AB	0,333	20	3	20
BC	0,667	20	3	40
CD	0,667	20	3	40
DE	−0,943	−28,3	4,24	113
FE	−0,333	−20	3	20
EB	−0,471	0	4,24	0
BF	0,333	20	3	20
AF	−0,471	−28,3	4,24	56,6
CE	1	20	3	60
				Σ369,6

Figura 9.8

Desse modo $1 \text{ kN} \cdot \Delta_{C_v} = \sum \dfrac{nNL}{AE} = \dfrac{369,6 \text{ kN}^2 \cdot \text{m}}{AE}$

Substituindo os valores numéricos para A e E, temos

$$1 \text{ kN} \cdot \Delta_{C_v} = \frac{369{,}6 \text{ kN}^2 \cdot \text{m}}{[300(10^{-6}) \text{ m}^2][200(10^6) \text{ kN/m}^2]}$$

$$\Delta_{C_v} = 0{,}00616 \text{ m} = 6{,}16 \text{ mm} \qquad (Resposta)$$

Exemplo 9.2

A área de seção transversal de cada membro da treliça mostrada na Figura 9.9a é $A = 400$ mm² e $E = 200$ GPa. (a) Determine o deslocamento virtual do nó C se uma força de 4 kN for aplicada à treliça em C. (b) Se nenhuma carga atuar sobre a treliça, qual seria o deslocamento vertical do nó C se o membro AB fosse 5 mm mais curto?

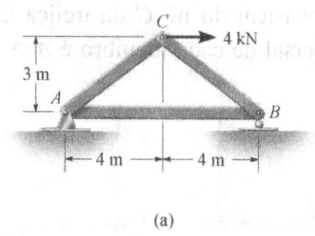

Figura 9.9

SOLUÇÃO

Parte (a)

Forças virtuais n. Tendo em vista que o *deslocamento vertical* do nó C deve ser determinado, uma força virtual de 1 kN é aplicada em C na direção vertical. As unidades desta força são as *mesmas* que aquelas da carga real. As reações de apoio em A e B são calculadas e a força **n** em cada membro é determinada pelo método dos nós conforme mostrado nos diagramas de corpo livre dos nós A e B (Figura 9.9b).

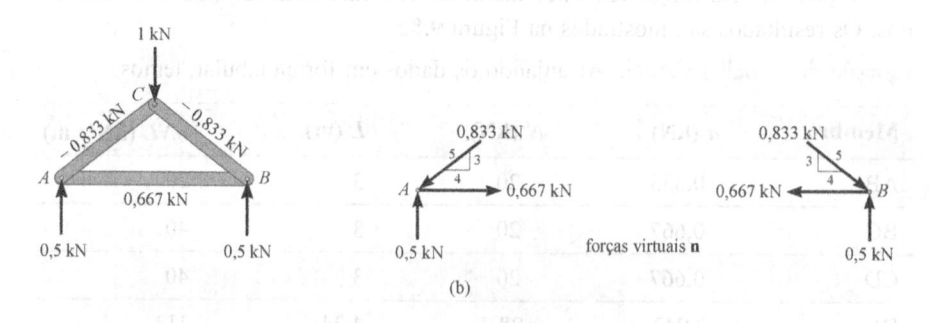

Forças reais N. A análise dos nós de A e B quando a carga real de 4 kN é aplicada à treliça é dada na Figura 9.9c.

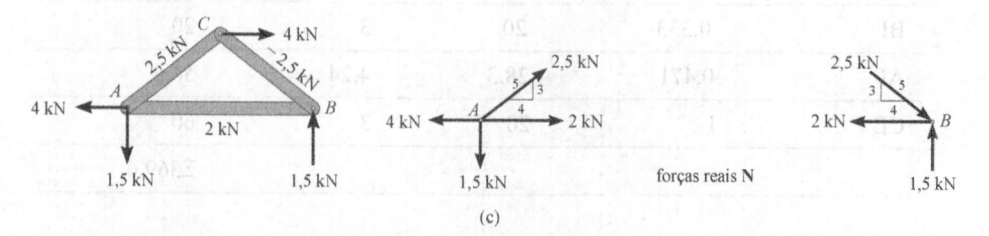

Equação de trabalho virtual. Tendo em vista que AE é constante, cada um dos termos nNL pode ser arranjado em forma tabular e calculado. Aqui números positivos indicam forças de tração e números negativos indicam forças de compressão.

Membro	n (kN)	N (kN)	L (m)	nNL (kN²·m)
AB	0,667	2	8	10,67
AC	−0,833	2,5	5	−10,41
CB	−0,833	−2,5	5	10,41
				Σ13,67

Desse modo,

$$1\text{ kN} \cdot \Delta_{C_v} = \sum \frac{nNL}{AE} = \frac{10{,}67 \text{ kN}^2 \cdot \text{m}}{AE}$$

Substituindo os valores $A = 400$ mm² $= 400\,(10^{-6})$ m², $E = 200$ GPa $= 200(10^6)$ kN/m², temos

$$1\text{ kN} \cdot \Delta_{C_v} = \frac{10{,}67 \text{ kN}^2 \cdot \text{m}}{400\,(10^{-6})\text{ m}^2 (200\,(10^6)\text{ kN/m}^2)}$$

$$\Delta_{C_v} = 0{,}000133 \text{ m} = 0{,}133 \text{ mm} \qquad (Resposta)$$

Parte (b). Aqui temos de aplicar a Equação 9.17. Tendo em vista que o deslocamento vertical de C deve ser determinado, podemos usar os resultados da Figura 9.7b. Somente o membro AB passa por uma mudança em comprimento, a saber, $\Delta L = -0{,}005$ m. Desse modo,

$$1 \cdot \Delta = \Sigma n\, \Delta L$$
$$1\text{ kN} \cdot \Delta_{C_v} = (0{,}667\text{ kN})(-0{,}005\text{ m})$$

$$\Delta_{C_v} = -0{,}00333 \text{ m} = -3{,}33 \text{ mm} \qquad (Resposta)$$

O sinal negativo indica que o nó C é deslocado *para cima*, no sentido oposto da carga vertical de 1 kN. Observe que se a carga de 4 kN e o erro de fabricação forem ambos levados em consideração, o deslocamento resultante é então $\Delta_{Cv} = 0{,}133 - 3{,}33 = -3{,}20$ mm (para cima).

Exemplo 9.3

Determine o deslocamento vertical do nó C da treliça de aço mostrada na Figura 9.10a. Por causa da irradiação de calor da parede, o membro AD é sujeito a um *aumento* na temperatura de $\Delta T = +60°C$. Considere $\alpha = 1{,}08(10^{-5})/°C$ e $E = 200$ GPa. A área da seção transversal de cada membro é indicada na figura.

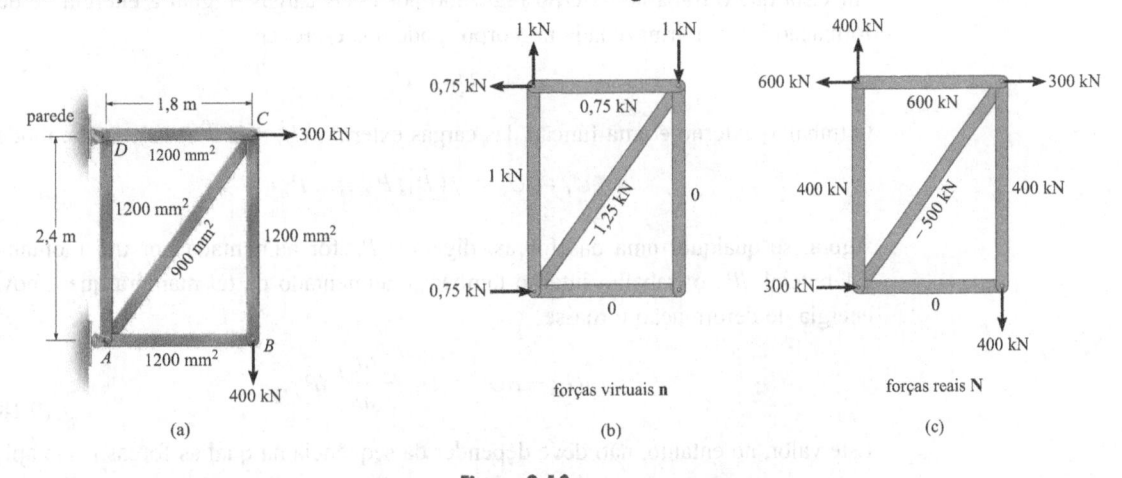

Figura 9.10

SOLUÇÃO

Forças virtuais n. Uma carga de 1 kN vertical é aplicada à treliça no nó C, e as forças nos membros são calculadas (Figura 9.10b).

Forças reais N. Tendo em vista que as forças **n** nos membros AB e BC são *zero*, as forças **N** nesses membros *não* precisam ser calculadas. Por quê? Como conclusão, no entanto, a análise de força real completa é mostrada na Figura 9.10c.

Equação do trabalho virtual. Tanto as cargas quanto a temperatura afetam a deformação; portanto, as Equações 9.15 e 9.16 são combinadas. Trabalhando em unidades de *kips* e polegadas, temos

$$1 \cdot \Delta_{C_v} = \sum \frac{nNL}{AE} + \sum n\alpha \, \Delta T \, L$$

$$= \frac{(0{,}75)(600)(1{,}8)}{1200(10^{-6})[200(10^6)]} + \frac{(1)(400)(2{,}4)}{1200(10^{-6})[200(10^6)]}$$

$$+ \frac{(-1{,}25)(-500)(3)}{900(10^{-6})[200(10^6)]} + (1)[1{,}08(10^{-5})](60)(2{,}4)$$

$$\Delta_{C_v} = 0{,}00193 \text{ m} = 19{,}3 \text{ mm} \qquad \qquad (Resposta)$$

9.5 Teorema de Castigliano

Em 1879, Alberto Castigliano, um engenheiro ferroviário italiano, publicou um livro no qual ele delineou um método para determinar a deflexão ou inclinação em um ponto em uma estrutura, seja ela uma treliça, viga ou pórtico. Esse método, que é chamado de *segundo teorema de Castigliano*, ou o *método do trabalho mínimo*, aplica-se somente a estruturas que têm temperatura constante, apoios sem recalques, e resposta do material *elástica linear*. Se o deslocamento de um ponto vai ser determinado, o teorema enuncia que ele é igual à primeira derivada parcial da energia de deformação na estrutura em relação a uma força atuando no ponto e na direção do deslocamento. De maneira similar, a inclinação em um ponto em uma estrutura é igual à primeira derivada parcial da energia de deformação na estrutura em relação a um momento binário atuando no ponto e na direção da rotação.

Para derivar o segundo teorema de Castigliano, considere um corpo (estrutura) de qualquer forma arbitrária que é sujeito a uma série de *n* forças $P_1, P_2 \ldots P_n$. Tendo em vista que o trabalho externo realizado por essas cargas é igual à energia de deformação interna armazenada no corpo, podemos escrever

$$U_i = U_e$$

O trabalho externo é uma função das cargas externas ($U_e = \sum \int P \, dx$). Desse modo,

$$U_i = U_e = f(P_1, P_2, \ldots, P_n)$$

Agora, se qualquer uma das forças, digamos P_i, for aumentada por um montante diferencial dP_i, o trabalho interno também é aumentado de tal maneira que a nova energia de deformação torna-se

$$U_i + dU_i = U_i + \frac{\partial U_i}{\partial P_i} dP_i \qquad (9.18)$$

Este valor, no entanto, não deve depender da sequência na qual as forças *n* são aplicadas ao corpo. Por exemplo, se *primeiro* aplicarmos dP_i ao corpo, então isso vai fazer com que o corpo seja deslocado um montante diferencial $d\,\Delta_i$ na direção de dP_i. Pela Equação 9.3 ($U_e = \frac{1}{2}\,P\,\Delta$), o incremento de energia de deformação seria $\frac{1}{2}\,dP_i d\Delta_i$. Essa quantidade, entretanto, é um diferencial de segunda ordem e pode ser desprezada. A aplicação adicional das cargas $P_1, P_2, ..., P_n$, que deslocam o corpo $\Delta_1, \Delta_2, ..., \Delta_n$, resulta na energia de deformação.

$$U_i + dU_i = U_i + dP_i \Delta_i \tag{9.19}$$

Aqui, como antes, U_i é a energia de deformação interna no corpo, causada pelas cargas $P_1, P_2, ..., P_n$, e $dU_i = dP_i\Delta_i$ é a energia de deformação *adicional* causada por dP_i (Equação 9.4, $U_e = P\,\Delta\,'$).

Em resumo, então, a Equação 9.18 representa a energia de deformação no corpo determinada primeiro aplicando as cargas $P_1, P_2, ..., P_n$, então dP_i, e a Equação 9.19 representa a energia de deformação determinada primeiro aplicando dP_i e *então* as cargas $P_1, P_2, ..., P_n$. Tendo em vista que estas duas equações têm de ser iguais, é necessário que

$$\Delta_i = \frac{\partial U_i}{\partial P_i} \tag{9.20}$$

que prova o teorema; isto é, o deslocamento Δ_i na direção de P_i é igual à primeira derivada parcial da energia de deformação em relação a P_i.*

Deve ser observado que a Equação 9.20 é um enunciado relativo à *compatibilidade da estrutura*. Também, a derivação acima exige que *apenas forças conservativas* sejam consideradas para a análise. Estas forças realizam trabalho que é independente da trajetória e, portanto, não criam perda de energia. Tendo em vista que forças causando uma resposta elástica linear são conservativas, o teorema é restrito ao *comportamento elástico linear* do material. Isto é diferente do método da força virtual discutido na parte anterior, que se aplicava a *ambos* os comportamentos elástico e inelástico.

9.6 Teorema de Castigliano para treliças

A energia de deformação para um membro de uma treliça é dada pela Equação 9.9, $U_i = N^2 L/2AE$. Substituindo esta equação na Equação 9.20 e omitindo o subscrito i, temos

$$\Delta = \frac{\partial}{\partial P} \sum \frac{N^2 L}{2AE}$$

Geralmente é mais fácil realizar a diferenciação antes da soma. No caso geral L, A e E são constantes para um dado membro e, portanto, podemos escrever

$$\boxed{\Delta = \sum N \left(\frac{\partial N}{\partial P}\right) \frac{L}{AE}} \tag{9.21}$$

onde

Δ = deslocamento do nó externa da treliça.

P = força externa aplicada ao nó da treliça na direção de Δ.

---

* O primeiro teorema de Castigliano é similar ao seu segundo teorema; entretanto, ele relaciona a carga P_i com a derivada parcial da energia de deformação em relação ao deslocamento correspondente, isto é, $P_i = \partial U_i/\partial \Delta_i$. A prova é similar àquela dada acima e, assim como o método do deslocamento virtual, o primeiro teorema de Castigliano aplica-se tanto ao comportamento material elástico, quanto inelástico. Este teorema é outra maneira de expressar as *exigências de equilíbrio* para uma estrutura, e tendo em vista que ele tem um uso muito limitado na análise estrutural, ele não será discutido neste livro.

N = força interna em um membro causada *tanto* pela força P, quanto pelas cargas sobre a treliça.
L = comprimento de um membro.
A = área da seção transversal de um membro.
E = módulo de elasticidade de um membro.

Esta equação é similar àquela usada para o método do trabalho virtual, na Equação 9.15 ($1 \cdot \Delta = \Sigma nNL/AE$), exceto que n é substituído por $\partial N/\partial P$. Observe que a fim de determinar esta derivada parcial será necessário tratar P como uma *variável* (não uma quantidade numérica específica) e, além disso, cada força de membro N tem de ser expressa como uma função de P. Como resultado, calcular $\partial N/\partial P$ geralmente exige um pouco mais de cálculo do que aquele necessário para calcular cada força n diretamente. Estes termos serão os mesmos, é claro, tendo em vista que n ou $\partial N/\partial P$ é simplesmente a variação da força do membro interno em relação à carga P, ou a variação na força do membro por carga unitária.

Procedimento para análise

O procedimento a seguir fornece um método que pode ser usado para determinar o deslocamento de qualquer nó de uma treliça usando o teorema de Castigliano.

Força externa P

- Coloque uma força P sobre a treliça no nó onde o deslocamento desejado será determinado. Presume-se que esta força tenha uma *magnitude variável* a fim de obter a variação $\partial N/\partial P$. Verifique que **P** esteja direcionado ao longo da linha de ação do deslocamento.

Forças internas N

- Determine a força N em cada membro causada tanto pelas cargas (numéricas) reais, quanto pela força variável P. Presuma que as forças de tração sejam positivas e as forças de compressão negativas.
- Calcule a derivada parcial respectiva $\partial N/\partial P$ para cada membro.
- Após N e $\partial N/\partial P$ terem sido determinados, designe a P o seu valor numérico se ele substituiu uma força real na treliça. De outra maneira, estabeleça P igual a zero.

Teorema de Castigliano

- Aplique o teorema de Castigliano para determinar o deslocamento desejado Δ. É importante manter os sinais algébricos para valores correspondentes de N e $\partial N/\partial P$ ao substituir esses termos na equação.
- Se a soma resultante $\Sigma N\,(\partial N\partial P)\,L/AE$ for positiva, Δ está na mesma direção que P. Se resultar um valor negativo, Δ está na direção oposta de P.

Exemplo 9.4

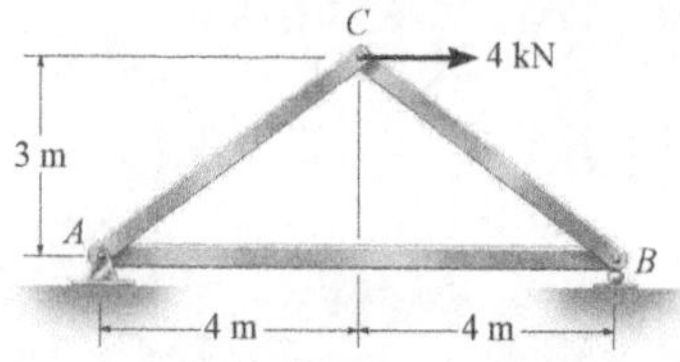

Determine o deslocamento vertical do nó C da treliça mostrada na Figura 9.11a. A área da seção transversal de cada membro é $A = 400$ mm² e $E = 200$ GPa.

SOLUÇÃO

Força externa P. Uma força vertical **P** é aplicada à treliça no nó C, tendo em vista que este é o local onde o deslocamento vertical será determinado (Figura 9.11b).

(a)

Figura 9.11

Forças internas N. As reações nos apoios das treliças em A e B são determinadas e os resultados são mostrados na Figura 9-11b. Usando o método dos nós, as forças N em cada membro são determinadas Figura 9.11c.* Por conveniência, esses resultados juntamente com os derivativos parciais $\partial N/\partial P$ são listados em forma tabular como a seguir:

Membro	N	$\dfrac{\partial N}{\partial P}$	$N\ (P=0)$	L	$N\left(\dfrac{\partial N}{\partial P}\right)L$
AB	$0{,}667P + 2$	$0{,}667$	2	8	$10{,}67$
AC	$-(0{,}833P - 2{,}5)$	$-0{,}833$	$2{,}5$	5	$-10{,}42$
BC	$-(0{,}833P + 2{,}5)$	$-0{,}833$	$-2{,}5$	5	$10{,}42$
					$\Sigma = 10{,}67$ kN·m

Tendo em vista que P não existe realmente como uma carga real sobre a treliça, exigimos $P = 0$ na tabela acima.

Teorema de Castigliano. Aplicando a Equação 9.21, temos

$$\Delta_{C_v} = \sum N\left(\frac{\partial N}{\partial P}\right)\frac{L}{AE} = \frac{10{,}67 \text{ kN} \cdot \text{m}}{AE}$$

Substituindo $A = 400$ mm² $= 400(10^{-6})$ m², $E = 200$ GPa $= 200(10^9)$ Pa, e convertendo as unidades de N de kN para N, temos

$$\Delta_{C_v} = \frac{10{,}67(10^3) \text{ N} \cdot \text{m}}{400(10^{-6}) \text{ m}^2 (200(10^9) \text{ N/m}^2)} = 0{,}000133 \text{ m} = 0{,}133 \text{ mm}$$

Esta solução deve ser comparada com o método do trabalho virtual do Exemplo 9.2.

Exemplo 9.5

Determine o deslocamento horizontal do nó D da treliça mostrada na Figura 9.12a. Considere $E = 200$ GPa. A área da seção transversal de cada membro é indicada na figura.

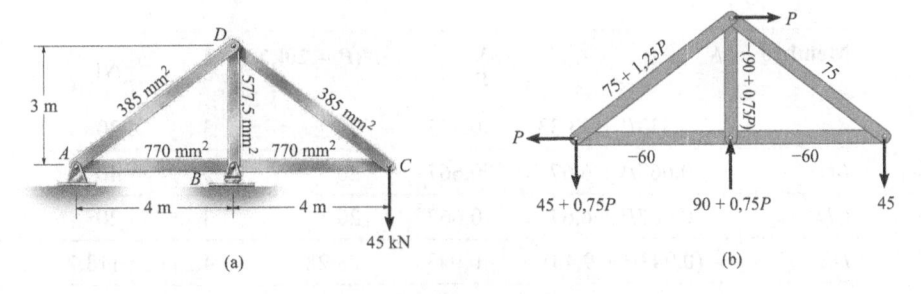

Figura 9.12

SOLUÇÃO

Força externa P. Tendo em vista que o deslocamento horizontal de D será determinado, uma força variável horizontal P é aplicada ao nó D (Figura 9.12b).

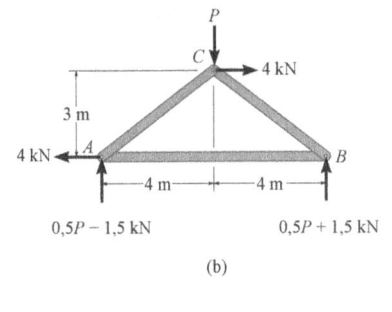

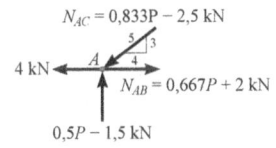

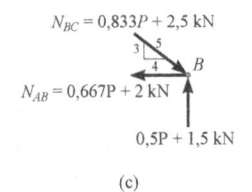

---

* Pode ser mais conveniente analisar a treliça com somente a carga de 4 kN sobre ela, depois analisar a treliça com a carga P sobre ela. Os resultados podem então ser somados para dar as forças N.

Forças internas N. Usando o método dos nós, a força N em cada membro é calculada.* Novamente, quando aplicando a Equação 9.21, configuramos $P = 0$, tendo em vista que esta força não existe realmente na treliça. Os resultados são mostrados na Figura 9.12b. Arranjando os dados em forma tabular, temos

Membro	N	$\frac{\partial N}{\partial P}$	$N(P = 0)$	L	$N\left(\frac{\partial N}{\partial P}\right)L$
AB	−60	0	−60	4	0
BC	−60	0	−60	4	0
CD	75	0	75	5	0
DA	75 + 1,25P	1,25	75	5	468,75
BD	−(90 + 0,75P)	−0,75	−90	3	202,50

Teorema de Castigliano. Aplicando a Equação 9.21, temos

$$\Delta_{D_h} = \sum N\left(\frac{\partial N}{\partial P}\right)\frac{L}{AE} = 0 + 0 + 0 + \frac{468,75 \text{ kN} \cdot \text{m}}{385(10^{-6}) \text{ m}^2 [200(10^6) \text{ kN/m}^2]} + \frac{202,50 \text{ kN} \cdot \text{m}}{577,5(10^{-6}) \text{ m}^2 [200(10^6) \text{ kN/m}^2]}$$

$$= 0,00784 \text{ m} = 7,84 \text{ mm} \hspace{2cm} (Resposta)$$

Exemplo 9.6

Determine o deslocamento vertical do nó C da treliça mostrada na Figura 9.13a. Presuma que $A = 300$ mm² e $E = 200$ GPa.

SOLUÇÃO

Força externa P. A força de 20 kN em C é substituída com uma *força variável P* no nó C (Figura 9.13b).

Forças internas N. O método dos nós é usado para determinar a força N em cada membro da treliça. Os resultados são resumidos na Figura 9.13b. Aqui $P = 20$ kN quando aplicamos a Equação 9.21. Os dados exigidos podem ser arranjados em forma tabulada como a seguir:

Membro	N	$\frac{\partial N}{\partial P}$	$N(P = 20\text{kN})$	L	$N\left(\frac{\partial N}{\partial P}\right)L$
AB	0,333P + 13,33	0,333	20	3	20
BC	0,667P + 6,67	0,667	20	3	40
CD	0,667P + 6,67	0,667	20	3	20
DE	−(0,943P + 9,43)	−0,943	−28,28	4,243	113,2
EF	−(0,333P + 13,33)	−0,333	−20	3	20
FA	−(0,471P + 18,86)	−0,471	−28,28	4,243	56,6
BF	0,333P + 13,33	0,333	20	3	20
BE	−0,471P + 9,43	−0,471	0	4,243	0
CE	P	1	20	3	60

$$\Sigma = 369,7 \text{ kN} \cdot \text{m}$$

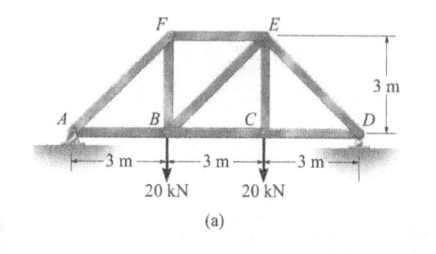

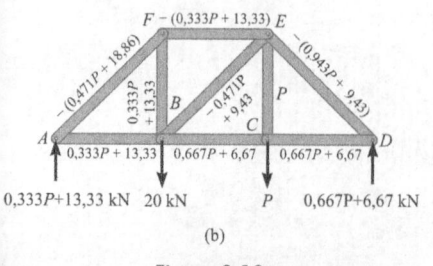

Figura 9.13

---

* Como no exemplo anterior, pode ser preferível realizar uma análise em separado da treliça carregada com 45 kN e carregada com P e então sobrepor os resultados.

Teorema de Castigliano. Substituindo os dados na Equação 9.21, temos

$$\Delta_{C_v} = \sum N \left(\frac{\partial N}{\partial P}\right) \frac{L}{AE} = \frac{369{,}7 \text{ kN} \cdot \text{m}}{AE}$$

Convertendo as unidades do comprimento do membro para milímetros e substituindo o valor numérico para AE, temos

$$\Delta_{C_v} = \frac{(369{,}7 \text{ kN} \cdot \text{m})(1000 \text{ mm/m})}{[300(10^{-6}) \text{ m}^2][200(10^6) \text{ kN/m}^2]} = 6{,}16 \text{ mm} \quad (Resposta)$$

A similaridade entre esta solução e aquela do método do trabalho virtual (Exemplo 9.1), deve ser observada.

Problemas fundamentais

PF9.1. Determine o deslocamento vertical do nó B. AE é constante. Use o princípio do trabalho virtual.

PF9.2. Solucione o Problema PF9.2 usando o teorema de Castigliano.

PF9.5. Determine o deslocamento horizontal do nó D. AE é constante. Use o princípio do trabalho virtual.

PF9.6. Solucione o Problema PF9.5 usando o teorema de Castigliano.

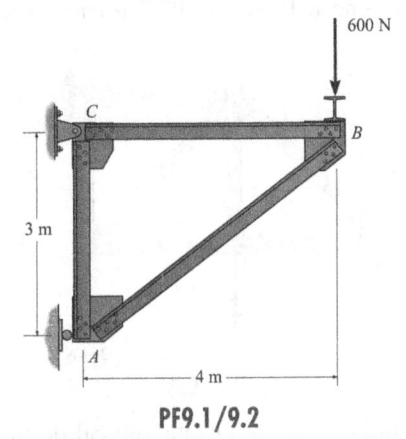

PF9.1/9.2

PF9.3. Determine o deslocamento horizontal do nó A. AE é constante. Use o princípio do trabalho virtual.

PF9.4. Solucione o Problema PF9.3 usando o teorema de Castigliano.

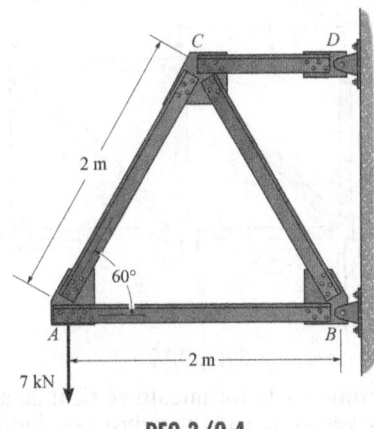

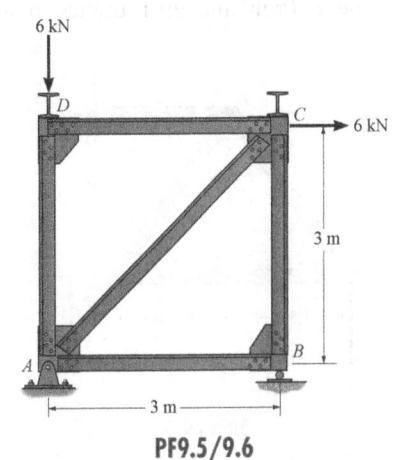

PF9.5/9.6

PF9.7. Determine o deslocamento vertical do nó D. AE é constante. Use o princípio do trabalho virtual.

PF9.8. Solucione o Problema PF9.7 usando o teorema de Castigliano.

PF9.3/9.4

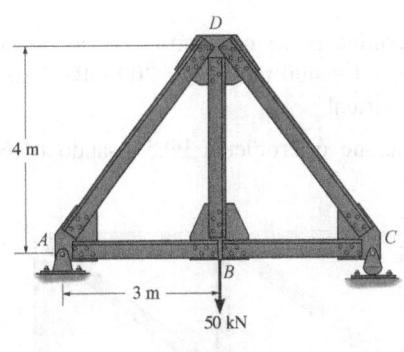

PF9.7/9.8

PF9.9. Determine o deslocamento vertical do nó B. AE é constante. Use o princípio do trabalho virtual.

PF9.10. Solucione o Problema PF9.9 usando o teorema de Castigliano.

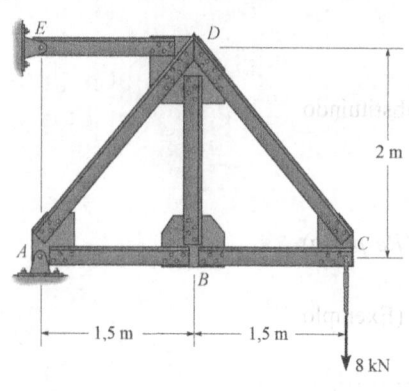

PF9.11. Determine o deslocamento vertical do nó C. AE é constante. Use o princípio do trabalho virtual.

PF9.12. Solucione o Problema PF9.11 usando o teorema de Castigliano.

PF9.9/9.10

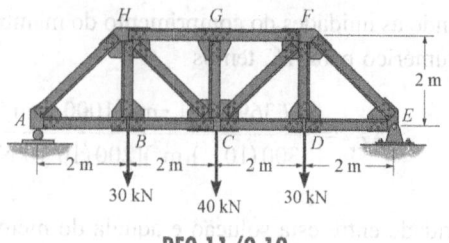

PF9.11/9.12

Problemas

P9.1. Determine o deslocamento vertical do nó A. Cada barra é feita de aço e tem uma área de seção transversal de 600 mm². Considere $E = 200$ GPa. Use o método do trabalho virtual.

P9.2. Solucione o Problema P9.1 usando o teorema de Castigliano.

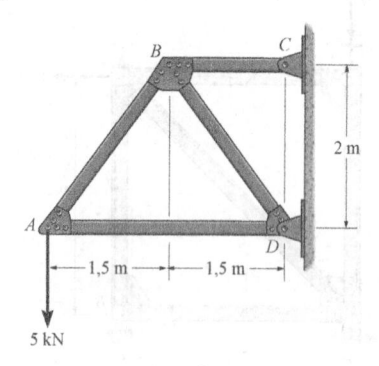

P9.3. Determine o deslocamento vertical do nó B. Para cada membro $A = 400$ mm², $E = 200$ GPa. Use o método do trabalho virtual.

*P9.4. Solucione o Problema P9.3 usando o teorema de Castigliano.

P9.5. Determine o deslocamento vertical do nó E. Para cada membro $A = 400$ mm², $E = 200$ GPa. Use o método do trabalho virtual.

P9.6. Solucione o Problema P9.5 usando o teorema de Castigliano.

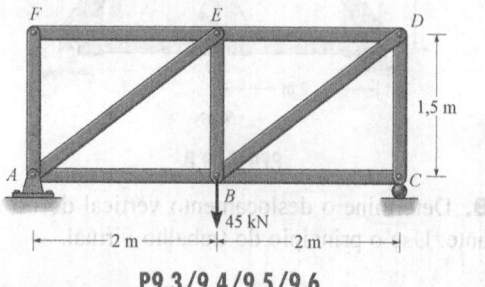

P9.7. Determine o deslocamento vertical do nó D. Use o método do trabalho virtual. AE é constante. Presuma que os membros estejam conectados por pinos em suas extremidades.

*P9.8. Solucione o Problema P9.7 usando o teorema de Castigliano.

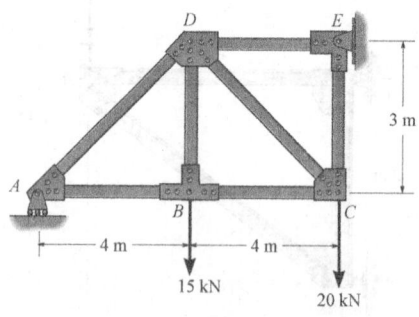

P9.9. Determine o deslocamento vertical do nó F. Use o método do trabalho virtual. AE é constante.

P9.10. Solucione o Problema P9.9 usando o teorema de Castigliano.

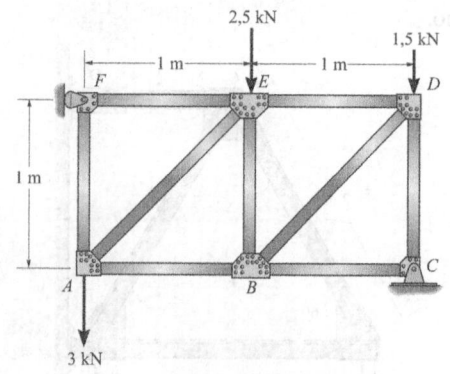

P9.11. Determine o deslocamento vertical do nó A. A área de seção transversal de cada membro está indicada na figura. Presuma que os membros estejam conectados por pinos nas suas extremidades. $E = 200$ GPa. Use o método do trabalho virtual.

P9.1/9.2

P9.3/9.4/9.5/9.6

P9.7/9.8

P9.9/9.10

*P9.12. Solucione o Problema P9.11 usando o teorema de Castigliano.

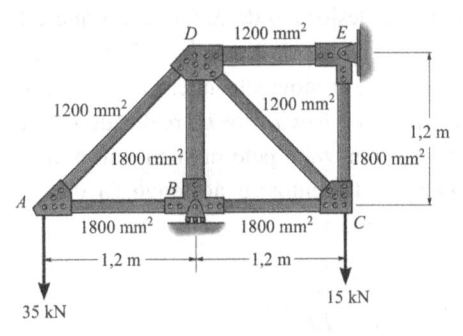

P9.11/9.12

P9.13. Determine o deslocamento horizontal do nó D. Presuma que os membros estejam conectados por pinos nas suas extremidades. AE é constante. Use o método do trabalho virtual.

P9.14. Solucione o Problema P9.13 usando o teorema de Castigliano.

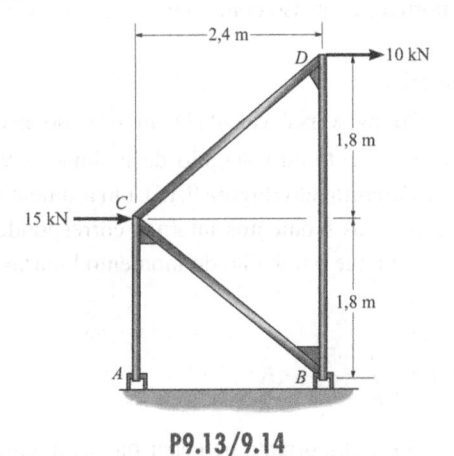

P9.13/9.14

P9.15. Determine o deslocamento vertical do nó C da treliça. Cada membro tem uma área de seção transversal de $A = 300$ mm². $E = 200$ GPa. Use o método do trabalho virtual.

*P9.16. Solucione o Problema P9.15 usando o teorema de Castigliano.

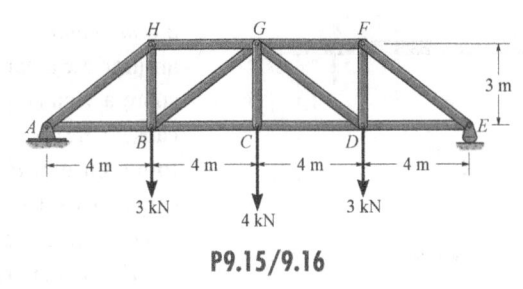

P9.15/9.16

P9.17. Determine o deslocamento vertical do nó A. Presuma que os membros estejam conectados por pinos em suas extremidades. Considere $A = 1.200$ mm² e $E = 200$ GPa para cada membro. Use o método do trabalho virtual.

P9.18. Solucione o Problema P9.17 usando o teorema de Castigliano.

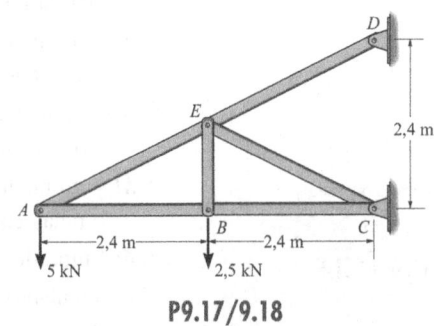

P9.17/9.18

P9.19. Determine o deslocamento vertical do nó A se os membros AB e BC experimentam um aumento de temperatura de $\Delta T = 110°C$. Considere $A = 1.200$ mm² e $E = 200$ GPa. Também $\alpha = 12,0\ (10^{-6})/°C$.

*P9.20. Determine o deslocamento vertical do nó A se o membro AE é fabricado 12 mm curto demais.

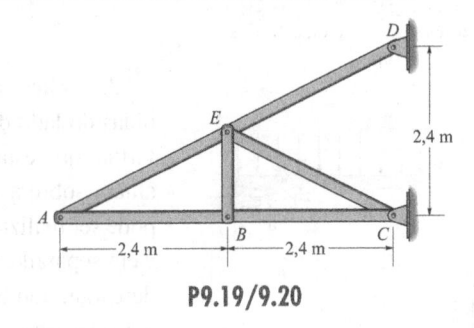

P9.19/9.20

9.7 Método do trabalho virtual: vigas e pórticos

O método do trabalho virtual também pode ser aplicado a problemas de deflexão envolvendo vigas e pórticos. Tendo em vista que tensões em razão de *flexão* são a *principal causa* de deflexões em vigas e pórticos, discutiremos seus efeitos primeiro. Deflexões por causa de cortante, cargas axiais e torcionais, e temperatura serão consideradas na Seção 9.8.

O princípio do trabalho virtual, ou mais precisamente, o método da força virtual, pode ser formulado para deflexões de vigas e pórticos considerando a viga mostrada na Figura 9.14b. Aqui o deslocamento Δ do ponto A será determinado. Para calcular Δ uma carga unitária virtual atuando na direção de Δ é colocada sobre a viga em A,

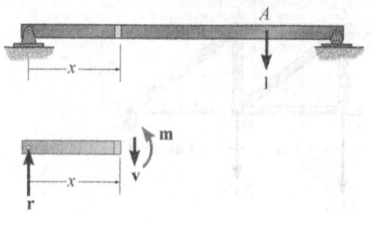

Aplicar carga unitária virtual ao ponto A
(a)

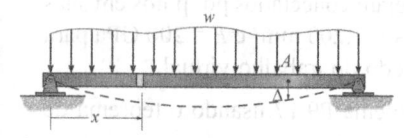

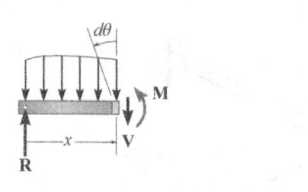

Aplicar carga real w
(b)

Figura 9.14

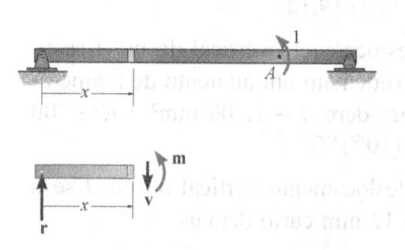

Aplicar momento binário unitário virtual ao ponto A
(a)

Aplicar carga real w

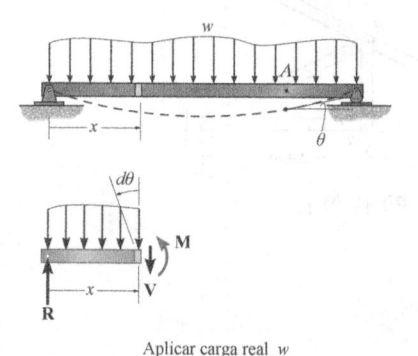

Figura 9.15

e o *momento virtual interno* **m** é determinado pelo método das seções em um local arbitrário x a partir do apoio esquerdo (Figura 9.14a). Quando as cargas reais atuam sobre a viga (Figura 9.14b), o ponto A é deslocado de Δ. Contanto que estas cargas causem *resposta material elástica linear*, então da Equação 8.2, o elemento dx deforma ou gira $d\theta = (M/EI)\,dx$.* Aqui M é o momento interno em x causado pelas cargas reais. Consequentemente, o *trabalho virtual externo* realizado pela carga unitária é $1\cdot\Delta$, e o *trabalho virtual interno* realizado pelo momento **m** é $m\,d\theta = m(M/EI)\,dx$. Somar os efeitos sobre todos os elementos dx ao longo da viga exige uma integração e, portanto, a Equação 9.13 torna-se

$$1 \cdot \Delta = \int_0^L \frac{mM}{EI}\,dx \qquad (9.22)$$

onde

1 = carga unitária virtual externa atuando sobre a viga ou pórtico na direção de Δ.

m = momento virtual interno na viga ou pórtico, expresso como uma função de x e causado pela carga unitária virtual externa.

Δ = deslocamento externo do ponto causado pelas cargas reais atuando sobre a viga ou pórtico.

M = momento interno na viga ou pórtico, expresso como uma função de x e causado pelas cargas reais.

E = módulo de elasticidade do material.

I = momento de inércia da área da seção transversal, calculado em torno do eixo neutro.

De maneira similar, se a rotação tangente ou o ângulo de inclinação θ em um ponto A na curva elástica da viga será determinado (Figura 9.15), um momento binário unitário é primeiro aplicado no ponto, e os momentos internos correspondentes m_θ têm de ser determinados. Tendo em vista que o trabalho do momento binário unitário é $1\cdot\theta$, então

$$1 \cdot \theta = \int_0^L \frac{m_\theta M}{EI}\,dx \qquad (9.23)$$

Ao aplicar as Equações 9.22 e 9.23, é importante perceber que as integrais definidas do lado direito na realidade representam o montante de energia de deformação virtual que está *armazenado* na viga. Se forças concentradas ou momentos binários atuam sobre a viga ou a carga distribuída é descontínua, uma única integração não pode ser realizada através do comprimento inteiro da viga. Em vez disso, coordenadas x em separado terão de ser escolhidas dentro de regiões que não têm descontinuidade de carga. Também, não é necessário que cada x tenha a mesma origem; entretanto, o x selecionado para determinar o momento real M em uma região particular tem de ser o *mesmo x* que aquele selecionado para determinar o momento virtual m ou m_θ dentro da mesma região. Por exemplo, considere a viga mostrada na Figura 9.16. A fim de determinar o deslocamento de D, quatro regiões da viga têm de ser consideradas e, portanto, quatro integrais tendo a forma $\int (mM/EI)$ têm de ser avaliadas. Podemos usar x_1 para determinar a energia de deformação na região AB, x_2 para região BC, x_3 para região DE e x_4 para região DC. Em qualquer caso, cada coordenada x deve ser selecionada de maneira que ambos M e m (ou m_θ) possam ser formulados facilmente.

---

* Lembre-se que, se o material é tensionado além do seu limite elástico, o princípio do trabalho virtual ainda pode ser aplicado, porém, neste caso, uma análise não linear ou plástica tem de ser usada.

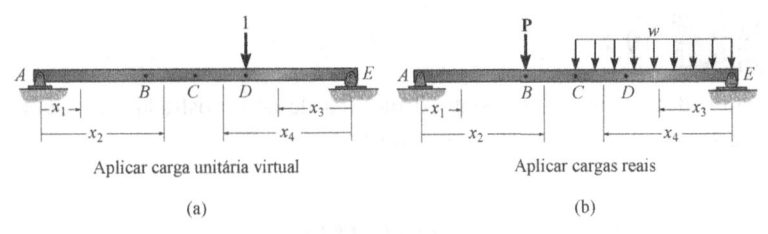

Figura 9.16

(a) Aplicar carga unitária virtual
(b) Aplicar cargas reais

Integração usando tabelas. Quando a estrutura é sujeita a uma carga relativamente simples e, no entanto, a solução para um deslocamento exige diversas integrações, um *método tabular* pode ser usado para realizar essas integrações. Para fazer isso, os diagramas de momento para cada membro são primeiro traçados tanto para as cargas reais, quanto virtuais. Combinando esses diagramas para m e M com aqueles dados na tabela do Apêndice C, a integral $\int mM\,dx$ pode ser determinada a partir da fórmula apropriada. Exemplos 9.8 e 9.10 ilustram a aplicação deste método.

Procedimento para análise

O procedimento a seguir pode ser usado para determinar o deslocamento e/ou a inclinação em um ponto na curva elástica de uma viga ou pórtico usando o método do trabalho virtual.

Momentos virtuais m ou m_θ

- Coloque uma *carga unitária* sobre a viga ou pórtico em um ponto e na direção do *deslocamento* desejado.
- Se a *inclinação* será determinada, coloque um *momento binário unitário* no ponto.
- Estabeleça coordenadas x apropriadas que sejam válidas dentro de regiões da viga ou pórtico onde não há descontinuidade de carga real ou virtual.
- Com a carga virtual colocada em seu lugar, e todas as cargas reais *removidas* da viga ou pórtico, calcule o momento interno m ou m_θ como uma função de cada coordenada x.
- Presuma que m ou m_θ atuem na direção positiva convencional como indicado na Figura 4.1.

Momentos reais

- Usando as *mesmas coordenadas* x que aquelas estabelecidas para m ou m_θ, determine os momentos internos M causados somente pelas cargas reais.
- Tendo em vista que se presumiu que m ou m_θ agissem na direção positiva convencional, *é importante que o M positivo* atue na *mesma* direção. Isto é necessário tendo em vista que o trabalho interno positivo ou negativo depende do sentido direcional da carga (definida por $\pm m$ ou $\pm m_\theta$) e deslocamento (definido por $\pm M\,dx/EI$).

Equação do trabalho virtual

- Aplique a equação do trabalho virtual para determinar o deslocamento desejado Δ ou rotação θ. É importante manter o sinal algébrico de cada integral calculada dentro de sua região especificada.
- Se a soma algébrica de todas as integrais para a viga inteira ou pórtico é positiva, Δ ou θ estão na mesma direção que a carga unitária virtual ou momento binário unitário, respectivamente. Se resultar um valor negativo, a direção de Δ ou θ é oposta àquela da carga unitária ou do momento binário unitário.

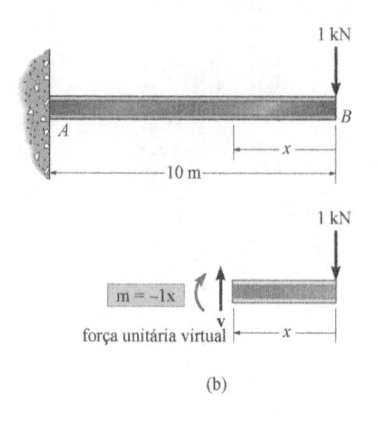

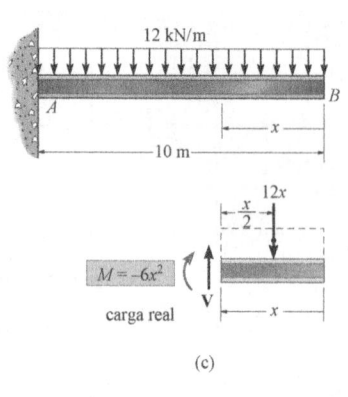

Exemplo 9.7

Determine o deslocamento do ponto B da viga de aço mostrada na Figura 9.17a. Considere $E = 200$ GPa, $I = 500 \,(10^6)$ mm^4.

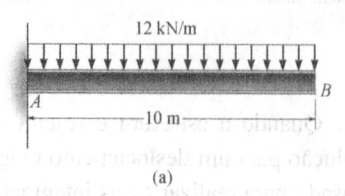

Figura 9.17

SOLUÇÃO

Momento virtual m. O deslocamento vertical do ponto B é obtido colocando uma carga unitária virtual de 1 kN em B (Figura 9.17b). Examinando a questão, não há descontinuidades de carga sobre a viga *tanto* para as cargas virtuais *quanto* para as reais. Desse modo, uma *única coordenada x* pode ser usada para determinar energia de deformação virtual. Esta coordenada será selecionada com sua origem em B, tendo em vista que então as reações em A não precisam ser determinadas a fim de calcular os momentos internos m e M. Usando o método das seções, o momento interno m é formulado como mostrado na Figura 9.17b.

Momento real M. Usando a *mesma coordenada x*, o momento interno M é formulado como mostrado na Figura 9.17c.

Equação de trabalho virtual. O deslocamento vertical de B é assim

$$1 \text{ kN} \cdot \Delta_B = \int_0^L \frac{mM}{EI} dx = \int_0^{10} \frac{(-1x)(-6x^2)\, dx}{EI}$$

$$1 \text{ kN} \cdot \Delta_B = \frac{15(10^3) \text{ kN}^2 \cdot \text{m}^3}{EI}$$

ou

$$\Delta_B = \frac{15(10^3) \text{ kN} \cdot \text{m}^3}{200(10^6) \text{ kN/m}^2 (500(10^6) \text{ mm}^4)(10^{-12} \text{ m}^4/\text{mm}^4)}$$

$$= 0{,}150 \text{ m} = 150 \text{ mm} \qquad (Resposta)$$

Exemplo 9.8

Determine a inclinação θ no ponto B da viga de aço mostrada na Figura 9.18a. Considere $E = 200$ GPa, $I = 60(10^6)$ mm^4.

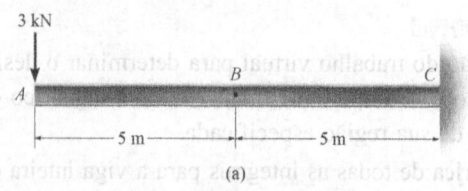

Figura 9.18

SOLUÇÃO

Momento virtual m_θ. A inclinação em B é determinada colocando uma unidade virtual de momento binário de 1 kN·m em B (Figura 9.18b). Aqui duas coordenadas x têm de ser selecionadas a fim de determinar a energia de deformação virtual total na viga. A coordenada x_1 é responsável pela energia de deformação dentro do segmento AB e a coordenada x_2 é responsável por aquela no segmento BC. Os momentos internos m_θ dentro de cada um desses segmentos são calculados usando o método das seções como mostrado na Figura 9.18b.

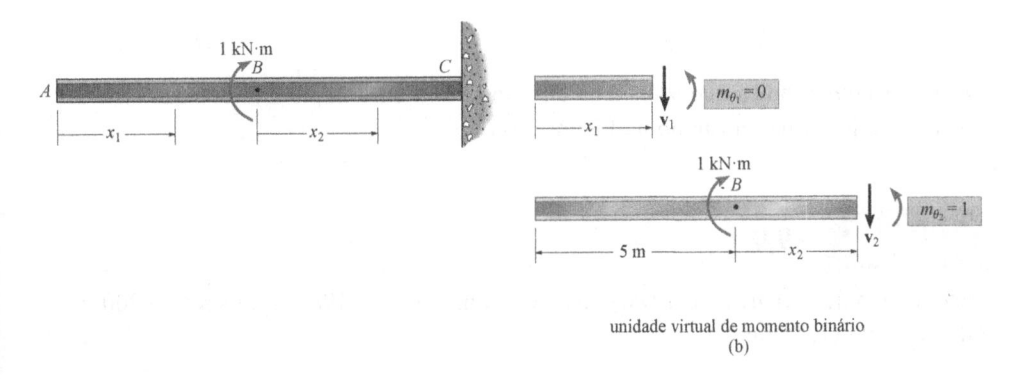

unidade virtual de momento binário
(b)

Momentos reais M. Usando as *mesmas* coordenadas x_1 e x_2, os momentos internos M são calculados como mostrado na Figura 9.18c.

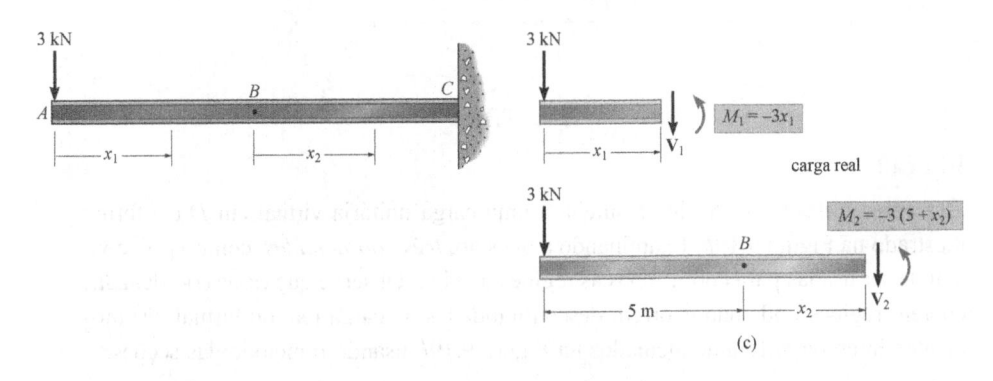

carga real

(c)

Equação de trabalho virtual. A inclinação em B é dada desse modo por

$$1 \cdot \theta_B = \int_0^L \frac{m_\theta M}{EI} dx$$

$$= \int_0^5 \frac{(0)(-3x_1)\, dx_1}{EI} + \int_0^5 \frac{(1)[-3(5+x_2)]\, dx_2}{EI}$$

$$\theta_B = \frac{-112{,}5 \text{ kN} \cdot \text{m}^2}{EI} \quad\quad (1)$$

Também podemos avaliar as integrais $\int m_\theta M\, dx$ graficamente, usando a tabela do Apêndice C. Para fazer isso, primeiro é necessário traçar os diagramas de momento para as vigas nas figuras 9.18b e 9.18c. Esses diagramas são mostrados nas figuras 9.18d e 9.18e, respectivamente. Tendo em vista que não há momento m para $0 \leq x < 5$ m, usamos somente as áreas sombreadas retangular e trapezoidal para avaliar a integral. Encontrando essas formas na linha e coluna apropriadas da tabela, temos

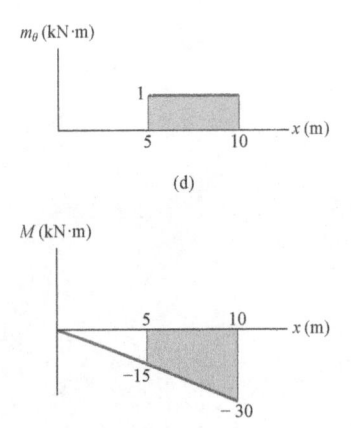

(d)

(e)

$$\int_5^{10} m_\theta M \, dx = \tfrac{1}{2} m_\theta (M_1 + M_2) L = \tfrac{1}{2}(1)(-15 - 30)5$$

$$= -112{,}5 \text{ kN}^2 \cdot \text{m}^3$$

Este é o mesmo valor que aquele determinado na Equação 1. Desse modo,

$$(1 \text{ kN} \cdot \text{m}) \cdot \theta_B = \frac{-112{,}5 \text{ kN}^2 \cdot \text{m}^3}{200(10^6) \text{ kN/m}^2 [60(10^6) \text{ mm}^4](10^{-12} \text{ m}^4/\text{mm}^4)}$$

$$\theta_B = -0{,}00938 \text{ rad} \qquad\qquad (Resposta)$$

O *sinal negativo* indica que θ_B está na direção *oposta* em relação à direção do momento binário virtual mostrado na Figura 9.18b.

Exemplo 9.9

Determine o deslocamento em D da viga de aço na Figura 9.19a. Considere $E = 200$ GPa, $I = 300 \,(10^6) \text{ mm}^4$.

(a)

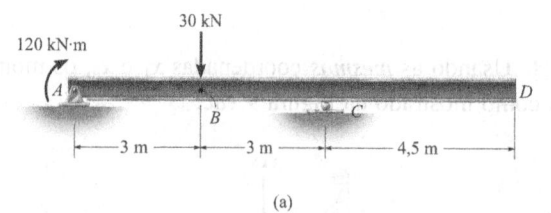

Figura 9.19

SOLUÇÃO

Momentos virtuais m. A viga é sujeita a uma carga unitária virtual em D conforme mostrado na Figura 9.19b. Examinando a questão, *três coordenadas*, como x_1, x_2 e x_3, têm de ser usadas para cobrir todas as regiões da viga. Observe que essas coordenadas cobrem regiões onde não ocorrem descontinuidades na carga real ou virtual. Os momentos internos m foram calculados na Figura 9.19b usando o método das seções.

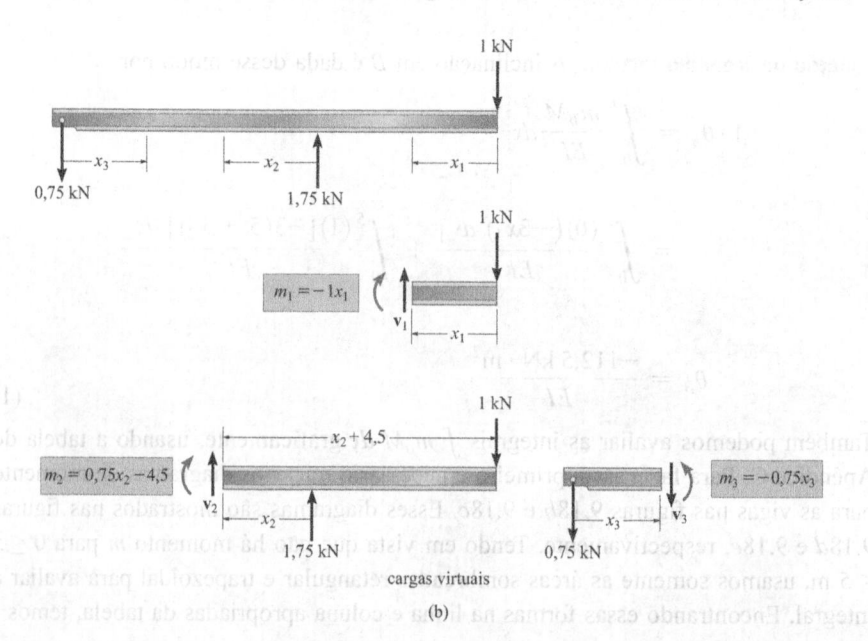

cargas virtuais

(b)

cargas reais
(c)

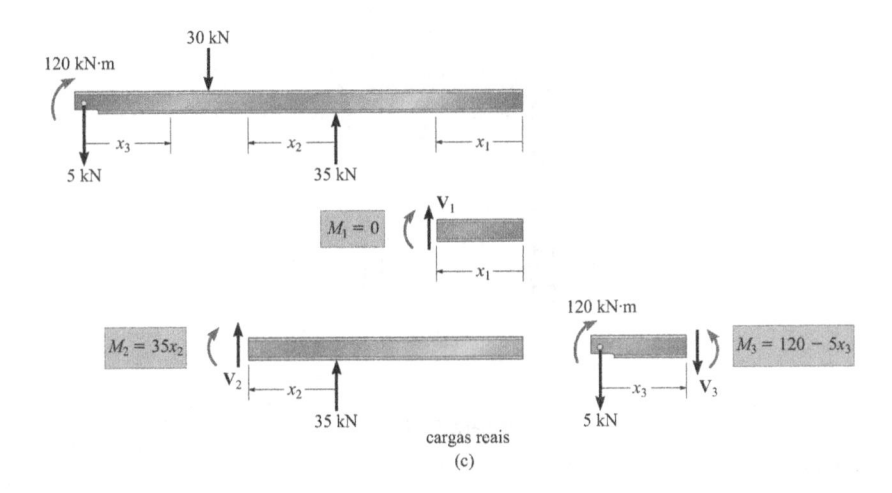

Momentos reais M. As reações sobre a viga são calculadas primeiro; na sequência, usando as *mesmas* coordenadas x que aquelas usadas para m, os momentos internos M são determinados conforme mostrado na Figura 9.19c.

Equação de trabalho virtual. Aplicando a equação de trabalho virtual à viga usando os dados nas figuras 9.19b e 9.19c, temos

$$1 \cdot \Delta_D = \int_0^L \frac{mM}{EI} dx$$

$$= \int_0^{4,5} \frac{(-1x_1)(0)\, dx_1}{EI} + \int_0^3 \frac{(0,75x_2 - 4,5)(35x_2)\, dx}{EI}$$

$$+ \int_0^3 \frac{(-0,75x_3)(120 - 5x_3)\, dx_3}{EI}$$

$$\Delta_D = \frac{0}{EI} - \frac{472,5}{EI} - \frac{371,25}{EI} = -\frac{843,75 \text{ kN} \cdot \text{m}^3}{EI}$$

ou

$$\Delta_D = \frac{-843,75 \text{ kN} \cdot \text{m}^3}{[200(10^6) \text{ kN/m}^2][300(10^6)(10^{-12}) \text{ m}^4]}$$

$$= -0,0141 \text{ m} = -14,1 \text{ mm} \qquad (Resposta)$$

O sinal negativo indica que o deslocamento é para cima, na direção oposta da carga unitária para baixo (Figura 9.19b). Também observe que m_1, não teve de ser calculado realmente tendo em vista que $M_1 = 0$.

Exemplo 9.10

Determine o deslocamento horizontal do ponto C no pórtico mostrado na Figura 9.20a. Considere $E = 200$ GPa e $I = 235(10^6)$ mm^4 para ambos os membros.

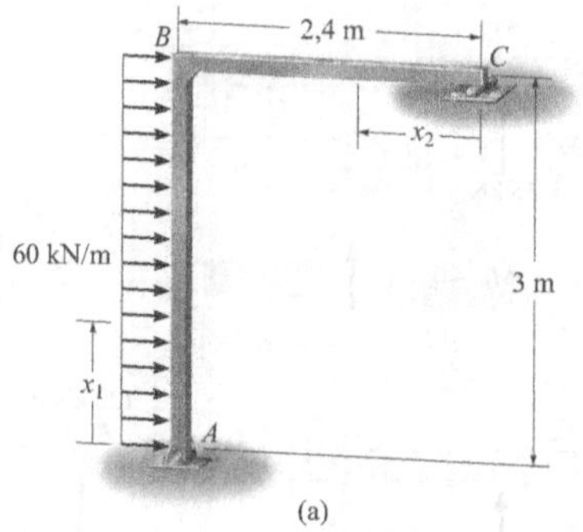

Figura 9.20

SOLUÇÃO

Momentos virtuais m. Por conveniência, as coordenadas x_1 e x_2 na Figura 9.20a serão usadas. Uma carga unitária *horizontal* é aplicada em C (Figura 9.20b). Por quê? As reações de apoio e momentos virtuais internos são calculados como mostrado.

Momentos reais M. De maneira similar as reações de apoio e momentos reais são calculados como mostrado na Figura 9.20c.

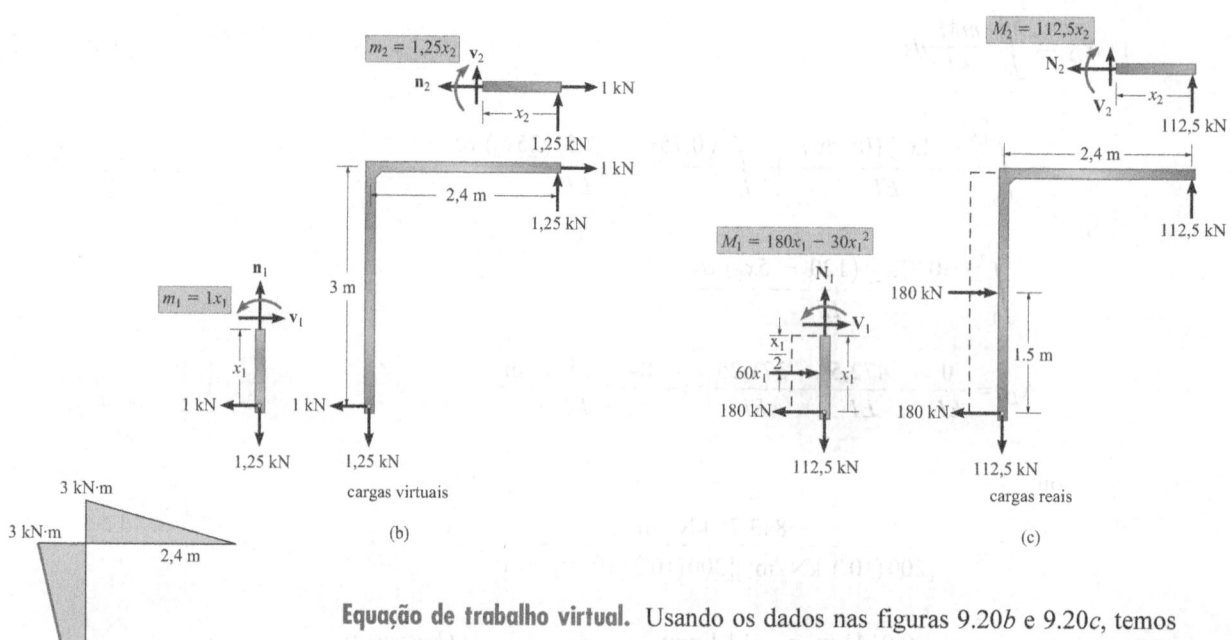

Equação de trabalho virtual. Usando os dados nas figuras 9.20b e 9.20c, temos

$$1 \cdot \Delta_{C_h} = \int_0^L \frac{mM}{EI}dx = \int_0^3 \frac{(1x_1)(180x_1 - 30x_1^2)\,dx_1}{EI} + \int_0^{2,4} \frac{(1,25x_2)(112,5x_2)\,dx_2}{EI}$$

$$\Delta_{C_h} = \frac{1012,5}{EI} + \frac{648}{EI} = \frac{1660,5 \text{ kN} \cdot \text{m}^3}{EI} \tag{1}$$

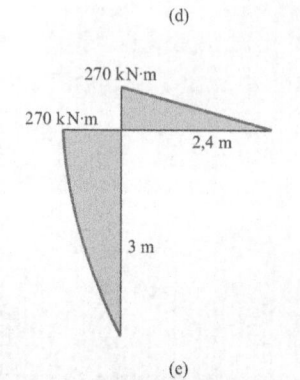

Se desejado, as integrais $\int mM/dx$ também podem ser avaliadas graficamente usando a tabela do Apêndice C. Os diagramas de momento para a estrutura nas figuras 9.20b e 9.20c são mostrados nas figuras 9.20d e 9.20e, respectivamente. Desse modo, usando as fórmulas para formas similares na tabela resulta em

$$\int mM\,dx = \tfrac{5}{12}(3)(270)(3) + \tfrac{1}{3}(3)(270)(2,4)$$

$$= 1012,5 + 648 = 1660,5 \text{ kN} \cdot \text{m}^3$$

Isto é o mesmo que o calculado na Equação 1. Desse modo

$$\Delta_{C_h} = \frac{1660,5 \text{ kN} \cdot \text{m}^3}{[200(10^6) \text{ kN/m}^2][235(10^6)(10^{-12} \text{ m}^4)]}$$

$$= 0,0353 \text{ m} = 35,3 \text{ mm} \qquad (Resposta)$$

Exemplo 9.11

Determine a rotação tangencial no ponto C do pórtico mostrado na Figura 9.21a. Considere $E = 200$ GPa, $I = 15(10^6)$ mm^4.

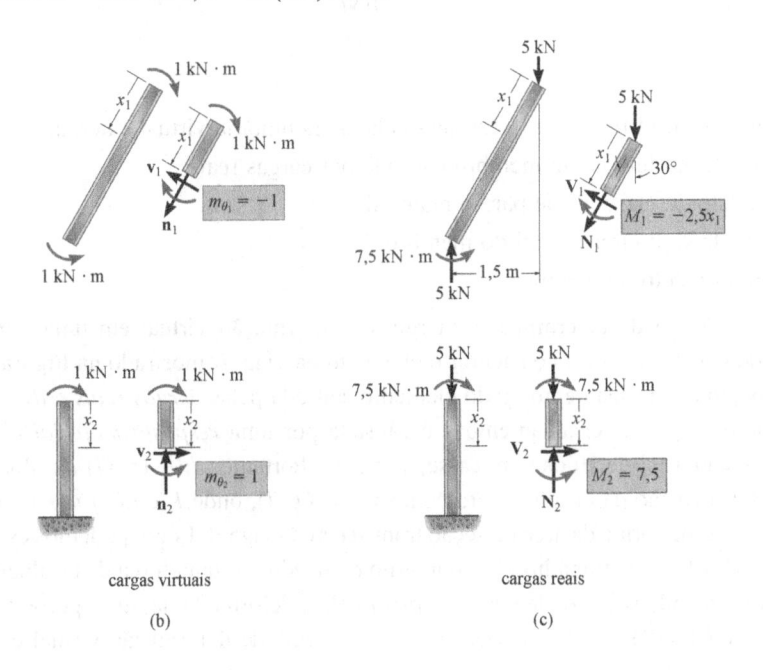

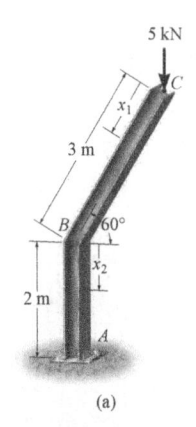

(b) cargas virtuais

(c) cargas reais

Figura 9.21

SOLUÇÃO

Momentos virtuais m_θ. As coordenadas x_1 e x_2 mostradas na Figura 9.21a serão usadas. Um momento binário unitário é aplicada em C e os momentos internos m_θ são calculados (Figura 9.21b).

Momentos reais M. De maneira similar, os momentos reais M são calculados como mostrado na Figura 9.21c.

Equação de trabalho virtual. Usando os dados nas figuras 9.21b e 9.21c, temos

$$1 \cdot \theta_C = \int_0^L \frac{m_\theta M}{EI} dx = \int_0^3 \frac{(-1)(-2,5x_1) \, dx_1}{EI} + \int_0^2 \frac{(1)(7,5) \, dx_2}{EI}$$

$$\theta_C = \frac{11,25}{EI} + \frac{15}{EI} = \frac{26,25 \text{ kN} \cdot \text{m}^2}{EI}$$

ou

$$\theta_C = \frac{26,25 \text{ kN} \cdot \text{m}^2}{200(10^6) \text{ kN/m}^2[15(10^6) \text{ mm}^4](10^{-12} \text{ m}^4/\text{mm}^4)}$$

$$= 0,00875 \text{ rad} \qquad (Resposta)$$

9.8 Energia de deformação virtual causada por carga axial, cortante, torção e temperatura

Apesar de deflexões de vigas e pórticos serem causadas fundamentalmente pela energia de deformação de flexão, em algumas estruturas a energia de deformação adicional da carga axial, cortante, torção e talvez temperatura pode se tornar importante. Cada um desses efeitos será considerado agora.

Carga axial. Membros de pórticos podem ser sujeitos a cargas axiais e a energia de deformação virtual causada por essas cargas foi estabelecida na Seção 9.4. Para membros tendo uma área da seção transversal constante, temos

$$U_n = \frac{nNL}{AE} \qquad (9.24)$$

onde

n = carga axial virtual interna causada pela carga unitária virtual externa.
N = força axial interna no membro causada por cargas reais.
E = módulo de elasticidade para o material.
A = área da seção transversal do membro.
L = comprimento do membro.

Cortante. A fim de determinar a energia de deformação virtual em uma viga por causa do cortante, vamos considerar o elemento da viga dx mostrado na Figura 9.22. A distorção de cisalhamento dy do elemento causada pelas *cargas reais* é $dy = \gamma\, dx$. Se a deformação de cisalhamento γ é causada por uma *resposta material elástica linear*, então a lei de Hooke aplica-se, $\gamma = \tau/G$. Portanto, $dy = (\tau/G)\, dx$. Podemos expressar a tensão de cisalhamento como $\tau = K(V/A)$, onde K é um *fator de forma* que depende da forma da área da seção transversal da viga A. Logo, podemos escrever $dy = K(V/GA)\, dx$. O trabalho virtual interno realizado por uma força de cisalhamento virtual v, atuando sobre o elemento *enquanto* ele é deformado de dy, é, portanto, $dU_s = v\, dy = v(KV/GA)\, dx$. Para a viga inteira, a energia de deformação virtual é determinada pela integração.

$$U_s = \int_0^L K\left(\frac{vV}{GA}\right) dx \qquad (9.25)$$

onde

v = cortante virtual interno no membro, expresso como uma função de x e causado pela carga unitária virtual externa.
V = cortante interno no membro, expresso como uma função de x e causado pelas cargas reais.
A = área da seção transversal do membro.
K = fator de forma para a área da seção transversal:
$\quad K = 1{,}2$ para seções transversais retangulares.
$\quad K = 10/9$ para seções transversais circulares.
$\quad K \approx 1$ para perfis de abas largas e vigas I, onde A é a área da alma.
G = módulo transversal de elasticidade para o material.

Torção. Frequentemente estruturas tridimensionais são sujeitas a cargas torcionais. Se o membro tem uma área de seção transversal *circular*, nenhuma distorção da sua seção transversal ocorrerá quando ele estiver carregado. Como consequência, a energia de deformação virtual no membro pode ser facilmente derivada. Para fazer isto, considere um elemento dx do membro que é sujeito a um torque aplicado **T** (Figura 9.23). Este torque provoca uma deformação de cisalhamento de $\gamma = (c\,d\theta)/dx$. Contanto que uma

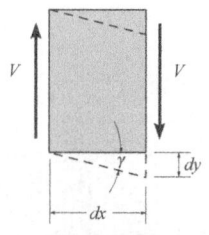

Figura 9.22

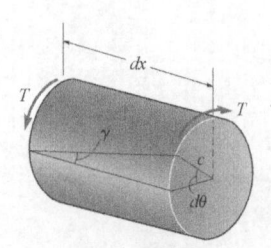

Figura 9.23

resposta material elástica linear ocorra, então $\gamma = \tau/G$, onde $\tau = Tc/J$. Desse modo, o ângulo de torção $d\theta = (\gamma\, dx)/c = (\tau/Gc)\, dx = (T/GJ)\, dx$. Se uma carga unitária virtual for aplicada à estrutura que causa um torque virtual interno **t** no membro, então aplicando as cargas reais, a energia de deformação virtual no membro de comprimento dx será $dU_t = t\, d\theta = tT\, dx/GJ$. Integrando através do comprimento L do membro resulta em

$$U_t = \frac{tTL}{GJ} \quad (9.26)$$

onde

t = torque virtual interno causado pela carga unitária virtual externa.

T = torque interno no membro causado pelas cargas reais.

G = módulo transversal de elasticidade para o material.

J = momento polar de inércia para a seção transversal, $J = \pi c^4/2$, onde c é o raio da área da seção transversal.

L = comprimento do membro.

A energia de deformação virtual em razão da torção para os membros com áreas de seção transversal não circulares é determinada usando uma análise mais rigorosa do que a apresentada aqui.

Temperatura. Na Seção 9.4 consideramos o efeito de uma *mudança de temperatura uniforme* ΔT sobre o membro de uma treliça e indicamos que o membro vai alongar ou encurtar por um montante $\Delta L = \alpha\, \Delta TL$. Em alguns casos, entretanto, um membro estrutural pode ser sujeitado a uma *diferença de temperatura através da sua altura*, como no caso da viga mostrada na Figura 9.24a. Se isto ocorrer, é possível determinar o deslocamento dos pontos ao longo da curva elástica da viga usando o princípio do trabalho virtual. Para fazer isso, primeiro temos de calcular o montante de *rotação* de um elemento diferencial dx da viga como causado pelo gradiente térmico que atua sobre a seção transversal da viga. Aprofundando a discussão, escolheremos o caso mais comum de uma viga tendo um eixo neutro localizado à meia profundidade (c) da viga. Se representarmos graficamente o perfil da temperatura (Figura 9.24b), será observado que a temperatura média é $T_m = (T_1 + T_2)/2$. Se $T_1 > T_2$, a diferença de temperatura no topo do elemento causa um alongamento de tensão, enquanto na parte de baixo causa uma contração de tensão. Em ambos os casos, a diferença em temperatura é $\Delta T_m = T_1 - T_m = T_m - T_2$.

Tendo em vista que a mudança térmica de comprimento no topo e na parte de baixo é $\delta x = \alpha\, \Delta T_m dx$, Figura 9.24c, então a rotação do elemento é

$$d\theta = \frac{\alpha\, \Delta T_m\, dx}{c}$$

Se aplicarmos uma carga unitária virtual em um ponto na viga onde um deslocamento deve ser determinado, ou aplicarmos um momento binário virtual unitário em um ponto onde o deslocamento rotacional da tangente deve ser determinado, então essa carga cria um momento virtual **m** na viga no ponto onde o elemento dx está localizado. Quando o gradiente de temperatura é imposto, a energia de deformação virtual é então

$$U_{\text{temp}} = \int_0^L \frac{m\alpha\, \Delta T_m\, dx}{c} \quad (9.27)$$

onde

m = momento virtual na viga expresso como uma função de x e causado pela carga unitária virtual externa ou momento binário unitário externo.

α = coeficiente de expansão térmica.

ΔT_m = diferença de temperatura entre a temperatura média e a temperatura no topo ou na parte de baixo da viga.

c = meia-altura da viga.

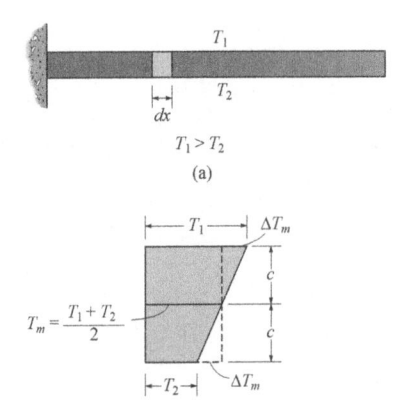

perfil da temperatura

(b)

rotação positiva

(c)

Figura 9.24

A não ser que de outra maneira colocado, *este texto vai considerar somente deflexões de viga e pórtico resultantes de flexão*. Em geral, no entanto, membros de vigas e pórticos podem ser sujeitos a várias das outras cargas discutidas nesta parte. Entretanto, como mencionado anteriormente, as deflexões adicionais causadas por cortante e força axial alteram a deflexão das vigas por apenas alguns pontos percentuais e são, portanto, geralmente ignoradas até para uma análise de um pórtico pequeno de duas ou três baias com um andar de altura. Se estes e outros efeitos de torção e temperatura serão considerados para a análise, então você simplesmente soma sua energia de deformação virtual, como definido pelas equações 9.24 a 9.27, à equação de trabalho virtual definida pela Equação 9.22 ou Equação 9.23. Os exemplos a seguir ilustram a aplicação dessas equações.

Exemplo 9.12

Determine o deslocamento horizontal do ponto C no pórtico mostrado na Figura 9.25a. Considere $E = 200$ GPa, $G = 80$ GPa, $I = 235(10^6)$ mm^4 e $A = 50(10^6)$ mm^4 para ambos os membros. A área da seção transversal é retangular. Inclua a energia de deformação interna resultante da carga axial e do cortante.

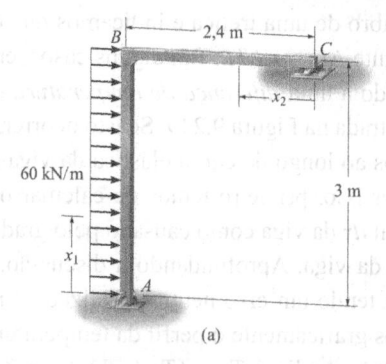

Figura 9.25

SOLUÇÃO

Aqui temos de aplicar uma carga unitária horizontal em C. Os diagramas de corpo livre necessários para as cargas reais e virtuais são mostrados nas figuras 9.25b e 9.25c.

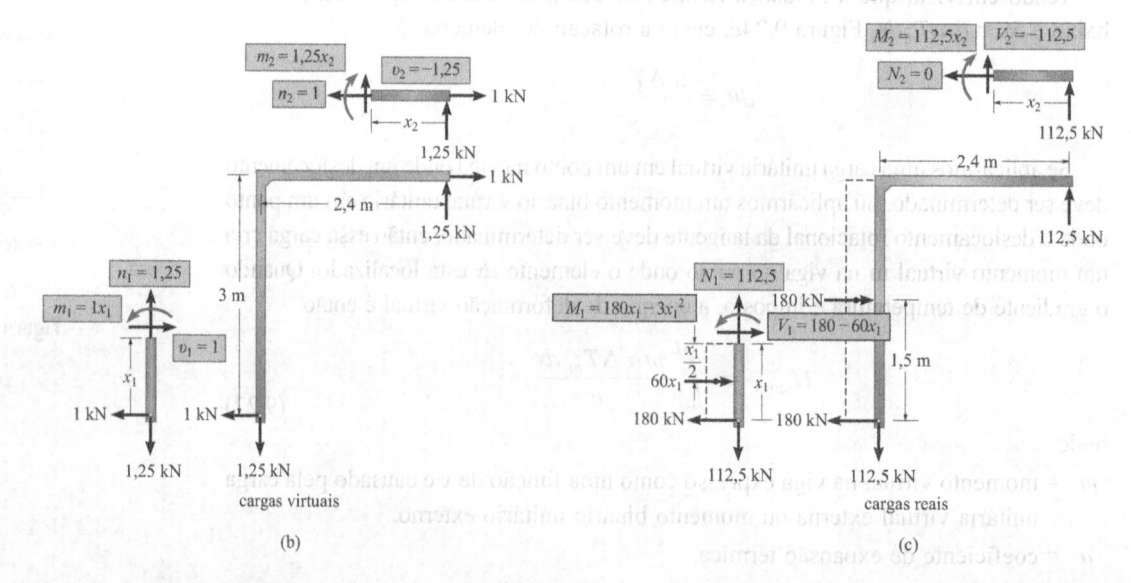

Flexão. A energia de deformação virtual resultante de flexão foi determinada no Exemplo 9.10. Nesse exemplo ficou demonstrado que

$$U_b = \int_0^L \frac{mM \; dx}{EI} = \frac{1660{,}5 \text{ kN}^2 \cdot \text{m}^3}{EI} = \frac{1660{,}5 \text{ kN}^2 \cdot \text{m}^3}{[200(10^6) \text{ kN/m}^2][235(10^6)(10^{-12}) \text{ m}^4]}$$

$$= 0{,}0353 \text{ kN} \cdot \text{m} = 35{,}3 \text{ kN} \cdot \text{mm}$$

Carga axial. Dos dados nas figuras 9.25b e 9.25c, temos

$$U_a = \sum \frac{nNL}{AE}$$

$$= \frac{1{,}25 \text{ kN}(112{,}5 \text{ kN})(3 \text{ m})}{[50(10^3)(10^{-6}) \text{ m}^2][80(10^6) \text{ kN/m}^2]} + \frac{1 \text{ kN}(0)(2{,}4 \text{ m})}{[50(10^3)(10^{-6}) \text{ m}^2][80(10^6) \text{ kN/m}^2]}$$

$$= 0{,}000105 \text{ kN} \cdot \text{m} = 0{,}105 \text{ kN} \cdot \text{mm}$$

Cortante. Aplicando a Equação 9.25, com $K = 1{,}2$ para seções transversais retangulares, e usando as funções de cortante mostradas nas figuras 9.25b e 9.25c, temos

$$U_s = \int_0^L K\left(\frac{vV}{GA}\right) dx$$

$$= \int_0^3 \frac{1{,}2(1)(180 - 60x_1) \; dx_1}{GA} + \int_0^{2{,}4} \frac{1{,}2(-1{,}25)(-112{,}5) \; dx_2}{GA}$$

$$= \frac{729 \text{ kN}^2 \cdot \text{m}}{[80(10^6) \text{ kN/m}^2][50(10^3)(10^{-6}) \text{ m}^2]} = 0{,}000182 \text{ kN} \cdot \text{m} = 0{,}182 \text{ kN} \cdot \text{mm}$$

Aplicando a equação de trabalho virtual, temos

$$1 \text{ kN} \cdot \Delta_{C_h} = 35{,}3 \text{ kN} \cdot \text{mm} + 0{,}105 \text{ kN} \cdot \text{mm} + 0{,}182 \text{ kN} \cdot \text{mm}$$

$$\Delta_{C_h} = 35{,}59 \text{ mm} \qquad \qquad (Resposta)$$

A inclusão dos efeitos do cortante e da carga axial contribuiu com um aumento de apenas 0,8% na resposta em relação àquela determinada apenas pela flexão.

Exemplo 9.13

A viga mostrada na Figura 9.26a é usada em um edifício sujeito a dois ambientes térmicos. Se a temperatura na superfície de topo da viga é 25°C e na superfície de baixo 70°C, determine a deflexão vertical da viga no seu ponto central resultante do gradiente de temperatura. Considere $\alpha = 11{,}7(10^{-6})/°C$.

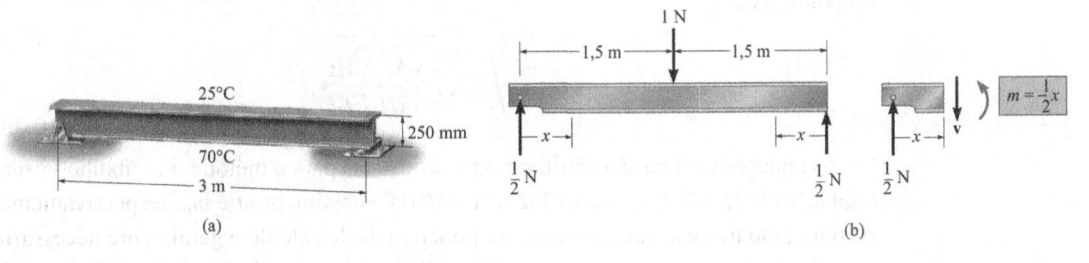

Figura 9.26

SOLUÇÃO

Tendo em vista que a deflexão no centro da viga será determinada, uma carga unitária virtual é colocada ali e o momento virtual interno na viga é calculado (Figura 9.26b). A temperatura média no centro da viga é (70° + 25°)/2 = 47,5°C, de maneira que para a aplicação da Equação 9.27, ΔT_m = 47,5°C − 25°C = 22,5°C. Também, c = 250 mm/2 = 125 mm. Aplicando o princípio do trabalho virtual, temos

$$1\,\text{N} \cdot \Delta_{C_v} = \int_0^L \frac{m\alpha\,\Delta T_m\,dx}{c}$$

$$= 2\int_0^{1500\,\text{mm}} \frac{\left(\tfrac{1}{2}x\right)11,7(10^{-6})/\,°\text{C}\,(22,5\,°\text{C})}{125\,\text{mm}}\,dx$$

$$\Delta_{C_v} = 2,37\,\text{mm} \qquad\qquad (Resposta)$$

O resultado indica uma deflexão muito desprezível.

9.9 Teorema de Castigliano para vigas e pórticos

A energia de deformação de flexão interna para uma viga ou pórtico é dada pela Equação 9.11 ($U_i = \int M^2\,dx/2EI$). Substituindo esta equação na Equação 9.20 ($\Delta_i = \partial U_i/\partial P_i$) e omitindo o subscrito i, temos

$$\Delta = \frac{\partial}{\partial P}\int_0^L \frac{M^2\,dx}{2EI}$$

Em vez de elevar ao quadrado a expressão para o momento interno M, integrando, e então tomando a derivada parcial, geralmente é mais fácil diferenciar antes da integração. Contanto que E e I sejam constantes, temos

$$\boxed{\Delta = \int_0^L M\left(\frac{\partial M}{\partial P}\right)\frac{dx}{EI}} \qquad (9.28)$$

onde

Δ = deslocamento externo do ponto causado pelas cargas reais atuando sobre a viga ou pórtico.

P = força externa aplicada à viga ou pórtico na direção de Δ.

M = momento interno na viga ou pórtico, expresso como uma função de x e causado tanto pela força P, quanto pelas cargas reais sobre a viga.

E = módulo de elasticidade do material da viga.

I = momento de inércia da área da seção transversal calculado em torno do eixo neutro.

Se a inclinação θ em um ponto será determinada, temos de calcular a derivada parcial do momento interno M em relação a um *momento binário externo M′* atuando no ponto, isto é,

$$\boxed{\theta = \int_0^L M\left(\frac{\partial M}{\partial M'}\right)\frac{dx}{EI}} \qquad (9.29)$$

As equações acima são similares àquelas usadas para o método do trabalho virtual (equações 9.22 e 9.23), exceto $\partial M/\partial P$ e $\partial M/\partial M'$ substituem m e m_θ, respectivamente. Assim como no caso para treliças, um pouco mais de cálculo é geralmente necessário para determinar as derivadas parciais e aplicar o teorema de Castigliano, em vez de usar o método do trabalho virtual. Também, lembre-se que esse teorema aplica-se somente a materiais que apresentam uma resposta elástica linear. Se for desejada uma especificação maior da energia de deformação na estrutura, a energia de deformação resultante de cortante, força axial e torção deve ser incluída. As derivações para cisalhamento e torção seguem o mesmo desenvolvimento que as equações 9.25 e 9.26. As energias de tensão e seus derivativos são, respectivamente,

$$U_s = K \int_0^L \frac{V^2\, dx}{2AG} \qquad \frac{\partial U_s}{\partial P} = \int_0^L \frac{V}{AG}\left(\frac{\partial V}{\partial P}\right) dx$$

$$U_t = \int_0^L \frac{T^2\, dx}{2JG} \qquad \frac{\partial U_t}{\partial P} = \int_0^L \frac{T}{JG}\left(\frac{\partial T}{\partial P}\right) dx$$

Estes efeitos, entretanto, não serão incluídos na análise dos problemas neste texto, tendo em vista que as deflexões de viga e pórtico são causadas fundamentalmente pela energia de deformação de flexão. Estruturas maiores, ou aquelas com uma geometria fora do comum, podem ser analisadas por computador, onde esses efeitos podem ser incorporados prontamente na análise.

Procedimento para análise

O procedimento a seguir fornece um método que pode ser usado para determinar a deflexão e/ou inclinação em um ponto em uma viga ou pórtico usando o teorema de Castigliano.

Força externa P ou momento binário M′

- Coloque uma força **P** sobre a viga ou estrutura no ponto e na direção do deslocamento desejado.
- Se a inclinação será determinada, coloque um momento binário **M′** no ponto.
- Presume-se que ambos P e M' tenham uma *magnitude variável* a fim de se obter as variações $\partial M/\partial P$ ou $\partial M/\partial M'$.

Momentos internos M

- Estabeleça as coordenadas x apropriadas que sejam válidas dentro de regiões da viga ou pórtico onde não há descontinuidade de força, carga distribuída, ou momento binário.
- Calcule o momento interno M como uma função de P ou M' e cada coordenada x. Também, calcule a derivada parcial $\partial M/\partial P$ ou $\partial M/\partial M'$ para a coordenada x.
- Após M e $\partial M/\partial P$ ou $\partial M/\partial M'$ terem sido determinados, designe a P ou M' seu valor numérico se ele substituiu uma força real ou momento binário. De outra maneira, estabeleça P ou M' igual a zero.

Teorema de Castigliano

- Aplique Equação 9.28 ou 9.29 para determinar o deslocamento desejado Δ ou inclinação θ. É importante manter os sinais algébricos para valores correspondentes de M e $\partial M/\partial P$ ou $\partial M/\partial M'$.
- Se a soma resultante de todas as integrais definidas é positiva, Δ ou θ é na mesma direção que **P** ou **M′**.

Exemplo 9.14

Determine o deslocamento do ponto B da viga mostrada na Figura 9.27a. Considere $E = 200$ GPa, $I = 500(10^6)$ mm^4.

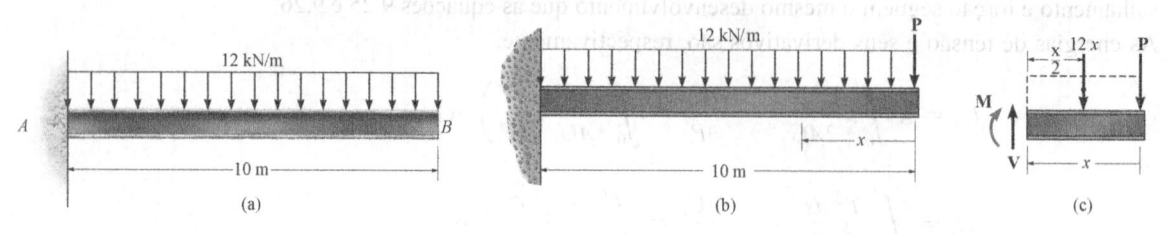

Figura 9.27

SOLUÇÃO

Força externa P. Uma força vertical **P** é colocada sobre a viga em B como mostrado na Figura 9.27b.

Momentos internos M. Uma única coordenada x é necessária para a solução, tendo em vista que não há descontinuidades de carga entre A e B. Usando o método das seções (Figura 9.27c), temos

$$\zeta + \sum M = 0; \qquad -M - (12x)\left(\frac{x}{2}\right) - Px = 0$$

$$M = -6x^2 - Px \qquad \frac{\partial M}{\partial P} = -x$$

Estabelecendo $P = 0$, seu valor real, resulta em

$$M = -6x^2 \qquad \frac{\partial M}{\partial P} = -x$$

Teorema de Castigliano. Aplicando a Equação 9.28, temos

$$\Delta_B = \int_0^L M\left(\frac{\partial M}{\partial P}\right)\frac{dx}{EI} = \int_0^{10} \frac{(-6x^2)(-x)\,dx}{EI} = \frac{15(10^3)\ \text{kN}\cdot\text{m}^3}{EI}$$

ou

$$\Delta_B = \frac{15(10^3)\ \text{kN}\cdot\text{m}^3}{200(10^6)\ \text{kN/m}^2[500(10^6)\ \text{mm}^4](10^{-12}\ \text{m}^4/\text{mm}^4)}$$

$$= 0{,}150\ \text{m} = 150\ \text{mm} \qquad\qquad (Resposta)$$

A similaridade entre esta solução e aquela do método do trabalho virtual (Exemplo 9.7), deve ser observada.

Exemplo 9.15

Determine a inclinação no ponto B da viga mostrada na Figura 9.28a. Considere $E = 200$ GPa, $I = 60(10^6)$ mm^4.

SOLUÇÃO

Momento binário externo M'. Tendo em vista que a inclinação no ponto B será determinada, um momento binário externo M' é colocado sobre a viga neste ponto (Figura 9.28b).

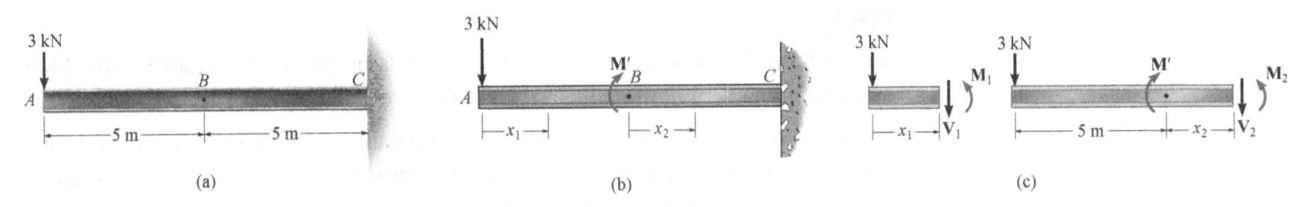

Figura 9.28

Momentos internos M. Duas coordenadas, x_1 e x_2, têm de ser usadas para determinar os momentos internos dentro da viga, tendo em vista que há uma descontinuidade, M', em B. Como mostrado na Figura 9.28b, x_1 vai de A a B, e x_2 de B a C. Usando o método das seções (Figura 9.28c), os momentos internos e os derivativos parciais são calculados como a seguir:

Para x_1:

$(+\Sigma M = 0;$ $M_1 + 3x_1 = 0$

$M_1 = -3x_1$

$$\frac{\partial M_1}{\partial M'} = 0$$

Para x_2:

$(+\Sigma M = 0;$ $M_2 - M' + 3(5 + x_2) = 0$

$M_2 = M' - 3(5 + x_2)$

$$\frac{\partial M_2}{\partial M'} = 1$$

Teorema de Castigliano. Estabelecendo $M' = 0$, seu valor real, e aplicando Equação 9.29, temos

$$\theta_B = \int_0^L M\left(\frac{\partial M}{\partial M'}\right)\frac{dx}{EI}$$

$$= \int_0^5 \frac{(-3x_1)(0)\, dx_1}{EI} + \int_0^5 \frac{-3(5+x_2)(1)\, dx_2}{EI} = -\frac{112{,}5 \text{ kN} \cdot \text{m}^2}{EI}$$

ou

$$\theta_B = \frac{-112{,}5 \text{ kN} \cdot \text{m}^2}{200(10^6) \text{ kN/m}^2 [60(10^6) \text{ mm}^4](10^{-12} \text{ m}^4/\text{mm}^4)}$$

$= -0{,}00938$ rad   (*Resposta*)

O sinal negativo indica que θ_B está na direção oposta em relação ao momento binário $\mathbf{M'}$. Observe a similaridade entre esta solução e a do Exemplo 9.8.

Exemplo 9.16

Determine o deslocamento vertical do ponto C da viga mostrada na Figura 9.29a. Considere $E = 200$ GPa, $I = 150(10^6)$ mm^4.

SOLUÇÃO

Força externa P. Uma força vertical **P** é aplicada ao ponto C (Figura 9.29b). Mais tarde essa força será definida como um valor fixo de 20 kN.

Momentos internos M. Neste caso duas coordenadas x são necessárias para a integração (Figura 9.29b), tendo em vista que a carga é descontínua em C. Usando o método das seções (Figura 9.29c), temos

Para x_1:

$$\zeta + \sum M = 0; \qquad -(24 + 0{,}5P)x_1 + 8x_1\left(\frac{x_1}{2}\right) + M_1 = 0$$

$$M_1 = (24 + 0{,}5P)x_1 - 4x_1^2$$

$$\frac{\partial M_1}{\partial P} = 0{,}5x_1$$

Para x_2:

$$\zeta + \sum M = 0; \qquad -M_2 + (8 + 0{,}5P)x_2 = 0$$

$$M_2 = (8 + 0{,}5P)x_2$$

$$\frac{\partial M_2}{\partial P} = 0{,}5x_2$$

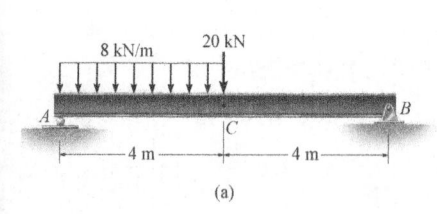

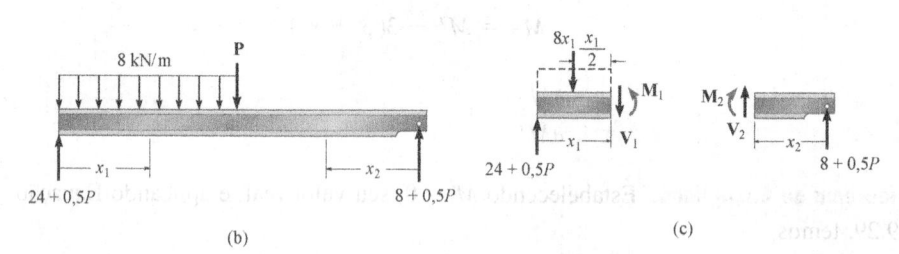

Figura 9.29

Teorema de Castigliano. Configurando $P = 20$ kN, seu valor real, e aplicando a Equação 9.28, resulta em

$$\Delta_{C_v} = \int_0^L M\left(\frac{\partial M}{\partial P}\right)\frac{dx}{EI}$$

$$= \int_0^4 \frac{(34x_1 - 4x_1^2)(0{,}5x_1)\,dx_1}{EI} + \int_0^4 \frac{(18x_2)(0{,}5x_2)\,dx_2}{EI}$$

ou

$$= \frac{234{,}7\ \text{kN}\cdot\text{m}^3}{EI} + \frac{192\ \text{kN}\cdot\text{m}^3}{EI} = \frac{426{,}7\ \text{kN}\cdot\text{m}^3}{EI}$$

$$\Delta_{C_v} = \frac{426{,}7\ \text{kN}\cdot\text{m}^3}{200(10^6)\ \text{kN/m}^2[150(10^6)\ \text{mm}^4](10^{-12}\ \text{m}^4/\text{mm}^4)}$$

$$= 0{,}0142\ \text{m} = 14{,}2\ \text{mm} \qquad\qquad (Resposta)$$

Exemplo 9.17

Determine a inclinação no ponto C do pórtico de dois membros mostrado na Figura 9.30a. O apoio em A é fixo. Considere $E = 200$ GPa, $I = 235(10^6)$ mm^4.

SOLUÇÃO

Momento binário externo M'. Um momento variável **M'** é aplicado ao pórtico no ponto C, tendo em vista que a inclinação neste ponto será determinada, Figura 9.30b. Mais tarde este momento será estabelecido igual a zero.

Momentos internos M. Em face da descontinuidade da carga interna em B, duas coordenadas x_1 e x_2, são escolhidas conforme mostrado na Figura 9.30b. Usando o método das seções, Figura 9.30c, temos

Para x_1:

$$\zeta + \sum M = 0; \qquad -M_1 - 30x_1\left(\frac{x_1}{2}\right) - M' = 0$$

$$M_1 = -\left(15x_1^2 + M'\right)$$

$$\frac{\partial M_1}{\partial M'} = -1$$

Para x_2:

$$\zeta + \sum M = 0; \qquad -M_2 - 108(x_2 \cos 60° + 1{,}8) - M' = 0$$

$$M_2 = -108(x_2 \cos 60° + 1{,}8) - M'$$

$$\frac{\partial M_2}{\partial M'} = -1$$

Teorema de Castigliano. Estabelecendo $M' = 0$ e aplicando a Equação 9.29 resulta em

$$\theta_C = \int_0^L M\left(\frac{\partial M}{\partial M'}\right)\frac{dx}{EI}$$

$$= \int_0^{3,6} \frac{\left(-15x_1^2\right)(-1)\,dx_1}{EI} + \int_0^3 \frac{-108(x_2 \cos 60° + 1{,}8)(-1)\,dx_2}{EI}$$

$$= \frac{233{,}28 \text{ kN} \cdot \text{m}^2}{EI} + \frac{826{,}2 \text{ kN} \cdot \text{m}^2}{EI} = \frac{1059{,}48 \text{ kN} \cdot \text{m}^2}{EI}$$

$$\theta_C = \frac{1059{,}48 \text{ kN} \cdot \text{m}^2}{[200(10^6) \text{ kN/m}^2][235(10^6)(10^{-12}) \text{ m}^4]} = 0{,}0225 \text{ rad} \qquad (Resposta)$$

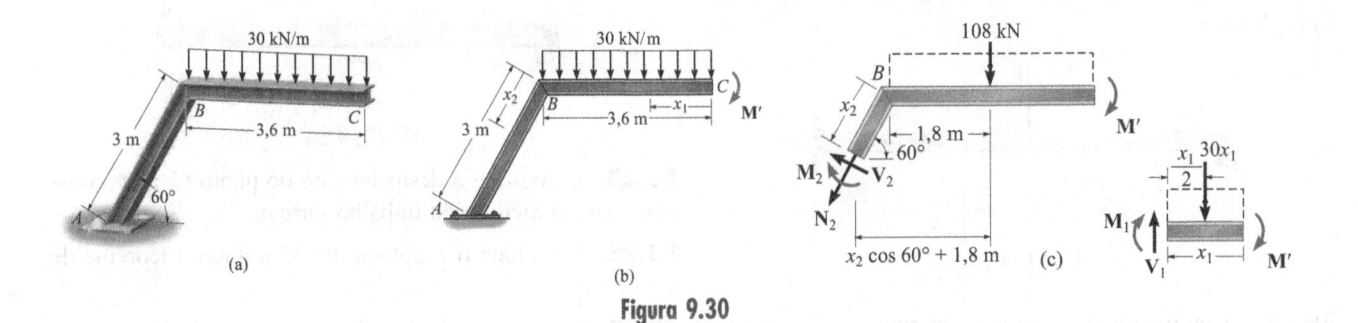

Figura 9.30

Problemas fundamentais

PF9.13. Determine a inclinação e deslocamento no ponto A. EI é constante. Use o princípio do trabalho virtual.

PF9.14. Solucione o Problema PF9.13 usando o teorema de Castigliano.

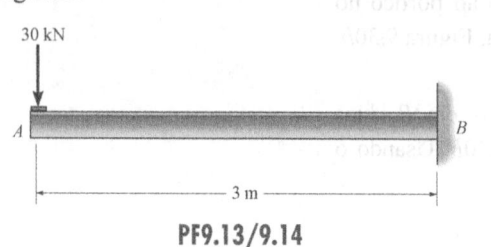

PF9.13/9.14

PF9.15. Determine a inclinação e deslocamento no ponto A. EI é constante. Use o princípio do trabalho virtual.

PF9.16. Solucione o Problema PF9.15 usando o teorema de Castigliano.

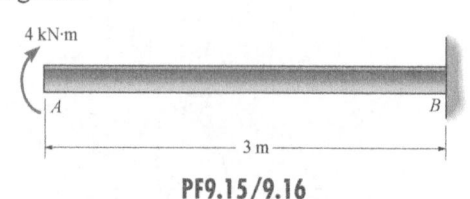

PF9.15/9.16

PF9.17. Determine a inclinação e deslocamento no ponto B. EI é constante. Use o princípio do trabalho virtual.

PF9.18. Solucione o Problema PF9.17 usando o teorema de Castigliano.

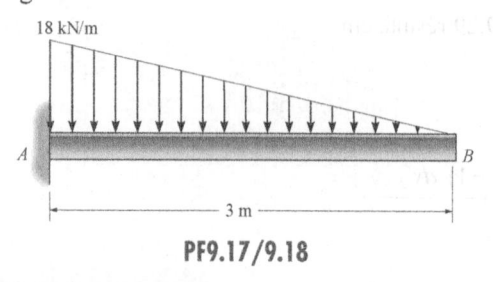

PF9.17/9.18

PF9.19. Determine a inclinação em A e o deslocamento no ponto C. EI é constante. Use o princípio do trabalho virtual.

PF9.20. Solucione o Problema PF9.19 usando o teorema de Castigliano.

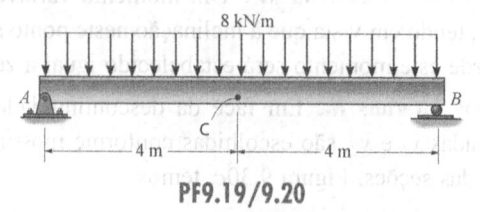

PF9.19/9.20

PF9.21. Determine a inclinação e deslocamento no ponto C. EI é constante. Use o princípio do trabalho virtual.

PF9.22. Solucione o Problema PF9.21 usando o teorema de Castigliano.

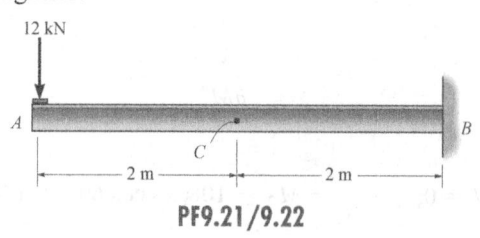

PF9.21/9.22

PF9.23. Determine a inclinação e deslocamento no ponto C. EI é constante. Use o princípio do trabalho virtual.

PF9.24. Solucione o Problema PF9.23 usando o teorema de Castigliano.

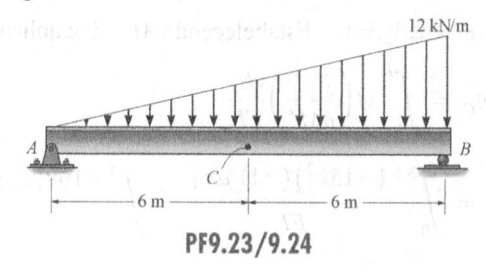

PF9.23/9.24

Problemas

P9.21. Determine o deslocamento do ponto C e a inclinação no ponto B. EI é constante. Use o princípio do trabalho virtual.

P9.22. Solucione o Problema P9.21 usando o teorema de Castigliano.

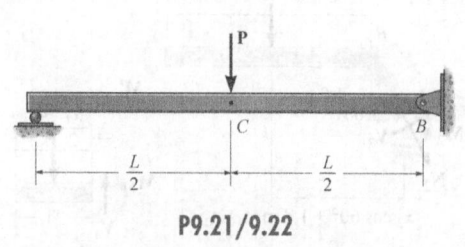

P9.21/9.22

P9.23. Determine o deslocamento do ponto C. EI é constante. Use o método do trabalho virtual.

*P9.24. Solucione o Problema P9.23 usando o teorema de Castigliano.

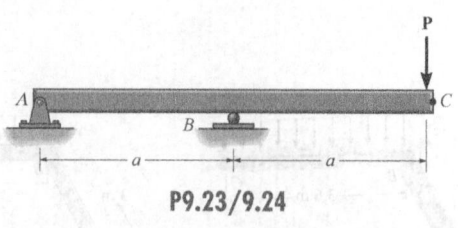

P9.23/9.24

P9.25. Determine o deslocamento do ponto C. EI é constante. Use o método do trabalho virtual.

P9.26. Solucione o Problema P9.25 usando o teorema de Castigliano.

P9.27. Determine a inclinação no ponto A. EI é constante. Use o método do trabalho virtual.

P9.28. Solucione o Problema P9.27 usando o teorema de Castigliano.

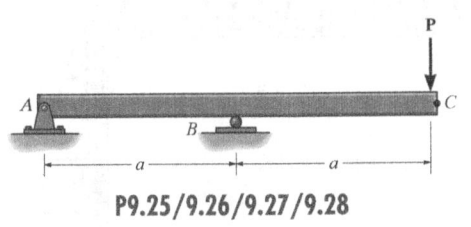

P9.25/9.26/9.27/9.28

P9.29. Determine a inclinação e o deslocamento no ponto C. Use o método do trabalho virtual. $E = 200$ GPa, $I = 480(10^6)$ mm^4.

P9.30. Solucione o Problema P9.29 usando o teorema de Castigliano.

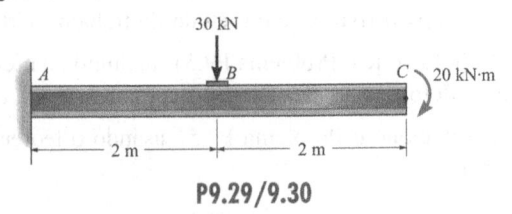

P9.29/9.30

P9.31. Determine o deslocamento e inclinação no ponto C da viga em balanço. O momento de inércia de cada segmento é indicado na figura. Considere $E = 200$ GPa. Use o princípio do trabalho virtual.

*P9.32. Solucione o Problema P9.31 usando o teorema de Castigliano.

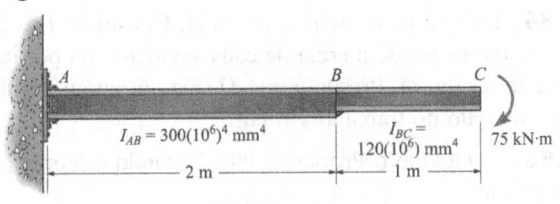

P9.31/9.32

P9.33. Determine a inclinação e o deslocamento no ponto B. EI é constante. Use o método do trabalho virtual.

P9.34. Solucione o Problema P9.33 usando o teorema de Castigliano.

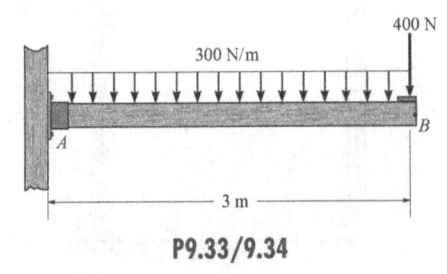

P9.33/9.34

P9.35. Determine a inclinação e o deslocamento no ponto B. Presuma que o apoio em A seja um pino e C um rolo. Considere $E = 200$ GPa, $I = 120(10^6)$ mm^4. Use o método do trabalho virtual.

*P9.36. Solucione o Problema P9.35 usando o teorema de Castigliano.

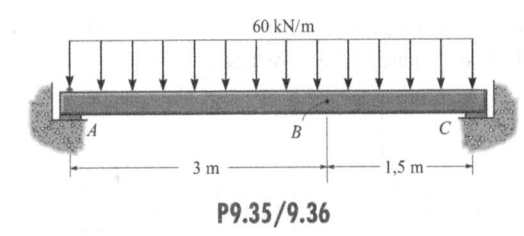

P9.35/9.36

P9.37. Determine a inclinação e o deslocamento no ponto B. Presuma que o apoio em A seja um pino e C um rolo. Leve em consideração a energia de deformação adicional devida ao cortante. Considere $E = 200$ GPa, $I = 120\ (10^6)$ mm^4 e presuma que AB seja uma área de seção transversal de $A = 4,69(10^3)$ mm². Use o método do trabalho virtual.

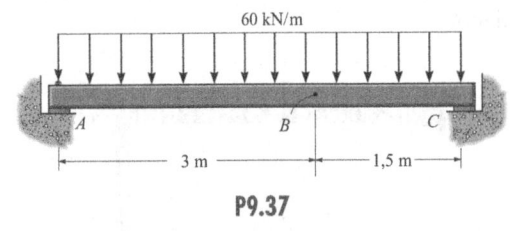

P9.37

P9.38. Determine o deslocamento do ponto C. Use o método do trabalho virtual. EI é constante.

P9.39. Solucione o Problema P9.38 usando o teorema de Castigliano.

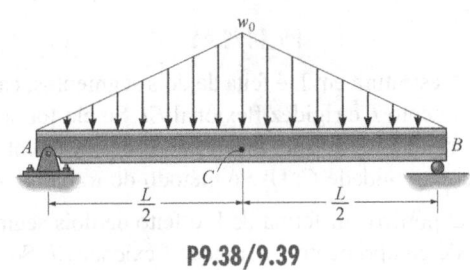

P9.38/9.39

*P9.40. Determine a inclinação e o deslocamento no ponto A. Presuma que C seja fixado por pinos. Use o princípio do trabalho virtual. EI é constante.

P9.41. Solucione o Problema P9.40 usando o teorema de Castigliano.

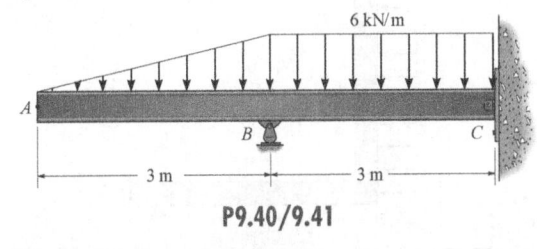

P9.40/9.41

P9.42. Determine o deslocamento no ponto D. Use o princípio do trabalho virtual. EI é constante.

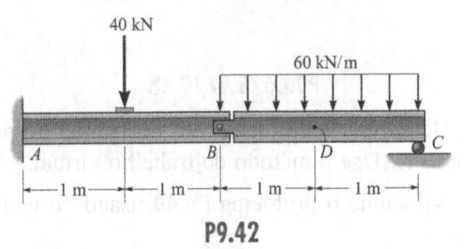

P9.42

P9.43. Determine o deslocamento no ponto D. Use o teorema de Castigliano. EI é constante.

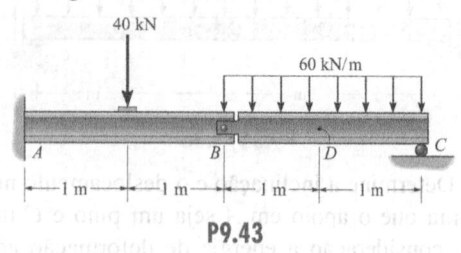

P9.43

*P9.44. Use o método do trabalho virtual e determine a deflexão vertical no apoio em balancim D. EI é constante.

P9.45. Solucione o Problema P9.44 usando o teorema de Castigliano.

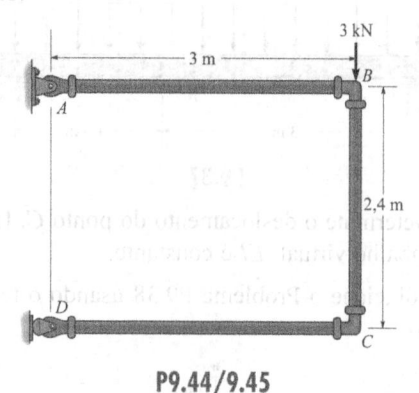

P9.44/9.45

P9.46. A estrutura em L é feita de dois segmentos, cada um de comprimento L e rigidez flexional EI. Se ela for sujeita à carga distribuída uniforme, determine o deslocamento horizontal da extremidade C. Use o método do trabalho virtual.

P9.47. O pórtico em forma de L é feito de dois segmentos, cada um de comprimento L e rigidez flexional EI. Se ele for submetido à carga distribuída uniforme, determine o deslocamento vertical do ponto B. Use o método do trabalho virtual.

*P9.48. Solucione o Problema P9.47 usando o teorema de Castigliano.

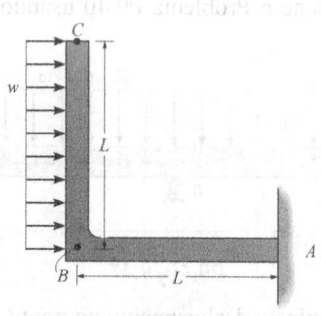

P9.46/9.47/9.48

P9.49. Determine o deslocamento horizontal do ponto C. EI é constante. Use o método do trabalho virtual.

P9.50. Solucione o Problema P9.49 usando o teorema de Castigliano.

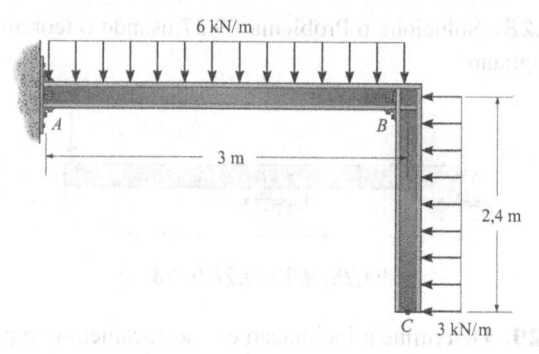

P9.49/9.50

P9.51. Determine a deflexão vertical em C. A área de seção transversal e o momento de inércia de cada segmento são mostrados na figura. Considere $E = 200$ GPa. Presuma que A tenha um apoio fixo. Use o método do trabalho virtual.

*P9.52. Solucione o Problema P9.51, incluindo o efeito da energia de deformação causada pelo cortante e força axial.

P9.53. Solucione o Problema P9.51 usando o teorema de Castigliano.

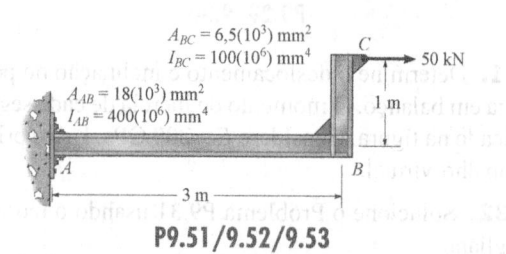

P9.51/9.52/9.53

P9.54. Determine a inclinação em A. Considere $E = 200$ GPa. O momento de inércia de cada segmento do pórtico é indicado na figura. Presuma que D seja um apoio de pino. Use o método do trabalho virtual.

P9.55. Solucione o Problema P9.54 usando o teorema de Castigliano.

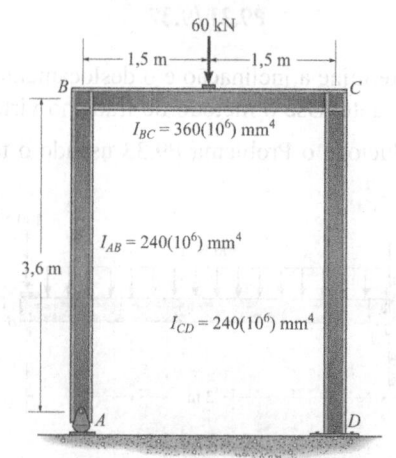

P9.54/9.55

*P9.56. Use o método do trabalho virtual e determine a deflexão horizontal em C. A área de seção transversal de cada membro é indicada na figura. Presuma que os membros estejam ligados por pinos nas suas extremidades. $E = 200$ GPa.

P9.57. Solucione o Problema P9.56 usando o teorema de Castigliano.

***P9.60.** O pórtico é sujeito à carga de 20 kN. Determine o deslocamento vertical em C. Presuma que os membros sejam conectados por pinos em A, C e E, e ligados fixamente nos nós B e D. EI é constante. Use o método do trabalho virtual.

P9.61. Solucione o Problema P9.60 usando o teorema de Castigliano.

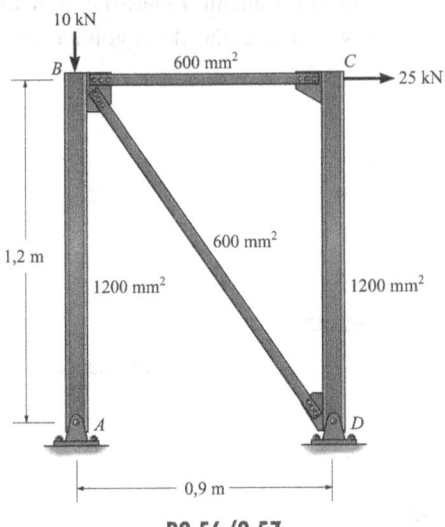

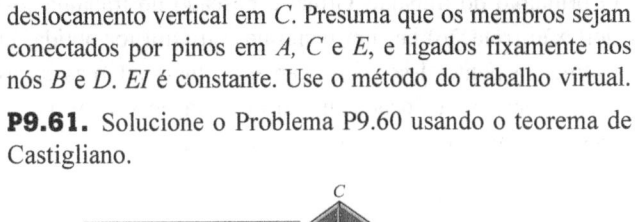

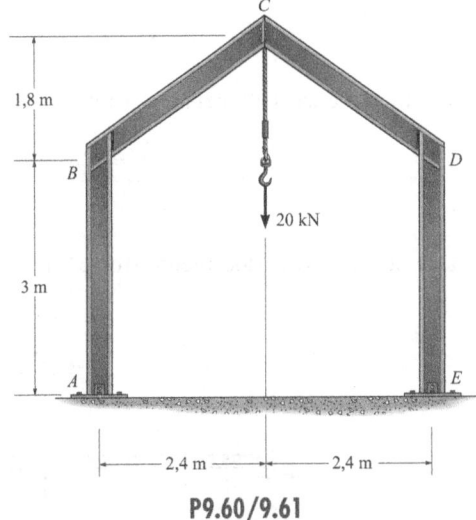

P9.56/9.57

P9.58. Use o método do trabalho virtual e determine a deflexão horizontal em C. EI é constante. Há um pino em A. Presuma que C seja um rolo e B um nó fixo.

P9.59. Solucione o Problema P9.58 usando o teorema de Castigliano.

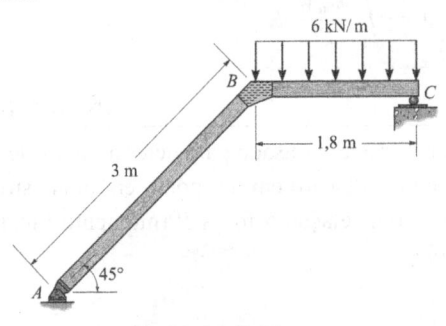

P9.60/9.61

P9.58/9.59

REVISÃO DO CAPÍTULO

Todos os métodos de energia são baseados no princípio da conservação de energia, que afirma que o trabalho realizado por todas as forças externas atuando sobre a estrutura, U_e, é transformado no trabalho interno ou energia de deformação, U_i, desenvolvido nos membros quando a estrutura se deforma.

$$U_e = U_i$$

(Ref.: Seção 9.1)

Uma força (momento) realiza trabalho U quando ela passa por um deslocamento (rotação) na direção da força (momento).

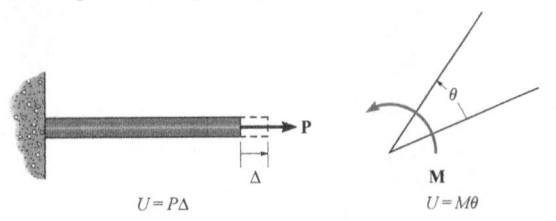

$U = P\Delta$ $U = M\theta$

(Ref.: Seção 9.1)

O princípio do trabalho virtual é baseado no trabalho realizado por uma força unitária imaginária ou "virtual". Se a deflexão (rotação) em um ponto na estrutura for obtida, uma força virtual unitária (momento binário) é aplicada à estrutura no ponto. Isso causa cargas virtuais internas na estrutura. O trabalho virtual é então desenvolvido quando as cargas reais são colocadas na estrutura fazendo com que ela se deforme.

Deslocamentos de treliça são encontrados usando

$$1 \cdot \Delta = \sum \frac{nNL}{AE}$$

Se o deslocamento é causado pela temperatura, ou erros de fabricação, então

$$1 \cdot \Delta = \sum n\alpha \Delta T L \qquad 1 \cdot \Delta = \sum n \Delta L$$

(Ref.: seções 9.3 e 9.4)

Para vigas e pórticos, o deslocamento (rotação) é definido

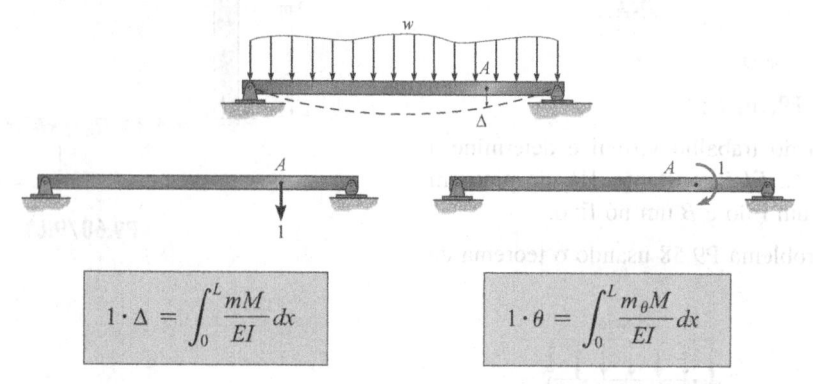

$$1 \cdot \Delta = \int_0^L \frac{mM}{EI} dx \qquad 1 \cdot \theta = \int_0^L \frac{m_\theta M}{EI} dx$$

(Ref.: Seção 9.7)

O segundo teorema de Castigliano, chamado de método do trabalho mínimo, pode ser usado para determinar as deflexões em estruturas que respondem elasticamente. Ele afirma que o deslocamento (rotação) em um ponto em uma estrutura é igual à primeira derivada parcial da energia de deformação na estrutura com relação à força P (momento binário M') atuando no ponto e na direção do deslocamento (rotação). Para uma treliça

$$\Delta = \sum N \left(\frac{\partial N}{\partial P}\right) \frac{L}{AE}$$

(Ref.: Seção 9.6)

Para vigas e pórticos

$$\Delta = \int_0^L M \left(\frac{\partial M}{\partial P}\right) \frac{dx}{EI} \qquad \theta = \int_0^L M \left(\frac{\partial M}{\partial M'}\right) \frac{dx}{EI}$$

(Ref.: Seção 9.9)

Os nós ligados fixos destes pórticos de concreto a tornam uma estrutura estaticamente indeterminada.

CAPÍTULO 10

Análise de estruturas estaticamente indeterminadas pelo método da força

Neste capítulo aplicaremos o método da *força* ou *flexibilidade* para analisar treliças, vigas e pórticos estaticamente indeterminados. No fim do capítulo apresentaremos um método para traçar a linha de influência para uma viga ou pórtico estaticamente indeterminados.

10.1 Estruturas estaticamente indeterminadas

Lembre-se da Seção 2.4 que uma estrutura de qualquer tipo é classificada como *estaticamente indeterminada* quando o número de reações desconhecidas ou forças internas excede o número de equações de equilíbrio disponíveis para sua análise. Nesta parte discutiremos os méritos de se usar estruturas indeterminadas e duas maneiras fundamentais nas quais elas podem ser analisadas. Perceba que a maioria das estruturas projetadas hoje em dia são indeterminadas estaticamente. Esta indeterminação pode surgir como resultado de apoios ou membros a mais, ou pela forma geral da estrutura. Por exemplo, edifícios de concreto armado são quase sempre indeterminados estaticamente, tendo em vista que as colunas e vigas são fundidas como membros contínuos através dos nós e sobre os apoios.

Vantagens e desvantagens. Apesar da análise de uma estrutura indeterminada estaticamente ser mais complicada do que a de uma determinada estaticamente, em geral existem várias razões bastante importantes para se escolher esse tipo de estrutura de projeto. Mais importante, para uma determinada carga, a tensão e deflexão máximas de uma estrutura indeterminada são em geral *menores* do que aquelas da sua equivalente determinada estaticamente. Por exemplo, a viga indeterminada estaticamente com apoios fixos na Figura 10.1a será sujeita a um momento máximo de $M_{max} = PL/8$, enquanto a mesma viga, quando com apoios simples (Figura 10.1b), será sujeita a duas vezes o momento, isto é, $M_{max} = PL/4$. Como resultado, a viga com apoios fixos tem um quarto da deflexão e metade da tensão no seu centro do que aquela com apoios simples.

Outra razão importante para escolher uma estrutura indeterminada estaticamente é porque ela tem uma tendência de redistribuir sua carga para seus apoios redundantes em casos onde ocorre sobrecarga ou falha de projeto. Nesses casos, a estrutura mantém sua estabilidade e o colapso é evitado. Isto é particularmente importante quando cargas laterais *súbitas,* como vento ou terremoto, são impostas sobre a estrutura. Como exemplo, considere novamente a viga com extremidades fixas na Figura 10.1*a*. À medida que **P** é aumentado, o material da viga nos apoios e no centro da viga começa a *escoar* e forma "articulações plásticas" localizadas, o que faz com que a viga deflita como se ela estivesse articulada ou conectada por pinos nesses pontos. Apesar de a deflexão tornar-se grande, os apoios desenvolverão reações de momento e força horizontal que segurarão a viga e, desse modo, evitarão que ela colapse totalmente. No caso da viga com apoios simples (Figura 10.1*b*), uma carga excessiva **P** fará com que a "articulação plástica" se forme somente no centro da viga, e em razão da grande deflexão vertical, os apoios não desenvolverão as reações de momento e força horizontal que podem ser necessárias para evitar o colapso total.

Apesar de estruturas indeterminadas estaticamente poderem suportar uma carga com membros mais esbeltos e com uma maior estabilidade em comparação a suas equivalentes determinadas estaticamente, há casos, por outro lado, em que essas vantagens podem tornar-se desvantagens. As economias de custo em material têm de ser comparadas com o custo a mais necessário para fabricar a estrutura, tendo em vista que frequentemente torna-se mais caro construir os apoios e nós de uma estrutura indeterminada em comparação com uma estrutura determinada. Mais importante, no entanto, em razão do fato de que estruturas indeterminadas estaticamente têm reações de apoio redundantes, é ter muito cuidado para evitar o recalque diferencial dos apoios, tendo em vista que esse efeito introduzirá uma tensão interna na estrutura. Por exemplo, se o apoio em uma extremidade da viga de extremidades fixas na Figura 10.1*a* assentasse, isso desenvolveria uma tensão na viga por causa dessa deformação "forçada". Por outro lado, se fosse uma viga com apoios simples ou estaticamente determinada (Figura 10.1*b*), então qualquer assentamento da sua extremidade não faria com que a viga deformasse e, portanto, nenhuma tensão seria desenvolvida na viga. Em geral, então, qualquer deformação, como aquela causada por deslocamento de suporte relativo, ou mudanças nos comprimentos dos membros causadas por temperatura ou erros de fabricação, introduzirão tensões adicionais na estrutura, que precisam ser consideradas ao projetar estruturas indeterminadas.

Métodos de análise. Ao analisar qualquer estrutura indeterminada, é necessário satisfazer exigências de *equilíbrio, compatibilidade* e *força-deslocamento* para a estrutura. O *equilíbrio* é satisfeito quando as forças reativas mantêm a estrutura em repouso, e a *compatibilidade* é satisfeita quando os vários segmentos da estrutura se encaixam sem rompimentos ou sobreposições intencionais. As exigências de *força-deslocamento* dependem da maneira como o material responde; neste texto presumimos uma resposta elástica linear. Em geral, há duas maneiras diferentes de satisfazer essas exigências ao analisar uma estrutura indeterminada estaticamente: o método da *força* ou *flexibilidade*, e o *método do deslocamento* ou *rigidez*.

Método de força. O método da força foi originalmente desenvolvido por James Clerk Maxwell em 1864 e mais tarde aperfeiçoado por Otto Mohr e Heinrich Müller-Breslau. Ele foi um dos primeiros métodos disponíveis para a análise de estruturas indeterminadas estaticamente. Tendo em vista que a compatibilidade forma a base para esse método, às vezes ele é referido como o *método da compatibilidade* ou o *método dos deslocamentos consistentes*. O método consiste em escrever equações

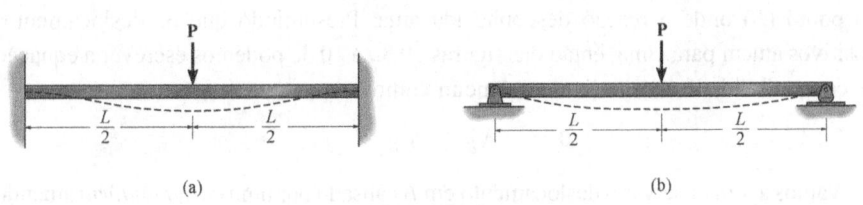

Figura 10.1

que satisfazem as *exigências de força-deslocamento* e *compatibilidade* para a estrutura a fim de determinar as *forças* redundantes. Uma vez que essas forças tenham sido determinadas, as forças reativas restantes sobre a estrutura são determinadas satisfazendo as exigências de equilíbrio. Os princípios fundamentais envolvidos na aplicação deste método são fáceis de compreender e desenvolver, e eles serão discutidos neste capítulo.

Método do deslocamento. O método do deslocamento de análise é baseado em primeiro escrever as relações de força-deslocamento para os membros e então satisfazer as *exigências de equilíbrio* para a estrutura. Nesse caso, as *incógnitas* nas equações são *deslocamentos*. Uma vez que os deslocamentos tenham sido obtidos, as forças são determinadas a partir das equações de força-deslocamento e compatibilidade. Estudaremos algumas das técnicas clássicas usadas para aplicar o método do deslocamento nos capítulos 11 e 12. Tendo em vista que todos os softwares de computador para análise estrutural de hoje em dia são desenvolvidos usando esse método, apresentaremos uma formulação matricial do método do deslocamento nos capítulos 14, 15 e 16.

Cada um desses dois métodos, que são delineados na Figura 10.2, tem vantagens e desvantagens em particular, dependendo da geometria da estrutura e seu grau de indeterminação. Uma discussão da utilidade de cada método será dada após cada um ter sido apresentado.

	Incógnitas	Equações usadas para solução	Coeficientes das incógnitas
Método da força	Forças	Compatibilidade e força-deslocamento	Coeficientes de flexibilidade
Método do deslocamento	Deslocamentos	Equilíbrio e força-deslocamento	Coeficientes de rigidez

Figura 10.2

10.2 Análise pelo método da força: procedimento geral

Talvez a melhor maneira de ilustrar os princípios envolvidos na análise pelo método da força seja considerar a viga mostrada na Figura 10.3a. Se o seu diagrama de corpo livre fosse traçado, haveria quatro reações de apoio desconhecidas; e tendo em vista que três equações de equilíbrio estão disponíveis para solução, a viga é indeterminada de primeiro grau. Consequentemente, para solução uma equação a mais é necessária. A fim de obter essa equação, usaremos o princípio da superposição e consideraremos a *compatibilidade de deslocamento* em um dos seus apoios. Isso é feito escolhendo uma das reações de apoio como "redundante" e temporariamente removendo o seu efeito sobre a viga, de maneira que a viga torna-se então determinada estaticamente e estável. Esta viga é referida como a *estrutura primária*. Aqui removeremos a ação de contenção do balancim em B. Como resultado, a carga **P** fará com que B seja deslocada para baixo por um montante Δ_B conforme mostrado na Figura 10.3b. Por superposição, entretanto, a reação desconhecida em B, isto é, **B**$_y$, faz com que a viga em B seja deslocada Δ'_{BB} para cima (Figura 10.3c). Aqui a primeira letra nessa notação de subscrito duplo refere-se ao ponto (B) onde a deflexão é especificada, e a segunda letra refere-se ao ponto (B) onde a reação desconhecida atua. Presumindo que os deslocamentos positivos atuem para cima, então das figuras 10.3a a 10.3c podemos escrever a equação de compatibilidade necessária no balancim como

$(+\uparrow)$ $\qquad\qquad 0 = -\Delta_B + \Delta'_{BB}$

Vamos agora observar o deslocamento em B causado por uma *carga unitária* atuando na direção de **B**$_y$ como o *coeficiente de flexibilidade linear* f_{BB} (Figura 10.3d). Usando

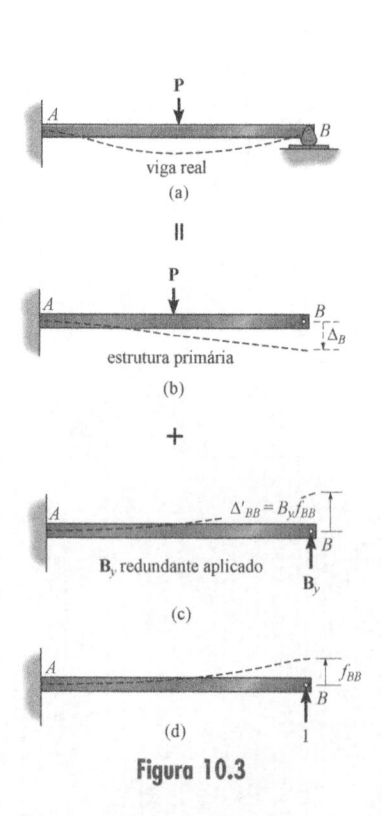

Figura 10.3

o mesmo esquema que o subscrito duplo acima para esta notação, f_{BB} é a deflexão em B causada por uma carga unitária em B. Tendo em vista que o material se comporta de uma maneira elástica linear, uma força de $\mathbf{B}_y$ atuando em B, em vez da carga unitária, causará um aumento proporcional em f_{BB}. Desse modo, podemos escrever

$$\Delta'_{BB} = B_y f_{BB}$$

Quando escrito desse modo, podemos ver que o coeficiente de flexibilidade linear f_{BB} é uma *medida da deflexão por força unitária* e, assim, suas unidades são m/N, mm/N etc. A equação de compatibilidade acima pode, portanto, ser escrita em termos da incógnita B_y como

$$0 = -\Delta_B + B_y f_{BB}$$

Usando os métodos do Capítulo 8 ou 9, ou a tabela de deflexão que está no Apêndice D, as relações de deslocamento de carga apropriadas para a deflexão Δ_B (Figura 10.3*b*) e o coeficiente de flexibilidade f_{BB} (Figura 10.3*d*), podem ser obtidas e a solução para B_y determinada, isto é, $B_y = \Delta_B/f_{BB}$. Uma vez que isso tenha sido conseguido, as três reações no apoio A podem então ser encontradas das equações de equilíbrio.

Como já foi dito, a escolha do redundante é *arbitrária*. Por exemplo, o momento em A (Figura 10.4*a*), pode ser determinado *diretamente* removendo a capacidade da viga de suportar um momento em A, isto é, substituindo um apoio fixo por um pino. Conforme mostrado na Figura 10.4*b*, a rotação em A causada pela carga $\mathbf{P}$ é θ_A, e a rotação em A causada pelo redundante $\mathbf{M}_A$ em A é θ'_{AA} (Figura 10.4*c*). Se denotarmos um *coeficiente de flexibilidade angular* α'_{AA} como o deslocamento angular em A causado por uma unidade de momento binário aplicada a A (Figura 10.4*d*), então

$$\theta'_{AA} = M_A \alpha_{AA}$$

Desse modo, o coeficiente de flexibilidade angular mede o deslocamento angular por unidade de momento binário e, portanto, ele tem unidades de rad/N·m ou rad/kN·m etc. A equação de compatibilidade para a rotação em A exige, portanto,

$$(\zeta +) \qquad 0 = \theta_A + M_A \alpha_{AA}$$

Nesse caso, $M_A = -\theta_A/\alpha_{AA}$, um valor negativo, simplesmente significando que $\mathbf{M}_A$ atua na direção oposta à unidade de momento binário.

Um terceiro exemplo que ilustra a aplicação do método da força é dado na Figura 10.5*a*. Aqui a viga é indeterminada de segundo grau e, portanto, duas equações de compatibilidade serão necessárias para a solução. Nós escolheremos as forças verticais

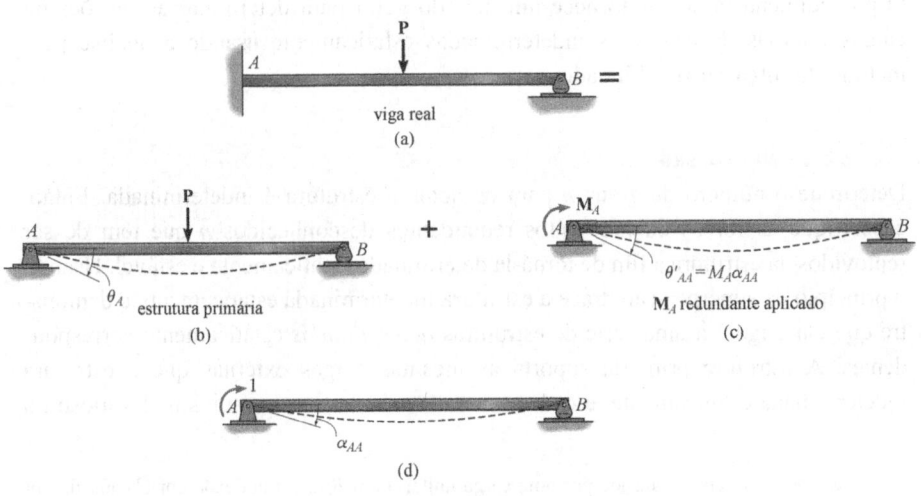

Figura 10.4

nos apoios de rolo, *B* e *C*, como redundantes. A viga determinada estaticamente resultante deflete como mostrado na Figura 10.5*b* quando os redundantes são removidos. Cada força redundante, que é *presumida* que atue para baixo, deflete esta viga como mostrado nas figuras 10.5*c* e 10.5*d*, respectivamente. Aqui os coeficientes de flexibilidade* f_{BB} e f_{CB} são calculados a partir de uma carga unitária atuando em *B* (Figura 10.5*e*); e f_{CC} e f_{BC} são calculados a partir de uma carga unitária atuando em *C* (Figura 10.5*f*). Por superposição, as equações de compatibilidade para a deflexão em *B* e *C*, respectivamente, são

$$1+\downarrow 2 \qquad 0 = \Delta_B + B_y f_{BB} + C_y f_{BC}$$
$$1+\downarrow 2 \qquad 0 = \Delta_C + B_y f_{CB} + C_y f_{CC} \qquad (10.1)$$

Uma vez que as relações de carga-deslocamento tenham sido estabelecidas usando os métodos do Capítulo 8 ou 9, essas equações podem ser solucionadas simultaneamente para as duas forças desconhecidas B_y e C_y.

Tendo ilustrado a aplicação do método da força de análise através de exemplos, discutiremos agora sua aplicação em termos gerais e então o usaremos como base para solucionar problemas envolvendo treliças, vigas e pórticos. Para todos esses casos, entretanto, perceba que tendo em vista que o método depende da superposição de deslocamentos, é necessário que *o material siga elástico linear quando carregado*. Também, reconheça que *qualquer* reação externa ou carga interna em um ponto na estrutura pode ser diretamente determinada liberando inicialmente a capacidade da estrutura de suportar a carga e então escrevendo uma equação de compatibilidade no ponto. Ver Exemplo 10.4.

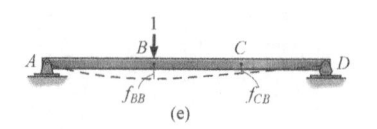

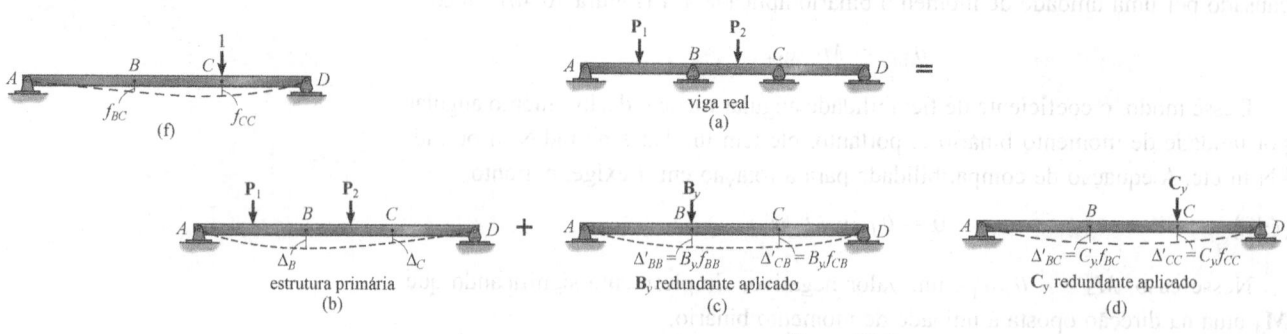

Figura 10.5

Procedimento para análise

O procedimento a seguir fornece um método geral para determinar as reações ou cargas internas de estruturas indeterminadas estaticamente usando a análise pelo método da força ou flexibilidade.

Princípio da superposição

Determine o número de graus *n* para os quais a estrutura é indeterminada. Então, especifique as forças ou momentos redundantes desconhecidos *n* que têm de ser removidos da estrutura a fim de torná-la determinada estaticamente e estável. Usando o princípio da superposição, trace a estrutura indeterminada estaticamente e demonstre que ela é igual a uma série de estruturas *determinadas* estaticamente correspondentes. A estrutura primária suporta as mesmas cargas externas que a estrutura indeterminada estaticamente, e cada uma das outras estruturas adicionadas mostra a

---

* f_{BB} é a deflexão em *B* causada por uma carga unitária em *B*; f_{CB} a deflexão em *C* causada por uma carga unitária em *B*.

estrutura carregada com uma força ou momento redundante em separado. Trace, também, a curva elástica em cada estrutura e indique simbolicamente o deslocamento ou rotação no ponto de cada força ou momento redundante.

Equações de compatibilidade

Escreva uma equação de compatibilidade para o deslocamento ou rotação em cada ponto onde exista uma força ou momento redundante. Essas equações devem ser expressas em termos dos redundantes desconhecidos e seus coeficientes de flexibilidade correspondentes obtidos de cargas unitárias ou de momentos binários unitários que são colineares com as forças ou momentos redundantes.

Determine todas as deflexões e coeficientes de flexibilidade usando a tabela do Apêndice D ou os métodos do Capítulo 8 ou 9.* Substitua essas relações de carga-deslocamento nas equações de compatibilidade e solucione para os redundantes desconhecidos. Em particular, se um valor numérico para um redundante é negativo, isso indica que o redundante atua na direção oposta à sua correspondente força unitária ou momento binário unitário.

Equações de equilíbrio

Trace um diagrama de corpo livre da estrutura. Tendo em vista que forças e/ou momentos redundantes foram calculados, as reações desconhecidas restantes podem ser determinadas das equações de equilíbrio.

Devemos ter em mente que uma vez que todas as reações dos apoios tenham sido obtidas, os diagramas de cortante e momento podem então ser traçados, e a deflexão em qualquer ponto na estrutura pode ser determinada usando os mesmos métodos delineados previamente para estruturas determinadas estaticamente.

10.3 Teorema de Maxwell de deslocamentos recíprocos; Lei de Betti

Quando Maxwell desenvolveu a análise método da força, ele também publicou um teorema que relaciona os coeficientes de flexibilidade de quaisquer dois pontos em uma estrutura elástica – seja ela uma treliça, uma viga ou um pórtico. Esse teorema é referido como o teorema dos deslocamentos recíprocos e pode ter o seguinte enunciado: *o deslocamento de um ponto B em uma estrutura em razão de uma carga unitária atuando no ponto A é igual ao deslocamento do ponto A quando a carga unitária está atuando no ponto B*, isto é, $f_{BA} = f_{AB}$.

Esse teorema é facilmente demonstrado usando o princípio do trabalho virtual. Por exemplo, considere a viga na Figura 10.6. Quando uma carga unitária real atua em A, presuma que os momentos internos na viga sejam representados por m_A. Para determinar o coeficiente de flexibilidade em B, isto é, f_{BA}, uma carga unitária real é colocada em B (Figura 10.7), e os momentos internos m_B são calculados. Então aplicar a Equação 9.18 resulta em

$$f_{BA} = \int \frac{m_B m_A}{EI} dx$$

---

* Sugere-se que se o diagrama M/EI para uma viga consiste de segmentos simples, os teoremas de área-momento ou o método da viga conjugada sejam usados. Vigas com diagramas M/EI complicados, isto é, aquelas com muitos segmentos em curva (parabólicas, cúbicas etc.), podem ser analisadas prontamente usando o método do trabalho virtual ou pelo segundo teorema de Castigliano.

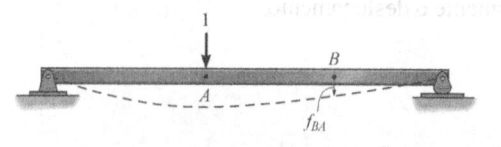

Figura 10.6

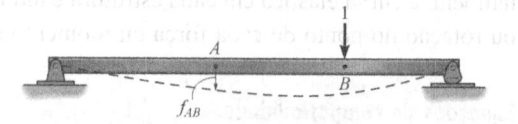

Figura 10.7

Da mesma maneira, se o coeficiente de flexibilidade f_{AB} deve ser determinado quando uma carga unitária real atua em B (Figura 10.7), então m_B representa os momentos internos na viga em razão de uma carga unitária real. Além disso, m_A representa os momentos internos ocasionados por uma carga unitária virtual em A (Figura 10.6). Logo,

$$f_{AB} = \int \frac{m_A m_B}{EI} dx$$

Ambas as integrais obviamente dão o mesmo resultado, o que prova o teorema. O teorema também se aplica a rotações recíprocas, e pode ser enunciado como a seguir: *a rotação no ponto B de uma estrutura em consequência de um momento binário unitário atuando no ponto A é igual à rotação no ponto A quando o momento binário unitário estiver atuando no ponto B*. Além disso, usando uma força unitária e momento binário unitário, aplicados em pontos em separado na estrutura, também podemos enunciar: *a rotação em radianos no ponto B em uma estrutura graças a uma carga unitária atuando no ponto A é igual ao deslocamento no ponto A quando um momento binário unitário estiver atuando no ponto B*.

Como consequência desse teorema, algum trabalho pode ser poupado ao aplicar o método da força para problemas que são estaticamente indeterminados de segundo grau ou mais alto. Por exemplo, apenas um dos dois coeficientes de flexibilidade f_{BC} ou f_{CB} tem de ser calculado nas Equações 10.1, tendo em vista que $f_{BC} = f_{CB}$. Além disso, o teorema de deslocamentos recíprocos tem aplicações na análise de modelo estrutural e para construir linhas de influência usando o princípio de Müller-Breslau (ver Seção 10.10).

Quando o teorema dos deslocamentos recíprocos é formalizado em um sentido mais geral, ele é referido como *lei de Betti*. Enunciado brevemente: o trabalho virtual δU_{AB} realizado por um sistema de forças $\Sigma \mathbf{P}_B$ que passa por um deslocamento causado por um sistema de forças $\Sigma \mathbf{P}_A$ é igual ao trabalho virtual δU_{BA} causado pelas forças $\Sigma \mathbf{P}_A$ quando a estrutura deforma em razão do sistema de forças $\Sigma \mathbf{P}_B$. Em outras palavras, $\delta U_{AB} = \delta U_{BA}$. A prova desse enunciado é similar àquela dada acima para o teorema de deslocamento recíproco.

As longarinas desta ponte são indeterminadas estaticamente tendo em vista que elas são contínuas sobre seus pilares.

10.4 Análise pelo método da força: vigas

O método da força aplicado a vigas foi delineado na Seção 10.2. Usando o "procedimento para análise" também dado nessa mesma seção, vamos agora apresentar vários exemplos que ilustram a aplicação dessa técnica.

Exemplo 10.1

Determine a reação no apoio de rolamento B da viga mostrada na Figura 10.8a. EI é constante.

Figura 10.8

viga real (a) — estrutura primária (b) — B_y redundante aplicado

SOLUÇÃO

Princípio da superposição. Por inspeção, a viga é estaticamente indeterminada para o primeiro grau. O redundante será tomado como $\mathbf{B}_y$, de maneira que essa força tenha condições de ser determinada *diretamente*. A Figura 10.8*b* mostra a aplicação do princípio da superposição. Observe que a remoção do redundante exige que o apoio de rolo ou a ação restritiva da viga na direção de $\mathbf{B}_y$ seja removida. Aqui presumimos que $\mathbf{B}_y$ atua no sentido ascendente sobre a viga.

Equação de compatibilidade. Tomando o deslocamento positivo como ascendente (Figura 10.8*b*), temos

$$(+\uparrow) \qquad 0 = -\Delta_B + B_y f_{BB} \qquad (1)$$

Os termos Δ_B e f_{BB} são facilmente obtidos usando a tabela do Apêndice D. Em particular, observe que $\Delta_B = \Delta_C + \theta_C(6\text{ m})$. Desse modo,

$$\Delta_B = \frac{P(L/2)^3}{3EI} + \frac{P(L/2)^2}{2EI}\left(\frac{L}{2}\right)$$

$$= \frac{(50\text{ kN})(6\text{ m})^3}{3EI} + \frac{(50\text{ kN})(6\text{ m})^2}{2EI}(6\text{ m}) = \frac{9000\text{ kN}\cdot\text{m}^3}{EI}\downarrow$$

$$f_{BB} = \frac{PL^3}{3EI} = \frac{1(12\text{ m})^3}{3EI} = \frac{576\text{ m}^3}{EI}\uparrow$$

Substituindo estes resultados na Equação (1) resulta em

$$(+\uparrow) \qquad 0 = -\frac{9000}{EI} + B_y\left(\frac{576}{EI}\right) \quad B_y = 15{,}6\text{ kN} \qquad (Resposta)$$

Se essa reação é colocada no diagrama de corpo livre da viga, as reações em *A* podem ser obtidas das três equações de equilíbrio (Figura 10.8*c*).
Tendo determinado todas as reações, o diagrama de momento pode ser construído como mostrado na Figura 10.8*d*.

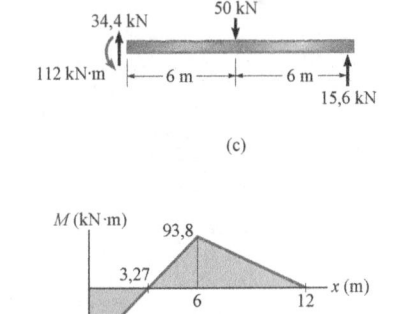

Exemplo 10.2

Trace os diagramas de cortante e momento para a viga mostrada na Figura 10.9*a*. O apoio em *B* recalca 40 mm. Considere $E = 200$ GPa, $I = 500 \,(10^6)\text{ mm}^4$.

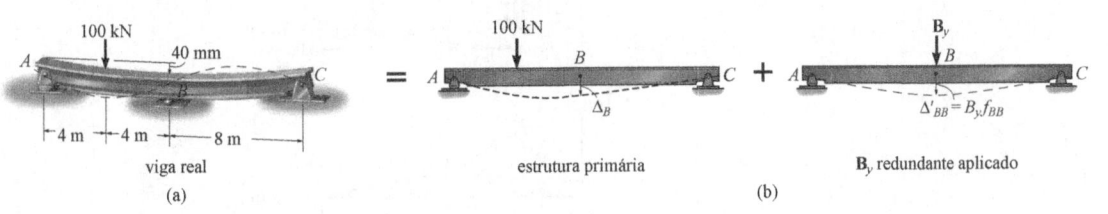

viga real (a) — estrutura primária (b) — B_y redundante aplicado

Figura 10.9

SOLUÇÃO

Princípio de superposição. Por inspeção, vê-se que, a viga é indeterminada de primeiro grau. O apoio central B será escolhido como o redundante, de maneira que o rolo em B seja removido (Figura 10.9b). Aqui $\mathbf{B}_y$ é presumido que atue para baixo sobre a viga.

Equação de compatibilidade. Com relação ao ponto B na Figura 10.9b, usar unidades de metros requer

$(+\downarrow)$ 	$0{,}04 \text{ m} = \Delta_B + B_y f_{BB}$ 	(1)

Usaremos a tabela do Apêndice D. Observe que para Δ_B a equação para a curva de deflexão requer $0 < x < a$. Tendo em vista que $x = 8$ m, então $a = 12$ m. Desse modo,

$$\Delta_B = \frac{Pbx}{6LEI}(L^2 - b^2 - x^2) = \frac{100(4)(8)}{6(16)EI}[(16)^2 - (4)^2 - (8)^2]$$

$$= \frac{5866{,}7 \text{ kN} \cdot \text{m}^3}{EI}$$

$$f_{BB} = \frac{PL^3}{48EI} = \frac{1(16)^3}{48EI} = \frac{85{,}33 \text{ kN} \cdot \text{m}^3}{EI}$$

Substituindo estes valores na Equação (1), chegamos a

$$0{,}04 \text{ m } [200(10^6) \text{ kN/m}^2][500(10^6)(10^{-12}) \text{ m}^4]$$
$$= 5866{,}7 \text{ kN} \cdot \text{m}^3 + B_y(85{,}33 \text{ kN} \cdot \text{m}^3)$$
$$B_y = -21{,}88 \text{ kN}$$

O sinal negativo indica que $\mathbf{B}_y$ atua *para cima* sobre a viga.

Equações de equilíbrio. A partir do diagrama de corpo livre mostrado na Figura 10.9c temos

$(\zeta + \Sigma M_A = 0;$ 	$-100(4) + 21{,}88(8) + C_y(16) = 0$
	$C_y = 14{,}06 \text{ kN}$

$+\uparrow \Sigma F_y = 0;$ 	$A_y - 100 + 21{,}88 + 14{,}06 = 0$
	$A_y = 64{,}06 \text{ kN}$

Usando esses resultados, verifique os diagramas de cortante e momento mostrados na Figura 10.9d.

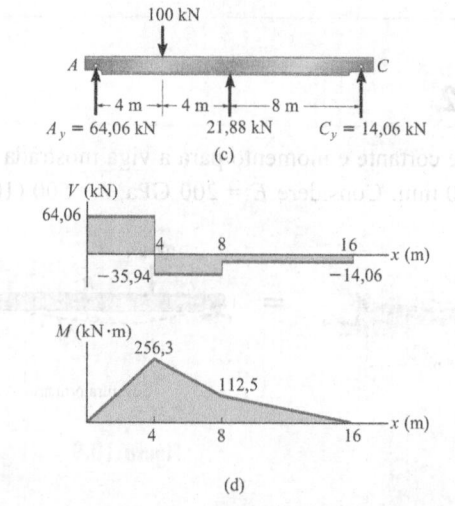

Exemplo 10.3

Trace os diagramas de cortante e momento para a viga mostrada na Figura 10.10a. EI é constante. Despreze os efeitos da carga axial.

SOLUÇÃO

Princípio da superposição. Tendo em vista que a carga axial é desprezada, a viga é indeterminada de segundo grau. Os dois momentos extremos em A e B serão considerados como redundantes. A capacidade da viga de resistir a estes momentos é removida colocando um pino em A e um balancim em B. O princípio da superposição aplicado à viga é mostrado na Figura 10.10b.

Equações de compatibilidade. Referência aos pontos A e B (Figura 10.10b), exige

$$(\zeta +) \qquad 0 = \theta_A + M_A \alpha_{AA} + M_B \alpha_{AB} \qquad (1)$$

$$(\zeta +) \qquad 0 = \theta_B + M_A \alpha_{BA} + M_B \alpha_{BB} \qquad (2)$$

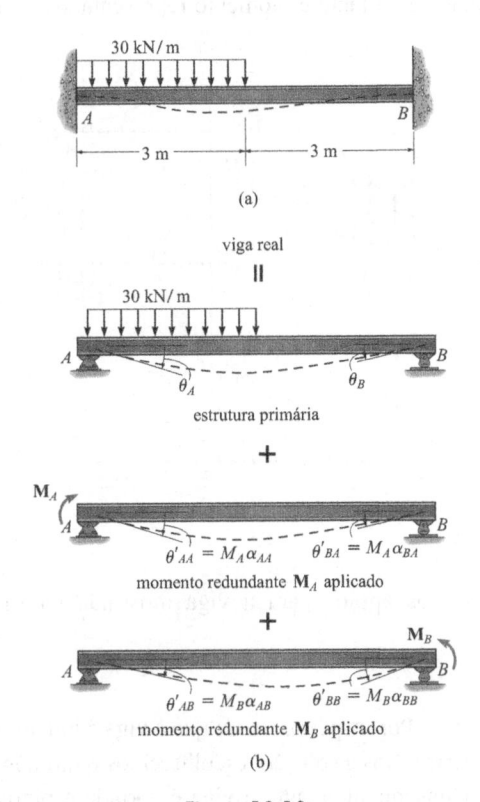

Figura 10.10

As inclinações exigidas e os coeficientes de flexibilidade angulares podem ser determinados usando a tabela do Apêndice D. Temos

$$\theta_A = \frac{3wL^3}{128EI} = \frac{3(30)(6)^3}{128EI} = \frac{151{,}9}{EI}$$

$$\theta_B = \frac{7wL^3}{384EI} = \frac{7(30)(6)^3}{384EI} = \frac{118{,}1}{EI}$$

$$\alpha_{AA} = \frac{ML}{3EI} = \frac{1(6)}{3EI} = \frac{2}{EI}$$

$$\alpha_{BB} = \frac{ML}{3EI} = \frac{1(6)}{3EI} = \frac{2}{EI}$$

$$\alpha_{AB} = \frac{ML}{6EI} = \frac{1(6)}{6EI} = \frac{1}{EI}$$

Observe que $\alpha_{BA} = \alpha_{AB}$, uma consequência do teorema de Maxwell dos deslocamentos recíprocos.

Substituindo os dados nas Equações (1) e (2) resulta em

$$0 = \frac{151,9}{EI} + M_A\left(\frac{2}{EI}\right) + M_B\left(\frac{1}{EI}\right)$$

$$0 = \frac{118,1}{EI} + M_A\left(\frac{1}{EI}\right) + M_B\left(\frac{2}{EI}\right)$$

Cancelando EI e solucionando essas equações simultaneamente, temos

$$M_A = -61,9 \text{ kN} \cdot \text{m} \qquad M_B = -28,1 \text{ kN} \cdot \text{m}$$

Usando esses resultados, os cortantes nas extremidades são calculados (Figura 10.10c), e os diagramas de cortante e momento representados graficamente.

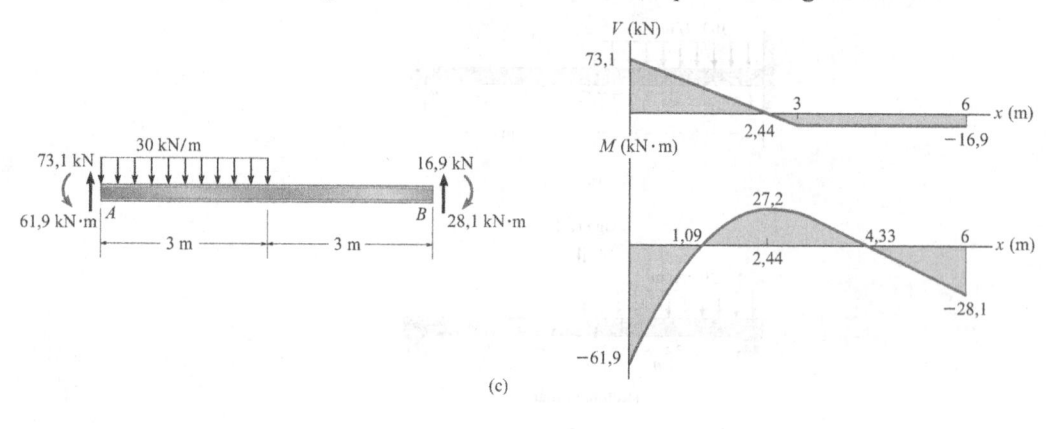

Figura 10.11

Exemplo 10.4

Determine as reações nos apoios para a viga mostrada na Figura 10.11a. EI é constante.

SOLUÇÃO

Princípio da superposição. Por inspeção, vê-se que a viga é indeterminada de primeiro grau. Aqui, a fim de ilustrarmos a solução, escolheremos o momento interno no apoio B como redundante. Consequentemente, a viga é cortada e pinos nas extremidades ou uma articulação interna são colocados em B a fim de liberar *apenas* a capacidade da viga de resistir ao momento neste ponto (Figura 10.11b). O momento interno em B é aplicado à viga na Figura 10.11c.

Equações de compatibilidade. Da Figura 10.11a exigimos que a rotação relativa de uma extremidade da viga com relação à extremidade da outra viga seja zero, isto é,

$$(\zeta+) \qquad \theta_B + M_B \alpha_{BB} = 0$$

onde

$$\theta_B = \theta'_B + \theta''_B$$

e

$$\alpha_{BB} = \alpha'_{BB} + \alpha''_{BB}$$

As inclinações e coeficientes de flexibilidade angular podem ser determinados da tabela do Apêndice D, isto é,

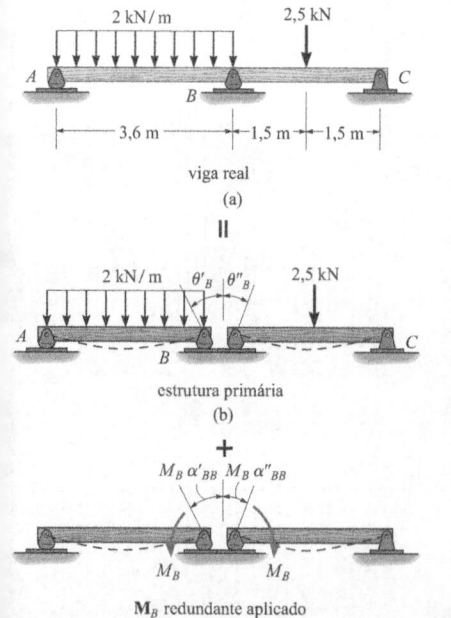

$$\theta'_B = \frac{wL^3}{24EI} = \frac{2(3,6)^3}{24EI} = \frac{3,888 \text{ kN} \cdot \text{m}^2}{EI}$$

$$\theta''_B = \frac{PL^2}{16EI} = \frac{2,5(3)^2}{16EI} = \frac{1,406 \text{ kN} \cdot \text{m}^2}{EI}$$

$$\alpha'_{BB} = \frac{ML}{3EI} = \frac{1(3,6)}{3EI} = \frac{1,2 \text{ m}}{EI}$$

$$\alpha''_{BB} = \frac{ML}{3EI} = \frac{1(3)}{3EI} = \frac{1 \text{ m}}{EI}$$

Desse modo,

$$\frac{3,888 \text{ kN} \cdot \text{m}^2}{EI} + \frac{1,406 \text{ kN} \cdot \text{m}^2}{EI} + M_B\left(\frac{1,2 \text{ m}}{EI} + \frac{1 \text{ m}}{EI}\right) = 0$$

$$M_B = -2,406 \text{ kN} \cdot \text{m}$$

O sinal negativo indica que M_B atua na direção oposta àquela mostrada na Figura 10.11c. Usando esse resultado, as reações nos apoios são calculadas como mostrado na Figura 10.11d. Além disso, os diagramas de cortante e momento são mostrados na Figura 10.11e.

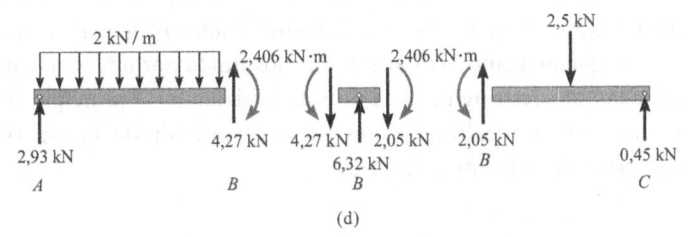

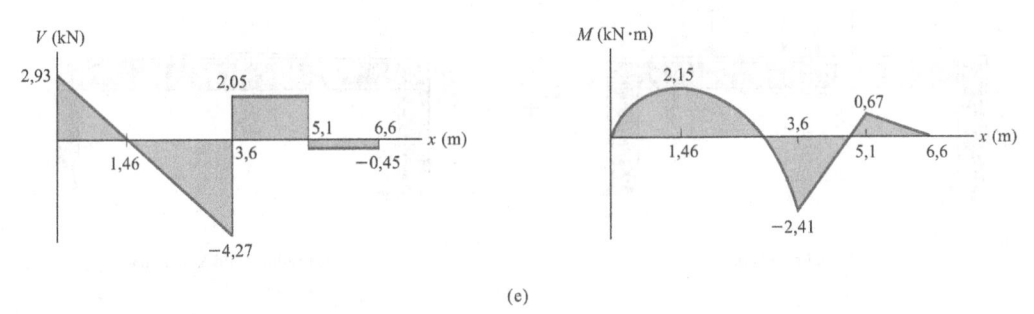

10.5 Análise pelo método da força: pórticos

O método da força é muito útil para solucionar problemas envolvendo pórticos indeterminadas estaticamente que têm um único andar e geometria incomum, como pórticos de duas águas. Problemas envolvendo pórticos com múltiplos andares, ou aqueles com um alto grau de indeterminação, são mais bem solucionados usando a inclinação-deflexão, a distribuição de momentos ou o método da rigidez discutidos em capítulos posteriores.

Os exemplos a seguir ilustram a aplicação do método da força usando o procedimento para análise delineado na Seção 10.2.

Exemplo 10.5

O pórtico transversal, mostrado na foto é usado para servir de apoio ao tabuleiro da ponte. Presumindo que EI seja constante, um desenho dele juntamente com as dimensões e a carga são mostrados na Figura 10.12a. Determine as reações de apoio.

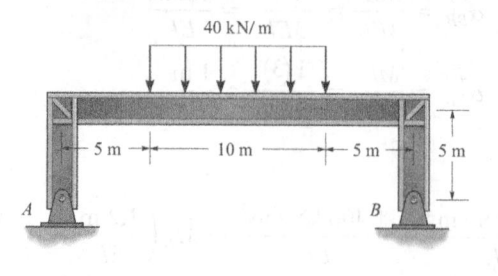

(a)

Figura 10.12

SOLUÇÃO

Princípio da superposição. Por inspeção, vê-se que o pórtico é indeterminado estaticamente de primeiro grau. Nós escolheremos como redundante a reação horizontal em A. Consequentemente, o pino em A é substituído por um balancim, uma vez que um balancim não restringirá A na direção horizontal. O princípio da superposição aplicado ao modelo idealizado da estrutura é mostrado na Figura 10.12b. Observe como o pórtico deflete em cada caso.

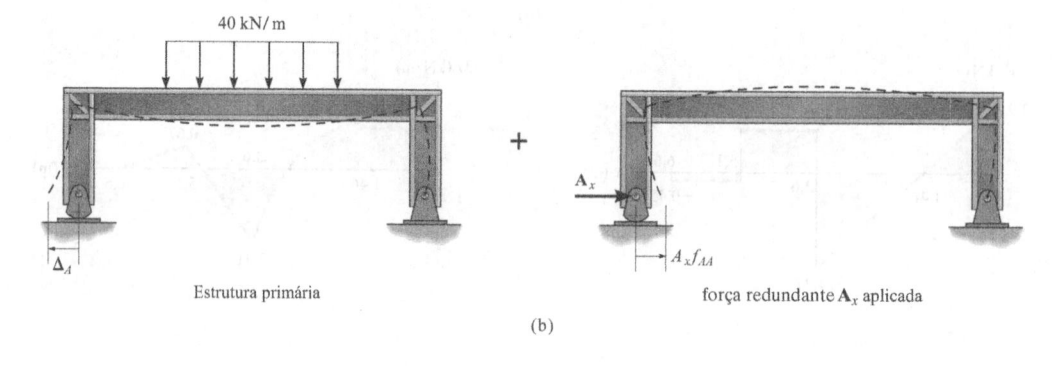

Estrutura primária

força redundante A_x aplicada

(b)

Equação de compatibilidade. Referência ao ponto A na Figura 10.12b exige

$$(\overset{+}{\rightarrow}) \qquad 0 = \Delta_A + A_x f_{AA} \qquad (1)$$

Os termos Δ_A e f_{AA} serão determinados usando o método do trabalho virtual. Graças à simetria da geometria e carga, precisamos somente de três coordenadas x. Estas e os momentos internos são mostrados nas figuras 10.12c e 10.12d. É importante que cada coordenada x seja a mesma tanto para a carga real quanto para a virtual. Também, as direções positivas para **M** e **m** têm de ser as mesmas.

Para Δ_A precisamos da aplicação de cargas reais (Figura 10.12c), e uma carga unitária virtual em A (Figura 10.12d). Desse modo,

$$\Delta_A = \int_0^L \frac{Mm}{EI}dx = 2\int_0^5 \frac{(0)(1x_1)dx_1}{EI} + 2\int_0^5 \frac{(200x_2)(-5)dx_2}{EI}$$

$$+ 2\int_0^5 \frac{(1000 + 200x_3 - 20x_3^2)(-5)dx_3}{EI}$$

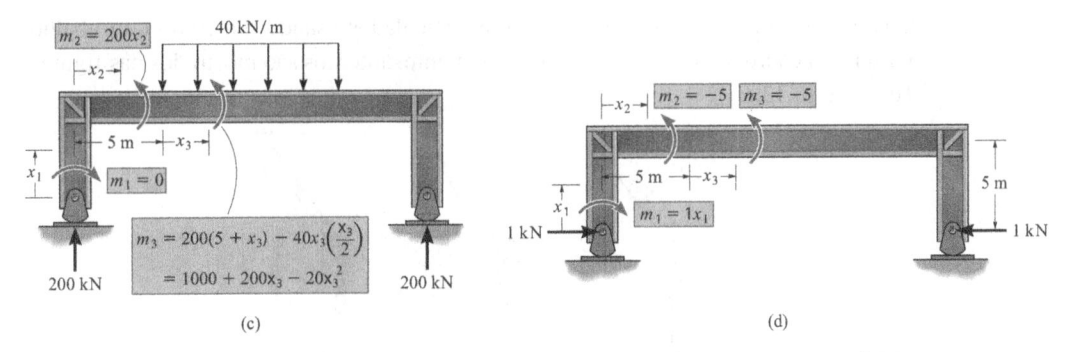

Para f_{AA} precisamos da aplicação de uma carga unitária real e uma carga unitária virtual atuando em A (Figura 10.12d). Desse modo,

$$f_{AA} = \int_0^L \frac{mm}{EI}dx = 2\int_0^5 \frac{(1x_1)^2 dx_1}{EI} + 2\int_0^5 (5)^2 dx_2 + 2\int_0^5 (5)^2 dx_3$$

$$= \frac{583{,}33}{EI}$$

Substituindo os resultados na Equação (1) e solucionando, resulta em

$$0 = \frac{-91\,666{,}7}{EI} + A_x\left(\frac{583{,}33}{EI}\right)$$

$$A_x = 157 \text{ kN} \qquad\qquad (Resposta)$$

Equações de equilíbrio. Usando este resultado, as reações no modelo idealizado do pórtico são mostradas na Figura 10.12e.

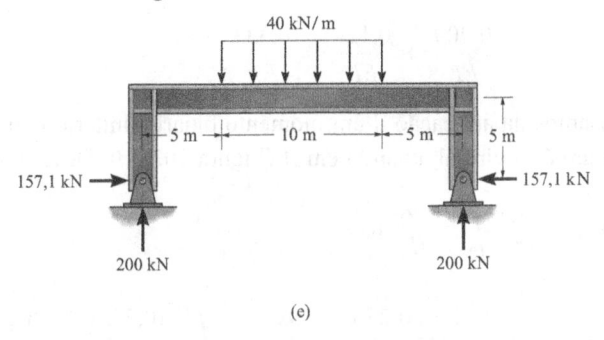

Exemplo 10.6

Determine o momento no apoio fixo A para o pórtico mostrado na Figura 10.13a. EI é constante.

SOLUÇÃO

Princípio da superposição. O pórtico é indeterminado de primeiro grau. Uma solução direta para $\mathbf{M}_A$ pode ser obtida escolhendo este como o redundante. Desse modo, a capacidade do pórtico de suportar um momento em A é removida e, portanto, um pino é usado em A para apoio. O princípio da superposição aplicado ao pórtico estrutura é mostrado na Figura 10.13b.

Equação de compatibilidade. Referência ao ponto A na Figura 10.13b exige

$$(\zeta+) \qquad\qquad 0 = \theta_A + M_A \alpha_{AA} \qquad\qquad (1)$$

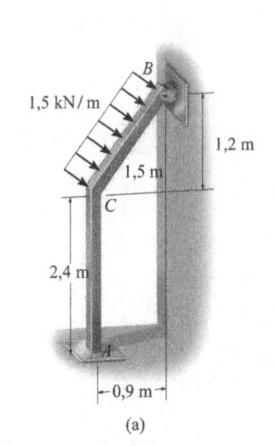

Figura 10.13

Como no exemplo anterior, θ_A e α_{AA} serão calculados usando o método do trabalho virtual. As coordenadas x da estrutura e momentos internos são mostrados nas figuras 10.13c e 10.13d.

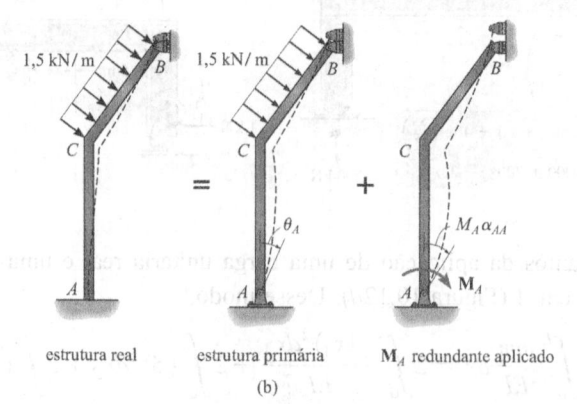

estrutura real = estrutura primária + M_A redundante aplicado

(b)

Para θ_A precisamos da aplicação de cargas reais (Figura 10.13c), e um momento binário unitário em A (Figura 10.13d). Desse modo,

$$\theta_A = \sum \int_0^L \frac{M m_\theta \, dx}{EI}$$

$$= \int_0^{2,4} \frac{(0,13x_1)(1 - 0,278x_1) \, dx_1}{EI}$$

$$+ \int_0^{1,5} \frac{(1,34x_2 - 0,75x_2^2)(0,222x_2) \, dx_2}{EI}$$

$$= \frac{0,209}{EI} + \frac{0,124}{EI} = \frac{0,333}{EI}$$

Para α_{AA} precisamos da aplicação d um momento binário unitário real e de um momento binário unitário virtual atuando em A (Figura 10.13d). Desse modo,

$$\alpha_{AA} = \sum \int_0^L \frac{m_\theta m_\theta}{EI} dx$$

$$= \int_0^{2,4} \frac{(1 - 0,278x_1)^2 \, dx_1}{EI} + \int_0^{1,5} \frac{(0,222x_2)^2 \, dx_2}{EI}$$

$$= \frac{1,155}{EI} + \frac{0,555}{EI} = \frac{1,21}{EI}$$

Substituindo estes resultados na Equação (1) e solucionando, resulta em

$$0 = \frac{0,333}{EI} + M_A \left(\frac{1,21}{EI} \right) \quad M_A = -0,275 \text{ kN} \cdot \text{m} \quad (Resposta)$$

O sinal negativo indica que $\mathbf{M}_A$ atua na direção oposta àquela mostrada na Figura 10.13b.

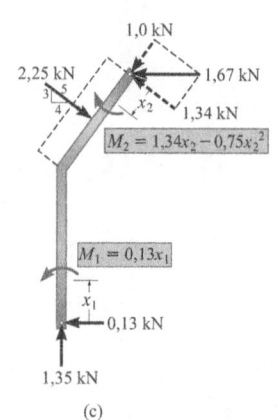

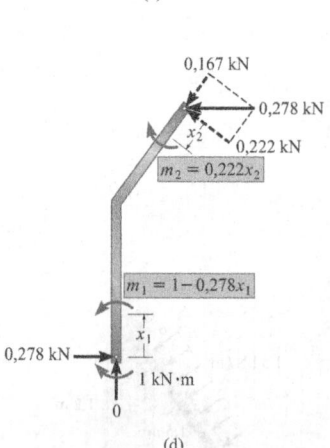

Problemas fundamentais

PF10.1. Determine as reações no apoio fixo em A e o balancim em B. EI é constante.

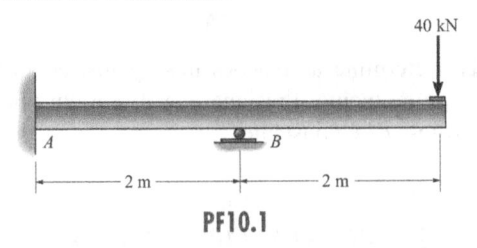

PF10.1

PF10.2. Determine as reações no apoio fixo em A e no rolo em B. EI é constante.

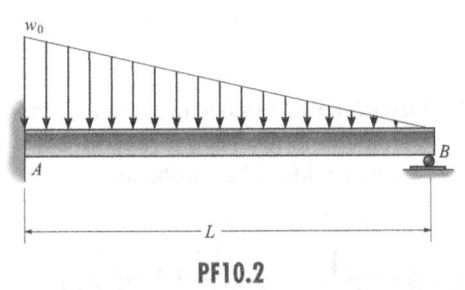

PF10.2

PF10.3. Determine as reações no apoio fixo em A e no rolo em B. O apoio B recalca 5 mm. Considere E = 200 GPa e $I = 300(10^6)$ mm^4.

PF10.3

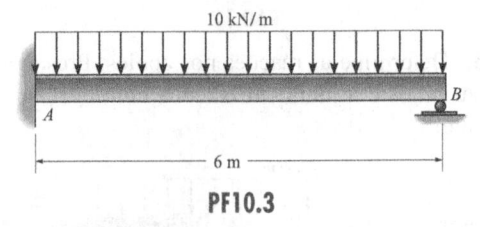

PF10.4. Determine as reações no pino em A e nos rolos em B e C.

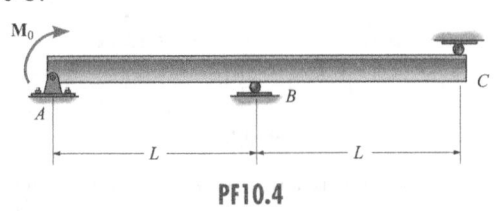

PF10.4

PF10.5. Determine as reações no pino A e nos rolos em B e C da viga. EI é constante.

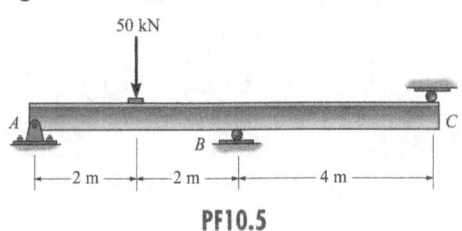

PF10.5

PF10.6. Determine as reações no pino em A e nos rolos em B e C da viga. O suporte B recalca 5 mm. Considere E = 200 GPa, $I = 300(10^6)$ mm^4.

PF10.6

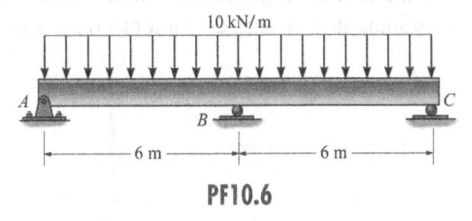

Problemas

P10.1. Determine as reações nos apoios A e B. EI é constante.

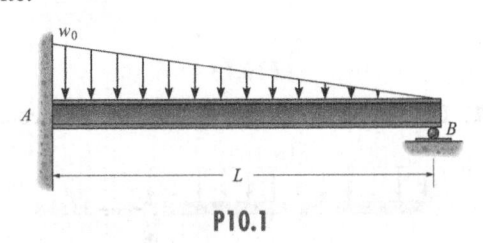

P10.1

P10.2. Determine as reações nos apoios A, B e C, então trace os diagramas de cortante e momento. EI é constante.

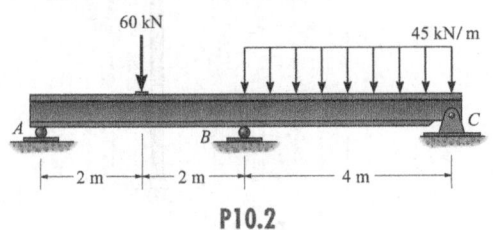

P10.2

P10.3. Determine as reações nos apoios A e B. EI é constante.

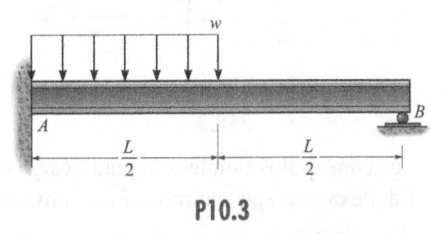

P10.3

*P10.4. Determine as reações nos apoios A, B e C; então trace os diagramas de cortante e momento. EI é constante.

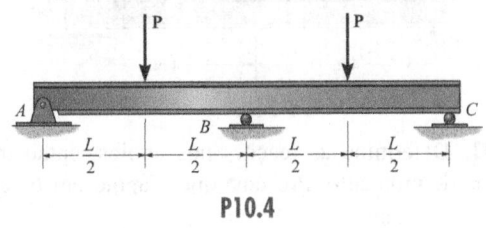

P10.4

P10.5. Determine as reações nos apoios, então trace os diagramas de cortante e momento. *EI* é constante.

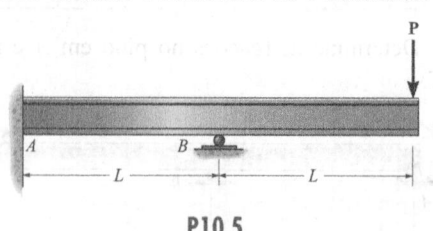

P10.5

P10.6. Determine as reações nos apoios, então trace o diagrama de momento. Presuma que *B* e *C* sejam rolos e *A* esteja fixado por pino. O apoio em *B* recalca para baixo 75 mm. Considere $E = 200$ GPa, $I = 200(10^6)$ mm^4.

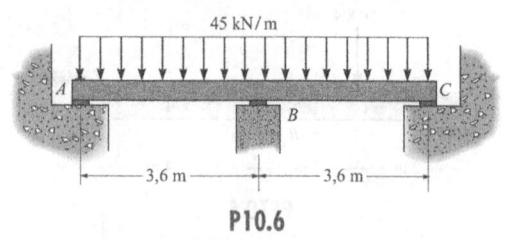

P10.6

P10.7. Determine a deflexão na extremidade *B* da tira de aço A-36 fixada em A. A mola tem uma rigidez de $k = 2$ N/mm. A tira tem 5 mm de largura e 10 mm de altura. Também, trace os diagramas de cortante e momento para a tira.

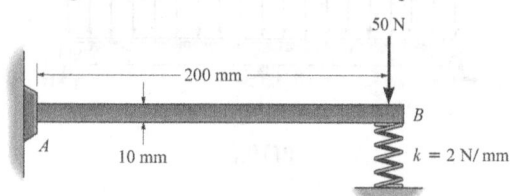

P10.7

*P10.8. Determine as reações nos apoios. O momento de inércia para cada segmento é mostrado na figura. Presuma que o apoio em *B* seja um rolo. Considere $E = 200$ GPa.

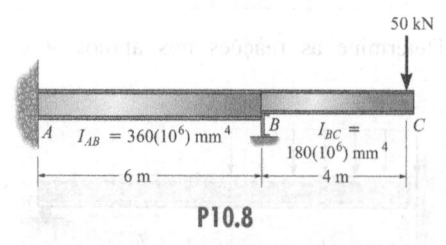

P10.8

P10.9. A viga com apoios simples é sujeita à carga mostrada. Determine a deflexão no seu centro *C*. *EI* é constante.

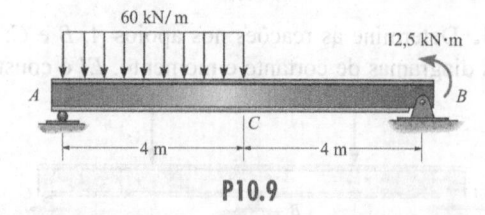

P10.9

P10.10. Determine as reações nos apoios, então trace o diagrama de momento. Presuma que o apoio em *B* seja um rolo. *EI* é constante.

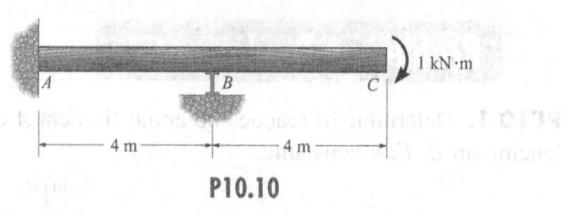

P10.10

P10.11. Determine as reações nos apoios, então trace o diagrama de momento. Presuma que *A* seja um pino e *B* e *C* sejam rolos. *EI* é constante.

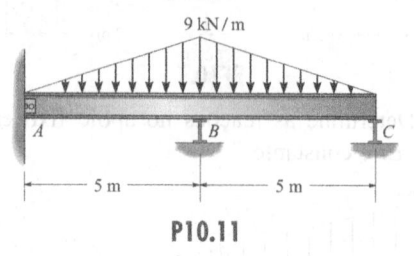

P10.11

*P10.12. Determine as reações nos apoios, então trace o diagrama de momento. Presuma que o apoio em *A* seja um pino e *B* e *C* sejam rolos. *EI* é constante.

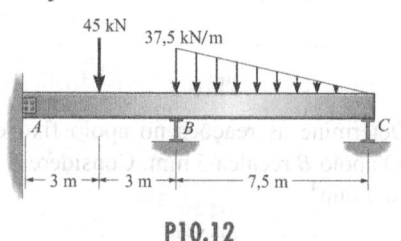

P10.12

P10.13. Determine as reações nos apoios. Presuma que *A* e *C* sejam pinos e a junta em *B* tenha uma ligação fixa. *EI* é constante.

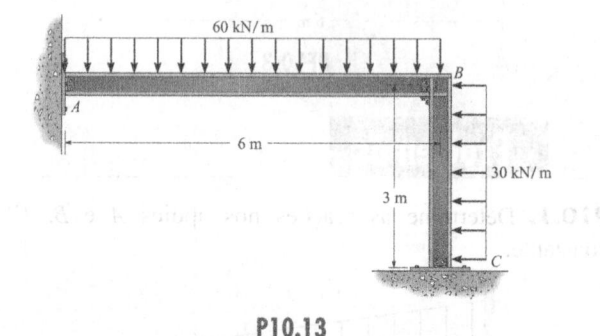

P10.13

P10.14. Determine as reações nos apoios. *EI* é constante.

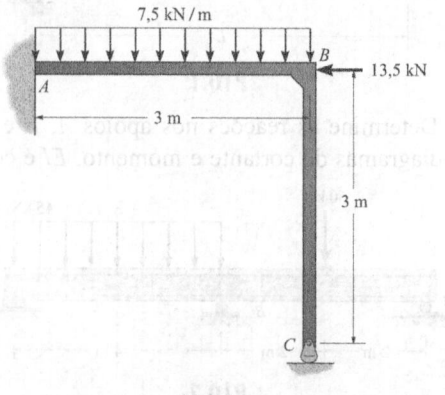

P10.14

P10.15. Determine as reações nos apoios, então trace o diagrama de momento para cada membro. *EI* é constante.

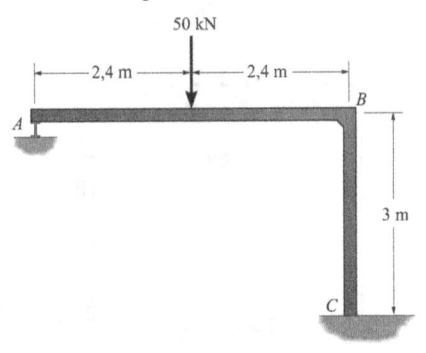

P10.15

*P10.16. Determine as reações nos apoios. Presuma que *A* tenha um apoio fixo. *E* é constante.

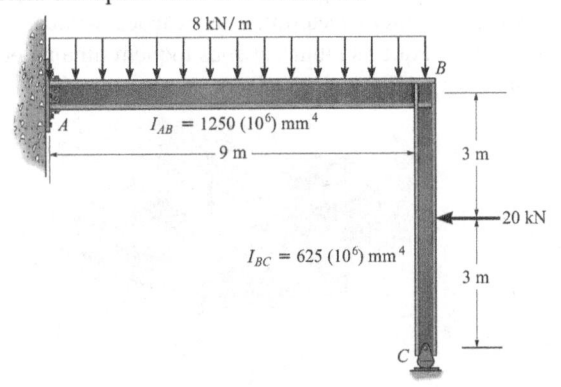

P10.16

P10.17. Determine as reações nos apoios. *EI* é constante.

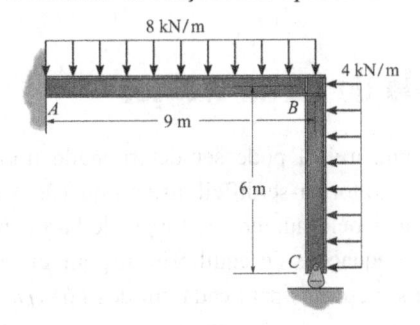

P10.17

P10.18. Determine as reações nos apoios *A* e *D*. O momento de inércia de cada segmento do pórtico é listado na figura. Considere $E = 200$ GPa.

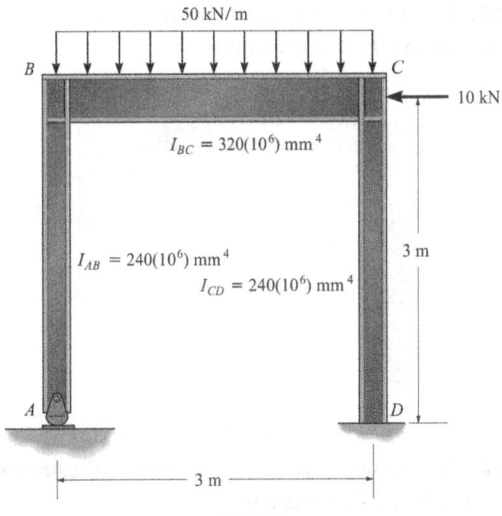

P10.18

P10.19. O pórtico de aço suporta a carga mostrada. Determine os componentes horizontal e vertical de reação nos apoios *A* e *D*. Trace os diagramas de momento para os membros da estrutura. *E* é constante.

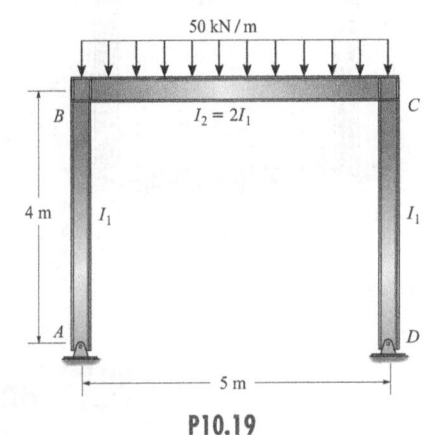

P10.19

*P10.20. Determine as reações nos apoios. Presuma que *A* e *B* sejam pinos e os nós em *C* e *D* sejam ligações fixas. *EI* é constante.

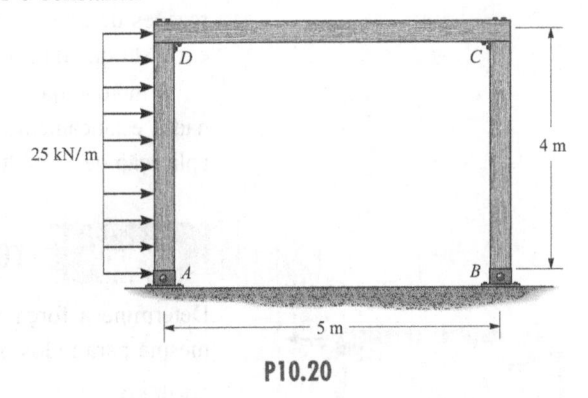

P10.20

P10.21. Determine as reações nos apoios. Presuma que A e D sejam pinos. EI é constante.

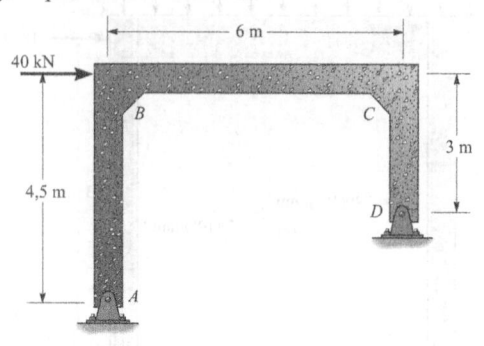

P10.21

P10.22. Determine as reações nos apoios. Presuma que A e B sejam pinos. EI é constante.

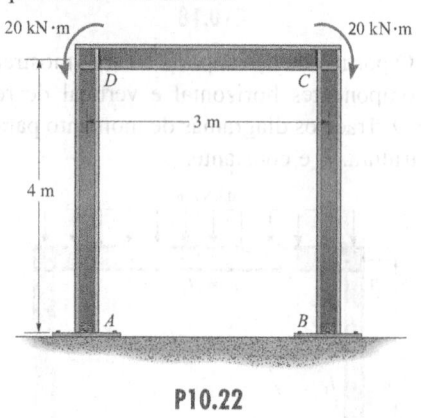

P10.22

P10.23. Determine as reações nos apoios. Presuma que A e B sejam pinos. EI é constante.

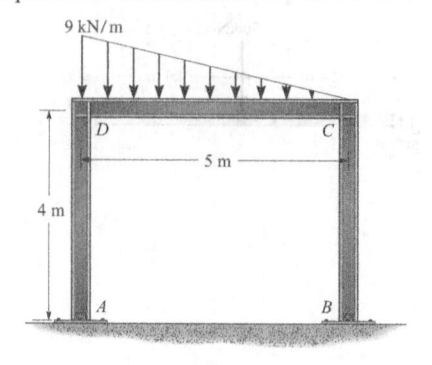

P10.23

*P10.24. Duas tábuas cada uma tendo o mesmo EI e comprimento L são cruzadas perpendiculares uma em relação à outra como mostrado. Determine as reações verticais nos apoios. Presuma que as tábuas apenas toquem uma na outra antes que a carga **P** seja aplicada.

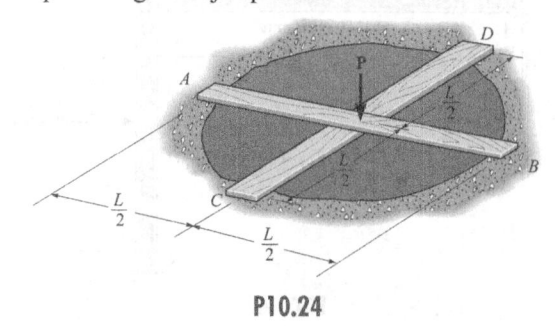

P10.24

10.6 Análise pelo método da força: treliças

O grau de indeterminação de uma treliça pode ser determinado normalmente através de um exame; entretanto, se isto tornar-se difícil, use a Equação 3.1, $b + r > 2j$ Aqui as incógnitas são representadas pelo número de forças de barra (b) mais as reações de apoio (r), e o número de equações de equilíbrio disponíveis é $2j$ tendo em vista que duas equações podem ser escritas para cada um dos nós (j).

O método da força é bastante adequado para se analisar treliças que são indeterminadas estaticamente de primeiro ou segundo grau. Os exemplos a seguir ilustram a aplicação desse método usando o procedimento para análise delineado na Seção 10.2.

Exemplo 10.7

Determine a força no membro AC da treliça mostrada na Figura 10.14a. AE é a mesma para todos os membros.

SOLUÇÃO

Princípio da superposição. Por inspeção, vê-se que a treliça é indeterminada de primeiro grau.* Tendo em vista que a força no membro AC será determinada, o membro AC será escolhido como redundante. Isto exige "cortar" esse membro de maneira que ele não possa resistir a uma força, dessa maneira tornando a treliça determinada

(a)

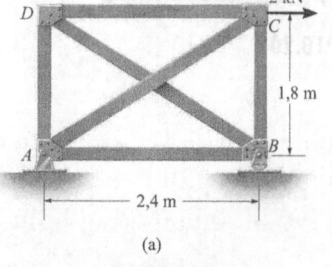

Figura 10.14

* Aplicando a Equação 3.1, $b + r > 2j$ ou $6 + 3 > 2(4)$, $9 > 8, 9 - 8 = 1°$ grau.

estaticamente e estável. O princípio da superposição aplicado à treliça é mostrado na
Figura 10.14b.

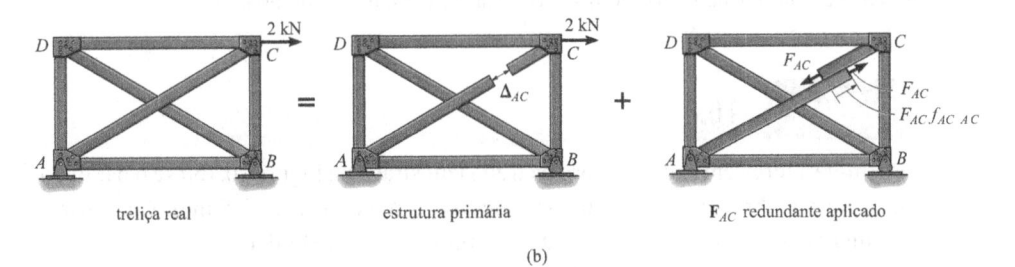

treliça real   estrutura primária F_{AC} redundante aplicado

(b)

Equação de compatibilidade. Com relação ao membro AC na Figura 10.14b, precisamos que a soma do deslocamento relativo Δ_{AC}, que ocorre nas extremidades do membro cortado AC por causa da carga de 2 kN, mais o deslocamento relativo $F_{AC}f_{ACAC}$ causado pela força redundante atuando sozinha, seja igual a zero, isto é,

$$0 = \Delta_{AC} + F_{AC}f_{AC\,AC} \qquad (1)$$

Aqui o coeficiente de flexibilidade f_{ACAC} representa o deslocamento relativo das extremidades cortadas do membro AC causado por uma carga unitária "real" atuando nas extremidades cortadas do membro AC. Este termo, f_{ACAC}, e Δ_{AC} será calculado usando o método do trabalho virtual. A análise de força, usando o método dos nós, é resumida nas figuras 10.14c e 10.14d.

Para Δ_{AC} precisamos da aplicação da carga real de 2 kN (Figura 10.14c), e a força unitária virtual atuando nas extremidades cortadas do membro AC (Figura 10.14d). Desse modo,

$$\Delta_{AC} = \sum \frac{nNL}{AE}$$

$$= 2\left[\frac{(-0,8)(2)(2,4)}{AE}\right] + \frac{(-0,6)(0)(1,8)}{AE} + \frac{(-0,6)(1,5)(1,8)}{AE}$$

$$+ \frac{(1)(-2,5)(3)}{AE} + \frac{(1)(0)(3)}{AE}$$

$$= -\frac{16,8}{AE}$$

Para f_{ACAC} precisamos da aplicação de forças unitárias reais e forças unitárias virtuais atuando nas extremidades cortadas do membro AC (Figura 10.14d). Desse modo,

$$f_{AC\,AC} = \sum \frac{n^2L}{AE}$$

$$= 2\left[\frac{(-0,8)^2(2,4)}{AE}\right] + 2\left[\frac{(-0,6)^2(1,8)}{AE}\right] + 2\left[\frac{(1)^2(3)}{AE}\right]$$

$$= \frac{10,37}{AE}$$

Substituindo os dados na Equação (1) e solucionando resulta em

$$0 = -\frac{16,8}{AE} + \frac{10,37}{AE}F_{AC}$$

$$F_{AC} = 1,62 \text{ kN (T)} \qquad \qquad (Resposta)$$

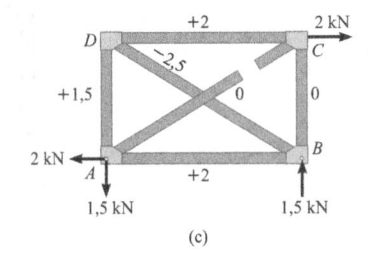

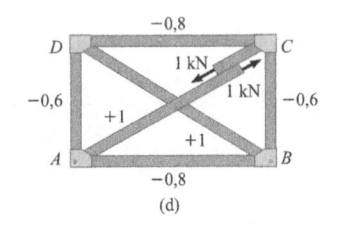

Tendo em vista que o resultado numérico é positivo, AC é sujeito à tração como presumido (Figura 10.14b). Usando este resultado, as forças nos outros membros podem ser encontradas por equilíbrio, usando o método dos nós.

Exemplo 10.8

Determine a força em cada membro da treliça mostrada na Figura 10.15a se o parafuso tensor no membro AC for usado para encurtar o membro em 12,5 mm. Cada barra tem uma área de seção transversal de 125 mm², e $E = 200$ GPa.

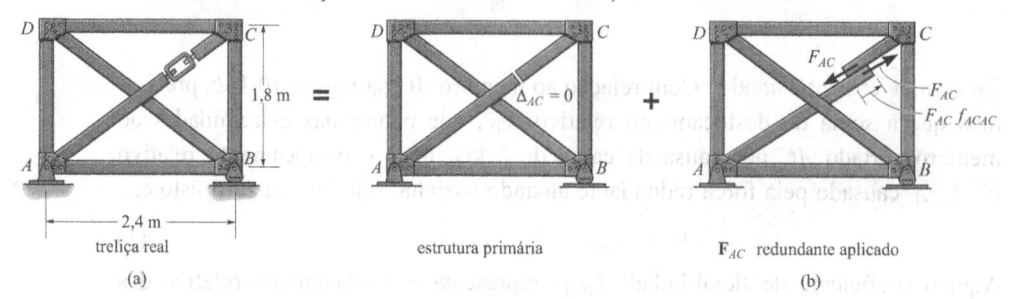

Figura 10.15

SOLUÇÃO

Princípio da superposição. Esta treliça tem a mesma geometria que aquela no Exemplo 10.7. Tendo em vista que AC foi encurtado, o escolheremos como o redundante (Figura 10.15b).

Equação de compatibilidade. Tendo em vista que nenhuma carga externa atua sobre a estrutura primária (treliça), não haverá deslocamento relativo entre as extremidades do membro secionado causado por carga; isto é, $\Delta_{AC} = 0$. O coeficiente de flexibilidade f_{ACAC} foi determinado no Exemplo 10.7, de maneira que

$$f_{AC\ AC} = \frac{10{,}37}{AE}$$

Presumindo que o montante pelo qual a barra é encurtada é positivo, a equação de compatibilidade para a barra é, portanto,

$$0{,}0125 \text{ m} = 0 + \frac{10{,}37}{AE} F_{AC}$$

Percebendo que f_{ACAC} é uma medida de deslocamento por unidade de força, temos

$$0{,}0125 \text{ m} = 0 + \frac{10{,}37 \text{ m}}{(125 \text{ mm}^2)[200 \text{ kN}/\text{mm}^2]} F_{AC}$$

Desse modo,

$$F_{AC} = 30{,}14 \text{ kN} = 30{,}1 \text{ kN (T)} \qquad (Resposta)$$

Tendo em vista que nenhuma força externa atua sobre a treliça, as reações externas são zero. Portanto, usando F_{AC} e analisando a treliça pelo método dos nós chegamos aos resultados mostrados na Figura 10.15c.

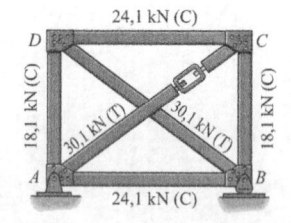

10.7 Estruturas compostas

Estruturas compostas são constituídas de alguns membros sujeitos apenas à força axial, enquanto outros membros são sujeitos à flexão. Se a estrutura é indeterminada estaticamente, o método da força pode ser usado de maneira conveniente para sua análise. O exemplo a seguir ilustra o procedimento.

Exemplo 10.9

A viga treliçada sem contraventamento diagonal em seu painel central, sobre apoios simples e mostrada na foto é projetada para suportar uma carga uniforme de 2 kN/m. As dimensões da estrutura são mostradas na Figura 10.16a. Determine a força desenvolvida no membro CE. Despreze a espessura da viga e presuma que os membros da treliça estejam ligados por pinos à viga. Também, despreze o efeito da compressão axial e do cortante na viga. A área de seção transversal de cada barra de treliça é 400 mm², e para a viga $I = 20(10^6)$ mm⁴. Considere $E = 200$ GPa.

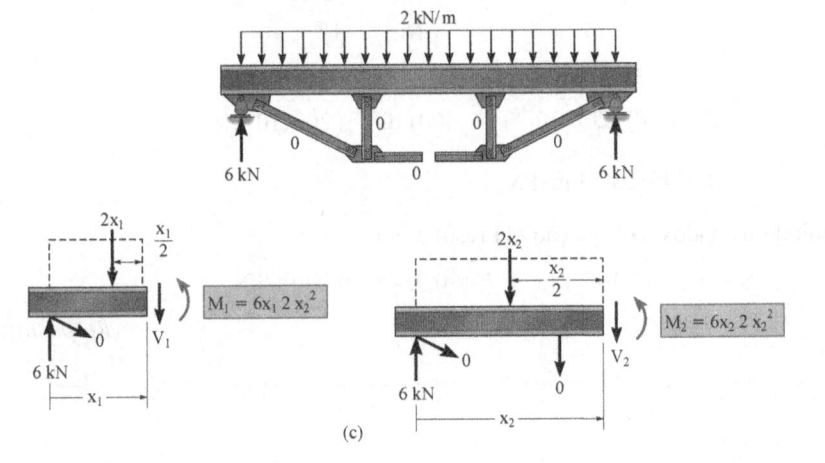

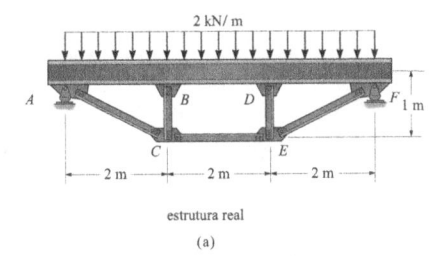

Figura 10.16

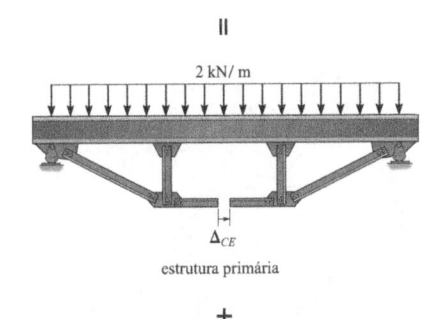

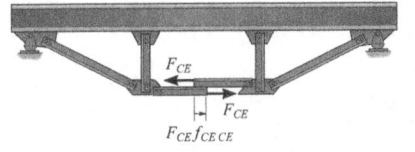

SOLUÇÃO

Princípio da superposição. Se a força em um dos membros da treliça é conhecida, então a força em todos os membros, assim como na viga, pode ser determinada pela estática. Logo, a estrutura é indeterminada de primeiro grau. Para solução, a força no membro CE é escolhida como redundante. Portanto, este membro é seccionado para eliminar sua capacidade de resistir a uma força. O princípio da superposição aplicado à estrutura é mostrado na Figura 10.16b.

Equação de compatibilidade. Com relação ao deslocamento das extremidades cortadas do membro CE (Figura 10.16b) é preciso que

$$0 = \Delta_{CE} + F_{CE} f_{CE\,CE} \qquad (1)$$

O método do trabalho virtual será usado para calcular Δ_{CE} e f_{CECE}. A análise de força necessária é mostrada nas figuras 10.16c e 10.16d.

Para Δ_{CE} precisamos da aplicação das cargas reais (Figura 10.16c), e uma carga unitária virtual aplicada às extremidades cortadas do membro CE (Figura 10.16d). Aqui usaremos a simetria de *ambas*, carga e geometria, e apenas consideraremos a energia de deformação de flexão na viga e, é claro, a energia de deformação axial nos membros da treliça. Assim,

$$\Delta_{CE} = \int_0^L \frac{Mm}{EI}dx + \sum \frac{nNL}{AE} = 2\int_0^2 \frac{(6x_1 - x_1^2)(-0,5x_1)dx_1}{EI}$$

$$+ 2\int_2^3 \frac{(6x_2 - x_2^2)(-1)dx_2}{EI} + 2\left(\frac{(1,118)(0)(\sqrt{5})}{AE}\right)$$

$$+ 2\left(\frac{(-0,5)(0)(1)}{AE}\right) + \left(\frac{1(0)2}{AE}\right)$$

$$= -\frac{12}{EI} - \frac{17,33}{EI} + 0 + 0 + 0$$

$$= \frac{-29,33(10^3)}{200(10^9)(20)(10^{-6})} = -7,333(10^{-3}) \text{ m}$$

Para f_{CECE} precisamos da aplicação de uma carga unitária real e uma carga unitária virtual nas extremidades cortadas do membro CE (Figura 10.16d). Desse modo,

$$f_{CE\ CE} = \int_0^L \frac{m^2 dx}{EI} + \sum \frac{n^2 L}{AE} = 2\int_0^2 \frac{(-0,5x_1)^2 dx_1}{EI} + 2\int_2^3 \frac{(-1)^2 dx_2}{EI}$$

$$+ 2\left(\frac{(1,118)^2(\sqrt{5})}{AE}\right) + 2\left(\frac{(-0,5)^2(1)}{AE}\right) + \left(\frac{(1)^2(2)}{AE}\right)$$

$$= \frac{1,3333}{EI} + \frac{2}{EI} + \frac{5,590}{AE} + \frac{0,5}{AE} + \frac{2}{AE}$$

$$= \frac{3,333(10^3)}{200(10^9)(20)(10^{-6})} + \frac{8,090(10^3)}{400(10^{-6})(200(10^9))}$$

$$= 0,9345(10^{-3}) \text{ m/kN}$$

Substituindo os dados na Equação (1) resulta em

$$0 = -7,333(10^{-3}) \text{ m} + F_{CE}(0,9345(10^{-3}) \text{ m/kN})$$

$$F_{CE} = 7,85 \text{ kN} \hspace{3em} (Resposta)$$

10.8 Observações adicionais sobre a análise pelo método da força

Agora que as ideias básicas relativas ao método da força foram desenvolvidas, passamos a generalizar sua aplicação e discutir sua utilidade.

Quando calculando os coeficientes de flexibilidade, f_{ij} (ou α_{ij}) para a estrutura, será observado que eles dependem somente das propriedades materiais e geométricas dos membros e *não* do carregamento da estrutura primária. Logo, esses valores, uma vez determinados, podem ser usados para calcular as reações para qualquer carga.

Para uma estrutura tendo n reações redundantes, $\mathbf{R}_n$, podemos escrever n equações de compatibilidade, a saber:

$$\Delta_1 + f_{11}R_1 + f_{12}R_2 + \cdots + f_{1n}R_n = 0$$
$$\Delta_2 + f_{21}R_1 + f_{22}R_2 + \cdots + f_{2n}R_n = 0$$
$$\vdots$$
$$\Delta_n + f_{n1}R_1 + f_{n2}R_2 + \cdots + f_{nn}R_n = 0$$

Aqui os deslocamentos, $\Delta_1, \ldots \Delta_n$, são causados *tanto* por *cargas reais* sobre a estrutura primária *quanto* pelo *recalque de apoio* ou *mudanças dimensionais* causados por diferenças de temperatura ou erros de fabricação nos membros. Para simplificar o cálculo para estruturas tendo um grau maior de indeterminação, as equações acima podem ser reformuladas na forma de matriz,

$$\begin{bmatrix} f_{11} & f_{12} & \cdots & f_{1n} \\ f_{21} & f_{22} & \cdots & f_{2n} \\ & & \vdots & \\ f_{n1} & f_{n2} & \cdots & f_{nn} \end{bmatrix} \begin{bmatrix} R_1 \\ R_2 \\ \vdots \\ R_n \end{bmatrix} = -\begin{bmatrix} \Delta_1 \\ \Delta_2 \\ \vdots \\ \Delta_n \end{bmatrix} \quad (10.2)$$

ou simplesmente

$$\mathbf{fR} = -\Delta$$

Em particular, observe que $f_{ij} = f_{ji}$ ($f_{12} = f_{21}$, etc.), uma consequência do teorema de Maxwell de deslocamentos recíprocos (ou lei de Betti). Logo, a *matriz de flexibilidade* será *simétrica*, e essa característica é benéfica para solucionar grandes conjuntos de equações lineares, como no caso de uma estrutura altamente indeterminada.

Ao longo deste capítulo determinamos os coeficientes de flexibilidade usando o método do trabalho virtual como ele se aplica à *estrutura inteira*. É possível, entretanto, obter esses coeficientes para *cada membro* da estrutura e então, usando equações de transformação, obter seus valores para toda a estrutura. Esta abordagem é feita em livros devotados à análise matricial de estruturas, e não será abrangida neste texto.*

Apesar de que os detalhes para aplicar a análise pelo método da força usando métodos computacionais também serão omitidos aqui, podemos fazer algumas observações e comentários gerais que se aplicam ao se usar este método para solucionar problemas que são altamente indeterminados e, desse modo, envolvem grandes conjuntos de equações. Nesse sentido, a precisão numérica para a solução é melhorada se os coeficientes de flexibilidade localizados próximos da diagonal principal da matriz **f** forem maiores do que aqueles localizados distantes da diagonal. Para conseguir isso, algum raciocínio deve ser feito em relação à seleção da estrutura primária. Para facilitar os cálculos de $\mathbf{f}_{ij}$, também é desejável escolher a estrutura primária de modo que ela seja de certa maneira simétrica. Isso tenderá

---

* Ver, por exemplo, H. C. Martin, *Introduction to Matrix Methods of Structural Analysis*, McGraw--Hill, Nova York.

a produzir alguns coeficientes de flexibilidade que são similares ou podem ser zero. Por fim, a forma defletida da estrutura primária deve ser *similar* àquela da estrutura real. Se isso ocorrer, então os redundantes induzirão somente *pequenas* correções para a estrutura primária, o que resulta em uma solução mais precisa da Equação 10.2.

10.9 Estruturas simétricas

Uma análise estrutural de qualquer estrutura altamente indeterminada, ou mesmo uma estrutura determinada estaticamente, pode ser simplificada desde que o projetista ou o analista possa reconhecer aquelas estruturas que são simétricas e suportam cargas simétricas ou antissimétricas. De maneira geral, uma estrutura pode ser classificada como *simétrica* contanto que metade dela desenvolva as mesmas cargas internas e deflexões que sua imagem espelhada refletida em torno do seu eixo central. Normalmente, a simetria exige que a composição material, geometria, apoios e o carregamento sejam os mesmos em cada lado da estrutura. Entretanto, nem sempre esse tem de ser o caso. Observe que para a estabilidade horizontal um pino é necessário para suportar a viga e treliça nas figuras 10.17a e 10.17b. Aqui a reação horizontal no pino é zero, e assim as duas estruturas em questão vão defletir e produzir a mesma carga interna que sua contraparte refletida. Como resultado, elas podem ser classificadas como simétricas. Perceba que esse não seria o caso para o pórtico (Figura 10.17c), se o apoio fixo em *A* fosse substituído por um pino, tendo em vista que então a forma defletida e cargas internas não seriam as mesmas dos seus lados esquerdo e direito.

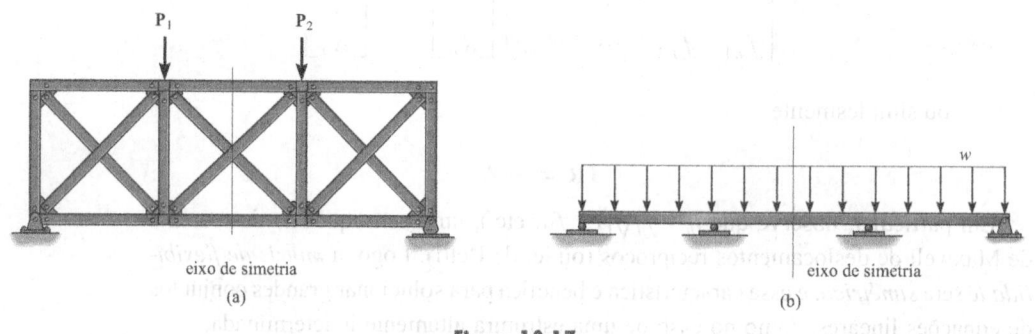

Figura 10.17

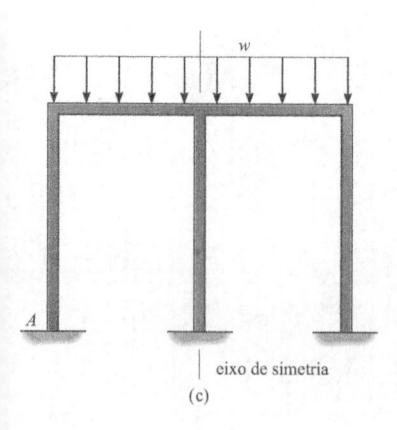

Às vezes uma estrutura simétrica suporta uma carga antissimétrica, isto é, a carga sobre seu lado refletido tem a direção oposta, como a mostrada pelos dois exemplos na Figura 10.18. Contanto que a estrutura seja simétrica e sua carga seja simétrica ou antissimétrica, então uma análise estrutural terá de ser realizada somente em metade dos membros da estrutura, tendo em vista que os mesmos resultados (simétricos) ou resultados opostos (antissimétricos) serão produzidos na outra metade. Se uma estrutura é simétrica e sua carga aplicada é assimétrica, então é possível transformar essa carga em componentes simétricos e antissimétricos. Para fazer isso, *a carga é primeiro dividida pela metade, então ela é refletida para o outro lado da estrutura e ambos componentes simétrico e antissimétrico são produzidos*. Por exemplo, a carga sobre a viga na Figura 10.19a é dividida em dois e refletida em torno do eixo de simetria da viga. A partir daí, os componentes simétrico e antissimétrico da carga são produzidos como mostrado na Figura 10.19b. Quando somados juntos esses componentes produzem a carga original. Uma análise estrutural em separado pode ser realizada agora usando os componentes de carga simétricos e antissimétricos e os resultados superpostos para obter o comportamento real da estrutura.

Capítulo 10 Análise de estruturas estaticamente indeterminadas pelo método da força | 317

Figura 10.18

Figura 10.19

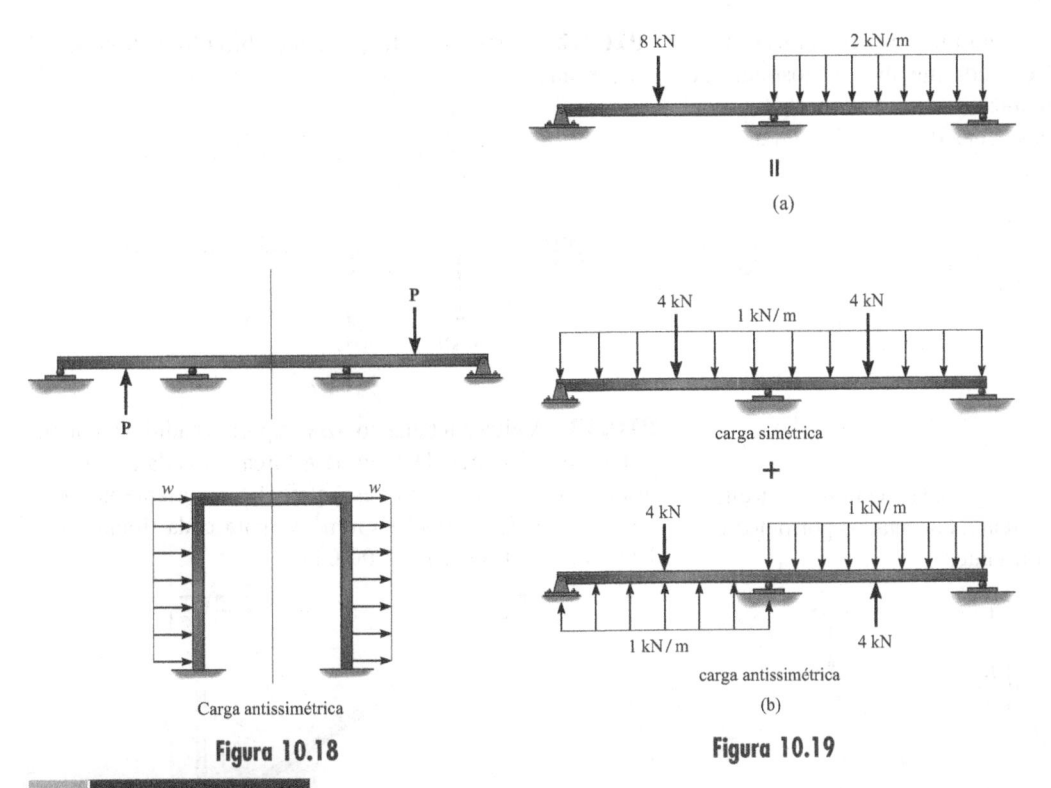

Problemas

P10.25. Determine a força em cada membro da treliça. AE é constante.

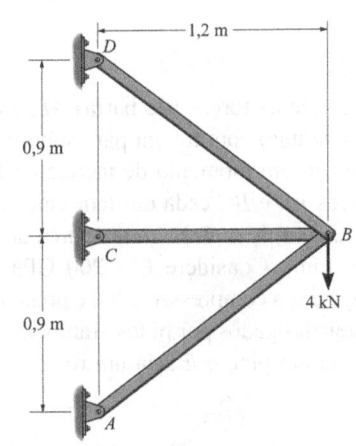

P10.26. Determine a força em cada membro da treliça. A área de seção transversal de cada membro é indicada na figura. $E = 200$ GPa. Presuma que os membros estejam conectados por pinos nas suas extremidades.

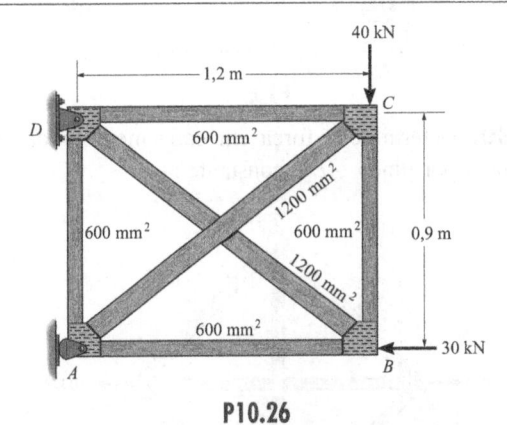

P10.27. Determine a força no membro AC da treliça. AE é constante.

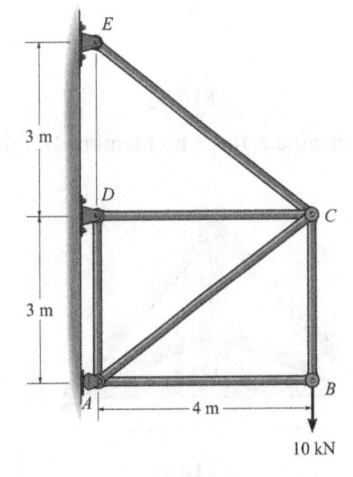

P10.28. Determine a força no membro AD da treliça. A área de seção transversal de cada membro é mostrada na figura. Presuma que os membros estejam conectados por pinos nas suas extremidades. Considere $E = 200$ GPa.

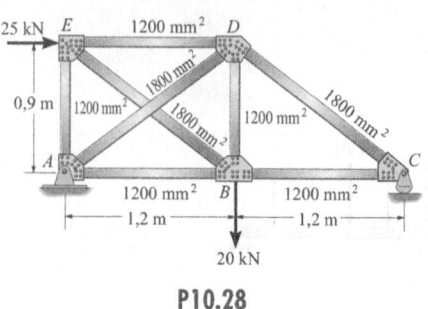

P10.29. Determine a força em cada membro da treliça. Presuma que os membros estejam conectados por pinos em suas extremidades. AE é constante.

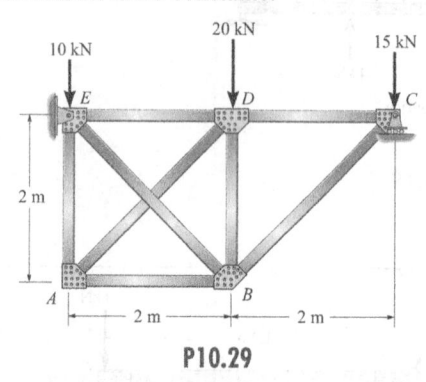

P10.30. Determine a força em cada membro da treliça conectada por pinos. AE é constante.

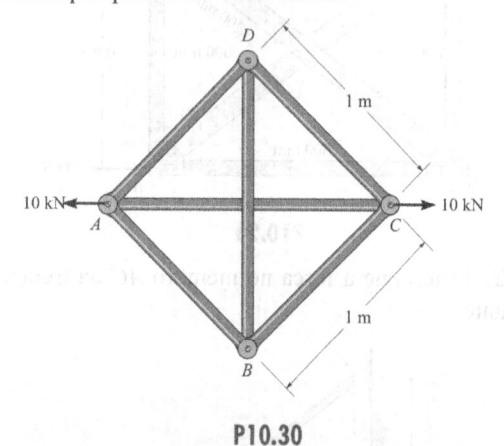

P10.31. Determine a força no membro CD da treliça. AE é constante.

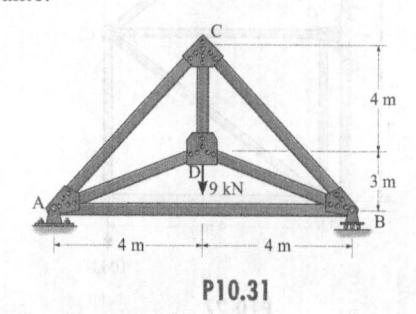

P10.32. Determine a força no membro GB da treliça. AE é constante.

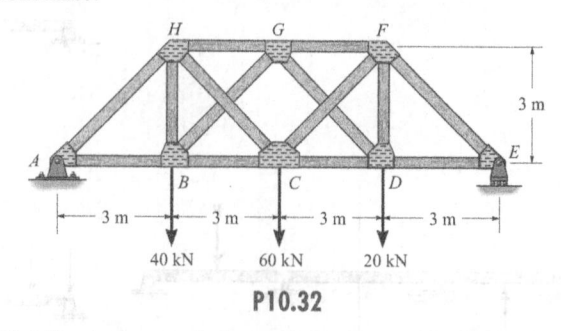

P10.33. A viga em balanço AB é suportada adicionalmente usando dois tirantes. Determine a força em cada um desses tirantes. Despreze a compressão axial e o cortante na viga. Para a viga, $I_b = 200(10^6)$ mm^4, e, para cada tirante, $A = 100$ mm². Considere $E = 200$ GPa.

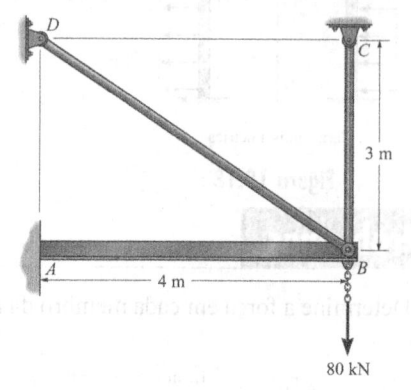

P10.34. Determine as forças nas barras AB, BC e BD que são usadas em conjunto com a viga para suportar a carga de 150 kN. A viga tem um momento de inércia de $I = 240(10^6)$ mm^4, os membros AB e BC cada um tem uma área de seção transversal de 1.250 mm², e BD tem uma área de seção transversal de 2.500 mm². Considere $E = 200$ GPa. Despreze a espessura da viga e sua compressão axial e presuma que todos os membros estejam ligados por pinos. Também presuma que o apoio em A seja um pino e E seja um rolo.

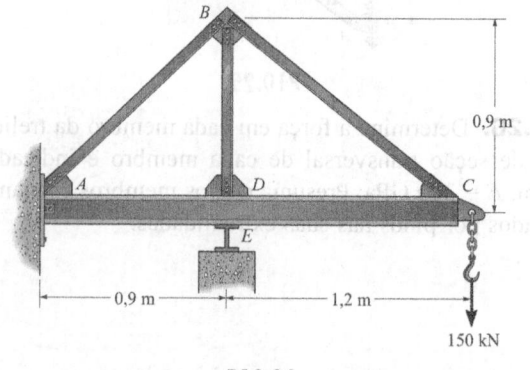

P10.35. A viga treliçada suporta a carga distribuída uniforme. Se todos os membros da treliça têm uma área de seção transversal de 750 mm², determine a força no membro BC. Despreze tanto a altura quanto a compressão axial na viga. Considere $E = 200$ GPa para todos os membros. Também, para a viga $I_{AD} = 300(10^6)$ mm⁴. Presuma que A seja um pino e D um rolo.

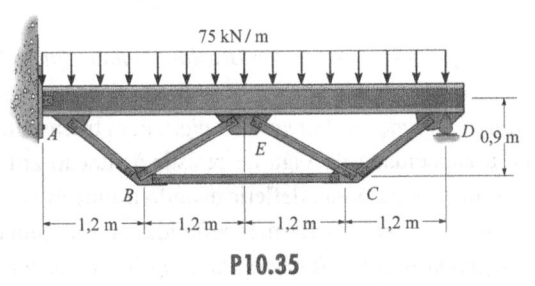

P10.35

*P10.36. A viga treliçada suporta uma força concentrada de 400 kN no seu centro. Determine a força em cada uma das três escoras e trace o diagrama de momento fletor para a viga. Cada escora tem uma área de seção transversal de 1.250 mm². Presuma que elas estejam ligadas por pinos nas suas extremidades. Despreze tanto a altura da viga, quanto o efeito da compressão axial na viga. Considere $E = 200$ GPa tanto para a viga, quanto para as escoras. Também, para a viga $I = 150(10^6)$ mm⁴.

P10.36

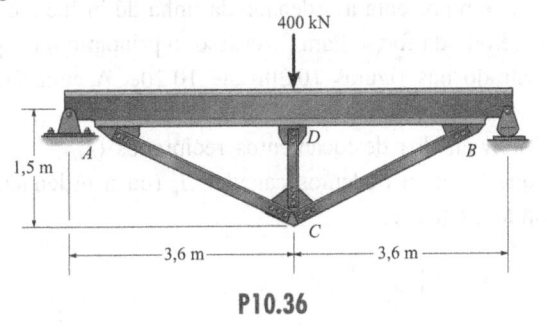

P10.37. Determine as reações no apoio C. EI é constante para ambas as vigas.

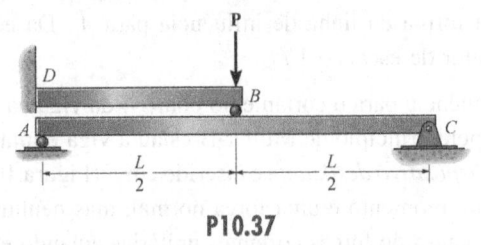

P10.37

P10.38. A viga AB tem um momento de inércia $I = 190(10^6)$ mm⁴ e repousa sobre apoios lisos nas suas extremidades. Uma barra CD de 19 mm está soldada ao centro da viga e ao apoio fixo em D. Se a temperatura da barra é reduzida em 65 °C, determine a força desenvolvida na barra. A viga e a barra são ambos feitos de aço para o qual $E = 200$ GPa e $\alpha = 11{,}7(10^{-6})$/°C.

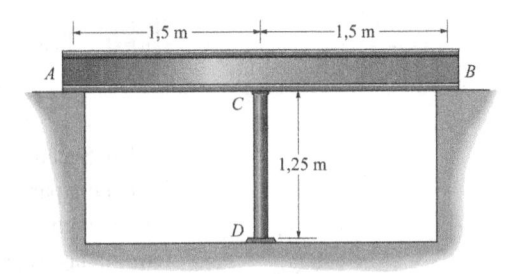

P10.38

P10.39. A viga em balanço é suportada em uma extremidade por um tirante AC de 12,5 mm de diâmetro e fixada na outra extremidade B. Determine a força no tirante causada por uma carga uniforme de 60 kN/m. $E = 200$ GPa tanto para a viga quanto para o tirante.

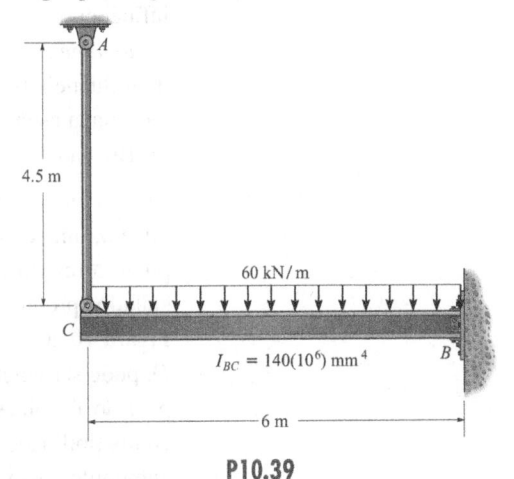

P10.39

*P10.40. A armação estrutural suporta a carga mostrada. Desenhe os diagramas de momento para cada uma das vigas. Considere $I = 100(10^6)$ mm⁴ para as vigas e $A = 200$ mm² para o tirante. Todos os membros são feitos de aço para o qual $E = 200$ GPa.

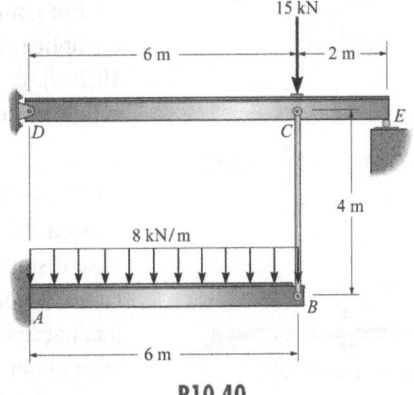

P10.40

10.10 Linhas de influência para vigas indeterminadas estaticamente

Na Seção 6.3 discutimos o princípio de Müller-Breslau para traçar a linha de influência para a reação, cortante e momento em um ponto em uma viga determinada estaticamente. Nesta parte ampliaremos esse método e o aplicaremos a vigas indeterminadas estaticamente.

Lembre-se que, para uma viga, *o princípio de Müller-Breslau enuncia que a linha de influência para uma função (reação, cortante ou momento) tem a mesma escala que a forma defletida da viga quando a função atua sobre a viga*. Para traçar a forma defletida de maneira adequada, a capacidade da viga de resistir à função aplicada tem de ser *removida*, de maneira que a viga possa defletir quando a função for aplicada. Para *vigas determinadas estaticamente*, as formas defletidas (ou as linhas de influência) serão uma série de *segmentos em linha reta*. Para *vigas indeterminadas estaticamente*, resultarão *curvas*. A construção de cada um dos três tipos de linhas de influência (reação, cortante e momento) será discutida agora para uma viga indeterminada estaticamente. Em cada caso ilustraremos a validade do princípio de Müller-Breslau usando o teorema de Maxwell de deslocamentos recíprocos.

Reação em A. Para determinar a linha de influência para a reação em A na Figura 10.20a, uma carga unitária é colocada sobre a viga em pontos sucessivos, e em cada ponto a reação em A tem de ser determinada. Uma representação gráfica destes resultados produz a linha de influência. Por exemplo, quando a carga está no ponto D, Figura 10.20a, a reação em A, que representa a ordenada da linha de influência em D, pode ser determinada pelo método da força. Para fazer isso, o princípio da superposição é aplicado, como mostrado nas figuras 10.20a até 10.20c. A equação de compatibilidade para o ponto A é, desse modo, $0 = f_{AD} + A_y f_{AA}$ ou $A_y = -f_{AD}/f_{AA}$; entretanto, pelo teorema de Maxwell dos deslocamentos recíprocos ($f_{AD} = -f_{DA}$) (Figura 10.20d), de maneira que também podemos calcular A_y (ou a ordenada da linha de influência em D) usando a equação

$$A_y = \left(\frac{1}{f_{AA}}\right) f_{DA}$$

Em comparação, o princípio de Müller-Breslau exige a remoção do apoio em A e a aplicação de uma carga unitária vertical. A curva de deflexão resultante (Figura 10.20d), é, em alguma escala, a forma da linha de influência para A_y. Da equação acima, entretanto, vê-se que o fator de escala é $1/f_{AA}$.

Cortante em E. Se a linha de influência para o cortante no ponto E da viga na Figura 10.21a será determinada, então pelo princípio de Müller-Breslau a viga é imaginada cortada aberta neste ponto e um *dispositivo deslizante* é inserido em E (Figura 10.21b). Esse dispositivo vai transmitir um momento e uma força normal, mas nenhum cortante. Quando a viga deflete por causa de forças cortantes unitárias atuando em E, a inclinação em cada lado da guia permanece a mesma e a curva de deflexão representa, em alguma escala, a linha de influência para o cortante em E (Figura 10.21c). Tivesse sido aplicado o método básico para estabelecer a linha de influência para o cortante em E, seria necessário então aplicar uma carga unitária em cada ponto D e calcular o cortante interno em E (Figura 10.21a). Este valor, V_E, representaria a ordenada da linha de influência em D. Usando o método da força e o teorema de Maxwell dos deslocamentos recíprocos, como no caso anterior, podemos demonstrar que

$$V_E = \left(\frac{1}{f_{EE}}\right) f_{DE}$$

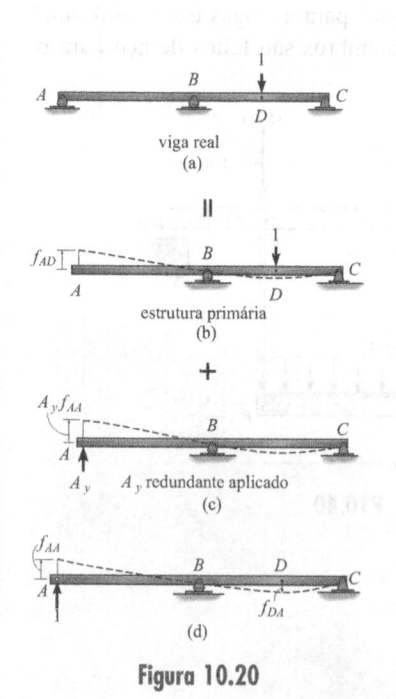

Figura 10.20

(a) viga real

(b) estrutura primária

(c) A_y redundante aplicado

(d)

Isso novamente estabelece a validade do princípio de Müller-Breslau, a saber, uma força cortante unitária positiva aplicada à viga em E (Figura 10.21c), fará com que a viga deflita na *forma* da linha de influência para o cortante em E. Aqui o fator de escala é $(1/f_{EE})$.

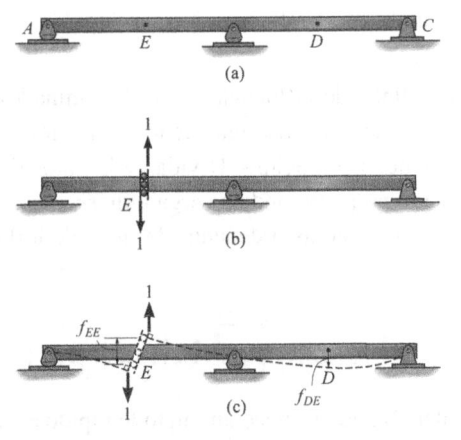

Figura 10.21

Momento em E. A linha de influência para o momento em E na Figura 10.22a pode ser determinada colocando um *pino* ou *articulação* em E, tendo em vista que esta ligação transmite forças normal e cortante, mas não consegue resistir a um momento (Figura 10.22b). Aplicando um momento binário unitário positivo, a viga então deflete para a posição tracejada na Figura 10.22c, que reproduz em alguma escala a linha de influência, novamente uma consequência do princípio de Müller-Breslau. Usando o método de força e o teorema recíproco de Maxwell, podemos demonstrar que

$$M_E = \left(\frac{1}{\alpha_{EE}}\right) f_{DE}$$

O fator de escala aqui é $(1/\alpha_{EE})$

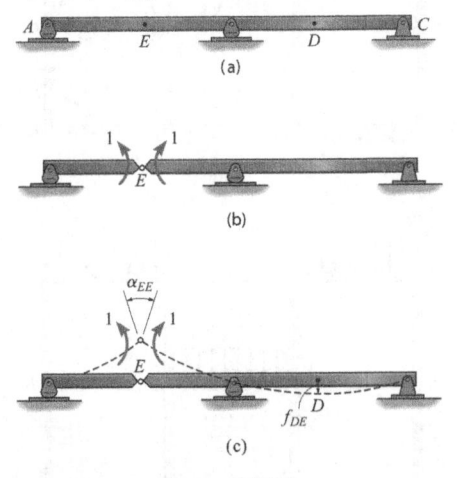

Figura 10.22

Procedimento para análise

O procedimento a seguir fornece um método para estabelecer a linha de influência para a reação, cortante ou momento em um ponto em uma viga usando a técnica de Müller-Breslau.

Linha de influência qualitativa

No ponto na viga para o qual a linha de influência será determinada, coloque uma conexão que removerá a capacidade da viga de suportar a função da linha de influência.

As linhas de influência para a viga contínua desta ponte foram construídas com o intuito de projetar a viga de maneira adequada.

Se a função for uma *reação* vertical, use uma *guia de rolamento* vertical; se a função for *o cortante*, use um *dispositivo deslizante*; ou se a função for *momento*, use um *pino* ou *articulação*. Coloque uma carga unitária na conexão atuando sobre a viga na "direção positiva" da função. Trace a curva de deflexão para a viga. Essa curva representa, em alguma escala, a forma da linha de influência para a viga.

Linha de influência quantitativa

Se valores numéricos da linha de influência serão determinados, calcule o *deslocamento* de pontos sucessivos ao longo da viga quando a viga for sujeita à carga unitária colocada na conexão mencionada acima. Divida cada valor de deslocamento pelo deslocamento determinado no ponto onde a carga unitária atua. Ao aplicar esse fator escalar, os valores resultantes são as ordenadas da linha de influência.

10.11 Linhas de influência qualitativas para pórticos

O princípio de Müller-Breslau fornece um método rápido e é de grande valor para estabelecer a forma geral da linha de influência para pórticos de edifícios. Uma vez que a *forma* da linha de influência seja conhecida, você pode especificar imediatamente a *localização* das sobrecargas de maneira a criar a maior influência da função (reação, cortante ou momento) no pórtico. Por exemplo, a forma da linha de influência para o momento *positivo* no centro *I* da viga *FG* do pórtico na Figura 10.23a é mostrada pelas linhas tracejadas. Desse modo, cargas uniformes seriam colocadas somente sobre as vigas *AB*, *CD* e *FG* a fim de criar o maior momento positivo em *I*. Com a estrutura carregada desta maneira (Figura 10.23b), uma análise indeterminada da estrutura poderia então ser realizada para determinar o momento crítico em *I*.

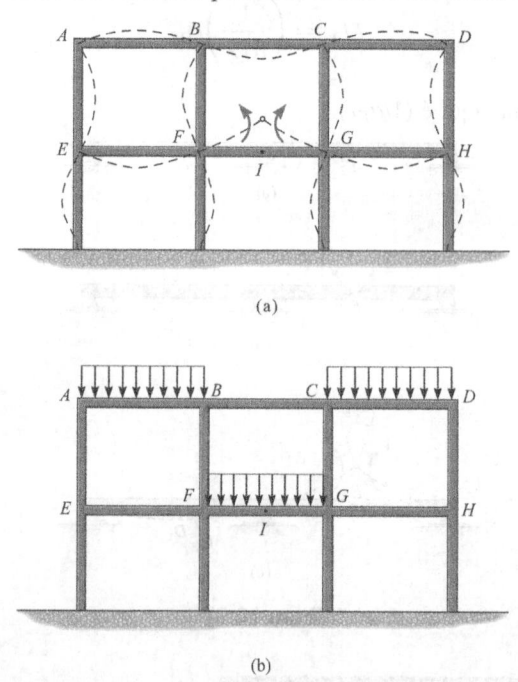

Figura 10.23

Exemplo 10.10

Trace a linha de influência para a reação vertical em *A* para a viga na Figura 10.24a. *EI* é constante. Represente graficamente valores numéricos a cada 2 m.

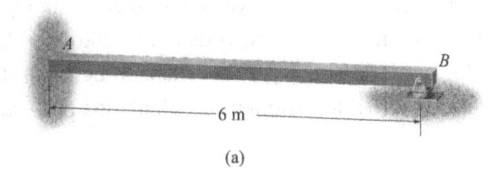

Figura 10.24

SOLUÇÃO

A capacidade da viga de resistir à reação A_y é removida. Isto é feito usando um dispositivo de rolamento vertical mostrado na Figura 10.24b. Aplicar uma carga unitária vertical em A produz a forma da linha de influência mostrada na Figura 10.24c.
A fim de determinar as ordenadas da linha de influência usaremos o método da viga conjugada. As reações em A e B sobre a "viga real", quando sujeita à carga unitária em A, são mostrados na Figura 10.24b. A viga conjugada correspondente é mostrada na Figura 10.24d. Observe que o suporte em A' permanece o *mesmo* que aquele para A na Figura 10.24b. Isto ocorre porque um dispositivo de rolamento vertical sobre a viga conjugada suporta um momento, mas nenhum cortante, correspondendo a um deslocamento, mas nenhuma inclinação em A na viga real (Figura 10.24c). As reações nos apoios da viga conjugada foram calculadas e são mostradas na Figura 10.24c. Os deslocamentos dos pontos na viga real (Figura 10.24b), serão calculados agora.

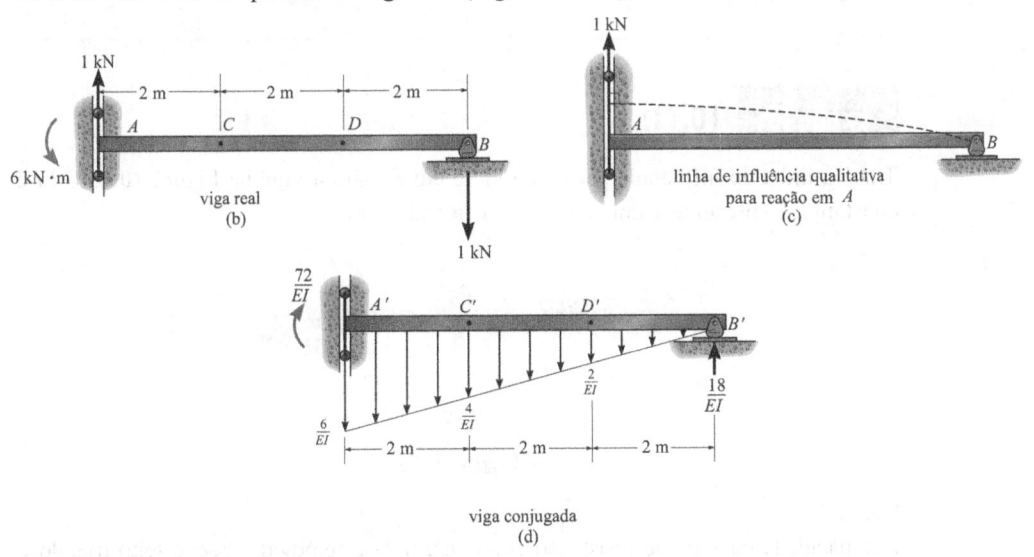

Para B', tendo em vista que nenhum momento existe na viga conjugada em B' (Figura 10.24d), então

$$\Delta_B = M_{B'} = 0$$

Para D' (Figura 10.24 e):

$$\Sigma M_{D'} = 0; \qquad \Delta_D = M_{D'} = \frac{18}{EI}(2) - \frac{1}{2}\left(\frac{2}{EI}\right)(2)\left(\frac{2}{3}\right) = \frac{34{,}67}{EI}$$

Para C' (Figura 10.24 f):

$$\Sigma M_{C'} = 0; \qquad \Delta_C = M_{C'} = \frac{18}{EI}(4) - \frac{1}{2}\left(\frac{4}{EI}\right)(4)\left(\frac{4}{3}\right) = \frac{61{,}33}{EI}$$

Para A' (Figura 10.24 d):

$$\Delta_A = M_{A'} = \frac{72}{EI}$$

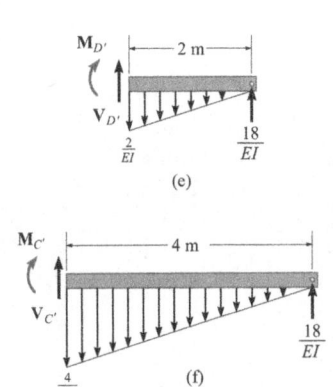

Tendo em vista que uma carga vertical de 1 kN atuando em *A* na viga na Figura 10.24*a* causará uma reação vertical em *A* de 1 kN, o deslocamento em *A*, $\Delta_A = 72/EI$, deve corresponder a um valor numérico de 1 para a ordenada de linha de influência em *A*. Desse modo, dividindo os outros deslocamentos calculados por este fator, obtemos

x	A_y
A	1
C	0,852
D	0,481
B	0

Uma representação gráfica destes valores produz a linha de influência mostrada na Figura 10.24*g*.

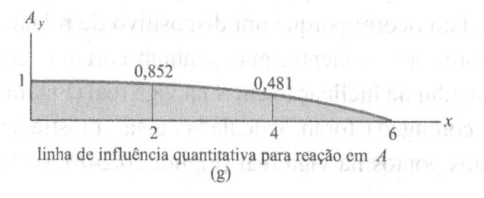

linha de influência quantitativa para reação em *A*
(g)

Exemplo 10.11

Trace a linha de influência para o cortante em *D* para a viga na Figura 10.25*a*. *EI* é constante. Represente valores numéricos a cada 3 m.

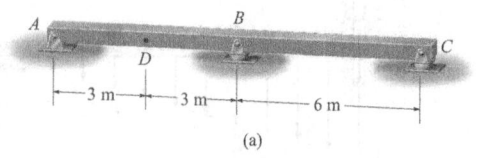

(a)

Figura 10.25

SOLUÇÃO

A capacidade da viga de resistir ao cortante em *D* é removida. Isso é feito usando o dispositivo de rolamento mostrado na Figura 10.25*b*. Aplicando um cortante unitário positivo em *D* produz a forma de linha de influência mostrada na Figura 10.25*c*.
As reações de apoio em *A*, *B* e *C* sobre a "viga real" quando sujeita ao cortante unitário em *D* são mostradas na Figura 10.25*b*. A viga conjugada correspondente é mostrada na Figura 10.25*d*. Aqui um momento binário externo $\mathbf{M}_{D'}$ tem de ser aplicado em *D'* a fim de causar um *momento interno* diferente logo à esquerda e logo à direita de *D'*. Estes momentos internos correspondem aos deslocamentos logo à esquerda e logo à direita de *D* na viga real (Figura 10.25*c*). As reações nos apoios *A'*, *B'*, *C'* e o momento externo $\mathbf{M}_{D'}$ na viga conjugada foram calculadas e são mostradas na Figura 10.25*e*. Como exercício, verifique os cálculos.

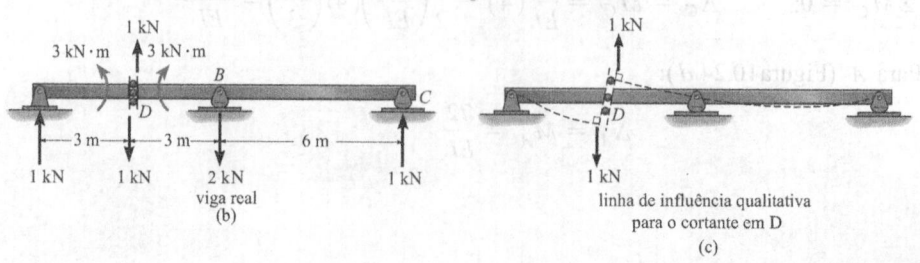

viga real
(b)

linha de influência qualitativa para o cortante em D
(c)

viga conjugada
(d)

(e)

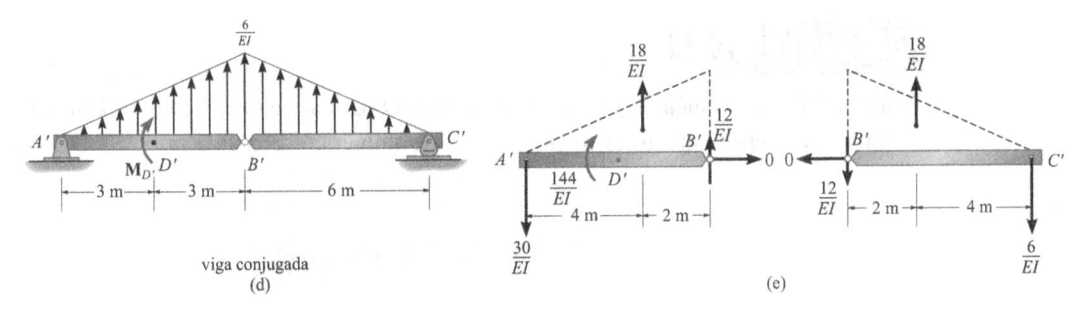

Tendo em vista que há uma *descontinuidade* de momento em D', o momento interno logo à esquerda e à direita de D' será calculado. Logo à esquerda de D' (Figura 10.25f), temos

$$\Sigma M_{D'_L} = 0; \qquad \Delta_{D_L} = M_{D'_L} = \frac{4{,}5}{EI}(1) - \frac{30}{EI}(3) = -\frac{85{,}5}{EI}$$

Logo à direita de D' (Figura 10.25 g): temos

$$\Sigma M_{D'_R} = 0; \qquad \Delta_{D_R} = M_{D'_R} = \frac{4{,}5}{EI}(1) - \frac{30}{EI}(3) + \frac{144}{EI} = \frac{58{,}5}{EI}$$

Da Figura 10.25 e,

$$\Delta_A = M_{A'} = 0 \qquad \Delta_B = M_{B'} = 0 \qquad \Delta_C = M_{C'} = 0$$

Para o ponto E (Figura 10.25b), usando o método das seções no ponto correspondente E' na viga conjugada (Figura 10.25h), temos

$$\Sigma M_{E'} = 0; \qquad \Delta_E = M_{E'} = \frac{4{,}5}{EI}(1) - \frac{6}{EI}(3) = -\frac{13{,}5}{EI}$$

As ordenadas da linha de influência são obtidas dividindo cada um dos valores acima pelo fator de escala $M_{D'} = 144/EI$. Temos

x	V_D
A	0
D_L	$-0{,}594$
D_R	$0{,}406$
B	0
E	$-0{,}0938$
C	0

(f)

(g)

(h)

Uma representação gráfica desses valores produz a linha de influência mostrada na Figura 10.25i.

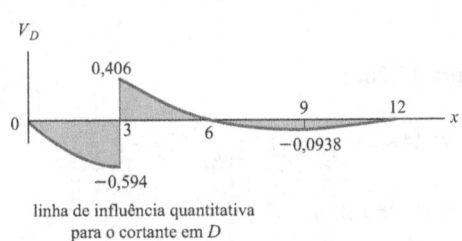

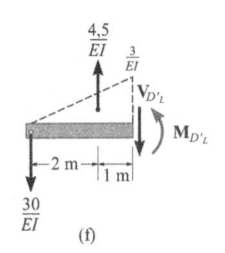

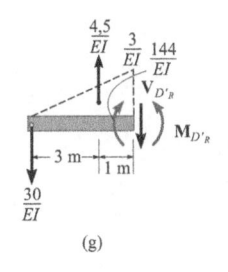

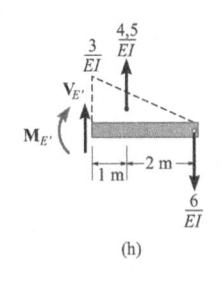

linha de influência quantitativa para o cortante em D
(i)

Exemplo 10.12

Trace a linha de influência para o momento em D para a viga na Figura 10.26a. EI é constante. Represente graficamente os valores numéricos a cada 3 m.

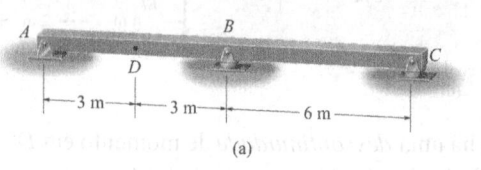

Figura 10.26

SOLUÇÃO

Uma articulação é inserida em D a fim de remover a capacidade da viga de resistir ao momento neste ponto (Figura 10.26b). Aplicar os momentos binários unitários positivos em D produz a linha de influência mostrada na Figura 10.26c.

As reações em A, B e C sobre a "viga real" quando sujeitadas aos momentos binários unitários em D são mostradas na Figura 10.26b. A viga conjugada correspondente e suas reações são mostradas na Figura 10.26d. Sugerimos que as reações sejam verificadas em ambos os casos. Da Figura 10.26d, observe que

$$\Delta_A = M_{A'} = 0 \qquad \Delta_B = M_{B'} = 0 \qquad \Delta_C = M_{C'} = 0$$

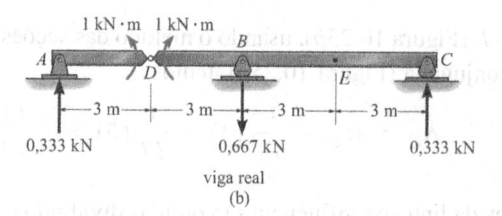

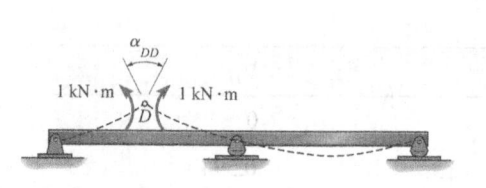

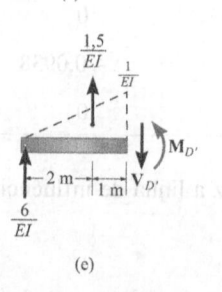

Para o ponto D' (Figura 10.26e):

$$\Sigma M_{D'} = 0; \qquad \Delta_D = M_{D'} = \frac{1{,}5}{EI}(1) + \frac{6}{EI}(3) = \frac{19{,}5}{EI}$$

Para o ponto E' (Figura 10.26f):

$$\Sigma M_{E'} = 0; \qquad \Delta_E = M_{E'} = \frac{1{,}5}{EI}(1) - \frac{2}{EI}(3) = -\frac{4{,}5}{EI}$$

O deslocamento angular α_{DD} em D da "viga real" na Figura 10. 26c é definido pela reação em D' na viga conjugada. Este fator, $D'_y = 16/EI$, é dividido nos valores acima para dar as ordenadas da linha de influência, isto é,

x	M_D
A	0
D	1,219
B	0
E	−0,281
C	0

Uma representação gráfica destes valores produz a linha de influência mostrada na Figura 10.26g.

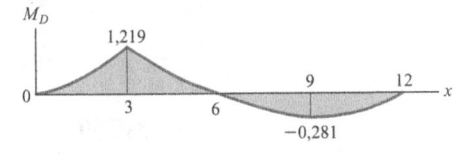

linha de influência quantitativa para o momento em D
(g)

Problemas

P10.41. Trace a linha de influência para a reação em C. Represente graficamente os valores numéricos nos picos. Presuma que A seja um pino e B e C sejam rolos. EI é constante.

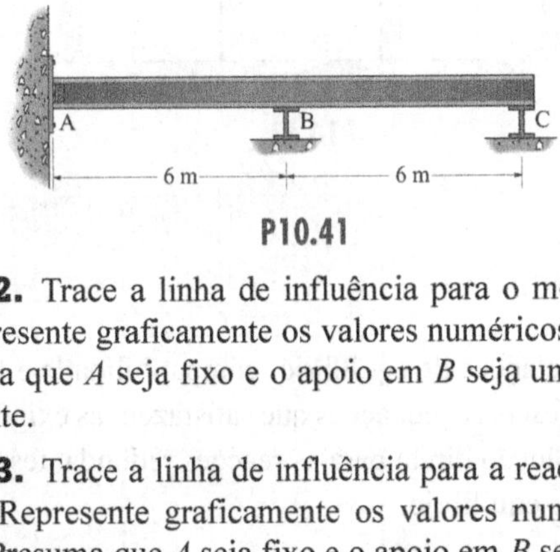

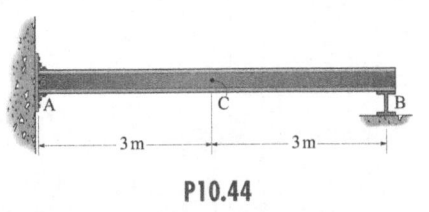

P10.41

P10.42. Trace a linha de influência para o momento em A. Represente graficamente os valores numéricos nos picos. Presuma que A seja fixo e o apoio em B seja um rolo. EI é constante.

P10.43. Trace a linha de influência para a reação vertical em B. Represente graficamente os valores numéricos nos picos. Presuma que A seja fixo e o apoio em B seja um rolo. EI é constante.

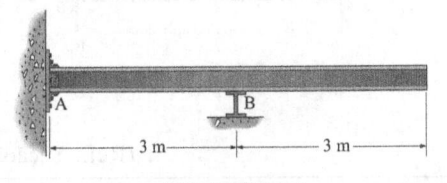

P10.42/10.43

*P10.44. Trace a linha de influência para o cortante em C. Represente graficamente os valores numéricos a cada 1,5 m. Presuma que A seja fixo e o apoio em B seja um rolo. EI é constante.

P10.44

P10.45. Trace a linha de influência para a reação em C. Represente graficamente os valores numéricos a cada 5 m. EI é constante.

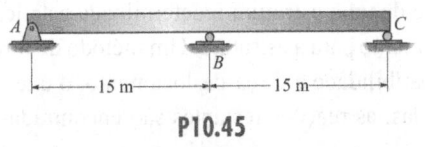

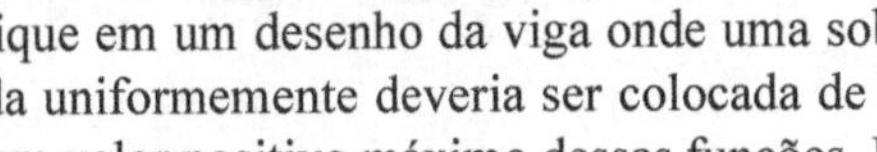

P10.45

P10.46. Trace a linha de influência para (a) o momento em E, (b) a reação em C, e (c) o cortante em E. Em cada caso, indique em um desenho da viga onde uma sobrecarga distribuída uniformemente deveria ser colocada de maneira a causar um valor positivo máximo dessas funções. Presuma que a viga esteja fixa em D.

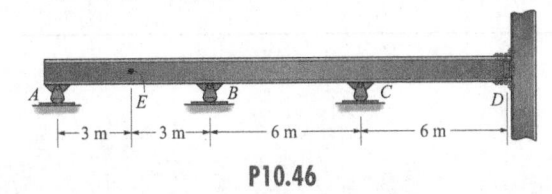

P10.46

P10.47. Desenhe a linha de influência para (a) a reação vertical em C, (b) o momento em B e (c) o cortante em E. Em cada caso, indique em um desenho da viga onde uma sobrecarga distribuída uniformemente deveria ser colocada de maneira a causar um valor positivo máximo dessas funções. Presuma que a viga esteja fixa em F.

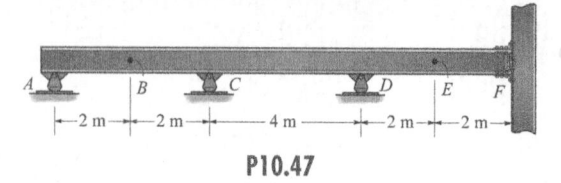

P10.47

P10.48. Use o princípio de Müller-Breslau para desenhar a forma geral da linha de influência para (a) o momento em A e (b) o cortante em B.

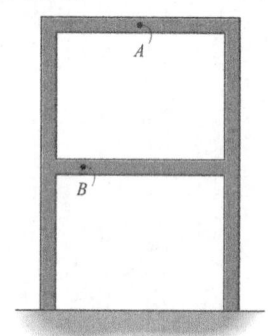

P10.48

P10.49. Use o princípio de Müller-Breslau para desenhar a forma geral da linha de influência para (a) o momento em A e (b) o cortante em B.

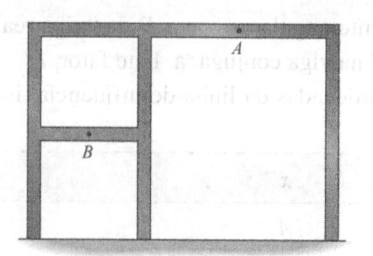

P10.49

P10.50. Use o princípio de Müller-Breslau para desenhar a forma geral da linha de influência para (a) o momento em A e (b) o cortante em B.

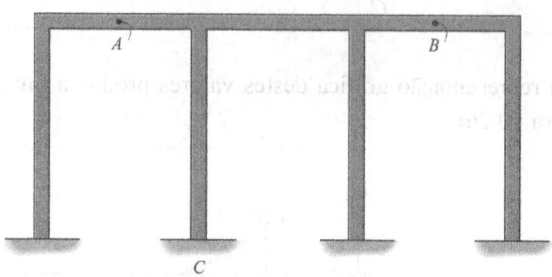

P10.50

P10.51. Use o princípio de Müller-Breslau para desenhar a forma geral da linha de influência para (a) o momento em A e (b) o cortante em B.

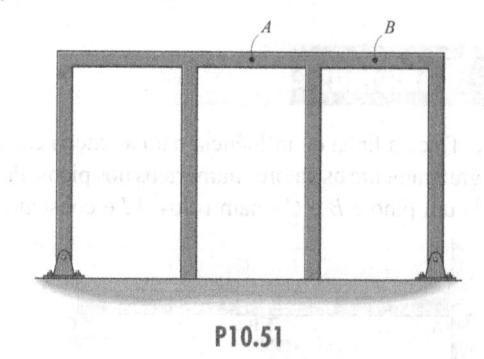

P10.51

REVISÃO DO CAPÍTULO

A análise de uma estrutura indeterminada estaticamente exige satisfazer relações de equilíbrio, compatibilidade e força-deslocamento para a estrutura. Um método de força de análise consiste em escrever equações que satisfazem as exigências de compatibilidade e força-deslocamento, o que então proporciona uma solução direta para as reações redundantes. Uma vez obtidas, as reações restantes são encontradas a partir das equações de equilíbrio.

$$+\downarrow 0 = \Delta_B - B_y f_{BB}$$

(Ref.: Seção 10.2)

Uma simplificação do método da força é possível usando o teorema de Maxwell de deslocamentos recíprocos, que enuncia que o deslocamento de um ponto B em uma estrutura em razão de uma carga unitária atuando no ponto A, f_{BA}, é igual ao deslocamento do ponto A quando a carga atua em B, f_{AB}.	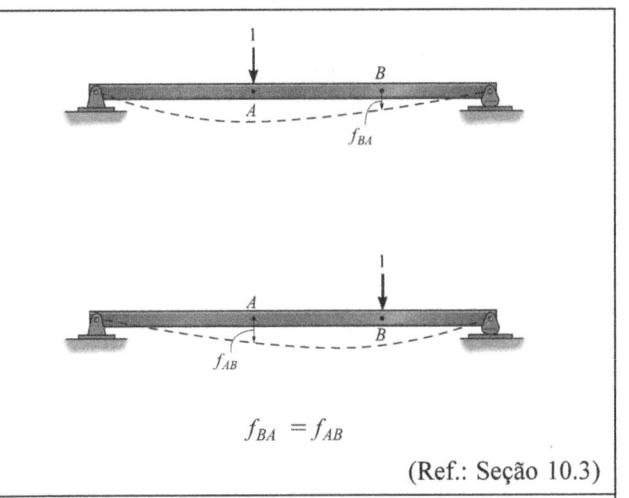 $f_{BA} = f_{AB}$ (Ref.: Seção 10.3)
A análise de uma estrutura indeterminada estaticamente pode ser simplificada se a estrutura tem simetria de material, geometria e carga em torno do seu eixo central. Em particular, estruturas tendo um carregamento assimétrico podem ser substituídas pela superposição de um carregamento simétrico e antissimétrico.	carregamento simétrico + carregamento antissimétrico (Ref.: Seção 10.9)
Linhas de influência para estruturas indeterminadas estaticamente consistirão de *linhas curvas*. Elas podem ser desenhadas usando o princípio de Müller-Breslau, que enuncia que a forma da linha de influência, seja para a reação, cortante ou momento, está para a mesma escala que a forma defletida da estrutura quando a reação, cortante ou momento atuam sobre ela, respectivamente. Usando o teorema de Maxwell das deflexões recíprocas, é possível se obter valores específicos das ordenadas de uma linha de influência.	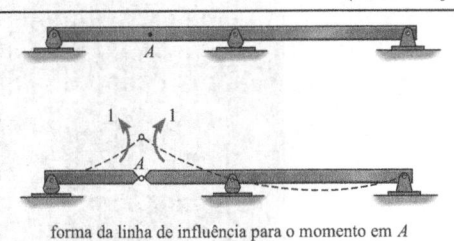 forma da linha de influência para o momento em A (Ref.: Seção 10.10)

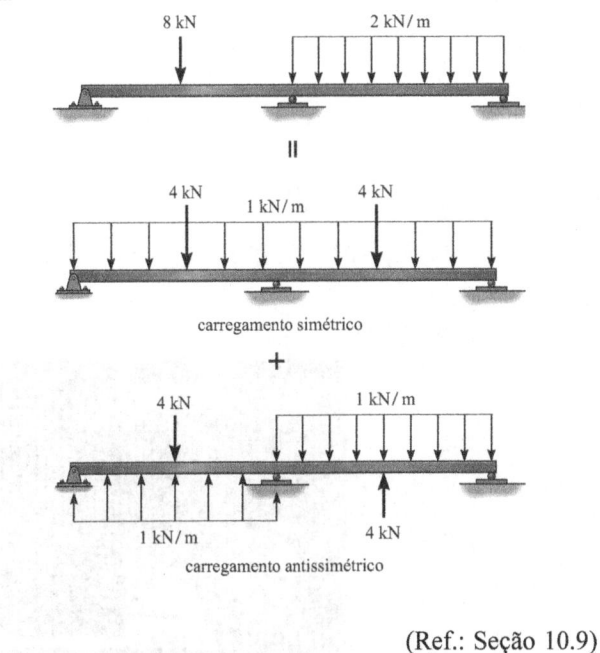

Todos os membros deste pórtico contam com ligações fixas, de maneira que ela é indeterminada estaticamente.

CAPÍTULO 11

Análise pelo método do deslocamento: equações de inclinação-deflexão

Neste capítulo vamos delinear brevemente as ideias básicas para analisar estruturas usando a análise pelo método de deslocamento. Uma vez que esses conceitos tenham sido apresentados, desenvolveremos as equações gerais de inclinação-deflexão e então as usaremos para analisar vigas e pórticos indeterminados estaticamente.

11.1 Análise pelo método do deslocamento: procedimentos gerais

Todas as estruturas têm de satisfazer exigências de equilíbrio, força-deslocamento e compatibilidade de deslocamentos a fim de assegurar sua segurança. Foi enunciado na Seção 10.1 que há duas maneiras de satisfazer essas exigências ao analisar uma estrutura indeterminada estaticamente. A análise pelo método da força, discutido no capítulo anterior, é baseada na identificação das forças redundantes desconhecidas e então na satisfação das equações de compatibilidade da estrutura. Isso é feito ao se expressar os deslocamentos em termos das cargas usando as relações de força-deslocamento. A solução das equações resultantes produz as reações redundantes e então equações de equilíbrio são usadas para determinar as reações restantes na estrutura.

O *método do deslocamento* funciona da maneira oposta. Ele primeiro exige que as equações de equilíbrio para a estrutura sejam satisfeitas. Para fazer isso, os deslocamentos desconhecidos são escritos em função das cargas usando as relações força-deslocamento, então essas equações são solucionadas para os deslocamentos. Uma vez que eles tenham sido obtidos, as cargas desconhecidas são determinadas a partir das equações de compatibilidade usando as relações de força-deslocamento. Todo método de deslocamento segue esse procedimento geral. Neste capítulo, o procedimento será generalizado para produzir as equações de inclinação-deflexão. No Capítulo 12, o método da distribuição de momento será desenvolvido. Esse método prescinde do cálculo dos deslocamentos e, em vez disso, torna possível aplicar uma série de correções convergentes que permitem um cálculo direto dos momentos finais. Por fim, nos capítulos 14, 15 e 16, ilustraremos como aplicar esse método usando a análise matricial, tornando-o adequado para se usar no computador.

Figura 11.1

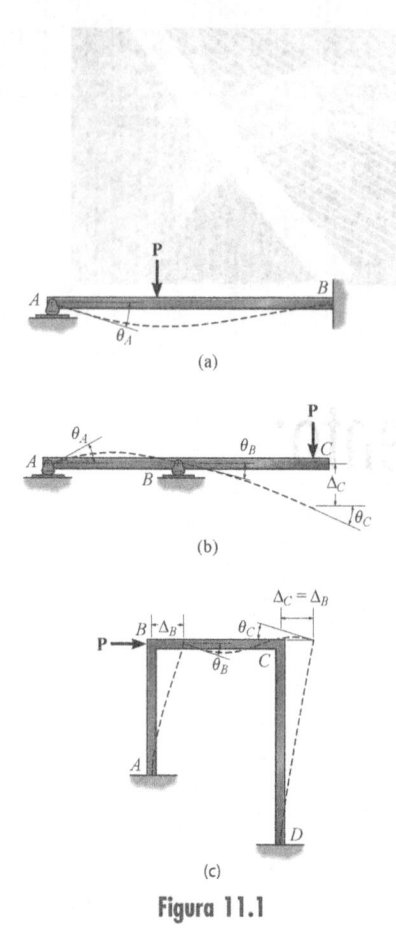

Na discussão a seguir mostraremos como identificar os deslocamentos desconhecidos em uma estrutura e desenvolveremos algumas das relações de força-deslocamento importantes para os membros da viga e pórticos. Os resultados serão usados na sequência e em capítulos posteriores como base para aplicar a análise pelo método do deslocamento.

Graus de liberdade. Quando uma estrutura está carregada, pontos especificados nela, chamados de *nós*, passarão por deslocamentos desconhecidos. Esses deslocamentos são referidos como *graus de liberdade* para a estrutura e, na análise pelo método do deslocamento, é importante especificar esses graus de liberdade tendo em vista que eles tornam-se as incógnitas quando o método é aplicado. O número dessas incógnitas é referido como o grau no qual a estrutura é indeterminada cinematicamente.

Para encontrar a indeterminação cinemática, podemos imaginar que a estrutura consiste de uma série de membros conectados aos nós, que normalmente estão localizados na *ligação* de dois ou mais membros, nos *apoios*, nas *extremidades* de um membro, ou onde os membros têm uma *mudança* súbita na *seção transversal*. Em três dimensões, cada nó em um pórtico ou viga pode ter no máximo três deslocamentos lineares e três deslocamentos rotacionais; e nas duas dimensões cada nó pode ter no máximo dois deslocamentos lineares e um deslocamento rotacional. Além disso, deslocamentos nodais podem ser restritos pelos apoios ou por pressupostos baseados no comportamento da estrutura. Por exemplo, se a estrutura é uma viga e apenas a deformação em razão da flexão é considerada, então não pode haver deslocamento linear ao longo do eixo da viga tendo em vista que esse deslocamento é causado por uma deformação de força axial.

Para esclarecer esses conceitos, vamos considerar alguns exemplos, começando com a viga na Figura 11.1a. Aqui, qualquer carga **P** aplicada à viga fará com que o nó A apenas gire (desprezando a deformação axial), enquanto o nó B está completamente impedido de se mover. Logo, a viga tem apenas um grau de liberdade desconhecido, θ_A, e é, portanto, indeterminada cinematicamente de primeiro grau. A viga na Figura 11.1b tem nós em A, B e C, e assim tem quatro graus de liberdade, designados pelos deslocamentos rotacionais θ_A, θ_B, θ_C, e o deslocamento rotacional Δ_C. Ela é indeterminada cinematicamente de quarto grau. Considere agora a estrutura na Figura 11.1c. Novamente, se desprezarmos a deformação axial dos membros, uma carga arbitrária **P** aplicada à estrutura pode fazer com que os nós B e C girem, e esses nós podem ser deslocados horizontalmente por um montante *igual*. A estrutura, portanto, tem três graus de liberdade, θ_B, θ_C, Δ_B, e, desse modo, ela é indeterminada cinematicamente de terceiro grau.

Em resumo, especificar a indeterminação cinemática ou o número de graus de liberdade irrestritos para a estrutura é um primeiro passo necessário quando aplicamos a análise pelo método do deslocamento. Ele identifica o número de incógnitas no problema, com base nos pressupostos feitos com relação ao comportamento de deformação da estrutura. Além disso, uma vez que esses deslocamentos nodais sejam conhecidos, a deformação dos membros estruturais pode ser especificada completamente e obtidos os esforços internos nos membros.

11.2 Equações de inclinação-deflexão

Como indicado anteriormente, o método de deslocamentos consistentes estudado no Capítulo 10 é chamado de análise pelo método da força, pois ele exige escrever equações que relacionam as forças ou momentos desconhecidos em uma estrutura. Infelizmente, seu uso é limitado a estruturas que *não* são altamente indeterminadas. Isso ocorre porque muito trabalho é necessário para montar as equações de compatibilidade e, além disso, cada equação escrita envolve *todas as incógnitas*, o que torna difícil solucionar o conjunto resultante de equações, a não ser que um computador esteja disponível. Em comparação, o método de inclinação-deflexão não é tão complicado. Como veremos, ele exige menos trabalho, tanto para escrever as equações necessárias para a solução de um problema quanto para solucionar essas equações para os deslocamentos desconhecidos e esforços internos associados. Também, o método pode ser facilmente programado em um computador e usado para analisar uma ampla gama de estruturas indeterminadas.

O método da inclinação-deflexão foi originalmente desenvolvido por Heinrich Manderla e Otto Mohr a fim de estudar tensões secundárias em treliças. Mais tarde, em 1915, G. A. Maney desenvolveu uma versão refinada dessa técnica e a aplicou à análise de vigas indeterminadas e estruturas aporticadas.

Caso geral. O método da inclinação-deflexão é assim chamado pois ele relaciona as inclinações e deflexões desconhecidas à carga aplicada em uma estrutura. A fim de desenvolver a forma geral das equações da inclinação-deflexão, consideraremos o vão típico AB de uma viga contínua conforme mostrado na Figura 11.2, que é sujeito à carga arbitrária e tem EI constante. Gostaríamos de relacionar os momentos das extremidades internas da viga M_{AB} e M_{BA} em termos dos seus graus de liberdade, a saber, seus deslocamentos angulares θ_A e θ_B, e o deslocamento linear Δ que poderia ser causado por um recalque relativo entre os apoios. Tendo em vista que estaremos desenvolvendo uma fórmula, *momentos* e *deslocamentos angulares* serão considerados *positivos* quando eles atuam no *sentido horário do vão*, como ilustrado na Figura 11.2. Além disso, o *deslocamento linear* Δ é considerado *positivo* conforme mostrado, tendo em vista que este deslocamento faz com que a corda do vão e o ângulo da corda do vão ψ girem no *sentido horário*.

As equações da inclinação-deflexão podem ser obtidas usando o princípio da superposição ao se considerar *separadamente* os momentos desenvolvidos em cada apoio por causa de cada um dos deslocamentos, θ_A, θ_B e Δ, e então as cargas.

Deslocamento angular em A, θ_A. Considere que o nó A do membro mostrado na Figura 11.3a gire θ_A enquanto seu nó na outra extremidade B seja *mantido fixo*. Para determinar o momento M_{AB} necessário para causar esse deslocamento, usaremos o método da viga conjugada. Para esse caso, a viga conjugada é mostrada na Figura 11.3b. Observe que o cortante na extremidade em A' atua para baixo sobre a viga, tendo em vista que θ_A está no sentido horário. A deflexão da "viga real" na Figura 11.3a deve ser zero em A e B e, portanto, a soma correspondente dos *momentos* em cada extremidade A' e B' da viga conjugada também tem de ser zero. Isto resulta em

$$(+\Sigma M_{A'} = 0; \quad \left[\frac{1}{2}\left(\frac{M_{AB}}{EI}\right)L\right]\frac{L}{3} - \left[\frac{1}{2}\left(\frac{M_{BA}}{EI}\right)L\right]\frac{2L}{3} = 0$$

$$(+\Sigma M_{B'} = 0; \quad \left[\frac{1}{2}\left(\frac{M_{BA}}{EI}\right)L\right]\frac{L}{3} - \left[\frac{1}{2}\left(\frac{M_{AB}}{EI}\right)L\right]\frac{2L}{3} + \theta_A L = 0$$

das quais obtemos as seguintes relações de carga-deslocamento.

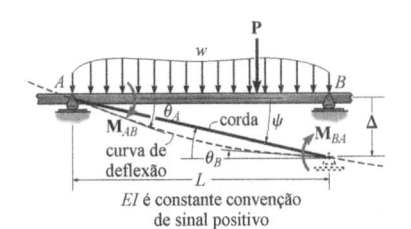

EI é constante convenção de sinal positivo

Figura 11.2

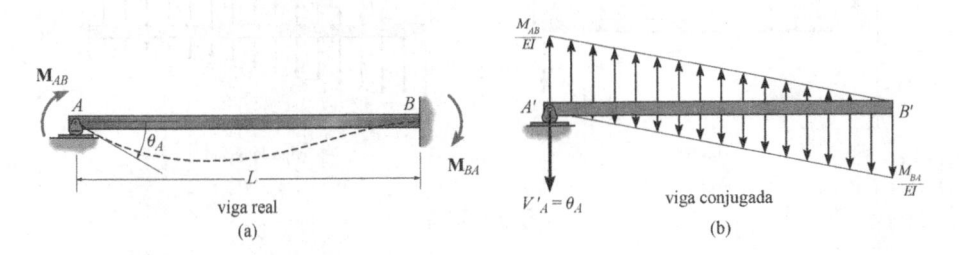

Figura 11.3

Deslocamento angular em B, θ_B. De uma maneira similar, se a extremidade B da viga gira para sua posição final θ_B, enquanto a extremidade A é *mantida fixa* (Figura 11.4), podemos relacionar o momento aplicado M_{BA} com o deslocamento angular θ_B e o momento de reação M_{AB} no apoio fixo. Os resultados são

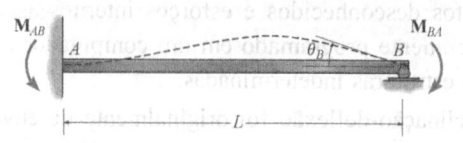

Figura 11.4

$$M_{AB} = \frac{4EI}{L}\theta_A \tag{11.1}$$

$$M_{BA} = \frac{2EI}{L}\theta_A \tag{11.2}$$

$$M_{BA} = \frac{4EI}{L}\theta_B \tag{11.3}$$

$$M_{AB} = \frac{2EI}{L}\theta_B \tag{11.4}$$

Deslocamento linear relativo, Δ. Se o nó afastado B do membro é deslocado em relação a A, de maneira que a corda do membro gire no sentido horário (deslocamento positivo) e, no entanto, ambas as extremidades não girem, então reações de momento e cortante iguais mas opostas serão desenvolvidas no membro (Figura 11.5a). Como antes, o momento **M** pode ser relacionado ao deslocamento Δ usando o método da viga conjugada. Nesse caso, a viga conjugada, (Figura 11.5b), está livre em ambas as extremidades, tendo em vista que a viga real (membro) tem apoio fixo. Entretanto, por causa do *deslocamento* da viga real em B, o *momento* na extremidade B' da viga conjugada precisa ter uma magnitude de Δ como indicado.* Somando momentos em torno de B', temos

$$\zeta+\Sigma M_{B'}=0; \quad \left[\frac{1}{2}\frac{M}{EI}(L)\left(\frac{2}{3}L\right)\right] - \left[\frac{1}{2}\frac{M}{EI}(L)\left(\frac{1}{3}L\right)\right] - \Delta = 0$$

$$M_{AB} = M_{BA} = M = \frac{-6EI}{L^2}\Delta \tag{11.5}$$

viga real
(a)

viga conjugada
(b)

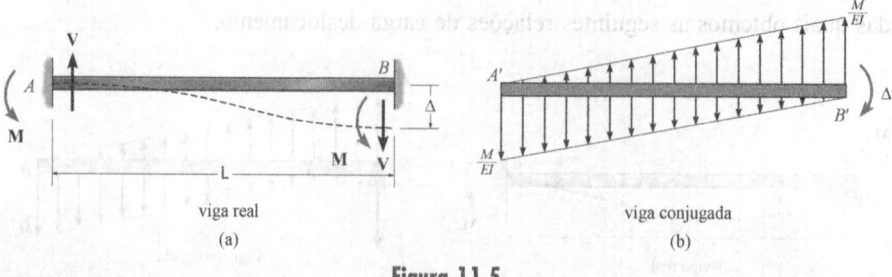

Figura 11.5

---

* Os diagramas de momento mostrados na viga conjugada foram determinados pelo método da superposição para uma viga com apoios simples, como explicado na Seção 4.5.

Seguindo nossa convenção de sinais, este momento induzido é negativo, tendo em vista que para o equilíbrio ele atua no sentido anti-horário sobre o membro.

Momentos de extremidades fixas. Nos casos anteriores, consideramos as relações entre os deslocamentos e os momentos necessários M_{AB} e M_{BA} atuando nos nós A e B, respectivamente. Em geral, entretanto, os deslocamentos linear ou angular dos nós são causados por cargas atuando sobre o *vão* do membro, não por momentos atuando nos seus nós. A fim de desenvolver as equações de inclinação-deflexão temos de transformar essas *cargas de vão* em momentos equivalentes atuando nos nós e então usar as relações de carga-deslocamento recém-derivadas. Isso é feito simplesmente calculando o momento reativo que cada carga desenvolve nos nós. Por exemplo, considere o membro com apoios fixos mostrado na Figura 11.6a, que é sujeito a uma carga concentrada **P** no seu centro. A viga conjugada para esse caso é mostrada na Figura 11.6b. Tendo em vista que exigimos que a inclinação em cada extremidade seja zero,

$$+\uparrow \Sigma F_y = 0; \qquad \left[\frac{1}{2}\left(\frac{PL}{4EI}\right)L\right] - 2\left[\frac{1}{2}\left(\frac{M}{EI}\right)L\right] = 0$$

$$M = \frac{PL}{8}$$

Figura 11.6

Esse momento é chamado de um *momento de extremidade fixa* – MEF (*em inglês fixed-end moment* – FEM). Observe que de acordo com nossa convenção de sinais ele é negativo no nó A (sentido anti-horário) e positivo no nó B (sentido horário). Para conveniência na solução de problemas, momentos de extremidades fixas foram calculados para outros carregamentos e são tabulados no Apêndice F. Presumindo que estes MEFs foram determinados para um problema específico (Figura 11.7), temos

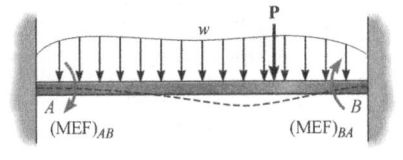

$$M_{AB} = (\text{MEF})_{AB} \qquad M_{BA} = (\text{MEF})_{BA} \qquad (11.6)$$

Figura 11.7

Equação de inclinação-deflexão. Se os momentos finais devidos a cada deslocamento (Equações 11.1 a 11.5) e a carga (Equação 11.6) forem somados, os momentos resultantes nas extremidades podem ser escritos como

$$M_{AB} = 2E\left(\frac{I}{L}\right)\left[2\theta_A + \theta_B - 3\left(\frac{\Delta}{L}\right)\right] + (\text{MEF})_{AB}$$

$$M_{BA} = 2E\left(\frac{I}{L}\right)\left[2\theta_B + \theta_A - 3\left(\frac{\Delta}{L}\right)\right] + (\text{MEF})_{BA}$$

(11.7)

Tendo em vista que essas duas equações são parecidas, o resultado pode ser expresso como uma única equação. Referindo-se a uma extremidade do vão como a extremidade próxima (N) e a outra extremidade como a extremidade afastada (F), e deixando que a *rigidez do membro* seja representada como $k = I/L$, e a *rotação de corda do vão* como ψ (psi) $= \Delta/L$, podemos escrever

$$M_N = 2Ek(2\theta_N + \theta_F - 3\psi) + (\text{MEF})_N$$
Para vão interno ou vão extremo com extremidade afastada fixa

(11.8)

336 | Análise das estruturas

A ponte para pedestres tem um tabuleiro de concreto armado. Tendo em vista que ele se estende sobre todos seus apoios, ela é indeterminada de segundo grau. As equações de inclinação--deflexão fornecem um método conveniente para se calcular os momentos internos em cada vão.

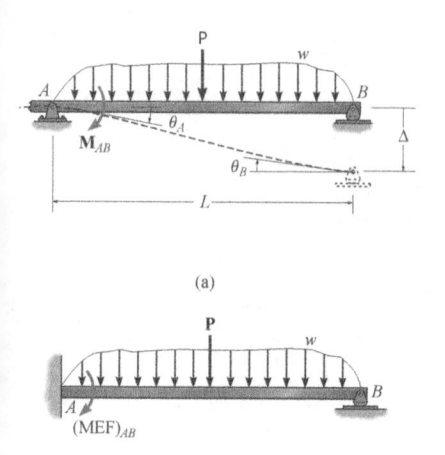

Figura 11.8

onde

M_N = momento interno na extremidade próxima do vão; esse momento é *positivo no sentido horário* quando atuando no vão.

E, k = módulo de elasticidade do material e rigidez do vão $k = I/L$

θ_N, θ_F = inclinações das extremidades próxima e afastada ou deslocamentos angulares do vão nos apoios; os ângulos são medidos em *radianos* e são *positivos no sentido horário*.

ψ = rotação da corda do vão causada por um deslocamento linear, isto é, $\psi = \Delta/L$; este ângulo é medido em *radianos* e é *positivo no sentido horário*.

$(MEF)_N$ = momento de extremidade fixa no apoio próximo; o momento é *positivo no sentido horário* quando atuando sobre o vão; consulte a tabela do Apêndice F para várias condições de carregamento.

A partir da derivação, a Equação 11.8 é tanto uma relação de compatibilidade quanto de carga-deslocamento, calculada considerando apenas os efeitos de flexão e desprezando deformações axiais e de cisalhamento. Ela é referida como *equação de inclinação-deflexão* geral. Quando usada para a solução de problemas, essa equação é aplicada *duas vezes* para cada vão de membro (*AB*); isto é, a aplicação é de *A* para *B* e de *B* para *A* para o vão *AB* na Figura 11.2.

Vão extremo apoiado em pino. Ocasionalmente, um vão extremo de uma viga ou pórtico é suportado por um pino ou rolo na sua *extremidade afastada* (Figura 11.8*a*). Quando isso ocorre, o momento no rolo ou pino tem de ser zero; e contanto que o deslocamento angular θ_B nesse suporte não tenha de ser determinado, podemos modificar a equação de inclinação-deflexão geral de maneira que ela tenha de ser aplicada *apenas uma vez* ao vão, em vez de duas vezes. Para fazer isso aplicaremos a Equação 11.8 ou Equações 11.7 para cada extremidade da viga na Figura 11.8. Isso resulta nas duas equações a seguir:

$$M_N = 2Ek(2\theta_N + \theta_F - 3\psi) + (MEF)_N$$
$$0 = 2Ek(2\theta_F + \theta_N - 3\psi) + 0 \qquad (11.9)$$

Aqui o $(MEF)_F$ é igual a zero, tendo em vista que a extremidade distante está fixada por pinos (Figura 11.8*b*). Além disso, o $(MEF)_N$ pode ser obtido, por exemplo, usando a tabela na coluna direita do Apêndice F. Multiplicar a primeira equação por 2 e subtrair a segunda equação dela *elimina* a incógnita θ_F e resulta em

$$M_N = 3Ek(\theta_N - \psi) + (MEF)_N$$
Apenas para vão extremo com extremidade afastada apoiada em pino ou com apoio de rolo $\qquad (11.10)$

Tendo em vista que o momento na extremidade afastada é zero, apenas *uma* aplicação dessa equação é necessária para o vão extremo. Isso simplifica a análise, tendo em vista que a equação geral (Equação 11.8), exigiria *duas* aplicações para esse vão e, portanto, envolveria o deslocamento angular desconhecido (extra) θ_B (ou θ_F) no apoio extremo.

Para resumir a aplicação das equações de inclinação-deflexão, considere a viga contínua mostrada na Figura 11.9 que tem quatro graus de liberdade. Aqui, a Equação 11.8 pode ser aplicada duas vezes a cada um dos três vãos, i.e., de *A* para *B*, *B* para *A*, *B* para *C*, *C* para *B*, *C* para *D* e *D* para *C*. Essas equações envolveriam as quatro rotações desconhecidas, $\theta_A, \theta_B, \theta_C, \theta_D$. Tendo em vista que os momentos finais em *A* e *D* são zero, entretanto, não é necessário determinar θ_A e θ_D. Uma solução mais curta ocorre quando aplicamos a Equação 11.10 de *B* para *A* e *C* para *D*, e então

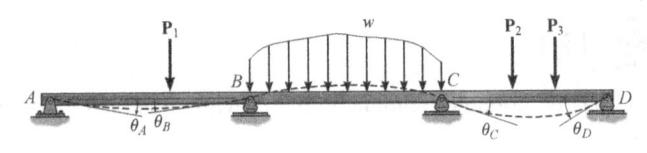

Figura 11.9

aplicamos a Equação 11.8 de *B* para *C* e *C* para *B*. Essas quatro equações envolverão apenas as rotações desconhecidas θ_B e θ_C.

11.3 Análise de vigas

Procedimento para análise

Graus de liberdade

Coloque uma legenda em todos os apoios e nós a fim de identificar os vãos da viga ou pórtico entre os nós. Ao se traçar a forma defletida da estrutura, será possível identificar o número de graus de liberdade. Aqui cada nó pode ter possivelmente um deslocamento angular e um deslocamento linear. A *compatibilidade* nos nós é mantida contanto que os membros rigidamente ligados ao nó tenham os mesmos deslocamentos que ele. Se esses deslocamentos são desconhecidos, e em geral eles o são, então por conveniência *presuma* que eles atuem na *direção positiva* de maneira a causar uma rotação no *sentido horário* de um membro ou nó, Figura 11.2.

Equações de inclinação-deflexão

Equações de inclinação-deflexão relacionam os momentos desconhecidos aplicados aos nós com os deslocamentos dos nós para qualquer vão da estrutura. Se uma carga existe no vão, calcule os MEFs usando a tabela no Apêndice F. Também, se um nó tem um deslocamento linear, Δ, calcule $\psi = \Delta/L$ para os vãos adjacentes. Aplique a Equação 11.8 para cada extremidade do vão gerando dessa maneira *duas* equações de inclinação-deflexão para cada vão. Entretanto, se um vão na *extremidade* de uma viga ou estrutura contínua é suportado por pino, aplique a Equação 11.10 somente para a extremidade fixada, gerando, assim, *uma* equação de inclinação-deflexão para o vão.

Equações de equilíbrio

Escreva uma equação de equilíbrio para cada grau de liberdade desconhecido para a estrutura. Cada uma dessas equações deve ser expressa em termos dos momentos internos desconhecidos como especificado pelas equações de inclinação-deflexão. Para vigas e pórticos escreva a equação de equilíbrio de momento em cada apoio e, para pórticos, também escreva equações de equilíbrio de momentos em cada nó. Se a estrutura se desloca lateralmente ou deflete horizontalmente, cortantes de coluna devem ser relacionados aos momentos nas extremidades da coluna. Isso é discutido na Seção 11.5.

Substitua as equações de inclinação-deflexão nas equações de equilíbrio e solucione para os deslocamentos de nó desconhecidos. Esses resultados são então substituídos nas equações de inclinação-deflexão para determinar os momentos internos nas extremidades de cada membro. Se qualquer um dos resultados for *negativo*, eles indicam rotação *no sentido anti-horário*; enquanto momentos e deslocamentos *positivos* são aplicados no *sentido horário*.

Exemplo 11.1

Trace os diagramas de cortante e momento para a viga mostrada na Figura 11.10a. *EI* é constante.

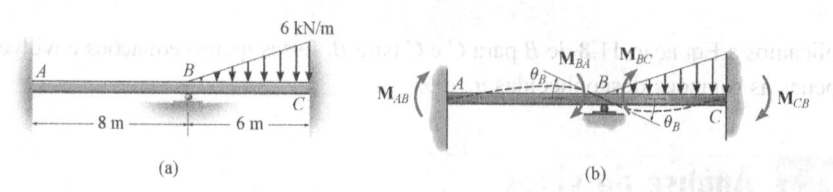

Figura 11.10

SOLUÇÃO

Equações de inclinação-deflexão. Dois vãos têm de ser considerados neste problema. Tendo em vista que *não* há um vão com a extremidade afastada apoiada por pino ou com apoio de um rolo, a Equação 11.8 aplica-se à solução. Usando as fórmulas para as MEFs tabuladas para a carga triangular dadas no Apêndice F, temos

$$(\text{MEF})_{BC} = -\frac{wL^2}{30} = -\frac{6(6)^2}{30} = -7{,}2 \text{ kN} \cdot \text{m}$$

$$(\text{MEF})_{CB} = \frac{wL^2}{20} = \frac{6(6)^2}{20} = 10{,}8 \text{ kN} \cdot \text{m}$$

Observe que (MEF)$_{BC}$ é negativo, tendo em vista que ele atua no sentido anti-horário *sobre a curva* em *B*. Também, (MEF)$_{AB}$ = (MEF)$_{BA}$ = 0 tendo em vista que não há carga sobre o vão *AB*.

A fim de identificar as incógnitas, a curva elástica para a viga é mostrada na Figura 11.10b. Como indicado, há quatro momentos internos desconhecidos. Apenas a inclinação em *B*, θ_B, é desconhecida. Tendo em vista que *A* e *C* são apoios fixos, $\theta_A = \theta_C = 0$. Também, tendo em vista que os apoios não recalcam, nem são deslocados para cima ou para baixo, $\psi_{AB} = \psi_{BC} = 0$. Para o vão *AB*, considerando que *A* seja extremidade próxima e *B* a extremidade afastada, temos

$$M_N = 2E\left(\frac{I}{L}\right)(2\theta_N + \theta_F - 3\psi) + (\text{MEF})_N$$

$$M_{AB} = 2E\left(\frac{I}{8}\right)[2(0) + \theta_B - 3(0)] + 0 = \frac{EI}{4}\theta_B \quad (1)$$

Agora, considerando *B* como a extremidade próxima e *A* a extremidade afastada, temos

$$M_{BA} = 2E\left(\frac{I}{8}\right)[2\theta_B + 0 - 3(0)] + 0 = \frac{EI}{2}\theta_B \quad (2)$$

De maneira similar, para o vão *BC* temos

$$M_{BC} = 2E\left(\frac{I}{6}\right)[2\theta_B + 0 - 3(0)] - 7{,}2 = \frac{2EI}{3}\theta_B - 7{,}2 \quad (3)$$

$$M_{CB} = 2E\left(\frac{I}{6}\right)[2(0) + \theta_B - 3(0)] + 10{,}8 = \frac{EI}{3}\theta_B + 10{,}8 \quad (4)$$

Equações de equilíbrio. As quatro equações acima contêm cinco incógnitas. A quinta equação necessária vem da condição de equilíbrio de momentos no apoio *B*. O diagrama de corpo livre de um segmento da viga é mostrado na Figura 11.10c.

Aqui presumimos que $\mathbf{M}_{BA}$ e $\mathbf{M}_{BC}$ atuam na direção positiva para serem consistentes com as equações de inclinação-deflexão.* Os cortantes na viga contribuem com um momento desprezível em torno de B, tendo em vista que o segmento é de comprimento infinitesimal. Desse modo,

$$(+\Sigma M_B = 0; \qquad M_{BA} + M_{BC} = 0 \qquad (5)$$

Para solucionar, substitua Equações (2) e (3) na Equação (5), que resulta em

$$\theta_B = \frac{6{,}17}{EI}$$

Substituindo novamente este valor nas Equações (1) – (4), resulta em

$$M_{AB} = 1{,}54 \text{ kN} \cdot \text{m}$$
$$M_{BA} = 3{,}09 \text{ kN} \cdot \text{m}$$
$$M_{BC} = -3{,}09 \text{ kN} \cdot \text{m}$$
$$M_{CB} = 12{,}86 \text{ kN} \cdot \text{m}$$

O valor negativo para M_{BC} indica que esse momento atua no sentido anti-horário sobre a viga, não no sentido horário como mostrado na Figura 11.10b.

Usando esses resultados, os cortantes nos vãos das extremidades são determinados a partir das equações de equilíbrio (Figura 11.10d). O diagrama de corpo livre de toda a viga e os diagramas de cortante e momento são mostrados na Figura 11.10e.

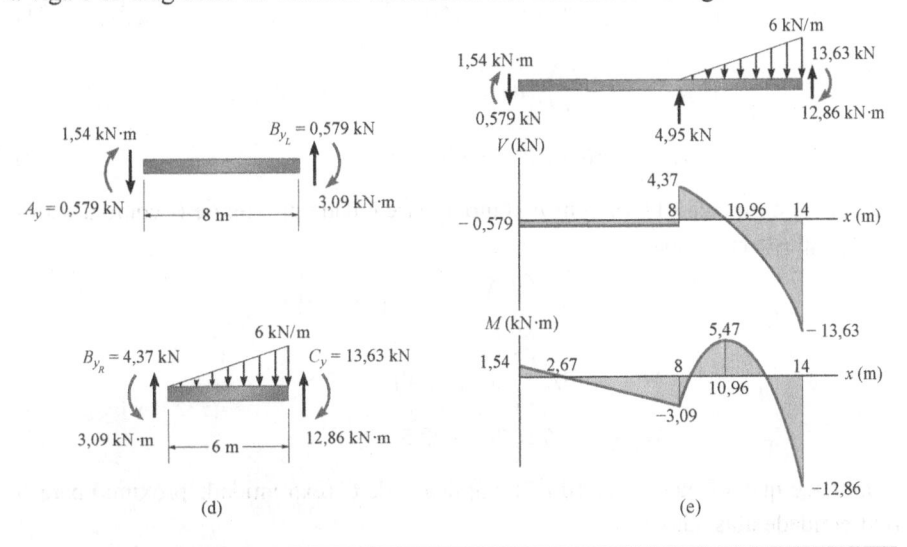

Exemplo 11.2

Trace os diagramas de cortante e momento para a viga mostrada na Figura 11.11a. EI é constante.

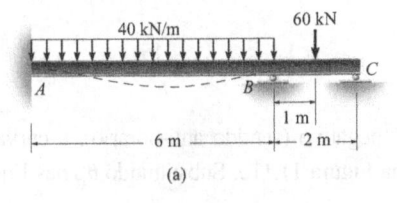

Figura 11.11

---

* No sentido horário no segmento da viga, mas – pelo princípio da ação e reação, igual mas de sentido oposto– no sentido anti-horário no apoio.

SOLUÇÃO

Equações de inclinação-deflexão. Dois vãos têm de ser considerados neste problema. A Equação 11.8 aplica-se ao vão AB. Podemos usar a Equação 11.10 para o vão BC tendo em vista que a *extremidade C está sobre um rolo*. Usando as fórmulas para MEFs tabuladas no Apêndice F, temos

$$(\text{MEF})_{AB} = -\frac{wL^2}{12} = -\frac{1}{12}(40)(6)^2 = -120 \text{ kN} \cdot \text{m}$$

$$(\text{MEF})_{BA} = \frac{wL^2}{12} = \frac{1}{12}(40)(6)^2 = 120 \text{ kN} \cdot \text{m}$$

$$(\text{MEF})_{BC} = -\frac{3PL}{16} = -\frac{3(60)(2)}{16} = -22,5 \text{ kN} \cdot \text{m}$$

Observe que $(\text{MEF})_{AB}$ e $(\text{MEF})_{BC}$ são negativos, tendo em vista que eles atuam no sentido anti-horário na viga em A e B, respectivamente. Também, tendo em vista que os apoios não recalcam, $\psi_{AB} = \psi_{BC} = 0$. Aplicando a Equação 11.8 para o vão AB e compreendendo que $\theta_A = 0$, temos

$$M_N = 2E\left(\frac{I}{L}\right)(2\theta_N + \theta_F - 3\psi) + (\text{MEF})_N$$

$$M_{AB} = 2E\left(\frac{I}{6}\right)[2(0) + \theta_B - 3(0)] - 120$$

$$M_{AB} = 0{,}3333 EI\,\theta_B - 120 \qquad (1)$$

$$M_{BA} = 2E\left(\frac{I}{6}\right)[2\theta_B + 0 - 3(0)] + 120$$

$$M_{BA} = 0{,}667 EI\,\theta_B + 120 \qquad (2)$$

Aplicando a Equação 11.10 com B como a extremidade próxima e C como a extremidade afastada, temos

$$M_N = 3E\left(\frac{I}{L}\right)(\theta_N - \psi) + (\text{MEF})_N$$

$$M_{BC} = 3E\left(\frac{I}{2}\right)(\theta_B - 0) - 22,5$$

$$M_{BC} = 1{,}5 EI\,\theta_B - 22{,}5 \qquad (3)$$

Lembre-se que a Equação 11.10 *não* é aplicada de C (extremidade próxima) para B (extremidade afastada).

Equações de equilíbrio. As três equações acima contêm quatro incógnitas. A quarta equação necessária vem das condições de equilíbrio no apoio B. O diagrama de corpo livre é mostrado na Figura 11.11b. Temos

$$(+\Sigma M_B = 0; \qquad M_{BA} + M_{BC} = 0 \qquad (4)$$

Para encontrar uma solução, substitua as Equações (2) e (3) na Equação (4), o que resulta em

$$\theta_B = -\frac{45}{EI}$$

Tendo em vista que θ_B é negativo (sentido anti-horário), a curva elástica para a viga foi desenhada corretamente na Figura 11.11a. Substituindo θ_B nas Equações (1) – (3), temos

$$M_{AB} = -135 \text{ kN} \cdot \text{m}$$

$$M_{BA} = 90 \text{ kN} \cdot \text{m}$$

$$M_{BC} = -90 \text{ kN} \cdot \text{m}$$

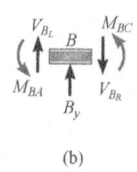

Usando esses dados para os momentos, as reações de cortantes nas extremidades dos vãos da viga foram determinadas na Figura 11.11c. Os diagramas de cortante e de momento são representados graficamente na Figura 11.11d.

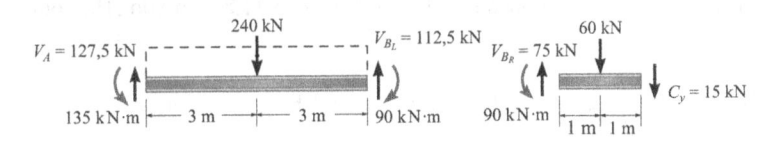

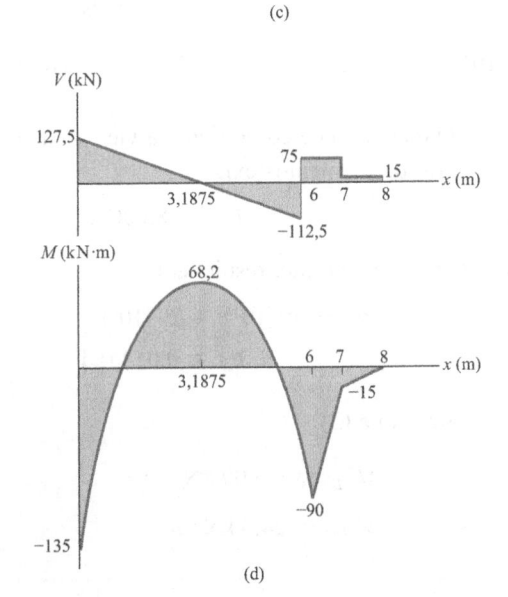

(c)

(d)

Exemplo 11.3

Determine o momento em A e B para a viga mostrada na Figura 11.12a. O apoio em B é deslocado (recalca) 80 mm. Considere $E = 200$ GPa, $I = 5(10^6)$ mm^4.

(a)

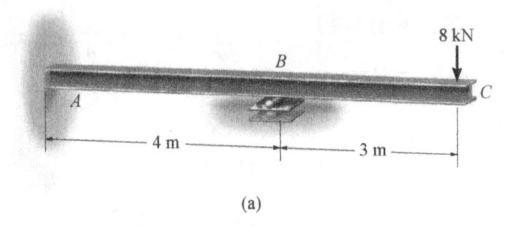

Figura 11.12

SOLUÇÃO

Equações de inclinação-deflexão. Apenas um vão (AB) tem de ser considerado neste problema, tendo em vista que o momento $\mathbf{M}_{BC}$ do balanço pode ser calculado da estática. Uma vez que não há carga sobre o vão AB, os MEFs são zero. Como mostrado na Figura 11.12b, o deslocamento para baixo (recalque) de B faz com que a corda para o vão AB gire no sentido horário. Desse modo,

$$\psi_{AB} = \psi_{BA} = \frac{0{,}08 \text{ m}}{4} = 0{,}02 \text{ rad}$$

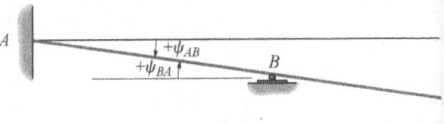

A rigidez para AB é

(b)

$$k = \frac{I}{L} = \frac{5(10^6)\text{ mm}^4(10^{-12})\text{ m}^4/\text{mm}^4}{4\text{ m}} = 1{,}25(10^{-6})\text{ m}^3$$

Aplicando a equação de inclinação-deflexão (Equação 11.8), ao vão AB, com $\theta_A = 0$, temos

$$M_N = 2E\left(\frac{I}{L}\right)(2\theta_N + \theta_F - 3\psi) + (\text{MEF})_N$$

$$M_{AB} = 2(200(10^9)\text{ N/m}^2)[1{,}25(10^{-6})\text{ m}^3][2(0) + \theta_B - 3(0{,}02)] + 0 \qquad (1)$$

$$M_{BA} = 2(200(10^9)\text{ N/m}^2)[1{,}25(10^{-6})\text{ m}^3][2\theta_B + 0 - 3(0{,}02)] + 0 \qquad (2)$$

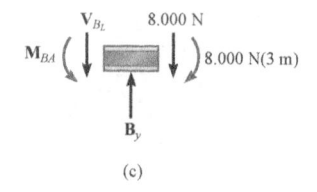

Equações de equilíbrio. O diagrama de corpo livre da viga no apoio B é mostrado na Figura 11.12c. O equilíbrio de momentos exige

$$(+\Sigma M_B = 0; \qquad M_{BA} - 8{,}000\text{ N}(3\text{ m}) = 0$$

Substituindo Equação (2) nesta equação, resulta em

$$1(10^6)\theta_B - 30(10^3) = 24(10^3)$$

$$\theta_B = 0{,}054\text{ rad}$$

Desse modo, das Equações (1) e (2),

$$M_{AB} = -3{,}00\text{ kN}\cdot\text{m}$$

$$M_{BA} = 24{,}0\text{ kN}\cdot\text{m}$$

Exemplo 11.4

Determine os momentos internos nos apoios da viga mostrada na Figura 11.13a. O apoio de rolo em C é empurrado para baixo 30 mm pela força **P**. Considere $E = 200$ GPa, $I = 600(10^6)\text{ mm}^4$.

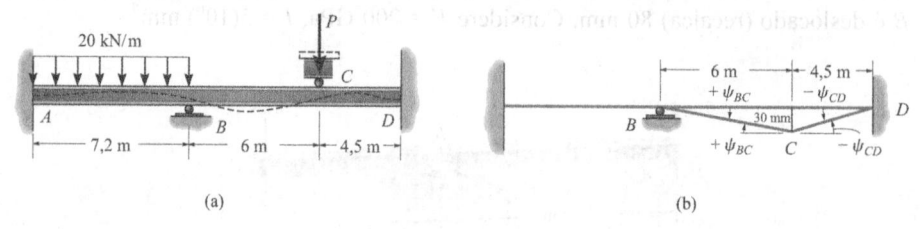

Figura 11.13

SOLUÇÃO

Equações de inclinação-deflexão. Três vãos têm de ser considerados neste problema. A Equação 11.8 aplica-se, tendo em vista que os apoios extremos A e D são fixos. Assim também, apenas o vão AB tem MEFs.

$$(\text{MEF})_{AB} = -\frac{wL^2}{12} = -\frac{1}{12}(20)(7{,}2)^2 = -86{,}4\text{ kN}\cdot\text{m}$$

$$(\text{MEF})_{BA} = \frac{wL^2}{12} = \frac{1}{12}(20)(7{,}2)^2 = 86{,}4\text{ kN}\cdot\text{m}$$

Como mostrado na Figura 11.13b, o deslocamento (ou recalque) do apoio C faz com que ψ_{BC} seja positivo, tendo em vista que a corda para o vão BC gira no sentido horário, e ψ_{CD} seja negativo, considerando que a corda para o vão CD gira no sentido anti-horário. Logo,

$$\psi_{BC} = \frac{0,03 \text{ m}}{6 \text{ m}} = 0,005 \text{ rad} \qquad \psi_{CD} = -\frac{0,03 \text{ m}}{4,5 \text{ m}} = -0,00667 \text{ rad}$$

Do mesmo modo, expressando as unidades para rigidez em metros, temos

$$k_{AB} = \frac{600\,(10^6)\,(10^{-12})}{7.2} = 83,33\,(10^{-6}) \text{ m}^3 \qquad k_{BC} = \frac{600\,(10^6)\,(10^{-12})}{6} = 100\,(10^{-6}) \text{ m}^3$$

$$k_{CD} = \frac{600\,(10^6)\,(10^{-12})}{4.5} = 133,33\,(10^{-6}) \text{ m}^3$$

Observado que $\theta_A = \theta_D = 0$ já que A e D são apoios fixos, e aplicando a Equação 11.8 de inclinação-deflexão duas vezes a cada vão, temos

Para o vão AB:

$$M_{AB} = 2[200\,(10^6)][83,33\,(10^{-6})][2(0) + \theta_B - 3(0)] - 86,4$$

$$M_{AB} = 33\,333,3\theta_B - 86,4 \tag{1}$$

$$M_{BA} = 2[200\,(10^6)][83,33\,(10^{-6})][2\theta_B + 0 - 3(0)] + 86,4$$

$$M_{BA} = 66\,666,7\theta_B + 86,4 \tag{2}$$

Para o vão BC:

$$M_{BC} = 2[200\,(10^6)][100\,(10^{-6})][2\theta_B + \theta_C - 3(0,005)] + 0$$

$$M_{BC} = 80\,000\theta_B + 40\,000\theta_C - 600 \tag{3}$$

$$M_{CB} = 2[200\,(10^6)][100\,(10^{-6})][2\theta_C + \theta_B - 3(0,005)] + 0$$

$$M_{CB} = 80\,000\theta_C + 40\,000\theta_B - 600 \tag{4}$$

Para o vão CD:

$$M_{CD} = 2[200\,(10^6)][133,33\,(10^{-6})][2\theta_C + 0 - 3(-0,00667)] + 0$$

$$M_{CD} = 106\,666,7\theta_C + 0 + 1066,7 \tag{5}$$

$$M_{DC} = 2[200\,(10^6)][133,33\,(10^{-6})][2(0) + \theta_C - 3(-0,00667)] + 0$$

$$M_{DC} = 53\,333,3\theta_C + 1066,7 \tag{6}$$

Equações de equilíbrio. Essas seis equações contêm oito incógnitas. Escrevendo as equações de equilíbrio de momentos para os apoios B e C (Figura 10.13c), temos

$$\zeta + \Sigma M_B = 0; \qquad M_{BA} + M_{BC} = 0 \tag{7}$$

$$\zeta + \Sigma M_C = 0; \qquad M_{CB} + M_{CD} = 0 \tag{8}$$

Solucionando a questão, substitua as Equações (2) e (3) na Equação (7), e as Equações (4) e (5) na Equação (8). Isso resulta em

$$\theta_C + 3,667\theta_B = 0,01284$$

$$-\theta_C - 0,214\theta_B = 0,00250$$

Desse modo,

$$\theta_B = 0,00444 \text{ rad} \qquad \theta_C = -0,00345 \text{ rad}$$

O valor negativo para θ_C indica rotação no sentido anti-horário da tangente em C (Figura 11.13a). Substituindo esses valores nas Equações (1) – (6), resulta em

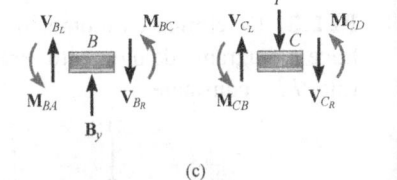

$$M_{AB} = 61{,}6 \text{ kN} \cdot \text{m} \quad (Resposta)$$
$$M_{BA} = 383 \text{ kN} \cdot \text{m} \quad (Resposta)$$
$$M_{BC} = -383 \text{ kN} \cdot \text{m} \quad (Resposta)$$
$$M_{CB} = -698 \text{ kN} \cdot \text{m} \quad (Resposta)$$
$$M_{CD} = 698 \text{ kN} \cdot \text{m} \quad (Resposta)$$
$$M_{DC} = 883 \text{ kN} \cdot \text{m} \quad (Resposta)$$

Aplique esses momentos finais aos vãos BC e CD e demonstre que V_{C_L} = 180,2 kN, V_{C_R} = – 351,3 kN e a força no rolo é P = 531,5 kN.

Problemas

P11.1. Determine os momentos em A, B e C e então trace o diagrama de momento. EI é constante. Presuma que o apoio em B seja um rolo e A e C são fixos.

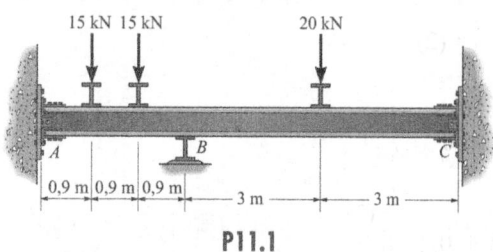

P11.1

P11.2. Determine os momentos em A, B e C e então trace o diagrama de momento para a viga. O momento de inércia de cada vão é indicado na figura. Presuma que o apoio em B seja um rolo e A e B sejam fixos. E = 200 GPa.

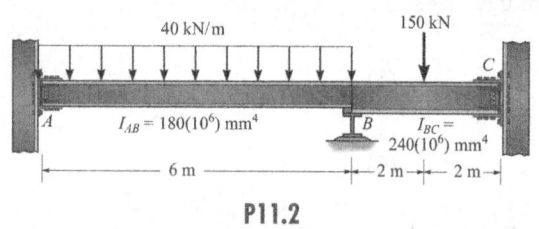

P11.2

P11.3. Determine os momentos nos apoios A e C, então trace o diagrama de momento. Presuma que o nó B seja um rolo. EI é constante.

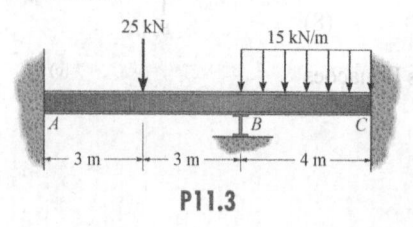

P11.3

*P11.4. Determine os momentos nos apoios, então trace o diagrama de momento. Presuma que B seja um rolo e A e C são fixos. EI é constante.

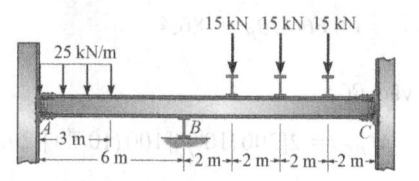

P11.4

P11.5. Determine o momento em A, B, C e D, então trace o diagrama de momento para a viga. Presuma que os apoios em A e B sejam fixos e B e C sejam rolos. EI é constante.

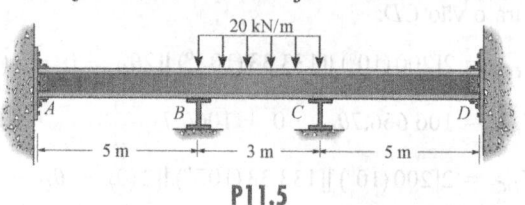

P11.5

P11.6. Determine os momentos em A, B, C e D, então trace o diagrama de momento para a viga. Presuma que os apoios em A e D sejam fixos e B e C sejam rolos. EI é constante.

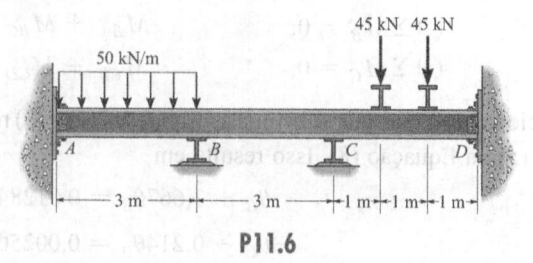

P11.6

P11.7. Determine o momento em *B*, então trace o diagrama de momento para a viga. Presuma que os apoios em *A* e *C* sejam pinos e *B* é um rolo. *EI* é constante.

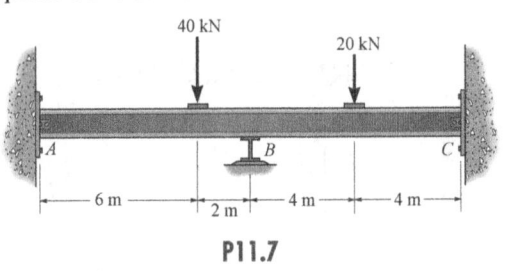

P11.8. Determine os momentos em *A*, *B* e *C*, então trace o diagrama de momento. *EI* é constante. Presuma que o apoio em *B* seja um rolo e *A* e *C* sejam fixos.

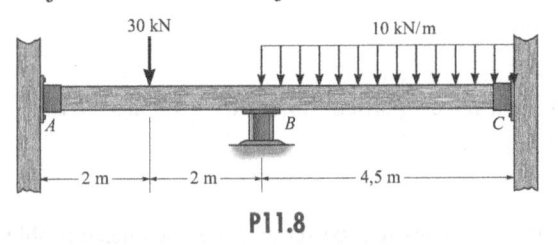

P11.9. Determine os momentos em cada apoio, então trace o diagrama de momento. Presuma que *A* seja fixo. *EI* é constante.

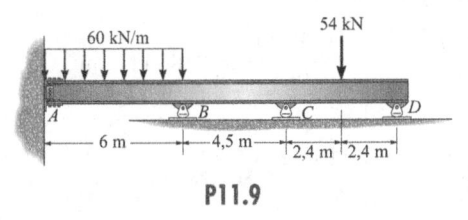

P11.10. Determine os momentos em *A* e *B*, então trace o diagrama de momento para a viga. *EI* é constante.

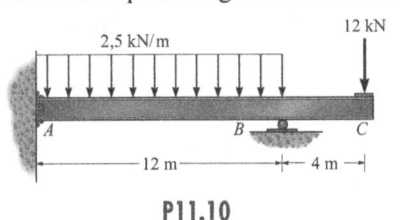

P11.11. Determine os momentos em *A*, *B* e *C*, então trace o diagrama de momento para a viga. Presuma que o apoio em *A* seja fixo, *B* e *C* sejam rolos, e *D* seja um pino. *EI* é constante.

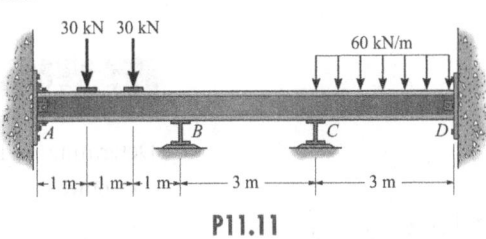

P11.12. Determine os momentos atuando em *A* e *B*. Presuma que *A* tenha um apoio fixo, *B* seja um rolo e *C* seja um pino. *EI* é constante.

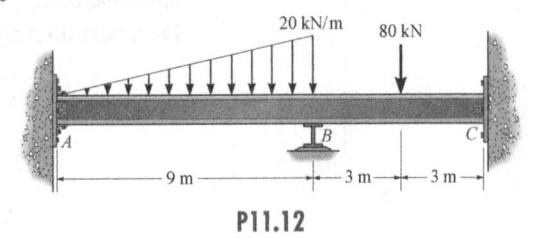

11.4 Análise de pórticos indeslocáveis

Um pórtico não se moverá para os lados (não será deslocada para a esquerda ou direita), contanto que ele seja adequadamente restringido. Exemplos são mostrados na Figura 11.14. Também, nenhum movimento lateral ocorrerá em um pórtico não restringido contanto que ele seja simétrico em relação tanto ao carregamento quanto à geometria, conforme mostrado na Figura 11.15. Para ambos os casos, o termo ψ nas equações de inclinação-deflexão será igual a zero, tendo em vista que a flexão não faz com que os nós tenham um deslocamento linear.

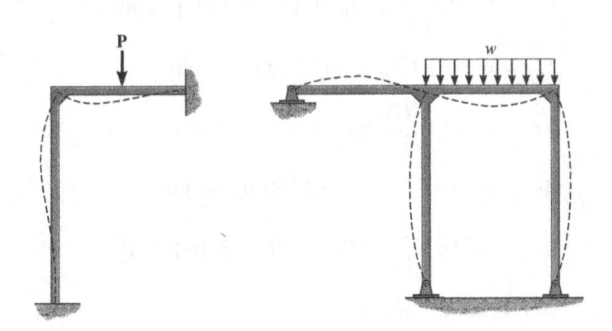

Figura 11.14

Os exemplos a seguir ilustram a aplicação das equações de inclinação-deflexão usando o procedimento para análise delineado na Seção 11.3 para esses tipos de pórticos.

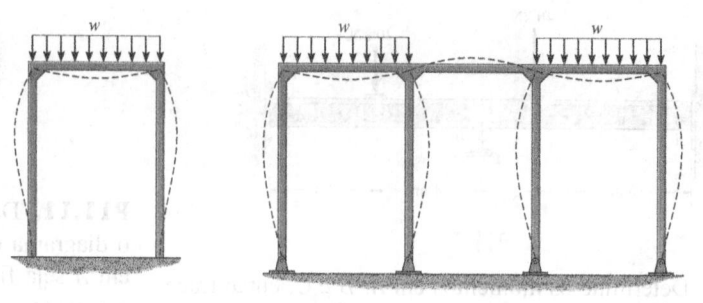

Figura 11.15

Exemplo 11.5

Determine os momentos em cada nó do pórtico mostrado na Figura 11.16a. EI é constante.

SOLUÇÃO

Equações de inclinação-deflexão. Três vãos têm de ser considerados neste problema: AB, BC e CD. Tendo em vista que vãos têm apoios fixos em A e D, a Equação 11.8 aplica-se para a solução.

Da tabela do Apêndice F, os MEFs para BC são

$$(MEF)_{BC} = -\frac{5wL^2}{96} = -\frac{5(24)(8)^2}{96} = -80 \text{ kN} \cdot \text{m}$$

$$(MEF)_{CB} = \frac{5wL^2}{96} = \frac{5(24)(8)^2}{96} = 80 \text{ kN} \cdot \text{m}$$

Observe que $\theta_A = \theta_D = 0$ e $\psi_{AB} = \psi_{BC} = \psi_{CD} = 0$, tendo em vista que nenhum movimento lateral irá ocorrer.

Aplicando a Equação 11.8, temos

$$M_N = 2Ek(2\theta_N + \theta_F - 3\psi) + (MEF)_N$$

$$M_{AB} = 2E\left(\frac{I}{12}\right)[2(0) + \theta_B - 3(0)] + 0$$

$$M_{AB} = 0{,}1667EI\,\theta_B \quad (1)$$

$$M_{BA} = 2E\left(\frac{I}{12}\right)[2\theta_B + 0 - 3(0)] + 0$$

$$M_{BA} = 0{,}333EI\,\theta_B \quad (2)$$

$$M_{BC} = 2E\left(\frac{I}{8}\right)[2\theta_B + \theta_C - 3(0)] - 80$$

$$M_{BC} = 0{,}5EI\,\theta_B + 0{,}25EI\,\theta_C - 80 \quad (3)$$

$$M_{CB} = 2E\left(\frac{I}{8}\right)[2\theta_C + \theta_B - 3(0)] + 80$$

$$M_{CB} = 0{,}5EI\,\theta_C + 0{,}25EI\,\theta_B + 80 \quad (4)$$

$$M_{CD} = 2E\left(\frac{I}{12}\right)[2\theta_C + 0 - 3(0)] + 0$$

$$M_{CD} = 0{,}333EI\,\theta_C \quad (5)$$

(a)

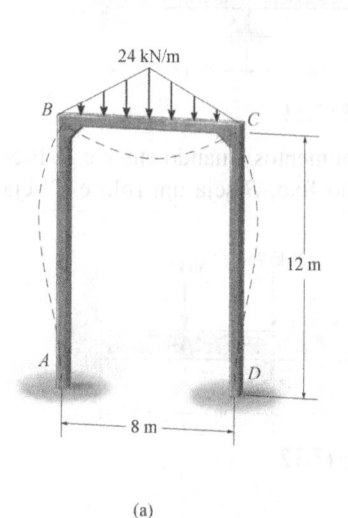

Figura 11.16

$$M_{DC} = 2E\left(\frac{I}{12}\right)[2(0) + \theta_C - 3(0)] + 0$$

$$M_{DC} = 0{,}1667EI\,\theta_C \qquad (6)$$

Equações de equilíbrio. As seis equações anteriores contêm oito incógnitas. As duas equações de equilíbrio restantes vêm do equilíbrio de momentos nos nós B e C, Figura 11.16b. Temos

$$M_{BA} + M_{BC} = 0 \qquad (7)$$

$$M_{CB} + M_{CD} = 0 \qquad (8)$$

Para solucionar essas oito equações, substitua as Equações (2) e (3) na Equação (7) e substitua as Equações (4) e (5) na Equação (8). O resultado é

$$0{,}833EI\,\theta_B + 0{,}25EI\,\theta_C = 80$$

$$0{,}833EI\,\theta_C + 0{,}25EI\,\theta_B = -80$$

Solucionando simultaneamente resulta em

$$\theta_B = -\theta_C = \frac{137{,}1}{EI}$$

que está de acordo com a maneira como a estrutura deflete conforme mostrado na Figura 11.16a. Substituindo nas Equações (1)-(6), chegamos a

$M_{AB} = 22{,}9$ kN·m (Resposta)

$M_{BA} = 45{,}7$ kN·m (Resposta)

$M_{BC} = -45{,}7$ kN·m (Resposta)

$M_{CB} = 45{,}7$ kN·m (Resposta)

$M_{CD} = -45{,}7$ kN·m (Resposta)

$M_{DC} = -22{,}9$ kN·m (Resposta)

Usando esses resultados, as reações nas extremidades de cada membro podem ser determinadas a partir das equações de equilíbrio, e o diagrama de momento para o pórtico pode ser desenhado (Figura 11.16c).

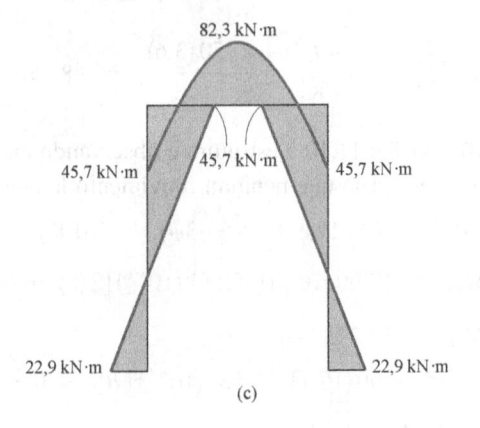

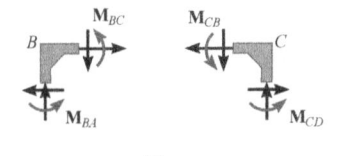

Exemplo 11.6

Determine os momentos internos em cada nó do pórtico mostrado na Figura 11.17a. O momento de inércia para cada membro é dado na figura. Considere $E = 200$ GPa.

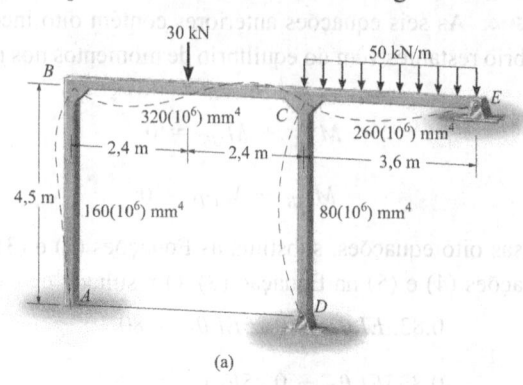

Figura 11.17

SOLUÇÃO

Equações de inclinação-deflexão. Quatro vãos têm de ser considerados neste problema. A Equação 11.8 aplica-se aos vãos AB e BC, e a Equação 11.10 será aplicada a CD e CE, porque as extremidades em D e E estão fixadas por pinos.
Calculando as rigidezes dos membros, temos

$$k_{AB} = \frac{160(10^6)(10^{-12})}{4,5} = 35,56(10^{-6}) \text{ m}^3 \qquad k_{CD} = \frac{80(10^6)(10^{-12})}{4,5} = 17,78(10^{-6}) \text{ m}^3$$

$$k_{BC} = \frac{320(10^6)(10^{-12})}{4,8} = 66,67(10^{-6}) \text{ m}^3 \qquad k_{CE} = \frac{260(10^6)(10^{-12})}{3,6} = 72,23(10^{-6}) \text{ m}^3$$

Os MEFs em razão das cargas são

$$(\text{MEF})_{BC} = -\frac{PL}{8} = -\frac{30(4,8)}{8} = -18 \text{ kN} \cdot \text{m}$$

$$(\text{MEF})_{CB} = \frac{PL}{8} = \frac{30(4,8)}{8} = 18 \text{ kN} \cdot \text{m}$$

$$(\text{MEF})_{CE} = -\frac{wL^2}{8} = -\frac{50(3,6)^2}{8} = -81 \text{ kN} \cdot \text{m}$$

Aplicando as Equações 11.8 e 11.10 à estrutura e observando que $\theta_A = 0$, $\psi_{AB} = \psi_{BC} = \psi_{CD} = \psi_{CE} = 0$ tendo em vista que nenhum movimento lateral ocorre, temos

$$M_N = 2Ek(2\theta_N + \theta_F - 3\psi) + (\text{MEF})_N$$

$$M_{AB} = 2[200(10^6)](35,56)(10^{-6})[2(0) + \theta_B - 3(0)] + 0$$

$$M_{AB} = 14\,222,2\theta_B \tag{1}$$

$$M_{BA} = 2[200(10^6)](35,56)(10^{-6})[2\theta_B + 0 - 3(0)] + 0$$

$$M_{BA} = 28\,444,4\theta_B \tag{2}$$

$$M_{BC} = 2[200(10^6)](66,67)(10^{-6})[2\theta_B + \theta_C - 3(0)] - 18$$

$$M_{BC} = 53\,333,3\theta_B + 26\,666,7\theta_C - 18 \tag{3}$$

$$M_{CB} = 2[200(10^6)](66,67)(10^{-6})[2\theta_C + \theta_B - 3(0)] + 18$$

$$M_{CB} = 26\,666,7\theta_B + 53\,333,3\theta_C + 18 \tag{4}$$

$$M_N = 3Ek(\theta_N - \psi) + (\text{MEF})_N$$

$$M_{CD} = 3[200(10^6)](17{,}78)(10^{-6})[\theta_C - 0] + 0 \quad (5)$$

$$M_{CD} = 10\,666{,}7\theta_C$$

$$M_{CE} = 3[200(10^6)](72{,}22)(10^{-6})[\theta_C - 0] - 81$$

$$M_{CE} = 43\,333{,}3\theta_C - 81 \quad (6)$$

Equações de equilíbrio. Essas seis equações contêm oito incógnitas. Duas equações de equilíbrio de momentos podem ser escritas para os nós B e C (Figura 11.17b). Temos

$$M_{BA} + M_{BC} = 0 \quad (7)$$

$$M_{CB} + M_{CD} + M_{CE} = 0 \quad (8)$$

Solucionando a questão, substitua as Equações (2) e (3) na Equação (7), e as Equações (4)-(6) na Equação (8). Isto resulta em

$$81\,777{,}7\theta_B + 26\,666{,}7\theta_C = 18$$

$$26\,666{,}7\theta_B + 107\,333{,}3\theta_C = 63$$

Solucionando essas equações simultaneamente resulta em

$$\theta_B = 3{,}124(10^{-5})\text{ rad} \quad \theta_C = 5{,}792(10^{-4})\text{ rad}$$

Esses valores, sendo no sentido horário, tendem a distorcer a estrutura como mostrado na Figura 11.17a. Substituindo esses valores nas Equações (1)-(6) e solucionando, chegamos a

$$M_{AB} = 0{,}444 \text{ kN} \cdot \text{m} \quad (Resposta)$$

$$M_{BA} = 0{,}888 \text{ kN} \cdot \text{m} \quad (Resposta)$$

$$M_{BC} = -0{,}888 \text{ kN} \cdot \text{m} \quad (Resposta)$$

$$M_{CB} = 49{,}7 \text{ kN} \cdot \text{m} \quad (Resposta)$$

$$M_{CD} = 6{,}18 \text{ kN} \cdot \text{m} \quad (Resposta)$$

$$M_{CE} = -55{,}9 \text{ kN} \cdot \text{m} \quad (Resposta)$$

11.5 Análise de pórticos deslocáveis

Um pórtico se movimentará para os lados, ou será deslocado lateralmente, quando ele ou a carga atuando sobre ele forem assimétricos. Para ilustrar esse efeito, considere o pórtico mostrado na Figura 11.18. Aqui a carga **P** provoca momentos *desiguais* $\mathbf{M}_{BC}$ e $\mathbf{M}_{CB}$ nos nós B e C, respectivamente. $\mathbf{M}_{BC}$ tende a deslocar o nó B para a direita, enquanto $\mathbf{M}_{CB}$ tende a deslocar o nó C para a esquerda. Tendo em vista que $\mathbf{M}_{BC}$ é maior do que $\mathbf{M}_{CB}$, o resultado líquido é um deslocamento lateral Δ de ambos os nós B e C para a direita, como mostrado na figura.* Ao aplicar a equação de inclinação-deflexão a cada coluna desse pórtico, temos que considerar, portanto, a rotação da coluna ψ (tendo em vista que $\psi = \Delta/L$) como desconhecida na equação. Como consequência, uma equação de equilíbrio extra deve ser incluída para a solução. Nas partes anteriores foi mostrado que *deslocamentos angulares* θ desconhecidos

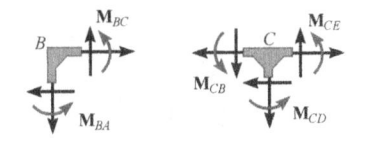

---

* Lembre-se de que as deformações de todos os três membros por causa do cortante e força axial são desprezadas.

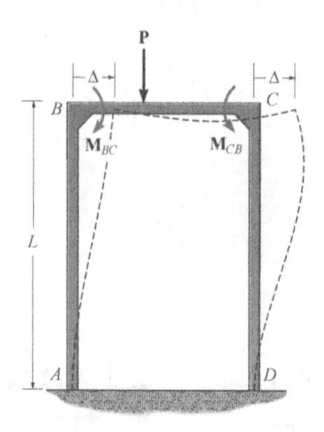

Figura 11.18

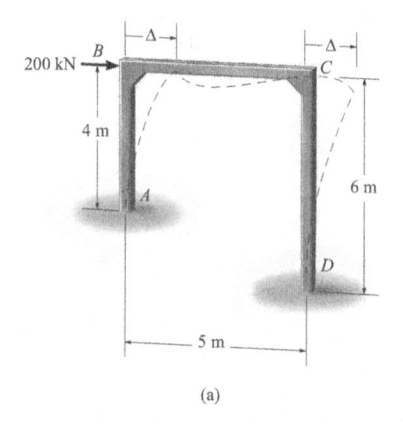

Figura 11.19

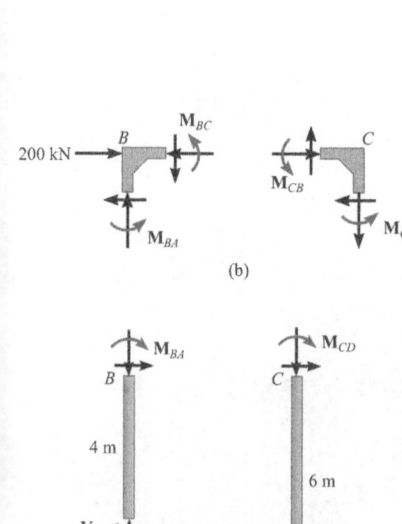

eram relacionados por *equações de equilíbrio de momentos* combinadas. De maneira similar, quando *deslocamentos lineares* combinados Δ (ou rotações de vão ψ) ocorrem, temos de escrever *equações de equilíbrio de forças* a fim de obter a solução completa. As incógnitas nessas equações, entretanto, têm de envolver somente os *momentos* internos atuando nas extremidades das colunas, tendo em vista que as equações de inclinação-deflexão envolvem esses momentos. A técnica para solucionar problemas para pórticos deslocáveis é mais bem ilustrada por meio de exemplos.

Exemplo 11.7

Determine os momentos em cada nó do pórtico mostrado na Figura 11.19a. EI é constante.

SOLUÇÃO

Equações de inclinação-deflexão. Tendo em vista que as extremidades A e D são fixas, a Equação 11.8 aplica-se a todos os três vãos da estrutura. O movimento lateral ocorre aqui tendo em vista que tanto a carga aplicada quanto a geometria da estrutura são assimétricas. Neste caso, a carga é aplicada diretamente ao nó B e, portanto, nenhum MEF atua nos nós. Como mostrado na Figura 11.19a, presume-se que ambos os nós, B e C, foram deslocados em um *montante igual* Δ. Consequentemente, $\psi_{AB} = \Delta/4$ e $\psi_{DC} = \Delta/6$. Ambos os termos são positivos, tendo em vista que as cordas dos membros AB e CD "giram" no sentido horário. Relacionando ψ_{AB} a ψ_{DC}, temos $\psi_{AB} = (6/4)\psi_{DC}$. Aplicando a Equação 11.8 à estrutura, temos

$$M_{AB} = 2E\left(\frac{I}{4}\right)\left[2(0) + \theta_B - 3\left(\frac{6}{4}\psi_{DC}\right)\right] + 0 = EI(0,5\theta_B - 2,25\psi_{DC}) \quad (1)$$

$$M_{BA} = 2E\left(\frac{I}{4}\right)\left[2\theta_B + 0 - 3\left(\frac{6}{4}\psi_{DC}\right)\right] + 0 = EI(1,0\theta_B - 2,25\psi_{DC}) \quad (2)$$

$$M_{BC} = 2E\left(\frac{I}{5}\right)[2\theta_B + \theta_C - 3(0)] + 0 = EI(0,8\theta_B + 0,4\theta_C) \quad (3)$$

$$M_{CB} = 2E\left(\frac{I}{5}\right)[2\theta_C + \theta_B - 3(0)] + 0 = EI(0,8\theta_C + 0,4\theta_B) \quad (4)$$

$$M_{CD} = 2E\left(\frac{I}{6}\right)[2\theta_C + 0 - 3\psi_{DC}] + 0 = EI(0,667\theta_C - 1,0\psi_{DC}) \quad (5)$$

$$M_{DC} = 2E\left(\frac{I}{6}\right)[2(0) + \theta_C - 3\psi_{DC}] + 0 = EI(0,333\theta_C - 1,0\psi_{DC}) \quad (6)$$

Equações de equilíbrio. As seis equações contêm nove incógnitas. Duas equações de equilíbrio de momentos para os nós B e C (Figura 11.19b), podem ser escritas, a saber

$$M_{BA} + M_{BC} = 0 \quad (7)$$

$$M_{CB} + M_{CD} = 0 \quad (8)$$

Tendo em vista que um deslocamento horizontal Δ ocorre, consideraremos somar forças em *toda a estrutura* na direção x. Isto resulta em

$$\xrightarrow{+} \Sigma F_x = 0; \qquad 200 - V_A - V_D = 0$$

As reações horizontais ou cortantes de coluna V_A e V_D podem ser relacionados aos momentos internos considerando o diagrama de corpo livre de cada coluna separadamente (Figura 11.19c). Temos

$\Sigma M_B = 0;$ $\qquad V_A = -\dfrac{M_{AB} + M_{BA}}{4}$

$\Sigma M_C = 0;$ $\qquad V_D = -\dfrac{M_{DC} + M_{CD}}{6}$

Desse modo,

$$200 + \dfrac{M_{AB} + M_{BA}}{4} + \dfrac{M_{DC} + M_{CD}}{6} = 0 \qquad (9)$$

Para solucionar a questão, substitua as Equações (2) e (3) na Equação (7), Equações (4) e (5) na Equação (8), e as Equações (1), (2), (5), (6) na Equação (9). Isto resulta em

$$1{,}8\theta_B + 0{,}4\theta_C - 2{,}25\psi_{DC} = 0$$

$$0{,}4\theta_B + 1{,}467\theta_C - \psi_{DC} = 0$$

$$1{,}5\theta_B + 0{,}667\theta_C - 5{,}833\psi_{DC} = -\dfrac{800}{EI}$$

Solucionando simultaneamente, temos

$$EI\,\theta_B = 243{,}78 \qquad EI\,\theta_C = 75{,}66 \qquad EI\,\psi_{DC} = 208{,}48$$

Por fim, usando esses resultados e solucionando as Equações (1)-(6), resulta em

$M_{AB} = -347 \text{ kN} \cdot \text{m}$ *(Resposta)*

$M_{BA} = -225 \text{ kN} \cdot \text{m}$ *(Resposta)*

$M_{BC} = 225 \text{ kN} \cdot \text{m}$ *(Resposta)*

$M_{CB} = 158 \text{ kN} \cdot \text{m}$ *(Resposta)*

$M_{CD} = -158 \text{ kN} \cdot \text{m}$ *(Resposta)*

$M_{DC} = -183 \text{ kN} \cdot \text{m}$ *(Resposta)*

Exemplo 11.8

Determine os momentos em cada nó do pórtico mostrado na Figura 11.20a. Os apoios em A e D são fixos e presume-se que o nó C seja ligado por pino. EI é constante para cada membro.

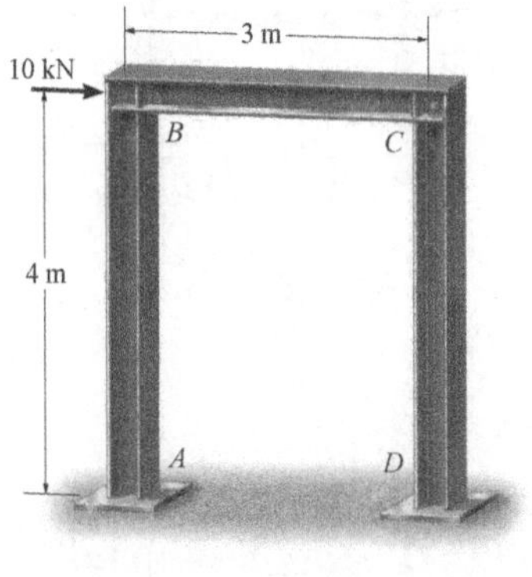

SOLUÇÃO

Equações de inclinação-deflexão. Aplicaremos a Equação 11.8 ao membro AB tendo em vista que ele tem ligações fixas em ambas as extremidades. A Equação 11.10 pode ser aplicada de B para C e de D para C, tendo em vista que o pino em C suporta momento zero. Como mostrado pelo diagrama de deflexão (Figura 11.20b), há um deslocamento linear desconhecido Δ do pórtico e deslocamento angular desconhecido θ_B no nó B.* Graças a Δ, os membros da corda AB e CD giram no sentido horário, $\psi = \psi_{AB} = \psi_{DC} = \Delta/4$. Percebendo que $\theta_A = \theta_D = 0$ e que não há MEFs para os membros, temos

$$M_N = 2E\left(\dfrac{I}{L}\right)(2\theta_N + \theta_F - 3\psi) + (\text{MEF})_N$$

$$M_{AB} = 2E\left(\dfrac{I}{4}\right)[2(0) + \theta_B - 3\psi] + 0 \qquad (1)$$

(a)

Figura 11.20

---

* Os deslocamentos angulares θ_{CB} e θ_{CD} no nó C (pino) não estão incluídos na análise, tendo em vista que a Equação 11.10 deve ser usada.

$$M_{BA} = 2E\left(\frac{I}{4}\right)(2\theta_B + 0 - 3\psi) + 0 \quad (2)$$

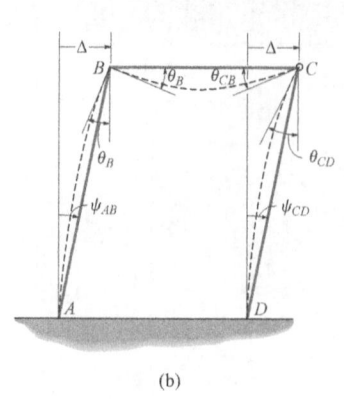

$$M_N = 3E\left(\frac{I}{L}\right)(\theta_N - \psi) + (\text{MEF})_N$$

$$M_{BC} = 3E\left(\frac{I}{3}\right)(\theta_B - 0) + 0 \quad (3)$$

$$M_{DC} = 3E\left(\frac{I}{4}\right)(0 - \psi) + 0 \quad (4)$$

Equações de equilíbrio. O equilíbrio de momentos do nó B (Figura 11.20c), exige

$$M_{BA} + M_{BC} = 0 \quad (5)$$

Se forças são somadas para *todo o pórtico* na direção horizontal, temos

$$\xrightarrow{+} \Sigma F_x = 0; \qquad 10 - V_A - V_D = 0 \quad (6)$$

Como mostrado no diagrama de corpo livre de cada coluna (Figura 11.20d), temos

$$\Sigma M_B = 0; \qquad V_A = -\frac{M_{AB} + M_{BA}}{4}$$

$$\Sigma M_C = 0; \qquad V_D = -\frac{M_{DC}}{4}$$

Desse modo, da Equação (6)

$$10 + \frac{M_{AB} + M_{BA}}{4} + \frac{M_{DC}}{4} = 0 \quad (7)$$

Substituindo as equações de inclinação-deflexão nas Equações (5) e (7) e simplificando, resulta em

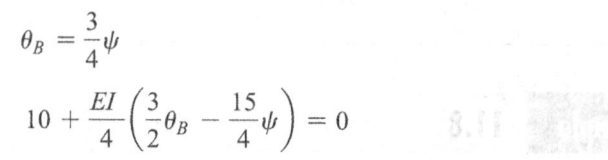

$$\theta_B = \frac{3}{4}\psi$$

$$10 + \frac{EI}{4}\left(\frac{3}{2}\theta_B - \frac{15}{4}\psi\right) = 0$$

Desse modo,

$$\theta_B = \frac{240}{21EI} \qquad \psi = \frac{320}{21EI}$$

Substituindo estes valores nas Equações (1)-(4), temos

$M_{AB} = -17{,}1 \text{ kN} \cdot \text{m}, \qquad M_{BA} = -11{,}4 \text{ kN} \cdot \text{m} \qquad$ *(Resposta)*

$M_{BC} = 11{,}4 \text{ kN} \cdot \text{m}, \qquad M_{DC} = -11{,}4 \text{ kN} \cdot \text{m} \qquad$ *(Resposta)*

Usando esses resultados, as reações finais em cada membro podem ser determinadas das equações de equilíbrio (Figura 11.20e). O diagrama de momento para o pórtico é mostrado na Figura 11.20f.

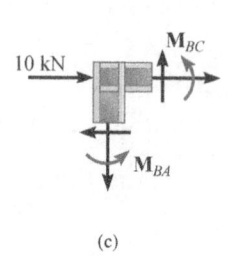

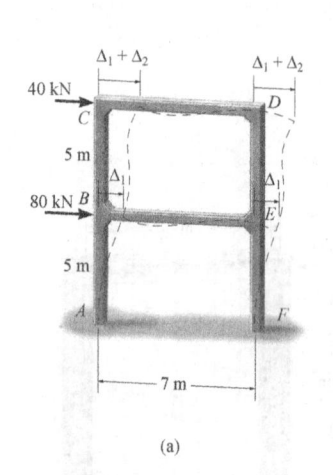

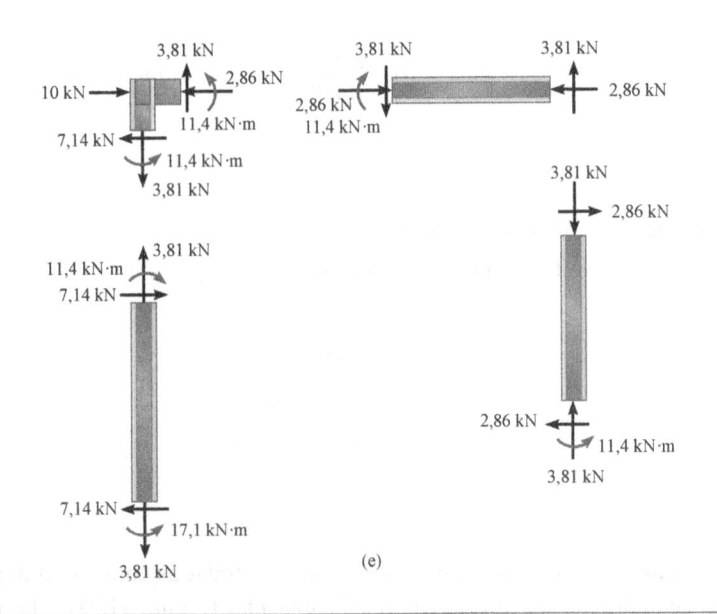

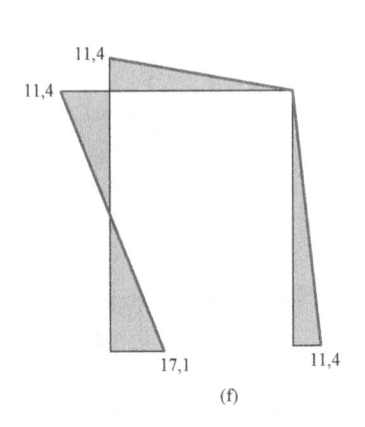

Exemplo 11.9

Explique como os momentos em cada nó do pórtico de dois andares mostrado na Figura 11.21a são determinados. EI é constante.

SOLUÇÃO

Equação de inclinação-deflexão. Tendo em vista que os apoios em A e F são fixos, a Equação 11.8 aplica-se a todos os seis vãos do pórtico. Nenhum MEF tem de ser calculado, tendo em vista que a carga aplicada atua nos nós. Aqui a carga desloca os nós B e E um montante Δ_1, e C e D um montante $\Delta_1 + \Delta_2$. Como resultado, os membros AB e FE passam por rotações de $\psi_1 = \Delta_1/5$ e BC e ED por rotações de $\psi_2 = \Delta_2/5$. Aplicando a Equação 11.8 ao pórtico resulta em

$$M_{AB} = 2E\left(\frac{I}{5}\right)[2(0) + \theta_B - 3\psi_1] + 0 \quad (1)$$

$$M_{BA} = 2E\left(\frac{I}{5}\right)[2\theta_B + 0 - 3\psi_1] + 0 \quad (2)$$

$$M_{BC} = 2E\left(\frac{I}{5}\right)[2\theta_B + \theta_C - 3\psi_2] + 0 \quad (3)$$

$$M_{CB} = 2E\left(\frac{I}{5}\right)[2\theta_C + \theta_B - 3\psi_2] + 0 \quad (4)$$

$$M_{CD} = 2E\left(\frac{I}{7}\right)[2\theta_C + \theta_D - 3(0)] + 0 \quad (5)$$

$$M_{DC} = 2E\left(\frac{I}{7}\right)[2\theta_D + \theta_C - 3(0)] + 0 \quad (6)$$

$$M_{BE} = 2E\left(\frac{I}{7}\right)[2\theta_B + \theta_E - 3(0)] + 0 \quad (7)$$

$$M_{EB} = 2E\left(\frac{I}{7}\right)[2\theta_E + \theta_B - 3(0)] + 0 \quad (8)$$

$$M_{ED} = 2E\left(\frac{I}{5}\right)[2\theta_E + \theta_D - 3\psi_2] + 0 \quad (9)$$

$$M_{DE} = 2E\left(\frac{I}{5}\right)[2\theta_D + \theta_E - 3\psi_2] + 0 \quad (10)$$

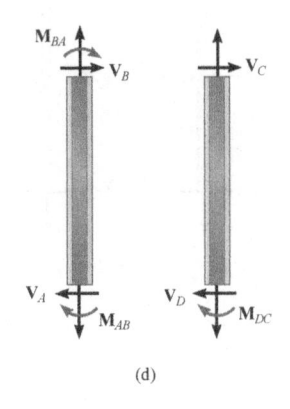

Figura 11.21

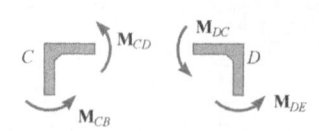

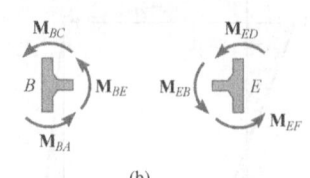

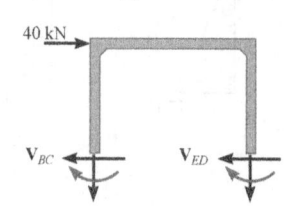

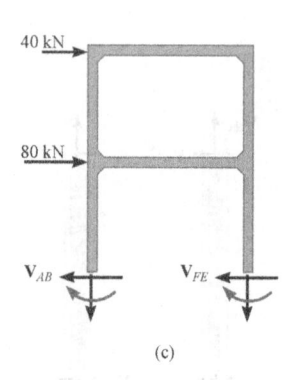

$$M_{FE} = 2E\left(\frac{I}{5}\right)[2(0) + \theta_E - 3\psi_1] + 0 \quad (11)$$

$$M_{EF} = 2E\left(\frac{I}{5}\right)[2\theta_E + 0 - 3\psi_1] + 0 \quad (12)$$

Essas 12 equações contêm 18 incógnitas.

Equações de equilíbrio. O equilíbrio de momentos dos nós B, C, D e E (Figura 11.21b), exige

$$M_{BA} + M_{BE} + M_{BC} = 0 \quad (13)$$

$$M_{CB} + M_{CD} = 0 \quad (14)$$

$$M_{DC} + M_{DE} = 0 \quad (15)$$

$$M_{EF} + M_{EB} + M_{ED} = 0 \quad (16)$$

Como nos exemplos anteriores, o cortante na base de todas as colunas para qualquer andar tem de equilibrar as cargas horizontais aplicadas (Figura 11.21c). Isso resulta em

$$\xrightarrow{+} \Sigma F_x = 0; \qquad 40 - V_{BC} - V_{ED} = 0$$

$$40 + \frac{M_{BC} + M_{CB}}{5} + \frac{M_{ED} + M_{DE}}{5} = 0 \quad (17)$$

$$\xrightarrow{+} \Sigma F_x = 0; \qquad 40 + 80 - V_{AB} - V_{FE} = 0$$

$$120 + \frac{M_{AB} + M_{BA}}{5} + \frac{M_{EF} + M_{FE}}{5} = 0 \quad (18)$$

A solução exige substituir as Equações (1)-(12) nas Equações (13)-(18), o que resulta em seis equações tendo seis incógnitas, ψ_1, ψ_2, θ_B, θ_C, θ_D e θ_E. Essas equações podem então ser solucionadas simultaneamente. Os resultados são substituídos novamente nas Equações (1)-(12), o que produz os momentos nos nós.

Exemplo 11.10

Determine os momentos em cada nó do pórtico mostrado na Figura 11.22a. EI é constante para cada membro.

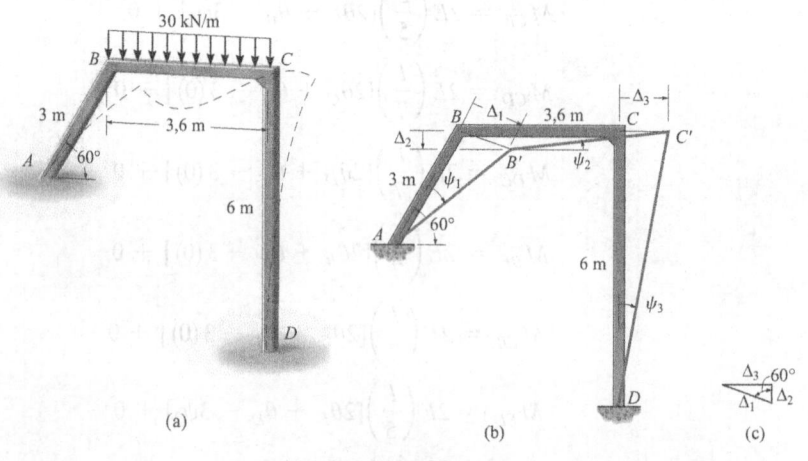

Figura 11.22

SOLUÇÃO

Equações de inclinação-deflexão. A Equação 11.8 aplica-se a cada um dos três vãos. Os MEFs são

$$(\text{MEF})_{BC} = -\frac{wL^2}{12} = -\frac{30(3,6)^2}{12} = -32,4 \text{ kN} \cdot \text{m}$$

$$(\text{MEF})_{CB} = \frac{wL^2}{12} = \frac{30(3,6)^2}{12} = 32,4 \text{ kN} \cdot \text{m}$$

O membro inclinado AB faz com que o pórtico se desloque lateralmente para a direita como mostrado na Figura 11.22a. Como consequência, os nós B e C são sujeitos *tanto* a deslocamentos rotacionais *quanto* lineares. Os deslocamentos lineares são mostrados na Figura 11.22b, onde B se desloca Δ_1 para B' e C se desloca Δ_3 para C'. Esses deslocamentos fazem com que as cordas dos membros girem ψ_1, ψ_3 (sentido horário) e $-\psi_2$ (sentido anti-horário) como mostrado.* Logo,

$$\psi_1 = \frac{\Delta_1}{3} \quad \psi_2 = -\frac{\Delta_2}{4} \quad \psi_3 = \frac{\Delta_3}{6}$$

Como mostrado na Figura 11.22c, os três deslocamentos podem ser relacionados. Por exemplo, $\Delta_2 = 0,5\Delta_1$ e $\Delta_3 = 0,866\Delta_1$. Desse modo, das equações acima temos

$$\psi_2 = -0,417\psi_1 \quad \psi_3 = 0,433\psi_1$$

Usando esses resultados, as equações de inclinação-deflexão para a estrutura são

$$M_{AB} = 2E\left(\frac{I}{3}\right)[2(0) + \theta_B - 3\psi_1] + 0 \quad (1)$$

$$M_{BA} = 2E\left(\frac{I}{3}\right)[2\theta_B + 0 - 3\psi_1] + 0 \quad (2)$$

$$M_{BC} = 2E\left(\frac{I}{3,6}\right)[2\theta_B + \theta_C - 3(-0,417\psi_1)] - 32,4 \quad (3)$$

$$M_{CB} = 2E\left(\frac{I}{3,6}\right)[2\theta_C + \theta_B - 3(-0,417\psi_1)] + 32,4 \quad (4)$$

$$M_{CD} = 2E\left(\frac{I}{6}\right)[2\theta_C + 0 - 3(0,433\psi_1)] + 0 \quad (5)$$

$$M_{DC} = 2E\left(\frac{I}{6}\right)[2(0) + \theta_C - 3(0,433\psi_1)] + 0 \quad (6)$$

Essas seis equações contêm nove incógnitas.

Equações de equilíbrio. O equilíbrio de momentos nos nós B e C produz

$$M_{BA} + M_{BC} = 0 \quad (7)$$

$$M_{CD} + M_{CB} = 0 \quad (8)$$

A terceira equação de equilíbrio necessária pode ser obtida somando os momentos em torno do ponto O em todo o pórtico (Figura 11.22d). Isso elimina as forças normais desconhecidas $\mathbf{N}_A$ e $\mathbf{N}_D$, e, portanto,

$\zeta + \Sigma M_O = 0;$

$$M_{AB} + M_{DC} - \left(\frac{M_{AB} + M_{BA}}{3}\right)(10,2) - \left(\frac{M_{DC} + M_{CD}}{6}\right)(12,24) - 108(1,8) = 0$$

$$-2,4M_{AB} - 3,4M_{BA} - 2,04M_{CD} - 1,04M_{DC} - 194,4 = 0 \quad (9)$$

---

* Lembre-se que distorções por causa de forças axiais são desprezadas e os deslocamentos de arco BB' e CC' podem ser considerados como linhas retas, tendo em vista que ψ_1 e ψ_3 são na realidade muito pequenos.

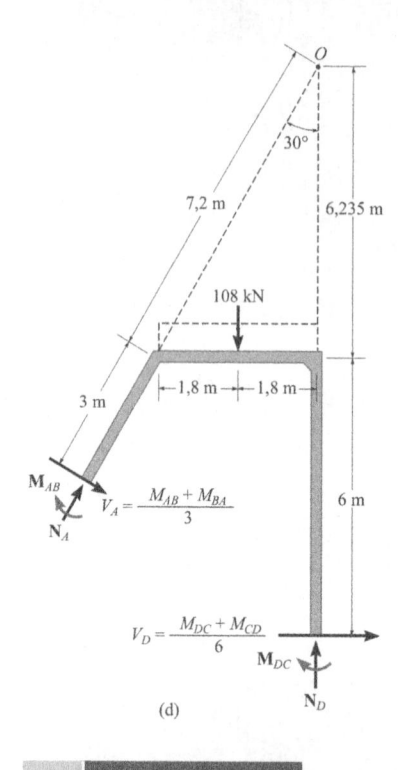

Substituindo as Equações (2) e (3) na Equação (7), Equações (4) e (5) na Equação (8), e Equações (1), (2), (5) e (6) na Equação (9) resulta em

$$0{,}733\theta_B + 0{,}167\theta_C - 0{,}392\psi_1 = \frac{9{,}72}{EI}$$

$$0{,}167\theta_B + 0{,}533\theta_C + 0{,}0784\psi_1 = -\frac{9{,}72}{EI}$$

$$-1{,}840\theta_B - 0{,}512\theta_C + 3{,}880\psi_1 = \frac{58{,}32}{EI}$$

Solucionar essas equações simultaneamente resulta em

$$EI\,\theta_B = 35{,}51 \qquad EI\,\theta_C = -33{,}33 \qquad EI\,\psi_1 = 27{,}47$$

Substituindo esses valores nas Equações (1)-(6), temos

$M_{AB} = -31{,}3$ kN·m $M_{BC} = 7{,}60$ kN·m $M_{CD} = -34{,}2$ kN·m   (Resposta)

$M_{BA} = -7{,}60$ kN·m $M_{CB} = 34{,}2$ kN·m $M_{DC} = -23{,}0$ kN·m   (Resposta)

(d)

Problemas

P11.13. Determine os momentos em A, B e C, então trace o diagrama de momento para cada membro. Presuma que todos os nós tenham ligações fixas. EI é constante.

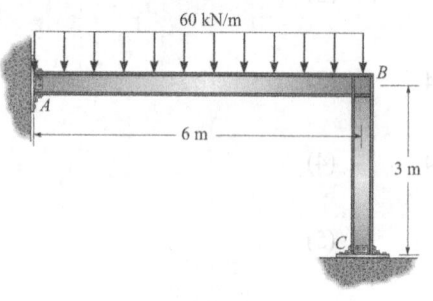

P11.13

P11.14. Determine os momentos nos apoios, então trace o diagrama de momento. Os membros têm ligações fixas nos apoios e no nó B. O momento de inércia de cada membro é dado na figura. Considere $E = 200$ GPa.

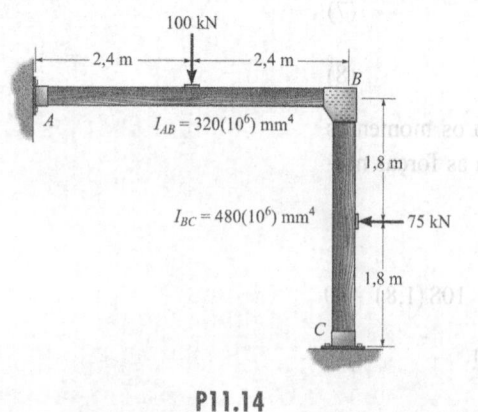

P11.14

P11.15. Determine o momento em B, então trace o diagrama de momento para cada membro do pórtico. Presuma que o apoio em A seja fixo e C seja fixado por pino. EI é constante.

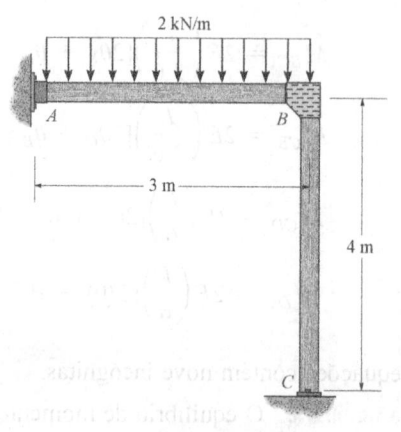

P11.15

*P11.16. Determine os momentos em B e D, então trace o diagrama de momento. Presuma que A e C sejam fixados por pinos e B e D tenham ligações fixas. EI é constante.

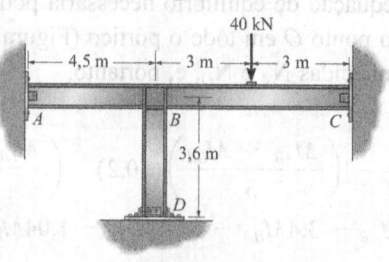

P11.16

P11.17. Determine o momento que cada membro exerce sobre o nó em B, então trace o diagrama de momento para cada membro do pórtico. Presuma que o apoio em A seja fixo e C seja um pino. EI é constante.

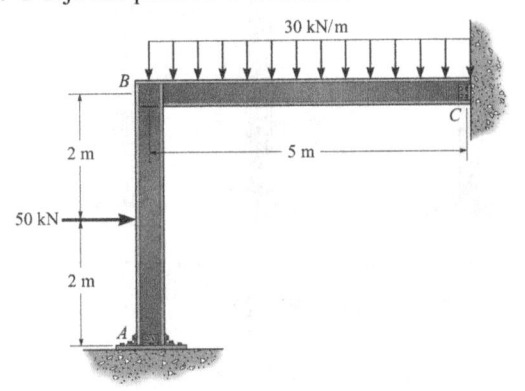

P11.17

P11.18. Determine o momento que cada membro exerce sobre o nó em B, então trace o diagrama de momento para cada membro do pórtico. Presuma que os apoios em A, C e D sejam pinos. EI é constante.

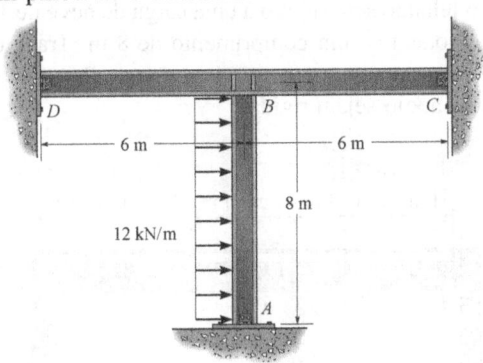

P11.18

P11.19. Determine o momento nos nós D e C, então trace o diagrama de momento para cada membro do pórtico. Presuma que os apoios em A e B sejam pinos. EI é constante.

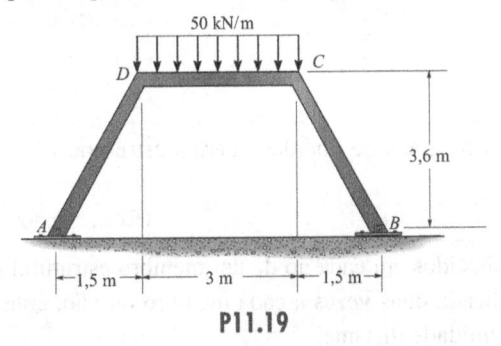

P11.19

*P11.20. Determine o momento que cada membro exerce sobre os nós em B e D, então trace o diagrama de momento para cada membro do pórtico. Presuma que os apoios em A, C e E sejam pinos. EI é constante.

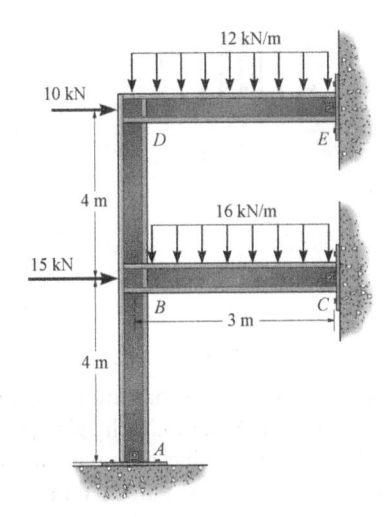

P11.20

P11.21. Determine o momento nos nós C e D, então trace o diagrama de momento para cada membro do pórtico. Presuma que os apoios em A e B sejam pinos. EI é constante.

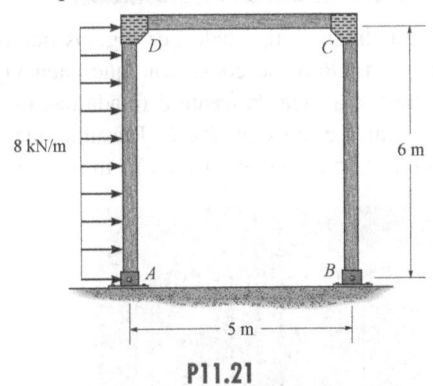

P11.21

P11.22. Determine o momento nos nós A, B, C e D, então trace o diagrama de momento para cada membro do pórtico. Presuma que os apoios em A e B sejam fixos. EI é constante.

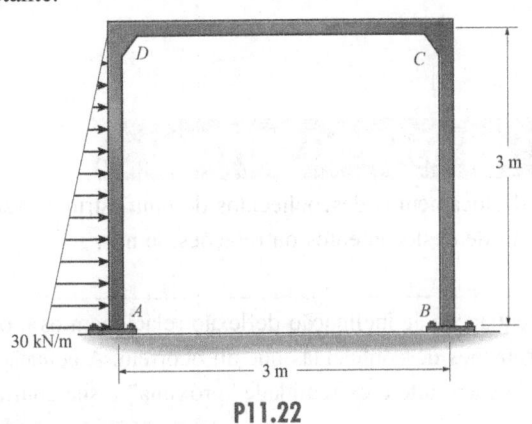

P11.22

P11.23. Determine os momentos atuando nos apoios A e D do pórtico com colunas inclinadas. Considere $E = 200$ GPa, $I = 46,3(10^6)$ mm^4.

P11.23

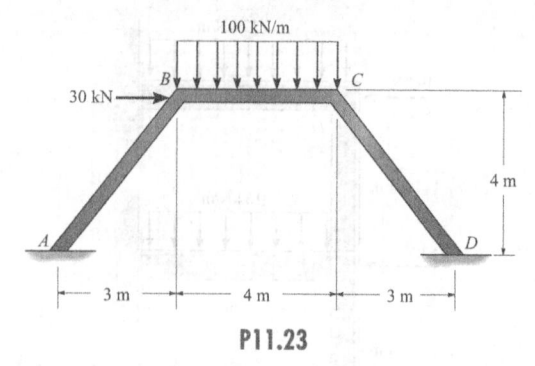

*P11.24. Cargas de vento são transmitidas para o pórtico no nó E. Se A, B, E, D e F são todos ligados por pinos e C tem uma ligação fixa, determine os momentos no nó C e trace os diagramas de momento fletor para a viga BCE. EI é constante.

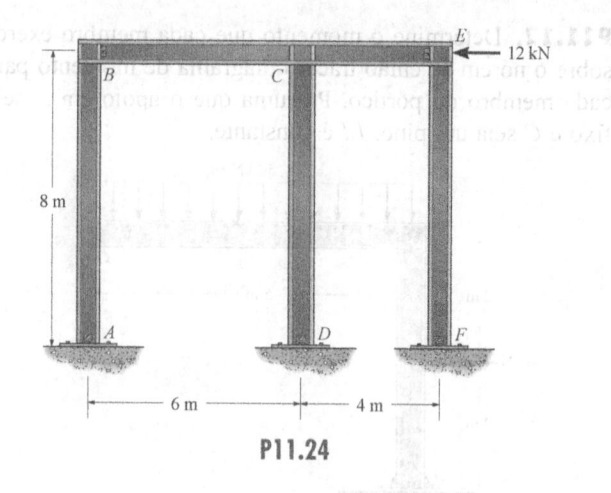

P11.24

Problema de projeto

PP11.1. O telhado é suportado por vigotas que repousam sobre duas vigas. Pode-se considerar que cada vigota tem apoios simples, e a viga da frente é fixada nas três colunas por um pino em A e rolos em B e C. Presuma que o telhado seja feito de concreto com escória de 75 mm de espessura, e cada vigota tenha um peso de 2,5 kN. De acordo com o código, o telhado será sujeito a uma carga de neve de 1,2 kN/m². As vigotas têm um comprimento de 8 m. Trace os diagramas de cortante e momento para a viga. Presuma que as colunas de apoio sejam rígidas.

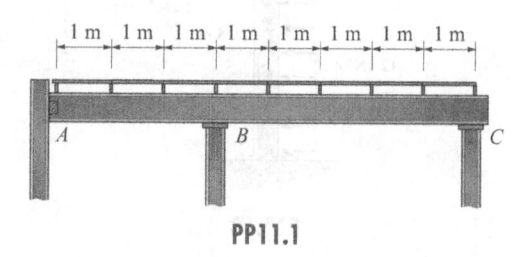

PP11.1

REVISÃO DO CAPÍTULO

Os deslocamentos desconhecidos de uma estrutura são referidos com os graus de liberdade para a estrutura. Eles consistem de deslocamentos ou rotações de nós.

(Ref.: Seção 11.1)

As equações de inclinação-deflexão relacionam os momentos desconhecidos em cada nó de um membro estrutural com as rotações desconhecidas que ali ocorrem. A equação a seguir é aplicada duas vezes a cada membro ou vão, considerando cada lado a extremidade "próxima" e sua contrapartida a extremidade distante.

$$M_N = 2Ek(2\theta_N + \theta_F - 3\psi) + (MEF)_N$$

Para vão interno ou vão extremo com extremidade afastada fixa

Esta equação é aplicada somente uma vez, onde a extremidade "afastada" está no pino ou com apoio de rolo.

> $M_N = 3Ek(\theta_N - \psi) + (\text{MEF})_N$
> Apenas para vão extremo com extremidade afastada fixada
> por pino ou com apoio de rolo

(Ref.: Seção 11.2)

Uma vez que as equações de inclinação-deflexão tenham sido escritas, elas são substituídas nas equações de equilíbrio de momentos em cada nó e então solucionadas para os deslocamentos desconhecidos. Se a estrutura (pórtico) é deslocável, então ocorrerá um deslocamento horizontal desconhecido em cada nível de piso, e o cortante de coluna desconhecido tem de ser relacionado aos momentos nos nós, usando ambas as equações de equilíbrio de forças e de momentos. Uma vez que os deslocamentos desconhecidos tenham sido obtidos, as reações desconhecidas são calculadas a partir das relações de carga-deslocamento.

(Ref.: seções 11.3 a 11.5)

Todas as vigas mestras desta construção de concreto contam com ligações fixas, de maneira que pode ser feita uma análise indeterminada estaticamente dos pórticos usando o método de distribuição de momento.

CAPÍTULO 12

Análise pelo método do deslocamento: distribuição de momento

O método de distribuição de momento é uma análise pelo método do deslocamento fácil de aplicar uma vez que determinadas constantes elásticas tenham sido determinadas. Neste capítulo, enunciaremos primeiro as definições e conceitos importantes para a distribuição de momento e então aplicaremos o método para solucionar problemas envolvendo vigas e pórticos indeterminados estaticamente. A aplicação a pórticos com andares múltiplos é discutida na última parte do capítulo.

12.1 Princípios e definições gerais

O método de analisar vigas e pórticos usando a distribuição de momento foi desenvolvido por Hardy Cross, em 1930. À época em que esse método foi publicado pela primeira vez, ele logo chamou atenção e foi reconhecido como um dos avanços mais notáveis da análise estrutural no século vinte.

Como será explicado em detalhes mais tarde, a distribuição de momento é um método de aproximações sucessivas que pode ser executado com qualquer grau desejado de precisão. Essencialmente, o método começa presumindo que cada nó de uma estrutura é fixo. Então, travando e destravando esses nós em sucessão, os momentos internos nos nós serão "distribuídos" e equilibrados até que eles tenham girado para suas posições finais ou quase finais. Veremos que esse processo de cálculo é repetitivo e fácil de aplicar. Entretanto, antes de explicar as técnicas de distribuição de momento, determinadas definições e conceitos precisam ser apresentados.

Convenção de sinais. Estabeleceremos a mesma convenção de sinais já estabelecida para as equações de inclinação-deflexão: *momentos no sentido horário* que atuam *sobre o membro* são considerados *positivos* e *momentos no sentido anti-horário* são *negativos* (Figura 12.1).

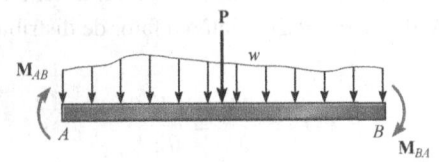

Figura 12.1

Momentos de extremidade fixa (*Fixed-End Moments* – FEMs). Os momentos nas "paredes" ou nós fixos de um membro carregado são chamados de *momentos de extremidades fixas*. Esses momentos podem ser determinados a partir da tabela dada no Apêndice F, dependendo do tipo de carga sobre o membro. Por exemplo, a viga carregada como mostrado na Figura 12.2 tem momentos de extremidades fixas de MEF = $PL/8$ = $800(10)/8$ = 1000 N·m. Observando a ação desses momentos *na viga* e aplicando nossa convenção de sinais, vemos que $M_{AB} = -1.000$ N·m e $M_{BA} = +1.000$ N·m.

Figura 12.2

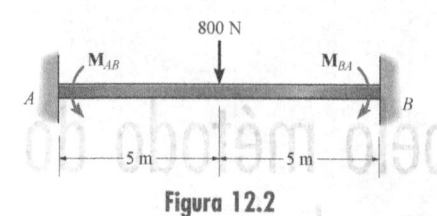

Fator de rigidez dos membros. Considere a viga na Figura 12.3, que está fixada por pino em uma extremidade e é fixa em outra. A aplicação do momento **M** faz com que a extremidade A gire através de um ângulo θ_A. No Capítulo 11 relacionamos M a θ_A usando o método da viga conjugada. Isto resultou na Equação 11.1, isto é, $M = (4EI/L)\theta_A$. O termo entre parênteses é

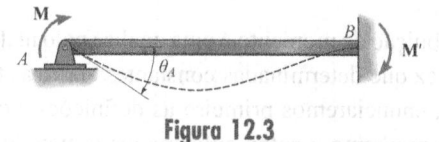

Figura 12.3

$$K = \frac{4EI}{L}$$
Extremidade afastada fixa (12.1)

referido como *fator de rigidez* em A e pode ser definido como o montante de momento M exigido para girar a extremidade A da viga $\theta_A = 1$ rad.

Fator da rigidez do nó. Se vários membros têm ligações fixas com um nó e cada uma de suas extremidades afastadas é fixa, então, pelo princípio de superposição, o *fator de rigidez total* no nó é a soma dos fatores de rigidez dos membros no nó, isto é, $K_T = \Sigma K$. Por exemplo, considere o nó do pórtico A na Figura 12.4a. O valor numérico de cada fator de rigidez do membro é determinado a partir da Equação 12.1 e listado na figura. Usando esses valores, o fator de rigidez total do nó A é $K_T = \Sigma K = 4000 + 5000 + 1000 = 10000$. Este valor representa o montante de momento necessário para girar o nó através de um ângulo de 1 rad.

Fator de distribuição (FD). Se um momento **M** é aplicado a um nó com ligação fixa, os membros nele ligados vão cada um fornecer uma porção do momento de resistência necessário para satisfazer o equilíbrio de momentos no nó. Essa fração do momento de resistência total fornecida pelo membro é chamada de *fator de distribuição* (FD). Para obter esse valor, imagine que o nó tenha ligação fixa a *n* membros. Se um momento aplicado **M** faz com que o nó gire um montante θ, então cada membro *i* gira por esse mesmo montante. Se o fator de rigidez do "*i*ésimo" membro é K_i, então o momento contribuído pelo membro é $M_i = K_i\theta$. Tendo em vista que o equilíbrio exige $M = M_1 + M_n = K_1\theta + K_n\theta = \theta \Sigma K_i$, então o fator de distribuição para o "*i*ésimo" membro é

$$FD_i = \frac{M_i}{M} = \frac{K_i\theta}{\theta \Sigma K_i}$$

Excluindo o termo comum θ, vê-se que o fator de distribuição para um membro é igual ao fator da rigidez do membro dividido pelo fator da rigidez total para o nó; isto é, em geral,

$$\boxed{FD = \frac{K}{\Sigma K}} \qquad (12.2)$$

Os esforços internos nas vigas contínuas de pontes podem ser determinados usando o método da distribuição de momentos.

Por exemplo, os fatores de distribuição para os membros AB, AC e AD no nó A na Figura 12.4a são

$$FD_{AB} = 4000/10000 = 0,4$$
$$FD_{AC} = 5000/10000 = 0,5$$
$$FD_{AD} = 1000/10000 = 0,1$$

Como resultado, se $M = 2000$ N·m atua no nó A (Figura 12.4b), os momentos de equilíbrio exercidos pelos membros sobre o nó (Figura 12.4c), são

$$M_{AB} = 0,4(2000) = 800 \text{ N·m}$$
$$M_{AC} = 0,5(2000) = 1000 \text{ N·m}$$
$$M_{AD} = 0,1(2000) = 200 \text{ N·m}$$

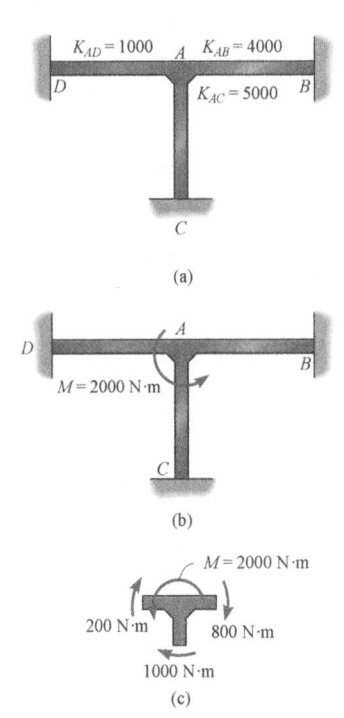

Figura 12.4

Fator da rigidez relativa do membro. Com bastante frequência uma viga ou um pórtico contínuos serão feitos do mesmo material, de maneira que o seu módulo de elasticidade E será o *mesmo* para todos os membros. Se esse for o caso, o fator comum $4E$ na Equação 12.1 *será excluído* do numerador e denominador da Equação 12.2 quando o fator de distribuição para um nó for determinado. Logo, é *mais fácil* simplesmente determinar o *fator da rigidez relativa* do membro

$$\boxed{K_R = \frac{I}{L}} \qquad (12.3)$$
Extremidade afastada fixa

e usá-lo para os cálculos de FD.

Fator de propagação. Considere novamente a viga na Figura 12.3. Foi mostrado novamente no Capítulo 11 que $M_{AB} = (4EI/L)\theta_A$ (Equação 11.1) e $M_{BA} = (2EI/L)\theta_A$ (Equação 11.2). Solucionando para θ_A e igualando essas equações chegamos a $M_{BA} = M_{AB}/2$. Em outras palavras, o momento **M** no pino induz um momento de $\mathbf{M'} = \frac{1}{2}\mathbf{M}$ na parede. O fator de propagação representa a fração de **M** que é "propagada" do pino para a parede. Logo, no caso de uma viga com a *extremidade afastada fixa*, o fator de propagação é $+\frac{1}{2}$. O sinal de mais indica que ambos os momentos atuam na mesma direção.

12.2 Distribuição de momento para vigas

A distribuição de momento é baseada no princípio de sucessivamente travar e destravar os nós de uma estrutura a fim de permitir que os momentos nos nós sejam distribuídos e equilibrados. A melhor maneira de explicar o método é através de exemplos.

Considere a viga com módulo de elasticidade E constante e tendo as dimensões e carregamento mostrados na Figura 12.5a. Antes de começarmos, primeiro temos de determinar os fatores de distribuição nas duas extremidades de cada vão. Usando a Equação 12.1, $K = 4EI/L$, os fatores de rigidez em qualquer um dos lados de B são

$$K_{BA} = \frac{4E(120)(10^6)}{3} = 4E(40)(10^6) \text{ mm}^4/\text{m}$$

$$K_{BC} = \frac{4E(240)(10^6)}{4} = 4E(60)(10^6) \text{ mm}^4/\text{m}$$

Desse modo, usando a Equação 12.2, FD = $K/\Sigma K$, para as extremidades ligadas ao nó B, temos

$$\text{FD}_{BA} = \frac{4E(40)}{4E(40) + 4E(60)} = 0,4$$

$$\text{FD}_{BC} = \frac{4E(60)}{4E(40) + 4E(60)} = 0,6$$

Nas paredes, nó A e nó C, o fator de distribuição depende do fator de rigidez do membro e o "fator de rigidez" da parede. Tendo em vista que teoricamente levaria um momento de tamanho "infinito" seria necessário para girar a parede de um radiano, o fator de rigidez da parede é infinito. Desse modo, para os nós A e C temos

$$\text{FD}_{AB} = \frac{4E(40)}{\infty + 4E(40)} = 0$$

$$\text{FD}_{CB} = \frac{4E(60)}{\infty + 4E(60)} = 0$$

Observe que os resultados acima também poderiam ter sido obtidos se o fator de rigidez relativa $K_R = I/L$ (Equação 12.3) tivesse sido usado para os cálculos. Além disso, enquanto um conjunto de unidades *consistente* for usado para o fator de rigidez, o FD será sempre adimensional, e no nó, exceto onde ele está localizado em uma parede fixa, a soma de FDs será sempre igual a 1.

Tendo calculado os FDs, determinaremos agora os MEFs. Apenas o vão BC está carregado, e usando a tabela inserida no Apêndice F para uma carga uniforme, temos

$$(\text{MEF})_{BC} = -\frac{wL^2}{12} = -\frac{6000(4)^2}{12} = -8000 \text{ N} \cdot \text{m}$$

$$(\text{MEF})_{CB} = \frac{wL^2}{12} = \frac{6000(4)^2}{12} = 8000 \text{ N} \cdot \text{m}$$

Começamos presumindo que o nó B é fixo ou travado. O momento final fixo em B então mantém o vão BC nessa posição fixa ou travada conforme mostrado na Figura 12.5b. Isso, é claro, não representa a situação de equilíbrio real em B, tendo em vista que os momentos em *cada lado* desse nó têm de ser iguais, mas opostos. Para corrigir isso, aplicaremos um momento igual, mas oposto de 8000 N·m ao nó e permitiremos que o nó gire livremente (Figura 12.5c). Como resultado, porções desse momento são distribuídas nos vãos BC e BA de acordo com os FDs (ou rigidez) desses vãos no nó. Especificamente, o momento em BA é 0,4(8.000) = 3.200 N·m e o momento

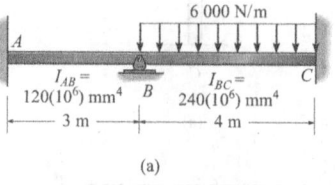

Figura 12.5

em BC é 0,6 (8000) = 4800 N·m. Por fim, em razão da rotação liberada que ocorre em B, esses momentos têm de ser "propagados", tendo em vista que momentos são desenvolvidos nas extremidades afastadas do vão. Usando o fator de "propagação" de $+\frac{1}{2}$, os resultados são mostrados na Figura 12.5d.

Este exemplo indica os passos básicos necessários ao distribuir momentos em um nó: determine o momento desequilibrado atuando no nó inicialmente "travado", destrave o nó e aplique um momento desequilibrado igual, mas oposto, para corrigir o equilíbrio, distribua o momento entre os vãos de ligação e propague o momento em cada vão para sua outra extremidade. Os passos são normalmente apresentados em forma tabular como indicado na Figura 12.5e. Aqui a notação Dist, CO indica uma linha onde os momentos são distribuídos, então propagados. Nesse caso em particular, apenas *um ciclo* de distribuição de momento é necessário, tendo em vista que os apoios na parede em A e C "absorvem" os momentos e não é necessário que mais nós sejam equilibrados ou destravados para satisfazer o equilíbrio combinado. Uma vez distribuídos dessa maneira, os momentos em cada nó são somados, produzindo os resultados finais mostrados na linha de baixo da tabela na Figura 12.5e. Observe que o nó B está agora em equilíbrio. Tendo em vista que M_{BC} é negativo, esse momento é aplicado ao vão BC em um sentido anti-horário como mostrado nos diagramas de corpo livre dos vãos da viga na Figura 12.5f. Com os momentos extremidades conhecidos, os cortantes nas extremidades foram calculados a partir das equações de equilíbrio aplicadas a cada um desses vãos.

Considere agora a mesma viga, exceto que o apoio em C é um rolo (Figura 12.6a). Nesse caso apenas *um membro* está no nó C, de maneira que o fator de distribuição para o membro CB no nó C é

$$FD_{CB} = \frac{4E(60)}{4E(60)} = 1$$

Os outros fatores de distribuição e os MEFs são os mesmos calculados anteriormente. Eles estão listados nas linhas 1 e 2 da tabela na Figura 12.6b. Inicialmente, presumiremos que os nós B e C estão travados. Começamos destravando o nó C e colocando um momento de equilíbrio de –8000 N·m no nó. O momento inteiro é distribuído no membro CB, tendo em vista que (1)(–8000) N·m = –8000 N·m. A seta na linha 3 indica que $\frac{1}{2}$(–8000) N·m = –4000 N·m é propagado para o nó B, tendo em vista que foi permitida ao nó C girar livremente. O nó C está agora *retravado*. Tendo em vista que o momento total em C é *equilibrado*, uma linha é colocada sob o momento de –8000 N·m. Vamos considerar agora o momento de –12000 N·m desequilibrado no nó B. Aqui para equilíbrio, um momento de +12000 N·m é aplicado a B e esse nó é destravado de tal maneira que porções do momento são distribuídas em BA e BC, isto é, (0,4)(12000) = 4800 N·m e (0,6)(12000) = 7200 N·m como mostrado na linha 4. Também observe que $+\frac{1}{2}$ desses momentos têm de ser propagados para a parede fixa A e rolo C, tendo em vista que o nó B rotacionou. O nó B é *retravado* agora. Novamente o nó C é destravado e o momento desequilibrado no rolo é distribuído como foi feito previamente. Os resultados estão na linha 5. Travando e destravando sucessivamente os nós B e C, diminuirá sensivelmente o tamanho do momento a ser equilibrado até ele se tornar desprezível se comparado aos momentos originais, linha 14. Cada um dos passos nas linhas 3 até a 14 devem ser inteiramente compreendidos. Somando os momentos, os resultados finais são mostrados na linha 15, onde vemos que os momentos finais agora satisfazem o equilíbrio combinado.

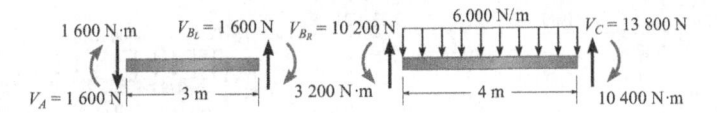

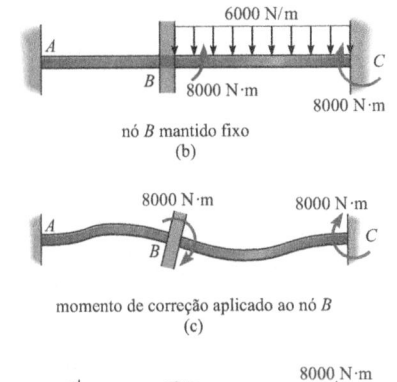

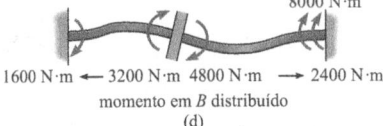

nó B mantido fixo
(b)

momento de correção aplicado ao nó B
(c)

1600 N·m ← 3200 N·m 4800 N·m → 2400 N·m
momento em B distribuído
(d)

Nó	A	B		C
Membro	AB	BA	BC	CB
FD	0	0,4	0,6	0
MEF			–8000	8000
Dist,CO	1600 ←	3200	4800	→ 2400
ΣM	1600	3200	–3200	10400

(e)

(f)

Nó	A	B		C		
Membro	AB	BA	BC	CB		
DF	0	0,4	0,6	1		1
MEF			−8000	8000		2
			−4000	−8000		3
	2400	41800	7200	3600		4
			−1800	−3600		5
	360	720	1080	540		6
			−270	−540		7
	54	108	162	81		8
			−40,5	−81		9
	8,1	16,2	24,3	12,2		10
			−6,1	−12,2		11
	1,2	2,4	3,6	1,8		12
			−0,9	−1,8		13
			0,4	0,5		14
ΣM	2823,3	5647,0	−5647,0	0		15

(a)

(b)

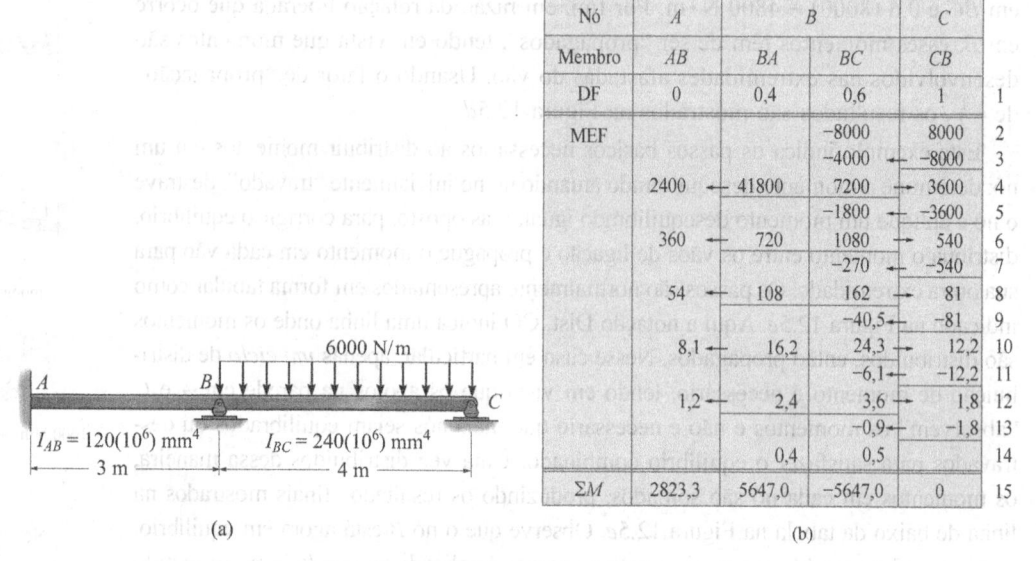

Figura 12.6

Em vez de aplicar o processo de distribuição de momento a cada nó, como ilustrado aqui, também é possível aplicá-lo a todos os nós ao *mesmo tempo*. Esse esquema é mostrado na tabela na Figura 12.6c. Nesse caso, começamos fixando todos os nós e então equilibrando e distribuindo os momentos finais fixos tanto no nó B quanto no C, linha 3. Destravando os nós B e C, simultaneamente (o nó A é sempre fixo), os momentos são então propagados para a extremidade de cada vão, linha 4. Novamente, os nós são retravados e os momentos equilibrados e distribuídos, linha 5. Destravar os nós mais uma vez permite que os momentos sejam propagados, como mostrado na linha 6. Continuando, obtemos os resultados finais, como antes, listados na linha 24. Em comparação, este método proporciona uma convergência mais lenta para a resposta do que o método anterior; entretanto, em muitos casos, este método será mais eficiente ao ser aplicado, e por essa razão o usaremos nos exemplos a seguir. Por fim, usando

Nó	A	B		C	
Membro	AB	BA	BC	CB	
FD	0	0,4	0,6	1	1
MEF			−8000	8000	2
Dist.		3200	4800	−8000	3
CO	1600		−4000	2400	4
Dist.		1600	2400	−2400	5
CO	800		−1200	1200	6
Dist.		480	720	−1200	7
CO	240		−600	360	8
Dist.		240	360	−360	9
CO	120		−180	180	10
Dist.		72	108	−180	11
CO	36		−90	54	12
Dist.		36	54	−54	13
CO	18		−27	27	14
Dist.		10,8	16,2	−27	15
CO	5,4		−13,5	8,1	16
Dist.		5,4	8,1	−8,1	17
CO	2,7		−4,05	4,05	18
Dist.		1,62	2,43	−4,05	19
CO	0,81		−2,02	1,22	20
Dist.		0,80	1,22	−1,22	21
CO	0,40		−0,61	0,61	22
Dist.		0,24	0,37	−0,61	23
ΣM	2823	5647	−5647	0	24

(c)

(d)

Viga AB: $V_A = 2823,4$ N, $V_{B_L} = 2823,4$ N; $M = 2823,3$ N·m, 5647,0 N·m; vão 3 m

Viga BC: $V_{B_R} = 13412$ N, $V_C = 10558$ N; 6000 N/m; vão 4 m; 5647,0 N·m

Viga (a): 6000 N/m, $I_{AB} = 120(10^6)$ mm⁴, $I_{BC} = 240(10^6)$ mm⁴, 3 m, 4 m

os resultados na Figura 12.6*b* ou 12.6*c*, os diagramas de corpo livre de cada vão da viga são traçados como mostrado na Figura 12.6*d*.

Apesar de vários passos terem sido envolvidos na obtenção dos resultados finais, o trabalho exigido é bastante metódico, tendo em vista que ele exige a aplicação de uma série de passos aritméticos, em vez de solucionar um conjunto de equações como no método da inclinação-deflexão. Deve ser observado, entretanto, que o processo fundamental de distribuição de momento segue o mesmo procedimento que qualquer método de deslocamento. Ali, o processo é estabelecer relações de carga-deslocamento em cada nó e então satisfazer exigências de equilíbrio combinado através da determinação do deslocamento angular correto para o nó (compatibilidade). Aqui, entretanto, o equilíbrio e compatibilidade de rotação no nó são satisfeitos *diretamente*, usando um processo de "equilíbrio de momento" que incorpora as relações de carga-deflexão (fatores de rigidez). Uma simplificação a mais para usar a distribuição de momento é possível, e isto será discutido na próxima seção.

Procedimento para análise

O procedimento a seguir fornece um método geral para determinar os momentos finais sobre vãos de vigas usando a distribuição de momento.

Fatores de distribuição e momentos de extremidades fixas

Os nós na viga devem ser identificados e os fatores de rigidez para cada vão nos nós devem ser calculados. Usando esses valores, os fatores de distribuição podem ser determinados de FD = $K/\Sigma K$. Lembre-se que FD = 0 para uma extremidade fixa e FD = 1 para um pino *extremo* ou apoio de rolo.

Os momentos de extremidades fixas para cada vão carregado são determinados no Apêndice F. MEFs positivos atuam no sentido horário sobre a viga e MEFs negativos atuam no sentido anti-horário. Por conveniência, esses valores podem ser registrados em forma tabular, de maneira similar à mostrada na Figura 12.6*c*.

Processo de distribuição de momento

Presuma que todos os nós nas quais os momentos nos vãos de ligação têm de ser determinados estão *inicialmente travados*. Então:

1. Determine o momento necessário para colocar cada nó em equilíbrio.
2. Solte ou "destrave" os nós e distribua os momentos de contrabalanço no vão de ligação em cada nó.
3. Propague esses momentos em cada vão até a sua outra extremidade, multiplicando cada momento pelo fator de propagação $+\frac{1}{2}$.

Ao repetirmos esse ciclo de travar e destravar os nós, descobriremos que as correções de momento diminuirão, tendo em vista que a viga tende a alcançar sua forma defletida final. Quando um valor pequeno o suficiente para as correções for obtido, o processo cíclico deve ser terminado sem "propagação" dos últimos momentos. Cada coluna de MEFs, momentos distribuídos e momentos de propagação devem então ser adicionados. Se isso for feito corretamente, o equilíbrio de momento nos nós será alcançado.

Exemplo 12.1

Determine os momentos internos em cada apoio da viga mostrada na Figura 12.7*a*. *EI* é constante.

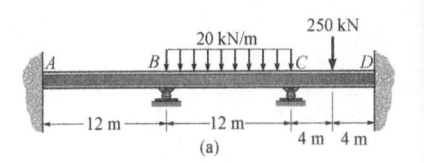

Figura 12.7

SOLUÇÃO

Os fatores de distribuição em cada nó têm de ser calculados primeiro.* Os fatores da rigidez para os membros são

$$K_{AB} = \frac{4EI}{12} \quad K_{BC} = \frac{4EI}{12} \quad K_{CD} = \frac{4EI}{8}$$

Portanto,

$$\text{FD}_{AB} = \text{FD}_{DC} = 0 \quad \text{FD}_{BA} = \text{FD}_{BC} = \frac{4EI/12}{4EI/12 + 4EI/12} = 0{,}5$$

$$\text{FD}_{CB} = \frac{4EI/12}{4EI/12 + 4EI/8} = 0{,}4 \quad \text{FD}_{CD} = \frac{4EI/8}{4EI/12 + 4EI/8} = 0{,}6$$

Os momentos de extremidades fixas são

$$(\text{MEF})_{BC} = -\frac{wL^2}{12} = \frac{-20(12)^2}{12} = -240 \text{ kN} \cdot \text{m} \quad (\text{MEF})_{CB} = \frac{wL^2}{12} = \frac{20(12)^2}{12} = 240 \text{ kN} \cdot \text{m}$$

$$(\text{MEF})_{CD} = -\frac{PL}{8} = \frac{-250(8)}{8} = -250 \text{ kN} \cdot \text{m} \quad (\text{MEF})_{DC} = \frac{PL}{8} = \frac{250(8)}{8} = 250 \text{ kN} \cdot \text{m}$$

Começando com os MEFs, linha 4, Figura 12.7b, os momentos nos nós B e C são distribuídos *simultaneamente*, linha 5. Esses momentos são então propagados *simultaneamente* para as respectivas extremidades de cada vão, linha 6. Os momentos resultantes são novamente distribuídos simultaneamente e propagados, linhas 7 e 8. O processo é continuado até que os momentos resultantes sejam diminuídos em uma quantidade adequada, linha 13. Os momentos resultantes são calculados através da soma, linha 14. Colocar os momentos em cada vão da viga e aplicar as equações de equilíbrio produz os cortantes finais mostrados na Figura 12.7c e o diagrama de momento fletor para a viga inteira (Figura 12.7d).

Nó	A	B		C		D	
Membro	AB	BA	BC	CB	CD	DC	2
FD	0	0,5	0,5	0,4	0,6	0	3
MEF			−240	240	−250	250	4
Dist.		120	120	4	6		5
CO	60		2	60		3	6
Dist.		−1	−1	−24	−36		7
CO	−0,5		−12	−0,5		−18	8
Dist.		6	6	0,2	0,3		9
CO	3		0,1	3		0,2	10
Dist.		−0,05	−0,05	−1,2	−1,8		11
CO	−0,02		−0,6	−0,02		−0,9	12
Dist.		0,3	0,3	0,01	0,01		13
ΣM	62,5	125,2	−125,2	281,5	−281,5	234,3	14

(b)

(c)

---

* Aqui usamos o fator da rigidez 4EI/L; entretanto, o fator da rigidez relativa I/L também poderia ter sido usado.

Capítulo 12 Análise pelo método do deslocamento: distribuição de momento | 369

[Gráfico de momento M (kN·m) vs x(m) com valores: 62,5; 4,2; 12; 160,9; 17,3; 24; 242,1; 28; 32; −125,2; −281,5; −234,3]

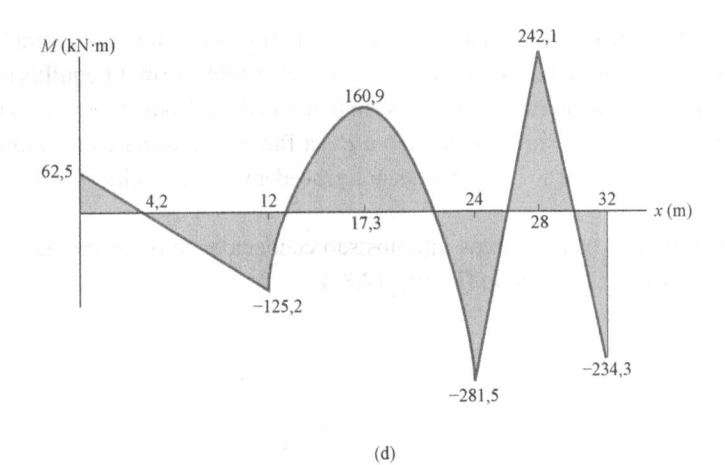

(d)

Exemplo 12.2

Determine o momento interno em cada apoio da viga mostrada na Figura 12.8a. O momento de inércia de cada vão é indicado.

[Figura da viga com carga de 2000 N em A, carga distribuída de 1500 N/m entre B e C, apoios em B e C, engaste em D. $I_{AB} = 200(10^6)$ mm^4, $I_{BC} = 300(10^6)$ mm^4, $I_{CD} = 240(10^6)$ mm^4. Comprimentos: 2 m, 4 m, 3 m.]

(a)

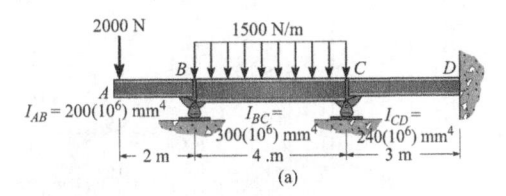

Figura 12.8

SOLUÇÃO

Neste problema um momento não é distribuído no vão em balanço AB, e assim o fator de distribuição (FD)$_{BA}$ = 0. A rigidez do vão BC é baseada em $4EI/L$, tendo em vista que o apoio em balancim não está na extremidade afastada da viga. Os fatores da rigidez e momentos de extremidades fixas são calculados como a seguir:

$$K_{BC} = \frac{4E(300)(10^6)}{4} = 300(10^6)E \qquad K_{CD} = \frac{4E(240)(10^6)}{3} = 320(10^6)E$$

$$\text{FD}_{BC} = 1 - (\text{FD})_{BA} = 1 - 0 = 1$$

$$\text{FD}_{CB} = \frac{300E}{300E + 320E} = 0{,}484$$

$$\text{FD}_{CD} = \frac{320E}{300E + 320E} = 0{,}516$$

$$\text{FD}_{DC} = \frac{320E}{\infty + 320E} = 0$$

Por causa do balanço,

$$(\text{MEF})_{BA} = 2000 \text{ N}(2 \text{ m}) = 4000 \text{ N} \cdot \text{m}$$

$$(\text{MEF})_{BC} = -\frac{wL^2}{12} = -\frac{1500(4)^2}{12} = -2000 \text{ N} \cdot \text{m}$$

$$(\text{MEF})_{CB} = \frac{wL^2}{12} = \frac{1500(4)^2}{12} = 2000 \text{ N} \cdot \text{m}$$

Esses valores são listados na quarta linha da tabela (Figura 12.8b). O vão em balanço exige que o momento interno à esquerda de B seja +4000 N·m. O equilíbrio no nó B exige um momento interno de –4000 N·m à direita de B. Como mostrado na quinta linha da tabela –2000 N·m é adicionado a BC a fim de satisfazer essa condição. As operações de distribuição e propagação procedem da maneira habitual como indicado.

Tendo em vista que os momentos internos são conhecidos, o diagrama de momento para a viga pode ser construído (Figura 12.8c).

Nó	B		C		D
Membro		BC	CB	CD	DC
FD	0	1	0,484	0,516	0
MEF	4.000	–2000	2000		
Dist.		–2000	–968	–1032	
CO		–484	–1000		–516
Dist.		484	484	516	
CO		242	242		258
Dist.		–242	–117,1	–124,9	
CO		–58,6	–121		–62,4
Dist.		58,6	58,6	62,4	
CO		29,3	29,3		31,2
Dist.		–29,3	–14,2	–15,1	
CO		–7,1	–14,6		–7,6
Dist.		7,1	7,1	7,6	
CO		3,5	3,5		3,8
Dist.		–3,5	–1,7	–1,8	
CO		–0,8	–1,8		–0,9
Dist.		0,8	0,9	0,9	
CO		0,4	0,4		0,4
Dist.		–0,4	–0,2	–0,2	
CO		–0,1	–0,2		–0,1
Dist.		0,1	0,1	0,1	
ΣM	4000	–4000	587,1	–587,1	–293,6

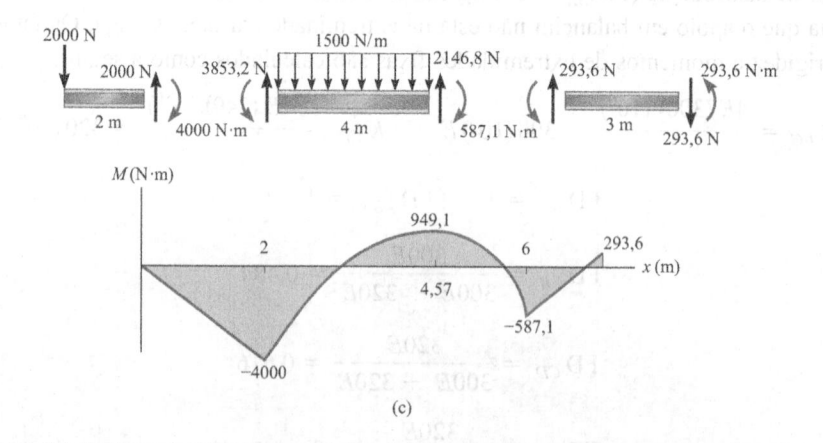

(b)

(c)

12.3 Modificações do fator de rigidez

Nos exemplos anteriores de distribuição de momento consideramos cada vão de viga restringido por um apoio fixo (engastamento) na sua extremidade afastada quando distribuindo e propagando momentos. Por essa razão calculamos os fatores de rigidez, fatores de distribuição e fatores de propagação baseados no caso mostrado na Figura 12.9. Aqui, é claro, o fator de rigidez é $K = 4EI/L$ (Equação 12.1), e o fator de propagação é $+\frac{1}{2}$.

Em alguns casos é possível modificar o fator de rigidez de um vão de viga em particular e desse modo simplificar o processo de distribuição de momento. Três casos em que isso ocorre com frequência na prática serão considerados agora.

Membro com apoio de pino na extremidade afastada. Muitas vigas indeterminadas têm seu vão extremo apoiado por pino (ou rolo) como no caso do nó B na Figura 12.10a. Aqui o momento aplicado **M** gira a extremidade A por um montante θ. Para determinar θ, o cortante na viga conjugada em A' tem de ser determinado (Figura 12.10b). Temos

$$(+\Sigma M_{B'} = 0; \qquad V'_A(L) - \frac{1}{2}\left(\frac{M}{EI}\right)L\left(\frac{2}{3}L\right) = 0$$

$$V'_A = \theta = \frac{ML}{3EI}$$

ou

$$M = \frac{3EI}{L}\theta$$

Desse modo, o fator de rigidez para esta viga é

$$K = \frac{3EI}{L}$$
Extremidade afastada fixada por pino ou com apoio de rolo (12.4)

Também, observe que o *fator de propagação é zero*, tendo em vista que o pino em B não suporta um momento. Em comparação, então, *se a extremidade afastada tivesse um apoio fixo, o fator de rigidez $K = 4EI/L$ teria de ser modificado em $\frac{3}{4}$ para servir como modelo no caso de uma extremidade afastada suportada por pino*. Se esta modificação for considerada, o processo de distribuição de momento é simplificado, tendo em vista que o pino extremo *não* precisa ser destravado-travado sucessivamente ao distribuir os momentos. Também, tendo em vista que o vão extremo está fixado por pino, os momentos de extremidade fixa para o vão são calculados usando os valores na coluna direita da tabela do Apêndice F. O Exemplo 12.4 ilustra como aplicar essas simplificações.

Viga e carregamento simétricos. Se uma viga é simétrica com relação tanto ao seu carregamento quanto à sua geometria, o diagrama de momento fletor para a viga também será simétrico. Como resultado, uma modificação do fator de rigidez para o vão central pode ser feita, de maneira que os momentos na viga somente precisarão ser distribuídos através de nós que se encontrem em qualquer uma das metades da viga. Para desenvolver a modificação de fator de rigidez apropriado, considere a viga mostrada na Figura 12.11a. Graças à sua simetria, os momentos internos em B e C são iguais. Presumindo que este valor seja **M**, a viga conjugada para o vão BC é mostrada na Figura 12.11b. A inclinação θ em cada extremidade é, portanto,

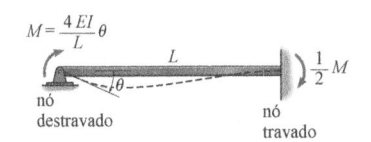

Figura 12.9

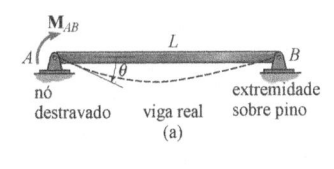

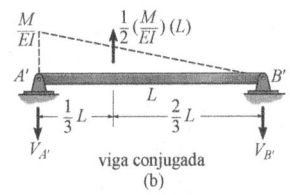

Figura 12.10

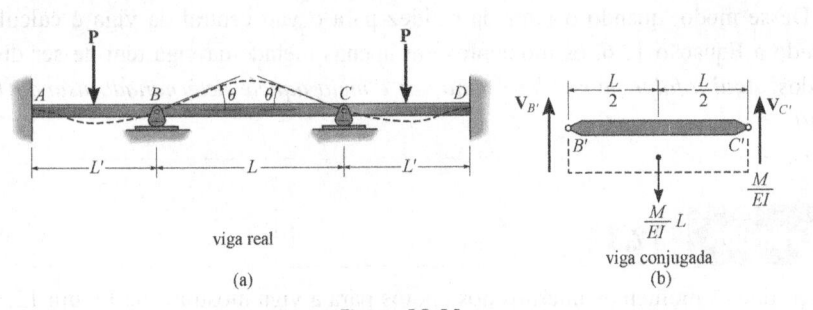

Figura 12.11

$$(+\Sigma M_{C'} = 0; \qquad -V_{B'}(L) + \frac{M}{EI}(L)\left(\frac{L}{2}\right) = 0$$

$$V_{B'} = \theta = \frac{ML}{2EI}$$

ou

$$M = \frac{2EI}{L}\theta$$

O fator da rigidez para o vão central é, portanto,

$$\boxed{K = \frac{2EI}{L} \atop \text{Viga e carregamento simétricos}} \qquad (12.5)$$

Desse modo, momentos somente para metade da viga podem ser distribuídos, contanto que o fator da rigidez para o vão central seja calculado usando a Equação 12.5. *Em comparação, o fator da rigidez do vão central será metade do que o normalmente determinado usando K = 4EI/L.*

Viga simétrica com carregamento antissimétrico. Se uma viga simétrica é sujeita a um carregamento antissimétrico, o diagrama resultante de momento será antissimétrico. Como no caso anterior, podemos modificar o fator da rigidez do vão central de maneira que somente metade da viga seja considerada para a análise de distribuição de momento. Considere a viga na Figura 12.12a. A viga conjugada para o seu vão central BC é mostrada na Figura 12.12b. Por causa da carga antissimétrica, o momento interno em B é igual, mas oposto àquele em C. Presumindo que esse valor seja **M**, a inclinação θ em cada extremidade é determinada como a seguir:

$$(+\Sigma M_{C'} = 0; \quad -V_{B'}(L) + \frac{1}{2}\left(\frac{M}{EI}\right)\left(\frac{L}{2}\right)\left(\frac{5L}{6}\right) - \frac{1}{2}\left(\frac{M}{EI}\right)\left(\frac{L}{2}\right)\left(\frac{L}{6}\right) = 0$$

$$V_{B'} = \theta = \frac{ML}{6EI}$$

ou

$$M = \frac{6EI}{L}\theta$$

O fator de rigidez para o vão central é, portanto,

$$\boxed{K = \frac{6EI}{L} \atop \text{Viga simétrica com} \atop \text{carregamento antissimétrico}} \qquad (12.6)$$

Desse modo, quando o fator da rigidez para o vão central da viga é calculado usando a Equação 12.6, os momentos em apenas metade da viga têm de ser distribuídos. *Aqui o fator de rigidez é uma vez e meia aquele determinado usando K = 4EI/L.*

Exemplo 12.3

Determine os momentos internos nos apoios para a viga mostrada na Figura 12.13a. EI é constante.

Capítulo 12 Análise pelo método do deslocamento: distribuição de momento | 373

viga real
(a)

viga conjugada
(b)

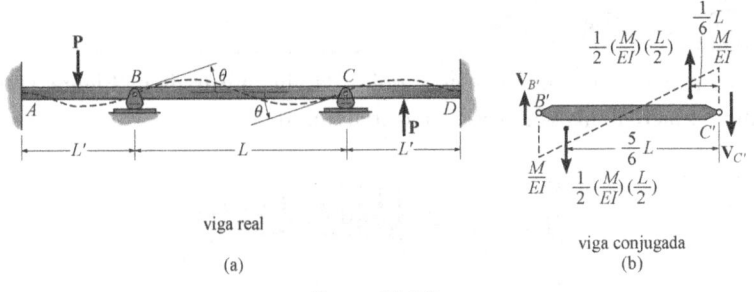

Figura 12.12

(a)

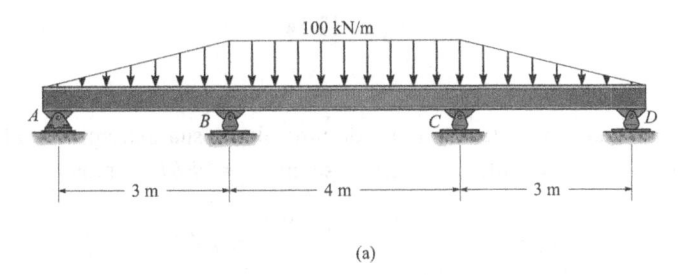

Figura 12.13

SOLUÇÃO

Por inspeção, vê-se que a viga e a carga são simétricas. Desse modo, aplicaremos $K = 2EI/L$ para calcular o fator de rigidez do vão central BC e, portanto, usaremos somente a metade esquerda da viga para a análise. A análise pode ser encurtada mais ainda usando $K = 3EI/L$ para calcular o fator de rigidez do segmento AB tendo em vista que a extremidade afastada A é fixada por pino. Além disso, a distribuição do momento em A pode ser ignorada usando o MEF para uma carga triangular em um vão com uma extremidade fixa e a outra fixada por pino. Desse modo,

$$K_{AB} = \frac{3EI}{3} \quad (\text{usando Equação 12.4})$$

$$K_{BC} = \frac{2EI}{4} \quad (\text{usando Equação 12.5})$$

$$FD_{AB} = \frac{3EI/3}{3EI/3} = 1$$

$$FD_{BA} = \frac{3EI/3}{3EI/3 + 2EI/4} = 0{,}667$$

$$FD_{BC} = \frac{2EI/4}{3EI/3 + 2EI/4} = 0{,}333$$

$$(\text{MEF})_{BA} = \frac{wL^2}{15} = \frac{100(3)^2}{15} = 60 \text{ kN} \cdot \text{m}$$

$$(\text{MEF})_{BC} = -\frac{wL^2}{12} = -\frac{100(4)^2}{12} = -133{,}3 \text{ kN} \cdot \text{m}$$

Nó	A	B	
Membro	AB	BA	BC
FD	1	0,667	0,333
MEF		60	−133,3
Dist.		48,9	24,4
ΣM	0	108,9	−108,9

(b)

Esses dados são listados na tabela na Figura 12.13b. Calcular os fatores de rigidez como mostrado acima reduz a análise consideravelmente, tendo em vista que somente o nó B tem de ser equilibrado e propagações para os nós A e C não são necessárias. Obviamente, o nó C é sujeito ao mesmo momento interno de 108,9 kN·m.

Exemplo 12.4

Determine os momentos internos nos apoios da viga mostrada na Figura 12.14a. O momento de inércia dos dois vãos é mostrado na figura.

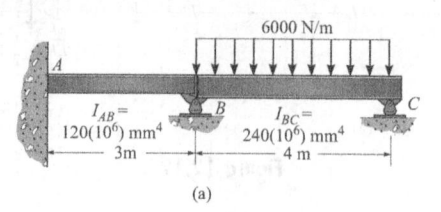

Figura 12.14

SOLUÇÃO

Tendo em vista que a viga tem o apoio de um rolo na sua extremidade afastada C, a rigidez do vão BC será calculada com base em $K = 3EI/L$. Temos

$$K_{AB} = \frac{4EI}{L} = \frac{4E(120)(10^6)}{3} = 160(10^6)E$$

$$K_{BC} = \frac{3EI}{L} = \frac{3E(240)(10^6)}{4} = 180(10^6)E$$

Desse modo,

$$FD_{AB} = \frac{160E}{\infty + 160E} = 0$$

$$FD_{BA} = \frac{160E}{160E + 180E} = 0{,}4706$$

$$FD_{BC} = \frac{180E}{160E + 180E} = 0{,}5294$$

$$FD_{CB} = \frac{180E}{180E} = 1$$

Uma simplificação a mais do método de distribuição para este problema é possível se percebermos que um momento de extremidade fixo *único* para o vão final BC pode ser usado. Usando a coluna direita da tabela do Apêndice F para um vão uniformemente carregado que possui um lado fixo e o outro fixado por pino, temos

$$(MEF)_{BC} = -\frac{wL^2}{8} = \frac{-6000(4)^2}{8} = -12\,000 \text{ N} \cdot \text{m}$$

Os dados anteriores são inseridos na tabela na Figura 12.14b e a distribuição de momento é realizada. Comparando com a Figura 12.6b, esse método simplifica consideravelmente a distribuição.

Usando esses resultados, os cortantes nos extremos e diagramas de momento da viga são mostrados na Figura 12.14c.

Nó	A	B		C
Membro	AB	BA	BC	CB
FD	0	0,4706	0,5294	1
MEF Dist.		5647,2	−12 000 6352,8	
CO	2823,6			
ΣM	2823,6	5647,2	−5647,2	0

(b)

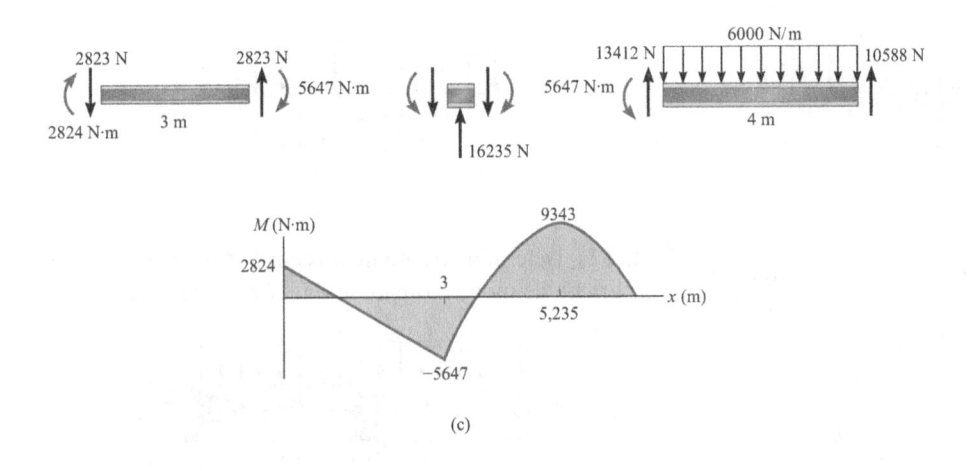

Capítulo 12 Análise pelo método do deslocamento: distribuição de momento | 375

Problemas

P12.1. Determine os momentos em B e C. EI é constante. Presuma que B e C sejam rolos e A e D sejam fixados por pinos.

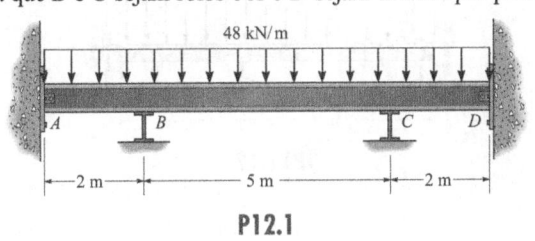

P12.1

P12.2. Determine os momentos em A, B e C. Presuma que o apoio em B seja um rolo e A e C sejam fixos. EI é constante.

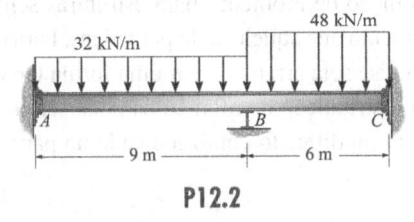

P12.2

P12.3. Determine os momentos em A, B e C, então trace o diagrama de momento. Presuma que o apoio em B seja um rolo e A e C sejam fixos. EI é constante.

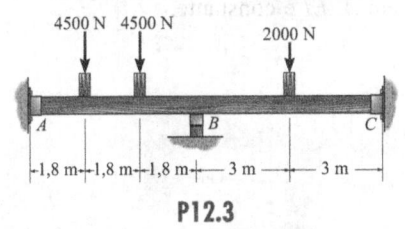

P12.3

*P12.4. Determine as reações nos apoios e então trace o diagrama de momento. Presuma que A seja fixo. EI é constante.

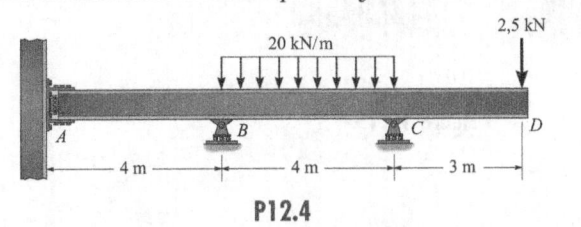

P12.4

P12.5. Determine os momentos em B e C, então trace o diagrama de momento para a viga. Presuma que C seja um apoio fixo. EI é constante.

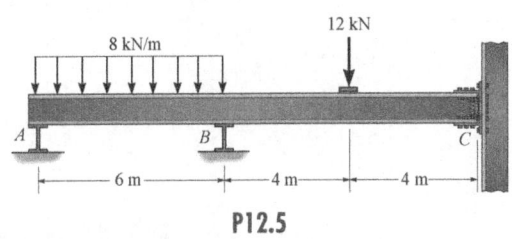

P12.5

P12.6. Determine os momentos em B e C, então trace o diagrama de momento para a viga. Todas as ligações são pinos. Presuma que as reações horizontais sejam zero. EI é constante.

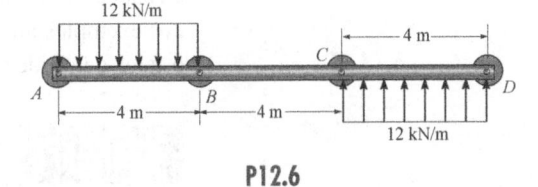

P12.6

P12.7. Determine as reações nos apoios. Presuma que A é fixo e B e C são rolos que podem empurrar ou puxar a viga. EI é constante

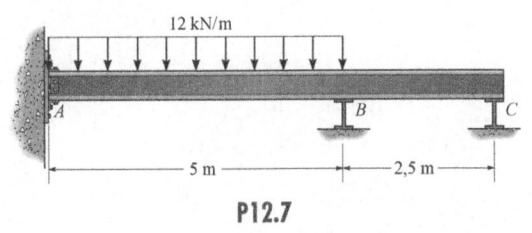

P12.7

*P12.8. Determine os momentos em B e C, então trace o diagrama de momento para a viga. Presuma que os apoios em B e C sejam rolos e A e D sejam pinos. EI é constante.

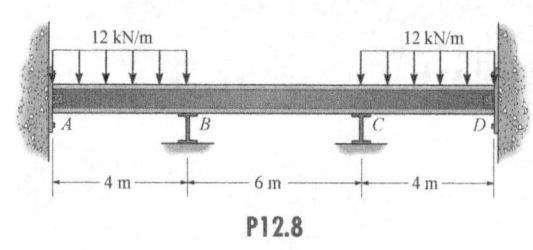

P12.9. Determine os momentos em B e C, então trace o diagrama de momento para a viga. Presuma que os apoios em B e C sejam rolos e A seja um pino. EI é constante.

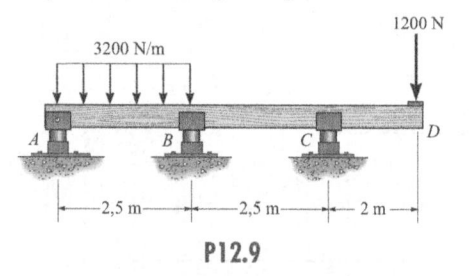

P12.10. Determine o momento em B, então trace o diagrama de momento para a viga. Presuma que os apoios em A e C sejam rolos e B seja um pino. EI é constante.

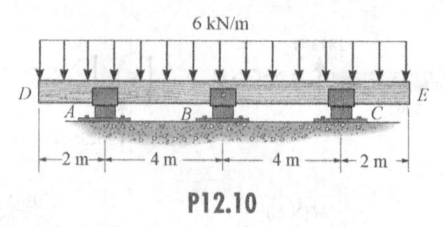

P12.11. Determine os momentos em B, C e D, então trace o diagrama de momento para a viga. EI é constante.

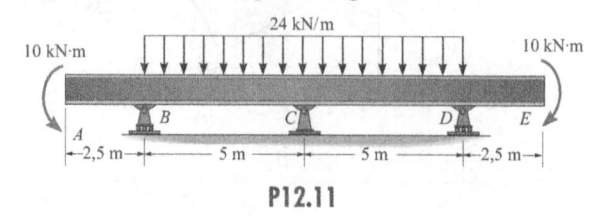

*P12.12. Determine o momento em B, então trace o diagrama de momento para a viga. Presuma que o apoio em A seja fixado por pino, B seja um rolo e C é fixo. EI é constante.

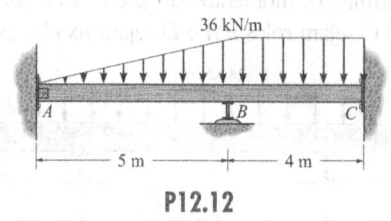

12.4 Distribuição de momento para pórticos indeslocáveis

A aplicação do método da distribuição de momento para estruturas sem deslocamento lateral segue o mesmo procedimento que aquele dado para vigas. Para minimizar a chance de erros, sugere-se que a análise seja arranjada em uma forma tabular, como nos exemplos anteriores. Também, a distribuição de momentos pode ser encurtada se o fator de rigidez de um vão puder ser modificado como indicado na parte anterior.

Exemplo 12.5

Determine os momentos internos nos nós do pórtico mostrado na Figura 12.15a. Há um pino em E e D e um apoio fixo em A. EI é constante.

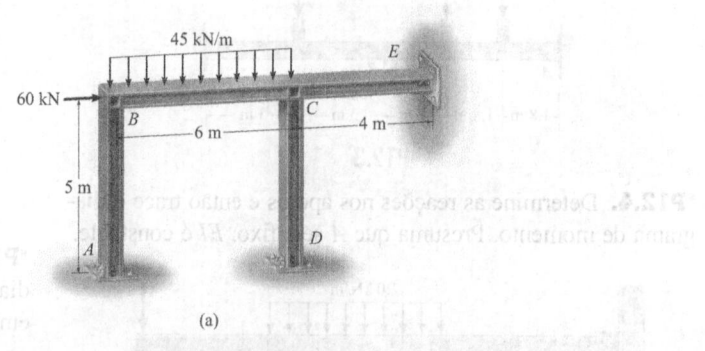

Figura 12.15

Nó	A	B		C		D	E
Membro	AB	BA	BC	CB	CD	CE	DC	EC
FD	0	0,545	0,455	0,330	0,298	0,372	1	1
MEF			−135	135				
Dist.		73,6	61,4	−44,6	−40,2	−50,2		
CO	36,8		−22,3	30,7				
Dist.		12,2	10,1	−10,1	−9,1	−11,5		
CO	6,1		−5,1	5,1				
Dist.		2,8	2,3	−1,7	−1,5	−1,9		
CO	1,4		−0,8	1,2				
Dist.		0,4	0,4	−0,4	−0,4	−0,4		
CO	0,2		−0,2	0,2				
Dist.		0,1	0,1	−0,1	0,0	−0,1		
ΣM	44,5	89,1	−89,1	115	−51,2	−64,1		

(b)

SOLUÇÃO

Por inspeção, vê-se que o pino em E evitará que o pórtico se desloque lateralmente. Os fatores de rigidez de CD e CE podem ser calculados usando $K = 3EI/L$, tendo em vista que as extremidades afastadas são fixadas por pinos. Também, a carga de 60 kN não contribui com um MEF, tendo em vista que ela é aplicada ao nó B. Desse modo,

$$K_{AB} = \frac{4EI}{5} \quad K_{BC} = \frac{4EI}{6} \quad K_{CD} = \frac{3EI}{5} \quad K_{CE} = \frac{3EI}{4}$$

$$FD_{AB} = 0$$

$$FD_{BA} = \frac{4EI/5}{4EI/5 + 4EI/6} = 0,545$$

$$FD_{BC} = 1 - 0,545 = 0,455$$

$$FD_{CB} = \frac{4EI/6}{4EI/6 + 3EI/5 + 3EI/4} = 0,330$$

$$FD_{CD} = \frac{3EI/5}{4EI/6 + 3EI/5 + 3EI/4} = 0,298$$

$$FD_{CE} = 1 - 0,330 - 0,298 = 0,372$$

$$FD_{DC} = 1 \quad FD_{EC} = 1$$

$$(MEF)_{BC} = \frac{-wL^2}{12} = \frac{-45(6)^2}{12} = -135 \text{ kN} \cdot \text{m}$$

$$(MEF)_{CB} = \frac{wL^2}{12} = \frac{45(6)^2}{12} = 135 \text{ kN} \cdot \text{m}$$

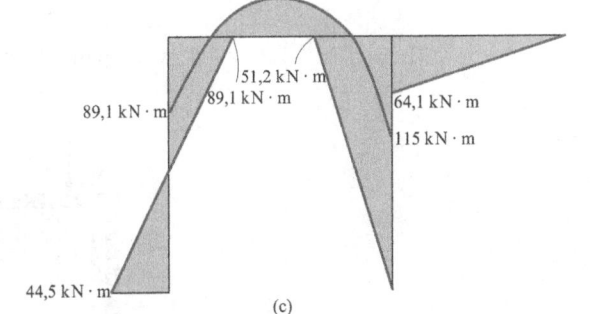

Os dados são mostrados na tabela na Figura 12.15b. Aqui a distribuição de momentos sucessivamente vai para os nós B e C. Os momentos finais são mostrados na última linha.

Usando esses dados, o diagrama de momento para o pórtico é construído na Figura 12.15c.

12.5 Distribuição de momento para pórticos deslocáveis

Foi mostrado na Seção 11.5 que pórticos que são assimétricos ou sujeitos a carregamentos assimétricos têm uma tendência a se deslocar lateralmente. Um exemplo disso é mostrado na Figura 12.16a. Aqui a carga aplicada **P** criará momentos desiguais nos nós B e C de tal maneira que o pórtico defletirá um montante Δ para a direita.

Para determinar essa deflexão e os momentos internos nos nós usando a distribuição de momento, usaremos o princípio da superposição. Nesse sentido, o pórtico na Figura 12.16b é, em primeiro lugar, considerada impedida de realizar deslocamento lateral ao se aplicar um apoio de nó artificial em C. A distribuição de momento é aplicada e então por estática a força de fixação **R** é determinada. Uma força de fixação igual, mas oposta, é, portanto, aplicada ao pórtico (Figura 12.16c), e os momentos no pórtico calculados. Um método para realizar esse último passo exige primeiro *presumir* um valor numérico para um dos momentos internos, digamos M'_{BA}. Usando a distribuição de momento e a estática, a deflexão Δ' e força externa **R'** correspondendo ao valor presumido de M'_{BA} podem então ser determinadas. Tendo em vista que ocorrem deformações elásticas lineares, a força **R'** desenvolve momentos na estrutura que são *proporcionais* àqueles desenvolvidos por **R**. Por exemplo, se M'_{BA} e **R'** são conhecidos, o momento em B desenvolvido por **R** será $M_{BA} = M'_{BA} (R/R')$. A soma dos momentos combinados para ambos os casos, Figura 12.16b e c, produzirá os momentos reais na estrutura (Figura 12.16a). A aplicação desta técnica é ilustrada nos Exemplos 12.6 a 12.8.

Pórticos com andares múltiplos. Com bastante frequência, pórticos com múltiplos andares podem ter diversos deslocamentos combinados *independentes* e, consequentemente, a análise de distribuição de momento usando as técnicas mencionadas envolverá mais cálculo. Considere, por exemplo, o pórtico de dois andares mostrado na Figura 12.17a. Esse pórtico pode ter dois deslocamentos combinados independentes, tendo em vista que o deslocamento lateral Δ_1 do primeiro andar é independente de qualquer deslocamento Δ_2 do segundo andar. Infelizmente, esses deslocamentos não são conhecidos inicialmente, de maneira que a análise tem de proceder com base na superposição, da mesma maneira como já foi discutido anteriormente. Nesse caso, duas forças de fixação R_1 e R_2 são aplicadas (Figura 12.17b), e os momentos de extremidades fixas são determinados e distribuídos. Usando as equações de equilíbrio, os valores numéricos de R_1 e R_2 são então determinados. Em seguida, a fixação no piso do primeiro andar é removida e é dado ao piso um deslocamento Δ'. Esse deslocamento causa momentos de extremidades fixas (MEFs) no pórtico, que podem receber valores numéricos específicos. Distribuindo esses momentos e usando as equações de equilíbrio, os valores numéricos associados de R'_1 e R'_2 podem ser determinados. De maneira similar, é dado ao piso do segundo andar um deslocamento Δ'' (Figura 12.17d). Presumindo valores numéricos para os momentos extremidades fixas, a distribuição de momento e análise de equilíbrio produzirá valores específicos de R''_1 e R''_2. Tendo em vista que os últimos dois passos associados com as figuras 12.17c e 12.17d dependem de valores *presumidos* dos MEFs, fatores de correção C' e C'' têm de ser aplicados aos momentos distribuídos. Com relação às forças de fi-

(a) — (b) nó artificial aplicado (nenhum deslocamento lateral) — (c) nó artificial removido (deslocamento lateral)

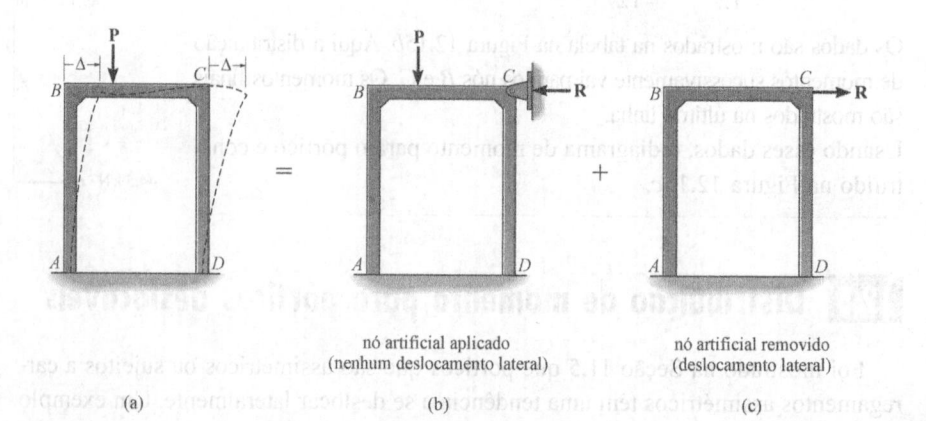

Figura 12.16

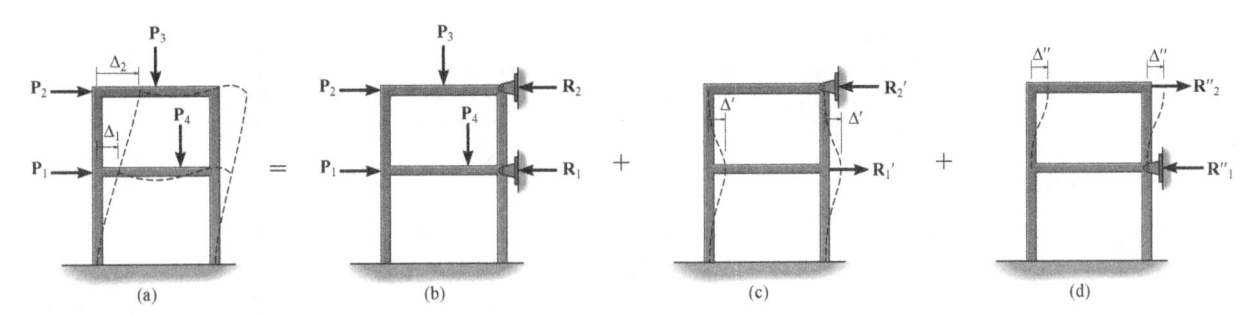

Figura 12.17

xação nas figuras 12.17c e 12.17d, precisamos da aplicação igual, mas oposta de R_1 e R_2 ao pórtico, de maneira que

$$R_2 = -C'R'_2 + C''R''_2$$
$$R_1 = +C'R'_1 + C''R''_1$$

A solução simultânea dessas equações produz os valores de C' e C''. Esses fatores de correção são então multiplicados pelos momentos combinados internos calculados da distribuição de momento nas figuras 12.17c e 12.17d. Os momentos resultantes são então calculados somando esses momentos corrigidos aos momentos obtidos para o pórtico na Figura 12.17b.

Outros tipos de pórticos com deslocamentos combinados independentes podem ser analisados usando o mesmo procedimento; entretanto, temos de admitir que o método anterior exige um pouco mais de cálculo numérico. Apesar de algumas técnicas terem sido desenvolvidas para encurtar os cálculos, é melhor solucionar esses tipos de problemas em um computador, preferivelmente usando uma análise matricial. As técnicas para fazer isso serão discutidas no Capítulo 16.

Exemplo 12.6

Determine os momentos em cada nó do pórtico mostrado na Figura 12.18a. EI é constante.

SOLUÇÃO

Primeiro consideramos o pórtico impedido de realizar deslocamento lateral conforme mostrado na Figura 12.18b. Temos

$$(\text{MEF})_{BC} = -\frac{16(4)^2(1)}{(5)^2} = -10,24 \text{ kN} \cdot \text{m}$$

$$(\text{MEF})_{CB} = \frac{16(1)^2(4)}{(5)^2} = 2,56 \text{ kN} \cdot \text{m}$$

O fator de rigidez de cada vão é calculado com base em $4EI/L$ ou usando o fator de rigidez relativa I/L. Os FDs e a distribuição de momento são mostrados na tabela (Figura 12.18d). Usando esses resultados, as equações de equilíbrio são aplicadas aos diagramas de corpo livre das colunas a fim de determinar A_x e D_x (Figura 12.18e). A partir do diagrama de corpo livre de todo o pórtico (não mostrado) a fixação de nó R na Figura 12-18b tem uma magnitude de

$$\Sigma F_x = 0; \quad R = 1,73 \text{ kN} - 0,81 \text{ kN} = 0,92 \text{ kN}$$

Um valor igual, mas oposto de $R = 0,92$ kN tem de ser aplicado agora ao pórtico em C e os momentos internos calculados (Figura 12.18c). Para solucionar o problema de calcular estes momentos, presumiremos que uma força R' é aplicada em C, fazendo com que a estrutura deflita Δ' como mostrado na Figura 12.18f. Aqui, os nó em B e

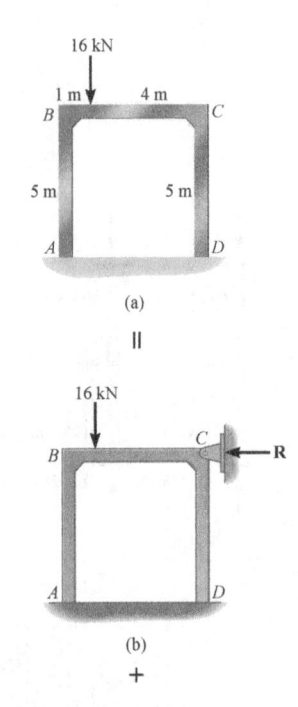

Figura 12.18

Nó	A	B		C		D
Membro	AB	BA	BC	CB	CD	DC
FD	0	0,5	0,5	0,5	0,5	0
MEF			−10,24	2,56		
Dist.		5,12	5,12	−1,28	−1,28	
CO	2,56		−0,64	2,56		−0,64
Dist.		0,32	0,32	−1,28	−1,28	
CO	0,16		−0,64	0,16		−0,64
Dist.		0,32	0,32	−0,08	−0,08	
CO	0,16		−0,04	0,16		−0,04
Dist.		0,02	0,02	−0,08	−0,08	
ΣM	2,88	5,78	−5,78	2,72	−2,72	−1,32

(d)

(c)

(e)

Nó	A	B		C		D
Membro	AB	BA	BC	CB	CD	DC
FD	0	0,5	0,5	0,5	0,5	0
MEF	−100	−100			−100	−100
Dist.		50	50	50	50	
CO	25		25	25		25
Dist.		−12,5	−12,5	−12,5	−12,5	
CO	−6,25		−6,25	−6,25		−6,25
Dist.		3,125	3,125	3,125	3,125	
CO	1,56		1,56	1,56		1,56
Dist.		−0,78	−0,78	−0,78	−0,78	
CO	−0,39		−0,39	−0,39		−0,39
Dist.		0,195	0,195	0,195	0,195	
ΣM	−80,00	−60,00	60,00	60,00	−60,00	−80,00

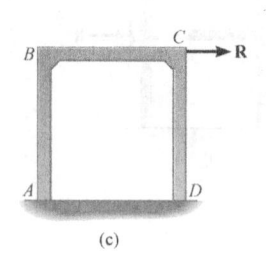

(f)

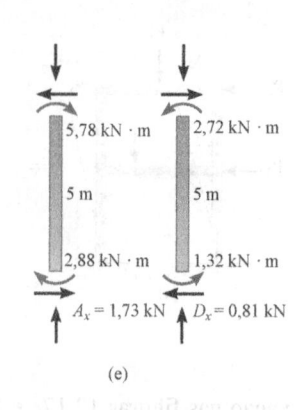

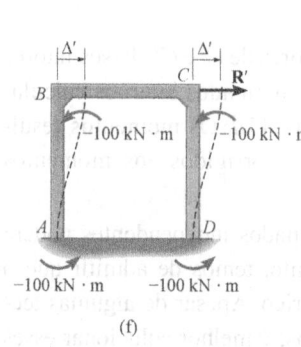

(g)

(h)

C são *temporariamente impedidos de realizar rotação* e, como resultado, os momentos de extremidade fixa nas extremidades das colunas são determinados da fórmula para deflexão encontrada no Apêndice F, isto é,

$$M = \frac{6EI\,\Delta}{L^2}$$

Já que acontece de *tanto B quanto C* deslocarem-se o mesmo montante Δ′, e AB e DC terem o *mesmo E, I e L*, o MEF em AB será o *mesmo* que aquele em DC. Como mostrado na Figura 12.18f, presumiremos arbitrariamente esse momento de extremidade fixa como

$$(\text{MEF})_{AB} = (\text{MEF})_{BA} = (\text{MEF})_{CD} = (\text{MEF})_{DC} = -100 \text{ kN} \cdot \text{m}$$

Um *sinal negativo* é necessário, tendo em vista que o momento tem de atuar no *sentido anti-horário* na coluna para deflexão Δ′ à direita. O valor de **R′** associado com esse momento de −100 kN·m pode ser determinado agora. A distribuição de momento dos MEFs é mostrada na Figura 12.18g. A partir do equilíbrio, as reações horizontais em A e D são calculadas (Figura 12.18h). Desse modo, para a viga inteira precisamos de

$$\Sigma F_x = 0; \qquad R' = 28 + 28 = 56{,}0 \text{ kN}$$

Logo, R′ = 56,0 kN cria os momentos tabulados na Figura 12.18g. Momentos correspondentes causados por R = 0,92 kN podem ser determinados por proporção. Portanto, o momento resultante no pórtico (Figura 12.18a), é igual à *soma* daqueles calculados para o pórtico na Figura 12.18b mais o montante proporcional daqueles para o pórtico na Figura 12.18c. Temos

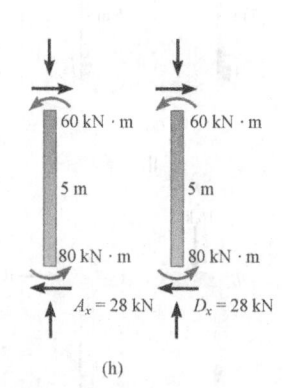

$M_{AB} = 2,88 + \frac{0,92}{56,0}(-80) = 1,57 \text{ kN} \cdot \text{m}$ (Resposta)

$M_{BA} = 5,78 + \frac{0,92}{56,0}(-60) = 4,79 \text{ kN} \cdot \text{m}$ (Resposta)

$M_{BC} = -5,78 + \frac{0,92}{56,0}(60) = -4,79 \text{ kN} \cdot \text{m}$ (Resposta)

$M_{CB} = 2,72 + \frac{0,92}{56,0}(60) = 3,71 \text{ kN} \cdot \text{m}$ (Resposta)

$M_{CD} = -2,72 + \frac{0,92}{56,0}(-60) = -3,71 \text{ kN} \cdot \text{m}$ (Resposta)

$M_{DC} = -1,32 + \frac{0,92}{56,0}(-80) = -2,63 \text{ kN} \cdot \text{m}$ (Resposta)

Exemplo 12.7

Determine os momentos em cada nó do pórtico mostrado na Figura 12.19a. O momento de inércia de cada membro é indicado na figura.

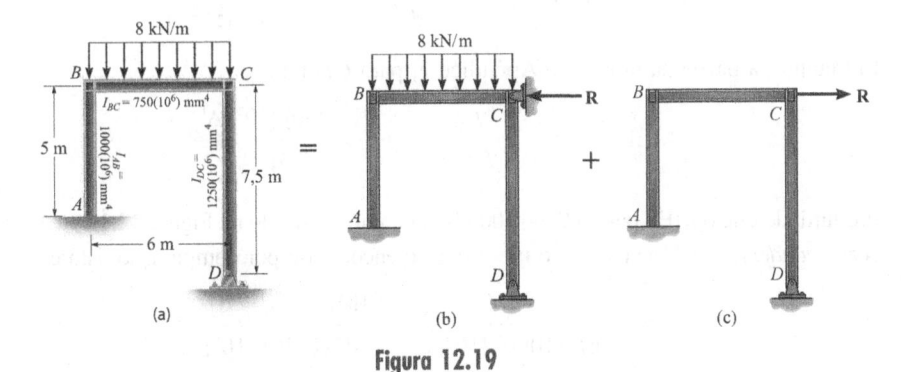

Figura 12.19

SOLUÇÃO

De início, o pórtico é impedido de realizar deslocamento lateral como mostrado na Figura 12.19b. Os momentos internos são calculados nos nós como indicado na Figura 12.19d. Aqui o fator da rigidez de CD foi calculado usando $3EI/L$, tendo em vista que há um pino em D. O cálculo das reações horizontais em A e D é mostrado na Figura 12.19e. Desse modo, para a estrutura inteira,

$$\Sigma F_x = 0; \qquad R = 5,784 - 2 = 3,78 \text{ kN}$$

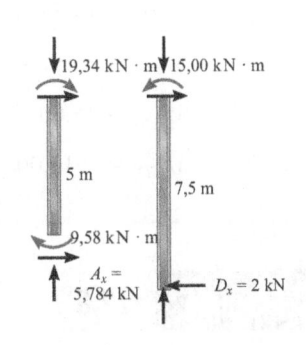

Nó	A	B		C		D
Membro	AB	BA	BC	CB	CD	DC
FD	0	0,615	0,385	0,5	0,5	1
MEF			−24	24		
Dist.		14,76	9,24	−12	−12	
CO	7,38		−6	4,62		
Dist.		3,69	2,31	−2,31	−2,31	
CO	1,84		−1,16	1,16		
Dist.		0,713	0,447	−0,58	−0,58	
CO	0,357		−0,29	0,224		
Dist.		0,18	0,11	−0,11	−0,11	
ΣM	9,58	19,34	−19,34	15,00	−15,00	0

(d)

(e)

Nó	A	B		C		D
Membro	AB	BA	BC	CB	CD	DC
FD	0	0,615	0,385	0,5	0,5	1
MEF	−100	−100			−27,78	
Dist.		61,5	38,5	13,89	13,89	
CO	30,75		6,94	19,25		
Dist.		−4,27	−2,67	−9,625	−9,625	
CO	−2,14		−4,81	−1,34		
Dist.		2,96	1,85	0,67	0,67	
CO	1,48		0,33	0,92		
Dist.		−0,20	−0,13	−0,46	−0,46	
ΣM	−69,91	−40,01	40,01	23,31	−23,31	0

(f)

(g)

A força oposta é agora aplicada ao pórtico como mostrado na Figura 12.19c. Como no exemplo anterior, consideraremos uma força **R'** atuando conforme mostrado na Figura 12.19f. Como resultado, os nós B e C são deslocados pelo mesmo montante Δ'. Os momentos de extremidades fixas para BA são calculados a partir de

$$(\text{MEF})_{AB} = (\text{MEF})_{BA} = -\frac{6EI\,\Delta}{L^2} = -\frac{6E(1000)(10^6)\,\Delta'}{(5)^2}$$

Entretanto, a partir da tabela no Apêndice F, para CD temos

$$(\text{MEF})_{CD} = -\frac{3EI\,\Delta}{L^2} = -\frac{3E(1250)(10^6)\,\Delta'}{(7.5)^2}$$

Presumindo que o MEF para AB é −100 kN·m como mostrado na Figura 12.19f, o MEF *correspondente* em C, causando o mesmo Δ', é encontrado por comparação, isto é,

$$\Delta' = -\frac{(-100)(5)^2}{6E(1000)(10^6)} = -\frac{(\text{MEF})_{CD}(7,5)^2}{3E(1250)(10^6)}$$

$$(\text{MEF})_{CD} = -27{,}78 \text{ kN·m}$$

A distribuição de momento para esses MEFs é tabulada na Figura 12.19g. O cálculo de reações horizontais em A e D é mostrado na Figura 12.19h. Desse modo, para o pórtico inteiro,

$$\Sigma F_x = 0; \quad R' = 21{,}98 + 3{,}11 = 25{,}1 \text{ kN}$$

Os momentos resultantes na estrutura são, portanto,

$$M_{AB} = 9{,}58 + \left(\tfrac{3{,}78}{25{,}1}\right)(-69{,}91) = -0{,}948 \text{ kN·m} \quad \text{(Resposta)}$$

$$M_{BA} = 19{,}34 + \left(\tfrac{3{,}78}{25{,}1}\right)(-40{,}01) = 13{,}3 \text{ kN·m} \quad \text{(Resposta)}$$

$$M_{BC} = -19{,}34 + \left(\tfrac{3{,}78}{25{,}1}\right)(40{,}01) = -13{,}3 \text{ kN·m} \quad \text{(Resposta)}$$

$$M_{CB} = 15{,}00 + \left(\tfrac{3{,}78}{25{,}1}\right)(23{,}31) = 18{,}5 \text{ kN·m} \quad \text{(Resposta)}$$

$$M_{CD} = -15{,}00 + \left(\tfrac{3{,}78}{25{,}1}\right)(-23{,}31) = -18{,}5 \text{ kN·m} \quad \text{(Resposta)}$$

(h)

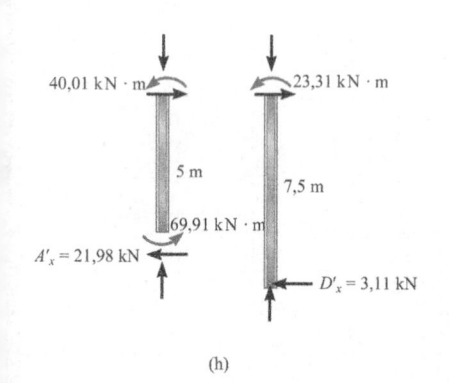

Exemplo 12.8

Determine os momentos em cada nó do pórtico mostrado na Figura 12.20a. EI é constante.

SOLUÇÃO

Primeiro o deslocamento lateral é evitado pela força de fixação **R**, Figura 12.20b. Os MEFs para o membro BC são

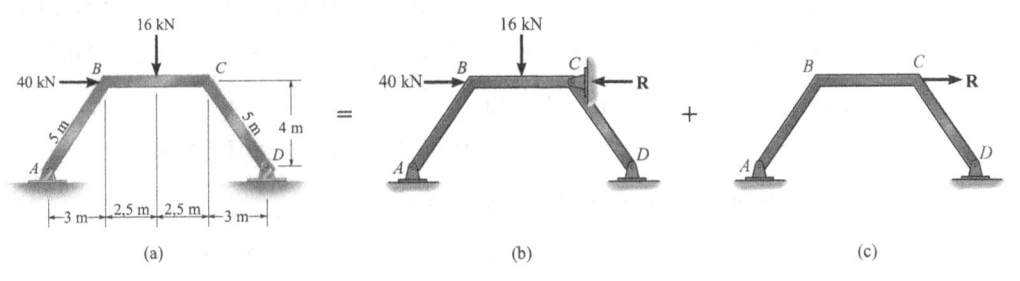

Capítulo 12 Análise pelo método do deslocamento: distribuição de momento | 383

Figura 12.20

$$(\text{MEF})_{BC} = -\frac{16(5)}{8} = -10 \text{ kN} \cdot \text{m} \qquad (\text{MEF})_{CB} = \frac{16(5)}{8} = 10 \text{ kN} \cdot \text{m}$$

Tendo em vista que os vãos AB e DC são fixados por pinos em suas extremidades, o fator de rigidez é calculado usando $3EI/L$. A distribuição de momento é mostrada na Figura 12.20d.

Usando estes resultados, as *reações horizontais* em A e D têm de ser determinadas. Isto é feito usando uma análise de equilíbrio de *cada membro* (Figura 12.20e). Somando momentos em torno dos pontos B e C em cada perna, temos

$$\zeta + \Sigma M_B = 0; \qquad -5{,}97 + A_x(4) - 8(3) = 0 \qquad A_x = 7{,}49 \text{ kN}$$
$$\zeta + \Sigma M_C = 0; \qquad 5{,}97 - D_x(4) + 8(3) = 0 \qquad D_x = 7{,}49 \text{ kN}$$

Desse modo, para o pórtico inteira,

$$\Sigma F_x = 0; \qquad R = 7{,}49 - 7{,}49 + 40 = 40 \text{ kN}$$

Nó	A	B		C		D
Membro	AB	BA	BC	CB	CD	DC
FD	1	0,429	0,571	0,571	0,429	1
MEF			−10	10		
Dist.		4,29	5,71	−5,71	−4,29	
CO			−2,86	2,86		
Dist.		1,23	1,63	−1,63	−1,23	
CO			−0,82	0,82		
Dist.		0,35	0,47	−0,47	−0,35	
CO			−0,24	0,24		
Dist.		0,10	0,13	−0,13	−0,10	
ΣM	0	5,97	−5,97	5,97	−5,97	0

(d)

(e)

(f)

(g)

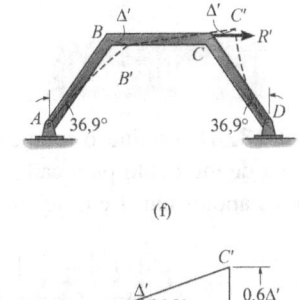

A força oposta **R** é agora aplicada ao pórtico como mostrado na Figura 12.20c. A fim de determinar os momentos internos desenvolvidos por **R**, primeiro consideraremos a força **R'** atuando como mostrado na Figura 12.20f. Aqui as linhas tracejadas não representam a distorção dos membros do pórtico; em vez disso, eles são construídos como linhas retas estendidas até as posições finais B' e C' dos pontos B e C, respectivamente. Em razão da simetria do pórtico, o deslocamento $BB' = CC' = \Delta'$. Além disso, esses deslocamentos fazem com que BC gire. A distância vertical entre B' e C' é $1{,}2\Delta'$, como mostrado no diagrama de deslocamento (Figura 12.20g). Tendo em vista que cada vão passa por deslocamentos de extremidade que fazem com que os vãos girem, momentos de extremidades fixas são induzidos nos vãos. Estes são: $(\text{MEF})_{BA} = (\text{MEF})_{CD} = -3EI\Delta'/(5)^2$, $(\text{MEF})_{BC} = (\text{MEF})_{CB} = 6EI(1{,}2\Delta')/(5)^2$.

Observe que para BA e CD os momentos são *negativos*, tendo em vista que uma rotação no sentido horário do vão provoca um MEF no *sentido anti-horário*.

Se designássemos arbitrariamente um valor de $(\text{MEF})_{BA} = (\text{MEF})_{CD} = -100 \text{ kN} \cdot \text{m}$, então equacionando Δ' nas fórmulas acima produz $(\text{MEF})_{BC} = (\text{MEF})_{CB} = 240 \text{ kN} \cdot \text{m}$. Esses momentos são aplicados ao pórtico e distribuídos (Figura 12.20h). Usando esses resultados, a análise de equilíbrio é mostrada na Figura 12.20i. Para cada perna, temos

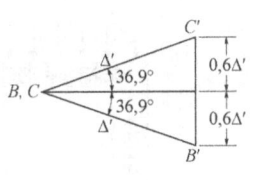

$$(\,+\Sigma M_B = 0; \qquad -A'_x(4) + 58{,}72(3) + 146{,}80 = 0 \qquad A'_x = 80{,}74 \text{ kN}$$

$$(\,+\Sigma M_C = 0; \qquad -D'_x(4) + 58{,}72(3) + 146{,}80 = 0 \qquad D'_x = 80{,}74 \text{ kN}$$

Desse modo, para o pórtico inteira,

$$\Sigma F_x = 0; \qquad R' = 80{,}74 + 80{,}74 = 161{,}48 \text{ kN}$$

Os momentos resultantes no pórtico são, portanto,

$$M_{BA} = 5{,}97 + \left(\tfrac{40}{161{,}48}\right)(-146{,}80) = -30{,}4 \text{ kN} \cdot \text{m} \qquad (Resposta)$$

$$M_{BC} = -5{,}97 + \left(\tfrac{40}{161{,}48}\right)(146{,}80) = 30{,}4 \text{ kN} \cdot \text{m} \qquad (Resposta)$$

$$M_{CB} = 5{,}97 + \left(\tfrac{40}{161{,}48}\right)(146{,}80) = 42{,}3 \text{ kN} \cdot \text{m} \qquad (Resposta)$$

$$M_{CD} = -5{,}97 + \left(\tfrac{40}{161{,}48}\right)(-146{,}80) = -42{,}3 \text{ kN} \cdot \text{m} \qquad (Resposta)$$

Nó	A	B		C		D
Membro	AB	BA	BC	CB	CD	DC
FD	1	0,429	0,571	0,571	0,429	1
MEF		−100	240	240	−100	
Dist.		−60,06	−79,94	−79,94	−60,06	
CO			−39,97	−39,97		
Dist.		17,15	22,82	22,82	17,15	
CO			11,41	11,41		
Dist.		−4,89	−6,52	−6,52	−4,89	
CO			−3,26	−3,26		
Dist.		1,40	1,86	1,86	1,40	
CO			0,93	0,93		
Dist.		−0,40	−0,53	−0,53	−0,40	
ΣM	0	−146,80	146,80	146,80	−146,80	0

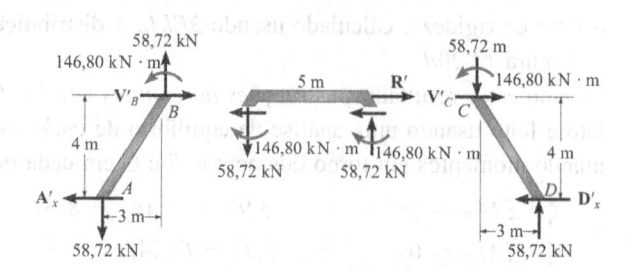

(h)

(i)

Problemas

P12.13. Determine o momento em B, então trace o diagrama de momento para cada membro do pórtico. Presuma que os apoios em A e C sejam pinos. EI é constante.

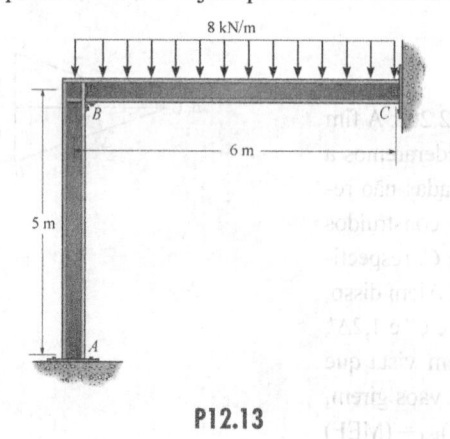

P12.14. Determine os momentos nas extremidades de cada membro do pórtico. Presuma que o nó em B seja fixo, C seja fixado por pino e A seja fixo. O momento de inércia de cada membro é listado na figura. $E = 200$ GPa.

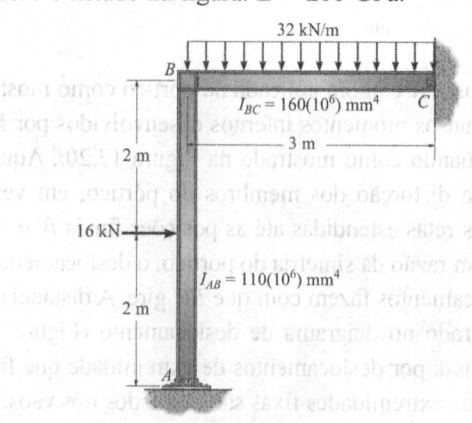

P12.13

P12.14

P12.15. Determine as reações em A e D. Presuma que os apoios em A e D sejam fixos e B e C tenham ligações fixas. EI é constante.

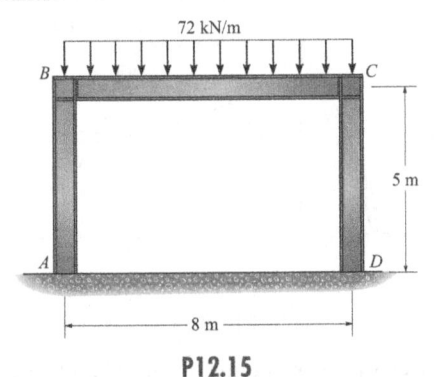

P12.15

*P12.16. Determine os momentos em D e C, então trace o diagrama de momento para cada membro do pórtico. Presuma que os apoios em A e B sejam pinos e D e C sejam nós fixos. EI é constante.

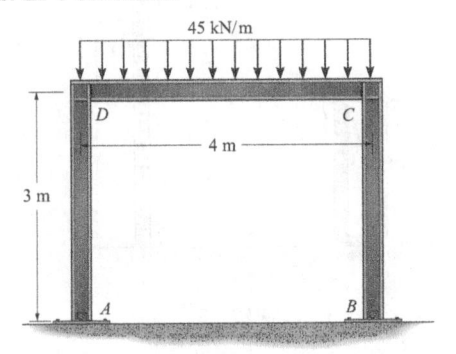

P12.16

P12.17. Determine os momentos no apoio fixo A e no nó D e então trace o diagrama de momento para o pórtico. Presuma que B seja fixado por pino.

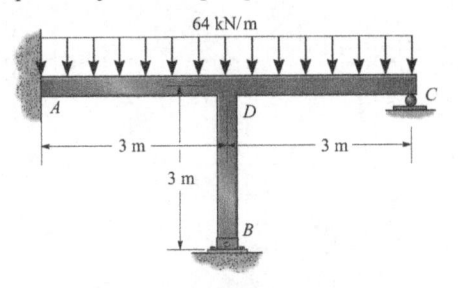

P12.17

P12.18. Determine os momentos em cada nó do pórtico, então trace o diagrama de momento para o membro BCE. Presuma que B, C e E tenham ligações fixas, e A e D sejam pinos. $E = 200$ GPa.

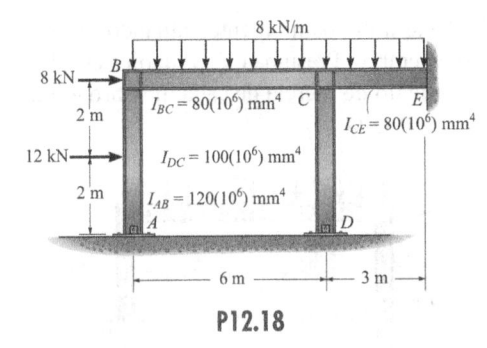

P12.18

P12.19. O pórtico é feito de um tubo que tem ligações fixas. Se ele suporta a carga mostrada, determine os momentos desenvolvidos em cada um dos nós. EI é constante.

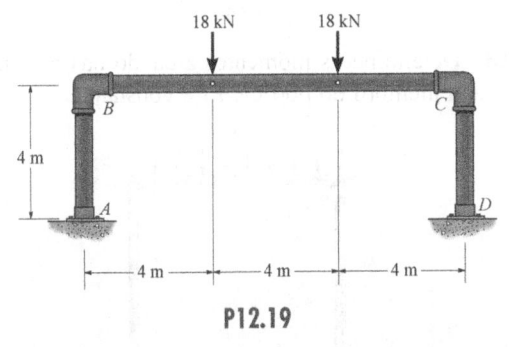

P12.19

*P12.20. Determine os momentos em B e C, então trace o diagrama de momento para cada membro do pórtico. Presuma que os apoios em A, E e D sejam fixos. EI é constante.

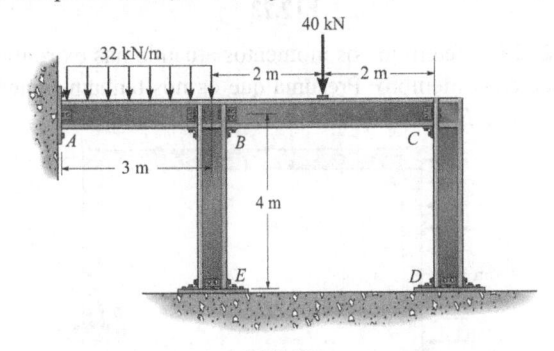

P12.20

P12.21. Determine os momentos em D e C, então trace o diagrama de momento para cada membro do pórtico. Presuma que os apoios em A e B sejam pinos. EI é constante.

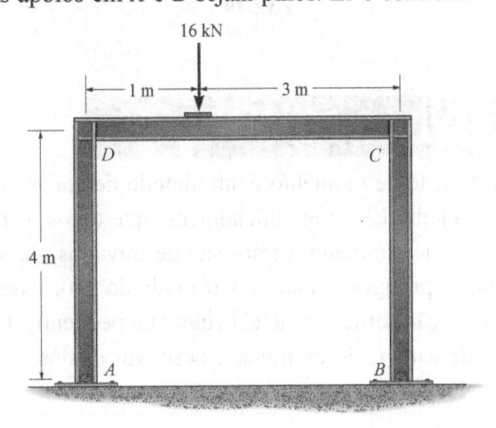

P12.21

P12.22. Determine os momentos atuando nas extremidades de cada membro. Presuma que os apoios em *A* e *D* sejam fixos. O momento de inércia de cada membro é indicado na figura. $E = 200$ GPa.

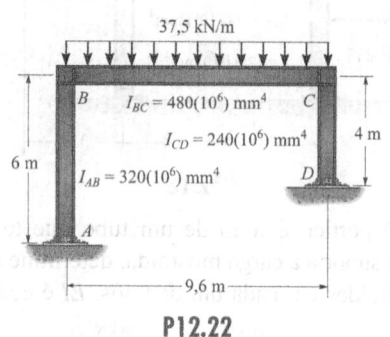

P12.22

P12.23. Determine os momentos atuando nas extremidades de cada membro do pórtico. *EI* é constante.

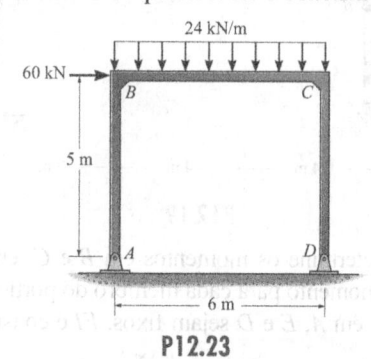

P12.23

*P12.24. Determine os momentos atuando nas extremidades de cada membro. Presuma que os nós tenham ligações fixas e *A* e *B* sejam apoios fixos. *EI* é constante.

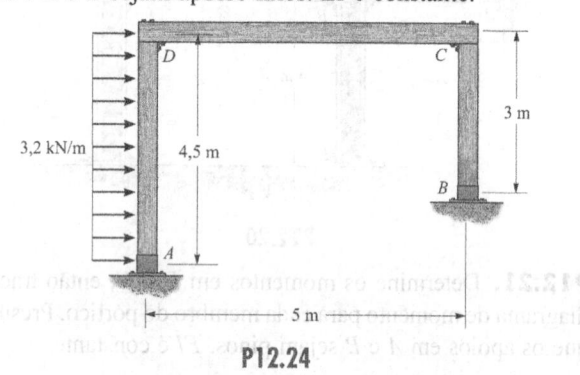

P12.24

P12.25. Determine os momentos nos nós *B* e *C*, então trace o diagrama de momento para cada membro do pórtico. Os apoios em *A* e *D* são fixados por pinos. *EI* é constante.

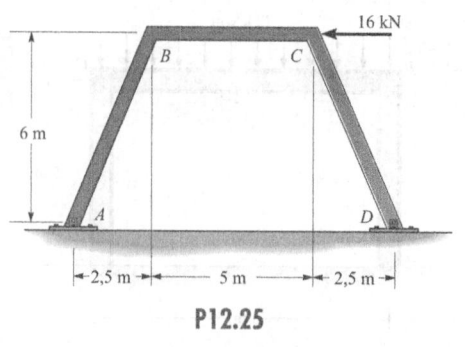

P12.25

P12.26. Determine os momentos em *C* e *D*, então trace o diagrama de momento para cada membro do pórtico. Presuma que os apoios em *A* e *B* sejam pinos. *EI* é constante.

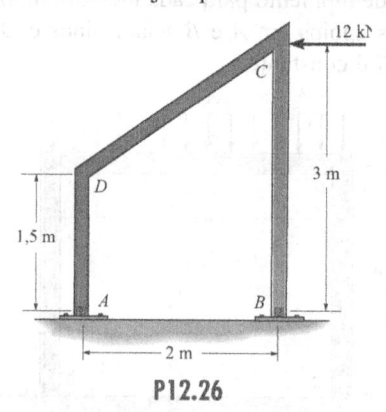

P12.26

REVISÃO DO CAPÍTULO

A distribuição de momento é um método de aproximações sucessivas que pode ser aplicado para qualquer grau de precisão desejado. Ele exige inicialmente que todos os nós da estrutura sejam travados. O momento de equilíbrio em cada nó é então determinado, os nós são destravados e esse momento é distribuído para cada membro de ligação; metade do seu valor é propagado para o outro lado do vão. Esse ciclo de travar e destravar os nós é repetido até que os momentos de propagação tornem-se aceitavelmente pequenos. O processo então para, e o momento em cada nó é a soma dos momentos de cada ciclo de travar e destravar os nós.

(Ref.: Seção 12.1)

O processo da distribuição de momento é feito convenientemente em forma tabular. Antes de começar, o momento de extremidade fixa para cada vão tem de ser calculado usando a tabela do Apêndice F. Os fatores de distribuição são encontrados dividindo a rigidez de um membro pela rigidez total do nó. Para membros tendo uma extremidade afastada fixa, use $K = 4EI/L$; para um membro com apoio de rolo ou fixado por pino na extremidade afastada, $K = 3EI/L$; para um vão e carga simétricos, $K = 2EI/L$; e para uma carga antissimétrica, $K = 6EI/L$. Lembre-se de que o fator de distribuição para uma extremidade fixa é FD = 0, e para uma extremidade com apoio de rolo ou pino, FD = 1.

(Ref.: seções 12.2 e 12.3)

Todas as vigas mestras desta construção de concreto contam com ligações fixas, de maneira que pode ser feita uma análise indeterminada estaticamente da estrutura usando o método de distribuição de momento.

CAPÍTULO 13

Vigas e pórticos tendo membros não prismáticos

Neste capítulo aplicaremos os métodos de inclinação-deflexão e distribuição de momento para analisar vigas e pórticos compostos de membros não prismáticos. Primeiro discutiremos como os fatores de propagação, fatores de rigidez e momentos de extremidades fixas necessários são obtidos. Isto é seguido por uma discussão relacionada ao uso de valores tabulares constantemente publicados na literatura de projetos. Por fim, será discutida a análise de estruturas indeterminadas estaticamente com o emprego dos métodos de inclinação-deflexão e de distribuição de momento.

13.1 Propriedades de carga de membros não prismáticos

Com frequência, a fim de poupar material, vigas usadas para longos vãos sobre pontes e edifícios são projetadas para serem não prismáticas, isto é, para ter um momento de inércia variável. As formas mais comuns de membros estruturais que são não prismáticos têm mísulas em degraus, inclinadas e parabólicas (Figura 13.1). Contanto que possamos expressar o momento de inércia do membro como uma função da coordenada de comprimento x, então podemos usar o princípio de trabalho virtual ou o teorema de Castigliano como discutido no Capítulo 9 para calcular a sua deflexão. As equações são

$$\Delta = \int_0^l \frac{Mm}{EI}dx \qquad \text{ou} \qquad \Delta = \int_0^l \frac{\partial M}{\partial P}\frac{M}{EI}dx$$

mísulas em degraus

mísulas inclinadas

mísulas parabólicas

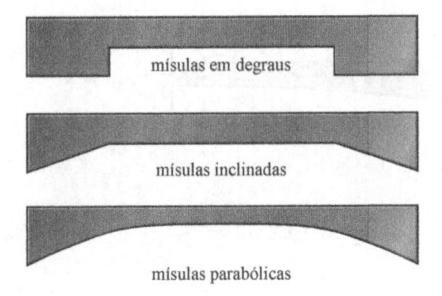

Figura 13.1

Se a geometria e o carregamento do membro exigem a avaliação de uma integral que não pode ser determinada em forma fechada, então a regra de Simpson ou alguma outra técnica numérica terá de ser usada para realizar a integração.

Se as equações de inclinação-deflexão ou de distribuição de momento são usadas para determinar as reações em um membro não prismático, então antes precisamos calcular as propriedades a seguir para o membro.

Momentos de extremidades fixas (MEF). As reações de momento de extremidades fixas no membro que presumimos ser de apoios fixos (Figura 13.2a).

Fator de rigidez (K). A magnitude do momento que tem de ser aplicado à extremidade do membro de tal maneira que a extremidade gire através de um ângulo de $\theta = 1$ rad. Aqui o momento é aplicado no apoio de pino, enquanto presumimos que a outra extremidade seja fixa, Figura 13.2b.

Fator de propagação (carry-over factor – COF). Representa a fração numérica (C) do momento que é "propagado" da extremidade com apoio de pino para a parede (Figura 13.2c).

Uma vez obtidos, os cálculos para a rigidez e fatores de propagação podem ser conferidos, em parte, observando uma relação importante que existe entre eles. Nesse sentido, considere a viga na Figura 13.3 sujeita às cargas e deflexões mostradas. A aplicação do teorema recíproco de Maxwell-Betti exige que o trabalho realizado pelas cargas na Figura 13.3a atuando através dos deslocamentos na Figura 13.3b seja igual ao trabalho das cargas na Figura 13.3b atuando através dos deslocamentos na Figura 13.3a, isto é,

$$U_{AB} = U_{BA}$$
$$K_A(0) + C_{AB}K_A(1) = C_{BA}K_B(1) + K_B(0)$$

ou

$$C_{AB}K_A = C_{BA}K_B \qquad (13.1)$$

Logo, uma vez determinados, os fatores de rigidez e propagação têm de satisfazer à Equação 13.1.

Essas propriedades podem ser obtidas usando, por exemplo, o método da viga conjugada ou um método de energia. Entretanto, um trabalho considerável é envolvido frequentemente no processo. Como consequência, gráficos e tabelas foram franqueados para determinar esses dados para formas comuns usadas em projetos estruturais. Uma dessas fontes é o *Handbook of Frame Constants* (Manual de Constantes para Pórticos) da *Portland Cement Association* (Associação de Cimento Portland).* Uma porção de tabelas, tiradas dessa publicação, é listada aqui como

O pilar de concreto afilado é usado para suportar as longarinas desta ponte de autoestrada.

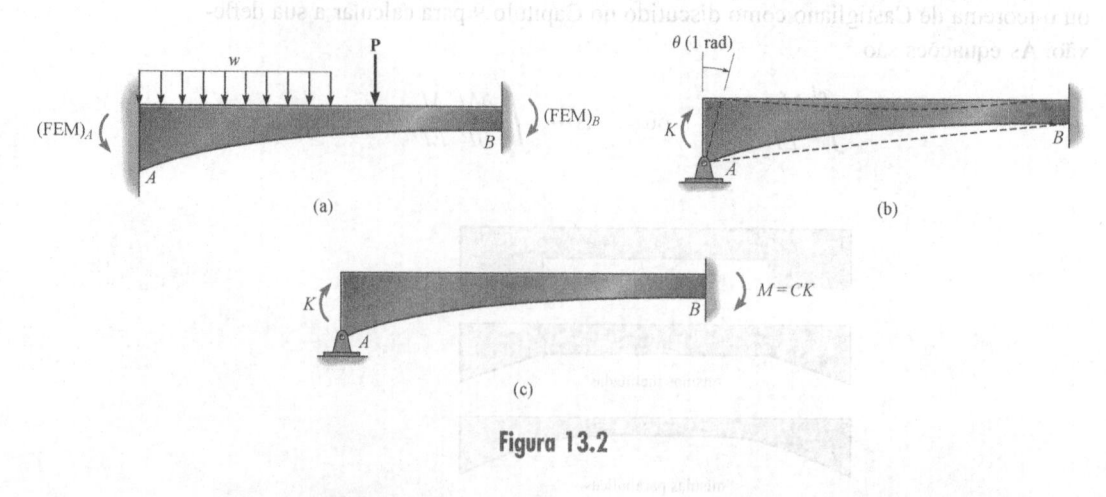

Figura 13.2

---

* *Handbook of frame constants* (Manual de constantes para Pórticos). *Portland Cement Association* (Associação de Cimento Portland), Chicago, Illinois.

Figura 13.3

Tabelas 13.1 e 13.2. Uma forma tabular mais completa dos dados é dada no manual PCA juntamente com as derivações relevantes das fórmulas usadas.

A nomenclatura é definida como a seguir:

a_A, a_B = razão do comprimento do arco nas extremidades A e B para o comprimento do vão.

b = razão da distância da carga concentrada para a extremidade A para o comprimento do vão.

C_{AB}, C_{BA} = fatores de propagação do membro AB nas extremidades A e B, respectivamente.

h_A, h_B = altura do membro nas extremidades A e B, respectivamente.

h_C = altura do membro na seção mínima.

I_C = momento de inércia da seção na altura mínima.

k_{AB}, k_{BA} = fator da rigidez nas extremidades A e B, respectivamente.

L = comprimento do membro.

M_{AB}, M_{BA} = momento de extremidade fixa nas extremidades A e B, respectivamente; especificado em tabelas para carga uniforme w ou força concentrada P.

r_A, r_B = razões para áreas de seções transversais retangulares, onde $r_A = (h_A - h_C)/h_C$, $r_B = (h_B - h_C)/h_C$.

Como observado, os momentos de extremidades fixas e fatores de propagação são encontrados nas tabelas. O fator de rigidez absoluta pode ser determinado usando os fatores de rigidez tabulados e calculado a partir de

$$K_A = \frac{k_{AB} E I_C}{L} \qquad K_B = \frac{k_{BA} E I_C}{L} \qquad (13.2)$$

A aplicação do uso das tabelas será ilustrada no Exemplo 13.1.

Pórticos de madeira tendo momento de inércia variável são frequentemente usados na construção de igrejas.

13.2 Distribuição de momento para estruturas com membros não prismáticos

Uma vez que os momentos de extremidades fixas e fatores de rigidez e de propagação para os membros não prismáticos de uma estrutura tenham sido determinados, a aplicação do método de distribuição do momento segue o mesmo procedimento delineado no Capítulo 12. Assim, lembre-se que a distribuição dos momentos pode ser encurtada se o fator de rigidez de um membro for modificado para levar em consideração as condições de apoio de pino no vão extremo e simetria ou antissimetria da estrutura. Modificações similares podem ser feitas para membros não prismáticos.

Viga com apoio de pino na extremidade afastada. Considere a viga na Figura 13.4a, que é fixada por pino na sua extremidade afastada B. O fator de rigidez absoluta K'_A é o momento aplicado em A de tal maneira que ele gira a viga em A, $\theta_A = 1$ rad. Ele pode ser determinado como a seguir. Primeiro, presuma que B seja temporariamente fixado e um momento K_A seja aplicado em A (Figura 13.4b). O momento induzido em B é $C_{AB}K_A$, onde C_{AB} é o fator de propagação de A para B. Segundo, tendo em vista que B não deve ser fixado, a aplicação do momento oposto $C_{AB}K_A$ à viga (Figura 13.4c) induzirá um momento $C_{BA}C_{AB}K_A$ na extremidade A. Por superposição, os

Tabela 13.1 Mísulas retas – largura constante

Nota: todos os fatores de propagação são negativos e todos os fatores da rigidez são positivos.

Carga concentrada $MEF = Coef. \times PL$

Mísula direita		Fatores de propagação		Fatores de rigidez		MEF de carga uniforme $Coef. \times wL^2$		$a_A = 0{,}3$									Carga da mísula na			
																	Esquerda		Direita	
																	MEF $Coef. \times w_A L^2$		MEF $Coef. \times w_B L^2$	
a_B	r_B	C_{AB}	C_{BA}	k_{AB}	k_{BA}	M_{AB}	M_{BA}	\multicolumn{2}{c	}{0,1}	\multicolumn{2}{c	}{0,3}	\multicolumn{2}{c	}{0,5}	\multicolumn{2}{c	}{0,7}	\multicolumn{2}{c	}{0,9}	M_{AB}	M_{BA}	M_{AB}	M_{BA}
								M_{AB}	M_{BA}	M_{AB}	M_{BA}	M_{AB}	M_{BA}	M_{AB}	M_{BA}	M_{AB}	M_{BA}				

$a_A = 0{,}3 \qquad a_B = $ variável $\qquad r_A = 1{,}0 \qquad r_B = $ variável

0,2	0,4	0,543	0,766	9,19	6,52	0,1194	0,0791	0,0935	0,0034	0,2185	0,0384	0,1955	0,1147	0,0889	0,1601	0,0096	0,0870	0,0133	0,0008	0,0006	0,0058
	0,6	0,576	0,758	9,53	7,24	0,1152	0,0851	0,0934	0,0038	0,2158	0,0422	0,1883	0,1250	0,0798	0,1729	0,0075	0,0898	0,0133	0,0009	0,0005	0,0060
	1,0	0,622	0,748	10,06	8,37	0,1089	0,0942	0,0931	0,0042	0,2118	0,0480	0,1771	0,1411	0,0668	0,1919	0,0047	0,0935	0,0132	0,0011	0,0004	0,0062
	1,5	0,660	0,740	10,52	9,38	0,1037	0,1018	0,0927	0,0047	0,2085	0,0530	0,1678	0,1550	0,0559	0,2078	0,0028	0,0961	0,0130	0,0012	0,0002	0,0064
	2,0	0,684	0,734	10,83	10,09	0,1002	0,1069	0,0924	0,0050	0,2062	0,0565	0,1614	0,1645	0,0487	0,2185	0,0019	0,0974	0,0129	0,0013	0,0001	0,0065
	0,4	0,579	0,741	9,47	7,40	0,1175	0,0822	0,0934	0,0037	0,2164	0,0419	0,1909	0,1225	0,0856	0,1649	0,0100	0,0861	0,0133	0,0009	0,0022	0,0118
	0,6	0,629	0,726	9,98	8,64	0,1120	0,0902	0,0931	0,0042	0,2126	0,0477	0,1808	0,1379	0,0747	0,1807	0,0080	0,0888	0,0132	0,0010	0,0018	0,0124
0,3	1,0	0,705	0,705	10,85	10,85	0,1034	0,1034	0,0924	0,0052	0,2063	0,0577	0,1640	0,1640	0,0577	0,2063	0,0052	0,0924	0,0131	0,0013	0,0013	0,0131
	1,5	0,771	0,689	11,70	13,10	0,0956	0,1157	0,0917	0,0062	0,2002	0,0675	0,1483	0,1892	0,0428	0,2294	0,0033	0,0953	0,0129	0,0015	0,0008	0,0137
	2,0	0,817	0,678	12,33	14,85	0,0901	0,1246	0,0913	0,0069	0,1957	0,0750	0,1368	0,2080	0,0326	0,2455	0,0022	0,0968	0,0128	0,0017	0,0006	0,0141

$a_A = 0{,}2 \qquad a_B = $ variável $\qquad r_A = 1{,}5 \qquad r_B = $ variável

0,2	0,4	0,569	0,714	7,97	6,35	0,1166	0,0799	0,0966	0,0019	0,2186	0,0377	0,1847	0,1183	0,0821	0,1626	0,0088	0,0873	0,0064	0,0001	0,0006	0,0058
	0,6	0,603	0,707	8,26	7,04	0,1127	0,0858	0,0965	0,0021	0,2163	0,0413	0,1778	0,1288	0,0736	0,1752	0,0068	0,0901	0,0064	0,0001	0,0005	0,0060
	1,0	0,652	0,698	8,70	8,12	0,1069	0,0947	0,0963	0,0023	0,2127	0,0468	0,1675	0,1449	0,0616	0,1940	0,0043	0,0937	0,0064	0,0002	0,0004	0,0062
	1,5	0,691	0,691	9,08	9,08	0,1021	0,1021	0,0962	0,0025	0,2097	0,0515	0,1587	0,1587	0,0515	0,2097	0,0025	0,0962	0,0064	0,0002	0,0002	0,0064
	2,0	0,716	0,686	9,34	9,75	0,0990	0,1071	0,0960	0,0028	0,2077	0,0547	0,1528	0,1681	0,0449	0,2202	0,0017	0,0975	0,0064	0,0002	0,0001	0,0065
	0,4	0,607	0,692	8,21	7,21	0,1148	0,0829	0,0965	0,0021	0,2168	0,0409	0,1801	0,1263	0,0789	0,1674	0,0091	0,0866	0,0064	0,0002	0,0020	0,0118
	0,6	0,659	0,678	8,65	8,40	0,1098	0,0907	0,0964	0,0024	0,2135	0,0464	0,1706	0,1418	0,0688	0,1831	0,0072	0,0892	0,0064	0,0002	0,0017	0,0123
0,3	1,0	0,740	0,660	9,38	10,52	0,1018	0,1037	0,0961	0,0028	0,2078	0,0559	0,1550	0,1678	0,0530	0,2085	0,0047	0,0927	0,0064	0,0002	0,0012	0,0130
	1,5	0,809	0,645	10,09	12,66	0,0947	0,1156	0,0958	0,0033	0,2024	0,0651	0,1403	0,1928	0,0393	0,2311	0,0029	0,0950	0,0063	0,0003	0,0008	0,0137
	2,0	0,857	0,636	10,62	14,32	0,0897	0,1242	0,0955	0,0038	0,1985	0,0720	0,1296	0,2119	0,0299	0,2469	0,0020	0,0968	0,0063	0,0003	0,0005	0,0141

Tabela 13.2 — Mísulas parabólicas – largura constante

Nota: todos os fatores de propagação são negativos e todos os fatores da rigidez são positivos.

Mísula direita		Fatores de propagação		Fatores de rigidez		MEF de carga uniforme Coef. × wL^2		Carga concentrada MEF – Coef. × PL										Carga da mísula na			
																		Esquerda		Direita	
																		MEF Coef. × w_AL^2		MEF Coef. × w_BL^2	
a_B	r_B	C_{AB}	C_{BA}	k_{AB}	k_{BA}	M_{AB}	M_{BA}	0,1		0,3		0,5		0,7		0,9		M_{AB}	M_{BA}	M_{AB}	M_{BA}
								M_{AB}	M_{BA}	M_{AB}	M_{BA}	M_{AB}	M_{BA}	M_{AB}	M_{BA}	M_{AB}	M_{BA}				
								$a_A = 0,2$		$a_B =$ variável		$r_A = 1,0$		$r_B =$ variável							
0,2	0,4	0,558	0,627	6,08	5,40	0,1022	0,0841	0,0938	0,0033	0,1891	0,0502	0,1572	0,1261	0,0715	0,1618	0,0073	0,0877	0,0032	0,0001	0,0002	0,0030
	0,6	0,582	0,624	6,21	5,80	0,0995	0,0887	0,0936	0,0036	0,1872	0,0535	0,1527	0,1339	0,0663	0,1708	0,0058	0,0902	0,0032	0,0001	0,0002	0,0031
	1,0	0,619	0,619	6,41	6,41	0,0956	0,0956	0,0935	0,0038	0,1844	0,0584	0,1459	0,1459	0,0584	0,1844	0,0038	0,0935	0,0032	0,0001	0,0001	0,0032
	1,5	0,649	0,614	6,59	6,97	0,0921	0,1015	0,0933	0,0041	0,1819	0,0628	0,1399	0,1563	0,0518	0,1962	0,0025	0,0958	0,0032	0,0001	0,0001	0,0032
	2,0	0,671	0,611	6,71	7,38	0,0899	0,1056	0,0932	0,0044	0,1801	0,0660	0,1358	0,1638	0,0472	0,2042	0,0017	0,0971	0,0032	0,0001	0,0000	0,0033
0,3	0,4	0,588	0,616	6,22	5,93	0,1002	0,0877	0,0937	0,0035	0,1873	0,0537	0,1532	0,1339	0,0678	0,1686	0,0073	0,0877	0,0032	0,0001	0,0007	0,0063
	0,6	0,625	0,609	6,41	6,58	0,0966	0,0942	0,0935	0,0039	0,1845	0,0587	0,1467	0,1455	0,0609	0,1808	0,0057	0,0902	0,0032	0,0001	0,0005	0,0065
	1,0	0,683	0,598	6,73	7,68	0,0911	0,1042	0,0932	0,0044	0,1801	0,0669	0,1365	0,1643	0,0502	0,2000	0,0037	0,0936	0,0031	0,0001	0,0004	0,0068
	1,5	0,735	0,589	7,02	8,76	0,0862	0,1133	0,0929	0,0050	0,1760	0,0746	0,1272	0,1819	0,0410	0,2170	0,0023	0,0959	0,0031	0,0001	0,0003	0,0070
	2,0	0,772	0,582	7,25	9,61	0,0827	0,1198	0,0927	0,0054	0,1730	0,0805	0,1203	0,1951	0,0345	0,2293	0,0016	0,0972	0,0031	0,0001	0,0002	0,0072
								$a_A = 0,5$		$a_B =$ variável		$r_A = 1,0$		$r_B =$ variável							
0,2	0,4	0,488	0,807	9,85	5,97	0,1214	0,0753	0,0929	0,0034	0,2131	0,0371	0,2021	0,1061	0,0979	0,1506	0,0105	0,0863	0,0171	0,0017	0,0003	0,0030
	0,6	0,515	0,803	10,10	6,45	0,1183	0,0795	0,0928	0,0036	0,2110	0,0404	0,1969	0,1136	0,0917	0,1600	0,0083	0,0892	0,0170	0,0018	0,0002	0,0030
	1,0	0,547	0,796	10,51	7,22	0,1138	0,0865	0,0926	0,0040	0,2079	0,0448	0,1890	0,1245	0,0809	0,1740	0,0056	0,0928	0,0168	0,0020	0,0001	0,0031
	1,5	0,571	0,786	10,90	7,90	0,1093	0,0922	0,0923	0,0043	0,2055	0,0485	0,1818	0,1344	0,0719	0,1862	0,0035	0,0951	0,0167	0,0021	0,0001	0,0032
	2,0	0,590	0,784	11,17	8,40	0,1063	0,0961	0,0922	0,0046	0,2041	0,0506	0,1764	0,1417	0,0661	0,1948	0,0025	0,0968	0,0166	0,0022	0,0001	0,0032
0,5	0,4	0,554	0,753	10,42	7,66	0,1170	0,0811	0,0926	0,0040	0,2087	0,0442	0,1924	0,1205	0,0898	0,1595	0,0107	0,0853	0,0169	0,0020	0,0042	0,0145
	0,6	0,606	0,730	10,96	9,12	0,1115	0,0889	0,0922	0,0046	0,2045	0,0506	0,1820	0,1360	0,0791	0,1738	0,0086	0,0878	0,0167	0,0022	0,0036	0,0152
	1,0	0,694	0,694	12,03	12,03	0,1025	0,1025	0,0915	0,0057	0,1970	0,0626	0,1639	0,1639	0,0626	0,1970	0,0057	0,0915	0,0164	0,0028	0,0028	0,0164
	1,5	0,781	0,664	13,12	15,47	0,0937	0,1163	0,0908	0,0070	0,1891	0,0759	0,1456	0,1939	0,0479	0,2187	0,0039	0,0940	0,0160	0,0034	0,0021	0,0174
	2,0	0,850	0,642	14,09	18,64	0,0870	0,1275	0,0901	0,0082	0,1825	0,0877	0,1307	0,2193	0,0376	0,2348	0,0027	0,0957	0,0157	0,0039	0,0016	0,0181

resultados dessas duas aplicações de momento produzem a viga carregada como mostrado na Figura 13.4a. Portanto, podemos ver que o fator de rigidez absoluta da viga em A é

$$K'_A = K_A(1 - C_{AB}C_{BA}) \tag{13.3}$$

Aqui K_A é o fator de rigidez absoluta da viga, presumindo que ela seja fixa na extremidade afastada B. Por exemplo, no caso de uma viga prismática, $K_A = 4EI/L$ e $C_{AB} = C_{BA} = \frac{1}{2}$. Substituindo na Equação 13.3 produz $K'_A = 3EI/L$, o mesmo que as Equações 12.4.

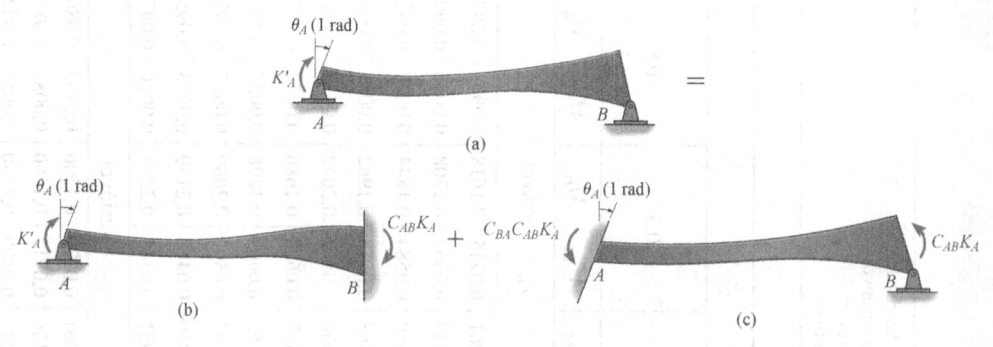

Figura 13.4

Viga e carregamento simétricos. Aqui precisamos determinar o momento K'_A necessário para girar a extremidade A, $\theta_A = +1$ rad, enquanto $\theta_B = -1$ rad (Figura 13.5a). Neste caso primeiro presumimos que a extremidade B seja fixa e aplicamos o momento K_A em A (Figura 13.5b). Em seguida, aplicamos um momento negativo K_B à extremidade B, presumindo que a extremidade A seja fixa. Isto resulta em um momento de $C_{BA}K_B$ na extremidade A como mostrado na Figura 13.5c. A superposição dessas duas aplicações de momento em A produz os resultados da Figura 13.5a. É preciso que

$$K'_A = K_A - C_{BA}K_B$$

Usando a Equação 13.1 ($C_{BA}K_B = C_{AB}K_A$), também podemos escrever

$$K'_A = K_A(1 - C_{AB}) \tag{13.4}$$

No caso de uma viga prismática, $K_A = 4EI/L$ e $C_{AB} = \frac{1}{2}$, de maneira que $K'_A = 2EI/L$, que é a mesma que a Equação 12.5.

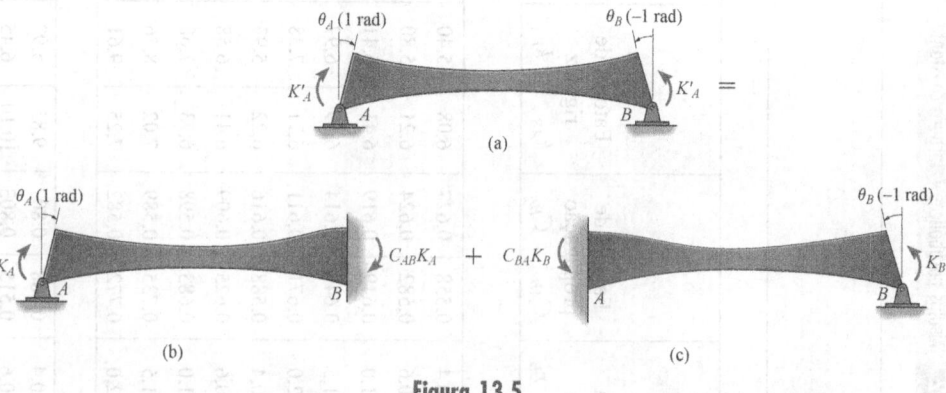

Figura 13.5

Viga simétrica com carga antissimétrica. No caso de uma viga simétrica com carga antissimétrica, temos de determinar K'_A de tal maneira que rotações iguais ocorram nas extremidades da viga (Figura 13.6a). Para fazer isso, primeiro fixamos a extremidade B e aplicamos o momento K_A em A (Figura 13.6b). Da mesma maneira, a aplicação de K_B na extremidade B enquanto a extremidade A é fixada é mostrada na Figura 13.6c. A superposição de ambos os casos produz os resultados da Figura 13.6a. Portanto,

$$K'_A = K_A + C_{BA} K_B$$

Figura 13.6

ou, usando a Equação 13.1 ($C_{BA}K_B = C_{AB}K_A$), temos para a rigidez absoluta

$$\boxed{K'_A = K_A(1 + C_{AB})} \quad (13.5)$$

Substituindo os dados para um membro prismático, $K_A = 4EI/L$ e $C_{AB} = \frac{1}{2}$, resulta em $K'_A = 6EI/L$, que é o mesmo que a Equação 12.6.

Translação relativa de nó de viga. Momentos de extremidade fixa são desenvolvidos em um membro não prismático se ele tem uma translação de junta relativa Δ entre suas extremidades A e B (Figura 13.7a). A fim de determinar esses momentos, procedemos da seguinte forma: primeiro, considere que as extremidades A e B estão fixadas por pinos e deixe que a extremidade B da viga seja deslocada uma distância Δ, de tal maneira que as rotações finais sejam $\theta_A = \theta_B = \Delta/L$ (Figura 13.7b). Em seguida, presuma que B seja fixo e aplique um momento de $M'_A = -K_A(\Delta/L)$ à extremidade A de tal maneira que ele gire a extremidade de $\theta_A = -\Delta/L$ (Figura 13.7c). Depois, presuma que A seja fixo e aplique um momento $M'_B = -K_B(\Delta/L)$ à extremidade B de tal maneira que ele gire a extremidade de $\theta_B = -\Delta/L$ (Figura 13.7d). Tendo em vista que a soma total dessas três operações produz a condição mostrada na Figura 13.7a, temos em A

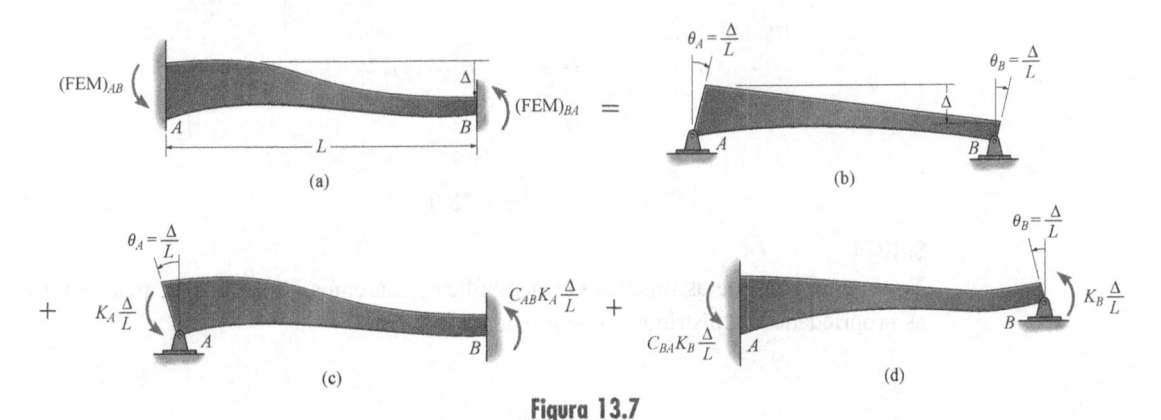

Figura 13.7

$$(\text{MEF})_{AB} = -K_A \frac{\Delta}{L} - C_{BA} K_B \frac{\Delta}{L}$$

Aplicando a Equação 13.1 ($C_{BA}K_B = C_{AB}K_A$) resulta em

$$(\text{MEF})_{AB} = -K_A \frac{\Delta}{L}(1 + C_{AB}) \tag{13.6}$$

Uma expressão similar pode ser escrita para a extremidade B. Lembre-se que para um membro prismático $K_A = 4EI/L$ e $C_{AB} = \frac{1}{2}$. Desse modo, $(\text{MEF})_{AB} = -6EI\Delta/L^2$, que é o mesmo que a Equação 11.5.

Se a extremidade B for fixada por pino em vez de fixa (Figura 13.8), o momento final fixo em A pode ser determinado de uma maneira similar àquela descrita acima. O resultado é

$$(\text{MEF})'_{AB} = -K_A \frac{\Delta}{L}(1 - C_{AB} C_{BA}) \tag{13.7}$$

Aqui vemos que para o membro prismático essa equação resulta em $(\text{MEF})'_{AB} = -3EI\Delta/L^2$, que é a mesma equação listada no Apêndice F.

O exemplo a seguir ilustra a aplicação do método de distribuição de momento a estruturas tendo membros não prismáticos. Uma vez que os momentos de extremidade fixa e fatores de rigidez e de propagação tenham sido determinados, e o fator da rigidez modificado de acordo com as equações dadas acima, o procedimento para análise é o mesmo que o discutido no Capítulo 12.

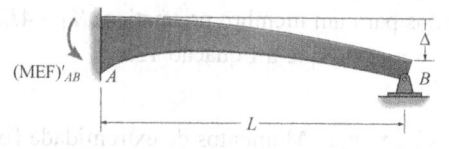

Figura 13.8

Exemplo 13.1

Determine os momentos internos nos apoios da viga mostrada na Figura 13.9a. A viga tem uma espessura de 0,3 m e E é constante.

(a)

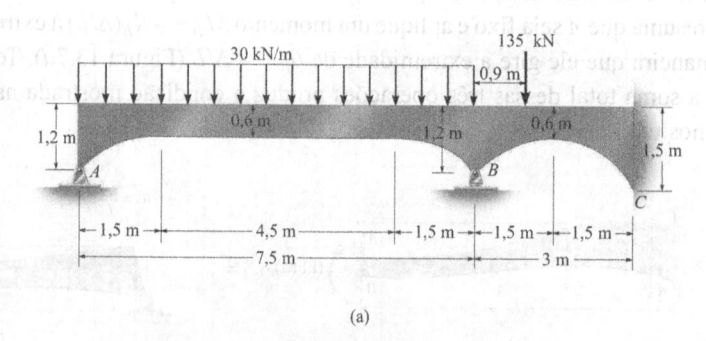

Figura 13.9

SOLUÇÃO

Tendo em vista que as mísulas são parabólicas, usaremos a Tabela 13.2 para obter as propriedades de distribuição de momento da viga.

Vão AB

$$a_A = a_B = \frac{1,5}{7,5} = 0,2 \quad r_A = r_B = \frac{1,2 - 0,6}{0,6} = 1,0$$

Entrando a Tabela 13.2 com essas proporções, chegamos a

$$C_{AB} = C_{BA} = 0,619$$
$$k_{AB} = k_{BA} = 6,41$$

Usando Equação 13.2,

$$K_{AB} = K_{BA} = \frac{kEI_C}{L} = \frac{6,41E\left(\frac{1}{12}\right)(0,3)(0,6)^3}{7,5} = 4,615(10^{-3})E$$

Tendo em vista que a extremidade afastada do vão AB é fixada por pino, modificaremos o fator da rigidez de BA usando a Equação 13.3. Temos

$$K'_{BA} = K_{BA}(1 - C_{AB}C_{BA}) = 4,615(10^{-3})E[1 - 0,619(0,619)] = 2,847(10^{-3})E$$

Carga uniforme (Tabela 13.2),

$$(\text{MEF})_{AB} = -(0,0956)(30)(7,5)^2 = -161,33 \text{ kN} \cdot \text{m}$$
$$(\text{MEF})_{BA} = 161,33 \text{ kN} \cdot \text{m}$$

Vão BC

$$a_B = a_C = \frac{1,5}{3} = 0,5 \quad r_B = \frac{1,2 - 0,6}{0,6} = 1,0$$

$$r_C = \frac{1,5 - 0,6}{0,6} = 1,5$$

Da Tabela 13.2 encontramos,

$$C_{BC} = 0,781 \quad C_{CB} = 0,664$$
$$k_{BC} = 13,12 \quad k_{CB} = 15,47$$

Desse modo, das Equações 13.2,

$$K_{BC} = \frac{kEI_C}{L} = \frac{13,12E\left(\frac{1}{12}\right)(0,3)(0,6)^3}{3} = 23,616(10^{-3})E$$

$$K_{CB} = \frac{kEI_C}{L} = \frac{15,47E\left(\frac{1}{12}\right)(0,3)(0,6)^3}{3} = 27,846(10^{-3})E$$

Carga concentrada,

$$b = \frac{0,9}{3} = 0,3$$

$$(\text{MEF})_{BC} = -0,1891(135)(3) = -76,59 \text{ kN} \cdot \text{m}$$
$$(\text{MEF})_{CB} = 0,0759(135)(3) = 30,74 \text{ kN} \cdot \text{m}$$

Usando os valores anteriores para os fatores de rigidez, os fatores de distribuição são calculados e inseridos na tabela (Figura 13.9b). A distribuição de momento segue o mesmo procedimento delineado no Capítulo 12. Os resultados em kN·m são mostrados na última linha da tabela.

Nó	A	B		C
Membro	AB	BA	BC	CB
K	$4{,}615(10^{-3})E$	$2{,}847(10^{-3})E$	$23{,}616(10^{-3})E$	$27{,}846(10^{-3})E$
FD	1	0,107	0,893	0
COF	0,619	0,619	0,781	0,664
MEF Dist.	−161,33 161,33	161,33 −9,07	−76,59 −75,67	30,74
CO Dist.		99,86 −10,69	−89,18	−59,10
CO				−69,65
ΣM	0	241,43	−241,43	−98,01

(b)

13.3 Equações de inclinação-deflexão para membros não prismáticos

As equações de inclinação-flexão para membros prismáticos foram desenvolvidas no Capítulo 11. Nesta seção, generalizaremos a forma dessas equações de maneira que elas se apliquem também a membros não prismáticos. Para fazer isso, usaremos os resultados da seção anterior e formularemos as equações da mesma maneira discutida naquele capítulo, isto é, considerando os efeitos causados pelas cargas, deslocamento relativo de nó e cada rotação de nó separadamente e então superpondo os resultados.

Cargas. Cargas são especificadas pelos momentos de extremidade fixas $(MEFs)_{AB}$ e $(MEF)_{BA}$ atuando nas extremidades A e B do vão. Momentos positivos atuam no sentido horário.

Translação relativa de nó. Quando um deslocamento relativo Δ entre os nós ocorre, os momentos induzidos são determinados da Equação 13.6. Na extremidade A este momento é $-[K_A\Delta/L](1 + C_{AB})$ e na extremidade B ele é $-[K_B\Delta/L](1 + C_{BA})$.

Rotação em A. Se a extremidade A gira θ_A, o momento exigido no vão em A é $K_A\theta_A$. Também, isto induz um momento de $C_{AB}K_A\theta_A = C_{BA}K_B\theta_A$ na extremidade B.

Rotação em B. Se a extremidade B gira θ_B, um momento de $K_B\theta_B$ tem de atuar na extremidade B, e o momento induzido na extremidade A é $C_{BA}K_B\theta_B = C_{AB}K_A\theta_B$.

Os momentos finais totais causados por esses efeitos resultam nas equações de inclinação-deflexão generalizadas, que podem, portanto, ser escritas como

$$M_{AB} = K_A\left[\theta_A + C_{AB}\theta_B - \frac{\Delta}{L}(1 + C_{AB})\right] + (\text{MEF})_{AB}$$

$$M_{BA} = K_B\left[\theta_B + C_{BA}\theta_A - \frac{\Delta}{L}(1 + C_{BA})\right] + (\text{MEF})_{BA}$$

Tendo em vista que essas duas equações são similares, podemos expressá-las como uma única equação. Referindo-se a uma extremidade do vão como a extremidade próxima (N) e a outra extremidade como a extremidade afastada (F) e representando a rotação do membro como $\psi = \Delta/L$, temos

$$\boxed{M_N = K_N(\theta_N + C_N\theta_F - \psi(1 + C_N)) + (\text{MEF})_N}$$

(13.8)

Aqui,

M_N = momento interno na extremidade próxima do vão; esse momento é positivo no sentido horário quando atuando no vão.

K_N = rigidez absoluta da extremidade próxima determinada a partir das tabelas ou por cálculo.

θ_N, θ_F = inclinações de extremidade próxima e afastada do vão nos apoios; os ângulos são medidos em *radianos* e são *positivos no sentido horário*.

ψ = a rotação da corda do vão graças a um deslocamento linear, $\psi = \Delta/L$; este ângulo é medido em *radianos* e é *positivo no sentido horário*.

$(MEF)_N$ = momento de extremidade fixa no apoio da extremidade próxima; o momento é *positivo* no sentido horário quando atuando sobre o vão e é obtido a partir de tabelas ou cálculos.

A aplicação da equação segue o mesmo procedimento delineado no Capítulo 11 e, portanto, não será discutida aqui. Em particular, observe que a Equação 13.8 reduz-se para a Equação 11.8 quando aplicada a membros que são prismáticos.

Edifícios metálicos leves são frequentemente projetados usando membros dos pórticos tendo momentos de inércia variáveis.

Uma ponte rodoviária com vigas contínuas e concreto armado.

Problemas

P13.1. Determine os momentos em A, B e C por meio do método de distribuição de momento. Presuma que os apoios em A e C sejam fixos e um apoio de rolo em B esteja sobre uma base rígida. A longarina tem uma espessura de 1 m. Use a Tabela 13.1. E é constante. As mísulas são retas.

P13.2. Solucione o Problema P13.1 usando as equações de inclinação-deflexão.

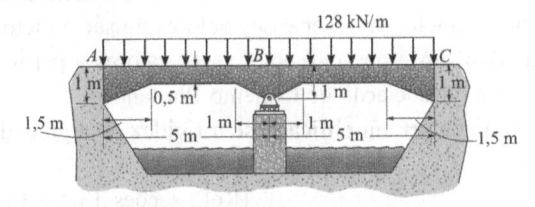

P13.1/13.2

P13.3. Aplique o método de distribuição de momento para determinar o momento em cada nó do pórtico com mísulas parabólicas. Os apoios A e B são fixos. Use a Tabela 13.2. Cada membro tem 0,25 m de espessura. E é constante.

*P13.4. Solucione o Problema P13.3 usando as equações de inclinação-deflexão.

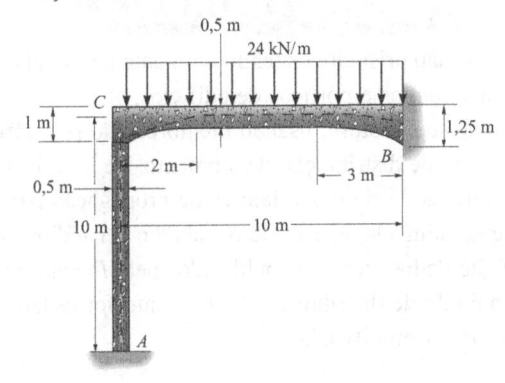

P13.3/13.4

P13.5. Use o método de distribuição de momento para determinar o momento em cada nó do pórtico simétrico de ponte. Os apoios em F e E são fixos e B e C têm ligações fixas. Use a Tabela P13.2. Presuma que E seja constante e que cada membro tenha 0,25 m de espessura.

P13.6. Solucione o Problema 13.5 usando as equações de inclinação-deflexão.

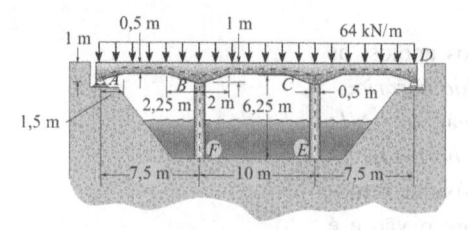

P13.5/13.6

P13.7. Aplique o método de distribuição de momento para determinar o momento em cada nó do pórtico com mísula parabólica simétrica. Os apoios A e D são fixos. Use a Tabela 13.2. Cada membro tem uma espessura de 0,2 m, E é constante.

*P13.8. Solucione o Problema P13.7 usando as equações de inclinação-deflexão.

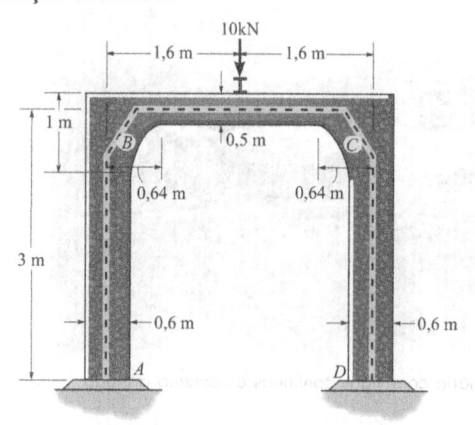

P13.7/13.8

P13.9. Use o método de distribuição de momento para determinar o momento em cada nó do pórtico. Os apoios em A e C são fixados por pinos e os nós B e D têm ligações fixas. Presuma que E seja constante e os membros tenham uma espessura de 0,25 m. As mísulas são retas, então use a Tabela 13.1.

P13.10. Solucione o Problema 13.9 usando as equações de inclinação-deflexão.

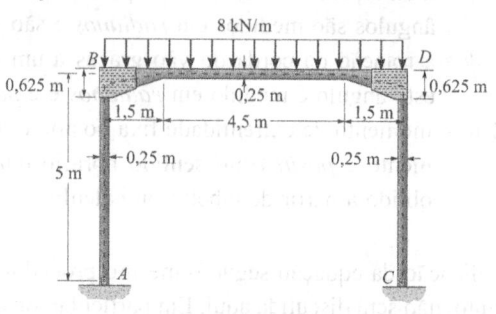

P13.9/13.10

P13.11. Use o método de distribuição de momento para determinar o momento em cada nó do pórtico simétrico de ponte. Os apoios F e E são fixos e B e C têm ligações fixas. As mísulas são retas, portanto use a Tabela P13.2. Presuma que E seja constante e que cada membro tenha 0,25 de espessura.

*P13.12. Solucione o Problema 13.11 usando as equações de inclinação-deflexão.

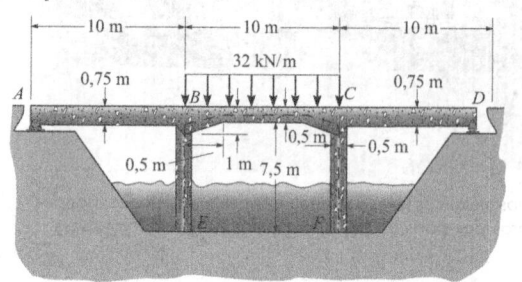

P13.11/13.12

REVISÃO DO CAPÍTULO

Membros não prismáticos tendo momento de inércia variável são usados com frequência para poupar material em pontes com vãos longos e pórticos de edifícios.

Uma análise estrutural usando membros não prismáticos pode ser realizada empregando as equações de inclinação-deflexão a ou de distribuição de momento. Se isso for feito, torna-se necessário então obter os momentos de extremidades fixas, fatores de rigidez e fatores de propagação para o membro. Uma maneira de obter esses valores é usar o método da viga conjugada, apesar de o trabalho ser tedioso de certa forma. Também é possível obter esses valores a partir de dados tabulados, como os publicados pela *Portland Cement Association* (Associação de Cimento Portland).

Se o método de distribuição de momento for usado, então o processo pode ser simplificado se a rigidez de alguns dos membros for modificada.

(Ref.: seções 13.1 a 13.3)

A análise de treliças espaciais de torres de transmissão elétrica pode ser realizada usando o método da rigidez.

CAPÍTULO 14

Análise de treliça usando o método da rigidez

Neste capítulo explicaremos os fundamentos básicos para usar o método da rigidez para analisar estruturas. Será demonstrado que esse método, apesar de tedioso de fazer à mão, é bastante adequado para o uso em um computador. Exemplos de aplicações específicas para treliças planas serão dados. O método será então expandido para incluir a análise de treliças espaciais. Vigas e pórticos serão discutidos nos próximos capítulos.

14.1 Fundamentos do método da rigidez

Há essencialmente duas maneiras nas quais estruturas podem ser analisadas usando métodos de matriz. O método da rigidez, a ser usado neste e nos capítulos a seguir, é uma análise pelo método de deslocamento. Um método de força, chamado de método da flexibilidade, como delineado na Seção 10.1, também pode ser usado para analisar estruturas; entretanto, esse método não será apresentado neste texto. Há várias razões para isso. Mais importante, o método da rigidez pode ser usado para analisar tanto estruturas determinadas estaticamente quanto estruturas indeterminadas estaticamente, enquanto o método da flexibilidade exige um procedimento diferente para cada um dos dois casos. Da mesma forma, o método da rigidez produz os deslocamentos e forças diretamente, enquanto, com o método da flexibilidade, os deslocamentos não são obtidos diretamente. Além disso, geralmente é muito mais fácil formular as matrizes necessárias para as operações de computador usando o método da rigidez; e uma vez que isso tenha sido feito, os cálculos do computador podem ser realizados de maneira eficiente.

A aplicação do método da rigidez exige subdividir a estrutura em uma série de *elementos finitos* discretos e identificar seus pontos extremos como *nós*. Para a análise de treliça, os elementos finitos são representados pelos membros (cada um deles) que compõem a treliça e os nós representam as ligações entre eles. As propriedades de deslocamento de força de cada elemento são determinadas e então relacionadas umas com as outras usando as equações de equilíbrio de força escritas nos nós. Essas relações, para toda a estrutura, são então agrupadas no que é chamado de *matriz de rigidez da estrutura* **K**. Uma vez que ela for estabelecida, os deslocamentos desconhecidos dos nós podem então ser determinados para qualquer carregamento dado na estrutura. Quando esses deslocamentos são conhecidos, as forças internas e externas na estrutura podem ser calculadas usando as relações de força-deslocamento para cada membro.

Antes de desenvolver um procedimento formal para aplicar o método da rigidez, primeiro é necessário estabelecer algumas definições e conceitos preliminares.

Identificação de membros e nós. Um dos primeiros passos ao aplicar o método de rigidez é identificar os elementos ou membros da estrutura e seus nós. Especificaremos cada membro por um número dentro de um quadrado e usaremos um número dentro de um círculo para identificar os nós. As extremidades "próximas" e "afastadas" do membro também precisam ser identificadas. Isso será feito usando uma seta escrita ao longo do membro, com a ponta da seta direcionada para a extremidade afastada. Exemplos de identificação de membros, nós e "direções" para uma treliça são mostrados na Figura 14.1a. Essas designações foram todas feitas *arbitrariamente.**

Coordenadas globais e locais. Tendo em vista que cargas e deslocamentos são quantidades vetoriais, é necessário estabelecer um sistema de coordenadas a fim de especificar seu sentido de direção correto. Aqui usaremos dois tipos diferentes de sistemas de coordenadas. Um único *sistema de coordenadas estrutural* ou *global*, x, y, será usado para especificar o sentido de cada um dos componentes de deslocamento e força *externos* nos nós (Figura 14.1a). Um *sistema de coordenadas de membros* ou *local* será usado para cada membro para especificar o sentido de direção dos seus deslocamentos e cargas *internas*. Este sistema será identificado usando eixos x', y' com a origem no nó "próximo" e o eixo x' estendendo-se na direção do nó "afastado". Um exemplo para o membro 4 da treliça é mostrado na Figura 14.1b.

Indeterminação cinemática. Como discutido na Seção 11.1, os graus de liberdade não restringidos para a treliça representam as incógnitas primárias para qualquer método de deslocamento e, portanto, eles precisam ser identificados. Como regra geral há dois graus de liberdade, ou dois deslocamentos possíveis, para cada ligação (nó). Para aplicação, cada grau de liberdade será especificado na treliça por um número código, mostrado na ligação ou nó, e sua direção de coordenada global positiva será dada por uma seta associada. Por exemplo, a treliça na Figura 14.1a tem oito graus de liberdade, que foram identificados pelos "números código" 1 a 8 como mostrado. A treliça é cinematicamente indeterminada de quinto grau graças a esses oito deslocamentos possíveis: 1 a 5 representam *graus de liberdade não restringidos* ou desconhecidos, e 6 a 8 representam *graus de liberdade restringidos*. Por causa dessas restrições, os deslocamentos aqui são zero. Para aplicação posterior, *os números código mais baixos serão usados sempre para identificar os deslocamentos desconhecidos (graus de liberdade não restringidos) e os números código mais altos serão usados para identificar os deslocamentos conhecidos (graus de liberdade restringidos)*. A razão para escolher este método de identificação tem a ver com a conveniência de desmembrar a matriz da rigidez da estrutura, de maneira que os deslocamentos desconhecidos sejam encontrados da maneira mais direta.

Uma vez que a treliça seja rotulada e os números código sejam especificados, a matriz de rigidez da estrutura **K** pode então ser determinada. Para fazer isso precisamos primeiro estabelecer uma *matriz de rigidez do membro* **k'** para cada membro da treliça. Essa matriz é usada para expressar as relações de carga-deslocamento do membro em termos das *coordenadas locais*. Tendo em vista que todos os membros da treliça não estão no mesmo sentido, precisamos desenvolver um meio para transformar essas quantidades a partir do sistema local de coordenadas x' e y' de cada membro para o sistema global de coordenadas x e y da estrutura. Isso pode ser feito

---

* Para treliças grandes, manipulações de matriz usando **K** são na realidade mais eficientes usando a numeração seletiva dos números em uma forma de onda, isto é, começando do topo para a parte de baixo, então da parte de baixo para o topo etc.

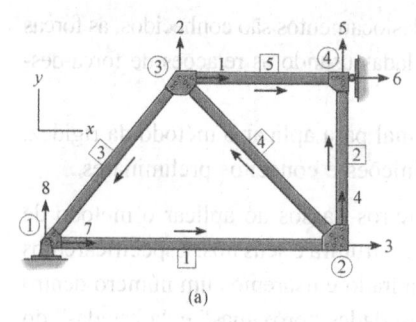

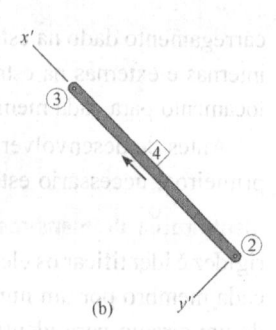

Figura 14.1

usando *matrizes de transformação de deslocamento e força*. Uma vez estabelecidos, os elementos da matriz de rigidez do membro são transformados de coordenadas locais para globais e então reunidos para criar a matriz de rigidez da estrutura. Usando **K**, como colocado anteriormente, podemos determinar primeiro os deslocamentos de nós, seguidos pelas reações de apoio e as forças nos membros. Agora acrescentaremos detalhes ao desenvolvimento deste método.

14.2 Matriz de rigidez do membro

Nesta seção estabeleceremos a matriz de rigidez para um único membro de treliça usando coordenadas x' e y' locais, orientadas como mostrado na Figura 14.2. Os termos nessa matriz representarão as relações de carga-deslocamento para o membro.

Um membro de treliça só pode ser deslocado ao longo do seu eixo (eixo x'), tendo em vista que as cargas são aplicadas ao longo desse eixo. Portanto, dois deslocamentos variáveis são possíveis. Quando um deslocamento positivo d_N é imposto sobre a extremidade próxima do membro enquanto a extremidade afastada é mantida fixada por pino (Figura 14.2a), as forças desenvolvidas nas extremidades dos membros são

$$q'_N = \frac{AE}{L} d_N \qquad q'_F = -\frac{AE}{L} d_N$$

Observe que q'_F é negativo tendo em vista que para o equilíbrio ele atua no sentido x' negativo. Da mesma maneira, um deslocamento positivo d_F na extremidade afastada, mantendo a extremidade próxima fixada por pino (Figura 14.2b), resulta nas forças dos membros de

$$q''_N = -\frac{AE}{L} d_F \qquad q''_F = \frac{AE}{L} d_F$$

Por superposição (Figura 14.2c), as forças resultantes causadas por ambos os deslocamentos são

$$q_N = \frac{AE}{L} d_N - \frac{AE}{L} d_F \qquad (14.1)$$

$$q_F = -\frac{AE}{L} d_N + \frac{AE}{L} d_F \qquad (14.2)$$

Essas equações de carga-deslocamento podem ser escritas em forma matricial* como

$$\begin{bmatrix} q_N \\ q_F \end{bmatrix} = \frac{AE}{L} \begin{bmatrix} 1 & -1 \\ -1 & 1 \end{bmatrix} \begin{bmatrix} d_N \\ d_F \end{bmatrix}$$

ou

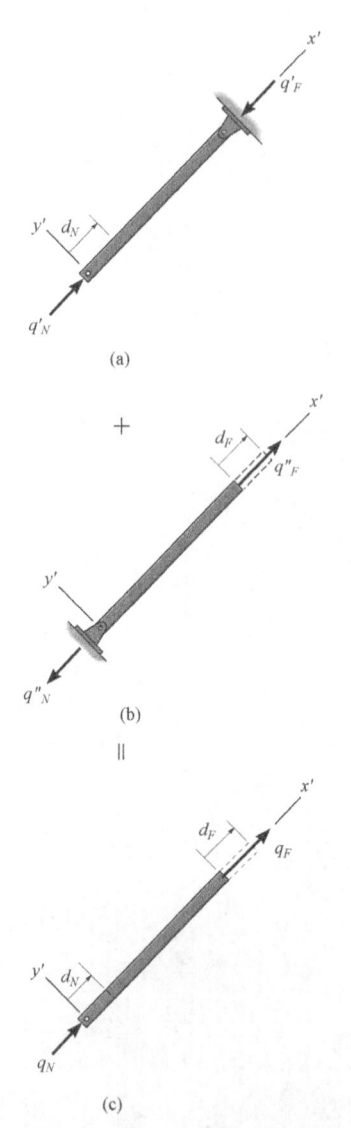

Figura 14.2

---
* Uma revisão de álgebra matricial é dada no Apêndice A.

$$\mathbf{q} = \mathbf{k'd} \tag{14.3}$$

onde

$$\mathbf{k'} = \frac{AE}{L}\begin{bmatrix} 1 & -1 \\ -1 & 1 \end{bmatrix} \tag{14.4}$$

Esta matriz, **k'**, é chamada de *matriz de rigidez do membro* e ela é semelhante para cada membro da treliça. Os quatro elementos que a compõem são chamados *coeficientes de influência de rigidez do membro*, k'_{ij}. Fisicamente, k'_{ij} representa a força no nó i quando um *deslocamento unitário* é imposto no nó j. Por exemplo, se $i = j = 1$, então k'_{11} é a força no nó próximo quando o nó afastado é mantido fixo, e o nó próximo passa por um deslocamento de $d_N = 1$, isto é,

$$q_N = k'_{11} = \frac{AE}{L}$$

De maneira semelhante, a força no nó afastado é determinada a partir de $i = 2, j = 1$, de maneira que

$$q_F = k'_{21} = -\frac{AE}{L}$$

Esses dois termos representam a primeira coluna da matriz de rigidez do membro. Da mesma maneira, a segunda coluna dessa matriz representa as forças no membro somente quando a extremidade afastada do membro passa por um deslocamento unitário.

14.3 Matrizes de transformação de força e deslocamento

Tendo em vista que uma treliça é composta de muitos membros (elementos), desenvolveremos agora um método para transformar as forças dos membros **q** e deslocamentos **d** definidos em coordenadas locais para coordenadas globais. Em benefício da convenção, consideraremos as coordenadas globais positivas x para a direita e positivas y para cima. Os menores ângulos entre os eixos globais x, y *positivos* e o eixo local x' *positivo* serão definidos como θ_x e θ_y como mostrado na Figura 14.3. Os cossenos desses ângulos serão usados na análise matricial que vem a seguir. Eles serão identificados como $\lambda_x = \cos\theta_x$, $\lambda_y = \cos\theta_y$. Valores numéricos para λ_x e λ_y podem ser facilmente gerados por um computador, uma vez que as coordenadas x, y da extremidade próxima N e extremidade afastada F do membro tenham sido especificadas. Por exemplo, considere o membro NF da treliça mostrada na Figura 14.4. Aqui as coordenadas de N e F são $(x_N$ e $y_N)$ e $(x_F$ e $y_F)$, respectivamente.* Desse modo,

$$\lambda_x = \cos\theta_x = \frac{x_F - x_N}{L} = \frac{x_F - x_N}{\sqrt{(x_F - x_N)^2 + (y_F - y_N)^2}} \tag{14.5}$$

$$\lambda_y = \cos\theta_y = \frac{y_F - y_N}{L} = \frac{y_F - y_N}{\sqrt{(x_F - x_N)^2 + (y_F - y_N)^2}} \tag{14.6}$$

Os sinais algébricos nestas equações "generalizadas" automaticamente levarão em consideração os membros que estão orientados em outros quadrantes do plano x-y.

Matriz de transformação de deslocamento. Em coordenadas globais cada extremidade do membro pode ter dois graus de liberdade ou deslocamentos independentes; a saber, o nó N tem D_{Nx} e D_{Ny} (figuras 14.5a e 14.5b), e o nó F tem D_{Fx} e D_{Fy} (figuras 14.5c e 14.5d). Consideraremos agora cada um desses deslocamentos separadamente, a fim de determinar sua componente de deslocamento ao longo do membro. Quando a ex-

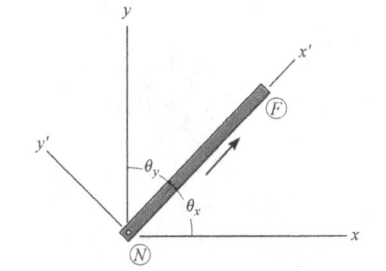

Figura 14.3

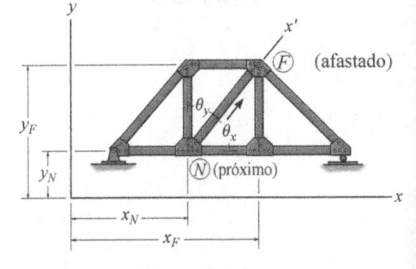

Figura 14.4

---

* A origem pode ser localizada em um ponto qualquer conveniente. Normalmente, entretanto, ela é localizada onde as coordenadas x, y de todos os nós serão *positivas*, como ilustrado na Figura 14.4.

tremidade afastada é mantida fixada por pino e é dado à extremidade próxima um deslocamento global D_{Nx} (Figura 14.5a), o deslocamento correspondente (deformação) ao longo do membro é $D_{Nx} \cos \theta_x$.* De maneira semelhante, um deslocamento D_{Ny} fará com que o membro seja deslocado $D_{Ny} \cos \theta_y$ ao longo do eixo x' (Figura 14.5b). O efeito de *ambos* os deslocamentos globais faz que o membro seja deslocado

$$d_N = D_{Nx} \cos \theta_x + D_{Ny} \cos \theta_y$$

De maneira similar, deslocamentos positivos D_{Fx} e D_{Fy} sucessivamente aplicados na extremidade distante F, enquanto a extremidade próxima é mantida fixada por pino (figuras 14.5c e 14.5d), fará que o membro seja deslocado

$$d_F = D_{Fx} \cos \theta_x + D_{Fy} \cos \theta_y$$

Deixando que $\lambda_x = \cos \theta_x$ e $\lambda_y = \cos \theta_y$ represente a direção dos *cossenos* para o membro, temos

$$d_N = D_{Nx} \lambda_x + D_{Ny} \lambda_y$$
$$d_F = D_{Fx} \lambda_x + D_{Fy} \lambda_y$$

que podem ser escritos em forma matricial como

$$\begin{bmatrix} d_N \\ d_F \end{bmatrix} = \begin{bmatrix} \lambda_x & \lambda_y & 0 & 0 \\ 0 & 0 & \lambda_x & \lambda_y \end{bmatrix} \begin{bmatrix} D_{Nx} \\ D_{Ny} \\ D_{Fx} \\ D_{Fy} \end{bmatrix} \qquad (14.7)$$

ou

$$\mathbf{d} = \mathbf{TD} \qquad (14.8)$$

onde

$$\mathbf{T} = \begin{bmatrix} \lambda_x & \lambda_y & 0 & 0 \\ 0 & 0 & \lambda_x & \lambda_y \end{bmatrix} \qquad (14.9)$$

Da derivação acima, $\mathbf{T}$ transforma os quatro deslocamentos x, y globais $\mathbf{D}$ nos dois deslocamentos x' locais $\mathbf{d}$. Logo, $\mathbf{T}$ é referido como a *matriz de transformação de deslocamento*.

Matriz de transformação de força. Considere agora a aplicação da força q_N à extremidade próxima do membro, a extremidade afastada mantida fixada por pino (Figura 14.6a). Aqui os componentes de força globais de q_N em N são

$$Q_{Nx} = q_N \cos \theta_x \qquad Q_{Ny} = q_N \cos \theta_y$$

De maneira semelhante, se q_F é aplicado à barra (Figura 14.6b), os componentes de força globais em F são

$$Q_{Fx} = q_F \cos \theta_x \qquad Q_{Fy} = q_F \cos \theta_y$$

Usando os cossenos diretores $\lambda_x = \cos \theta_x$, $\lambda_y = \cos \theta_y$, essas equações tornam-se

$$Q_{Nx} = q_N \lambda_x \qquad Q_{Ny} = q_N \lambda_y$$
$$Q_{Fx} = q_F \lambda_x \qquad Q_{Fy} = q_F \lambda_y$$

que podem ser escritas em forma matricial como

$$\begin{bmatrix} Q_{Nx} \\ Q_{Ny} \\ Q_{Fx} \\ Q_{Fy} \end{bmatrix} = \begin{bmatrix} \lambda_x & 0 \\ \lambda_y & 0 \\ 0 & \lambda_x \\ 0 & \lambda_y \end{bmatrix} \begin{bmatrix} q_N \\ q_F \end{bmatrix} \qquad (14.10)$$

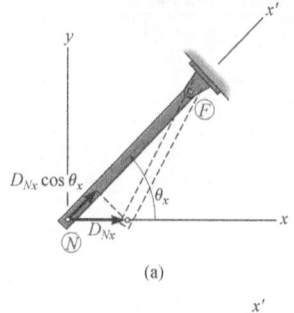

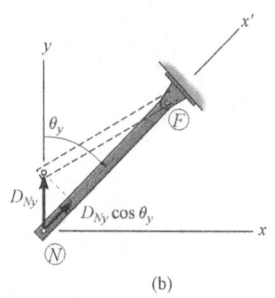

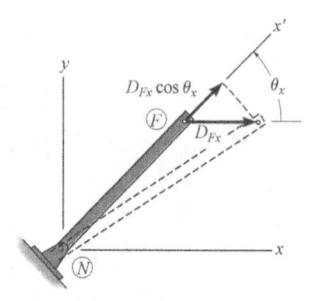

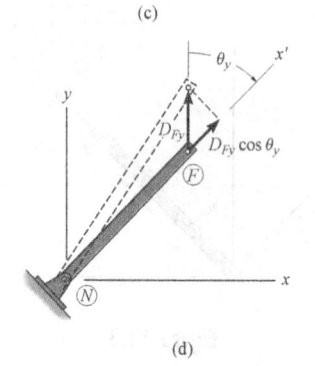

Figura 14.5

---

* A mudança em θ_x ou θ_y será desprezada, tendo em vista que ela é muito pequena.

ou

$$Q = T^T q \qquad (14.11)$$

onde

$$T^T = \begin{bmatrix} \lambda_x & 0 \\ \lambda_y & 0 \\ 0 & \lambda_x \\ 0 & \lambda_y \end{bmatrix} \qquad (14.12)$$

Neste caso, T^T transforma as duas forças (x') locais q atuando nas extremidades do membro em quatro componentes de força (x, y) globais Q. Em comparação, essa *matriz de transformação de força* é a transposição da matriz de transformação de deslocamento (Equação 14.9).

14.4 Matriz de rigidez global do membro

Vamos combinar agora os resultados das seções anteriores e determinar a matriz de rigidez para um membro que relaciona os componentes de força global Q do membro com seus deslocamentos globais D. Se substituirmos a Equação 14.8 ($d = TD$) na Equação 14.3 ($q = k'd$), podemos determinar as forças do membro q em termos dos deslocamentos globais D nos seus pontos finais, a saber,

$$q = k'TD \qquad (14.13)$$

Substituir esta equação na Equação 14.11, $Q = T^T q$, produz o resultado final,

$$Q = T^T k'TD$$

ou

$$Q = kD \qquad (14.14)$$

onde

$$k = T^T k' T \qquad (14.15)$$

A matriz k é a *matriz de rigidez do membro* em coordenadas globais. Tendo em vista que T^T, T e k' são conhecidos, temos

$$k = \begin{bmatrix} \lambda_x & 0 \\ \lambda_y & 0 \\ 0 & \lambda_x \\ 0 & \lambda_y \end{bmatrix} \frac{AE}{L} \begin{bmatrix} 1 & -1 \\ -1 & 1 \end{bmatrix} \begin{bmatrix} \lambda_x & \lambda_y & 0 & 0 \\ 0 & 0 & \lambda_x & \lambda_y \end{bmatrix}$$

Realizar as operações de matriz resulta em

$$k = \frac{AE}{L} \begin{bmatrix} \lambda_x^2 & \lambda_x\lambda_y & -\lambda_x^2 & -\lambda_x\lambda_y \\ \lambda_x\lambda_y & \lambda_y^2 & -\lambda_x\lambda_y & -\lambda_y^2 \\ -\lambda_x^2 & -\lambda_x\lambda_y & \lambda_x^2 & \lambda_x\lambda_y \\ -\lambda_x\lambda_y & -\lambda_y^2 & \lambda_x\lambda_y & \lambda_y^2 \end{bmatrix} \begin{matrix} N_x \\ N_y \\ F_x \\ F_y \end{matrix}$$

$$\begin{matrix} N_x & N_y & F_x & F_y \end{matrix} \qquad (14.16)$$

A *localização* de cada elemento nesta matriz simétrica 4 × 4 é referenciada com cada grau de liberdade global associado com a extremidade próxima N, seguida pela extremidade afastada F. Isto é indicado pela notação de número código ao longo das linhas e colunas, isto é, N_x, N_y, F_x, F_y. Aqui k representa as relações de força-deslocamento

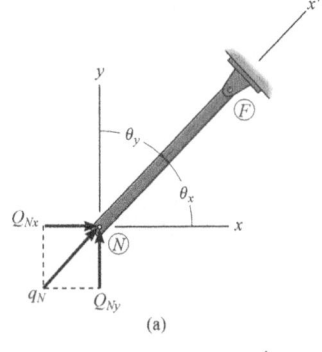

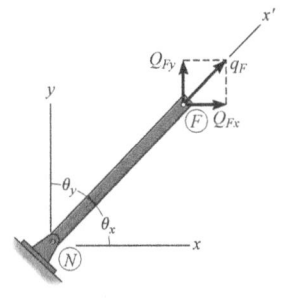

Figura 14.6

para o membro quando componentes de força e deslocamento nas extremidades do membro estão nos sentidos x, y ou global. Portanto, cada um dos termos na matriz é um *coeficiente de influência de rigidez* k_{ij}, que denota o componente de força x ou y em i necessário para causar um componente de deslocamento x ou y *unitário* associado em j. Como consequência, cada coluna identificada da matriz representa os quatro componentes de força desenvolvidos nas extremidades do membro quando a extremidade identificada passa por um deslocamento unitário relacionado à sua coluna de matriz. Por exemplo, um deslocamento unitário $D_{Nx} = 1$ criará os quatro componentes de força no membro mostrados na primeira coluna da matriz.

14.5 Matriz de rigidez da treliça

Uma vez que todas as matrizes de rigidez de membros são formadas em coordenadas globais, torna-se necessário reuni-los na ordem apropriada de maneira que a matriz de rigidez **K** para a treliça inteira seja encontrada. Esse processo de combinar as matrizes de elementos depende da identificação cuidadosa dos elementos em cada matriz de membro. Como discutido na parte anterior, isto é feito designando as linhas e colunas da matriz pelos *quatro* números código N_x, N_y, F_x, F_y usados para identificar os dois graus globais de liberdade que podem ocorrer em cada extremidade do membro (ver Equação 14.16). A matriz de rigidez estrutural terá então uma ordem que será igual ao número código mais alto designado para a treliça, tendo em vista que isto representa o número total de graus de liberdade para a estrutura. Quando as matrizes **k** são reunidas, cada elemento em **k** será colocado então na *mesma* designação de linha e coluna na matriz de rigidez estrutural **K**. Em particular, quando dois ou mais membros estão ligados ao mesmo nó, então alguns dos elementos da matriz **k** de cada membro serão designados para a mesma posição na matriz **K**. Quando isso ocorre, os elementos designados para a localização comum têm de ser somados juntos algebricamente. A razão para isto torna-se clara se você perceber que cada elemento da matriz **k** representa a resistência do membro a uma força aplicada na sua extremidade. Dessa maneira, somando essas resistências no sentido x ou y, ao se formar a matriz **K** é determinada a *resistência total* de cada nó a um deslocamento unitário no sentido x ou y.

Esse método de reunir as matrizes dos membros para formar a matriz de rigidez estrutural será agora demonstrado por dois exemplos numéricos. Apesar de este processo ser de certa maneira tedioso quando feito à mão, ele é relativamente fácil para programar em um computador.

Exemplo 14.1

Determine a matriz de rigidez da estrutura para a treliça de dois membros mostrada na Figura 14.7a. AE é constante.

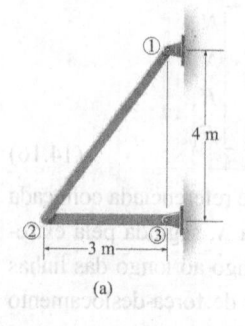

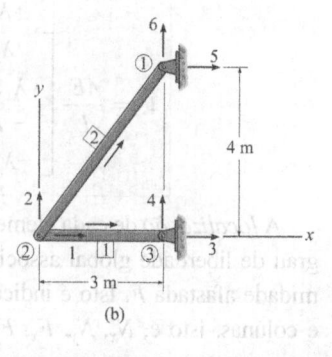

Figura 14.7

SOLUÇÃO

Examinando a questão, ② terá dois componentes de deslocamento desconhecidos, enquanto os nós ① e ③ serão restringidas na realização do deslocamento. Consequentemente, os componentes de deslocamento no nó ② são primeiro numerados com códigos, seguidos por aqueles nos nós ③ e ① (Figura 14.7b). A origem do sistema de coordenadas global pode ser localizada em qualquer ponto. Por conveniência, escolheremos o nó ② como mostrado. Os membros são identificados arbitrariamente e setas são escritas junto aos dois membros para identificar as extremidades próxima e afastada de cada membro. Os cossenos diretores e a matriz de rigidez para cada membro podem ser determinados agora.

Membro 1. Tendo em vista que ② é a extremidade próxima e ③ a extremidade afastada, então pelas Equações 14.5 e 14.6, temos

$$\lambda_x = \frac{3 - 0}{3} = 1 \qquad \lambda_y = \frac{0 - 0}{3} = 0$$

Usando a Equação 14.16, dividindo cada elemento por $L = 3$ m, temos

$$\mathbf{k}_1 = AE \begin{bmatrix} 0{,}333 & 0 & -0{,}333 & 0 \\ 0 & 0 & 0 & 0 \\ -0{,}333 & 0 & 0{,}333 & 0 \\ 0 & 0 & 0 & 0 \end{bmatrix} \begin{matrix} 1 \\ 2 \\ 3 \\ 4 \end{matrix}$$

$$\begin{matrix} 1 & 2 & 3 & 4 \end{matrix}$$

Os cálculos podem ser conferidos em parte observando que $\mathbf{k}_1$ é *simétrico*. Observe que as linhas e colunas em $\mathbf{k}_1$ são identificadas pelos graus de liberdade x, y na extremidade próxima, seguida pela extremidade afastada, isto é, 1, 2, 3, 4, respectivamente, para membro 1 (Figura 14.7b). Isto é feito a fim de identificar os elementos para a montagem posterior na matriz **K**.

Membro 2. Tendo em vista que ② é a extremidade próxima e ① é a extremidade afastada, temos

$$\lambda_x = \frac{3 - 0}{5} = 0{,}6 \qquad \lambda_y = \frac{4 - 0}{5} = 0{,}8$$

Desse modo, Equação 14.16 com $L = 5$ m torna-se

$$\mathbf{k}_2 = AE \begin{bmatrix} 0{,}072 & 0{,}096 & -0{,}072 & -0{,}096 \\ 0{,}096 & 0{,}128 & -0{,}096 & -0{,}128 \\ -0{,}072 & -0{,}096 & 0{,}072 & 0{,}096 \\ -0{,}096 & -0{,}128 & 0{,}096 & 0{,}128 \end{bmatrix} \begin{matrix} 1 \\ 2 \\ 5 \\ 6 \end{matrix}$$

$$\begin{matrix} 1 & 2 & 5 & 6 \end{matrix}$$

Aqui as linhas e colunas são identificadas como 1, 2, 5, 6, tendo em vista que esses números representam, respectivamente, os graus de liberdade x, y nas extremidades próxima e afastada do membro 2.

Matriz de rigidez estrutural. Esta matriz tem uma ordem de 6 × 6, tendo em vista que há seis graus de liberdade designados para a treliça (Figura 14.7b). Elementos correspondentes das duas matrizes acima são somados algebricamente para formar a matriz de rigidez estrutural. Talvez o processo de montagem seja mais fácil de ver se as colunas e linhas numéricas faltando em $\mathbf{k}_1$ e $\mathbf{k}_2$ forem expandidas com zeros para formar duas matrizes 6 × 6. Então,

$$\mathbf{K} = \mathbf{k}_1 + \mathbf{k}_2$$

$$\mathbf{K} = AE \begin{bmatrix}
& 1 & 2 & 3 & 4 & 5 & 6 \\
0{,}333 & 0 & -0{,}333 & 0 & 0 & 0 \\
0 & 0 & 0 & 0 & 0 & 0 \\
-0{,}333 & 0 & 0{,}333 & 0 & 0 & 0 \\
0 & 0 & 0 & 0 & 0 & 0 \\
0 & 0 & 0 & 0 & 0 & 0 \\
0 & 0 & 0 & 0 & 0 & 0
\end{bmatrix} \begin{matrix} 1 \\ 2 \\ 3 \\ 4 \\ 5 \\ 6 \end{matrix} + AE \begin{bmatrix}
& 1 & 2 & 3 & 4 & 5 & 6 \\
0{,}072 & 0{,}096 & 0 & 0 & -0{,}072 & -0{,}096 \\
0{,}096 & 0{,}128 & 0 & 0 & -0{,}096 & -0{,}128 \\
0 & 0 & 0 & 0 & 0 & 0 \\
0 & 0 & 0 & 0 & 0 & 0 \\
-0{,}072 & -0{,}096 & 0 & 0 & 0{,}072 & 0{,}096 \\
-0{,}096 & -0{,}128 & 0 & 0 & 0{,}096 & 0{,}128
\end{bmatrix} \begin{matrix} 1 \\ 2 \\ 3 \\ 4 \\ 5 \\ 6 \end{matrix}$$

$$\mathbf{K} = AE \begin{bmatrix}
0{,}405 & 0{,}096 & -0{,}333 & 0 & -0{,}072 & -0{,}096 \\
0{,}096 & 0{,}128 & 0 & 0 & -0{,}096 & -0{,}128 \\
-0{,}333 & 0 & 0{,}333 & 0 & 0 & 0 \\
0 & 0 & 0 & 0 & 0 & 0 \\
-0{,}072 & -0{,}096 & 0 & 0 & 0{,}072 & 0{,}096 \\
-0{,}096 & -0{,}128 & 0 & 0 & 0{,}096 & 0{,}128
\end{bmatrix}$$

Se um computador é usado para esta operação, geralmente você começa com **K** tendo todos elementos zero; então, à medida que as matrizes de rigidez global são geradas, elas são colocadas diretamente nas suas posições de elemento respectivas na matriz **K**, em vez de desenvolver as matrizes de rigidez dos membros, armazená-las e então montá-las.

Exemplo 14.2

Determine a matriz de rigidez estrutural para a treliça mostrada na Figura 14.8a. AE é constante.

SOLUÇÃO

Apesar de a treliça ser indeterminada estaticamente de primeiro grau, isto não apresentará dificuldades para se obter a matriz de rigidez da estrutura. Cada nó e membro são identificados de maneira arbitrária numericamente, e as extremidades próxima e afastada são indicadas pelas setas junto aos números. Como mostrado na Figura 14.8b, os *deslocamentos não restringidos* são *primeiro numerados com códigos*. Há oito graus de liberdade para a treliça, e então **K** será uma matriz 8 × 8. A fim de manter todas as coordenadas de nós positivos, a origem das coordenadas globais é escolhida em ①. As Equações 14.5, 14.6 e 14.16 serão aplicadas agora a cada membro.

Membro 1. Aqui $L = 10$ m, de maneira que

$$\lambda_x = \frac{10 - 0}{10} = 1 \quad \lambda_y = \frac{0 - 0}{10} = 0$$

$$\mathbf{k}_1 = AE \begin{bmatrix}
& 1 & 2 & 6 & 5 \\
0{,}1 & 0 & -0{,}1 & 0 \\
0 & 0 & 0 & 0 \\
-0{,}1 & 0 & 0{,}1 & 0 \\
0 & 0 & 0 & 0
\end{bmatrix} \begin{matrix} 1 \\ 2 \\ 6 \\ 5 \end{matrix}$$

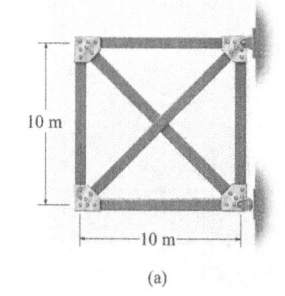

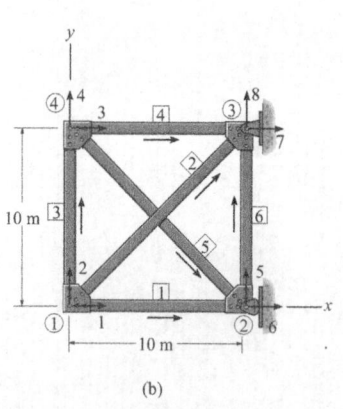

Figura 14.8

Membro 2. Aqui $L = 10\sqrt{2}$ m, de maneira que

$$\lambda_x = \frac{10-0}{10\sqrt{2}} = 0{,}707 \qquad \lambda_y = \frac{10-0}{10\sqrt{2}} = 0{,}707$$

$$\mathbf{k}_2 = AE \begin{bmatrix} 0{,}035 & 0{,}035 & -0{,}035 & -0{,}035 \\ 0{,}035 & 0{,}035 & -0{,}035 & -0{,}035 \\ -0{,}035 & -0{,}035 & 0{,}035 & 0{,}035 \\ -0{,}035 & -0{,}035 & 0{,}035 & 0{,}035 \end{bmatrix} \begin{matrix} 1 \\ 2 \\ 7 \\ 8 \end{matrix}$$

com colunas $1, 2, 7, 8$.

Membro 3. Aqui $L = 10$ m, de maneira que

$$\lambda_x = \frac{0-0}{10} = 0 \qquad \lambda_y = \frac{10-0}{10} = 1$$

$$\mathbf{k}_3 = AE \begin{bmatrix} 0 & 0 & 0 & 0 \\ 0 & 0{,}1 & 0 & -0{,}1 \\ 0 & 0 & 0 & 0 \\ 0 & -0{,}1 & 0 & 0{,}1 \end{bmatrix} \begin{matrix} 1 \\ 2 \\ 3 \\ 4 \end{matrix}$$

com colunas $1, 2, 3, 4$.

Membro 4. Aqui $L = 10$ m, de maneira que

$$\lambda_x = \frac{10-0}{10} = 1 \qquad \lambda_y = \frac{10-10}{10} = 0$$

$$\mathbf{k}_4 = AE \begin{bmatrix} 0{,}1 & 0 & -0{,}1 & 0 \\ 0 & 0 & 0 & 0 \\ -0{,}1 & 0 & 0{,}1 & 0 \\ 0 & 0 & 0 & 0 \end{bmatrix} \begin{matrix} 3 \\ 4 \\ 7 \\ 8 \end{matrix}$$

com colunas $3, 4, 7, 8$.

Membro 5. Aqui $L = 10\sqrt{2}$ m, de maneira que

$$\lambda_x = \frac{10-0}{10\sqrt{2}} = 0{,}707 \qquad \lambda_y = \frac{0-10}{10\sqrt{2}} = -0{,}707$$

$$\mathbf{k}_5 = AE \begin{bmatrix} 0{,}035 & -0{,}035 & -0{,}035 & 0{,}035 \\ -0{,}035 & 0{,}035 & 0{,}035 & -0{,}035 \\ -0{,}035 & 0{,}035 & 0{,}035 & -0{,}035 \\ 0{,}035 & -0{,}035 & -0{,}035 & 0{,}035 \end{bmatrix} \begin{matrix} 3 \\ 4 \\ 6 \\ 5 \end{matrix}$$

com colunas $3, 4, 6, 5$.

Membro 6. Aqui $L = 10$ m, de maneira que

$$\lambda_x = \frac{10-10}{10} = 0 \qquad \lambda_y = \frac{10-0}{10} = 1$$

$$\mathbf{k}_6 = AE \begin{bmatrix} 0 & 0 & 0 & 0 \\ 0 & 0{,}1 & 0 & -0{,}1 \\ 0 & 0 & 0 & 0 \\ 0 & -0{,}1 & 0 & 0{,}1 \end{bmatrix} \begin{matrix} 6 \\ 5 \\ 7 \\ 8 \end{matrix}$$

com colunas $6, 5, 7, 8$.

Matriz de rigidez estrutural. As seis matrizes anteriores podem ser reunidas agora na matriz **K** 8×8 somando algebricamente seus elementos correspondentes. Por exemplo, tendo em vista que $(k_{11})_1 = AE(0{,}1)$, $(k_{11})_2 = AE(0{,}035)$, $(k_{11})_3 = (k_{11})_4 =$

$(k_{11})_5 = (k_{11})_6 = 0$, então, $K_{11} = AE(0,1 + 0,035) = AE(0,135)$, e por aí afora. Desse modo, o resultado final é,

$$\mathbf{K} = AE \begin{bmatrix} 0,135 & 0,035 & 0 & 0 & 0 & -0,1 & -0,035 & -0,035 \\ 0,035 & 0,135 & 0 & -0,1 & 0 & 0 & -0,035 & -0,035 \\ 0 & 0 & 0,135 & -0,035 & 0,035 & -0,035 & -0,1 & 0 \\ 0 & -0,1 & -0,035 & 0,135 & -0,035 & 0,035 & 0 & 0 \\ 0 & 0 & 0,035 & -0,035 & 0,135 & -0,035 & 0 & -0,1 \\ -0,1 & 0 & -0,035 & 0,035 & -0,035 & 0,135 & 0 & 0 \\ -0,035 & -0,035 & -0,1 & 0 & 0 & 0 & 0,135 & 0,035 \\ -0,035 & -0,035 & 0 & 0 & -0,1 & 0 & 0,035 & 0,135 \end{bmatrix} \begin{matrix} 1 \\ 2 \\ 3 \\ 4 \\ 5 \\ 6 \\ 7 \\ 8 \end{matrix}$$

(*Resposta*)

14.6 Aplicação do método da rigidez para análise de treliças

Assim que a matriz de rigidez estrutural for formada, os componentes de força global **Q** atuando na treliça podem então ser relacionados aos seus deslocamentos globais **D** usando

$$\mathbf{Q} = \mathbf{KD} \qquad (14.17)$$

Esta equação é referida como *equação de rigidez da estrutura*. Tendo em vista que sempre designamos os números código mais baixos para identificar os graus de liberdade não constrangidos, isto vai nos permitir dividir agora esta equação na seguinte forma:*

$$\begin{bmatrix} \mathbf{Q}_k \\ \mathbf{Q}_u \end{bmatrix} = \begin{bmatrix} \mathbf{K}_{11} & \mathbf{K}_{12} \\ \mathbf{K}_{21} & \mathbf{K}_{22} \end{bmatrix} \begin{bmatrix} \mathbf{D}_u \\ \mathbf{D}_k \end{bmatrix} \qquad (14.18)$$

Aqui,

$\mathbf{Q}_k, \mathbf{D}_k$ = cargas externas e deslocamentos *conhecidos*; aqui as cargas existem na treliça como parte do problema, e os deslocamentos são geralmente especificados como zero devido a restrições de apoio como pinos ou rolos.

$\mathbf{Q}_u, \mathbf{D}_u$ = cargas e deslocamentos *desconhecidos*; aqui as cargas representam as reações de apoio desconhecidas, e os deslocamentos estão nos nós onde o movimento não é constrangido em um sentido em particular.

K = matriz de rigidez *da estrutura*, que é dividida para ser compatível com a divisão de **Q** e **D**.

Expandindo a Equação 14.18 produz

$$\mathbf{Q}_k = \mathbf{K}_{11}\mathbf{D}_u + \mathbf{K}_{12}\mathbf{D}_k \qquad (14.19)$$

$$\mathbf{Q}_u = \mathbf{K}_{21}\mathbf{D}_u + \mathbf{K}_{22}\mathbf{D}_k \qquad (14.20)$$

Com frequência, $\mathbf{D}_k = \mathbf{0}$, tendo em vista que os apoios não estão deslocados. Contanto que este seja o caso, a Equação 14.19 torna-se

$$\mathbf{Q}_k = \mathbf{K}_{11}\mathbf{D}_u$$

Tendo em vista que os elementos na matriz dividida $\mathbf{K}_{11}$ representam a *resistência total* em um nó de treliça a um deslocamento unitário seja no sentido *x* ou *y*, então a equação acima simboliza a coleção de todas as *equações de equilíbrio de força*

---
* Esse esquema de divisão vai se tornar óbvio nos exemplos numéricos a seguir.

aplicadas aos nós onde as cargas externas são zero ou têm um valor conhecido ($\mathbf{Q}_k$). Solucionando para $\mathbf{D}_u$, temos

$$\mathbf{D}_u = [\mathbf{K}_{11}]^{-1}\mathbf{Q}_k \qquad (14.21)$$

Dessa equação podemos obter uma solução direta para todos os deslocamentos de nó desconhecidos, então usando a Equação 14.20 com $\mathbf{D}_k = \mathbf{0}$ resulta em

$$\mathbf{Q}_u = \mathbf{K}_{21}\mathbf{D}_u \qquad (14.22)$$

da qual as reações de apoio desconhecidas podem ser determinadas. As forças de membros podem ser determinadas usando a Equação 14.13, a saber

$$\mathbf{q} = \mathbf{k'TD}$$

Expandindo essa equação, resulta em

$$\begin{bmatrix} q_N \\ q_F \end{bmatrix} = \frac{AE}{L}\begin{bmatrix} 1 & -1 \\ -1 & 1 \end{bmatrix}\begin{bmatrix} \lambda_x & \lambda_y & 0 & 0 \\ 0 & 0 & \lambda_x & \lambda_y \end{bmatrix}\begin{bmatrix} D_{Nx} \\ D_{Ny} \\ D_{Fx} \\ D_{Fy} \end{bmatrix}$$

Tendo em vista que $q_N = -q_F$ para o equilíbrio, apenas uma das forças tem de ser calculada. Aqui determinaremos q_F, a força que exerce tração no membro (Figura 14.2c).

$$q_F = \frac{AE}{L}[-\lambda_x \quad -\lambda_y \quad \lambda_x \quad \lambda_y]\begin{bmatrix} D_{Nx} \\ D_{Ny} \\ D_{Fx} \\ D_{Fy} \end{bmatrix}$$

$$(14.23)$$

Em particular, se o resultado calculado usando essa equação é negativo, o membro está então em compressão.

Procedimento para análise

O método a seguir proporciona um meio para determinar os deslocamentos desconhecidos e reações de apoio para uma treliça usando o método da rigidez.

Notação
- Estabeleça o sistema de coordenadas global x, y. A origem está localizada normalmente no nó para a qual as coordenadas para todos os outros nós são positivas.
- Identifique cada nó e membro numericamente e especifique, arbitrariamente, as extremidades próxima e afastada de cada membro de maneira simbólica direcionando uma seta junto ao membro com a ponta direcionada para a extremidade afastada.
- Especifique os dois números código em cada nó, usando os *números mais baixos* para identificar *graus de liberdade não restringidos*, seguidos pelos *números mais altos* para identificar os *graus de liberdade restringidos*.
- A partir do problema, estabeleça $\mathbf{D}_k$ e $\mathbf{Q}_k$.

Matriz de rigidez da estrutura
- Para cada membro, determine λ_x e λ_y e a matriz de rigidez do membro usando a Equação 14.16.
- Reúna essas matrizes para formar a matriz de rigidez para a treliça inteira como explicado na Seção 14.5. Como uma checagem parcial dos cálculos, as matrizes de rigidez da estrutura e do membro devem ser *simétricas*.

Deslocamentos e cargas

- Divida a matriz de rigidez da estrutura como indicado pela Equação 14.18.
- Determine os deslocamentos de nó desconhecidos $\mathbf{D}_u$ usando a Equação 14.21, as reações de apoio $\mathbf{Q}_u$ usando a Equação 14.22, e cada força do membro $\mathbf{q}_F$ usando a Equação 14.23.

Exemplo 14.3

Determine a força em cada membro da treliça de dois membros mostrada na Figura 14.9a. AE é constante.

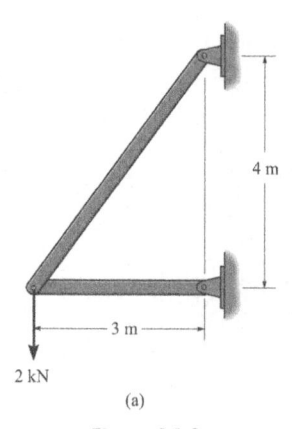

SOLUÇÃO

Notação. A origem de x, y e a numeração dos nós e membros são mostradas na Figura 14.9b. Também, as extremidades próxima e afastada de cada membro são identificadas por setas, e números código são usados em cada nó. Examinando a questão, vê-se que os deslocamentos externos conhecidos são $D_3 = D_4 = D_5 = D_6 = 0$. Também, as cargas externas conhecidas são $Q_1 = 0$, $Q_2 = -2$ kN. Logo,

$$\mathbf{D}_k = \begin{bmatrix} 0 \\ 0 \\ 0 \\ 0 \end{bmatrix} \begin{matrix} 3 \\ 4 \\ 5 \\ 6 \end{matrix} \qquad \mathbf{Q}_k = \begin{bmatrix} 0 \\ -2 \end{bmatrix} \begin{matrix} 1 \\ 2 \end{matrix}$$

Figura 14.9

Matriz de rigidez da estrutura. Usando a mesma notação que a usada aqui, esta matriz foi desenvolvida no Exemplo 14.1.

Deslocamentos e cargas. Escrevendo a Equação 14.17, $\mathbf{Q} = \mathbf{KD}$, para a treliça temos

$$\begin{bmatrix} 0 \\ -2 \\ Q_3 \\ Q_4 \\ Q_5 \\ Q_6 \end{bmatrix} = AE \begin{bmatrix} 0{,}405 & 0{,}096 & -0{,}333 & 0 & -0{,}072 & -0{,}096 \\ 0{,}096 & 0{,}128 & 0 & 0 & -0{,}096 & -0{,}128 \\ -0{,}333 & 0 & 0{,}333 & 0 & 0 & 0 \\ 0 & 0 & 0 & 0 & 0 & 0 \\ -0{,}072 & -0{,}096 & 0 & 0 & 0{,}072 & 0{,}096 \\ -0{,}096 & -0{,}128 & 0 & 0 & 0{,}096 & 0{,}128 \end{bmatrix} \begin{bmatrix} D_1 \\ D_2 \\ 0 \\ 0 \\ 0 \\ 0 \end{bmatrix} \quad (1)$$

A partir desta equação podemos identificar agora $\mathbf{K}_{11}$ e assim determinar $\mathbf{D}_u$. Vemos que a multiplicação da matriz, como a Equação 14.19, resulta em

$$\begin{bmatrix} 0 \\ -2 \end{bmatrix} = AE \begin{bmatrix} 0{,}405 & 0{,}096 \\ 0{,}096 & 0{,}128 \end{bmatrix} \begin{bmatrix} D_1 \\ D_2 \end{bmatrix} + \begin{bmatrix} 0 \\ 0 \end{bmatrix}$$

Aqui é mais fácil solucionar através de uma expansão direta,

$$0 = AE\,(0{,}405 D_1 + 0{,}096 D_2)$$
$$-2 = AE\,(0{,}096 D_1 + 0{,}128 D_2)$$

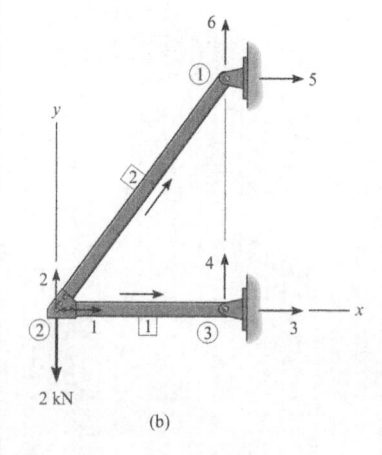

Fisicamente essas equações representam $\Sigma F_x = 0$ e $\Sigma F_y = 0$ aplicadas ao nó ②. Solucionando, chegamos a

$$D_1 = \frac{4{,}505}{AE} \qquad D_2 = \frac{-19{,}003}{AE}$$

Através de um exame da Figura 14.9b, seria realmente de se esperar que ocorresse um deslocamento para a direita e para baixo no nó ② como indicado pelos sinais positivo e negativo das respostas.

Usando esses resultados, as reações de apoio são obtidas agora a partir da Equação (1), escrita na forma da Equação 14.20 (ou Equação 14.22) como

$$\begin{bmatrix} Q_3 \\ Q_4 \\ Q_5 \\ Q_6 \end{bmatrix} = AE \begin{bmatrix} -0{,}333 & 0 \\ 0 & 0 \\ -0{,}072 & -0{,}096 \\ -0{,}096 & -0{,}128 \end{bmatrix} \frac{1}{AE} \begin{bmatrix} 4{,}505 \\ -19{,}003 \end{bmatrix} + \begin{bmatrix} 0 \\ 0 \\ 0 \\ 0 \end{bmatrix}$$

Expandindo e solucionando para as reações,

$Q_3 = -0{,}333(4{,}505) = -1{,}5$ kN

$Q_4 = 0$

$Q_5 = -0{,}072(4{,}505) - 0{,}096(-19{,}003) = 1{,}5$ kN

$Q_6 = -0{,}096(4{,}505) - 0{,}128(-19{,}003) = 2{,}0$ kN

A força em cada membro é calculada a partir da Equação 14.23. Usando os dados para λ_x e λ_y no Exemplo 14.1, temos

Membro 1: $\lambda_x = 1$, $\lambda_y = 0$, $L = 3$m

$$q_1 = \frac{AE}{3} \begin{bmatrix} \overset{1}{-1} & \overset{2}{0} & \overset{3}{1} & \overset{4}{0} \end{bmatrix} \frac{1}{AE} \begin{bmatrix} 4{,}505 \\ -19{,}003 \\ 0 \\ 0 \end{bmatrix} \begin{matrix} 1 \\ 2 \\ 3 \\ 4 \end{matrix}$$

$$= \frac{1}{3}[-4{,}505] = -1{,}5 \text{ kN} \qquad (Resposta)$$

Membro 2: $\lambda_x = 0{,}6$, $\lambda_y = 0{,}8$, $L = 5$ m

$$q_2 = \frac{AE}{5} \begin{bmatrix} \overset{1}{-0{,}6} & \overset{2}{-0{,}8} & \overset{5}{0{,}6} & \overset{6}{0{,}8} \end{bmatrix} \frac{1}{AE} \begin{bmatrix} 4{,}505 \\ -19{,}003 \\ 0 \\ 0 \end{bmatrix} \begin{matrix} 1 \\ 2 \\ 5 \\ 6 \end{matrix}$$

$$= \frac{1}{5}[-0{,}6(4{,}505) - 0{,}8(-19{,}003)] = 2{,}5 \text{ kN} \qquad (Resposta)$$

Estas respostas podem, é claro, ser verificadas por equilíbrio, aplicado no nó ②.

Exemplo 14.4

Determine as reações de apoio e a força no membro 2 da treliça mostrada na Figura 14.10a. AE é constante.

SOLUÇÃO

Notação. Os nós e os membros são numerados e a origem dos eixos x, y é estabelecida em ① (Figura 14.10b). Setas são usadas também como referência para as extremidades próxima e afastada de cada membro. Usando os números código, onde os números mais baixos denotam graus não restringidos de liberdade (Figura 14.10b), temos

$$\mathbf{D}_k = \begin{bmatrix} 0 \\ 0 \\ 0 \end{bmatrix} \begin{matrix} 6 \\ 7 \\ 8 \end{matrix} \qquad \mathbf{Q}_k = \begin{bmatrix} 0 \\ 0 \\ 2 \\ -4 \\ 0 \end{bmatrix} \begin{matrix} 1 \\ 2 \\ 3 \\ 4 \\ 5 \end{matrix}$$

Matriz de rigidez da estrutura. Esta matriz foi determinada no Exemplo 14.2 usando a mesma notação que na Figura 14.10b.

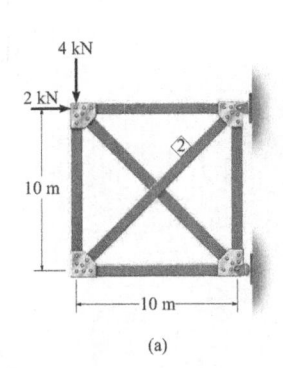

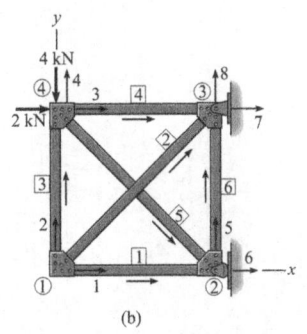

Figura 14.10

Deslocamentos e cargas. Para este problema $\mathbf{Q} = \mathbf{KD}$ é

$$\begin{bmatrix} 0 \\ 0 \\ 2 \\ -4 \\ 0 \\ Q_6 \\ Q_7 \\ Q_8 \end{bmatrix} = AE \begin{bmatrix} 0{,}135 & 0{,}035 & 0 & 0 & 0 & -0{,}1 & -0{,}035 & -0{,}035 \\ 0{,}035 & 0{,}135 & 0 & -0{,}1 & 0 & 0 & -0{,}035 & -0{,}035 \\ 0 & 0 & 0{,}135 & -0{,}035 & 0{,}035 & -0{,}035 & -0{,}1 & 0 \\ 0 & -0{,}1 & -0{,}035 & 0{,}135 & -0{,}035 & 0{,}035 & 0 & 0 \\ 0 & 0 & 0{,}035 & -0{,}035 & 0{,}135 & -0{,}035 & 0 & -0{,}1 \\ -0{,}1 & 0 & -0{,}035 & 0{,}035 & -0{,}035 & 0{,}135 & 0 & 0 \\ -0{,}035 & -0{,}035 & -0{,}1 & 0 & 0 & 0 & 0{,}135 & 0{,}035 \\ -0{,}035 & -0{,}035 & 0 & 0 & -0{,}1 & 0 & 0{,}035 & 0{,}135 \end{bmatrix} \begin{bmatrix} D_1 \\ D_2 \\ D_3 \\ D_4 \\ D_5 \\ 0 \\ 0 \\ 0 \end{bmatrix} \quad (1)$$

Multiplicando de maneira a formular a equação de deslocamento desconhecida 14.18, temos

$$\begin{bmatrix} 0 \\ 0 \\ 2 \\ -4 \\ 0 \end{bmatrix} = AE \begin{bmatrix} 0{,}135 & 0{,}035 & 0 & 0 & 0 \\ 0{,}035 & 0{,}135 & 0 & -0.1 & 0 \\ 0 & 0 & 0{,}135 & -0{,}035 & 0{,}035 \\ 0 & -0{,}1 & -0{,}035 & 0{,}135 & -0{,}035 \\ 0 & 0 & 0{,}035 & -0{,}035 & 0{,}135 \end{bmatrix} \begin{bmatrix} D_1 \\ D_2 \\ D_3 \\ D_4 \\ D_5 \end{bmatrix} + \begin{bmatrix} 0 \\ 0 \\ 0 \\ 0 \\ 0 \end{bmatrix}$$

Expandindo e solucionando as equações para os deslocamentos resulta em

$$\begin{bmatrix} D_1 \\ D_2 \\ D_3 \\ D_4 \\ D_5 \end{bmatrix} = \frac{1}{AE} \begin{bmatrix} 17{,}94 \\ -69{,}20 \\ -2{,}06 \\ -87{,}14 \\ -22{,}06 \end{bmatrix}$$

Desenvolvendo a Equação 14.20 a partir da Equação (1) usando os resultados calculados, temos

$$\begin{bmatrix} Q_6 \\ Q_7 \\ Q_8 \end{bmatrix} = AE \begin{bmatrix} -0{,}1 & 0 & -0{,}035 & 0{,}035 & -0{,}035 \\ -0{,}035 & -0{,}035 & -0{,}1 & 0 & 0 \\ -0{,}035 & -0{,}035 & 0 & 0 & -0{,}1 \end{bmatrix} \frac{1}{AE} \begin{bmatrix} 17{,}94 \\ -69{,}20 \\ -2{,}06 \\ -87{,}14 \\ -22{,}06 \end{bmatrix} + \begin{bmatrix} 0 \\ 0 \\ 0 \end{bmatrix}$$

Expandir e calcular as reações de apoio resulta em

$Q_6 = -4{,}0$ kN (*Resposta*)

$Q_7 = 2{,}0$ kN (*Resposta*)

$Q_8 = 4{,}0$ kN (*Resposta*)

O sinal negativo para Q_6 indica que a reação de apoio do balancim atua na direção x negativa. A força no membro 2 é calculada a partir da Equação 14.23, onde do Exemplo 14-2, $\lambda_x = 0{,}707$, $\lambda_y = 0{,}707$, $L = 10\sqrt{2}$ m. Desse modo,

$$q_2 = \frac{AE}{10\sqrt{2}} \begin{bmatrix} -0{,}707 & -0{,}707 & 0{,}707 & 0{,}707 \end{bmatrix} \frac{1}{AE} \begin{bmatrix} 17{,}94 \\ -69{,}20 \\ 0 \\ 0 \end{bmatrix}$$

$= 2{,}56$ kN (*Resposta*)

Exemplo 14.5

Determine a força no membro 2 do conjunto na Figura 14.11a, se o apoio no nó ① assenta *para baixo* 25 mm. Tome $AE = 8\,(10^3)$ kN.

SOLUÇÃO

Notação. Por conveniência a origem das coordenadas globais na Figura 14.11b é estabelecida no nó ③, e como sempre os números código mais baixos são usados como referência para os graus de liberdade não restringidos. Desse modo,

$$\mathbf{D}_k = \begin{bmatrix} 0 \\ -0{,}025 \\ 0 \\ 0 \\ 0 \\ 0 \end{bmatrix} \begin{matrix} 3 \\ 4 \\ 5 \\ 6 \\ 7 \\ 8 \end{matrix} \qquad \mathbf{Q}_k = \begin{bmatrix} 0 \\ 0 \end{bmatrix} \begin{matrix} 1 \\ 2 \end{matrix}$$

Matriz de rigidez da estrutura. Usando a Equação 14.16, temos

Membro 1: $\lambda_x = 0$, $\lambda_y = 1$, $L = 3$ m, de maneira que

$$\mathbf{k}_1 = AE \begin{bmatrix} & 3 & 4 & 1 & 2 \\ 0 & 0 & 0 & 0 \\ 0 & 0{,}333 & 0 & -0{,}333 \\ 0 & 0 & 0 & 0 \\ 0 & -0{,}333 & 0 & 0{,}333 \end{bmatrix} \begin{matrix} 3 \\ 4 \\ 1 \\ 2 \end{matrix}$$

Membro 2: $\lambda_x = -0{,}8$, $\lambda_y = -0{,}6$, $L = 5$ m, de maneira que

$$\mathbf{k}_2 = AE \begin{bmatrix} & 1 & 2 & 5 & 6 \\ 0{,}128 & 0{,}096 & -0{,}128 & -0{,}096 \\ 0{,}096 & 0{,}072 & -0{,}096 & -0{,}072 \\ -0{,}128 & -0{,}096 & 0{,}128 & 0{,}096 \\ -0{,}096 & -0{,}072 & 0{,}096 & 0{,}072 \end{bmatrix} \begin{matrix} 1 \\ 2 \\ 5 \\ 6 \end{matrix}$$

Membro 3: $\lambda_x = 1$, $\lambda_y = 0$, $L = 4$ m, de maneira que

$$\mathbf{k}_3 = AE \begin{bmatrix} & 7 & 8 & 1 & 2 \\ 0{,}25 & 0 & -0{,}25 & 0 \\ 0 & 0 & 0 & 0 \\ -0{,}25 & 0 & 0{,}25 & 0 \\ 0 & 0 & 0 & 0 \end{bmatrix} \begin{matrix} 7 \\ 8 \\ 1 \\ 2 \end{matrix}$$

Reunindo essas matrizes, a matriz de rigidez da estrutura torna-se

$$\mathbf{K} = AE \begin{bmatrix} 1 & 2 & 3 & 4 & 5 & 6 & 7 & 8 \\ 0{,}378 & 0{,}096 & 0 & 0 & -0{,}128 & -0{,}096 & -0{,}25 & 0 \\ 0{,}096 & 0{,}405 & 0 & -0{,}333 & -0{,}096 & -0{,}072 & 0 & 0 \\ 0 & 0 & 0 & 0 & 0 & 0 & 0 & 0 \\ 0 & -0{,}333 & 0 & 0{,}333 & 0 & 0 & 0 & 0 \\ -0{,}128 & -0{,}096 & 0 & 0 & 0{,}128 & 0{,}096 & 0 & 0 \\ -0{,}096 & -0{,}072 & 0 & 0 & 0{,}096 & 0{,}072 & 0 & 0 \\ -0{,}25 & 0 & 0 & 0 & 0 & 0 & 0{,}25 & 0 \\ 0 & 0 & 0 & 0 & 0 & 0 & 0 & 0 \end{bmatrix} \begin{matrix} 1 \\ 2 \\ 3 \\ 4 \\ 5 \\ 6 \\ 7 \\ 8 \end{matrix}$$

Deslocamentos e cargas. Aqui $\mathbf{Q} = \mathbf{KD}$ resulta em

$$\begin{bmatrix} 0 \\ 0 \\ \hline Q_3 \\ Q_4 \\ Q_5 \\ Q_6 \\ Q_7 \\ Q_8 \end{bmatrix} = AE \begin{bmatrix} 0{,}378 & 0{,}096 & 0 & 0 & -0{,}128 & -0{,}096 & -0{,}25 & 0 \\ 0{,}096 & 0{,}405 & 0 & -0{,}333 & -0{,}096 & -0{,}072 & 0 & 0 \\ \hline 0 & 0 & 0 & 0 & 0 & 0 & 0 & 0 \\ 0 & -0{,}333 & 0 & 0{,}333 & 0 & 0 & 0 & 0 \\ -0{,}128 & -0{,}096 & 0 & 0 & 0{,}128 & 0{,}096 & 0 & 0 \\ -0{,}096 & -0{,}072 & 0 & 0 & 0{,}096 & 0{,}072 & 0 & 0 \\ -0{,}25 & 0 & 0 & 0 & 0 & 0 & 0{,}25 & 0 \\ 0 & 0 & 0 & 0 & 0 & 0 & 0 & 0 \end{bmatrix} \begin{bmatrix} D_1 \\ D_2 \\ 0 \\ -0{,}025 \\ 0 \\ 0 \\ 0 \\ 0 \end{bmatrix}$$

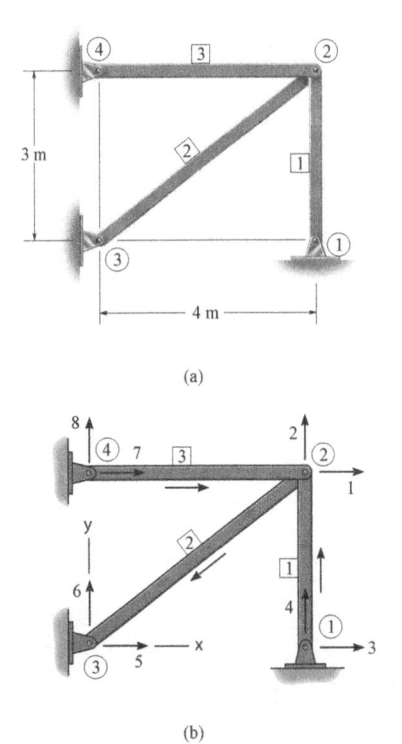

Figura 14.11

Desenvolvendo a solução para os deslocamentos (Equação 14.19), temos

$$\begin{bmatrix} 0 \\ 0 \end{bmatrix} = AE \begin{bmatrix} 0{,}378 & 0{,}096 \\ 0{,}096 & 0{,}405 \end{bmatrix} \begin{bmatrix} D_1 \\ D_2 \end{bmatrix} + AE \begin{bmatrix} 0 & 0 & -0{,}128 & -0{,}096 & -0{,}25 & 0 \\ 0 & -0{,}333 & -0{,}096 & -0{,}072 & 0 & 0 \end{bmatrix} \begin{bmatrix} 0 \\ -0{,}025 \\ 0 \\ 0 \\ 0 \\ 0 \end{bmatrix}$$

que resulta em

$$0 = AE\,[(0{,}378 D_1 + 0{,}096 D_2) + 0]$$
$$0 = AE\,[(0{,}096 D_1 + 0{,}405 D_2) + 0{,}00833]$$

Solucionar essas equações simultaneamente resulta em

$$D_1 = 0{,}00556 \text{ m}$$
$$D_2 = -0{,}021875 \text{ m}$$

Apesar de as reações de apoio não precisarem ser calculadas, se necessário elas podem ser encontradas a partir da expansão definida pela Equação 14.20. Usar a Equação 14.23 para determinar a força no membro 2 resulta em

Membro 2: $\lambda_x = -0{,}8$, $\lambda_y = -0{,}6$, $L = 5$ m, $AE = 8(10^3)$ kN, de maneira que

$$q_2 = \frac{8(10^3)}{5} [0{,}8 \quad 0{,}6 \quad -0{,}8 \quad -0{,}6] \begin{bmatrix} 0{,}00556 \\ -0{,}021875 \\ 0 \\ 0 \end{bmatrix}$$

$$= \frac{8(10^3)}{5} (0{,}00444 - 0{,}0131) = -13{,}9 \text{ kN}$$

(*Resposta*)

Usando o mesmo procedimento, demonstre que a força no membro 1 é $q_1 = 8{,}34$ kN e no membro 3, $q_3 = 11{,}1$ kN. Os resultados são mostrados no diagrama de corpo livre do nó ② (Figura 14.11c), que estão em equilíbrio como se pode observar.

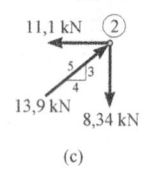

14.7 Coordenadas nodais

Ocasionalmente uma treliça pode ser suportada por um rolamento colocado em um *plano inclinado* e, quando isso ocorre, a restrição de deflexão zero no apoio (nó) *não pode* ser definida diretamente usando um sistema de coordenadas global vertical e horizontal único. Por exemplo, considere a treliça na Figura 14.12a. A condição de deslocamento zero no nó ① é definida somente junto ao eixo y'', e como o rolamento pode se deslocar junto ao eixo x'', esse nó terá *componentes* de deslocamento junto a *ambos* eixos de coordenadas globais, x, y. Por essa razão não podemos incluir a condição de deslocamento zero nesse nó ao escrever a equação de rigidez global para a treliça usando eixos x, y sem fazer algumas modificações no método de análise matricial.

Para solucionar esse problema, de maneira que ele possa ser facilmente incorporado em uma análise de computador, usaremos um conjunto de *coordenadas nodais* x'', y'' localizadas no apoio inclinado. Esses eixos são orientados de tal maneira que as reações e deslocamentos de apoio estejam junto de cada um dos eixos de coordenadas (Figura 14.12a). A fim de determinar a equação de rigidez global para a treliça, torna-se necessário então desenvolver matrizes de transformação de deslocamento e força para cada um dos membros de ligação neste apoio, de maneira que os resultados possam ser somados dentro do mesmo sistema de coordenadas x, y global. Para mostrar como isso é feito, considere o membro da treliça 1 na Figura 14.12b tendo um sistema de coordenadas global x, y no nó próximo N, e um sistema de coordenadas nodal x'', y'' no nó distante F. Quando ocorre o deslocamento **D** de maneira que eles tenham componentes junto de cada um destes eixos, como mostrado na Figura 14.12c, os deslocamentos **d** no sentido x' junto das extremidades do membro tornam-se

$$d_N = D_{Nx} \cos \theta_x + D_{Ny} \cos \theta_y$$
$$d_F = D_{Fx''} \cos \theta_{x''} + D_{Fy''} \cos \theta_{y''}$$

Essas equações podem ser escritas em forma matricial como

$$\begin{bmatrix} d_N \\ d_F \end{bmatrix} = \begin{bmatrix} \lambda_x & \lambda_y & 0 & 0 \\ 0 & 0 & \lambda_{x''} & \lambda_{y''} \end{bmatrix} \begin{bmatrix} D_{Nx} \\ D_{Ny} \\ D_{Fx''} \\ D_{Fy''} \end{bmatrix}$$

De maneira semelhante, as forças **q** nas extremidades próxima e afastada do membro (Figura 14.12d), têm componentes **Q** junto aos eixos globais de

$$Q_{Nx} = q_N \cos \theta_x \qquad Q_{Ny} = q_N \cos \theta_y$$
$$Q_{Fx''} = q_F \cos \theta_{x''} \qquad Q_{Fy''} = q_F \cos \theta_{y''}$$

que podem ser expressas como

$$\begin{bmatrix} Q_{Nx} \\ Q_{Ny} \\ Q_{Fx''} \\ Q_{Fy''} \end{bmatrix} = \begin{bmatrix} \lambda_x & 0 \\ \lambda_y & 0 \\ 0 & \lambda_{x''} \\ 0 & \lambda_{y''} \end{bmatrix} \begin{bmatrix} q_N \\ q_F \end{bmatrix}$$

As matrizes de deslocamento e transformação de força nas equações acima são usadas para desenvolver a matriz de rigidez do membro para esta situação. Aplicando a Equação 14.15, temos

$$\mathbf{k} = \mathbf{T}^T \mathbf{k}' \mathbf{T}$$

$$\mathbf{k} = \begin{bmatrix} \lambda_x & 0 \\ \lambda_y & 0 \\ 0 & \lambda_{x''} \\ 0 & \lambda_{y''} \end{bmatrix} \frac{AE}{L} \begin{bmatrix} 1 & -1 \\ -1 & 1 \end{bmatrix} \begin{bmatrix} \lambda_x & \lambda_y & 0 & 0 \\ 0 & 0 & \lambda_{x''} & \lambda_{y''} \end{bmatrix}$$

Realizando as operações matriciais resulta em

$$\mathbf{k} = \frac{AE}{L} \begin{bmatrix} \lambda_x^2 & \lambda_x \lambda_y & -\lambda_x \lambda_{x''} & -\lambda_x \lambda_{y''} \\ \lambda_x \lambda_y & \lambda_y^2 & -\lambda_y \lambda_{x''} & -\lambda_y \lambda_{y''} \\ -\lambda_x \lambda_{x''} & -\lambda_y \lambda_{x''} & \lambda_{x''}^2 & \lambda_{x''} \lambda_{y''} \\ -\lambda_x \lambda_{y''} & -\lambda_y \lambda_{y''} & \lambda_{x''} \lambda_{y''} & \lambda_{y''}^2 \end{bmatrix} \quad (14.24)$$

Esta matriz de rigidez é usada então para cada membro que está ligado a um apoio de rolo inclinado e o processo de montar as matrizes a fim de formar a matriz de rigidez da estrutura segue o procedimento padrão. O problema do exemplo a seguir ilustra a sua aplicação.

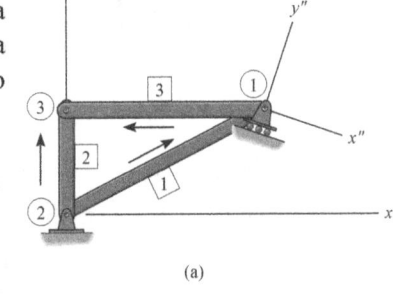

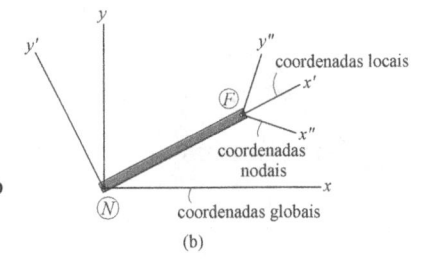

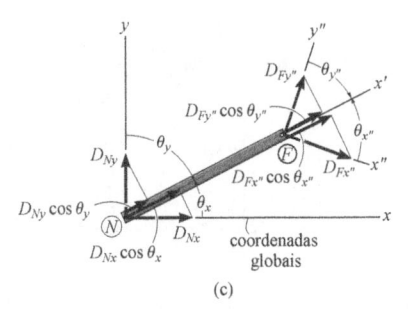

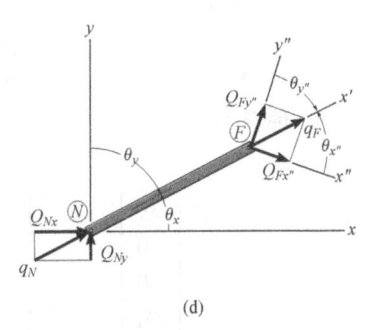

Figura 14.12

Exemplo 14.6

Determine as reações de apoio para a treliça mostrada na Figura 14.13a.

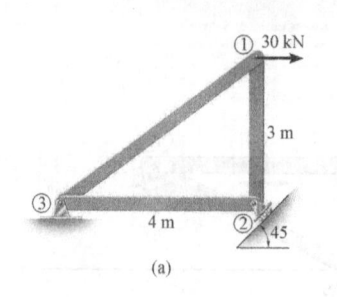

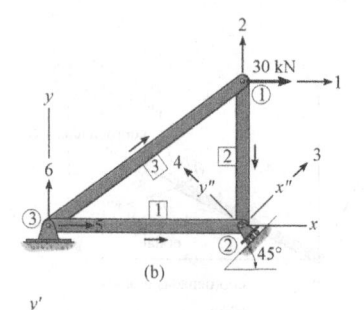

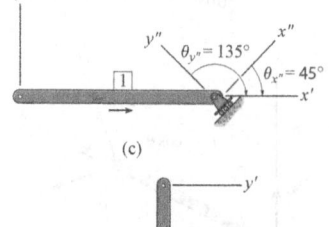

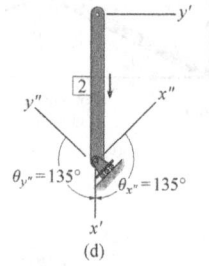

Figura 14.13

SOLUÇÃO

Notação. Tendo em vista que o apoio de rolo em ② está em um plano inclinado, precisamos usar coordenadas nodais neste nó. Os nós e membros estão numerados e os eixos x, y globais estabelecidos no nó ③ (Figura 14.13b). Observe que os números código 3 e 4 estão junto dos eixos x'', y'' a fim de usar a condição de que $D_4 = 0$.

Matrizes de rigidez do membro. As matrizes de rigidez para os membros 1 e 2 têm de ser desenvolvidas usando a Equação 14.24, tendo em vista que esses membros têm números código no sentido dos eixos global e nodal. A matriz de rigidez para o membro 3 é determinada da maneira usual.

Membro 1. Figura 14.13c, $\lambda_x = 1$, $\lambda_y = 0$, $\lambda_{x''} = 0{,}707$, $\lambda_{y''} = -0{,}707$.

$$\mathbf{k}_1 = AE \begin{bmatrix} 0{,}25 & 0 & -0{,}17675 & 0{,}17675 \\ 0 & 0 & 0 & 0 \\ -0{,}17675 & 0 & 0{,}125 & -0{,}125 \\ 0{,}17675 & 0 & -0{,}125 & 0{,}125 \end{bmatrix} \begin{matrix} 5 \\ 6 \\ 3 \\ 4 \end{matrix}$$

$$\begin{matrix} 5 & 6 & 3 & 4 \end{matrix}$$

Membro 2. Figura 14.13d, $\lambda_x = 0$, $\lambda_y = -1$, $\lambda_{x''} = -0{,}707$, $\lambda_{y''} = -0{,}707$.

$$\mathbf{k}_2 = AE \begin{bmatrix} 0 & 0 & 0 & 0 \\ 0 & 0{,}3333 & -0{,}2357 & -0{,}2357 \\ 0 & -0{,}2357 & 0{,}1667 & 0{,}1667 \\ 0 & -0{,}2357 & 0{,}1667 & 0{,}1667 \end{bmatrix} \begin{matrix} 1 \\ 2 \\ 3 \\ 4 \end{matrix}$$

$$\begin{matrix} 1 & 2 & 3 & 4 \end{matrix}$$

Membro 3. $\lambda_x = 0{,}8$, $\lambda_y = 0{,}6$.

$$\mathbf{k}_3 = AE \begin{bmatrix} 0{,}128 & 0{,}096 & -0{,}128 & -0{,}096 \\ 0{,}096 & 0{,}072 & -0{,}096 & -0{,}072 \\ -0{,}128 & -0{,}096 & 0{,}128 & 0{,}096 \\ -0{,}096 & -0{,}072 & 0{,}096 & 0{,}072 \end{bmatrix} \begin{matrix} 5 \\ 6 \\ 1 \\ 2 \end{matrix}$$

$$\begin{matrix} 5 & 6 & 1 & 2 \end{matrix}$$

Matriz de rigidez da estrutura. Reunindo essas matrizes para determinar a matriz de rigidez da estrutura, temos

$$\begin{bmatrix} 30 \\ 0 \\ 0 \\ \hline Q_4 \\ Q_5 \\ Q_6 \end{bmatrix} = AE \begin{bmatrix} 0{,}128 & 0{,}096 & 0 & 0 & -0{,}128 & -0{,}096 \\ 0{,}096 & 0{,}4053 & -0{,}2357 & -0{,}2357 & -0{,}096 & -0{,}072 \\ 0 & -0{,}2357 & 0{,}2917 & 0{,}0417 & -0{,}17675 & 0 \\ \hline 0 & -0{,}2357 & 0{,}0417 & 0{,}2917 & 0{,}17675 & 0 \\ -0{,}128 & -0{,}096 & -0{,}17675 & 0{,}17675 & 0{,}378 & 0{,}096 \\ -0{,}096 & -0{,}072 & 0 & 0 & 0{,}096 & 0{,}072 \end{bmatrix} \begin{bmatrix} D_1 \\ D_2 \\ D_3 \\ \hline 0 \\ 0 \\ 0 \end{bmatrix} \quad (1)$$

Levando adiante a multiplicação matricial das matrizes divididas superiores, os três deslocamentos desconhecidos **D** são determinados a partir da solução das equações simultâneas resultantes, isto é,

$$D_1 = \frac{352{,}5}{AE}$$

$$D_2 = \frac{-157{,}5}{AE}$$

$$D_3 = \frac{-127{,}3}{AE}$$

As reações desconhecidas **Q** são obtidas a partir da multiplicação das matrizes divididas inferiores na Equação (1). Usando os deslocamentos calculados, temos,

$$Q_4 = 0(352,5) - 0,2357(-157,5) + 0,0417(-127,3)$$
$$= 31,8 \text{ kN} \qquad (Resposta)$$

$$Q_5 = -0,128(352,5) - 0,096(-157,5) - 0,17675(-127,3)$$
$$= -7,5 \text{ kN} \qquad (Resposta)$$

$$Q_6 = -0,096(352.5) - 0,072(-157,5) + 0(-127,3)$$
$$= -22,5 \text{ kN} \qquad (Resposta)$$

14.8 Treliças tendo mudanças térmicas e erros de fabricação

Se alguns dos membros da treliça são sujeitos a um aumento ou redução no comprimento por causa de mudanças térmicas ou erros de fabricação, então é necessário usar o método da superposição para obter a solução. Isso exige três passos. Primeiro, as forças de extremidades fixas necessárias para *evitar* o movimento dos nós como aqueles causados pela temperatura ou fabricação são calculados. Segundo, as forças iguais, mas opostas, são colocadas na treliça nos nós e os deslocamentos dos nós são calculados usando a análise matricial. Por fim, as forças reais nos membros e as reações na treliça são determinadas superpondo esses dois resultados. Este procedimento, evidentemente, é necessário apenas se a treliça é indeterminada estaticamente. Se a treliça é determinada estaticamente, os deslocamentos nos nós podem ser calculados por esse método; entretanto, as mudanças de temperatura e erros de fabricação não afetarão as reações e as forças dos membros, tendo em vista que a treliça é livre para se ajustar a essas mudanças de comprimento.

Efeitos térmicos. Se um membro de treliça de comprimento L é sujeito a um aumento de temperatura ΔT, o membro passará por um aumento em comprimento de $\Delta L = \alpha \Delta T L$, onde α é o coeficiente de expansão térmica. Uma força compressiva q_0 aplicada ao membro causará uma redução no comprimento do membro de $\Delta L' = q_0 L/AE$. Se equacionarmos esses dois deslocamentos, então $q_0 = AE\alpha\Delta T$. Esta força manterá os nós do membro fixos como mostrado na Figura 14-14, e assim temos

$$(q_N)_0 = AE\alpha\Delta T$$
$$(q_F)_0 = -AE\alpha\Delta T$$

Perceba que se ocorrer uma redução de temperatura, então ΔT torna-se negativo e essas forças invertem o sentido para manter o membro em equilíbrio.

Podemos transformar essas duas forças em coordenadas globais usando a Equação 14.10, o que resulta em

$$\begin{bmatrix} (Q_{Nx})_0 \\ (Q_{Ny})_0 \\ (Q_{Fx})_0 \\ (Q_{Fy})_0 \end{bmatrix} = \begin{bmatrix} \lambda_x & 0 \\ \lambda_y & 0 \\ 0 & \lambda_x \\ 0 & \lambda_y \end{bmatrix} AE\alpha\Delta T \begin{bmatrix} 1 \\ -1 \end{bmatrix} = AE\alpha\Delta T \begin{bmatrix} \lambda_x \\ \lambda_y \\ -\lambda_x \\ -\lambda_y \end{bmatrix} \qquad (14.25)$$

Erros de fabricação. Se um membro de treliça é feito longo demais por um montante ΔL antes de ser encaixado em uma treliça, então a força q_0 necessária para manter o membro no seu comprimento de projeto L é $q_0 = AE\Delta L/L$, e assim para o membro na Figura 14.14, temos

$$(q_N)_0 = \frac{AE\Delta L}{L}$$

$$(q_F)_0 = -\frac{AE\Delta L}{L}$$

Se o membro é originariamente curto demais, então ΔL torna-se negativo e essas forças serão invertidas.

Em coordenadas globais, essas forças são

$$\begin{bmatrix} (Q_{Nx})_0 \\ (Q_{Ny})_0 \\ (Q_{Fx})_0 \\ (Q_{Fy})_0 \end{bmatrix} = \frac{AE\Delta L}{L} \begin{bmatrix} \lambda_x \\ \lambda_y \\ -\lambda_x \\ -\lambda_y \end{bmatrix} \quad (14.26)$$

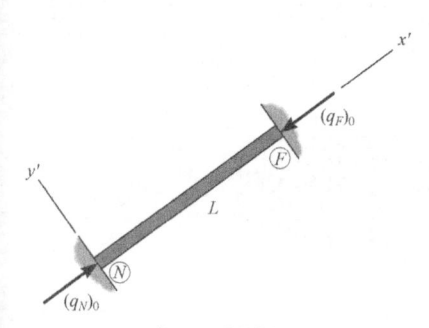

Figura 14.14

Análise matricial. No caso geral, com a treliça sujeita a forças aplicadas, mudanças de temperatura e erros de fabricação, a relação inicial de força-deslocamento inicial para a treliça torna-se então

$$\mathbf{Q} = \mathbf{KD} + \mathbf{Q}_0 \quad (14.27)$$

Aqui $\mathbf{Q}_0$ é uma matriz de coluna para a treliça inteira das forças de finais fixos iniciais causadas pelas mudanças de temperatura e erros de fabricação dos membros definidos nas Equações 14.25 e 14.26. Podemos dividir essa equação da seguinte forma

$$\begin{bmatrix} \mathbf{Q}_k \\ \mathbf{Q}_u \end{bmatrix} = \begin{bmatrix} \mathbf{K}_{11} & \mathbf{K}_{12} \\ \mathbf{K}_{21} & \mathbf{K}_{22} \end{bmatrix} \begin{bmatrix} \mathbf{D}_u \\ \mathbf{D}_k \end{bmatrix} + \begin{bmatrix} (\mathbf{Q}_k)_0 \\ (\mathbf{Q}_u)_0 \end{bmatrix}$$

Levando adiante a multiplicação, obtemos

$$\mathbf{Q}_k = \mathbf{K}_{11}\mathbf{D}_u + \mathbf{K}_{12}\mathbf{D}_k + (\mathbf{Q}_k)_0 \quad (14.28)$$

$$\mathbf{Q}_u = \mathbf{K}_{21}\mathbf{D}_u + \mathbf{K}_{22}\mathbf{D}_k + (\mathbf{Q}_u)_0 \quad (14.29)$$

De acordo com o procedimento de superposição descrito acima, os deslocamentos desconhecidos $\mathbf{D}_u$ são determinados a partir da primeira equação subtraindo $\mathbf{K}_{12}\mathbf{D}_k$ e $(\mathbf{Q}_k)_0$ de ambos os lados e então solucionando para $\mathbf{D}_u$. Isso resulta em

$$\mathbf{D}_u = \mathbf{K}_{11}^{-1}(\mathbf{Q}_k - \mathbf{K}_{12}\mathbf{D}_k - (\mathbf{Q}_k)_0)$$

Uma vez que esses deslocamentos nodais tenham sido obtidos, as forças dos membros são então determinadas por superposição, isto é,

$$\mathbf{q} = \mathbf{k'TD} + \mathbf{q}_0$$

Se essa equação é expandida para determinar a força na extremidade afastada do membro, obtemos

$$q_F = \frac{AE}{L} \begin{bmatrix} -\lambda_x & -\lambda_y & \lambda_x & \lambda_y \end{bmatrix} \begin{bmatrix} D_{Nx} \\ D_{Ny} \\ D_{Fx} \\ D_{Fy} \end{bmatrix} + (q_F)_0 \quad (14.30)$$

Esse resultado é similar à Equação 14.23, exceto que aqui temos o termo adicional $(q_F)_0$ que representa a força inicial de extremidade fixa do membro em razão de mudanças de temperatura e/ou erro de fabricação como definido previamente. Perceba que se o resultado calculado dessa equação é negativo, o membro estará em compressão.

Os dois exemplos a seguir ilustram a aplicação desse procedimento.

Exemplo 14.7

Determine a força nos membros 1 e 2 do conjunto ligado por pinos da Figura 14.15 se o membro 2 foi feito 0,01 m curto demais antes de ser encaixado no lugar. Considere $AE = 8(10^3)$ kN.

SOLUÇÃO

Tendo em vista que o membro é curto, então $\Delta L = -0,01$ m e, portanto, aplicando a Equação 14.26 ao membro 2, com $\lambda_x = -0,8$, $\lambda_y = -0,6$, temos

$$\begin{bmatrix} (Q_1)_0 \\ (Q_2)_0 \\ (Q_5)_0 \\ (Q_6)_0 \end{bmatrix} = \frac{AE(-0,01)}{5} \begin{bmatrix} -0,8 \\ -0,6 \\ 0,8 \\ 0,6 \end{bmatrix} = AE \begin{bmatrix} 0,0016 \\ 0,0012 \\ -0,0016 \\ -0,0012 \end{bmatrix} \begin{matrix} 1 \\ 2 \\ 5 \\ 6 \end{matrix}$$

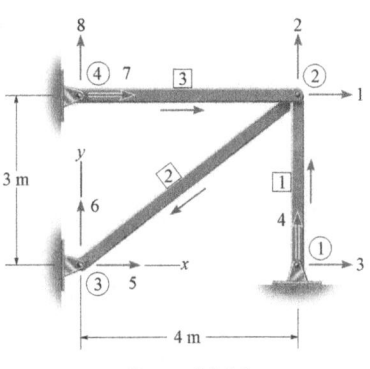

Figura 14.15

A matriz de rigidez da estrutura para esse conjunto foi estabelecida no Exemplo 14.5. Aplicando a Equação 14.27, temos

$$\begin{bmatrix} 0 \\ 0 \\ Q_3 \\ Q_4 \\ Q_5 \\ Q_6 \\ Q_7 \\ Q_8 \end{bmatrix} = AE \begin{bmatrix} 0,378 & 0,096 & 0 & 0 & -0,128 & -0,096 & -0,25 & 0 \\ 0,096 & 0,405 & 0 & -0,333 & -0,096 & -0,072 & 0 & 0 \\ 0 & 0 & 0 & 0 & 0 & 0 & 0 & 0 \\ 0 & -0,333 & 0 & 0,333 & 0 & 0 & 0 & 0 \\ -0,128 & -0,096 & 0 & 0 & 0,128 & 0,096 & 0 & 0 \\ -0,096 & -0,072 & 0 & 0 & 0,096 & 0,072 & 0 & 0 \\ -0,25 & 0 & 0 & 0 & 0 & 0 & 0,25 & 0 \\ 0 & 0 & 0 & 0 & 0 & 0 & 0 & 0 \end{bmatrix} \begin{bmatrix} D_1 \\ D_2 \\ 0 \\ 0 \\ 0 \\ 0 \\ 0 \\ 0 \end{bmatrix} + AE \begin{bmatrix} 0,0016 \\ 0,0012 \\ 0 \\ 0 \\ -0,0016 \\ -0,0012 \\ 0 \\ 0 \end{bmatrix} \quad (1)$$

Dividindo as matrizes conforme mostrado e levando adiante a multiplicação para obter as equações para os deslocamentos desconhecidos produz-se

$$\begin{bmatrix} 0 \\ 0 \end{bmatrix} = AE \begin{bmatrix} 0,378 & 0,096 \\ 0,096 & 0,405 \end{bmatrix} \begin{bmatrix} D_1 \\ D_2 \end{bmatrix} + AE \begin{bmatrix} 0 & 0 & -0,128 & -0,096 & -0,25 & 0 \\ 0 & -0,333 & -0,096 & -0,072 & 0 & 0 \end{bmatrix} \begin{bmatrix} 0 \\ 0 \\ 0 \\ 0 \\ 0 \\ 0 \end{bmatrix} + AE \begin{bmatrix} 0,0016 \\ 0,0012 \end{bmatrix}$$

que resulta em

$$0 = AE[0,378D_1 + 0,096D_2] + AE[0] + AE[0,0016]$$
$$0 = AE[0,096D_1 + 0,405D_2] + AE[0] + AE[0,0012]$$

Solucionando essas equações simultaneamente,

$$D_1 = -0,003704 \text{ m}$$
$$D_2 = -0,002084 \text{ m}$$

Apesar de não ser necessário, as reações **Q** podem ser calculadas a partir da expansão da Equação (1) seguindo o formato da Equação 14.29.

A fim de determinar a força nos membros 1 e 2, temos de aplicar a Equação 14.30, caso em que temos

Membro 1. $\lambda_x = 0$, $\lambda_y = 1$, $L = 3$ m, $AE = 8(10^3)$ kN, de maneira que

$$q_1 = \frac{8(10^3)}{3} \begin{bmatrix} 0 & -1 & 0 & 1 \end{bmatrix} \begin{bmatrix} 0 \\ 0 \\ -0,003704 \\ -0,002084 \end{bmatrix} + [0]$$

$$q_1 = -5,56 \text{ kN} \qquad \qquad (Resposta)$$

Membro 2. $\lambda_x = -0,8$, $\lambda_y = -0,6$, $L = 5$ m, $AE = 8(10^3)$ kN, de maneira que

$$q_2 = \frac{8(10^3)}{5}[0,8 \quad 0,6 \quad -0,8 \quad -0,6]\begin{bmatrix} -0,003704 \\ -0,002084 \\ 0 \\ 0 \end{bmatrix} - \frac{8(10^3)(-0,01)}{5}$$

$$q_2 = 9,26 \text{ kN} \hspace{5em} (Resposta)$$

Exemplo 14.8

O membro 2 da treliça mostrada na Figura 14.16 é sujeito a um aumento na temperatura de 83,3°C. Determine a força desenvolvida no membro 2. Considere $\alpha = 11,7(10^{-6})$/°C, $E = 200$ GPa. Cada membro tem uma área de seção transversal de $A = 484$ mm².

SOLUÇÃO

Tendo em vista que há um aumento de temperatura, $\Delta T = +83,3$°C. Aplicando a Equação 14.25 ao membro 2, onde $\lambda_x = 0,7071$, $\lambda_y = 0,7071$, temos

$$\begin{bmatrix} (Q_1)_0 \\ (Q_2)_0 \\ (Q_7)_0 \\ (Q_8)_0 \end{bmatrix} = AE(11,7)(10^{-6})(83,3)\begin{bmatrix} 0,7071 \\ 0,7071 \\ -0,7071 \\ -0,7071 \end{bmatrix} = AE\begin{bmatrix} 0,000689325 \\ 0,000689325 \\ -0,000689325 \\ -0,000689325 \end{bmatrix}\begin{matrix} 1 \\ 2 \\ 7 \\ 8 \end{matrix}$$

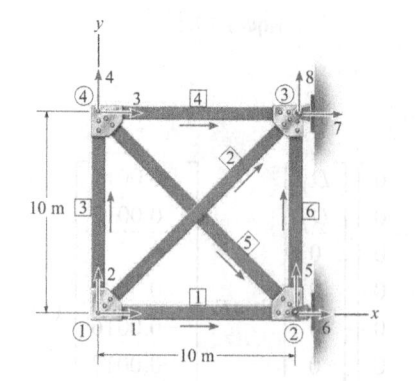

Figura 14.16

A matriz de rigidez para esta treliça foi desenvolvida no Exemplo 14.2.

$$\begin{bmatrix} 0 \\ 0 \\ 0 \\ 0 \\ 0 \\ \hline Q_6 \\ Q_7 \\ Q_8 \end{bmatrix} = AE \begin{bmatrix} 0,135 & 0,035 & 0 & 0 & 0 & -0,1 & -0,035 & -0,035 \\ 0,035 & 0,135 & 0 & -0,1 & 0 & 0 & -0,035 & -0,035 \\ 0 & 0 & 0,135 & -0,035 & 0,035 & -0,035 & -0,1 & 0 \\ 0 & -0,1 & -0,035 & 0,135 & -0,035 & 0,035 & 0 & 0 \\ 0 & 0 & 0,035 & -0,035 & 0,135 & -0,035 & 0 & -0,1 \\ \hline -0,1 & 0 & -0,035 & 0,035 & -0,035 & 0,135 & 0 & 0 \\ -0,035 & -0,035 & -0,1 & 0 & 0 & 0 & 0,135 & 0,035 \\ -0,035 & -0,035 & 0 & 0 & -0,1 & 0 & 0,035 & 0,135 \end{bmatrix}\begin{bmatrix} D_1 \\ D_2 \\ D_3 \\ D_4 \\ D_5 \\ \hline 0 \\ 0 \\ 0 \end{bmatrix} + AE \begin{bmatrix} 0,000689325 \\ 0,000689325 \\ 0 \\ 0 \\ 0 \\ \hline 0 \\ -0,000689325 \\ -0,000689325 \end{bmatrix}\begin{matrix} 1 \\ 2 \\ 3 \\ 4 \\ 5 \\ 6 \\ 7 \\ 8 \end{matrix} \quad (1)$$

Expandindo para determinar as equações dos deslocamentos desconhecidos, e solucionando estas equações simultaneamente, resulta em

$$D_1 = -0,002027 \text{ m}$$
$$D_2 = -0,01187 \text{ m}$$
$$D_3 = -0,002027 \text{ m}$$
$$D_4 = -0,009848 \text{ m}$$
$$D_5 = -0,002027 \text{ m}$$

Usando a Equação 14.30 para determinar a força no membro 2, temos

$$q_2 = \frac{484[200]}{10\sqrt{2}}[-0,707 \quad -0,707 \quad 0,707 \quad 0,707]\begin{bmatrix} -0,002027 \\ -0,01187 \\ 0 \\ 0 \end{bmatrix} - 484(200)[11,7(10^{-6})](83,3)$$

$$= -27,09 \text{ kN} \hspace{5em} (Resposta)$$

Observe que o aumento de temperatura do membro 2 não causará nenhuma reação na treliça, tendo em vista que externamente a treliça é determinada estaticamente. Para demonstrar isso, considere a expansão matricial da Equação (1) para determinar as reações. Usando os resultados para os deslocamentos, temos

$Q_6 = AE\,[-0{,}1\,(-0{,}002027) + 0 - 0{,}035\,(-0{,}002027)$
$\qquad + 0{,}035\,(-0{,}009848) - 0{,}035\,(-0{,}002027)\,] + AE\,[0] = 0$

$Q_7 = AE\,[-0{,}035\,(-0{,}002027) - 0{,}035\,(-0{,}01187)$
$\qquad - 0{,}1\,(-0{,}002027) + 0 + 0] + AE\,[-0{,}000689325] = 0$

$Q_8 = AE\,[-0{,}035\,(-0{,}002027) - 0{,}035\,(-0{,}01187) + 0$
$\qquad + 0 - 0{,}1\,(-0{,}002027)\,] + AE\,[-0{,}000689325] = 0$

14.9 Análise de treliça espacial

A análise tanto de treliças espaciais determinadas estaticamente quanto de treliças espaciais indeterminadas estaticamente pode ser realizada usando o mesmo procedimento discutido anteriormente. Entretanto, para levar em consideração os aspectos tridimensionais do problema elementos adicionais têm de ser incluídos na matriz de transformação **T**. Com esse intuito, considere o membro de treliça mostrado na Figura 14.17. A matriz de rigidez para o membro definida em termos da coordenada x' local é dada pela Equação 14.4. Além disso, examinando a Figura 14.17, os cossenos diretores entre as coordenadas global e local podem ser encontrados usando equações análogas às Equações 14.5 e 14.6, isto é,

$$\lambda_x = \cos\theta_x = \frac{x_F - x_N}{L}$$
$$= \frac{x_F - x_N}{\sqrt{(x_F - x_N)^2 + (y_F - y_N)^2 + (z_F - z_N)^2}} \quad (14.31)$$

$$\lambda_y = \cos\theta_y = \frac{y_F - y_N}{L}$$
$$= \frac{y_F - y_N}{\sqrt{(x_F - x_N)^2 + (y_F - y_N)^2 + (z_F - z_N)^2}} \quad (14.32)$$

$$\lambda_z = \cos\theta_z = \frac{z_F - z_N}{L}$$
$$= \frac{z_F - z_N}{\sqrt{(x_F - x_N)^2 + (y_F - y_N)^2 + (z_F - z_N)^2}} \quad (14.33)$$

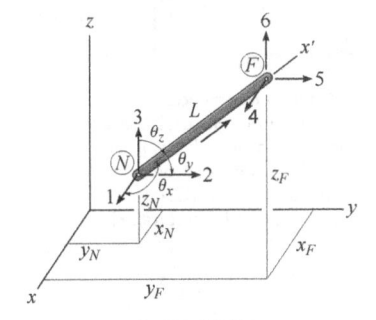

Figura 14.17

Como consequência da terceira dimensão, a matriz de transformação (Equação 14.9), torna-se

$$\mathbf{T} = \begin{bmatrix} \lambda_x & \lambda_y & \lambda_z & 0 & 0 & 0 \\ 0 & 0 & 0 & \lambda_x & \lambda_y & \lambda_z \end{bmatrix}$$

Substituindo isto e a Equação 14.4 na Equação 14.5, $\mathbf{k} = \mathbf{T}^T\mathbf{k}'\mathbf{T}$, resulta em

$$\mathbf{k} = \begin{bmatrix} \lambda_x & 0 \\ \lambda_y & 0 \\ \lambda_z & 0 \\ 0 & \lambda_x \\ 0 & \lambda_y \\ 0 & \lambda_z \end{bmatrix} \frac{AE}{L} \begin{bmatrix} 1 & -1 \\ -1 & 1 \end{bmatrix} \begin{bmatrix} \lambda_x & \lambda_y & \lambda_z & 0 & 0 & 0 \\ 0 & 0 & 0 & \lambda_x & \lambda_y & \lambda_z \end{bmatrix}$$

Realizando a multiplicação de matriz resulta na matriz *simétrica*

$$\mathbf{k} = \frac{AE}{L} \begin{bmatrix} \lambda_x^2 & \lambda_x\lambda_y & \lambda_x\lambda_z & -\lambda_x^2 & -\lambda_x\lambda_y & -\lambda_x\lambda_z \\ \lambda_y\lambda_x & \lambda_y^2 & \lambda_y\lambda_z & -\lambda_y\lambda_x & -\lambda_y^2 & -\lambda_y\lambda_z \\ \lambda_z\lambda_x & \lambda_z\lambda_y & \lambda_z^2 & -\lambda_z\lambda_x & -\lambda_z\lambda_y & -\lambda_z^2 \\ -\lambda_x^2 & -\lambda_x\lambda_y & -\lambda_x\lambda_z & \lambda_x^2 & \lambda_x\lambda_y & \lambda_x\lambda_z \\ -\lambda_y\lambda_x & -\lambda_y^2 & -\lambda_y\lambda_z & \lambda_y\lambda_x & \lambda_y^2 & \lambda_y\lambda_z \\ -\lambda_z\lambda_x & -\lambda_z\lambda_y & -\lambda_z^2 & \lambda_z\lambda_x & \lambda_z\lambda_y & \lambda_z^2 \end{bmatrix} \begin{matrix} N_x \\ N_y \\ N_z \\ F_x \\ F_y \\ F_z \end{matrix}$$

(14.34)

Essa equação representa a *matriz de rigidez do membro* expressa em *coordenadas globais*. Os números código junto às linhas e colunas dizem respeito aos sentidos x, y, z na extremidade próxima, N_x, N_y, N_z, seguidos por aqueles na extremidade afastada, F_x, F_y, F_z.

Para a programação de computadores, geralmente é mais eficiente usar a Equação 14.34 do que realizar a multiplicação de matriz $\mathbf{T}^T\mathbf{k'T}$ para cada membro. O espaço de armazenamento do computador é poupado se a matriz de rigidez "da estrutura" $\mathbf{K}$ for inicializada primeiro com todos os elementos zero; então, à medida que os elementos de cada matriz de rigidez de membro são gerados, eles são colocados diretamente em suas posições em $\mathbf{K}$. Após a matriz de rigidez da estrutura ter sido desenvolvida, o mesmo procedimento delineado na Seção 14.6 pode ser seguido para determinar os deslocamentos de nós, reações de apoio e forças internas de membros.

A estrutura aporticada deste hangar de aeronaves é construída inteiramente de treliças a fim de reduzir significativamente o peso da estrutura. (*Cortesia da Bethlehem Steel Corporation*).

Problemas

P14.1. Determine a matriz de rigidez $\mathbf{K}$ para o conjunto. Considere $A = 300$ mm^2 e $E = 200$ GPa para cada membro.

P14.2. Determine os deslocamentos horizontal e vertical no nó ③ do conjunto no Problema P14.1.

P14.3. Determine a força em cada membro do conjunto no Problema P14.1.

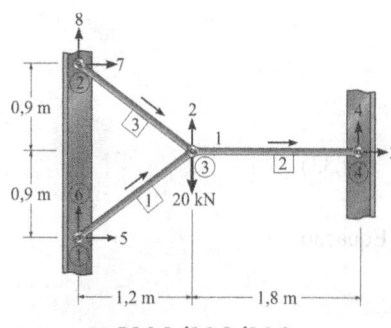

P14.1/14.2/14.3

*P14.4. Determine a matriz de rigidez $\mathbf{K}$ para a treliça. Considere $A = 1.000$ mm^2, $E = 200$ GPa.

P14.5. Determine o deslocamento horizontal do nó ① e a força no membro ②. Considere $A = 1.000$ mm^2, $E = 200$ GPa.

P14.6. Determine a força no membro ② se a sua temperatura for aumentada em 55°C. Considere $A = 1.000$ mm^2, $E = 200$ GPa, $\alpha = 11,7(10^{-6})$/°C.

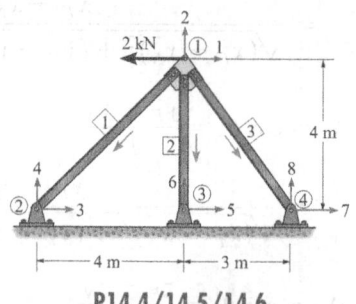

P14.4/14.5/14.6

P14.7. Determine a matriz de rigidez $\mathbf{K}$ para a treliça. Considere $A = 0,0015$ m^2 e $E = 200$ GPa para cada membro.

*P14.8. Determine o deslocamento vertical no nó ② e a força no membro ⑤. Considere $A = 0,0015$ m^2 e $E = 200$ GPa.

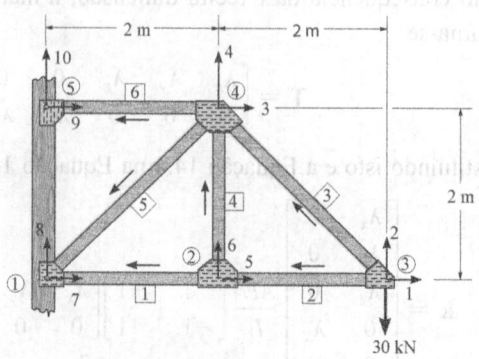

P14.7/14.8

P14.9. Determine a matriz de rigidez **K** para a treliça. Considere $A = 0{,}0015$ m² e $E = 200$ GPa para cada membro.

P14.10. Determine a força no membro $\boxed{5}$. Considere $A = 0{,}0015$ m² e $E = 200$ GPa para cada membro.

P14.11. Determine o deslocamento vertical do nó ② se o membro $\boxed{6}$ fosse 10 mm mais comprido antes de ser encaixado na treliça. Para a solução, remova a carga 20 kN. Considere $A = 0{,}0015$ m² e $E = 200$ GPa para cada membro.

P14.9/14.10/14.11

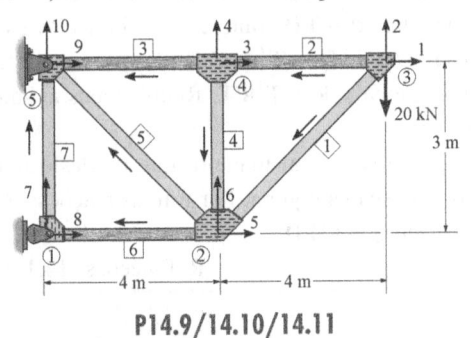

*P14.12. Determine a matriz de rigidez **K** para a treliça. Considere $A = 0{,}0015$ m², $E = 200$ GPa.

P14.13. Determine o deslocamento horizontal do nó ② e a força no membro $\boxed{5}$. Considere $A = 0{,}0015$ m², $E = 200$ GPa. Despreze o elo curto em ②.

P14.14. Determine a força no membro $\boxed{3}$ se este membro fosse 1 mm mais curto antes de ser encaixado na treliça. Considere $A = 0{,}0015$ m². $E = 200$ GPa. Despreze o elo curto em ②.

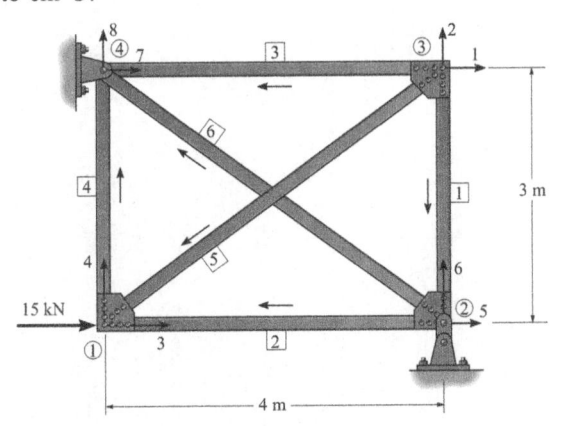

P14.12/14.13/14.14

P14.15. Determine a matriz de rigidez **K** para a treliça. AE é constante.

*P14.16. Determine o deslocamento vertical do nó ② e as reações de apoio. AE é constante.

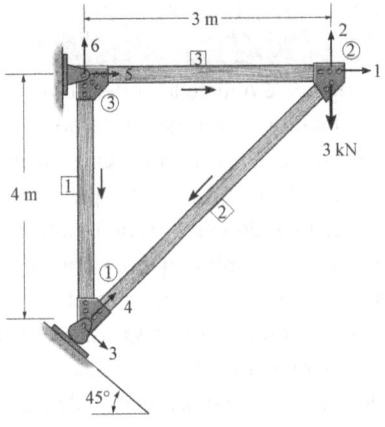

P14.15/14.16

P14.17. Use um programa de computador e determine as reações na treliça e a força em cada membro. AE é constante.

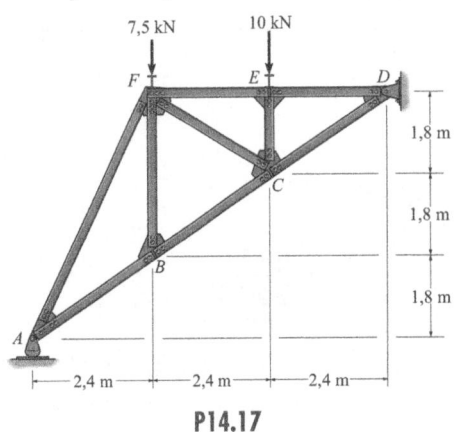

P14.17

P14.18. Use um programa de computador e determine as reações na treliça e a força em cada membro. AE é constante.

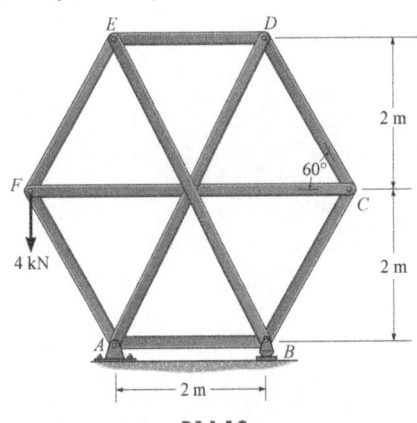

P14.18

REVISÃO DO CAPÍTULO

O método de rigidez é o método preferido para analisar estruturas usando um computador. Ele primeiro exige identificar o número de elementos estruturais e de nós. As coordenadas globais para a estrutura inteira são então estabelecidas e o sistema de coordenadas local de cada membro é localizado de maneira que sua origem está em uma extremidade próxima selecionada, de tal maneira que o eixo x' positivo estende-se na direção da extremidade afastada.

A formulação do método exige primeiro que cada matriz de rigidez de membro $\mathbf{k'}$ seja construída. Ela relaciona as cargas nas extremidades do membro, $\mathbf{q}$, com seus deslocamentos, $\mathbf{d}$, onde $\mathbf{q} = \mathbf{k'd}$. Então, usando a matriz de transformação $\mathbf{T}$, os deslocamentos locais $\mathbf{d}$ são relacionados aos deslocamentos globais $\mathbf{D}$, onde $\mathbf{d} = \mathbf{TD}$. Também, as forças locais $\mathbf{q}$ são transformadas em forças globais $\mathbf{Q}$ usando a matriz de transformação $\mathbf{T}$, isto é, $\mathbf{Q} = \mathbf{T}^T\mathbf{q}$. Quando essas matrizes são combinadas, obtemos a matriz de rigidez de membro $\mathbf{K}$ em coordenadas globais, $\mathbf{k} = \mathbf{T}^T\mathbf{k'T}$. Reunir todas as matrizes de rigidez do membro produz a matriz de rigidez $\mathbf{K}$ para a estrutura inteira.

Os deslocamentos e cargas na estrutura são então obtidos dividindo $\mathbf{Q} = \mathbf{KD}$, de tal maneira que os deslocamentos desconhecidos sejam obtidos de $\mathbf{D}_u = [\mathbf{K}_{11}]^{-1}\mathbf{Q}_k$, contanto que os apoios não se desloquem. Por fim, as reações de apoio são obtidas de $\mathbf{Q}_u = \mathbf{K}_{21}\,D_u$ e cada força de membro é calculada a partir de $\mathbf{q} = \mathbf{k'TD}$.

(Ref. seções: 14.1 a 14.6)

A carga indeterminada estaticamente em vigas mestras de pontes que são contínuas sobre seus pilares pode ser determinada com o emprego do método da rigidez.

CAPÍTULO 15

Análise de viga usando o método da rigidez

Os conceitos apresentados no capítulo anterior serão ampliados aqui e aplicados à análise de vigas. Será demonstrado que uma vez que a matriz de rigidez do membro e a matriz de transformação tenham sido desenvolvidas, o procedimento para aplicação é exatamente o mesmo que o aplicado para treliças. Uma consideração especial será dada a casos de recalque diferencial e temperatura.

15.1 Observações preliminares

Antes de mostrarmos como o método de rigidez se aplica a vigas, primeiro discutiremos alguns conceitos e definições preliminares relacionados a esses membros.

Identificação de membros e nós. A fim de aplicar o método da rigidez a vigas, temos primeiro de determinar como subdividir a viga nos elementos finitos que a compõem. Em geral, cada elemento tem de ser livre de carga e ter uma seção transversal prismática. Por essa razão, os nós de cada elemento estão localizados em um apoio ou em pontos quando os membros estão ligados, onde uma força externa é aplicada, onde a área da seção transversal subitamente muda, ou quando o deslocamento rotacional ou vertical em um ponto deve ser determinado. Por exemplo, considere a viga na Figura 15.1a. Usando o mesmo esquema que aquele para treliças, quatro nós são numericamente especificados dentro de um círculo e os três elementos são numericamente identificados dentro de um quadrado. Observe também que as extremidades "próxima" e "afastada" de cada elemento são identificadas pelas setas escritas ao lado de cada elemento.

(a)

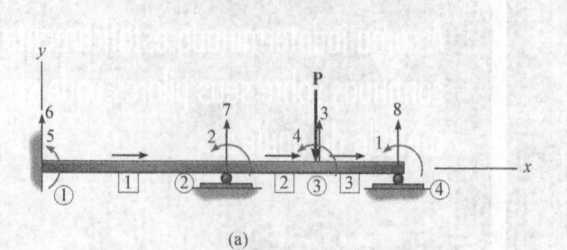

Figura 15.1

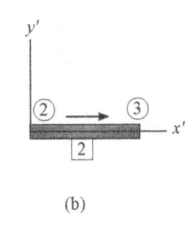

Coordenadas globais e locais. O sistema de coordenadas global será identificado usando os eixos x, y, z que geralmente têm sua origem em um nó e estão posicionados de maneira que os nós em outros pontos na viga tenham todos coordenadas positivas (Figura 15.1a). As coordenadas x', y', z' de membros ou locais têm suas origens na extremidade "próxima" de cada elemento, e o eixo x' positivo é direcionado para a extremidade "afastada". A Figura 15.1b mostra essas coordenadas para o elemento 2. Em ambos os casos usamos um sistema de coordenadas de mão direita, de maneira que se os dedos da mão direita estão curvados do eixo x (x') para o eixo y (y'), o polegar aponta na direção positiva do eixo z (z'), que está direcionado para fora da página. Observe que para cada elemento de viga os eixos x e x' serão colineares e as coordenadas globais e locais estarão todas em paralelo. Portanto, diferentemente do caso para as treliças, aqui não precisaremos desenvolver matrizes de transformação entre esses sistemas de coordenadas.

Indeterminação cinemática. Uma vez que os elementos e nós tenham sido identificados e o sistema de coordenadas global tenha sido estabelecido, os graus de liberdade para a viga e sua determinação cinemática podem ser determinados. Se considerarmos os efeitos tanto da flexão quanto do cisalhamento, então *cada nó* em uma viga pode ter dois graus de liberdade, a saber, um deslocamento vertical e uma rotação. Como no caso de treliças, esses deslocamentos rotacionais e lineares serão identificados por números código. Os números código mais baixos serão usados para identificar os deslocamentos desconhecidos (graus de liberdade não restringidos) e os números mais altos serão usados para identificar os deslocamentos conhecidos (graus de liberdade restringidos). Lembre-se que a razão para escolher este método de identificação está relacionada à conveniência de mais tarde dividir a matriz de rigidez da estrutura, de modo que os deslocamentos desconhecidos possam ser calculados da maneira mais direta.

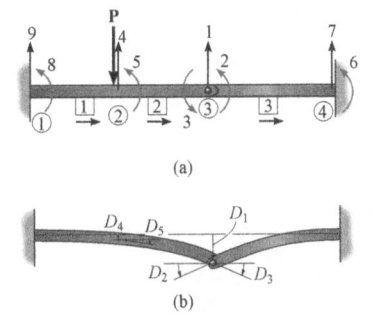

Para mostrar um exemplo de rotulagem de número código, considere novamente a viga contínua na Figura 15.1a. Aqui a viga é indeterminada cinematicamente de quarto grau. Há oito graus de liberdade, para os quais os números código de 1 a 4 representam os deslocamentos desconhecidos, e os números de 5 a 8 representam os deslocamentos conhecidos, que neste caso são todos zero. Como outro exemplo, a viga na Figura 15.2a pode ser subdividida em três elementos e quatro nós. Em particular, observe que a articulação interna no nó 3 deflete o mesmo para ambos elementos 2 e 3; entretanto, a rotação na extremidade de cada elemento é diferente. Por essa razão, três números código são usados para mostrar essas deflexões. Aqui há nove graus de liberdade, cinco dos quais são desconhecidos, como mostrado na Figura 15.2b, e quatro conhecidos; novamente eles são todos zero. Por fim, considere o mecanismo deslizante usado na viga na Figura 15.3a, e assim há cinco componentes de deflexão desconhecidos rotulados com os números código mais baixos. A viga é indeterminada cinematicamente de quinto grau.

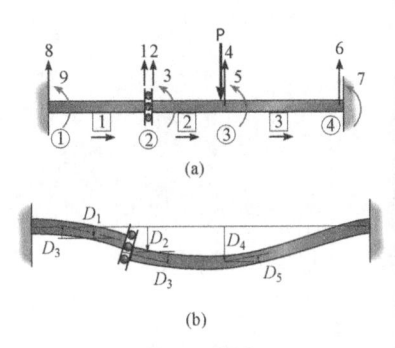

O desenvolvimento do método da rigidez para vigas segue um procedimento similar àquele usado para treliças. Primeiro, temos de estabelecer a matriz de rigidez para cada elemento, e então essas matrizes são combinadas para formar a matriz de rigidez da viga ou estrutura. Usando a equação de matriz da estrutura, podemos então proceder para determinar os deslocamentos desconhecidos nos nós e a partir daí determinar as reações na viga e o cortante interno e momento nos nós.

15.2 Matriz de rigidez de membro da viga

Nesta seção desenvolveremos a matriz de rigidez para um elemento de viga ou membro tendo uma área de seção transversal constante e referenciada a partir do sistema de coordenadas locais x', y', z' local (Figura 15.4). A origem das coordenadas

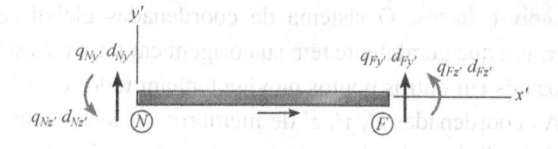

Figura 15.4

é colocada na extremidade "próxima" N e o eixo x' positivo estende-se na direção da extremidade "afastada" F. Há duas reações em cada extremidade do elemento, que consistem das forças cortantes $q_{Ny'}$ e $q_{Fy'}$ e momentos fletores $q_{Nz'}$ e $q_{Fz'}$. Todas essas cargas atuam nas direções de coordenadas positivas. Em particular, os momentos $q_{Nz'}$ e $q_{Fz'}$ são positivos no *sentido anti-horário*, tendo em vista que pela regra da mão direita os vetores de momento são então direcionados ao longo eixo z' positivo, que está fora da página.

Deslocamentos lineares e angulares associados com essas cargas também seguem essa mesma convenção de sinais positiva. Agora introduziremos cada um desses deslocamentos separadamente e então determinaremos as cargas atuando no membro causadas por cada deslocamento.

Deslocamentos y'. Quando um deslocamento positivo $d_{Ny'}$ é introduzido enquanto outros deslocamentos possíveis são evitados, as forças cortantes e os momentos fletores resultantes e que são criados são mostrados na Figura 15.5a. Em particular, o momento foi desenvolvido na Seção 11.2 como Equação 11.5. De maneira semelhante, quando $d_{Fy'}$ é introduzido, as forças cortantes e momentos fletores resultantes são dados na Figura 15.5b.

Rotações z'. Se uma rotação positiva $d_{Nz'}$ é introduzida enquanto todos os outros deslocamentos possíveis são impedidos, as forças cortantes e momentos fletores resultantes necessários para a deformação são mostrados na Figura 15.6a. Em particular, os resultados de momento foram desenvolvidos na Seção 11.2 como Equações 11.1 e 11.2. De maneira semelhante, quando $d_{Fz'}$ é introduzido, as cargas resultantes são mostradas na Figura 15.6b.

Por superposição, se os resultados nas figuras 15.5 e 15.6 são somados, as quatro relações de carga-deslocamento resultantes para o membro podem ser expressas em forma matricial como

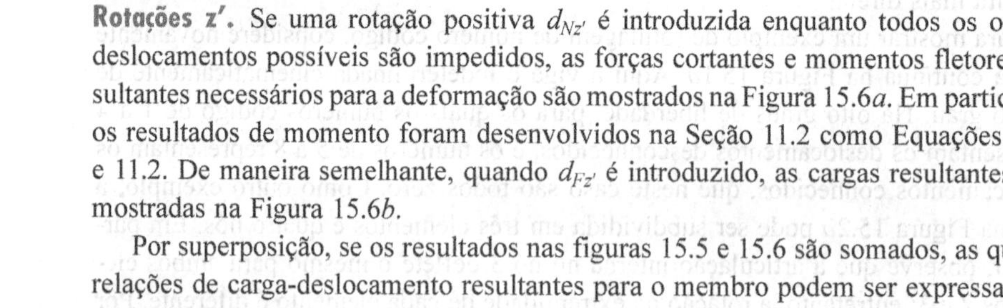

Figura 15.5

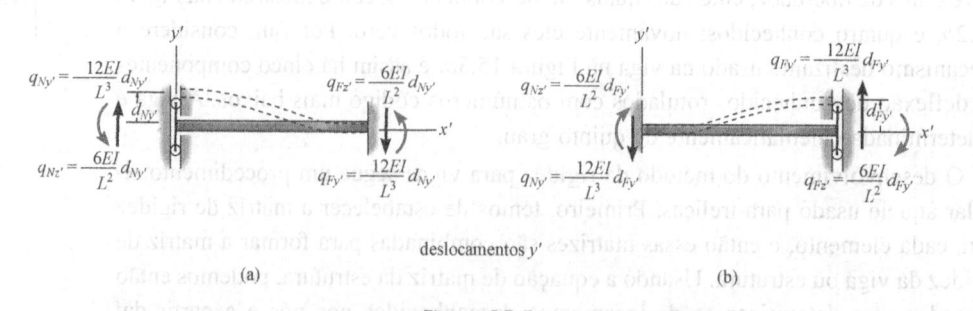

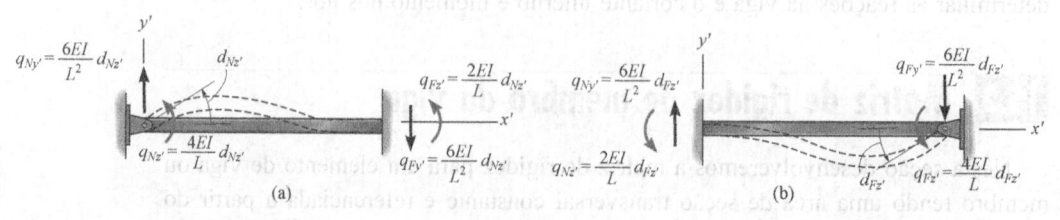

Figura 15.6

$$\begin{bmatrix} q_{Ny'} \\ q_{Nz'} \\ q_{Fy'} \\ q_{Fz'} \end{bmatrix} = \begin{bmatrix} \dfrac{12EI}{L^3} & \dfrac{6EI}{L^2} & -\dfrac{12EI}{L^3} & \dfrac{6EI}{L^2} \\ \dfrac{6EI}{L^2} & \dfrac{4EI}{L} & -\dfrac{6EI}{L^2} & \dfrac{2EI}{L} \\ -\dfrac{12EI}{L^3} & -\dfrac{6EI}{L^2} & \dfrac{12EI}{L^3} & -\dfrac{6EI}{L^2} \\ \dfrac{6EI}{L^2} & \dfrac{2EI}{L} & -\dfrac{6EI}{L^2} & \dfrac{4EI}{L} \end{bmatrix} \begin{bmatrix} d_{Ny'} \\ d_{Nz'} \\ d_{Fy'} \\ d_{Fz'} \end{bmatrix} \quad (15.1)$$

Essas equações também podem ser escritas de forma abreviada como

$$\mathbf{q} = \mathbf{kd} \quad (15.2)$$

A matriz simétrica **k** na Equação 15.1 é referida como a *matriz de rigidez do membro*. Os 16 coeficientes de influência $\mathbf{k}_{ij}$ que a compreendem representam os deslocamentos de força cortante e momento fletor do membro. Fisicamente, esses coeficientes representam a carga no membro quando o membro passa por um deslocamento unitário especificado. Por exemplo, se $d_{Ny'} = 1$ (Figura 15.5a), *enquanto todos outros deslocamentos são zero*, o membro será sujeito apenas às quatro cargas indicadas na primeira coluna da matriz **k**. De maneira similar, as outras colunas da matriz **k** são as cargas dos membros para deslocamentos unitários identificados pelos números código de graus de liberdade listados acima das colunas. Do desenvolvimento, tanto o equilíbrio, quanto a compatibilidade dos deslocamentos foram satisfeitos. Também, deve ser observado que esta matriz é a mesma tanto nas coordenadas locais, quanto globais, tendo em vista que os eixos x', y', z' são paralelos a x, y, z e, portanto, as matrizes de transformação não são necessárias entre as coordenadas.

15.3 Matriz de rigidez de estrutura de viga

Uma vez que todas as matrizes de rigidez dos membros tenham sido calculadas, temos de montá-las na matriz de rigidez de estrutura **K**. Esse processo depende primeiro em saber a *localização* de cada elemento na matriz de rigidez. Aqui as linhas e colunas de cada matriz **k** (Equação 15.1) são identificadas pelos dois números código na extremidade próxima do membro ($N_{y'}$, $N_{z'}$) seguidas por aqueles na extremidade afastada ($F_{y'}$, $F_{z'}$). Portanto, quando montando as matrizes, cada elemento tem de ser colocado na mesma localização da matriz **K**. Dessa maneira, **K** terá uma ordem que será igual ao número código mais alto designado para a viga, tendo em vista que isso representa o número total de graus de liberdade. Também, quando vários membros estão ligados a um nó, seus coeficientes de influência de rigidez dos membros terão a mesma posição na matriz **K** e, portanto, precisam ser algebricamente somados para determinar o coeficiente de influência de rigidez nodal da estrutura. Isso é necessário, tendo em vista que cada coeficiente representa a resistência nodal da estrutura em um sentido particular (y' ou z') quando um deslocamento unitário (y' ou z') ocorre no mesmo ou em outro nó. Por exemplo, $\mathbf{K}_{23}$ representa a carga no sentido e na localização do número código "2" quando ocorre um deslocamento unitário no sentido e na localização do número código "3".

15.4 Aplicação do método de rigidez para análise de viga

Após a matriz de rigidez da estrutura ter sido determinada, as cargas nos nós da viga podem ser relacionadas aos deslocamentos usando a equação de rigidez da estrutura.

$$Q = KD$$

Aqui **Q** e **D** são as matrizes-coluna que representam tanto as cargas e deslocamentos conhecidos, quanto os desconhecidos. Dividindo a matriz de rigidez nos elementos conhecidos e desconhecidos da carga e deslocamento, temos

$$\left[\frac{\mathbf{Q}_k}{\mathbf{Q}_u}\right] = \left[\begin{array}{c|c}\mathbf{K}_{11} & \mathbf{K}_{12} \\ \hline \mathbf{K}_{21} & \mathbf{K}_{22}\end{array}\right]\left[\frac{\mathbf{D}_u}{\mathbf{D}_k}\right]$$

que ao serem expandidas resultam nas duas equações

$$\mathbf{Q}_k = \mathbf{K}_{11}\mathbf{D}_u + \mathbf{K}_{12}\mathbf{D}_k \tag{15.3}$$

$$\mathbf{Q}_u = \mathbf{K}_{21}\mathbf{D}_u + \mathbf{K}_{22}\mathbf{D}_k \tag{15.4}$$

Os deslocamentos desconhecidos $\mathbf{D}_u$ são determinados a partir da primeira dessas equações. Usando esses valores, as reações de apoio $\mathbf{Q}_u$ são calculadas para a segunda equação.

Cargas intermediárias. Para aplicação, é importante que os elementos da viga estejam livres de carga ao longo do seu comprimento. Isso é necessário tendo em vista que a matriz de rigidez para cada elemento foi desenvolvida para cargas aplicadas apenas nas suas extremidades. (Ver Figura 15.4.) Com frequência, entretanto, vigas suportarão uma carga distribuída e essa condição exigirá uma alteração para realizar a análise matricial.

Para lidar com esse caso, usaremos o princípio da superposição de maneira similar àquela usada para treliças discutida na Seção 14.8. Para demonstrar sua aplicação, considere o elemento de viga de comprimento L na Figura 15.7a, que é sujeito à carga distribuída uniforme w. Primeiro aplicaremos momentos e reações de extremidade fixa ao elemento, que serão usados no método de rigidez (Figura 15.7b). Vamos nos referir a essas cargas como uma matriz coluna – $\mathbf{q}_0$. Então a carga distribuída e suas reações $\mathbf{q}_0$ são aplicadas (Figura 15.7c). A carga real dentro da viga é determinada somando esses dois resultados. As reações de extremidade fixa para outros casos de carga são dadas no Apêndice F. Além de solucionar problemas envolvendo cargas laterais como esta, também podemos usar esse método para solucionar problemas envolvendo mudanças de temperatura ou erros de fabricação.

Forças de membros. O cortante e o momento nas extremidades de cada elemento de viga podem ser determinados usando a Equação 15.2 e somando quaisquer reações de extremidade fixa $\mathbf{q}_0$ se o elemento for sujeito a uma carga intermediária. Temos

$$\mathbf{q} = \mathbf{kd} + \mathbf{q}_0 \tag{15.5}$$

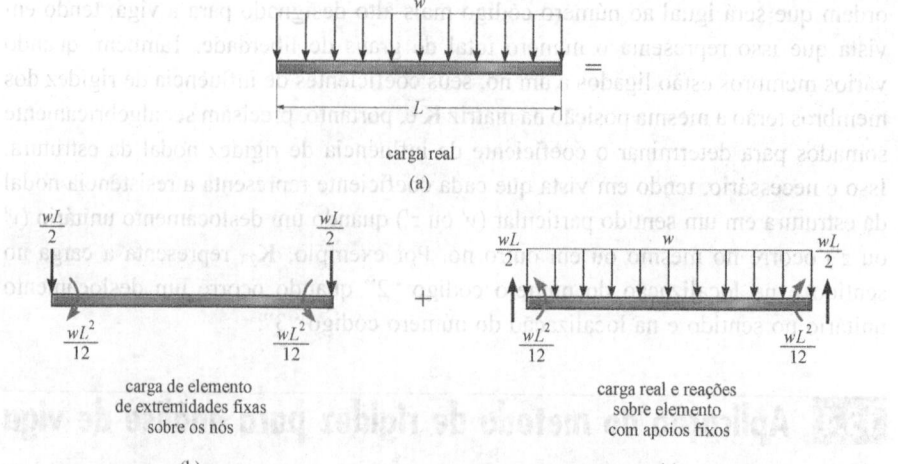

Figura 15.7

Se os resultados são negativos, isto indica que a carga atua no sentido oposto àquele mostrado na Figura 15.4.

Procedimento para análise

O método a seguir fornece um meio para determinar os deslocamentos, reações de apoio e cargas internas para os membros ou elementos finitos de uma viga determinada estaticamente ou indeterminada estaticamente.

Notação

- Divida a viga em elementos finitos e identifique arbitrariamente cada elemento e seus nós. Use um número escrito em um círculo para um nó e um número escrito em um quadrado para um membro. Normalmente, um elemento estende-se entre pontos de apoio, pontos de cargas concentrada e nós, ou para pontos onde cargas internas ou deslocamentos devam ser determinados. Também, E e I para os elementos têm de ser constantes.
- Especifique as extremidades próxima e afastada de cada elemento simbolicamente direcionando uma seta junto ao elemento, com a ponta direcionada para a extremidade afastada.
- Em cada ponto nodal especifique numericamente os números código y e z. Em todos os casos use os *números código mais baixos* para identificar todos os graus de liberdade não restringidos, seguidos pelos números mais altos ou restantes para identificar os graus de liberdade que estão restringidos.
- A partir do problema, estabeleça os deslocamentos conhecidos D_k e cargas externas conhecidas Q_k. Inclua quaisquer cargas de extremidades fixas *invertidas* se um elemento suportar uma carga intermediária.

Matriz de rigidez da estrutura

- Aplique a Equação 15.1 para determinar a matriz de rigidez para cada elemento expressa em coordenadas globais.
- Após cada matriz de rigidez do membro ter sido determinada e as linhas e colunas terem sido identificadas com os números código apropriados, monte as matrizes para determinar a matriz de rigidez da estrutura **K**. Como uma checagem parcial, as matrizes de rigidez da estrutura *e* dos membros devem ser todas *simétricas*.

Deslocamentos e cargas

- Divida a equação de rigidez da estrutura e realize a multiplicação de matriz a fim de determinar os deslocamentos desconhecidos D_u e reações de apoio Q_u.
- O cortante e momento internos **q** nas extremidades de cada elemento de viga podem ser determinados da Equação 15.5, levando em consideração as cargas de extremidades fixas adicionais.

Exemplo 15.1

Determine as reações nos apoios da viga mostrada na Figura 15.8a. EI é constante.

SOLUÇÃO

Notação. A viga tem dois elementos e três nós, que são identificados na Figura 15.8b. Os números código 1 a 6 são indicados de tal maneira que os *números mais baixos* 1-4 *identificam os graus de liberdade não restringidos*.
As matrizes de deslocamento e carga conhecidos são

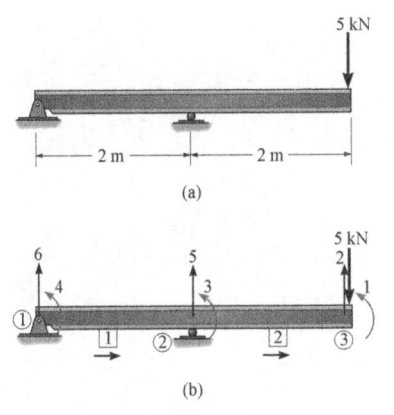

Figura 15.8

$$\mathbf{Q}_k = \begin{bmatrix} 0 \\ -5 \\ 0 \\ 0 \end{bmatrix} \begin{matrix} 1 \\ 2 \\ 3 \\ 4 \end{matrix} \qquad \mathbf{D}_k = \begin{bmatrix} 0 \\ 0 \end{bmatrix} \begin{matrix} 5 \\ 6 \end{matrix}$$

Matrizes de rigidez dos membros. Cada uma das duas matrizes de rigidez dos membros é determinada da Equação 15.1. Observe cuidadosamente como os números código para cada coluna e linha são estabelecidos.

$$\mathbf{k}_1 = EI \begin{bmatrix} \overset{6}{1{,}5} & \overset{4}{1{,}5} & \overset{5}{-1{,}5} & \overset{3}{1{,}5} \\ 1{,}5 & 2 & -1{,}5 & 1 \\ -1{,}5 & -1{,}5 & 1{,}5 & -1{,}5 \\ 1{,}5 & 1 & -1{,}5 & 2 \end{bmatrix} \begin{matrix} 6 \\ 4 \\ 5 \\ 3 \end{matrix} \qquad \mathbf{k}_2 = EI \begin{bmatrix} \overset{5}{1{,}5} & \overset{3}{1{,}5} & \overset{2}{-1{,}5} & \overset{1}{1{,}5} \\ 1{,}5 & 2 & -1{,}5 & 1 \\ -1{,}5 & -1{,}5 & 1{,}5 & -1{,}5 \\ 1{,}5 & 1 & -1{,}5 & 2 \end{bmatrix} \begin{matrix} 5 \\ 3 \\ 2 \\ 1 \end{matrix}$$

Deslocamentos e cargas. Podemos montar esses elementos na matriz de rigidez da estrutura. Por exemplo, o elemento $K_{11} = 0 + 2 = 2$, $K_{55} = 1{,}5 + 1{,}5 = 3$ etc. Desse modo,

$$\mathbf{Q} = \mathbf{KD}$$

$$\begin{bmatrix} 0 \\ -5 \\ 0 \\ 0 \\ \hline Q_5 \\ Q_6 \end{bmatrix} = EI \begin{bmatrix} \overset{1}{2} & \overset{2}{-1{,}5} & \overset{3}{1} & \overset{4}{0} & \overset{5}{1{,}5} & \overset{6}{0} \\ -1{,}5 & 1{,}5 & -1{,}5 & 0 & -1{,}5 & 0 \\ 1 & -1{,}5 & 4 & 1 & 0 & 1{,}5 \\ 0 & 0 & 1 & 2 & -1{,}5 & 1{,}5 \\ \hline 1{,}5 & -1{,}5 & 0 & -1{,}5 & 3 & -1{,}5 \\ 0 & 0 & 1{,}5 & 1{,}5 & -1{,}5 & 1{,}5 \end{bmatrix} \begin{bmatrix} D_1 \\ D_2 \\ D_3 \\ D_4 \\ 0 \\ 0 \end{bmatrix}$$

As matrizes são divididas como mostrado. Realizando a multiplicação para as primeiras quatro linhas, temos

$$0 = 2D_1 - 1{,}5D_2 + D_3 + 0$$

$$-\frac{5}{EI} = -1{,}5D_1 + 1{,}5D_2 - 1{,}5D_3 + 0$$

$$0 = D_1 - 1{,}5D_2 + 4D_3 + D_4$$

$$0 = 0 + 0 + D_3 + 2D_4$$

Solucionando,

$$D_1 = -\frac{16{,}67}{EI}$$

$$D_2 = -\frac{26{,}67}{EI}$$

$$D_3 = -\frac{6{,}67}{EI}$$

$$D_4 = \frac{3{,}33}{EI}$$

Usando esses resultados e multiplicando as últimas duas linhas, chegamos a

$$Q_5 = 1{,}5EI\left(-\frac{16{,}67}{EI}\right) - 1{,}5EI\left(-\frac{26{,}67}{EI}\right) + 0 - 1{,}5EI\left(\frac{3{,}33}{EI}\right)$$
$$= 10 \text{ kN} \qquad\qquad\qquad\qquad (Resposta)$$

$$Q_6 = 0 + 0 + 1{,}5EI\left(-\frac{6{,}67}{EI}\right) + 1{,}5EI\left(\frac{3{,}33}{EI}\right)$$
$$= -5 \text{ kN} \qquad\qquad\qquad\qquad (Resposta)$$

Exemplo 15.2

Determine o cisalhamento interno e momento no membro 1 da viga composta mostrada na Figura 15.9a. EI é constante.

SOLUÇÃO

Notação. Quando a viga deflete, o pino interno permitirá uma única deflexão, entretanto, a inclinação de cada membro conectado será diferente. Ocorrerá também uma inclinação no rolo. Esses quatro graus de liberdade desconhecidos são rotulados com os números código 1, 2, 3 e 4 (Figura 15.9b).

$$\mathbf{Q}_k = \begin{bmatrix} 0 \\ 0 \\ 0 \\ -M_0 \end{bmatrix} \begin{matrix} 1 \\ 2 \\ 3 \\ 4 \end{matrix} \qquad \mathbf{D}_k = \begin{bmatrix} 0 \\ 0 \\ 0 \end{bmatrix} \begin{matrix} 5 \\ 6 \\ 7 \end{matrix}$$

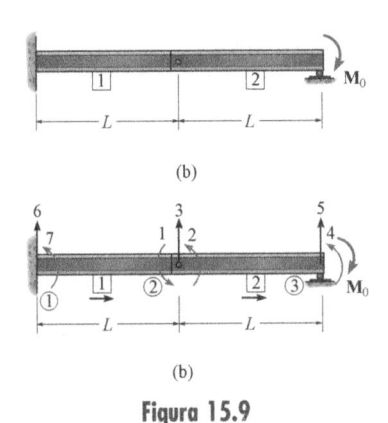

Figura 15.9

Matrizes de rigidez dos membros. Aplicando a Equação 15.1 a cada membro, de acordo com os números código mostrados na Figura 15.9b, temos

$$\mathbf{k}_1 = EI \begin{bmatrix} \frac{12}{L^3} & \frac{6}{L^2} & -\frac{12}{L^3} & \frac{6}{L^2} \\ \frac{6}{L^2} & \frac{4}{L} & -\frac{6}{L^2} & \frac{2}{L} \\ -\frac{12}{L^3} & -\frac{6}{L^2} & \frac{12}{L^3} & -\frac{6}{L^2} \\ \frac{6}{L^2} & \frac{2}{L} & -\frac{6}{L^2} & \frac{4}{L} \end{bmatrix} \begin{matrix} 6 \\ 7 \\ 3 \\ 1 \end{matrix}$$

$$\mathbf{k}_2 = EI \begin{bmatrix} \frac{12}{L^3} & \frac{6}{L^2} & -\frac{12}{L^3} & \frac{6}{L^2} \\ \frac{6}{L^2} & \frac{4}{L} & -\frac{6}{L^2} & \frac{2}{L} \\ -\frac{12}{L^3} & -\frac{6}{L^2} & \frac{12}{L^3} & -\frac{6}{L^2} \\ \frac{6}{L^2} & \frac{2}{L} & -\frac{6}{L^2} & \frac{4}{L} \end{bmatrix} \begin{matrix} 3 \\ 2 \\ 5 \\ 4 \end{matrix}$$

Deslocamentos e cargas. A matriz de rigidez da estrutura é formada montando os elementos das matrizes de rigidez dos membros. Aplicando a equação da matriz da estrutura, temos

$$\mathbf{Q} = \mathbf{KD}$$

$$\begin{bmatrix} 0 \\ 0 \\ 0 \\ -M_0 \\ \hline Q_5 \\ Q_6 \\ Q_7 \end{bmatrix} \begin{matrix} 1 \\ 2 \\ 3 \\ 4 \\ 5 \\ 6 \\ 7 \end{matrix} = EI \begin{bmatrix} \frac{4}{L} & 0 & -\frac{6}{L^2} & 0 & 0 & \frac{6}{L^2} & \frac{2}{L} \\ 0 & \frac{4}{L} & \frac{6}{L^2} & \frac{2}{L} & -\frac{6}{L^2} & 0 & 0 \\ -\frac{6}{L^2} & \frac{6}{L^2} & \frac{24}{L^3} & \frac{6}{L^2} & -\frac{12}{L^3} & -\frac{12}{L^3} & -\frac{6}{L^2} \\ 0 & \frac{2}{L} & \frac{6}{L^2} & \frac{4}{L} & -\frac{6}{L^2} & 0 & 0 \\ \hline 0 & -\frac{6}{L^2} & -\frac{12}{L^3} & -\frac{6}{L^2} & \frac{12}{L^3} & 0 & 0 \\ \frac{6}{L^2} & 0 & -\frac{12}{L^3} & 0 & 0 & \frac{12}{L^3} & \frac{6}{L^2} \\ \frac{2}{L} & 0 & -\frac{6}{L^2} & 0 & 0 & \frac{6}{L^2} & \frac{4}{L} \end{bmatrix} \begin{bmatrix} D_1 \\ D_2 \\ D_3 \\ D_4 \\ 0 \\ 0 \\ 0 \end{bmatrix} \begin{matrix} 1 \\ 2 \\ 3 \\ 4 \\ 5 \\ 6 \\ 7 \end{matrix}$$

Multiplicar as quatro primeiras linhas para determinar o deslocamento resulta em

$$0 = \frac{4}{L}D_1 - \frac{6}{L^2}D_3$$

$$0 = \frac{4}{L}D_2 + \frac{6}{L^2}D_3 + \frac{2}{L}D_4$$

$$0 = -\frac{6}{L^2}D_1 + \frac{6}{L^2}D_2 + \frac{24}{L^3}D_3 + \frac{6}{L^2}D_4$$

$$-M_0 = \frac{2}{L}D_2 + \frac{6}{L^2}D_3 + \frac{4}{L}D_4$$

De maneira que

$$D_1 = \frac{M_0 L}{2EI}$$

$$D_2 = -\frac{M_0 L}{6EI}$$

$$D_3 = \frac{M_0 L^2}{3EI}$$

$$D_4 = -\frac{2M_0 L}{3EI}$$

Usando esses resultados, a reação Q_5 é obtida da multiplicação da quinta linha.

$$Q_5 = -\frac{6EI}{L^2}\left(-\frac{M_0 L}{6EI}\right) - \frac{12EI}{L^3}\left(\frac{M_0 L^2}{3EI}\right) - \frac{6EI}{L^2}\left(-\frac{2M_0 L}{3EI}\right)$$

$$Q_5 = \frac{M_0}{L} \qquad (Resposta)$$

Esse resultado pode ser facilmente conferido aplicando a estática ao membro $\boxed{2}$.

Exemplo 15.3

A viga na Figura 15.10a é sujeita a dois momentos binários. Se o apoio central ② recalca 1,5 mm, determine as reações nos apoios. Presuma que os apoios de rolo em ① e ③ possam exercer uma força para baixo ou para cima na viga. Considere $E = 200$ GPa e $I = 22(10^{-6})$ m^4.

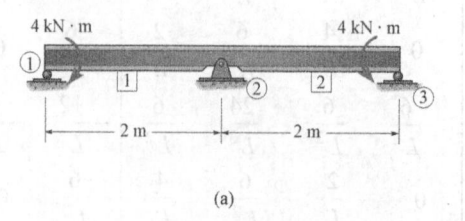

Figura 15.10

SOLUÇÃO

Notação. A viga tem dois elementos e três graus de liberdade desconhecidos. Estes são rotulados com os números código mais baixos (Figura 15.10b). Aqui as matrizes de deslocamento e carga são

$$\mathbf{Q}_k = \begin{bmatrix} 4 \\ 0 \\ -4 \end{bmatrix} \begin{matrix} 1 \\ 2 \\ 3 \end{matrix} \quad \mathbf{D}_k = \begin{bmatrix} 0 \\ -0{,}0015 \\ 0 \end{bmatrix} \begin{matrix} 4 \\ 5 \\ 6 \end{matrix}$$

(b)

Matrizes de rigidez dos membros. As matrizes de rigidez dos membros são determinadas usando a Equação 15.1 de acordo com os números código e sentidos dos membros mostrados na Figura 15.10b. Temos

$$\mathbf{k}_1 = EI \begin{bmatrix} \overset{6}{1{,}5} & \overset{3}{1{,}5} & \overset{5}{-1{,}5} & \overset{2}{1{,}5} \\ 1{,}5 & 2 & -1{,}5 & 1 \\ -1{,}5 & -1{,}5 & 1{,}5 & -1{,}5 \\ 1{,}5 & 1 & -1{,}5 & 2 \end{bmatrix} \begin{matrix} 6 \\ 3 \\ 5 \\ 2 \end{matrix}$$

$$\mathbf{k}_2 = EI \begin{bmatrix} \overset{5}{1{,}5} & \overset{2}{1{,}5} & \overset{4}{-1{,}5} & \overset{1}{1{,}5} \\ 1{,}5 & 2 & -1{,}5 & 1 \\ -1{,}5 & -1{,}5 & 1{,}5 & -1{,}5 \\ 1{,}5 & 1 & -1{,}5 & 2 \end{bmatrix} \begin{matrix} 5 \\ 2 \\ 4 \\ 1 \end{matrix}$$

Deslocamentos e cargas. Montar a matriz de rigidez da estrutura e escrever a equação de rigidez para a estrutura resulta em

$$\begin{bmatrix} 4 \\ 0 \\ -4 \\ \hline Q_4 \\ Q_5 \\ Q_6 \end{bmatrix} = EI \begin{bmatrix} 2 & 1 & 0 & -1{,}5 & 1{,}5 & 0 \\ 1 & 4 & 1 & -1{,}5 & 0 & 1{,}5 \\ 0 & 1 & 2 & 0 & -1{,}5 & 1{,}5 \\ \hline -1{,}5 & -1{,}5 & 0 & 1{,}5 & -1{,}5 & 0 \\ 1{,}5 & 0 & -1{,}5 & -1{,}5 & 3 & -1{,}5 \\ 0 & 1{,}5 & 1{,}5 & 0 & -1{,}5 & 1{,}5 \end{bmatrix} \begin{bmatrix} D_1 \\ D_2 \\ D_3 \\ \hline 0 \\ -0{,}0015 \\ 0 \end{bmatrix}$$

Solucionando para os deslocamentos desconhecidos,

$$\frac{4}{EI} = 2D_1 + D_2 + 0D_3 - 1{,}5(0) + 1{,}5(-0{,}0015) + 0$$

$$0 = 1D_1 + 4D_2 + 1D_3 - 1{,}5(0) + 0 + 0$$

$$\frac{-4}{EI} = 0D_1 + 1D_2 + 2D_3 + 0 - 1{,}5(-0{,}0015) + 0$$

Substituindo $EI = 200(10^6)(22)(10^{-6})$, e solucionando,

$$D_1 = 0{,}001580 \text{ rad}, \quad D_2 = 0, \quad D_3 = -0{,}001580 \text{ rad}$$

Usando esses resultados, as reações nos apoios são, portanto,

$Q_4 = 200(10^6)\,22\,(10^{-6})[-1{,}5(0{,}001580) - 1{,}5(0) + 0 + 1{,}5(0) - 1{,}5(-0{,}0015) + 0] = -0{,}525$ kN *(Resposta)*

$Q_5 = 200(10^6)\,22\,(10^{-6})[1{,}5(0{,}001580) + 0 - 1{,}5(-0{,}001580) - 1{,}5(0) + 3(-0{,}0015) - 1{,}5(0)] = 1{,}05$ kN *(Resposta)*

$Q_6 = 200(10^6)\,22\,(10^{-6})[0 + 1{,}5(0) + 1{,}5(-0{,}001580) + 0 - 1{,}5(-0{,}0015) + 1{,}5(0)] = -0{,}525$ kN *(Resposta)*

Exemplo 15.4

Determine o momento desenvolvido no apoio A da viga mostrada na Figura 15.11a. Presuma que os apoios de rolo possam exercer uma força para baixo e para cima na viga. Considere $E = 200$ GPa, $I = 216(10^6)$ mm^4.

SOLUÇÃO

Notação. Aqui a viga tem dois graus de liberdade não restringidos, identificados pelos números código 1 e 2.

A análise matricial exige que a carga externa seja aplicada aos nós e, portanto, as cargas distribuídas e concentradas são substituídas por seus momentos de extremidades fixas equivalentes, que são determinados no Apêndice F. (Ver Exemplo 11.2.) Observe que nenhuma carga externa é colocada em ① e nenhuma força vertical é colocada em ②, tendo em vista que as reações nos números código 3, 4 e 5 *devem ser desconhecidas* na matriz de carga. Usando a superposição, os resultados da análise matricial para a carga na Figura 15.11b serão posteriormente modificados pelas cargas mostradas na Figura 15.11c. Da Figura 15.11b, as matrizes de carga e deslocamento conhecidas são

$$\mathbf{D}_k = \begin{bmatrix} 0 \\ 0 \\ 0 \\ 0 \end{bmatrix} \begin{matrix} 3 \\ 4 \\ 5 \\ 6 \end{matrix} \qquad \mathbf{Q}_k = \begin{bmatrix} 12 \\ 84 \end{bmatrix} \begin{matrix} 1 \\ 2 \end{matrix}$$

Matrizes de rigidez dos membros. Cada uma das duas matrizes de rigidez dos membros é determinada a partir da Equação 15.1.

Membro 1.

$$\frac{12EI}{L^3} = \frac{12(200)(216)}{6^3} = 2400$$

$$\frac{6EI}{L^2} = \frac{6(200)(216)}{6^2} = 7200$$

$$\frac{4EI}{L} = \frac{4(200)(216)}{6} = 28\,800$$

$$\frac{2EI}{L} = \frac{2(200)(216)}{6} = 14\,400$$

$$\mathbf{k}_1 = \begin{bmatrix} 2400 & 7200 & -2400 & 7200 \\ 7200 & 28\,800 & -7200 & 14\,400 \\ -2400 & -7200 & 2400 & -7200 \\ 7200 & 14\,400 & -7200 & 28\,800 \end{bmatrix} \begin{matrix} 4 \\ 3 \\ 5 \\ 2 \end{matrix}$$

con cabeçalhos de coluna: 4 3 5 2

Membro 2.

$$\frac{12EI}{L^3} = \frac{12(200)(216)}{2^3} = 64\,800$$

$$\frac{6EI}{L^2} = \frac{6(200)(216)}{2^2} = 64\,800$$

$$\frac{4EI}{L} = \frac{4(200)(216)}{2} = 86\,400$$

$$\frac{2EI}{L} = \frac{2(200)(216)}{2} = 43\,200$$

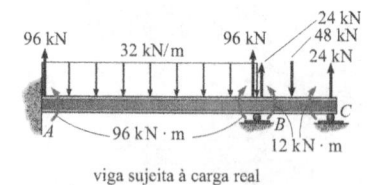

Figura 15.11

(a) 32 kN/m, 48 kN, 6 m, 1 m, 1 m

(b) viga a ser analisada pelo método da rigidez; 96 kN·m − 12 kN·m = 84 kN·m; 12 kN·m

(c) viga sujeita à carga real e às reações de extremidades fixas; 96 kN; 32 kN/m; 96 kN; 24 kN; 48 kN; 24 kN; 96 kN·m; 12 kN·m

$$\mathbf{k}_2 = \begin{bmatrix} & 5 & 2 & 6 & 1 \\ & 64\,800 & 64\,800 & -64\,800 & 64\,800 \\ & 64\,800 & 86\,400 & -64\,800 & 43\,200 \\ & -64\,800 & -64\,800 & 64\,800 & -64\,800 \\ & 64\,800 & 43\,200 & -64\,800 & 86\,400 \end{bmatrix} \begin{matrix} 5 \\ 2 \\ 6 \\ 1 \end{matrix}$$

Deslocamentos e cargas. É necessário

$$\mathbf{Q} = \mathbf{KD}$$

$$\begin{bmatrix} 12 \\ 84 \\ \hline Q_3 \\ Q_4 \\ Q_5 \\ Q_6 \end{bmatrix} = \begin{bmatrix} 1 & 2 & 3 & 4 & 5 & 6 \\ 86\,400 & 43\,200 & 0 & 0 & 64\,800 & -64\,800 \\ 43\,200 & 115\,200 & 14\,400 & 7200 & 57\,600 & -64\,800 \\ \hline 0 & 14\,400 & 28\,800 & 7200 & -7200 & 0 \\ 0 & 7200 & 7200 & 7200 & -2400 & 0 \\ 64\,800 & 57\,600 & -7200 & -2400 & 67\,200 & -64\,800 \\ -64\,800 & -64\,800 & 0 & 0 & -64\,800 & 64\,800 \end{bmatrix} \begin{bmatrix} D_1 \\ D_2 \\ 0 \\ 0 \\ 0 \\ 0 \end{bmatrix}$$

Solucionando da maneira usual,

$$12 = 86\,400 D_1 + 43\,200 D_2$$
$$48 = 43\,200 D_1 + 115\,220 D_2$$
$$D_1 = -0{,}2778\,(10^{-3})\ \text{m}$$
$$D_2 = 0{,}8333\,(10^{-3})\ \text{m}$$

Desse modo,

$$Q_3 = 0 + 14\,400\,(0{,}8333)\,(10^{-3}) = 12\ \text{kN}\cdot\text{m}$$

O momento real em A tem de incluir a *reação* de apoio de extremidade fixa de $+96$ kN·m mostrada na Figura 15.11c, junto com o resultado calculado para Q_3. Desse modo,

$$M_{AB} = 12\ \text{kN}\cdot\text{m} + 96\ \text{kN}\cdot\text{m} = 108\ \text{kN}\cdot\text{m}\,\rangle \qquad (Resposta)$$

Esse resultado se compara com aquele determinado no Exemplo 11.2.

Apesar de não ser necessário aqui, podemos determinar o momento e o cortante internos em B considerando, por exemplo, o membro 1, o nó 2 (Figura 15.11b). O resultado exige expandir

$$\mathbf{q}_1 = \mathbf{k}_1 \mathbf{d} + (\mathbf{q}_0)_1$$

$$\begin{bmatrix} q_4 \\ q_3 \\ q_5 \\ q_2 \end{bmatrix} = \begin{bmatrix} 4 & 3 & 5 & 2 \\ 2400 & 7200 & -2400 & 7200 \\ 7200 & 28\,800 & -7200 & 14\,400 \\ -2400 & -7200 & 2400 & -7200 \\ 7200 & 14\,400 & -7200 & 28\,800 \end{bmatrix} \begin{bmatrix} 0 \\ 0 \\ 0 \\ 0{,}8333 \end{bmatrix}(10^{-3}) + \begin{bmatrix} 96 \\ 96 \\ 96 \\ -96 \end{bmatrix}$$

Exemplo 15.5

Determine a deflexão em ① e as reações na viga mostrada na Figura 15.12a. EI é constante.

SOLUÇÃO

Notação. A viga é dividida em dois elementos e os nós e membros são identificados junto com as direções da extremidade próxima para a extremidade afastada (Figura 15.12b). As deflexões desconhecidas são mostradas na Figura 15.12c. Em particular,

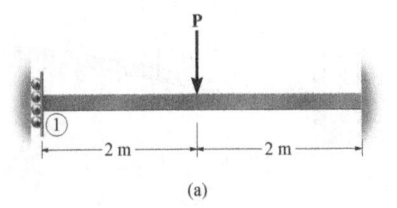

Figura 15.12

observe que um deslocamento rotacional D_4 não ocorre por causa da restrição do apoio fixo sobre rolos.

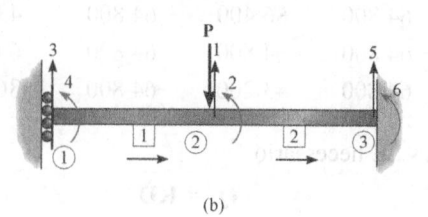

(b)

Matrizes de rigidez dos membros. Tendo em vista que EI é constante e os membros são de comprimento igual, as matrizes de rigidez dos membros são idênticas. Usando os números código para identificar cada coluna e linha de acordo com a Equação 15.1 e Figura 15.12b, temos

$$\mathbf{k}_1 = EI \begin{bmatrix} 3 & 4 & 1 & 2 \\ 1,5 & 1,5 & -1,5 & 1,5 \\ 1,5 & 2 & -1,5 & 1 \\ -1,5 & -1,5 & 1,5 & -1,5 \\ 1,5 & 1 & -1,5 & 2 \end{bmatrix} \begin{matrix} 3 \\ 4 \\ 1 \\ 2 \end{matrix}$$

$$\mathbf{k}_2 = EI \begin{bmatrix} 1 & 2 & 5 & 6 \\ 1,5 & 1,5 & -1,5 & 1,5 \\ 1,5 & 2 & -1,5 & 1 \\ -1,5 & -1,5 & 1,5 & -1,5 \\ 1,5 & 1 & -1,5 & 2 \end{bmatrix} \begin{matrix} 1 \\ 2 \\ 5 \\ 6 \end{matrix}$$

Deslocamentos e cargas. Montando as matrizes de rigidez dos membros na matriz de rigidez da estrutura, e aplicando a equação de matriz de rigidez da estrutura, temos

$$\mathbf{Q} = \mathbf{KD}$$

$$\begin{bmatrix} -P \\ 0 \\ 0 \\ \hline Q_4 \\ Q_5 \\ Q_6 \end{bmatrix} = EI \begin{bmatrix} 3 & 0 & -1,5 & -1,5 & -1,5 & 1,5 \\ 0 & 4 & 1,5 & 1 & -1,5 & 1 \\ -1,5 & 1,5 & 1,5 & 1,5 & 0 & 0 \\ \hline -1,5 & 1 & 1,5 & 2 & 0 & 0 \\ -1,5 & -1,5 & 0 & 0 & 1,5 & -1,5 \\ 1,5 & 1 & 0 & 0 & -1,5 & 2 \end{bmatrix} \begin{bmatrix} D_1 \\ D_2 \\ D_3 \\ 0 \\ 0 \\ 0 \end{bmatrix}$$

Solucionando para o deslocamento resulta em

$$-\frac{P}{EI} = 3D_1 + 0D_2 - 1,5D_3$$

$$0 = 0D_1 + 4D_2 + 1,5D_3$$

$$0 = -1,5D_1 + 1,5D_2 + 1,5D_3$$

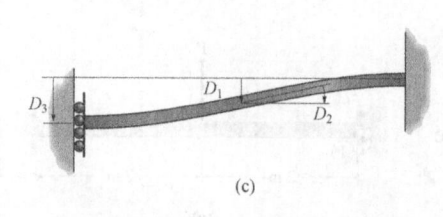

$$D_1 = -\frac{1,667P}{EI}$$

$$D_2 = \frac{P}{EI}$$

$$D_3 = -\frac{2,667P}{EI} \qquad (Resposta)$$

(c)

Observe que os sinais dos resultados casam com os sentidos das deflexões mostradas na Figura 15-12c. Usando esses resultados, as reações são, portanto,

$$Q_4 = -1{,}5EI\left(-\frac{1{,}667P}{EI}\right) + 1EI\left(\frac{P}{EI}\right) + 1{,}5EI\left(-\frac{2{,}667P}{EI}\right)$$
$$= -0{,}5P \qquad \text{(Resposta)}$$

$$Q_5 = -1{,}5EI\left(-\frac{1{,}667P}{EI}\right) - 1{,}5EI\left(\frac{P}{EI}\right) + 0\left(-\frac{2{,}667P}{EI}\right)$$
$$= P \qquad \text{(Resposta)}$$

$$Q_6 = 1{,}5EI\left(-\frac{1{,}667P}{EI}\right) + 1EI\left(\frac{P}{EI}\right) + 0\left(-\frac{2{,}667P}{EI}\right)$$
$$= -1{,}5P \qquad \text{(Resposta)}$$

Problemas

P15.1. Determine os momentos em ① e ③. Presuma que ② é m rolo e ① e ③ são fixos. EI é constante.

P15.2. Determine os momentos em ① e ③ se o apoio ② se desloca para cima 5 mm. Presuma que ② é um rolo e ① e ③ são fixos. $EI = 60(10^6)$ N·m².

P15.1/15-2

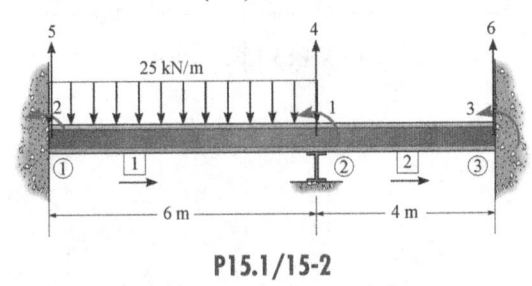

P15.3. Determine as reações nos apoios. Presuma que os rolos possam exercer uma força para cima ou para baixo na viga. EI é constante.

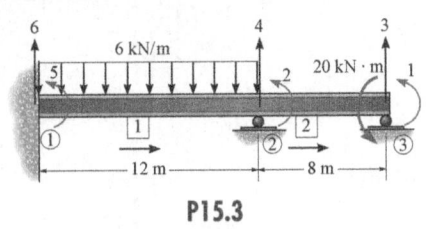

P15.3

*P15.4. Determine as reações nos apoios. Presuma que ① é um pino e ② e ③ são rolos que podem exercer uma força para cima ou para baixo na viga. EI é constante.

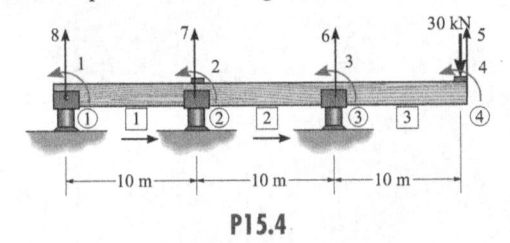

P15.4

P15.5. Determine as reações de apoio. Presuma que ② e ③ sejam rolos e ① seja um pino. EI é constante.

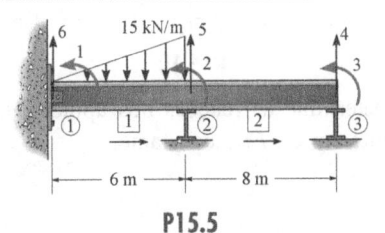

P15.5

P15.6. Determine as reações nos apoios. Presuma que ① seja fixo e ② e ③ sejam rolos. EI é constante.

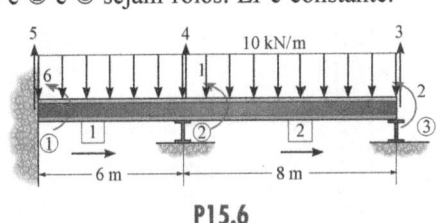

P15.6

P15.7. Determine as reações nos apoios. Presuma que ① e ③ são fixos e ② é um rolo. EI é constante.

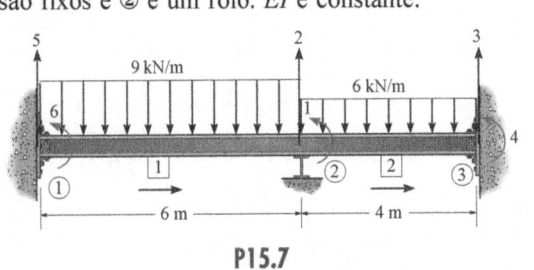

P15.7

*P15.8. Determine as reações nos apoios. EI é constante.

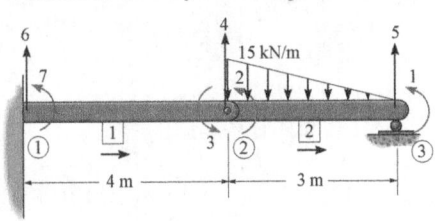

P15.8

P15.9. Determine os momentos em ② e ③. *EI* é constante. Presuma que ①, ② e ③ sejam rolos e ④ esteja fixado por pino.

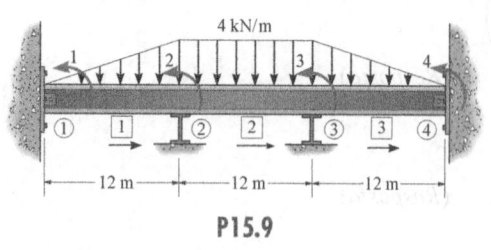

P15.9

P15.10. Determine as reações nos apoios. Presuma que ② seja fixado por pino e ① e ③ sejam rolos. *EI* é constante.

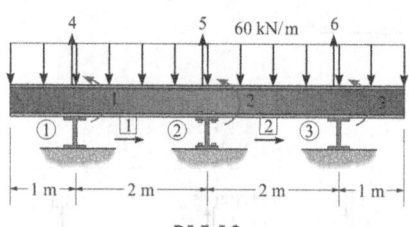

P15.10

P15.11. Determine as reações nos apoios. Há um apoio fixo deslizante em ①. *EI* é constante.

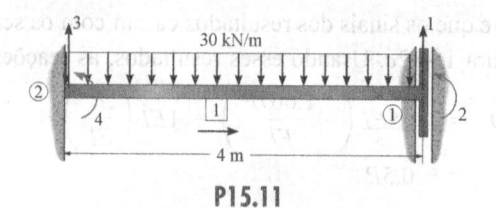

P15.11

P15.12. Use um programa de computador para determinar as reações na viga. Presuma que *A* seja fixo. *EI* é constante.

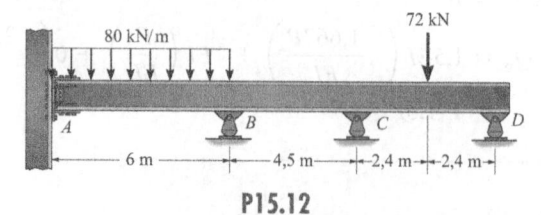

P15.12

P15.13. Use um programa de computador para determinar as reações na viga. Presuma que *A* e *D* sejam pinos e *B* e *C* sejam rolos. *EI* é constante.

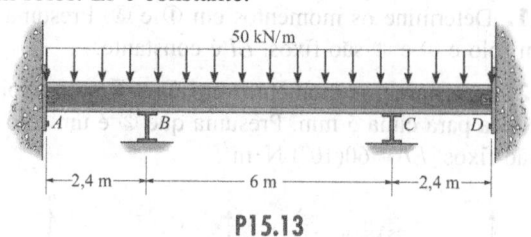

P15.13

O pórtico deste edifício é indeterminado estaticamente. A análise de força pode ser feita usando o método da rigidez.

CAPÍTULO 16

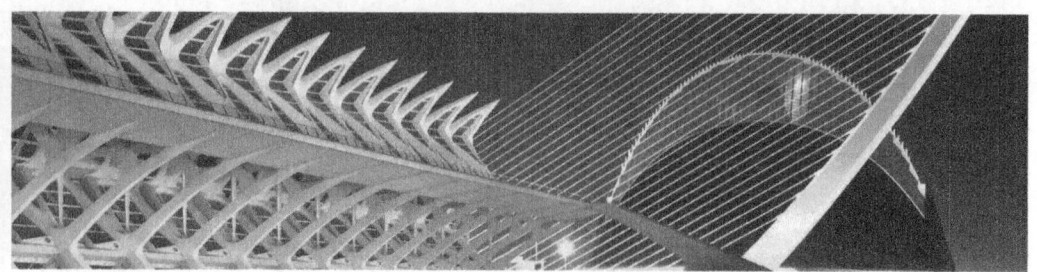

Análise de pórtico plano usando o método da rigidez

Os conceitos apresentados nos capítulos anteriores sobre treliças e vigas serão ampliados neste capítulo e aplicados à análise de pórticos. Será mostrado que o procedimento para a solução é similar àquele para vigas, mas exigirá o uso de matrizes de transformação, tendo em vista que os membros são orientados em diferentes direções.

16.1 Matriz de rigidez de membro de pórtico

Nesta parte desenvolveremos a matriz de rigidez para um membro de estrutura prismática referenciado a partir do sistema de coordenadas x', y', z' local (Figura 16.1). Aqui o membro é sujeito às forças axiais $q_{Nx'}$, $q_{Fx'}$, às forças cortantes $q_{Ny'}$, $q_{Fy'}$, e aos momentos de fletores $q_{Nz'}$, $q_{Fz'}$ nas suas extremidades próxima e afastada, respectivamente. Todas essas cargas atuam nos sentidos positivos das coordenadas junto com seus deslocamentos associados. Como no caso de vigas, os momentos $q_{Nz'}$ e $q_{Fz'}$ são positivos no sentido anti-horário, tendo em vista que pela regra da mão direita os vetores de momento são então direcionados ao longo do eixo z' positivo, que está fora da página.

Cada uma das relações de carga-deslocamento causadas por essas cargas foi examinada nos capítulos anteriores. A força axial foi discutida em relação à Figura 14.2, a força cortante em relação à Figura 15.5 e o momento fletor em relação à Figura 15.6. Por superposição, se esses resultados são somados, as seis relações de deslocamento-carga resultantes para o membro podem ser expressas em forma matricial como

Esta ponte para pedestres assume a forma de uma "treliça Vierendeel". Estritamente ela não é uma treliça, tendo em vista que as diagonais estão ausentes, mas ela forma um pórtico constituído por quadros e que é estaticamente indeterminado, e que pode ser analisado usando o método da rigidez.

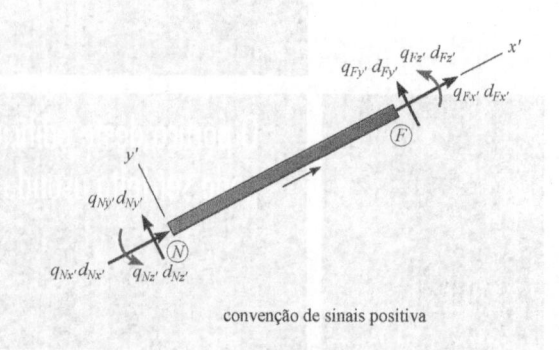

convenção de sinais positiva

Figura 16.1

$$\begin{bmatrix} q_{Nx'} \\ q_{Ny'} \\ q_{Nz'} \\ q_{Fx'} \\ q_{Fy'} \\ q_{Fz'} \end{bmatrix} = \begin{bmatrix} \frac{AE}{L} & 0 & 0 & -\frac{AE}{L} & 0 & 0 \\ 0 & \frac{12EI}{L^3} & \frac{6EI}{L^2} & 0 & -\frac{12EI}{L^3} & \frac{6EI}{L^2} \\ 0 & \frac{6EI}{L^2} & \frac{4EI}{L} & 0 & -\frac{6EI}{L^2} & \frac{2EI}{L} \\ -\frac{AE}{L} & 0 & 0 & \frac{AE}{L} & 0 & 0 \\ 0 & -\frac{12EI}{L^3} & -\frac{6EI}{L^2} & 0 & \frac{12EI}{L^3} & -\frac{6EI}{L^2} \\ 0 & \frac{6EI}{L^2} & \frac{2EI}{L} & 0 & -\frac{6EI}{L^2} & \frac{4EI}{L} \end{bmatrix} \begin{bmatrix} d_{Nx'} \\ d_{Ny'} \\ d_{Nz'} \\ d_{Fx'} \\ d_{Fy'} \\ d_{Fz'} \end{bmatrix} \quad (16.1)$$

(columns labeled: $N_{x'}$, $N_{y'}$, $N_{z'}$, $F_{x'}$, $F_{y'}$, $F_{z'}$)

ou na forma abreviada como

$$\mathbf{q} = \mathbf{k'd} \quad (16.2)$$

A matriz de rigidez do membro $\mathbf{k'}$ consiste de trinta e seis coeficientes de influência que representam fisicamente a carga sobre o membro quando este passa por um deslocamento específico único. Cada coluna na matriz representa, especificamente, as cargas dos membros para deslocamentos unitários identificados pela codificação de graus de liberdade listada acima das colunas. Da montagem, tanto o equilíbrio, quanto a compatibilidade dos deslocamentos foram satisfeitos.

16.2 Matrizes de transformação de força e deslocamento

Como no caso para treliças, temos de ser capazes de transformar as cargas de membros internas $\mathbf{q}$ e deformações $\mathbf{d}$ de coordenadas x', y', z' locais para coordenadas x, y, z globais. Por essa razão, matrizes de transformação são necessárias.

Matriz de transformação de deslocamento. Considere o membro de pórtico mostrado na Figura 16.2a. Aqui vemos que o deslocamento de coordenadas global D_{Nx} cria deslocamentos de coordenadas locais

$$d_{Nx'} = D_{Nx} \cos \theta_x \qquad d_{Ny'} = -D_{Nx} \cos \theta_y$$

De maneira semelhante, um deslocamento de coordenadas global D_{Ny} (Figura 16.2b), cria deslocamentos de coordenadas locais de

$$d_{Nx'} = D_{Ny} \cos \theta_y \qquad d_{Ny'} = D_{Ny} \cos \theta_x$$

Por fim, tendo em vista que os eixos z' e z são coincidentes, isto é, direcionados para fora da página, uma rotação D_{Nz} em torno de z causa uma rotação correspondente d_{Nz}, em torno de z'. Desse modo,

$$d_{Nz'} = D_{Nz}$$

De maneira similar, se os deslocamentos globais D_{Fx} no sentido x, D_{Fy} no sentido y, e uma rotação D_{Fz} forem impostos na extremidade distante do membro, as equações de transformação resultantes serão, respectivamente,

$$d_{Fx'} = D_{Fx} \cos \theta_x \qquad d_{Fy'} = -D_{Fx} \cos \theta_y$$
$$d_{Fx'} = D_{Fy} \cos \theta_y \qquad d_{Fy'} = D_{Fy} \cos \theta_x$$
$$d_{Fz'} = D_{Fz}$$

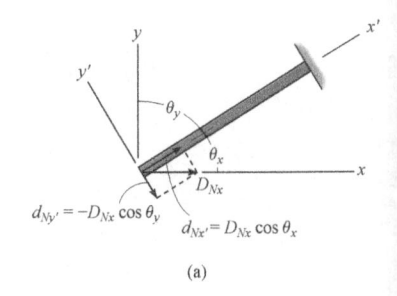

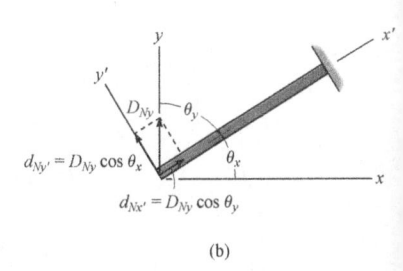

Figura 16.2

Deixando $\lambda_x = \cos \theta_x$, $\lambda_y = \cos \theta_y$ representarem os cossenos diretores do membro, podemos escrever a superposição dos deslocamentos em forma matricial como

$$\begin{bmatrix} d_{Nx'} \\ d_{Ny'} \\ d_{Nz'} \\ d_{Fx'} \\ d_{Fy'} \\ d_{Fz'} \end{bmatrix} = \begin{bmatrix} \lambda_x & \lambda_y & 0 & 0 & 0 & 0 \\ -\lambda_y & \lambda_x & 0 & 0 & 0 & 0 \\ 0 & 0 & 1 & 0 & 0 & 0 \\ 0 & 0 & 0 & \lambda_x & \lambda_y & 0 \\ 0 & 0 & 0 & -\lambda_y & \lambda_x & 0 \\ 0 & 0 & 0 & 0 & 0 & 1 \end{bmatrix} \begin{bmatrix} D_{Nx} \\ D_{Ny} \\ D_{Nz} \\ D_{Fx} \\ D_{Fy} \\ D_{Fz} \end{bmatrix} \quad (16.3)$$

ou

$$\mathbf{d} = \mathbf{TD} \quad (16.4)$$

Por inspeção, vê-se que **T** transforma os seis deslocamentos x, y, z globais **D** nos seis deslocamentos x', y', z' locais **d**. Logo, **T** é referido como *matriz de transformação de deslocamento*.

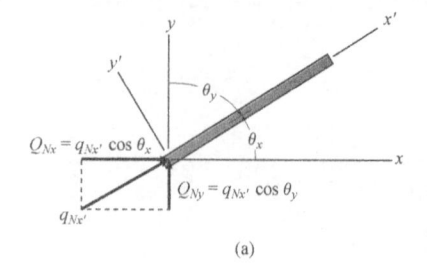

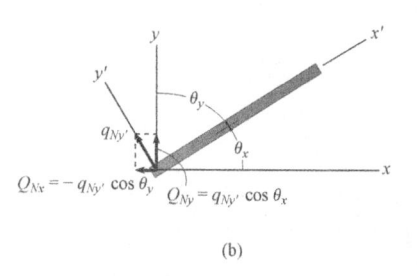

Figura 16.3

Matriz de transformação de força. Se aplicarmos agora cada componente de carga à extremidade próxima do membro, podemos determinar como transformar os componentes de carga de coordenadas locais para globais. Aplicando $q_{Nx'}$ (Figura 16.3a), podemos ver que

$$Q_{Nx} = q_{Nx'} \cos \theta_x \qquad Q_{Ny} = q_{Nx'} \cos \theta_y$$

Se $q_{Ny'}$ for aplicado (Figura 16.3b), então seus componentes são

$$Q_{Nx} = -q_{Ny'} \cos \theta_y \qquad Q_{Ny} = q_{Ny'} \cos \theta_x$$

Por fim, tendo em vista que $q_{Nz'}$ é colinear com Q_{Nz}, temos

$$Q_{Nz} = q_{Nz'}$$

De maneira similar, cargas finais de $q_{Fx'}$, $q_{Fy'}$, $q_{Fz'}$ produzirão os componentes respectivos a seguir:

$$Q_{Fx} = q_{Fx'} \cos \theta_x \qquad Q_{Fy} = q_{Fx'} \cos \theta_y$$
$$Q_{Fx} = -q_{Fy'} \cos \theta_y \qquad Q_{Fy} = q_{Fy'} \cos \theta_x$$
$$Q_{Fz} = q_{Fz'}$$

Estas equações, reunidas em forma matricial com $\lambda_x = \cos \theta_x$, $\lambda_y = \cos \theta_y$, resultam em

$$\begin{bmatrix} Q_{Nx} \\ Q_{Ny} \\ Q_{Nz} \\ Q_{Fx} \\ Q_{Fy} \\ Q_{Fz} \end{bmatrix} = \begin{bmatrix} \lambda_x & -\lambda_y & 0 & 0 & 0 & 0 \\ \lambda_y & \lambda_x & 0 & 0 & 0 & 0 \\ 0 & 0 & 1 & 0 & 0 & 0 \\ 0 & 0 & 0 & \lambda_x & -\lambda_y & 0 \\ 0 & 0 & 0 & \lambda_y & \lambda_x & 0 \\ 0 & 0 & 0 & 0 & 0 & 1 \end{bmatrix} \begin{bmatrix} q_{Nx'} \\ q_{Ny'} \\ q_{Nz'} \\ q_{Fx'} \\ q_{Fy'} \\ q_{Fz'} \end{bmatrix} \quad (16.5)$$

ou

$$\mathbf{Q} = \mathbf{T}^T \mathbf{q} \quad (16.6)$$

Aqui, como foi afirmado, $\mathbf{T}^T$ transforma as seis cargas de membro expressas nas coordenadas locais nas seis cargas expressas em coordenadas globais.

16.3 Matriz de rigidez global de membro de pórtico

Os resultados da parte anterior serão combinados agora a fim de determinar a matriz de rigidez para um membro que relaciona as cargas globais **Q** com os deslocamentos globais **D**. Para fazer isto, substitua a Equação 16.4 (**d = TD**) na Equação 16.2 (**q = k'd**). Temos

$$\boxed{\mathbf{q} = \mathbf{k'TD}} \qquad (16.7)$$

Aqui as forças nos membros **q** são relacionadas aos deslocamentos globais **D**. Substituindo este resultado na Equação 16.6 ($\mathbf{Q} = \mathbf{T}^T\mathbf{q}$) produz o resultado final,

$$\mathbf{Q} = \mathbf{T}^T\mathbf{k'TD} \qquad (16.8)$$

ou

$$\boxed{\mathbf{Q} = \mathbf{kD}}$$

onde

$$\mathbf{k} = \mathbf{T}^T\mathbf{k'T} \qquad (16.9)$$

Aqui **k** representa a matriz de rigidez global para o membro. Podemos obter o seu valor em uma forma generalizada usando as Equações 16.5, 16.1 e 16.3, e realizando as operações matriciais. Isso produz o resultado final,

$$\mathbf{k} = \begin{bmatrix} \left(\dfrac{AE}{L}\lambda_x^2 + \dfrac{12EI}{L^3}\lambda_y^2\right) & \left(\dfrac{AE}{L} - \dfrac{12EI}{L^3}\right)\lambda_x\lambda_y & -\dfrac{6EI}{L^2}\lambda_y & -\left(\dfrac{AE}{L}\lambda_x^2 + \dfrac{12EI}{L^3}\lambda_y^2\right) & -\left(\dfrac{AE}{L} - \dfrac{12EI}{L^3}\right)\lambda_x\lambda_y & -\dfrac{6EI}{L^2}\lambda_y \\ \left(\dfrac{AE}{L} - \dfrac{12EI}{L^3}\right)\lambda_x\lambda_y & \left(\dfrac{AE}{L}\lambda_y^2 + \dfrac{12EI}{L^3}\lambda_x^2\right) & \dfrac{6EI}{L^2}\lambda_x & -\left(\dfrac{AE}{L} - \dfrac{12EI}{L^3}\right)\lambda_x\lambda_y & -\left(\dfrac{AE}{L}\lambda_y^2 + \dfrac{12EI}{L^3}\lambda_x^2\right) & \dfrac{6EI}{L^2}\lambda_x \\ -\dfrac{6EI}{L^2}\lambda_y & \dfrac{6EI}{L^2}\lambda_x & \dfrac{4EI}{L} & \dfrac{6EI}{L^2}\lambda_y & -\dfrac{6EI}{L^2}\lambda_x & \dfrac{2EI}{L} \\ -\left(\dfrac{AE}{L}\lambda_x^2 + \dfrac{12EI}{L^3}\lambda_y^2\right) & -\left(\dfrac{AE}{L} - \dfrac{12EI}{L^3}\right)\lambda_x\lambda_y & \dfrac{6EI}{L^2}\lambda_y & \left(\dfrac{AE}{L}\lambda_x^2 + \dfrac{12EI}{L^3}\lambda_y^2\right) & \left(\dfrac{AE}{L} - \dfrac{12EI}{L^3}\right)\lambda_x\lambda_y & \dfrac{6EI}{L^2}\lambda_y \\ -\left(\dfrac{AE}{L} - \dfrac{12EI}{L^3}\right)\lambda_x\lambda_y & -\left(\dfrac{AE}{L}\lambda_y^2 + \dfrac{12EI}{L^3}\lambda_x^2\right) & -\dfrac{6EI}{L^2}\lambda_x & \left(\dfrac{AE}{L} - \dfrac{12EI}{L^3}\right)\lambda_x\lambda_y & \left(\dfrac{AE}{L}\lambda_y^2 + \dfrac{12EI}{L^3}\lambda_x^2\right) & -\dfrac{6EI}{L^2}\lambda_x \\ -\dfrac{6EI}{L^2}\lambda_y & \dfrac{6EI}{L^2}\lambda_x & \dfrac{2EI}{L} & \dfrac{6EI}{L^2}\lambda_y & -\dfrac{6EI}{L^2}\lambda_x & \dfrac{4EI}{L} \end{bmatrix} \begin{matrix} N_x \\ N_y \\ N_z \\ F_x \\ F_y \\ F_z \end{matrix}$$

(colunas: N_x, N_y, N_z, F_x, F_y, F_z)

(16.10)

Observe que esta matriz 6 × 6 é *simétrica*. Além disso, a localização de cada elemento é associada com a codificação na extremidade próxima, N_x, N_y, N_z, seguida por aquela na extremidade afastada, F_x, F_y, F_z, que está listada no topo das colunas e junto das linhas. Assim como a matriz **k'**, cada coluna da matriz **k** representa as cargas nas coordenadas globais nos nós do membro que são necessários para resistir a um deslocamento unitário na direção definida pela codificação da coluna. Por exemplo, a primeira coluna de **k** representa as cargas nas coordenadas globais nas extremidades próxima e afastada causadas por um *deslocamento unitário* na extremidade próxima no sentido x, isto é, D_{Nx}.

16.4 Aplicação do método da rigidez para análise de pórtico

Uma vez que as matrizes de rigidez dos membros tenham sido estabelecidas, elas podem ser montadas na matriz de rigidez da estrutura. Ao escrevermos a equação matricial da estrutura, podemos determinar os deslocamentos nos nós não restringidos, seguidos pelas reações e esforços internos nos nós. Cargas laterais atuando em um membro, erros de fabricação, mudanças de temperatura, apoios inclinados e apoios internos são tratados da mesma maneira que a delineada para treliças e vigas.

Procedimento para análise

O método a seguir proporciona um meio para calcular os deslocamentos, reações de apoio e esforços internos para membros de pórticos determinados e indeterminados estaticamente.

Notação

- Divida a estrutura em elementos finitos e identifique arbitrariamente cada elemento e seus nós. Elementos normalmente estendem-se entre pontos de apoio, pontos de cargas concentradas, vértices ou nós, ou pontos onde esforços internos ou deslocamentos serão determinados.
- Estabeleça, por conveniência, o sistema de coordenadas global x, y, z com a origem localizada em um ponto nodal em um dos elementos e os eixos localizados de tal maneira que todos os nós tenham coordenadas positivas.
- Em cada ponto nodal da estrutura, especifique numericamente os três componentes de codificação x, y, z. Em todos os casos, use os *números código mais baixos* para identificar todos os *graus de liberdade não restringidos*, seguidos pelos *números código mais altos* restantes para identificar os *graus de liberdade restringidos*.
- A partir do problema, estabeleça os deslocamentos conhecidos $\mathbf{D}_k$ e as cargas externas conhecidas $\mathbf{Q}_k$. Ao estabelecer $\mathbf{Q}_k$, não esqueça de incluir quaisquer cargas de extremidades fixas *invertidas* se um elemento suportar uma carga intermediária.

Matriz de rigidez da estrutura

- Aplique a Equação 16.10 para determinar a matriz de rigidez para cada elemento expresso em coordenadas globais. Em particular, os cossenos diretores λ_x e λ_y são determinados a partir das coordenadas x, y das extremidades do elemento (equações 14.5 e 14.6).
- Após cada matriz de rigidez de membro ter sido escrita e as seis linhas e colunas identificadas com os números código próximos e afastados, combine as matrizes para formar a matriz de rigidez da estrutura $\mathbf{K}$. Como uma checagem parcial, as matrizes de rigidez da estrutura e dos elementos devem ser *todas* simétricas.

Deslocamentos e cargas

- Divida a matriz de rigidez como indicado pela Equação 14.18. A expansão leva então a

$$\mathbf{Q}_k = \mathbf{K}_{11}\mathbf{D}_u + \mathbf{K}_{12}\mathbf{D}_k$$
$$\mathbf{Q}_u = \mathbf{K}_{21}\mathbf{D}_u + \mathbf{K}_{22}\mathbf{D}_k$$

Os deslocamentos desconhecidos $\mathbf{D}_u$ são determinados a partir da primeira dessas equações. Usando esses valores, as reações de apoio $\mathbf{Q}_u$ são calculadas a partir da segunda equação. Por fim, os esforços internos $\mathbf{q}$ nas extremidades dos membros podem ser calculados a partir da Equação 16.7, a saber

$$\mathbf{q} = \mathbf{k'TD}$$

Se o resultado de qualquer uma das incógnitas for calculado como quantidade negativa, isto indica que ela atua na direção negativa da coordenada.

Exemplo 16.1

Determine as cargas nos nós do pórtico de dois membros mostrado na Figura 16.4a. Considere $I = 180(10^6)$ mm^4, $A = 6.000$ mm^2, e $E = 200$ GPa para ambos os membros.

SOLUÇÃO

Notação. Examinando a questão, a estrutura tem dois elementos e três nós, que são identificados como mostrado na Figura 16.4b. A origem do sistema de coordenadas global está localizada em ①. Os números código nos nós são especificados com os *graus de liberdade não restringidos numerados primeiro*. Das restrições em ① e ③, e da carga aplicada, temos

$$\mathbf{D}_k = \begin{bmatrix} 0 \\ 0 \\ 0 \\ 0 \end{bmatrix} \begin{matrix} 6 \\ 7 \\ 8 \\ 9 \end{matrix} \qquad \mathbf{Q}_k = \begin{bmatrix} 5 \\ 0 \\ 0 \\ 0 \\ 0 \end{bmatrix} \begin{matrix} 1 \\ 2 \\ 3 \\ 4 \\ 5 \end{matrix}$$

Matriz de rigidez da estrutura. Os termos a seguir são comuns a ambas as matrizes de rigidez de elementos.

$$\frac{AE}{L} = \frac{6(10^{-3})(200)(10^6)}{6} = 200(10^3) \text{ kN/m}$$

$$\frac{12EI}{L^3} = \frac{12(200)(10^6)(180)(10^{-6})}{6^3} = 2(10^3) \text{ kN/m}$$

$$\frac{6EI}{L^2} = \frac{6(200)(10^6)(180)(10^{-6})}{6^2} = 6(10^3) \text{ kN}$$

$$\frac{4EI}{L} = \frac{4(200)(10^6)(180)(10^{-6})}{6} = 24(10^3) \text{ kN} \cdot \text{m}$$

$$\frac{2EI}{L} = \frac{2(200)(10^6)(180)(10^{-6})}{6} = 12(10^3) \text{ kN} \cdot \text{m}$$

Membro 1:

$$\lambda_x = \frac{6-0}{6} = 1 \qquad \lambda_y = \frac{0-0}{6} = 0$$

Substituindo os dados na Equação 16.10, temos

$$\mathbf{k}_1 = (10^3) \begin{bmatrix} 200 & 0 & 0 & -200 & 0 & 0 \\ 0 & 2 & 6 & 0 & -2 & 6 \\ 0 & 6 & 24 & 0 & -6 & 12 \\ -200 & 0 & 0 & 200 & 0 & 0 \\ 0 & -2 & -6 & 0 & 2 & -6 \\ 0 & 6 & 12 & 0 & -6 & 24 \end{bmatrix} \begin{matrix} 4 \\ 6 \\ 5 \\ 1 \\ 2 \\ 3 \end{matrix}$$
$$\begin{matrix} 4 & 6 & 5 & 1 & 2 & 3 \end{matrix}$$

As linhas e colunas desta matriz 6 × 6 são identificadas pelos três números código *x*, *y*, *z*, primeiro na extremidade próxima e seguido pela extremidade afastada, isto é, 4, 6, 5, 1, 2, 3, respectivamente (Figura 16.4b). Isso é feito para a montagem posterior dos elementos.

(a)

(b)

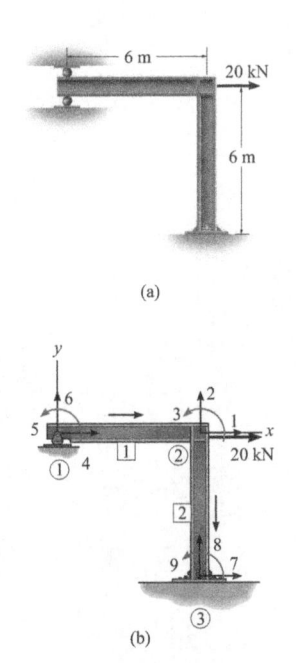

Figura 16.4

Membro 2:
$$\lambda_x = \frac{6-6}{6} = 0 \quad \lambda_y = \frac{-6-0}{6} = -1$$

Substituindo os dados na Equação 16.10, resulta em

$$\mathbf{k}_2 = (10^3) \begin{bmatrix} & 1 & 2 & 3 & 7 & 8 & 9 \\ 2 & 0 & 6 & -2 & 0 & 6 \\ 0 & 200 & 0 & 0 & -200 & 0 \\ 6 & 0 & 24 & -6 & 0 & 12 \\ -2 & 0 & -6 & 2 & 0 & -6 \\ 0 & -200 & 0 & 0 & 200 & 0 \\ 6 & 0 & 12 & -6 & 0 & 24 \end{bmatrix} \begin{matrix} 1 \\ 2 \\ 3 \\ 7 \\ 8 \\ 9 \end{matrix}$$

Como sempre, a identificação de colunas e linhas é referenciada pelos três números código na sequência x, y, z para as extremidades próxima e afastada, respectivamente, isto é, 1, 2, 3, então 7, 8, 9 (Figura 16.4b).

A matriz de rigidez da estrutura é determinada montando $\mathbf{k}_1$ e $\mathbf{k}_2$. O resultado, mostrado dividido, como $\mathbf{Q} = \mathbf{KD}$, é

$$\begin{bmatrix} 20 \\ 0 \\ 0 \\ 0 \\ 0 \\ \hdashline Q_6 \\ Q_7 \\ Q_8 \\ Q_9 \end{bmatrix} = (10^3) \begin{bmatrix} 202 & 0 & 6 & -200 & 0 & 0 & -2 & 0 & 6 \\ 0 & 202 & -6 & 0 & -6 & -2 & 0 & -200 & 0 \\ 6 & -6 & 48 & 0 & 12 & 6 & -6 & 0 & 12 \\ -200 & 0 & 0 & 200 & 0 & 0 & 0 & 0 & 0 \\ 0 & -6 & 12 & 0 & 24 & 6 & 0 & 0 & 0 \\ \hdashline 0 & -2 & 6 & 0 & 6 & 2 & 0 & 0 & 0 \\ -2 & 0 & -6 & 0 & 0 & 0 & 2 & 0 & -6 \\ 0 & -200 & 0 & 0 & 0 & 0 & 0 & 200 & 0 \\ 6 & 0 & 12 & 0 & 0 & 0 & -6 & 0 & 24 \end{bmatrix} \begin{bmatrix} D_1 \\ D_2 \\ D_3 \\ D_4 \\ D_5 \\ \hdashline 0 \\ 0 \\ 0 \\ 0 \end{bmatrix} \quad (1)$$

Deslocamentos e cargas. Expandindo para determinar os deslocamentos resulta em

$$\begin{bmatrix} 20 \\ 0 \\ 0 \\ 0 \\ 0 \end{bmatrix} = (10^3) \begin{bmatrix} 202 & 0 & 6 & -200 & 0 \\ 0 & 202 & -6 & 0 & -6 \\ 6 & -6 & 48 & 0 & 12 \\ -200 & 0 & 0 & 200 & 0 \\ 0 & -6 & 12 & 0 & 24 \end{bmatrix} \begin{bmatrix} D_1 \\ D_2 \\ D_3 \\ D_4 \\ D_5 \end{bmatrix} + \begin{bmatrix} 0 \\ 0 \\ 0 \\ 0 \\ 0 \end{bmatrix}$$

Solucionando, obtemos

$$\begin{bmatrix} D_1 \\ D_2 \\ D_3 \\ D_4 \\ D_5 \end{bmatrix} = \begin{bmatrix} 17{,}51\,(10^{-3})\text{ m} \\ -37{,}47\,(10^{-6})\text{ m} \\ -2{,}505\,(10^{-3})\text{ rad} \\ 17{,}51\,(10^{-3})\text{ m} \\ 1{,}243\,(10^{-3})\text{ rad} \end{bmatrix}$$

Usando esses resultados, as reações de apoio são determinadas a partir da Equação (1) como a seguir:

$$\begin{bmatrix} Q_6 \\ Q_7 \\ Q_8 \\ Q_9 \end{bmatrix} = (10^3) \begin{bmatrix} 0 & -2 & 6 & 0 & 6 \\ -2 & 0 & -6 & 0 & 0 \\ 0 & -200 & 0 & 0 & 0 \\ 6 & 0 & 12 & 0 & 0 \end{bmatrix} \begin{bmatrix} 17{,}51\,(10^{-3}) \\ -37{,}47\,(10^{-6}) \\ -2{,}505\,(10^{-3}) \\ 17{,}51\,(10^{-3}) \\ 1{,}243\,(10^{-3}) \end{bmatrix} + \begin{bmatrix} 0 \\ 0 \\ 0 \\ 0 \end{bmatrix} = \begin{bmatrix} -7{,}50 \text{ kN} \\ -20 \text{ kN} \\ 7{,}50 \text{ kN} \\ 75 \text{ kN}\cdot\text{m} \end{bmatrix}$$

(*Resposta*)

Capítulo 16 Análise de pórtico plano usando o método da rigidez | 453

Os esforços internos no nó ② podem ser determinados aplicando a Equação 16.7 ao membro 1. Aqui $\mathbf{k}'_1$ é definido pela Equação 16.1 e $\mathbf{T}_1$ pela Equação 16.3. Desse modo,

$$\mathbf{q}_1 = \mathbf{k}_1 \mathbf{T}_1 \mathbf{D} = (10^{-3}) \begin{bmatrix} \overset{4}{200} & \overset{6}{0} & \overset{5}{0} & \overset{1}{-200} & \overset{2}{0} & \overset{3}{0} \\ 0 & 2 & 6 & 0 & -2 & 6 \\ 0 & 6 & 24 & 0 & -6 & 12 \\ -200 & 0 & 0 & 200 & 0 & 0 \\ 0 & -2 & -6 & 0 & 2 & -6 \\ 0 & 6 & 12 & 0 & -6 & 24 \end{bmatrix} \begin{bmatrix} 1 & 0 & 0 & 0 & 0 & 0 \\ 0 & 1 & 0 & 0 & 0 & 0 \\ 0 & 0 & 1 & 0 & 0 & 0 \\ 0 & 0 & 0 & 1 & 0 & 0 \\ 0 & 0 & 0 & 0 & 1 & 0 \\ 0 & 0 & 0 & 0 & 0 & 1 \end{bmatrix} \begin{bmatrix} 17{,}51(10^{-3}) \\ 0 \\ 1{,}243(10^{-3}) \\ 17{,}51(10^{-3}) \\ -37{,}47(10^{-6}) \\ -2{,}505(10^{-3}) \end{bmatrix} \begin{matrix} 4 \\ 6 \\ 5 \\ 1 \\ 2 \\ 3 \end{matrix}$$

Observe o arranjo apropriado dos elementos nas matrizes como indicado pelos números código ao longo das colunas e linhas. Solucionando, resulta em

$$\begin{bmatrix} q_4 \\ q_6 \\ q_5 \\ q_1 \\ q_2 \\ q_3 \end{bmatrix} = \begin{bmatrix} 0 \\ -7{,}50 \text{ kN} \\ 0 \\ 0 \\ 7{,}50 \text{ kN} \\ -45 \text{ kN} \cdot \text{m} \end{bmatrix}$$

(Resposta)

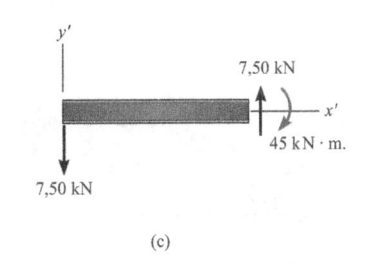

Os resultados acima são mostrados na Figura 16.4c. Os sentidos desses vetores estão de acordo com os sentidos positivos definidos na Figura 16.1. Além disso, a origem dos eixos x', y', z' locais está na extremidade próxima do membro. De uma maneira similar, o diagrama de corpo livre do membro 2 é mostrado na Figura 16.4d.

Exemplo 16.2

Determine os esforços nas extremidades de cada membro do pórtico mostrado na Figura 16.5a. Considere $I = 225(10^6)$ mm^4, $A = 7.500$ mm², e $E = 200$ GPa para cada membro.

SOLUÇÃO

Notação. Para realizar uma análise matricial, a carga distribuída atuando sobre o membro horizontal será substituída por momentos e cortantes equivalentes, nos extremos calculados a partir da estática e da tabela do Apêndice F. (Observe que nenhuma força externa de 150 kN ou momento de 150 kN·m é colocado em ③, tendo em vista que as reações nos números código 8 e 9 *serão desconhecidas* na matriz de carga.) Então usando a superposição, os resultados obtidos para a estrutura na Figura 16.5b serão modificados para esse membro pelas cargas mostradas na Figura 16.5c. Como mostrado na Figura 16.5b, os nós e os membros são numerados e a origem do sistema de coordenadas global é colocada no nó ①. Como sempre, os números código são especificados com números designados primeiro para os graus de liberdade não restringidos. Desse modo,

$$\mathbf{D}_k = \begin{bmatrix} 0 \\ 0 \\ 0 \\ 0 \\ 0 \\ 0 \end{bmatrix} \begin{matrix} 4 \\ 5 \\ 6 \\ 7 \\ 8 \\ 9 \end{matrix} \qquad \mathbf{Q}_k = \begin{bmatrix} 0 \\ -150 \\ -150 \end{bmatrix} \begin{matrix} 1 \\ 2 \\ 3 \end{matrix}$$

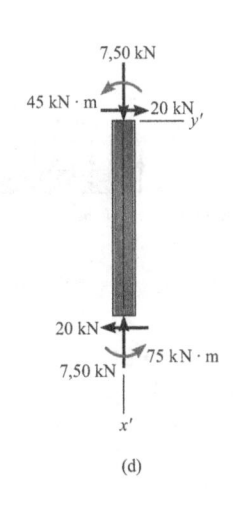

Matriz de rigidez da estrutura

Membro 1:

$$\frac{AE}{L} = \frac{7500(10^{-6})(200)(10^6)}{7,5} = 200(10^3) \text{ kN/m}$$

$$\frac{12EI}{L^3} = \frac{12(200)(10^6)(225)(10^{-6})}{(7,5)^3} = 1280 \text{ kN/m}$$

$$\frac{6EI}{L^2} = \frac{6(200)(225)}{(7,5)^2} = 4800 \text{ kN}$$

$$\frac{4EI}{L} = \frac{4(200)(225)}{7,5} = 24(10^3) \text{ kN} \cdot \text{m}$$

$$\frac{2EI}{L} = \frac{2(200)(225)}{7,5} = 12(10^3) \text{ kN} \cdot \text{m}$$

$$\lambda_x = \frac{6-0}{7,5} = 0,8 \qquad \lambda_y = \frac{4,5-0}{7,5} = 0,6$$

Aplicando a Equação 16.10, temos

$$\mathbf{k}_1 = (10^3) \begin{bmatrix} 128,46 & 95,39 & -2,88 & -128,46 & -95,39 & -2,88 \\ 95,39 & 72,82 & 3,84 & -95,39 & -72,82 & 3,84 \\ -2,88 & 3,84 & 24 & 2,88 & -3,84 & 12 \\ -128,46 & -95,39 & 2,88 & 128,46 & 95,39 & 2,88 \\ -95,39 & -72,82 & -3,84 & 95,39 & 72,82 & -3,84 \\ -2,88 & 3,84 & 12 & 2,88 & -3,84 & 24 \end{bmatrix} \begin{matrix} 4 \\ 5 \\ 6 \\ 1 \\ 2 \\ 3 \end{matrix}$$

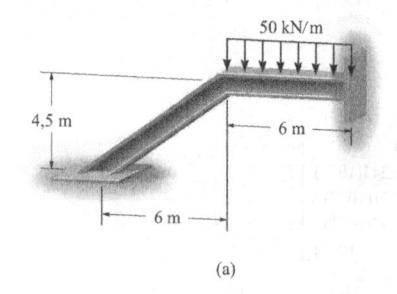

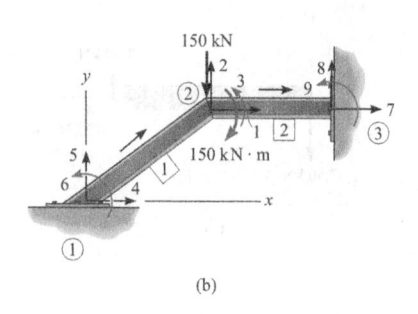

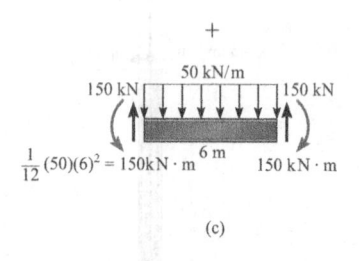

Figura 16.5

Membro 2:

$$\frac{AE}{L} = \frac{7500(10^{-6})(200)(10^6)}{6} = 250(10^3) \text{ kN/m}$$

$$\frac{12EI}{L^3} = \frac{12(200)(225)}{(6)^3} = 2500 \text{ kN/m}$$

$$\frac{6EI}{L^2} = \frac{6(200)(225)}{(6)^2} = 7500 \text{ kN}$$

$$\frac{4EI}{L} = \frac{4(200)(225)}{6} = 30(10^3) \text{ kN} \cdot \text{m}$$

$$\frac{2EI}{L} = \frac{2(200)(225)}{6} = 15(10^3) \text{ kN} \cdot \text{m}$$

$$\lambda_x = \frac{12-6}{6} = 1 \qquad \lambda_y = \frac{4,5-4,5}{6} = 0$$

Desse modo, a Equação 16.10 torna-se

$$\mathbf{k}_2 = (10^3) \begin{bmatrix} 250 & 0 & 0 & -250 & 0 & 0 \\ 0 & 2,5 & 7,5 & 0 & -2,5 & 7,5 \\ 0 & 7,5 & 30 & 0 & -7,5 & 15 \\ -250 & 0 & 0 & 250 & 0 & 0 \\ 0 & -2,5 & -7,5 & 0 & 2,5 & -7,5 \\ 0 & 7,5 & 15 & 0 & -7,5 & 30 \end{bmatrix} \begin{matrix} 1 \\ 2 \\ 3 \\ 7 \\ 8 \\ 9 \end{matrix}$$

Capítulo 16 Análise de pórtico plano usando o método da rigidez | 455

A matriz de rigidez da estrutura, incluída em **Q = KD**, torna-se

$$\begin{bmatrix} 0 \\ -150 \\ -150 \\ \hdashline Q_4 \\ Q_5 \\ Q_6 \\ Q_7 \\ Q_8 \\ Q_9 \end{bmatrix} = (10^3) \begin{bmatrix} 378{,}46 & 95{,}39 & 2{,}88 & -128{,}46 & -95{,}36 & 2{,}88 & -250 & 0 & 0 \\ 95{,}39 & 75{,}32 & 3{,}66 & -95{,}36 & -72{,}82 & -3{,}84 & 0 & -2{,}5 & 7{,}5 \\ 2{,}88 & 3{,}66 & 54 & -2{,}88 & 3{,}84 & 12 & 0 & -7{,}5 & 15 \\ -128{,}46 & -95{,}39 & -2{,}88 & 128{,}46 & 95{,}39 & -2{,}88 & 0 & 0 & 0 \\ -95{,}39 & -72{,}82 & 3{,}84 & 95{,}39 & 72{,}82 & 3{,}84 & 0 & 0 & 0 \\ 2{,}88 & -3{,}84 & 12 & -2{,}88 & 3{,}84 & 24 & 0 & 0 & 0 \\ -250 & 0 & 0 & 0 & 0 & 0 & 250 & 0 & 0 \\ 0 & -2{,}5 & -7{,}5 & 0 & 0 & 0 & 0 & 2{,}5 & -7{,}5 \\ 0 & 7{,}5 & 15 & 0 & 0 & 0 & 0 & -7{,}5 & 30 \end{bmatrix} \begin{bmatrix} D_1 \\ D_2 \\ D_3 \\ 0 \\ 0 \\ 0 \\ 0 \\ 0 \\ 0 \end{bmatrix} \quad (1)$$

Deslocamentos e cargas. Expandindo para determinar os deslocamentos e solucionando, temos

$$\begin{bmatrix} 0 \\ -150 \\ -150 \end{bmatrix} = (10^3) \begin{bmatrix} 378{,}46 & 95{,}39 & 2{,}88 \\ 95{,}39 & 75{,}32 & 3{,}66 \\ 2{,}88 & 3{,}66 & 54 \end{bmatrix} \begin{bmatrix} D_1 \\ D_2 \\ D_3 \end{bmatrix} + \begin{bmatrix} 0 \\ 0 \\ 0 \end{bmatrix}$$

$$\begin{bmatrix} D_1 \\ D_2 \\ D_3 \end{bmatrix} = \begin{bmatrix} 0{,}716 \text{ mm} \\ -2{,}76 \text{ mm} \\ -0{,}00261 \text{ rad} \end{bmatrix}$$

Usando esses resultados, as reações de apoio são determinadas a partir da Equação (1) como a seguir:

$$\begin{bmatrix} Q_4 \\ Q_5 \\ Q_6 \\ Q_7 \\ Q_8 \\ Q_9 \end{bmatrix} = \begin{bmatrix} -128{,}46 & -95{,}39 & -2{,}88 \\ -95{,}39 & -72{,}82 & 3{,}84 \\ 2{,}88 & -3{,}84 & 12 \\ -250 & 0 & 0 \\ 0 & -2{,}5 & -7{,}5 \\ 0 & 7{,}5 & 15 \end{bmatrix} \begin{bmatrix} 0{,}716 \\ -2{,}76 \\ -0{,}00261 \end{bmatrix} (10^3) + \begin{bmatrix} 0 \\ 0 \\ 0 \\ 0 \\ 0 \\ 0 \end{bmatrix} = \begin{bmatrix} 178{,}8 \text{ kN} \\ 122{,}7 \text{ kN} \\ -18{,}7 \text{ kN} \cdot \text{m} \\ -179{,}0 \text{ kN} \\ 26{,}5 \text{ kN} \\ -59{,}9 \text{ kN} \cdot \text{m} \end{bmatrix}$$

Os esforços internos podem ser determinados a partir da Equação 16.7 aplicada aos membros 1 e 2. No caso do membro 1, $\mathbf{q} = \mathbf{k'}_1 \mathbf{T}_1 \mathbf{D}$, onde $\mathbf{k'}_1$ é determinado a partir da Equação 16.1, e $\mathbf{T}_1$ a partir da Equação 16.3. Desse modo,

$$\begin{bmatrix} q_4 \\ q_5 \\ q_6 \\ q_1 \\ q_2 \\ q_3 \end{bmatrix} = \begin{bmatrix} 200 & 0 & 0 & -200 & 0 & 0 \\ 0 & 1{,}28 & 4{,}8 & 0 & -1{,}28 & 4{,}8 \\ 0 & 4{,}8 & 24 & 0 & -4{,}8 & 12 \\ -200 & 0 & 0 & 4{,}8 & 0 & 0 \\ 0 & -1{,}28 & -4{,}8 & 0 & 1{,}28 & -4{,}8 \\ 0 & 4{.}8 & 12 & 0 & -4{,}8 & 24 \end{bmatrix} \begin{bmatrix} 0{,}8 & 0{,}6 & 0 & 0 & 0 & 0 \\ -0{,}6 & 0{,}8 & 0 & 0 & 0 & 0 \\ 0 & 0 & 1 & 0 & 0 & 0 \\ 0 & 0 & 0 & 0{,}8 & 0{,}6 & 0 \\ 0 & 0 & 0 & -0{,}6 & 0{,}8 & 0 \\ 0 & 0 & 0 & 0 & 0 & 1 \end{bmatrix} \begin{bmatrix} 0 \\ 0 \\ 0 \\ 0{,}716 \\ -2{,}76 \\ -2{,}61 \end{bmatrix} \begin{matrix} 4 \\ 5 \\ 6 \\ 1 \\ 2 \\ 3 \end{matrix}$$

Aqui os números código indicam as linhas e colunas para as extremidades próxima e afastada do membro, respectivamente, isto é, 4, 5, 6, então 1, 2, 3 (Figura 16.5b). Desse modo,

$$\begin{bmatrix} q_4 \\ q_5 \\ q_6 \\ q_1 \\ q_2 \\ q_3 \end{bmatrix} = \begin{bmatrix} 216{,}6 \text{ kN} \\ -9{,}15 \text{ kN} \\ -18{,}7 \text{ kN} \cdot \text{m} \\ -216{,}6 \text{ kN} \\ 9{,}15 \text{ kN} \\ -50 \text{ kN} \cdot \text{m} \end{bmatrix}$$

(Resposta)

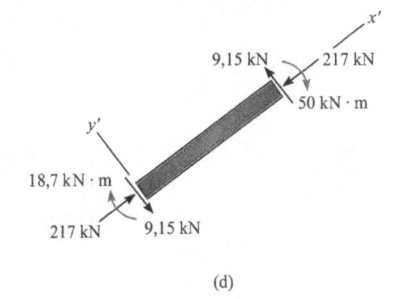

Esses resultados são mostrados na Figura 16.5d.

Uma análise similar é realizada para o membro 2. Os resultados são mostrados à esquerda na Figura 16.5e. Para esse membro precisamos superpor as cargas da Figura 16.5c, de maneira que os resultados finais para o membro 2 sejam mostrados à direita.

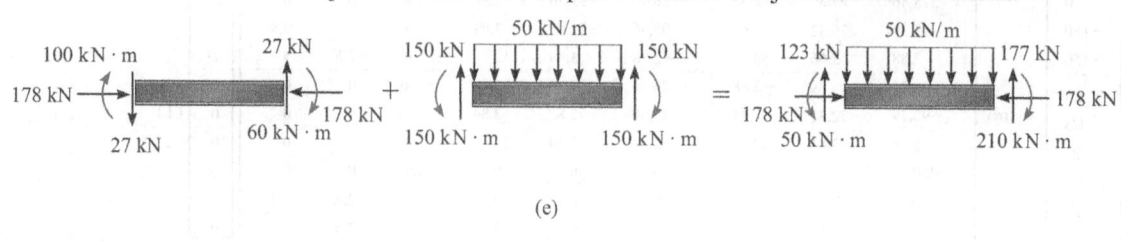

(e)

Problemas

P16.1. Determine a matriz de rigidez da estrutura **K** para o pórtico. Presuma que ① e ③ sejam fixos. Considere $E = 200$ GPa, $I = 300(10^6)$ mm^4, $A = 10(10^3)$ mm^2 para cada membro.

P16.2. Determine as reações de apoio nos apoios fixos ① e ③. Considere $E = 200$ GPa, $I = 300(10^6)$ mm^4, $A = 10(10^3)$ mm^2 para cada membro.

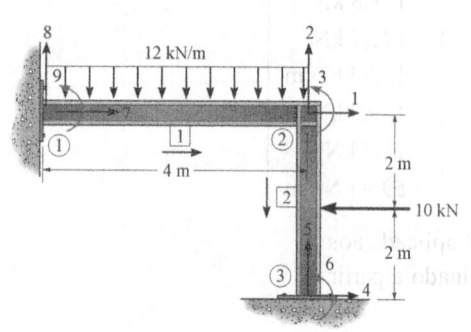

P16.1/16.2

P16.3. Determine a matriz de rigidez da estrutura **K** para o pórtico. Presuma que ③ seja fixado por pino e ① seja fixo. Considere $E = 200$ MPa, $I = 300(10^6)$ mm^4, $A = 21(10^3)$ mm^2 para cada membro.

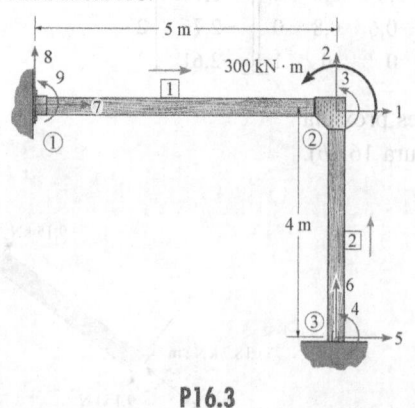

P16.3

*P16.4. Determine as reações de apoio em ① e ③. Considere $E = 200$ MPa, $I = 300(10^6)$ mm^4, $A = 21(10^3)$ mm^2 para cada membro.

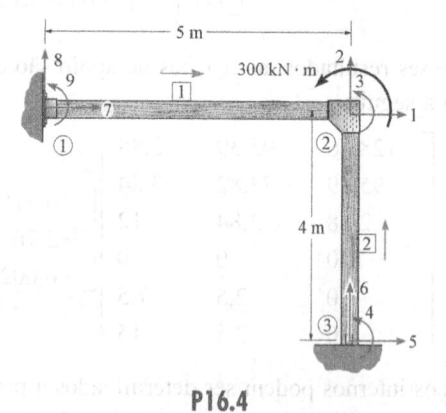

P16.4

P16.5. Determine a matriz de rigidez da estrutura **K** para o pórtico. Considere $E = 200$ GPa, $I = 350(10^6)$ mm^4, $A = 15(10^3)$ mm^2 para cada membro. As juntas em ① e ③ são pinos.

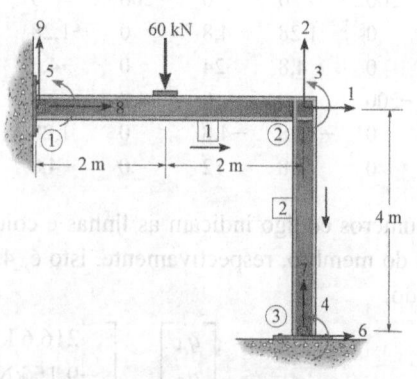

P16.5

P16.6. Determine as reações de apoio nos pinos ① e ③. Considere $E = 200$ GPa, $I = 350(10^6)$ mm^4, $A = 15(10^3)$ mm^2 para cada membro.

P16.7. Determine a matriz de rigidez da estrutura **K** para o pórtico. Considere $E = 200$ GPa, $I = 250(10^6)$ mm^4, $A = 12(10^3)$ mm² para cada membro.

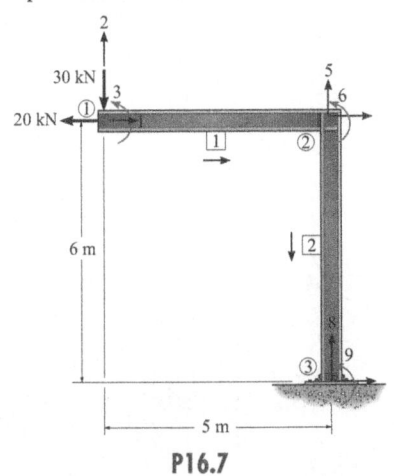

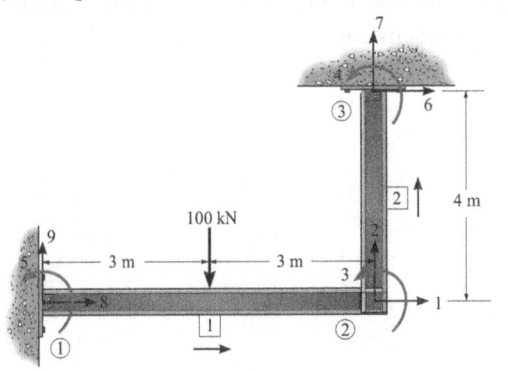

***P16.8.** Determine os componentes de deslocamento em ①. Considere $E = 200$ GPa, $I = 250(10^6)$ mm^4, $A = 12(10^3)$ mm² para cada membro.

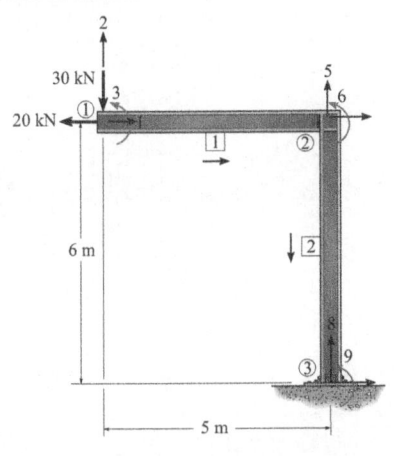

P16.9. Determine a matriz de rigidez **K** para a estrutura. Considere $E = 200$ GPa, $I = 120(10^6)$ mm^4, $A = 6(10^3)$ mm² para cada membro.

P16.10. Determine as reações de apoio em ① e ③. Considere $E = 200$ GPa, $I = 120(10^6)$ mm^4, $A = 6(10^3)$ mm² para cada membro.

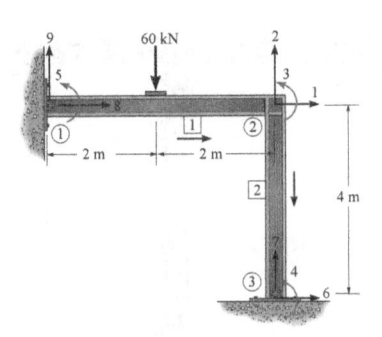

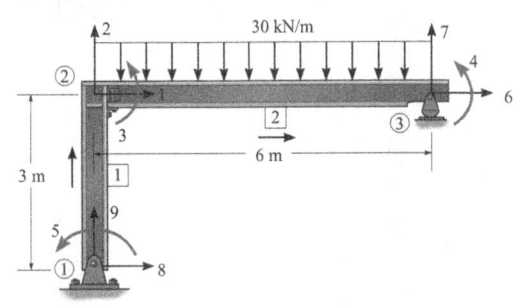

P16.11. Determine a matriz de rigidez da estrutura **K** para o pórtico. Considere $E = 200$ GPa, $I = 280(10^6)$ mm^4, $A = 12(10^3)$ mm² para cada membro.

***P16.12.** Determine as reações de apoio nos pinos ① e ③. Considere $E = 200$ GPa, $I = 280(10^6)$ mm^4, $A = 12(10^3)$ mm² para cada membro.

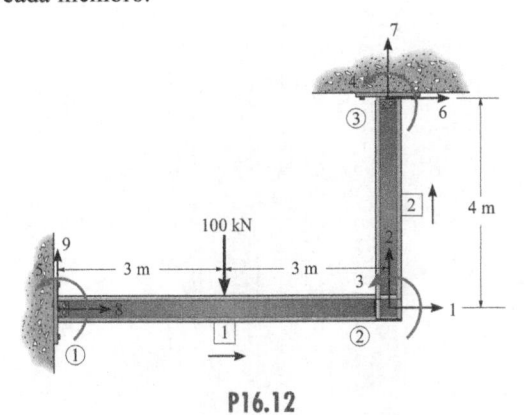

P16.13. Use um programa de computador para determinar as reações no pórtico. AE e EI são constantes.

P16.13

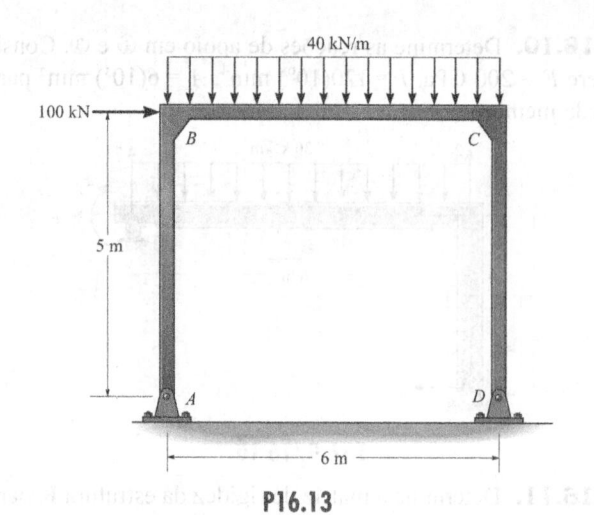

P16.14. Use um programa de computador para determinar as reações no pórtico. Presuma que A, B, D e F sejam pinos. AE e EI são constantes.

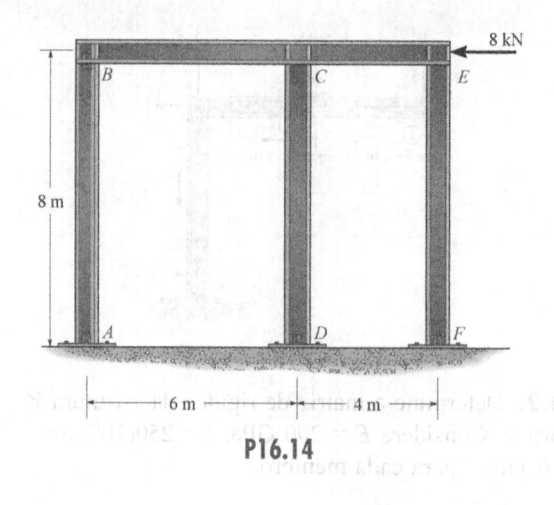

APÊNDICE A

Álgebra de matrizes para análise estrutural

A.1 Definições básicas e tipos de matrizes

Com a acessibilidade dos computadores de mesa, a aplicação da álgebra de matrizes para a análise de estruturas tornou-se corrente. A álgebra de matrizes proporciona uma ferramenta adequada para essa análise, tendo em vista que é relativamente fácil formular a solução de uma maneira concisa e então realizar as manipulações de matrizes reais usando um computador. Por essa razão, é importante que o engenheiro estrutural esteja familiarizado com as operações fundamentais desse tipo de matemática.

Matriz. Uma *matriz* é um conjunto retangular de números tendo m linhas e n colunas. Os números, que são chamados de *elementos*, são reunidos dentro de colchetes. Por exemplo, a matriz **A** é escrita como:

$$\mathbf{A} = \begin{bmatrix} a_{11} & a_{12} & \cdots & a_{1n} \\ a_{21} & a_{22} & \cdots & a_{2n} \\ & & \vdots & \\ a_{m1} & a_{m2} & \cdots & a_{mn} \end{bmatrix}$$

Diz-se de uma matriz como esta que ela tem uma *ordem* de $m \times n$ (m por n). Observe que o primeiro subscrito para um elemento denota sua posição de linha e o segundo subscrito denota sua posição de coluna. Em geral, então, a_{ij} é o elemento localizado na "*i*ésima" linha e "*j*ésima" coluna.

Matriz linha. Se a matriz consiste apenas de elementos em uma única linha, ela é chamada de *matriz linha*. Por exemplo, uma matriz linha $1 \times n$ é escrita como

$$\mathbf{A} = [a_1 \quad a_2 \quad \cdots \quad a_n]$$

Aqui apenas um único subscrito é usado para denotar um elemento, tendo em vista que o subscrito de linha é compreendido como igual a 1, isto é, $a_1 = a_{11}$, $a_2 = a_{12}$, e por aí afora.

Matriz coluna. Uma matriz com elementos empilhados em uma única coluna é chamada de uma *matriz coluna*. A matriz coluna $m \times 1$ é

$$A = \begin{bmatrix} a_1 \\ a_2 \\ \vdots \\ a_m \end{bmatrix}$$

Aqui a notação subscrita simboliza $a_1 = a_{11}$, $a_2 = a_{21}$, e por aí afora.

Matriz quadrada. Quando o número de linhas em uma matriz é igual ao número de colunas, a matriz é referida como uma *matriz quadrada*. Uma matriz quadrada $n \times n$ seria

$$A = \begin{bmatrix} a_{11} & a_{12} & \cdots & a_{1n} \\ a_{21} & a_{22} & \cdots & a_{2n} \\ & & \vdots & \\ a_{n1} & a_{n2} & \cdots & a_{nn} \end{bmatrix}$$

Matriz diagonal. Quando todos os elementos de uma matriz quadrada são zero exceto ao longo da diagonal principal, que desce da esquerda para a direita, a matriz é chamada de *matriz diagonal*. Por exemplo,

$$A = \begin{bmatrix} a_{11} & 0 & 0 \\ 0 & a_{22} & 0 \\ 0 & 0 & a_{33} \end{bmatrix}$$

Matriz identidade ou matriz unidade. A *matriz identidade* ou *matriz unidade* é uma matriz diagonal com todos os elementos diagonais iguais à unidade. Por exemplo,

$$I = \begin{bmatrix} 1 & 0 & 0 \\ 0 & 1 & 0 \\ 0 & 0 & 1 \end{bmatrix}$$

Matriz simétrica. Uma *matriz quadrada* é simétrica contanto que $a_{ij} = a_{ji}$. Por exemplo,

$$A = \begin{bmatrix} 3 & 5 & 2 \\ 5 & -1 & 4 \\ 2 & 4 & 8 \end{bmatrix}$$

A.2 Operações com matrizes

Igualdade de matrizes. Diz-se que as matrizes **A** e **B** são iguais se elas forem da mesma ordem e cada um dos seus elementos correspondentes forem iguais, isto é, $a_{ij} = b_{ij}$. Por exemplo, se

$$A = \begin{bmatrix} 2 & 6 \\ 4 & -3 \end{bmatrix} \quad B = \begin{bmatrix} 2 & 6 \\ 4 & -3 \end{bmatrix}$$

então, **A** = **B**.

Adição e subtração de matrizes. Duas matrizes podem ser somadas ou subtraídas uma da outra se elas forem da mesma ordem. O resultado é obtido somando ou subtraindo os elementos correspondentes. Por exemplo, se

$$A = \begin{bmatrix} 6 & 7 \\ 2 & -1 \end{bmatrix} \quad B = \begin{bmatrix} -5 & 8 \\ 1 & 4 \end{bmatrix}$$

então

$$\mathbf{A} + \mathbf{B} = \begin{bmatrix} 1 & 15 \\ 3 & 3 \end{bmatrix} \quad \mathbf{A} - \mathbf{B} = \begin{bmatrix} 11 & -1 \\ 1 & -5 \end{bmatrix}$$

Multiplicação por um escalar. Quando uma matriz é multiplicada por um escalar, cada elemento da matriz é multiplicado pelo escalar. Por exemplo, se

$$\mathbf{A} = \begin{bmatrix} 4 & 1 \\ 6 & -2 \end{bmatrix} \quad k = -6$$

então

$$k\mathbf{A} = \begin{bmatrix} -24 & -6 \\ -36 & 12 \end{bmatrix}$$

Multiplicação de matrizes. Duas matrizes **A** e **B** podem ser multiplicadas apenas se elas forem *conformáveis*. Essa condição é satisfeita se o número de *colunas* em **A** for *igual* ao número de *linhas* em **B**. Por exemplo, se

$$\mathbf{A} = \begin{bmatrix} a_{11} & a_{12} \\ a_{21} & a_{22} \end{bmatrix} \quad \mathbf{B} = \begin{bmatrix} b_{11} & b_{12} & b_{13} \\ b_{21} & b_{22} & b_{23} \end{bmatrix} \quad (A.1)$$

então **AB** pode ser determinado tendo em vista que **A** tem duas colunas e **B** tem duas linhas. Observe, entretanto, que **BA** não é possível. Por quê?

Se a matriz **A** tendo uma ordem de $(m \times n)$ é multiplicada pela matriz **B** tendo uma ordem de $(n \times q)$, isto vai produzir uma matriz **C** tendo uma ordem de $(m \times q)$, isto é,

$$\begin{array}{ccc} \mathbf{A} & \mathbf{B} & = & \mathbf{C} \\ (m \times n)(n \times q) & & (m \times q) \end{array}$$

Os elementos da matriz **C** são calculados usando os elementos a_{ij} de **A** e b_{ij} de **B** como a seguir:

$$c_{ij} = \sum_{k=1}^{n} a_{ik} b_{kj} \quad (A.2)$$

A metodologia dessa fórmula pode ser explicada por alguns exemplos simples. Considere

$$\mathbf{A} = \begin{bmatrix} 2 & 4 & 3 \\ -1 & 6 & 1 \end{bmatrix} \quad \mathbf{B} = \begin{bmatrix} 2 \\ 6 \\ 7 \end{bmatrix}$$

Examinando a questão, o produto **C** = **AB** é possível tendo em vista que as matrizes são conformáveis, isto é, **A** tem três colunas e **B** tem três linhas. Pela Equação A.2, a multiplicação vai produzir a matriz **C** tendo duas linhas e uma coluna. Os resultados são obtidos como a seguir:

c_{11}: multiplique os elementos na primeira linha de **A** pelos elementos correspondentes na coluna de **B** e some os resultados; isto é,

$$c_{11} = c_1 = 2(2) + 4(6) + 3(7) = 49$$

c_{21}: Multiplique os elementos na segunda linha de **A** pelos elementos correspondentes na coluna de **B** e some os resultados; esto é,

$$c_{21} = c_2 = -1(2) + 6(6) + 1(7) = 41$$

Desse modo,

$$C = \begin{bmatrix} 49 \\ 41 \end{bmatrix}$$

Como um segundo exemplo, considere

$$A = \begin{bmatrix} 5 & 3 \\ 4 & 1 \\ -2 & 8 \end{bmatrix} \qquad B = \begin{bmatrix} 2 & 7 \\ -3 & 4 \end{bmatrix}$$

Aqui novamente o produto $C = AB$ pode ser encontrado, tendo em vista que A tem duas colunas e B tem duas linhas. A matriz resultante C terá três linhas e duas colunas. Os elementos são obtidos como a seguir:

$c_{11} = 5(2) + 3(-3) = 1$ (primeira linha de A vezes primeira coluna de B)
$c_{12} = 5(7) + 3(4) = 47$ (primeira linha de A vezes segunda coluna de B)
$c_{21} = 4(2) + 1(-3) = 5$ (segunda linha de A vezes primeira coluna de B)
$c_{22} = 4(7) + 1(4) = 32$ (segunda linha de A vezes segunda coluna de B)
$c_{31} = -2(2) + 8(-3) = -28$ (terceira linha de A vezes primeira coluna de B)
$c_{32} = -2(7) + 8(4) = 18$ (terceira linha de A vezes segunda coluna de B)

O esquema para multiplicação segue a aplicação da Equação A.2. Desse modo,

$$C = \begin{bmatrix} 1 & 47 \\ 5 & 32 \\ -28 & 18 \end{bmatrix}$$

Observe que BA não existe, tendo em vista que escrita dessa maneira as matrizes são não conformáveis.

As regras a seguir aplicam-se à multiplicação de matrizes.

1. Em geral, o produto de duas matrizes não é comutativo:

$$AB \neq BA \tag{A.3}$$

2. A lei distributiva é válida:

$$A(B + C) = AB + AC \tag{A.4}$$

3. A lei associativa é válida:

$$A(BC) = (AB)C \tag{A.5}$$

Matriz Transposta. Uma matriz pode ser transposta intercambiando suas linhas e colunas. Por exemplo, se

$$A = \begin{bmatrix} a_{11} & a_{12} & a_{13} \\ a_{21} & a_{22} & a_{23} \\ a_{31} & a_{32} & a_{33} \end{bmatrix} \qquad B = [b_1 \;\; b_2 \;\; b_3]$$

Então

$$A^T = \begin{bmatrix} a_{11} & a_{21} & a_{31} \\ a_{12} & a_{22} & a_{32} \\ a_{13} & a_{23} & a_{33} \end{bmatrix} \qquad B^T = \begin{bmatrix} b_1 \\ b_2 \\ b_3 \end{bmatrix}$$

Observe que AB é não conformável e assim o produto não existe. (A tem três colunas e B tem uma linha.) De maneira alternativa, a multiplicação AB^T é possível, tendo em vista que aqui as matrizes são conformáveis (A tem três colunas e B^T tem três linhas). As propriedades a seguir para matrizes transpostas contêm

$$(A + B)^T = A^T + B^T \tag{A.6}$$

$$(k\mathbf{A})^T = k\mathbf{A}^T \qquad (A.7)$$

$$(\mathbf{AB})^T = \mathbf{B}^T\mathbf{A}^T \qquad (A.8)$$

Esta última identidade será ilustrada pelo exemplo. Se

$$\mathbf{A} = \begin{bmatrix} 6 & 2 \\ 1 & -3 \end{bmatrix} \quad \mathbf{B} = \begin{bmatrix} 4 & 3 \\ 2 & 5 \end{bmatrix}$$

Então, pela Equação A.8,

$$\left(\begin{bmatrix} 6 & 2 \\ 1 & -3 \end{bmatrix}\begin{bmatrix} 4 & 3 \\ 2 & 5 \end{bmatrix}\right)^T = \begin{bmatrix} 4 & 2 \\ 3 & 5 \end{bmatrix}\begin{bmatrix} 6 & 1 \\ 2 & -3 \end{bmatrix}$$

$$\left(\begin{bmatrix} 28 & 28 \\ -2 & -12 \end{bmatrix}\right)^T = \begin{bmatrix} 28 & -2 \\ 28 & -12 \end{bmatrix}$$

$$\begin{bmatrix} 28 & -2 \\ 28 & -12 \end{bmatrix} = \begin{bmatrix} 28 & -2 \\ 28 & -12 \end{bmatrix}$$

Divisão de matrizes. Uma matriz pode ser subdividida em submatrizes através da divisão. Por exemplo,

$$\mathbf{A} = \begin{bmatrix} a_{11} & a_{12} & a_{13} & a_{14} \\ a_{21} & a_{22} & a_{23} & a_{24} \\ a_{31} & a_{32} & a_{33} & a_{34} \end{bmatrix} = \begin{bmatrix} \mathbf{A}_{11} & \mathbf{A}_{12} \\ \mathbf{A}_{21} & \mathbf{A}_{22} \end{bmatrix}$$

Aqui as submatrizes são

$$\mathbf{A}_{11} = [a_{11}] \quad \mathbf{A}_{12} = [a_{12} \quad a_{13} \quad a_{14}]$$

$$\mathbf{A}_{21} = \begin{bmatrix} a_{21} \\ a_{31} \end{bmatrix} \quad \mathbf{A}_{22} = \begin{bmatrix} a_{22} & a_{23} & a_{24} \\ a_{32} & a_{33} & a_{34} \end{bmatrix}$$

As regras da álgebra de matrizes aplicam-se a matrizes divididas, contanto que a divisão seja conformável. Por exemplo, submatrizes correspondentes de **A** e **B** podem ser somadas ou subtraídas contanto que elas tenham um número igual de linhas e colunas. De maneira semelhante, a multiplicação de matrizes é possível contanto que o número respectivo de colunas e linhas, tanto de **A** quanto de **B**, assim como suas submatrizes sejam iguais. Por exemplo, se

$$\mathbf{A} = \begin{bmatrix} 4 & 1 & -1 \\ -2 & 0 & -5 \\ 6 & 3 & 8 \end{bmatrix} \quad \mathbf{B} = \begin{bmatrix} 2 & -1 \\ 0 & 8 \\ 7 & 4 \end{bmatrix}$$

então o produto **AB** existe, tendo em vista que o número de colunas de **A** é igual ao número de linhas de **B** (três). De maneira semelhante, as matrizes divididas são conformáveis para multiplicação tendo em vista que **A** é dividido em duas colunas e **B** é dividido em duas linhas, isto é,

$$\mathbf{AB} = \begin{bmatrix} \mathbf{A}_{11} & \mathbf{A}_{12} \\ \mathbf{A}_{21} & \mathbf{A}_{22} \end{bmatrix}\begin{bmatrix} \mathbf{B}_{11} \\ \mathbf{B}_{21} \end{bmatrix} = \begin{bmatrix} \mathbf{A}_{11}\mathbf{B}_{11} + \mathbf{A}_{12}\mathbf{B}_{21} \\ \mathbf{A}_{21}\mathbf{B}_{11} + \mathbf{A}_{22}\mathbf{B}_{21} \end{bmatrix}$$

A multiplicação das submatrizes resulta em

$$\mathbf{A}_{11}\mathbf{B}_{11} = \begin{bmatrix} 4 & 1 \\ -2 & 0 \end{bmatrix}\begin{bmatrix} 2 & -1 \\ 0 & 8 \end{bmatrix} = \begin{bmatrix} 8 & 4 \\ -4 & 2 \end{bmatrix}$$

$$\mathbf{A}_{12}\mathbf{B}_{21} = \begin{bmatrix} -1 \\ -5 \end{bmatrix}[7 \quad 4] = \begin{bmatrix} -7 & -4 \\ -35 & -20 \end{bmatrix}$$

$$\mathbf{A}_{21}\mathbf{B}_{11} = [6 \quad 3]\begin{bmatrix} 2 & -1 \\ 0 & 8 \end{bmatrix} = [12 \quad 18]$$

$$\mathbf{A}_{22}\mathbf{B}_{21} = [8][7 \quad 4] = [56 \quad 32]$$

$$\mathbf{AB} = \begin{bmatrix} \begin{bmatrix} 8 & 4 \\ -4 & 2 \end{bmatrix} + \begin{bmatrix} -7 & -4 \\ -35 & -20 \end{bmatrix} \\ [12 \quad 18] + [56 \quad 32] \end{bmatrix} = \begin{bmatrix} 1 & 0 \\ -39 & -18 \\ 68 & 50 \end{bmatrix}$$

A.3 Determinantes

Na parte a seguir discutiremos como inverter uma matriz. Tendo em vista que essa operação exige uma avaliação do determinante da matriz, discutiremos agora algumas das propriedades básicas dos determinantes.

Um determinante é uma formação quadrada de números contida dentro de barras verticais. Por exemplo, um determinante de ordem *i*ésima, tendo n linhas e n colunas, é

$$|A| = \begin{vmatrix} a_{11} & a_{12} & \cdots & a_{1n} \\ a_{21} & a_{22} & \cdots & a_{2n} \\ & & \vdots & \\ a_{n1} & a_{n2} & \cdots & a_{nn} \end{vmatrix} \qquad (A.9)$$

A avaliação desse determinante leva a um único valor numérico que pode ser estabelecido usando a *expansão de Laplace*. Esse método faz uso dos menores complementares e cofatores do determinante. Especificamente, cada elemento a_{ij} de um determinante da "enésima" ordem tem um *menor complementar* M_{ij}, que é uma determinante de ordem $n-1$. Esta determinante (menor complementar) continua quando a "*i*ésima" linha e "*j*ésima" coluna na qual o elemento a_{ij} está contido for eliminada. Se o menor complementar for multiplicado por $(-1)^{i+j}$, ele é chamado de cofator de a_{ij} e é denotado como

$$C_{ij} = (-1)^{i+j} M_{ij} \qquad (A.10)$$

Por exemplo, considere o determinante de terceira ordem

$$\begin{vmatrix} a_{11} & a_{12} & a_{13} \\ a_{21} & a_{22} & a_{23} \\ a_{31} & a_{32} & a_{33} \end{vmatrix}$$

Os cofatores para os elementos na primeira coluna são

$$C_{11} = (-1)^{1+1} \begin{vmatrix} a_{22} & a_{23} \\ a_{32} & a_{33} \end{vmatrix} = \begin{vmatrix} a_{22} & a_{23} \\ a_{32} & a_{33} \end{vmatrix}$$

$$C_{12} = (-1)^{1+2} \begin{vmatrix} a_{21} & a_{23} \\ a_{31} & a_{33} \end{vmatrix} = -\begin{vmatrix} a_{21} & a_{23} \\ a_{31} & a_{33} \end{vmatrix}$$

$$C_{13} = (-1)^{1+3} \begin{vmatrix} a_{21} & a_{22} \\ a_{31} & a_{32} \end{vmatrix} = \begin{vmatrix} a_{21} & a_{22} \\ a_{31} & a_{32} \end{vmatrix}$$

A expansão de Laplace para um determinante de ordem n, Equação A.9, enuncia que o valor numérico representado pelo determinante é igual à soma dos produtos dos elementos de qualquer linha ou coluna e seus cofatores respectivos, i.e.,

$$D = a_{i1}C_{i1} + a_{i2}C_{i2} + \cdots + a_{in}C_{in} \qquad (i = 1, 2, \ldots, \text{ou } n)$$

ou
$$(A.11)$$
$$D = a_{1j}C_{1j} + a_{2j}C_{2j} + \cdots + a_{nj}C_{nj} \qquad (j = 1, 2, \ldots, \text{ou } n)$$

Para aplicação, vê-se que em razão dos cofatores, o número D é definido em termos de n determinantes (cofatores) de ordem $n-1$ cada. Cada um desses determinantes pode ser reavaliado usando a mesma fórmula, através da qual é preciso então avaliar $(n-1)$ determinantes de ordem $(n-2)$, e por aí afora. O processo de avaliação continua até que os determinantes restantes a serem avaliados sejam reduzidos à segunda ordem, com o que os cofatores dos elementos são elementos únicos de D. Considere, por exemplo, o determinante de segunda ordem a seguir

$$D = \begin{vmatrix} 3 & 5 \\ -1 & 2 \end{vmatrix}$$

Podemos avaliar D junto à linha de cima dos elementos, que resulta em

$$D = 3(-1)^{1+1}(2) + 5(-1)^{1+2}(-1) = 11$$

Ou, por exemplo, usando a segunda coluna de elementos, temos

$$D = 5(-1)^{1+2}(-1) + 2(-1)^{2+2}(3) = 11$$

Em vez de usar as equações A.11, talvez seja mais fácil perceber que a avaliação de um determinante de segunda ordem possa ser realizada multiplicando os elementos da diagonal, da parte de cima à esquerda para baixo à direita, e subtrair disto o produto dos elementos da parte de cima à direita para baixo à esquerda, i.e., seguindo a seta,

$$D = \begin{vmatrix} 3 & 5 \\ -1 & 2 \end{vmatrix} = 3(2) - 5(-1) = 11$$

Considere em seguida o determinante de terceira ordem

$$|D| = \begin{vmatrix} 1 & 3 & -1 \\ 4 & 2 & 6 \\ -1 & 0 & 2 \end{vmatrix}$$

Usando a Equação A.11, podemos avaliar $|D|$ usando os elementos seja junto à linha de cima ou junto à primeira coluna, isto é

$$D = (1)(-1)^{1+1}\begin{vmatrix} 2 & 6 \\ 0 & 2 \end{vmatrix} + (3)(-1)^{1+2}\begin{vmatrix} 4 & 6 \\ -1 & 2 \end{vmatrix} + (-1)(-1)^{1+3}\begin{vmatrix} 4 & 2 \\ -1 & 0 \end{vmatrix}$$

$$= 1(4-0) - 3(8+6) - 1(0+2) = -40$$

$$D = 1(-1)^{1+1}\begin{vmatrix} 2 & 6 \\ 0 & 2 \end{vmatrix} + 4(-1)^{2+1}\begin{vmatrix} 3 & -1 \\ 0 & 2 \end{vmatrix} + (-1)(-1)^{3+1}\begin{vmatrix} 3 & -1 \\ 2 & 6 \end{vmatrix}$$

$$= 1(4-0) - 4(6-0) - 1(18+2) = -40$$

Como um exercício, tente avaliar $|D|$ usando os elementos junto à segunda linha.

A.4 Inverso de uma matriz

Considere o conjunto a seguir das três equações lineares:

$$a_{11}x_1 + a_{12}x_2 + a_{13}x_3 = c_1$$
$$a_{21}x_1 + a_{22}x_2 + a_{23}x_3 = c_2$$
$$a_{31}x_1 + a_{32}x_2 + a_{33}x_3 = c_3$$

que podem ser escritas em forma de matriz como

$$\begin{bmatrix} a_{11} & a_{12} & a_{13} \\ a_{21} & a_{22} & a_{23} \\ a_{31} & a_{32} & a_{33} \end{bmatrix} \begin{bmatrix} x_1 \\ x_2 \\ x_3 \end{bmatrix} = \begin{bmatrix} c_1 \\ c_2 \\ c_3 \end{bmatrix} \qquad (A.12)$$

$$\mathbf{Ax} = \mathbf{C} \qquad (A.13)$$

Seria de se pensar que uma solução para x poderia ser determinada dividindo **C** por **A**; entretanto, a divisão não é possível na álgebra de matriz. Em vez disso, você a multiplica pelo inverso da matriz. O *inverso* da matriz **A** é outra matriz da mesma ordem e escrita simbolicamente como $\mathbf{A}^{-1}$. Ela tem a seguinte propriedade,

$$\mathbf{AA}^{-1} = \mathbf{A}^{-1}\mathbf{A} = \mathbf{I}$$

onde **I** é uma matriz identidade. Multiplicando ambos os lados da Equação A.13 por $\mathbf{A}^{-1}$, obtemos

$$\mathbf{A}^{-1}\mathbf{Ax} = \mathbf{A}^{-1}\mathbf{C}$$

Tendo em vista que $\mathbf{A}^{-1}\mathbf{Ax} = \mathbf{Ix} = \mathbf{x}$, temos

$$\mathbf{x} = \mathbf{A}^{-1}\mathbf{C} \qquad (A.14)$$

Contanto que $\mathbf{A}^{-1}$ possa ser obtida, uma solução para **x** é possível.

Para o cálculo à mão, o método usado para formular $\mathbf{A}^{-1}$ pode ser desenvolvido usando a regra de Cramer. O desenvolvimento não será dado aqui; em vez disso, apenas os resultados serão dados.* Nesse sentido, os elementos nas matrizes da Equação A.14 podem ser escritos como

$$\mathbf{x} = \mathbf{A}^{-1}\mathbf{C}$$

$$\begin{bmatrix} x_1 \\ x_2 \\ x_3 \end{bmatrix} = \frac{1}{|A|} \begin{bmatrix} C_{11} & C_{21} & C_{31} \\ C_{12} & C_{22} & C_{32} \\ C_{13} & C_{23} & C_{33} \end{bmatrix} \begin{bmatrix} c_1 \\ c_2 \\ c_3 \end{bmatrix} \qquad (A.15)$$

Aqui $|A|$ é uma avaliação do determinante da matriz de coeficiente **A**, que é estabelecida usando a expansão de Laplace discutida na Seção A.3. A matriz quadrada contendo os cofatores C_{ij} é chamada de *matriz adjunta*. Em comparação, podemos ver que a matriz inversa $\mathbf{A}^{-1}$ é obtida a partir da substituição, em primeiro lugar, de cada elemento a_{ij} por seu cofator C_{ij}, então transpondo a matriz resultante, produzindo a matriz adjunta, e por fim multiplicando a matriz adjunta por $1/|A|$.

Para ilustrar como obter $\mathbf{A}^{-1}$ numericamente, vamos considerar a solução do conjunto de equações lineares a seguir:

$$\begin{aligned} x_1 - x_2 + x_3 &= -1 \\ -x_1 + x_2 + x_3 &= -1 \\ x_1 + 2x_2 - 2x_3 &= 5 \end{aligned} \qquad (A.16)$$

Aqui

$$\mathbf{A} = \begin{bmatrix} 1 & -1 & 1 \\ -1 & 1 & 1 \\ 1 & 2 & -2 \end{bmatrix}$$

A matriz de cofator para **A** é

---

* Ver Kreyszig, E. *Advanced Engineering Mathematics*, John Wiley & Sons, Inc., Nova York.

$$\mathbf{C} = \begin{bmatrix} \begin{vmatrix} 1 & 1 \\ 2 & -2 \end{vmatrix} & -\begin{vmatrix} -1 & 1 \\ 1 & -2 \end{vmatrix} & \begin{vmatrix} -1 & 1 \\ 1 & 2 \end{vmatrix} \\ -\begin{vmatrix} -1 & 1 \\ 2 & -2 \end{vmatrix} & \begin{vmatrix} 1 & 1 \\ 1 & -2 \end{vmatrix} & -\begin{vmatrix} 1 & -1 \\ 1 & 2 \end{vmatrix} \\ \begin{vmatrix} -1 & 1 \\ 1 & 1 \end{vmatrix} & -\begin{vmatrix} 1 & 1 \\ -1 & 1 \end{vmatrix} & \begin{vmatrix} 1 & -1 \\ -1 & 1 \end{vmatrix} \end{bmatrix}$$

Avaliando os determinantes e tirando a transposta, a matriz adjunta é

$$\mathbf{C}^T = \begin{bmatrix} -4 & 0 & -2 \\ -1 & -3 & -2 \\ -3 & -3 & 0 \end{bmatrix}$$

Tendo em vista que

$$A = \begin{vmatrix} 1 & -1 & 1 \\ -1 & 1 & 1 \\ 1 & 2 & -2 \end{vmatrix} = -6$$

O inverso de **A** é, portanto,

$$\mathbf{A}^{-1} = -\frac{1}{6}\begin{bmatrix} -4 & 0 & -2 \\ -1 & -3 & -2 \\ -3 & -3 & 0 \end{bmatrix}$$

A solução das equações A.16 resulta em

$$\begin{bmatrix} x_1 \\ x_2 \\ x_3 \end{bmatrix} = -\frac{1}{6}\begin{bmatrix} -4 & 0 & -2 \\ -1 & -3 & -2 \\ -3 & -3 & 0 \end{bmatrix}\begin{bmatrix} -1 \\ -1 \\ 5 \end{bmatrix}$$

$$x_1 = -\tfrac{1}{6}[(-4)(-1) + 0(-1) + (-2)(5)] = 1$$

$$x_2 = -\tfrac{1}{6}[(-1)(-1) + (-3)(-1) + (-2)(5)] = 1$$

$$x_3 = -\tfrac{1}{6}[(-3)(-1) + (-3)(-1) + (0)(5)] = -1$$

Obviamente, os cálculos são bastante expandidos para conjuntos maiores de equações. Por essa razão, computadores são usados em análise estrutural para determinar o inverso de matrizes.

A.5 O método de Gauss para solucionar equações simultâneas

Quando muitas equações lineares simultâneas têm de ser solucionadas, o método de eliminação de Gauss pode ser usado dada a sua eficiência numérica. A aplicação desse método exige solucionar uma equação de um conjunto de n equações para uma incógnita, digamos x_1, em termos de todas as outras incógnitas, $x_2, x_3, \ldots, x_n$. Substituindo esta chamada *equação fundamental* nas equações restantes resulta em um conjunto de $n-1$ equações com $n-1$ incógnitas. Repetindo o processo solucionando uma dessas equações para x_2 em termos das incógnitas restantes $n-2, x_3, x_4, \ldots, x_n$ forma a segunda equação essencial. Essa equação é então substituída nas outras equações, resultando em um conjunto de $n-3$ equações com $n-3$ incógnitas. O processo é repetido até restar uma equação fundamental tendo uma incógnita, que é então solucionada. As outras incógnitas são então determinadas por sucessivas substituições retroativas nas outras equações fundamentais. Para melhorar a precisão da solução, ao desenvolver cada equação fundamental você deve sempre selecionar a equação do conjunto tendo o *maior* coeficiente numérico para a incógnita que você estiver tentando eliminar. O processo será agora ilustrado por um exemplo.

Solucione o conjunto de equações a seguir usando a eliminação de Gauss:

$$-2x_1 + 8x_2 + 2x_3 = 2 \quad (A.17)$$

$$2x_1 - x_2 + x_3 = 2 \quad (A.18)$$

$$4x_1 - 5x_2 + 3x_3 = 4 \quad (A.19)$$

Começaremos eliminando x_1. O maior coeficiente de x_1 está na Equação A.19; portanto, o levaremos para a equação fundamental. Solucionando para x_1, temos

$$x_1 = 1 + 1{,}25x_2 - 0{,}75x_3 \quad (A.20)$$

Substituindo nas equações A.17 e A.18 e simplificando, resulta em

$$2{,}75x_2 + 1{,}75x_3 = 2 \quad (A.21)$$

$$1{,}5x_2 - 0{,}5x_3 = 0 \quad (A.22)$$

Em seguida eliminamos x_2. Escolhendo a Equação A.21 para a equação fundamental tendo em vista que o coeficiente de x_2 é maior aqui, temos

$$x_2 = 0{,}727 - 0{,}636x_3 \quad (A.23)$$

Substituindo esta equação na Equação A.22 e simplificando, resulta na equação fundamental final, que pode ser solucionada para x_3. Isso resulta em $x_3 = 0{,}75$. Substituindo esse valor na Equação A.23 fundamental resulta em $x_2 = 0{,}25$. Por fim, da Equação A.20 fundamental chegamos a $x_1 = 0{,}75$.

Problemas

A1. Se $\mathbf{A} = \begin{bmatrix} 3 & 6 \\ 2 & 7 \\ 4 & -2 \end{bmatrix}$ e $\mathbf{B} = \begin{bmatrix} -1 & 2 \\ 5 & 8 \\ -2 & 1 \end{bmatrix}$, determine $2\mathbf{A} - \mathbf{B}$ e $\mathbf{A} + 3\mathbf{B}$.

A2. Se $\mathbf{A} = \begin{bmatrix} 3 & 5 & -2 \\ 4 & 3 & 1 \\ 1 & -1 & 7 \end{bmatrix}$ e $\mathbf{B} = \begin{bmatrix} 6 & 4 & -3 \\ 3 & 2 & -2 \\ 5 & 1 & 6 \end{bmatrix}$, determine $3\mathbf{A} - 2\mathbf{B}$ e $\mathbf{A} - 2\mathbf{B}$.

A3. Se $\mathbf{A} = \begin{bmatrix} 2 & 5 \end{bmatrix}$ e $\mathbf{B} = \begin{bmatrix} 4 & -1 \\ 2 & -2 \end{bmatrix}$, determine $\mathbf{AB}$.

*A4. Se $\mathbf{A} = \begin{bmatrix} 6 & 3 \\ 4 & 2 \end{bmatrix}$ e $\mathbf{B} = \begin{bmatrix} 6 & 2 \\ 5 & -1 \end{bmatrix}$, determine $\mathbf{AB}$.

A5. Se $\mathbf{A} = \begin{bmatrix} 2 \\ -5 \\ 6 \end{bmatrix}$ e $\mathbf{B} = \begin{bmatrix} 4 & 6 & -5 \end{bmatrix}$, determine $\mathbf{AB}$.

A6. Se $\mathbf{A} = \begin{bmatrix} 2 \\ 5 \\ 6 \end{bmatrix}$ e $\mathbf{B} = \begin{bmatrix} -1 \\ 4 \\ 4 \end{bmatrix}$, demonstre que $(\mathbf{A} + \mathbf{B})^T = \mathbf{A}^T + \mathbf{B}^T$.

A7. Se $\mathbf{A} = \begin{bmatrix} 2 & 3 & 6 \\ 5 & 9 & 2 \\ -1 & 0 & 2 \end{bmatrix}$, determine $\mathbf{A} + \mathbf{A}^T$.

A8. Se $\mathbf{A} = \begin{bmatrix} 2 & 5 \\ 8 & -1 \end{bmatrix}$, determine $\mathbf{AA}^T$.

A9. Se $\mathbf{A} = \begin{bmatrix} 2 & 8 \\ -1 & 5 \end{bmatrix}$, determine $\mathbf{AA}^T$.

A10. Se $\mathbf{A} = \begin{bmatrix} 5 & 6 & 0 \\ -1 & 2 & 3 \end{bmatrix}$ e $\mathbf{B} = \begin{bmatrix} 2 \\ 0 \\ -1 \end{bmatrix}$, determine $\mathbf{AB}$.

A11. Se $\mathbf{A} = \begin{bmatrix} 2 & 5 & -1 \\ 3 & 2 & 5 \end{bmatrix}$ e $\mathbf{B} = \begin{bmatrix} 2 \\ 5 \\ -1 \end{bmatrix}$, determine $\mathbf{AB}$.

*A12. Se $\mathbf{A} = \begin{bmatrix} 6 & 5 & -1 \\ 0 & 3 & 2 \\ 2 & 1 & 4 \end{bmatrix}$ e $\mathbf{B} = \begin{bmatrix} 2 & -1 & -1 \\ 3 & 2 & 5 \\ 2 & 4 & 6 \end{bmatrix}$, determine $\mathbf{AB}$.

A13. Demonstre que a lei distributiva é válida, i.e.,

$\mathbf{A(B + C)} = \mathbf{AB} + \mathbf{AC}$ se $\mathbf{A} = \begin{bmatrix} 4 & 2 & -1 \\ 3 & 5 & 6 \end{bmatrix}$, $\mathbf{B} = \begin{bmatrix} 2 \\ -1 \\ 0 \end{bmatrix}$,

$\mathbf{C} = \begin{bmatrix} 4 \\ 2 \\ 1 \end{bmatrix}$.

A14. Demonstre que a lei associativa é válida, i.e.,

$\mathbf{A}(\mathbf{BC}) = (\mathbf{AB})\mathbf{C}$, se $\mathbf{A} = \begin{bmatrix} 2 & 5 & 1 \\ -5 & 6 & 0 \end{bmatrix}$, $\mathbf{B} = \begin{bmatrix} 1 \\ -1 \\ 4 \end{bmatrix}$,

$\mathbf{C} = \begin{bmatrix} 2 & -1 & 3 \end{bmatrix}$.

A15. Avalie os determinantes $\begin{vmatrix} 4 & 3 \\ -1 & 6 \end{vmatrix}$ e $\begin{vmatrix} 5 & 7 & 2 \\ 1 & 8 & 2 \\ -1 & 4 & 0 \end{vmatrix}$.

*A16. Se $\mathbf{A} = \begin{bmatrix} 2 & 5 \\ 4 & -1 \end{bmatrix}$, determine $\mathbf{A}^{-1}$.

A17. Se $\mathbf{A} = \begin{bmatrix} 3 & 5 & 7 \\ 4 & -1 & 2 \\ 0 & 3 & 1 \end{bmatrix}$, determine $\mathbf{A}^{-1}$.

A18. Solucione as equações $4x_1 + x_2 + x_3 = -1$, $-5x_1 + 4x_2 + 3x_3 = 4$, $x_1 - 2x_2 + x_3 = 2$ usando a equação de matriz $\mathbf{x} = \mathbf{A}^{-1}\mathbf{C}$.

A19. Solucione as equações no Problema A–18 usando o método de eliminação de Gauss.

*A20. Solucione as equações $x_1 + 2x_2 - 2x_3 = 5$, $x_1 - x_2 + x_3 = -1$, $x_1 - x_2 - x_3 = 1$ usando a equação de matriz $\mathbf{x} = \mathbf{A}^{-1}\mathbf{C}$.

A21. Solucione as equações no Problema A–20 usando o método de eliminação de Gauss.

APÊNDICE B

Procedimento geral para usar software de análise estrutural

Programas de software de análise estrutural populares atualmente disponíveis, como o STAAD, RISA, SAP etc., são todos baseados no método de rigidez de análise matricial, descrito nos Capítulos 13 ao 15*. Apesar de cada programa ter uma interface ligeiramente diferente, eles todos exigem que o usuário insira os dados relacionados à estrutura.

Um procedimento geral para usar qualquer um desses programas é delineado abaixo.

Passos preliminares. Antes de usar qualquer programa, primeiro é necessário identificar numericamente os membros e juntas, chamados de *nós*, da estrutura e estabelecer sistemas de coordenadas globais e locais a fim de especificar a geometria e carga da estrutura. Para fazer isso, você talvez queira fazer um desenho da estrutura e especificar cada membro com um número inserido dentro de um quadrado e usar um número inserido dentro de um círculo para identificar os nós. Em alguns programas, as extremidades "próxima" e "distante" do membro têm de ser identificadas. Isso é feito usando uma seta junto ao membro, com a ponta direcionada para a extremidade distante. As identificações dos membros, nós e "sentido" para uma treliça plana, viga e pórtico plano são mostradas nas figuras B.1, B.2 e B.3. Na Figura B.1, o nó ② está na "extremidade próxima" do membro ④ e o nó ③ está na "extremidade distante". Todas essas designações podem ser feitas arbitrariamente. Observe, entretanto, que os nós na treliça são sempre nas juntas, tendo em vista que é aí que as cargas são aplicadas e os deslocamentos e forças dos membros devem ser determinados. Para vigas e pórticos os nós estão nos apoios, em um canto ou junta, em um pino interno, ou em um ponto onde o deslocamento linear ou rotacional deva ser determinado (figuras B.2 e B.3).

Tendo em vista que cargas e deslocamentos são quantidades vetoriais, é necessário que seja estabelecido um sistema de coordenadas para especificar seu sentido correto de direção. Aqui temos de usar dois tipos de sistemas de coordenadas.

Coordenadas globais. Um único *sistema de coordenadas estrutural ou global*, usando eixos *x, y, z* dextrogiros é usado para especificar a localização de cada nó em relação à origem e para identificar o sentido de cada um dos componentes de carga externa e deslocamento nos nós. É conveniente localizar a origem em um nó de maneira que todos os outros nós tenham coordenadas positivas. Veja cada figura.

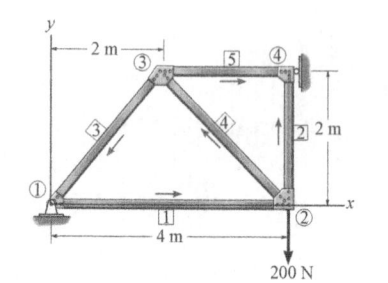

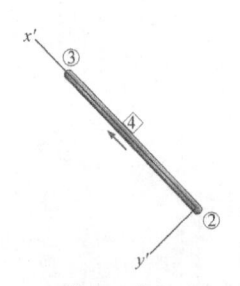

Figura B.1

---

* Uma cobertura mais completa deste método incluindo os efeitos da torção em estruturas tridimensionais, é dada em livros relacionados à análise de matrizes.

Coordenadas locais. Um *sistema de coordenadas de membros ou local* é usado para especificar a localização e o sentido das cargas externas atuando nos membros de vigas e pórticos e para qualquer estrutura, com o propósito de proporcionar um meio de interpretar os resultados calculados das cargas internas que atuam nos nós de cada membro. Esse sistema pode ser identificado usando eixos x', y', z' dextrogiros com a origem no nó "próximo" e o eixo x' estendendo-se junto do membro na direção do nó "distante". Um exemplo para o membro da treliça 4 e membro do pórtico 3 é mostrado nas figuras B.1 e B.3, respectivamente.

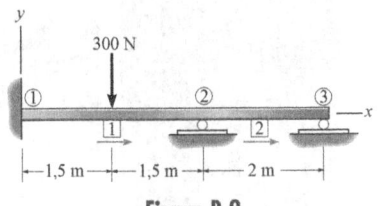

Figura B.2

Operação do programa. Quando qualquer programa for executado, um menu deve aparecer permitindo várias escolhas para inserir os dados e conseguir os resultados. Os itens usados para inserir os dados são explicados a seguir. Para qualquer problema, não se esqueça de usar um conjunto consistente de unidades para quantidades numéricas.

Informação de estrutura geral. Geralmente este item tem de ser selecionado primeiro a fim de designar um título de problema e identificar o tipo de estrutura a ser analisada – treliça, viga ou pórtico.

Dados de nós. Insira, por sua vez, cada número de nó e suas coordenadas globais das extremidades próxima e distante.

Dados dos membros. Insira, por sua vez, cada número dos membros, os números dos nós distante e próximo e as propriedades dos membros, E (módulo de elasticidade), A (área de seção transversal) e/ou I (momento de inércia e/ou o momento de inércia polar ou outra constante torsional adequada exigida para pórticos tridimensionais*). Se essas propriedades de membros forem desconhecidas, então contanto que a estrutura seja determinada estaticamente, esses valores podem ser igualados a um. Se a estrutura é indeterminada estaticamente esses valores não podem dizer respeito ao recalque de apoio, e os membros precisam ter a mesma seção transversal e ser feitos do mesmo material. Os resultados calculados darão então as reações e forças internas corretas, mas não os deslocamentos corretos.

Se uma articulação interna ou pino conecta dois membros de uma viga ou pórtico, então a liberação de momento tem de ser especificada nesse nó. Por exemplo, o membro 3 do pórtico na Figura B.3 tem um pino no nó distante, 4. De forma semelhante, esse pino também pode ser identificado no nó próximo do membro 4.

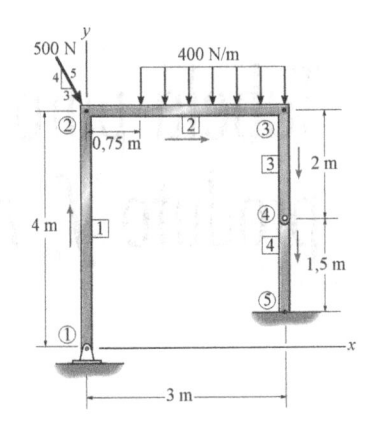

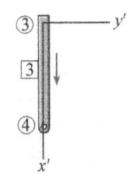

Figura B.3

Dados de suporte. Insira, por sua vez, cada nó localizado em um apoio e especifique os sentidos de coordenadas globais pedidos nos quais ocorre a restrição. Por exemplo, tendo em vista que o nó 5 da estrutura na Figura B.3 é um apoio fixo, um zero é inserido para as direções (rotacionais) x, y, e z; entretanto, se esse apoio recalca para baixo 0,003 m então o valor inserido para y seria – 0,003.

Dados de carga. Cargas são especificadas nos nós, ou nos membros. Insira os valores algébricos de *cargas nodais* relativos às *coordenadas globais*. Por exemplo, para a treliça na Figura B.3 a carga no nó 2 está na direção y e tem um valor de – 200. Para os *membros* de vigas e pórticos as cargas e suas localizações são referenciadas usando as *coordenadas locais*. Por exemplo, a carga distribuída no membro 2 do pórtico na Figura B.3 é especificada com uma intensidade de – 400 N/m localizada 0,75 do nó 2 próximo e – 400 N/m localizada 3 m deste nó.

Resultados. Uma vez que todos os dados sejam inseridos, então o problema pode ser solucionado. As reações externas na estrutura e os deslocamentos e cargas internas em cada nó são obtidos. Como uma checagem parcial dos resultados, uma checagem estática é feita na sequência em cada um dos nós. É muito importante que você jamais confie completamente nos resultados obtidos. Em vez disso, seria inteligente realizar uma análise estrutural intuitiva para validar novamente o resultado. A final de contas, o engenheiro estrutural tem de assumir toda a responsabilidade tanto pelo modelo quanto pelo cálculo dos resultados finais.

---

* Com frequência, a seleção de um perfil estrutural, por exemplo, um perfil de abas largas ou perfil W, pode ser feita quando o programa tem um banco de dados das suas propriedades geométricas.

APÊNDICE C

Tabela para avaliação das integrais de produto $\int_0^L m\, m'\, dx$

$\int_0^L m\, m'\, dx$	rectangle m', L	triangle m', L	trapezoid m'_1, m'_2, L	parábola m', L
rectangle m, L	$mm'L$	$\frac{1}{2}mm'L$	$\frac{1}{2}m(m'_1 + m'_2)L$	$\frac{2}{3}mm'L$
triangle m, L	$\frac{1}{2}mm'L$	$\frac{1}{3}mm'L$	$\frac{1}{6}m(m'_1 + 2m'_2)L$	$\frac{5}{12}mm'L$
trapezoid m_1, m_2, L	$\frac{1}{2}m'(m_1 + m_2)L$	$\frac{1}{6}m'(m_1 + 2m_2)L$	$\frac{1}{6}[m'_1(2m_1 + m_2) + m'_2(m_1 + 2m_2)]L$	$\frac{1}{12}[m'(3m_1 + 5m_2)]L$
triangular peak m, a, b, L	$\frac{1}{2}mm'L$	$\frac{1}{6}mm'(L + a)$	$\frac{1}{6}m[m'_1(L + b) + m'_2(L + a)]$	$\frac{1}{12}mm'\left(3 + \frac{3a}{L} - \frac{a^2}{L^2}\right)L$
right triangle m, L	$\frac{1}{2}mm'L$	$\frac{1}{6}mm'L$	$\frac{1}{6}m(2m'_1 + m'_2)L$	$\frac{1}{4}mm'L$

APÊNDICE D

Deflexões e inclinações de vigas

Cargas	$v + \uparrow$	$\theta + \circlearrowleft$	Equação $+ \uparrow + \circlearrowleft$
Cantilever with point load P at free end, length L	$v_{max} = -\dfrac{PL^3}{3EI}$ at $x = L$	$\theta_{max} = -\dfrac{PL^2}{2EI}$ at $x = L$	$v = \dfrac{P}{6EI}(x^3 - 3Lx^2)$
Cantilever with end moment M_O	$v_{max} = \dfrac{M_O L^2}{2EI}$ at $x = L$	$\theta_{max} = \dfrac{M_O L}{EI}$ at $x = L$	$v = \dfrac{M_O}{2EI}x^2$
Cantilever with uniform load w	$v_{max} = -\dfrac{wL^4}{8EI}$ at $x = L$	$\theta_{max} = -\dfrac{wL^3}{6EI}$ at $x = L$	$v = -\dfrac{w}{24EI}(x^4 - 4Lx^3 + 6L^2x^2)$
Simply supported beam with central load P	$v_{max} = -\dfrac{PL^3}{48EI}$ at $x = L/2$	$\theta_{max} = \pm\dfrac{PL^2}{16EI}$ at $x = 0$ or $x = L$	$v = \dfrac{P}{48EI}(4x^3 - 3L^2x)$, $0 \ldots x \ldots L/2$
Simply supported beam with point load P at distance a		$\theta_L = -\dfrac{Pab(L+b)}{6LEI}$ $\theta_R = \dfrac{Pab(L+a)}{6LEI}$	$v = -\dfrac{Pbx}{6LEI}(L^2 - b^2 - x^2)$ $0 \ldots x \ldots a$

(simply supported beam with uniform load w over length L)	$v_{max} = -\dfrac{5wL^4}{384EI}$ at $x = \dfrac{L}{2}$	$\theta_{max} = \pm\dfrac{wL^3}{24EI}$	$v = -\dfrac{wx}{24EI}(x^3 - 2Lx^2 + L^3)$
(simply supported beam with uniform load w over left half $L/2$)		$\theta_L = -\dfrac{3wL^3}{128EI}$ $\theta_R = \dfrac{7wL^3}{384EI}$	$v = -\dfrac{wx}{384EI}(16x^3 - 24Lx^2 + 9L^3)$ $0 \ldots x \ldots L/2$ $v = -\dfrac{wL}{384EI}(8x^3 - 24Lx^2 + 17L^2x - L^3)$ $L/2 \ldots x \ldots L$
(simply supported beam with moment M_O at right end)	$v_{max} = -\dfrac{M_O L^2}{9\sqrt{3}EI}$	$\theta_L = -\dfrac{M_O L}{6EI}$ $\theta_R = \dfrac{M_O L}{3EI}$	$v = -\dfrac{M_O x}{6EIL}(L^2 - x^2)$

APÊNDICE E

Propriedades geométricas das áreas

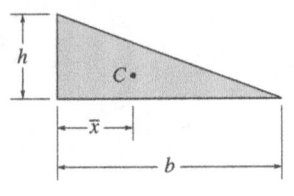

Triângulo

$A = \frac{1}{2}bh$

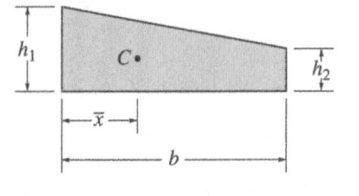

$\bar{x} = \frac{1}{3}b$

Trapezoide

$A = \frac{1}{2}b(h_1 + h_2)$

$\bar{x} = \frac{b(2h_2 + h_1)}{3(h_1 + h_2)}$

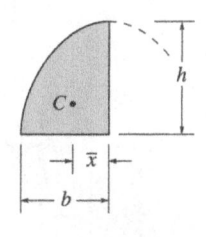

Semiparábola

$A = \frac{2}{3}bh$

$\bar{x} = \frac{3}{8}b$

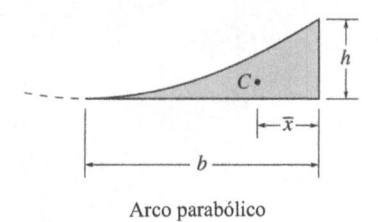

Arco parabólico

$A = \frac{1}{3}bh$

$\bar{x} = \frac{1}{4}b$

Semissegmento de curva do *e*nésimo grau

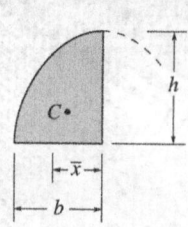

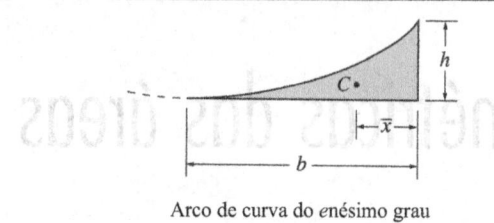

$$A = bh\left(\frac{n}{n+1}\right)$$

$$\bar{x} = \frac{b(n+1)}{2(n+2)}$$

Arco de curva do *e*nésimo grau

$$A = bh\left(\frac{1}{n+1}\right)$$

$$\bar{x} = \frac{b}{(n+2)}$$

APÊNDICE F

Momentos de extremidades fixas

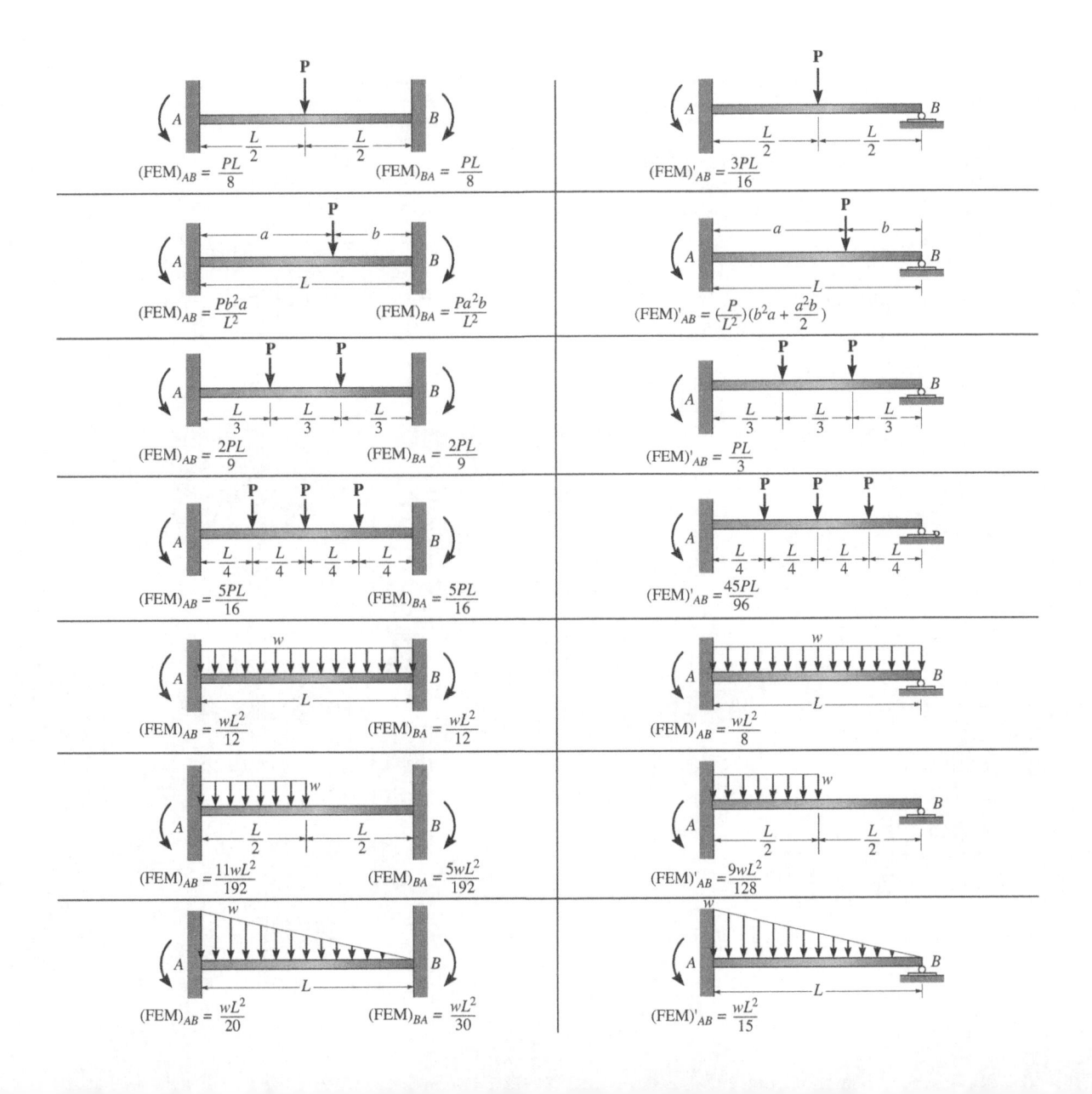

$(FEM)_{AB} = \dfrac{PL}{8}$ $(FEM)_{BA} = \dfrac{PL}{8}$

$(FEM)'_{AB} = \dfrac{3PL}{16}$

$(FEM)_{AB} = \dfrac{Pb^2 a}{L^2}$ $(FEM)_{BA} = \dfrac{Pa^2 b}{L^2}$

$(FEM)'_{AB} = \left(\dfrac{P}{L^2}\right)\left(b^2 a + \dfrac{a^2 b}{2}\right)$

$(FEM)_{AB} = \dfrac{2PL}{9}$ $(FEM)_{BA} = \dfrac{2PL}{9}$

$(FEM)'_{AB} = \dfrac{PL}{3}$

$(FEM)_{AB} = \dfrac{5PL}{16}$ $(FEM)_{BA} = \dfrac{5PL}{16}$

$(FEM)'_{AB} = \dfrac{45PL}{96}$

$(FEM)_{AB} = \dfrac{wL^2}{12}$ $(FEM)_{BA} = \dfrac{wL^2}{12}$

$(FEM)'_{AB} = \dfrac{wL^2}{8}$

$(FEM)_{AB} = \dfrac{11wL^2}{192}$ $(FEM)_{BA} = \dfrac{5wL^2}{192}$

$(FEM)'_{AB} = \dfrac{9wL^2}{128}$

$(FEM)_{AB} = \dfrac{wL^2}{20}$ $(FEM)_{BA} = \dfrac{wL^2}{30}$

$(FEM)'_{AB} = \dfrac{wL^2}{15}$

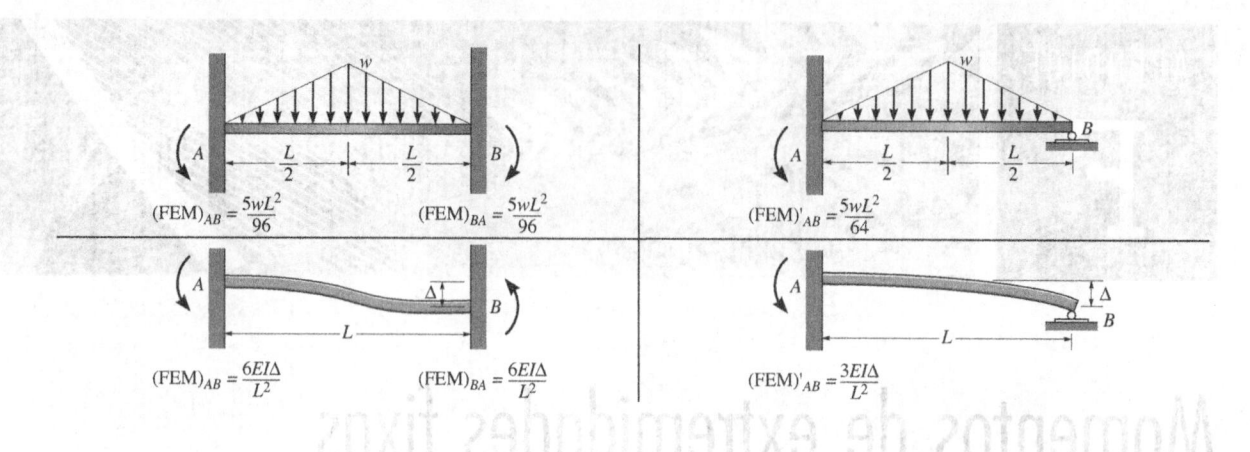

$(\text{FEM})_{AB} = \dfrac{5wL^2}{96}$ $(\text{FEM})_{BA} = \dfrac{5wL^2}{96}$

$(\text{FEM})'_{AB} = \dfrac{5wL^2}{64}$

$(\text{FEM})_{AB} = \dfrac{6EI\Delta}{L^2}$ $(\text{FEM})_{BA} = \dfrac{6EI\Delta}{L^2}$

$(\text{FEM})'_{AB} = \dfrac{3EI\Delta}{L^2}$

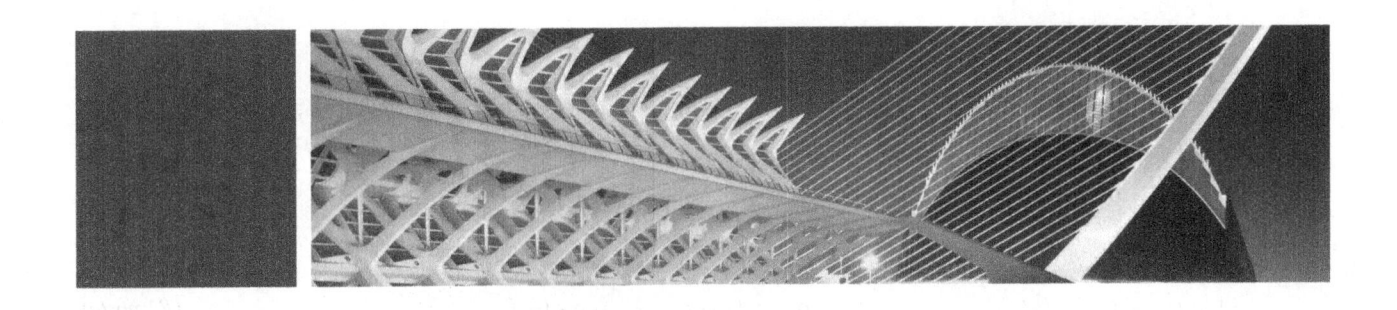

Problemas fundamentais
Soluções parciais e respostas

CAPÍTULO 2

PF2.1. $\zeta+\Sigma M_A = 0$; $\quad 60 - F_{BC}(\tfrac{3}{5})(4) = 0 \quad F_{BC} = 25{,}0$ kN

$\zeta+\Sigma M_B = 0$; $\quad 60 - A_y(4) = 0 \quad A_y = 15{,}0$ kN *(Resposta)*

$\xrightarrow{+} \Sigma F_x = 0$; $\quad A_x - 25{,}0(\tfrac{4}{5}) = 0 \quad A_x = 20{,}0$ kN *(Resposta)*

$B_x = C_x = 25{,}0(\tfrac{4}{5}) = 20{,}0$ kN $\quad B_y = C_y = 25{,}0(\tfrac{3}{5}) = 15{,}0$ kN *(Resposta)*

PF2.2. $\zeta+\Sigma M_A = 0$; $\quad F_{BC} \operatorname{sen} 45°(4) - 10(4)(2) = 0 \quad F_{BC} = \dfrac{20}{\operatorname{sen} 45°}$ kN

$\zeta+\Sigma M_B = 0$; $\quad 10(4)(2) - A_y(4) = 0 \quad A_y = 20{,}0$ kN *(Resposta)*

$\xrightarrow{+} \Sigma F_x = 0$; $\quad A_x - \left(\dfrac{20}{\operatorname{sen} 45°}\right)(\cos 45°) = 0 \quad A_x = 20{,}0$ kN *(Resposta)*

$B_x = C_x = \left(\dfrac{20}{\operatorname{sen} 45°}\right)(\cos 45°) = 20{,}0$ kN *(Resposta)*

$B_y = C_y = \left(\dfrac{20}{\operatorname{sen} 45°}\right)(\sin 45°) = 20{,}0$ kN *(Resposta)*

PF2.3. $\zeta+\Sigma M_A = 0$; $\quad F_{BC} \operatorname{sen} 60°(4) - 10(2)(1) = 0 \quad F_{BC} = \dfrac{5}{\operatorname{sen} 60°}$ kN

$\zeta+\Sigma M_B = 0$; $\quad 10(2)(3) - A_y(4) = 0 \quad A_y = 15{,}0$ kN *(Resposta)*

$\xrightarrow{+} \Sigma F_x = 0$; $\quad \left(\dfrac{5}{\operatorname{sen} 60°}\right)(\cos 60°) - A_x = 0 \quad A_x = 2{,}89$ kN *(Resposta)*

$B_x = C_x = \left(\dfrac{5}{\operatorname{sen} 60°}\right)(\cos 60°) = 2{,}89$ kN *(Resposta)*

$B_y = C_y = \left(\dfrac{5}{\operatorname{sen} 60°}\right)(\sin 60°) = 5{,}00$ kN *(Resposta)*

PF2.4. Membro AC

$\zeta+\Sigma M_C = 0$; $\quad 10(3) - N_A(4) = 0 \quad N_A = 7{,}50$ kN *(Resposta)*

$\zeta+\Sigma M_A = 0$; $\quad C_y(4) - 10(1) = 0 \quad C_y = 2{,}50$ kN

Membro BC

$\xrightarrow{+} \Sigma F_x = 0;$ $B_x = 0$ (*Resposta*)

$+\uparrow \Sigma F_y = 0;$ $B_y - 2{,}50 - 8(2) = 0$ $B_y = 18{,}5 \text{ kN}$ (*Resposta*)

$(+\Sigma M_B = 0;$ $2{,}50(2) + 8(2)(1) - M_B = 0$ $M_B = 21{,}0 \text{ kN} \cdot \text{m}$ (*Resposta*)

PF2.5. $(+\Sigma M_A = 0;$ $F_{BC}\left(\frac{3}{5}\right)(2) + F_{BC}\left(\frac{4}{5}\right)(1{,}5) - 1{,}5(1) = 0$ $F_{BC} = 0{,}625 \text{ kN}$

$\xrightarrow{+} \Sigma F_x = 0;$ $A_x - 0{,}625\left(\frac{4}{5}\right) = 0$ $A_x = 0{,}5 \text{ kN}$ (*Resposta*)

$+\uparrow \Sigma F_y = 0;$ $A_y + 0{,}625\left(\frac{3}{5}\right) - 1{,}5 = 0$ $A_y = 1{,}125 \text{ kN}$ (*Resposta*)

$B_x = C_x = 0{,}625\left(\frac{4}{5}\right) = 0{,}5 \text{ kN}$ (*Resposta*)

$B_y = C_y = 0{,}625\left(\frac{3}{5}\right) = 0{,}375 \text{ kN}$ (*Resposta*)

PF2.6. $(+\Sigma M_C = 0;$ $6(2) + 2(2) - N_A(4) = 0$ $N_A = 4{,}00 \text{ kN}$ (*Resposta*)

$\xrightarrow{+} \Sigma F_x = 0;$ $C_x - 2 = 0$ $C_x = 2{,}00 \text{ kN}$ (*Resposta*)

$+\uparrow \Sigma F_y = 0;$ $C_y + 4{,}00 - 6 = 0$ $C_y = 2{,}00 \text{ kN}$ (*Resposta*)

PF2.7.

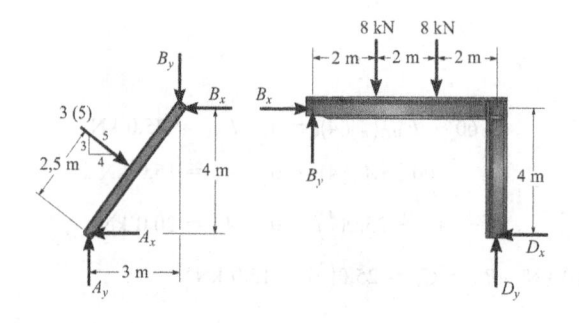

Membro AB

$(+\Sigma M_A = 0;$ $B_x(4) - B_y(3) - 3(5)(2{,}5) = 0$

Membro BCD

$(+\Sigma M_D = 0;$ $8(2) + 8(4) - B_x(4) - B_y(6) = 0$

$B_x = 10{,}25 \text{ kN}$ $B_y = 1{,}167 \text{ kN} = 1{,}17 \text{ kN}$ (*Resposta*)

Membro AB

$\xrightarrow{+} \Sigma F_x = 0;$ $-A_x + 3(5)\left(\frac{4}{5}\right) - 10{,}25 = 0$ $A_x = 1{,}75 \text{ kN}$ (*Resposta*)

$+\uparrow \Sigma F_y = 0;$ $A_y - (3)(5)\left(\frac{3}{5}\right) - 1{,}167 = 0$ $A_y = 10{,}167 \text{ kN} = 10{,}2 \text{ kN}$ (*Resposta*)

Membro BCD

$\xrightarrow{+} \Sigma F_x = 0;$ $10{,}25 - D_x = 0$ $D_x = 10{,}25 \text{ kN}$ (*Resposta*)

$+\uparrow \Sigma F_y = 0;$ $D_y + 1{,}167 - 8 - 8 = 0$ $D_y = 14{,}833 \text{ kN} = 14{,}8 \text{ kN}$ (*Resposta*)

PF2.8.

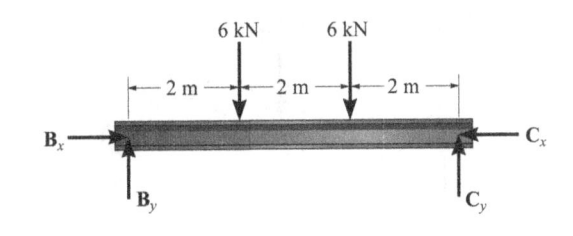

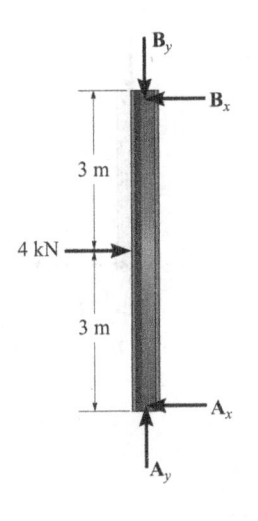

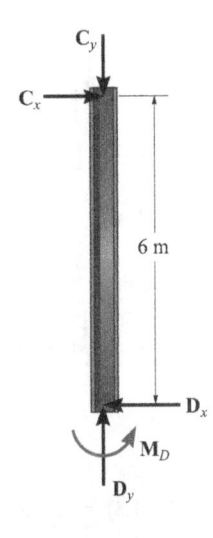

Membro *AB*

$\zeta+\Sigma M_A = 0;$ $\quad B_x(6) - 4(3) = 0 \quad B_x = 2{,}00 \text{ kN}$ *(Resposta)*

$\zeta+\Sigma M_B = 0;$ $\quad 4(3) - A_x(6) = 0 \quad A_x = 2{,}00 \text{ kN}$ *(Resposta)*

Membro *BC*

$\xrightarrow{+} \Sigma F_x = 0;$ $\quad 2{,}00 - C_x = 0 \quad C_x = 2{,}00 \text{ kN}$ *(Resposta)*

$\zeta+\Sigma M_C = 0;$ $\quad 6(2) + 6(4) - B_y(6) = 0 \quad B_y = 6{,}00 \text{ kN}$ *(Resposta)*

$\zeta+\Sigma M_B = 0;$ $\quad C_y(6) - 6(2) - 6(4) = 0 \quad C_y = 6{,}00 \text{ kN}$ *(Resposta)*

Membro *AB*

$+\uparrow\Sigma F_y = 0;$ $\quad A_y - 6{,}00 = 0 \quad A_y = 6{,}00 \text{ kN}$ *(Resposta)*

Membro *CD*

$\xrightarrow{+}\Sigma F_x = 0;$ $\quad 2{,}00 - D_x = 0 \quad D_x = 2{,}00 \text{ kN}$ *(Resposta)*

$+\uparrow\Sigma F_y = 0;$ $\quad D_y - 6{,}00 = 0 \quad D_y = 6{,}00 \text{ kN}$ *(Resposta)*

$\zeta+\Sigma M_D = 0;$ $\quad M_D - 2{,}00(6) = 0 \quad M_D = 12{,}0 \text{ kN} \cdot \text{m}$ *(Resposta)*

PF2.9.

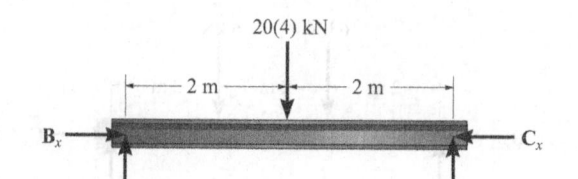

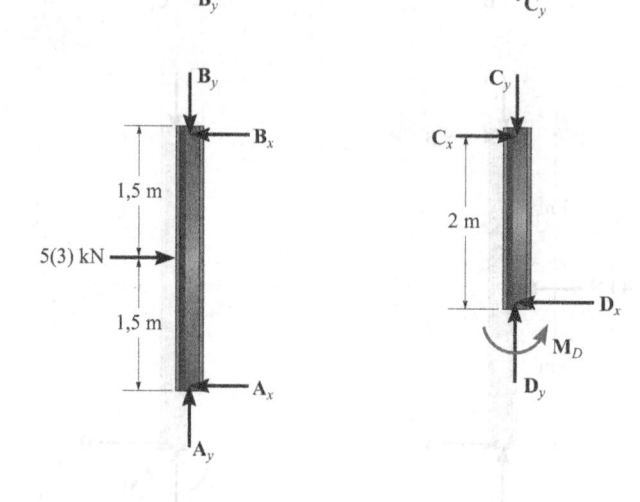

Membro *AB*

$\zeta+\Sigma M_A = 0;$ $\quad B_x(3) - 5(3)(1,5) = 0 \quad B_x = 7,5$ kN (*Resposta*)

$\zeta+\Sigma M_B = 0;$ $\quad 5(3)(1,5) - A_x(3) = 0 \quad A_x = 7,5$ kN (*Resposta*)

Membro *BC*

$\zeta+\Sigma M_C = 0;$ $\quad 20(4)(2) - B_y(4) = 0 \quad B_y = 40,0$ kN (*Resposta*)

$\zeta+\Sigma M_B = 0;$ $\quad C_y(4) - 20(4)(2) = 0 \quad C_y = 40,0$ kN (*Resposta*)

$\xrightarrow{+} \Sigma F_x = 0;$ $\quad 7,5 - C_x = 0 \quad C_x = 7,5$ kN (*Resposta*)

Membro *AB*

$+\uparrow \Sigma F_y = 0;$ $\quad A_y - 40,0 = 0 \quad A_y = 40,0$ kN (*Resposta*)

Membro *CD*

$\xrightarrow{+} \Sigma F_x = 0;$ $\quad 7.5 - D_x = 0 \quad D_x = 7,5$ kN (*Resposta*)

$+\uparrow \Sigma F_y = 0;$ $\quad D_y - 40,0 = 0 \quad D_y = 40,0$ kN (*Resposta*)

$\zeta+\Sigma M_D = 0;$ $\quad M_D - 7,5(2) = 0 \quad M_D = 15,0$ kN · m (*Resposta*)

PF2.10.

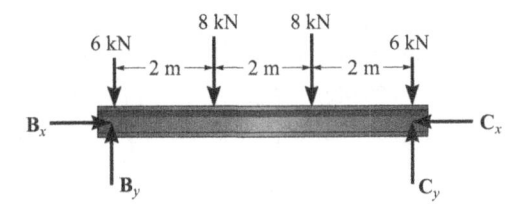

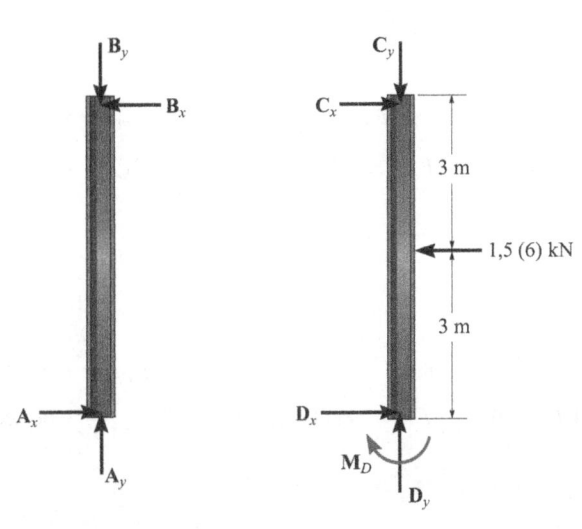

Membro BC

$(+\Sigma M_B = 0;$ $C_y(6) - 8(2) - 8(4) - 6(6) = 0$ $C_y = 14,0$ kN   (*Resposta*)

$(+\Sigma M_C = 0;$ $8(2) + 8(4) + 6(6) - B_y(6) = 0$ $B_y = 14,0$ kN   (*Resposta*)

Membro AB

$(+\Sigma M_A = 0;$ $B_x = 0$ (*Resposta*)

$\xrightarrow{+} \Sigma F_x = 0;$ $A_x = 0$ (*Resposta*)

$+\uparrow \Sigma F_y = 0;$ $A_y - 14,0 = 0$ $A_y = 14,0$ kN   (*Resposta*)

Membro BC

$\xrightarrow{+} \Sigma F_x = 0;$ $C_x = 0$ (*Resposta*)

Membro CD

$\xrightarrow{+} \Sigma F_x = 0;$ $D_x - 1,5(6) = 0$ $D_x = 9,00$ kN   (*Resposta*)

$+\uparrow \Sigma F_y = 0;$ $D_y - 14,0 = 0$ $D_y = 14,0$ kN   (*Resposta*)

$(+\Sigma M_D = 0;$ $1,5(6)(3) - M_D = 0$ $M_D = 27,0$ kN · m   (*Resposta*)

PF3.1.   Nó C

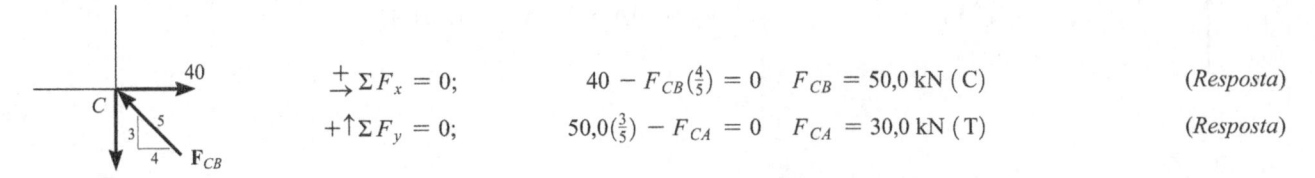

$\xrightarrow{+} \Sigma F_x = 0;$ $40 - F_{CB}(\frac{4}{5}) = 0$ $F_{CB} = 50,0$ kN (C)   (*Resposta*)

$+\uparrow \Sigma F_y = 0;$ $50,0(\frac{3}{5}) - F_{CA} = 0$ $F_{CA} = 30,0$ kN (T)   (*Resposta*)

Nó B

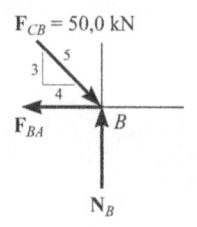

$\xrightarrow{+} \Sigma F_x = 0;$ $\quad 50{,}0(\tfrac{4}{5}) - F_{BA} = 0 \quad F_{BA} = 40{,}0 \text{ kN (T)}$ (Resposta)

$+\uparrow \Sigma F_y = 0;$ $\quad N_B - 50{,}0(\tfrac{3}{5}) = 0 \quad N_B = 30{,}0 \text{ kN}$

PF3.2. Nó B

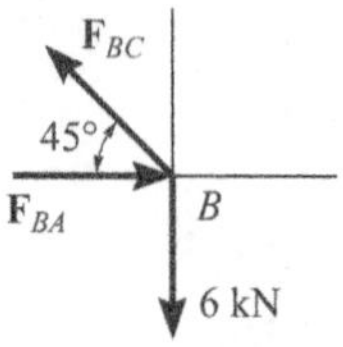

$+\uparrow \Sigma F_y = 0;$ $\quad F_{BC} \operatorname{sen} 45° - 6 = 0 \quad F_{BC} = 8{,}485 \text{ kN (T)} = 8{,}49 \text{ kN (T)}$ (Resposta)

$\xrightarrow{+} \Sigma F_x = 0;$ $\quad F_{BA} - 8{,}485 \cos 45° = 0 \quad F_{BA} = 6{,}00 \text{ kN (C)}$ (Resposta)

Nó C

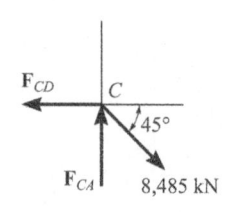

$\xrightarrow{+} \Sigma F_x = 0;$ $\quad 8{,}485 \cos 45° - F_{CD} = 0 \quad F_{CD} = 6{,}00 \text{ kN (T)}$ (Resposta)

$+\uparrow \Sigma F_y = 0;$ $\quad F_{CA} - 8{,}485 \operatorname{sen} 45° = 0 \quad F_{CA} = 6{,}00 \text{ kN (C)}$ (Resposta)

PF3.3. Nó C

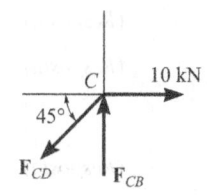

$\xrightarrow{+} \Sigma F_x = 0;$ $\quad 10 - F_{CD} \cos 45° = 0 \quad F_{CD} = 14{,}14 \text{ kN (T)} = 14{,}1 \text{ kN (T)}$ (Resposta)

$+\uparrow \Sigma F_y = 0;$ $\quad F_{CB} - 14{,}14 \operatorname{sen} 45° = 0 \quad F_{CB} = 10{,}0 \text{ kN (C)}$ (Resposta)

Nó D

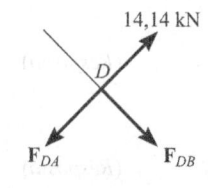

$+\nearrow \Sigma F_{x'} = 0;$ $\quad 14{,}14 - F_{DA} = 0 \quad F_{DA} = 14{,}14 \text{ kN (T)} = 14{,}1 \text{ kN (T)}$ (Resposta)

$\nwarrow +\Sigma F_{y'} = 0;$ $\quad F_{DB} = 0$ (Resposta)

Nó B

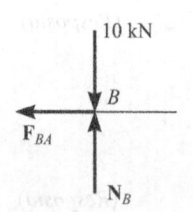

$\xrightarrow{+} \Sigma F_x = 0;$ $\quad F_{BA} = 0$ (Resposta)

$+\uparrow \Sigma F_y = 0;$ $\quad N_B - 10{,}0 = 0 \quad N_D = 10{,}0 \text{ kN}$

PF3.4. Nó D

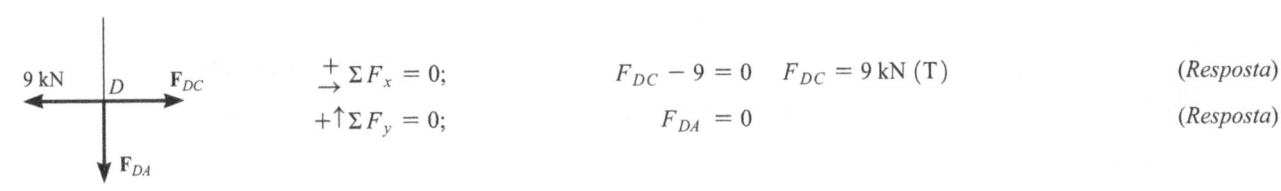

$\xrightarrow{+} \Sigma F_x = 0;$ $F_{DC} - 9 = 0$ $F_{DC} = 9$ kN (T)   (*Resposta*)

$+\uparrow \Sigma F_y = 0;$ $F_{DA} = 0$ (*Resposta*)

Nó C

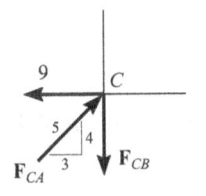

$\xrightarrow{+} \Sigma F_x = 0;$ $F_{CA}(\frac{3}{5}) - 9 = 0$ $F_{CA} = 15$ kN (C)   (*Resposta*)

$+\uparrow \Sigma F_y = 0;$ $15(\frac{4}{5}) - F_{CB} = 0$ $F_{CB} = 12$ kN (T)   (*Resposta*)

Nó A

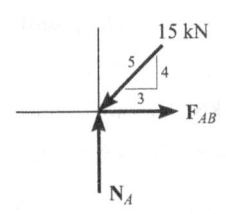

$\xrightarrow{+} \Sigma F_x = 0;$ $F_{AB} - 15(\frac{3}{5}) = 0$ $F_{AB} = 9$ kN (T)   (*Resposta*)

$+\uparrow \Sigma F_y = 0;$ $N_A - 15(\frac{4}{5}) = 0$ $N_A = 12$ kN

PF3.5. Nó D

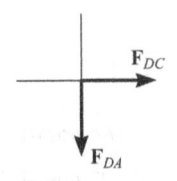

$\xrightarrow{+} \Sigma F_x = 0;$ $F_{DC} = 0$ (*Resposta*)

$+\uparrow \Sigma F_y = 0;$ $F_{DA} = 0$ (*Resposta*)

Nó C

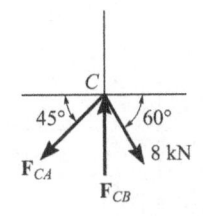

$\xrightarrow{+} \Sigma F_x = 0;$ $8\cos 60° - F_{CA}\cos 45° = 0$ $F_{CA} = 5{,}657$ kN (T) $= 5{,}66$ kN (T)   (*Resposta*)

$+\uparrow \Sigma F_y = 0;$ $F_{CB} - 5{,}657 \operatorname{sen} 45° - 8 \operatorname{sen} 60° = 0$ $F_{CB} = 10{,}93$ kN (C) $= 10{,}9$ kN (C)   (*Resposta*)

Nó B

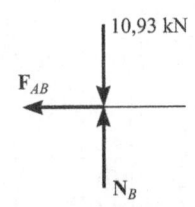

$\xrightarrow{+} \Sigma F_x = 0;$ $F_{AB} = 0$ (*Resposta*)

$+\uparrow \Sigma F_y = 0;$ $N_B = 10{,}93$ kN

PF3.6. Treliça inteira

$\zeta + \Sigma M_A = 0;$ $E_y(8) - 600(2) - 800(4) - 600(6) = 0$ $E_y = 1000$ N

Nó E

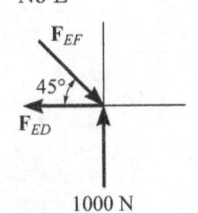

$+\uparrow \Sigma F_y = 0;$ $1000 - F_{EF} \operatorname{sen} 45° = 0$ $F_{EF} = 1414{,}21$ N (C) $= 1{,}41$ kN (C)   (*Resposta*)

$\xrightarrow{+} \Sigma F_x = 0;$ $1414{,}21 \cos 45° - F_{ED} = 0$ $F_{ED} = 1000$ N (T) $= 1{,}00$ kN (T)   (*Resposta*)

Nó F

$\xrightarrow{+} \Sigma F_x = 0;$ $F_{FG} - 1414{,}21 \cos 45° = 0$ $F_{FG} = 1000\ \text{N (C)} = 1{,}00\ \text{kN (C)}$ (Resposta)

$+\uparrow \Sigma F_y = 0;$ $1414{,}21\ \text{sen}\ 45° - F_{FD} = 0$ $F_{FD} = 1000\ \text{N (T)} = 1{,}00\ \text{kN (T)}$ (Resposta)

Nó D

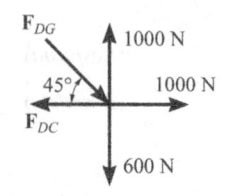

$+\uparrow \Sigma F_y = 0;$ $1000 - 600 - F_{DG}\ \text{sen}\ 45° = 0$ $F_{DG} = 565{,}69\ \text{N (C)} = 566\ \text{N (C)}$ (Resposta)

$\xrightarrow{+} \Sigma F_x = 0;$ $1000 + 565{,}69 \cos 45° - F_{DC} = 0$ $F_{DC} = 1400\ \text{N (T)} = 1{,}40\ \text{kN (T)}$ (Resposta)

Nó C

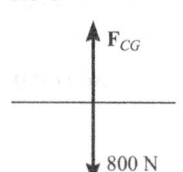

$+\uparrow \Sigma F_y = 0;$ $F_{CG} - 800 = 0$ $F_{CG} = 800\ \text{N (T)}$ (Resposta)

Due to symmetry,

$F_{BC} = F_{DC} = 1{,}40\ \text{kN (T)}$ $F_{BG} = F_{DG} = 566\ \text{N (C)}$ $F_{HG} = F_{FG} = 1{,}00\ \text{kN (C)}$ (Resposta)

$F_{HB} = F_{FD} = 1{,}00\ \text{kN (T)}$ $F_{AH} = F_{EF} = 1{,}41\ \text{kN (C)}$ $F_{AB} = F_{ED} = 1{,}00\ \text{kN (T)}$ (Resposta)

PF3.7. Para a treliça inteira

$\zeta + \Sigma M_E = 0;\ 10(1{,}5) + 10(3) + 10(4{,}5) - A_y(6) = 0$ $A_y = 15{,}0\ \text{kN}$

$\xrightarrow{+} \Sigma F_x = 0;$ $A_x = 0$

Para o segmento esquerdo

$+\uparrow \Sigma F_y = 0;$ $15{,}0 - 10 - F_{BG}\ \text{sen}\ 45° = 0$ $F_{BG} = 7{,}07\ \text{kN (C)}$ (Resposta)

$\zeta + \Sigma M_B = 0;$ $F_{HG}(1{,}5) - 15(1{,}5) = 0$ $F_{HG} = 15{,}0\ \text{kN (C)}$ (Resposta)

$\zeta + \Sigma M_G = 0;$ $F_{BC}(1{,}5) + 10(1{,}5) - 15{,}0(3) = 0$ $F_{BC} = 20{,}0\ \text{kN (T)}$ (Resposta)

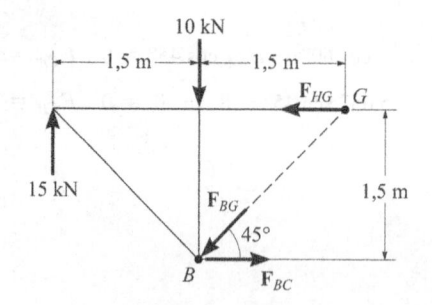

PF3.8. Para a treliça inteira

$\zeta + \Sigma M_E = 0;$ $3(4{,}8) + 3(3{,}6) + 3(2{,}4) + 3(1{,}2) - A_y(4{,}8) = 0$ $A_y = 7{,}5\ \text{kN}$

$\xrightarrow{+} \Sigma F_x = 0;$ $A_x = 0$

Para o segmento esquerdo

$\zeta + \Sigma M_C = 0;$ $F_{HI}(0{,}9) + 3(1{,}2) + 3(2{,}4) - 7{,}5(2{,}4) = 0$ $F_{HI} = 8\ \text{kN (C)}$

$\zeta + \Sigma M_I = 0;$ $F_{BC}(0{,}9) + 3(1{,}2) - 7{,}5(1{,}2) = 0$ $F_{BC} = 6\ \text{kN (T)}$ (Resposta)

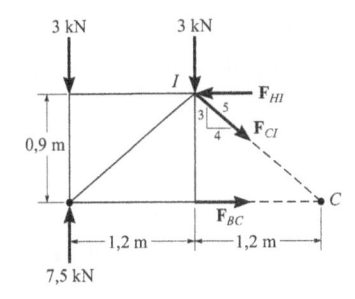

Nó H

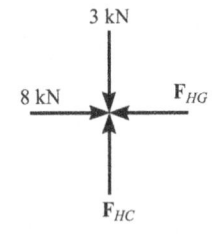

$\xrightarrow{+} \Sigma F_x = 0;$ $\qquad 8 - F_{HG} = 0 \quad F_{HG} = 8 \text{ kN (C)}$ *(Resposta)*

$+\uparrow \Sigma F_y = 0;$ $\qquad F_{HC} - 3 = 0 \quad F_{HC} = 3 \text{ kN (C)}$ *(Resposta)*

PF3.9. Para a treliça inteira

$(+\Sigma M_A = 0;$ $\qquad N_C(4) - 8(2) - 6(2) = 0 \quad N_C = 7{,}00 \text{ kN}$

Considere o segmento direito

$+\uparrow \Sigma F_y = 0;$ $\qquad 7{,}00 - F_{BD} \text{ sen } 45° = 0 \quad F_{BD} = 9{,}899 \text{ kN (T)} = 9{,}90 \text{ kN (T)}$ *(Resposta)*

$(+\Sigma M_B = 0;$ $\qquad 7{,}00(2) - 6(2) - F_{ED}(2) = 0 \quad F_{ED} = 1{,}00 \text{ kN (C)}$ *(Resposta)*

$(+\Sigma M_D = 0;$ $\qquad 0 - F_{BC}(2) = 0 \quad F_{BC} = 0$ *(Resposta)*

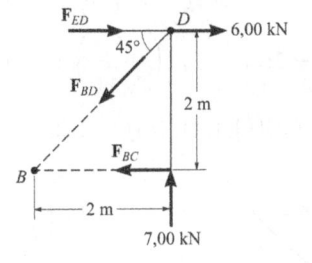

PF3.10. Para a treliça inteira

$(+\Sigma M_A = 0; \ N_E(8) - 1800(8) - 1800(4) - 1800(6) - 1800(8) = 0 \quad N_E = 4500 \text{ N}$

Considere o segmento direito

$(+\Sigma M_E = 0;$ $\qquad 1800(2) - F_{CF}\left(\tfrac{3}{5}\right)(4) = 0 \quad F_{CF} = 1500 \text{ N (C)}$ *(Resposta)*

$(+\Sigma M_C = 0;$ $\qquad 4500(4) - 1800(4) - 1800(2) - F_{GF}\left(\tfrac{3}{5}\right)(4) = 0 \quad F_{GF} = 3000 \text{ N (C)}$ *(Resposta)*

$(+\Sigma M_F = 0;$ $\qquad 4500(2) - 1800(2) - F_{CD}(1.5) = 0 \quad F_{CD} = 3600 \text{ N (T)}$ *(Resposta)*

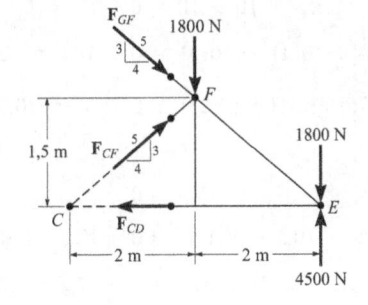

488 | Análise das estruturas

PF3.1. Para a treliça inteira

$\zeta+\Sigma M_A = 0;$ $\qquad N_D(6) - 2(6) - 4(3) = 0 \quad N_D = 4,00 \text{ kN}$

Considere o segmento direito

$+\uparrow\Sigma F_y = 0;$ $\qquad 4,00 - 2 - F_{FC} \text{ sen } 45° = 0 \quad F_{FC} = 2,828 \text{ kN (C)} = 2,83 \text{ kN (C)}$ *(Resposta)*

$\zeta+\Sigma M_F = 0;$ $\qquad 4,00(3) - 2(3) - F_{BC}(1,5) = 0 \quad F_{BC} = 4,00 \text{ kN (T)}$ *(Resposta)*

$\zeta+\Sigma M_C = 0;$ $\qquad 4,00(1,5) - 2(1,5) - F_{FE}(1,5) = 0 \quad F_{FE} = 2,00 \text{ kN (C)}$ *(Resposta)*

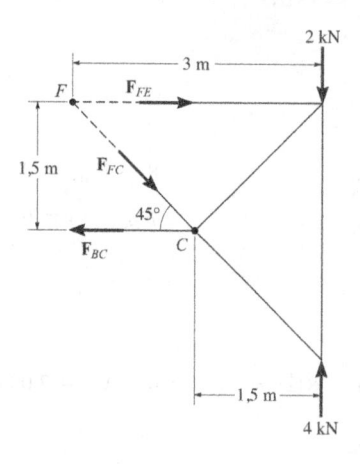

PF3.12. Para a treliça inteira

$\zeta+\Sigma M_A = 0;$ $\qquad N_E(4) - 2(1) - 2(2) - 2(3) = 0 \quad N_E = 3 \text{ kN}$

Considere o segmento direito

$\zeta+\Sigma M_F = 0;$ $\qquad 3(1) - F_{CD}(0,75) = 0 \quad F_{CD} = 4 \text{ kN (T)}$

$\zeta+\Sigma M_C = 0;$ $\qquad 3(2) - 2(1) - F_{GF}\left(\dfrac{1}{\sqrt{17}}\right)(4) = 0 \quad F_{GF} = 4,12 \text{ kN (C)}$

$\zeta+\Sigma M_O = 0;$ $\qquad F_{CF}\left(\dfrac{3}{5}\right)(4) + 2(3) - 3(2) = 0 \quad F_{CF} = 0$

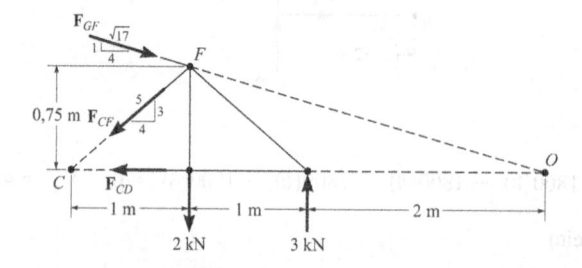

PF4.1. $\zeta+\Sigma M_A = 0;$ $\qquad B_y(2) + 20 - 10(4) = 0 \quad B_y = 10,0 \text{ kN}$

Segmento CB

$\xrightarrow{+}\Sigma F_x = 0;$ $\qquad N_C = 0$ *(Resposta)*

$+\uparrow\Sigma F_y = 0;$ $\qquad V_C + 10 - 10 = 0 \quad V_C = 0$ *(Resposta)*

$\zeta+\Sigma M_C = 0;$ $\qquad -M_C + 10(1) - 10(3) = 0 \quad M_C = -20 \text{ kN} \cdot \text{m}$ *(Resposta)*

PF4.2. $\zeta+\Sigma M_A = 0;$ $\quad B_y(3) - 4(1,5)(0,75) - 8(1,5)(2,25) = 0 \quad B_y = 10,5 \text{ kN}$

Segmento CB

$\xrightarrow{+}\Sigma F_x = 0;$ $\qquad N_C = 0$ *(Resposta)*

$+\uparrow\Sigma F_y = 0;$ $\qquad V_C + 10,5 - 8(1,5) = 0 \quad V_C = 1,50 \text{ kN}$ *(Resposta)*

$\zeta+\Sigma M_C = 0;$ $\qquad 10,5(1,5) - 8(1,5)(0,75) - M_C = 0 \quad M_C = 6,75 \text{ kN} \cdot \text{m}$ *(Resposta)*

PF4.3. $(+\Sigma M_B = 0;$ $\quad \frac{1}{2}(6)(6)(3) - A_y(6) = 0 \quad A_y = 9{,}00 \text{ kN}$

$\xrightarrow{+} \Sigma F_x = 0;$ $\quad A_x = 0$

Segmento AC

$\xrightarrow{+} \Sigma F_x = 0;$ $\quad N_C = 0$ *(Resposta)*

$+\uparrow \Sigma F_y = 0;$ $\quad 9{,}00 - \frac{1}{2}(3)(1{,}5) - V_C = 0 \quad V_C = 6{,}75 \text{ kN}$ *(Resposta)*

$(+\Sigma M_C = 0;$ $\quad M_C + \frac{1}{2}(3)(1{,}5)(0{,}5) - 9{,}00(1{,}5) = 0 \quad M_C = 12{,}4 \text{ kN} \cdot \text{m}$ *(Resposta)*

PF4.4. $(+\Sigma M_B = 0;$ $\quad 6(1)(0{,}5) - \frac{1}{2}(6)(1)(0{,}333) - A_y(1) = 0 \quad A_y = 2 \text{ kN}$

$\xrightarrow{+} \Sigma F_x = 0;$ $\quad A_x = 0$

Segmento AC

$\xrightarrow{+} \Sigma F_x = 0;$ $\quad N_C = 0$ *(Resposta)*

$+\uparrow \Sigma F_y = 0;$ $\quad 2 - 6(0{,}5) - V_C = 0 \quad V_C = -1 \text{ kN}$ *(Resposta)*

$(\Sigma M_C = 0;$ $\quad M_C + 6(0{,}5)(0{,}25) - 2(0{,}5) = 0 \quad M_C = 0{,}25 \text{ kN} \cdot \text{m}$ *(Resposta)*

PF4.5. Reações

$(+\Sigma M_A = 0;$ $\quad F_B \text{ sen } 45°(3) - 5(6)(3) = 0 \quad F_B = 42{,}43 \text{ kN}$

$\xrightarrow{+} \Sigma F_x = 0;$ $\quad 42{,}43 \cos 45° - A_x = 0 \quad A_x = 30{,}0 \text{ kN}$

$+\uparrow \Sigma F_y = 0;$ $\quad 42{,}43 \text{ sen } 45° - 5(6) - A_y = 0 \quad A_y = 0$

Segmento AC

$\xrightarrow{+} \Sigma F_x = 0;$ $\quad N_C - 30{,}0 = 0 \quad N_C = 30{,}0 \text{ kN}$ *(Resposta)*

$+\uparrow \Sigma F_y = 0;$ $\quad -5(1{,}5) - V_C = 0 \quad V_C = -7{,}50 \text{ kN}$ *(Resposta)*

$(+\Sigma M_C = 0;$ $\quad M_C + 5(1{,}5)(0{,}75) = 0 \quad M_C = -5{,}625 \text{ kN} \cdot \text{m}$ *(Resposta)*

PF4.6. Reações

$(+\Sigma M_A = 0;$ $\quad B_y(5) - 4{,}5(3)(3{,}5) - 6(2) - 8(1) = 0 \quad B_y = 13{,}45 \text{ kN}$

Segmento CB

$\xrightarrow{+} \Sigma F_x = 0;$ $\quad N_C = 0$ *(Resposta)*

$+\uparrow \Sigma F_y = 0;$ $\quad V_C + 13{,}45 - 4{,}5(2) = 0 \quad V_C = -4{,}45 \text{ kN}$ *(Resposta)*

$(+\Sigma M_C = 0;$ $\quad 13{,}45(2) - 4{,}5(2)(1) - M_C = 0 \quad M_C = 17{,}9 \text{ kN} \cdot \text{m}$ *(Resposta)*

PF4.7. Segmento esquerdo

$+\uparrow \Sigma F_y = 0;$ $\quad -6 - \frac{1}{2}\left(\frac{18}{3}x\right)(x) - V = 0 \quad V = \{-3x^2 - 6\} \text{ kN}$ *(Resposta)*

$(+\Sigma M_O = 0;$ $\quad M + \frac{1}{2}\left(\frac{18}{3}x\right)(x)\left(\frac{x}{3}\right) + 6x = 0 \quad M = \{-x^3 - 6x\} \text{ kN} \cdot \text{m}$ *(Resposta)*

PF4.8. Reação

$(+\Sigma M_B = 0;$ $\quad \frac{1}{2}(12)(6)(2) - A_y(6) = 0 \quad A_y = 12{,}0 \text{ kN}$

Segmento esquerdo

$+\uparrow \Sigma F_y = 0;$ $\quad 12{,}0 - \frac{1}{2}\left(\frac{12}{6}x\right)(x) - V = 0 \quad V = \{12{,}0 - x^2\} \text{ kN}$ *(Resposta)*

$(+\Sigma M_O = 0;$ $\quad M + \frac{1}{2}\left(\frac{12}{6}x\right)(x)\left(\frac{x}{3}\right) - 12{,}0x = 0 \quad M = \left\{12{,}0x - \frac{1}{3}x^3\right\} \text{ kN} \cdot \text{m}$ *(Resposta)*

PF4.9. Reações

$(\curvearrowleft +\Sigma M_A = 0;$ $\qquad B_y(8) - 8(4)(6) = 0 \quad B_y = 24{,}0 \text{ kN}$

$(\curvearrowleft +\Sigma M_B = 0;$ $\qquad 8(4)(2) - A_y(8) = 0 \quad A_y = 8{,}00 \text{ kN}$

$0 \ldots x < 4$ m segmento esquerdo

$+\uparrow \Sigma F_y = 0;$ $\qquad 8{,}00 - V = 0 \quad V = \{8\} \text{ kN}$ *(Resposta)*

$(\curvearrowleft +\Sigma M_O = 0;$ $\qquad M - 8{,}00x = 0 \quad M = \{8x\} \text{ kN} \cdot \text{m}$ *(Resposta)*

4 m $< x < 8$ m segmento direito

$+\uparrow \Sigma F_y = 0;$ $\qquad V + 24{,}0 - 8(8 - x) = 0 \quad V = \{40 - 8x\} \text{ kN}$ *(Resposta)*

$(\curvearrowleft +\Sigma M_O = 0;$ $\quad 24{,}0(8 - x) - 8(8 - x)\left(\dfrac{8 - x}{2}\right) - M = 0 \quad M = \{-4x^2 + 40x - 64\} \text{ kN} \cdot \text{m}$ *(Resposta)*

PF4.10. $0 \ldots x < 2$ m

$+\uparrow \Sigma F_y = 0;$ $\qquad V = 0$ *(Resposta)*

$(\curvearrowleft +\Sigma M_O = 0;$ $\qquad M + 20 = 0 \quad M = -20 \text{ kN} \cdot \text{m}$ *(Resposta)*

2 m $< x \ldots 4$ m

$+\uparrow \Sigma F_y = 0;$ $\qquad -5(x - 2) - V = 0 \quad V = \{10 - 5x\} \text{ kN}$ *(Resposta)*

$(\curvearrowleft +\Sigma M_O = 0;$ $\quad M + 5(x - 2)\left(\dfrac{x - 2}{2}\right) + 15 + 20 = 0 \quad M = \left\{-\dfrac{5}{2}x^2 + 10x - 45\right\} \text{ kN} \cdot \text{m}$ *(Resposta)*

PF4.11. Reações

$+\uparrow \Sigma F_y = 0;$ $\qquad A_y - 5(2) - 15 = 0 \quad A_y = 25{,}0 \text{ kN}$

$(\curvearrowleft +\Sigma M_A = 0;$ $\qquad M_A - 5(2)(1) - 15(4) = 0 \quad M_A = 70{,}0 \text{ kN} \cdot \text{m}$

$0 \ldots x < 2$ m segmento esquerdo

$+\uparrow \Sigma F_y = 0;$ $\qquad 25{,}0 - 5x - V = 0 \quad V = \{25 - 5x\} \text{ kN}$ *(Resposta)*

$(\curvearrowleft +\Sigma M_O = 0;$ $\quad M + 5x\left(\dfrac{x}{2}\right) + 70{,}0 - 25{,}0x = 0 \quad M = \left\{-\dfrac{5}{2}x^2 + 25x - 70\right\} \text{ kN} \cdot \text{m}$ *(Resposta)*

2 m $< x \ldots 4$ m segmento direito

$+\uparrow \Sigma F_y = 0;$ $\qquad V - 15 = 0 \quad V = 15 \text{ kN}$ *(Resposta)*

$(\curvearrowleft +\Sigma M_O = 0;$ $\qquad -M - 15(4 - x) = 0 \quad M = \{15x - 60\} \text{ kN} \cdot \text{m}$ *(Resposta)*

PF4.12. Reações de apoio

$(\curvearrowleft +\Sigma M_A = 0;$ $\qquad B_y(8) - 30(4)(2) - 90(4) = 0 \quad B_y = 75{,}0 \text{ kN}$

$(\curvearrowleft +\Sigma M_B = 0;$ $\qquad 90(4) + 30(4)(6) - A_y(8) = 0 \quad A_y = 135{,}0 \text{ kN}$

$0 \ldots x < 4$ m segmento esquerdo

$+\uparrow \Sigma F_y = 0;$ $\qquad 135{,}0 - 30x - V = 0 \quad V = \{135 - 30x\} \text{ kN}$ *(Resposta)*

$(\curvearrowleft +\Sigma M_O = 0;$ $\qquad M + 30x\left(\dfrac{x}{2}\right) - 135{,}0x = 0 \quad M = \{-15x^2 + 135x\} \text{ kN} \cdot \text{m}$ *(Resposta)*

4 m $< x \ldots 8$ m segmento direito

$+\uparrow \Sigma F_y = 0;$ $\qquad V + 75{,}0 = 0 \quad V = \{-75 \text{ kN}\}$ *(Resposta)*

$(\curvearrowleft +\Sigma M_O = 0;$ $\qquad 75{,}0(8 - x) - M = 0 \quad M = \{-75x + 600\} \text{ kN} \cdot \text{m}$ *(Resposta)*

PF4.13.

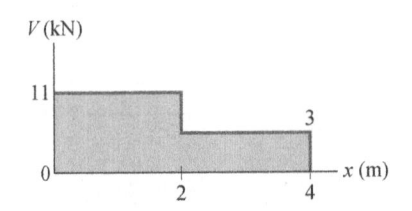

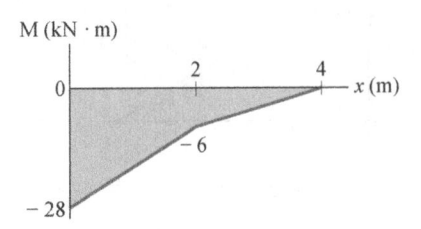

PF4.14.

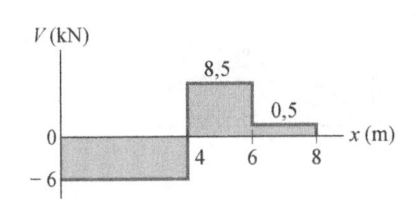

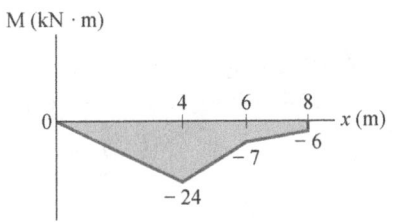

PF4.15.

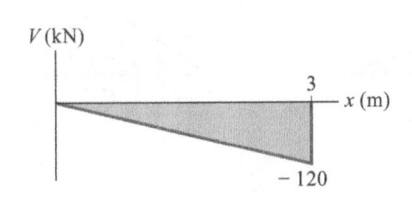

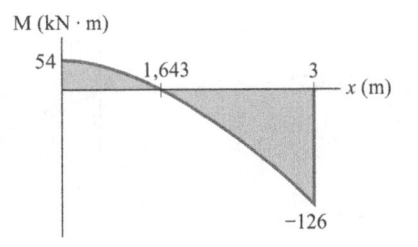

PF4.16.

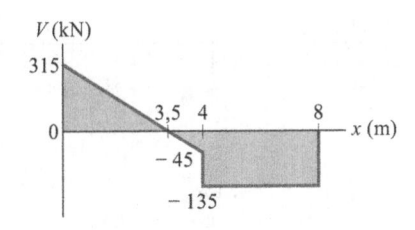

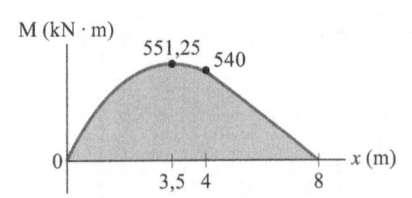

PF4.17.

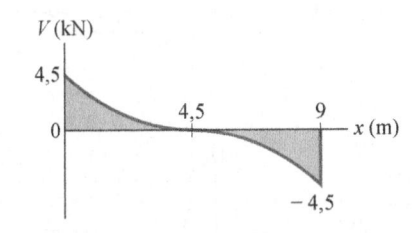

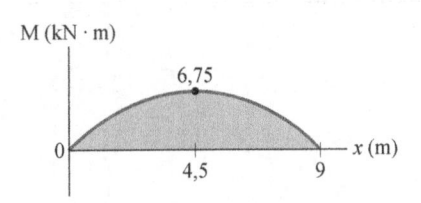

PF4.18.

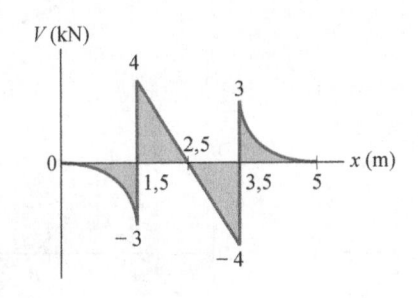

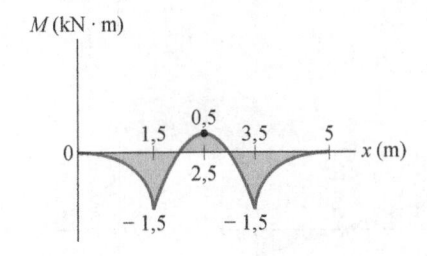

PF4.19.

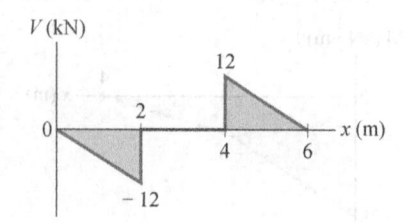

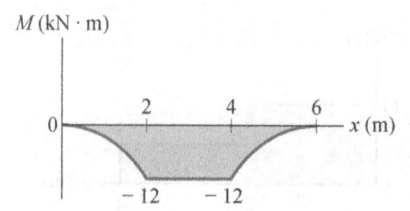

PF4.20.

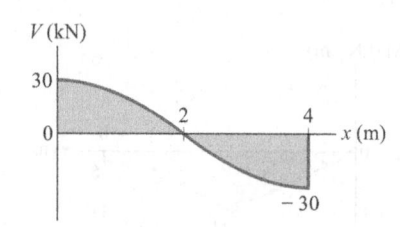

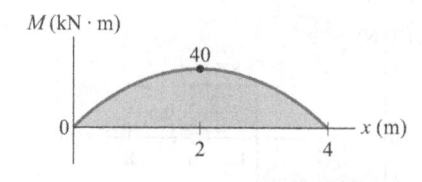

PF6.1.

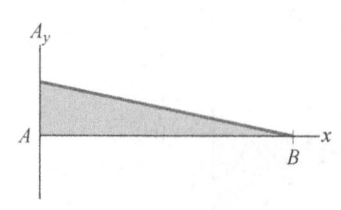

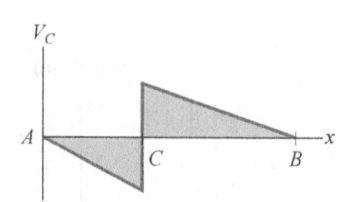

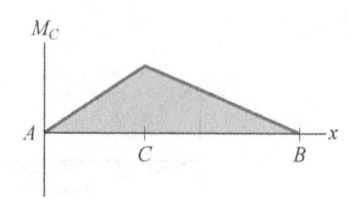

PF6.2.

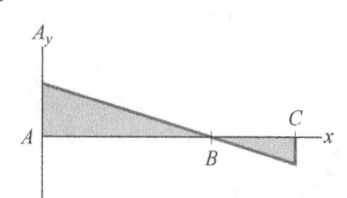

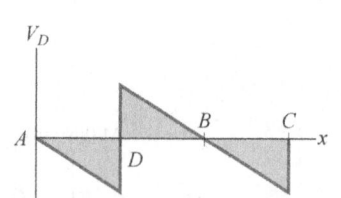

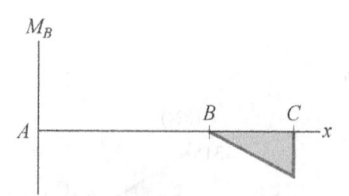

PF6.3.

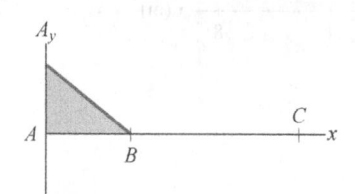

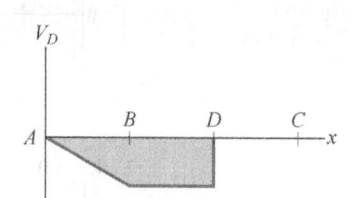

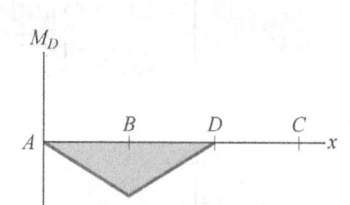

PF6.4.

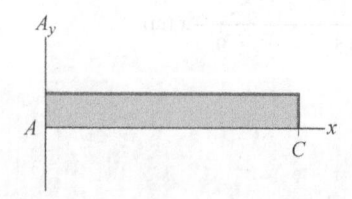

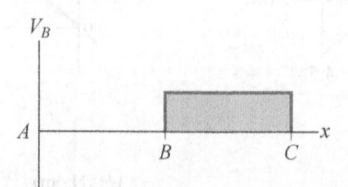

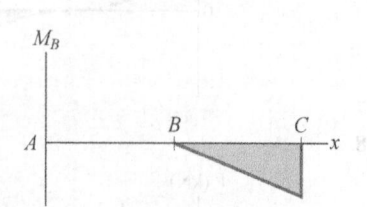

PF6.5.

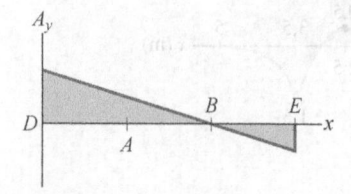

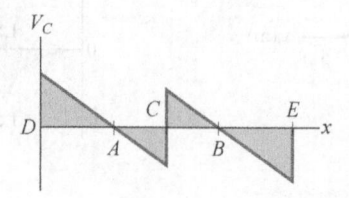

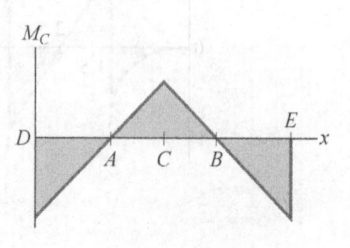

PF6.6.

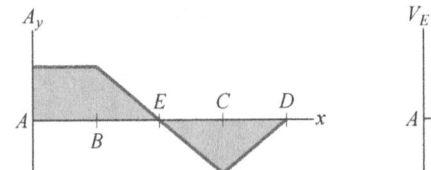

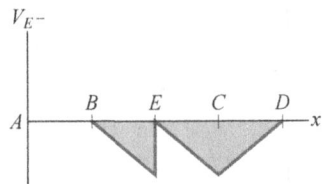

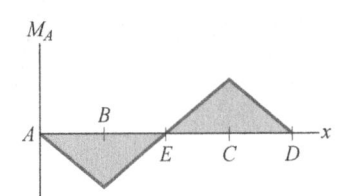

PF6.7.

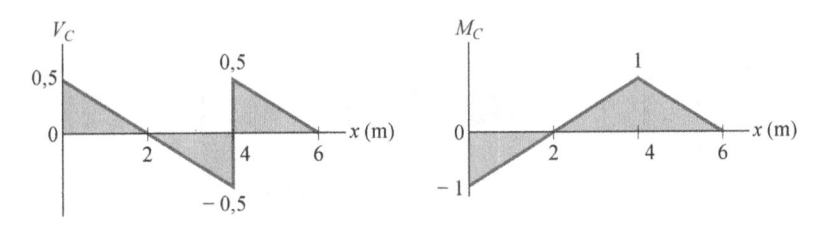

$$(M_C)_{\text{máx.}(+)} = 8(1) + \left[\frac{1}{2}(6-2)(1)\right](1,5) + \left[\frac{1}{2}(2)(-1)\right](2) + \left[\frac{1}{2}(6-2)(1)\right](2)$$

$$= 13,0 \text{ kN} \cdot \text{m} \qquad (Resposta)$$

$$(V_C)_{\text{máx.}(+)} = 8(0,5) + \left[\frac{1}{2}(2)(0,5)\right](1,5) + \left[\frac{1}{2}(6-4)(0,5)\right](1,5)$$

$$+ \left[\frac{1}{2}(2)(0,5)\right](2) + \left[\frac{1}{2}(4-2)(-0,5)\right](2) + \left[\frac{1}{2}(6-4)(0,5)\right](2)$$

$$= 6,50 \text{ kN} \qquad (Resposta)$$

PF6.8.

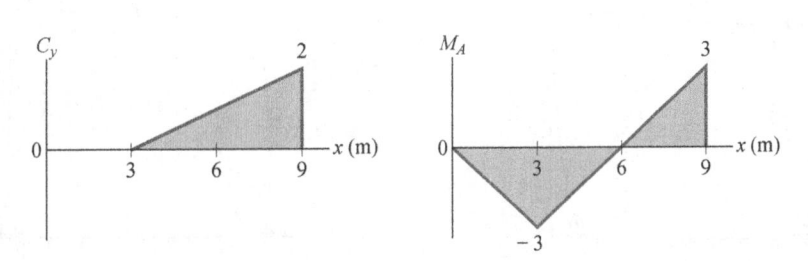

a) $(C_y)_{\text{máx.}(+)} = 6(2) + \left[\frac{1}{2}(9-3)(2)\right](2) + \left[\frac{1}{2}(9-3)(2)\right](4) = 48 \text{ kN}$ (Resposta)

b) $(M_A)_{\text{máx.}(-)} = 6(-3) + \left[\frac{1}{2}(6-0)(-3)\right](2) + \left[\frac{1}{2}(6-0)(-3)\right](4) + \left[\frac{1}{2}(9-6)(3)\right](4)$

$$= -54 \text{ kN} \cdot \text{m} \qquad (Resposta)$$

PF8.1.

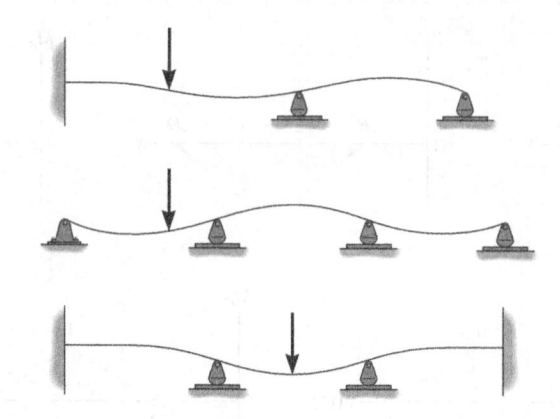

PF8.2.

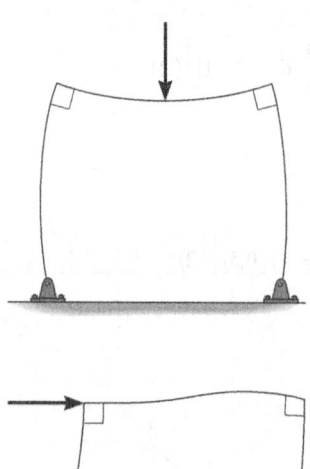

PF8.3.

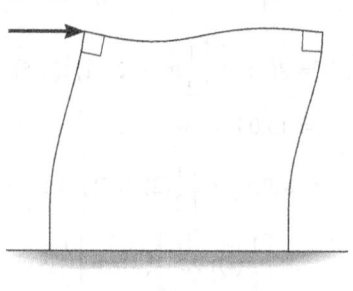

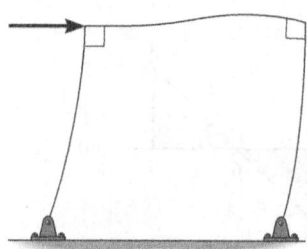

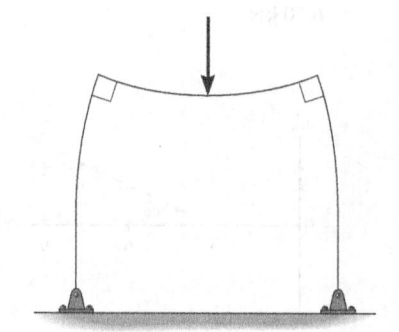

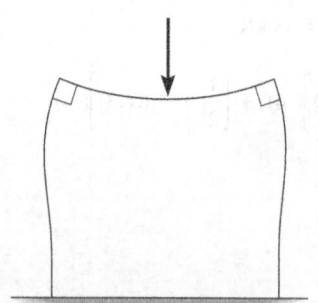

PF8.4.

Para $0 \leq x_1 < \dfrac{L}{2}$

$M_1 = \dfrac{P}{2}x_1$

$EI\,\dfrac{d^2v_1}{dx_1^2} = \dfrac{P}{2}x_1$

$EI\,\dfrac{dv_1}{dx_1} = \dfrac{P}{4}x_1^2 + C_1$ \hfill (1)

$EI\,v_1 = \dfrac{P}{12}x_1^3 + C_1 x_1 + C_2$ \hfill (2)

Para $\dfrac{L}{2} < x_2 \leq L$

$M_2 = \dfrac{P}{2}(L - x_2) = \dfrac{PL}{2} - \dfrac{P}{2}x_2$

$EI\,\dfrac{d^2v_2}{dx_2^2} = \dfrac{PL}{2} - \dfrac{P}{2}x_2$

$EI\,\dfrac{dv_2}{dx_2} = \dfrac{PL}{2}x_2 - \dfrac{P}{4}x_2^2 + C_3$ \hfill (3)

$EI\,v_2 = \dfrac{PL}{4}x_2^2 - \dfrac{P}{12}x_2^3 + C_3 x_2 + C_4$ \hfill (4)

$v_1 = 0$ em $x_1 = 0$. Da Eq. (2), $C_2 = 0$

$\dfrac{dv_1}{dx_1} = 0$ em $x_1 = \dfrac{L}{2}$. Da Eq. (1), $C_1 = -\dfrac{PL^2}{16}$

$\dfrac{dv_2}{dx_2} = 0$ em $x_2 = \dfrac{L}{2}$. Da Eq. (3), $C_3 = -\dfrac{3PL^2}{16}$

$v_2 = 0$ em $x_2 = L$. Da Eq. (4), $C_4 = \dfrac{PL^3}{48}$

$v_1 = \dfrac{Px_1}{48EI}(4x_1^2 - 3L^2)$ \hfill (*Resposta*)

$v_2 = \dfrac{P}{48EI}(-4x_2^3 + 12Lx_2^2 - 9L^2 x_2 + L^3)$ \hfill (*Resposta*)

PF8.5.

$M = Px - PL$

$EI\,\dfrac{d^2v}{dx^2} = Px - PL$

$EI\,\dfrac{dv}{dx} = \dfrac{P}{2}x^2 - PLx + C_1$ \hfill (1)

$EI\,v = \dfrac{P}{6}x^3 - \dfrac{PL}{2}x^2 + C_1 x + C_2$ \hfill (2)

$\dfrac{dv}{dx} = 0$ em $x = 0$ Da Eq. (1), $C_1 = 0$

$v = 0$ em $x = 0$ Da Eq. (2), $C_2 = 0$

$v = \dfrac{Px}{6EI}(x^2 - 3Lx)$ \hfill (*Resposta*)

PF8.6.

$$M = M_0 - \frac{M_0}{L}x$$

$$EI \frac{d^2v}{dx^2} = M_0 - \frac{M_0}{L}x$$

$$EI \frac{dv}{dx} = M_0 x - \frac{M_0}{2L}x^2 + C_1$$

$$EI\, v = \frac{M_0}{2}x^2 - \frac{M_0}{6L}x^3 + C_1 x + C_2 \qquad (1)$$

$v = 0$ em $x = 0$.   Da Eq. (1), $C_2 = 0$

$v = 0$ em $x = L$.   Da Eq. (1), $C_1 = -\dfrac{M_0 L}{3}$

$$v = \frac{M_0}{6EIL}(-x^3 + 3Lx^2 - 2L^2 x) \qquad \text{(Resposta)}$$

PF8.7.

Para $0 \leq x_1 < \dfrac{L}{2}$

$$M = -\frac{M_0}{L}x_1$$

$$EI \frac{d^2 v_1}{dx_1^2} = -\frac{M_0}{L}x_1$$

$$EI \frac{dv_1}{dx_1} = -\frac{M_0}{2L}x_1^2 + C_1 \qquad (1)$$

$$EI\, v_1 = -\frac{M_0}{6L}x_1^3 + C_1 x_1 + C_2 \qquad (2)$$

Para $\dfrac{L}{2} < x_2 \leq L$

$$M = M_0 - \frac{M_0}{L}x_2$$

$$EI \frac{d^2 v_2}{dy_2^2} = M_0 - \frac{M_0}{L}x_2$$

$$EI \frac{dv_2}{dx_2} = M_0 x_2 - \frac{M_0}{2L}x_2^2 + C_3 \qquad (3)$$

$$EI\, v_2 = \frac{M_0}{2}x_2^2 - \frac{M_0}{6L}x_2^3 + C_3 x_2 + C_4 \qquad (4)$$

$v_1 = 0$ em $x_1 = 0$ Da Eq. (2), $C_2 = 0$

$v_2 = 0$ em $x_2 = L$.   Da Eq. (4), $0 = C_3 L + C_4 + \dfrac{M_0 L^2}{3} \qquad (5)$

$\dfrac{dv_1}{dx_1} = \dfrac{dv_2}{dx_2}$ em $x_1 = x_2 = \dfrac{L}{2}$.   Das Eqs. (1) e (3), $C_1 - C_3 = \dfrac{M_0 L}{2} \qquad (6)$

$v_1 = v_2$ em $x_1 = x_2 = \dfrac{L}{2}$.   Das Eqs. (2) e (4), $C_1 L - C_3 L - 2C_4 = \dfrac{M_0 L^2}{4} \qquad (7)$

Solucionando as Eqs. (5), (6) e (7)

$$C_4 = \frac{M_0 L^2}{8} \quad C_3 = -\frac{11 M_0 L}{24} \quad C_1 = \frac{M_0 L}{24}$$

$$v_1 = \frac{M_0}{24 EIL}(-4x_1^3 + L^2 x_1) \qquad \text{(Resposta)}$$

$$v_2 = \frac{M_0}{24 EIL}(-4x_2^3 + 12 L x_2^2 - 11 L^2 x_2 + 3 L^3) \qquad \text{(Resposta)}$$

PF8.8.

$$M = -\frac{w}{2}x^2 + wLx - \frac{wL}{2}$$

$$EI\frac{d^2v}{dx^2} = -\frac{w}{2}x^2 + wLx - \frac{wL^2}{2}$$

$$EI\frac{dv}{dx} = -\frac{w}{6}x^3 + \frac{wL}{2}x^2 - \frac{wL^2}{2}x + C_1 \quad (1)$$

$$EI\,v = -\frac{w}{24}x^4 + \frac{wL}{6}x^3 - \frac{wL^2}{4}x^2 + C_1 x + C_2 \quad (2)$$

$\frac{dv}{dx} = 0$ em $x = 0$.   Da Eq. (1), $C_1 = 0$

$v = 0$ em $x = 0$.   Da Eq. (2), $C_2 = 0$

$$v = \frac{w}{24EI}(-x^4 + 4Lx^3 - 6L^2 x^2) \qquad \text{(Resposta)}$$

PF8.9.

$$M = -\frac{w_0}{6L}x^3$$

$$EI\frac{d^2v}{dx^2} = -\frac{w_0}{6L}x^3$$

$$EI\frac{dv}{dx} = -\frac{w_0}{24L}x^4 + C_1 \quad (1)$$

$$EI\,v = -\frac{w_0}{120L}x^5 + C_1 x + C_2 \quad (2)$$

$\frac{dv}{dx} = 0$ em $x = L$.   Da Eq. (1), $C_1 = \frac{w_0 L^3}{24}$

$v = 0$ em $x = L$.   Da Eq. (2), $C_2 = -\frac{w_0 L^4}{30}$

$$v = \frac{w_0}{120EIL}(-x^5 + 5L^4 x - 4L^5) \qquad \text{(Resposta)}$$

PF8.10.

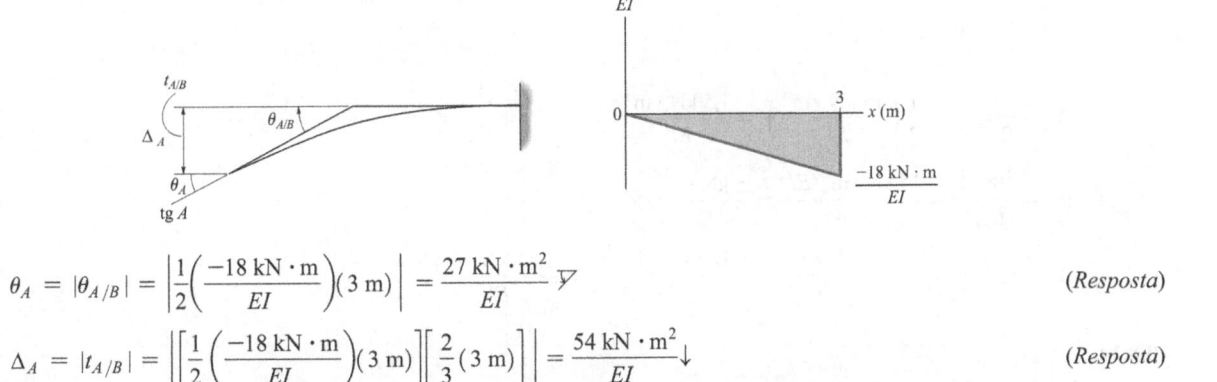

$$\theta_A = |\theta_{A/B}| = \left|\frac{1}{2}\left(\frac{-18\text{ kN}\cdot\text{m}}{EI}\right)(3\text{ m})\right| = \frac{27\text{ kN}\cdot\text{m}^2}{EI}\,\nearrow \qquad \text{(Resposta)}$$

$$\Delta_A = |t_{A/B}| = \left|\left[\frac{1}{2}\left(\frac{-18\text{ kN}\cdot\text{m}}{EI}\right)(3\text{ m})\right]\left[\frac{2}{3}(3\text{ m})\right]\right| = \frac{54\text{ kN}\cdot\text{m}^3}{EI}\downarrow \qquad \text{(Resposta)}$$

PF8.11.

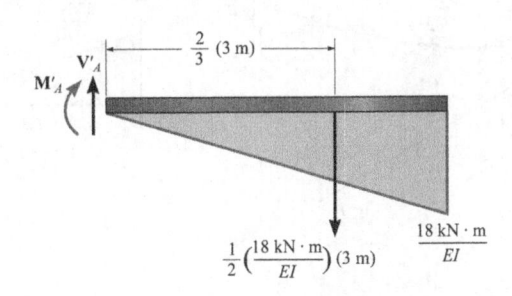

$$+\uparrow \Sigma F_y = 0; \quad V'_A - \frac{1}{2}\left(\frac{18 \text{ kN} \cdot \text{m}}{EI}\right)(3 \text{ m}) = 0 \qquad \theta_A = \frac{27 \text{ kN} \cdot \text{m}^2}{EI} \searrow \qquad \text{(Resposta)}$$

$$\zeta + \Sigma M_A = 0; \quad -M'_A - \left[\frac{1}{2}\left(\frac{18 \text{ kN} \cdot \text{m}}{EI}\right)(3 \text{ m})\right]\left[\frac{2}{3}(3 \text{ m})\right] = 0$$

$$M'_A = \Delta_A = -\frac{54 \text{ kN} \cdot \text{m}^3}{EI} = \frac{54 \text{ kN} \cdot \text{m}^3}{EI} \downarrow \qquad \text{(Resposta)}$$

PF8.12.

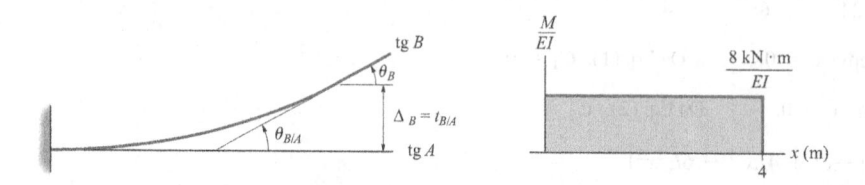

$$\theta_B = |\theta_{B/A}| = \left(\frac{8 \text{ kN} \cdot \text{m}}{EI}\right)(4 \text{ m}) = \frac{32 \text{ kN} \cdot \text{m}^2}{EI} \measuredangle \qquad \text{(Resposta)}$$

$$\Delta_B = |t_{B/A}| = \left[\left(\frac{8 \text{ kN} \cdot \text{m}}{EI}\right)(4 \text{ m})\right]\left[\frac{1}{2}(4 \text{ m})\right] = \frac{64 \text{ kN} \cdot \text{m}^3}{EI} \uparrow \qquad \text{(Resposta)}$$

PF8.13.

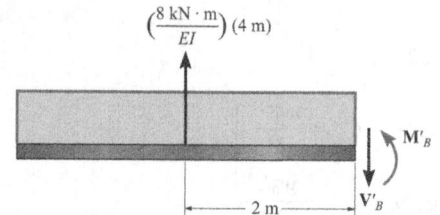

$$t_{B/A} = \left[\frac{1}{2}\left(\frac{5 \text{ kN} \cdot \text{m}}{EI}\right)(3 \text{ m})\right]\left[\frac{2}{3}(3 \text{ m})\right] = \frac{15 \text{ kN} \cdot \text{m}^3}{EI}$$

$$t_{C/A} = \left[\frac{1}{2}\left(\frac{2,5 \text{ kN} \cdot \text{m}}{EI}\right)(1,5 \text{ m})\right]\left[\frac{2}{3}(1,5 \text{ m})\right] + \left[\left(\frac{2,5 \text{ kN} \cdot \text{m}}{EI}\right)(1,5 \text{ m})\right]\left[\frac{1}{2}(1,5 \text{ m})\right]$$

$$= \frac{4,6875 \text{ kN} \cdot \text{m}^3}{EI}$$

$$\Delta' = \frac{1}{2}t_{B/A} = \frac{1}{2}\left(\frac{15 \text{ kN} \cdot \text{m}^3}{EI}\right) = \frac{7,5 \text{ kN} \cdot \text{m}^3}{EI}$$

$$\theta_A = \frac{|t_{B/A}|}{L_{AB}} = \frac{15 \text{ kN} \cdot \text{m}^3/EI}{3 \text{ m}} = \frac{5 \text{ kN} \cdot \text{m}^2}{EI} \measuredangle \qquad \text{(Resposta)}$$

$$\Delta_C = \Delta' - t_{C/A} = \frac{7,5 \text{ kN} \cdot \text{m}^3}{EI} - \frac{4,6875 \text{ kN} \cdot \text{m}^3}{EI} = \frac{2,81 \text{ kN} \cdot \text{m}^3}{EI} \downarrow \qquad \text{(Resposta)}$$

PF8.14.

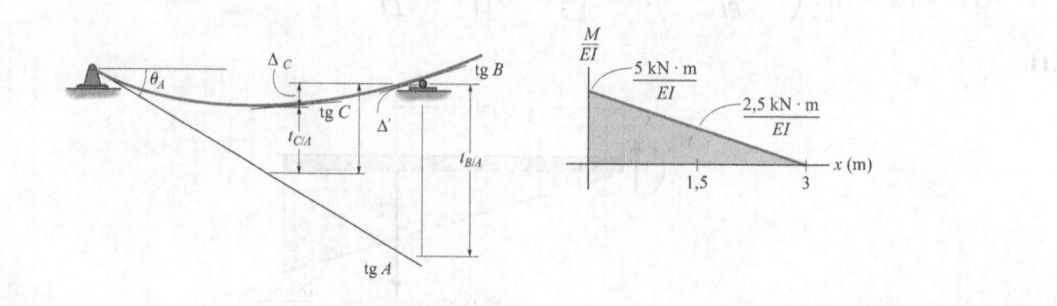

$$t_{B/A} = \left[\frac{1}{2}\left(\frac{5\text{ kN}\cdot\text{m}}{EI}\right)(3\text{ m})\right]\left[\frac{2}{3}(3\text{ m})\right] = \frac{15\text{ kN}\cdot\text{m}^3}{EI}$$

$$t_{C/A} = \left[\frac{1}{2}\left(\frac{2{,}5\text{ kN}\cdot\text{m}}{EI}\right)(1{,}5\text{ m})\right]\left[\frac{2}{3}(1{,}5\text{ m})\right] + \left[\left(\frac{2{,}5\text{ kN}\cdot\text{m}}{EI}\right)(1{,}5\text{ m})\right]\left[\frac{1}{2}(1{,}5\text{ m})\right]$$

$$= \frac{4{,}6875\text{ kN}\cdot\text{m}^3}{EI}$$

$$\Delta' = \frac{1}{2}t_{B/A} = \frac{1}{2}\left(\frac{15\text{ kN}\cdot\text{m}^3}{EI}\right) = \frac{7{,}5\text{ kN}\cdot\text{m}^3}{EI}$$

$$\theta_A = \frac{|t_{B/A}|}{L_{AB}} = \frac{15\text{ kN}\cdot\text{m}^3/EI}{3\text{ m}} = \frac{5\text{ kN}\cdot\text{m}^2}{EI} \quad \triangleleft \qquad\qquad (Resposta)$$

$$\Delta_C = \Delta' - t_{C/A} = \frac{7{,}5\text{ kN}\cdot\text{m}^3}{EI} - \frac{4{,}6875\text{ kN}\cdot\text{m}^3}{EI} = \frac{2{,}81\text{ kN}\cdot\text{m}^3}{EI}\downarrow \qquad (Resposta)$$

PF8.15.

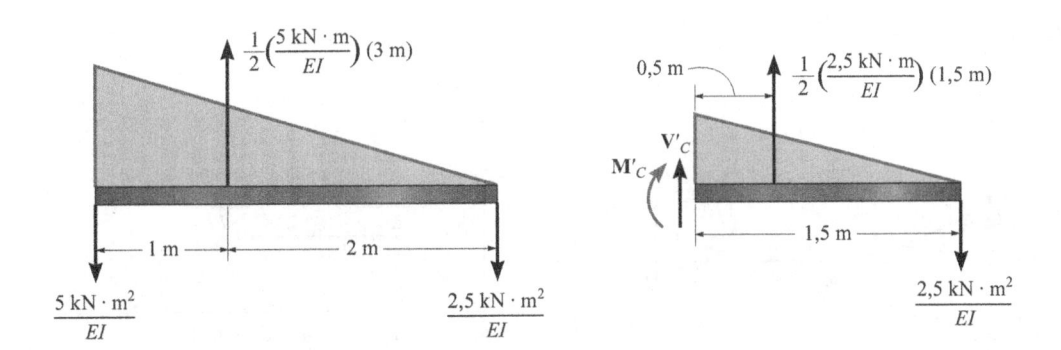

$$+\uparrow\Sigma F_y = 0; \quad -V'_A - \frac{5\text{ kN}\cdot\text{m}^2}{EI} = 0 \qquad \theta_A = V'_A = -\frac{5\text{ kN}\cdot\text{m}^2}{EI} = \frac{5\text{ kN}\cdot\text{m}^2}{EI} \triangleleft \qquad (Resposta)$$

$$(+\Sigma M_C = 0; \quad \left[\frac{1}{2}\left(\frac{2{,}5\text{ kN}\cdot\text{m}}{EI}\right)(1{,}5\text{ m})\right](0{,}5\text{ m}) - \left(\frac{2{,}5\text{ kN}\cdot\text{m}^2}{EI}\right)(1{,}5\text{ m}) - M'_C = 0$$

$$\Delta_C = M'_C = -\frac{2{,}8125\text{ kN}\cdot\text{m}^3}{EI} = \frac{2{,}81\text{ kN}\cdot\text{m}^3}{EI}\downarrow \qquad (Resposta)$$

PF8.16.

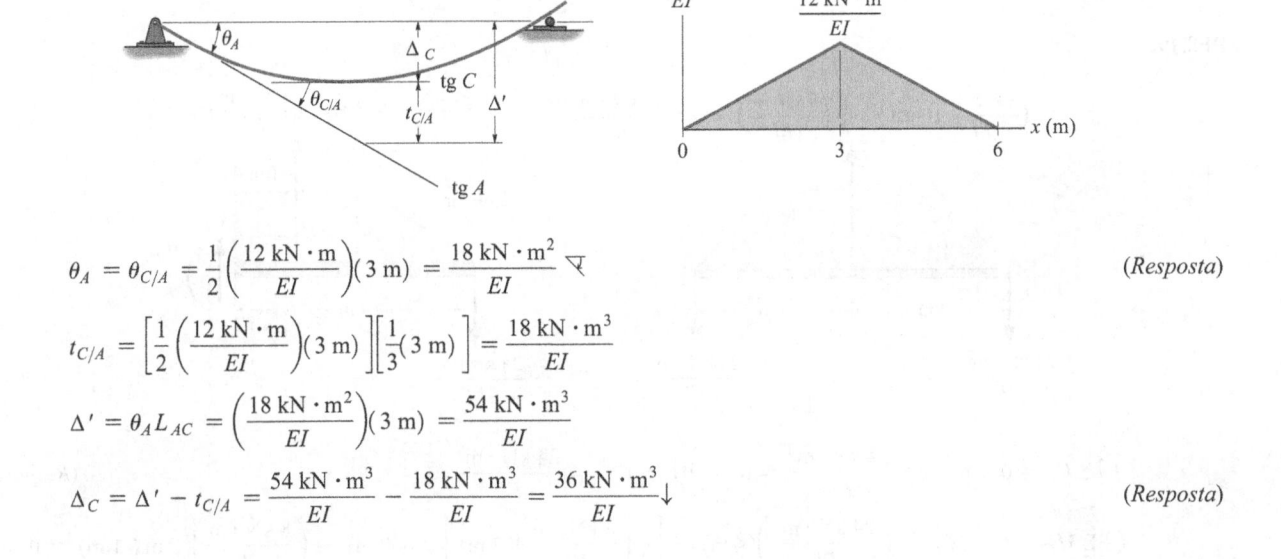

$$\theta_A = \theta_{C/A} = \frac{1}{2}\left(\frac{12\text{ kN}\cdot\text{m}}{EI}\right)(3\text{ m}) = \frac{18\text{ kN}\cdot\text{m}^2}{EI} \triangleleft \qquad (Resposta)$$

$$t_{C/A} = \left[\frac{1}{2}\left(\frac{12\text{ kN}\cdot\text{m}}{EI}\right)(3\text{ m})\right]\left[\frac{1}{3}(3\text{ m})\right] = \frac{18\text{ kN}\cdot\text{m}^3}{EI}$$

$$\Delta' = \theta_A L_{AC} = \left(\frac{18\text{ kN}\cdot\text{m}^2}{EI}\right)(3\text{ m}) = \frac{54\text{ kN}\cdot\text{m}^3}{EI}$$

$$\Delta_C = \Delta' - t_{C/A} = \frac{54\text{ kN}\cdot\text{m}^3}{EI} - \frac{18\text{ kN}\cdot\text{m}^3}{EI} = \frac{36\text{ kN}\cdot\text{m}^3}{EI}\downarrow \qquad (Resposta)$$

PF8.17.

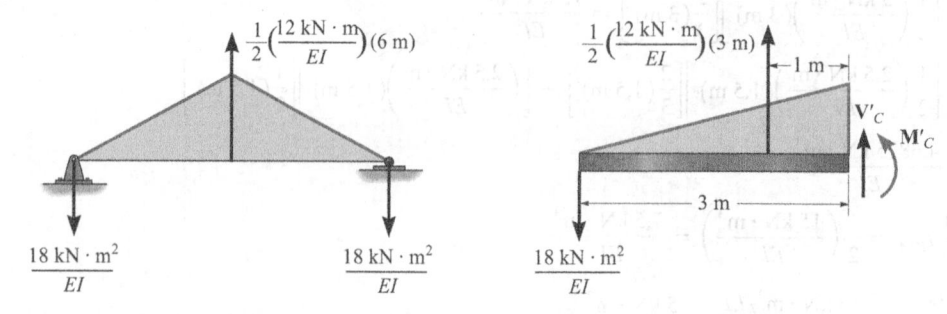

$$+\uparrow \Sigma F_y = 0; \quad -V'_A - \frac{18 \text{ kN} \cdot \text{m}^2}{EI} = 0 \quad V'_A = \theta_A = -\frac{18 \text{ kN} \cdot \text{m}^2}{EI} = \frac{18 \text{ kN} \cdot \text{m}^2}{EI} \,\triangledown \quad \text{(Resposta)}$$

$$\zeta + \Sigma M_C = 0; \quad M'_C + \left(\frac{18 \text{ kN} \cdot \text{m}^2}{EI}\right)(3 \text{ m}) - \left[\frac{1}{2}\left(\frac{12 \text{ kN} \cdot \text{m}}{EI}\right)(3 \text{ m})\right](1 \text{ m}) = 0$$

$$M'_C = \Delta_C = -\frac{36 \text{ kN} \cdot \text{m}^3}{EI} = \frac{36 \text{ kN} \cdot \text{m}^3}{EI} \downarrow \quad \text{(Resposta)}$$

PF8.18.

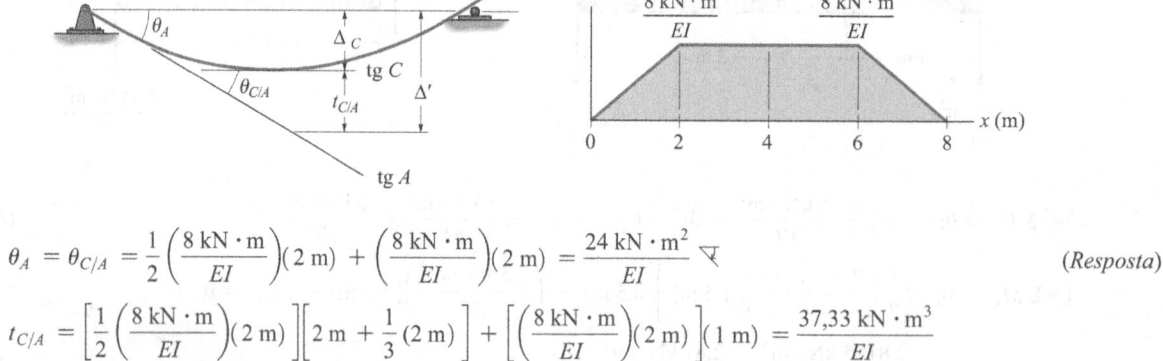

$$\theta_A = \theta_{C/A} = \frac{1}{2}\left(\frac{8 \text{ kN} \cdot \text{m}}{EI}\right)(2 \text{ m}) + \left(\frac{8 \text{ kN} \cdot \text{m}}{EI}\right)(2 \text{ m}) = \frac{24 \text{ kN} \cdot \text{m}^2}{EI} \,\triangledown \quad \text{(Resposta)}$$

$$t_{C/A} = \left[\frac{1}{2}\left(\frac{8 \text{ kN} \cdot \text{m}}{EI}\right)(2 \text{ m})\right]\left[2 \text{ m} + \frac{1}{3}(2 \text{ m})\right] + \left[\left(\frac{8 \text{ kN} \cdot \text{m}}{EI}\right)(2 \text{ m})\right](1 \text{ m}) = \frac{37{,}33 \text{ kN} \cdot \text{m}^3}{EI}$$

$$\Delta' = \theta_A L_{AC} = \left(\frac{24 \text{ kN} \cdot \text{m}^2}{EI}\right)(4 \text{ m}) = \frac{96 \text{ kN} \cdot \text{m}^3}{EI}$$

$$\Delta_C = \Delta' - t_{C/A} = \frac{96 \text{ kN} \cdot \text{m}^2}{EI} - \frac{37{,}33 \text{ kN} \cdot \text{m}^3}{EI} = \frac{58{,}7 \text{ kN} \cdot \text{m}^3}{EI} \downarrow \quad \text{(Resposta)}$$

PF8.19.

$$+\uparrow \Sigma F_y = 0; \quad -V'_A - \frac{24 \text{ kN} \cdot \text{m}^2}{EI} = 0 \quad \theta_A = V'_A = \frac{24 \text{ kN} \cdot \text{m}^2}{EI} \,\triangledown \quad \text{(Resposta)}$$

$$\zeta + \Sigma M_C = 0; \quad M'_C + \left(\frac{24 \text{ kN} \cdot \text{m}^2}{EI}\right)(4 \text{ m}) - \left[\frac{1}{2}\left(\frac{8 \text{ kN} \cdot \text{m}}{EI}\right)(2 \text{ m})\right](2{,}667 \text{ m}) - \left(\frac{8 \text{ kN} \cdot \text{m}}{EI}\right)(2 \text{ m})(1 \text{ m}) = 0$$

$$\Delta_C = M'_C = \frac{58{,}7 \text{ kN} \cdot \text{m}^3}{EI} \downarrow \quad \text{(Resposta)}$$

PF8.20.

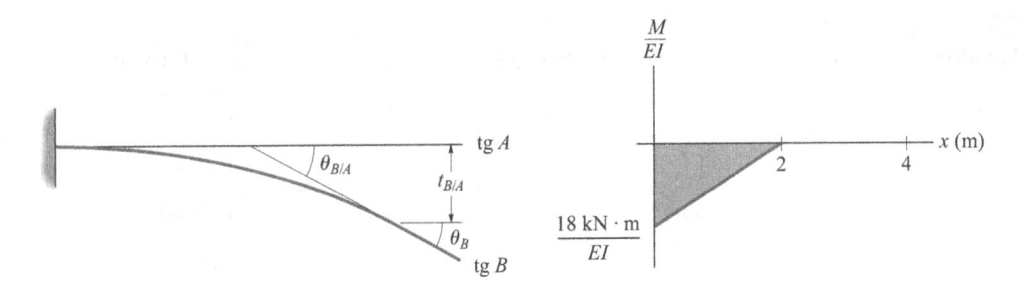

$$\theta_B = |\theta_{B/A}| = \left|\frac{1}{2}\left(-\frac{18 \text{ kN} \cdot \text{m}}{EI}\right)(2 \text{ m})\right| = \frac{18 \text{ kN} \cdot \text{m}}{EI} \;\triangleleft$$

$$\Delta_B = |t_{B/A}| = \left|\left[\frac{1}{2}\left(-\frac{18 \text{ kN} \cdot \text{m}}{EI}\right)(2 \text{ m})\right]\left[2 \text{ m} + \frac{2}{3}(2 \text{ m})\right]\right| = \frac{60 \text{ kN} \cdot \text{m}}{EI}\downarrow$$

(Resposta)

PF8.21.

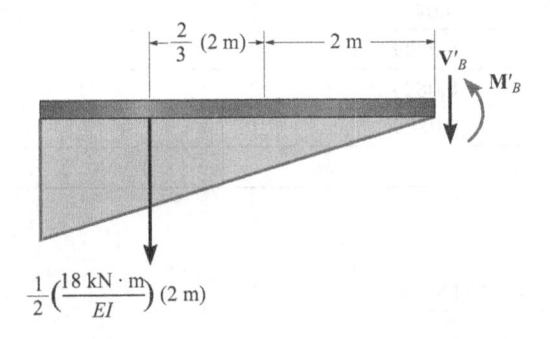

$+\uparrow \Sigma F_y = 0;\quad -V'_B - \frac{1}{2}\left(\frac{18 \text{ kN} \cdot \text{m}}{EI}\right)(2 \text{ m}) = 0$

$$\theta_B = -\frac{18 \text{ kN} \cdot \text{m}^2}{EI} = \frac{18 \text{ kN} \cdot \text{m}^2}{EI} \;\triangleleft$$

(Resposta)

$(+\Sigma M_B = 0;\quad M'_B + \left[\frac{1}{2}\left(\frac{18 \text{ kN} \cdot \text{m}}{EI}\right)(2 \text{ m})\right]\left[\frac{2}{3}(2 \text{ m}) + 2 \text{ m}\right] = 0$

$$M'_B = \Delta_B = -\frac{60 \text{ kN} \cdot \text{m}^3}{EI} = \frac{60 \text{ kN} \cdot \text{m}^3}{EI}\downarrow$$

(Resposta)

PF9.1.

Membro	n (N)	N (N)	L (m)	nNL (N$^2 \cdot$m)
AB	−1,667	−1000	5	8333,33
AC	1	600	3	1800,00
BC	1,333	800	4	4266,67
				Σ 14 400

Desse modo

$$1 \text{ N} \cdot \Delta_{B_v} = \Sigma \frac{nNL}{AE} = \frac{14\,400 \text{ N}^2 \cdot \text{m}}{AE}$$

$$\Delta_{B_v} = \frac{14\,400 \text{ N} \cdot \text{m}}{AE}\downarrow$$

(Resposta)

PF9.2.

Membro	N	$\frac{\delta N}{\delta P}$	N (P=600N)	L (m)	$N\left(\frac{\delta N}{\delta P}\right) L$ (N·m)
AB	−1,667P	−1,667	−1000	5	8333,33
AC	P	1	600	3	1800,00
BC	1,333	1,333P	800	4	4266,67
					Σ 14 400

$$\Delta_{B_o} = \sum N\left(\frac{\delta N}{\delta P}\right)\frac{L}{AE} = \frac{14\,400 \text{ N} \cdot \text{m}}{AE}\downarrow \qquad (Resposta)$$

PF9.3.

Membro	n (kN)	N (kN)	L (m)	nNL (kN²·m)
AB	1	−4,041	2	−8,0829
AC	0	8,0829	2	0
BC	0	−8,0829	2	0
CD	0	8,0829	1	0
				Σ −8,0829

Desse modo

$$1 \text{ kN} \cdot \Delta_{A_h} = \sum \frac{nNL}{AE} = -\frac{8,0829 \text{ kN}^2 \cdot \text{m}}{AE}$$

$$\Delta_{A_h} = -\frac{8,08 \text{ kN} \cdot \text{m}}{AE} = \frac{8,08 \text{ kN} \cdot \text{m}}{AE} \rightarrow \qquad (Resposta)$$

PF9.4.

Membro	N (kN)	$\frac{\delta N}{\delta P}$	N(P=0) (kN)	L (m)	$N\left(\frac{\delta N}{\delta P}\right) L$ (N·m)
AB	P − 4,041	1	−4,041	2	−8,083
AC	8,083	0	8,083	2	0
BC	−8,083	0	−8,083	2	0
CD	8,083	0	8,083	1	0
					Σ −8.083

$$\Delta_{A_h} = \sum N\left(\frac{\delta N}{\delta P}\right)\frac{L}{AE} = -\frac{8,083 \text{ kN} \cdot \text{m}}{AE} = \frac{8,08 \text{ kN} \cdot \text{m}}{AE} \rightarrow \qquad (Resposta)$$

PF9.5.

Membro	n (kN)	N (kN)	L	nNL (kN²·m)
AB	0	0	3	0
AC	1,414	8,485	3√2	50,91
BC	−1	−6	3	18,00
AD	0	−6	3	0
CD	−1	0	3	0
				Σ 68,91

$$1 \text{ kN} \cdot \Delta_{D_h} = \sum \frac{nNL}{AE} = \frac{68{,}91 \text{ kN}^2 \cdot \text{m}}{AE}$$

$$\Delta_{D_h} = \frac{68{,}9 \text{ kN} \cdot \text{m}}{AE} \rightarrow$$

(Resposta)

PF9.6.

Membro	N (kN)	$\dfrac{\delta N}{\delta P}$	$N(P=0)$ (kN)	L (m)	$N\left(\dfrac{\delta N}{\delta P}\right)L$ (N·m)
AB	0	0	0	3	0
AC	$\sqrt{2}\,(P=6)$	$\sqrt{2}$	$6\sqrt{2}$	$3\sqrt{2}$	50,91
BC	$-(P=6)$	-1	-6	3	18,00
AD	-6	0	-6	3	0
CD	$-P$	-1	0	3	0
					Σ 68,91

$$\Delta_{D_h} = \sum N \left(\frac{\delta N}{\delta P}\right) \frac{L}{AE}$$

$$= \frac{68{,}9 \text{ kN} \cdot \text{m}}{AE} \rightarrow$$

(Resposta)

PF9.7.

Membro	n (kN)	N (kN)	L (m)	nNL (kN²·m)
AB	0,375	18,75	3	21,09
BC	0,375	18,75	3	21,09
AD	$-0{,}625$	$-31{,}25$	5	97,66
CD	$-0{,}625$	$-31{,}25$	5	97,66
BD	0	50	4	0
				Σ 237,5

$$1 \text{ kN} \cdot \Delta_{D_v} = \sum \frac{nNL}{AE} = \frac{237{,}5 \text{ kN}^2 \cdot \text{m}}{AE}$$

$$\Delta_{D_v} = \frac{237{,}5 \text{ kN} \cdot \text{m}}{AE} \downarrow$$

(Resposta)

PF9.8.

Membro	N (kN)	$\dfrac{\delta N}{\delta P}$	$N(P=0)$ (kN)	L (m)	$N\left(\dfrac{\delta N}{\delta P}\right)L$ (N·m)
AB	$\tfrac{3}{8}P+18{,}75$	0,375	18,75	3	21,09
BC	$\tfrac{3}{8}P+18{,}75$	0,375	18,75	3	21,09
AD	$-(\tfrac{5}{8}P+31{,}25)$	$-0{,}625$	$-31{,}25$	5	97,66
CD	$-(\tfrac{5}{8}P+31{,}25)$	$-0{,}625$	$-31{,}25$	5	97,66
BD	50	0	50	4	0
					Σ 237,5

$$\Delta_{D_v} = \sum N \left(\frac{\delta N}{\delta P}\right) \frac{L}{AE} = \frac{237{,}5 \text{ kN} \cdot \text{m}}{AE} \downarrow$$

(Resposta)

PF9.9.

Membro	n (kN)	N (kN)	L (m)	$N\left(\dfrac{\delta N}{\delta P}\right) L$ (N·m)
AB	0	−6	1,5	0
BC	0	−6	1,5	0
BD	1	0	2	0
CD	0	10	2,5	0
AD	−1,25	−10	2,5	31,25
DE	0,75	12	1,5	13,5
				Σ 44,75

$$1 \text{ kN} \cdot \Delta_{B_v} = \sum \frac{nNL}{AE} = \frac{44{,}75 \text{ kN}^2 \cdot \text{m}}{AE}$$

$$\Delta_{B_v} = \frac{44{,}75 \text{ kN} \cdot \text{m}}{AE} \downarrow \qquad \qquad (Resposta)$$

PF9.10.

Membro	N (kN)	$\dfrac{\delta N}{\delta P}$	$N(P=0)$ (kN)	L (m)	$N\left(\dfrac{\delta N}{\delta P}\right) L$ (N·m)
AB	−6	0	−6	1,5	0
BC	−6	0	−6	1,5	0
BD	P	1	0	2	0
CD	10	0	10	2,5	0
AD	−(1,25P + 10)	−1,25	−10	2,5	31,25
DE	0,75P + 12	0,75	12	1,5	13,5
					Σ 44,75

$$\Delta_{B_v} = \sum N\left(\dfrac{\delta N}{\delta p}\right) \dfrac{L}{AE} = \dfrac{44{,}75 \text{ kN} \cdot \text{m}}{AE} \downarrow \qquad (Resposta)$$

PF9.12.

Membro	n (kN)	N (kN)	L (m)	nNL (kN²·m)
AB	0,5	50	2	50,00
DE	0,5	50	2	50,00
BC	0,5	50	2	50,00
CD	0,5	50	2	50,00
AH	−0,7071	−70,71	$2\sqrt{2}$	141,42
EF	−0,7071	−70,71	$2\sqrt{2}$	141,42
BH	0	30	2	0
DF	0	30	2	0
CH	0,7071	28,28	$2\sqrt{2}$	56,57
CF	0,7071	28,28	$2\sqrt{2}$	56,57
CG	0	0	2	0
GH	−1	−70	2	140,00
FG	−1	−70	2	140,00
				Σ 878,98

$$1\text{ kN} \cdot \Delta_{C_v} = \sum \frac{nNL}{AE} = \frac{875{,}98 \text{ kN}^2 \cdot \text{m}}{AE}$$

$$\Delta_{C_v} = \frac{876 \text{ kN} \cdot \text{m}}{AE} \downarrow \qquad (Resposta)$$

PF9.13.

Para a inclinação,

$$1\text{ kN} \cdot \text{m} \cdot \theta_A = \int_0^2 \frac{m_\theta M}{EI} dx = \int_0^{3\text{m}} \frac{(-1)(-30x)}{EI} dx = \frac{135 \text{ kN}^2 \cdot \text{m}^3}{EI}$$

$$\theta_A = \frac{135 \text{ kN} \cdot \text{m}^2}{EI} \,\triangledown \qquad (Resposta)$$

Para o deslocamento,

$$1\text{ kN} \cdot \Delta_{A_v} = \int_0^L \frac{mM}{EI} dx = \int_0^{3\text{m}} \frac{(-x)(-30x)}{EI} dx = \frac{270 \text{ kN}^2 \cdot \text{m}^3}{EI}$$

$$\Delta_{A_v} = \frac{270 \text{ kN} \cdot \text{m}^3}{EI} \downarrow \qquad (Resposta)$$

PF9.14.

Para a inclinação, $M = -30x - M'$. Então $\frac{\partial M}{\partial M'} = -1$. Configure $M' = 0$. Então $M = (-30x)$ kN $\cdot$ m

$$\theta_A = \int_0^L M\left(\frac{\partial M}{\partial M'}\right) \frac{dx}{EI} = \int_0^{3\text{m}} \frac{(-30x)(-1) dx}{EI} = \frac{135 \text{ kN} \cdot \text{m}^2}{EI} \,\triangledown \qquad (Resposta)$$

Para o deslocamento, $M = -Px$. Então $\frac{\partial M}{\partial P} = -x$.

Configure $P = 30$ kN. Então $M = (-30x)$ kN $\cdot$ m

$$\Delta_{A_v} = \int_0^L M\left(\frac{\partial M}{\partial P}\right) \frac{dx}{EI} = \int_0^{3\text{m}} \frac{(-30x)(-x) dx}{EI} = \frac{270 \text{ kN} \cdot \text{m}^3}{EI} \downarrow$$

$$m_\theta = 1 \text{ kN} \cdot \text{m} \qquad M = 4 \text{ kN} \cdot \text{m}$$

PF9.15.

Para a inclinação, $m_\theta = 1$ kN $\cdot$ m e $M = 4$ kN $\cdot$ m.

$$1\text{ kN} \cdot \text{m} \cdot \theta_A = \int_0^L \frac{m_\theta M}{EI} dx = \int_0^{3\text{m}} \frac{(1)(4) dx}{EI} = \frac{12 \text{ kN}^2 \cdot \text{m}^3}{EI}$$

$$\theta_A = \frac{12 \text{ kN} \cdot \text{m}^2}{EI} \,\triangle \qquad (Resposta)$$

Para o deslocamento, $m = x$ kN $\cdot$ m e $M = 4$ kN $\cdot$ m.

$$1\text{ kN} \cdot \Delta_{A_v} = \int_0^L \frac{mM}{EI} dx = \int_0^{3\text{m}} \frac{x(4) dx}{EI} = \frac{18 \text{ kN}^2 \cdot \text{m}^3}{EI}$$

$$\Delta_{A_v} = \frac{18 \text{ kN} \cdot \text{m}^3}{EI} \uparrow \qquad (Resposta)$$

PF9.16.

Para a inclinação, $M = M'$. Então $\frac{\partial M}{\partial M} = 1$.

Configure $M' = 4$ kN $\cdot$ m. Então $M = 4$ kN $\cdot$ m.

$$\theta_A = \int_0^L M\left(\frac{\partial M}{\partial M_i}\right) \frac{dx}{EI} = \int_0^{3\text{m}} \frac{4(1) dx}{EI} = \frac{12 \text{ kN} \cdot \text{m}^2}{EI} \,\triangle \qquad (Resposta)$$

Para o deslocamento, $M = (Px + 4)$ kN $\cdot$ m. Então $\frac{\partial M}{\partial P} = x$.

Configure $P = 0$. Então $M = 4$ kN·m.

$$\Delta_{A_v} = \int_0^L M\left(\frac{\partial M}{\partial P}\right)\frac{dx}{EI} = \int_0^{3m}\frac{4(x)\,dx}{EI} = \frac{18\text{ kN}\cdot\text{m}^3}{EI}\uparrow \qquad \text{(Resposta)}$$

PF9.17.

Para a inclinação, $m_\theta = -1$ kN·m e $M = (-x^3)$ kN·m.

$$1\text{ kN}\cdot\text{m}\cdot\theta_B = \int_0^L \frac{m_\theta M}{EI}dx = \int_0^{3m}\frac{(-1)(-x^3)}{EI}dx = \frac{20{,}25\text{ kN}^2\cdot\text{m}^3}{EI}$$

$$\theta_B = \frac{20{,}25\text{ kN}\cdot\text{m}^2}{EI}\;\triangleleft \qquad \text{(Resposta)}$$

Para o deslocamento, $m = (-x)$ kN·m e $M = (-x^3)$ kN·m.

$$1\text{ kN}\cdot\Delta_{B_v} = \int_0^L \frac{mM}{EI}dx = \int_0^{3m}\frac{(-x)(-x^3)}{EI}dx = \frac{48{,}6\text{ kN}^2\cdot\text{m}^3}{EI}$$

$$\Delta_{B_v} = \frac{48{,}6\text{ kN}\cdot\text{m}^3}{EI}\downarrow \qquad \text{(Resposta)}$$

PF9.18.

Para a inclinação, $M = -(M' + x^3)$ kN·m. Então $\frac{\partial M}{\partial M'} = -1$.

Configure $M' = 0$. Então $M = (-x^3)$ kN·m

$$\theta_B = \int_0^L M\left(\frac{\partial M}{\partial M'}\right)\frac{dx}{EI} = \int_0^{3m}\frac{(-x^3)(-1)\,dx}{EI} = \frac{20{,}25\text{ kN}\cdot\text{m}^2}{EI}\;\triangleleft \qquad \text{(Resposta)}$$

Para o deslocamento, $M = -(Px + x^3)$ kN·m.

Então $\frac{\partial M}{\partial P} = -x$. Configure $P = 0$, então $M = (-x^3)$ kN·m.

$$\Delta_{B_v} = \int_0^L M\left(\frac{\delta M}{\partial P}\right)\frac{dx}{EI} = \int_0^{3m}\frac{(-x^3)(-x)\,dx}{EI} = \frac{48{,}6\text{ kN}\cdot\text{m}^3}{EI}\downarrow \qquad \text{(Resposta)}$$

PF9.19.

Para a inclinação, $m_\theta = (1 - 0{,}125x)$ kN·m e $M = (32x - 4x^2)$ kN·m.

$$1\text{ kN}\cdot\text{m}\cdot\theta_A = \int_0^L \frac{m_\theta M}{EI}dx = \int_0^{8m}\frac{(1 - 0{,}125x)(32x - 4x^2)}{EI}dx = \frac{170{,}67\text{ kN}^2\cdot\text{m}^3}{EI}$$

$$\theta_A = \frac{171\text{ kN}\cdot\text{m}^2}{EI}\;\triangleleft \qquad \text{(Resposta)}$$

Para o deslocamento, $m = (0{,}5x)$ kN·m e $M = (32x - 4x^2)$ kN·m.

$$1\text{ kN}\cdot\Delta_{C_v} = \int \frac{mM}{EI}dx = 2\int_0^{4m}\frac{0{,}5x(32x - 4x^2)}{EI}dx = \frac{426{,}67\text{ kN}^2\cdot\text{m}^3}{EI}$$

$$\Delta_{C_v} = \frac{427\text{ kN}\cdot\text{m}^3}{EI}\downarrow \qquad \text{(Resposta)}$$

PF9.20.

Para a inclinação, $M = M' - 0{,}125M'x + 32x - 4x^2$. Então $\frac{\partial M}{\partial M'} = 1 - 0{,}125x$.

Configure $M' = 0$, então $M = (32x - 4x^2)$ kN·m.

$$\theta_A = \int_0^L M\left(\frac{\partial M}{\partial M'}\right)\frac{dx}{EI} = \int_0^{8m}\frac{(32x - 4x^2)(1 - 0{,}125x)}{EI}dx$$

$$= \frac{170{,}67\text{ kN}\cdot\text{m}^2}{EI} = \frac{171\text{ kN}\cdot\text{m}^2}{EI}\;\triangleleft \qquad \text{(Resposta)}$$

Para o deslocamento, $M = 0{,}5Px + 32x - 4x^2$. Então $\dfrac{\partial M}{\partial P} = 0{,}5x$. Configure $P = 0$, então $M = (32x - 4x^2)$ kN·m.

$$\Delta_{C_v} = \int M\left(\dfrac{\partial M}{\partial P}\right)\dfrac{dx}{EI} = 2\int_0^{4\text{m}} \dfrac{(32x - 4x^2)(0{,}5x)\,dx}{EI}$$

$$= \dfrac{426{,}67 \text{ kN}\cdot\text{m}^3}{EI} = \dfrac{427 \text{ kN}\cdot\text{m}^3}{EI} \downarrow \qquad (Resposta)$$

PF9.21.

Para a inclinação, $(m_\theta)_1 = 0$, $(m_\theta)_2 = -1$ kN·m, $M_1 = (-12x_1)$ kN·m,
e $M_2 = -12(x_2 + 2)$ kN·m.

$$1 \text{ kN}\cdot\text{m}\cdot\theta_C = \int_0^L \dfrac{m_\theta M}{EI}\,dx = \int_0^{2\text{m}} \dfrac{0(-12x_1)}{EI}\,dx + \int_0^{2\text{m}} \dfrac{(-1)[-12(x_2+2)]}{EI}\,dx$$

$$1 \text{ kN}\cdot\text{m}\cdot\theta_C = \dfrac{72 \text{ kN}^2\cdot\text{m}^3}{EI}$$

$$\theta_C = \dfrac{72 \text{ kN}\cdot\text{m}^2}{EI} \;\searrow \qquad (Resposta)$$

Para o deslocamento, $m_1 = 0$, $m_2 = -x_2$, $M_1 = (-12x_1)$ kN·m,
e $M_2 = -12(x_2 + 2)$ kN·m.

$$1 \text{ kN}\cdot\Delta_C = \int_0^L \dfrac{mM}{EI}\,dx = \int_0^{2\text{m}} \dfrac{0(-12x_1)}{EI}\,dx + \int_0^{2\text{m}} \dfrac{(-x_2)[-12(x_2+2)]}{EI}\,dx$$

$$1 \text{ kN}\cdot\Delta_{C_v} = \dfrac{80 \text{ kN}^2\cdot\text{m}^3}{EI}$$

$$\Delta_{C_v} = \dfrac{80 \text{ kN}\cdot\text{m}^3}{EI} \downarrow \qquad (Resposta)$$

PF9.22.

Para a inclinação, $M_1 = (-12x_1)$ kN·m, e $M_2 = -12(x_2 + 2) - M'$.

Desse modo $\dfrac{\partial M_1}{\partial M'} = 0$ e $\dfrac{\partial M_2}{\partial M'} = -1$. Configure $M' = 0$, $M_2 = -12(x_2 + 2)$.

$$\theta_C = \int_0^L M\left(\dfrac{\partial M}{\partial M'}\right)\dfrac{dx}{EI} = \int_0^{2\text{m}} \dfrac{-12x_1(0)}{EI}\,dx + \int_0^2 \dfrac{[-12(x_2+2)](-1)}{EI}\,dx$$

$$= \dfrac{72 \text{ kN}\cdot\text{m}}{EI} \;\searrow \qquad (Resposta)$$

Para o deslocamento, $M_1 = (-12x_1)$ kN·m e $M_2 = -12(x_2 + 2) - Px_2$.

Desse modo $\dfrac{\partial M_1}{\partial P} = 0$ e $\dfrac{\partial M_2}{\partial P} = -x_2$. Configure $P = 0$, $M_2 = -12(x_2 + 2)$ kN·m.

$$\Delta_C = \int_0^L M\left(\dfrac{\partial M}{\partial P}\right)\dfrac{dx}{EI} = \int_0^{2\text{m}} \dfrac{(-12x_1)(0)}{EI}\,dx + \int_0^{2\text{m}} \dfrac{[-12(x_2+2)](-x_2)}{EI}\,dx$$

$$= \dfrac{80 \text{ kN}\cdot\text{m}^3}{EI} \downarrow$$

PF9.23.

$M_1 = 0{,}5x_1$, $M_2 = 0{,}5x_2$, $M_1 = \left(24x_1 - \dfrac{1}{6}x_1^3\right)$ kN·m

e $M_2 = \left(48x_2 - 6x_2^2 + \dfrac{1}{6}x_2^3\right)$ kN·m.

$$1 \text{ kN}\cdot\Delta_{C_v} = \int_0^L \dfrac{mM}{EI}\,dx = \int_0^{6\text{m}} \dfrac{(0{,}5x_1)\left(24x_1 - \dfrac{1}{6}x_1^3\right)}{EI}\,dx_1 + \int_0^{6\text{m}} \dfrac{(0{,}5x_2)\left(48x_2 - 6x_2^2 + \dfrac{1}{6}x_2^3\right)}{EI}\,dx_2$$

$$= \frac{1620 \text{ kN}^2 \cdot \text{m}^3}{EI}$$

$$\Delta_{C_v} = \frac{1620 \text{ kN} \cdot \text{m}^3}{EI} \downarrow \qquad \text{(Resposta)}$$

PF9.24.

$$M_1 = 0.5Px_1 + 24x_1 - \frac{1}{6}x_1^3, \quad M_2 = 0.5Px_2 + 48x_2 - 6x_2^2 + \frac{1}{6}x_2^3.$$

Então $\dfrac{\partial M_1}{\partial P} = 0.5x_1$, $\dfrac{\partial M_2}{\partial P} = 0.5x_2$.

Configure $P = 0$, $M_1 = \left(24x_1 - \dfrac{1}{6}x_1^3\right)$ kN·m e $M_2 = \left(48x_2 - 6x_2^2 + \dfrac{1}{6}x_2^3\right)$ kN·m

$$\Delta_{C_v} = \int_0^L M\left(\frac{\partial M}{\partial P}\right)\frac{dx}{EI} = \int_0^{6\,\text{m}} \frac{\left(24x_1 - \frac{1}{6}x_1^3\right)(0.5x_1)}{EI}dx_1 + \int_0^{6\,\text{m}} \frac{\left(48x_2 - 6x_2^2 + \frac{1}{6}x_2^3\right)(0.5x_2)}{EI}dx_2$$

$$= \frac{1620 \text{ kN} \cdot \text{m}^3}{EI} \downarrow \qquad \text{(Resposta)}$$

PF10.1.

Superposição

$$\Delta'_B = \frac{Px^2}{6EI}(3L - x) = \frac{40(2^2)}{6EI}[3(4) - 2] = \frac{266{,}67 \text{ kN} \cdot \text{m}^3}{EI} \downarrow$$

$$f_{BB} = \frac{(L/2)^3}{3EI} = \frac{L^3}{24EI} = \frac{4^3}{24EI} = \frac{2{,}667 \text{ m}^3}{EI} \uparrow$$

$$\Delta_B = \Delta'_B + B_y f_{BB}$$

$$(+\uparrow) \quad 0 = -\frac{266{,}67 \text{ kN} \cdot \text{m}^3}{EI} + B_y\left(\frac{2{,}667 \text{ m}^3}{EI}\right)$$

$$B_y = 100 \text{ kN} \qquad \text{(Resposta)}$$

Equilíbrio

$\xrightarrow{+} \Sigma F_x = 0; \qquad A_x = 0$ (Resposta)

$+\uparrow \Sigma F_y = 0; \qquad 100 - 40 - A_y = 0 \quad A_y = 60 \text{ kN}$ (Resposta)

$\zeta + \Sigma M_A = 0; \qquad 100(2) - 40(4) - M_A = 0 \quad M_A = 40 \text{ kN} \cdot \text{m}$ (Resposta)

PF10.2.

Superposição

$$\Delta'_B = \int_0^L \frac{mM}{EI}dx = \int_0^L \frac{(-x)\left(-\frac{w_0}{6L}x^3\right)}{EI}dx = \frac{w_0 L^4}{30\,EI} \downarrow$$

$$f_{BB} = \int_0^L \frac{mm}{EI}dx = \int_0^L \frac{(-x)(-x)}{EI}dx = \frac{L^3}{3EI} \downarrow$$

$$\Delta_B = \Delta'_B + B_y f_{BB}$$

$$(+\downarrow) \quad 0 = \frac{w_0 L^4}{30\,EI} + B_y\left(\frac{L^3}{3EI}\right) \quad B_y = -\frac{w_0 L}{10} = \frac{w_0 L}{10} \uparrow \qquad \text{(Resposta)}$$

Equilíbrio

$\xrightarrow{+} \Sigma F_x = 0; \qquad A_x = 0$

$+\uparrow \Sigma F_y = 0; \qquad A_y - \dfrac{1}{2}w_0 L + \dfrac{w_0 L}{10} = 0 \quad A_y = \dfrac{2w_0 L}{5}$ (Resposta)

$\zeta + \Sigma M_A = 0; \qquad M_A + \dfrac{w_0 L}{10}(L) - \left(\dfrac{1}{2}w_0 L\right)\left(\dfrac{L}{3}\right) = 0 \quad M_A = \dfrac{w_0 L^2}{15}$ (Resposta)

PF10.3.

Superposição

$$\Delta'_B = \frac{wL^4}{8EI} = \frac{10(6^4)}{8EI} = \frac{1620 \text{ kN} \cdot \text{m}^3}{EI} = \frac{1620(10^3) \text{ N} \cdot \text{m}^3}{[200(10^4) \text{ N/m}^2][300(10^{-6}) \text{ m}^4]} = 0{,}027 \text{ m} \downarrow$$

$$f_{BB} = \frac{L^3}{3EI} = \frac{6^3}{3EI} = \frac{72 \text{ m}^3}{EI} = \frac{72 \text{ m}^3}{[200(10^9) \text{ N/m}^2][300(10^{-6}) \text{ m}^4]} = 1{,}2(10^{-6}) \text{ m/N} \uparrow$$

$$\Delta_B = \Delta'_B + B_y f_{BB}$$

$(+\downarrow)\ 5(10^{-3})\ \text{m} = 0{,}027\text{m} + B_y[-1{,}2(10^{-6})\ \text{m/N}]$

$B_y = 18{,}33(10^3)\ \text{N} = 18{,}33\ \text{kN} = 18{,}3\ \text{kN}$ *(Resposta)*

Equilíbrio

$\xrightarrow{+} \Sigma F_x = 0;$ $\qquad A_x = 0$ *(Resposta)*

$+\uparrow \Sigma F_y = 0;$ $\qquad A_y + 18{,}33 - 60 = 0 \qquad A_y = 41{,}67\ \text{kN} = 41{,}7\ \text{kN}$ *(Resposta)*

$(+\Sigma M_A = 0;\qquad M_A + 18{,}33(6) - 60(3) = 0 \qquad M_A = 70{,}0\ \text{kN} \cdot \text{m}$ *(Resposta)*

PF10.4.

Superposição

$$\Delta'_B = \frac{M_0 x}{6EIL_{AC}}(L_{AC}^2 - x^2) = \frac{M_0(L)}{6EI(2L)}[(2L)^2 - L^2] = \frac{M_0 L^2}{4EI} \downarrow$$

$$f_{BB} = \frac{L_{AC}^3}{48EI} = \frac{(2L)^3}{48EI} = \frac{L^3}{6EI} \uparrow$$

$$\Delta_B = \Delta'_B + B_y f_{BB}$$

$(+\uparrow)\ 0 = -\frac{M_0 L^2}{4EI} + B_y\left(\frac{L^3}{6EI}\right) \qquad B_y = \frac{3M_0}{2L}$ *(Resposta)*

Equilíbrio

$\xrightarrow{+} \Sigma F_x = 0;$ $\qquad A_x = 0$ *(Resposta)*

$(+\Sigma M_A = 0;\qquad -C_y(2L) + \frac{3M_0}{2L}(L) - M_0 = 0 \qquad C_y = \frac{M_0}{4L}$ *(Resposta)*

$+\uparrow \Sigma F_y = 0;$ $\qquad \frac{3M_0}{2L} - \frac{M_0}{4L} - A_y = 0 \qquad A_y = \frac{5M_0}{4L}$ *(Resposta)*

PF10.5.

Superposição

$$\Delta'_B = \frac{Pbx}{6EIL_{AC}}(L_{AC}^2 - b^2 - x^2) = \frac{50(2)(4)}{6EI(8)}(8^2 - 2^2 - 4^2) = \frac{366{,}67 \text{ kN} \cdot \text{m}^3}{EI} \downarrow$$

$$f_{BB} = \frac{L_{AC}^3}{48EI} = \frac{8^3}{48EI} = \frac{10{,}667 \text{ m}^3}{EI} \uparrow$$

$$\Delta_B = \Delta'_B + B_y f_{BB}$$

$(+\uparrow)\ 0 = -\frac{366{,}67 \text{ kN} \cdot \text{m}^3}{EI} + B_y\left(\frac{10{,}667 \text{ m}^3}{EI}\right)$

$B_y = 34{,}375\ \text{kN} = 34{,}4\ \text{kN}$ *(Resposta)*

Equilíbrio

$(+\Sigma M_A = 0;\qquad 34{,}375(4) - 50(2) - C_y(8) = 0 \qquad C_y = 4{,}6875\ \text{kN} = 4{,}69\ \text{kN}$ *(Resposta)*

$+\uparrow \Sigma F_y = 0;\qquad A_y + 34{,}375 - 50 - 4{,}6875 = 0 \qquad A_y = 20{,}3125\ \text{kN} = 20{,}3\ \text{kN}$ *(Resposta)*

$\xrightarrow{+} \Sigma F_x = 0;\qquad A_x = 0$ *(Resposta)*

PF10.6.

$$\Delta'_B = \frac{5wL_{AC}^4}{384EI} = \frac{5(10)(12^4)}{384EI} = \frac{2700 \text{ kN} \cdot \text{m}^3}{EI} = \frac{2700(10^3) \text{ N} \cdot \text{m}^3}{[200(10^9) \text{ N/m}^2][300(10^{-6}) \text{ m}^4]} = 0{,}045 \text{ m} \downarrow$$

$$f_{BB} = \frac{L_{AC}^3}{48EI} = \frac{12^3}{48EI} = \frac{36 \text{ m}^3}{EI} = \frac{36 \text{ m}^3}{[200(10^9) \text{ N/m}^2][300(10^{-6}) \text{ m}^4]} = 0{,}6(10^{-6}) \text{ m/N} \uparrow$$

$$\Delta_B = \Delta'_B + B_y f_{BB}$$

$(+\downarrow)$ $5(10^{-3}) \text{ m} = 0{,}045 \text{ m} + B_y[-0{,}6(10^{-6}) \text{ m/N}]$ $B_y = 66{,}67(10^3) \text{ N} = 66{,}7 \text{ kN}$ *(Resposta)*

Equilíbrio

$(+\Sigma M_A = 0;$ $C_y(12) + 66{,}67(6) - 120(6) = 0$ $C_y = 26{,}67 \text{ kN} = 26{,}7 \text{ kN}$ *(Resposta)*

$+\uparrow \Sigma F_y = 0;$ $A_y + 26{,}67 + 66{,}67 - 120 = 0$ $A_y = 26{,}67 \text{ kN} = 26{,}7 \text{ kN}$ *(Resposta)*

$\xrightarrow{+} \Sigma F_x = 0;$ $A_x = 0$ *(Resposta)*

Índice

A

Alma, 2
Análise matricial, 315, 331, 379, 405, 418, 421, 422, 434, 440, 453
Análise dinâmica, cargas de terremoto, 17
Análise estática, cargas de terremotos, 17
Análise pelo método da força, 292-362
    cargas assimétricas, 317
    comparação de determinação, 292-294
    compatibilidade e, 35, 293-300
    deslocamentos e, 294, 315
    equilíbrio e, 294-296
    estruturas compostas, 313-315
    estruturas indeterminadas estaticamente, 292-330
    estruturas simétricas, 316-317, 329
    Lei de Betti, 297
    linhas de influência para, 320-327, 329
    matriz de flexibilidade, 315-316
    pórticos, 303-305, 322-327
    princípio de superposição para, 296-297
    procedimentos para análise de, 297, 321
    teorema de Maxwell de deslocamentos recíprocos, 297-298, 329
    treliças, 310-312
    vigas, 298-303, 320-321
Análise pelo método do deslocamento, 294, 331-360, 361-387, 389-401
    convenção de letreiro para, 335, 337, 362
    distribuição de momento para, 361-387, 389-394
    equações de inclinação-deflexão para, 331-360, 398-399
    estruturas indeterminadas estaticamente, 331-360, 361-387, 389-401
    extremidades apoiadas por pinos, 362, 389

    fator de distribuição (*distribution factor – DF*), 362-363
    fator de transferência (*carry over factor – COF*), 362, 390-391
    fatores de rigidez, 335-337, 362-364, 367-370, 390-391
    graus de liberdade, 332-333, 337, 362
    lateralmente e, 345-349, 362, 376-384
    membros não prismáticos, 389-401
    momentos de extremidade fixa – MEF (*fixed-end moments – FEM*), 335-337, 362, 367, 390-391, 391, 398-399
    pórticos, 332-333, 337, 345-349, 376-384
    procedimentos para, 331-333, 337, 361-364
    translação de nó relativo, 391, 398-399
    vigas, 332-333, 337-345, 364-370, 446
Apoio de balanço, estabilidade de treliça, 57
Apoios, 24
    de pinos, 51, 53, 198-200, 239, 288, 371, 390-391
    distribuição de momento, 303, 331, 360
    equações de equilíbrio, 34-35, 42
    equações de inclinação-deflexão para, 331
    estruturas determinadas estaticamente, 147, 296- 297, 402
    estruturas idealizadas, 31, 49
    estruturas indeterminadas estaticamente, 218, 293, 296, 328, 329, 389, 402
    fatores de rigidez para, 362, 364, 367, 370, 373, 377, 389, 390, 391
    linhas de influência e, 146
    membros não prismáticos, 388
    portais, 205-20873, 275, 297
    pórticos, 98, 117
    reações de força (F), 148
    treliças, 35, 42, 57, 58, 77, 82, 167, 192, 198, 200

vãos de extremidade, 336
Apoios fixos, 24-29, 198-201, 205-206, 209, 215-216
   cargas laterais, 282-283, 289, 297
   ligações de nó, 34-39
   portais, 274-275, 297
   pórticos, 274, 282-283, 289, 297
   treliças, 275-297
Arcos, 3, 21, 58, 130-146
   biarticulados, 194 138
   forma parabólica de, 138
   funiculares, 138
   triarticulados, 194-200, 139-145, 203
   usos estruturais de, 7, 313, 21, 194, 138
Arcos biarticulados, 138
Arcos funiculares, 138
Arcos triarticulados, 130, 139, 145
Área de influência, sobrecargas, 8
Arqueamento, cordas, 131
Articulações, 139, 144, 199-201, 205, 207-208, 293
Associação de Cimento Portland (*Portland Cement Association*), 390, 400
Associação Norte-Americana de Dirigentes de Transporte Rodoviário (*American Association of State and Highway Transportation Officials – AASHTO*), 5, 10
Associação Norte-Americana de Engenheiros Ferroviários (*American Railroad Engineers Association – AREA*), 10
Associação Norte-Americana de Silvicultura e Papel (*American Forest and Paper Association – AFPA*), 5

B

Barras de contraventamento, 2

C

Cargas, 1-22, 24-28, 31, 33, 60, 95-129, 131, 139, 144, 146, 147, 153, 164, 165, 173-176, 181-183, 188-190, 196, 197, 205-211, 215-216, 218, 224-225, 253-254, 267, 315, 398, 414, 416-417, 428, 432-433, 434, 435, 471
   antissimétrica, 316, 329, 372, 395, 430, 502, 530
   códigos de contruções (gerais), 5
   códigos de projetos, 5
   distribuídas, 96, 99, 107, 150-151, 184-189
   estruturas e, 1-22
   estruturas idealizadas, 40-43, 68
   fator de impacto (I), 10
   fixas, 147
   força concentrada, 107-112, 147, 203, 153, 173, 176, 240-249, 260-161
   internas, 47, 132-179
   laterais, 282-293, 297
   linhas de influência para, 147-189
   membros estruturais, em, 95-129
   membros não prismáticos, 389-393, 400
   naturais, 17
   neve, 15-16
   permanentes, 6-7, 10-12, 147
   pontes de rodoviárias, 10
   pontes ferroviárias, 10
   pressão do solo, 17
   pressão hidrostática, 17
   projeto de edifícios e, 6-8, 12-14, 270-272, 296
   publicações da *Portland Cement Association* (Associação de Cimento de Portland) para, 400
   séries de, 173, 181, 188, 244-245, 261
   simétricas, 316
   sobrecarga, 7-17, 22, 147-189
   terremoto, 16-18
   tributárias, 29-33, 49
   uniformes, 8, 22, 144-145, 153, 215, 313, 319, 364, 391-393, 397, 203, 213-214, 260
   unitárias, 82, 83, 148, 151-153, 188-189, 206-212, 260-261
   vento, 11-16
   verticais, 196-198, 296
Cargas assimétricas, 316, 350
Cargas concentradas, 130-131, 144, 161, 163, 164, 173, 181, 182, 188, 189, 224, 230
   cordas, 131-132, 145, 203
   cortante (V) em, 205-208, 240
   cortante máximo absoluto e momento em, 250-254, 261
   estruturas de arco, 138-145
   linhas de influência e, 153-154, 173-181, 260-261
   membros da treliça, 60, 61, 67-71, 89-91, 94-95, 104-105, 130
   método das seções e, 57
   momento (M) em, 224-225, 230
   séries de, 131, 230-238
   vigas 153-154, 225-227, 250-251
Cargas de neve, 15-16
Cargas de terremoto, 16-17
Cargas de vento, 11-17
Cargas distribuídas, 31, 48, 96, 99, 107, 232, 242, 440 *Ver também* Cargas uniformes vigas
   cortante e diagramas de momento e, 107-109, 150-151
   linhas de influência e, 213-214, 260
   uniforme, 132-138, 145, 153-154, 188
Cargas fixas, *ver* Cargas permanentes
Cargas internas, 33, 95-129, 253, 296
   cargas distribuídas e, 107-109
   convenção de sinais para, 95
   cortante e diagramas de momento para, 107-117, 127, 128, 150-159, 178-179
   cortante e funções de momento de, 99-107, 127-128, 147
   deflexões e, 250-256
   diagramas de momento para, 123, 128
   força de cortante (V) e, 110, 156

força de momento fletor (M), 99, 178, 250-256
força normal (N) e, 99-103, 127-128
membros estruturais, 95-129
método das seções para, 33, 95-100
método de superposição para, 120-123
pontos específicos, forças em, 99, 127
pórticos, 163-167
procedimentos para análise de, 96, 100, 109
superposição, método de para, 120-123
vigas, 95-117, 127-128
Cargas laterais, 205-211, 216
análise aproximada para, 205-211, 216
apoios fixos para, 205-206, 209, 215
deflexão por, 205-206, 216
método da viga em balanço para, 209-213, 216
método do pórtico para, 205-209, 216
pórticos de edifícios, 205-211, 216
Cargas permanentes, 6-7, 22, 148-149
Cargas tributárias, 29-33, 49
(sistema) de laje bidirecional, 30, 49
(sistema) de laje unidirecional, 30, 49
Cargas uniformes, 8, 22, 29, 30, 32, 40, 136-138, 144-145, 153, 163, 188, 215, 313, 319, 322
cordas e, 132-138, 145
distribuídas, 132-138, 145
linhas de influência e, 153-154, 215
sobrecargas, 7-8, 153-154, 213-214
vigas, 213-214, 153-154
Cargas unitárias, linhas de influência e, 148-152, 215-216
Cargas verticais, análise de pórtico de edifício e, 221-22, 247
Cordas, 3, 21, 58, 131, 143-145, 167-172
arqueamento, 131
cargas concentradas e, 131-132, 147
cargas distribuídas uniformes uniformemente e, 132-138, 203
curva catenária de, 133
equações de equilíbrio para, 131-133
flexibilidade de, 131, 203
forma parabólica de, 133
ligações de apoio, 25, 37, 181-193
usos estruturais de, 7, 21, 131
Cascas, estruturas de superfície, 4
Códigos de construção (gerais), 5
Códigos de projeto, 5
Colunas, 3, 22
Cortante e diagramas de momento, 107-117, 127-128, 150-159, 178-179
cargas distribuídas e, 107-109
cargas internas e, 95-97, 107-117, 119
cargas permanentes e, 147
pórticos, 95
vigas, 99-109, 120-123

Cortante e funções de momento, 99-107, 120-123
Cortante máximo absoluto (V) e momento (M), 180-184, 189
Compatibilidade, 35, 301-315
análise pelo método da força, 320-322
equações, 35, 297-313
estruturas determinadas estaticamente, 35
estruturas indeterminadas estaticamente, 320-322
exigências para, 320
Componentes de força x, y, z, 86
Componentes verticais, treliças, 192
Condições de continuidade, método de integração dupla, 224
Condições limite, método de integração dupla, 226
Conexões de apoio, 24-29, 49, 85, 130-143, 199-202, 205-206, 209, 215-216, 239-240, 247
articulações, 205-211, 199, 209
com pinos, 24-29, 49, 199-204
cordas ou cabos, 29, 130-143
deflexão e, 218-220, 247, 296
elos curtos, 90
estruturas indeterminadas estaticamente, 218-220, 239
estruturas idealizadas, 24-28
fixas, 24-28, 199, 205
fixação parcial, 200
método de viga conjugada e, 238-244, 248
nós, 26, 28, 49
nós conectados por rolo, 26, 28, 49, 114
portais, 199-202, 297
pórticos, 199-200, 205-206, 209, 216
reações de força (F), 35
treliças, 52, 57-58, 60-65, 93, 192, 215, 250
Contraventamento cruzado, treliças, 192-194
Coordenadas (de estrutura) global, 403, 431, 470
Coordenadas de membros (locais), 403, 431, 471
Coordenadas nodais, 418-419
Curva catenária, 133
Curva elástica, 218-221, 224-228,
centro de curvatura (O'), 222
deflexões e, 218-221, 224-228, 267
desvios de tangente, 231
inclinação e, 218, 222-224, 225-226, 230
método de integração dupla para, 224-230, 247
raio de curvatura (p), 222-223
rigidez flexional (EI), 222-223
teoremas de área de momento para, 224-228, 267
teoria da viga elástica e, 222-223
Curvatura (p), 222-223

D

Dados de apoio, análise de software estrutural, 471
Dados de carga, análise de software estrutural, 471
Dados de membros, análise de software estrutural, 471
Dados de nós, análise de estrutura de software, 471
Deflexão, 147, 156, 196-198, 205-211, 218-224, 267, 276, 278, 297

apoios e, 219-220, 225-230, 267
cargas laterais e, 205-206, 216
cargas verticais e, 197-202, 215
cortante (V) e, 321
curva elástica para, 218-221, 224-230, 218-220, 248
curvatura (p), 222-223
(deslocamento) rotacional, 277, 332, 430, 470
diagramas (M/EI), 218-221, 224-228, 266-267
estruturas de portais, 199-202, 216
estruturas indeterminadas estaticamente, 196-202, 215
flexão interna (M) e, 218
forças axiais (N) e, 218, 239, 251
inclinação e, 218, 224-225
linhas de influência e, 147, 161-164, 218
método de integração dupla para, 224-230, 267
método de viga conjugada para, 238-244, 267
métodos de energia para, 250-291
ponto de inflexão, 220
pórticos, 198-200, 205-206, 215-216, 218-219, 280, 322
princípio de conservação de energia, 250, 289
princípio de trabalho e energia para, 252
princípio de trabalho virtual para, 253-254
princípio Müller-Breslau para, 156-157, 188
procedimentos para análise de, 224,231, 240, 256, 262, 269, 281
resposta do material elástico linear, 261, 296
sobrecargas e, 147, 161-164, 188
temperatura (T) e, 255, 276-277
teoremas da área de momento para 224-228, 267
teoria da viga elástica para, 22-223
torção (T) e, 276
trabalho e, 250-291
trabalho externo (Ue) e, 250-252, 260
trabalho virtual, método de, 253-255, 263, 265, 266, 267-268, 280-282, 286-289, 290
treliças, 198-199, 215, 250, 255, 261, 280, 292, 310
vigas, 147, 161-164, 218, 218-249, 267-276, 280, 290-291

Deslocamento (v), 238-240, 250-291, 297-298, 311-315, 320, 322, 329-337, 349, 350, 358, 359, 361-387, 405-410, 412-418, 428, 432-435, 447-448, 450, 452, 455, 470. *Ver também* Deflexão
convenção de sinais para, 335, 361, 432
deflexão e, 230-231
deslocamento angular (θ), 335-335
distribuição de momento para, 361-387
equações de equilíbrio para, 331, 337, 412
equações de inclinação-deflexão para, 331-360
estruturas determinadas estaticamente, 250-291
estruturas indeterminadas estaticamente, 337, 292-293, 239, 331, 389, 402
fatores de rigidez, 362-364, 389-390, 400

graus de liberdade, 332-333, 337, 358
linear (Δ), 333, 336
matrizes de rigidez para, 408, 420, 428, 433, 442, 449
método de viga conjugada e, 238-240
pórticos, 335, 345, 349, 361, 376-379, 400
relações de carga-deslocamento, 296-297, 333-335, 359, 367, 403, 404, 432, 446
rotacional (deflexão), 250-291
teorema de reciprocidade de Maxwell, 297-298, 329
vigas, 334-335, 337-345, 450
zero, 232

Deslocamento linear (Δ), 333, 335
Deslocamento rotacional, 250-291. *Ver também* Deflexão
Deslocamento zero e momentos, 232
Determinação, 35-43, 57, 61, 84
equações de compatibilidade para, 35
equações de equilíbrio e, 35-39, 42
estabilidade e, 35-43, 57
estaticamente determinados, 35
treliças, 57, 61, 84
Determinantes para matrizes, 464-465
Diagramas de corpo livre, 34-37, 44-45
Diagramas de momento, 120-124
Dispositivos deslizantes, 320
Distribuição de momento, 361-387, 391-398
análise pelo método do deslocamento, 293-294, 361-387, 389-394
convenção de sinais para, 337, 362
fator de distribuição (*distribution factor – DF*), 362, 363
fatores de rigidez, 362, 400
membros não prismáticos, 389-394
momentos de extremidade fixa – MEF (*fixed-end moments – FEM*), 335, 336
pórticos, 376, 389-401
procedimentos para análise usando, 367
vigas, 364-370, 389-394
vigas simétricas, 372, 395
Divisão de matrizes, 463-464

E

Elementos de uma matriz, 459
Envelope de valores de linha de influência máxima, 182
Equação de rigidez de estrutura, 412
Equações de inclinação-deflexão, 331-360, 398-399
análise pelo método do deslocamento usando, 331-360, 398-399
deslocamento angular (θ), 333-334
deslocamento linear (Δ), 333, 335
estruturas indeterminadas estaticamente, 331-360
fator de rigidez (k), 362
membros não prismáticos, 398-399
método de viga conjugada para, 333

momentos de extremidade fixa – MEF (*fixed-end moments – FEM*), 335-337, 362, 398-399
   pórticos, 303-310
   princípio da superposição para, 333
   procedimento para análise usando, 337
   rigidez de membro (k), 333
   rotação de vão (ψ), 333
   translação de nó relativo, 398-399
   vigas, 337-344
Equilíbrio, 33-35, 42-49, 49-50, 131-132, 293-294, 337
   análise de corda e, 131-132
   aplicações determinadas estaticamente, 40-43
   desconhecido, 337
   deslocamento e, 337, 339
   determinação e, 35-37, 49
   diagramas de corpo livre para, 34-38, 49-50
   equações de, 34-38, 49-55, 131-133, 337-339
   exigências de, 337
Erros de fabricação, 218, 255-256, 290, 293, 315, 421, 434, 450
   matriz de transformação de força (Q) para, 406-407
   treliças, 250, 255, 256, 261, 280, 421-423
Escalares, multiplicação de matriz e, 426
Estabilidade, 35-39, 50, 63, 69-71, 84, 92
   determinação e, 35-39, 50
   equações de equilíbrio e, 35-38
   externa, 63, 84, 92
   interna, 63, 84, 92
   por inspeção, 38
   reações de apoio, 38
   restrições impróprias e, 38-39
   restrições parciais e, 38
   treliças, 58, 63-65, 84, 92
   treliças espaciais, 84
Estabilidade externa, treliças, 63, 84
Estabilidade interna, treliças, 63, 84-85, 92, 84
Estruturas, 1-22, 24-94, 57-92, 95-129, 130-189, 191-217, 292-330, 331-360, 361-387, 389-401, 402-429, 430-445, 449-510, 470-471
   análise de, 57-92, 95-129, 130-146
   análise de software, 470-471
   análise pelo método da força, 292-330
   análise pelo método do deslocamento, 294, 331-360, 361-387, 389-401
   arcos, 3, 22, 138-143
   cargas e, 1-22, 95-129, 147-189
   cargas internas em membros, 95-129
   cargas tributárias, 29-33, 49
   chapas finas (casca), 4
   classificação de, 2-5
   códigos de construção (geral), 5
   colunas, 3, 22
   composto, 313-315
   conexões de apoio para, 24-28, 49
   cordas, 3, 21, 130-143, 145
   determinação de, 35-39, 50
   determinados estaticamente, 24-94, 57-92, 147-189
   diagramas de corpo livre para, 34-38
   elementos para, 2
   equações de compatibilidade para, 35
   equilíbrio, equações de, 34-38, 42-49, 50
   estabilidade de, 35-39, 50
   indeterminados estaticamente, 147-189, 191-217, 292-330, 331-360, 361-387, 389-401
   idealizadas, 24-33, 49
   linhas de influência para, 147-189
   membros não prismáticos, 294, 331-360, 361-387, 389-401
   método da rigidez de análise, 402-429, 430-445, 446-510
   métodos aproximados de análise, 215-216
   pórticos, 4, 22
   procedimento para análise de, 44
   projeto de, 5, 18
   projeto de carga e fator de resistência (*load and resistance factor design – LFRD*), 18
   projeto de tração admissível (*Allowable-stress Design – ASD*), 18
   restrições impróprias para, 38-39
   restrições parciais para, 38
   simétrica, 316-317, 329
   sistemas, tipos de, 3
   superfície, 5
   superposição, princípio de, 33, 49
   treliças, 3, 22, 57-92
   vigas, 2-3, 22, 28-29, 95-129
   vigas mestras, 2, 28
Estruturas compostas, análise pelo método da força para, 313-314
Estruturas de superfície, 4
Estruturas estaticamente determinadas, 24-94, 147-190, 292-294
   análise, 57-92
   conectadas por pinos, 35, 42-44, 49
   determinação de, 48-54
   equações de equilíbrio para, 59-67
   estabilidade de, 35-39
   idealizada, análise de, 24-33, 49
   pórticos, 37
   procedimentos para análise de, 44, 148
   restrições parciais para, 38
   treliças, 57-92
   vigas, 35
Estruturas idealizadas, 24-33, 49
   cargas tributárias, 29-33, 49
   ligações de apoio para, 24-28, 49
   modelos, 28-31
   nós, 24-28
   planos de enquadramento, 28-29

sistema bidirecional, 32-33
sistemas unidirecionais, 29-30
Estruturas indeterminadas estaticamente, 35-37, 191-217, 292-330, 331-360, 361-387, 410, 421
   análise pelo método da força, 292-330
   análise pelo método do deslocamento, 331-360, 361-387, 389-401
   apoios e, 199-202, 205-206, 209, 215-216
   cargas laterais, 205-211, 216
   cargas verticais, 196-198, 215-216
   deflexão de, 196-202, 205-206, 215-216
   determinação de, 24-38, 292, 332-333
   distribuição de momento para, 361-387, 389-394
   equações de inclinação-deflexão para, 331-360, 398-399
   estruturas compostas, 313-315
   estruturas determinadas estaticamente para, 292-294
   estruturas simétricas, 316-317
   graus de liberdade, 332-333, 337, 362
   Lei de Betti, 297
   linhas de influência para, 320-327, 329
   membros não prismáticos, 389-401
   método da viga em balanço para, 209-213, 216
   método do pórtico para, 205-208, 216
   métodos aproximados de análise, 191-217
   pórticos de edifícios, 196-198, 205-211, 215
   pontos de inflexão, 199-200, 205, 215-216
   portais, 199-202, 205-208, 216
   pórticos, 196-200, 205-210, 215-216, 303-305, 322-327, 332-333, 337, 361, 376-384
   procedimentos para análise de, 296, 321, 337
   teorema de Maxwell de deslocamentos recíprocos, 296-297, 329
   treliças, 192-194, 198-200,, 215-216, 310-312
   vigas, 297-302, 332-333, 320-322, 364-370, 389-394
Estruturas simétricas, 316-317, 390-391
   análise pelo método da força, 316-317, 330
   análise pelo método do deslocamento, 369-371, 390-391
   cargas, 398
   cargas antissimétricas, 317, 372, 387, 395
   membros não prismáticos, 390-391
   vigas, 398, 390-391

F

Fator de carga de impacto (I), 11
Fator de distribuição (*distribution factor – DF*), 362, 364
Fator de rigidez de vão (k), 336-337
Fator de rigidez relativa (Kr), 363
Fator de rigidez total (Kt), 362
Fator de transferência (*Carry-over factor – COF*), 361, 390-391
Fatores de rigidez, 336-337, 362-364, 390-391
   carga antissimétrica, 372
   carga simétrica, 372

   distribuição de momento e, 362-364
   equações de inclinação-deflexão, 336-337
   extremidades apoiadas por pinos, 337
   membro de viga (K), 362
   membros não prismáticos, 313-391
   nó, 362
   relativa (Kr), 363
   total (Kt), 362
   vão (k), 336-337
   vigas simétricas, 395
Flexibilidade de cabos, 130, 145
Força (F), 27-28, 58, 60-63, 69-70, 86-87, 91, 138-143, 218, 222-230, 267, 251-253, 254-263, 267, 280-282
   axial (N) de, 218, 267, 276
   componentes x, y, z, 86
   compressiva (C), 61, 83, 99, 138, 145, 180
   deflexão (deslocamento rotacional) e, 218, 222-230, 251-253, 267, 268, 277, 281-282
   flexão (M), 218, 230, 251, 267
   força externa (P), 262-284
   força interna (N), 262-264
   magnitude, 66
   membros da treliça de força zero, 69-70, 86-87
   por inspeção, 66
   reações de apoio, 27-28
   tênsil (T), 117
   trabalho e, 251-252
   trabalho virtual e, 267
Força compressiva (C), 61, 83, 99, 138, 145, 180
Força de cortante (V), 2-3, 110, 156, 222
   aplicada, 2-3
   cargas concentradas e, 173-175, 180-184, 218
   cargas internas e, 95-100, 127-128
   deslocamento rotacional (deflexões) e, 267
   energia de tração virtual causada por, 267
   envelope de valores de linha de influência máxima, 182
   linhas de influência e, 161-164, 180-184, 218, 320
   máxima absoluta, 180-184, 261
   Princípio Müller-Breslau para 161-164, 215
   sobrecargas e, 161-164, 215
   vigas em balanço, 180, 218
Força tênsil (T), 117
Forças axiais (N), deslocamento rotacional (deflexões) e, 218
Formas parabólicas, 133, 138

G

Graus de liberdade, 332-333, 337, 362

I

Igualdade de matrizes, 460
Inclinações, deflexão e, 218, 224, 243
Indeterminação cinemática, 403-404, 431

Instituto Norte-Americano da Construção em Aço
 (*American Institute of Steel Construction – AISC*), 5, 24
Instituto Norte-Americano do Concreto (*American
 Concrete Institute – ACI*), 5, 30
Integração para trabalho virtual, 192
Inverso de uma matriz, 465-467

L

Lajes, cargas tributárias e, 29-33, 49
Lei de Betti, 297
Ligações de esfera e encaixe, 85-86
Linha de ação, 66
Linhas de influência, 147-189, 320-327, 329
    cargas distribuídas uniformes e, 153-154, 215
    sobrecargas e, 147-189
    cortante (V) e, 161-163, 164-166, 180-184, 218, 320
    cortante absoluto máximo (V) e momento (M), 180-184, 218
    cortante e diagramas de momento comparados a, 148
    construção de, 148-152
    deflexão e, 148, 161-164, 218
    dispositivos deslizantes para, 320
    envelope de valores máximos, 182
    equações, 148-152
    estruturas determinadas estaticamente, 147-189
    estruturas indeterminadas estaticamente, 320-327
    pórticos, 167, 322-327
    forças concentradas (cargas) e, 153-154, 180-184, 218
    transversinas, 167-168
    máximas em um ponto, 164-167
    momentos (M) e, 161-163, 180-184, 218, 320
    posições de carga unitárias para 148-152, 218
    Princípio Müller-Breslau para, 161-164, 218
    procedimentos para análise de, 148, 321
    projeto de ponte e, 164-184, 218
    projeto de edifício e, 167-168, 218
    qualitativos, 321
    reações de curva para, 320, 330
    séries de cargas concentradas, 164-179, 218
    Teorema de Maxwell de deslocamentos recíprocos
      para, 320-321
    treliças, 167-173, 218
    vigas, 153-168, 167-184, 218, 320-321
Linhas de influência qualitativa, 161-164, 321-327
Linhas de influência quantitativa, 322

M

Magnitude, 66
Matriz de coluna, 459-460
Matriz de flexibilidade, 315
Matriz de identidade, 460
Matriz de rigidez de estrutura (K), 402-403, 409-417, 431, 433-439
Matriz de rigidez do membro (k), 403-404, 405, 408-411, 431-432, 447-448, 449
    pórticos, 447-448, 449
    treliças, 407-408, 412-413
    vigas, 431-433
Matriz de rigidez global (do membro) (k), 407-408, 449
Matriz de série, 459
Matriz de transformação de deslocamento (T), 447, 518
Matriz de transformação de força (Q), 406-407, 448
Matriz diagonal, 460
Matriz quadrada, 460
Matriz transposta, 462-463
Matriz unitária, 460
Matrizes, 315, 402-413, 420, 448-449, 459-469
    adição e subtração de, 460-461
    álgebra usando, 459-469
    coluna, 459-460
    determinantes para, 464-465
    diagonais, 460
    divisão, 463-464
    elementos, 459
    em série, 459
    escalares e, 461
    flexibilidade, 315-316
    identidade, 460
    igualdade de, 460
    inverso de, 465-467
    método de Gauss para soluções simultâneas, 467-468
    multiplicação de, 461-462
    ordem de, 459
    quadradas, 460
    relações de carga-deslocamento e, 412-413, 431-433, 447-448
    rigidez, 407, 408, 412-413, 431-433, 449
    simétricas, 431, 449, 460
    transformação, 407, 413, 497-498
    transformação de deslocamento (T), 413, 447
    transformação de força (Q), 406-407, 413, 498
    transposta, 462-463
    unidade, 460
Matrizes de rigidez, 407, 408, 411-413, 431-433, 449
    estrutura (K), 402-403, 409-417, 431, 433-439
    global (membro), 407-408, 449
    indeterminação cinemática, 412, 431-432
    membro (k), 403-404, 405, 408-411, 431-432, 447-448, 449
    pórticos, 447-448, 449
    relações de carga-deslocamento e, 412-413, 431-433, 447-448
    simétrica, 433
    treliças, 407-408, 412-413
    vigas, 431-433

Matrizes de transformação, 406-407, 447, 448, 518
   deslocamento (T), 447, 518
   pórticos, 488-489
   força (Q), 406-407, 448
   treliças, 406-407, 408
Matrizes simétricas, 433, 449
Membros circulares, deslocamento torsional de, 276
Membros da treliça de força zero, 69-70, 86
Membros estruturais, *ver* Vigas; Membros não prismáticos
Membros não prismáticos, 589-401
   análise pelo método do deslocamento, 389-401
   cargas antissimétricas, 391
   cargas simétricas, 390
   distribuição de momento para, 389-394
   extremidades apoiadas por pinos, 389
   fator de rigidez (K), 390-391
   fator de transferência (*carry-over factor – COF*), 390-391
   momentos de extremidade fixa – MEF (*fixed-end moments – FEM*), 390-391, 398-399
   propriedades de carga de, 389-391
   translação de nó relativo, 391, 398-399
   vigas, 389-394
   vigas simétricas, 390-391
Membros substitutos, método de análise, 82, 93
Mesas, 2
Método da rigidez de análise, 402-429, 430-445, 446-510
   análise matricial, 405, 418
   aplicações de, 394, 433-443
   coordenadas (de estrutura) globais, 418, 426, 431
   coordenadas de membro (locais), 412-445
   coordenadas nodais, 418-421
   efeitos (de temperatura) térmicos e, 421
   equação de rigidez de estrutura, 412
   erros de fabricação e, 421
   identificação de membros e nodos para, 402, 430
   indeterminação cinemática, 412, 431
   matriz de rigidez de estrutura (K), 412, 408-412, 433, 449
   matriz de rigidez (de membro) global (k), 407-408, 449
   matriz de rigidez (de membro) simétrica, 433-449
   matriz de rigidez de membro (k), 412-413, 431-433, 447-450
   matriz de transformação de deslocamento (T), 418, 447
   matriz de transformação de força (Q), 406-407, 448
   matrizes de rigidez, 407, 408, 412-413, 431-433, 449
   matrizes de transformação para, 408, 431-433, 497-498
   pórticos, 446-510
   procedimentos para análise usando, 413, 435, 450
   sistema de coordenadas, 403, 409, 413, 418, 419, 428
   treliças, 402-429
   vigas, 430-445
Método da viga em balanço, análise de carga lateral, 209-213, 216

Método de Gauss para soluções simultâneas, 466-467
Método de integração dupla, 224-230, 267
Método de nós, 66-69, 87, 93
Método do pórtico para análise, 205-209, 216
Método de seções, 73-77, 87, 93, 95
   cargas internas, 34, 95-100, 127-128
   membros estruturais, 95-100, 127-128
   procedimentos para análise usando, 74, 87, 96
   treliças, 73-77, 87, 92-93
Método de viga conjugada de análise, 218-238, 267, 327-330
   apoios para, 230-232
   deflexões, 230-232, 267
   deslocamento angular (θ), 333-335
   deslocamento linear (Δ), 335
   deslocamento zero e momentos, 232, 333
   momentos de extremidade fixa – MEF (*fixed-end moments – FEM*), 335-337
   procedimento para análise usando, 333-337
Método do menor trabalho, *ver* Teorema de Castigliano
Métodos aproximados de análise, 191-217
   armações de edifício, 196-198, 205-206, 215
   cargas laterais, 205-211, 216
   cargas verticais, 196-198, 215
   estruturas indeterminadas estaticamente, 191-217
   método da viga em balanço para, 209-213, 216
   método portal para, 205-209, 216
   pressupostos para, 192, 196, 206, 209
   treliças, 192-194, 199-202, 215-216
Métodos de energia de análise, 250-291
   deflexões, 250-291
   deslocamentos rotacionais, 250-291
   força (F) e, 250-251
   princípio de conservação de energia, 250, 289
   princípio de trabalho e, 252-253, 286, 290
   teorema de Castigliano, 262-264, 280-285
   trabalho e, 250-291
   trabalho externo (U_e), 250-252, 266, 292
   trabalho virtual, 253-260, 286-290
Momento binário (M'), 280-281, 282
Momentos (M), 2-4, 95-98, 127-128, 160-162, 167, 180-184, 218-219, 230-231, 251-252, 280-285, 320-321, 335-337, 362-363
   aplicado, 2-4
   binário (M'), 280
   cargas concentradas e, 170, 180-184
   deflexão e, 230-231, 251, 280-285
   envelope de valores de linha de influência máximos, 182
   equações de inclinação-deflexão, 335-337, 362
   extremidade fixa – MEF (*fixed end – FEM*), 335-337, 362
   flexão (M), 99, 127-128, 252
   linhas de influência e, 161-163, 164-170, 180-184, 320
   máximo absoluto, 180-184
   método de viga conjugada e, 230-231

princípio de Müller-Breslau para, 161-163
séries de cargas concentradas, 170
sobrecargas e, 161-163, 164, 170, 180-184
teorema de Castigliano e, 280-285
trabalho externo (U_e) de, 251, 292
vigas em balanço, 184
vigas com apoio simples, 184
zero, 232
Momentos de extremidade fixa – MEF (*Fixed-end moments – FEM*), 335-337, 362, 367-371, 390-391, 391, 398-399
   distribuição de momento de, 362, 364-370, 391
   equações de inclinação-deflexão e 335-337, 362, 398-399
   membros não prismáticos, 390-391, 398-399
   translação de nó relativo e, 391, 398-399

N

Nós, 24-28, 49, 57-61, 66-67, 86, 92, 362, 398-399
   análise de treliça e, 61, 66-67, 92
   com ligação fixa, 24-28
   conectados por rolo, 24-28, 85-86, 161
   conectados por pinos, 24-28, 35, 42-44, 60, 92
   equações de equilíbrio aplicadas a, 42-49
   estruturas idealizadas, 24-28, 49
   fator de rigidez (K), 362
   força compressiva (C) aplicada a, 60, 92
   ligações de apoio para, 24-28, 49
   membros não prismáticos, 391, 398-399
   método dos, 66-69, 87, 93
   momentos de extremidade fixa – MEF (*fixed-end moments – FEM*) e, 391, 398-399
   tensões de membros e, 60
   translação de nó relativo, 391, 398-399

P

Perfis, 57
Pisos, 28-33, 170-171, 188
   cargas tributárias, 29-33, 49
   estruturas idealizadas, 28-33
   linhas de influência para, 170-171, 188
   planos de enquadramento, 28-29
   pontos do painel, 167
   (sistema) de laje bidirecional, 30, 49
   (sistema) de laje unidirecional, 29-30, 49
   vigas mestras, 28, 170-171, 188
   vigotas, 28-29
Planos de enquadramento, 48-29
Plataforma, cargas de ponte e, 57
Pontes, 10, 57-58, 164-184, 188. *Ver também* Pórticos portais
   apoio de balanço, 57
   cargas concentradas, séries de, 164-184, 188
   cortante (V) e, 164-166, 180-184, 188
   fator de carga de impacto (I), 10-11
   ferrovia, 10
   linhas de influência para, 168-170, 164-184, 188
   longarinas, 58
   momentos (M) e, 170, 164-184, 188
   plataforma, 57
   portais, 57
   rodovia, 10
   transversinas, 58
   treliças, 57-58, 168-170, 188
Pontes ferroviárias, 10
Pontes rodoviárias, 10
Pontos de inflexão, 197-199, 205, 215, 220
Pontos de painel, 167
Portais, 57, 199-202, 205-209, 215-216
   análise de carga lateral, 205-209, 215-216
   apoiado por pinos, 199, 215-216
   com apoio fixo, 199, 215
   deflexão de, 196-202, 215-216
   estabilidade de, 57
   fixação parcial, 200
   treliças, 57, 198-200, 215
Pórticos, 5, 22, 117-118, 196-200, 205-211, 215-216, 292, 303-305, 322-327, 332-333, 337, 345-349, 376, 376-384, 446-510
   análise aproximada de, 196-200, 215-216
   análise pelo método do deslocamento, 332-333, 337, 345-349, 376-384
   apoiados por pinos, 199, 216
   apoios de fixação parcial, 200, 216
   articulações, 205-206, 210, 216
   cargas axiais (N), 267
   cargas verticais sobre, 196-198, 215
   cortante e diagramas de momento para, 117-118
   com apoio fixo, 200, 205-206, 210, 216
   deflexões e, 196-200, 205-206, 216, 290
   deslocamento rotacional de, 332
   distribuição de momento, 376-384
   edifício, 196-198, 205-211, 215-216
   efeitos de temperatura (T) sobre, 277-278
   equações de deslocamento de inclinação, 337, 345-349
   graus de liberdade, 332-333, 337
   lateralidade de, 358, 403-410
   linhas de influência e, 322-327
   matriz de rigidez (de membro) global (k), 446
   matriz de rigidez (de membro) simétrica, 446
   matriz de rigidez de estrutura (K), 447
   matriz de rigidez de membro (k), 446-447
   matriz de transformação de deslocamento (T), 447
   matriz de transformação de força (Q), 447
   matrizes de rigidez, 446-447
   matrizes de transformação para, 447-448

método da viga em balanço para, 209-213, 216
método de pórtico para, 205-208, 216
método da rigidez de análise, 446-510
método forçado de análise, 303-305, 322-327
múltiplos andares, 378-379
pontos de inflexão, 199-200, 205, 215
portais, 199-200, 216
procedimento, 470-471
procedimentos para análise de, 224, 231, 240, 256, 262, 269, 281, 296,
relação de carga-deslocamento para, 447-448
teorema de Castigliano para, 280-285, 291
trabalho vertical, método de, 192-197, 291
uso estrutural de, 5, 22
Pressão do solo sobre as estruturas, 17
Pressão hidrostática, 17
Princípio da conservação de energia, 250, 291
Princípio de Müller-Bresnau, 161-164, 188
Princípio do trabalho e energia, 252
Princípio do trabalho virtual, 252-253, 297
Projeto de construção, 6-8, 10-15, 167-168, 188, 196-197, 205-211, 215-216
apoios e, 205-206, 215-216
cargas laterais e, 205-211, 216
cargas verticais e, 196-198, 215
deflexão e, 196-198, 205-206, 215-216
linhas de influência para, 167-168, 188
método da viga em balanço para, 209-213, 216
método portal para, 205-209, 215-216
pórticos, 196-198, 205-206, 215-216
sobrecargas e, 6-8, 10-15, 167-168, 188
Pressão de vento de projeto, 13-15
Projeto de estado limite último (*load and resistance factor design – LFRD*), 18
Projeto de tração admissível (*Allowable-stress Design – ASD*), 18

R
Raio de curvatura (p), 222-223
Relações de carga-deslocamento, 414, 431-433, 447-448
Resposta material elástica linear, 262-263, 276
Rigidez à flexão (*Flexural rigidity – EI*), 223
Rotação (ψ), vãos de extremidade apoiados por pinos, 335
Rotação de vão (ψ), 335

S
Seções, método de análise, 73-77, 92
Sistemas de coordenadas, 413, 418-419, 418-421, 428, 431, 450, 470-471
análise de software estrutural e, 470-471
global (estrutura), 540, 576, 470
matrizes de transformação para, 418, 447-448

membro (local), 410-411, 431, 471
nodal, 418-421
Sociedade Norte-Americana de Engenheiros Civis (*American Society of Civil Engineers – ASCE*), 5
treliças, 402-405, 408
uso do método da rigidez, 402, 418-421, 431
Sobrecargas, 7-17, 22, 147-189
área de influência, 8
cargas de impacto, 10
cargas de neve, 15-16
cargas de terremoto, 16-17
cargas de vento, 11-15
fator de impacto, 10
linhas de influência para, 147-189
natural, 17
pressão hidrostática e do solo, 18
projeto de edifício e, 6-8, 10-17, 215
projeto de ponte e, 10, 147-152
reduzida, equação para, 9
uniforme, 8
Sobrecargas reduzidas, equação para, 9-10
Software para análise das estruturas, procedimento para utilização de, 470-471
Superposição, 35, 50, 120-123, 294
análise pelo método da força usando, 294-296
diagramas de momento construídos por método de, 120-123
princípio de, 33-34, 50, 294-296
vigas, 120-123

T
Temperatura (T), 255-256, 276-277, 421-422, 430
análise de método da rigidez para, 421-422, 430
deslocamento rotacional (deflexões) e, 255-256, 276-277
efeitos sobre as treliças, 255-256, 276-277, 421-422, 430
matriz de transformação de força (Q) para, 421-422
Tirantes de reforço, 2
Tração primária, 60
Tração secundária, 60
Tensões, membros de nó e, 60
deflexão (deslocamento rotacional) e, 250-291
externo (Ue), 250-251, 262
momento (M) de, 251
princípio de conservação de energia, 250
princípio de energia e, 250
princípio de virtual, 250-253
teorema de Castigliano para, 262-265, 280-285, 292
virtual, 252-254, 286-292
Teorema de Castigliano, 262-265, 280-285, 292
deflexão (deslocamento rotacional) e, 262-265, 280-285, 292
força externa (P) para, 262-284, 280-284
força interna (N) para, 262-284

força interna (P) para, 262-284, 281-284
momento binário (M') para, 280-283, 285
momentos internos (M) para, 280-285
pórticos, 280-285, 292
procedimentos de análise usando, 262, 281
trabalho externo e (Ue), 262
treliças, 262-264, 290
vigas, 280-285, 391
Teorema de Maxwell de deslocamentos recíprocos, 297-298, 320-321, 329
Teoremas de área de momento, 224-228, 267
Teoria da viga elástica, 222-223
Tetos, 19, 29
  cargas de neve 15-16
  cargas tributárias, 29-33
  estruturas idealizadas, 27-31
Trabalho virtual, 252-260, 286-289, 290
  carga axial (N) e, 267
  cortante (V) e, 267
  deflexão (deslocamento rotacional) e, 252-254, 289-290
  deslocamentos de treliça e, 256-259, 289
  mudanças de temperatura e, 276-277
  pórticos, 284-288
  princípio de, 252-253, 289-290
  procedimentos para análise usando, 253
  temperatura (T) e, 255, 289-290
  torção (T) e, 267
  vigas, 267-275, 290
Trabalho, 250-291
Translação de nó relativo, 391, 398-399
Transportando cargas, *ver* Sobrecargas,
Treliça de Pratt, 58
Treliça de Warren, 58
Treliça dente de serra, 58
Treliça do tipo tesoura, 58
Treliça Fink, 58
Treliça Howe, 58
Treliças, 3, 22, 57-92, 168-171, 192-194, 198-202, 215-216, 218, 255-265, 276-277, 290, 310-312, 402-429
  análise aproximada de, 192-194, 199-202, 215-216
  análise pelo método da força, 310-312
  apoios para, 198-200, 216
  carga externa e, 253
  carregamentos de nós, 60
  chapa de fixação, 57
  classificação de, 57-60
  complexas, 86, 116-119, 130
  componentes verticais, 264
  compostas, 62-63, 82-83, 93
  coordenadas nodais, 418-421
  coplanares, 62
  deflexões de, 198-199, 215, 250, 255, 261, 280, 292, 310
  deslocamento rotacional de, 218, 276-277, 289-290
  determinadas estaticamente, 57-92
  efeitos de temperatura (térmicos) sobre, 255, 290, 421
  erros de fabricação, 255, 290, 421-422
  estabilidade de, 57, 63-64, 84, 82
  indeterminadas estaticamente, 192-194, 198-202, 215-216, 310-312
  identificação de membros e nós para, 403
  indeterminação cinemática, 403-404
  ligações de pinos, 60, 92, 198-199, 215
  ligações fixas, 198-199, 215-216
  linhas de influência para, 167-170, 188
  matriz de rigidez de estrutura (K), 402-403, 408-415
  matriz de rigidez (de membro) global (k), 407-408
  matriz de rigidez de membro (k), 407-408, 412-413
  matriz de transformação de força (Q) para, 406-407, 418-419
  matrizes de rigidez para 407-408, 412-413
  matrizes de transformação para, 406-407, 408
  membros de força zero, 69-70, 86
  método da rigidez de análise, 402-429
  método de nós para, 66-69, 87, 93
  método de membros substitutos para, 82
  planares, 84
  ponte, 57-58
  portais de, 198-202, 216
  pressupostos de projeto para, 60, 84, 192
  procedimentos para análise de, 66, 82, 87, 256, 262, 413
  relações de carga-deslocamento, 413
  simples, 57, 92
  sistemas de coordenadas, 402-405, 408
  teorema de Castigliano para, 262-264, 290
  tipos de, 57-58
  uso estrutural de, 3, 21, 57
Treliças complexas, 62-63, 82-83, 93
Treliças compostas, 61-63, 78-79, 93
Treliças coplanares, 62. *Ver também* Treliças
Treliças planares, 84
Treliças simples, 57, 92
Treliças subdivididas, 60

V

Vigas, 2, 22, 24-29, 35, 95-117, 120-123, 127, 153-168, 147-184, 188-189, 218-249, 280-285, 290, 297-302, 320-321, 332-333, 337-345, 364-370, 389-394, 407-445
  almas, 2
  análise pelo método da força, 297-302, 320-321
  análise pelo método do deslocamento, 337-345, 364-370, 389-394
  carga antissimétrica, 316-317, 395
  carga simétrica, 372-375
  cargas axiais (N), 267
  cargas de cortante (V), 267
  cargas distribuídas e, 107-109, 153-154, 188

cargas distribuídas uniformes e, 153-154, 188
cargas internas em, 95-117, 120-123, 127-128
com apoio simples, 181-182, 188
cortante e diagramas de momento para, 107-117, 127-128
cortante e funções de momento de, 99-107, 127-128
deflexão e, 147, 161-164, 218, 218-249, 267-276, 280, 290-291
deslocamento rotacional de, 250, 291
diagramas de momento para, 120-123
distribuição de momento, 364-370, 528-533
efeitos de temperatura (T) sobre, 276-277
em balanço, 120-121, 180, 188
equações de deslocamento de inclinação, 337-345
extremidades apoiadas por pinos, 24-28, 35, 367, 389
fator de rigidez (K), 362, 367-370
forças concentradas (cargas) e 173-175, 180-184, 218
graus de liberdade, 332-333, 337, 362
indeterminação cinemática e, 403-404, 431
indeterminadas estaticamente, 297-303, 320-321, 332-333, 337-345, 364-370, 389-394
laminada, 2
mestras, 2-3, 28, 167-168, 218
matriz de rigidez de estrutura (K), 432
matriz de rigidez (de membro) simétrica, 433
matriz de rigidez do membro (k), 432-433
matrizes de rigidez, 431-433

método da rigidez de análise, 430-445
método de integração dupla para, 224-230, 247
momentos de extremidade fixa – MEF (*fixed-end moments – FEM*), 364-367
não prismático, 389-394
pontos especificados, forças em, 95-96, 127-128
princípio Müller-Breslau para, 161-164, 188
procedimentos para análise de, 96, 100, 109, 224, 231, 281, 337, 367, 435
relações de carga-deslocamento, 431-433
simétrica, 371-372, 395
teorema de Castigliano para, 280-285
teoremas de área de momento para, 224-228
trabalho virtual, método de, 267-275, 290
translação de nó relativo, 391, 398-399
uso estrutural de, 2, 22
transversinas, 167-168
Viga-coluna, 3, 22
Vigas de concreto, 2
Vigas em balanço, 120, 180, 188
Vigas laminadas, 2
Vigas mestras, 2-3, 28, 167-168, 218
chapa, 2
estruturas idealizadas, 28
linhas de influência para, 167-168, 218
uso estrutural de, 2